BRETAGNE

Jochen Grasshäuser
Walter Schäffer

INHALT

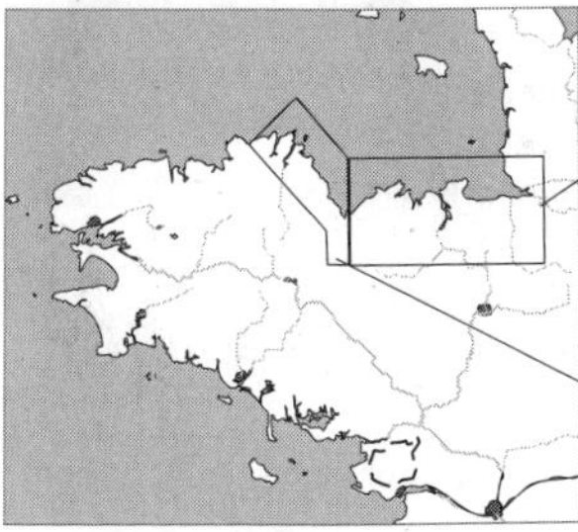

Côte Emeraude

Côte du Goëlo/Trégor

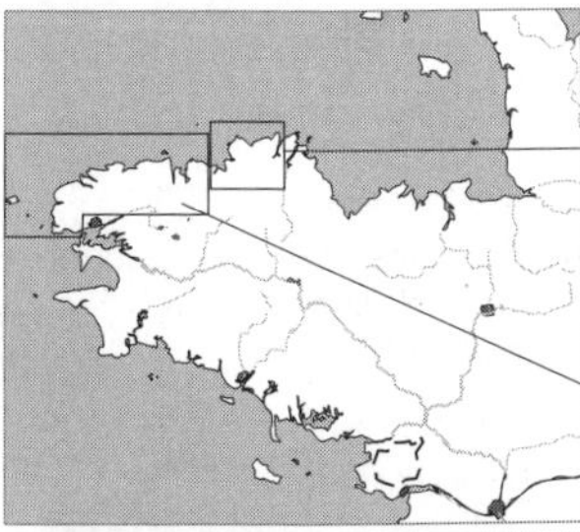

Granitküste

Côte du Léon

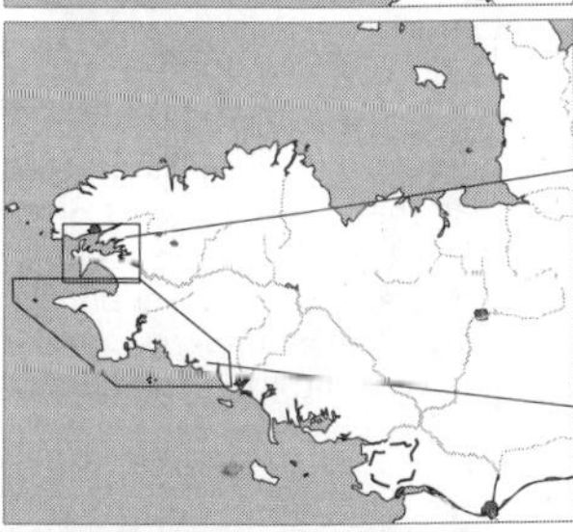

Rade de Brest

Côte de Cornouaille

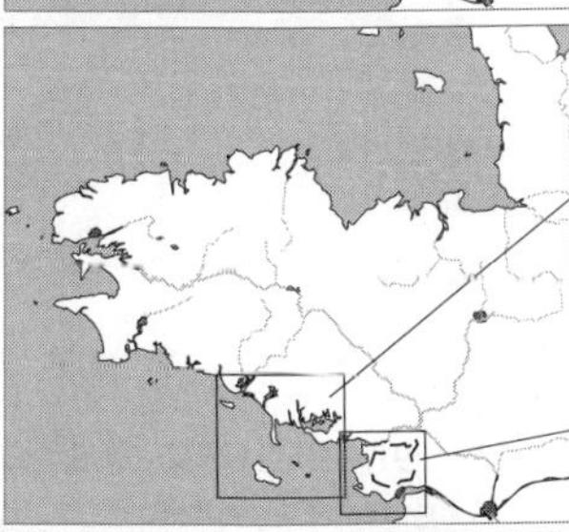

Côte du Morbihan

Côte d'Amour

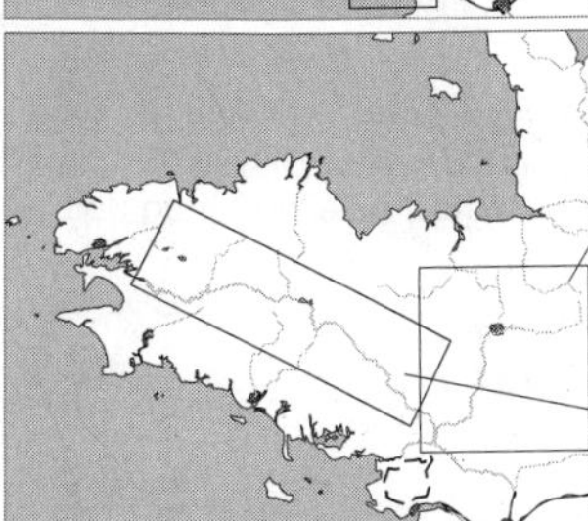

Ostbretagne

Argoat

Text und Recherche: Jochen Grashäuser, Walter Schäffer
Überarbeitung: Florian Hammer
Lektorat: Brigitte Seitzer, Horst Christoph
Redaktion und Layout: Dirk Thomsen
Fotos: Jochen Grashäuser, Walter Schäffer, Klaus Goldmann (S. 233, 260) und Florian Hammer (S. 7, 10, 30, 101, 89, 265, 374, 412, 434, 452, 557, 569, 608)
Covergestaltung: Karl Serwotka
Covermotive: Sonnenuntergang bei St.Pol-de-Léon (oben); Ile de Louët (unten)
Coverkarten: Carlos Borrell
Karten: Judit Ladik, Gábor Sztrecska, Hana Budka, Martin Schulze

Wir danken allen Lesern, deren Tips und Hinweise dieses Buch bereicherten. Ein besonderer Dank geht an unseren Freund und Eidgenossen Marcus X. Schmid. Vorsichtshalber möchte ich auch meinem Lektor danken.

ISBN 3-89953-160-4

6. aktualisierte und erweiterte Auflage 2004

Kartenverzeichnis

Was haben Sie entdeckt ?

Haben Sie **den** Strand in der Bretagne gefunden, ein freundliches Restaurant weitab vom Trubel, ein nettes Hotel mit Atmosphäre, einen schönen Wanderweg?

Wenn Sie Ergänzungen, Verbesserungen oder neue Tipps zum Bretagne-Buch haben, lassen Sie es uns bitte wissen!

Wir freuen uns über jeden Brief!

Jochen Grashäuser
Stichwort "Bretagne"
Michael Müller Verlag
Gerberei 19
91054 Erlangen
E-Mail: jochen.grashaeuser@michael-mueller-verlag.de

Zeichenerklärung für die Karten und Pläne

mehrspurige Straße	Allg. Sehenswürdigkeit	Information
Asphaltstraße	Kirche/Kapelle	Parkplatz
Bahnlinie	Kloster	Bushaltestelle
Strand	Turm	Flughafen/ -platz
Gewässer	Leuchtturm	Post
Grünanlage	Sendemast	Museum
Berggipfel	Felsen	Telefon
Aussicht	Campingplatz	Ruine

Fahrrad der "Zwiebeljohnnies" in Roscoff

Anreise

Mit dem Flugzeug

Aus dem deutschsprachigen Raum fliegt kein Pilot seine Passagiermaschine direkt in den Luftraum der Bretagne. Erst vom Pariser Flughafen Orly starten Flugzeuge nach Armorika – und die Preisunterschiede zu den einzelnen Zielflughäfen sind gewaltig.

Am Pariser Flugplatz *Charles-de-Gaulle* landen die internationalen Flieger. Reisende mit bretonischem Flugziel müssen sich nach *Orly* begeben. Von dort schnelle Airport-Busverbindung für etwa 20 €. Rechnen Sie trotzdem ab der Landung bis Orly alles in allem etwa 3 Stunden.

Bretonische Flughäfen mit einer Direktverbindung von/nach Paris-Orly sind u.a. *Rennes, Lorient, Quimper* und *Brest.* Sie werden jeden Tag mehrmals angeflogen. Von Deutschland nach Paris fliegen Sie zwischen einer und eineinhalb Stunden, von Paris nach Brest gut eine Stunde.

Linienflüge: *Lufthansa* und *Air France* fliegen bis Paris, ab Paris hält *Air France* die Luftverbindung auf die Halbinsel aufrecht. Bis Paris ist der Dschungel der Preise, Konditionen und Sonderangebote schier undurchdringlich. Sie können ein Flieg-und-Spar-Ticket kaufen oder das Superspar-Billett, es gibt Ermäßigungen für Ehegatten, Kinder, Studenten, es gibt Sondertarife für Paketbuchungen (z. B. Flug/Hotel/Stadtrundfahrt), es gibt Preisnachlässe für Wochenendflüge und viele Sonderkonditionen mehr. Dazu kommen saisonabhängige Preisvarianten. Prinzipiell gilt: Ein One-Way-Ticket kostet fast dasselbe wie ein Retourbillett.

Grundsätzlich ist von drei Tarifen auszugehen: der normale Preis für die *Business-class* (1 Tag vorher buchen), die *Economy-class* (die Termine für Hin- und Rückflug sind mindestens 14 Tage vor Abflug festzulegen), das *Jugend-* (bis 24 Jahre) und *Studententicket* (bis 26 Jahre). Interessant für Reisende aus dem südwestdeutschen Raum ist die Direktverbindung *Basel/Mulhouse–Rennes* (siehe dort).

• Generalvertretung der Air France
Deutschland: Friedensstraße 11, 60311 Frankfurt 1, ✆ 01805/814814 oder 01805/816816, ✉ 069/95307161
Schweiz: Europastraße 31, 8152 Glattbrugg, ✆ 01/8094640, ✉ 01/8094611
Österreich: Kärntner Str. 49, 1010 Wien, ✆ 01/502222400, ✉ 01/502222407

Charterflüge: Günstige Charter- oder Campingflüge in die Bretagne gibt es nicht. Einzige Möglichkeit: per Charter nach Paris und dort ein Linienflugticket kaufen; oder billiger und fast genauso schnell mit dem TGV weiter.

Mit dem Auto

Zwischen Straßburg, der östlichsten Großstadt Frankreichs, und Rennes als Tor zum äußersten Westen liegen etwa 820 Straßenkilometer, die Sie wahlweise auf gebührenpflichtigen Autobahnen oder den gottlob kostenlosen Nationalstraßen zurücklegen können.

An Papieren benötigen Sie nur den nationalen Führerschein und den Kfz-Schein. Die grüne Versicherungskarte ist offiziell nicht notwendig, doch sie sei dringend empfohlen, da sie bei Unfällen und Verkehrskontrollen verlangt wird. Falls Sie nicht mit dem eigenen Fahrzeug unterwegs sind, benötigen Sie eine Vollmacht des Halters (Vordrucke gibt es z. B. beim ADAC, der diese auf Wunsch auch amtlich bestätigt und abstempelt).

Zum Thema Autofahren in Frankreich/Bretagne (Pannenhilfe, Verkehrsregeln, Reparaturen usw.) siehe "Unterwegs/Mit dem Auto".

Anfahrtsrouten

Die französischen Autobahnen sind mautpflichtig. Wem es auf einige Stunden nicht ankommt und wer Geld sparen will, kann ohne einen einzigen Autobahnkilometer über die Nationalstraßen in die Bretagne gelangen – manche Strecken sind drei- bis vierspurig ausgebaut, andererseits sind die vielen Ortsdurchfahrten nicht jedermanns Geschmack. Tipp: Zur Mittagszeit und in den Abendstunden ist das Verkehrsaufkommen merklich geringer.

Hier drei Streckenvorschläge, ohne Mautgebühren durch Frankreich zu fahren:

Vom Süden (Österreich, Schweiz, Süddeutschland): Ab *Mühlhausen* zuerst ein Stück auf der Autobahn oder der N 466, dann weiter auf der N 83 nach *Belfort*; auf der N 19 nach *Vésoul* und immer weiter auf der N 19 in nordwestlicher Richtung über *Langres* und *Chaumont* nach *Troyes*. Von Troyes weiter auf der N 60 über *Montargis* nach *Orléans*. Von Orléans auf der N 157 nach *Le Mans*, immer noch auf der N 157 über *Laval* nach *Rennes*. Insgesamt etwa 715 km.

Vom Norden (West- und Norddeutschland): Ab *Saarbrücken* nach *St. Avoid* und über die N 3 nach *Metz*; weiter auf der N 3 über *Verdun* nach *Châlons*. Nach Nordwesten auf der N 77 nach Troyes. Ab Troyes stimmt die Reiseroute mit der Anfahrt vom Süden überein. Insgesamt 840 km.

Über das Loire-Tal: Der längste und stimmungsvollste Weg in die Bretagne. Von *Orléans* über *Bois*, *Tours*, *Saumur* und *Angers* nach *Nantes* und eventuell weiter zur *Loire-Mündung* bei St. Nazaire. Höhepunkte der gemütlichen Fahrt durch das

Tal der Loire sind die zahlreichen Prunkschlösser, die Weine sowie das Essens- und Übernachtungsangebot. Der Sightseeing-Umweg lohnt nur, wenn Sie sich ausreichend Zeit lassen.

- *Mautgebühren* Wer nur Autobahn fährt, zahlt auf der Südroute (Mühlhausen–Beaune–Paris–Le Mans–La Gravelle) mit dem Pkw (inkl. Anhänger unter 500 kg zulässiges Gesamtgewicht) ca. 57 €, auf der Nordroute (Saarbrücken–Metz–Paris–Le Mans–La Gravelle) ca. 52 €.

Motorräder sind 40 % billiger als Pkw, für Kleinbusse (max. 9 Sitzplätze) gilt der Pkw-Tarif. Pkw mit Anhänger über 500 kg zulässiges Gesamtgewicht zahlen etwa das Eineinhalbfache des Pkw-Preises. Kleinbusse mit der Eintragung "Pkw-Kombi", Wohnmobile und Kleintransporter zahlen je nach Streckenabschnitt einen Zuschlag von 60–90 %.

- *Zahlmodus* Meist müssen Sie bei der Einfahrt das Ticket einem Automaten entnehmen; wenn Sie die Autobahn verlassen, zahlen Sie am Mauthäuschen an der Ausfahrt. Akzeptiert werden auch Visa-, Euro- bzw. Mastercard. Bei einigen Teilabschnitten zahlen Sie am Streckenbeginn, manchmal müssen Sie bei der Einfahrt Geld in einen Trichter werfen, damit sich die Schranke öffnet. Passendes Kleingeld in Euro ist hierbei aus Zeitgründen nützlich.

Mit der Bahn

Alle Wege führen über Paris. Vom Bahnhof Montparnasse bringt Sie die französische Staatsbahn direkt in die Bretagne – auf Wunsch ohne Umsteigen nach Brest, den westlichsten Bahnhof der Halbinsel.

Bis Paris dauert die Zugreise je nach Abreiseort in Deutschland etwa zwischen knapp 7 Stunden (Frankfurt) und 10 Stunden (Hamburg). In Paris gehen die Züge in die Bretagne vom *Bahnhof Montparnasse* ab. Wer in Paris auf dem Bahnhof *Gare de l'Est* (Anreise aus dem Süden) oder *Gare du Nord* (Anreise aus dem Norden) ankommt, begibt sich mit Metro, Bus oder Taxi zum Bahnhof *Montparnasse.* Der Hochgeschwindigkeitszug *TGV Atlantique* benötigt dann bis Rennes (ca. 350 km) nur noch zwei Stunden. Die folgenden Preise können sich um 25 bzw. 50 % reduzieren, wenn man früh genug bucht, und so in den Genuss eines Spartarifes der Deutschen Bahn kommt.

TGV macht Werbung: "Nehmen Sie Platz, testen Sie die 1. Klasse des TGV"

Preisbeispiele für die Retourfahrt (Einfachtickets sind halb so teuer):

Frankfurt	–	Paris	–	Rennes:	1. Klasse 315 €	2. Klasse 210 €
München	–	Paris	–	Rennes:	1. Klasse 415 €	2. Klasse 275 €
Hamburg	–	Paris	–	Rennes:	1. Klasse 505 €	2. Klasse 335 €

Interrail: Ein Angebot der Bahn für Personen, die seit mindestens 6 Monaten einen Wohnsitz in Deutschland nachweisen können. 22 Tage lang kann mit dem Interrailticket der Zone E in Frankreich, Belgien, Luxemburg und Holland hemmungslos Bahn gefahren werden, auf dem bundesdeutschen Streckennetz müssen zusätzlich 50 % des normalen Fahrpreises gezahlt werden. Kaufpreis 210 € (unter 26 Jahre) bzw. 300 € (über 26 Jahre). Wer eine Zusatzzone mitbucht, zahlt 274 € bzw. 386 €. Das Ticket ist dann einen Monat lang gültig.

Mitfahrzentrale

Nach dem kostensparenden, doch zeitlich schwer zu kalkulierenden Trampen ist die Mitfahrgelegenheit (MFG) gegen Benzinkostenbeteiligung (BKB) die billigste Anreiseart. Angebote finden sich beispielsweise am Schwarzen Brett in Universitäten und deren Einrichtungen (wie die Mensa), sowie – gegen eine geringe Vermittlungsgebühr –bei den Mitfahrzentralen (MFZ).

Mittlerweile sind Mitfahrzentralen besonders unter Jugendlichen mit schmalen Geldbeuteln eine traditionelle Reisemöglichkeit, besonders Frauen und Mädchen machen davon Gebrauch – speziell bei den Zentralen, die mit "Frauen fahren mit Frauen" werben. In etlichen Städten Deutschlands haben sich die örtlichen Mitfahrzentralen zwecks besserer Koordination zum *Citynetz* zusammengeschlossen; dazu zählen die Büros in *Berlin, Düsseldorf, Frankfurt/Main, Freiburg, Göttingen, Hamburg, Hannover, Heidelberg, Köln, München, Münster, Nürnberg/Erlangen* und *Wuppertal*. Alle diese MFZs sind bundesweit erreichbar unter der einheitlichen Telefonnummer *Stadtvorwahl + 19 440.*

Die Kosten sind bei allen Büros einer Stadt relativ gleich, da sie einheitlich nach Kilometern abgerechnet werden. Der Fahrpreis setzt sich zusammen aus der Vermittlungsgebühr und dem eigentlichen Fahrpreis (insgesamt pro Kilometer etwa 6 Cent). Die Vermittlungsgebühr beinhaltet auch eine Versicherungssumme, mit der eventuelle Schäden während der Reise abgedeckt sind.

Es ist immer empfehlenswert, sich möglichst früh an eine MFZ zu wenden. Um Schwierigkeiten bei der Bezahlung am Ziel auszuschließen, sollte man sich von der MFZ eine Quittung ausstellen lassen. Auf dieser Abrechnung sind der noch an den Fahrer zu zahlende Betrag, die schon gezahlte Vermittlungsgebühr sowie die Unterschriften der MFZ, des Fahrers und des Mitfahrers einzutragen. So abgesichert, bleibt eine Überraschung erspart.

Nach Rennes klappt die Verbindung erfahrungsgemäß recht gut und kostet pro Person insgesamt ab Frankfurt ca. 45 €, nach Paris ca. 30 €. Das französische Pendant zur MFZ heißt *Allostop*. Bei Allostop kostet der Autobahnkilometer ca. 4 Cent, hinzu kommen Vermittlungsgebühren

Allostop Rennes: Allostop, Rue d'Isly 20, ✆ 02.99.67.34.67; Das Telefon wird Mo–Fr von 9.30–12.30 und 14–18 Uhr und Sa von 10–12 und 14–16 Uhr bedient.

Allostop Paris: Allostop, Rue Condorcet 1, 75009 Paris, ✆ 01.53.20.42.42

Granit, der Stein der Bretagne

Geographie und Geologie

Eines der ältesten Festlandsgebiete der Erde sieht von weit oben aus wie ein längst ausgestorbenes Fabeltier: Wie ein riesiger ungeschlachter Drachenkopf schiebt sich die Halbinsel ins Meer – die Stirn bei der Rosa-Granitküste im Norden, die Halbinsel Crozon als bleckende Zunge, die Kehle zieht sich von Concarneau zur Loire-Mündung im Süden.

Geographisches: Die Bretagne als westlichster Punkt Frankreichs liegt auf dem 43. Breitengrad. Der Ärmelkanal im Norden und der Atlantik im Süden und Westen sind die Wassergrenzen der Halbinsel, die Landgrenze nach Osten ist eine historische, deren Verlauf immer wieder verschoben wurde: Sie verläuft vom Mont-Saint-Michel am Ärmelkanal (heute Normandie) über die Grenzfesten Fougères und Vitré und weiter über Châteaubriant und Redon bis La Roche-Bernard an der Atlantikküste.

1798 wurde das bretonische Gebiet in fünf Départements eingeteilt, von denen eines kürzlich verloren ging: Die Halbinsel Guérande und die Stadt Nantes gehören seit der Gebietsreform von 1962 zum außerbretonischen Département *Loire-Atlantique* (Verwaltungssitz Nantes), die verbliebenen vier Départements sind: *Ille-et-Vilaine* (Rennes), *Côtes d'Armor* (St. Brieuc), *Finistère* (Quimper) und *Morbihan* (Vannes). Verwaltungshauptstadt der gesamten Bretagne ist *Rennes*.

Die Landesfläche erstreckt sich auf genau 27.209 qkm (Hessen 21.114 qkm). Die Küstenluftlinie um die Bretagne beträgt nur 600 Kilometer, die sich etwa gleich lang von Nord nach Süd und von Ost nach West aufteilen: vom Mont-Saint-Michel bis zur Ile d'Ouessant ganz im Westen sind es 265 km. Wenn alle Landspitzen der vielen Halbinseln und Kaps angelaufen werden, schwanken die Ergebnisse: Von 2000 bis 3000 km reichen die von uns ermittelten Zahlen. Auf jeden Fall ist das Meer nie weit: Die weiteste Strecke zu ihm beträgt 125 km.

Die Oberfläche der Bretagne, teils hügelig, teils flach, wird von West nach Ost gegliedert durch die *Monts d'Arrée*, die *Montagnes Noires* und die *Heide von Lanvaux* (nach Osten verlängert vom *Sillon de Bretagne*). Die höchste Erhebung findet sich in den Monts d'Arrée (384 m). Der zerklüftete Küstenverlauf wird bestimmt durch felsige Steilküste, oft 50–70 m hoch, zahllose Mündungsbuchten, Halbinseln, Kaps und lange Dünenstrände.

Eine Menge von Flüssen durchziehen die Bretagne, doch die meisten sind weder lang noch breit oder gar reißend – gemächlich fließt das Wasser in zahlreichen kurzen Wasserläufen und vereinigt sich nur selten in einem größeren Bett: Die *Rance* im Nordosten, im Osten die *Aulne*, im Süden der *Blavet*, die *Odet*, der *Aven*, die *Ellé* und die *Vilaine* sind außer dem künstlichen *Nantes-Brest-Kanal* die nennenswerten bretonischen Wasserläufe.

Geologisches: Unter den Geographen ist das *Armorikanische Gebirge* ein gängiger Name für die bretonische Halbinsel, der auf den Ursprung der Bretagne weist: Wo vor 350 Millionen Jahren nur eine endlose Wasserwüste war, begann sich eines Tages im Erdmittelalter die Erde zu heben, und es kam zur "Variskischen Gebirgsbildung" (nach den Variskern benannt, die zu Römerzeiten in der Gegend von Hof/ Bayern lebten). Zusammen mit den heutigen deutschen Mittelgebirgen stieg das Armorikanische Gebirge hoch, das in seiner Jugend mit Erhebungen bis zu 4000 Metern von Südengland bis zum französischen Zentralmassiv verlief. Knapp 200 Millionen Jahre war das Armorikanische Gebirge ähnlich den Alpen ein auffälliger Gebirgsriese, dann senkte sich in den folgenden Jahrmillionen das Land wieder, und mit dem Ende der letzten Eiszeit verschluckte das Meer immer mehr Festlandsmasse. Der Ärmelkanal entstand, der Atlantik flutete den Golf von Morbihan; das anstürmende Wasser zerklüftete die Küste heillos, fraß sich durch weiches Gestein und drang durch Fjorde tief ins Landesinnere ein. Aus früheren Berggipfeln wurden vorgelagerte Riffe, Inselchen und Inseln, die *Belle Ile* mit 84 qkm die größte. Auch die Wattlandschaften, die heute nur für einige Stunden existieren, bevor sie wieder überspült werden, gehörten einst zum europäischen Festland.

In geschützten Lagen konnten sich auf der Halbinsel Sandstein und Schiefer halten, doch der Stein des Landes ist der Granit. Die ganze Bretagne ruht auf dem harten Gestein, das als Rest des Armorikanischen Gebirges das vorgeschobene Bollwerk des Festlands gegen das Meer bildet. Die Hauptbestandteile des Granits sind Feldspat, Quarz und Glimmer. Seine Färbung, von rötlich bis grau, wird vom Feldspat bestimmt.

Von durchschnittlich 1200 m hohen Erhebungen (vor 60 Millionen Jahren) wurde der Granit auf 300 m abgetragen. Dennoch ist das Innere der Bretagne trotz seiner geringen Höhe z. T. gebirgsähnlich – enge Täler, kleine Schluchten und immer wieder Granitblöcke bilden eine oft verschlossene Kleingebirgslandschaft. Dieses häufigste Gestein der Erdkruste ist nicht nur der Schutzwall gegen das landverschlingende Wasser, sondern auch bevorzugtes Baumaterial für die meisten Häuser und zahlreiche Kunstwerke in der Bretagne.

Sonne, Wolken, Wind und Meer...

Klima

Seit fast 200 Jahren zieht die Bretagne Menschen an, die sich der Malerei verschrieben haben und die hier nicht nur zahllose Motive für ihre Bilder finden, sondern auch Lichtverhältnisse, die ihresgleichen auf der Welt suchen. Die hohe Luftfeuchtigkeit zaubert im Sonnenlicht Farbenspiele über eine Landschaft, über der im nächsten Augenblick dräuende Wolken aufziehen können, um gleich wieder vom Wind weggeschoben zu werden.

Der nah vorbeifließende *Golfstrom* beschert der Bretagne ein gemäßigtes ozeanisches Klima mit milden Wintern, in denen Schnee eine Seltenheit ist, und mit lauwarmen Sommern, in denen sich aber auch längere Schönwetterperioden durchsetzen können. Der viele Regen, den der ständig wehende Westwind vom offenen Meer mitbringt und den das ozeanische Klima über das ganze Jahr verteilt, sorgt für hohe Luftfeuchtigkeit. Die Südküste ist insgesamt etwas milder und regenärmer als der Norden, Kontinentalklima herrscht allein im Osten, im Becken von Rennes, das an die französische Festlandsmasse angebunden ist.

Die *Niederschläge* auf der Halbinsel fallen unterschiedlich aus: Im Westen regnet es durchschnittlich mehr als im Osten, im Inland fällt wieder mehr Regen als an der Küste. Beispiele: Ostbretagne 700–800 mm im Jahresdurchschnitt, Küstenzone 800–900 mm (Brest ca. 1130 mm, Vannes 750 mm), in den Monts d'Arrée und den Montagnes Noires in der Zentralbretagne regnen jährlich mehr als 1500 mm ab.

So unterschiedlich wie die Niederschläge sind die *Temperaturen*. Herrscht in Brest eine jährliche Durchschnittstemperatur (Tages- und Nachttemperaturen zusammengerechnet) von knapp 12 Grad, sind es in Roscoff schon knapp 17 Grad (zum Vergleich: Frankreich 11 Grad). Die Jahresdurchschnittstemperatur an der Küsten-

zone beträgt 11–12 Grad Celsius, damit ist es an der Küste über das Jahr durchschnittlich 1–2 Grad wärmer als im Inland. Nur im Sommer nicht: da klettert das Thermometer in der Innerbretagne höher als am Meer. Der Juli ist mit durchschnittlich 16 Grad der wärmste Monat an der Küste, im August ist es im Landesinneren am wärmsten – hier erreicht das Thermometer im achten Monat 17–19 Grad. Konkret heißt das für den Sommer: Spitzenwerte von 30 Grad sind keine Seltenheit.
Der Herbst lässt die Temperaturen sachte abkühlen und ist ansonsten die Zeit der Stürme aus Südost und Südwest. Knallt das Meer an den Granit der Küste, kann der Aufprall z. T. noch in 30 km Entfernung zu spüren sein. Im Winter beträgt der Temperaturmittelwert immer noch 6–7 Grad; der kälteste Monat an der Küste ist der Februar mit 6 Grad, in der Innerbretagne ist es im Januar am kühlsten: etwa 3 Grad. Durchschnittlich zehn Frosttage werden auf dem Festland jährlich gezählt (Ouessant: vier).
Ab April beginnt sich die Luft wieder zu erwärmen, und schon bald sind die angenehmen bretonischen Frühjahrstemperaturen erreicht: im Landesdurchschnitt tagsüber etwa 16 Grad Celsius.
Zu den Wassertemperaturen siehe *Wissenswertes A-Z/Baden*.

Flora und Fauna

Die Pflanzenwelt des Küstensaums ist nicht dieselbe wie die des Landesinneren. Und unter dem Einfluss des Golfstroms sowie im milden Süden der Bretagne gedeihen sogar Gewächse, deren Heimat eigentlich das Mittelmeer ist: Steineiche, Erdbeerbaum oder Palme haben sich auch am Westrand Europas eingelebt, und auf der Ile de Batz trägt der nördlichste Feigenbaum des europäischen Kontinents seine Früchte.

Neben diesen exotischen Bäumen sind als beliebte Schmuckpflanzen *Oleander* und *Rhododendron*, die *Geranie* und vor allem die *Hortensie* zu nennen, die zu ihren Blütezeiten Farbe in die bretonische Landschaft bringen. Direkt an der Küste wächst an ungeschützten Stellen wenig bis nichts – zu stet und zu heftig peitscht der Wind über das Land und trägt mit Hilfe des Regens bisweilen sogar das Erdreich ab, bis kahl und bloß der Fels offen liegt. Doch wo etwas wachsen kann, nutzen die Pflanzen dies aus: Von Mai bis September blüht rosa die gemeine Grasnelke (*Armeria maritima*), Strandkiefern (*Pinus pinaster*) und Monterey-Zypressen (*Cupressus macrocarpa*) bevölkern die Dünen und den angrenzenden Landstreifen hinter der Uferregion.

Landes, die Heidelandschaft, ist das botanische Bindeglied zwischen Küste und Inland. Die Heide, eine offene Landschaft auf nährstoffarmem Boden, entsteht meist durch Roden von Wald und anschließender Überweidung. Sie kann in der Bretagne unmittelbar an der Küste auftreten oder karge Berg- und Sumpfgebiete im Inneren bedecken. Typisch für die Heide sind die Zwergsträucher: *Besen-* und *Stechginster*, *Farn*, *Brombeersträucher* und *Heidekraut* bilden die Grundvegetation, in deren Schutz Blumen wie die *Heidenelke* weitere Tupfer setzen.

Die *Innerbretagne* ist die "grüne Bretagne". Über große Strecken präsentiert sich das Inland der Halbinsel als unübersichtliche Wiesen-, Feld- und Heidelandschaft mit schachbrettartigen Heckenformationen und dazwischengestreuten kleinen Forsten, die einen Hauch von Wald vermitteln. Während nach der Ausrottung des Walds ein großer Teil der *Landes* die Bretagne bedeckte, wurde seit der

Industrialisierung erst langsam, dann immer rasanter ein Großteil der innerbretonischen Landesfläche kultiviert: Knapp 60 % der Bretagne, etwa 1,5 Millionen Hektar, sind heute landwirtschaftliche Nutzfläche. Im bunten Gemüsereigen – Spezialität: Frühgemüse – gedeihen besonders *Artischocken, Blumenkohl, Zwiebeln* oder *Kartoffeln* prächtig, dazu kommen ausgedehnte *Viehweiden, Mais-* und *Weizenfelder*. Der *Buchweizenanbau*, einst ein führender Agrarzweig, hat an Bedeutung völlig verloren. Nur noch für die in der Bretagne gebackenen Galettes wird das Mehl benötigt. Geblieben sind dagegen die *Apfelbaumplantagen* als wichtigste Obstbaumkultur; Cidre wird unverändert gern getrunken und weiterhin exportiert.

Die wenigen verbliebenen *Wälder* (etwa 320.000 ha, das sind 10 % der bretonischen Landfläche) bestehen hauptsächlich aus *Eichen* und *Buchen, Ahorn, Kastanien* oder *Eschen*. Dichtes Unterholz und Kleingewächse wie *Eiben, Stechpalmen, Farn, Moos* oder *Flechten* machen die lichten, sonnendurchfluteten Wälder gleich neben dem Wegrand zu einem meist unwegsamen Gelände, in dem sich ungestört die alten Sagen über die Zeit gerettet haben. Das größte verschonte und sagenreichste Waldstück ist mit etwa 6300 ha der *Wald von Paimpont*.

Fauna: Das Wildschwein hat Obelix so gut wie ausgerottet, auch das Großwild wurde mittlerweile eine Rarität. Über die Zeiten gerettet haben sich außer den Insekten nur Nutz- und Haustiere, dazu der Hase und die Eidechse – außerhalb der Zoos ist die Tierwelt auf der festen bretonischen Erde wenig aufregend.
Anders in der Luft und unter Wasser: Millionen Vögel geben sich ein Stelldichein, und ungezählte Fische und andere Wasserlebewesen bevölkern das nasse Element. Ab März schnäbelt und brütet das gefiederte Volk zur Freude der Ornithologen speziell in den Vogelreservaten der Küste oder in der ruhigen Grande Brière. Die Bewohner des Wassers können Sie trockenen Fußes in den Aquarien bestaunen oder appetitlich angerichtet verzehren.

Heide im Morgentau

Fischfang, der traditionelle Haupterwerbszweig der Bretonen

Wirtschaft

Ein uraltes bretonisches Strukturproblem ist zu Beginn des 21. Jahrhunderts noch immer nicht beseitigt – der Westen der Bretagne ist der traditionell ärmere und vernachlässigtere Teil der Halbinsel. Am Ende der Welt ist die Infrastruktur schlechter, das Klima rauer, die Küste unwirtlich und der Boden karg.

Die industrielle Revolution ließ die Bretagne links liegen, und auch der später aufkommende Welthandel lief erst einmal an der Halbinsel vorbei. Nach wie vor ist die Bretagne eine bäuerliche Region, deren Bewohner vorrangig von der direkten Ausbeutung der Erde, des Meers und der dazugehörigen Nahrungsmittelindustrie leben – der einzig nennenswerte Exportzweig der Bretagne.

Bis 1950 zählte man die Bretagne zu den unterentwickelten europäischen Regionen. Nur zögernd begann sich die Regierung in Paris um die bretonischen Hungerleider zu kümmern, und es dauerte ein Jahrzehnt, bis die Programme zu greifen begannen: Heute stehen etwa 40 % der Gesamtbevölkerung in einem Arbeitsverhältnis. Wirtschaftlich muten die Erfolge, insbesondere auf dem Agrarsektor, auf den ersten Blick bestechend an. Die Bretagne ist in Sachen Fischfang, Erzeugung von Agrarprodukten und Viehhandel die französische Nummer eins.

Der seit Jahrzehnten herrschende Trend weg von den Erzeugnissen des Meers zu Agrarprodukten hält trotz der eindrucksvoll klingenden Fangzahlen weiter an, verstärkt entwickelt sich zudem eine Dienstleistungsgesellschaft. Die Küste hat durch den Niedergang der Handelshäfen an Bedeutung verloren, das Inland wurde durch die Ansiedlung von Industrie und die Verbesserung der Agrarstruktur aufgewertet.

Trotzdem – pulsierende Zentren in Argoat sind nach wie vor selten, die blieben wie gewohnt an der Küste. Von wenigen Ausnahmen abgesehen, ist die größte Siedlungseinheit im Inland die Marktgemeinde.

Fischfang: Als japanische und amerikanische Großunternehmer im 20. Jahrhundert moderne Großfänger auf die Weltmeere schickten, um den Dorsch mit Radar und gigantischen Schleppnetzen zu jagen, ging es mit den bretonischen Fangzahlen schnell und steil bergab. Der von bretonischen Fischern gepflegte Kampf "Mann gegen Fisch" im Tosen der Elemente war ökonomisch überholt, Mittel, die bretonische Flotte zu modernisieren, fehlten.

Ein weiteres Problem kam durch die Massenausbeutung des Meeres hinzu: Es leben weniger Fische im Ozean, die Boote müssen, wenn sie es z. B. auf Thunfisch abgesehen haben, bis nach Afrika fahren, um nach vielen Tagen halbwegs beladen in den bretonischen Heimathafen zurückzukehren.

Nachdem auch noch etliche nationale Hoheitszonen ausgedehnt und offen zugängliche Fanggründe verkleinert wurden, haben die bretonischen Fischer noch mehr Schwierigkeiten, effizient zu arbeiten. Einige trockene Zahlen:

In der Bretagne gibt es zwölf *Affaires maritimes*, administrative Zentren des organisierten Fischfangs. Die größten sind von Nord über West nach Süd: St. Malo, Morlaix, Brest, Douarnenez, Le Guilvinec, Concarneau und Lorient, wobei Concarneau der französische Hafen mit den höchsten Fangergebnissen ist.

Vom Gesamtumsatz im französischen Fischgeschäft entfallen 40 % auf die Bretagne, 60 % der französischen Fischkonserven werden hier eingedost; jährlich werden etwa 150.000 t Fisch, 15.000 t Krustentiere (70 % aller französischen Meeresfrüchte) und 3000 t Jakobsmuscheln in den bretonischen Häfen angelandet. Doch nur wenige Arbeitnehmer sind heutzutage im direkten Fanggeschäft beschäftigt: Etwa 6000 professionelle Fischer arbeiteten 1998 auf 2200 Schiffen, die meisten von ihnen auf kleinen Kuttern, die nur für einen Tag ausfahren.

40 bretonische Schiffe von 150 bis 1000 Bruttoregistertonnen begeben sich noch auf die *Grande pêche* (Große Fangfahrt): Mehr als 20 Tage sind sie unterwegs, um ihre Laderäume zu füllen. Concarneau ist mit 29 Großfängern französische Spitze.

Die *Pêche au large* dauert mindestens drei Tage, sie ist die zweithäufigste Fangart. Schwerpunkte der Pêche au large sind Le Guilvinic, Concarneau und Lorient.

Landwirtschaft: Der Agrarsektor blickt auf die erstaunlichste Entwicklung zurück. Wo 1950 noch etwa die Hälfte der Erwerbstätigen damit beschäftigt war, auf Kleinstflächen den Boden zu bestellen und einige Nutztiere zu züchten, arbeiten heute nur noch 12 % der Erwerbstätigen (knapp 130.000, Tendenz rückläufig), und die haben es innerhalb kürzester Zeit geschafft, die bretonische Landesfläche zum französischen Agrarmarktführer zu machen.

In den frühen 60er Jahren des 20. Jahrhunderts bewirkten mehrere Faktoren diesen rasanten Aufschwung. Die Bauern, bis dahin von Großhändlern abhängige Einzelkämpfer, begannen sich in Genossenschaften zusammenzuschließen, um gemeinsam eine bessere Vermarktung und effektivere Anbaumethoden zu erreichen. Daneben stieg man verstärkt vom traditionellen Getreideanbau auf Viehhaltung und die Zucht von Frühgemüse um. Mit sichtbarem Erfolg. Die auf den Druck bretonischer Bauern von Paris erlassenen Agrargesetze (1962) brachten Finanzspritzen in die Region, eine Art Flurbereinigung ordnete das zersplitterte Land und erlaubte moderne Bewirtschaftung. Aus dem bretonischen Kleinbauern wurde vielfach ein Agrarspezialist, der nur Erdbeeren anbaute oder täglich jede Menge Hüh-

Erntezeit

nereier sammelte. Die Durchschnittsgröße eines landwirtschaftlichen Betriebs betrug im Jahr 2000 etwa 20 ha (zum Vergleich: 1955 waren es 10 ha).
Fleisch, Milch und Eier: Die mit Abstand bedeutendsten Agrarzweige sind die Rinderhaltung (Milchkühe), die Schweine- und die Hühnerzucht. Der Anbau von Frühgemüse (Artischocken, Blumenkohl, Frühkartoffeln) folgt erst mit weitem Abstand, Getreide hat seine Rolle in der Bretagne so gut wie ausgespielt.
Die Landwirtschaft hat den größten Stellenwert im bretonischen Wirtschaftsleben: Von 4 Milliarden Euro Exporteinnahmen kamen 1999 knapp 1,5 Milliarden aus dem Agrarbereich.

Doch trotz der erheblichen Ausweitung der Produktion, Wegrationalisierung menschlicher Arbeitskraft und agrartechnischer Intensivierung wachsen die Gewinne nicht: Wie alle EG-Bauern stöhnen auch die bretonischen Landwirte über eine (Land-)Wirtschaftspolitik, die sie zu ewigen Verlierern macht. Die Agrarbeschlüsse aus Brüssel bewirkten bisher eine immer größere Produktion mit einhergehendem Preisverfall.

Klaglos lassen sich die Bauern allerdings nicht ins Abseits drängen. Der protestierende bretonische Landmann, der mit seinem Traktor die Straße blockiert, gehört zum französischen Medienalltag.

Industrie: 19 % der Beschäftigten, das sind knapp 200.000 Arbeitnehmer/innen, arbeiten im industriellen Sektor, der sich grob aufgliedern lässt in metallverarbeitende Industrie, Bauindustrie und Agrarindustrie. Die *Lebensmittelindustrie* ist gegenwärtig der einzig halbwegs florierende Industriezweig. Der große Boom, der die *Bauindustrie* an die Spitze des Industriegewerbes getragen hat, hat wieder nachgelassen: Die meisten Zweit- und Ferienwohnungen sind gebaut, die Städte haben momentan kein nennenswertes Wachstum mehr zu verzeichnen. Während Ende

der 1970er Jahre jährlich noch 25.000 Wohneinheiten (inkl. Ferienhäuser) hochgezogen wurden, waren es 1999 nur noch insgesamt 9000 mit weiterhin rückläufiger Tendenz.
Die *metallverarbeitenden Industriebetriebe* sind die größten Arbeitgeber des Landes und erwirtschaften die höchsten Gewinne: Die bretonischen Ableger der Pariser Autobauer Citroën sorgen für den größten Einzelposten des bretonischen Exports: Sie setzten 1999 750 Millionen Euro von 4 Milliarden Euro um. Nach Citroën (Rennes) sind die Werften in Brest und Lorient die bretonischen Großunternehmer, doch ihr Umsatz ist wie in der gesamten Branche rückläufig.

Im Zuge der französischen regionalen Förderungsgesetze hatten sich ab den Sechzigern etliche französische Firmen auch auf der Halbinsel angesiedelt, um in den Genuss von Subventionen, billigen Arbeitskräften und günstigen Grundstücken zu kommen. Viele dieser Unternehmen, die nie eine Bindung zur Halbinsel fanden, haben sich seit den frühen 80ern wieder aus der Bretagne zurückgezogen, als der Subventionsregen zu tröpfeln aufhörte. So ist der Industriesektor derzeit wieder einmal krisengeschüttelt: Die schwindenden Arbeitsplätze tragen unmittelbar zu einer verstärkten Abwanderung qualifizierter Fachkräfte bei. Momentan beträgt die Arbeitslosenquote in der Bretagne trotz Abwanderung etwa 10 %.

Energiewirtschaft: Nach der Stilllegung des Atommeilers von Brennilis sind die beiden einzigen nennenswerten bretonischen Stromerzeuger das Kraftwerk am *Stausee von Guerlédan* und das Gezeitenkraftwerk an der *Rance-Mündung*, unterstützt von einigen Kraftwerken auf Erdölbasis. Weitere umweltschonende Gezeitenkraftwerke oder die Energieerzeugung durch Nutzung des Winds – beide Alternativen ideal der Bretagne angepasst – sind nicht im Gespräch. Die französische Atomlobby ist stark und der Widerstand gegen die nukleare Energie gering.

Tourismus: Die Saison ist kurz, doch das Geld, das die Touristen im Sommer auf der Halbinsel lassen, ist für das bretonische Bruttosozialprodukt beträchtlich. Nach der Côte d'Azur ist die Bretagne das meistbesuchte französische Feriengebiet. Jedes Jahr kommen etwa drei Millionen Gäste auf die Halbinsel, wobei die Franzosen unangefochten das Gros stellen, gefolgt von Engländern, Holländern und schließlich Deutschen. Allein im August werden in den bretonischen Hotels knapp eine Million Übernachtungen gezählt, darunter etwa 750.000 französische und gut 60.000 deutsche. Der deutsche Anteil am ausländischen Tourismusaufkommen beträgt übrigens etwa 25 % nach England mit über 30 %.

Im späten 19. Jahrhundert entdeckten finanziell gut gestellte Franzosen und Engländer das Urlaubsland vor ihrer Haustür, und seitdem boomt das Geschäft mit der schönsten Zeit des Jahres – auch Otto Normalverbraucher und seine Familie haben schon lange die Bretagne als Feriengebiet entdeckt. Die *Côte d'Emeraude* mit alteingesessenen Renommierorten wie Dinard oder St. Malo waren die ersten Adressen, die Massenurlaubsparadiese der *Halbinsel von Quiberon* und Umgebung, des *Golfs von Morbihan* und *La Baule* ganz im Süden sind neueren Datums. Im Inland geht es wesentlicher ruhiger zu als am Meeresgestade: 70 % des touristischen Geschehens spielen sich an der Küste ab, doch auch hier gilt wie für alle Wirtschaftszweige: Je weiter westlich, desto ruhiger.

Bevölkerung

Auf 5 % Prozent der französischen Staatsfläche gibt es 5 % aller französischen Hotels und leben 5 % der französischen Bürger/innen samt ihren Kindern. Doch der Nachwuchs ist nach einer 25-jährigen Phase der Fruchtbarkeit ein Problem, immer weniger Kinder werden geboren. Die jährlichen Neugeburten sanken von über 44.000 auf unter 36.000 Bébés bretons.

Mit dem wirtschaftlichen Aufschwung der 1960er Jahre einher ging ein Kindersegen über das Land, der der Bretagne seit langer Zeit wieder menschliche Zuwachsraten bescherte. Bretonen lieben Kinder: Von 1850–1950 hatten eine Million Bretonen ihre unterentwickelte Heimat verlassen, um in der Fremde ihr Glück zu machen, trotzdem sank die Bevölkerung wegen der starken Geburtenüberschüsse nicht wesentlich, und ab den sechziger Jahren stieg sie sogar leicht an. Seit dem letzten Jahrzehnt stagniert das Bevölkerungswachstum wieder, eine Entwicklung, die den Statistikern ernsthaft Sorge macht.

1990 wurde die letzte Volkszählung durchgeführt. Einige Ergebnisse: von 2,793 Millionen Bretonen sind 56 % Städter, Tendenz stark zunehmend – seit Mitte der Sechziger hat sich die Einwohnerzahl der Städte verdoppelt. Zwei Vergleichszahlen vom selben Jahr: in Frankreich lebten 73 % der Bevölkerung in Städten, in Deutschland waren es 85 %.

Auf einem Quadratkilometer siedeln im Schnitt etwa 100 Bretonen/innen, wobei die Bevölkerungsdichte sehr ungleich ist: in der Innerbretagne sind z. T. nur statistische 40 Menschen auf 1 qkm sesshaft, in und um Rennes sowie in den größeren Städten an der Küste und in deren Einzugsgebieten (Brest und Lorient) steigt die Zahl sprunghaft an – allein hier leben 20 % der bretonischen Bevölkerung; im Küstenbereich insgesamt wohnen 30 % aller Bretonen.

Binnenwanderung (hin zur dicht besiedelten Küste und in die Großstädte) und Abwanderung (vielfach nach Paris, wo die heimwehkranken Bretonen rund um den Bahnhof Montparnasse einen eigenen Stadtteil bewohnen) sind die großen Probleme der Halbinsel: Von den 1269 bretonischen Gemeinden verlieren über 500 stetig an Einwohnern, alle anderen stagnieren, nur die wenigen Großstädte verzeichnen einen Zuwachs. Viele junge Menschen verlassen mit Erreichen des erwerbsfähigen Alters wegen fehlender Arbeitsmöglichkeiten die Bretagne und kommen erst als Rentner wieder zurück.

Bretonen sind in Frankreich, ähnlich wie Ostfriesen und Österreicher im deutschen Sprachraum, Ziel der immergleichen Witze über holzschuhtragende, nicht gerade helle Hinterwäldler. Die Figur der etwas tumben *Bécassine*, die in der Weltstadt Paris nicht den besten Eindruck macht, kam in Frankreich sogar zu Comic-Ehren. Im Übrigen gelten die Bretonen laut weiterer Vorurteile als grobschlächtig-derb, unflexibel und bockig, abergläubisch und trinkfest. Eben das krasse Gegenstück zum weltoffenen, feinziselierten Pariser, der kurzfristig und massenweise in die Bretagne einfällt, das ursprüngliche, bäuerliche Leben ganz toll findet, sein Ferienhäuschen mit Schilf deckt und schwitzend einen Menhir im Gärtchen aufstellt. Zum Amüsement der Bretonen – die spinnen, die Pariser.

Zwei Extremdaten zum Schluss: Der bretonische Alkoholkonsum steht in Frankreich an der Spitze der Statistik, dabei ist die Scheidungsrate Armorikas die niedrigste: Von vier Ehen wird in der Bretagne nur eine geschieden (Frankreich gesamt: drei). Ob aber alle Bretonen dauernd betrunken sind oder bretonische Ehen besonders glücklich, darüber verraten diese Zahlenspielereien nichts.

Geschichte

"Die Bretagne ist eine alte Rebellin. Jedes Mal seit 200 Jahren, wenn sie sich erhoben hat, hatte sie Grund dazu. Gegen die Revolution oder gegen die Monarchie, gegen die Repräsentanten der Republik oder gegen die Statthalter der Könige, es ist immer derselbe Kampf, den die Bretagne austrägt."

(Victor Hugo)

Über weite Strecken ist die überlieferte Geschichte der Bretagne die eines unterdrückten Volkes, das gegen übermächtige Gegner und Großreiche einen trotzigen, doch hoffnungslosen Kampf führte. Waren die ersten Fremdherrscher die Römer, die 500 Jahre lang die ferne gallische Provinz für ihre Zwecke verwalteten, mussten sich die Nachfahren eingewanderter Briten ständig mit Franken, Normannen, Engländern und Franzosen auseinandersetzen, die allesamt gerne die Halbinsel ihrem Besitz einverleibt hätten.

Frankreich gewann schließlich den Streit um den kleinen Nachbarn auf dem Granitbrocken, der sich zäh, doch letztendlich erfolglos gegen die völlige Übernahme durch Paris wehrte und noch immer wehrt – *Breiz libre*, freie Bretagne, hat als Parole noch immer nicht ausgedient. Nationalistische Sprühaktionen aufrechter Separatisten haben die militanten Bombenattentate aus den Jahren zwischen den Weltkriegen abgelöst, aber noch immer gilt: Die Bretagne ist französisch, doch nicht Frankreich.

Bretonen nehmen in der globalen Hitliste der Märchenerzähler einen der vordersten Plätze ein, und für die Bretonen ist die Bretagne der Nabel der Welt. So beginnt überhaupt die irdische Geschichte in einem Paradies, das von einem Bretonisch

sprechenden Urpaar bewohnt wird; ein Seefahrer der Insel Bréhat hat Amerika entdeckt, und die Weltstadt Paris trägt ihren Namen nach der legendären versunkenen Stadt Ys, nach bretonischer Meinung die prächtigste Stadt der Welt. Doch halten wir uns an die nachprüfbaren Fakten.

Frühzeit

Als während der *Altsteinzeit* (Paläolithikum) vor etwa 100.000 Jahren noch große Teile Nord- und Westeuropas von Eis bedeckt sind, ist die armorikanische Halbinsel eisfrei, nur der Boden ist dauergefroren. Neben Mammut, Wollhaarnashorn und Höhlenbär leben einige Altsteinzeitmenschen in der Bretagne, die sich unter anderem von genannten Tieren ernähren und simple Waffen und Gebrauchsgegenstände (aus Stein) sowie den Feuerstein benutzen.

Wir überspringen die folgende *Mittelsteinzeit* (Mesolithikum; etwa 8000–4000 v. Chr.), in der sich auf dem mittlerweile aufgetauten Boden der Halbinsel bis auf den langsamen Übergang der nomadisierenden Jägergemeinschaften zu sesshaften Bauern und Hirten wenig tut, und kommen zur *Jungsteinzeit* (Neolithikum), in der Bretagne auch als *Megalithzeit* bekannt (etwa 4000–2000 v. Chr.). Schätzungsweise leben in der Megalithzeit etwa 100.000 Menschen in der Bretagne, die eines Tages damit beginnen, riesige Steine aufzurichten, manche alleinstehend, andere in riesigen Steinfeldern, und ihre Fürsten in gewaltigen Steingräbern zu bestatten.

Nirgendwo auf der Welt gibt es so viele dieser Steinsetzungen wie in der Bretagne. Die – nach Messungen der Radio-Karbon-Methode – zwischen 4000 und 6500 Jahre alten Megalith-Denkmäler bereiten der Wissenschaft Kopfzerbrechen. Die meerumtoste, geheimnisvolle Bretagne am äußersten Ende der Weltscheibe vor dem unendlichen Ozean galt vermutlich schon den Megalithikern als der erdnächste Punkt zum Jenseits – und dieser Glaube sollte sich unangefochten über Jahrtausende halten. Aber wie kommen die aufgerichteten Steine in die Bretagne?

Hier eine wunderschöne, aber letztendlich etwas unbefriedigende und durch nichts zu beweisende Theorie: "*In vorgeschichtlicher Zeit begaben sich Volksstämme, die wahrscheinlich aus Asien kamen, auf eine Wanderung Richtung Europa. Man vermutet, dass diese Stämme die Sonne anbeteten und ihr deshalb nachzogen, wo sie im Westen der Bretagne versinkt. Die Bretagne muss eine Art mythischer Hafen gewesen sein, wohin sich die Seelen der Toten in Boote begeben haben, ihrem Gott auf seinem nächtlichen Weg zu folgen, das Jenseits zu erreichen. Auf ihrem langen Marsch zur Sonne haben diese Menschen hier und da riesige Steine aufgestellt, die Megalithen.*" (DuMont Kunstreiseführer Bretagne, S. 20)

Jedenfalls ist die Bretagne und insbesondere das Morbihan zweifellos Zentrum der *Megalithkulturen*, die besonders in Westeuropa, darüber hinaus aber auch von Skandinavien bis nach Griechenland und Marokko ihre Spuren hinterlassen. Sicher ist auch, dass die Megalithiker über eine irgendwie staatliche Organisation verfügen (mit weltlichen/geistlichen Fürsten oder Königen an der Spitze), astronomische Kenntnisse besitzen (nach Gestirnen ausgerichtete Steinreihen) und einen ausgeprägten Totenkult pflegen (Gräber).

Plausible oder mythische Spekulationen über die tatsächlichen Motive der jungen Steinzeitmenschen gibt es viele. So sind die Megalithen je nach Interpretation Sonnenkalender, Phallussymbole, magische Energiezentren, Symbole eines Fruchtbarkeitskultes, Sternflughäfen, Drachenwegweiser, Hinweiszeichen auf Grabstätten oder Wasserstellen, Leuchttürme und vieles mehr.

Wir bauen einen Menhir

Wäre Obelix, der weltbekannteste Hinkelsteinproduzent, nicht als Kind in den Zaubertrank gefallen, der es ihm ermöglichte, Felsblöcke aufzusammeln und mit der Handkante zu behauen, hätte auch er sich eines Megalithikertricks bedient, um die Granitblöcke aus dem Fels zu brechen: Holzkeile, in natürliche Felsritzen getrieben, werden mit Wasser übergossen; sie quellen auf und sprengen die Menhire und Deckplatten der Dolmen aus dem Fels. Mit Hilfe von Rollen, Gleitflächen und Hebeln aus Holz werden die Giganten (mittlere Steine wiegen eine bis drei Tonnen, die Schlusssteine der Alignements und Deckplatten der Dolmen 15 bis 20 t) von den Steinbrüchen aus mit Riemen und Seilen aus Tierhaut an ihre Standorte gezerrt und dort mit überlegter Menschenkraft (Hebel!) aufgerichtet. In einem Experiment kamen Wissenschaftler zu der Formel, dass für den Transport bzw. die Aufrichtung einer Tonne Granit zwischen 15 und 20 Personen benötigt wurden. Denkt man an den zerschmetterten Koloss von Locmariaquer, mit 20 m Höhe und 350 t Gewicht der größte Menhir der Bretagne, kann man sich eines nachträglichen Staunens nicht erwehren.

Wir schließen uns dem Gelehrten *Richard Pittioni* an: "Wer kann beweisen, dass es sich bei den Steinsäulen um Erinnerungssteine für Verstorbene, um Götterbilder oder Wahrzeichen anderer Art handelt?" Eine simple, unanfechtbare Antwort auf die geheimnisumwitterten Granitarmeen fand *Gustave Flaubert*, der Mitte des 19. Jh. genauso ratlos wie so viele andere die wundersamen Alignements von Carnac durchschritt: "Die Steine von Carnac sind Großsteine – basta!"

Vermutlich ununterbrochen bis zur keltischen Besiedlung leben die Neusteinzeitmenschen hier, allerdings hören sie schon etwa 1500 Jahre vor der Kelteninvasion auf, große Steine aufzurichten oder zusammenzufügen. Was nicht aus Stein ist, ist verschwunden, doch lassen schon die Äxte oder die Ritzungen in manchen Steinblöcken Rückschlüsse auf die Fertigkeiten und die hohe Kulturstufe einer rätselhaften Zeit zu.

Die Kelten

Über die Ursprünge des indogermanischen Volkes ist wenig bekannt. Wahrscheinlich waren die keltischen Urvölker im Nordosten Frankreichs und in Teilen des heutigen Deutschlands bis nach Österreich/Böhmen beheimatet – irgendwo zwischen Rhein und Donau. Im siebten vorchristlichen Jahrhundert brechen sie aufgrund ihrer wachsenden Bevölkerung auf, um neue Siedlungsräume zu finden, vermehren sich weiter und siedeln sich u. a. in Spanien und England an. Ihr Erfolg beruht auf der Härte des Eisens – die Kelten kennen die Geheimnisse der Eisenherstellung, und das harte Metall, als Schild und Schwert kriegerisch eingesetzt, verschafft ihnen unbezahlbare Vorteile im Kampf gegen die rundum üblichen weicheren Bronzewaffen. Die frühesten schriftlichen Nachrichten über das keltische Volk stammen aus dem späten 6. Jh. v. Chr., ein römischer Chronist weiß zu berichten, dass *Celtae* in Gallien (Frankreich), Westspanien und Süddeutschland ansässig sind.

Im 5. Jh. v. Chr. beginnt die große Ausbreitung der keltischen Stämme, im 3. Jh. v. Chr. ist der Höhepunkt erreicht: Von den westlichen Inseln Europas (Irland/England) über Mitteleuropa und den Balkan bis hinab nach Kleinasien reicht der keltische Kulturraum – der Istanbuler Stadtteil Galata (= Gallien) ist heute noch nach ihnen benannt. Allerdings liegt es den Kelten nicht, Staaten zu gründen oder größere Stammesverbände zusammenzuschließen. Jeder Kleinherrscher wurstelt ohne Bewusstsein für größere politische Zusammenhänge vor sich hin, und so dauert die Phase der großen Ausdehnung nicht lange: Von Süden her erobern römische Legionen den keltischen Siedlungsraum für die neue Weltmacht, im Norden drängen vorrückende Germanen die Kelten bis auf die Mainlinie zurück.

Etwa 500 Jahre v. Chr. erreichen Kelten die bretonische Halbinsel, besiedeln sie in großem Rahmen und nennen sie *Armor(ika)*. Vier Stämme leben hier, der mächtigste die *Veneter* (Vannes), nordwestlich von ihnen die *Osismi* (Carhaix), im Norden die *Coriosolites* (Corseul), im Osten die *Redones* (Rennes). Sie vertragen sich nicht: Untereinander zerstritten und immer für einen Raubzug gegen die ungeliebten Nachbarn gut, streiten sie sich über 400 Jahre von außen unbeachtet auf der Halbinsel, dann benötigen die Römer Armorika für ihr Weltimperium.

Die römische Provinz Gallien

Auf eine gemeinsame Gegenwehr können sich die Keltenstämme nicht einigen. 56 v. Chr. ist Armorika unterworfen und gehört 350 Jahre lang zur Provinz Lugdunensis, bevor es kurz vor dem Ende Roms durch einen Verwaltungsakt der Provinz *Lugdunensis II* angegliedert wird. Nach dem bewährten Prinzip Eliminiere-die-Oberschicht-und-du-raubst-dem-Widerstand-die-Köpfe lässt Cäsar nach seinem Sieg über die Veneter (Vannes) die einheimische Aristokratie über die Klinge springen. Doch Kelten sind stur: Während der Ostteil der gallischen Provinz bald römische Lebensart annimmt, ist über 200 Jahre lang ein Gutteil der etlichen zehntausend Legionäre, die eigentlich für ganz Gallien zuständig sind, damit beschäftigt, den Westen des kleinen Armorika am Weltenrand unter Kontrolle zu halten (siehe Asterix)

Der drittbekannteste Gallier: Majestix

– dann ist auch das heutige Finistère römisch-gallisch. Wirtschaftlich geht es den Bewohnern Armorikas gut, sie leben in befestigten Siedlungen (*oppida*) oder lose verstreut auf dem Land, auf dem die "Villa" mehr und mehr in Mode kommt. Ein feinnerviges Straßennetz wird aufgebaut, und wegen des Fehlens äußerer Feinde und der letztendlichen Anpassung der meisten Kelten an die römische Lebensart sind die Zeiten der Besatzung recht friedlich, doch die Romanisierung soll sich nicht lange halten.

300 n. Chr. beginnt das Römische Weltreich im Westen bedenklich zu wackeln, das zerbrechende Imperium hinterlässt ein Machtvakuum, und die Völker Europas beginnen wieder zu wandern. Einfallende unrasierte Barbaren setzen der römischen Provinz im Westen ein Ende und sorgen durch zwar planloses, doch effektvolles Metzeln und Plündern für einen immensen Bevölkerungsschwund. Als im 5. Jh. die ersten Neueinwanderer von Britannien eintreffen, ist der größte Teil Armorikas ein vermutlich kaum besiedeltes Gebiet, das die meisten Römer/innen verlassen haben und das nur noch von romanisierten Alt-Kelten (Galliern) spärlich bewohnt wird.

Die britische Einwanderung

Im 5. Jh., die Völker wandern weiter, dringen heidnische Sachsen, Angeln und Jüten nach Irland und auf die britische Insel vor, auch die gottlosen Pikten in Schottland zeigen Expansionsgelüste auf den Süden der Insel. Gut organisiert beginnen sich ab dem Ende des 5. Jh. unter der Leitung ihrer Stammesherrscher und Priester christliche Inselkelten in großem Rahmen abzusetzen. Ihr Ziel: die nahe Bretagne (= Kleinbritannien), nah an den geliebten Inseln und landschaftlich mit der Heimat eng verwandt.

Seit 391 ist das *Christentum* römische Staatsreligion. Die Kelten der Insel haben den Glauben an den Gott, dessen Sohn in Judäa für alle Menschen gestorben war, schon früh zu dem ihren gemacht. Mönche und Priester haben die Druiden ersetzt, aber den Einfluss der keltischen Priesterkaste behalten: Ihnen unterliegt nicht nur die Religionsausübung, sie sind traditionell auch für die Rechtsprechung zuständig. Diese Männer der Kirche beeinflussen vermutlich weit mehr als die weltlichen Führer die erneute Besiedlung der Bretagne. Das Anliegen der Gottesmänner ist nicht nur die Organisation der Übersiedelung, sondern auch die Bekehrung der armorikanischen Gallier – beide Aufgaben erfüllen sie trefflich.

Sieben Gründungsheilige kennen die Bretonen (siehe Wissenswertes/Heilige), doch in der Realität sind sehr viel mehr britannische/irische Mönche an der technischen Abwicklung der Auswanderung beteiligt. So erinnern die Namen etlicher Orte augenfällig an die Besiedlung (siehe Wissenswertes/Ortsnamen), die ab 460 etwa 200 Jahre lang in mehreren Wellen überall auf der Halbinsel vor sich geht: In vielen kleinen Verbänden, den Clans, setzen Britannier aufs Festland über. Angeführt werden diese Clans von Priestern, die auch die weltlichen Geschicke lenken. Um deren Wohnsitze, sei es eine Einsiedelei oder ein kleines Kloster, entwickeln sich die Keimzellen der neuen Siedlungen. Vielen Priestermönchen ist das nicht genug. Den wahren Glauben predigend ziehen sie durch das Land, und ihre Mission ist von Erfolg gekrönt: Sie finden unter den Einheimischen immer mehr Anhänger und legen so den Grundstein der gemeinsamen christlichen Kultur.

Viel spricht dafür, dass die Halbinsel vor der zweihundertjährigen Invasion der Inselkelten kaum besiedelt war und sich die Landnahme meist friedlich und im Einverständnis mit der Urbevölkerung vollzieht. Nur von den gallorömischen Städten Rennes und Nantes weit im Osten wird gewaltsamer Widerstand gegen die Neuankömmlinge geleistet – für sie ist abzusehen, dass die Machtverhältnisse neu geordnet werden.
Am Ende des Verschmelzungsprozesses haben die Neueinwanderer das Keltentum wieder auf dem europäischen Festland heimisch gemacht – nur ihren alten Glauben haben sie gegen den Kult um den Christengott eingetauscht. So ist die Bretagne – bis in die Gegenwart – das einzige Gebiet auf dem europäischen Festland, in dem Keltenabkömmlinge wohnen, die sich den westlich gelegenen Inseln Irland und England noch immer durch gemeinsame Herkunft und Vergangenheit eng verbunden fühlen.

Die selbständige Bretagne

Die Bretagne, in der sich gerade ein neues Kapitel öffnet, ist auch für andere aufstrebende Reiche interessant: Die ersten Gegner der expandierenden Siedler sind außer den städtischen Gallorömern die Franken, die von Osten her versuchen, Armorika zu besetzen. Ihnen folgen die Normannen, die Franzosen als Nachfahren der Franken, und auch England macht Ansprüche auf den Granitklotz geltend. Die nächsten Jahrhunderte nach der Einwanderung sind ein einziges Wirrwarr an Eroberungsversuchen, Unterwerfungen, Ausdehnungen und Schrumpfungen der Landesfläche sowie erbitterten Auseinandersetzungen um die innere Führung. Einige Daten im Zeitraffer:

579: *Waroc'h* besiegt die Galloromanen bei Vannes. Die bretonische Vorherrschaft setzt sich endgültig durch.

Um 600: König *Gradlon* gründet das erste Königreich auf bretonischem Boden: das Königreich Cornouaille, das knapp 200 Jahre existiert.

799: Der Frankenkönig *Karl der Große* unterwirft ein Jahr vor seiner Kaiserkrönung die Bretagne. Er ernennt einen Markgrafen und legt eine ständige Truppe an die bretonische Ostgrenze.

818: Karls Nachfolger *Ludwig der Fromme* macht die Bretagne tributpflichtig, dann aber begeht er einen Fehler. Er ernennt *Nominoe,* den Grafen von Vannes, zum Herzog der Bretagne. Nominoe verweigert weitere Tributzahlungen, ruft sich zum ersten Gesamtherrscher der Bretagne aus und schlägt die fränkischen Truppen bei

Bretonisches Mittelalter in Josselin

Redon im Osten. Er gründet die erste, etwa hundertjährige bretonische Herrscherdynastie, und die Bretagne expandiert nach Osten.

851: *Erispoe,* Sohn des Nominoe, krönt sich zum bretonischen König, der Frankenkönig akzeptiert mit seiner Unterschrift den neuen, unabhängigen Nachbarn.

857–874: Unter König *Salaün* erlebt die Bretagne die erste Blüte und ihre größte Flächenausdehnung: Anjou, Côtentin und Avrachin werden dem Machtbereich der Halbinsel einverleibt.

919: Die Normanneneinfälle beginnen, die Bretagne verliert die Kanalinseln Jersey und Guernsey. Normannen überfallen einige Jahrzehnte das Land und plündern bevorzugt Klöster – hier ist die meiste Beute zu holen, und hier können die Heiden aus dem Norden dem Christengott am besten Treffer zufügen.

952: Der letzte bretonische König, *Alan Barbe-Torte,* stirbt. Vorher hat er die Normannen verjagt und das Land mit Burgen übersät. Die neuen Burgherren, im Kampf gegen die Normannen streitgewohnt und sich ihrer Macht bewusst, lassen die Nachfolger von Alan Barbe-Torte (= Alan mit dem gezwirbelten Bart) nicht mehr souverän regieren. Das Land zersplittert in mehrere Grafschaften, die sich eigensinnig um die Oberhoheit rangeln. Die jeweils regierenden Herzöge haben einen schweren Stand und suchen Verbündete von außen: England und Frankreich beteiligen sich an den inneren Auseinandersetzungen. Eine Zeit verwaltet sogar der Engländer *Heinrich II.* die Bretagne (1166), und ein Abkömmling des englischen Königshauses wird bretonischer Herzog. Dann heiratet ein Kapetingerspross (Frankreich) ins Herzoghaus ein und wird selber Herzog: 1213 wird *Pierre de Dreux* gekrönt, er und seine ersten Nachfolger schaffen es, sowohl unabhängig zu bleiben als auch das Land wirtschaftlich aufleben zu lassen.

1341–1365: Der bretonische Erbfolgekrieg als Teil des französisch-englischen Hundertjährigen Kriegs (1339–1453) schafft neue Koalitionen und zehrt das Land fast

25 Jahre aus: Herzog *Jean III.* ist 1341 kinderlos gestorben. Zwei Anwärter streiten sich um den verwaisten Thron und finden wieder bereitwillig Hilfe bei den umliegenden Großmächten: Frankreich unterstützt *Charles de Blois*, einen angeheirateten Neffen des verstorbenen Herzogs, England und der bretonische Adel helfen *Jean de Montfort*, dem Bruder des Dahingegangenen. In alle Windrichtungen ziehen die verschiedensten Armeen über die geschundene Bretagne und hinterlassen ihre Blutspur, im ganzen Land wogt das Gemetzel unter den Parteien hin und her. Ohne den jeweiligen Gegner entscheidend zu schwächen, plündern und brandschatzen die Söldner Dörfer und Städte und verwüsten das Land, bis es 1364 doch noch zur Entscheidungsschlacht bei Auray kommt: Jean de Montfort und seine englischen Verbündeten besiegen Charles und seine Franzosenfreunde, Charles selbst fällt. Der Sieger wird im *Vertrag von Guérande* als Herzog der Bretagne anerkannt.

Die Schlacht von Auray

Kurz zu den Hauptpersonen: Karl von Blois, beim Volk beliebt, gilt als frommer Mann. Jean de Montfort wird als draufgängerische Spielernatur geschildert, Duguesclin spielt den Part des treuen Recken. Die Schlacht in den Sümpfen von Kérzo bei Auray soll endlich die Entscheidung herbeiführen. Duguesclin, Feldherr der Karlschen Truppen, rät seinem Chef dringend von dem Unterfangen ab, umsonst.

Unter dem einfallsreichen Schlachtruf "Kein Pardon!" treten beide Seiten an. Die überlegenen Truppen Montforts, 2000 Mann, noch unterstützt von 1000 englischen Bogenschützen, schlagen fürchterlich zu. Am Abend sind die Sümpfe von Blut getränkt. Karl von Blois liegt, von einem englischen Dolch durchbohrt, im Sterben. Soldaten entkleiden den schwer gepanzerten Leichnam und entdecken, dass Karl das Büßerhemd trägt. Jean de Montfort ist erschüttert von der schicksalhaften Ahnung seines frommen Vetters. Ja, er ist überwältigt von Trauer über den verwandtschaftlichen Verlust. Monsieur versinkt in Lethargie. Erst der nüchterne Denkanstoß eines Edelmannes – "Sie können nicht einen lebenden Vetter und die Bretagne besitzen, mon Sire!" – bringt ihn wieder ins Lot: Jean gibt fürs erste den Auftrag, auf dem Schlachtfeld eine Kirche zum Gedenken an seinen gefallenen Blutsverwandten zu errichten, und zieht – Balsam für den Gemütskranken – als neuer Herzog der Bretagne von dannen.

Langsam beginnt sich die Bretagne zu erholen. Ab 1399 beginnt mit den kontinuierlich regierenden *Herzögen von Montfort* eine Phase der relativen Ruhe und einer wieder aufblühenden Wirtschaft, die knapp 100 Jahre dauern soll. Geschickt lavieren die bretonischen Herzöge zwischen England und Frankreich, bis der letzte seines Geschlechts alles verspielt: Herzog *Francois II.* (1428–1488), aufrechter Kämpfer für die Unabhängigkeit seines Landes und erbitterter Franzosenfeind, macht aus seinem Hof in Nantes ein Verschwörernest gegen *Anne de Beaujou*, die für ihren unmündigen Bruder *Karl VIII.* die französischen Regierungsgeschäfte führt. Der Herzog fühlt sich stark genug, der französischen Krone die Stirn zu bieten und sucht die offene Konfrontation. Der 28. Juli 1488 läutet das Ende des autonomen Herzogtums ein. In der Schlacht von St. Aubin verliert er gegen den mittlerweile gekrönten Karl VIII. und kapituliert bedingungslos. Wenige Wochen später stirbt Francois als gebrochener Mann und hinterlässt als Nachfolgerin seine kleine Tochter Anne, die Nationalheldin der Bretagne.

Anne, Herzogin der Bretagne – verliebt, verlobt, verheiratet

Die beliebteste Frau der Bretagne ist schon im zarten Alter von elf Jahren eine heiß umworbene Partie – mindestens sechs Freier aus besten Herrschaftshäusern werben nach dem Tod des Vaters um das Töchterlein des letzten bretonischen Herzogs. Doch weh, nicht Liebe noch Mitleid treibt sie an. Durch nüchterne Heiratspolitik wollen sie lediglich ihren Besitz mit der schutzlos gewordenen Bretagne abrunden.

1490 schließt das Kind mit Maximilian, Erzherzog von Österreich, eine sog. Fernehe – sie gibt einem Stellvertreter des künftigen Kaisers das Ja-Wort. Der französische König Karl VIII. (17 Jahre alt), auf Anraten seiner älteren regierenden Schwester ebenfalls an dem verwaisten Kind interessiert, beruft sich auf den nach der Niederlage des Vaters geschlossenen Vertrag von Verger, in dem schwarz auf weiß steht, dass eine Ehe von seiner Zustimmung abhängt, und er stimme nicht zu. Im Gegenteil, er möchte selbst gern um Annes Hand anhalten. Seine Brautwerbung ist plump, doch erfolgreich: 1491 belagern seine Truppen die Frischvermählte, die nie ihren Maximilian sah, in Rennes, und diesem schlagkräftigen Argument haben die Berater der kleinen Herzogin nichts entgegenzusetzen: "Nimm ihn doch, schau, dein Volk hungert und will auch, dass du den französischen König heiratest, Max hin, Max her. Es wird schon nicht so schlimm werden."

Und angeblich geschieht das Wunder: Anne und Karl verlieben sich, berichten die Chronisten. Der Papst wird sanft überredet, Annes Fernehe mit dem Habsburger und Karls Verlobung mit der blutjungen Schwester Maximilians aufzulösen. Am 6. Dezember wird geheiratet, am 8. Februar 1492 wird die vierzehnjährige Anne zur Herzogin der Bretagne und Königin von Frankreich gekrönt.

Anne zählt gerade 22 Lenze, als ihr Gemahl nach neunjähriger, letztlich kinderloser Ehe – vier Säuglinge sterben im Kindbett – in Amboise leicht mysteriös verstirbt. Offiziell rumpelt er in seinem Schloss, mit Anne ins Gespräch vertieft, mit dem Kopf gegen einen niedrigen Türbalken. Tödlich.

Die junge Witwe muss in Sachen Wiederverheiratung keine eigene Entscheidung treffen, der Ehevertrag sieht die Regelung ihrer Zukunft vor: Sollte Karl VIII ohne Erben sterben, ist automatisch sein Bruder Ludwig XII. ihr nächster Gatte. Der verheiratete Ludwig zieht noch schnell seine Scheidung durch, und am 8. Januar 1499 steht Anne ein zweites Mal vor dem Traualtar. Ihrem neuen Gemahl schenkt sie eine Tochter, Claude, die später ebenfalls Königin werden wird. Als Anne 1515 stirbt, ist sie 38 Jahre alt.

Die Herzogin Anne ist neben den Heiligen die weltliche Kultfigur Nr. 1 der Bretagne. Warum wird die Herzogin, deren kurzes Leben von den Fäden europäischer Großmachtpolitik gelenkt wurde und der nichts anderes blieb, als die Bretagne an das ungeliebte Frankreich zu übereignen, auf der Halbinsel dermaßen verehrt? Nur ein einziges Jahr hat sie – vor ihrer Wiederverheiratung – die Bretagne regiert und ihre Untertanen durch ihre einsam getroffenen und im Zweifelsfalle harten Entscheidungen mehr als einmal brüskiert. Daneben war Anne fromm, begab sich auf Wallfahrten und gab reichlich Geld für Kirchen- und Schlösserbau – lobenswert, doch nicht ungewöhnlich. Aber im Gegensatz zu den meisten Frauen ihrer Zeit war sie gebildet, schlauer als ihr Mann, der König, und wollte trotz widrigster Umstände und ihres Rangs als Königin von Frankreich partout nicht auf den Titel "Herzogin der Bretagne" verzichten – was den Bretonen vermutlich am besten gefällt. Denn Anne trug den letzten bretonischen Herzogstitel.

13. August 1532: Annes Tochter *Claude*, Gattin des Königs *Franz I.*, beendet den fünfzigjährigen Vorgang der Einverleibung der Bretagne an Frankreich. Sie tritt das Land in einem Staatsakt an die französische Krone ab, die bretonischen Landstände bestätigen das Vertragswerk und beschließen in Vannes die Union des Herzogtums mit Frankreich als französische Provinz. Einzige Bedingung: Respektierung ihrer bisherigen Privilegien. Die Bretagne erhält den Status einer autonomen Provinz, den andere französische Provinzen immerhin nicht besitzen.

Festungsanlage

Die autonome Provinz

Ab 1532 regiert nun ein von Paris entsandter Gouverneur als Präsident der bretonischen Landstände die autonome französische Provinz Bretagne. Das bretonische Ständeparlament – Adel, Klerus und Großbürgertum tagen seit 1554 unter Federführung des Adels in Rennes – versucht nur noch, seine versprochenen Privilegien zu hüten, darunter die für sie wichtigsten: die Höhe der Steuern selbst zu bestimmen und die Gerichtsbarkeit auszuüben.

Trotz anhaltender interner Zwistigkeiten und immer wieder aufflammender nationalistischer Bestrebungen, Bauern- und Bürgeraufstände sowie endloser gesamtfranzösischer Religionskriege beginnt eine Zeit des größten Wohlstands für die Bretagne: Durch die Anbindung an Frankreich floriert an den Küsten der weltweite Seehandel, und das Gewerbe der Tuchmacher, die ihre Stoffe in die halbe Welt exportieren, wird zum wichtigsten Standbein des Wohlstands im Inneren der Halbinsel. Sehr lange währt die Blüte nicht. Seit dem Anschluss an Frankreich versucht jeder französische König, die Bretagne auszubeuten und in ihren Rechten zu beschneiden, besonders die absolutistischen Herrscher *Ludwig* Nr. *XIII.* und Nr. *XIV.* tun sich hierbei keinerlei Zwang an. Kleine regionale Aufstände gipfeln 1675 in der Stempelpapierrevolte (siehe Kasten auf der nächsten Seite).

1689 wird dem französischen Gouverneur der Bretagne zur Sicherheit ein königlicher Kommissar, Intendant genannt, beigestellt. Genau 100 Jahre lang können Gouverneur und Intendant die Bretagne, die wirtschaftlich immer weiter ins Abseits gerät, relativ unbehelligt regieren, bis die umwälzenden Ereignisse aus der Hauptstadt Paris die Bretagne erreichen und für eine weitere Zeit des Blutvergießens sorgen.

Die Stempelpapierrevolte – der bretonische Bauernkrieg

1675: Schwere Unruhen erschüttern die Bretagne. Sonnenkönig Ludwig XIV., der für seine immer aufwendigere Hofhaltung in Versailles immer mehr Geld braucht, hat auf Anraten seines findigen Finanzministers Colbert neue Steuern für die abgelegene, immer aufmüpfige bretonische Provinz beschlossen – ein Recht, das laut Vertrag von Vannes nur dem Ständeparlament von Rennes zusteht. In der erlauchten Kammer kommt es quer durch die Fraktionen zu heftigen Auseinandersetzungen zwischen Adel, Klerus und Besitzbürgertum. Die politische Arbeit des bretonischen Parlaments, darauf ausgerichtet, die Aushöhlung der verbliebenen Privilegien und den Ausverkauf des bretonischen Ex-Herzogtums zu verhindern, steht in Opposition zum alles vereinnahmenden royalistischen Willen der Pariser Zentrale, nun aber bahnt sich eine Entwicklung an, die auch die eigenen Privilegien bedroht.

Die Erhöhung der Steuern auf Zinn, Zoll, Tabak, Mühlen, Fischerei und Schifffahrt – die die Bretonen mit zwei Millionen Livres bereits vorab abgegolten hatten – sowie eine neue Steuer, die auf jede amtliche Beglaubigung (Stempelpapier) und öffentliche Handlung (z. B. Hochzeit, Taufe, Beerdigung) erhoben wird, provoziert den Aufstand der Bonnets Rouges, der Rotkappen.

Was mit Schmähreden gegen den Gouverneur der Krone als städtische Revolte in Rennes begonnen hatte, erfasst bald das ganze Land: Die Révolte du papier timbré, als unmittelbarer Kampf gegen weitere Ausbeutung begonnen, wird vor allem im Finistère zur flächendeckenden Erhebung des Landvolks unter dem Banner revolutionärer neuer Ideen, die nicht nur gegen den blutsaugerischen König, sondern gegen die Ständegesellschaft allgemein gerichtet ist. Eine aus dem Boden gestampfte Bauernarmee von 20.000 Mann unter der Führung des Rechtsanwalts Sebastian Ar Balp kämpft erfolgreich gegen die verunsicherten Söldner Frankreichs. Von wütenden Bauern werden die ersten Châteaus des einheimischen Adels angezündet, und der ketzerische Code Paysan, von 14 Gemeinden zwischen Douarnenez und Concarneau unterschrieben, bildet die programmatische Grundlage der Revolte, die die herrschenden Verhältnisse von Grund auf verändern will.

14 Artikel enthält das Bauerngesetzbüchlein, einer aufrührerischer als der andere. Nicht nur die neuen Steuern sollen zurückgenommen werden, gebührenfreie Gerichtsbarkeit und unabhängige Richter werden genauso selbstverständlich gefordert wie die Heirat zwischen Landadel und Bauern, die Aufteilung des Feudalbesitzes und die Abschaffung der Frondienste.

Die bretonischen Stände zwischen den Fronten müssen sich entscheiden: Hie die revoltierenden Bauern, die Schlösser, Kirchen und Klöster plündern und brandschatzen und Rechte einfordern, die erst über 100 Jahre später geltendes Gesetz werden sollten, auf der anderen Seite die königlichen Repressionen: marodierende royalistische Truppen und ein Hagel von Erlassen zur Machtbeschneidung in der angeblich autonomen Provinz.

Adel verpflichtet. Im Kampf der Ausgebeuteten auf der untersten Stufe der mittelalterlichen Hierarchie gegen den Besitzstand schlagen sich die bretonischen Stände auf die Seite der königlichen Heere, die in Eilmärschen anrücken, um der lästerlichen Erhebung ein schnelles Ende zu bereiten. Die Bonnets Rouges haben keine Chance. Mit unglaublicher Brutalität wird unter dem Gouverneur de Chaulnes ab Oktober 1675 der Aufstand erstickt. Ar Balp wird von einem französischen Offizier erstochen. Daraufhin fehlt die Organisation im Bauernheer, das führungslos einem Gegner ausgeliefert ist, der sein Handwerk versteht: Das angeordnete Gemetzel unter den Bauerntruppen, wahllose Massenhinrichtungen in den Armenvierteln der Städte oder die systematische Beseitigung der Führer durch Erhängen, Rädern oder wenigstens Verbannung auf die Galeere sind nur einige probate Mittel königlicher Ordnungspolitik.

Selbst Madame de Sévigné, tadellose Angehörige der Oberschicht und durch ihre ausführlichen Briefwechsel der Nachwelt bekannt, moniert in einem Brief an ihre Tochter: "Wie ich erfahre, tun sich unsere armen Bauern aus der Basse Bretagne zu Gruppen von 40 oder 50 auf den Feldern zusammen. Sobald sie Soldaten sehen, werfen sie sich auf die Knie und sagen Mea culpa. Das ist die einzige französische Redensart, die sie kennen." Umsonst. Die einzige Gunst, die ihnen unter Umständen gewährt wird, ist ein schnelles Ende. Nach dem Tod Zehntausender Menschen jeden Alters und beider Geschlechter, deren einzige Gemeinsamkeit die Armut war, ist die Revolte niedergeschlagen.

Doch damit nicht genug. Zur Strafe werden einige Kirchtürme geschleift, und überhaupt ist man in Paris der Meinung, dass die bretonische Ständevertretung hinter dem Aufstand steckt. Das Parlament der störrischen Provinz wird für 15 Jahre nach Vannes verbannt, die bretonischen Stände sind endgültig unterworfen und mucken nicht länger gegen neue oder höhere Steuern auf. Die pressen sie wie gewohnt aus den größten Verlierern der Revolte heraus – den Bauern.

Die Französische Revolution

Sie beginnt 1789 in Paris mit dem Sturm auf die Bastille, Gefängnis für unliebsame Untertanen und Symbol königlicher Willkür: Nieder mit dem Adel, weg mit dem Klerus, Freiheit, Gleichheit, Brüderlichkeit lauten die unerhörten Parolen, die das Ende der Feudalgesellschaft einläuten und bald auch auf der Halbinsel zu hören sind.

Der Revolution, zuerst auch in der Bretagne begeistert begrüßt, steht bald ein Großteil der Bretonen quer durch die Stände skeptisch bis ablehnend gegenüber. Die überzeugten Katholiken der Halbinsel können es nicht gutheißen, wie antiklerikale Republikanerhorden ihre Kirchen und Klöster plündern und zerstören, und die bretonischen Nationalisten, die sich von der politischen Umwälzung eine Wiederherstellung ihrer Selbständigkeit erhofft haben, sehen sich bitter enttäuscht. 1793 liefert die allgemeine Zwangsrekrutierung für das republikanische Heer den letzten Auslöser für eine königstreue Erhebung. Wieder einmal sehen sich die Bretonen als ungeliebte Melkkühe Frankreichs ausgenutzt – ob ein König oder eine republikanische Regierung ihr Land aussaugt, ist ihnen egal.

Die Gebietsreform von 1798 macht für die letzten bretonischen Patrioten das Maß voll: Die bislang zumindest offiziell autonome Bretagne wird in fünf von Paris direkt verwaltete Départements aufgeteilt. Die Autonomie ist endgültig dahin, der Name Bretagne verschwindet von der französischen Landkarte.

Während aber das städtische Bürgertum dem republikanischen Gedankengut immer noch aufgeschlossen gegenübersteht, befürchten Landadel und Klerus für ihre Pfründe das Schlimmste und versuchen, das Rad der Geschichte zurückzudrehen: Gestützt auf ihre gehorsamen, urkatholischen Bauern führen sie einen blutigen Kampf sowohl gegen die bretonischen Städte als auch gegen das französische Revolutionsheer – auf allen Seiten sind die Verluste an Menschenleben immens.

Die Chouannerie

Der Waldkauz – Chat-Huant – gab den königstreuen Gegenrevolutionären der Bretagne seinen Namen: Der Käuzchenruf war die Parole der Chouans, die ihren König und ihre Priester wiederhaben wollten und dafür über Jahre einen zähen Partisanenkampf führten, den sie am Ende doch verloren.

Einen "Krieg des lokalen Geistes gegen den zentralen" nennt Victor Hugo den Aufstand, der 1793 von der Vendée und der Bretagne ausgeht und anfangs beachtliche Erfolge zeitigt; die Grenzfesten Fougères und Vitré werden erobert, einflussreiche Republikaner ermordet und die Revolutionsarmee genarrt: Das unübersichtliche Land und die Hilfe der Bauern machen die Chouans fast unangreifbar.

Erst als die Revolutionstruppen die Heckenlandschaft in großem Stil roden und damit ihrer Verstecke berauben sowie alle verdächtigen Sympathisanten der Aufständischen malträtieren, kommen die ersten Rückschläge. Als 1795 eine groß angelegte Landung königstreuer Antirevolutionäre bei Quiberon kläglich scheitert (siehe Quiberon, Kasten/Schlacht von Quiberon), ist die Sache der Monarchisten so gut wie verloren. Trotzdem wird hartnäckig weitergekämpft – auch gegen Napoléon. Der letzte bedeutende Anführer der Chouans, Georges Cadoual, wird 1804 nach einem missglückten Attentat auf den Imperator hingerichtet.

Die in Paris und anderswo so wirksam arbeitende Guillotine kommt in der Bretagne mit dem Kopfabschlagen nicht mehr nach, zu lang werden die Schlangen der zum Tode verurteilten Monarchisten. In Nantes werden die Todeskandidaten der Einfachheit halber gruppenweise entsorgt: auf leckgeschlagenen Kähnen werden sie der Loire überantwortet, die der bissige Volksmund daraufhin "Badewanne der Nation" nennt.

Nach der endgültigen Niederschlagung des Aufstands der Royalisten 1815 gesellt sich zur weiter andauernden wirtschaftlichen Misere der ausgebluteten Region eine politische Grabesruhe: "*Das 19. und das 20. Jahrhundert stellen in der Geschichte der Bretagne eine Periode der Verdunkelung dar. Dieses zähe, kampflustige Volk schien sich in sein Schicksal ergeben zu haben*" (Jean Hureau).

Der Erste Weltkrieg

Der traurige Ruhm, den jüngsten Soldaten Frankreichs in den Ersten Weltkrieg geschickt zu haben, gebührt einem bretonischen Städtchen: Le Faouët. Vier lange Jahre wird dieser Krieg in den Schützengräben Ostfrankreichs geführt, weit weg von der entlegenen Halbinsel, doch der Blutzoll, den die Bretagne zahlt, ist immens: Von den zwischen 1914 und 1918 gefallenen französischen Soldaten sind etwa 250.000 Bretonen (etwa 10 % der bretonischen Gesamtbevölkerung). Rigoros werden die wehrfähigen Männer der Städte und Dörfer ausgehoben, die nicht nur – wie traditionell üblich – die französische Flotte verstärken, sondern in allen Waffengattungen ihr Leben für das Vaterland geben, vorzugsweise in den Schützengräben. Angeblich werden viele Bretonen von ihren eigenen Landsleuten erschossen – wenn sie vom Patrouillengang zurückkehren und aufgrund mangelnder französischer Sprachkenntnisse die Frage nach der aktuellen Tagesparole nicht verstehen. Die langen Listen der Gefallenen zieren fast alle Fried- und Kirchhöfe der Bretagne.

GIs nach der Einnahme von St. Nazaire

Der Zweite Weltkrieg

Auch der vom Hitlerregime entfesselte nächste Krieg trifft die Bretagne, und das gleich zweifach: Von 1940–1944 fast kampflos von den Deutschen besetzt, werden wichtige Häfen (z. B. St. Malo, Brest, Lorient) für die Zwecke der deutschen Seekriegsführung zu waffenstarrenden Festungen ausgebaut und besonders die Südküste mit einem flächendeckenden Bunkersystem gepanzert – hier, so haben Wehrmachtsstrategen prognostiziert, könnten die Alliierten eine Invasion versuchen. Versuchen sie nicht, doch vier Jahre lang werden die Besatzer aus der Luft attackiert. Und Leidtragende der Bombardements sind zum größten Teil bretonische Zivilisten in den Küstenstädten.

Auch wo nicht offiziell gekämpft wird, sind Opfer zu beklagen: Die *Résistance* (Widerstand), die aus dem Untergrund den Besatzern schmerzliche Nadelstiche zufügt, wird von Wehrmacht, SS und Gestapo gnadenlos verfolgt. Wer nur im leisesten Verdacht steht, Mitglied der Widerstandsbewegung zu sein, wird hingerichtet, mehr noch: Für einen getöteten deutschen Soldaten müssen zehn beliebig herausgegriffene Franzosen sterben.

1944: Die Befreiungsoffensive der Alliierten und der nun offen kämpfenden *Résistance* beendet die Zeit der deutschen Besetzung. Wo gekämpft wird, fließt Blut und wird zerstört: St. Malo, Brest, Lorient und St. Nazaire gehen im Bombenhagel und unter schwerem Artilleriebeschuss in Flammen auf, in wenigen Wochen sterben Tausende von Menschen.

Die Bretagne nach 1945

Vom Ende des Zweiten Weltkriegs bis in die sechziger Jahre werden die Schäden des Kriegs beseitigt – viel mehr geschieht nicht, die Bretagne bleibt eine der ärmsten und unterentwickeltsten Regionen Mittel- und Westeuropas. In den frühen 60ern beginnt sich das Bild zu wandeln: Aufgrund effizienterer Anbaumethoden und besserer Vermarktung erlebt die Agrarwirtschaft einen Aufschwung, der Staat kurbelt Industriegründungen auf der Halbinsel an, die Bauwirtschaft beginnt zu florieren: Die Städte wachsen, mit der Geburt des Massentourismus werden immer mehr Ferienhäuser gebaut, mehr und mehr Gäste kommen in die Bretagne, die sich zum Sommerurlaubsland umrüstet.

Kurz nach der zweiten nachchristlichen Jahrtausendwende steht Armorika seit nunmehr 40 Jahren im Aufschwung – wenn auch mit Strukturproblemen verhaftet. Die Bauern murren über die Politik der EU, die Fischerflotte schrumpft weiter, und das Interesse der Industrie an der Halbinsel im Nordwesten ist merklich gesunken, seit der Staat keine Subventionen mehr zahlt.

Doch die Zeiten sind momentan zumindest für die Bretonen und die Bretoninnen friedlich. Die Bretagne hat gerade jetzt die historische Chance, sich von einem unterentwickelten Landstrich am Ende der Welt zu einer modernen Gesellschaft zu entwickeln: Auf der Grundlage einer ausgeprägten Agrarstruktur ohne die in Industrieländern übliche Zerstörung der Landschaft können in der Bretagne – z. T. geschieht es schon – zukunftsweisende, menschenfreundliche Technologien entwickelt und eingesetzt werden, die der ruinösen Ausbeutung dieses Planeten ein Riegelchen vorschieben könnten.

Schließlich sind die Bretonen Nachfahren der Kelten, deren Naturverbundenheit so groß war, dass sie es nicht nötig hatten, Tempel für ihre Götter zu errichten. Ihnen genügte ein heiliger Platz – eine Quelle, ein Hain, ein Berg. Und die Druiden sind, begünstigt durch die zunehmende Auseinandersetzung mit der keltisch-bretonischen Kultur und durch die New-Age-Bewegung, wieder populär geworden.

Breiz libre – die bretonischen Nationalisten

Schwarz übermalte Ortschilder und die immer wiederkehrende Parole *Breiz libre* sind für Fremde und Touristen heutzutage der sichtbare Ausdruck eines bretonischen Nationalismus. Noch immer gibt es Bretonen, die sich als Mitglieder eines von Frankreich unterdrückten, aber im Prinzip eigenständigen Volkes ansehen und sich mit einer Fremdherrschaft nicht abfinden wollen. Sie blicken auf eine lange Tradition zurück:

Verstehen sich schon die bretonischen Chouans während der Revolutionsjahre des ausgehenden 18. Jahrhunderts nicht nur als Getreue des französischen Königs, sondern auch als Kämpfer für ihre Heimat, setzt die bretonische Regionalbewegung, die sich im 19. Jh. wieder unter der reaktionären Federführung des verbliebenen Adels und der katholischen Kirche etabliert, ein weiteres Mal auf den schlichten Patriotismus der bretonischen Landmänner. Mit dem Argument, bretonische Sprache, Kultur und Eigenheiten erhalten zu wollen, versuchen Großgrundbesitzer und Klerus, ihre gewohnte Macht und ihren Einfluss aus den guten feudalistischen Zeiten so weit wie möglich in die neue Ära zu retten. Die geplante Abschottung der Bretagne vom Rest der Welt gelingt indes nicht.

Andere nationalistische Zusammenschlüsse jeder politischen Couleur haben da erst einmal mehr Erfolg. Im 20. Jh. etablieren sich unabhängig von den rückwärtsgewandten Landzirkeln weitere, von den Strömungen der Zeit beeinflusste nationalistische Bewegungen, die den Traum einer unabhängigen Bretagne verwirklichen wollen.

Besonders in den Jahren zwischen den Weltkriegen machen die bretonischen Nationalisten in ganz Frankreich von sich reden – meist in Zusammenhang mit Anschlägen – und schließen sich zu unterschiedlichsten Parteien und Gruppierungen zusammen. Teils kämpfen sie für eine sich frei entfaltende Bretagne in einem Europa ohne Grenzen (linke Autonome), teils wollen sie eine Staatsgrenze zu Frankreich. Die radikalsten und einflussreichsten Nationalisten, die rechtsgerichtete *Nationalistische Bretonische Partei* (P.N.B.) mit ihrer Untergrundarmee *Gwen-ha-du*, arbeiten vor und während des Kriegs sogar mit den deutschen Faschisten zusammen.

Nach dem 2. Weltkrieg tauchen die Nationalisten allmählich wieder auf, doch ihr Protest ist leiser geworden und findet auch unter den Bretonen keinen großen Widerhall. Zeitgleich mit den internationalen Studentenunruhen in den Sechzigern machen auch bretonische Separatisten wieder verstärkt auf sich aufmerksam. Die *Bretonische Befreiungsfront* (F.L.B.) und die *Revolutionäre Bretonische Armee* (A.R.B.) formieren sich. Die linksradikale Partei wird verboten, erlaubt, wieder verboten, die A.R.B. arbeitet von Beginn an im Untergrund. Die letzten nennenswerten Attentate auf Sachgegenstände – traditionelles Ziel sind Sprengstoffanschläge auf antibretonische Denkmäler und französische Einrichtungen – finden bis Mitte der Siebziger statt, dann verschwinden die militanten Linksradikalen von der Bildfläche.

Gegenwärtig vertreten zwei legale bretonische Parteien regional-politische Ziele: die sozialistisch ausgerichtete UDP (*Union Démocratique Bretonne*) und die PSU (*Parti Socialiste Unifié*), ähnlich den Realos der deutschen Ökopartei. Die Erfolge dieser kleinen Parteien nehmen sich neben den Privatinitiativen in Sachen bretonischer Kultur jedoch sehr bescheiden aus. Seit 1951 Präsident *de Gaulle* die Daseinsberechtigung der bretonischen Sprache akzeptiert hat, darf die Bretagne die Wurzeln ihrer Identität entdecken – und Außenstehende können zu dem Eindruck gelangen, dass nicht wenige Bretonen/innen von dieser Gelegenheit Gebrauch machen.

Die harten Separatisten sind heute eine Minderheit – und militant sind sie schon lange nicht mehr. Was aber einer großen Zahl von Bretonen gemeinsam ist, ist der Wunsch, im Rahmen des französischen Staates ihre eigene Kultur zu leben, und die Überzeugung, dass ein bretonisches Parlament mit weitreichenden Befugnissen die Halbinsel besser regieren kann als eine Regierung in Paris.

Angemerkt sei, dass im Osten der Bretagne der Regionalismus und/oder Nationalismus nie die Rolle wie im Westen der Halbinsel spielte: In der Hauptstadt Rennes, die nie eine bretonische Stadt war, wurde beispielsweise nie Bretonisch gesprochen – der Ostteil der Bretagne ist historisch eher mit den romanisierten Galloroömern verwandt und traditionell auf das Festland hin orientiert.

Verwaltung

1982 rang sich die Zentralregierung in Paris zu einigen Gesetzen zur Dezentralisierung des französischen Staatswesens durch. In der Folge wurden für die vier Départements der Bretagne der *Conseil Régional* (Regionalrat) und das *Comité Economique et Social* (Wirtschafts- und Sozialbeirat) gegründet.
Im *Conseil Régional* bemühen sich seit 1986 von den bretonischen Wahlberechtigten gewählte Abgeordnete in dem von Paris gesetzten Rahmen um Förderung und Entwicklung der regionalen Wirtschaft, Kultur, Wissenschaft, des Gesundheitswesens und des Sozialnetzes sowie um den Erhalt der bretonischen Identität innerhalb der 95 französischen Départements. Der Conseil hat Entscheidungsbefugnis.
Das *Comité Economique et Social* besitzt eine beratende Funktion. Seine Abgeordneten, die bis auf drei – sie werden vom französischen Premier ernannt – von den beruflichen Organisationen und Genossenschaften ins Comité entsandt werden, sollen dem Conseil helfen, weise Beschlüsse zu fassen.

Wissenswertes von A bis Z

Alignements

Alignement bedeutet etwa "Aneinanderreihung" oder "ausgerichtete Fluchten" und steht für exakt in eine Richtung gesetzte Steinreihen, die die Angehörigen der Megalithkultur zu undurchsichtigen Zwecken anlegten. Die kleinsten Steine der Alignements sind nur 60 cm hoch, die höchsten sechs bis sieben Meter. Auch die Zahl der aufgerichteten Steine schwankt stark – von heute unscheinbaren Steinreihen mit nur wenigen Blöcken bis zu riesigen Granitarmeen; die meisten ausgerichteten Steine sind bei *Carnac* versammelt, wo allein in den zwei größten Alignements 1099 bzw. 1029 Menhire aller Größen gezählt werden. Über das Warum dieser Steinfelder lässt sich, wie bei den meisten Hinterlassenschaften der Megalithkultur, nur rätseln. Mit ziemlicher Sicherheit ist aber davon auszugehen, dass sie kultischen Zwecken gedient haben.

Allée couverte

Französische Fachkreise nennen so die "Bedeckte Allee", von deutschen Forschern mit dem Begriff "Langgrab" völlig frei übersetzt. Mehrere Dolmen hintereinander bilden ein langes Megalithgrab, an dessen Ende der Fürst beigesetzt wurde. Zusätzlich können vom Langgrab noch Seitenkammern abgehen, in denen rangmindere Tote bestattet wurden.
Die bekanntesten Langgräber sind der *Feenstein* bei Guerche-de-Bretagne und das *Langgrab von Mougau-Vihan* bei Commana.

Ankou

L'Ankou ist der Tod. Und doch nicht ganz, denn Bretonisch lässt sich nicht einfach hin und her übersetzen. Ankou ist mehr die menschliche Angst vor dem Unausweichlichen, das hemmende Gefühl, das überwunden werden muss, um nach dem Sterben frei und leicht in eine andere Dimension hinübergleiten zu können – der Zustand des Nicht-Seins ist den Kelten unbekannt.
Die Auseinandersetzung mit dem Tod und die Überwindung der Todesangst gehörten sozusagen zum täglichen Brot, und hier fanden die Missionare auch einen Hebel, keltisches Bewusstsein mit dem christlichen Glauben zu verschmelzen. Schnitter Tod, der Knochenmann mit Sense, ist seit der Christianisierung die übliche Darstellung des Todes, und die Botschaft lautet nun: Der Tod ist unausweichlich, doch gibt es eine Auferstehung, und der Weg zu ihr führt über Jesus. So wurde für die Überwindung der Todesangst eine praktische Anleitung gegeben, die die Ex-Heiden besonders dankbar aufnahmen: Selten in der christlichen Welt ist der Tod

Ankou, der Tod

so eng mit dem Glauben verbunden, zahllos sind die bretonischen Legenden und Abbildungen mit dem Tod als Hauptdarsteller.

Nun hat auch der Alltag des Computerzeitalters die Bretagne erreicht, und die in Industrieländern übliche Verdrängung des Sterbens ist auch auf die Halbinsel vorgedrungen. Was für Touristen eine leicht gruselige Kulturattraktion darstellt – "*Schau, Herbert, da guckt der Tod vom Beinhaus!*" – hat für viele Bretonen aber noch Sinn. Zumindest am Sonntag können sie sich dem allgegenwärtigen Tod und den Symbolen der Vergänglichkeit nicht entziehen: Zuerst durchqueren sie, vorbei am Calvaire mit dem gekreuzigten Christus, den Friedhof und tauchen die Finger in ein Weihwasserbecken, über dem der Tod grinst, bevor sie die Kirche betreten: der Ort der Erlösung.

Aquarien

Ein beliebter Programmpunkt im französischen Urlaubsalltag. Entlang der gesamten bretonischen Küste sind sie anzutreffen, jeder bessere Badeort versucht sich mit ihnen zu schmücken, und in der Regel tummelt sich dasselbe, meist schläfrige Besichtigungsangebot hinter den Glasscheiben: heimische Krustentiere, Fische und Seesterne in mehr oder weniger liebevoll gestalteten Becken. Wer zwei oder drei größere Aquarien besucht hat, hat fast alles gesehen, aber darunter auch Meereslebewesen, deren Existenz zumindest bizarr erscheint.
Die neuesten, größten, spektakulärsten und teuersten Aquarien der Bretagne sind in Brest und St. Malo beheimatet: *Océanopolis in Brest*, in den 1990er Jahren der bretonische Meeresmuseums-Star, hat mit dem Grand Aquarium in St. Malo seit 1998 ebenbürtige Konkurrenz bekommen. Kiemenatmer aus allen Ozeanen samt hundert weiteren Attraktionen rund um das Meer, präsentiert in modernen Bauten, sorgen in beiden Aquarien für lukrativen Gewinn in der boomenden Freizeitindustrie.

Architektur – Fachausdrücke

Neben der weltlichen Architektur wie Fachwerkhäuser, Schlösser oder Stadtmauern sind insbesondere die Kapellen und Kirchen der Bretagne der kulturelle Höhepunkt des tief gläubigen Landes. Schon lange bevor es möglich war, Kunst als Wissenschaft zu studieren, benutzten Kunstexperten wie Architekten eine Vielzahl von Fachausdrücken, um sich über gewisse Bauteile, Details der Inneneinrichtungen oder Formarten zu verständigen. Die Kenntnis des Fachgrundwortschatzes ist auch für Laien nützlich. Eine Auswahl:

Apsis: Im Kirchenbau der halbkreisförmige Abschluss des Hauptschiffs hinter dem Altarraum, meist nach Osten ausgerichtet und von einer Halbkuppel überwölbt. Die *Nebenapsiden* schließen die Seitenschiffe einer Kirche ab. Die Baumeister der Gotik schaffen als neuartigen Abschluss einen Kranz von kleinen Apsiden, den *Chorumgang* oder *Kapellenkranz.*

Arkade: Der römische *Arcus* bedeutet Bogen, und auf römische Bautradition gehen die Arkaden- oder Bogengänge der christlichen Kultur zurück: Auf Säulen gestützte Bögen bilden einen einseitig offenen Gang (z. B. Kreuzgang, Laubengang auf der Straße), dienen als Raumteiler oder verzieren als sog. *Blendarkaden* die Fassade eines Gebäudes.

Basilika: Eine schon in der Antike beliebte Hausform (griechisch *basilikos* = königlich) steht hier für die Bezeichnung eines christlichen Kirchentyps: Das dominie-

Der Lettner von Kerfons

rende Hauptschiff wird von zwei schmaleren Seitenschiffen umrahmt, deren Dächer (Pultdächer) deutlich niedriger sind als das Dach des Hauptschiffs (Satteldach).

Chor: Der Name leitet sich vom liturgischen Gesangschor ab, der hier, auf dem erhöhten Abschluss der Kirche vor dem Halbrund der Apsis, den Gottesdienst mitgestaltete. Die sog. *Chorschranke*, vom niedrigen Geländer bis zum raumfüllenden *Lettner*, trennt den heiligen Chorraum, der den Geistlichen und der weltlichen Prominenz vorbehalten ist, von der Gemeinde im Langhaus ab. Seit dem 14. Jh. steht auch der Altar in der Regel im Chor, der seitdem auch Altarraum genannt wird.

Flamboyant-Stil: Die *Delonix regia*, unter Botanikern international auch *Flamboyant* (flammend) genannt, ist ein Caesalpiniengewächs aus Madagaskar – bis zu 12 Meter hoch flammen doppeltgefiederte, zierliche Laubblätter und scharlachrote, gelbgestreifte Blüten empor. Ähnlich der Flamboyant-Stil, eine Spielart der englischen und französischen Spätgotik (in der Bretagne etwa ab 1500), dessen Grundform die Fischblase bildet: Organisch züngelnde Formen, zwischen geometrischen Zierrahmen in miteinander wetteifernden Ornamenten zusammengefasst, streben flammengleich in die Höhe. Die Spitzbogen der klassischen Gotik erhalten so im Flamboyant ihre ausgeprägteste Form.
Kein Wunder, dass der Flamboyant-Stil gerade in der Bretagne voll eingeschlagen hat: Ähnlich flammenartige Formen sind aus der keltischen Kunst und der irischen Buchmalerei wohlbekannt.

Gisant: Plastische Liegefigur aus Stein eines a) aristokratischen oder b) klerikalen teuren Verstorbenen. Gisants gibt es demnach in Kirchen, Klöstern und Burgen.

Karyatide: Eine weibliche, geschnitzte oder gemeißelte Figur, die anstelle eines gewöhnlichen Stützbalkens oder einer gemeinen Säule das Gebälk eines Bauwerks trägt. Von der Nixe bis zur Bäuerin tragen in der Bretagne Karyatiden aller Berufe seit Jahrhunderten in stoischer Ruhe ihre Last.

Kassettendecke: Die Künstler der Renaissance erinnerten sich an das antike Vorbild – die Decke eines größeren Raumes wird durch sich kreuzende Träger in kastenförmige, vertiefte Felder aus Holz, Stein oder Stuck unterteilt, die liebe- bis prunkvoll mit Schnitzwerk, Goldbelag oder Malerei ausgestaltet werden.

Kathedrale: *Cathedra* ist der Bischofsthron oder Bischofssitz, und die Kathedrale, die Bischofskirche, kommt von *Ecclesia cathedralis* – die zum Bischofssitz gehörige Kirche. Übrigens: Deutsche und Italiener sagen Dom zur Kathedrale.

Kenotaph: Das "leere Grab" (griechisch: *kenotaphion*) ist ein Gedächtnismal in Grabform für eine(n) Verstorbene(n), deren/dessen Gebeine an anderer Stelle beigesetzt sind.

Kreuzgang: Ein überdeckter Gang um einen normalerweise quadratischen Innenhof an der Südseite von Kirchen in größeren Klosteranlagen. Der Kreuzgang als Mittelpunkt des Klosters bildete den Zugang zu den Klausurgebäuden und war Ort der alltäglichen Kommunikation unter der Klostergemeinschaft. Die Bezeichnung leitet sich vermutlich von den Kreuzprozessionen ab, die hier im abgeschirmten Innersten des Klosters abgehalten wurden.

Langhaus: Der gewöhnlich von West nach Ost ausgerichtete Hauptteil einer Basilika oder Hallenkirche – Chor und Apsis gehören nicht mehr zum Langhaus. Das Langhaus kann sich auch – bei größeren bretonischen Kirchen die Regel – aus mehreren sog. Schiffen (Haupt- und Seitenschiffe) zusammensetzen. Die im Mittelalter übliche strikte Trennung von Chor und Langhaus besorgten der *Triumphbalken*, die *Chorschranke* oder der *Lettner*.

Lettner: Das mittellateinische *Lectionarum*, das Lesepult, gab dem Lettner seinen Namen: eine Holz- oder Steinkonstruktion der mittelalterlichen Leser- oder Sängerbühne, auf der zu besonderen Anlässen gepredigt oder gesungen wurde. Die lang gezogene Tribüne, die hoch über der Gemeinde an der Grenze von Langhaus und Chor quer durch das ganze Schiff verläuft, ruht auf Säulen oder Bögen: eine Ehrfurcht gebietende Grenze von heiligem Bezirk und Gemeinderaum. Die Flächen des Lettners eignen sich optimal für Verzierungen – und diese Gelegenheit ließen sich die bretonischen Kunsthandwerker nicht entgehen: Filigrane Schmuckgebilde und ausgedehnte Bildgeschichten mit Aposteln, Heiligen, Passionsszenen oder zähnefletschenden Ungeheuern schmücken jede freie Stelle der Säulen und Tribünengeländer der meditativen hölzernen oder granitenen Raumtrenner.
Ab dem 17. Jh. kam der in West- und Mitteleuropa beliebte Lettner, der in den bretonischen Kirchen im späten 13. Jh. seinen Einzug hielt, wieder aus der Mode – oft wurde er aus den Gotteshäusern entfernt.

Mausoleum: Ein prächtiges Grabmal für teure Verblichene. Der Kleinasiate Mausolos gab um 350 v. Chr. dem Mausoleum seinen Namen. Als sein Grab fertig gestellt war, stellte sich heraus, dass es sich um die aufwendigste Grabstätte der damals bekannten Welt handelte – seitdem spricht alle Welt vom Mausoleum.

Oratorium: Im frühen Mittelalter war das Oratorium ganz allgemein ein Kleinstgotteshaus, später wurde aus dem Oratorium die Hauskapelle oder der Betsaal in Klöstern, Spitälern oder Schlössern (*orare* = beten, bitten). Im Innenraum der Kirche ist das Oratorium eine meist dem Chor angegliederte kleine Kapelle im Bereich des Allerheiligsten, die den Laien verschlossen bleibt.

Pietà: Die Darstellung der trauernden Maria mit dem Leichnam Jesu auf dem Schoß. Michelangelo schuf die wohl berühmteste Pietà (Vesper- oder Andachtsbild; eigentlich: Frömmigkeit), doch katholische Künstler in Unzahl wählten vor und nach ihm dasselbe Motiv für ihre gottgefälligen Gemälde oder Plastiken: Seit dem 14. Jh. ist Marias Trauer eine bevorzugt behandelte Szene der Passionsgeschichte, das auch bretonische Maler und Bildhauer in den Kirchen und auf den Calvaires immer wieder variierten.

Refektorium: Das lateinische *refectorius* bedeutet erquickend. Im "Erquickungsraum" nahmen die Mitglieder eines Klosters ihre Mahlzeiten ein. Heute würde man ganz profan Speisesaal sagen.

Retabel: Das Retabel oder auch der Altaraufsatz kann vom Gemälde bis zum Flügelaltar – ein festes Mittelteil zwischen schwenkbaren Seitenflügeln – jede Art von schreinartigem Aufbau auf dem Altar sein.

Reliquiar: In diesem kostbaren Behälter ruhen die der Nachwelt bewahrten Reliquien (Überreste) einer(s) Heiligen. Größe und Art des Reliquiars sind dem Inhalt angepasst: Neben Medaillons, Kästchen, Kreuzen, Figuren, Köpfen oder Büsten ist der oft als Goldschmiedearbeit ausgeführte Reliquienschrein das bekannteste Behältnis vollständiger Gebeine, Skeletteile, Kleidung oder Gebrauchsgegenstände verstorbener religiöser Autoritäten. Die Reliquienverehrung gründet sich auf den in vielen Religionen verbreiteten Glauben, in den Körperteilen oder einstigen Besitztümern heiliger Menschen sei deren Macht gespeichert, die durch entsprechende Verehrung (Prozession, Körperkontakt, Anrufung im Gebet) übertragen werden kann und noch Jahrtausende nach dem Tod der Verehrten Wunder wirkt.

Sablières: Bei der französischen Eisenbahn sind sie Bodenschwellen, jedoch wird Sablières auch mit Sandgrube übersetzt. Die Sablières, die am oberen Abschluss der Innenwände unterhalb der Dachkonstruktion das Kirchengemäuer umlaufen, lassen sich vielleicht mit "Oberschwelle" übersetzen: Lange Balken, wegen der erwünschten Elastizität zwischen Mauerwerk und dem hölzernen Dachstuhl auf lockeren Sand gesetzt, verstecken die Schnittstelle von Wand und Dach.

Sarkophag: Ein aufwendiger Monumentalsarg aus Stein, Holz oder Metall, meist in einer Grabkammer, einer Krypta oder direkt in der Kirche aufgestellt. Von den Ägyptern über Griechen und Römer wurden ranghohe Verstorbene im Sarkophag bestattet, die Grabbaumeister des Christentums entdeckten ihn während der Renaissance neu.

Schiff: In der Architektur die Bezeichnung eines Innenraums der Kirche, der sich – durch Pfeiler oder Säulen getrennt – in mehrere Schiffe gliedern kann: Das *Mittelschiff* wird dann von einem oder mehreren *Seitenschiffen* umgeben, oder ein *Querschiff* kann quer zwischen Langhaus und Chor liegen.

Triumphbalken: Zwischen Chor und Langhaus hoch über der Gemeinde zieht sich der in der Regel geschnitzte Balken quer über das Schiff, auf ihm eine Kreuzigungsgruppe – üblicherweise Jesus auf dem Kreuz, daneben in der Regel Maria und Maria Magdalena.

Wimperg: Das althochdeutsche *wintperga* heißt auf Neudeutsch schlicht und verständlich Zinne oder Giebel. Diese funktionslosen Ziergiebel setzten die Baumeister der Gotik als spitz zulaufenden Fassadenschmuck über Fenster und Portale.

Wurzel Jesse: Die Wurzel Jesse oder auch der Jessebaum ist die Darstellung des irdischen Familienstammbaums von Jesus. Zuunterst Isai oder auch Jesse vom Stamm Juda, aus dessen Körper der Baum drängt, dessen Zweige von den menschlichen Vorvätern des Gottessohns gebildet werden. Der jüngste Zweig – ganz oben – ist Maria, Jesus an der Spitze ist die Blüte des Baums.

Argoat

Goat ist der Wald, und *ar* bedeutet etwa an oder in. *Argoat*, Land des Waldes, nennen die Bretonen die innere Bretagne, die sich zur Zeit der britannischen Einwanderung unter fast einem einzigen Waldgebiet verborgen zwischen den Küsten der Halbinsel erstreckte.
Heute ist das Land des Waldes das baumärmste Gebiet Frankreichs; nur 10 % von Argoat sind noch bewaldet (zum Vergleich: 19 % Frankreichs sind Waldland). Trotzdem ist das heutige Argoat nach wie vor die grüne Bretagne: eine wellige, fruchtbare Bocage-Landschaft, durch Hügel und Hecken unübersichtlich. Oft sehen Sie das Dorf erst einige Meter vor der Ortseinfahrt.
Großartig, erhaben oder aufregend ist das Innere der Bretagne nicht. Im stillen, oft verträumten Argoat, wo ab und zu ein Kirchturm die Nähe von Menschen signalisiert, zeigt die Bretagne ihr friedliches Gesicht. Nichts deutet darauf hin, dass wenige Kilometer entfernt an der Küste eines der immerwährenden Naturschauspiele der Erde stattfindet.

Armor

Tief dringen die Fjorde ins Land, unterteilen kleine Halbinseln, schmale Landfinger und große Buchten in ein Gewirr von Wasser und Land, dem unzählige Riffe und Inselchen vorgelagert sind. Ginster, Granit und die anrollende See, sandige Strände und glucksende Wattlandschaften in einer sich ständig verändernden Urwelt – *Armor* ist das Land am Meer (*Mor* = Meer), seine Farben sind das Blau des Ozeans und des Himmels und das Braun des Küstenstrichs. Armor ist der winddurchzauste, vom Meer durchdrungene Küstengürtel der Bretagne, an dem sich seit der Frühzeit der Erdgeschichte jener Vorgang abspielt, der so gern als "Verschmelzung von Wasser und Land" beschrieben wird und der im täglichen Kampf mit dem Meer nach den Gesetzen des Ozeans lebt.

Armorika

Die klassische Bezeichnung für die Bretagne, die die römischen Besatzer der keltischen Sprache entlehnten. Der Name hielt sich in Reise- und Intellektuellenkreisen – auf alten Landkarten gut ersichtlich – bis in die frühe Neuzeit, Geographen sprechen noch immer vom Armorikanischen Gebirge, und Armorika (*Armorique*) wird von Reiseschriftstellern gern benutzt, wenn sie "Bretagne" durch ein anderes Wort ersetzen wollen.

Ausrüstung

Sie befinden sich in einem europäischen Land, in einer europäischen Klimazone und benötigen nur das Reisezubehör, das Sie auch im deutschsprachigen Raum (z. B. Österreich) verwenden würden. Nur drei kleine Tipps zur Urlaubsbereicherung: Das *Fernglas* und die *Taschenlampe*, sinnvoll in der Landschaft, in Kirchen, Höhlen und Langgräbern eingesetzt, erhöhen das visuelle Vergnügen einer Bretagnereise zusätzlich.
Eine *Bibel* in den Urlaub mitzunehmen, mag besonders Atheisten befremden. Doch die gezielte Lektüre des Buchs der Bücher verhilft Christen wie Nichtchristen vor Ort zu einem besseren Verständnis der zahllosen, meist neutestamentarischen Motive der bretonischen Kirchenkunst.

Aussichtspunkte

Welcher ist der schönste? Sind Blick und Stimmung auf den übereinander geschichteten Steinplatten oben auf dem Kap Fréhel am eindrucksvollsten? Oder doch ganz vorne an der Pointe du Raz? Bricht sich das Meer an der Pointe du Penhir am tollsten? Ist der Rundblick vom Menez Hom am aufschlussreichsten oder bietet der vom Roc Trevezel landschaftlich mehr? Fragen über Fragen, die Sie nur für sich beantworten können. Angemerkt sei, dass es an Aussichtspunkten – gekennzeichnet mit *Pointe* oder *Panorama* – wahrlich nicht mangelt und dass fast alle lohnenswerte Ziele sind.

Wenn es viel zu sehen gibt, sind an viel besuchten Punkten dankenswerterweise Orientierungstafeln aufgestellt, die helfen, die jeweils charakteristischen Landschaftselemente zu benennen.

Baden

Die Bretagne besitzt eine der aufregendsten Küsten der Welt. Die Folge davon sind eine Unzahl von Stränden, der längste mit insgesamt 8 km Länge vor La Baule, der kürzeste sei zu seinem Schutz verschwiegen. Im Norden und Westen bestimmen meist Ebbe und Flut die täglichen Badezeiten (siehe Wissenswertes/Gezeiten) – gebadet wird bei Flut. An den Stränden im Süden sind die Gezeitenunterschiede nicht mehr so ausgeprägt, ansonsten gilt: Bei Ebbe sind die Wege zum Wasser weit, bei Flut kann unter Umständen das Badetuch überspült werden.

Ab Juni erreicht das Meerwasser allmählich Badetemperaturen: 15–17° Celsius genügen anscheinend nicht, eingefleischte Wasserratten um ihr Vergnügen zu bringen. Im August sind die Wassertemperaturen mit durchschnittlich 20° C am höchsten – vereinzelt werden in geschützten Buchten Spitzenwerte von 22° C erreicht.

Sandstrand und Belle Epoque: bretonische Seebad-Atmosphäre

Der September bewahrt die Wärme noch eine Weile, bis der Atlantik schnell wieder abkühlt – etwa 10° C beträgt die winterliche Durchschnittstemperatur.

Vom nostalgischen Charme eines seit der Jahrhundertwende kultivierten Seebadstrands über den bevölkerten Dünenstrand in der tiefsten Provinz bis zu menschenleeren Buchten, tief eingeschnitten im Fels der Steilküste – es finden sich Strände in allen Größen und für alle Geschmäcker. Grob lassen sie sich so einteilen: an der *Nordküste* Sandstrände in Buchten, an der *Nordwestküste* Sand-/Kiesstrände, an der *Südküste* lange Sandstrände.

Beispiel einer vollständigen Strandinfrastruktur: Wasserwacht, Umkleidekabinen, Duschen/Toiletten, Sonnenschirm- und/oder Strandzeltverleih, Kinderclub (hier können Sie Ihren Nachwuchs aufbewahren), Club Nautique (Segel-, Surf- und Tauchschulen bzw. Verleih), Bar, Crêperie; bei Stadtstränden hinter dem Strand und um ihn herum Hotels, Campings, Restaurants und eventuell das Casino. Das eine oder andere Detail kann bei den Seebadstränden fehlen, doch Rettungsschwimmer sind zumindest im Sommer immer da.

Das Meer vor der Bretagne ist keine harmlose Wasserfläche wie das glatte Mittelmeer – starke Strömungen, scharfkantige Riffe oder die herantosende Flut können bei gedankenlosem Drauflosschwimmen ins offene Meer bedrohliche Situationen heraufbeschwören. Gefährliche Strand- und Küstenabschnitte sind deutlich als solche gekennzeichnet, große Hinweistafeln machen im Bedarfsfall darauf aufmerksam, wann mit der Flut zu rechnen ist. Wir können nur darauf hinweisen, dass diese Schilder nicht grundlos in der Gegend herumstehen.
Detaillierte Strandbeschreibungen im Reiseteil.

Bocage

Das französische Wort entspricht etwa dem deutschen Hain und ist in ganz Frankreich die gebräuchliche Bezeichnung, mit der eine Heckenlandschaft beschrieben wird: Hohe Hecken grenzen die Anbauflächen ein, um sie vor dem Wind zu schützen. In einer agrarorientierten, windigen Region wie der Bretagne sind die blickeinengenden Bocage-Landschaften – trotz vordringender Flurbereinigung – noch weit verbreitet: Oft können Sie erst von einem höher gelegenen Punkt einen zusammenhängenden Teil Armorikas optisch erfassen.

Calvaire

Der französische *Calvaire* und der deutsche Kalvarienberg leiten sich ab vom spätlateinischen *locus calvariae*, der Schädelstätte (= Golgatha). Der Kalvarienberg bezeichnet im deutschen Sprachgebrauch einen Hügel oder Berg mit einer plastischen Darstellung der Kreuzigungsgruppe, zu dessen Spitze die Kreuzwegstationen hinaufführen. Doch ein Kalvarienberg und ein – welteinmaliger – bretonischer Calvaire sind zwei gänzlich verschiedene Dinge, deshalb haben wir im Text auf eine Eindeutschung verzichtet.

Der bretonische Calvaire, um 1480 im Geist der Renaissance geboren und bis zum 17. Jh. zur Blüte gebracht, ist ein Golgatha aus Granit, häufig gekrönt von drei Kreuzen und belebt durch steinerne Figuren, die Szenen aus dem Leben und Sterben Jesu erzählen. Neben der Kirche ragt dieser Berg der Verzweiflung empor, der anschaulich den Sieg der Auferstehung über den Tod symbolisiert. In die Stein gewordene Lebensgeschichte Christi, meist nicht chronologisch geschildert, aber im-

Kreuzigung am Calvaire von Pleyben

mer in der Kreuzigung gipfelnd, sind scheinbar wahllos biblische und bretonische Episoden, Apostel und Ortsheilige in den bunten Bilderreigen eingestreut. Doch bekanntlich erfüllt alles einen Zweck: Wie ein Moritatensänger hielt der Ortspfarrer am Calvaire seine Predigt, zeigte dabei mit seinem Stöckchen auf die passenden Szenen. Und wenn er auf die Gottlosen zu sprechen kam und vielsagend auf den Teufel deutete, der grinsend den Tod des sündigen Schächers erwartet, erschauerte wohl die ganze Gemeinde.

Nicht zufällig wurden die großen Calvaires in einer Zeit errichtet, als der besorgte katholische Klerus hugenottische sowie protestantische Verirrungen und heidnische Rückfälle unter der bretonischen Landbevölkerung feststellte und handelte. Die drastischen Darstellungen der Calvaires waren wesentlicher Bestandteil einer kühl geplanten Remissionierungskampagne, um zweifelnde Schäflein auf den Weg des wahren Glaubens zurückzuführen (siehe auch Kapitel Calvaire-Tour/Einleitung).

Bis zu zweihundert Figuren – freistehend als Plastiken oder aus dem Reliefband gemeißelt, das den Sockel umziehen kann – vermitteln den Kern christlich-katholischen Glaubens. Die gängigsten Szenen aus dem Leben Marias und Jesu: Marias Vermählung, Verkündigung, Heimsuchung, Christi Geburt, Anbetung des Jesuskinds, Taufe Christi, Einzug in Jerusalem, Abendmahl, Fußwaschung, Gefangennahme, Jesus vor dem Hohepriester Kaiphas, Pontius Pilatus wäscht seine Hände in Unschuld, Geißelung, Dornenkrönung, Kreuztragung, Kreuzabnahme, Grablegung und Auferstehung. Auch die Hölle – zweimal wird die *Katel Gollet* vom Teufel geholt – ist bei den Großcalvaires ein beliebtes Thema (zu Katel Gollet siehe Guimiliau/Kasten).

Einige Calvaires sind so groß und figurenreich, dass sie erst nach längerer Betrachtung zu erfassen sind, andere einfach, ohne gestalterischen Aufwand und auf das Wesentliche konzentriert. Doch eines ist allen bretonischen Calvaires zu Eigen: ihre

Ausdrucksstärke, die in dem harten Granit über Jahrhunderte konserviert wurde. Die Patina, die der Stein annahm, die Flechten und das Moos sind das I-Tüpfelchen dieser bretonischen Auseinandersetzung mit dem Tod und seiner Überwindung. Wohl nicht zu Unrecht gilt der Menhir, den die Kelten in ihren Glauben integrierten und von dem einige Exemplare später vorsichtshalber christianisiert wurden, als einer der geistigen Väter der Calvaires.

Als schönste und größte Calvaires der Bretagne gelten u. a. die von *Guimiliau, Pleyben, Plougastel-Daoulas, Plougonven, Lanrivain* und *Guéhenno.*

Hinweis: Calvaires im Regen oder unter einem trüben Himmel sind nur das halbe Vergnügen.

Cairn

Das bretonische Wort für "Bruchstein" bezeichnet ein *Fürstengrab*, die gewaltige Grabstätte frühzeitlicher Fürsten in Form eines schließlich pflanzenbewachsenen Hügels: Über einen oder mehrere Dolmen wurden kleinere Steine gehäuft, im Lauf von manchmal Jahrhunderten entstanden um das Zentralgrab oft mehrere Nebengräber. Erde über der Steinaufhäufung und der folgende Pflanzenwuchs haben aus vielen Fürstengräbern kleine Hügel in der Landschaft gemacht. Die beiden größten ausgegrabenen Fürstenhügel sind die von *Gavrinis* und *Barnenez.*

Circuits touristiques

Eine französische Erfindung zur Urlaubsgestaltung. Die motorisierten Circuit-Teilnehmer werden von einem zentralen Ausgangspunkt zu einer Reihe von Zielen in der Umgebung gelotst, die oft unter einem gemeinsamen Motto angepriesen werden: *Kapellen, alte Steine, Heide, alte Häuser, Dolmen und Menhire* oder die *Route des Ducs* und die berühmte *Calvaire-Tour*. In der Anzahl der Kilometer und hinsichtlich der Qualität sind erhebliche Differenzen festzustellen. Auf einer Länge von 20 bis 150 km können Sie sich auf Circuits begeben, die sich rundum lohnen (selten), die qualitativ sehr gemischte Stationen aufweisen (die Regel) oder die Sie sich sparen können (kommt auch vor). Circuitvorschläge liegen bei all den rührigen Gemeinden aus, die sich einen Rundkurs ausgedacht haben, einige finden Sie – z. T. gekürzt – im Reiseteil.

Criée

Crier heißt schreien, und Criée kann mit Versteigerung übersetzt werden. In der Bretagne bezeichnet die Criée die Fischhalle am Hafen, in der der frische Fang, meist morgens, versteigert wird. Manche Criées haben Gästebalustraden, denn der Besuch einer Fischversteigerung ist für Außenstehende ein exotisches Erlebnis. Es muss allerdings angemerkt werden, dass die traditionellen Versteigerungen immer mehr zu vollautomatisierten Verkäufen werden. Unter dem Stichwort Criée finden Sie im Reiseteil einige trotzdem noch lohnenswerte Fischhallen.

Cromlech

Kramon ist die Krümmung, *Lec'h* heißt Ort. Mitunter haben die Menschen des Neolithikums Steine nicht in Reih und Glied aufgestellt, sondern mit ihrem Lieblingsmaterial, den Megalithen, einen gekrümmten Ort geschaffen, kreis- oder halbkreisförmig. Der bekannteste Cromlech ist der Steinkreis zu Stonehenge (England),

bei dem eindeutig ist, dass er nach den Gestirnen ausgerichtet ist und dass an seinem zentralen Stein während des Jahreslaufs kultische Handlungen stattgefunden haben. So dürfen wir uns einen Cromlech vielleicht als Freilichtkalender mit integrierter Kultstätte vorstellen, denn der Lauf der Gestirne blieb trotz ihrer erkannten Regelmäßigkeit ein magischer Vorgang. In der Bretagne sind, z. B. bei Carnac, einige kleinere Cromlechs zu finden.

Diplomatische Vertretungen

Deutsche Botschaft in Frankreich: 75008 Paris, Avenue Franklin-D.-Roosevelt 13/15, ✆ 01.53.83.45.00, E-Mail: ambassade@amb-allemagne.fr, www.amb-allemagne.fr

Deutsches Konsulat in der Bretagne: 29200 Brest, Rue de Siam 105, ✆ 02.98.43.32.53, E-Mail: mda@infini.fr,

Österreichische Botschaft in Frankreich: 75007 Paris, Rue Fabert 6, ✆ 01.40.63.30.63, ℻ 01.45.55.63.65, E-Mail: paris-ob@bmaa.gv.at, www.aussenministerium.at/paris

Schweizer Botschaft in Frankreich: 75007 Paris, Rue de Grenelle 142, ✆ 01.49.55.67.00, ℻ 01.49.55.67.67, E-Mail: vertretung@par.rep.admin.ch, www.eda.admin.ch/paris

Französische Botschaft in Deutschland: Pariser Platz 5, 10117 Berlin, ✆ 030/590.03.90.00, ℻ 030/590.03.90.67, E-Mail: consulat.berlin@diplomatie.gouv.fr, www.botschaft-frankreich.de

Französische Botschaft in Österreich: 1040 Wien, Technikerstr. 2, ✆ 01/50.27.50, ℻ 01/50.27.51.68, E-Mail: marc.salesse@diplomatie.gouv.fr, www.ambafrance-at.org/

Französische Botschaft in der Schweiz: 3006 Bern, Schoßhaldenstr. 46, ✆ 031/359.21.11, ℻ 031/359.21.91, E-Mail: presse@ambafrance-ch.org, www.ambafrance-ch.org

Dolmen

Dol bedeutet Tisch und *Men* der Stein. Dieser Steintisch, in der Regel tragen zwei bis vier senkrechte Steinkolosse eine Deckplatte, ist die Keimzelle eines frühzeitlichen Fürstengrabs: Der Dolmen war die Grabkammer des verstorbenen Herrschers, um die Erdreich und Geröll aufgehäuft wurde. Mehrere Dolmen hintereinander bilden ein *Langgrab* (siehe Allée couverte), eine jüngere und ausgefeiltere Variante des Fürstengrabs. Der absolut größte Dolmen der Bretagne, der *Table des Marchands*, steht bei Locmariaquer.

Der Donjon zu Dinan

Donjon

Ein Donjon ist der zusätzlich befestigte Wohnturm einer Burganlage, der einer Belagerung am längsten standhielt. Die Formen des Donjons reichen von rund bis elliptisch, abweisend und wehrhaft ist er immer. Hier wohnte die Familie des Burgeigentümers und hier waren neben Privatgemächern die repräsentativen Räume der Burg untergebracht: Empfangs- und Festsaal mit riesigen Kaminen, die vermutlich dennoch nur notdürftig die Kälte vertrieben haben.

Enclos paroissial

Franzosen bezeichnen so den umfriedeten oder auch abgeschlossenen Kirchenbezirk, wie es ihn nur im Nordwesten der Bretagne gibt. Auf seinem begrenzten Raum umfasst er die Dimensionen Leben, Tod und Auferstehung, hier treffen die Lebenden auf die Welt der Toten und müssen sich mit dem eigenen Tod und dessen Überwindung auseinandersetzen – ein Teil keltischen Bewusstseins, der seinen Platz im Christentum bretonischer Prägung behauptete.

Grundsätzlich grenzt eine Mauer den Enclos von der Außenwelt symbolisch ab. Das Triumphtor in der Umfassungsmauer ist der Einlass in den heiligen Bezirk, einer abgeschlossenen, Gott geweihten kleinen Welt. Vorbei an Beinhaus, Friedhof und Calvaire (dieser steht in der Regel dem Beinhaus gegenüber), evtl. noch an einer Kapelle und einem Brunnen, führt der Weg zur Kirche. Eine geschmückte Vorhalle, meist im sonnigen Süden gelegen und als Stätte der Vorbereitung auf das Zusammentreffen mit Gott gedacht, muss durchquert werden, bevor der Kirchenraum betreten werden kann, in dem der Tod schließlich durch das Heil überwunden ist.

In der Renaissancezeit vom 15. bis zum 17. Jh. entstanden die umfriedeten Pfarrbezirke. Nicht in den Städten wurden sie errichtet, sondern in unbedeutenden, doch wohlhabenden Dörfern, in denen der Klerus harte Überzeugungsarbeit zu leisten hatte und die um ihre Seelen besorgten Landadeligen, Händler und Großbauern zur Finanzierung der aufwendigen Bauvorhaben bewegen konnte (zu den Hintergründen siehe Kapitel Argoat/Calvaire-Tour).
Zwischen Elorn und Aulne, an den Grenzen von Cornouaille und Léon, saßen anscheinend die besorgtesten und reichsten Geldsäcke, und so sind hier die aufwendigsten und schönsten der umfriedeten Bezirke entstanden. Besonders hell am Enclos-paroissial-Himmel strahlt das Dreiergespann *Gumiliau, Lampaul-Guimiliau* und *St. Thégonnec* bei Landivisiau; ihre Enclos paroissiaux werden meist im Rahmen der Calvaire-Tour zusammen besichtigt, und Sie können sich selbst ein Urteil bilden, welche Gemeinde den Geschmack Gottes, dem die Bauarbeiten letztlich galten, am besten getroffen hat.

Ein- und Ausreisebestimmungen

Seit dem Inkrafttreten des Schengener Abkommens am 1. Januar 1993 sind alle Personenkontrollen zwischen Deutschland und Frankreich abgeschafft. Die Wiedereinreise nach Deutschland wird so erheblich vereinfacht. Weiterhin sollten Sie aber einen gültigen Personalausweis oder Reisepass mit sich führen. Sollten Sie länger als drei Monate in Frankreich bleiben wollen, müssen Sie wie früher eine Aufenthaltsgenehmigung beantragen. Für Haustiere benötigen Sie ein Tollwutimpfzeugnis, das mindestens einen Monat alt sein muss, jedoch nicht älter als zwölf Monate sein darf.

Mit der Einführung des EU-Binnenmarktes 1993 ergaben sich für alle EU-Staaten sehr liberale Bestimmungen über die mitgeführten Freimengen im Reisegepäck der EU-Bürger. Grundsätzlich wird die Mehrwertsteuer im Erwerbsland, d. h. beim Kauf der Ware fällig. Bei der Ausreise sind weder Zollabgaben noch sonstige Steuern zu entrichten. Bedingung dafür ist, dass alle gekauften Produkte – wie Textilien, Pelze, Schmuck – nicht gewerbsmäßig benutzt, also weiterverkauft werden. Bei folgenden Mengen pro Person stellen die Behörden den "persönlichen Bedarf" nicht in Frage:

Alkohol: 10 l Spirituosen; 20 l alkoholische Zwischenerzeugnisse (Portwein, Sherry); 90 l Wein oder weinhaltige Getränke, davon höchstens 60 l Schaumwein/Sekt; 110 l Bier.
Rauchwaren: 800 Zigaretten; 400 Zigarillos; 200 Zigarren; 1 kg Tabak.

Ein Überschreiten dieser Richtmengen stellt kein Problem dar, wenn Sie glaubhaft versichern können, dass der gesamte Alkohol- und Zigarettenvorrat zum Eigenverbrauch bestimmt ist.

Ermäßigungen

Kinder bis zu sieben Jahren haben es gut: Sie erhalten überall, außer im Restaurant, einen Preisnachlass von meist 50 %, und im Restaurant gibt es Kindermenüs.
Studenten haben mit dem internationalen Studentenausweis oft bei Museen Erfolg: Bis zu 50 % billiger kann das Billett werden. Nicht alle Museen bieten diesen Studentenservice, private in der Regel nie.
Camper, die mit dem *Camping-Carnet* versehen (gibt es z. B. beim ADAC) im "Hotel de plein air" absteigen, können bei manchen Plätzen bis zu 10 % einsparen. Immer fragen.

Feste und Feiertage

Folgende arbeitsfreie staatliche und kirchliche Feiertage sind mit deutschen Feiertagen identisch:

1. Januar – Neujahr
Ostern/Ostermontag
Christi Himmelfahrt
1. Mai – Tag der Arbeit
Pfingsten/Pfingstmontag
15. August – Mariä Himmelfahrt
1. November – Allerheiligen
25. Dezember – Weihnachten

Spezielle französische Feiertage sind:

8. Mai – Tag des Sieges 1945
14. Juli – Nationalfeiertag zum Gedenken an den Sturm auf die Bastille
11. November – Waffenstillstand 1918

Achtung: Fällt ein Feiertag auf Dienstag oder Donnerstag, sind in der Regel am Montag bzw. Freitag Behörden, Banken und Geschäfte geschlossen.

Fest Noz

Zahlreich sind im Sommer die Transparente, Anschläge und Zeitungsanzeigen – auch das kleinste Dorf lädt ein zu seinem Fest Noz, dem nächtlichen Fest des geselligen Tanzens und alkoholischen Trinkens. Touristen sind überall willkommen, etliche Fremdenverkehrsorte planen das Fest Noz auch für das Sommerprogramm ihrer Gäste ein. Doch im Prinzip ist es eine urbretonische Art, ein vergnügliches Sommerfest auf dem Land zu feiern, die in den 60er Jahren nach langer Zeit einen neuen Aufschwung erlebte: Die Biniou- und Bombardespieler fanden wieder Auftrittsmöglichkeiten. Heute spielen fast alle Gruppen elektrisch verstärkt oder mit elektronischen Instrumenten, doch Stimmung und Alkoholausschank blieben gleich.

Fotografieren und Filmen

Filme und Filmzubehör sind in Frankreich wesentlich teurer als in Deutschland. Wir weisen aber darauf hin, dass in der Bretagne so viele Motive beheimatet sind, dass das mitgenommene Zelluloid – bis zu zehn Filme pro Kamera dürfen Sie legal einführen – rasch knapp werden kann.
Neben einem gängigen *Normalobjektiv* empfehlen sich ein *Weitwinkel* für die schmalen Gassen, die Landschaften und Küsten sowie ein *Tele* für Statuen, einzelne Gebäudeteile oder eine ahnungslose, trachttragende Bretonin mit Spitzenhäubchen. Ein Blitz erhellt die zahlreichen dunklen Räume, in denen sich ein Bild lohnt – doch bitte Vorsicht in alten, dunklen Kirchen mit mitgenommenen Malereien, denen das plötzliche Grell gar nicht gut tut. Hier hilft ein *Stativ* weiter, das lange Belichtungszeiten ermöglicht.

Fußfischen

Ein einmaliges Zusammenspiel der Ur-Überlebensformen Sammeln und Jagen. *Pêche à pied*, fischen zu Fuß, ist in der Bretagne ein feststehender Begriff. Wenn sich das Meer zurückgezogen hat, schwärmen die Fußfischer/innen, mit Schaufeln, Harken, Netzen, Eimern oder Plastiktüten bewaffnet, in die für einige Stunden freigegebenen Fanggründe aus und sammeln auf, was die Flut zurückgelassen hat: Muscheln, Krabben und natürlich die begehrten Schalentiere. Allerdings: Das Fußfischen ist in den letzten Jahren zu einer ernsten Gefahr für die Wattbewohner geworden. Wie immer, macht auch hier die Menge das Gift – alljährlich tummeln

Fußfischer

sich zu viele Sammler auf dem trockengelegten Meeresboden und räumen hemmungslos ab. Der schlimmste Fehler ahnungsloser Fußfischer aber besteht darin, die umgedrehten Steine nicht wieder in ihre ursprüngliche Position zurückzubringen und so die Nahrungskette zu unterbrechen: Die unter den Steinen verborgenen Mikroorganismen, von denen die nächstgrößeren Meeresbewohner leben, sterben ab, die Folge ist eklatanter Nahrungsmangel und damit verbunden eine bedrohliche Reduzierung aller Meeresbewohner in Küstennähe.

Neueinsteiger, die sich ihre Meeresfrüchteplatte selbst zusammenstellen wollen, sollten also vor allem darauf achten, dass sie sich maßvoll bedienen und keine Baustelle zurücklassen. In den Badeorten können Sie sich wie ein Profi ausrüsten, bei Ihren ersten Fußfischversuchen den langjährigen Anhängern dieser Tätigkeit auf die Finger schauen und ihnen sogar dumme Fragen stellen: "*Pardon, est-ce qu'on peut manger ce crabe?*" – Verzeihung, ist dieser Krebs essbar?

Geld

2002 mussten sich die Franzosen von ihrem Franc verabschieden, und gehören genau wie Deutschland zur Eurozone.

Wesentlich verbreiteter als in Deutschland ist das Bezahlen einer Rechnung mit Scheck oder Kreditkarte – ob an der Tankstelle, im Supermarkt, Hotel oder Restaurant. Die beliebteste Zahlkarte ist die *Carte bleue*, die internationale Visakarte. Wie in allen westlichen Zivilisationen hat der *Bancomat* auch die Bretagne erobert – problemlose Bargeldbeschaffung rund um die Uhr. Symbole verraten, welche Karten er annimmt.

Ebenfalls problemlos, doch des Öfteren mit großem Sicherheits- und nur geringfügig kleinerem bürokratischen Aufwand werden in *Banken* oder auf größeren

Postämtern nichtfranzösisches Bargeld sowie Schecks anerkannter Geldinstitute gewechselt; am problemlosesten Euroschecks (bis 250 €) und Reiseschecks (z. B. American Express). Nur nicht am Montag – am Tag nach dem Wochenende sind fast alle Banken für den Publikumsverkehr geschlossen.

Postsparbuchbesitzer können seit 1999 nur mit zusätzlicher "SparCard" (ähnlich wie Eurocard; wird vom heimischen Postamt ausgestellt) an französischen Postämtern und Banken Geld abheben – gebührenfrei in der EU bis zu viermal im Jahr. Pro Tag können maximal etwa 350 € abgehoben werden.
Zum Geldwechseln immer den Pass oder Ausweis mitnehmen!

Gesundheit

Wer spezielle Medikamente benötigt, sollte diese in ausreichender Menge mitnehmen, ansonsten ist eine normale Reiseapotheke gegen kleinere Wehwehchen völlig ausreichend.
Eine *Pharmacie* gehört in jedem größeren Dorf zur Grundausstattung der Gemeinschaft. In großen Städten hat nachts und am Wochenende immer eine Apotheke geöffnet – welche, steht in der Zeitung (*"Sud-Ouest"*).

Ein dreifach Hoch der Bürokratie: Wer keine Reisekrankenversicherung abschließt, muss bei seiner Krankenkasse einen Auslandskrankenschein abholen (Vordruck E 111). Dieser wird im Bedarfsfall bei der nächsten Ortskrankenkasse *(Caisse primaire d'assurance maladie)* oder im Rathaus *(Hôtel de Ville* oder *Mairie)* gegen einen französischen Krankenschein *(Feuille de soins d'assurance maladie)* eingetauscht, den man dem behandelnden Arzt oder Krankenhaus übergibt.

Erst muss die gesamte Rechnung in bar bezahlt werden, oft wird der Preis zwischen Arzt und Patient vereinbart (Preisbeispiel: einfache Konsultation ohne Extras 20 €). Zu Hause dann bekommt man die Kosten zurückerstattet. Dabei wird allerdings

Apotheke in Mur-de-Bretagne

das französische System angewandt, das eine wesentlich höhere finanzielle Eigenbeteiligung kennt als beispielsweise das deutsche Versicherungswesen. Wer eine kurzfristige Reisekrankenversicherung abschließt, erspart sich also nicht nur viel Gerenne, sondern – im Falle eines Falles – letztlich auch Geld.

Gezeiten

"Überall hinterlässt es [das Meer] eine faszinierende Zwischenzone zwischen Feuchtem und Festem, deren Erforschung zu den Freuden des Strandlebens gehört und deren Durchwandern mit bloßen Füßen jeder Arzt empfiehlt." (Metkens/Aufseß, Bretonisches Reisebuch)

Ebbe und Flut verändern das Bild der bretonischen Küsten einschneidend. Wo sich noch vor einer Stunde eine felsdurchsetzte Sandbank ausbreitete, belecken nun die Wogen die Spitzen der Riffe, bevor diese ganz überflutet werden. Manche Hafenorte der Bretagne rühmen sich eines gezeitenunabhängigen Hafens, der jederzeit angelaufen oder verlassen werden kann, doch meist bietet sich das gleiche, für Binnenländler/innen ungewohnte Bild: Zweimal täglich neigen sich die Boote im Hafen sanft zur Seite, wenn sich das Wasser zurückgezogen hat, und mit derselben Regelmäßigkeit werden sie durch das eindringende Wasser wieder aufgerichtet.

Bedingt durch das Zusammenwirken von Schwer- und Fliehkräften, die bei der Bewegung des Mondes um die Erde und bei der Bewegung der Erde um die Sonne entstehen, kommt es zu Massebewegungen des Erdkörpers (die Erdkruste hebt und senkt sich minimal), der Atmosphäre (Schwankungen des Luftdrucks) und des Meers. Zweimal täglich, in der Regel alle 12 Stunden und 25 Minuten, steigt das Meer an (Flut) und sinkt es wieder ab (Ebbe). Bei Neu- und Vollmond – speziell im Frühjahr und im Herbst – sind die einwirkenden Kräfte am größten, es kommt zu den kräftig strömenden *Springtiden*. Bei Halbmond hebt die Sonne einen Teil der Mondanziehungskraft auf, und es entstehen besonders schwache *Nipptiden*.

Die von Prielen durchzogene Wattlandschaft aus Sand und Schlick, die vom Meer regelmäßig freigegeben wird und doch nicht zum Festland gehört, ist Heimat einiger weniger Wattpflanzen und einer reichen Tierwelt: Schnecken, Muscheln, Garnelen, Krebse, Kleinfische und Vögel bevölkern diese Zwitterwelt. Im Nordosten der Bretagne ist das Spiel von Ebbe und Flut am ausgeprägtesten: In der Bucht von Mont-Saint-Michel beträgt der Tidenhub – der Höhenunterschied zwischen Hoch- und Niedrigwasser – 14 Meter. Das Meer zieht sich 15–20 Kilometer zurück, um regelmäßig wie ein Uhrwerk einige Stunden später wieder die Mauern des Klosters zu umspülen.

Die Berechnung der Gezeiten war den Menschen der gezeitenabhängigen Küsten ein lebenswichtiges Anliegen, und schon früh in diesem Jahrhundert wurde die Gezeitenmaschine, ein Spezialrechenapparat, entwickelt, die heute vom Computer abgelöst ist. Die aktuellen Gezeitenstände an den bretonischen Küstenabschnitten sind der bretonischen Tagespresse (unter der Rubrik *Marées*) oder den Broschüren zu entnehmen, die in den Informationsbüros der Küstenorte kostenlos erhältlich sind.

Heilige

"Fast immer aber besteht eine Kluft zwischen der offiziellen Religion der Priester und volkstümlichen Vorstellungen und Bräuchen." (Meyers Taschenlexikon, Stichwort Religion)

So auch in der Bretagne. 7777 Heilige kümmern sich um das kleine Fleckchen Erde am Ende der Welt. Und es ist kein Wunder, dass sich die Bretagne unter dieser immensen Zahl von Heiligen sonnt, schließlich waren ja Adam und Eva nicht nur die ersten Menschen, sondern auch die ersten Bretonen. Der Grenadier der Republik, La Tour d'Auvergne (siehe Carhaix/Kasten), führte den unwiderlegbaren etymologischen Beweis: "*A tam*!" (bretonisch: ein Stückchen!), presste der männliche Bewohner des Paradieses mühsam auf Bretonisch heraus, als ein Stück des Apfels in der Speiseröhre hängen blieb. Seine Gefährtin reagierte gelassen: "*Ev!*" (bretonisch: trink!).

Die *Hl. Anna*, Mutter der Jungfrau Maria und natürlich ebenfalls Bretonin (siehe Ste.-Anne-La-Palud/Kasten), ist die nächste direkte Verbindung der Bretagne zum Christenhimmel, ihr und ihrer Tochter wird unter den Angeflehten die höchste Verehrung zuteil.

Der Reigen der Heiligen setzt etwa 500 Jahre nach Christi Geburt mit der Besiedlung der Inselkelten ein. Nach der Legende zeichnen sieben hoch verehrte Gründungsheilige für die organisierte Landnahme und die Christianisierung der verbliebenen Gallier Armorikas ab dem 5. Jh. verantwortlich: *St. Malo*, *St. Brieuc*, *St. Pol*, *St. Tugdual* (Treguier), *St. Samson* (Dol), *St. Waroc'h* (Vannes) und *St. Corentin* (Quimper) waren die ersten Bischöfe der sieben bretonischen Bistümer.

Zu diesen gesellten sich im Laufe der Jahrhunderte die weiteren 7770 Heiligen – berühmte wie *St. Yves*, Schutzpatron der Rechtsanwälte, und *St. Ronan*, der Bändiger der Elemente, oder die zahllosen lokalen Heiligen, die beispielsweise gegen Zahnschmerz helfen (*St. Tugen* und *Ste. Apolonia*), Säuglinge von Blähungen befreien (*St. Rochus*) oder die Gartenarbeit gelingen lassen (*St. Fiacrus*). Welteinzig ist *St. Languis* – der Heilige gegen Langeweile.

Sie haben missioniert, Wunder gewirkt, sind den Märtyrertod gestorben, sie helfen nach ihrem Tod gegen Wehwehchen, Beschwerden, Unglück oder Katastrophen – aber nur wenige Heilige wie St. Yves sind tatsächlich vom Papst in Rom heilig gesprochen worden. Eine erkleckliche Anzahl gilt als "offiziöse Heilige", die ohne päpstliche Zustimmung von bretonischen Bischöfen anerkannt wurden. Die weitaus größte Zahl der Heiligen sind aber die inoffiziellen Heiligen, die ohne den Segen der katholischen Kirche allein vom Volk in den Heiligenstand befördert wurden. Die seit Jahrhunderten stattfindenden Pardons und die zahlreichen "Merci"-Schildchen an ihren Verehrungsstätten zeigen, dass ihre Anziehungskraft ungebrochen ist.

Doch das Verhältnis der Gläubigen zu ihren himmlischen Beschützern ist nicht immer problemlos, denn Heilige können launisch sein. Manche wollen nicht mehr helfen, andere können nicht mehr, haben ihre Kraft verloren. Wurde ein Schutzheiliger als Versager entlarvt, schreckten die Bretonen noch im letzten Jahrhundert vor nichts zurück: Seine Statue wurde mit Wasser überschüttet oder mit dem Gesicht zur Wand gedreht, wo er sich schämen musste.

Information

Als *Office du Tourisme* (O.T., staatlich), *Syndicat d'Initiative* (S.I., städtisch) oder gleich als *Office du Tourisme Syndicat d'Initiative* (O.T.S.I., Mischform) haben während der Saison knapp 200 Informationsbüros ihre Pforten geöffnet und dienen nicht nur mit einer wahren Prospektflut. Urlaubstechnische und ortsbezogene Fragen werden beantwortet, Zimmer vermittelt, Hotellisten herausgegeben und die Lage der verstecktesten Campingplätze beschrieben. Sie können hier problemlos Veranstaltungen, Bootstouren und Ausflüge der diversen privaten oder städtischen Veranstalter buchen oder die Büros von zu Hause aus anschreiben, um sich Prospektmaterial oder Hotel- und Zimmerlisten schicken zu lassen. Wichtig hierbei ist die Beilage des *internationalen Antwortscheins*, der auf jedem Postamt erhältlich ist.

Etliche bretonische Informationsstellen bieten daneben während der Saison geführte Stadtrundgänge, Kirchenbesichtigungen, Wanderungen, Ausflüge u. v. m. an. Nähere Informationen sind problemlos vor Ort zu bekommen. Öffnungszeiten siehe gleichnamiges Stichwort, nach Möglichkeit sind sie im Reiseteil angegeben.

Vor Reisebeginn können Sie sich auch bei den französischen Fremdenverkehrsämtern informieren:

Deutschland: Maison de la France, Westendstr. 47, Postfach 100 128, 60325 Frankfurt/Main, ✆ 0190/570025 oder 0190/ 510012, 📠 0190599061, E-Mail: info.de@ franceguide.com; www.franceguide.com

Österreich: Maison de la France, Argentinierstrasse 41a, 1040 Wien, ✆ 0900/250015, 📠 01/5032871, info.at@franceguide.com, www.franceguide.com

Schweiz: Rennweg 42, 8023 Zürich, ✆ 0900/ 900699, 📠 012174617, E-Mail: info.zrh@ franceguide.com, www.franceguide.com

In Paris: Maison de la Bretagne, Boulevard St.-Germain 203, ✆ 01.53.63.11.50, 📠 01.53.63.11.57, E-Mail: contact@formules bretagne.com

In der Bretagne: *Comité Régional du Tourisme de Bretagne*, Rue Raoul Ponchon 1, 35069 Rennes Cedex, ✆ 02.99.28.44.30, 📠 02.99.28.44.40, E-Mail: tourism-crtb@touris mebretagne.com, www.brittanytourism.com

Ille-et-Vilaine: Comité Départemental du Tourisme, Rue Jean Jaurès 4, B.P. 6046, 35000 Rennes CEDEX 3, ✆ 02.99.78.47.47, 📠 02.99.78.33.24, E-Mail: tourisme35.cdt@ wanadoo.fr, www.bretagne35.com,

Côtes d'Armor: Comité Départemental du Tourisme, Rue des Promenades 29, 22046 St. Brieuc, ✆ 02.96.62.72.00, 📠 02.96.33.59.10, E-Mail: armor@cotesdarmor.com, www.cotesdarmor.com

Morbihan: Comité Départemental du Tourisme, PIBS Allée Nicolas-le-Blanc, kBP 408, 56010 Vannes, ✆ 02.97.54.06.56, 📠 02.97. 42.71.02, www.morbihan.com

Finistère: Comité Départemental du Tourisme, Rue Théodore Le Hars 14, , BP 1419, 29104 Quimper CEDEX, ✆ 02.98.76.20.70, 📠 02.98.52.19.19, E-Mail: contact@finisteretourisme.com, www.finisteretourisme.com

Kleidung

Hitze, Wind, Kälte, Regen – das Wetter ist zu allen Jahreszeiten in all seinen Spielarten vertreten, und dem sollten Sie Rechnung tragen. So sind auch im Hochsommer neben leichten Kleidungsstücken Pullover, Windjacke und Regenschutz ein Muss. Gummistiefel für Wattspaziergänge im Regen und/oder feste Schuhe für Klippenwanderungen können eine Bereicherung sein. Die steife Kleidungsetikette hat sich in der Bretagne verabschiedet: Höchstens im feinen Casino ist eine Krawatte für den Herrn erwünscht.

Kreisker

"Die hohen schlanken Spitztürme (...) bezeugen die Vorliebe der Bretonen für Kirchtürme" (dtv/Merian, Bretagne); "... erreicht die Turmbesessenheit dieses Landes ihren absoluten Höhepunkt" (Metken/Aufseß, Bretonisches Reisebuch); "... hat die Turmbesessenheit der Bretonen ihren Höhepunkt erreicht" (F. u. A. Rother, Die Bretagne). Usw. usw. Auch *Ludwig XIV.* kannte seine widerspenstigen Untertanen: Als er nach der niedergeschlagenen Stempelpapierrevolte einige Kirchtürme niederreißen ließ, wusste er genau, dass er die Bretonen an einem empfindlichen Nerv traf. Bretonen lieben also Türme, und viel älter als der Leuchtturm ist der Kreisker, das "Haus in der Mitte", der typisch bretonische Kirchturm: Meist zwischen Hauptschiff und Chor aufsteigend, vom Grundriss ein Quadrat, wird der Granitturm der Gotik zu seiner Spitze hin immer schlanker, wobei Ecktürmchen die oft luftig durchbrochene Spitze aus Stein umgeben können.

Leuchttürme

Wer zählt die Türme, nennt die Namen? Das Seegebiet vor der Bretagne ist stark befahren und obendrein gefährlich, schon in Urzeiten machten Feuer auf bösartige Klippen, Strömungen oder Hafeneinfahrten aufmerksam. Diese Leuchtfeuer wurden dann von Türmen abgelöst, die durch raffinierte Prismensysteme gebündeltes Licht in die Ferne schicken konnten.

Schließlich erfand Edison die elektrisch betriebene Glühbirne, nach und nach – bis weit in die Hälfte des 20. Jahrhunderts – wurden die Türme umgerüstet und können heute ihren Lichtblitz manchmal bis zu 70 km weit über das Meer schicken.

Neben den feststehenden Navigationsmarkierungen wie *Leuchttürme*, *Signalstationen* (*Sémaphore*) oder *Baken* (meist ein Gerüst zur Kennzeichnung des Fahrwassers, das im Falle der Leucht- oder Richtfeuerbake oben ein Leuchtfeuer trägt), sind die *Bojen*, schwimmende Seezeichen, die jüngste Erfindung der Gewässermarkierung. Sie werden durch schwere Stahlketten an einem Betonklotz auf dem Meeresgrund in Position gehalten. Ihre Energie beziehen die modernsten Bojen aus Solarzellen.

Man unterscheidet zwischen aktiven und passiven Seezeichen: Die aktiven sind mit einem optischen und/oder akustischen Signalgeber ausgerüstet, passive Seezeichen machen nur mittels ihrer Form und unterschiedlicher Farben auf Gefahren oder Fahrrinnen aufmerksam. Ein Beispiel: Schippern Sie nach Ouessant, zeigt die Farbe Rot die Backbordseite (= links) in Richtung Hafen an, Grün die Steuerbordseite (seitliche Fahrrinnenbegrenzung). Gelb und schwarz gestreifte Markierungen zeigen Gefahrenstellen an und weisen die Richtung. Die Anordnung der Farben und der Richtungsmarkierungen gibt die Position des Seezeichens in Bezug auf die Gefahrenquelle an.

Leuchtturmgucken kann an der bretonischen Küste zum Hobby werden, ein *Circuit des Phares* allerdings zum Lebenswerk: Allein das Amt für Seewegmarkierungen von Brest ist verantwortlich für 30 Leuchttürme, 85 Leuchtfeuer, 14 Seefunkstationen und 240 Bojen.

Zu den gelungensten bretonischen Leuchttürmen zählen der *Phare d'Ile Vierge* (bei Plouguernau), *St. Mathieu* (bei Le Conquet), *Phare d'Eckmühl* (Penmarc'h) oder die rosa Granittürme von *Bréhat* und *Ploumanach*.

Märchen und Legenden

Ein Märchen: Sie sind ein Fischer, der noch nie eine Schule von innen gesehen hat. Es ist Sonntag, ein schauerlicher Winterabend. Sie sitzen in Ihrer armseligen Hütte und hören den auf- und abschwellenden Lärm der Brandung im pfeifenden Heulen des Windes. Sie haben den Kopf voll mit phantastischen Geschichten, die die Großmutter erzählte, in denen Grusel und Wunder eng verwoben waren. Heute Morgen hat der Pfarrer anschaulich den grausigen Weg des ungläubigen, ständig betrunkenen Lozerech in die Hölle geschildert, und Sie sind noch immer beeindruckt. Sie verlassen Ihre Hütte, am Himmel rasen Wolkenfetzen über den Mond, silbriges Licht fällt hierhin, dorthin, irrlichtert kurz über den Schaum der Brandung, die gleich darauf im Dunkeln tost. Plötzlich löst sich aus den huschenden Licht- und Schattenspielen eine Gestalt. Vielleicht eine Heilige. Oder ein Kobold, der Teufel, eine Fee? Oder ist es Ankou, der Tod? Sie sehen es auf alle Fälle ganz deutlich.
Auf den Schreck müssen Sie natürlich etwas trinken, Sie bekreuzigen sich und machen sich auf den langen und nachts nicht ungefährlichen Weg ins nächste Dorf (am zweiten Wegkreuz spukt der ermordete Bruder des Fürsten). In der Schenke erzählen Sie, immer noch zutiefst aufgewühlt, was Sie gesehen haben: "Ja, gleich zwei Meter neben mir, und geplaudert haben wir auch". Das Erlebnis wird gebührend begossen, die Stimmung steigt mit dem Alkoholgenuss, und Sie werden frenetisch als Held und Hauptdarsteller gefeiert, dessen nächtliches Abenteuer bald die Runde macht. Und weil alle Leute hier gerne Geschichten hören, wird sie weiter- und weitererzählt. Und wenn Ihr Erlebnis völlig phantastisch und absolut unglaubhaft ist, hat es gute Chancen, Sie selbst um einige Jahrhunderte zu überleben.

Ste. Noyale trug ihr abgeschlagenes Haupt einige Kilometer nach Pontivy

Zahllos sind die skurrilen Geschichten, die in der Bretagne erzählt werden, oft brutal und derb, am Ende stehen immer Erlösung oder Verderben. Jungfrauen laufen mit abgehauenem Kopf unter dem Arm herum, wackere Kirchenmänner erschlagen Drachen, reihenweise sterben Liebespaare, und aus Vatermördern werden am Ende noch Heilige. Doch bei aller Vielfalt der Motive und Erzählweise lassen sich einige Grundelemente bestimmen.

Die *christlichen Legenden* haben drei Wurzeln: katholische Wundergeschichten um einen Heiligen oder die Jungfrau Maria, uralte, unausrottbare keltische

Mythen, durch die Kirche in eine gottgefällige Handlung ohne offensichtliche Heiden-Elemente verwandelt, oder Legenden, die ungeschminkt vom Sieg des Christentums über die Druiden und Priesterinnen der Kelten berichten. Und dies ist auch der Tenor der meisten christlichen Legenden: die Überwindung des barbarischen Heidentums durch den wahren Glauben.

Viel älter sind die *nichtchristlichen Mythen*, von keltischen Einwanderern in die Bretagne mitgebracht, die hier, am Ende der Welt, einen idealen Nährboden gefunden haben. Geheimnisvolle Wesen mit magischen Fähigkeiten, gut und böse, verspielt oder mit wichtigen Aufgaben betraut, bevölkern phantastische Zwischenwelten, die den Elementen Luft, Erde, Wasser und Feuer zugeordnet sind:

Da ist der über die Ozeane herrschende *Meeresgott*, der in der Tiefe der Fluten den Ausrottungsfeldzug der Christen überlebt hat. Neben ihm leben gutmütige *Nixen* (mit und ohne Fischschwanz), algenbedeckte *Wassermänner* oder lockende *Sirenen* in der Unendlichkeit der Leben schenkenden und vernichtenden See. Menschen (in der Regel Fischer), die mit ihnen in Berührung kommen, können ihr Glück machen (wenige) oder sind verloren (die meisten).
Steine symbolisieren die Erde. Und die Existenz der rätselhaften Megalithen, die unbekannte Mächte in den Anfangstagen der Menschheit aufgestellt oder zu Totenmälern zusammengefügt haben, sorgte dafür, dass sich Kobolde in der Bretagne besonders wohl fühlen: Die *Korrigans*, scheue Kobolde und Zwerge, deren Späße oft derb sind und die in der Hauptsache ihre Ruhe haben wollen, haben sich mit Vorliebe um Menhire und Dolmen angesiedelt, die nachts besser zu meiden sind.
Feen sind die lichten Geister der Luft. Ihre Heimat ist meist der Wald, der sich zu Einwanderungszeiten fast flächendeckend von Küste zu Küste zog. Zeigen sie sich den Menschen, wirken sie zart und schön, doch ihre Magie ist am mächtigsten. Überhaupt sind Feen die moralisch höchststehenden der Elementargeister: Sie dienen dem Guten, und der schlimmste Schicksalsschlag, der sie treffen kann, tritt ein, wenn sie sich in einen Sterblichen verlieben. Ausgerechnet die sittlich reinen Feen mussten am meisten unter der Verfälschung der Kirche leiden: aus ihnen wurden abgrundtief böse Hexen, die mit dem Teufel nicht nur im Bunde standen, sondern mit dem Gehörnten auch wildeste Massenorgien feierten.
Der *Teufel*, der gefürchtete Fürst des Fegefeuers, kommt auch nicht zu kurz im bretonischen Sagenschatz. Immer gut gekleidet, aalglatt und listenreich, versucht er, brave Bretonen aller Stände zu übertölpeln – soweit überliefert, gelingt es ihm kein einziges Mal. Nur abgrundtief böse Seelen, die für seinen himmlischen Gegenspieler ohnehin verloren sind, darf er unter Feuer und Dampf ohne Umweg in die Hölle befördern.

Megalith

Das griechische *megas lithos* heißt übersetzt "großer Stein". Das Wort Megalith wird demgemäß für die Riesensteine benutzt, die von den Menschen der sog. *Megalithkultur* zwischen 4500 und 2000 v. Chr. entweder einzeln aufgestellt oder zu einem noch größeren Ganzen zusammengefügt worden sind. In der Bretagne waren diese Frühzeitmenschen besonders rührig – heute werden etwa 1000 Dolmen und 5000 Menhire gezählt, mit Sicherheit nur ein Bruchteil der Granitriesen, die die Halbinsel einst übersäten.

Das Wissen über die Megalithkultur ist gering, dementsprechend viele Legenden ranken sich um die geheimnisvollen Hinterlassenschaften einer im dunkeln liegenden

Zeit. Der bretonische Volksglauben sah (und sieht) in den Megalithen wunderbare Kräfte schlummern, die z. B. heilen oder für erhöhte Fruchtbarkeit sorgen. Geister und Zwerge wohnen bei den Giganten, die z. T. einstmals lebendige Menschen waren – durch Zauberei zu Stein verwandelt. Der Kirche war der Aberglauben um die magischen Kolosse suspekt, sie konnte nicht untätig zusehen, wie sich Frauen an den offensichtlichen Phallussymbolen inbrünstig rieben oder ganze Gemeinden sich zur Sonnwendfeier am Dorfdolmen trafen. So kamen zu den Zerstörungen der Zeit die durch den Klerus veranlassten: Gräber wurden systematisch verwüstet, Menhire umgestürzt oder zumindest christianisiert – die eingemeißelten Kreuze oder Marterwerkzeuge sollten die heidnischen Kultsteine entschärfen. Doch der Blick ins Schaufenster eines Provinzfotostudios in Megalithnähe beweist: Brautpaare kriechen noch immer gern durch Dolmen, um ihre Ehe zu sichern oder umrunden kichernd einen Menhir, damit der Kinderwunsch bald in Erfüllung geht.

Menhir

Men ist der Stein, und *hir* heißt lang. Bis zu 20 Meter hoch waren die aufgerichteten Kolosse der Megalithzeit, die noch immer einzeln, als kleine Gruppe, im *Cromlech* oder in *Alignements* in den Himmel stechen. Über Sinn und Zweck der mühsam aufgestellten, oft kilometerweit herbeigeschafften Steinnadeln gibt es keinerlei Hinweise. Waren sie Teil eines nicht mehr nachvollziehbaren, umfassenden Netzes magischer Kraftquellen? Stehen sie im Zusammenhang mit den Gestirnen? Waren sie ursprünglicher Ausdruck eines Fruchtbarkeitskults? Plausibel ist die allgemein gehaltene These, dass der Menhir in Zusammenhang mit einem uns unbekannten Kult oder Glauben steht.

Die größten Menhire stehen bei *Dol* und bei *Kerlouas* oder liegen zerbrochen bei *Locmariaquer.*

Museum

Die Bretagne ist nicht nur das Land der Calvaires und Menhire, sondern auch das der Museen. Jeder Ort, der etwas auf sich hält, besitzt ein Heimatmuseum oder zumindest einen alten Bauernhof, der – als Ökomuseum ausgeschildert – Einblick in das Leben auf dem bretonischen Land geben soll. Etwa sechzig größere Museen sind amtlich erfasst, die Dunkelziffer ist beträchtlich.

Etliche der Museen, so stellt sich nach einem Besuch heraus, sind enttäuschend: Eine Handvoll Exponate in einem historischen Gemäuer – das obligatorische *Lit clos* (truhenartiges, abgeschlossenes Bett der Bretonen), eine Tracht und ein paar alte Fotos als Pflichtrequisiten – rechtfertigen des Öfteren das Eintrittsgeld nicht.

Das *Ethnologische Museum* (Volkskundemuseum) ist der bretonische Museumsspitzenreiter, gefolgt von den an der Küste beheimateten *Meeresmuseen.* Daneben widmen sich einige museale Unternehmen Themen, die im deutschen Sprachraum als ausgefallen gelten. Wir erwähnen im diesem Zusammenhang das *Cidre-Museum* auf der Halbinsel Crozon oder das *Leuchtturmmuseum* auf der Ile d'Ouessant (selbstverständlich im Leuchtturm).

Das aufschlussreichste und bestausgestattete Museum besitzt *Rennes.* Die *Volkskundlichen Museen* von *Quimper, Vannes* und *St. Brieuc* oder die *Museen für Frühgeschichte* in *Carnac* und *St. Guénolé* sind danach zu nennen. Besuche lohnen sich auch im *Museum der Kap-Horn-Fahrer* in St. Malo, im *Puppenmuseum* in Josselin oder im *Bootsmuseum* in Douarnenez.

Hinweis: Ein bretonischer Museumsbesuch ist kein preisgünstiges Vergnügen. Um die kleinste gesellschaftliche Einheit – die Familie – nicht völlig zu ruinieren, haben etliche Museen und verwandte Einrichtungen Familientarife eingeführt, jährlich schließen sich mehr an. Klein- und Großfamilien sollten deshalb an jeder Kasse auf entsprechende Tarife achten.

Musik

Das bretonische Volkslied lebt wieder. Uralte keltische Melodien, vermengt mit französischen oder schottischen Weisen, die irgendwann von bretonischen Musikern übernommen wurden, sind Bestandteil einer wieder blühenden Musiktradition, die immer noch im Volk verhaftet und zu keiner Kitsch-Folklore verkommen ist.

Bis nach dem 2. Weltkrieg, als die gesamte Bretagne in Apathie verfallen schien, war die bretonische Volksmusik fast ausgestorben. Man erzählt von gerade 63 bretonischen Dudelsackspielern, die vor Kriegsausbruch noch ihrem Gewerbe nachgingen. In den 1970er Jahren, als Alan Stivell den *Celtic-Rock* weit über die Grenzen der Bretagne populär machte, drang auch aus deutschen Musikanlagen der Sound der Bretagne: Laut und schneidend dröhnen die Bombardes, der Biniou (Dudelsack) hält lässig mit, dazwischen klingt sanft die Harfe, die schon die Druiden zupften.

Die Zahl der bretonischen *Kirchenlieder*, der *Gwerziou* (Klage- und Heldenlieder) und der *Soniou* (lustige und lyrische Lieder) geht gegen unendlich. Neben den reinen Instrumentalstücken (Tanzlieder, Märsche) wird, außer zu den Kirchenliedern, zu allen Gesängen getanzt – selbst das tragischste Klagelied wird in Bewegung umgesetzt. Die Texte der Gwerziou und Soniou entsprechen den weltweiten Inhalten der Volksmusik: Neben den ewigen Grundthemen Liebe, Krieg, Sexualität, Rausch und Tod werden auch lokale, zeitgebundene Ereignisse musikalisch kommentiert – zur Freude der Zuhörer oft deftig satirisch – und Heldenschicksale besungen.

Das klassische Kleinst-Instrumentarium von Biniou und Bombarde wurde in der Neuzeit erweitert. Eine kleine Übersicht der heute gebräuchlichsten Instrumente:

Le Biniou: Biniou ist der Dudelsack, doch in der Bretagne gibt es zwei Dudelsackarten; der *Biniou koz* (altes Biniou) ist der traditionelle Dudelsack mit dem durchdringenden, spitzen, scharfen, gellenden Ton, der nur eine einzige Begleitbasspfeife besitzt. Der *Biniou bras* (großes Biniou) ist ein Nachbau des schottischen Dudelsacks, der in den 30er Jahren des vergangenen Jahrhunderts in die Bretagne kam und seit den 50ern den Biniou koz fast verdrängt hat. Aus dem Biniou bras dringt ein schwerer Ton aus insgesamt drei Pfeifen. Der Spieler des alten Binious spielt normalerweise im Duo mit einem Bombardespieler zusammen, der Großbiniou-bläser spielt alleine oder in der Sicherheit der sog. *Bagad*, der Gruppe, wo Trommler für den Rhythmus sorgen.

La Bombarde: Die traditionelle bretonische Oboe, eigentlich ein Vorläufer derselben, vom Klangbild gellend laut und hell. Bombardespieler suchen immer einen Dudelsackpfeifer zum gemeinsamen Musizieren.

La Harpe celtique: Auf Bretonisch *Telenn*; kleiner als die klassische Harfe, erlebte sie seit den 50er Jahren einen musikalischen Aufschwung. Traditionell wird seit gallischer Zeit zur Harfenbegleitung gesungen (siehe Troubadix).

La Treujenn Gaol: Eine Klarinettenart, auf Deutsch schlicht Kohlstrunk (*Tronc de chou*); das Instrument ist auf dem Land seit der Mitte des 19. Jh. populär geworden und wird nach wie vor gerne gespielt.
Akkordeon (*boueze*) und *Violine* sind neuere Begleitinstrumente.

Naturschutzgebiete

Die Bebauung und Nutzung der beiden bretonischen Naturparks unterliegt einer strikten Kontrolle mit dem Ziel, Landschaft und alte Strukturen zu erhalten.
Der *Naturpark von Armorique* ist ein lose zusammenhängendes Gebiet von etwa 110.00 Hektar mit 55.000 Einwohnern: Der *Archipel von Ouessant* (mit den Inseln Ouessant, Molène und Sein), die *Halbinsel von Crozon* samt der *Aulne-Mündung* und die *Monts d'Arrée* gehören zu dem Naturpark, der zu einer Schutzzone für Menschen, Tiere und Pflanzen erklärt wurde, und in dem zahlreiche kleine Ökomuseen Einblicke in die Vergangenheit der Bretagne verschaffen.
1970 wurde die *Grande Brière* auf der Halbinsel Guérande mit demselben Ziel zum Naturschutzpark erklärt. Wir zitieren aus der Satzung: "Die Parkzone soll sich in einen Ort der Begegnung zwischen Stadt und Land und eine Schule zur Umweltentdeckung verwandeln."

Öffnungszeiten

Grundsätzlich gilt: Der Mittag ist den Franzosen auch an Werktagen heilig. In der ganzen Bretagne herrscht von 12 bis 14 Uhr die Ruhe eines niederbayerischen Fleckens an einem verregneten Novembersonntag.

Banken: Am Montag sind die meisten französischen Banken für den Publikumsverkehr geschlossen. Die Öffnungszeiten sind unterschiedlich. Gehen Sie davon aus, dass Sie von Di–Fr in der Regel von 9.30–12 Uhr und 14–16 Uhr Geldgeschäfte tätigen können.

Behörden: Publikumsverkehr Montag bis Freitag 9–12 und 14–17 Uhr.

Geschäfte: In der Regel geöffnet von Dienstag bis Samstag von 9–12 und 14.30–19 Uhr, am Montag oft nur nachmittags. Große Supermärkte sind auch über Mittag geöffnet, schließen des Öfteren erst um 20 Uhr (auch samstags), freitags um 22 Uhr und empfangen ihre Kunde meistens auch Sonntag vormittags.

Kirchen: Besonders in Landgemeinden sind die Gotteshäuser von 12–14 Uhr abgeschlossen. Manche Kirchen werden außerhalb der Hochsaison ständig verschlossen gehalten, einige abgelegene Exemplare aufgrund schlechter Erfahrungen auch im Hochsommer. In diesen Fällen ist der Schlüssel oft beim nächsten Gehöft oder Haus zu erhalten.

Museen: Meist von 9.30–12 und 14.30–18 oder 19 Uhr geöffnet. Manche Museen sind während der Saison ganztägig ohne Mittagspause geöffnet, manche haben außerhalb der Saison kürzere Öffnungszeiten oder Ruhetage, staatliche haben am Dienstag oft geschlossen. Eine halbe Stunde vor Besuchsende werden normalerweise die Kassen geschlossen. Genaue Öffnungszeiten im Reiseteil.

Post: In der Stadt von Montag bis Freitag 9–19, samstags 8–16 Uhr. In kleineren Orten wird eine Stunde eher geöffnet, dafür ist eine Mittagspause üblich; am Samstag bleibt die Landpost oft geschlossen.

Touristinformation: In touristischen Brennpunkten während der Hochsaison oft ohne Mittagspause den ganzen Tag bis zum frühen Abend (auch am Wochenende) geöffnet, andere Offices halten sich selbst im August streng an die üblichen Geschäftsöffnungszeiten. In ausgesprochenen Sommerurlaubsorten sind die Büros nur für die Sommermonate eingerichtet, davor oder danach sind Auskünfte und – falls noch vorhanden – Prospekte auf dem Rathaus (*mairie*) zu erhalten. Touristinfos in Großstädten oder ganzjährigen Reisezielen sind das ganze Jahr geöffnet, doch in der Regel außerhalb der Saison mit kürzeren Öffnungszeiten.

Ortsnamen

Tre-, *Lan-*, *Loc-*, *Ker-* oder *Plou-*: Plougastel, Ploumanach, Plouzedre, Kergrist, Kermaria, Kernascléden, Tredrez, Trégastel, Tregorff, Loctudy, Locquirec, Locronan, Lannilis, Lannion, Landivisiau – die Reihen lassen sich unendlich fortsetzen, und die sich konstant wiederholenden Vorsilben können in den Köpfen Weg suchender Reisender Verwirrung stiften. Doch alles hat seinen Sinn:
Tre heißt Tochtergemeinde und manchmal schlicht und einfach Sand.
Lan ist die Einsiedelei; Sie können davon ausgehen, dass die Urzelle des Orts die Eremitage eines Ortsheiligen war, an der nach dessen Tod eine Kapelle gebaut wurde, um die herum sich die ersten Einwohner/innen ansiedelten.
Loc könnte man mit Zelle übersetzen, gemeint ist die Klause eines Eremiten in der Umgebung, der dem Ort seinen Namen gab.
Ker bedeutet einfach Dorf und *Plou* ist die Pfarrei, der Pfarrbezirk eines Gründungsmissionars oder Ortsheiligen im Priesterstand.

Ossuaire

Das Beinhaus, anfangs als Bauteil an die Kirche oder die Umfassungsmauer des Pfarrbezirks angelehnt, später ein eigenes Haus in Form eines Reliquienschreins, war notwendiger Bestandteil eines bretonischen Kirchenensembles: Aufgrund des notorischen Platzmangels auf den kleinen Friedhöfen um die Kirche – das Grab im heiligen Bezirk versprach Schutz vor der Verdammnis – mussten die Verstorbenen je nach Bedarf ihr Grab räumen, um den Nachkommenden Platz zu machen. Was von ersteren übrig war, kam nun ins Beinhaus, die Aussparungen in der Fassade dienten dem ungehinderten Luftaustausch. Vom einfachen Knochensammellager im frühen 15. Jh. zum kleinschlossähnlichen Prunkbau der Renaissance erlebte das Beinhaus eine stete Steigerung der Ausgestaltung. Heute ist das Ossuaire meist leer, auch die Grabstätten sind ausgelagert, viele der alten Friedhöfe in Kirchbezirken sind in Rasenflächen verwandelt worden.

Pardon

Wörtlich übersetzt die Vergebung, ist der Pardon die katholische Wallfahrt bretonischer Prägung. Einmal im Jahr, zum Ehrentag von Maria, der Hl. Anna oder eines der zahlreichen Heiligen, machen sich die Gläubigen auf den Weg, um sich im Rahmen einer Pilgerfahrt ihre Sünden vergeben zu lassen. Nebenbei ergreifen sie oft die Gelegenheit, um Hilfe gegen Krankheit und Schicksalsschläge zu erbitten oder neue Kraft für den Beruf zu schöpfen.

Noch im 16. Jh. waren die Bretonen ängstlich darauf bedacht, sich einmal auf die 30-tägige Pflichtwallfahrt *Tro Breiz* (Wallfahrt der Kathedralen) zu begeben. Wer sie während seines Lebens unterließ, musste sie nach seinem Tod zeitraubend

Pardonschmuck in Josselin

nachholen: Unterirdisch bewegen sich die Särge mit den verstorbenen Nicht-Pilgern die 550-Kilometer-Strecke jährlich um eine Sarglänge vorwärts (etwa 1,80 m), bis die Wallfahrtstrecke zurückgelegt ist (205.555 Jahre und knapp 2 Monate).

Die *Tro Breiz* gibt es nicht mehr, auch werden Wallfahrtsmuffeln keine drakonischen Strafen mehr angedroht, doch im Land des tiefen Glaubens ist die Tradition des Pardons ungebrochen. Die aus den Schränken hervorgeholten Trachten sind nur das äußere Zeichen der Verbundenheit der bretonischen Bevölkerung zu den christlichen Wallfahrten, die in ihrem Kern z. T. noch immer keltisch-heidnische Elemente besitzen.

Am Vormittag findet der feierliche Prunkgottesdienst statt, Höhepunkt ist die nachmittägliche Prozession: vorneweg die Priester (bei den größten Pardons ein bis mehrere Bischöfe), dann die Bannerträger und die jeweiligen Reliquien oder Statuen, gefolgt vom Pilgerzug, der je nach Größe der Wallfahrt aus der Dorfgemeinschaft oder aus Tausenden, z. T. von weither angereisten Pilgern bestehen kann.
Ein kleiner Rummelplatz, fliegende Händler mit Wallfahrtszubehör oder irdischem Krimskrams sowie ausgedehnte Mahlzeiten gehören zum weltlichen Rahmenprogramm der meisten Pardons.

Auch hier hat der Tourismus zugeschlagen: Bei den großen Pardons, die sich wegen ihrer fotogenen Attraktivität des größten Zulaufs erfreuen, kann der Jahrmarktsrummel die kultische Handlung der tatsächlichen Wallfahrer/innen in den Schatten stellen.
Die größten und interessantesten Pardons gelten der Hl. Anna, der Jungfrau Maria und einigen bretonischen Heiligen. Sie werden gefeiert in *Ste. Anne-la-Palud, Ste. Anne d'Auray, Locronan, Le Folgoet, Rumengol, Perros-Guirec, Tréguier, Josselin* (Details im Reiseteil).

Post

Mit den Großbuchstaben P.T.T. für *Poste, Télégraphe, Téléphone* verrät sich von der Hauptpost bis zur kleinsten Filiale jedes französische Postamt. Neben dem Versand von Brief- und Paketsendungen halten sie die telefonische Verbindung ins In- und Ausland aufrecht. Die Zustellzeiten der ältesten Post der Welt entsprechen in etwa deutscher Norm, auch die Preise: Postkarten und Briefe bis 20 g nach Deutschland, in die Schweiz und nach Österreich müssen mit 50 Cent freigemacht werden. Hinweis: Zur Luftpost sagt der Franzose *par avion.*

Augen auf beim Wurf der Urlaubspost in den Briefkasten! Französische Briefkästen haben meist mehrere Schlitze. Da kann es den für die betreffende Stadt/ das betreffende Département geben, und daneben seinen Konkurrenzschlitz, der "*autres destinations*" heißt (alle anderen Bestimmungsorte im In- und Ausland). Oft muss der Brief in den für ihn gedachten *Lettre*-Schlitz gesteckt werden, der Eilbrief in den *Par-Express*-Schlitz usw. usw.

An die Postämter können Sie sich problemlos Briefe oder Päckchen postlagernd schicken lassen. Am "Poste-Restante-Schalter" erhalten Sie gegen Vorlage des Ausweises und eine geringe Gebühr Ihre Sendung. Wird die postlagernde Sendung nach 15 Tagen nicht abgeholt, geht sie zurück an den Absender (siehe Kasten).

Musterlein, M.(ichaela)
Poste Centrale
Poste Restante
Postleitzahl, Name der Stadt
France

Presse

Die größten bretonischen Tagesblätter sind *Ouest France* (mit wechselndem Regionalteil) und *Télégramme de Brest* mit festem Regionalteil, das meist im Westen gelesen wird. Bekannte Zeitungen mit Sitz in Paris werden natürlich auch in der Bretagne gelesen. Wir erwähnen *Le Monde, Le Figaro* und *France-Soir*.

Deutsche Zeitungen und Zeitschriften sind zumindest im Sommer in größeren Touristenorten erhältlich, während des ganzen Jahres in den größeren bretonischen Städten. Das Angebot beschränkt sich in der Regel auf überregionale Tageszeitungen (Süddeutsche, FAZ, Welt, Bild) und die bekanntesten Magazine (Spiegel, Focus, Stern).

Reisezeit

Die Tourismussaison in der Bretagne läuft von Juni (langsames Eintröpfeln) bis zum September (langsames Ausklingen). Absolute Hauptreisezeit sind die Monate Juli und August, wenn ganz Frankreich Ferien macht. Doch jede Jahreszeit hat ihre Reize, und gegen einen Regenguss ist auch im August niemand gefeit.

Im Frühjahr hat das Meer noch keine Badetemperaturen, doch die Monate, in denen die Natur erwacht, sind in der Bretagne besonders üppig; vergessene Kapellen sind unter blühenden Bäumen und Hortensienbüschen versteckt, kein Küstenpfad ist überlaufen. Vor allem Mai und Juni bieten sich aufgrund ihrer höheren Temperaturen und des mit der Natur zusammen erwachenden Tourismusangebots als Frühjahrsreisezeit an. Ornithologen/innen besuchen schon ab März die Halbinsel – da beginnen die Vögel, ihren Nachwuchs auszubrüten.

Für die Sommermonate Juli und August gilt: Das Meer ist am wärmsten, die Lufttemperaturen sind am höchsten, und alle Franzosen verlassen ihren ständigen Wohnort und schwärmen in ihre nationalen Urlaubsgebiete aus. So ist der bretonische Sommer die Badesaison mit der Gästespitzenzahl – zu den französischen Urlaubern gesellen sich weitere Zehntausende von englischen, deutschen und niederländischen Touristen. Hotelquartiere, Ferienwohnungen und etliche Campingplätze an den Brennpunkten des touristischen Geschehens sind oft ausgebucht, vorbestellen – am besten einige Monate vorher – ist daher äußerst ratsam. Ebenfalls in den Sommermonaten ist die Zahl der kulturellen und sportlichen Veranstaltungen überall auf Armorika weitaus am höchsten.

Der Herbst lockt wieder verstärkt Kulturtouristen und Küstenliebhaber/innen ohne große Badeambitionen, die mit einem abgespeckten Tourismusangebot auskommen: Ab dem 31. August schließen bereits die ersten Campings, Hotels und Tourist-Infos, nach dem 15. September gehen die Veranstaltungen und Aktivitäten der Urlaubsorte gegen Null. Spätestens ab Mitte Oktober ist wieder die große Ruhe auf die Halbinsel zurückgekehrt, doch immer noch ist die Bretagne eine Reise wert: Herbststürme, die tiefen Farben des Oktobers und gemütliche Restaurants, in denen Sie wegen Gästemangels zuvorkommend bedient werden.

Unser Tipp: Wer sich nicht nach den Schulferienzeiten richten muss und auf faule Strandtage auch verzichten kann, erlebt im späten Frühjahr und frühen Herbst ein nicht überlaufenes Land, in dem die Natur gerade farbenprächtige Weichenstellungen vorbereitet und problemlos Tisch und Quartier zu bekommen sind.

Privatbesitz: Das Märchenschloss ist nur von außen zu bestaunen

Schlösser und Burgen

Mit jeder Menge Fronarbeit und hohen Sondersteuern belegten die Aristokraten der Bretagne über Jahrhunderte ihre Bauern und Städte, denn auch der kleinste Landadelige lebt gerne angemessen.

Wehrburg oder schutzloses Prunkschloss – alle Wohnstätten des bretonischen Adels heißen *Château*, und ihre Zahl im Land des Meeres und der Wälder geht gegen unendlich: Von der kümmerlichen Ruine bis zum Märchenschloss, vor dem Aschenputtel seinen Schuh verliert, reicht das Angebot. Wenn Sie alle gebührend besichtigen wollten, würde aus Ihrem Urlaubstrip ein Langzeitaufenthalt.

Viele Schlösser sind in Staatseigentum übergegangen, doch etliche werden noch bewohnt oder gehören zumindest einem Privatmann. Des Öfteren weist das Schild "Privé" darauf hin, dass touristische Neugier hier an ihre Grenzen stößt. Die meisten Châteaux, deren Besichtigung den Ferienalltag tatsächlich bereichert, sind gebührenpflichtig, dafür ist ein kleiner Blick hinter die Fassaden gestattet: Entweder ist die Inneneinrichtung originalgetreu belassen oder ein kleines Museum in einem Saal untergebracht. Ein beschaulicher Spaziergang im eventuellen Schlosspark, der sich Versailles zum Vorbild nahm, kann den Besuch abrunden.

Sentiers des Douaniers

Auf Deutsch Zöllnerspfade. Wo früher einsame Zollbeamte versuchten, den lebhaften Schmuggel an der zerklüfteten und unübersichtlichen Küste durch sporadische Kontrollgänge zu unterbinden, ergehen sich in der Gegenwart die Urlaubermassen. Der aufregendste Zöllnerspfad der Bretagne verläuft am rosa Fels-Chaos zwischen Perros-Guirec und Ploumanach, alle anderen sind weit weniger bevölkert und doch einen Spaziergang wert. Eine touristisch einleuchtende Variante der Zöllnerspfade sind die *Sentiers côtiers* – im Prinzip die gleichen Wege, nur dass die örtlichen Fremdenverkehrbüros zu ihrem Leidwesen keine Zöllner ausfindig machen konnten, die hier einst ihrer Arbeit nachgegangen sind.

Souvenirs

Nichtverderbliche Mitbringsel sind neben nieder- und hochprozentigen Alkoholika (Cidre, Chouchenn, Hydromel, Calvados) z. B. Kosmetik (speziell Parfüms), Schmuck (hochkarätiges Gold), Antiquitäten, Fayencen aus Quimper, bretonische Spitzenhäubchen (*Coiffes*), Bilder in Aquarell oder Öl (Motiv: die Bretagne) und daneben unendlich viel Kitsch. Angemerkt sei, dass sich über Geschmack streiten lässt und ästhetisch hochstehende Souvenirs ihren Preis haben – das Schnäppchen im unbedarften Bauernland ist nicht zu machen, weil es das unbedarfte Bauernland nicht gibt.

Sprache

"Unsere Sprache ist nicht nur Mittel zur Verständigung, sondern spirituelles Erbe. Nur mit ihr können sich keltische Geheimnisse vollständig erschließen." (Gwenc'hlan Le Souezek)

"Das Bretonische gehört zum keltischen Ast der indogermanischen Sprachen. Dieser Ast teilt sich nochmals in zwei Zweige: Der Zweig Q: das Gälische in Irland und Schottland. Der Zweig P: das Britische, das Walisische, das Cornische (bis zum 17. Jh. in Cornwall gesprochen) und das Bretonische, der Armorika umfaßt." (Joseph Abasq)

Als im 5./6. Jh. die Einwanderer von der britischen Insel nach "Kleinbritannien" kamen, fanden sie eine Halbinsel vor, in der durch die lange römische Besetzung die ursprünglich keltische Landessprache vom Gallischen verdrängt war. Es dauerte nicht lange, bis sich das Bretonische mit nur wenigen gallischen Einsprengseln und damit die verloren gegangene keltische Sprache wieder durchgesetzt hatte. Heute ist die Bretagne die einzige keltische Sprachbastion auf dem europäischen Kontinent, aber auch dies nur mehr eingeschränkt.

Eine imaginäre Linie etwa von St. Brieuc bis leicht östlich von Vannes trennt die *Haute Bretagne* (Ober-Bretagne = Ostbretagne) von der *Basse Bretagne* (Nieder-

Einige bretonische Wörter

Wenn deutschsprachige Menschen kleine Teile der Welt auf Bretonisch ausdrücken wollen, sollten sie die Wörter einfach so aussprechen, wie sie geschrieben werden. Ist ein Wort mehrsilbig, wird die vorletzte Silbe betont. Die Feinheiten bleiben einer ausgiebigen Beschäftigung mit dem keltischen Sprachzweig P vorbehalten.

aber	Flussmündung	*goaz*	Bach	*mor*	Meer
ankou	der Tod	*guic*	Weiler	*nevez*	neu
anaon	Seele der Toten	*gwenn*	weiß	*noz*	Nacht
aod	Strand	*gwer*	grün	*park*	Feld
avel	Wind	*gwerz*	Lied	*pen*	Kopf, Kap
aven	Fluss	*hen*	alt	*pont*	Brücke
bag	Schiff	*hent*	Weg	*porz*	Hafen
bara	Brot	*hir*	lang	*poull*	kleiner Teich
beg	Landzunge	*ilis*	Kirche	*raz*	Wassereng-stelle, Eng-pass
bihan	klein	*kaer*	schön	*roc'h*	Felsen
brao	schön	*kastell*	Schloss	*roz*	Anhöhe
braz	groß	*kemper*	Zusammenfluss	*ruz*	rot
bré	Hügel	*kenavo*	Auf Wiederse-hen	*stang*	größ. Binnen-gewässer
breit	Bretagne	*koz*	alt	*stor*	Fluss
bro	Gebiet	*kreac'h*	Hügel	*stivell*	Quelle
brug	Heidekraut	*kreiz*	Mitte	*toull*	Loch
delz	Tag	*kroaz*	Kreuz	*trez*	Sand
demat	Guten Tag	*lec'h*	Ort, Stelle	*tron (traon)*	Tal
dol	Tisch	*len*	See	*tro*	Turm
douar	Erde, Platz	*loc'h*	Teich	*trugarez*	danke
dour	Wasser	*mad*	gut	*ty*	Haus
du	schwarz	*marc'h*	Pferd	*ya*	ja
enez	Insel	*men*	Stein	*yec'hed*	Auf Ihr
feunteun	Brunnen	*menez*	Berg, Gebirge	*mat!*	Wohl! Prosit!
gallek	französisch	*meur*	groß	*yen*	kalt
goat	Wald	*milin*	Mühle		

Bretagne im Westen). In der Ober-Bretagne, geographisch angebunden an die französische Festlandmasse, wurde das Bretonische entweder gar nicht gesprochen (wie in Rennes) oder fast völlig verdrängt, die Verständigung im Alltag wird ausschließlich über die französische Sprache abgewickelt. Anders in der Basse Bretagne, die traditionell abgeschiedener am Rand der westlichen Zivilisation lebt. Im gesamten Finistère sowie in den Westregionen von Morbihan und Côtes d'Armor wächst ein Großteil der Bevölkerung noch immer zweisprachig auf – Französisch wird den Kindern in der Schule beigebracht, Bretonisch lernen sie in privatem Rahmen noch immer zu Hause.

Liberté, Egalité, Fraternité: Der französische Staat mühte sich über die Jahrhunderte redlich, den Bretonen ihre eigene Sprache auszutreiben und sie mit wirklich allen Mitteln zu braven Landeskindern zu erziehen. Ähnlich wie im kurdischen Teil der Türkei war die Benutzung der eigenen Sprache noch bis weit in dieses Jahrhundert ein schweres Vergehen in einer bretonischen Schule, das mit Prügel oder Ausschließung vom Unterricht geahndet wurde. Schüler/innen, die Klassenkameraden Bretonisch sprechen hörten, waren per Dekret zum Petzen verpflichtet – hielten sie dicht, konnten sie selbst bestraft werden. So ist es nicht verwunderlich, dass mittlerweile alle Bretonen Französisch sprechen, aber nur mehr ein knappes Drittel der eigenen Sprache halbwegs mächtig ist – höchstens 5000 Bretonen dürften ihre Sprache fließend beherrschen. Und doch kommt es im Nordwesten der Bretagne immer wieder vor, dass Sie mit einem älteren Menschen français plaudern und sofort bemerken, dass nicht nur Sie eine Fremdsprache sprechen.

Seit den 1970ern ist die Sprachlandschaft wieder in Bewegung geraten: Begünstigt durch die Folkwelle, die von Irland aus über West- und Mitteleuropa schwappte, begannen viele junge "Kelten" in Irland, Wales und der Bretagne, sich mit ihrer Identität als Nachkommen eines unterdrückten Volkes auseinanderzusetzen; wesentlichstes Element war neben der keltischen Musik die Sprache, um Zugang zur eigenen Kultur zu finden. Im beginnenden 21. Jahrhundert sind bretonische Sprachkurse, Zeitungen oder Radiostationen natürlicher Bestandteil der Kulturlandschaft zumindest in der Basse Bretagne. Die staatlichen Einrichtungen ziehen langsam nach: Die ersten Lehrstühle in Sachen Bretagnistik und keltische Sprachen an den Universitäten von Rennes und Brest sind besetzt, an höheren Schulen ist die eigentliche Landessprache teilweise Wahlfach. Die Forderung bretonischer Nationalisten, Bretonisch als Pflichtfach auch in den Grundschulen einzuführen, ist in Paris bislang auf taube Ohren gestoßen.

Strom

220 Volt Wechselstrom. Der in Deutschland gebräuchliche zweipolige Stecker passt in keine französische Steckdose; diese hat drei Löcher (eines für die Erdung). Adapter, die das Anschlussproblem sauber lösen, sind im gut sortierten deutschen Elektro-Fachhandel, aber ebenso bei der französischen Konkurrenz erhältlich. Manche Campingplätze sind für deutsche Stecker gerüstet.

Telefonieren

Nichts leichter als das. Auf der meerumspültesten, felsigsten und abgelegensten Klippe können Sie noch eine Telefonzelle finden (außerhalb der Saison vielfach eingemottet). Doch sind die, in denen ohne Telefonkarte *(Télécarte)* nichts geht, die Regel geworden. Die unumgängliche Plastikkarte wird zu 50 oder 120 Einheiten in allen Postämtern und in manchen Tabakläden verkauft. Der Umgang mit der Karte wird am Apparat in Digitalschrift (auf Französisch) erläutert: Hörer abnehmen – Karte reinschieben – Geduld haben – wählen. Das auf der Karte noch verfügbare Guthaben wird ebenfalls digital angezeigt.

Für Telefonate nach Deutschland, in die Schweiz oder nach Österreich gelten zwei Tarife:
Normaltarif: gültig Montag bis Freitag 8–19 Uhr und Samstag 8–14 Uhr.
Reduzierter Tarif: gültig zu den übrigen Zeiten.

Telefonieren aus dem Ausland nach Frankreich: Erst die Landesvorwahl 0033, danach die zehnstellige Nummer ohne die 0.
Telefonieren innerhalb Frankreichs: Innerhalb Frankreichs muss immer die komplette 10-stellige Nummer gewählt werden. Sämtliche Nummern der Bretagne beginnen mit 02.

An der Granitküste

Telefonieren von Frankreich ins Ausland: Vorwahl nach Deutschland 0049, in die Schweiz 0041, nach Österreich 0043. Bei der folgenden Stadtvorwahl entfällt die Null. Beispiel für die Ziffernfolge von Frankreich nach Frankfurt: 0049 69 + Anschlussnummer.
Nationaler Auskunftsdienst (Service national): 12

Internationaler Auskunftsdienst (Service international): 003.12 + Nr. des Landes. Auskunft über deutsche Telefonnummern also unter 0033.12.49.
Notruf Feuerwehr: 18
Notruf Polizei: 17

... und wenn der Apparat nicht funktioniert, wie er soll: Im Falle einer Störung *(en cas d'incident)* kann man mit der Unglückszahl 13 sein Glück versuchen.

Thalasso-Therapie

Der Begriff taucht an der bretonischen Küste häufig in Verbindung mit luxuriösen Kurhotels auf. *Thálassa* sagt der Grieche zum Meer, und das Meer ist die Grundlage dieser Therapie, die in der Antike wohlbekannt war und in Vergessenheit geriet, bis im 19. Jh. Monsieur Quinton diese Kur- und Heilform einem größeren Publikum wieder schmackhaft machte. Grundthese der Thalasso-Therapie: Alles irdische Leben kommt aus dem Meer, und das Urelement Salzwasser ist am besten in der Lage, Gebrechen zu lindern oder zu heilen bzw. den menschlichen Körper und Geist zu regenerieren (*Plato*: "Das Meer wäscht alle Leiden vom Menschen ab").
Die Kombination von warmem und kaltem Meerwasser, ständig frisch in die Bäder der Kurzentren gepumpt, Algen- oder Meerschaumpackungen, Gymnastik, Massagen und Spaziergänge in der reinen Atlantikluft wird erfolgreich eingesetzt u. a. zur Behandlung von rheumatischen oder orthopädischen Krankheiten, Kreislaufstörungen, Störungen des Stoffwechsels oder des vegetativen Nervensystems. Aber auch zur Rehabilitation oder einfach zum Stresslösen unter fachlicher Betreuung kommt ein zahlreiches Publikum ohne akute Beschwerden.

Zentren für Thalasso-Therapie sind *Quiberon, Roscoff, St. Malo, Carnac, Douarnenez, Bénodet, Le Crouesty, Belle-Ile-en-Mer, Dinard, La Baule* und *Perros-Guirec.* Wer keine Kur gebucht hat, kann auch vor Ort in das Angebot einsteigen: Die Einrichtungen können durch den Kauf einer Tageskarte ohne weitere Verpflichtung genutzt werden.

Information Comité Régional du Tourisme, Rue de Paris 74 b, 35069 Rennes, ✆ 02.99.28.44.30

Tumulus

Lateinisch Hügel und speziell Grabhügel. Wie der Cairn (siehe dort) ist der Tumulus ein frühzeitliches *Fürstengrab,* auf dessen Dolmen-Skelett Steine und Erdreich geschichtet wurden. Im Unterschied zu einem Cairn aber wurde der Tumulus nur zu einem einzigen Begräbnis errichtet und danach für alle Ewigkeit abgeschlossen.

Volkskunst

Was in der frühen Gotik streng und schlicht begonnen hatte, blühte in der Renaissance üppig auf: Die Bretagne ist auf engstem Raum wie keine Region der Erde mit Kunst gesegnet. Kunst kostet Geld. Nach dem Anschluss an Frankreich hatten die inneren – und teuren – Zwistigkeiten der zerstrittenen Herzogtümer endgültig ein Ende, und die Bedürfnisse des französischen Marktes sorgten in der halbautonomen Bretagne für erhöhte Produktivität und höheren Umsatz – die monetäre Voraussetzung für den nun einsetzenden Kunstboom. Mit dem wirtschaftlichen Niedergang in der fernen Provinz des absolutistisch regierten Frankreichs war ab dem späten 17. Jh. kein Geld mehr da, das in Kunst investiert wurde. Doch zuvor hatten über 400 Jahre lang die heimischen Ateliers das kleine, eigenartige Land im Westen mit Kleinodien aller Art übersät.

Kirchen, Klöster, Châteaux, Stadtmauern und Stadthäuser – verspielt, trutzig, märchenhaft und gottesfürchtig – blieben aus dieser Blütezeit übrig, geschmückt und vollgestellt mit meisterlichen Kunstwerken, von denen größtenteils nicht bekannt ist, wer sie schuf.

Die meisten Werke in und an den aristokratischen, gutbürgerlichen und kirchlichen Bauten sind Arbeiten unbekannter Steinmetze und Kunsttischler – keine Künstler, sondern Handwerker, die einfach ihre Aufträge erfüllten, ohne große Namen starben und auch nach ihrem Tod nicht "entdeckt" wurden. Sie arbeiteten als feste Angestellte in städtischen Ateliers oder zogen vagabundierend über Land, um ihre Fertigkeiten anzubieten. Und sie tobten sich hemmungslos aus: Aus Treppenaufgängen machten sie ein Gesamtkunstwerk, geschnitzte Frauengestalten mussten stoisch lächelnd ein Haus tragen, funktionale Wasserspeier wurden zu zeitlosen Ungeheuern verwandelt. Vor allem in den Kirchen war kein Balken, keine Fassade und keine Nische vor den Kunsthandwerkern sicher. Ihre Gestaltungsfreude und üppig wuchernde Phantasie schufen Ornamente, Heiligenporträts und Dämonenfratzen, Bauern, Drachen oder Hausschweine. Es entstanden blumige Erzählungen mit heiligen und unheiligen Darstellern, die betrunken, leidend, entrückt oder zähnebleckend seit Jahrhunderten in derselben Haltung und derselben Geschichte mitspielen. Eine Verwandtschaft der Fabelwesen bretonischer Prägung zur halluzinogenen Peyote-Kunst der Kulturen Südamerikas ist festzustellen – beide Male intensive Symbolbilder eines tiefen Gefühls.

Das Festhalten des flüchtigen Augenblicks und das Einfangen eines Gefühls sind die Stärken der bretonischen Künstler, das magieverhaftete Bewusstsein ihr kelti-

Die Trauer der Maria-Magdalena

sches Erbe, das eng mit dem Tod verknüpfte Leben am meerumspülten Ende der Welt ihre Erfahrung. Und der härteste Stein der Erde, der Granit, war das geeigneteste Material, abstraktes Schmuckwerk, Figuren und Reliefs zu schaffen, denen die Zeit nicht geschadet hat – im Gegenteil. Gerade in ihrem sichtbaren Alter, teilweise ramponiert oder von Wasser und Salz zersetzt, dokumentieren die Kunstwerke in ihrer Dauerhaftigkeit ihre bleibende Ausstrahlung. Der Stein gewordene Moment ist ewig: Für alle Zeiten weint Maria-Magdalena um den gekreuzigten Jesus.

Bretonische Volkskunst wird von durch und durch gebildeten Kunstexperten oft als naiv oder bäuerlich beschrieben, ihre Darstellungen als einfältig, primitiv oder als abgeschautes Kunstmischmasch abgetan: "Die Originalität dieser bretonischen Kunst besteht in der Gabe der örtlichen Kunsthandwerker, alle europäischen Kunststile der Epochen, die sie dank des regen Seehandels kennen lernten, in ihre Arbeiten zu integrieren" – so ein Experte. Wir halten dagegen: ... und sich in ihren gelungensten Werken durch nichts beeinflussen zu lassen. Die Steinmetze oder Kunstschnitzer, denen es gelang, zeitloses Entsetzen oder nicht endendes Leiden in ihr Werksmaterial einzugraben, waren keinesfalls naiv. Die etwas herablassenden Ansichten der diplomierten Vertreter einer westlichen Zivilisation, die sich ungebrochen auf die griechische Antike gründet, sind keinesfalls der Nabel der Welt.

Schlussthese: Mit dem Meißel oder Schnitzmesser Bilder zu schaffen, scheint auf einen schwer ergründbaren Gestaltungsdrang der Bretonen zurückzugehen. Bei den bretonischen Landpfarrern hielt sich der Zwang, Stein oder Holz in überquellender Schaffensfreude zu gestalten, anscheinend am längsten. Noch im 20. Jahrhundert arbeitete der Pfarrer von Rothéneuf wie besessen an seinen skurrilen Felsskulpturen, der Abbé von Cancale schnitzte nicht nur das "Gedicht an den Apfel", und der Seelsorger von Trégastel schuf zur Freude seiner Gemeinde einen riesigen Allvater aus Ton über dem örtlichen Aquarium. Die Reihe ließe sich fortsetzen.

Unterwegs in der Bretagne

Mit dem Auto

Frischankömmlinge aus England fahren anfangs noch gerne links, doch abseits der Nationalstraßen geht es meist ruhig zu. Die einzigen Autokolonnen, die Sie außerhalb der großen Einzugsgebiete sichten können, sind kleinere Blechkarawanen auf der Suche nach dem nächsten Anlaufpunkt eines lokalen Circuit touristique.

Für Familien oder Reisende, die mehr sehen wollen, ist das eigene Automobil in der Bretagne Trumpf. Drei gebührenfreie Highways sind die schnellen *Hauptverbindungen* in der Region: Vierspurig führt die *N 165* von Nantes über Vannes/Lorient/Quimper nach Brest, ebenfalls vier Spuren besitzen die *N 12* von Rennes über St. Brieuc/Morlaix nach Brest und die *N 139* von Rennes nach Nantes.

Die französischen Straßen sind – auf den entsprechenden Schildern und Wegsteinen gut sichtbar – mit einem Buchstaben und einer Nummernkombination gekennzeichnet. Straßen mit dem *N* vor der Zahl sind gut ausgebaute *Nationalstraßen*, z. T. drei- bis vierspurige Schnellstrecken, auf denen der Verkehr zügig rollen kann. Straßen mit dem *D* vor der Zahl sind die kleineren *Départementstraßen*, deren Zustand des Öfteren mit den Worten holprig, schmal und unübersichtlich beschrieben werden kann.

Verkehrsregeln: *Höchstgeschwindigkeit* innerhalb geschlossener Ortschaften 50 km/h, außerhalb 90 km/h (bei Nässe 80 km/h); auf Straßen mit baulich getrennten zwei Fahrbahnen in jede Richtung 110 km/h (bei Nässe 100 km/h); auf Autobahnen 130 km/h (bei Nässe 110 km/h); Führerscheinneulinge, die ihren Berechtigungsschein noch kein ganzes Jahr besitzen, dürfen generell höchstens 90 km/h schnell sein.

Die Straßenbahn hat immer Vorfahrt, bei Regen- und Schneefällen ist Abblendlicht vorgeschrieben, Promillegrenze 0,5.

Hinweis: Ertappte Verkehrssünder, auch ausländische, werden rigoros zur Kasse gebeten.

Verkehrsschilder: Die Schilder entsprechen denen im deutschsprachigen Raum. Manchmal erhellt ein kurzer französischer Text den Grund des Verkehrszeichens. Neben *Déviation* = Umleitung, *Toutes (autres) directions* = alle (andere) Richtungen, *Sortie* = Ausfahrt, *Péage* = Maut und *Centre ville* = Zentrum sind die wichtigsten schriftlichen Anmerkungen:

Passage interdit	Durchfahrt verboten
Route barrée	Straße gesperrt
Ralentir	langsam fahren
Serrez à gauche (droite)	links (rechts) fahren
Au pas	Schritttempo
Halte	Stopp
Danger (de mort)	(Lebens-)Gefahr
Virage (dangereux)	(gefährliche) Kurve
Limitation de vitesse	Geschwindigkeitsbegrenzung
Chantier	Baustelle
Traveaux	Straßenarbeiten
Chaussée déformée	unebene Fahrbahn
Gravier (Gravillons)	Rollsplit
Passage protégé	Vorfahrtsstraße
Priorité à droite	rechts hat Vorfahrt
Voie unique	einspurig
Voie sans issue	Sackgasse
Rappel	Erinnerung

Kreisverkehr: Der auch im deutschsprachigen Verkehrswesen immer häufigere *Rond point* ist die beliebte französische Variante einer oft ampelfreien Kreuzung. Es gilt – falls kein Verkehrsschild anderes behauptet – rechts vor links, doch seit einigen Jahren signalisieren die Schilder vor dem rond point so gut wie immer, dass der im Kreis befindliche Verkehr Vorfahrt hat.

Schlafende Polizisten: Vor Ortseinfahrten sind häufig – manchmal mehrere hintereinander – Bodenschwellen in die Straße eingebaut, die dafür sorgen, dass auch der hirnrissigste Raser abbremst, wenn ihm sein Fahrzeug lieb ist.

Parken: Großparkplätze, ob gebührenfrei oder kostenlos, sind meist ausgeschildert. Die häufigen Kurzparkzonen in den Städten heißen *Zone bleue* und dürfen werktags in der Regel von 9.00–12.30 und 14.30–19.00 Uhr für eine Stunde genutzt werden (abweichende Zeiten sind an den Schildern angegeben). Zur Kontrolle dient die obligatorische Parkscheibe (*Disque de contrôle*). Auf dem Land ist die Sitte verbreitet, dass vom Monatsersten bis zum 15. auf der Straßenseite mit den ungeraden Hausnummern geparkt wird, spätestens um 21.30 Uhr des 15. muss bis zur Nacht des Monatsletzten auf die andere Straßenseite gewechselt werden. Ist der Randstein rot-weiß oder rot-gelb gestreift, entspricht dies einem Parkverbot. Auf Landstraßen dürfen Sie nur am nicht befestigten Straßenrand anhalten.

Reparaturen: Sie fahren ein französisches Auto? Sie haben es gut – in allen größeren Orten haben Renault und Citroën Vertragswerkstätten. Werkstätten für deutsche, amerikanische und japanische Autos finden sich nur in den größten bretonischen Ballungszentren: Rennes, St. Malo, St. Brieuc, Brest, Quimper, Lorient, St. Nazaire (Loire-Atlantique). Von Ihrer deutschen Lieblingsvertragswerkstatt oder auf Anfrage direkt vom Werk erhalten Sie aktuelle Werkstattlisten für Frankreich.

Pannenhilfsdienst: Auf Autobahnen kann Pannenhilfe über die Notrufsäulen angefordert werden; auf Landstraßen, in Ortschaften oder Städten über den Polizeinotruf *Police Secours*, ✆ 17; außerhalb der Autobahnen hilft auch der *AIT- Assistance* weiter, ✆ 08.00.08.92.22 (24 Stunden im Einsatz, deutschsprachig).
Deutschsprachiger Notrufdienst des ADAC: ✆ 04.72.17.12.22

Benzin: Anfang der 1990er Jahre gab es die Golfkrise. Schon vergessen? Die französischen Benzinverkäufer jedenfalls nicht. Der Benzinpreis stieg seitdem stark an und er steigt auch jetzt noch weiter. Prinzipiell gilt: An den Zapfstationen am Rand der Autobahnen tanken Sie am teuersten, an der Tankstelle eines größeren Supermarkts (ohne jedweden Service: kein Wasser, keine Luft) am billigsten, im Extremfall beträgt der Unterschied über 15 Cent pro Liter. Durchschnittspreise 2003:

Diesel (Gazole):	ca. 0,75 €
Normal bleifrei (95 Oktan; Essence sans plomb):	ca. 1,10 €
Super bleifrei (98 Oktan; Super sans plomb):	ca. 1,15 €

Autoverleih: In allen größeren Städten der Bretagne sind international bekannte Verleihagenturen und kleine regionale Vermieter zu finden. Voraussetzungen für das Mieten sind ein Mindestalter von 21 Jahren und der mindestens einjährige Besitz des Führerscheins. Eine Kaution in Höhe von mehreren hundert bis zu tausend Euro ist zu stellen, wenn Sie keine in Frankreich akzeptierte Kreditkarte besitzen.
In der Regel gilt: 1 Tag ist am teuersten, je länger Sie mieten, desto billiger wird der Tagespreis. Zu den verschiedenen Fahrzeugtypen gesellen sich die diversen Reisezeiten, die das Preisniveau stark schwanken lassen. Die Preise der nationalen Verleiher entsprechen etwa denen der internationalen. Ein Service der internationalen Verleihgesellschaften ist der Holiday-Tarif: Sie buchen schon zu Hause, und am Zielort steht ein Leihwagen für Sie bereit. Zum Teil günstiger als das Buchen vor Ort.

• *Preisbeispiele* **Budget** bietet beispielsweise für einen Tag einen Peugeot 106 an: ca. 100 € inkl. 100 Freikilometer, www.budget.fr
Bei **Avis** kostet der Renault Clio für 1 Tag ca. 105 € inkl.250 Freikilometer.
Ebenfalls **Avis** verlangt für einen Renault Mégane in der Kategorie C für 1 Woche etwa 370 € (1750 km frei, jeder zusätzliche km 0,36 €). Ein Renault Vel Satis der Kategorie F etwa 560 €/Woche. www.avis.fr

Mit dem Bus

Weit mehr als im industrialisierten Deutschland ergänzen in der Bretagne Busse das kleine Schienennetz – ein stark regional bezogenes Busnetz versorgt die abgelegenen Gemeinden im äußersten Westen und befördert hauptsächlich Schulkinder und Tagespendler.

Dementsprechend sind die Abfahrtszeiten der lokalen Strecken eingerichtet. An den Haltestellen der kleinen Ortschaften hält werktags oft nur zweimal täglich ein

Bus: am frühen Morgen und am späten Nachmittag. Auf größeren Routen sind die Verbindungen meist häufiger – zumindest gibt es eine Mittagslinie. Nur auf den meistbefahrenen Routen quer durch die Bretagne, die nicht per Schienenstrang erschlossen sind, und auf den Wegen zu den größten Touristenattraktionen (wie Pointe du Raz oder Mont-Saint-Michel) bewegen sich täglich mehr Busse – maximal bis zwölf. An Sonn- und Feiertagen schlafen auch die Busfahrer aus – manche Fahrten fallen ganz aus, alle anderen Strecken werden weniger häufig bedient. Trotzdem gilt prinzipiell für die gesamte Bretagne: Wer mit dem Bus reist, kommt ebenfalls an. Nur das Taxi ist schneller.

Mehrere Gesellschaften teilen sich – gegliedert nach Regionen – das Geschäft mit der Personenbeförderung. Neben den großen privaten Gesellschaften C.A.T., Tourisme Verney oder Couriers Bretons schneidet sich TER, die Busgesellschaft der Bahn, ein großes Stück des bretonischen Transportkuchens ab. Den Passagieren kann das egal sein: Die Preise der Gesellschaften sind auf demselben Niveau.

Zugestiegen wird, wie beim Busfahren üblich, an Haltestellen (*Arrêts*), in größeren Orten am Busbahnhof (*Gare Routière*), der im Falle eines Bahnanschlusses meist am Bahnhofsplatz oder zumindest in Bahnhofsnähe gelegen ist.

Mit der Bahn

5. Dezember 1989: 482 Stundenkilometer, Weltrekord. Der TGV "Atlantique", Hochgeschwindigkeitszug und Lieblingskind der französischen Bahn, hat die deutsche ICE-Konkurrenz um Längen geschlagen. Doch der Alltag verläuft auch in Frankreich langsamer, und in der Bretagne nimmt das Tempo noch mehr ab.

Auf der Neubaustrecke von Paris nach Le Mans erreicht der TGV mit 300 Stundenkilometern seine höchste Geschwindigkeit, Richtung Nantes legt er dann nur noch 200 km/h zurück, und Richtung Brest, in den äußersten Westen Frankreichs, verringert sich seine Geschwindigkeit gar auf 160 km/h. Na also.

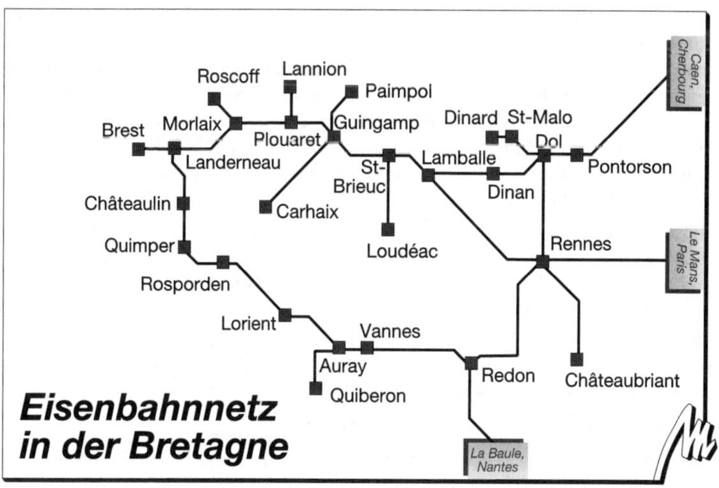

Nur wenige Haltestellen in der Bretagne unterbrechen die flotte Fahrt: Von *Nantes* rast der TGV die kurze Strecke über *La Baule* zum Sackbahnhof von *Le Croisic* oder er wendet sich westwärts – über *Rennes/St. Brieuc/Guingamp/ Morlaix* nach *Brest*.

Die Fahrt mit dem TGV ist reservierungspflichtig, für die Neubaustrecken wird ein Zuschlag erhoben. Für alle Teilstrecken westlich von Le Mans (sozusagen in der Bretagne) wird nur die normale Reservierungsgebühr für Sitzplätze verlangt. In allen Kategorien ist das Preisniveau der französischen Eisenbahn SNCF dem der bundesdeutschen DB ähnlich, im Zweifelsfalle etwas günstiger. Ebenfalls ähnlich wie in Deutschland wartet auch die SNCF mit ermäßigten Tickets auf, z. B. mit der Touristenfahrkarte (*Billet de séjour*), die das Bahnfahren ab einer Mindestentfernung von 1000 km um 25 % verbilligt.

Das innerbretonische Bahnnetz ist einfach zu beschreiben: Im Grunde führen nur zwei Schienenstränge von *Rennes* nach *Brest*: Im Norden über *St. Brieuc* und *Morlaix*, im Süden über *Redon/Vannes/Lorient/Quimper/Châteaulin*. Dazu führen im Norden einige Sackstränge z. B. nach *St. Malo* und *Roscoff* an die Küste, an der Südroute fährt die Bahn im Sommer auf die Halbinsel *Quiberon*.

Telefonische Auskunft und Reservierung: Zentral für Frankreich für 35 Cent pro Minute ✆ 08.92.35.35.35

Mit dem Schiff

Was den Alpenländlern die Seilbahn, ist den Bretonen das Schiff oder das Boot. Das schwimmende Transportmittel wird zum Übersetzen zu den zahlreichen Inseln, für die Küstenschifffahrt von Hafen zu Hafen oder zu Ausflugsfahrten in eine der riesigen Buchten eingesetzt. Aber auch das bretonische Inland ist mit einem Netz von Wasserstraßen überzogen – zumindest Kähne gibt es überall im Land.

Der Schiffspassagier gehört zum bretonischen Alltag. Wo früher, wenn überhaupt, nur an einem bestimmten Tag in der Woche ein Boot die regelmäßige Verbindung zum Festland aufrechthielt, legen heutzutage zumindest im Sommer täglich mehrere Schiffe an, die ihre lebende Fracht meist am gleichen Abend wieder mitnehmen.

Der Anteil der Freizeitschifffahrt ist mittlerweile überproportional hoch – weit mehr Vergnügungsschiffe als Fischkutter oder Lastkähne bevölkern die bretonischen Gewässer. Vom Kanu bis zur Autofähre sind alle Bootsklassen vertreten, und alle finden ihr Publikum.

Englandfähren: Der größte Passagierhafen des Landes ist St. Malo. Zwei bretonische Häfen verbinden das europäische Festland mit der britischen Insel: Roscoff und St. Malo sind die Anlaufstellen für die Schiffe von Britanny Ferries, die von und nach Plymouth und Cork (Roscoff) bzw. von und nach Plymouth und Portsmouth schippern.

Die englischen Kanalinseln (u. a. Jersey) werden von St. Malo aus angelaufen. Das Geschäft mit den Kanalinseln teilen sich mehrere Gesellschaften, z. B. Condorferries, die Autofähren und schnelle Tragflügelboote einsetzt.

Corsaire: 35400 St. Malo, Gare Maritime du Naye, www.compagniecorsaire.com.
Condorferries: 35400 St. Malo, Place du Poids du Roi 2, www.condorferries.co.uk

Schiffsausflüge: Das täglich Brot der Küstenurlauber/innen. Im Golf, zur Insel, den Fluss entlang, auf Wunsch im schwimmenden Restaurant – dem Erfindungsreichtum menschlichen Geistes sind auch beim Angebot der bretonischen Schiffsausflüge kaum Schranken gesetzt. Hingewiesen sei, dass im Sommer die Buchung einige Tage vorher erfolgen sollte, um sich ein langes Gesicht zu ersparen, wenn Sie ohne Billett am Kai stehen und das volle Schiff ohne Sie ablegt.
Die beliebtesten Überfahrten führen zu den Inseln *Bréhat, Batz, Ouessant, Sein, Groix, Glénan, Belle-Ile.* Bei den Ausflugsfahrten sind das Vogelschutzgebiet der *Sept Iles* und der *Golf von Morbihan* regionale Spitzenreiter. Im Inland liegen die Flussfahrten auf der *Odet* und der *Rance* ganz vorne. Konditionen und Preise im Reiseteil.

Hausboote: Führerscheinfrei mit der erlaubten Höchstgeschwindigkeit von 6 km/h dürfen Sie den Kanal entlangtuckern, bevor sie in einen Fluss gelangen und auf rasante 10 km/h beschleunigen können. Dann wird mit Sicherheit bald die nächste Schleuse einen eventuellen Geschwindigkeitsrausch jäh beenden: Allein von Redon nach Lorient sind auf 170 km 118 Schleusen zu bewältigen.
Von etwa 10.000 km Flussläufen und Kanälen sind etwa 600 km für Hausboote problemlos befahrbare Wasserstraßen. *Redon* an der Vilaine ist das Drehkreuz der bretonischen Wasserwege; direkt in den Norden nach St. Malo oder die *Vilaine* flussabwärts zum Atlantik; oder über den *Nantes-Brest-Kanal* nach Pontivy und über den *Blavet* hinunter nach Lorient. Eine andere Hausbootroute bietet das *Aulne*-Revier mit dem Hausbootzentrum *Châteauneuf-du-Faou.*

Tipps für die Jungfernfahrt

- **Der richtige Bootstyp**: Die Vermieter nennen jeweils die maximale Belegungszahl. Man sollte sich den Grundriss der Boote genau ansehen, damit es an Bord nicht zu eng wird. Wenn es das Reisebudget erlaubt, lieber eine Nummer größer buchen.
- **Routenwahl**: Der Blick auf die normale Landkarte ist bei der Routenplanung wenig hilfreich. Wie weit man am Tag kommt, hängt davon ab, wie viele Schleusen man passieren muss. Bei Flussfahrten ist zu beachten, dass die Rückfahrt unter Umständen länger dauern kann – wenn es flussaufwärts geht. Die Vermieter kennen ihre Bootsreviere am besten, können ihre Kunden entsprechend beraten und geben diesen eine Flusskarte mit.
- **Fahrräder**: Zum Ausflug in die Umgebung von Wasserstraßen, aber auch zum Einkaufen sind Fahrräder ideal. Sie können bei den meisten Bootsbasen gemietet werden. In der Hauptsaison empfiehlt sich rechtzeitige Reservierung.
- **Einwegmieten**: In den meisten Fällen müssen die Boote zum Ausgangspunkt zurückgebracht werden. Zweimal die gleiche Strecke fahren, muss nicht langweilig sein. Oft eröffnen sich bei der Rückfahrt neue Perspektiven. Um den Kundenwünschen Rechnung zu tragen, werden mittlerweile auch Einwegmieten zwischen verschiedenen Bootsbasen angeboten.

Der 360 km lange Nantes-Brest-Kanal, der nach seiner Fertigstellung im 19 Jh. parallel zur Küste die Hafenstädte verband, wurde 1920 unterbrochen: Aus einem Kanalabschnitt wurde ein Stausee. Heute wird überlegt, ein Schiffshebewerk zu installieren, um der wachsenden Kundschaft der Hausbootfahrer den Durchbruch von Ost nach West zu ermöglichen.

Warten auf die Fähre

• *Preise* Sie richten sich nach Größe des Bootes, der Ausstattung und der Saison. Bei **Bretagne Plaisance** kostet die kleine Pénichette 930, 9,30 m lang, 3,10 m breit, für 2–5 Personen (ab 4 wird's eng) 1 Woche zwischen 700 und 1250 €. Die größere Pénichette 1120, 11,20 m lang, 3,80 breit, für maximal 8 Personen kostet pro Woche zwischen 1350 und 2200 €. Immer zuzüglich Treibstoff und Kaution (800 € bzw. 1000 €).

• *Information* Gutsortierte deutsche Reisebüros verfügen über ausführliches Prospektmaterial der diversen Verleiher. Wer direkt beim Verleiher bucht, spart in der Regel Geld.

Einige Adressen bretonischer Hausbootunternehmen:

Crown Blue Line, 35480 Messac, BP 8, Port de Plaisance

Bretagne Plaisance, 35600 Redon, Quai Jean-Bart 12, ✆ 02.99.72.15.80, www.bretagne-plaisance.fr

Comptoir Nautique de Redon, 35600 Redon, Quai Surcouf 2, ✆ 02.99.71.46.03

Eine allgemeine Auskunftsstelle für Hausbootfahrten ist **Comité de Promotion Touristique des Canaux Bretons**, 56308 Pontivy cedex, Rue de Lourmel 6, BP 186, ✆ 02.97.25.38.24

Mit dem Fahrrad

Bescheidene 384 m über dem Meeresspiegel misst die höchste Erhebung der Bretagne, doch wer nur sporadisch einen Drahtesel lenkt und seine Kondition einzig aus dem Betätigen einer Computer-Tastatur bezieht, wird immer wieder aus der Puste kommen: Dem lustigen Ab folgt unweigerlich ein mehr oder weniger zähes Auf. Und das am Ende noch mit Gegenwind.

Aber Spaß macht es. Ein Radwanderurlaub in der Bretagne ist sowieso eine tolle Idee, aber auch, wer mit dem Pedalo nur kleinere Strecken zurücklegt, genießt zumindest kurzfristig eine dem Land angemessene Fortbewegungsart: kaum Verkehr auf den schmalen Sträßchen neben den Hauptrouten, wirklich frische Luft und eine ruhige Landschaft, in der das langsamere Vorwärtskommen überhaupt nicht langweilig ist. Außerdem ist Radeln in Frankreich, der Heimat Bernard Hinaults, ein Volkssport. So radelt ein Gutteil der Bretagne-Reisenden durch Armor und Argoat, und die Tourismuslandschaft hat sich darauf eingestellt: Zahlreiche Gîtes d'Etape bieten Tourenradlern preiswerte Unterkunft am Rand der Radstrecken, zahllose Verleiher vermieten Cycles – ab einer Stunde bis zu mehreren Wochen. Sie können normale Tourenräder, Rennräder oder Mountainbikes mit und ohne Körbchen mieten, in etlichen Badeorten stehen zusätzlich noch Spaßräder für das Gruppenvergnügen zur Verfügung. Rechnen Sie je nach Saison, Gegend und Fahrradtyp 10 bis 50 € pro Tag.

Radleridylle

Wer die Gelegenheit hat, ein Rad mitzunehmen, sollte diese nutzen. Doch wer sein Rad per Bahn in die Bretagne befördern will, hat dicke Schwierigkeiten. Aufgrund der verbesserten Serviceleistungen der DB ist es nicht mehr möglich, das Rad als Reisegepäck über die französische Grenze zu schicken. Wer nicht die Möglichkeit hat, sein Rad anderweitig z. B. nach Mulhouse zu bringen und von dort innerhalb Frankreichs als Gepäck aufzugeben (teuer), dem bleibt nur eines – sein Stahlross zu verpacken und als Handgepäck mitzuschleppen. Einziger Vorteil der Plackerei: Wenn die Maße 1,20 x 0,90 m nicht übersteigen, ist die Mitnahme auch im TGV möglich. Innerhalb der Bretagne kann das Fahrrad oft im selben Zug mitgenommen werden – Züge, die garantiert Drahtesel befördern, sind im Fahrplan anhand ihres Radsymbols zu erkennen.

• *Pauschalurlaubstipp* Zum Beispiel **STB-Reisen** bietet einen einwöchigen Radurlaub im Morbihan an, der Preis inkl. 6 Übernachtungen in 2- und 3-Sterne-Hotels beträgt ca. 540 €, Leihräder werden gegen Aufpreis (80 €) gestellt. 65232 Traunstein, Platter Str. 87, ✆ 06128/982 513, www.stb-reisen.com

Ein großes, jährlich wechselndes Angebot an begleiteten Radwanderungen in etlichen Regionen der Bretagne bietet **Formules Bretagne**, Boulevard St.-Germain 203, 75007 Paris, ✆ 01.53.63.11.53

Mit dem Pferdewagen

Hüh hott. Selbst blutige Anfänger berichten, nach einigen Stunden hätten sie ihr gutmütiges 1-PS-Gespann unter Kontrolle gehabt. Nur bergab gab's noch kleine Schwierigkeiten mit dem Bremsen. Brrr.

Mit dem Pferdewagen, dem *Roulotte*, gemütlich durch den Wald oder auf ruhigen Treidelwegen einen Wasserlauf entlang. Wie einst die Marketender oder von Dorf zu Dorf fahrende Barbiere reisen Sie auf Vorväterart stressfrei (außer bei den ersten Bremsungen) in einer Gegend, die noch immer als romantisch zu bezeichnen ist.

Der gebotene Komfort des Einspänners liegt deutlich über dem aus Buch und Film bekannten Nomadenniveau. In der Regel sind vier Schlafplätze, ein Gasherd, ein Kühlschrank und die Küchengrundeinrichtung im Wagen eingebaut. Für das Wohl des Pferds sorgen Sie nach kurzer Einführung selbst, die vom Veranstalter festgelegte Strecke (Rundfahrt) wählen Sie vor Antritt der Reise. Rechnen Sie zwischen 8 und 15 km, die Sie pro Tag zurücklegen.

• *Preise* Von Juni bis September werden die Roulottes vermietet. Die Preise der Veranstalter sind ähnlich, im Juli/August am höchsten: 1 Woche (7 Tage, in der Regel von Sonntag bis Samstag) in der Hauptsaison bei **Roulottes et calèches de Bretagne** ca. 600 €, 1 Woche in der Nebensaison ca. 450 €, ein Wochenende (2 Tage) in der Nebensaison etwa 250 €.

Eine Adresse im Finistère: Roulottes et Calèches de Bretagne, F-29218 Huelgoat/ Locmaria Berrien, Gare de Locmaria Berrien, ✆ 02.98.99.73.28

Eine Adresse in Ille-et-Vilaine: Association Maure à pleines dents, Madame Hignet. La Gommerais, 35330 La Chapelle Bouéxic, ✆ 02.99.85.43.27

Mit den Füßen

An der Pointe du Raz endet/beginnt der europäische Fernwanderweg E 5. Von Verona quer über die Alpen, vorbei am Bodensee und durch Frankreich hindurch sind etwa 2000 km zu Fuß auf einer markierten Strecke zurückzulegen, bis der antike Weltenrand erreicht ist.

Ein Bretone hat 1990 mit seinem Eselchen den ganzen Weg in einem Stück abgewandert und erntete in den Medien seiner Heimat einen großen Achtungserfolg. Natürlich können Sie auch nur kurze Spaziergänge im nahen Umkreis Ihres Urlaubsorts unternehmen, doch angemerkt sei, dass die Bretagne ein beliebtes Wandergebiet mit einer entsprechenden Infrastruktur ist: Allein das Finistère verweist auf 1000 km Wanderwege, und einige der französischen Weitwanderwege – *Grandes Randonnée*s (GR) – sind in der Bretagne beheimatet, der schönste davon der Küstenwanderweg Nr. 34 vom Klosterberg Mont-Saint-Michel bis Morlaix, der auch auf kleinen Ausschnitten reizvoll bis atemberaubend sein kann. Sie erkennen einen GR an seiner rot-weißen Markierung. *Topo-Guides-Führer*, eine französische Wanderbuchserie mit gutem Konzept, beschreiben auf Französisch die Routen der Fernwanderwege (Kostenpunkt 10–15 €).

Neben den wenigen Grandes Randonnées (z. B. 34, 37, 38, 39 oder 380) gibt es zahllose *Petites Randonnées* – markierte Eintagesstrecken, die sich von der 2-Stunden-Promenade bis zur Tagestour dehnen können. Alle Gemeinden, die an einem Wanderweg liegen oder eigene Wanderwege unterhalten, besitzen zumindest Skizzenmaterial über die Strecken in ihrer Umgebung.

Die große Einsamkeit menschenleerer Gebiete herrscht in der Bretagne nicht, die Zivilisation ist immer nah, *Gîtes d'Etapes* (siehe Kapitel Übernachten) sind in ausreichender Anzahl an den Wegen verteilt – so erübrigt sich die Mitnahme von Verpflegung und einer mobilen Unterkunft. Leichte Wanderstiefel sind ausreichend. Gegen akuten Hunger und Durst sollten Sie bei längeren Strecken immer etwas dabei haben, ein kleines Zelt macht Sie schlaftechnisch unabhängig.

• *Adressen* für weitere Auskünfte und organisierte Wanderungen:

ABRI, Rue Ronsard 4, ✆ 02.99.26.13.50

FFRP, Avenue de Cucillé 13bis, 35065 Rennes, ✆ 02.99.54.67.61

Formules Bretagne, Boulevard St.-Germain 203, 75007 Paris, ✆ 01.53.63.11.53

Délégation Finistère de la Fédération Française de Randonnée Pédestre (FFRP), Coatufal, 29290 St. Renan, ✆ 02.98.84.92.10

Aufenthalt in der Bretagne

Übernachten

Die angemietete Urlaubswohnung und das "Hotel de plein air", deutsch-banal Campingplatz, sind die beliebtesten Quartiere Armorikas. Eine noble Variante der Übernachtung ist der Aufenthalt in einem Château-Hotel: schlafen und frühstücken wie die bretonische Aristokratie.

Jedes Jahr benötigen auf wenige Monate zusammengedrängt neben den knapp drei Millionen Bretonen ebenso viele Gäste nächtens ein Dach oder eine Zeltleinwand über dem Kopf. Wir dürfen den Verantwortlichen für die Lenkung des Tourismus ein Kompliment machen: Ohne die Landschaft völlig zu zerstören wie beispielsweise an den spanischen oder türkischen Küsten, gelang es, einem seit Anfang des vorigen Jahrhunderts stetig wachsenden Gästestrom gerecht zu werden.

Die einzigen Hotel- und Résidencebunker in großem Rahmen gibt es momentan nur in La Baule, doch ist einschränkend festzustellen, dass die Bretagne, deren Landschaft sich weitgehend ohne Trabantenstädte, Industriezonen oder raumfressende Autobahnprojekte präsentiert, mehr und mehr zersiedelt wird – immer noch mehr Ferienhäuser kommen zu den schon bestehenden hinzu.

Hotels

Etwa 5 % der französischen Hotels liegen in der Bretagne – 1999 boten knapp 1000 klassifizierte Hotels ca. 24.000 Zimmer, in denen etwa 10 % der Bretagne-Urlauber/innen schlafen. In der Hochsaison gibt es viel zu wenige Etablissements, und doch müssen jedes Jahr Hotels schließen, die nicht durch neue Konkurrenz ersetzt werden – das Geschäft lohnt nicht für wenige Monate im Jahr. Hotelriesen sind, bis auf La Baule, in der Bretagne unbekannt; die meisten sind traditionelle Familienbetriebe mit nur wenigen Zimmern – ein 40-Zimmer-Hotel ist für bretonische Verhältnisse schon ein Riese.

Einzelreisende zahlen für ihr Zimmer meist denselben Preis wie ein Zweierpärchen – die französische Hotellerie ist ganz auf das Doppelzimmer ausgerichtet, und den Hoteliers ist es egal, ob dieses Zimmer von einer oder von zwei Personen bewohnt wird.

Das Doppelbett

Bett ist nicht gleich Bett. Das normale französische *grand lit* ist – warum, sei hier dahingestellt – für zwei Personen gedacht. In den französischen Schlafzimmern nebst den Hotelzimmern gehört es zur Grundausstattung und ist nicht jedermanns/fraus Sache. Es gilt: je älter, desto durchgelegener. Schlafpartner werden sich nachts unweigerlich in der Mitte treffen.

Für Singles unter den Hotelgästen ist das grand lit der Grund, warum sie meist genauso viel wie zwei Gäste zahlen müssen: Schließlich muss das ganze Bett frisch bezogen werden.

Deutscher Standard ist besonders in Hotels der unteren Kategorien nicht zu erwarten, dafür sind die Übernachtungskosten in der französischen Herberge geringer als in den Übernachtungsbetrieben des deutschsprachigen Raums: Von etwa 28 € für zwei Personen im schlichten DZ mit Etagensanitärs und einem knarzigen, durchgelegenen Bett vor einer von der Zeit nachgedunkelten Blümchentapete über das gediegen-bürgerliche Familienhotel (DZ 40–65 €) bis zu den wenigen Luxusetablissements (DZ ab 80 €) reicht das bretonische Hotel-Angebot. Frühstück (*Petit déjeuner*) kostet extra, etwa ab 4,50 € aufwärts, und besteht meist aus einem Croissant, einer Weißbrotschnitte mit etwas Butter und Marmelade sowie einem heißem Getränk.

Die im Reiseteil angegebenen DZ-Preise gelten immer für zwei Personen: Eine Preisspanne von z.B. 40–70 € bezieht sich, soweit nicht anders vermerkt, auf die Preise des billigsten Zimmers in der Nebensaison (NS) bzw. des teuersten Zimmers in der Hochsaison (HP). Halb- und Vollpensionspreise (HP/VP) immer für eine Person.

Im Sommer ist bei Hotels mit angeschlossenem Restaurant Halb- oder auch Vollpension oft obligatorisch – und auch wenn offiziell kein Zwang zur Halbpension besteht, wird es nicht gern gesehen, wenn Hotelgäste nur auswärts essen, wo doch ein eigenes Restaurant im Hause ist. Wohnen Sie beispielsweise in einem 2-Stern-Hotel mit angeschlossenem Restaurant, kommt die Halbpension im Regelfall günstiger als die einfache Übernachtung plus ein gleichwertiges Menü auswärts.

Die Öffnungszeiten der Hotels sind unterschiedlich – manche sind ganzjährig geöffnet (die meisten Stadthotels), manche werden nur zur Hochsaison aufgesperrt (in ausgesprochenen Badeorten), etliche Hotels schließen vom Herbst bis ins Frühjahr (überall in der Bretagne).

Die meisten Hotels sind mit einem in Frankreich gültigen Sternchensystem durch das Tourismusministerium kategorisiert, Ein- und Zwei-Stern-Hotels machen das Gros der Herbergen aus.

Die Kategorien kurz im Einzelnen

****	Luxushotel; wir schweigen in Ehrfurcht.
***	Sehr komfortables Hotel; hier vermissen Sie nichts, gepflegte Atmosphäre und gediegener Komfort.
**	Hotel mit gutem Komfort, gutbürgerlich bis bürgerlich; aus dem Bad kann die Duschzelle im Zimmer werden.
*	Bürgerliches Hotel mit mittlerem Komfort, einfach, oft sind die Sanitäranlagen auf dem Gang.
S.E.	(Hotel tourisme sans étoile) Einfaches Hotel ohne Stern. Meist zu spartanisch für eine Kategorisierung.

Schloss- und Herrensitzherberge (Auberges de Châteaux/Manoirs): Die vornehmste Spielart der Übernachtung; zu Gast in der mondänen Villa am Meer oder im Schloss aus dem 15./16. Jh., genießen Sie einen stilvollen Aufenthalt in aristokratischer Umgebung nach dem Slogan "Hier gibt es keine Kunden, hier gibt es nur Gäste". In etwa 30 ausgewählten bretonischen Schlössern, Landsitzen oder Herrenhäusern werden Sie im Zimmer oder Appartement fürstlich verwöhnt, allerdings dinieren Sie nur selten abends mit den Gastgebern, die, das sei angemerkt, ihren aristokratischen Lebensstil ins postmoderne 21. Jh. gerettet haben und Sie in der Restaurantwahl ausgezeichnet beraten können. Rechnen Sie für das DZ ab etwa 50 €.

Information und Reservierung **Comité Régional du Tourisme de Bretagne**, 35069 Rennes, Rue Raoul Ponchon 1, ✆ 02.99.36.15.15, www.tourismebretagne.com

Appartements/Häuser

Weit vor den Campingplätzen sind die Ferienwohnungen die beliebtesten Urlaubsdomizile der Bretagne: Etwa 65 % der Gäste mieten sich ein Privatquartier für die schönste Zeit des Jahres. Unter den Bezeichnungen *Studios, Meublés, Résidences* oder *Appartements* werden Ferienwohnungen und -häuser für zwei bis neun Bewohner/innen ab einer Woche aufwärts vermietet: Wohnzone, Schlafraum, Bad und ausgestattete Küche oder Kochnische gehören zur Grundausstattung, Kamin, Terrasse oder Swimmingpool sind beliebte Extras.

Die Preise schwanken stark nach Saison, Lage und Komfort, in der Hauptsaison ist oft mit dem doppelten Preis zu rechnen. Eine Villa direkt an der Granitküste im Sommer ist wohl das teuerste, was in der Bretagne zu haben ist. Im Westen und in der Innerbretagne sind die Ferienhäuser am billigsten.

Zwei Preisbeispiele (Inter-Châlet): 3-Zimmer-Haus bei Trébeurden (Granitküste) für 5–6 Personen, 110 qm Wohnraum, Garten, Terrasse, etwa 1 km zum nächsten Strand, je nach Saison pro Woche etwa 350–700 €. Nebenkosten: Wochenpauschale für Energie und Wasser ca. 10 € pro Person, bei Bedarf Heizung extra, Kurtaxe. Endreinigung durch die Mieter. Kaution ca. 200 €.

Oder ein 3-Zimmer-Haus bei Porspoder (Aberküste) für 4–6 Personen, 80 qm Wohnraum, kleiner Garten, etwa 500 m zum Strand, je nach Saison pro Woche ca. 250–650 €. Nebenkosten: ca. 15 € Strom je nach Verbrauch, Kurtaxe, im Bedarfsfall 8 € pro Tag für Heizung, Endreinigung durch die Mieter. Kaution ca. 150 €.

Den bretonischen Ferienwohnungsaufenthalt sollten Sie frühzeitig planen und buchen. Wenn Sie den Hochsommer als Reisezeit gewählt haben, ist eine Reservierung mindestens 5 Monate vorher durchaus sinnvoll. Weitere Tipps:

"Erkundigen Sie sich nach den Nebenkosten für Strom, Wasser Heizung, Telefon und Endreinigung, für Bettwäsche und Handtücher, die in besseren Häusern oft gemietet werden können.
Lassen Sie sich vom Veranstalter die Lage des Hauses beschreiben: Wie weit ist es zum Strand, zum Einkaufen, zum Restaurant, zum Bus? Sind Fahrräder zu mieten?
Eine Reiserücktrittsversicherung ist dringend zu empfehlen – falls jemand krank wird. Manchmal ist die Versicherung schon im Mietpreis enthalten.
Häuser von Privat zu mieten, z. B. auch über Zeitungsanzeigen, ist zwar manchmal billiger, aber immer ein Risiko. An wen soll man sich halten, wenn das versprochene Traumhaus sich als besserer Hühnerstall entpuppt?
Um Enttäuschungen auszuschließen: Im Urlaub schon das Haus für das nächste Jahr ausgucken." (SW 7/89)

Informationen und ausführliches, bebildertes Prospektmaterial über Ferienhäuser in der Bretagne erhalten Sie z. B. von den bretonischen Fremdenverkehrsämtern, professionellen Ferienhausvermietern oder deutschen Reisebüros mit entsprechendem Programm.

• *Drei Adressen* **Inter Châlet** – Ferienhäuser & Ferienwohnungen; Heinrich-von-Stephan-Straße 25, 79100 Freiburg, ✆ 0761/210077, www.interchalet.com
Feworopa, Simanowitzstr. 24, 71640 Ludwigsburg, ✆ 07141/504538, www.feworopa.de
Loca Plus, ein Zusammenschluss französischer Ferienhausvermittler; Formules Bretagne, Boulevard St.-Germain 203, 75007 Paris, ✆ 01.53.63.11.53; Infos auch beim Comité Régional de Tourisme de Bretagne, 35069 Rennes, Rue Raoul Ponchon 1, ✆ 02.99.36.15.15

Gîtes ruraux: So nennt sich auf Französisch die ländliche Spielart des Feriendomizils abseits des Küstentrubels. Wahlweise wohnen Sie auf dem Bauernhof oder mitten im Dorf. Auch hier haben Sie die Wahl zwischen der möblierten Wohnung oder dem eigenen (Bauern-)Häuschen. Der Standard der Gîtes ruraux ist in der Regel nicht so hoch wie in den Ferienhäusern, preislich sind sie günstiger.

Information Fédération Nationale des Gîtes ruraux de France, Rue Godot de Mauroy 35, F-75009 Paris.

Die günstigsten Dächer über dem Kopf

Privatzimmer: Die *Chambres d'Hôtes*, meist in kleineren Orten oder gleich auf dem Land, stellen günstige Übernachtungsmöglichkeiten in familiärem Rahmen dar: Höchstens fünf, oft nur 2 oder 3 Zimmer. In den meisten wird Frühstück gereicht. Wie bei den Hotels oder Campingplätzen sind die Gästezimmer in vier Kategorien unterteilt – ab 15 € pro Person, meist inkl. Frühstück, bekommen Sie ein Zimmer. Manchmal wird für den Gast gekocht, der dann gegebenenfalls im Kreise der Familie mitisst. Adressenlisten bei den Informationsbüros, ausführliches Material wird – nach Départements aufgeteilt – von der Vereinigung Gîtes de France verschickt, wo Sie auch buchen können (Anschriften siehe unter Ferme-Auberge).

Ferme-Auberge: Den deutschen Ferien auf dem Bauernhof vergleichbar – das Zimmer auf dem bewirtschafteten Bauernhof. Vom simplen Anwesen bis zum stattlichen Gut reicht die Palette. Preise und Leistung fast durchwegs aufwendiger als beim Chambre d'Hôtes, Spezialität ist oft die angebotene Mahlzeit.

• *Informationen und Buchungen*
Maison des **Gîtes de France**, 75439 Paris Cedex 09, Rue Godot de Mauroy 35, ✆ 01.49.70.75.75, www.gitesdefrance.com
Ille-et-Vilaine: Gîtes de France/Loisirs-Accueil, 35061 Rennes Cedex 3, Rue de Coëtquen 8, ✆ 02.99.22.68.68.

Traumunterkunft gefunden?

Côtes d'Armor: Gîtes de France, 22045 St. Brieuc Cedex 2, Rue St. Benoït 7, BP 4536, ✆ 02.96.62.21.74
Finistère: Gîtes de France, 29322 Quimper Cedex, Allée Sully 5, ✆ 02.98.64.20.20
Morbihan: Gîtes de France, 56403 Auray BP 318, Avenue Wilson 42, B.P. 318, ✆ 02.97.56.48.12
Loire-Atlantique: Gîtes de France, 44000 Nantes, Allée Baco 1, ✆ 02.51.72.95.65

Jugendherberge: Die *Auberge de Jeunesse* ist eine auch in Frankreich weit verbreitete Einrichtung. Im Besitz eines gültigen Jugendherbergsausweises können die 40 Einrichtungen in der Bretagne genutzt werden. Vom gebotenen Komfort bis zur Freundlichkeit der Herbergsväter/mütter sehr unterschiedlich, allen gemeinsam sind die einfachen Schlafräume, Kochgelegenheiten, Aufenthaltsräume und die Möglichkeit, Bettwäsche bzw. Schlafsäcke gegen Gebühr auszuleihen. Eine Übernachtung kostet für ein Mitglied 7–13 €, Frühstück 3,50 €, Essen nach Anmeldung ab 8,50 €. Wer keinen Jugendherbergsausweis besitzt, kann bei den Herbergen kostenlos einen Blankoausweis erwerben, und diesen mittels Marken à 2 € pro Übernachtung nach 6 Marken zum vollwertigen Ausweis machen.

Information Es gibt 2 verschiedene Jugendherbergsvereinigungen : **Fédération unie des Auberges de Jeunesse**, Rue Pajol 27, 75018 Paris, ✆ 01.44.89.87.27, www.fuaj.org und **Ligue française pour les Auberges de la jeunesse**, Rue Vergniaud 67 Bat.K, 75013 Paris, ✆ 01.44.16.78.78, www.auberges-de-jeunesse.com

Gîtes d'Etape: Besonders an Wander-, Rad- und Wasserwegen im Inland sind die jugendherbergsähnlichen Unterkünfte verstreut und bieten ein einfaches Nachtlager. Reiter, Wanderer, Radler, Kanu- oder Hausbootfahrer treffen sich hier ab 16 Uhr für meist eine Nacht (höchstens zwei dürfen sie bleiben), bevor sie sich wieder auf ihre verschiedenen Wege begeben. In der Regel stehen die Herbergen unter kommunaler Verwaltung und sind oft in einem ausrangierten öffentlichen Gebäude untergebracht – ein Schleusenhaus, die alte Schule oder das Hospiz. Des Öfteren ist ein Kanu- oder Radverleih angeschlossen.

An Komfort bieten sie mindestens einen Gemeinschaftsraum, eine ausgestattete Küchenecke, einen oder mehrere einfache Schlafräume mit Betten und/oder Matratzenlagern (wahlweise oft Zimmer für 2–4 Personen) und meist einfache Sanitärs. Bettwäsche wird im Bedarfsfall gestellt. Die Aufnahmekapazität beträgt zwischen 15 und 35 Plätzen. Warme Mahlzeiten sollten Sie telefonisch vorbestellen (ca. 10 €), das Frühstück kostet 4 €, die Übernachtung im Schlafraum 9 €, im Zimmer für 2 Personen 15 €.

Information Bei Gîtes de France (Adressen siehe oben) oder ABRI (Verein für Relais- und Wanderwege), Rue Ronsard 4, 35000 Rennes, ✆ 02.99.26.13.50

Auch bei Deutschen beliebt: die mobile Übernachtung

Camping

Offiziell gemeldete Plätze gibt es in der Bretagne etwa 850, das sind 11 % aller französischen Campings, doch dürfte ihre Zahl im Sommer, wenn Grundstücksbesitzer in Ferienhochburgen zur Linderung der größten Not ein zusätzliches Fleckchen Abstellfläche vermieten, weit höher sein. Auf den rund 100.000 registrierten Standplätzen herrscht während der Saison ein reges Leben, immerhin 15 % aller Urlauber/innen wohnen auf dem Campingplatz. Deutsche Campingurlauber haben die Briten überholt: sie stellen 30 % der ausländischen Klientel.

Die französische Campingkultur hat Tradition und ist in punkto Komfort sehr ausgeprägt: Meist sind Monsieur und Madame samt Enfants mit dem Wohnwagen, zumindest mit einem steilwandigen Familienzelt unterwegs. Kühlschrank und TV gehören zur Grundausstattung, Waschmaschinen im Vorzelt sind weiter auf dem Vormarsch, und im Grunde wird in der mobilen Wohnküche auf dem Camping so gelebt wie zu Hause, wenn man einmal Ruhe hat. Hinweis: Kleinzeltbesitzer/innen, aber auch Wohnmobilisten ohne Vordach können von perfekt ausgerüsteten Platznachbarn auch mal schräg angeschaut werden.

Sie haben kein eigenes Zelt, weder Wohnwagen noch -mobil und wollen trotzdem auf den Campingplatz? Dann mieten Sie sich eine feste Unterkunft auf dem Platz – Mobil-Homes, Bungalows oder Holzchalets für 4, 6 oder 8 Personen werden auf etlichen größeren Plätzen angeboten. Sie verfügen meist über zwei getrennte Schlafzimmer, einen Wohnraum, Küche mit Kühlschrank und Geschirr, Baderaum mit Dusche/Badewanne und WC.

Beispiel eines voll ausgerüsteten *Hotel de plein air*: Waschmaschinen, Küche, Babywickelraum, Fernsehraum, Aufenthaltsraum (mit Animationsabenden), Pingpong-

Saal, Tennis- und Minigolfplatz, Swimmingpool, Fahrradverleih, Kinderspielplatz, Lebensmittelladen, Bar, Restaurant. Die eigene Reitschule oder der Golfplatz sind selten. Ein Platz an der Küste kann zudem noch über einen eigenen Strand und eigene Wassersportmöglichkeiten (Verleih, Schulungen) verfügen.
Etliche Plätze bieten für Körperbehinderte Rampen und adäquate sanitäre Anlagen an. Elektrikanschlüsse und Brotverkauf während der Saison gehören bei Plätzen der 2-Sternkategorie meist zum Standard.
Gas in internationalen blauen Flaschen oder der französischen Marken (z. B. *Primagaz, Antargaz*) erhalten Sie problemlos an den mit (Markenname) *gaz* ausgeschilderten Depots auf dem Campingplatz, im Supermarkt, an der Tankstelle usw.

Die Plätze sind durch ein für ganz Frankreich gültiges Sternchensystem kategorisiert. Ein Stern steht für einen Platz mit Minimalausstattung, die Höchststernzahl beträgt 4, die absoluten Luxusareale bezüglich Lage, Gestaltung und Ausstattung bieten die Château-Campings, zusammengeschlossen im Verband *Castels & Camping Caravaning* (Adresse siehe unten). Die *Campings Municipaux*, meist in der zweiten Kategorie beheimatet, werden von den jeweiligen Gemeinden/Städten betrieben und sind in der Regel billiger und komfortloser als die private Konkurrenz (gilt nicht für die Innerbretagne). Neben den Sternplätzen gibt es noch Camping auf dem Bauernhof und Aire-Naturelle-Anlagen.

Die Preise richten sich nach Kategorie, Ausstattung und Lage, gehobene Plätze gewähren in der Nebensaison oft einen Preisnachlass (bis 30 %). Zwei Personen mit Zelt/Campingbus zahlen je nach Sternchenzahl und Saison etwa 5 bis 25 € pro Tag.

Die Kategorien im Einzelnen

Ob der Platz und die Ausführung der Einrichtungen Ihrem Geschmack entsprechen, müssen letztendlich Sie entscheiden, doch die offiziell-verbindliche Einstufung legt fest, welche Rahmenbedingungen der jeweiligen Kategorisierung zugrunde liegen. Wir zitieren aus dem kleinen bretonischen Campingführer:

**** Großer Komfort – 3-Sterne-Komfort + solide und komfortable Gemeinschaftseinrichtungen, bewaldet und begrünt, gemeinnütziger Versammlungsraum.

*** Komfortabel – 2-Sterne-Komfort + individuelle sanitäre Einrichtungen, Stellplätze mit Stromversorgung, Lebensmittelversorgung vor Ort oder in der Nähe, Getränkelieferung in der Hochsaison, Bewachung rund um die Uhr, nächtliche Beleuchtung der Campingwege, Parkplatz am Eingang.

** Gut erschlossen, 1-Sterne-Komfort + Duschen mit Warmwasser, Steckdosen für Rasierapparate und kleine Haushaltsgeräte, individuelle Waschbecken, Beleuchtung der öffentlichen Plätze, tagsüber Bewachung, Animationstreff, Kinderspielplatz, abgegrenzte Stellplätze, Umzäunung.

* Total erschlossen, befahrbare Wege, Waschbecken, Duschen mit Kaltwasser, Toiletten, Pissoirs, Spülbecken für Geschirr und Wäsche, tägliche Müllabholung, Telefon.

A.N. Campinganlage in der Natur (Aire naturelle); in einem natürlichen Rahmen maximal 25 Stellplätze pro Hektar, 3 Wasserstellen, 3 Toiletten, 2 Spülbecken, tägliche Müllabholung, 3 Waschbecken, 1 Dusche mit Warmwasser (empfehlenswert).

C.F. Camping auf dem Bauernhof (Camping Ferme); maximal 6 Stellplätze pro Bauernhof, Wasserstellen, Wasserbecken, Duschen und Spülbecken.

Grundsätzlich festzustellen ist, dass gerade bei der am häufigsten verbreiteten 2-Stern-Klasse der Standardunterschied eindeutig zugunsten des Inlands ausfällt – die kategoriegleichen Plätze an den Küsten sind meist liebloser und sanitär bescheidener als ihre Kollegen im Argoat.

Von Juni bis Ende September sind fast alle Plätze geöffnet – wenige schließen schon Mitte oder Ende August oder öffnen erst ab Juli. Die meisten Campings liegen – entsprechend dem Bedarf – an der Küste, mit Abstand die meisten sind an der Südküste zu Hause. Im Sommer, speziell zwischen Mitte Juli und Mitte August, sind begehrte Küstencampings oder 4-Sterne-Luxuscamps oft voll. Wollen Sie nicht riskieren, abgewiesen zu werden, oder bevorzugen Sie einen bestimmten Platz, hilft hier die Reservierung, am besten einige Wochen vorher.

Wie reservieren Sie?

Reservierungen werden schriftlich oder telefonisch angenommen. Wenn Sie per Telefon reservieren, machen Sie genaue Angaben über Ihren Bedarf und besonders über:

- die gewünschten Ankunfts- und Abfahrtsdaten, mit eventuell möglichen Ausweichdaten
- den gewünschten Stellplatztyp
- andere besondere Wünsche.

Da es am Telefon zu Missverständnissen kommen kann, sollten Sie vorsichtshalber Ihre Reservierung schriftlich bestätigen lassen, ohne zu vergessen, Ihren Namen und Ihre Adresse anzugeben. Bei Annahme einer Reservierung wird von der Campingplatzleitung meist um eine Anzahlung gebeten. Der Restbetrag ist einige Wochen vor der gebuchten Urlaubszeit zu bezahlen.

Quelle: Tour de France, Camping-Urlaub, 1990.

Information Direkt bei den bretonischen Fremdenverkehrsämtern.

Essen

Essen wie Gott in Frankreich. Wir wünschen gesegneten Appetit: Artischocken, Austern, Lamm und Hummer – die erlesensten Zutaten frisch auf den Tisch, lautet das einfache Grundrezept der bretonischen Küche. Gourmets dürfen sich die Hände reiben.

Das Angebot besonders an Meeresfrüchten ist reichhaltig, aber auch Lammkeule auf bretonische Art oder Hasenklein mit Möhrchen und Dörrpflaumen sind nicht zu verachten. Die süßen Crêpes und deftigen Galettes, die überall angeboten werden, sind sowieso in der Bretagne zu Hause: Auf armorikanischem Boden wurde zum ersten Mal Buchweizenmehlteig hauchdünn ausgerollt und auf einer heißen Eisenplatte gebacken.

Das Volksgericht *Kig ha Fars* und die Volkswurst *Andouille* sprechen Bände: Der kräftige Eintopf aus Gemüse, Rindfleisch und Schweinshaxe oder die deftige Kaldaunenwurst stehen für eine Küche, die als bäuerlich gilt. Weder die raffinierte Art der Zubereitung noch die ausgefuchste Würzkunst Pariser Gaumenkünstler sind für die bretonische Küche maßgebend, sondern die Qualität der Rohstoffe und ihre Komposition. Doch das Weißbrot mit der gesalzenen Butter gehört zu allen Mahlzeiten, da sind Bretonen recht eigen.

Rustikal ist in. Der Ruf der bretonischen Küche – von (normannischen?) Neidern auf Crêpes und Galettes reduziert – gewinnt an Renommée: Besonders im Herbst suchen Feinschmecker/innen verstärkt die Halbinsel auf, um sich in aller Ruhe den hiesigen kulinarischen Genüssen hinzugeben – bevorzugt mit Meeresgetier aller Art.

Restaurants: Bei 10 € ohne Getränke beginnt die Palette der Rechnungen (ohne Trinkgeld) im armorikanischen Restaurant. Wirkliche Gaumenfreuden erwarten Sie bei etwa 16–25 €, nach oben hin sind kaum Grenzen gesetzt.

Normalerweise ist die Speisekarte mit den Tagesgerichten und den Preisen an der Restaurantfassade befestigt. Ihren Platz suchen Sie nicht selbst aus. Sie sagen dem *Chef de Salle*, wie viele Personen Sie sind, und der Saalchef platziert Sie nach seinem Gutdünken – Einspruch können Sie selbstverständlich erheben. Wenn Sie dann sitzen, knüpft im gehobenen Restaurant der *Sommelier* Kontakt mit Ihnen. Der Meister der Weine reicht die Getränkekarte und erwartet Ihre *Ordres*.

Bestellen können Sie Gerichte *à la carte* oder ein *Menü*. À la carte – Sie stellen sich die Speisenfolge selbst zusammen – ist in der Regel teurer. Die vom Gastronomen angebotenen Menüs besitzen eine von ihm festgelegte Speisenfolge und reichen vom einfachen Tagesgericht (*Plat du jour*) über das dreigängige *Menu touristique* bis zum *Menu royal* mit sechs edlen Gängen (ab 50 € ohne Getränke).

Das klassische Essen beginnt mit einem Apéritif. Ihm folgt die Vorspeise (*Entrée* oder *Hors d'oeuvre*) – z. B. Salate, Wurst, Muscheln oder Pasteten. Das Hauptgericht aus Fleisch oder Fisch plus Beilagen wird bei teuren Menüs in mehreren Gängen aufgetragen, beim Touristenmenü gibt es einen Teller. Beim großen Menü folgen nun Käse oder Obst, worauf der süße Nachtisch (*Dessert*) gereicht wird, beim einfachen können Sie oft nur zwischen Käse/Obst und einer Süßspeise wählen. Der abschließende Kaffee und der *Digestif* (Schnaps) werden extra berechnet.

Die Essenszeiten am Mittag (*Déjeuner*) sind in der Regel von 12–14 Uhr, das Abendessen (*Dîner*) wird zwischen 19 und 22.30 Uhr eingenommen. Wer nach 21 Uhr ein Restaurant betritt, muss sich bei der Speisenauswahl oft mit einem eingeschränkten Angebot begnügen.

Hinweis: Ist ein Restaurant im Gegensatz zu seiner umliegenden Konkurrenz zur Essenszeit leer, ist dies ein schlechtes Zeichen für Qualität und Frische der Speisen.

Noch ein Hinweis: Restaurants mit dem Schild "*Routier*" dienen der werktätigen französischen Bevölkerung. Sie servieren zu günstigen Preisen (etwa 10 € inkl. Wein) Hausmannskost in einfacher Atmosphäre.

Pizzerias: Die Pizzeria der bretonischen Halbinsel entspricht in etwa der mitteleuropäischen. Pizza ab etwa 6 € aufwärts, dazu bietet die Speisekarte der bretonischen Durchschnittspizzeria Vorspeisen, Salate, Pasta, Dessert, Fleisch- und Fischgerichte. Auch die Preisgestaltung der Pizzabäcker ist ähnlich. Wer sich durch alle Gänge tafelt, zahlt mindestens genauso viel wie in einem Restaurant des unteren Preisniveaus.

Crêperies: Der bekannteste kulinarische Exportartikel der Bretagne – in vielen deutschen Studentenstädtchen serviert mittlerweile eine Crêperie die hauchdünnen Pfannkuchen, die ihren Ursprung in der Bretagne haben und dort täglich in Unmenge als geschätzte Zwischenmahlzeit verzehrt werden.

Dünne *Crêpes* aus hellem, gezuckertem Weizenmehl, Eiern und Milch dienen als Untergrund für süße Beläge wie Marmelade, Schokolade, Früchte, separat oder in Kombination. Die bekannteste ist die *Crêpe Suzette*, bestrichen mit Orangenmarmelade und flambiert mit Grand Marnier.

Für *Galettes* wird gesalzener Teig aus dunklem Buchweizenmehl (*Blé noir*) und Wasser geknetet. Galettes sind etwas dicker, sie werden belegt mit pikanten und deftigen Beilagen: z. B. Käse, Schinken, Knackwurst, Meeresfrüchte, Spargel etc. Preislich liegen Crêpes und Galettes zwischen 1,50 und 9 €.

Crêpes zum Selbermachen

Zutaten: (für 20 Crêpes) 6 Esslöffel Mehl, 6 Esslöffel Zucker, 1 Tütchen Vanillezucker, 1 Prise Salz, 4 Eier, 0,75 l Milch, 1 Esslöffel Rum, 1 Esslöffel Sonnenblumenöl

Mehl, Zucker und Salz in eine Schüssel geben und vermischen. Die Eier hinzugeben und solange verrühren, bis ein homogener Teig entstanden ist. Anschließend nach und nach die Milch, den Rum und das Öl hinzugeben. Der Teig muss jetzt eine Stunde ruhen, bevor die Crêpes ausgebacken werden können.

Spezialitätenläden: Ladenschilder wie *Charcuterie*, *Traiteur* oder *Rôtisseur* machen darauf aufmerksam, dass Sie hier Wurst-, Fleisch-, Käse- und Fischspezialitäten sowie fertig zubereitete kulinarische Köstlichkeiten bekommen, von denen Sie teilweise nicht einmal gewusst haben, dass es sie gibt. Tipp für Selbstversorger: Die vorgekochten Mahlzeiten sind meist exzellent und einfach aufzuwärmen. Geld darf nur am Rande eine Rolle spielen.

Poissonnerie: Hier werden ausschließlich Meeresprodukte verkauft. In den Todesbecken tummeln sich ahnungslose Hummer, auf gestoßenem Eis erwarten grätenlose Thunfischfilets, Barben, Brassen und silbrige Sardinen ihr Schicksal. In der meerbezogenen Bretagne, in der die Fischmahlzeit zu den Grundpfeilern des Speiseplans gehört, ist die Zahl der Poissonneries ungleich höher als z. B. in Österreich, das Angebot umfangreich und immer frisch.

Alimentation: Dieses Schild weist auf einen Lebensmittelladen hin, der oft im Tante-Emma-Stil geführt wird und nur über ein begrenztes Warenangebot verfügt. Grundnahrungsmittel, dazu eine kleine Auswahl an Käse, Wurst, Obst und Gemüse sowie Grundreinigungsmittel gehören aber in der kleinsten Alimentation zur Minimalausstattung.

Marché und Supermarché: Der wöchentliche *Markttag* in Stadt und Land ist in der Bretagne noch heute lebendige Einrichtung. Hier wird z. T. noch in althergebrachten Markthallen alles für den täglichen Bedarf verkauft: Gemüse, Fleisch, Fisch, Blumen, Haushaltsartikel, Textilien, Schallplatten u. v. m. Markthändler touren regelmäßig zwischen den Marktorten: Wundern Sie sich nicht, wenn Sie auf dem nächsten Markt die gleichen Gesichter sehen.

Große *Supermärkte* finden sich normalerweise vor den Toren der Städte oder am Ortsrand größerer Landgemeinden. Das Angebot ist aufgrund des geringeren Importvolumens beschränkter als in vergleichbaren bundesdeutschen Supermärkten, doch immer noch mehr als ausreichend. Käse, Wurst und Fleisch im Supermarkt hinken der Qualität im Fachhandel nicht hinterher. Hinweis: Im Nordwesten der Bretagne ist auch in den Regalen größerer Einkaufsparadiese kein geriebener Parmesan zu finden.

Boucherie: Die Metzgerei verkauft, verglichen mit einem deutschem Fleischerladen, weniger Fleisch- und Wurstprodukte, doch das Angebot ist qualitativ bestechend: köstliche Pasteten, zarte Hinterschinken, Wild oder saftige Steaks. *Rillettes* sind Schweinehackfleischpasteten, die *Paté de Campagne* wird meist aus Geflügel-

oder Schweineleber hergestellt, und die berühmte *Andouille* ist nicht jedermanns Geschmack: Die Kaldaunenwurst aus fein geschnittenem Fettdarm, Kutteln und Kalbsgekröse wird geräuchert und/oder gekocht verzehrt.

Kleiner Austernverzehrknigge

Die Austern sind gekauft, man freut sich auf eine himmlische Vorspeise und sieht sich plötzlich dem Problem gegenüber: Wie komme ich an die Delikatesse? Das Tier lebt nämlich noch, wehrt sich gegen sein Schicksal und hält mit seinem starken Muskel die Schale fest zusammen. Ratschlag: Nicht lange mit dem Taschenmesser herumfummeln, sondern sich ein spezielles Austernmesser besorgen (das vor Abrutschen und versehentlichem Aufschneiden der Pulsader schützt) und sich das Know-how des Austernöffnens von einer Fachkraft (fast alle Bretonen) demonstrieren lassen. Kurzbeschreibung: Die Auster mit der tieferen Schalenhälfte nach unten in die Hand nehmen, an der dicksten Stelle der Seite das Instrument ansetzen, den Schließmuskel durchtrennen, die obere Schalenhälfte mit einer Drehbewegung abheben und das Fleisch vorsichtig herauslösen. Eventuelle Schalensplitter entfernen.

Gesunde Austern zeigen folgende defensive Reaktionen: Sie lassen sich schwer öffnen, und der Mantel des rohen Fleisches zieht sich leicht zusammen, wenn er mit Zitronensaft beträufelt wird. Austern, die sich von selbst öffnen, sollten Sie besser nicht verzehren.

Austern werden roh, gebraten, gedünstet, gratiniert oder gekocht (Austernsuppe) verzehrt. Am einfachsten und gängigsten ist das Rezept "Huîtres nature": Das rohe Austernfleisch wird im eigenen Wasser in der größeren, unteren Schalenhälfte serviert, die nach Möglichkeit noch auf zerstoßenes Eis gebettet wird. Graubrot und gesalzene Butter, Zitrone und Pfeffer bereitstellen, dazu einen Muscadet oder Chablis, noch besser einen Champagner.

Boulangerie: Die französische Bäckerei beliefert auch am Sonntagvormittag ihre Kundschaft mit frischem Backwerk: *Baguette* ist das lange schmale Stangenweißbrot,

Es schmeckt!

Pain das kurze dicke Weißbrot. Ebenfalls immer frisch sind *Croissant* (Hörnchen) und *Pain au chocolat* (Hörnchen mit Schokofüllung). Langsam essen die Franzosen auch mehr Graubrot, Bretonen verzehren es traditionell gern zu Meeresfrüchten. Schwarzbrot ist so gut wie unbekannt.

Pâtisserie/Confiserie: Die Konditorei der Franzosen – für Freunde von süßem Naschwerk eine verhängnisvolle Falle. Die Leckereien sind durchwegs kleiner als in Deutschland gewohnt, doch geschmacklich phantastisch. Einige bretonische Spezialitäten sind der *Kouign Amman* (Butterkuchen), der *Far breton* (Rosinen- und Dörrpflaumeneierkuchen) oder der *Gâteau breton* (Sandkuchen mit Apfel- oder Pflaumenmus gefüllt).

Meeresfrüchte

Wir nennen in diesem Zusammenhang: Austern, Hummer, Langusten, Krebse, Seespinnen, Jakobs- oder die gemeine Miesmuschel. Die Zubereitungsarten variieren unendlich, jeder Koch hat seine Rezepte. Hummer und Langusten rangieren preislich ganz vorne, eine stattliche gemischte Meeresfrüchteplatte für zwei Personen ist ab etwa 50 € zu haben.
Übrigens: *Homard à l'Américaine*, Hummer in scharfer Sauce mit Cayennepfeffer, Weißwein und Tomaten, der weltweit auf den Speisekarten gehobener Gastronomietempel angeboten wird, ist ein von amerikanischen Hummerköchen lancierter Sprachirrtum. Richtig heißt's *Homard à l'Armoricaine*.
Das Getränk zu den Meeresfrüchten ist ein trockener Weißwein.

Getränke

Cidre: Der ganz leichte, spritzige Apfelwein aus vergorenen Äpfeln wird aus dicken Keramikpötten gerne zu Galettes und Crêpes getrunken. Es gibt mehrere Sorten:

der apfelsaftähnliche *Cidre doux* mit ca. 2 % Alkohol, der herbere *Cidre brut* mit 4,5 % Alkohol. Der süffige *Cidre bouché* ist der Champagner unter den schwach alkoholischen Apfelgetränken. Hergestellt wird Cidre im ganzen Land – viele Bretonen destillieren selbst, Bauern, die einige Apfelbäume besitzen, verkaufen ihren *Cidre de ferme* (meist alkoholhaltiger) ohne Etikett an jedermann. Schilder machen darauf aufmerksam.

Muscadet: Der einzige namhafte bretonische Wein, der im Süden an der Loire gekeltert wird. Verglichen mit französischen Spitzenweinen durchschnittlich. Trotzdem wird er in der Bretagne viel getrunken, besonders zu Austern und allen Fischgerichten. Die Flasche kostet im Laden etwa ab 3 €.

Hydromel: Eine alkoholhaltige bretonische Spezialität aus Wasser (*Hydro*) und vergorenem Honig (*Miel*). Früher wurde der viel getrunkene "Honigwein" in unzähligen Schwarzbrennereien am Fiskus vorbei gebrannt. Heute beliefern nur noch einige legale Honigweindestillerien – legal – den arg geschrumpften bretonischen Honigweinmarkt. An den Geschmack kann man sich schnell gewöhnen, doch Vorsicht: Zu einem nicht voraussagbaren Zeitpunkt fällt der Zecher/die Zecherin unweigerlich um. Und zwar ausnahmslos nach hinten.

Chouchenn: Ebenfalls auf Honig basiert der bretonische Aperitif, der an den Met der Germanen erinnert. Ausprobieren.

Bier *(Bierre)*: "Un demi!" versteht jeder Schankkellner als Aufforderung, Ihnen ein Bier zu geben, doch einen halben Liter dürfen Sie nicht erwarten – die französische Halbe hat nur etwa 0,3 l. Bier vom Fass (*à la pression*) ist billiger als Flaschenbier, getrunken wird ein buntes Sammelsurium aus bretonischen, französischen, belgischen und manchmal deutschen Marken.

Sport

Insgesamt 2400 Kilometer zerklüftete Küste und ständig Wind über den Wellen – die Bretagne ist ein Eldorado des Wassersports. Segelyachten in allen Preisklassen bevölkern Häfen und den Ozean, Surfer liegen stramm im Wind, während Taucher/innen unbeobachtet ihrem voyeuristischen Vergnügen nachgehen.

Natürlich wird in der Bretagne wie überall in Frankreich Boule gespielt. Doch im bretonischen Sportangebot geht dieses simple Wurfspiel, mit dem sich, einem Vorurteil zufolge, Gauloise rauchende Schieberkäppis die Zeit vertreiben, schier unter. Nicht leicht hat es da auch das uralte *Gouren,* die keltische Variante des Ringens (siehe Kasten). Allein im Finistère verteilen sich auf 1000 km Küste etwa 100 Centres Nautiques. Und nicht nur das Wasser in seinen Spielarten Meer, Fluss oder See wird zum Spielfeld, auch auf dem Land sind die Möglichkeiten sportlicher Betätigung überaus mannigfaltig. Schon vor Jahren konnte der Campingführer eines bekannten Automobilclubs befriedigt feststellen: "Tischtennisplatten gibt es in ausreichender Anzahl auf den Campingplätzen."

Die nötige Ausrüstung für Sport auf der festen Erde wie für den Wassersport wird bei Bedarf gestellt. Mittels Tennis- und Golfschlägern, Pferden oder Paraglidern können sich die Gäste körperlich austoben. In größeren Touristenorten ergänzen sich Wasser- und Landsportangebot: Schulungen auf dem Segelboot oder dem Pferd gehören ebenso zum Programm wie einwöchige Tauchkurse oder stundenweiser

Verleih von Sportgerät. Der Einfachheit halber können Sie auf Wunsch Lehrgänge aller Art buchen, in denen Quartier und Verpflegung bereits enthalten sind. Unverändert beliebt bei Alt und Jung ist eine Runde Minigolf auf einem der zahlreichen Minigolfplätze.

Gouren

Die bretonische Variante des Ringens (Gouren, Lutte bretonne) wurde bereits im 5. Jh. nach Christus von den einwandernden Kelten auf die Halbinsel gebracht. Während die Sportart bis ins späte Mittelalter dem Adel vorbehalten war und überwiegend Kampfsportcharakter besaß, breitete sie sich im 18. Jh. auch im einfachen Volk aus, wurde als willkommene Abwechslung aufgenommen und bekam immer mehr Spielcharakter. Durch Dr. Cottonec aus Quimperlé zu Beginn des 20.Jh. modernisiert, war sie nach dem 2. Weltkrieg so gut wie verschwunden und erlebt nun erst seit einigen Jahrzehnten wieder einen gemächliche Aufschwung.

Die Sportart ist zu einem Teil des neuen bretonischen Selbstbewusstseins geworden, und in diesem Rahmen lernen in einigen Grundschulen schon die Kleinsten, wie sie ihren Gegner am Roched (Hemd) fassen müssen, mit Hilfe des Kliked (spezieller Griff) aus dem Gleichgewicht bringen, und auf den Rücken legen (lamm). Die Fédération de Gouren zählt momentan 40 Clubs mit 1300 Mitgliedern, darunter 8 Professionelle, die überwiegend in den westlichsten Regionen der Bretagne als Lehrer tätig sind. Darüber hinaus findet jährlich im Mai eine Europameisterschaft mit der bretonischen und einer schottischen Version des Ringens als Pflichtdisziplinen statt. 2004 werden Bretonen, Schweden, Friesen, Isländer, Schotten und Ringer aus weiteren Ländern in Österreich aufeinander treffen.

Die Wintersaison der bretonischen Ringer besteht v.a. aus Hallentraining, und findet ihren Abschluss in der bretonischen Meisterschaft. Im Sommer wird dagegen Mod Kozh, auf die alte Art, gekämpft. Die Rivalen begegnen sich im Freien und auf einer Sägespanunterlage, und wer drei Kämpe hintereinander für sich entscheiden konnte, darf mit dem gewonnenen Schaf auf den Schultern eine Ehrenrunde drehen. Zu sehen sind die bretonischen Ringkämpfe u.a. beim Festival de Cornouaille in Quimper und dem Fête des filets bleus in Concarneau. Und wer kliked und peg sao selbst anwenden möchte, kann beim Festival des vieilles charrues in Carhaix-Plouguer an Einführungskursen teilnehmen.

Wassersport

Segeln: Die Nummer eins des bretonischen Sportangebots. Von der Luxusyacht bis zum klitzekleinen Optimisten tummeln sich Segelboote und Yachten aller Größen und Preisklassen in bretonischen Häfen und Gewässern – über 130 Segelschulen (*Ecole de voile*) verteilen sich in den Badeorten der Küste.

Segelschulen bieten z. B. einwöchige Kurse für Kinder und Erwachsene, Anfänger und Fortgeschrittene, sie verleihen Material und Ausrüstung und sind im Notfall Ansprechpartner für ratlose Windjammerkapitäne.

Die zahlreichen Yachthäfen (*Ports de plaisance*) gewähren den Freizeitseglern (*Plaisanciers*) Unterschlupf: Liegeplatz, Sanitäranlagen, Strom- und Spritversorgung gehören zum Service wie Auskünfte über Gezeiten, Wetter und Fahrtrouten. Die Liegegebühren variieren stark. In der Regel für ein 10-m-Boot 10–20 € täglich.

Dor Schlag vor dem Einlochen

Ausgesprochene und geschützte Segelgebiete sind die *Reede von Brest*, die *Bucht von Douarnenez*, der *Golf von Morbihan* und rund um die *Iles de Glénan*.

Information Eine Liste der Segelschulen ist erhältlich über **Comité Régional du Tourisme**, 35069 Rennes, Rue Raoul Ponchon 1, ✆ 02.99.36.15.15

Surfen: Für das Gleiten auf dem Brett gilt Ähnliches wie für das Segeln – die Bedingungen sind exzellent, die *Centres nautiques* bieten Schulungen und verleihen Boards. Im Verleihgeschäft tätig sind auch ausgesprochene Surfspezialisten und Sportgeschäfte vor Ort.

Die Nordwestküste ist ein wildes Surfrevier, gefährlich wird es an der Westküste, ideale Bedingungen herrschen entlang der Südküste: *Quiberon*, *La Baule* oder die *Pointe de la Torche* – wo auch Weltcup-Rennen ausgetragen werden – sind nur einige Gebiete, in denen es sich nach Herzenslust surfen lässt.

Tauchen: Die Bretagne ist aufgrund der Gezeitenwechsel und Unterwasserströmungen ein schwieriges Tauchgebiet, in dem der Unterwassersport ein Leben am Rande des Sportangebots fristet. Einige Beschränkungen sind zu beachten: Die Unterwasserjagd mit Pressluftflasche ist verboten, nur sechs Fische bzw. Schalentiere pro Tag dürfen erlegt, doch nicht verkauft werden. Manche Tauchgründe sind als Fangschutzgebiete ausgewiesen. Ausländische Taucher ohne Mitgliedschaft in einem bretonischen Tauchclub müssen ihre Tätigkeit bei der Marineverwaltung (Hafenbehörde) anmelden.

Information **Comité Bretagne Plongée**, 44600 St. Nazaire, Rue F.-Buisson 78, ✆ 0240 707 920. Eine gute Tauchadresse ist das **Centre International de Plongée de Glénan**, ✆ 02.98.97.21.19,

Fischen: Nicht nur an der Küste (bescheidene Fangergebnisse) oder vom Schiff aus (schon besser) findet die Jagd auf Speise- und Raubfische statt. Auf insgesamt

10.000 km Flusslauf- und Kanallänge können – den Angelschein vorausgesetzt – Lachse, Aale, Glasaale, Forellen, Hechte und viele Kiemenatmer mehr mit der Angel an Land gezogen werden, und zwar angeblich ununterbrochen: "In der Bretagne kann der Angler 365 Tage im Jahr, bei Tag wie bei Nacht, seinen Lieblingssport ausüben" (Bretonischer Werbeprospekt).
Die tatsächlichen regionalen Bestimmungen sind unterschiedlich, konkrete Auskünfte über das Fischen in Süß- und Salzwasser geben die betreffenden Informationsbüros.

• *Informationen für Flussfischen im Finistère* Fédération Départementale des Associatons Agrées de Pêche et Pisciculture, Allée Loeizkerrieu, 29000 Quimper, ✆ 02.98.10.34.20

• *In Morbihan* Fédération du Morbihan pour la pêche et et la protection du milieu aquatique, Rue Marcel Dassault 3 , 56892 St.-Avé, ✆ 02.98.44.54.55

Landsport

Tennis: Im ganzen Land gibt es Plätze – von Hotels, Campings, Clubs, privaten Zentren oder der Gemeinde unterhaltene Anlagen. Der weiße Sport ist mittlerweile so beliebt, dass im Sommer Engpässe unvermeidlich sind: Die Reservierung einige Tage vorher ist ein Muss. Die Preise pro Stunde sind von der Exklusivität des Clubs und der Anlage abhängig. Sie schwanken zwischen 8 und 12 €.

Reiten: Der Pferdesport hat Tradition in der Bretagne, und so ist das Angebot für Anfänger und Fortgeschrittene entsprechend groß. Von der Reitstunde bis zum mehrtägigen Ausritt reicht die Palette, Sie können wählen zwischen dem organisierten mehrstündigen Spazierritt und zwei Wochen Reiterferien. Eine typisch bretonische Alternative ist das "Reiten auf dem Bauernhof".

Information **Ligue Equestre de Bretagne**, Rue Waldeck Rousseau 5bis, BP 307, 56103 Lorient Cedex, ✆ 02.97.84.44.00
Association Régionale de Tourisme Equestre de Bretagne (A.R.T.E.B.), 29710 Ploneïs, Rue Laënnec 33, ✆ 02.98.91.02.02

Boulespieler

Golf: Die Bretagne zählt zu den ersten Golfadressen; der Golfclub von Dinard-St. Briac ist der älteste Frankreichs, und 1999 wurde auf über 30 bretonischen Golfplätzen eingelocht – das Spiel mit dem kleinen Ball auf der gepflegten Rasenfläche erfreut sich auch in der Bretagne immer größerer Beliebtheit. Die meisten Plätze haben 18 Löcher. Die Preise pro Runde bewegen sich unabhängig vom Handicap von 20 bis 50 €.

Information **Ligue de Golf de Bretagne**, Allée René Hirel 3, 35000 Rennes, ✆ 02.99.31.68.80

Dinan an der Côte Emeraude

Côte Emeraude

Mont-Saint-Michel

(87 Einwohner)

Das "Wunder des Abendlandes" ist eines der großartigsten Bauwerke der Welt: "Mit seiner Domtiara und seinem Festungspanzer ist der Mont-Saint-Michel im Meer, was Cheops in der Wüste ist." (Victor Hugo)

Seit über tausend Jahren strömen die Menschen zum Heiligen Berg. Früher machten Gläubige dem Erzengel Michael ihre Aufwartung, heute kommen Touristen, die das Wunderwerk bestaunen. Über eine Million Gäste besuchen das berühmte Kloster im Meer alljährlich.

Der Mont-Saint-Michel, der sich pyramidenförmig 157 m hoch über einer unendlichen, von Prielen durchzogenen Schlick- und Meerlandschaft erhebt, ist eine der herausragenden architektonischen Meisterleistungen des Mittelalters: Auf einem Granitblock – etwa 900 m Umfang und 75 m hoch – gestalteten romanische und gotische Baumeister einen Kloster- und Burgkomplex, dessen Silhouette zum unvergesslichen optischen Erlebnis wird. Oft von dramatischen Wolkenformationen umschleiert, überragt die "Pyramide der Meere" (Victor Hugo) die amphibische Landschaft der Bucht.

Der ursprünglich bretonische Mont-Saint-Michel gehört heute zur Normandie: Im Lauf der Zeiten änderte der *Couesnon*, der Grenzfluss zwischen den beiden Regionen, mehrmals seinen Lauf – der Mont liegt jetzt haarscharf "drüben". Ein in der Bretagne häufig zitiertes Sprichwort gibt dem launischen Fluss denn auch die Schuld am Verlust des für aufrechte Bretonen nach wie vor bretonischen Klosterberges: "*Le Couesnon dans sa folie mit le Mont en Normandie.*" (In seiner Verrücktheit hat der Couesnon den Mont in die Normandie verlegt).

Gewaltige Anstrengungen dürften nötig sein, um den von der UNO 1984 in die Liste der "Weltkulturdenkmäler" aufgenommenen Mont-Saint-Michel in seiner Einzigartigkeit zu retten. Trotz des extremen Gezeitenunterschieds von bis zu 14 Metern erreicht die Flut heute kaum mehr den unglaublichen Berg. Auch daran ist der Couesnon schuld: Schlick, Sand und Geröll, vom Fluss in die Bucht transportiert, bedrohen die einmalige Lage des Klosterberges. Ein für die Zukunft geplantes, gewaltiges Rückhaltebecken soll dafür sorgen, dass die Touristenattraktion nicht ganz mit dem Festland verwächst. Mussten die Pilger in früherer Zeit noch die Ebbe abwarten, um zum heiligen Berg zu gelangen, erreicht man ihn heute trockenen Fußes. Der 1880 fertig gestellte Damm bringt die Busladungen von Touristen ungefährdet bis zum großen Eingangstor.

Geschichte

Wir schreiben das Jahr 708. Bereits zweimal ist dem Bischof von Avranches, *Aubert*, der Erzengel *Michael* erschienen, um eine Kirche für sich anzumahnen. Der Gottesmann will anfangs nicht hören, doch einige schmerzhafte Kopfnüsse des streitbaren Engels überzeugen den Zweifler schließlich. Auf dem hoch aus dem Wald von Scissy ragenden *Mont Tombe* (Berg des Grabes, keltischer Bestattungsplatz) lässt er eine kleine Kirche zu Ehren des Erzengels errichten, doch kaum haben die Bauarbeiten begonnen, überrollt eine Springflut das Land. In einer riesigen Woge stürmt die See heran, taucht den Wald in die Fluten des Ozeans und überschwemmt das tief gelegene Land. Fortan ist der Berg mit dem Kirchlein von Wasser umgeben.

Trotz Insellage – zahlreich wallfahrten die Menschen zum Mont-Saint-Michel. Im 10. Jh. werden die Fundamente eines gigantisches Bauprojektes gelegt: Im Lauf zweier Jahrhunderte wächst auf der Felspyramide im Meer ein zunächst romanischer, ab 1212 gotischer, himmelsstürmender Klosterkomplex heran, für die damalige Zeit ein architektonisches Wunder. Immer mehr Pilger strömen auf den heiligen Berg und tragen zum Reichtum der Abtei bei. Das Kloster boomt, die Augenzeugenberichte über vollzogene Wunder auf dem Mont vergrößern noch sein Ansehen. Alle kommen, Adelige und reiche Bürger, Bauern und Arme, die Wallfahrt zum Mont-Saint-Michel wird für die französische Christenheit fast obligat. Selbst im Hundertjährigen Krieg (1346–1450) versiegt der Pilgerstrom nicht. Die englischen Truppen, die auf dem 3 km entfernten *Mont Tombelaine* eine Garnison unterhalten und – abgesehen vom befestigten Klosterberg – die ganze Bucht des Mont-Saint-Michel kontrollieren, verdienen durch die Ausstellung von Passierscheinen tüchtig mit.

Der Niedergang beginnt gegen Ende des 15. Jh. Mit der Einführung des Nießrechts können auch weltliche Herren als Äbte eingesetzt werden, und das Kloster verkommt langsam zu einer gut auszuplündernden Pfründe. Die mönchischen Sitten verrohen, die von den Pilgern überwiesenen Almosen fließen statt in die Kassen der Abtei in die Privatsäckel der Äbte. Die Mönche, sich selbst überlassen, führen ein mondänes Leben. Sie tragen Seide und Spitze, gehen zur Jagd, halten sich Konkubinen und pressen die Bauern im Umland aus. Während der Religionskriege brennt ein Abt mit der Kasse des Klosters durch, symptomatisches Zeichen für den Niedergang.

Die von den Humanisten des 16. Jh. und den Wissenschaften des 17. Jh. kritisierte Heiligenverehrung des Mittelalters sorgt für das Ausbleiben der Pilger und das

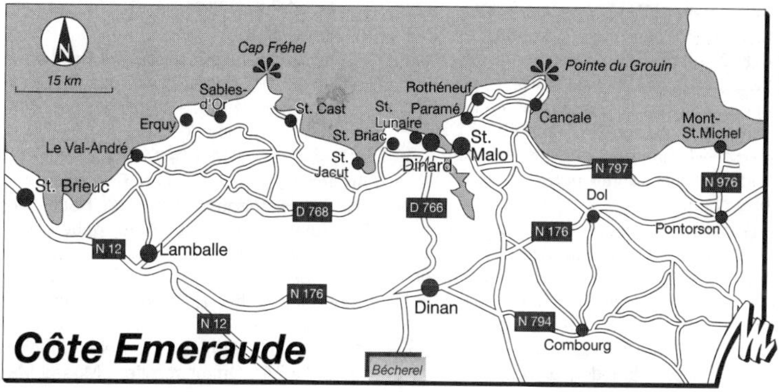

Ende der Abtei – aus einer gut besuchten Pilgerstätte wird ein ebenso gut besuchtes königliches Gefängnis. Ab der Mitte des 17. Jh. besitzt der Mont- Saint-Michel nur noch strafrechtliche Bedeutung, die tiefen, schlecht belüfteten Holzkerker und schweren Eisenkäfige werden zu traurigen Aufenthaltsorten für unbotmäßige Akademiker, kritische Literaten und aufmüpfige Revolutionäre. 1789 führt die Französische Revolution zum vollständigen Erliegen jeglichen religiösen Lebens. Der Mont-Saint-Michel bleibt unter wechselnden Herrschaftsverhältnissen bis 1863 ein gefürchtetes Zuchthaus.

1865 bringt einen Neubeginn. Die Diözese von Coutances führt wieder eine Wallfahrt auf den so lange gemiedenen Berg durch. 1874 wird der Klosterberg als *Monument Historique* unter Denkmalschutz gestellt. Die heruntergekommenen Gebäude werden sorgfältig renoviert, ein Damm wird durch das Watt gebaut. Eine neue Ära für den Mont-Saint-Michel beginnt: das Zeitalter des Tourismus.

Information/Verbindungen

- *Postleitzahl* 50 166
- *Information* Gleich hinter dem Eingangstor vor der Porte du Roi, einige Steinstufen hinauf bei den öffentlichen Toiletten; Prospekte und freundliche Auskünfte. ✆ 02.33. 60.14.30, www.ot-montsaintmichel.com.
- *Verbindung* Mit dem **Bus** nach Pontorson über Beauvoir (ebenfalls Haltestelle) in der Saison bis zu 11-mal täglich; letzte Abfahrt werktags 20 Uhr, am Wochenende und Feiertags früher. Danach bleibt nur noch das Taxi (vorbestellen!) oder Trampen.

Diverses

- *Bank* In der Hochburg des Tourismus kann leicht das Geld ausgehen – Geldscheinautomat und Bankschalter sorgen für monetären Nachschub.
- *Einkaufen* Konnten früher Reisende von antiquarischen Schnäppchen in den Mauern der Klosterburg berichten, listen wir nur gewissenhaft auf: 25 Souvenirläden mit einem Großangebot an Geschmacklosigkeiten drängen sich mit Restaurants und Imbissstuben die Grande Rue hinauf. Anschauen kostet nichts und ist gleichwohl vergnüglich. Unser Tipp: Trinkgefäße aus Plastik in Totenschädelform.
- *Festival und Wallfahrt* Im Juli und August besteht die Möglichkeit, im Rahmen der "parcours nocturnes" den Mont-Saint-Michel in besonderer Atmosphäre zu entdecken: Für 10 € (erm. 7 €, Kinder gratis) ein musikalisch untermalter Spaziergang durch die beleuchteten Gemäuer von Dorf und Abtei. Im Juli findet jährlich die "pélerinage des grèves" statt (2004: 26. Juli): Ein rein religiöses Ereignis, bei dem die Pilger den

traditionellen Weg über das Watt zum Klosterberg beschreiten. Kontakt: ✆ 02.33.48.80.37. Ende September findet die große Wallfahrt zu St. Michael statt (am Wochenende, das dem 29. September am nächsten liegt; 2004: 25. und 26. September). Die Pilgernden können neben Messen auch Konzerte mit klassischer und religiöser Musik besuchen.

• *Gezeiten* Wenn Sie das Kloster als Insel erleben wollen, sollten Sie die Zeit des Neu- oder Vollmonds (besonders flutreich die drei Tage danach) wählen – die Flut umspült dann mit Sicherheit die Meerespyramide. 2004 wird dies z.B. am 4.7., 3.8., 1.9., 16.9., 30.9, und 15.10 der Fall sein.

• *Messe* In der Abteikirche versammeln sich außer montags täglich um 12.15 Uhr die noch verbliebenen Mönche des Klosterbergs zum öffentlichen Gottesdienst.

• *Parken* Bewacht, gebührenpflichtig und flutsicher auf dem großen Asphaltparkplatz rechts vor dem Eingangstor; 24 Std. 4 €, Wohnmobil 8 €.

• *Post* Natürlich können Sie Ihre Postkarten mit einem "Wunder-des-Abendlands-Stempel" versehen lassen – in der kleinen Post am Beginn der Grande Rue.

• *Museen* Das **Musée Maritime** und das **Archéoscope** in der Grande Rue sowie das **Musée Historique** und das **Haus der Tiphaine** unterhalb der Abtei geben dem Besucher einen multimedialen Überblick über Geschichte, historische Personen und meereskundliche Themen rund um den Mont-Saint-Michel. Pauschalkarte für alle 4 Museen 15 €, erm. 9 €, einzeln erheblich teurer (je 7 €). Öffnungszeiten: **Musée Maritime** im Januar geschlossen, alle 3 anderen vom 11.11. bis Weihnachten und im Januar geschlossen. Alle Museen sind täglich von ca. 9–18 Uhr geöffnet. Genaue Auskunft erteilt das O.T.

Übernachten

In Mont-Saint-Michel gibt es einige Hotels, die a) teuer und b) meist belegt sind (Vorbestellung). Etwa 2 km km vor dem Kegel ist am Eingang des Dammes in einem Ortsteil der Gemeinde Ardevon, eine moderne Hotelsiedlung entstanden, weitere Hotels in Beauvoir, 4 km km vom Mont. Ein Hotelschwerpunkt der Gegend ist Pontorson, 9 km km entfernt. Die Hotels von Pontorson siehe unter Mont-Saint-Michel/Umgebung.

• *Hotels auf dem Mont-Saint-Michel* *** **Hotel de la Mère Poulard**, 27-Zimmer-Etablissement, das bereits Könige, Präsidenten und berühmte Filmschauspieler beherbergte. Bei Mutter Poulard schläft und speist die Prominenz (siehe Essen). Für Gäste aus weniger exklusiven Unterkünften lohnt sich der Blick ins Hotel, an dessen Wänden sämtliche prominente Hotelgäste verewigt wurden. DZ 100–250 €, Frühstück 15 €. Ganzjährig geöffnet. ✆ 02.33.89.68.68, www.mere-poulard.com

** **Hotel du Mouton-Blanc**, 15 meist kleine ordentliche Zimmer mit voller Ausstattung. Empfehlenswertes Restaurant mit Menüs von 13–53 €. DZ 65–95 €, Frühstück 8 €. Ganzjährig geöffnet. ✆ 02.33.60.14.08

** **La Vieille Auberge**, mit Terrasse und teilweise Meersicht, 11 Zimmer, teils mit Bad/Dusche und WC, einige kleine Zimmer mit Waschbecken. Brasserie/Restaurant, Menüs von 23–30 €. DZ 70–125 €, Frühstück 8 €. Ganzjährig geöffnet. ✆ 02.33.60.14.34, ℻ 02.33.70.87.04

• *Hotels am Damm* Hier ist der Übernachtungsschwerpunkt der organisierten Bustouren. Die 5 Hotels entlang der Straße sind alle mehr oder weniger gelungene, modern ausgestattete Neubauten. Ähnliches Preisniveau. Eine Auswahl:

*** **Le Relais du Roy**, das zentrale Gemäuer aus dem Mittelalter ist von zwei verglasten Neubautrakten umringt. Stilvoll der Empfangsraum/Salon mit Kamin aus dem 15. Jh. und Holzbalkendecke. 27 Zimmer im Neubauteil, modern und funktional, Bad/Dusche/WC, einige mit Blick auf den Mont. Großes Restaurant mit Menüs ab 15 €. DZ 67–95 €, Frühstück 8 €. Geschlossen von Dezember–März. ✆ 02.33.60.14.25.

** **Hotel/Motel Vert**, große Hotel- und Campinganlage an der Straße. Modernes 113-Zimmer-Hotel. Zimmer mit Bad oder Dusche/WC. 500-Gedecke-Restaurant "La Rôtisserie" mit Menüs ab 12 €. DZ 50–60 €, Frühstück 7 €. Geschlossen vom 11.11–8.2. ✆ 02.33.60.09.33, ℻ 02.33.60.20.02, contact@interhotelvert-montsaintmichel.com, www.le-mont-saint-michel.com.

• *Hotels in Beauvoir* **Hotel Le Beauvoir**, das stilvolle Landgasthaus links der Straße zum Mont gehört zur Logis-de-France Fa-

Mont-Saint-Michel, die Pyramide der Meere

milie und wirbt am plakettengeschmückten Eingang mit zwei Kaminen. 18 ordentliche bis gute Zimmer mit Bad oder Dusche/WC, empfehlenswertes Restaurant mit reicher Auswahl (Menü ab 12 €) und Barbetrieb. DZ ab 50–53 €. Frühstück 7 €. Geschlossen von Mitte November bis Mitte März Route du Mont-St.-Michel 9, ✆ 02.33.60.09.39, www.le-beauvoir.com

* **Hotel Gué de Beauvoir**, altes Schlossgebäude (Landhausstil), von schönem großem Garten mit alten Bäumen umgeben. 20 einfache Zimmer mit solider Sanitärausstattung, meist Bad/WC. Restaurant mit Menüs ab 15 €. DZ nach Standard 26–43 €, Frühstück 6 €. Oktober bis Dezember geschlossen. ✆ 02.33.60.09.23

Camping

Die nächsten Plätze liegen auf dem Weg nach Pontorson (D 976) am Eingang des Dammes (2 km km) oder in Beauvoir (4 km km). In der Hochsaison können diese Plätze voll belegt sein.

*** **Camping-Caravaning du Mont-Saint-Michel**, der dem Mont nächstgelegene Platz. 300 Stellplätze auf Rasenterrain, teilweise Schatten, mehrere Sanitärblocks für die Platzreviere, die zentralen Anlagen gegenüber der Hotel-/Campingrezeption sind ganz in Ordnung. Spielplatz und Jahrmarktangebote für Kinder, Supermarkt und Restaurants an der Straße. Geöffnet Februar bis Mitte November. 50116 Le Mont-Saint-Michel, ✆ 02.33.60.22.10, www.le-mont-saint-michel.com.

*** **Camping sous les Pommiers**, umzäuntes Wiesengelände in Beauvoir einige Schritte neben der Durchgangsstraße. 100 Plätze, z. T. unter schattigen Apfelbäumen. Nicht unsympathisch, kleines Schwimmbecken, nach vielen Jahren sanitärer Durststrecke auf zwei Sanitärblocks hochgerüstet. Snackrestaurant mit Tagesgerichten. Geöffnet von 20.3.bis 20.10. ✆ 02.33.60.11.36, www.chez.com/lespommiers.

* **Hotel/Camping Gué de Beauvoir**, in Beauvoir, ungeschützte Wiese direkt an der Straße neben dem kleinen Château, erst nach hinten wird es ruhiger. Einige Obstbäume spenden etwas Schatten. Die spartanischen Sanitäranlagen sind höheren Belegungszahlen nicht gewachsen.
✆ 02.33.60.09.23

Ein weiterer Platz in **Pontorson** (siehe dort).

Essen

Die Bucht des Mont-Saint-Michel ist bekannt für das **Prés Salés** (= Salzwiesen) genannte Fleisch: Lammfleisch mit dem besonders würzigen Geschmack der Salzweiden, auf denen die Schafe grasen. Eine andere, weltweit bekannte kulinarische Attraktion sind die nach dem Rezept der legendären Mère Poulard gefertigten **Omelettes**: In schwindelerregendem Rhythmus schlagen bretonisch behaubte Damen gewaltige Eimassen in glänzenden Schüsseln schaumig und füllen das luftige Produkt in breite Omelettformen. Über Holzkohle gebraten, erfreute die Eierspeise schon Könige und Diplomaten. Zu bewundern ist das Schauspiel der Zubereitung im **Restaurant de la Mère Poulard**, zu genießen ebenfalls. Ein Omelette-Menü gibt's ab 25 € (nur mittags), vorzügliche "normale" Menüs kosten 30–65 €.

Sehenswertes

Befestigungsanlage: Den einzigen Zugang zum heiligen Berg bildet die *Porte de L'Avancée,* das Tor des mächtigen Vorwerks, das in den ersten befestigten Hof führt; hier befindet sich das ehemalige Wachgebäude aus dem 16. Jh. Die *Porte du Roi,* mit einem gefährlichen Fallgitter versehen, öffnet sich zu einem zweiten, fachwerkgesäumten Platz; rechts das *Maison de l'Arcade,* das einst den Soldaten des Abtes als Unterkunft diente. Gleich neben dem Arkadenhaus führt eine Treppe zur begehbaren Wehrmauer hinauf: Ausblicke rund um die Ostseite. Mehrere Türme mit Aussichtsplattformen erlauben dasselbe Vergnügen, unterhalb der großen Treppenflucht, die zur Abtei hinaufsteigt, ist der *Nordturm* der beste Platz, um die einbrechende Flut zu beobachten.

Rechts der großen Abteitreppe gelangt man durch eine schmale Pforte in den *Klostergarten* auf der Nordseite. Ein Parkweg windet sich unter der abweisendmächtigen Wand der Merveille zwischen alten Bäumen und bunten Blumenbeeten entlang und führt hinauf zur *Westplattform* vor der Klosterkirche. Bei Ebbe bietet sich ein außergewöhnliches Panorama: Tief unten, am Fuß des heiligen Berges, die granitene *Kapelle St. Aubert,* darüber zerfließt eine unendliche, von Prielen durchzogene Sandwüste am Horizont, und wo Himmel und Erde zu verwachsen scheinen, schimmert flach der Ozean.

Grande Rue: Die "Hauptstraße" führt hinter dem Platz nach den beiden Festungshöfen steil zur Abtei hinauf. Die Fachwerkhäuser aus dem 15./16. Jh. beherbergen Andenkenläden und Restaurants; statt der früher üblichen Devotionalien und Antiquitäten finden sich heute vorzugsweise Plastikschnickschnack und die irrsinnigsten Souvenirs. Im oberen Teil geht die gepflasterte Gasse in Treppen über. Auf der linken Seite erhebt sich die *Kirche St. Pierre,* ein Stück zurückversetzt das *Haus der Tiphaine.*

Eglise St. Pierre: Die Pfarrkirche des Dorfes stammt aus dem 11. Jh. Sie wurde im Lauf der Jahrhunderte mehrmals umgebaut, die Ausstattung besteht zum größten Teil aus Stücken, die aus dem Klosterkomplex ausgemustert wurden. Schön die lichtdurchflutete Apsis, in der rechten Seitenkapelle – hinter einem flackernden Kerzenmeer – eine versilberte St.-Michael-Statue. Schwere, damastene Pilgerfahnen schmücken Empore und Seitenwände.

Haus der Tiphaine: 1360 wurde *Bertrand Duguesclin* zum Gouverneur von Pontorson ernannt und war damit weltlicher Chef des Mont-Saint-Michel. Im Haus der Tiphaine lebte seine Gattin *Tiphaine Raguenel,* während er auf seinen Feldzügen unterwegs war. Von 1365 bis zu ihrem Tod 1374 wohnte Tiphaine hier; ihren

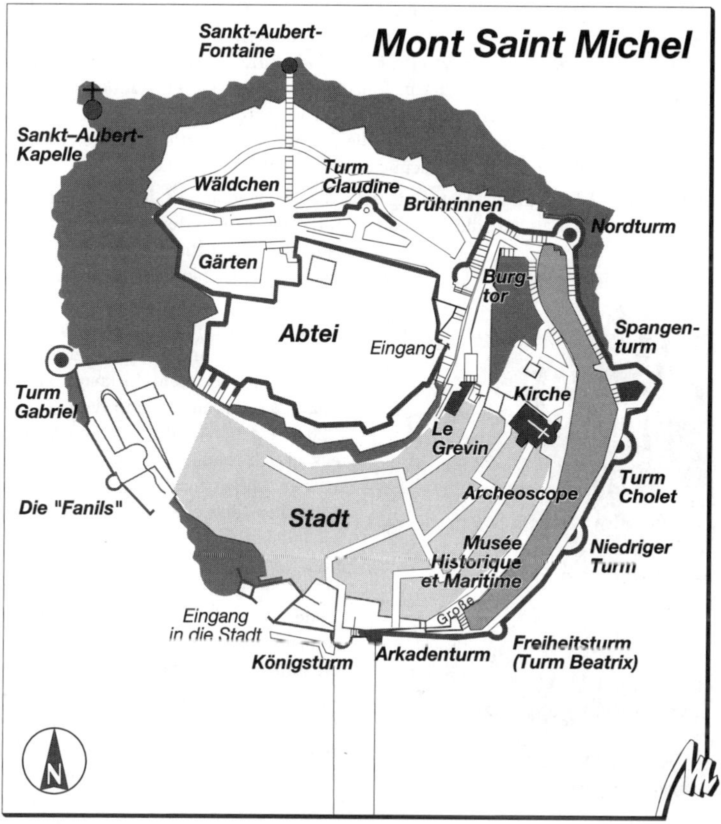

Strohwitwenaufenthalt füllte sie mit wohlfahrtspflegerischen Tätigkeiten und dem Studium der Astrologie aus. Heute wird das alte Gebäude als Museum genutzt: echte Stilmöbel (z. T. 14. Jh.), Gemälde, Wandteppiche und manche Seltenheit, von Pilgern dem Kloster zum Geschenk gemacht.

Abtei: Der Klosterkomplex auf der Spitze des granitenen Kegels des Mont-Saint-Michel entstand über mehrere Jahrhunderte. Das zentrale Problem war der Bau einer ausreichend befestigten Plattform rund um die Felsspitze, die einerseits das 100 m lange Kirchenschiff der Abteikirche trug und andererseits genügend Raum bot, um Mönche, Gäste und Vorräte unterzubringen. In einer gewaltigen Kraftanstrengung gelang den Baumeistern eine geschickte Lösung. Auf den Fuß des nackten Granits wurde nacheinander Stockwerk auf Stockwerk gesetzt, Gewölbe auf Gewölbe, bis der Kern der Felsspitze soweit verbreitert war, dass man die Kirche draufsetzen konnte – eine Glanzleistung statischer Berechnung und architektonischer Gestaltung.

Drei Bauperioden und Stile lassen sich unterscheiden. Das Kloster der normannischen Herzöge wurde mit der Kirche *Notre-Dame-sous-Terre* 966 im karolingischen

Stil begonnen. Die Kirche, zu Beginn des 11. Jh. in eine Krypta umgewandelt, bildete zusammen mit zwei anderen Krypten das Stützwerk für die *romanische Abteikirche der englischen Könige* (zweite Bauperiode 1017–1144). Der dritte Bauabschnitt begann 1212. Finanziert von französischen Königen, entstanden die gotischen Gebäude der *Merveille*, die kurz darauf wegen des Hundertjährigen Kriegs durch Befestigungen erweitert wurden, die das heiß umkämpfte, aber nie eroberte Kloster vor feindlichen Angriffen schützten.

La Merveille: Das Wunder. Der dreigeschossige Klosterbau auf der Nordseite des Mont, dessen Fundamente die Abteikirche mittragen, ist ein Meisterwerk gotischer Baukunst. Ermöglicht wurde es durch ausgiebige Schenkungen des französischen Königs *Philip-August*, der die hochmütige Vormundschaft der Herzöge der Normandie über den Mont-Saint-Michel beendete. In knapp zwanzigjähriger Arbeit erstand von 1211–1228 auf den teils durch einen Brand, teils durch bauliche Nachlässigkeiten stark in Mitleidenschaft gezogenen romanischen Bauteilen ein einzigartiger Gebäudekomplex: Hier wohnten die mönchische Belegschaft und hochgestellte Pilger, hier meditierten gläubige Brüder. Arme Pilger wurden in einem Gemeinschaftsraum verköstigt und untergebracht. Die Ostseite von oben nach unten: *Refektorium, Gästesaal, Almosenhalle*. Die Westseite: *Kreuzgang, Rittersaal, Vorratsräume* (darunter die Grüfte des Kerkers). Den besten Eindruck der Merveille erhält man vom *Klostergarten* aus. Die mächtigen Strebepfeiler, die das gewaltige Bauwerk stützen, sind auf drei Etagen von hohen Fensterreihen durchbrochen, um das Innere der Merveille zu beleuchten. Flankiert wird der festungsähnliche Gebäudetrakt vom *Corbin-Turm* mit kegelförmigem Dach und engen Schießscharten. Die uneinnehmbaren Mauern des Châtelets, die die Gebäude der Merveille rechts davon umringen, sorgten für den Schutz der Klostergemeinde.

Die Merveille: eines der großartigsten Bauwerke des Abendlandes

Kreuzgang: Diese weitere Meisterleistung gotischer Architektur wurde 1228 fertig gestellt. Hier gelang die für die Gotik typische lichte Schwerelosigkeit. 227 schmucklos-schlanke Säulen tragen eine Doppelreihe spitzbogiger Arkaden, deren Rückseiten mit zartem Blattwerk und feinen Rankenmotiven geschmückt sind; dazwischen Fabelwesen und Menschenköpfe, an den Eckpfeilern biblische Szenen und ornamentales Dekor. Der Kreuzgang wird auf der Südseite durch ein zierliches Brunnenhaus (*Lavatorium*) unterbrochen, in dem früher die Mönche einmal wöchentlich das Ritual der Fußwaschung zelebrierten. Auf der Nordseite bietet sich das endlose Watt der Bucht von hoch oben dar.

Der Kreuzgang hoch über dem Watt

Refektorium: Der ehemalige Speisesaal des Klosters wird durch 56 schmale, von schlanken Säulchen gerahmte Fensterschlitze in unwirklich-helles Licht getaucht. Die sich abwechselnden geometrischen Verzierungen der Buntglasmosaike bilden den einzigen Schmuck des weit und licht wirkenden Saales, in dem die Mönche schweigend ihre Mahlzeiten einnahmen; von einem Sitz, den der Architekt rechts in der Mauer ausgespart hat, rezitierte ein Bruder während des Essens heilige Texte.

Gästesaal: Zwischen 1208 und 1220 unter dem Abt Jourdain erbaut. Hier empfing der Klostervorsteher die reichen und prominenten Besucher und dinierte mit ihnen. Der 35 m lange Saal entfaltet die Pracht gotischer Baukunst: Eine Reihe eleganter Säulen und Spitzbogen teilt das ausladende Gewölbe, große Fenster beleuchten ihn. Zwischen den zwei riesigen Kaminen auf beiden Stirnseiten (sie dienten der Essenszubereitung) reihte man Tische aneinander, durch schwere Wandteppiche an der Nordwand wurde der Empfangssaal von den Latrinen für die Hochwohlgeborenen getrennt.

Rittersaal: Der Arbeitsraum (*Scriptorium*) der Mönche, hier wurde kopiert, studiert, geflüstert. Riesige Kamine beheizten den Raum (26 x 18 m), der durch schwere Wandteppiche in kleine Parzellen geteilt werden konnte. Seinen Namen erhielt der Saal vom Ritterorden des Hl. Michael, von *Ludwig XI.* 1469 gegründet. Weniger elegant als der Gästesaal, drei Reihen robuster Säulen mit blattwerkverzierten Kapitellen tragen die Decke. Über eine kleine Treppe (Nordwest) gelangt man vom Rittersaal hinunter in die Vorratskeller und den Almosensaal.

Almosensaal: In diesem durch eine einfache Säulenreihe aufgelockerten romanischen Gewölbe schliefen die weniger betuchten Pilger. Heute werden Postkarten, Bildbände, Dias und Filme verkauft. Ein Modell des Mont-Saint-Michel instruiert den Besucher über den Verlauf der Führung.

Vorratsräume/Kerker: Die düsteren und dunklen Kreuzrippengewölbe, in denen die Vorräte des Klosters aufbewahrt wurden, ruhen auf zwei Reihen dicker Pfeiler. Ab 1472 wurde mit dem teilweisen Umbau der Keller begonnen; es entstanden schlecht gelüftete, mit schweren Holzbohlen versperrte Kerkerräume, die später noch durch massive Eisenkäfige erweitert wurden.

Kirche: Die Vierung der Kirche liegt direkt über der Felsspitze des Mont-Saint-Michel. Um das Kirchenschiff zu tragen, wurde die Kirche *Notre-Dame-Sous-Terre* in eine Krypta verwandelt, deren mächtige Pfeiler den Chor tragen sollten. 1017 begannen die Bauarbeiten; in knapp 130 Jahren entstand eine gewaltige romanische Kirche, die zu Beginn des 13. Jh. neu "unterkellert" wurde und – durch die tragfähigen Fundamente der Merveille bedingt – erweitert werden konnte. Nachdem 1421 der Chor eingestürzt war, begann man 1446 mit dem Bau eines neuen Fundaments. Anstelle des romanischen Stützwerks wurden drei neue Krypten errichtet, deren berühmteste, die *Krypta der dicken Pfeiler* (zehn mächtige Stützpfeiler mit einem Umfang von jeweils fünf Metern), den neuen Chor trug. 1521 waren die Bauarbeiten vollendet – ein elegant-lichtes, spätgotisches Chor krönte das schlichte romanische Kirchenschiff. Leicht und anmutig erhebt sich der Turm der Kirche, eingefasst von Strebewerk, Balustraden und Türmchen. Der kupfervergoldete Erzengel, der auf der Turmspitze 157 m ü. d. M. seine Schwingen ausbreitet, stammt vom Bildhauer E. Frémiet, der ihn 1897 schuf.

• *Öffnungszeiten der Abtei* Der Klosterkomplex ist vom 15.6. bis 15.9. durchgehend von 9.30–18 Uhr geöffnet. Außerhalb dieses Zeitraums teils nach hinten verkürzte Öffnungszeiten, teils mehr oder weniger lange Mittagspausen. Ganz genaue Öffnungszeiten gibt's auf telefonische Nachfrage beim O.T. Erwachsene 7,50 €, 12- bis 25-Jährige 4,50 €; der Audio-Guide in passender Sprache kostet 5 €. Im Sommer auch 1-stündige geführte Besichtigungen (abwechselnd französisch/englisch/deutsch).

Mont-Saint-Michel / Umgebung

Pontorson *(3000 Einwohner)*: Wie der Klosterberg liegt das geschäftige Pontorson eben noch in der Normandie. Der hier kanalisierte *Cuesnon* tröpfelt träge durch das Städtchen, das seit Jahrhunderten von den Pilgern lebt, die von hier aus das letzte Stück ihrer Wallfahrt zurücklegen. Baugeschichtlich interessant ist die *Kirche Notre Dame*, auf Wunsch von Wilhelm dem Eroberer 1050 im romanischen Stil hochgezogen und später gotisch erweitert. Die Westfassade mit zwei romanischen Türmen ist in Europa einzigartig, ein vergleichbar architektonisches Kleinod lässt sich nur noch in Syrien finden. Wesentlich interessanter für weniger betuchte Touristen ist das Preisniveau Pontorsons: Die Kosten für Übernachtung und Essen sind deutlich niedriger als am Mont-Saint-Michel und seiner unmittelbaren Umgebung.

Information

• *Postleitzahl* 50170

• *Information* Die Angestellten des O.T. geben im Rathaus in der Nähe der Kathedrale Auskunft. Sehr hilfsbereit. Juli bis August täglich 9–12.30, 14–18.30 Uhr, Sonntag nur 10–12.30 Uhr, September bis Juni Mo–Fr 9–12 und 14–18 Uhr, Sa 10–12 und 15–18 Uhr, So geschlossen. Hôtel de ville, ✆ 02.33.60.20.65. Zum „Schnäppchenpreis" von 4,50 € kann man im O.T. 30 Minuten lang im Internet surfen.

Verbindungen

• *Bus* Die Busse von Courriers Bretons halten und starten am Place de la Gare; Pontorson liegt verkehrsgünstig an den Strecken Rennes–Mont-Saint-Michel und Fougères–St. Malo. Werktags 4-mal nach Rennes, 4-mal nach St. Malo, 3-mal nach Fougères.

Bus nach Mont-Saint-Michel: Ganzjährig zur Klosterinsel ab Bahnhof, in der Saison bis zu 10-mal, in der NS 7-mal. Aktuelle Abfahrtszeiten (Schwerpunkt am Vormittag) bei der Touristinfo oder am Bahnhof. Fahrtdauer etwa 15 Minuten.

• *Zug* Verträumter SNCF-Bahnhof zwischen dem Place de la Gare und den beiden Bahnsteigen – relativ zentral, südöstlich der Ortsmitte an der Ausfallstraße nach Rennes. Direktverbindungen nach Caen und Rennes.

Diverses

• *Busausflüge* Im Juli sowie im August führen organisierte Ausflüge u. a. an die Côte Emeraude, zu den Märkten der Region und zu den britischen Kanalinseln. Auskünfte und Buchung bei Courriers Bretons am Gare Routière beim Bahnhof, ✆ 02.33.60.11.43.

• *Einkaufen* Für Feinschmecker unter den Selbstversorgern interessant: Prés-Salé-Lammfleisch, das die hiesigen Metzger anbieten.

• *Fahrradtouren* Tourenvorschläge gibt's beim O.T. Unser Tipp: Besichtigung der Windmühle Moidrey, die auf halbem Weg zum Mont-Saint-Michel auf einem Feld liegt und von wo man einen herrlichen Blick auf die Touristenattraktion erhält. Geführte Besichtigungen der renovierten Mühle zu 3 € (erm. 1 €) werden vom Müller persönlich angeboten. Die Öffnungszeiten sollten beim O.T. erfragt werden. Auf dem Nachhauseweg lohnt sich für Feinschmecker ein Abstecher zur Entenfarm "La Rigaudière". Madame und Monsieur Fromont bieten leckeres Foie Gras zum Verkauf an und sind einem Schwätzchen mit ihren Kunden aus aller Welt nie abgeneigt.

• *Fahrradverleih* **Couesnon Motoculture** in der Rue Couesnon (Richtung Ortsausgang St. Malo) ist der Großverleiher in Pontorson. Weitere Leihräder beim Camping Haliotis, ✆ 02.33.68.11.59

• *Markt* Jeden Mittwoch.

• *Wohnmobile* Für Campingcar-Touristen gibt es in der Umgebung des Mont-Saint-Michel gleich mehrere Möglichkeiten: Umsonst kann man die Nacht auf dem Parkplatz des Supermarkts in Pontorson verbringen, Strom und Wasser gibt's gegen Bezahlung. Als konventionelle Variante bietet sich der Camping Haliotis an, und wer es besonders unvergesslich haben möchte, verbringt die Nacht auf dem Parkplatz direkt am Mont-Saint-Michel.

Übernachten/Camping

*** **Hotel Montgomery**, im Jagdpavillon seiner Familie fühlte sich Jacques Montgomery bereits 1521 wohl. Heute: efeuumranktes 32-Zimmer-Hotel der Best-Western-Kette in einem Haus aus dem 16. Jh., Originalausstattung im Stil von Louis XIII. bis zurück ins 16. Jh. Viel gediegenes altes Holz in komfortablen Räumlichkeiten. Sehr stilvoll. Mit Terrasse, Blumengarten, exquisitem Restaurant (siehe Essen). DZ 53–140 €, HP ab 48 €, Frühstück 10 €. Mitte Oktober für einen Monat geschlossen. Rue Couesnon 13, ✆ 02.33.60.00.09, www.hotel-montgomery.com.

** **Hotel de Bretagne**, zentral in der Hauptstraße in der Nähe der Tourist-Info. 12 ordentliche Zimmer in einem familiären Hotel. Unterschiedliche Sanitärausstattung. Restaurant mit preisgekrönten Menüs (siehe Essen). DZ 40–65 €, HP 45–50 €, Frühstück 6 €. Geschlossen im November, und von Januar bis Februar. Rue Couesnon 59. ✆ 02.33.60.10.55.

** **Hotel de la Poste**, 32-Zimmer-Hotel in der Hauptstraße. Unterschiedlichster Sanitärkomfort, im Restaurant Tagesgerichte ab 10 €, Menüs bis 20 €. DZ 34–51 €, HP 38 €. Ganzjährig geöffnet. Rue Couesnon 92, ✆ 02.33.60.00.45.

** **Hotel de France**, Bahnhofshotel hinter der Bahnschranke. Erdgeschossbar, Restaurant (Menü ab 15 €). 10 kleine, saubere Zimmer in Rosa oder Hellblau mit winzigem Sanitärabteil. DZ 43–58 €, Frühstück 7 €. Ganzjährig geöffnet. Boulevard Clemenceau 48, ✆ 02.33.60.03.84.

** **Hotel Vauban**, gehört demselben Besitzer wie das Hotel de France und liegt direkt neben dem Stammhaus. Größere Räume, größerer Sanitärbereich, zur Grundausstattung gehören wie gegenüber TV und Telefon. Auch Mehrbettzimmer. 2 Zimmer mit Etagen-WC (34 €), ansonsten Preise wie im Stammhaus. Anmeldung im Hotel de France.

* **Hotel La Tour Brette**, ordentliches, kleines Familienhotel mit 10 Zimmern, Mitglied

von Logis de France, aber wesentlich einfacher und preiswerter. Im Restaurant Menüs von 10–25 €. DZ 30 €, 3-Bettzimmer 36 €, HP 33 €, Frühstück 6 €. Geschlossen 1.12–20.12, Restaurant mittwochs geschlossen. Rue Couesnon 8, ✆ 02.33.60.10.69.

• *Jugendherberge* In der Nähe des Campingplatzes (Richtung Mont-Saint-Michel, ausgeschildert); 50 Betten und 7 Familienzimmer, Kochgelegenheit, Übernachtung pro Nase 9 €. Rue du Général Patton 21, ✆ 02.33.60.18.65.

• *Camping* *** **Camping Haliotis**, am Westrand des Orts, ausgeschildert. 110 Stellplätze auf einem Wiesengelände am Ufer des normannisch/bretonischen Grenzflusses Couesnon. Gut ausgestattet, alles noch frisch, aber immer noch wenig Schatten. Bei gutem Wetter gesellen sich zu den Campern viele Moskitos. Geöffnet von April bis 25.9. Chemin des Soupirs, ✆ 02.33.68.11.59.

Essen

Das kleine Pontorson im Hinterland des Klosterbergs ist – wie viele andere Orte im Polderland der Küste – eine Hochburg des vorzüglichen **Prés-Salés-Lamms**: Die auf den Salzweiden gehaltenen Tiere besitzen durch ihre extravagante Ernährung ein vorzügliches, schon vorgewürztes Fleisch. Schlemmer reißen sich um diese (teure) Spezialität, drei Lokale seien empfohlen:

Hotel-Restaurant Montgomery, in der Hauptstraße. Zur Atmosphäre siehe Übernachten. Zur Speisekarte: Erlesenes aus Küche und Keller, billigstes Menü etwa 15 €. Restaurant leider nur noch für Hotelgäste geöffnet. Rue Couesnan 13, ✆ 02.33.60.00.09.

Hotel-Restaurant de Bretagne, das Restaurant des gleichnamigen Hotels bietet ebenfalls gehobene Gaumenfreuden, die schon mehrfach ausgezeichnet wurden. Prés-Salés-Lammkarree oder Tournedos mit Knoblauchcreme kosten etwa 22 €, Menüs sind ab 15 € zu haben. Empfehlenswert. Rue Couesnan 59, ✆ 02.33.60.10.55.

Crêperie Le Grillon, die schmucke Crêperie des gleichnamigen Hotels serviert außer Crêpes (3–8 €) auch noch leckere Salate (sehr zu empfehlen der Salade nordique für 6 €) oder Moules frites (8 €). Mittwochabend und Donnerstag geschlossen. Rue Couesnon 37, ✆ 02.33.60.17.80.

Dol

(5000 Einwohner)

Die Grande Rue des Stuarts gehört zu den besterhaltenen Altstadtstraßen der Bretagne. Sie wird gesäumt von geschichtsträchtigen Fachwerkhäusern, in denen wie eh und je die Alltagsgeschäfte getätigt werden. Nur werden im "Maison des Petits Palets", dem ältesten bretonischen Haus, heute Blumen statt kleiner Wurfscheiben verkauft (Palet = Scheibe).

Dol liegt auf einer etwa 20 Meter hohen Anhöhe, umgeben von den *Marais de Dol,* einem früheren Sumpfgebiet, das noch im 12. Jh. von den Fluten des Atlantiks überspült war. Zu Beginn des 6. Jh. war hier der britische Mönch *Samson* an Land gegangen und hatte ein Kloster gegründet, das zwischen dem 9. und 12. Jh. zu einem religiösen Zentrum anwuchs: Dol war die erste und über 350 Jahre lang mächtigste bretonische Bischofsstadt. Ihrem Erzbischof gehörten weite Ländereien und einträgliche Pfründe, und so konnte die *Kathedrale von St. Samson* zu einer 100 m langen Kirchenfestung im Stil der normannischen Gotik heranwachsen. 1790 endete Dols glorreiche klerikale Vergangenheit: Die Revolutionäre enthoben den Bischof seiner Ämter und richteten ihn hin. Seitdem gehört die einstige Bischofsstadt zum Episkopat von Rennes. Bis ins 13. Jh. hinein führte Dol auch den Titel einer Hauptstadt: Nominoe war in Dol 848 zum König der Bretagne gekrönt worden.

Dol ist heute ein ruhiges Landstädtchen, umgeben von einer Polderlandschaft, die von Gefangenen der Revolutionstruppen durch den Deichbau in eine grüne, häuschendurchsetzte Weidelandschaft unterhalb des Meeresspiegels verwandelt wurde. Hier weiden die berühmten Prés-Salés-Schafe, deren würziges Fleisch zu

Fachwerk in der Grande Rue des Stuarts

den Doler Spezialitäten gehört. Neben der Kathedrale und den Gassen an der belebten, fachwerkgesäumten *Grande Rue des Stuarts* besitzt Dol auf dem etwa 1,5 km entfernten *Champ Dolent* auch Frühgeschichtliches: Auf einem gepflegten Picknickgelände erhebt sich einer der schönsten Menhire der Bretagne. Eine umfassende Aussicht auf die Stadt und die sie umgebende Landschaft mit ihren 40 Kirchtürmen liefert der geschichts- und legendenträchtige *Mont-Dol*, der 3 km von Dol entfernt ganz allein 65 m hoch über der Ebene thront. Bis zur Silhouette des Mont-Saint-Michel schweift der Blick.

Information/Verbindungen/Diverses

- *Postleitzahl* 35120
- *Information* O.T. an der Hauptstraße, Juli und August täglich 10–19 Uhr, Sonntag nur bis 13 Uhr. September bis Juni Mo–Sa 10–12.30 und 14.30–18.30 Uhr, Mo vormittags und Sa nachmittags geschlossen. Grande Rue des Stuarts 3, ✆ 02.99.48.15.37, www.pays-de-dol.com.
- *Verbindung* **Busse**: Im Sommer Anschlüsse nach St. Malo und zum Mont-Saint-Michel.

Zug: schnuckeliger Bahnhof etwa 1,5 km außerhalb des Zentrums an der Straße nach Combourg. Die Linie Rennes–St. Malo wird mehrmals täglich bedient, Rennes–Pontorson/Mont-Saint-Michel täglich 1-mal. Verbindungen auch nach Dinan und St. Brieuc.

- *Fahrradverleih* **Romé Cycles,** Boulevard Deminiac, ✆ 02.99.80.96.26, oder **Mr. Renou**, Rue de Dinan 19, ✆ 02.99.48.17.57.
- *Golf* **Des Ormes**, gepflegter 18-Loch-Parcours (par 72) beim gleichnamigen Château-Camping in Epiniac mit diversen Kursangeboten für Anfänger und Fortgeschrittene, aber auch zur unbegleiteten Nutzung freigegeben. ✆ 02.99.73.53.00.
- *Festival* Festival Folk Breton Ende Juli
- *Markttag* Samstagvormittag.
- *Parken* Am problemlosesten zu jeder Tageszeit um die Kathedrale, am Busbahnhof und am Place Châteaubriand, dem anderen Ende der Hauptstraße.

Übernachten/Camping

Dol ist meist nur eine Zwischenstation auf der Sightseeing-Tour. Eine Auswahl aus den 3 wenig aufsehenerregenden Übernachtungs-Etablissements:

** **Hotel de Bretagne (1)**, im Zentrum an der Nordecke des Place Châteaubriand mit Blick über den Platz. 27 helle Zimmer mit breit gestreutem Sanitärstandard. Großzügiges, empfehlenswertes Restaurant. DZ 22–52 €, HP 27–40 €. Im Oktober geschlossen. Place Châteaubriand 17, ✆ 02.99.48.02.03.

* **Hotel de la Gare (4)**, kleines Hotel in der Bahnhofstraße mit 13 hellen Zimmern. DZ mit Minimalausstattung ab 25 €, DZ mit Badeluxus 40 €. In der zweiten Oktoberhälfte geschlossen. Avenue Aristide Briand 21, ✆ 02.99.48.00.44.

• *Camping* **** **Castel des Ormes**, auf der D 795 stadtauswärts Richtung Combourg, nach 7 km links ab in den Wald (ausgeschildert). Fürstliches Feriengelände oberhalb eines lang gezogenen Sees mit Bischofsschloss aus dem 16. Jh. Der separate ehemalige Bediensteten-, Lager- und Stalltrakt wurde renoviert und den Erfordernissen eines modernen Camps angepasst. Beheizter Swimmingpool, Planschbecken, Badestrand am Seeufer, Tennisplätze, Golfgelände zum Üben, Laden, Bar, Restaurant, Disko, Waschmaschinen. Sehr gepflegte Sanitärs. Fahrräder, Reitpferde und Tretboot. 800 Stellplätze. Mitte Mai bis Mitte September geöffnet. Epiniac, Castel des Ormes, ✆ 02.99.73.53.00, www.lesormes.com.

** **Municipal Les Tendières**, großzügiger 100-Parzellen-Platz stadtauswärts am Westrand von Dol, ausgeschildert. Am Eingang ein Weiherlein, durch das angenehme Gelände mit Bäumen fließt ein Bach. Efeuüberwachsene Sanitärs, an denen im Sommer Wartezeiten nicht auszuschließen sind – einfach, aber sauber. Geöffnet von Mitte Mai bis Mitte September. Rue de Dinan, ✆ 02.99.48.14.68.

Essen

La Grabotais (2), schmuckes Fachwerkhaus in einer Seitenstraße der Rue Stuart, das auch innen seinen Stil behalten hat. Volltreffer für Leute, die Musketiere mögen. Leckere Fischspezialitäten vom Holzkohlengrill über dem offenen Kamin, z. B. Seewolf mit Estragonsauce für 11,50 €. Menüs von 18–26 €. Montags geschlossen. Rue Ceinte 4, ✆ 02.99.48.19.89.

Crêperie la Bigoudène (3), bodenständige Crêperie mit Crêpes von 3–10 €. Für besondere Liebhaber gibt es für 10 € auch ein Crêpes-Menü. Andere Menüs 9–14 €, Moules frites 8 €. Grande Rue des Stuarts 50, ✆ 02.99.80.71.00.

Sehenswertes

Grande Rue des Stuarts: Autos brausen durch die Idylle, doch die Hauptstraße, flankiert von weit vorkragenden Fachwerkhäusern, hat ihren Mittelalter-Charakter über die Jahrhunderte gerettet. Höhepunkt Haus Nr. 15 (der Blumenladen), das *Maison des Petits Palets*, von den Einwohnern schlicht *Plaids* (Klage, Prozess) genannt – vermutlich wurden unter den schlichten romanischen Arkaden früher kleinere Gerichtssachen verhandelt. Hinter den Stützpfeilern des Erdgeschosses vom *Maison de la Goullotière* (13.–15. Jh.) hat sich mittlerweile ein Modegeschäft niedergelassen; alte Sessel, Marienfiguren und Heiligenskulpturen am Bürgersteig, ein geharnischter Ritter glänzt über dem Schaufenster. Freunde der Unterwelt steigen im Haus Nr. 18 in die "Hölle" hinab: Aus romanischer Zeit stammt das *L'Enfer* genannte, düstere Kellergewölbe des Anwesens. Links oberhalb des Rathauses beginnt die *Rue Lejamptel*, die Verlängerung der Grande Rue zum Place Châteaubriand. Auch hier schöne Fachwerkhäuser, überwiegend Beige- und Brauntöne im Gebälk. Links halten und in die *Rue Ceinte*: In der schmalen Gasse, die zur Kathedrale führt, lebten die Kapitelherren. Besonders schön das 500 Jahre alte Bau-Ensemble am Restaurant *La Grabotais* (siehe Essen).

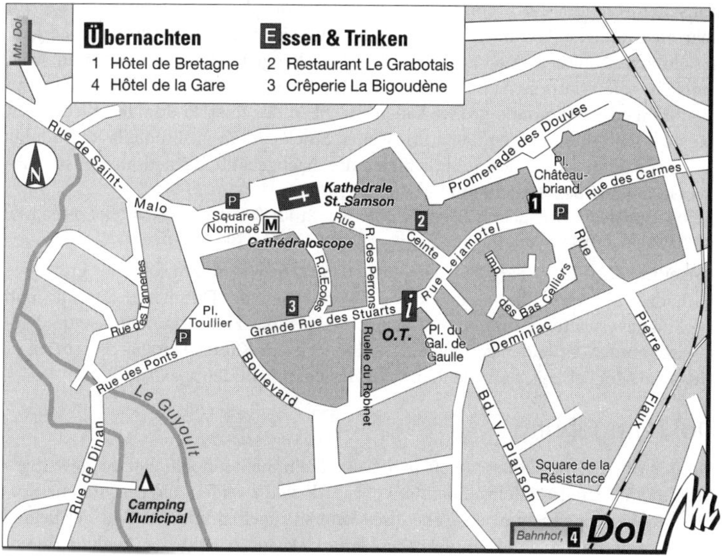

Kathedrale St. Samson: Schon ihre Größe weist auf die frühere Bedeutung hin. Im Lauf von drei Jahrhunderten (12.–15. Jh.) wuchs St. Samson zu einer mächtigen und düsteren Gottesfestung heran. Der linke Turm blieb unvollendet, der rechte wurde erst im 17. Jh. mit einer Spitze gekrönt. An der Südfassade springt die große gotische *Vorhalle* (13./14. Jh.) weit hervor und lockert die endlose Wand auf. Überwältigend der Innenraum der Kathedrale: Auf fast 100 m Länge überspannen gotische Bögen das steile, 21 m hohe und in drei Etagen gegliederte schlanke *Kirchenschiff*, das scheinbar schwerelos in den Himmel strebt. Durch das hohe *Chorfenster* (spätes 13. Jh.) dringt dämmrig-bläuliches Licht und beleuchtet gespenstisch die geschnitzten *Chorstühle* der Stiftsherren (14. Jh.). Das Chorfenster ist eines der ältesten bretonischen Buntglasfenster. Es überstand die Französische Revolution relativ unbeschadet und wurde mehrfach restauriert. Unter der Rosette in acht vertikale Reihen gegliedert, zeigen jeweils sechs kunstvolle, mit dem Opernglas gut auszumachende Medaillons heilige Geschichten in buntesten Farben. Für Kunsthistoriker erwähnen wir das *Grabmal des Bischofs Thomas James* im linken Querschiff – eines der ersten bretonischen Renaissance-Denkmäler, im frühen 16. Jh. von den Florentiner Bildhauerbrüdern *Giusto* gestaltet.

Cathédraloscope: 1999 öffnete direkt neben der mächtigen Kathedrale von Dol eine neue Attraktion der Stadt unter dem Namen „"Cathédraloscope – le mystère des cathédrales" ihre Pforten. Wer sich für die auch in der Bretagne zahlreich zu besichtigenden Gotteshäuser interessiert und nebenbei auch einmal erfahren möchte, wie es schon im Mittelalter möglich war, solch mächtige Bauwerke zu errichten, der ist hier genau richtig. Dank der guten deutschen Übersetzungen, die der engagierte Besitzer der privaten Einrichtung schon bald als Audio-Guides bereitstellen möchte, sollten auch Sprachprobleme nicht von einer Besichtigung abhalten. Während sich die ersten beiden Ausstellungsräume im Erdgeschoß der gotischen Kunst in der Bretagne widmen, erfährt der Besucher im ersten Stock auf sehr anschauliche Art und Weise, wie die Baumeister der Gotik ihre Kathedralen errichteten. Durch immer ausgefeiltere Überlegungen wurde es nach und nach möglich, die statischen Komponenten der Mauern auf das Wesentliche zu beschränken, um so dank großer Fenster Licht in die einst so dunklen Kirchen zu bringen. Die Abteilung Symbolik im zweiten Stock enthält größtenteils Reproduktionen von Miniaturen, den Schluss bilden drei nachgebaute Kathedralenfenster, deren Geschichte der Besucher miterleben kann.

Öffnungszeiten Von April bis Ende Oktober täglich 10–19 Uhr, evtl. auch über diese Monate hinaus. Erwachsene 7 €, erm. 4,50 €, Familientarife. ✆ 02.99.48.35.30.

Museum: Das *La Trésorerie* genannte Granit-Anwesen am oberen Ende des Kathedralenplatzes beherbergte einst die Wohnräume des Domherrn, anschließend die Finanzverwaltung, und bis vor wenigen Jahren das Heimatkundemuseum. Dieses ist momentan leider geschlossen. Sollte sich ein Käufer finden, besteht allerdings die Möglichkeit, dass die Räume bald wieder zu besichtigen sind.

Dol / Umgebung

Menhir de Champ Dolent: 9,30 m ist der Steinphallus hoch. Ein so gewaltiges Monument ist natürlich legendenumwoben. Als sich zwei feindlich gesonnene Brüder mit Waffengewalt um das Erbe ihres Vaters prügelten und das Blut der beiden bereits den Boden der Kampfstätte (*Champ Dolent* = Feld der Leiden) durchtränkte, soll der Granitbrocken vom Himmel gefallen sein, um die tobsüchtigen Rivalen zu trennen. Eine Zusatzlegende weiß, dass der Menhir jedes Jahr ein klein wenig tiefer in die Erde einsinkt und dass das Jüngste Gericht tagen wird, wenn der riesige Monolith ganz versunken ist.

Anfahrt An einem Picknickplätzchen unmittelbar neben dem Sträßchen nach Epiniac (D 4).

Auf der Hügelkuppe des Mont Dol

Mont-Dol: Auf der von Sagen und Geschichten umrankten Kuppe hat der Erzengel *Michael* gegen den Teufel gekämpft und gewonnen – er warf ihn den Berg hinab. Einsam, steil und unwirklich ragt inmitten der Polder die 65 m hohe Granitplatte aus der brettflachen Landschaft. Der gigantische Felsblock 3 km nördlich von Dol ist von lichtem Kastanienwald bestanden, eine schmale Straße führt von der Kirche des Weilers Mont-Dol am Fuß des Bergs 16-prozentig nach oben. Die *Wallfahrtskapelle Notre-Dame-de-l'Espérance*, zwei Windmühlen und ein schmales Granitstein-Anwesen mit *Restaurant/Crêperie/Café* krönen das Plateau. Von seiner Höhe aus bietet sich eine wunderschöne Aussicht über das Land. Bei klarer Sicht erkennen Sie: 40 Kirchturmspitzen, den blauen Strich des Atlantiks und den Kegel des Mont-Saint-Michel am Horizont. Der Mont Dol wird heute als Picknickgelände genutzt: Zurückgelassene Plastiktüten und Abfälle verunzieren immer häufiger die romantische Idylle.

• *Übernachten* ** **Hotel du Tertre**, kleines, familiäres Hotel neben der Kirche von Mont-Dol, zu Füßen der Granitkuppe; 9 komfortable Zimmer mit z. T. antikem Mobiliar, Dusche/WC. Rustikaler Frühstückssalon. DZ 37–40 €. Mont-Dol, ✆ 02.99.48.20.57.

• *Camping* **Air naturel La Roche**, auf der anderen Hügelseite. Sehr schönes Wiesengelände zu Füßen des Mont Dol rund um einen Bauernhof. Landleben für ruhige Naturen. Gute Sanitärs in der Scheune, Versorgung mit Agrarprodukten ab Erzeuger. 25 Stellplätze. Geöffnet von April bis September, ✆ 02.99.48.01.65.

Combourg

(4880 Einwohner)

Schiefergedeckte Fachwerkhäuser unterhalb der turmbewehrten Schlossburg ducken sich an den Rand eines lang gezogenen Teichs. In ihm spiegelt sich seit Jahrhunderten schleierig die Kulisse eines romantischen Märchens: die Dächer, Kegel und Türme eines Märchenchâteaus.

Die Bausubstanz des Orts ist teilweise wahrlich alt: Vor einigen Jahren musste eine völlig efeuumrankte Crêperie wegen akuter Einsturzgefahr geschlossen werden. Ansonsten ist Combourg ein sehr geschäftiges Kleinststädtchen, dessen Leben sich exakt innerhalb der kurzen Strecke zwischen der Kirche St. Gilduine und dem Château am anderen Ende der Hauptstraße abspielt. Zwei Meter daneben herrscht düsterste Provinz.

Einen Namen gewann Combourg in der Welt der Literatur: Das Schloss war Wohnsitz von *François-René de Châteaubriand*, der seine Jugend in Combourg erlebte und wohl nicht zu Unrecht behauptete, dass ihn dieser Ort zu dem gemacht habe, was er seinerzeit war – ein schwermütiger Romantiker. Combourg, das sich touristisch ganz auf seinen berühmten Sohn kapriziert, ist eine angenehme Zwischenstation im Hinterland der Fremdenverkehrsglanzlichter an der Küste.

Information/Verbindungen/Diverses

• *Postleitzahl* 35270

• *Information* O.T. im Maison de la Lanterne (siehe Sehenswertes). Geöffnet von Juli bis August täglich 10–19 Uhr, Sonntag 10–12.30 Uhr. September bis Juni Di–Fr 9.30–12.30 und 14–18 Uhr. Place Albert Parent, ✆ 02.99.73.13.93, www.combourg.org.

• *Verbindung* **Zug**, Bahnhof etwas außerhalb an der Straße D 796 Richtung Mont-Saint-Michel. Anschluss an die Linie Paris–Rennes–St. Malo, wochentags mehrmals in beide Richtungen. Avenue de la Libération.

• *Einkaufen* Hervorragende Wurstwaren gibt es beim Metzger Fauvel am Place Parent. Das Rezept für die meisterhafte Zubereitung geräucherter bretonischer Kaldaunenwurst ("andouille") erhalten Sie gratis.

• *Markt* Am Montag.

Übernachten/Camping/Essen

*** **Hotel du Château**, nettes, efeuumranktes Anwesen von Logis de France zwischen Schloss und Weiher mit dem Prädikat "Hôtel de Charme et de Caractère". 35 ganz komfortable, meist großzügige Zimmer, einige luxuriöse Appartements, zum Garten hinaus sind die Räume besonders ruhig. Gepflegtes Restaurant mit guter Küche (siehe Essen). DZ 50–130 €, Frühstück 9 €. Geschlossen vom 15.12. bis 15.1. Place Châteaubriand 1, ✆ 02.99.73.00.38.

** **Hotel du Lac**, gutbürgerliche Übernachtungsadresse unterhalb der Schlossmauer. 30 komfortable Zimmer, 10 sehr ruhig, mit

Hinter diesen Mauern wuchs einer der berühmtesten Bretonen auf: François-René de Châteaubriand

Seeblick. Teils Duschkabinette, teils eigene Badezimmer. Gemütliches Restaurant mit breiter Glasfront zum Weiher hin (Menüs 12–30 €). DZ 40–65 €, Frühstück 8 €. Ende Januar geschlossen. Place Châteaubriand 2, ✆ 02.99.73.05.65.

• *Camping* ** **Le Vieux Châtel**, nett gestalteter, kleiner Municipal-Platz am Weiher – doch das Ufer bleibt unerreichbar. 100 Stellplätze durch Hecken parzelliert, genug Stromanschlüsse, schattig durch etliche Bäume. Pyramidenförmiger, futuristischer Sanitärpavillon mit Aufenthaltsraum. 2 Tennisplätze, Bouleplatz. Geöffnet 15.6. bis 15.9. Avenue de Waldmünchen, ✆ 02.99.73.07.03.

• *Essen* **Du Château**, das Restaurant des Schlosshotels ist Combourgs wohl beste Speiseadresse. Menü 19–46 €, wir empfehlen die Ortsspezialität: Rinderfilet mit Sauce Châteaubriand – le véritable Châteaubriand.

Sehenswertes

Château de Combourg: Berühmt wurde das Schloss durch die Memoiren eines Bewohners. In seinen *Erinnerungen aus dem Jenseits* zeichnet der Dichter, Diplomat und erste französische Romantiker, *François-René de Châteaubriand*, ein ausführliches Bild vom Leben auf Schloss Combourg, wo er die prägende Kindheit und Jugend verbrachte. Französische Gymnasiasten kennen seine literarischen Ergüsse: In düsteren Bildern erinnert sich der Erwachsene seiner vollen Hosen, als er eines Tages in einem Turm von einem früheren Schlossherrn erschreckt wurde, der sich in einen schwarzen Kater verwandelt hatte. Fortan hatte der Turm einen Namen (*Tour du Chat*) und der noch kleine René einen Heidenrespekt. Die leichteste Übung des späteren Dichterfürsten war der Blick unters Bett vor dem Schlafengehen und die Kontrolle der Schlafgemächer von Mutter und Schwestern, mit denen er, seit dem Tode des Vaters, allein hier lebte.

Nur der *Tour du More* wurde im 11. Jh. gebaut, der Rest der Außenfassade stammt von einer Erweiterungsaktion im 15. Jh. Der Innenausbau geht auf eine grundlegende Erneuerung im 19. Jh. zurück. Lange Zeit war die wehrhafte Burg im Besitz der Familie Duguesclin. Eine Liquiditätskrise zwang die mächtige Aristokraten-

familie Mitte des 18. Jh. zum Verkauf. Käufer und damit legaler Erwerber des vererbbaren Adelstitels wurde ein im Korsarengeschäft und im Sklavenhandel reich gewordener Reeder und Bürger von St. Malo, der Vater des späteren Dichters. Nach dem Tod des Vaters lebte die Mutter mit den beiden Töchtern und dem kleinen François-René alleine in dem düsteren Schloss. Châteaubriands Hang zu schwermütiger Romantik hatte, wie der Dichter in seinem umfangreichen Werk gesteht, in der schaurigen Atmosphäre des alten Gemäuers seinen Ursprung: "In Combourg bin ich das geworden, was ich bin ..."
Noch heute befindet sich das Schloss im Besitz derer von Châteaubriand und wird von ihnen bewohnt. Um den großzügigen Wohnsitz zu unterhalten, gestattet der Schlossherr das Flanieren im Park (inkl. Besichtigung der Kapelle) und den Besuch der Bibliothek sowie des früheren Salons, der spärliche Kuriositäten aus dem Leben des Dichters zeigt.

• *Öffnungszeiten* Vom 1.4.–31.10. Mo–Fr von 10–12 und 14–17 Uhr. In der HS etwas länger und samstags geöffnet. Parkeintritt für Groß und Klein 2 €, Totalbesichtigung 5 €, Kinder 1,50 €.

Maison de la Lanterne: Die schlichte Natursteinfassade und der nach hinten angesetzte Spitzturm machen den heutigen Sitz der Tourist-Info zu einer eigenen kleinen Sehenswürdigkeit. Das Haus, 1597 errichtet, diente früher als Wachhaus. Im flackernden Lichtkegel seiner Laterne wurden einst späte Stadtbesucher inspiziert. Die Laterne, die dem Haus seinen Namen gab, hängt am Ende des Eckplatzes zwischen Schloss und Weiher, direkt an der Besichtigungstour durch das Städtchen.

Cancale

(ca. 5000 Einwohner)

Der Name Cancale bürgt seit Jahrhunderten für kulinarischen Hochgenuss: Cancaler Austern wurden in den Heerlagern des Julius Cäsar gefunden, sie wurden zweimal wöchentlich frisch an den Hof des Sonnenkönigs expediert oder begleiteten, geeist, den Zug Napoléons ins kalte Moskau.

Die großen Austernparks in der Bucht zwischen der *Jetée de la Fenêtre* (Hafendamm) und der *Pointe du Hock* sind Cancales größtes Kapital. Daneben haben sich in den letzten Jahren die Aufzucht der gemeinen Miesmuschel (Zentrum ist das 15 km entfernte *Le Vivier-sur-Mer*) und – dank des sanften Klimas – der Anbau edler Frühgemüse als weitere Erwerbsquellen entwickelt.

Touristisch tat Cancale 1990 einen Sprung nach vorn: Mit der staatlichen Klassifizierung zur *Station Littorale Ancienne* (alte Küstenstadt) erhielt Cancale die behördliche Genehmigung zur Einstellung eines staatlich bestallten Tourismusdirektors. Yves Beaudouin verspricht sich von dieser Maßnahme neuen Schwung für die "Entwicklung hin zum professionellen Tourismus". Man mag zu diesem Konzept stehen wie man will: Noch ist Cancale ein sympathisches Küstenstädtchen mit dem provinziellen Flair des Exklusiven. Das touristische Leben, das sich zwischen den gemütlichen Restaurants, Bars, Hotels und Austern-Probierstuben entlang des Hafendamms abspielt, besitzt höchstens im Sommer jene geschliffene Professionalität, mit der Busladungen von Touristen durch das Austernprogramm geschleust werden. Und während sich im Schlick der schachbrettartigen Gehege betriebsam Traktoren, Züchter und Touristen tummeln, herrscht oben auf der Klippe über dem Hafen, wo sich alte Häuser um den Kirchplatz drängen, die träge Ruhe des einstigen Bauern- und Fischerdorfes.

Information/Verbindungen

- *Postleitzahl* 35260
- *Information* Verglaster Pavillon des Tourismusbüros 100 m unterhalb der Kirche auf dem Weg hinab zum Hafen. Im Juli und August täglich von 9.30–19 Uhr, sonst 9–12.30 und 14–18 Uhr außer sonntags. Rue du Port 44, ✆ 02.99.89.63.72, www.ville-cancale.fr. In der HS zusätzliche Infostelle am Port de la Houle; täglich 14.30–19 Uhr.
- *Verbindung* Mehrere **Bus**haltestellen über die verschiedenen Ortsteile verstreut, z. B. am Hafen (Port de la Houle) und auf dem Kirchplatz im oberen Ortszentrum. Mo–Fr bis zu 4-mal über St. Coulomb/Parame nach St. Malo (40 Min.), Sa 2-mal, Sonn- und Feiertag 1-mal. Am Sonntag 1-mal zum Mont-Saint-Michel. Infos bei TIV 02.99.82.26.26 oder Courriers Bretons 02.99.19.70.70.

Diverses

- *Bootsausflug* Der **Verein ABC** (Association Buisquine Cancalaise) organisiert Fahrten auf einem rekonstruierten Krebsfänger aus dem 19. Jh. Die Halb- bzw. Tagesfahrt auf dem restaurierten Zweimaster "La Cancalaise" weiht in Segelmanöver und Tricks der Austern- und Hummerfischer ein. Preisbeispiel: Ganzer Tag 43 €. Mehrtägige Kreuzfahrten auf die anglo-normannischen Inseln, nach Südengland etc. Auskünfte und Buchungen über das OT oder ✆ 02.99.89.77.87.
- *Einkaufen* Austern direkt ab Erzeuger. Zur Technik des Öffnens und der Verzehrmöglichkeiten siehe Kasten "Austernverzehrknigge" im Kapitel "Aufenthalt/Essen".
- *Maritimes* Alle Formalitäten, die mit dem Meer zu tun haben, können erledigt werden unter der Telefonnummer 02.99.89.98.28.
- *Markt* Wochenmarkt Sonntagvormittag auf dem Kirchplatz und in den kleinen Straßen dahinter (Rue de la Marine und Rue Cocan).
- *Parken* Gebührenpflichtig an der Hafenmole oder oben – ebenfalls gebührenpflichtig – auf dem Platz vor der Kirche.
- *Schwimmen* In der Bucht unterhalb der Kirche, nördlich der Austernbänke, ein etwas veraltetes Ebbe-/Flutbecken. Parkmöglichkeiten am Hafendamm.
- *Reiten* Mehrere Reitställe in der Umgebung von Cancale. Die Association Equestre le Riage in St.-Coulomb bietet neben Ausritten auch "Möglichkeiten zum Galopp am Strand", ✆ 02.99.41.18.79.
- *Tennis* Öffentlich bespielbare Plätze beim Stadion. Rue Pierre de Coubertin, ✆ 02.99.89.84.67.
- *Train Marin* In Cherrueix, etwa 20 km östlich von Cancale bringt bei Ebbe ein Traktor mit Anhängern die zahlende Kundschaft hautnah zur Bucht von Mont-St.-Michel. Der kommentierte Ausflug, u. a. mit Besichtigung von Muschelbänken, Einführung ins Fußfischen und Erläuterungen der traditionellen Fangtechniken, dauert bis zu 2 Std. Gezeitenabhängige Abfahrten. Auskünfte und Buchung in Cherrueix, Gare Saint-Michel, ✆ 02.99.48.84.88.
- *Wassersport* Segeln und Wasserski am Plage de Port-Mer, Ecole de voile, ✆ 02.99.89.90.22, ecoledevoileportmer@wanadoo.fr, Dezember bis Februar geschlossen.

Übernachten

Fast ausschließlich an der Hafenzeile. Stilvoll mit viel Geschmack und Atmosphäre die Hotels am Ende des Quai Thomas.

*** **Hotel Continental**, die gediegenste 3-Stern-Herberge der Stadt. Direkt an der Uferpromenade. 18 schön möblierte Zimmer mit Bad und WC, Blick über die Bucht. Stilvoller Salon und schöner holzgetäfelter Speisesaal mit sorgfältig gedeckten Tischen. Die Zimmerpreise steigen mit den Stockwerken (Lift). DZ 70–125 €, HP 63–90 €, Frühstück 9 €. 17.11 bis 26.3. geschlossen. Quai Thomas 4, ✆ 02.99.89.60.16, hotel-conti@wanadoo.fr.

** **Hotel le Phare**, Nicht ganz so stilvoll wie der 3-Sterne-Nachbar, außerdem etwas kleiner: 11 Zimmer mit Bad/Dusche und WC. Ortsüblicher Ausblick, Panorama-Restaurant. DZ 52–57 €, HP 50–65 €, Frühstück 7 €. 17.11. bis 15.2. geschlossen. Quai Thomas 6, ✆ 02.99.89.60.24.

** **Hotel de la Houle**, nettes kleines Familienhotel mit 12 Zimmern in der Mitte der Hafenzeile. Teilweise 3-/4-Bettzimmer. Ohne

Restaurant, aber mit ansprechendem Frühstücksbuffet (7 €). DZ 33–56 €. Ab 15.1. einen Monat Betriebsurlaub. Quai Gambetta 18, ✆ 02.99.89.62.38

Hotel Querrien, etwas zurückversetzt am Ende der Hafenmole. Von 8 auf 16 Zimmer aufgestockt und grundlegend renoviert, die Zimmer sanitär unterschiedlich, meist etwas klein, aber ordentlich. Der Besitzer ist Austernzüchter und betreibt eine bei der Gemeindejugend beliebte Pizzeria. DZ 82–112 €, Frühstück 8,50 €. Ganzjährig geöffnet. Quai Dugay Trouin 7, ✆ 02.99.89.64.56, www.le-querrien.com.

Hotel la Cotriade, in einer Quergasse zum Quai Gambetta. Grill/Snack-Restaurant. 13 Zimmer z. T. mit Hafenzeilen- und Meerblick. Unterschiedliche Sanitärausstattung, z. T. etwas spartanisches Mobiliar. DZ 35–50 €, Frühstück 6,50 €. Quai Gambetta 23, ✆ 02.99.89.61.78.

• *Jugendherberge* Gut ausgestattetes Haus zwischen Cancale und der Pointe de Grouin. Die Herberge liegt in einer kleinen Bucht und ist bei Flut nicht mehr als 20 m von der Brandung entfernt. Für preisbewusste Reisende der ideale Standort in der Gegend von Saint Malo. Insgesamt 82 Plätze, Zimmer mit Dusche und Lavabo. Pro Person 10 €. Port Picain, ✆ 02.99.89.62.62, cancale@fuaj.org.

Camping

*** **Port Mer**, Campingplatz mit ausschließlich Wohnwagenverleih rechts der Straße von der Pointe du Grouin nach Port Mer. Direkter Zugang zum Sandstrand. Windgeschützt auf einem steilen Hügel etwa 1,5 km außerhalb von Port Mer; schönes Wiesengelände, das zum Meer hin abfällt. Brot und Gebäck werden morgens von der Besitzerin gebracht. 2 ordentliche, doch mittlerweile betagte Sanitärblocks, in denen beim Duschen schon mal die Klinke abbrechen kann, und ausreichend Stromboxen mit 220 Volt. Hunde brauchen Impfpapiere, sind an der Leine zu halten und haben Strandverbot. Geöffnet von April bis Oktober, ✆ 02.99.89.63.17, www.portmerplage.com.

*** **Bel Air**, im gleichnamigen Ortsteil, auch hier ausschließlich Übernachten in gemieteten Wohnwagen. Nördlich von Cancale links der Straße. Schattiger Platz 1 km vom Meer, von hohen Hecken eingerahmt und unterteilt. Beheiztes Schwimmbecken, Bar, Waschmaschine, TV-Raum und Tischtennis. Etwa 600 m zum Ortszentrum. Geöffnet von Mai bis September. Rue du Stade, ✆ 02.99.89.64.36, campingbelair@aol.com.

** **Municipal du Grouin**, an die Bucht von Port Mer anschließend, hoch auf den Klippen hinter der Pointe Barbe Brulée. Terrassierte Wiesenfläche, durch Schatten spendende Bäume etwas aufgelockert. Fahrradverleih. Zur Pointe du Grouin nur ein Katzensprung, Aussicht aufs Vogelschutzgebiet. 199 Stellplätze. Geöffnet von März bis Oktober, ✆ 02.99.89.63.79.

Weitere Plätze entlang der Nordküste Richtung St. Malo. Zum Beispiel *** **Notre Dame du Verger** etwas oberhalb des gleichnamigen Badestrandes.

Essen

Cancale ist Treffpunkt renommierter, anonymer Testesser, denn natürlich gibt es in der Austernstadt mehrere vorzügliche Restaurants, vorzugsweise am Quai Thomas. Nach einem wunderbaren Abend des Gaumenkitzels werfen die Geschmacksprofis großzügig mit Kochlöffeln und -mützen, Sternen und Gabeln um sich – die Restaurantlandschaft ist zugepflastert mit Ehrungen aller Art. Drei beliebte Tummelplätze des tüchtigen Berufsstands der Mützenverteiler und eine günstige, doch gute Adresse seien kurz genannt:

Maison de Bricourt (Relais Gourmand), etwas oberhalb der Kirche an der Straße nach St. Malo. Das Restaurant der Kategorie Relais Château vereint gediegenes Ambiente mit vorzüglicher Küche. Das dem Gourmet-Konzern Roellinger eingegliederte Restaurant bietet gehobene Menüs von 85–140 €. Rue de Duguesclin 1, ✆ 02.99.89.64.76.

Restaurant La Pointe du Grouin, sehr feines Essen bietet auch dieses herrlich gelegene Etablissement. Gediegenes Interieur, gepflegte Klientel, tolles Essen bei wunderschönem Blick auf den Mont-Saint-Michel. Menüs von 20–60 €, Vorschlag für 20 €: Fischterrine an Schnittlauchrahm, Lachs in Butter-Zitronen-Sauce, Auswahl an Frucht-

Sorbets. Oktober bis März geschlossen, in der NS Donnerstagmittag und Dienstag geschlossen. Im Sommer unbedingt reservieren. Pointe du Grouin, ✆ 02.99.89.60.55.

Restaurant le Phare, im Restaurant des gleichnamigen Hotels kocht der Besitzer selbst: Austern, Hummer, Schalentiere, 4 Menüangebote 18–48 €. 2 Michelin-Gabeln, für die gebotene Qualität günstig. Quai Thomas 6, ✆ 02.99.89.60.24.

Restaurant à Contrecourant, obwohl sich diese Adresse an der Hafenzeile "gegen die Strömung" nennt, gibt es auch hier – wen wundert's – viele Meeresfrüchte (Menüs von 15–40 €) und selbstverständlich Austern (6 Stück der Größe 2 für 9 €). In der NS donnerstags geschlossen. Place du calvaire 2, ✆ 02.99.89.61.61.

Für den delikaten Snack zwischendurch sorgen die **Degustationslokale**, die an derben Holztischen auf der Promenade ausschließlich Austern servieren: Das Dutzend (Größen nach Wahl), professionell frisch geknackt, wird mit Zitrone, bretonischem Landbrot, gesalzener Butter und einem Viertel gut gekühltem Muskateller aufgetragen. Portion ca. 7 €. Wohl bekomm's!

Sehenswertes

Austernmuseum *(La Ferme Marine)*: Eine Entdeckungsreise durch das Königreich der Auster im Park St. Kerber am Plage de l'Aurore, südlich des Hafens. Welteinmalig! Die Dioramashow führt durch die gesamte 350 Millionen Jahre lange Geschichte der Auster! Sie erfahren, warum François I. anno 1545 Cancale das Stadtrecht verlieh! Austernbecken! Muschelbecken! Muschelausstellung! Und Ökomuseum! Die schlechte Nachricht: Degustation nur für Gruppen mit Reservierung.

Öffnungszeiten 15.6.–15.9. täglich 10.30– 18 Uhr. Einstündige Führungen um 11, 15 und 17 Uhr auf Französisch, 14 Uhr auf Englisch, um 16 Uhr deutschsprachig. 15.9.–31.10. und 15.2.–15.6. täglich 15 Uhr französische Führung. Erwachsene 6,50 €, ermäßigt 5 €.

Austern

Hauptgrund für den Ruf Cancaler Austern ist der starke Gezeitenunterschied in der Bucht, der die Austernparks bei Flut mit genügend Nahrung versorgt und den angesammelten Schlick wegspült. Dazu kommt das eigentümliche Plankton des Meeres vor Cancale, das den Austern ihr besonderes Aroma verleiht.

Grundsätzlich gibt es zwei Arten von Austern. Die Huître Plate (flache Auster) wird auf dem Grund des Meeres ausgesät und mit dem Schleppnetz abgefischt. Die Huître creuse (hohle Auster), auf Drahtzäune gesetzt, wächst in drei Jahren heran und wird regelrecht abgeerntet. Die Tiere dieser Gattung sind abwechselnd Männchen und Weibchen: Das von ersteren ins Meerwasser abgegebene Sperma wird von den momentanen Weibchen aufgenommen, in deren Inneren die Eier heranreifen. Die geschlüpften Larven verlassen die Mutteraustern, und schweben acht Tage als Teil des Planktons durchs Wasser, bevor sie sich auf eine passende Unterlage senken. Hat die Auster diese gefährliche Zeit überstanden und ist auf den Drahtzäunen der Austernfischer gelandet, so wird es für sie drei Jahre später noch einmal richtig schwierig: Denn bevor die geernteten Tiere zum Verkauf freigegeben werden, müssen sie in der 'Austernschule' lernen, nicht mehr im Ebbe-und-Flut-Rhythmus der Cancaler Bucht auf- und zuzugehen. In verschiedenen Meerwasserbecken werden immer längere Ebbeperioden simuliert, bis die Austern von alleine mehrere Tage lang geschlossen bleiben. Erst dann sind sie in der Lage, den Transport zum Verbraucher lebend zu überstehen, und frisch auf dessen Teller zu landen.

Bis Mitte des 19. Jh. bestimmten die flachen Austern, die am Meeresboden gediehen und die man bei Ebbe auch zu Fuß aufsammeln konnte, das kulinarische Angebot. Nur einmal im Jahr – man wollte die wild wachsende Ressource nicht ge-

fährden – zog La Caravane durch die Bucht: Eine große Flotte von Cancaler Booten fischte mit Netzen den Meeresgrund ab und brachte die Austern auf die Tafeln französischer Könige, die sich dafür bei der Stadt mit immer neuen Privilegien erkenntlich zeigten. Bis in die 20er Jahre unseres Jahrhunderts vollzog sich das jährliche Ritual der großen Ausfahrt, dann bereitete eine mysteriöse Pilzerkrankung dem Austernparadies fast den Garaus. Nur durch den Import von Jungtieren aus dem Golf von Morbihan konnte die Ausrottung der wilden Bestände verhindert werden.

Das Zeitalter der industriellen Austernzucht kam 1960: Infolge mehrerer kalter Winter und der stärkeren Verschmutzung des Meeres drohte die Flachauster zu verschwinden. Durch die Aufhebung eines bis dahin bestehenden Zuchtverbots für die weniger anfälligen Hohlaustern nördlich der Villaine-Mündung konnte Abhilfe geschaffen werden. Der Import portugiesischer und besonders resistenter japanischer Austernsamen legte den Grundstock für die weitläufigen Austernparks und sorgte für wirtschaftlichen Aufschwung.

Heute werden die Austern wie Gemüse gezüchtet, und die gummistiefelgeschützten Männer zwischen den Zaunreihen des flach planierten Meeresbodens mit ihren Traktoren und Limousinen gleichen eher Landwirten als Seebären. Die Anbaufläche der Austernparks (366 ha für Huîtres creuses, 713 ha für die Flachauster) ist in unzählige Segmente unterschiedlicher Größe aufgeteilt (Etalages). Den Besitzern ist es erlaubt, ihre Austern direkt ab Meer zu verkaufen. Die jährliche Produktion beträgt etwa 2000 Tonnen Hohl- und 400 Tonnen Flachaustern.

P.S.: Vor einigen Jahren ließ man die Tradition der Caravane neu aufleben. Im Vierjahresrhythmus ziehen die Boote in tiefem Wasser wieder ihre Netze über den Grund und holen wilde Austern aus dem Meer. Bei der letzten Karawane 2001 betrug die Ausbeute innerhalb von drei Tagen 5000 Kilo.

Hier wachsen die berühmten Delikatessen: die Austernbucht von Cancale

Volkskundemuseum (Musée des arts et traditions populaires): Das Museum in der aufgegebenen Kirche von St. Méen (18. Jh.) widmet sich vergangenen regionalen Ereignissen. Spärliche Exponate aus der Zeit der Windjammer, "Bisquines" und Austernfischer stehen oder hängen planlos herum. Interessant (in Französisch) die Erläuterungen zur Austern- und Muschelzucht. Amüsant die Auflistung angeblich aller Restaurants, die sich mit dem in Gourmet-Kreisen geschätzten Namen *Rochers du Cancale* schmück(t)en. Aktuelle und schon geschlossene Schlemmertreffpunkte auf dem blauen Planeten von Pnom Penh über Shanghai und L.A. ins zaristische Moskau des 19. Jh.

Öffnungszeiten Mitte Juli bis Ende August Di–Sa 10–12 und 14.30–18.30 Uhr. Juni u. September Di, Mi und Wochenende. Eintritt 3 €, Kinder 1,50 €. Place St. Méen.

Kirche St. Méen: Ein Stück unterhalb des alten Gotteshauses erbaute man im 19. Jh. die heutige Ortskirche. Attraktion ist der über 189 Stufen zu erklimmende Turm, von dessen Aussichtsplattform man bei klarer Sicht 40 Kirchtürme ausmachen kann.

Öffnungszeiten Der Turm kann zu den Öffnungszeiten des O.T. bestiegen werden. Schlüssel dort erhältlich. Hinauf und hinab zusammen 1 €, erm. 0,50 €.

Spazier-/Wanderweg: Der alte Zöllnerspfad von Cancale zur weit vorgestreckten *Pointe de Grouin* ist Teil des "Bretagne-Rundwanderwegs" und einer seiner schönsten Abschnitte. Der Pfad windet sich von *Terralabouet* zwischen steilen, perlmuttfarbenen Klippen über die *Pointe du Hock* (Aussicht auf den *Rocher du Cancale*) bis zur Pointe de Grouin und mündet dann in die *Corniche de la Mer* – ein Küstenpfad, der bis St. Malo führt.

Pointe du Grouin: 50 m hoch schieben sich die steilen Felsen der schmalen Landzunge in den anbrandenden Ozean. Das von Heidekraut bewachsene Kap ist seit 1961 Naturschutzgebiet, die beiden *Inseln*, die das Kap säumen, gehören zu den größten Nistplätzen für Kormorane, Krähenscharben, Brandenten und verschiedene Möwenarten. Speziell von April bis August ist das Revier des Vogelreservats vom Lärmen der startenden und landenden gefiederten Schwärme erfüllt.

Am *Leuchtturm* lenkt eine Station der Küstenwache radargesteuert den gefährlichen Schiffsverkehr (15.000 Schiffe jährlich). Wer das Glück hat, die Landzunge bei schönem Wetter zu erleben, dem ist ein sensationeller Rundblick vom *Cap Fréhel* im Westen, über die *Iles Chausey* im Norden bis weit in die Normandie im Osten vergönnt. Unser Tipp: Gleich bei der Ankunft einen Tisch im Restaurant reservieren, anschließend die Landschaft der *Pointe du Grouin* genießen, und den Abend bei Fisch und Meeresfrüchen ausklingen lassen.

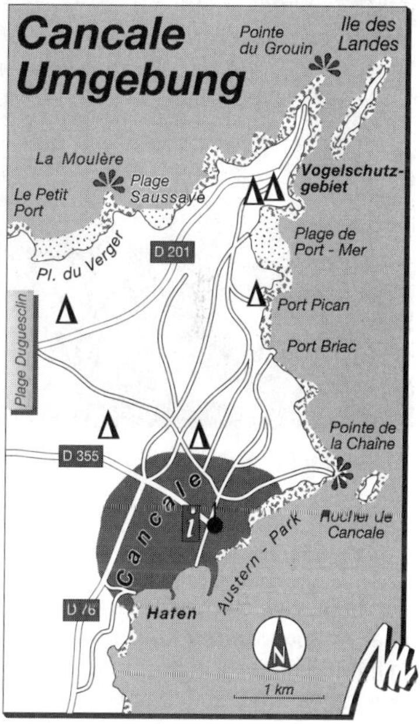

• _Übernachten/Essen_ ** **Hotel Pointe du Grouin**, Natursteinanwesen auf einem schmalen Streifen Fels im Atlantik – dementsprechende Aussicht aus allen Zimmern. Teilweise Balkons. Alle 16 Zimmer mit TV, sauber und adrett, sanitär sehr unterschiedlich. Im Sommer unbedingt reservieren. Im großen Restaurant stehen Meeresfrüchte-Gerichte zur Auswahl (s.o.), in der windgeschützten Brasserie genießt man einen schönen Blick auf die Vogelwelt der *Ile des Landes*. DZ 78–92 €, HP 73–91 €, Frühstück 8,50 €. Geöffnet von April bis Mitte Oktober. Pointe du Grouin, ✆ 02.99.89.60.55, www.hotelpointedugrouin.com.

Baden

Rund um die Hafenmole und die Austernparks von Cancale keine Bademöglichkeit. Es empfehlen sich die Strände nördlich, die sich über die *Pointe du Grouin* herum bis *Rotheneuf* hinziehen. In fast jeder Bucht zwischen den steilen Felsklippen finden sich kleinere oder größere Kiesel- oder Sandstrände. Eine Auswahl:

Plage de Port Mer: Beliebt und am schnellsten vom Hafen aus zu erreichen. Der mit Felsen durchsetzte Sandstrand ist im Sommer oft überfüllt. Verschiedene Animationsangebote. Bootsanlegeplatz.

Plage de Saussaye: Die ruhige Sandbucht am Anfang des Landzipfels, der sich ins Meer hinausstreckt, gehört zur Kategorie kuschelig. Keine Parkmöglichkeiten, steiler Abstieg von der Küstenstraße aus.

Plage du Verger: Der große, lang gezogene Sandstrand westlich der Pointe de Grouin, über dem die Kapelle *Notre Dame du Verger* thront, gilt als Surferadresse. Schmales Dünengelände, begrenzt von den Felsklippen der *Pointe de la Moulière*, an der sich Muschelliebhaber gerne herumtreiben. Der Parkplatz an der Küstenstraße wird gelegentlich als wildes Wohnmobilcamp genutzt.

Plage Duguesclin: Die etwa 1 km lange Bucht hinter dem Verger-Strand bietet auch bei Flut genügend Liegefläche. Vom Strandstreifen aus geht es relativ steil ins Wasser, Surfer haben optimale Bedingungen. Der Parkplatz an der Küstenstraße ist bei schönem Wetter zugeparkt. Wohnmobile wie am Plage du Verger.

Mittelalter auf Schritt und Tritt: Arkaden (links) und Uhrturm (rechts)

Dinan

(ca. 14.700 Einwohner)

Dinan ist eine der typischsten bretonischen Städte, eine Stadt mittelalterlicher Architektur mit Kultur und Geschichte, die etliche Maler und Literaten in ihren Bann zog. Victor Hugo über Dinan: "Eine schöne alte Stadt, angeklebt und zugemauert auf einem Hang über dem Abgrund wie ein Schwalbennest."

75 m hoch erhebt sich das Felsplateau über dem Fluss. Die Stadt besteht aus zwei Teilen, dem Hafen (*Le Port*) unten am Ufer der Rance, von dem aus eine der idyllischsten Gassen der Bretagne steil in die lebhafte Oberstadt hinaufführt. Diese wird von einem festen, fast kompletten Mauerwall mit trutzigen Türmen und malerischen Toren umringt, hinter dem sich in winkligen Gassen noch über 100 Fachwerkhäuser drängen. Dinan ist als *Ville d'Art et d'Histoire* ein nationales Kulturdenkmal und bezeichnet sich nicht umsonst als die "am besten erhaltene bretonische Stadt". Umso unverständlicher ist es, dass die Stadt kein vernünftiges Verkehrskonzept entwickelt: Trotz der Schnellstraße Rennes–St. Malo rollt ein beträchtlicher Teil des Schwer- und Fernverkehr weiterhin mitten durch Dinan.

Geschichte

Historisch verbürgt ist Dinan seit 1065: Der berühmte Wandteppich von Bayeux zeigt die von Wilhelm dem Eroberer belagerte Stadt. Ihre Ursprünge liegen wahrscheinlich in der gallo-römischen Zeit, damals dürfte sich am heutigen Hafen eine Furt befunden haben. Keimzelle Dinans ist die Abtei von Lehon, bereits zur Zeit der britannischen Invasion wichtige Pfarrgemeinde. Der Aufstieg zu einer der wichtigen Handels-, Kirchen- und Garnisonsstädte der Bretagne vollzieht sich ab dem frühen 12. Jh. Im Lauf des 13./14. Jh. wird die aufstrebende Stadt von den bretonischen Herzögen mit einem Stadtwall von 2600 m Länge, elf Türmen und vier Toren befestigt, Ende des 14. Jh. mit einem mächtigen Donjon bewehrt. Seit 1352 ist Dinan des Öfteren Tagungsort der aristokratischen Ständeversammlung und zwangsläufig umstrittener Spielball herzoglicher Interessen: Mehrmals wird die Stadt von Engländern oder Franzosen belagert und 1359 von ihrem berühmtesten Helden gerettet (siehe Kasten Duguesclin).

Die Dinanais sind geschäftstüchtig und erfolgsorientiert, der Hafen floriert, die Handwerksbetriebe haben volle Auftragsbücher. Neben der Erzeugung hochwertiger Lederartikel gilt die Stadt als Spezialistin für die Produktion von Leinwand und Tuchen. Dinans prosperierende Geschäfte und politische Bedeutung erreichen gegen Ende des 15. Jh. den Höhepunkt: Unter der Regentschaft des friedfertigen Herzogs *Franz II.* blühen die Geschäfte, seine Tochter *Anne* bezeichnet Dinan mit gutem Grund als "Schlüssel meiner Schatztruhe" und kümmert sich fürsorglich um die Stadt. Die Wohlhabenden bauen sich schönste Fachwerkhäuser, 1507 spendiert die Herzogin den gehorsamen und fleißigen Bürgern die Glocke für das neue Rathaus (*Tour d'Horloge*). 1585 beginnt unter dem französischen Gouverneur *Mercoeur* der Ausbau des Schlosses, eine Befestigungsanlage, die weder von außen noch von innen geknackt werden kann. Der ängstliche Mann fürchtet die einflussreichen Dinanais, die sich immer heftiger gegen die französische Einflussnahme wehren. Im Lauf des 17. Jh. entdeckt die katholische Kirche Dinan: Franziskaner, Benediktinerinnen und Dominikanerinnen quartieren sich in den gut geschützten Mauern ein.

1790 schlägt Dinans schwärzeste Stunde. Die Stadt, eine Bastion der französischen Krone und Sitz deren Seneschalls, leidet schwer unter den Ausschreitungen der revolutionären Truppen. Mit der Industrialisierung sinkt Dinans wirtschaftliche Bedeutung, ohne jedoch ganz zu verschwinden. Die Händler und Handwerker, die Messen und Märkte, die Dinan über vier Jahrhunderte zur wichtigsten Wirtschaftskapitale im Pays de Rance gemacht hatten, können sich über die Zeit retten. Ein neuer Aufschwung beginnt mit dem touristischen Zeitalter: Dinard ist sich seines Potentials durchaus bewusst, wartet mit einer Vielzahl an alten und neuen Sehenswürdigkeiten auf, und besitzt ein perfekt informiertes und kreatives Team im O.T.

Information

- *Postleitzahl* 22100
- *Information* Sehr viele und gut strukturierte Informationen bekommt man im O.T: Mitte Juni bis Mitte September, Mo–Sa 9–19 Uhr, So 9–12.30 und 14–18 Uhr, während dem Rest des Jahres Mo–Sa 9–12.30 und 14–18 Uhr. In der HS täglich Stadtführungen. Rue du château 9, ✆ 02.96.87.69.76, www.dinan-tourisme.com.

Verbindungen

- *Bus* Zentrale Bushaltestelle vor dem Bahnhof. Nebenhaltestelle auf dem Place Duclos im Zentrum. 6-mal täglich nach Dinard (30 Minuten), 4-mal St. Malo, Sonn- und Feiertage 2–3 Busse. Richtung Rennes über Bécherel bis zu 6-mal täglich. ✆ 02.96.39.21.05 und 02.99.26.16.00.
- *Stadtbusse* Seit einigen Jahren besitzt nun auch Dinan ein kleines Stadtbusnetz bestehend aus 4 Linien, die alle Stadtteile mit der Altstadt verbinden.
- *Zug* Dinan liegt an der Nebenlinie Dol–St. Brieuc. Werktags (inkl. Samstag) 5-mal über Dol nach Rennes (90 Minuten), in den Sommermonaten auch an Sonn- und Feiertagen mindestens 3 Züge. Über Lamballe nach St. Brieuc (1 Stunde) mindestens 3-mal täglich, im Sommer auch sonn- und feiertags. In der Hochsaison mehrmals täglich Anschluss an den Zug Rennes–Dinard. Place du 11 Novembre 1918, ✆ 02.96.39.00.78.

Diverses

• *Bootsausflüge* Die Rance hinab nach Dinard und St. Malo. Eine 25 km lange, romantische Bootsfahrt durch ein landschaftlich äußerst eindrucksvolles Flusstal – vorbei an Schlössern, Fischerdörfern oder der Insel der Mönche lernt man die Legenden der Bretagne ein Stück besser verstehen. Die Abfahrtszeiten richten sich nach den Gezeiten. Fahrtdauer 2,5 Stunden, Preise siehe Dinard. Rückfahrt (Gezeiten!) oft nur mit dem Bus. Abfahrt am Hafenkai. Corsaire, ✆ 02.96.39.18.04.

Ebenfalls Corsaire bietet von Mai bis August eine kommentierte 1-stündige Rundfahrt die Rance flussaufwärts nach La Hisse an. Abfahrt 3-mal wöchentlich um 15 Uhr, Erwachsene 7 €, Kinder 4,50 €.

• *Einkaufen* Dinan ist eine renommierte Stadt des Kunsthandwerks. Mehrere Spitzenbetriebe der Glasbläser-, Töpfer-, Seidenmaler-, Web- und Holzschnitzerkunst bieten ihre Produkte an. Vor allem in der Straße hinab zum alten Hafen haben sich etliche Meister ihres Handwerks niedergelassen.

• *Feste* Eine Fülle von Folklore-, Musik- und Marktfesten. Das Festjahr beginnt in der ersten Juliwoche mit dem **Festival des Terre-Neuvas** in Bobital. In Erinnerung an die bretonischen Hochseefischer, die jährlich mit mehreren Booten nach Neufundland aufbrachen, finden Konzerte traditioneller und internationaler Künstler statt. www.festival-terre-neuvas.com.

In der 2. Juliwoche geht es weiter mit dem **Festival international de Harpe celtique** (traditionelle Musik und Tänze), www.harpe-celtique.com.

Das ausgefallenste und größte Fest ist die **Fête des Remparts**, das Stadtmauerfest, das alle 2 Jahre in der letzten Juliwoche stattfindet (2004: 24. und 25.7.). Mittelalterliche Trachtenzüge (5000 Kostümierte), Turniere und ein reiches Animationsprogramm in den Altstadtstraßen.

Das erste Novemberwochenende gehört dem Apfel. Auf der **Fête de la Pomme** in Quévert werden lokale Spezialitäten (Cidre und Schnaps) vorgestellt und prämiert. Ausgelassene Erntedankfeierlichkeiten.

• *Führung* Im Sommer starten an der Touristinfo täglich Stadtführungen, Infos dort. Erwachsene 5 €, erm. 2,50 €.

• *Kleiner Zug* Von Juni bis September Rundfahrt zu den wichtigsten Sightseeing-Stationen – Altstadt, Hafen, Schloss, Stadtmauer. Abfahrt von 10–19 Uhr stündlich am Theater zwischen der *Basilique Saint Sauveur* und dem O.T. Erwachsene 5 €, erm. 2,50 €.

• *Markt* Großer **Wochenmarkt** auf dem Place du Champ und Place Duguesclin jeden Donnerstag 8–13 Uhr. Bunte Kulisse für einen netten Einkaufsbummel unter den Augen des Helden der Stadt. Ständiger **Fischmarkt** in der Halle aux Poissons zwischen Rathaus und der Kirche St. Malo. Am Samstag **Früchte- und Gemüsemarkt** in der Rue Carnot. Juli/August jeden Mittwoch **Flohmarkt** am Place St. Saveur, im Juni und September am 1. Mittwoch des Monats.

• *Parken* Ein größerer Parkplatz liegt unterhalb des Schlosses (beschildert), und die Dinanais sind dankbar, wenn Sie Ihr Fahrzeug außerhalb der Stadtmauern parken. Weitere Parkflächen in der Nähe der Post, z. B. am Place Duguesclin.

• *Schwimmbad* Zwei Freibäder laden zur Erfrischung ein; altstadtnah das **Piscine Municipal** in der Rue du Champ Garel. Im Örtchen Léhon (siehe Umgebung) das **Piscine des Pommiers**, das "Apfelbaumbad" in Nachbarschaft des alten Klosters.

• *Waschsalon* Cool waschen, cool aussehen. **Pressing-Laverie 2000**, Reinigung und Wasch-Selfservice in der Rue de Brest 16 (die Verlängerung der Rue des Rouairies Richtung Brest/St.Brieuc)

Übernachten

*** **Hotel d'Avaugour (6)**, auf dem Marktplatz; hinter der eleganten Natursteinfassade aus dem 18./19. Jh. verbirgt sich ein komfortables Hotel mit hohen, lichten und nett möblierten Räumen. 21 Zimmer mit Bad/Dusche/WC. Schöne Gartenterrasse zur Stadtmauer hin. DZ in der HS 100–120 €, in der NS deutlich billiger, Frühstück 10 €. Geschlossen von Mitte November bis Mitte Dezember. Place du Champ 1, ✆ 02.96.39.07.49, www.avaugourhotel.com.

** **Hotel de Bretagne (1)**, am großen Kreisverkehr bei der Post. Klassisches Gebäude aus dem 19. Jh. mit gastronomischem Erdgeschoss (Restaurant, Bar, Pub). 46 hohe, lichte Zimmer. Zur Straße hin etwas laut.

Der christianisierte Menhir von St.Duzec ▲

▲▲ Das Triumphtor von Sizun

▲ Jesus vor Pontius Pilatus am Calvaire von Plougonven

Jesus und die Häscher am Calvaire von Guimiliau ▲

Schmerz – Detail am Calvaire von St.Thégonnec ▲▲

Der Calvaire von Plougonven ▲

▲▲ Flammende Spätgotik – Wallfahrtskirche Notre-Dame-du-Roncier in Josselin

▲ Mont Contour: Kirchenfenster St.Maturin

▲ Südportal der Kirche Notre-Dame-de-Roscudon

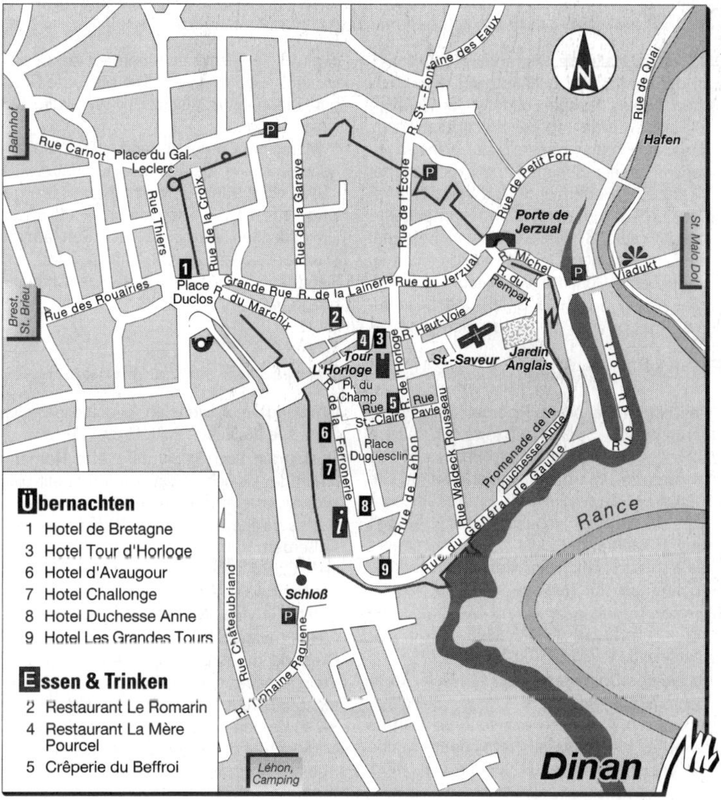

DZ mit Dusche oder Bad/WC in der HS 52 €, Frühstück 7 €. Ganzjährig geöffnet. Place Duclos 1, ✆ 02.96.39.46.15, www.avaugourhotel.com.

** **Hotel le Challonge (7)**, 18-Zimmer Hotel mit ganz angenehmen Zimmern inkl. guten Sanitärs. 3 Familiensuiten. DZ 62 €, Frühstück 7 €. Ganzjährig geöffnet. Place Duguesclin 29, ✆ 02.96.87.16.30, www.lechallonge.fr.st.

** **Hotel Tour d'Horloge (3)**, 12-Zimmer-Hotel in einer engen Altstadtgasse. Komfortabel eingerichtet, sanitär sehr gut ausgestattet, einige Zimmer mit Kochgelegenheit. Kein Restaurant. DZ 48 €, Frühstück 6 €. Ganzjährig geöffnet. Rue de la Chaux 5, ✆ 02.96.39.96.92.

** **Hotel les Grandes Tours (9)**, kurz vor dem Schloss an der N 176. 35 Zimmer, die meisten liegenzeigen nach hinten hinaus und sind daher ruhig, unterschiedliche Sanitärausstattung, ordentlich möbliert. Kein Restaurant. DZ 45–48 €, Frühstück 5 €. Im Januar geschlossen. Rue du Château 6, ✆ 02.96.85.16.20, carregi@wanadoo.fr.

* **Hotel la Duchesse Anne (8)**, nettes kleines Fachwerkhaus am Rand des Place Duguesclin mit 9 kleinen Zimmern "tout comfort" inkl. TV und Telefon. DZ nach Standard 28–38 €, Frühstück 5 €. Place Duguesclin 10, ✆ 02.96.39.09.43.

• *Jugendherberge* Etwa 2 km außerhalb, auf dem Weg zum Campingplatz von Taden. In der ehemaligen Mühle Moulin de Méen. 75 Plätze, Selbstversorgerküche, Campiermöglichkeit im Park. Geschlossen im Januar. Übernachtung 9 €. Vallée de la Fontaine des Eaux, ✆ 02.96.39.10.83, dinan@fuaj.org.

Camping

****** de la Hallerais**, etwa 4 km außerhalb, an der Landstraße D 12 kurz vor dem Dörfchen Taden (ausgeschildert). Großzügige 10-Hektar-Anlage mit 230 Stellplätzen in einer Waldlichtung oberhalb der Rance. Insgesamt wenig Schatten, der Platz ist penibel aufgegliedert und wird von Teerstraßen durchzogen. Hecken und Blumenbeete lockern auf. 3 Top-Sanitäreinrichtungen, Waschmaschinen, Supermarkt, Pizzeria, vorgekochte Gerichte, Bar, Mobilhome-Vermietung, TV-Saal und Spiel- und Leseräume. Im Sommer beheiztes Schwimmbecken, 3 Tennisplätze (überdachter Court), Minigolf. Geöffnet von März bis Ende Oktober. Taden, ✆ 02.96.39.15.93, www.wdirect.fr/hallerais.htm.

**** Municipal Châteaubriand**, unterhalb des Schlosses, an der Straße stadtauswärts nach Lehon. Kleines, nüchternes Rasengelände mit 50 z. T. schattigen Stellplätzen. Die einfachen, aber gepflegten Sanitärs reichen bei voller Belegung nicht ganz aus. Geöffnet von 24.5. bis 24.9. Rue Châteaubriand 103, ✆ 02.96.39.11.96.

Essen (s. Karte S. 129)

Restaurant La Mère Pourcel (4), Dinans berühmteste Speisegaststätte. In einem hervorragend restaurierten Fachwerkhaus aus dem 15. Jh. im Herzen der Altstadt. Gemütlicher Speiseraum mit mittelalterlichem Flair (Naturstein, Holz und antike Möbel) und Restaurantterrasse zum Promenierplatz hin. 2 Michelinlöffel und mehrere Kochmützen für gediegene Küche. Menüs 18–50 €. Sonntagabend und Montag Ruhetag. Im Februar geschlossen. Place des Merciers 3, ✆ 02.96.30.03.80.

Relais des Corsaires, direkt am Hafenkai in einem Haus aus dem 15. Jh. Stilvoll-urwüchsiges Ambiente mit schöner Gartenterrasse. Mehrmals ausgezeichnete Küche mit preiswerten Menüs von 15–32 €. Montagabend und Dienstag geschlossen. Le Port, Rue du Quai 7, ✆ 02.96.39.40.17.

Restaurant und Salon de thé le Romarin (2), in der kleinen Stube werden in stilvoller Wohnzimmeratmosphäre hausgemachte "tartes salées et sucrées" (4–10 €) serviert. Außerdem empfehlenswerte Tageskarte (9–15 €). Bei schönem Wetter kann man auf dem mittelalterlichen *Place des Cordeliers* sitzen. Geöffnet Mo–Sa 10.30–18 Uhr, Place des Cordeliers 11, ✆ 02.96.85.20.37.

Crêperie du Beffroi (5), Crêperie im alten Steingemäuer direkt gegenüber dem Theater. Sehr freundlicher Service. Crêpes von 3–7 €, Crêpemenüs von 4,50–10 €. In der NS Mittwoch und Sonntagabend geschlossen. Rue de l'horloge 3, ✆ 02.96.39.03.36.

Sehenswertes

Stadtspaziergang: Als Ausgangspunkt eines Stadtspaziergangs empfehlen wir den *Place Duguesclin*, den Marktplatz einen Katzensprung nördlich des Schlosses. Der Platz war vor gut 600 Jahren Schauplatz des Duells zwischen Duguesclin und dem Ritter von Canterbury (siehe Kasten). Heute wird er von stolzen Bürgershäusern aus dem 17./18. Jh. umringt, in der Mitte thront die Reiterstatue des Volkshelden (1902), eine Arbeit des durch den Erzengel vom Mont-Saint-Michel berühmt gewordenen Bildhauers Frémiet. Über die *Rue Ste. Claire* linker Hand in die *Rue de l'Horloge*, eine der malerischsten Straßen, in der sich neben dem *Glockenturm* das *Maison du Gisant* (Haus des Grabsteinmetzen), ein mit einem Säulengang versehenes Fachwerkhaus (16. Jh.), und das *Hôtel Kértatry* (1559), heute ein Harfenmuseum, befinden.

Die Straße mündet auf den *Place des Merciers*: Gleich an der Ecke das wohl schönste Fachwerkhaus Dinans, das heutige Feinschmeckerlokal "La Mère Pourcel". Der Platz ist umrahmt von spitzgiebeligen Häusern, unter deren arkadengestützten, vorkragenden Obergeschossen die fliegenden Händler ihre Waren feilboten. In der *Rue*

Blick ins Hafenviertel

de l'Apport, die den Place des Merciers mit dem Place des Cordeliers verbindet, sind die drei für Dinan typischen Bauweisen der Fachwerkhäuser versammelt: Stützpfeilerhäuser (16. Jh.), *Maisons à vitrine,* Gebäude mit großen, hohen Fenstern, die von Schiffszimmermännern gefertigt wurden und an die Bug-Galerien von alten Segelschiffen erinnern, und Fachwerkhäuser mit freitragenden Stufen zum Obergeschoss (15. Jh.). Links der Straße lohnt ein Blick in die verschiedenen kleinen Gässchen, in denen die vorragenden Spitzgiebel nach oben hin zusammenzuwachsen scheinen.

Weiter über den *Place des Cordeliers,* an dessen Ende sich ein schönes gotisches Portal zum ehemaligen Franziskanerkloster öffnet. Heute ist hier eine Schule untergebracht, der alte, etwas überrenovierte Kreuzgang und der Ehrenhof können besichtigt werden. Zurück zum *Place des Cordeliers.* Links über die *Rue de la Lainerie* geht es in Dinans idyllischste Straßenzeile: die *Rue du Jerzual,* bis zum Bau des Viadukts in der Mitte des 19. Jh. die Hauptverkehrsader zwischen Oberstadt und Hafen.

Die kopfsteingepflasterte, steil zum Fluss hinunterführende Gasse wird von restaurierten Fachwerkhäusern gesäumt, unterbrochen von der *Porte du Jerzual* (13./14. Jh.). Heute haben sich in den idyllischen Häuschen entlang der Gasse Dinans berühmte Kunsthandwerker niedergelassen. In den Ateliers und kleinen Magazinen können Sie den Meistern beim Glasblasen, Figurenschnitzen oder Weben zuschauen und das eine oder andere Souvenir erstehen. Kurz hinter dem "Gerberhaus" (im offenen Dachspeicher trockneten früher die stinkenden Häute) am steilen Ende der Gasse der *Hafen* am Fluss: Restaurants, Bars und Cafés, Ausflugsboote und Yachten liegen am Kai, malerisch überspannt das unlängst renovierte gotische Brücklein die Flussschleife der Rance.

Stadtmauerspaziergang: Dinans Stadtmauer ist der älteste und bedeutendste Stadtwall der Bretagne, im 13. Jh. errichtet und 100 Jahre später erweitert. Trotz einiger Lücken ist er so gut wie ganz erhalten, 2600 Meter wehrhafte Mauern umschließen etwa 30 Hektar, in die sich das alte Dinan zwängt.

Der Stadtwall ist fast vollständig abzugehen, am schönsten auf der Ost- und Südostseite. Beginnen Sie Ihre Tour bei der Kirche *St. Sauveur,* an die sich der *Jardin Anglais* anschließt, ein vor allem an schönen Sommertagen von mittagspausierenden Angestellten und Schülern bevorzugter Sonnenplatz, abgeschlossen von einer niedrigen Mauerbrüstung, hinter der die Mauer steil zum Hafen hinabstürzt. Auf der von Bäumchen und Bänken gesäumten *Promenade de la Duchesse Anne* in südlicher Richtung begleitet Sie ein reizendes Panorama: Malerisch windet sich die Rance zu Ihren Füßen, durch die steinernen Bögen des Viadukts, das seit 1852 das Tal in 40 m Höhe auf 250 m Länge überspannt, gleitet der Blick zu den Ausflugsbooten im alten Hafen.

Château/Museum: Die ältesten Teile des Schlosses von Dinan gehen auf das 13./14. Jh. zurück: Die *Porte du Guichet,* der Südausgang der Stadt, flankiert von zwei Rundtürmen mit schmalen Schießscharten, und der 34 m hohe *Donjon,* in dem sich das *Musée de Dinan* befindet. Die beiden Befestigungsteile wurden im 15. Jh. durch den mächtigen *Tour de Coëtquen* ergänzt, dem Ex-Gefängnis mit bis zu vier Meter dicken Mauern, in dessen feuchter Tiefe heute mehrere Liegefiguren versammelt sind, diffus beleuchtet und unheimlich.

Das Museum beherbergt in drei Sälen Exponate zur bretonischen und besonders zur Stadtgeschichte. Hinter der noch funktionierenden Zugbrücke des Donjons erwarten Sie am Eingang einige Heiligen- und mehrere Jesusskulpturen. Im ersten

Stock drei Webstühle und eine Sammlung schlohweißer, fein gebundener Hauben in allen Größen, nach Ortschaften und Regionen gegliedert. Im Saal der Wachen (Zwischenstockwerk) veranschaulichen bretonische Möbel und Regale mit alten Gewichten und Maßeinheiten das Alltagsleben. Im Obergeschoss (Saal des Konnetabel) berühmte Persönlichkeiten Dinans, darunter *Théodore Botrel* (Barde und Sohn der Stadt), *Auguste Pavie* (Forscher und Diplomat) und natürlich *Bertrand Duguesclin*, der Feldherr zu Pferd. Daneben gemalte Stadtansichten Dinans und die "Büste von Charlie", ein Kellner-Original, das am Anfang unseres Jahrhunderts in einer Pariser Künstlerbrasserie zu literarischen Ehren gekommen ist.

Die Plattform über dem Wehrgang erlaubt einen Rundblick: Markant ragen drei Türme aus dem grauen Dach- und Schornsteingewimmel Dinans in den Himmel, links der *Turm der Kirche St. Malo*, in der Mitte der *Tour de l'Horloge* und rechts die *Spitze der Basilika St. Sauveur*.

Tipp: Ganz unten im Keller des Schlossturms befindet sich ein Wunschloch; in diesem liegen Geldstücke, eine Glasplatte verhindert den Zugriff. Durch ein rund ausgeschnittenes Loch können Sie dem Schatz einen weiteren Geldbetrag Ihrer Wahl zuführen und dürfen sich dabei etwas wünschen. Die Sache scheint zu funktionieren: Die Wünsche der beiden Autoren wurden Realität.

Öffnungszeiten Von Juni bis September täglich von 10–18.30 Uhr. Von Oktober bis Mai täglich von 13.30–17 Uhr, im Januar geschlossen. Eintritt 4 €, ermäßigt 1,50 €.

Tour de l'Horloge: Von der Zeit seiner Fertigstellung (Ende 15. Jh.) bis zur Französischen Revolution war der 30 m hohe Turm Sitz der Ratsversammlung und Rathaus der Stadt. 158 Stufen führen hinauf zur Aussichtsplattform im Glockengestühl. Herrliches Panorama über die Stadtdächer und das Rancetal. Zwei Besonderheiten: Das mechanische Werk der ersten Turmuhr im Inneren des Glockenturms wurde in Nantes vom deutschen Uhrmacher Hamzer 1498 gebaut, die hell tönende Glocke war ein Geschenk von Herzogin *Anne* an die von ihr geliebte Stadt (1507). Die Uhr ist seit dem 19. Jh. außer Betrieb, aber im Erdgeschoss zu besichtigen.

Öffnungszeiten Juni bis September täglich 10–18.30 Uhr. Erwachsene 2,50 €, ermäßigt und Jugendliche bis 18 Jahre 2 €.

Basilika St. Sauveur: Vom 12. bis zum 17. Jh. wurde an ihr gebaut. Fassade und Südmauer sind romanisch-byzantinisch (12. Jh.), Kirchen- und Querschiff, Chor und die an die romanische Mauer angefügte Seitenkapelle (15./16. Jh.) gotisch. Die Spitze des Glockenturms (17. Jh.) wurde nach einem Blitzschlag im 18. Jh. durch mehrere pyramidenförmige, schiefergedeckte Kuppeln ersetzt. Im Inneren gefallen die schönen Buntglasfenster mit Motiven der Evangelisten, ein granitener Taufstein (12. Jh.) mit Karyatidenschiff und der Hauptaltar (18. Jh.). Im nördlichen Querschiff der absolute Höhepunkt: der viel besuchte Kenotaph Bertrand Duguesclins, unter dessen Platte verborgen das Herz des Volkshelden ruht (14. Jh., 18. Jh. restauriert). Die vergoldeten Lettern der Inschrift über dem Grabmal erzählen, dass der Held zeit seines Lebens "bertran du gueaq'ui" gerufen wurde.

Teemuseum Arthé: Das in Europa einzigartige Teemuseum zeigt kunstvolles Teegeschirr und Porzellan aus dem 19. Jh. Ein Muss für Teeliebhaber.

Öffnungszeiten Sehr kompliziert, am besten anrufen oder vorbeigehen. Rue de l'Apport 19, ✆ 02.96.87.48.45.

La Maison de la Rance: Das direkt am Hafen gelegene Museum rund um das Tal des Flusses Rance ist interessant für die ganze Familie.

Öffnungszeiten Von April bis November Di–So 14–18 Uhr, im Juli und August täglich auch vormittags. Erwachsene 4 €, erm. 3 €. Quai Talard, ✆ 02.96.87.00.49.

Harfenmuseum Ti an Delenn: Im *Hôtel Kértatry.* Im typischen Fachwerkhaus wird das – dank Troubadix gefürchtete – Bardeninstrument, seine Geschichte und Entwicklung dargestellt. In der früheren Touristeninformation hat sich nämlich der örtliche Harfenverein niedergelassen, der Ausstellungen, Workshops, Kurse und Konzerte rund um die Harfe organisiert.

Öffnungszeiten Variieren stark, Infos beim O.T. oder im Museum selbst, ✆ 02.96.87.36.69.

Kletterpark Accro Branche: Wer von der geballten Kultur ein wenig Erholung benötigt und sich aktiv betätigen möchte, kann sich im Kletterpark durch die Baumwipfel hangeln.

Rue du Roquet 1, ✆ 02.96.85.05.02.

Bertrand Duguesclin

Als der aristokratische Knabe 1320 in der Burg von La Motte-Broons 20 km südwestlich von Dinan geboren wird, glaubt niemand, dass aus dem hässlichen Balg eines Tages einer der berühmtesten Helden der bretonisch-französischen Geschichte werden soll. Das zehnte Kind eines kleinen Landadeligen hat eine schwere Jugend. Mit seinen krausen, schwarzen Haarbüscheln, der Knollennase und dem fliehenden Kinn ist er nicht nur die Zielscheibe des Spottes seiner Spielkameraden, auch der Vater wendet sich wegen seiner Hässlichkeit von ihm ab. Ungeliebt, gehänselt und für nicht ganz voll genommen, muss sich der kleine Bertrand bereits in jungen Jahren gegen Gott und die Welt wehren. Immer in Händel und Auseinandersetzungen verstrickt, übt er sich schon früh in der zeitgemäßen Kunst der Fehde, trainiert er wie ein Besessener mit Lanze, Dolch und Schwert. Mit 17 beschließt er, das Glück in der Welt zu suchen. Auf einem Ackergaul zieht er nach Rennes, der Stadt der eleganten Ritter und der urwüchsigen Haudegen.

Die besten der Kriegsbranche geben sich hier alljährlich ein sportlich-kriegerisches Stelldichein. Bertrand, arm, aber ehrgeizig, sieht seine Chance: Er pumpt sich eine komplette Kampfmontur zusammen und tritt 1337 inkognito beim großen Turnier an. In sehenswerter Manier begeistert der namenlose Ritter das Publikum, besiegt alle Gegner und wird zum Helden des Tages. Als er das schwere Visier hochklappt, ist die Überraschung groß – und die Verachtung des Vaters für den hässlichen Spross schlägt in Begeisterung für dessen Talent um. Mit den Worten: "Mein schöner Sohn, von nun an sollst Du nicht mehr von mir verachtet werden", drückt er ihn an seine stolzgeschwellte Brust.

Der Ruf Bertrands eilt in alle Himmelsrichtungen, seine unglaublichen kämpferischen Fähigkeiten machen ihn bald über die Grenzen des Landes hinaus bekannt. Er wird Söldner und entscheidet sich für *Karl von Blois,* der gegen *Jean de Montfort* zum Kampf um die Bretagne antritt (siehe Geschichtskapitel, Erbfolgekrieg). Eine Entscheidung fürs Leben: Mehr als drei Jahrzehnte zieht er rastlos durch Westfrankreich und Spanien von Feldschlacht zu Feldschlacht, von Belagerung zu Belagerung. 1354 wird er zum Ritter geschlagen, und sein Chef Karl von Blois ernennt ihn zum Feldherrn seiner Truppen.

1359 wird er in Dinan von den Engländern eingeschlossen. Ein weiterer Markstein seiner Karriere, der ihm neben der Achtung des englischen Gegners auch die Liebe einer schönen Frau einbringt. Dinan, bereits seit Wochen von einer gegnerischen Übermacht unter der Regie Lord *Lancasters* belagert, droht zu fallen. Duguesclin erreicht einen Waffenstillstand. Als sein Bruder außerhalb der Stadt von Lord *Canterbury* gefangen genommen wird, ist die Vereinbarung gebrochen. Das Fehderecht tritt in Kraft. Duguesclin fordert den rechtsbrüchigen Canterbury zum Duell; auf dem Champ Clos von Dinan verprügelt der Haudegen den eleganten Lord dermaßen, dass Lancaster, ganz loyaler englischer Sportsmann, die Belagerung aufgibt. Canterbury wird aus der Armee ausgeschlossen, und die schöne Bürgerstochter *Tiphaine Raguenuel* verliebt sich während des Duells in die Kampfmaschine. Duguesclin heiratet Tiphaine, und neben dem privaten Glück geht es auch beruflich voran. 1360 wird Bertrand zum Gouverneur ernannt, 1364 zum Grafen.

1365 stehen Blois und Montfort in den Sümpfen von Auray vor der Entscheidung. Trotz der Warnung seines Feldherrn Duguesclin, der sich zurückziehen will, stellt sich Karl von Blois seinem übermächtigen Vetter. Der gewinnt (Karl stirbt), wird Herzog und kassiert Lösegeld für den gefangen genommenen Duguesclin.

Die Erbfolge ist geklärt, die militärischen Auseinandersetzungen und politischen Intrigen zwischen dem französischen und englischen König gehen jedoch weiter. Duguesclin führt etliche Feldzüge an, die den Besitz der französischen Krone vergrößern. Sein Söldnerheer zieht siegreich über die Pyrenäen, hat Rückschläge einzustecken, doch ist es letztendlich erfolgreich. Als König von Granada kehrt Duguesclin nach Frankreich zurück, sein König ernennt ihn zum Oberbefehlshaber der französischen Truppen. Der Krieg zwischen England und Frankreich geht weiter, und Duguesclin ist mit wechselndem Glück immer dabei. Am 14. Juli 1380 stirbt der getriebene Haudegen während seiner Lieblingsbeschäftigung. Bei der Einnahme von Châteauneuf-de-Randon im Zentralmassiv – es ist heiß, die Sonne brennt unbarmherzig auf die schwere Rüstung – streckt ihn ein Herzschlag nieder.

Duguesclins letzte Odyssee beginnt. Als wollte er die Unrast seines Lebens weitertreiben, wird der Leichnam des Helden quer durch Frankreich geschafft. Er hatte sich testamentarisch eine Beerdigung in Dinan gewünscht – und damit gegen einen mittelalterlichen Brauch verstoßen. In der von Aberglauben durchsetzten Welt des Mittelalters war es üblich, den Leichnam eines Helden oder Königs stückchenweise an verschiedenen Orten zu begraben, möglichst viele sollten der glänzenden Aura seiner Taten teilhaftig werden, viele begehrten eine Reliquie ihres Idols. Duguesclins letzter Triumph: Könige wurden üblicherweise in drei Grabmälern beigesetzt, die sterblichen Überreste des Feldherrn aber ruhen an vier verschiedenen heiligen Stätten.

Dinan / Umgebung

Léhon: Das aufgeräumte und herausgeputzte Dörfchen 2 km südlich vor den Toren Dinans wird überragt von den Gebäuden der alten *Benediktinerabtei St. Magloire.* Sie wurden zwischen dem 13. und 15. Jh. an Stelle eines Klosters errichtet, das bereits im 10. Jh. urkundlich Erwähnung fand. Die Kirche des alten Priorats wurde im 19. Jh. renoviert. In ihrem Inneren, beleuchtet vom diffusen Licht der kubistischen Buntglasfenster und – auf Knopfdruck – beschallt von einem Mönchs-Choral, ruhen mehrere berühmte Persönlichkeiten von Stand. Neben den Liegefiguren der Nichte Duguesclins und Marguerite d'Avaugours (Wohltäterin der Stadt im 13. Jh.) das Grabmal Jean V. von Beaumanoir: einer der Helden eines in die Geschichte als "Schlacht der Dreißig" eingegangenen Gemetzels (siehe Josselin/Kasten). Wie die Inschrift über dem Grabmal verrät, wurde er am 14. Februar 1385 durch zwei tödliche Schwerthiebe eines verräterischen Vertrauten niedergestreckt. Die ehemalige Klosteranlage links der Kirche ist teilweise verfallen, unter den gotischen Bögen des malerischen alten *Kreuzgangs* (17. Jh.) herrschen Ruhe und Frieden. Die 1990 begonnene Restaurierung des *Refektoriums* ist inzwischen erfolgreich beendet, der Speisesaal ist zur Besichtigung freigegeben.

Öffnungszeiten Juli und August 10–12 und 14–18 Uhr. Erwachsene 3 €, erm.1,50 €, ✆ 02.96.87.40.49.

Temple du Mars: Neben einem momentan verfallenden Bauernhof steht der schon verfallene, angebliche Tempel des Kriegsgottes. Das einzig größere römische Überbleibsel der Bretagne wirkt noch armseliger als das bäuerliche Anwesen; der einst achteckige Turm hat nur noch vier Ecken, oben versucht eine gewagte Latten- und Bretterkonstruktion, den gröbsten Verfall aufzuhalten. Wenn Sie kein sehr ausgeprägtes Verhältnis zu den Resten der Antike besitzen, lohnt sich der Besuch nur, wenn Sie Kamille mögen.

Anfahrt Von Dinard über die D 794 Richtung Corseul. Etwa 2 km vor der Ortschaft ein schmales Teersträßchen zu einem aufgegebenen Bauernhof links ab (ausgeschildert). Nach etwa 500 m auf dem Hof des verlassenen Anwesens parken.

Bécherel *(600 Einwohner)*: Ein Traum in Granit. 20 km südlich von Dinan gruppieren sich oberhalb der D 2 die Häuser der *Cité de Caractère* auf einem Hügel. Das Örtchen an der Route Châteaubriand war von 1123 bis 1790 ein befestigter Adelssitz und weit über die bretonischen Grenzen bekannt für seinen Flachs – aus ihm wurde das beste bretonische Leinen gewebt. Die Stadtmauer ist abgetragen, und Flachs wird nicht mehr angebaut. Heute hat Bécherel als *Cité du livre* (Stadt der Bücher) einen Namen: Etwa ein Dutzend Buchläden drängen sich in den Gassen, dazu gibt es jeden ersten Sonntag im Monat einen Büchermarkt.

Château de Caradeuc: An der D 220 am westlichen Ortsende von Bécherel liegt das "Versailles der Bretagne" (Eigenwerbung). Im frühen 18. Jh. nach dem Vorbild des französischen Königsschlosses gebaut, war sein bekanntester Bewohner Louis René de Caradeuc de la Chalotais. Der einflussreiche Jurist verfasste eine Schrift wider den Jesuitenorden, die im bretonischen Parlament durchschlagenden Erfolg hatte: Der Orden wurde in der Bretagne verboten. Sein Lohn bestand in 11 Jahren Kerker und Verbannung. Das Schloss ist nicht zugänglich, doch der Parkbesuch ist ein fürstliches Vergnügen für jedermann: Skulpturen, Wasserspiele, gezähmte, verspielt zugeschnittene Natur und von der Nordterrasse eine schöne Aussicht.

Öffnungszeiten Sehr stark saisonabhängig. Infos über ✆ 02.99.66.81.10 oder www.becherel.com.

Les Iffs: ZwischenBécherel und Hédé an der N 137 liegt das abgeschiedene Dörfchen Les Iffs, mit seiner *Kirche* und der nahen Burg *Montmuran* (siehe unten) Ziel einiger Touristen. Das schönste Detail der Außenfassade ist das Südportal, innen sind es die handwerklich meisterlichen Fenster aus dem 16. Jh. – die Passionsgeschichte in 20 Szenen. Weltlich lustig dagegen geht es am Sonntagnachmittag in der Dorfkneipe *Bar du village* zu, deren Besuch wir zur Erholung vom Kulturtrip empfehlen.

Burg Montmuran: Keine 1000 Meter von Les Iffs schlummert in völliger Einsamkeit die Burg Montmuran. Die gesellschaftlichen Höhepunkte des Hoflebens liegen lange zurück: Hier heiratete *Bertrand Duguesclin* seine Jeanne, und auf Montmuran wurde der Haudegen 1354 zum Ritter geschlagen. Das wehrhafte Gemäuer, das z. T. ins 12. Jh. zurückreicht, war einst eine harte Nuss für etwaige Belagerer, heute sind die Pechnasen unbemannt, die Zugbrücke ist herabgelassen und das Fallgitter am Tor hochgezogen – Teile der Burg (u. a. *Kapelle*, *Burgmuseum* und *Gardesaal* in einem der Türme) dürfen besichtigt werden.

Öffnungszeiten Von Juni bis September täglich außer Sa 14–18 Uhr. Erwachsene 4 €, erm. 3 €

Saint Malo

(ca. 50.000 Einwohner)

"Ni Français, ni Breton: Malouin suis!" – "Weder Franzose noch Bretone, Bürger von St. Malo bin ich!" Über Jahrhunderte war den stolzen Bewohnern der Stadt dieser Wahlspruch Zeichen ihrer Eigenständigkeit: Die Malouins pflegten mit anderen Seemächten als Gleiche unter Gleichen zu verhandeln und waren von den Ordern bretonischer Herzöge oder französischer Könige wenig zu beeindrucken.

Zwischen dem 16. und 19. Jh. war St. Malo eine blühende Handelsstadt. Haupterwerbszweig der Bürger war das Korsarentum. In dieser Branche verdienten sie sich einen erstklassigen Ruf, und noch heute ist diese Vergangenheit allgegenwärtig. An allen Ecken und Enden der nach dem Zweiten Weltkrieg sorgfältig wiederaufgebauten Festungsstadt begegnen dem Besucher die gefürchteten Seeräuber. Die Andenkenläden präsentieren Postkarten mit den geröteten Gesichtern verwegener Matrosen, deren Namen – *Borgne-fesse* (einäugige Hinterbacke), *Boit-sans-soif* (Säufer ohne Durst) oder *Cap't'n je pique* (Käpten Stich) – kalte Entschlossenheit demonstrieren. Über den Bars und Pubs prangen Blechschilder mit holzbeinigen Seebären und einarmigen Filibustern, Restaurants werben mit dem Konterfei des legendären *Surcouf*. Ein Weltunikum ist der eingetragene "Verein der Nachkommen der Korsaren".

Der Stolz der Malouins ist wissenschaftlich belegt. *Châteaubriand*, einer der illustren Söhne der Stadt, berechnete, dass die *Ville Close* von St. Malo – nicht größer als die Tuilerien von Paris – Frankreich mehr berühmte Persönlichkeiten geschenkt habe, als manch andere große Stadt. Der auf der *Ile du Grand Bé* begrabene Romantiker und Staatsmann hatte nicht Unrecht. Neben den Kaperprofis erblickten in der stolzen Stadt gleich dutzendweise berühmte Entdecker, Physiker, Ärzte und Schriftsteller das Licht der Welt. *Jacques Cartier* entdeckte 1534 Kanada, *Maupertius*, Arktisforscher und Geologe, wurde von Friedrich dem Großen die Präsidentschaft der Berliner Universität übertragen, Broussais revolutionierte die neuzeitliche Medizin, F.-R. Lammenais erschütterte mit seinen religiösen Streitschriften die katholische Kirche, und schließlich *François-René de Châteaubriand*

Blick auf die Ville Close

selbst. Die Leibspeise des zu seiner Zeit bekanntesten französischen Literaten (das nach ihm benannte, doppelt dick geschnittene Steak aus der Mitte der Rinderlende) verzückt noch heute die Gourmets auf dem blauen Planeten.

St. Malo präsentiert sich nach den Zerstörungen des Zweiten Weltkrieges heute wieder wie im 18. Jh. Die "granitene Zitadelle" (Châteaubriand) auf der nur durch einen künstlichen Damm mit dem Festland verbundenen Insel wird von einem abweisenden grauen Mauerwall umgürtet, hinter dem klassizistische Reedershäuser stolz aufragen. Die *Ville Close* (auch: *intra muros*), auf drei Seiten von Wasser umspült (Rance, Hafenbecken und Ozean), ist eine jener befestigten Inselstädte, die trotz heftigster Belagerungen über Jahrhunderte nicht eingenommen werden konnten – erst durch die moderne Massenvernichtungsmaschinerie des 20. Jh. wurde das grau in grau gehaltene Bollwerk zerstört. Nach der gelungenen Stadtrestaurierung wurde St. Malo zum zweiten Mal in seiner Geschichte erobert: Jedes Jahr schwärmen Hunderttausende von Touristen über die Wälle und durch die Straßen und jagen der Korsaren- und Entdeckervergangenheit nach.

Geschichte

Die Ursprünge St. Malos liegen im Ortsteil St. Servan. Dort muss sich im 1. Jh. v. Chr. ein keltischer Versammlungsplatz befunden haben, auf dessen Grundmauern die Römer die gallorömische Stadt *Aleth* hochziehen, eine schnell wachsende Ansiedlung, in erster Linie als Nachschubbasis für die Invasion Britanniens genutzt. Im 6. Jh. lässt sich der Mönch *Aaron* als Eremit auf der Landzunge nieder, kurz darauf folgt ihm aus Britannien der Missionar *Maclow* (Malo). Malo, einer der sieben Gründerheiligen, geht eifrig ans Werk, errichtet zusammen mit seinem Clan ein Kirchlein und verbreitet das Christentum an den nördlichen Gestaden.

Im Lauf der folgenden vier Jahrhunderte wächst Aleth zum Bischofssitz, in der karolingischen Ära thront bereits eine ausladende Kathedrale über der Landzunge des heutigen St. Servan. Mitte des 9. Jh. beginnt eine schwere Zeit für die Bewohner Aleths; ständig von normannischen Plünderern bedroht, beschließt man, auf die Aleth gegenüberliegende Insel umzuziehen, die durch den Schutz des Ozeans mehr Sicherheit bietet. Das heutige St. Malo ist geboren.

Der große Aufstieg der zwischen dem 12. und 14. Jh. mit einer mächtigen Mauer bewehrten Stadt beginnt während des Hundertjährigen Krieges, in dem St. Malo, nunmehr schwer einzunehmen, sich ein hohes Maß an Selbständigkeit ertrotzen kann. Zur Zeit der Hugenottenkriege (1562 –1598) übt die Stadt volle Selbstverwaltung aus und verhandelt als autonome Republik mit den europäischen Seemächten. Die Malouins gelten ab dieser Zeit für die folgenden drei Jahrhunderte als die

Korsaren

Im Gegensatz zum einfachen Piraten (Flibustier), der auf eigene Rechnung unter der schwarzen Totenkopfflagge die Weltmeere verunsicherte, waren Korsaren mit einem Kaperbrief ihrer Regierung (königlicher Freibrief) unterwegs, der es ihnen erlaubte, feindliche Schiffe aufzubringen und Besatzung inkl. Passagiere zwecks Lösegeldforderung zu verschleppen. Eine weitere Aufgabe der schnellen und wendigen Korsarenschiffe war der Geleitschutz der eigenen Handelsschiffe.

Die Malouiner Schiffskonvois mit weißem Kreuz auf blauer Flagge, die die Wogen der Meere durchpflügten, waren von allen Handelskapitänen gefürchtet – besonders von den englischen, die im ständigen Kampf um die Seehoheit mit Frankreich lagen. St. Malo wurde zur blühenden Korsaren- und Handelsstadt. Mitte des 17. Jh. hatte sich der Seeraub zum Gewohnheitsrecht entwickelt, die Piraterie war zum Akt der Staatshoheit geworden. Und die tollkühnen Malouins spezialisierten sich von nun an ganz auf die "Fahrt à la Course": Reiche Reeder und betuchte Aristokraten gründeten Aktiengesellschaften und rüsteten Korsarenschiffe aus. Kehrten die Schiffe zurück, waren die Aktionäre am prächtigen Gewinn beteiligt, klappte die Tour nicht, teilte man sich den Schaden.

Eine besonders lukrative, wenn auch risikoreiche Variante war der Commerce triangulaire, das Dreiecksgeschäft zwischen Afrika, Amerika und der Bretagne, zynisch als "Ebenholzhandel" bezeichnet. Mit Getreide und billigem Glitzer beladen, segelten die Schiffe zum Schwarzen Kontinent, tauschten dort ihre Ladung gegen Sklaven und verkauften das "schwarze Gold" in den Zuckerrohrplantagen der neuen Welt mit horrenden Gewinnen. Für die Rückfahrt wurden die Laderäume mit Gewürzen und Zucker gefüllt, und die Schiffe kehrten nach etwa einjähriger Fahrt in die Bretagne zurück.
Einige tatkräftige Malouiner arbeiteten denn auch bis ins mittlere Mannesalter als Korsaren. Nach erfolgreicher Fahrt und mit zunehmendem Alter stiegen sie zu Reedern mit eigenen Kontoren und Schiffen auf, die in den Kaperkrieg investierten und ungehörige Summen dabei gewannen.

Zu den bekanntesten Korsaren gehörte *Porcon de la Barbinais* (1639–1665), der nach gescheiterten Lösegeldverhandlungen mit dem Piratenscheich von Algier auf einen Mörser gespannt und von einer Kanonenkugel zerfetzt wurde; *René Dugay-Trouin* (1673–1736) eroberte Rio, und der Hollywoodheld *Robert Surcouf* (1773–1827), der "Schrecken der Engländer", setzte sich nach 12-jähriger Kapertätigkeit im Indischen Ozean in seiner Geburtstadt zur Ruhe und wurde zu einem der reichsten Reeder Frankreichs.

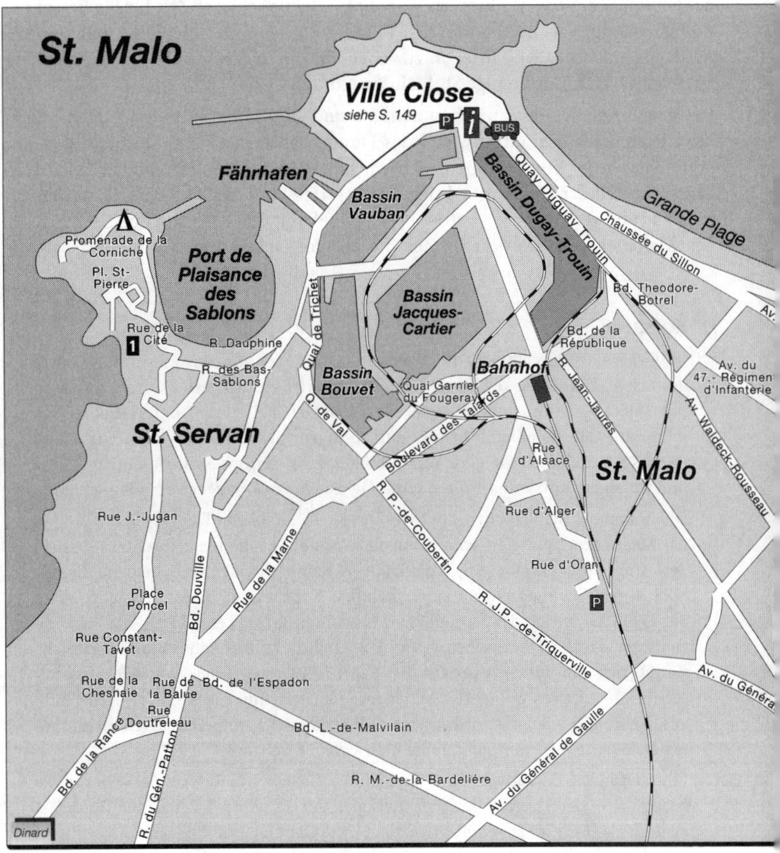

wagemutigsten und stolzesten Seefahrer der bekannten Welt. 1534 bricht *Jacques Cartier* zur Entdeckung Kanadas auf, Ende des 16. Jh. statten Malouiner Geschäftsleute ihre weithin gefürchteten Schiffe erstmalig für einen neuen Wirtschaftszweig aus: die Kaperei. Mit ihr beginnt St. Malos blühende Ära – der erste arabische Mokka, der in Frankreich eingeführt wird, ist von Malouiner Korsaren requiriert worden.

Nach den napoleonischen Kriegen und der Neuordnung Europas zu Beginn des 19. Jh. verschwindet das Korsarentum aus der Wirtschaftsgeschichte. Zwar gibt es noch vereinzelte Seescharmützel vor allem mit orientalischen Potentaten, doch die Ära der Kaperschifffahrt, die St. Malo reich und unabhängig gemacht hat, ist beendet. Neues Betätigungsfeld der Malouins wird Mitte des 19. Jh. die *Grande Pêche*, der friedliche Kabeljaufang vor Neufundland und Labrador, der bis zum Ersten Weltkrieg für St. Malos Wohlstand sorgt. Mit dem Niedergang der bretonischen Flotten zwischen den beiden Weltkriegen sinkt auch St. Malos Stern.

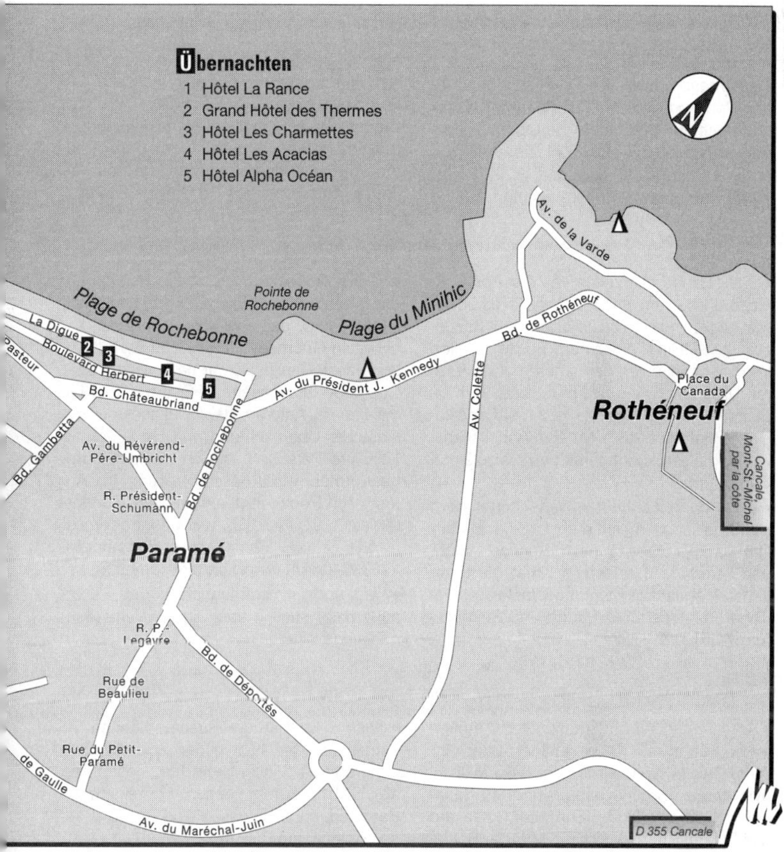

Zweiter Weltkrieg. Die deutschen Truppen, die St. Malo zum strategischen Stützpunkt ausgebaut haben, verschanzen sich im Sommer 1944 in der Ville Close vor der Invasion der Alliierten und verteidigen die Stadt bis zum letzten Mann. Zwischen dem 1. und 14. August 1944 zerbomben alliierte Luftgeschwader die Stadt. St. Malo ist ein einziges Trümmerfeld. 700 Gebäude (80 %) sind zerstört, nur die Befestigungsanlagen und zwei alte Reedershäuser überdauern das Inferno relativ unbeschadet. Gleich nach dem Krieg beginnt der Wiederaufbau. Architekten und Kunsthistoriker wälzen die alten Stadtpläne und kennzeichnen in systematischer und aufwendiger Aufbauarbeit 130 unter Denkmalschutz stehende Häuser. Sie markieren akribisch, teilweise unter Lebensgefahr, einzelne Steine und Baufragmente und rekonstruieren so das St. Malo des 18. Jahrhundert. Seit dem Abschluss der Restaurierungsarbeiten 1952 säumen die klassizistischen Fassaden der Reedershäuser wieder die Straßen- und Gassenschluchten der traditionsreichen Stadt.

Information

• *Postleitzahl* 35400

• *Information* In einem Pavillon gegenüber der Porte St. Vincent, direkt am Wasser und noch außerhalb der Ville Close. Juli bis August Mo–Sa 9.30–19.30 Uhr, So 10–18 Uhr. In der NS Mo–Sa 9–12.30 und 13.30–18 Uhr. Stadtführungen werden im Juli und August nachmittags vom *Musée de la ville* organisiert, Infos auch im O.T., Erwachsene 6 €. Port des Yachts, ✆ 02.99.56.64.48.
Weitere Informationsstellen für Fährverbindungen in den Terminals vom Gare Maritime du Naye und Gare Maritime pour les Iles Anglo-Normandes am Quai de Trichet.

Verbindungen

• *Bus* Haupthaltestellen vor der Porte St. Vincent oder am SNCF-Bahnhof. Bis zu 14-mal täglich nach Dinard über den Rancedamm (30 Min.). Außerdem Busse zu allen touristischen Zielen der näheren und weiteren Umgebung: bis zu 9-mal St. Briac, mindestens 9-mal Dinan, bis zu 2-mal Cancale. Über Pontorson zum Mt.-St.-Michel (4-mal werktags), 2-mal Fougères und bis zu 2-mal Combourg.

• *Zug* Bahnhof stadteinwärts hinter dem Hafengelände. Täglich mehr als 10-mal über Dol und Combourg nach Rennes. Sonn- und Feiertage mindestens 5-mal. Nächster Umsteigebahnhof Richtung Westen ist Dol (Dinan, St. Brieuc). Auskunft und Reservierung ✆ 08.92.35.35.35

• *Fähre* Regelmäßig über die Rancemündung nach **Dinard** (siehe Dinard). Fährverbindungen zu den anglo-normannischen Kanalinseln **Guernsey**, **Jersey** und **Sark** (Condorferries). Ganztagestour nach Jersey oder Guernsey Erwachsene 44 €, erm. 26 €, Familientarife, Auto ab 40 €. Zweitagestour mit einfacher Übernachtung und Frühstück ab 120 € pro Person. Vom Gare Maritime große Autofähre (800 Passagiere und 185 Autos) nach **Poole**, in der HS täglich. Condorferries, ✆ 02.99.20.03.00, www.condorferries.fr. Mit Brittany Ferries nach **Portsmouth**, ✆ 02.99.40.64.41, www.brittany-ferries.fr

• *Flugzeug* Großflughafen gut 10 km außerhalb, südlich von Dinard. Verbindungen siehe Dinard.

Diverses

• *Autoverleih* Alle internationalen Autoverleiher haben ein Büro. Einige Adressen: **Avis**, Gare Maritime, ✆ 02.23.18.07.18, avis.stmalo@westlocation.fr und am Bahnhof, ✆ 02.99.40.18.54. **Europcar**,Boulevard des Talards 16, ✆ 02.99.56.75.17. **Ada**, Boulevard des Talards 77 am Bhf, ✆ 02.99.56.06.15, www.ada.fr.

• *Bootsausflug* Jede Menge Bootstouren und Schiffsausflüge. Abfahrt an der Hafenmole, Zwischenstopp in Dinard oder umgekehrt. Ausflugsprogramme und Preise siehe Dinard. Reservierungen im Gare Maritime de la Bourse bei **Corsaire**, ✆ 02.23.18.15.15, bei **Condor** (englische Kanalinseln), ✆ 02.99.20.03.00, oder **Etoile des îles**, ✆ 02.99.40.48.72, www.etoile-marine.com.

• *Busausflug* Einzelheiten siehe Dinard. Zentrale Abfahrtsstelle ist die Porte St. Vincent. Zwei Adressen: **Courriers Bretons**, Esplanade St. Vincent, ✆ 02.99.19.70.80, www.lescourriersbretons.com, oder **T.I.V. Tourisme Vernay**, Rue Augustin Fresnel 16, ✆ 02.99.82.26.26, www.vernay.com.

• *Casino* Statt an die Korsaren können Sie heutzutage Ihr Geld in der Spielhölle vor der Porte St. Vincent abliefern; jeden Tag ab 10 Uhr Kampf gegen 125 einarmige Banditen, angeschlossen sind Bar, Brasserie, Pizzeria und Diskothek.

• *Criée* Am Hafen von St. Servain, täglich außer Sa und So zwischen 5.30 und 6.30 Uhr nur für Händler. Mit etwas Glück kommt man auch als Besucher rein.

• *Fahrradverleih* Mehrere Anbieter. **Vélos bleus** bietet eine Riesenauswahl an Tourenrädern und Mountainbikes; Quai Dugay-Trouin 47, ✆ 02.99.40.31.63, www.velos-bleus.fr. Räder und Mofas verleiht zu ähnlichen Bedingungen auch **Espace Nicole deux roues** in Paramé, Rue Robert Schumann 11, ✆ 02.99.56.11.06, www.cyclesnicole.com.

• *Kleiner Zug* Ab Porte St. Vincent rollt „le petit train" 30 Minuten lang durch die Inselstadt. Erwachsene Mitfahrer zahlen 5 €, Kinder unter 10 Jahren 3 €.

• *Markt* **Wochenmarkt** Dienstag und Freitagvormittag in der Ville Close und in St.

Servan. In Paramé Mittwoch und Samstagvormittag. Der **Fischmarkt** am Di, Fr und So am Place de la Poissonnerie (intra muros) besteht zur Zeit leider nur noch aus einem Stand (für Selbstversorger, klein aber exquisit), da die restlichen Fischverkäufer in die Markthallen abgewandert sind.

• *Schwimmbad* Das Becken im Piscine Olympique Municipale beim Gare Maritime lockt nicht nur bei schlechtem Wetter mit Wettkampfmaßen. Ganzjährig geöffnet.

• *Stadtführung* Neben der Touristinfo bietet auch **C.D.B. Tourisme** von Frühjahr bis Herbst (deutschsprachige) Führungen für Gruppen an, Place Bouvet 12, ✆ 02.99.82.60.02.

• *Thalassotherapie* **Les Thermes Marins**, großes Therapiezentrum mit modernen Einrichtungen und 100 Angestellten im Dienste Ihrer Gesundheit. Grande Plage du Sillon, Boulevard Hébert, ✆ 02.99.40.75.75.

• *Tennis* Problemlos auch für Nichtmitglieder beim **Tennisclub de Marville**, Avenue de Marville 22, ✆ 02.99.56.14.44.

• *Veranstaltungen* Neben zahlreichen, jährlich wechselnden Veranstaltungen im sportlichen und kulturellen Bereich folgende feste Termine: Am Pfingstwochenende **Etonnants Voyageurs**, das Festival des Abenteuerromans; ab Mitte Juli einen Monat lang **Festival der geistlichen Musik** – Orgelkonzerte in der Kathedrale. Ebenfalls im Juli **Folklores du Monde**, eine folkloristische Veranstaltung mit nicht nur bretonischer Musik und Tänzen. Daneben im Sommer zahlreiche Konzerte und Veranstaltungen mit traditionellen Kostümen. Im Oktober schließt **Quai des Bulles**, das jährliche Comic-Festival von St. Malo, den Veranstaltungsreigen.

• *Waschsalon* **Salon Lavoir de la Gare**, am Boulevard des Talards 25 in Bahnhofsnähe. Hier geht es täglich von 7–22 Uhr ihrer Dreckwäsche an den Kragen.

• *Wassersport* Mehrere Anbieter für alle Arten von Wassersportmöglichkeiten: Tauch- und Segelkurs oder Strandsegeln. Im Sommer kann man direkt an den Stränden Ausrüstung mieten. Einige Adressen für die Ausleihe von Zubehör: **Point Passion Plage** (diverse Wassersportgeräte vom Katamaran zum Kajak), Plage de Bonsecours, ✆ 02.99.40.11.45; **Surf School**, Avenue de la Hoguette, ✆ 02.99.40.07.47, www.surfschool.asso.fr; **Chantier Naval de la Plaisance** (Motorbootverleih), Port des Bas-Sablons (St. Servan), ✆ 02.99.82.62.97, www.chantier.naval.plaisance.fr; **Etoile Marine** (Segelbootverleih mit und ohne Skipper), Quai Duguay-Trouin 41, ✆ 02.99.40.48.72; **Société Nautique de la Baie de St. Malo** (Segelkurse), Quai du Bajoyer (Strand der Ville Close), ✆ 02.99.20.22.05; **Comarin Newdive** (Tauchausrüstung), Port des Bas-Sablons, ✆ 02.99.56.63.33.

• *Yachthafen* St. Malo hat 2 Yachthäfen: der Schleusenhafen **Port Vauban** mit 225 Plätzen liegt postkartenträchtig vor den Mauern der Ville Close (✆ 02.99.56.51.91), der **Port des Sablons**, gut vor atlantischen Winden geschützt und mit ca. 1200 Plätzen wesentlich größer, gehört zum Ortsteil St. Servan (✆ 02.99.81.71.34). Beide Häfen mit den obligatorischen Einrichtungen.

Übernachten (siehe Karte S. 140/141 und S. 145)

Zahllose Hotels in und um St. Malo – meist Kleinbetriebe mit nur wenigen Zimmern und oft familiärem Charakter. In der Hochsaison geht ohne Vorbestellung trotzdem nichts. Sie können Ihren Standort wählen: direkt in der alten Korsarenstadt, im unauffälligen St. Servan, am Strand von Paramé oder noch weiter draußen im ländlichen Rothéneuf. Eine kleine Auswahl:

• *Hotels in der Ville Close (intra muros)*
*** **Hotel Central (9)**, zentral bei der Grande Porte in einer Gasse Richtung Kathedrale. 43 Zimmer mit Telefon und Farb-TV hinter repräsentativer Fassade; gediegene Bar und Restaurant der gehobenen Klasse. Mit Garage. DZ 75–120 €, HP 65–90 €. Ganzjährig geöffnet. Grande Rue 6, ✆ 02.99.40.87.70, www.hotel-central-st-malo-com.

*** **Hotel Elizabeth (11)**, im verwinkelten Teil St. Malos, unweit der Porte St. Louis. Eines der alten Häuser, stilvoll renoviert mit ebensolchen Zimmern: Von Louis XIII. bis XV. grüßen die Kunstepochen Frankreichs in den 10 Appartements (Wohnraum, Diele, Bad, separates WC) und 7 Zimmern. Kein Restaurant, aber Farb-TV, Telefon, Garage. DZ 100–165 €. Ganzjährig geöffnet. Rue des Cordiers 2, ✆ 02.99.56.24.98, www.st-malo-hotel-elizabeth.com.

** **Hotel France et Châteaubriand (15)**, am belebtesten Platz der Ville Close, trotzdem erstaunlich ruhig neben dem Geburtshaus von Châteaubriand. Atmosphäre von alteingesessenem Grandhotel, Wintergarten, Aufenthaltsraum, Speisesaal, 80 Zimmer. Meerblick mit Bad kostet extra: DZ 85 €. Ganzjährig geöffnet. Place Châteaubriand, ✆ 02.99.56.66.52, www.hotel-fr-chateaubriand.com.

** **Hotel de l'Univers (13)**, am Place Châteaubriand gegenüber dem Hôtel de Ville. Nah am Strand. Wer gerne Straßenszenen beobachtet, ist hier richtig. 63 ordentliche Zimmer in diversen sanitären Kategorien, Salon, Bar mit maritimem Ambiente und gepflegtes Restaurant (200 Gedecke). DZ 60–80 €. Ganzjährig geöffnet. Place Châteaubriand 10, ✆ 02.99.40.89.52, www.hotel-univers-saintmalo.com.

** **Hotel Bristol Union (14)**, am Fischmarkt; freundliche Atmosphäre in einem gemütlichen Hotel. Gediegene Rezeption und 27 wohnliche Zimmer, wahlweise mit Dusche, Dusche/WC oder Bad/WC. Kein Restaurant. Empfehlenswert. DZ 37–60 €. Im Januar geschlossen. Place de la Poissonnerie 4, ✆ 02.99.40.83.36, www.hotel-bristol-union.com.

** **Hotel le Croiseur (10)**, ebenfalls am Fischmarkt; einfaches, kleines Hotel für Reisende ohne große Ansprüche. 14 recht kleine Zimmer mit großen französischen Betten, Dusche oder Waschbecken, WC immer auf dem Gang. Kein Restaurant, kneipenähnlicher Frühstücksraum. DZ 37–48 €. Ganzjährig geöffnet. Place de la Poissonnerie 2, ✆ 02.99.40.80.40, www.saint-malo-gallery.com.

** **Hotel de la Porte St. Pierre (7)**, vor der Bastion de la Hollande am Plage de Bon Secours, direkt an der Stadtmauer. Weit ab vom Trubel der Rue Jacques Cartier. 25 Zimmer mit Blümchentapeten, teilweise Meerblick. Alteingesessener Familienbetrieb, gute traditionelle Küche (siehe Essen). DZ 57 €. HP 56 €. Geschlossen vom 16.11. bis 28.1. Place du Guet 2, ✆ 02.99.40.91.27, portestpierre@wanadoo.fr.

** **Hotel de la Pomme d'Or (16)**, eines der wiedererstandenen Reedershäuser an der Grande Porte; Salon und Rezeption bersten schier vor Andenken und Nippes, dazu eine freundlich-familiäre Hotelbesitzerin, 12 Zimmer, z. T. mit Blick über das Bassin Vauban, und ein netter Speisesaal. DZ 46–50 €. Im Januar geschlossen. Place du Poids du Roi 4, ✆ 02.99.40.90.24, www.la-pomme-dor.fr.

** **Hotel Anne de Bretagne (8)**, trotz seiner 42 Zimmer im "modernen" französischen Stil ein heimeliges Hotel in einer ruhigen Gasse im Südosten, stadteinwärts um die Ecke beim Exotarium. wohnzimmerähnlicher Aufenthaltsraum, heiterer Frühstückssalon, Zimmer sanitär unterschiedlich: DZ 51–66 €, Garage. Kein Restaurant. Ganzjährig geöffnet. Rue Saint Thomas 11, ✆ 02.99.56.18.00, www.hotel-annedebretagne.com.

Les Chiens du Guet (6), direkt an der Porte St. Pierre, vor dem Strand Bon Secours; ein altes, sehr einfaches Haus mit einem Dutzend einfacher Zimmer, teilweise mit Meerblick und Sanitäreinrichtungen. Im Erdgeschoss gutes Restaurant (siehe Essen). Wer wenig Wert auf Zimmerkomfort legt, aber beim Essen auf seine Kosten kommen will, ist hier mit HP gut beraten. Mitte November bis Januar geschlossen. DZ 28–46 €, HP 35–44 €. Place du Guet 4, ✆ 02.99.40.87.29, chiensduguet@hotmail.com.

• *Hotel in St. Servan* ** **Hotel la Rance (1)**, kleines 11-Zimmer-Hotel mit der Auszeichnung Hotel de charme et caractère in bester Lage am Hafen von St. Servan. Ausgesprochen ruhig, einige Zimmer mit Meerblick und Balkon. DZ nach Standard, 56–82 €. Ganzjährig geöffnet. Quai Sébastopol 15, Port Solidor, ✆ 02.99.81.78.63, hotel-la-rance@wanadoo.fr.

• *Hotels in Paramé* **** **Grand Hotel des Thermes (2)**, Gründerzeitpalast in bester Strandlage; 178 großzügig-komfortable Zimmer oder Appartements. Geräumige Salons, 3 Restaurants sowie eine Teebar der Jahrhundertwende-Haute-Volée. Neueren Datums sind das Diätrestaurant, die moderne Schwimmhalle und das angegliederte Meerwassertherapiezentrum. DZ 90–560 €, HP 90–315 €. Im Januar geschlossen. Boulevard Hébert 100, ✆ 02.99.40.75.75, www.thalassotherapie.com.

** **Hotel les Acacias (4)**, direkt an der Digue; schnörkellose Fassade und 23 schnörkellose Zimmer, z. T. mit Meerblick. Holzgetäfelte Bar, Teesalon und ruhige Terrasse zum Strand hin. DZ 77 €. Ganzjährig geöffnet. Boulevard Hébert 8, ✆ 02.99.56.01.19, www.hotel-les-acacias.com.

** **Hotel Alpha Océan (5)**, am Hauptzugang des Strandes von Rochebonne, 200 m östlich des Zentrums von Paramé; hinter der verblichenen Fassade steckt ein ordentliches Logis-de-France-Quartier. 25 Zimmer, z. T. mit Meerblick. Restaurant, Bar, Frühstücksraum. DZ nach sanitärem Standard 38–70 €. Geschlossen im Dezember und Januar. Boulevard de Rochebonne 93, ✆ 02.99.56.48.48, www.hotel-alpha-ocean.com.

* **Hotel les Charmettes (3)**, putziges, verwinkeltes Natursteingebäude direkt an der Strandpromenade neben dem Grand Hotel.

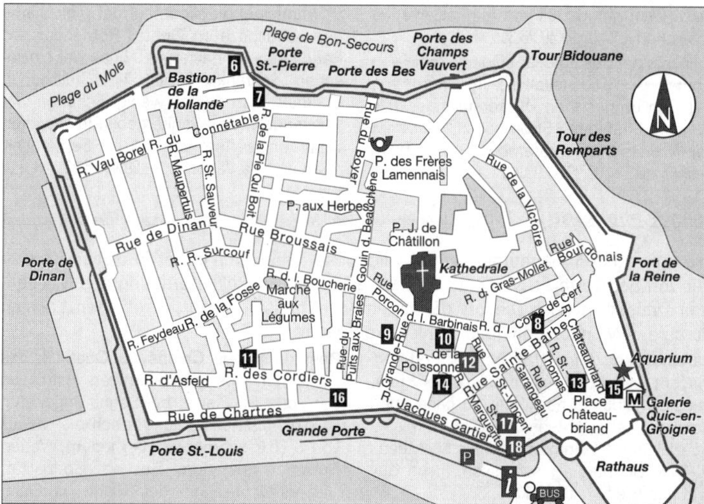

Übernachten

6 Hôtel les Chiens du Guet
7 Hôtel de la Porte St. Pierre
8 Hôtel Anne de Bretagne
9 Hôtel Central
10 Hôtel Le Croiseur
11 Hôtel Elizabeth
13 Hôtel de l'Univers
14 Hôtel Bristol Union
15 Hôtel France et Châteaubriand
16 Hôtel de la Pomme d'Or

Essen & Trinken

6 Restaurant Les Chiens du Guet
7 Restaurant de la Porte St. Pierre
12 Restaurant La Dent creuse
17 Restaurant Café de Saint Malo
18 Restaurant La Duchesse Anne

Ville Close

17 z. T. einfache Zimmer mit unterschiedlicher Sanitärausstattung. Teilweise Meerblick. Heller Frühstücksraum mit Panoramablick, Strandterrasse. Duschen und WCs auf der Etage. DZ 38–58 €. Geschlossen von 15.11. bis 15.2. Boulevard Hébert 64, ✆ 02.99.56.07.31, www.hotel-les-charmettes.com.

• *Jugendherberge* **Centre de Rencontres Internationales (FUAJ)**; an der Hauptstraße von Paramé. 256 Betten in 70 2-, 4- und 6-Bett-Zimmern mit Minimalkomfort. Auch Besucher ohne Ausweis werden akzeptiert. Gartenanlage. Übernachtung inkl. Frühstück 12–16 €, HP 19–24 €. Ganzjährig geöffnet. Avenue du Père Umbricht 37, ✆ 02.99.40.29.80, www.centre-varangot.com.

Camping

** **Municipal la Cité d'Aleth**, oberhalb der Promenade de la Corniche im Ortsteil St. Servan, mit dem kürzesten Weg zur Festungsstadt. Große Anlage auf der äußersten Spitze der Landzunge, z. T. schöner Blick auf den Ozean bzw. auf St. Malo. Das große Wiesenareal am Hang ist durchsetzt mit Bunkeranlagen aus dem 2. Weltkrieg, die besten Plätze sind von Dauercampern besetzt. Sanitäranlagen gut. 360 Stellplätze. Ganzjährig geöffnet. Allée Gaston Buy, ✆ 02.99.81.60.91, www.ville-saint-malo.fr/campings.

** **Municipal des Nielles**, liebloses Wiesengelände am Ortsausgang von Paramé; 95 schattenlose Stellflächen. Die Caravanabteilung direkt oberhalb des Meeres, steile Treppen führen hinunter zum Strand. Wenige Stromboxen und einfache Sanitäreinrichtungen. Bushaltestelle direkt vor dem

Platz. Geöffnet im Juli und August. Avenue J. Kennedy, ✆ 02.99.40.26.35.

** **Municipal des Ilots**, am Ortsausgang von Rothéneuf. 155 Stellplätze in einem von Bäumen umgebenen Wiesengelände. relativ neue Sanitärs, Stromboxen. Geöffnet von Mai bis Mitte September. Avenue de la Guimorais, ✆ 02.99.56.98.72.

*** **Municipal du Nicet**, auf der gleichnamigen Landspitze im Ortsteil Rothéneuf, am Rand eines Wohnviertels. Hinter der elektrischen Schranke liegen 160 Stellflächen oberhalb der Küste, wenig Schatten auf Wiesengelände. Sanitärgebäude neueren Datums. Geöffnet von Juli bis September. Avenue de la Varde, ✆ 02.99.40.26.32.

Essen (siehe Karte S. 145)

Die günstigsten Restaurants in der Ville Close reihen sich in der Rue Jacques Cartier von der Porte St. Vincent zur Grande Porte – Schnellabfertigung des Massentourismus. Hinweis: Die oft günstigen Menüpreise werden in etlichen Lokalen durch die Weinkosten wieder zunichte gemacht.

La Duchesse Anne (18), bei der Porte St. Vincent, eines der besten Lokale der Stadt, feinste malouinische Küche im passenden Rahmen zu entsprechenden Preisen. Spezialitäten: Hummer und Fisch. Menüs 40–55 €. Sonntags geschlossen. Place Guy La Chambre 5, ✆ 02.99.40.85.33.

Restaurant Café de St. Malo (17), schickes Restaurant mit beheizter Terrasse direkt am Eingang der Ville Close mit Menüs von 20–32 €. Spezialität: gebratener Hummer, mit Calvados flambiert für 51 €. Täglich geöffnet. Place Guy La Chambre 4, ✆ 02.99.56.46.75.

Restaurant Porte St. Pierre (7), bei der Porte St. Pierre, gemütliches Hotel-Restaurant mit mehrfach ausgezeichneter Küche, Menüs von 18–56 €. Spezialitäten: hausgemachte Fischsuppe und gegrillte Austern. Donnerstagmittag und Dienstag geschlossen. Place du Guet 2, ✆ 02.99.40.91.27.

Restaurant Les Chiens du Guet (6), das Restaurant des gleichnamigen Hotels an der Porte St. Pierre; bei Sonne angenehm ist die Außenbestuhlung, doch die Menüs von 8–30 € schmecken bei jedem Wetter. Hummer aus dem Becken. Spezialität: Meeresfrüchte auf der Platte und am Spieß. In der NS montags geschlossen. Place du Guet, ✆ 02.99.40.87.29.

Restaurant La dent creuse (12), das Restaurant zum hohlen Zahn ist die etwas billigere Alternative direkt am früheren Fischmarkt. Terrasse auf dem Platz. Menüs von 9–15 €. Mittwoch geschlossen. Place de la Poissonnerie 4, ✆ 02.99.40.19.92.

Crêperie Grand-Mère Augustine, gute Crêpes, die bei schönem Wetter auf der Terrasse gegessen werden können. In der NS Di geschlossen. Rue Jacques Cartier 11, ✆ 02.99.20.25.74.

Sehenswertes

Stadtmauerrundgang: Die Tour auf dem Stadtwall (*Remparts*) gehört zum touristischen Pflichtprogramm. Die z. T. aus dem 12. Jh. stammenden Wehrmauern, die die *Ville Close* umgürten, blieben während der Bombenangriffe im Zweiten Weltkrieg weitgehend unzerstört. Mehrere Treppenaufgänge an den Toren und Eckbastionen führen hinauf. In Höhe der Fensterfronten wandern Sie zwei Kilometer rund um die Ville Close und bekommen so ein anschauliches Bild über die im klassizistischen Stil rekonstruierte Korsaren- und Handelsstadt.

Wir empfehlen die *Porte St. Vincent* als Ausgangspunkt. Der Weg führt zunächst rund um die grimmigen Mauern des *Châteaus*, unten der lebhafte *Place Châteaubriand* mit seinen Cafés und Restaurants. Hinter dem *Turm Quic-en-Groigne* hinab zur *Porte St. Thomas*. Das Tor öffnet sich zum *Plage de l'Eventail*, der bei Ebbe bis hinüber zum *Fort National* reicht. Zurück auf die Wehrpromenade. Über dem Aquariumsgebäude geht es zur ersten, weit vorspringenden Bastion, dem *Fort à la Reine*, von dort bei Ebbe sehr schöner Blick auf die Wellenbrecher und wildzerklüfteten

In den Gassen von Saint Malo

Riffe. An den grauen Mauern der 1959 für die Handelsmarine errichteten Seemannsschule entlang zum *Tour Bidouane*, einem bei Flut von harten Brechern umbrandeten Bollwerk, das die Nord- und Westseite der Befestigungsanlagen kontrollierte. Der Turm ist vom ausladenden *Place du Québec* gesäumt – eine von einer Burgwarte flankierte Plattform, durch einen Graben von der Festungsmauer getrennt. Sie wurde in einen kleinen Garten umgewandelt, in dem die Statue des legendären Surcouf steht. Unter den flatternden Fahnen St. Malos, der Bretagne und Frankreichs deutet der steinerne Korsar nach England. Vorgelagert die *Ile du Grand Bé*, auf der Châteaubriand seine letzte Ruhe fand.

Die Westseite des Stadtwalls ist der älteste Teil (12. bis 14. Jh.) und schließt die Stadt gegen die Rancemündung und den Strand *Bon Secours* ab. Am Ende des Strandabschnittes öffnet sich die *Porte St. Pierre*, früher der einzige Zugang zur Stadt, der nachts unverschlossen, aber nicht unbewacht blieb; nach Schließung der anderen Stadttore ließ die Stadtwache hier scharfe Bulldoggen frei, die nicht selten Nachtschwärmer und unvorsichtige Spätheimkehrer zu Tode bissen. Hinter dem Tor erhebt sich die großzügig mit Blumenbeeten und Bäumchen geschmückte *Bastion de la Hollande*, der am weitesten in die Rancemündung vorgeschobene Aussichtsposten. Eine Bronzefigur des Kanada-Entdeckers Jacques Cartier gibt ihr historische Würze.

Die Südspitze der Stadtmauer bildet die *Bastion St. Philippe*, von der aus Neugierige den Schiffsverkehr im Hafen beobachten können. Die ganze Südfront des Befestigungsrings wird nur von der *Porte de Dinan* unterbrochen; geprägt wird der Wall von den wiederaufgebauten Reedershäusern aus dem 18. Jh. – granitgrau und abweisend bilden sie das Panorama St. Malos. An der *Bastion St. Louis* ein weiterer berühmter Sohn der Stadt: *René Dugay-Trouin*, tollkühner Korsar und Eroberer von Rio de Janeiro, steht elegant in der Haltung des reichen Reeders und Weltmannes über dem Bassin Vauban, dem heutigen Yachthafen. Die sich wiegenden Masten der Luxusboote begleiten den Weg über die mit zwei Türmen versehene *Grande Porte* (in einer Nische der Innenseite steht noch immer eine Marienfigur aus dem 14. Jh.) zurück zum St.-Vincent-Tor.

Kathedrale St. Vincent: Am 6. August 1944 wurde die Turmspitze von einer deutschen Granate getroffen. Eine Woche später sollte von der heiligen Stätte nur noch ein Gerippe mit wackligen Pfeilern übrig sein, nur die Kanzel und das Chorgestühl hatten in dem Meer von Schutt und Asche überlebt. Die Orgel war geschmolzen, die Kirchenfenster lagen in tausend Scherben. Das Baudenkmal aus dem 11. Jh. (bis ins 18. Jh. mehrmals um- und ausgebaut) wurde als nicht mehr reparabel eingestuft, die Aufräumtrupps benutzten die Reste des Gotteshauses als Pferdestall. 1972, nach einer 25-jährigen Gewaltleistung der Restaurateure, wurde die weitgehend nach dem Original wiederaufgerichtete Kathedrale eingeweiht. Wie vor Jahrhunderten überragt die Kreiskerspitze wieder das Zentrum der alten Korsarenstadt. Im Inneren wirkt die Kathedrale schmucklos und mächtig. Eine mehrstufige Treppe führt vom Portalvorbau hinunter in das grottenartige Hauptschiff. Gespenstisch dringt blaues Zwielicht durch die Buntglasfenster in den vorderen Altarraum, die Fensterrose strahlt in Rottönen.

Die Kathedrale St. Vincent war immer St. Malos erste spirituelle Adresse. Hier wurden die berühmten Männer der Stadt getauft, und einige liegen hier begraben. Darunter *Jacques Cartier* und *René Dugay-Trouin*, dessen sterbliche Reste 1973 bei Bauarbeiten in der Pariser Kirche St. Roch ganz zufällig entdeckt wurden. In einem von hohen militärischen Ehren begleiteten Zug wurden die bleichen Gebeine des Seehelden 1973 in der Kathedrale St. Vincent beigesetzt: Balsam für die Seele bretonischer Nationalisten.

Château de la Duchesse Anne: Die fünfeckige Burg, ein über die Jahrhunderte bunt zusammengewürfelter Baukomplex, erhebt sich rechts der Porte St. Vincent. Zu Beginn des 15. Jh. bescherten die bretonischen Herzöge der mit dem französischen Königshaus konspirierenden Stadt die erste Befestigung, um die nach Autonomie strebenden Malouins besser zu kontrollieren. Vier Türme überragen den Burgkomplex: der *Donjon* oder *Tour Générale*, der *Tour des Dames*, der *Mühlenturm* und der Turm mit dem unaussprechlich scheinenden Namen: *Tour Quic-en-Groigne*. Das Burgensemble, in dessen ehemaligen Kasernengebäuden im Burghof sich heute das Bürgermeisteramt befindet, beherbergt zwei Museen.

Historisches Museum *(Musée d'histoire du château de St. Malo)*: Im einstigen Wohnturm des Gouverneurs dreht sich alles um die Stadtgeschichte. Auf vier Etagen wurden Hunderte von Exponaten zusammengetragen (französische Erläuterungen), die in bunter Mischung St. Malos Aktivitäten auf den Weltmeeren beleuchten: die Entdeckungsfahrten Jacques Cartiers, die blühende Ära des weltweiten Tuch- und Stoffexportes, die ruhmreiche Zeit der Kaperfahrten und die neuzeitlichen Zerstörungen.
Im *Erdgeschoss* illustrieren Schiffsmodelle, Seekarten und Statuen das frühere Leben in der alten Korsarenstadt. Das *erste Stockwerk* ist dem St. Malo des 19. und 20. Jh. gewidmet. Bemerkenswert sind die riesige Galionsfigur eines Kaperschiffs, Aquarelle und Stiche, Stadtpläne, (Schatz-)Truhen, Kirchenglocken, Hausmodelle und Fotos der zerbombten Stadt. *2. Stock*: Die Helden St. Malos begutachten aus ihren Bilderrahmen heraus ehemalige Beutestücke, Schatztruhen und alte Globen. *3. Stockwerk*: Eine Truhe aus der Zeit der indischen Handelskompanie, in Nürnberg gefertigt und für Holland bestimmt, landete durch erfolgreiche Korsarenkunst letztendlich im Stadtmuseum von St. Malo. Daneben sorgt Sklavenzubehör (Handschellen und Ketten) für Gänsehaut. Die ältesten Stadtzeugnisse im *4. Stock*: ein Kettenhemd, ein Kanonenrohr, einige Schiffsteile, zersprungene Töpfe, ein hölzerner Mönch. Eine Vitrine mit dem Schaubild der Entdeckungsfahrten Jacques Cartiers erläutert St. Malos kometenhaften Aufstieg im ersten Drittel des 16. Jh. Eine schmale Treppe führt auf die Brüstung des Turms: Ausblicke wahlweise in den Burghof, auf St. Malo, die Hafenbecken oder hinüber nach Dinard. Neben den hier beschriebenen Ausstellungsräumen im hufeisenförmigen Wachturm ist den Besuchern nach seiner Restaurierung 1988 auch der große Hauptturm zugänglich: Dessen 1. Etage widmet sich ganz dem Schiff. Angefangen vom Leuchtturmparabol über Schiffswerkzeuge, Angelzubehör und Flaschenzüge bis zu Ölbildern von Stapelläufen. Im 2. Stock wird das Alltagsleben im alten St. Malo dokumentiert: Meerschaumpfeifen, Trachten, Hüte, dazwischen Frauenporträts, ein prächtiger Schrank aus dem 17. Jh. und ein mächtiges Schrankbett aus massivem Nussbaum. Interessant *La Ste. Barbe*, das Modell einer kostbaren Prozessionstrage in Festungsform, die die Kanoniere der Stadt zur alljährlichen Fête Dieu im feierlichen Aufzug herumgetragen haben. Dugay-Trouin brachte das Original 1711 als Beute aus Rio de Janeiro mit. Im 3.Stock des Hauptturms sind Werke von Künstlern des 19. bis 20. Jh. ausgestellt.

Öffnungszeiten April bis September, 10–12.30 und 14–18 Uhr täglich. Von Oktober bis März montags geschlossen. Erwachsene 5 €, erm. 2,50 €. Kombikarte für die Museen in Schloss, Tour Solidor und Mémorial Erwachsene 12 €, erm.6 €.

Aquarium intra muros: Das Aquarium entlang des Place Vauban ist in die Stadtmauer integriert und bietet neben der Würdigung der Meeresbewohner Gelegenheit, in das Innenleben des Stadtwalls vorzudringen. Ein etwa 100 m langer Gang führt an 35 Bassins vorbei, die z. T. in den Mauerwall eingelassen sind. Im Wasser tummeln sich mehr als 1000 Arten und Spezies. Vom Ärmelkanal bis in die Tropen reicht die ursprüngliche Heimat der gefangenen Taschenkrebse, Seepferdchen, bunten Fische und blauen Hummer.

Öffnungszeiten Juli bis August täglich 10–20 Uhr, ansonsten 10–13 und 14–18 Uhr. November bis März nur am Wochenende geöffnet. Erwachsene 6 €, erm. 4 €.

Fort National: Das Fort auf einer kleinen Felsinsel vor der Stadt wurde 1689 vom Festungsbaumeister *Vauban* und seinem Schüler Garangeau erbaut. Es sollte ähnlich dem Tour Quic-en-Groigne St. Malo schützen und seine stolzen Bewohner überwachen. Die Festung wurde nach der Französischen Revolution lange als Kerker genutzt. 1944 saßen hier 381 Bürger von St. Malo ein: Von den Deutschen als Geiseln genommen, sollten sie die Besatzer als lebende Schutzschilde vor alliierten Bombenangriffen schützen. Das Fort befindet sich heute in Privatbesitz. Neben den Zisternen und den unterirdischen Kerkergewölben kann man zwei Wälle besichtigen.

Öffnungszeiten Das Fort ist nur bei Ebbe zugänglich. Geöffnet von Juni bis September. Öffnungszeiten beim O.T. Halbstündige Führungen. ✆ 02.99.85.34.33.

Ile du Grand Bé: Bei Ebbe können Sie die Stadtmauer an der *Porte des Champs-Vauvert* oder an der *Porte des Bés* verlassen und den *Plage de Bon Secours* überqueren; ein bei Flut überschwemmtes Sträßchen führt auf die Insel zum Grab von *François-René de Châteaubriand*, 1768 als zehntes Kind eines St. Maloer Reeders geboren. Nach seiner militärischen, staatsmännischen und literarischen Karriere starb er 1848 in Paris. Bereits vor seinem Tod hatte sich Châteaubriand die der Ville Close vorgelagerte Insel als letzte Ruhestätte ausgesucht und mit größter Sorgfalt Form und Umfang seiner Grabstätte festgelegt. Unter einer groben, an den Seiten abgerundeten Steinplatte ohne Inschrift, geschmückt allein von einem robusten, niedrigen Kreuz, sollten seine Gebeine ruhen, von seinem einfachen Grab aus wollte der Dichter nach seinem Tod den "Dialog mit dem Ozean" fortsetzen.

Noch ein anderer Grund könnte den berühmten Literaten zur Wahl seiner letzten Ruhestätte veranlasst haben. Châteaubriand, von sich selbst mehr als überzeugt, hielt Napoleon für den einzigen ihm ebenbürtigen Zeitgenossen und wollte, wie dieser auf St. Helena, ebenfalls auf einer Insel die letzte Ruhe finden: ungestört und allein mit dem Meer. Das Grabmal ist auf drei Seiten von einem Eisengitter umgeben, nach Norden hin bleibt die Brüstung ungeschützt – der Fels fällt steil zum Meer ab. 1944, die deutschen Truppen hatten auf der Grand Bé ein Bunkersystem installiert, wurde das Grab bei einem Luftangriff der Alliierten teilweise zerstört, eine Granate hatte die Steinplatte, den Sockel des Kreuzes und die schmiedeeisernen Gitter gestreift. Anhand von alten, noch von Châteaubriand vorgelegten Plänen gelang es *Raymond Cornon*, dem Chefarchitekten des St. Maloer Wiederaufbaus, das Grabmal zu rekonstruieren.

St. Malo / Weitere Stadtteile

Gleich hinter den an die Ville Close angrenzenden Hafenanlagen beginnt die Neustadt (*St. Malo extra muros*). Die bis in die späten 60er Jahre eigenständigen Gemeinden St. Servan, Paramé und Rothéneuf wurden im Zug einer Gebietsreform eingemeindet und werden seither zentral verwaltet. Die emsige Verbauung, das enge Straßennetz und die Neuanlage touristischer Komplexe haben die Gemeinden so eng miteinander verbunden, dass St. Malo eine dichte, urbane Agglomeration bildet: im Westen das durch Grünanlagen aufgelockerte *St.-Servan-sur-Mer*, im Nordosten die fast nahtlos an die Ville Close und Neu-Malo angrenzende Bade- und Ferienmetropole *Paramé*, deren Ferienhäuschen langsam zum ländlichen Familienbadeort *Rothéneuf* hinüberwuchern.

St.-Servan-sur-Mer

Tour Solidor: Der Turm mit dem ovalen Grundriss auf dem äußersten Rand der Landzunge von St. Servan wurde Ende des 12. Jh. als kleine Befestigungsanlage konzipiert. Diese bestand zunächst aus einem Einzelturm und wurde 1322 schließlich durch zwei weitere Türme erweitert. Sein heutiges Dach bekam der Tour Solidor erst im 19. Jh. Heute dient der Turm als Museum (*Musée international du Longcours et des Cap Horniers*).

Eine einmalige Sammlung des Vereins der Kap-Horn-Fahrer zeigt in liebevoller Präsentation viele Details aus dem Leben der Männer, die auf ihren Segelschiffen das berüchtigte Kap Horn umfuhren. Fotos, Ausrüstungslisten, Schiffsmodelle, Navigationsbestecke im Wandel der Zeiten, ein riesiger, ausgestopfter Albatros, Souvenirs aus den Häfen der Welt, von Matrosen kunstvoll selbst gefertigte Gegenstände aus Horn, Elfenbein und allen Materialien, deren ein Seemann habhaft werden konnte. Von der Dachbalustrade aus der bewährte Rundumblick.

Öffnungszeiten Juni bis September 10–12 und 14–18 Uhr. Von Oktober bis Mai montags geschlossen. Erwachsene 5 €, erm. 2,50 €. Kombikarte s.o.

Promenade de la Corniche: Der auch als *Corniche d'Aleth* bezeichnete Spazierweg oberhalb der Küste führt rund um die Landzunge von St. Servan. Er verläuft vom *Place St. Pierre* (Ruinen der ehemaligen Kathedrale von Aleth) hinunter zum *Hafen* (links der Tour Solidor) und folgt dabei der zerklüfteten, steilen Küste. Herrliche Ausblicke auf die der Landzunge vorgelagerten Riffe und Inselchen; hinter den schweren Bunkeranlagen des *Forts de la Cité* (siehe unten) Panoramablick auf die Rancemündung und die Ville Close.

Memorial 1939–1945: Die Geschützstellung und Feuerleitzentrale der Wehrmacht oberhalb der Corniche d'Aleth war viele Jahre einfach ein Bestandteil des Campings St. Servan, in dessen Windschatten sich die Wohnmobilisten eingerichtet hatten. Auf ihrer Suche nach neuen verwertbaren Attraktionen stießen die hiesigen Fachleute dann auf das Fort vor ihrer Nase. So dokumentieren heute auf drei Stockwerken des grasbewachsenen, zernarbten *Fort de la Cité* Fotografien, Objekte und ein 45-Minuten-Film ("Die Schlacht um St. Malo") die Baugeschichte des Bunkers, die Schlacht um St. Malo und die Eroberung des Bunkers am 14. August 1944.

Öffnungszeiten Juli und August täglich geöffnet. Ansonsten montags geschlossen. Einstündige Führungen. Erwachsene 5 €, erm. 2,50 €. Kombikarte s.o.

Le Grand Aquarium: Am Ortsrand von St. Servan Richtung Autobahn/Dinard (beschildert). Der spiegelverglaste Bau ist seit seiner Eröffnung 1996 der Touristenmagnet Nr. 1 in St. Malo – auch an Sonnentagen stehen die Besuchermassen geduldig Schlange vor den bunt illuminierten Becken, deren Bewohner nach einer Weile auch die störrischsten Schulkassen in ihren Bann ziehen. Einsam rudert die Riesenkrabbe, dumm glotzt der Wolfsfisch, Seepferdchen schweben schwerelos im Wasser, während Barracudas zwischen Wrackteilen lauern. Der Rundgang führt durch sechs thematisch gegliederte Räume (z. B. Atlantik, Mittelmeer). Höhepunkt für die Meisten ist das Ringaquarium, in dem Zitronenhaie die Besucher hautnah umkreisen. Der Acrylglasring, 3,5 m tief und 3 m breit, fasst 570.000 l Wasser und wurde in sieben Monaten mit Hilfe von sechs amerikanischen Acrylglasexperten zusammengebaut. Bunt und quirlig geht es im anschließenden *Salle Tropical* zu. So exotische Fische wie der Apolemychtus trimaculatus, der Pygplites diacanthus oder der Tannenzapfenfisch mit eingebautem Lichtorgan lassen nicht nur die Herzen von Heimaquarianern höher schlagen. Der Gang durch das versunkene Piratenschiff, in dem u. a. eine Riesenschildkröte lebt, begeistert vor allem Kinder. Den Abschluss bildet ein nachgebautes Mangrovenwäldchen, in dessen Süßwasser sich die Fische des Regenwalds tummeln. Fazit: teuer, doch spektakulär und informativ.

Öffnungszeiten Juli und August 9.30–20 Uhr, ansonsten 10–18 Uhr. Januar geschlossen. 15.7. bis 15.8. bis 22 Uhr geöffnet. ✆ 02.99.21.19.00, www.aquarium-st-malo.com.

Wirkt kleiner, als es ist: das Große Aquarium

Paramé

Das eingemeindete Städtchen ist St. Malos erste Badeadresse. Über gut 2 km ziehen sich die beiden ineinander übergehenden Strände *Plage du Casino* und *Plage de Rochebonne* die Küste entlang. Die befestigte Strandpromenade (*La Digue*) begleitet den sommerlichen Badetrubel. Paramé besitzt ein großes Thalassotherapiezentrum und entlang der Promenade eine Unzahl klassischer Gründerzeit-Etablissements – gediegene Fassaden, hinter denen zu Anfang unseres Jahrhunderts die meist englischen Feriengäste ein Urlaubsquartier fanden. Hübsch.

Rothéneuf

Im Ortszentrum herrscht provinzielle Beschaulichkeit. Das ländliche Rothéneuf schließt heute fast nahtlos an Paramé an. Ferienhäuschen und kleinere Residenzen entlang der *Avenue Kennedy* haben die alte Kirchengemeinde mit in das Ballungszentrum einbezogen. Der Küstenabschnitt hinter dem großen Strand von Paramé ist entschieden wilder und zerklüfteter, die steilen Felsen und Klippen werden von Heidekraut und zerzausten Krüppelkiefern überwuchert, dazwischen ruhen einige schöne Dünenstrände.

Rochers Sculptés: Östlich des Ortszentrums führt die *Rue Abbé Fouré* zu einem steil über den Klippen liegenden, mauergesäumten Anwesen mit kleinem Meeresaquarium. Durch die Gartenanlage gelangt man an den Rand eines felsigen Abgrunds, von dem aus glitschige Stufen zum Strand hinunterführen. Rechts und links der Treppe befindet sich Rothéneufs touristische Attraktion: die skulptierten

Die Fabelwesen des Abbé Fouré

Felsen des *Abbé Fouré.* In über 25-jähriger Arbeit (von etwa 1875 bis zu seinem Tod 1910) meißelte der Gemeindepfarrer, der als Sonderling und Einsiedler galt, knapp 300 Figuren in den Granit – ein auf 500 Quadratmeter Fels verteiltes Bildwerk, in dem der Priester seinen eigenen Calvaire schaffen wollte. Die Skulpturen mit teils dämonischen Fratzen und wild verzerrten Gesichtern erinnern an die granitenen Schergen, die im Westen der Bretagne von den Calvaires herab die Zunge blecken. Zusätzlich inspiriert wurde der Abbé bei seiner Arbeit von der legendären Geschichte der "Letzten von Rothéneuf", einem Korsarenclan, dessen Mitglieder gegen Ende des 18. Jh. in blutrünstigen Aktionen nicht nur englische Schiffe auf-, sondern sich auch gegenseitig umbrachten. Doch nicht nur die Piraten und Mordgesellen mit den schiefen Mündern, die vor keiner Schandtat zurückschrecken, verwandeln den grauroten Granit der Felsklippe in einen grotesken Bilderreigen. Besonders eindrucksvoll: ein wutschnaubender Ehemann, der unter dem schadenfrohen Gelächter einer Nachbarin seine Gattin an den Haaren zerrt und ihr einen Fußtritt verpasst.

Öffnungszeiten Täglich 10–19 Uhr, im Winter von 12–18 Uhr. Eintritt 2.50 €.

Musée Jacques Cartier: Am südlichen Ortsausgang, schräg gegenüber dem Friedhof. In dem *Limoelou* (Kahler Hügel) genannten Landhaus (16. Jh.) setzte sich der Kanada-Entdecker Jacques Cartier zur Ruhe. Das kleine Museum ist dem berühmten Mann gewidmet. Restauriert und mit alten Möbeln bestückt, macht es verflossenes bretonisches Alltagsleben lebendig. Eine Diashow erläutert die Reisen des früheren Hausbewohners.

Öffnungszeiten Juni bis September 10–11.30 und 14.30–18 Uhr, Oktober bis Mai nur Führungen, täglich 10 und 15 Uhr. ✆ 02.99.40.97.73, www.musee-jacques-cartier.com.

Baden

Plage de Bon Secours: Der Hauptstrand von St. Malo auf der Westseite der Ville Close (Rancemündung). Mehrere Tore führen durch die Stadtmauer hinaus auf den etwa 200 m langen Sandstreifen – bei Flut nicht mehr sehr breit, bei Ebbe weit ausgedehnt. Badefreunde können dann ins ältliche Ebbebecken (Sprungturm) eintauchen. Unterhalb der Stadtmauer gibt es Strandzelte und -schirme sowie Surf- und Segelausrüstung zu mieten, ein Kinderclub animiert die Kleinen.

Grande Plage: Der große Strand zieht sich von der Ville Close über gut 2,5 Kilometer nach Osten. Begleitet von der langen Strandpromenade, ist er in drei ineinander übergehende Abschnitte geteilt. An den *Plage du Casino* schließt sich unmerklich der *Plage du Rochebonne* an, der, von einer Felsnase unterbrochen, zum schönsten Strandabschnitt führt: dem 800 m langen *Plage du Minihic*, dessen Dünensaum nicht mehr so stark von der Hotel- und Häuserzeile Paramés verbaut ist. Die beiden ersten Strandreviere haben alle für ein Seebad obligatorischen Einrichtungen, in den Hotels und auf den Caféterrassen entlang der Digue gibt's Erfrischungen. Bei Ebbe dienen beide Strände Strandsurfern als hartsandige Rennbahnen. Der Strand von Minihic besitzt, abgesehen von den Anlagen des Yachtclubs und einiger Hotels, keine Infrastruktur, bietet aber an seiner Ostseite zwischen den Felsen unterhalb des *Forts de la Varde* lauschige Liegeplätze.

Plage du Val: Etwa 200 m langer, klippengesäumter und bei Flut 20 m breiter Strand, von den älteren Villen Rothéneufs eingerahmt, darüber ein zur Bar umfunktioniertes ehemaliges Grand-Hotel. Gemütliche Grünanlagen lockern die Atmosphäre auf. Surfer kommen hier auf ihre Kosten. Ordentliche Sanitäranlagen und Erste-Hilfe-Station.

Plage des Bas Sablons: Der Hauptstrand von St. Servan in der Hafenbucht, durch eine bei Ebbe aus dem Wasser aufragende Mauer vom Yachthafenbecken getrennt. 400 m lang, nicht allzu sauberes Wasser. Strandeinrichtungen entlang der Promenade.

Dinard

(10.300 Einwohner)

Das älteste bretonische Seebad und, zusammen mit La Baule, das einzige von internationalem Format. Im Gegensatz zur betonierten Funktionalität des Konkurrenten an der Südküste herrscht in Dinard noch die steife Eleganz der vergangenen Belle Époque. Im Schatten der kolonialen Herrensitze, der Ferienvillen und filmreifen Grand-Hotels schlendern immer noch gut gelaunte englische Herrschaften auf der Mondscheinpromenade: "Isn't it lovely, is it?"

Anfang der 30er Jahre des 19. Jahrhunderts kamen die ersten Touristen nach Dinard. 1836 entdeckte ein pensionierter britischer Konsul den Ortsteil *Prieuré* als Sommerfrische, 1852 mietete die englische Familie Faber die "Villa Beauregard" zum ersten Mal. Im Gefolge dieser Herrschaften kamen immer mehr distinguierte Leute: Nach der Jahrhundertmitte etablierten sich die ersten beiden Hotels, kurz darauf eröffnete das erste Casino. 1875 wurde der mondäne Yachtclub ins Leben gerufen und wenig später der berühmte Tennisclub von Dinard. 1880 schließlich fand sich eine Golfgemeinde zusammen, die heute zu den exklusivsten Frankreichs zählt.

Dinard blühte. Es gehörte zum guten Ton der feinen englischen Gesellschaft der Jahrhundertwende, eine Villa in Dinard zu besitzen, und zu Beginn des Ersten

Côte Emeraude
Karte S. 103

Über dem Hauptstrand von Dinard: Feriendomizile in bester Lage

Weltkriegs hatte Dinard den Ruf gewonnen, berühmtestes und exklusivstes Seebad Europas zu sein. Entlang der traumhaften Strände an der zerklüfteten Küste waren neben den großzügigen Ferienvillen über einhundert Hotels aus dem Boden geschossen. Auf der *Claire de Lune* promenierte des Abends die standesbewusste Eleganz halb Europas, gefolgt von Parvenüs, die im Glanz berühmter Namen im Mondschein badeten.

Information

- *Postleitzahl* 35800
- *Information* Nobel und großzügig oberhalb vom zentralen Plage de l' Ecluse in zartverhauchter Art-déco-Architektur. Professionell und jede Menge Hochglanzpapier. Auskunft auch in Englisch oder Deutsch. Ganzjährig geöffnet. Juli bis August täglich 9.30–19.30 Uhr, September bis Juni 9–12 und 14–18 Uhr .Boulevard de Féard 2, ✆ 02.99.46.94.12.

Verbindungen

- *Bus* Der Bahnhof, weit oberhalb des Geschehens, ist abgerissen. Nur Busse halten die Verbindungen in die Welt aufrecht, ihr Ausgangspunkt ist am alten Bahnhofsplatz. Der Verkehrsknotenpunkt für Dinard heißt St. Malo: stündlich 1 Bus über den Damm des Gezeitenkraftwerks (20 Min.) in die Piratenstadt und von dort weiter. Außerdem werktags im Sommer bis 9-mal nach Dinan und 6-mal die Küste nach Westen über St. Lunaire nach St. Jacut (in der Vor- und Nachsaison nur bis Ploubalay). Gare SNCF, ✆ 02.99.46.10.04.
- *Fähre* Von 9.30–18.15 Uhr, im Juli und August bis 23 Uhr zumindest stündlich 1 **Personenfähre nach St. Malo** und wieder zurück. Ablegestelle des "Bus de Mer" am oberen Ende der Promenade Clair de Lune, einfach 3,50 €, retour 6 €, Kinder bis 12 Jahre 2,50/3,50 €, Fahrrad 3,50/7 €. Die Fahrt über die Rance-Mündung dauert 10 Minuten. Fahrpläne und Preise bei der Tourist-Info oder an der Anlegestelle bei Corsaire, Avenue George V 27, ✆ 02.46.10.45. Fährverbindungen nach Guernsey und Jersey oder Portsmouth nur von St. Malo aus.

• *Flugzeug* Der Flugplatz des Großraums St. Malo/Dinard/Dinan heißt Dinard/Pertuit und liegt an der D 168, einige Kilometer südlich von Dinard. Flüge sowohl nach Guernsey und Jersey (Info 02.99.46.70.28), als auch mit Ryan Air nach London Stansted (Info 02.99.46.00.66). Flughafen ✆ 02.99.46.18.46.

Diverses

• *Autoverleih* **Avis** außerhalb am Flughafen Dinard-Pleurtuit, ✆ 02.99.46.25.20, **Europcar** ✆ 02.99.46.75.70.

• *Babysitten und Unterricht* Bei Bedarf vermittelt das O.T. professionelle Kinderaufpasser/innen, Musik- oder Sprachunterricht je nach Wunsch, sogar Einkaufsservice für Senioren steht auf dem Programm.

• *Bridgeclub* Sie sind in einem klassischen, von England beherrschten Seebad. Jeden Nachmittag "Parties libres" im Château de Port Breton. Kontakt ✆ 02.99.46.20.45.

• *Bootsausflug* Corsaire am oberen Ende der Promenade du Clair de Lune. 1-stündige "Entdeckung der **Bucht von St. Malo**" (Juli/August 2-mal täglich, von April bis September mind. 1-mal pro Woche, Erwachsene 12 €, Kinder 7 €). In 2 ½ Stunden gezeitenabhängig die **Rance** hinauf nach Dinan, Erwachsene einfach 17,50 €/23 €, Kinder bis 12 Jahre 11/14 €; Näheres unter Dinan/ Bootsausflug (Tipp: Einfache Fahrt buchen und mit dem Bus zurück). In der Saison 4 Mal pro Woche 3-stündiger Bootsausflug zum **Cap Fréhel**, Abfahrt 14 Uhr. Erwachsene 23 €, Kinder bis 12 Jahre 14 €. Im Juli und August täglich eine Überfahrt nach **Cézembre**, die Insel vor der Küste zwischen Dinard und St. Malo; Erwachsene 11 €, Kinder 6 €. Im Juli und August täglich ein Ausflug zur **Ile Chausey**, Abfahrt 8.15 Uhr, Rückfahrt 16 Uhr; Erwachsene retour 25 €, Kinder 15 €. Extraservice für Hochseefischer: mindestens 3-mal wöchentlich halbtägige **Angelausflüge,** Abfahrt 6.45 Uhr (Angler/in 33 €, Begleiter/in 23 €, nicht angelndes Kind 15 €). Auskünfte und Reservierung: Corsaire, Avenue George V., ✆ 02.99.46.10.45, www.compagniecorsaire.com.

Ebenfalls im Bootsausflugsgeschäft ist die "Châteaubriand" der Société Maritime de la Rance, auf der 3-stündige **Gourmetkreuzfahrten** angeboten werden. Billigstes Menü inkl. Ticket ohne Getränke 40 €, Menü Emeraude inkl. Ticket 56 €, Kindermenü inkl. Ticket 25 €. Abfahrt zum Déjeuner 12 Uhr; Abfahrt zum Dîner 20.20 Uhr; von Juni bis September täglich 16.30 Uhr 1,5-stündige

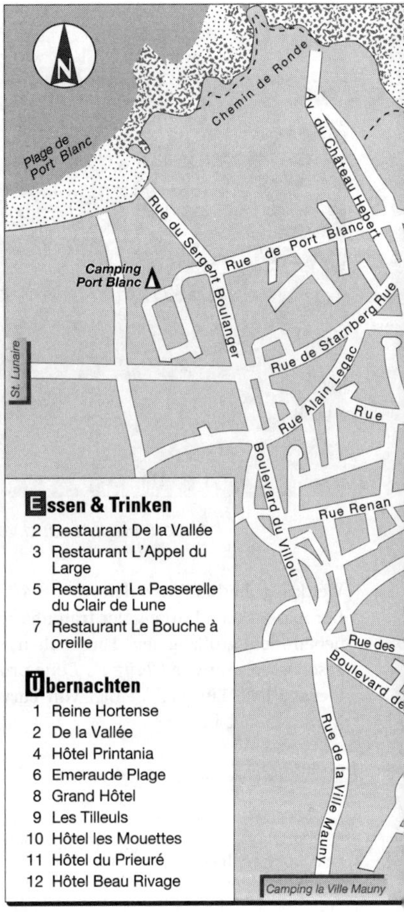

Rance-Rundfahrt, Auskunft und Buchung: Gare Maritime Châteaubriand, ✆ 02.99.46.44.40, www.chateaubriand.com.

• *Busausflug* Von Juni bis September z. B. ganztägige Busrundfahrten über das Cap Fréhel nach Dinan oder zum Mt.-St.-Michel und Cancale. Zentrale Auskunft im O.T., oder bei Voyage George's, ✆ 02.99.46.13.98.

• *Casino* Das Casino Municipal "Palais d'Emeraude" steht Spielern und Schaulustigen von März bis November offen. 100 Maschinen, Boule, Roulette und Black-Jack. Mehrere Bars und ein Terrassenrestaurant über dem Damm. Boulevard Wilson 4, ✆ 02.99.16.30.30.

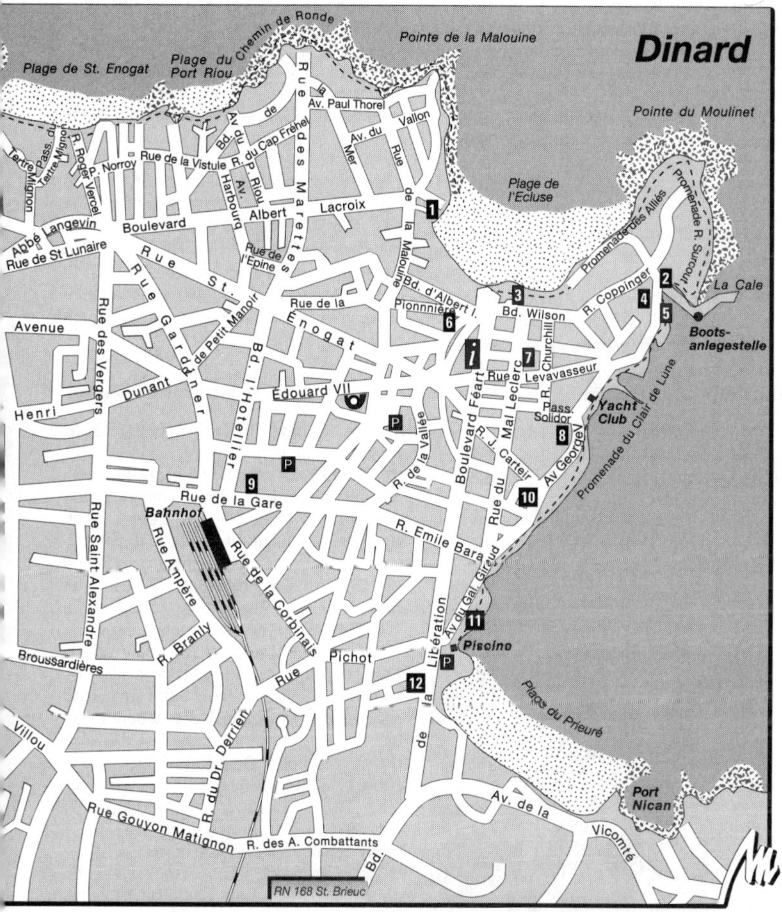

• *Fahrradverleih* **Cycles Duval**, Rue Gardiner 53, ✆ 02.99.46.19.63, verleiht ausgenommen Oktober das ganze Jahr über Fahrräder; auch Reparaturen.

• *Golf* Der Golfklub residiert 8 km außerhalb bei St. Briac-sur-Mer. Schön an der Küste gelegene 18-Loch-Anlage. Näheres siehe St. Briac-sur-Mer.

• *Markt* Jeden Dienstag, Donnerstag und Samstag von 6–13 Uhr bei den Markthallen auf dem großen Platz bei der Post. Am Mittwoch in der HS noch ein Markt im Stadtteil St. Enogat bei der Kirche.

• *Reiten* Reitzentrum etwa 1,5 km südlich des Zentrums an der RN 168. 26 Ponys und 35 Pferde können gezäumt werden. Ausritte, diverse Kurse, Springreiten etc. J.-P. Briain, Rue du Val-Porée 20, ✆ 02.99.46.23.57, dinard.equitation@wanadoo.fr.

• *Schwimmbad* Beheiztes Meerwasserschwimmbecken mit 50-m-Bahnen in der Halle neben dem Casino. Geöffnet von Februar bis Dezember.

• *Stadtführung* Die **Groupe archéologique de la Côte d'Emeraude** veranstaltet in der Saison Führungen in und um Dinard. Treffpunkt Mo–Sa 14.30 und 16.30 Uhr vor dem O.T. Pro Peron 3,50 €.

• *Taxi* ✆ 02.99.46.91.20

• *Tennis* Zum Beispiel beim Tennisclub de Dinard im Parc de Port-Breton, insgesamt 15 Plätze. Boulevard de la Libération 50, ✆ 02.99.46.10.17.

• *Thalassothérapie* **Institut de Thalassothérapie**, Avenue du Château Hébert, ✆ 02.99.16.78.00.

• *Veranstaltungen* Im Sommer großes Programm, herausragend Ende September das **Festival des Britischen Films**, an das ganzjährig der eherne Hitchcock oberhalb des Plage de l'Ecluse erinnert. Klassische Musik wird während des **Festival de Musique de Dinard** im August präsentiert.

• *Waschsalon* **Lavomatic de la Poste**, täglich 8–19 Uhr, zentral gleich bei der Post, Rue des Salles.

• *Wassersport* **Point Passion Plage (Wishbone Club)**, Schulungen und Verleih, ✆ 02.99.88.15.20, wishboneclubdinard@wanadoo.fr; **Centre Nautique du Port-Blanc**, ✆ 02.99.88.23.21, www.voiledinard.com; Strandsegeln (Schulung und Verleih) z. B. bei **Windschool**, Plage de St. Enogat, ✆ 02.99.46.83.99; für's Tauchen zuständig ist z. B. **C.S.D.** (Club Subaquatic Dinardais), Rue Barbine 25, ✆ 02.99.46.25.97.

• *Yachthafen* 500 Liegeplätze, geschützt in der Bucht von Prieuré. Alle üblichen Einrichtungen, zwei 5-t-Kräne. Einfahrt ist auch bei Ebbe möglich.

Übernachten (siehe Karte S. 156/157)

**** **Grand Hotel (8)**, der elegante Belle-Epoque-Bau über der Clair de Lune ist ein wahres Grand Hotel. 90 voll ausgestattete Zimmer mit Blick zum Meer oder auf den beheizten Swimmingpool. 8 Suiten (de Luxe). Salon, Restaurant, Bar, Park etc. Hauptsaison: DZ ab 135 €, für die beste Suite müssen Sie mit 400 € rechnen. Frühstück 17 €. Geöffnet von April bis Oktober. Avenue George V. 46, ✆ 02.99.88.26.27, www.lucienbarriere.com.

Hitchcock und seine "Vögel"

*** **Reine Hortense (1)**, von Lage, Architektur und Ausstattung vom Feinsten. Herrliche alte Ferienvilla, Flair der Belle Epoque am Rand des Plage de l'Ecluse. 10 komfortabelste Zimmer. Noble Terrasse zum Strand hin. DZ 175–205 €, Frühstück 15 €. Geöffnet vom 31.3.–30.9. Rue de la Malouine 19, ✆ 02.99.46.54.31, www.villa-reine-hortense.com.

** **Emeraude Plage (6)**, 46-Zimmer-Hotel in zweiter Reihe zum Hauptstrand (50 m). Klassisches Natursteingebäude mit lang gezogenem Nebenflügel und neuerem Anbau. Hoteleigener Parkplatz. Fast alle Zimmer mit Bad oder Dusche/WC. DZ 55–85 €, HP 60 €, Frühstück 10 €. Geöffnet vom 1.3. bis 15.11. Boulevard Albert I. 1, ✆ 02.99.46.15.79, www.hotelemeraudeplage.com.

** **De la Vallée (2)**, am Anfang bzw. Ende der Mondscheinpromenade Clair de Lune. 23 für die Kategorie komfortable Zimmer, 17 davon mit Meerblick. Restaurant. DZ 63–75 €, HP 65–70 €, Frühstück 8 €. Ganzjährig geöffnet. Avenue George V. 6, ✆ 02.99.46.94.00, www.hoteldelavallee.com.

** **Hotel Printania (4)**, vis-à-vis vom Hotel de la Vallée. 56-Zimmer-Hotel. An das alte Gebäude an der Clair de Lune wurde ein neuer Block gesetzt. Schöne Aussicht auf die Rancemündung und St. Malo. Alle Zimmer mit Bad bzw. Dusche/WC. Fernsehsaal, Panoramabar und Restaurant mit Menüs ab 18 €. DZ 55–81 €, HP 50–62 €, Frühstück 9 €. Geöffnet von Mitte März bis 20.11. Avenue George V. 5, ✆ 02.99.46.13.07, www.printaniahotel.com.

** **Les Tilleuls (9)**, unterhalb des Busbahnhofs im oberen Ortsteil. Von außen nicht allzu attraktiv, innen aber renoviert. Gartenterrasse, 500 m zum Strand. 53 z. T. etwas enge Zimmer mit modernen Sanitärs. Restaurant mit 2 Speisesälen, Menüs ab 14 €. DZ 47–65 €, HP 50–60 €, Frühstück 8 €. Ganzjährig geöffnet. Rue de la Gare 36, ✆ 02.99.82.77.00, www.hotel-des-tilleuls.com.

** **Hotel Beau Rivage (12)**, 24 passable Zimmer, alle mit Bad/Dusche und WC. Lift, manche Zimmer mit Meerblick, zur Straße hin etwas laut. Im Erdgeschoss Tabak- und Journalcafé. DZ 45–55 €, Frühstück 6,50 €. Ganzjährig geöffnet. Place de Gaulle, ✆ 02.99.46.14.34.

* **Hotel du Prieuré (11)**, Natursteingebäude steil oberhalb des gleichnamigen Strandes. 7 geräumige Zimmer mit Blick über die Bucht und St. Malo, alle Zimmer mit Bad/Dusche/WC. Nettes Speiserestaurant mit herrlichem Blick, ausgezeichneter Küche und familiärer Behaglichkeit, DZ 39–46 €, HP 46–48 €, Frühstück 7 €. Januar geschlossen. Place de Gaulle 1, ✆ 02.99.46.13.74.

Hotel les Mouettes (10), klein, nett, etwas von der Mondscheinpromenade zurückgesetzt, an einem engen Gasseneck. 10 kleine, niedliche Zimmer, 6 davon mit Dusche oder Dusche/WC-Abteil. Rustikaler Frühstücksraum. DZ 27–37 €, Frühstück 5 €. Ganzjährig geöffnet. Avenue George V. 64, ✆ 02.99.46.10.64, www.hotel-les-mouettes.co.

Camping

**** **de la Ville Mauny**, etwa 3 km außerhalb, an der D 603 Richtung St. Briac. Großzügiges Wiesenareal am Rand eines Wäldchens, Hecken, Zierpflanzen und kleine Tannen lockern die 200 Parzellen auf. Lebensmittel, Snackbar, Restaurant, Waschmaschinen, geheiztes Schwimmbecken, Sauna, Tennis. Gepflegte, ausreichend konzipierte Sanitärblocks. Sport- und Freizeitangebote, zum nächsten Strand gut 3 km. Mietcaravans und -zelte, einige Bungalows. Rue de la Ville Mauny, ✆ 02.99.46.94.73.

*** **Port-Blanc**, 387 Stellplätze unter Gemeindeverwaltung. 6 ha in bester Lage am feinsandigen, felsgesäumten Plage de Port-Blanc, am westlichen Ortsende unterhalb des Sportgeländes. Herrliche Aussicht auf den Plätzen in der ersten Reihe. Mehrere terrassenförmige Ebenen, wenig Schatten und etwas veraltete, doch gepflegte Sanitärgebäude im Bunkerstil. Einkaufsmöglichkeiten an der platzeigenen "Basarzelle", verschiedene Animationsangebote. Geöffnet von April bis September. Rue Sergeant Boulanger, ✆ 02.99.46.10.74.

Essen (siehe Karte S. 156/157)

La Vallée (2), weil auch das Auge mitisst. Das Restaurant des Hotels an der Mondscheinpromenade bietet neben einem schönen Blick auch eine sehr ordentliche Küche. Spezialität sind Fisch und Meeresfrüchte in all ihren Spielarten, dazu bretonische Schmankerlküche. Menü 19–46 €. Avenue Georg V. 6, ✆ 02.99.46.94.00.

La Passerelle du Clair de Lune (5), praktisch gegenüber dem La Vallée. Internationale Küche, z.B. Menu Passerelle Destination le Pacifique für 28 € (u.a. roher Fisch mit Kokosmilch und Mangosalat) oder Menu Passerelle Destination la Scandinavie für 30 €. Mo und Di geschlossen. Promenade du clair de lune, ✆ 02.99.16.96.37.

L'Appel du Large (3), im Restaurant des Casinos kann man sich ins mondäne Dinard vergangener Jahrzehnte zurückversetzen lassen. Riesige Glasscheiben mit grandiosem Blick aufs Meer und Preise, die schlimmer sein könnten: Menü von 15–26 €, Mittagsmenü 11 €. Täglich geöffnet. Boulevard Wilson 4, ✆ 02.99.16.30.30.

Restaurant La Bouche à Oreille (7), auch wenn unsere schriftliche Empfohlung dem Namen des Restaurants (franz. für Mundpropaganda) nicht nachkommt: Gutes Lokal für Fleisch- u Fischgerichte im leicht mediterranen Ambiente. Menüs von 13–25 €. Täglich geöffnet, in der NS Di und Mi geschlossen. Rue du Maréchal Leclerc, ✆ 02.99.46.87.80.

Repère des Corsaires, wer das Speisen gleich mit einem kleinen Ausflug auf die in der Bucht gelegene *Ile Césembre* verbinden möchte, dem sei dieses Meeresfrüchterestaurant empfohlen. Gehobene Preise, ✆ 02.99.56.78.22, Überfahrt mit Corsaire.

Auch im "englischen" Seebad Volkssport: Boule

Sehenswertes

Promenade: Dinard liegt teils über den Klippen und Felsen entlang der Rancemündung, teils blicken die noblen Ferienvillen oder modernen Appartementblocks aufs offene Meer. Unterhalb des felsigen Küstensaums, auf dem die Villen des Seebads ruhen, windet sich ein Pfad in die Klippen gehauen oder betonbefestigt die Küste entlang.

Der *Chemin de Ronde* (Rundweg) ist in mehrere Abschnitte gegliedert, der prominenteste davon ist die *Promenade du Claire de Lune*. Zwischen der *Moulinet-Landspitze* und dem *Plage du Prieuré* begleitet die Mondscheinpromenade die Rance auf ihren letzten Metern in den Ozean. In der Saison abends bunt illuminiert und von Lautsprechern beschallt, lockt der blumengeschmückte Fußgängerdamm unterhalb der steil aufsteigenden Felsen, auf denen sich das Rokoko mit dem Stil der Jahrhundertwende trifft, nicht nur Liebespaare zu einem romantischen Spaziergang.

Hinter der kleinen Bootsanlegestelle beim Hotel de la Vallée erhebt sich die mit gediegenem Mauerwerk bebaute *Pointe du Moulinet* – Panorama auf St. Malo. Auf der Meerseite ist die Küste stark zerklüftet, dazwischen liegen drei feinsandige Badebuchten: allen voran Dinards Aushängeschild, der *Plage de l'Ecluse*. Der Spazierweg führt weiter in westliche Richtung. Begleitet von den Villen auf den Klippen, verläuft ein Küstenpfad rund um die verschiedenen Landspitzen. Besonders schön sind die Aussichtspunkte an der Pointe de Moulinet mit dem Prachtblick auf St. Malo, der *Pointe de la Malouine* und der *Pointe des Etêtés*: Im Ozean schwimmen die vorgelagerten Inselchen, unterhalb der Landspitze liegen die Terrassen des Parks von Port-Riou. Von dort ist bei klarer Sicht das Cap Fréhel zu erkennen. Über den Strand von *St. Enogat* gelangt man steil über die in den Fels gehauenen Treppen hinauf bis zum *Plage de Port-Blanc* am westlichen Stadtrand.

Baden

Plage de l'Ecluse: Dinards Renommierstrand am Casino. Im Sommer von gestreiften Strandzelten gesäumt, zu jeder Jahreszeit dahinter die Fassadenfront repräsentativer Ferienresidenzen. Der 300 m breite Strandabschnitt mit Blick aufs offene Meer bleibt bei Flut gerade breit genug für die Sonnenanbeter, bei Ebbe geht es feinsandig und flach ins Wasser. Volle touristische Infrastruktur – Umkleidekabinen, Duschen, Strandzelte Strandliegen und Sonnenschirme ...

Plage du Prieuré: Der 300-m-Strand am Ende der Mondscheinpromenade erstreckt sich ganz reizvoll vor den Klippen der Mündungsbucht. Da er noch in der Rancemündung gelegen ist, verschlickt der Strand bei Ebbe völlig. Schwimmbecken am Rand des Strandes. Bei höherem Wasserstand viel besucht. Schöner Blick auf St. Malo.

Plage St. Enogat: Über dem 250 m langen, bei Flut noch gut 20 m breiten Strandabschnitt, ein Stück hinter der *Pointe des Etêtés*, thronen private Ferienhäuser und Residenzen. Eingerahmt von Klippen, öffnet sich die Bucht zum Meer. Surf- und Segelrevier. Kleine Snackbar oberhalb des Strandes. Zu erreichen über die Straße vom Zentrum oder – idyllisch – über den betonierten Strandpfad.

Plage de Port-Blanc: Am westlichen Ortsrand von St. Enogat (Richtung St. Lunaire, ausgeschildert) bietet der etwa 100 m breite Feinsandstrand gute Bademöglichkeiten. Optimal für Kinder, sehr flacher, bei Ebbe gut 250 m langer Weg zum Atlantiknass. Hauptstrand für die Campinggäste vor Ort.

Dinard / Umgebung

Gezeitenkraftwerk (*Usine Marémotrice*): Das erste Gezeitenkraftwerk der Welt. Erste Pläne für den Bau wurden bereits 1941 geschmiedet, ausgeführt wurden sie 1961. Nach knapp sechsjähriger Bauzeit konnte die imposante Wasserkraftanlage 1966 von der staatlichen Elektrizitätsgesellschaft E.D.F. in Betrieb genommen werden. Das Prinzip des Kraftwerks beruht auf der Nutzung der riesigen Wassermassen, die die Rance in ihrem Unterlauf befördert (18.000 Kubikmeter pro Sekunde), und dem extremen Gezeitenwechsel, der in der Rance-Mündung einen Tidenhub von fast 14 m erreicht. Durch einen 750 m langen Damm zwischen der *Pointe de la Briantais* und der *Pointe de la Brebis* wird der Fluss zu einem 22 qkm großen See aufgestaut, dessen Wassergefälle über 6 Schleusentore so reguliert werden kann, dass die 24 Rohrturbinen im Inneren des Dammes bei Ebbe und Flut arbeiten. Sie erzeugen beim Durchlauf von 184 Millionen Kubikmeter Wasser rund 500.000 Kilowattstunden Strom.
Über den Damm führt die Verbindungsstraße zwischen St. Malo und Dinard, eine Plattform oberhalb der gurgelnden Strudel und Wirbel am Fuß der Turbinenanlagen erlaubt einen weiten Blick über das sich zum Ozean öffnende Rancetal. Auf der Westseite des Stausees regeln eine Hebebrücke und eine 65 m lange Schleuse den Schiffsverkehr zwischen Fluss und Atlantik. Das Gezeitenwerk selbst kann seit 1996 von Individualreisenden meistens nicht mehr besichtigt werden. Grund: Angst vor Anschlägen. Allerdings geht man nun langsam dazu über, im Sommer wieder einige Wochen für das Publikum die Tore zu öffnen. Infos beim O.T.

Jardins du Montmarin: Das 1760 erbaute Schloss im Stil Ludwig XV. befindet sich direkt am Ufer der Rance in der Nähe von Dinard und St. Malo. Neben einigen interessanten Details, wie z.B. des Dachs, das die Form eines umgedrehten Schiffsbauches hat oder des ganz in Marmor ausgestatteten Brunnens im Ehrenhof des Schlosses, ist vor allem der terrassenförmig zur Rance hinunter angelegte Park einen Besuch wert.

Öffnungszeiten April bis Oktober täglich von 14–18 Uhr (samstags geschlossen). Erwachsene 6 €, erm. 4 €, ✆ 02.99.88.58.79, www.domainedumontmarin.com.

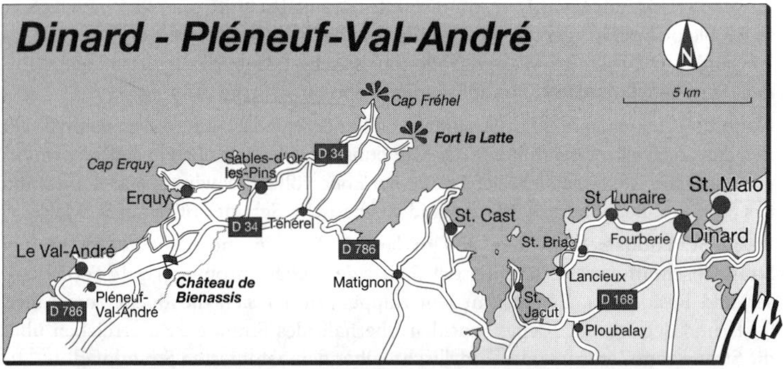

Von Dinard nach St.-Cast-le-Guildo

Der Küstenstreifen zwischen diesen beiden Seebädern an der Smaragdküste ist geprägt von steilen, zerklüfteten Kaps und weiten Buchten, in die sich feinsandige Sandstrände schmiegen.

Die Küstenstraße D 786 verläuft von Dinard über *St. Enogat* nach *St. Lunaire* und von dort aus ziemlich kurvig quer über weit ausgreifende Landzungen durch behäbige Urlaubsörtchen. Stichstraßen auf der ganzen Route führen hinunter zum Meer. Die Orte rühmen sich ihrer legendenumwobenen Herkunft: Die Küste zwischen St. Malo und St. Cast war ein bevorzugter Landeplatz für die Missionare aus England, die sich im 5./6. Jh. aus ihrer Heimat absetzten und hier ihre ersten Stützpunkte gründeten. Die Ortsnamen verraten, welcher heilige Mönch hier jeweils als erster seinen Fuß an Land setzte.

Die Gemeinden an diesem schönen Abschnitt der Côte Emeraude teilen das Schicksal vieler bretonischer Urlaubsorte im Schatten eines mondänen Seebads; neben den alten Villen, die sich am Rand der früheren Fischerorte angesiedelt haben und die heute oft zum Verkauf angeboten werden, schießen kleine, mehr oder weniger geschmackvolle Wochenend- oder Ferienhauskolonien aus dem Boden und zersiedeln den Küstenstreifen. Alte Hotels werden immer häufiger in Appartementhäuser oder Residenzen umgewandelt oder machen neuen Bauten Platz. Im Winter glotzen verschlossene Jalousien aus den Häusern, in den Sommermonaten herrscht der hektische Urlaubsrummel vieler Duponts und fremdsprachiger Gäste.

St. Lunaire (ca. 2000 Einwohner)

Die Gründerzeitfassaden hinter dem Hauptstrand teilten das Schicksal vieler historischer Bauten in der Bretagne. Die stolzen Hotels der Belle Époque wurden in Appartementbauten umgewandelt und lassen die einstige Atmosphäre des alten Seebads nur noch ahnen. Heute erwacht das kleine, neben dem weltläufigen Dinard ländliche St. Lunaire am Sonntagmorgen zu unerwartetem Leben. Rund um die Kirche – unter einem der Grabsteine aus dem 12. bis 15. Jh. liegt der Gründermönch und Ortsheilige St. Leonorus – findet der Wochenmarkt statt. Kirchgänger, Touristen und Trödler bilden ein buntes Gemisch, mit skeptischem Blick überwacht der Gemeindegendarm das Getriebe.

St. Lunaire zieht sich die Strandstraße (*Rue de Grève*) entlang über den *Boulevard du Décollé* auf eine felsige Landspitze hinauf, die die beiden Ortsstrände voneinander trennt. Die *Pointe du Décollé* (der Geköpfte), weit ins Meer hinausragend, ist ein hervorragender Aussichtspunkt. Eine natürliche Felsbrücke führt über einen tiefen Felsspalt (das Katzenloch = *Trou de Chat*) zum letzten, steil abstürzenden Granitzipfel der Landspitze. Unterhalb entdeckt man die *Grotte der Sirenen*, hoch oben residiert in einem reetgedeckten bauernhausähnlichen Gebäude ein Café-Bar-Discobetrieb mit Terrasse – windig, aber herrliches Panorama von der Pointe de Grouin zum Cap Fréhel.

Verbindungen/Diverses

• *Postleitzahl* 35800

• *Information* Pavillon hinter dem Strand auf dem Weg zur Ortskirche. Von Juni bis September täglich außer Mi 10–12 und 14.30–17.30 Uhr. Außerhalb dieses Zeitraums nur in französischen Schulferien. Für den Rest des Jahres Auskunft in der Mairie. Boulevard Général de Gaulle, ✆ 02.99.46.31.09.

• *Verbindung* Mehrmals täglich Busse nach Dinard/St. Malo und in die entgegengesetzte Richtung über die nachfolgenden Badeorte nach St. Cast.

• *Bootsverleih* **Yacht Club**, ✆ 02.99.46.30.04.

• *Fahrradverleih* Beim Camping Longchamps gibt's Mountainbikes und Tourenräder.

• *Markt* Sonntagvormittag, allerdings nur in den Sommermonaten.

• *Minigolf* An der Strandpromenade neben dem Tourismusbüro wird in kleinem Maßstab eingelocht. Eine Runde 3 €.

Übernachten

* **Hotel le Relais Fleuri**, nettes kleines Hotel neben der Kirche, eine ruhige Adresse mit dörflichem Flair. 17 kleine Zimmer, zum Großteil mit Bad oder Dusche/WC. Restaurant. 300 m zum Strand. DZ 35 €, Frühstück 5 €. Place de l'Eglise, ✆ 02.99.46.30.13.

Hotel Richmond, charmanter Familienbetrieb kurz vor der Pointe du Décollé am Boulevard. Zwei Brüder schmeißen den Laden, derweil die Mutter mit Hund im Entrée sitzt. Der Blick vom hellen Frühstücksraum auf den Strand hinab ist etwas verbaut, stattdessen gibt es stilvoll-verblichene Atmosphäre im verwinkelten Gründerzeit-Ambiente. Neben dem alten Hotelgebäude im kleinen Gartenpark führt eine Treppe in den Gästepavillon. Die meisten Zimmer mit sehr einfachem Mobiliar und Sanitärs, von den oberen Zimmern phantastische Aussicht aufs Meer. Während der Sommerferien gelegentlich von englischen Schulklassen ausgebucht. DZ 30–45 €, Frühstück 6 €. Boulevard du Décollé, ✆ 02.99.46.30.28

• *Camping* *** **Camping La Touesse**, zwischen St. Enogat und St. Lunaire 300 m vom La-Fourberie-Strand. Wenig Schatten, ordentliche Hygieneblocks, kleiner Laden, Bar, Restaurant und Waschmaschinen. Vermietung von Wohnwagen, Mobil-Homes und Fahrrädern. 142 Stellplätze. ✆ 02.99.46.61.13.

*** **Camping Longchamps**, durch die D 786 von St. Lunaire nach St. Briac (600 m zum Zentrum) von den Dünen des Longchamps-Strandes getrennt. Rund um den Platz Ferienhaussiedlung. Ebenes, teils schattiges Areal. Neue Sanitärblocks, Bar, Laden, Fahrradverleih, Restaurant, Waschmaschinen, Spielsaal, Minigolf etc. Surfertreff. 300 Stellplätze. ✆ 02.99.46.33.98.

• *Essen/Nachtleben* Alles unter einem Dach: **La Chaumière**, sympathischer Multifunktionsbetrieb auf der Spitze der Pointe du Décollé. Garantiert außergewöhnliche Aussicht und durchgängiges Programm bis in die frühen Morgenstunden. 3 verschachtelte, ebenerdige Gebäude im Bauernhaus-Stil beherbergen 1 Restaurant (Menüs ab 20 €), 1 Crêperie, 1 Diskothek und einen separaten Nachtclub. Pointe du Décollé, ✆ 02.99.46.01.70.

Baden

Plage de St. Lunaire: der Stadtstrand; lang gezogener breiter Sandstrand östlich der Pointe du Décollé, gut geschützt und auch für Kinder geeignet. Bei Flut bleiben

5 m trockener Sand für die Badetücher. Umkleidekabinen, Strandclub, in der Saison verschiedene Wassersportausrüstungsverleiher. Strandaufsicht und Rettungsstation.

Plage de Longchamps: 400 m Sandbucht auf der Westseite der Landspitze, von einem breiten, kahlen Dünengelände zur Straße nach St. Briac hin begrenzt (Parkplatz). Treffpunkt der Brett- und Bootssegler, die hier von der steifen Westbrise profitieren. Bei Flut mehr oder weniger ganz überspült. Neben der Segelschule einige Tenniscourts.

St.-Briac-sur-Mer (ca. 1800 Einwohner)

Die Straße von St. Lunaire nach St. Briac führt etwas oberhalb der Küste entlang mitten durch den schön gelegenen 60-Hektar-Platz des Golfclubs von Dinard. Vor dem alten Dorfkern oberhalb der Küste mit seinen niedrigen, grauen Granitsteinhäuschen wachsen Neubauviertel im bretonischen Ferienhausstil – aus dem kleinen Fischerdorf an der *Frémur-Mündung* ist ein Familien-Badeort mit Fischerei- und Yachthafen geworden, in der auch das derzeitige Oberhaupt der Zarenfamilie residiert. Nach Wladimir Kirilowitsch wurde die *Chemin de Duc* benannt, die Statue seiner Mutter, der Enkelin von Königin Viktoria, steht im hübsch herausgeputzten Ortskern, dessen Platz von einladenden Kneipen gesäumt ist.

Rund um St. Briac bietet die zerklüftete Küste abwechslungsreiche Sandstrände – dank der geschützten Lage in der Trichtermündung sicher, bei Ebbe aber ohne Wasser. Vom *Croix des Marins* (Kreuz der Seefahrer) auf einem Hügel etwas außerhalb der Ortschaft genießt man einen herrlichen Ausblick über die Küste.

• *Postleitzahl* 35800

• *Information* Vor der Ortsmitte in einem kioskähnlichen Pavillon an der Durchgangsstraße. Juli bis August täglich 10–12.30 und 14–18.30 Uhr, Mitte April bis Juni und September Mo, Di und Do–Sa 14–17 Uhr, an-

Vor dem Pferderennen

sonsten nur Di und Sa 14–17 Uhr. Grande Rue 49, ✆ 02.99.88.32.47, www.saint-briac.com.

• *Verbindung* Mehrmals täglich mit dem **Bus** nach Dinard und St. Malo, nach St. Cast nur im Sommer.

• *Fest* Am 2. Juliwochenende findet das **Festival St. Briac en Musique** statt. Am 2. Augustwochenende **Fête des Mouettes** (Möwenfest): Folklore-Darbietungen mit ca. 600 Akteuren rund um den Hafen. Jeden Sommer im Juli/August **Festival d'art** mit wechselnden Ausstellungen.

• *Golf* Die Clubanlage des Golfclubs von Dinard ist nicht nur das älteste Golfgelände des Kontinents (seit 1887), sondern auch eine der schönstgelegenen Anlagen der Bretagne. 60 ha Rasen unterhalb des Aussichtspunktes der Pointe de la Garde-Guérin, durchzogen von der Küstenstraße, dafür mit weitem Blick über den Strand von Port Hue. 18 Löcher zum Einputten. ✆ 02.99.88.32.07.

• *Tennis* 4 Außenplätze und 1 überdachter Court, Auskunft und Anmeldung über den Club, ✆ 02.99.88.03.23.

• *Yachthafen* 700 gezeitenabhängige Liegeplätze; ✆ 02.99.88.01.75.

• *Übernachten* *** **Golf Hotel**, erstes Haus am Platz; neues, lang gezogenes solides Mittelklasse Hotel mit 40 Zimmern, Gartenanlage und Restaurant. DZ 90 €. Ganzjährig geöffnet. Boulevard de la Houle, ✆ 02.99.88.30.30.

* **Hotel de la Houle**, ein Hotel "de charme et caractère" an der Durchgangsstraße vor dem Ortszentrum. 27 Zimmer, Bar und Restaurant. Im 1. Stock können Gäste auf einer Terrasse über der Straße frühstücken. Im Speisesaal Wintergartenatmosphäre. DZ 50–75 €. Ganzjährig geöffnet. Boulevard de la Houle 14, ✆ 02.99.88.32.17.

• *Camping* *** **L'Emeraude**, ein an die South-Fork-Ranch erinnerndes Eingangsportal mit dem akkuraten Empfangspavillon führt auf das schattige 5-ha-Areal, dessen Blumendekoration mehrere nationale Preise gewann. Das Wiesengelände am Ortseingang ist umzäunt und von Hecken und Baumgruppen unterteilt. Ordentliche, geflieste Sanitärs mit ausreichend Dusch- und Waschgelegenheiten. Laden, Selbstkocherherde, Kinderspielplatz. Tennisplatz und Minigolf. Außerdem Mobilhomevermietung und beheiztes Schwimmbad. 1,5 km zum Strand von Port Hue. 200 Stellplätze. Geöffnet von Ostern bis 30.9., ✆ 02.99.88.34.55.

** **Camping Le Pont Laurin**, ebenes Rasenterrain am Gemeindesportplatz oberhalb der Frémurmündung. Hecken unterteilen 200 Stellplätze. Einfache Sanitäranlagen, Stromversorgung. Auch hier Mobilhomevermietung. Zu den Stränden 2 km. Geöffnet vom 15.4.–31.9. Le Pont Laurin, ✆ 02.99.88.34.64.

Baden

Plage de Port Hue: Der von Dünen und dem Golfplatz eingerahmte 400 m lange Sandstrand garantiert ein gezeitenunabhängiges Badevergnügen und zählt besonders bei Wellenreitern und Bodysurfern aufgrund seiner gleichmäßigen Dünung als gute Adresse. Wenig Schatten, keine ausgesprochenen Strandeinrichtungen, Toiletten in einem alten Wehrmachtsbunker. Kleiner Kiosk und Snackservice mit Getränken und Crêpes. Nur während der Saison überwacht.

Plage de la Salinette: Der Südstrand in der geschützten Bucht wird vor allem von Bootsanlegern genutzt. Am Rand liegt malerisch eine kleine Landspitze mit Château und alten Kiefern. Bei Ebbe viel Schlick, nichts zum Baden. Erste-Hilfe-Station, Kinderclub, Umkleidekabinen und Toiletten. Einen Katzensprung weiter, in der nächsten Bucht, Oststrand mit ähnlichen Bedingungen. Sicheres Baden bei Flut.

Lancieux (ca. 1100 Einwohner)

Liegt St. Briac gerade noch im Département Iles-et-Vilaine, gehört das nahe Lancieux zur Côtes d'Armor – der *Frémur-Fluss* bildet hier die Grenze zwischen den Départements. Von St. Briac kommend führt eine neue, 300 m lange Brücke über den breiten Fluss nach Lancieux, einem freundlichen Fischerdorf. Im alten Ortskern auf dem Höhenkamm über der Frémur-Mündung findet sich der quadratische *Kirchturm* der alten Ortskirche, den die Revolution verschont hat. Der D 786 leicht bergab folgend, gelangt man zur *neuen Kirche* (*Weihwasserbecken*, gehauen in einen Kilometerstein aus dem 4. Jh.). Ansonsten gibt es noch einige Läden, einen unerwarteten Teesalon und eine ländliche Allroundkneipe im Zentrum.

Zu den Stränden des familienfreundlichen Badeorts führen von der Ortsmitte aus mehrere Stichstraßen hinunter. Bei Ebbe kann man eine schöne Rundwanderung um die Halbinsel unternehmen (*Zöllnerspfad*), wo inmitten der Bucht die *Iles Ebihens* aus dem Wasser ragen. Neben dem *Plage du Rieul*, unterhalb der Brücke über den Frémur (kleiner Fischerhafen), und dem *Plage d'Islet* gegenüber der kahlen, gleichnamigen Insel (klein, putzig und gut geschützt) ist vor allem der *Plage de Saint Sieu* zu erwähnen. Der 1 km lange Sandstrand zwischen der *Pointe de Bouglais* und der Islet-Insel ist der Hauptstrand der Gemeinde und ein Windsurfer-Paradies. Provisorische Umkleidekabinen, Segelschule, Wachstation.

• *Postleitzahl* 22770

• *Information* Pavillon hinter der neuen Kirche am Ortsausgang. In der Saison Mo–Sa 10–12 und 14–18 Uhr, in der NS wechselnd manchmal vor-, manchmal nachmittags. Square Jean Conan, ✆ 02.96.86.25.37.

• *Fahrradverleih* Beim O.T. und am Strand bei **Cap Armor** im Juli und August.

• *Markt* Nur im Juli und August jeden Dienstagvormittag auf dem Parkplatz bei der Touristeninformation.

• *Tennis* Gemeindeplatz mit 2 Courts im Ortsteil La Chaponnais, Rue du Stade.

Lancieux Ortsmitte

• *Wassersport* Von April bis Mitte November vermietet der **Cercle Nautique** Segeljollen oder Optimisten. Boulevard de la Mer 5, ✆ 02.96.86.31.50. Surfbretter und Katamarane verleiht am St.-Sieu-Strand **Voilerie Propulsion**. Kajaks und Strandsegler bei **Les Innuits**, Plage de Lancieux, ✆ 02.96.86.30.17.

• *Übernachten* *** **Hotel des Bains**, im Ortszentrum oberhalb des Sieu-Strandes (ca. 300 m). 14 Zimmer, einige mit Meerblick. Gartenpark, Restaurant. DZ mit Dusche/WC 52–70 €, mit Bad/WC und Kitchenette 120 €, Suite 120 €, HP 51–65 €. Ganzjährig geöffnet. Rue du Poncel 20, ✆ 02.96.86.31.33.

Hotel de la Mer, gegenüber dem Hotel des Bain; Natursteinhaus mit 18 z. T. kleinen, aber ordentlichen Zimmern unterschiedlichster Sanitärausstattung. Gemütliches Restaurant mit guter Küche (Menü mit Meeresfrüchten 17–26 €). DZ je nach Ausstattung 34–66 €, HP 45–52 €, Frühstück 7 €. Rue de la Plage 1, ✆ 02.96.86.22.07.

• *Camping* ** **Municipal les Mielles**, 200 m vom Surfstrand. Ziemlich kahles, aber recht gut ausgestattetes 2,5-ha-Gelände. Waschmaschinen, Kinderspielplatz, behindertengerechte Sanitärblocks. 175 Stellplätze. Geöffnet vom 1.4.–30.9. Rue Jules Jeunet, ✆ 02.96.86.22.98.

• *Essen* Crêpes mit Aussicht gibt es bei Ploubalay, etwa 3 km außerhalb von Lancieux auf dem Weg nach St. Jacut. Der hoch aufragende Wasserturm, weithin sichtbar, beherbergt auf 104 m Höhe (Lift) die **Crêperie Château d'Oh,** (kleines Wortspiel: château d'eau wäre Wasserturm) von der aus man den gesamten Küstenabschnitt überblicken kann. Ganzjährig geöffnet. L'Ascenseur, ✆ 02.96.27.31.17

St. Jacut-de-la-Mer (ca. 1000 Einwohner)

Der Ort geht zurück auf die Gründung des irischen Mönches *St. Jacut*, der vor 1300 Jahren hier an Land gegangen sein soll. Seine Mutter war eine außergewöhnliche Frau: Um die Drillinge, die sie gebar, gleichzeitig und gerecht nähren zu können, wuchs ihr für die Stillzeit eine dritte Brust. Jacut und seine beiden Brüder dankten es ihr und wurden später allesamt Heilige.
Die Gemeinde zieht sich weitläufig über eine schmale, weit in die Bucht der *Frémur-* und *Arguenon-Mündungen* hinausreichende Landzunge *Pointe du Chevet* (Kopfkissen). Der alte Ortsteil mit seinen dunklen Granitsteinhäuschen liegt auf der höchsten Erhebung der Landspitze. Vom äußersten Punkt (Wiesenplateau) bietet sich eine wohlfeile Sicht auf die von kleinen, goldgelben Stränden eingerahmte *Ebihens-Insel* mit dem Makrelenturm und auf die *Arguenon-Bucht*, in der bei Ebbe die Pfahlgehege der Austern- und Muschelbänke aus dem Schlick ragen.

St. Jacut ist ein preiswerter Familienbadeort, dessen Reiz vor allem im Fußfischen und den Küstenpfaden besteht. Diese winden sich zwischen Felsklippen und Landabbrüchen an vielen kleinen Sandbuchten vorbei, den Küstensaum der grünen, von Tamarisken und Krüppelkiefern bestandenen Landzunge entlang. Die touristischen Einrichtungen wirken etwas improvisiert und bei Ebbe am Rande des Schlicks verloren, bei Flut lässt sich an den kleinen, flachen, die Halbinsel säumenden Stränden jedoch Wassersport in jeder Form treiben. Hauptstrände sind der *Plage Rougeret* am "Zipfel des Kopfkissens" und gleich nebenan der idyllische *Plage Châtelet* mit Segelboot- und Surfbrettverleih.

- *Postleitzahl* 22750
- *Information* Im alten Ortsteil, an die Post angebaut und gleich neben der Feuerwehr. Im Sommer täglich 10–12.30 und 14–19 Uhr. Rue du Châtelet, ✆ 02.96.27.71.91.
- *Verbindung* **Bus**verkehr die Küste entlang Richtung Dinard/St. Malo und Richtung St. Cast. Mindestens 3 Busse täglich im Sommer.
- *Markt* Freitagvormittag.
- *Übernachten* * **Hotel le Vieux Moulin**, ausgezeichnetes Quartier mit Stil und Geschmack in einer alten, renovierten Windmühle an der Hauptstraße des alten Ortsteils. Verwinkelte Erker und viel Naturstein. 26 Zimmer, sanitär unterschiedlich, alle aber mit viel Liebe zum Detail, teils im alten Rundturm, teils im turmartigen Nebengebäude auf der anderen Straßenseite, teils in einem Anbau am Meer untergebracht. In Empfangshalle und Restaurant schöne Stilmöbel und freundlicher Service. Ruhiger, von hohen Hecken geschützter Garten. Der Chef des Hauses kocht selbst und ausgezeichnet. Menüs von 20–26 €. DZ 37–45 €, Frühstück 6 €. Geöffnet von April bis 1.10. Rue de Moulin 24, ✆ 02.96.27.71.02.
- *Camping* ** **Municipal de la Manchette**, rund um den Fußballplatz, ein Stück nach der Kreuzung der D 786/D 26, die auf die Halbinsel von St. Jacut führt. 374 von niedrigen Hecken unterteilte Stellflächen, einfache Sanitärblocks mit Warmwasserduschen, Kinderspielplatz. Direkter Zugang zu zwei Stränden, die bei Flut unbeschwertes Badevergnügen erlauben. Geöffnet von April bis 30.9. Rue de la Manchette, ✆ 02.96.27.70.33.

St. Cast-Le-Guildo (ca. 3200 Einwohner)

Das Seebad erfreut sich besonders lebhaften Urlauberzuspruchs: Einerseits gilt der touristisch voll ausgestattete Strand als einer der schönsten der Nordbretagne, andererseits ist St. Cast eine preiswerte und akzeptable Alternative zum mondänen Dinard.

So schnellt die Einwohnerzahl von St. Cast jedes Jahr in der Hochsaison auf das Zehnfache an. Über dreißigtausend Kurzzeit-Bewohner belagern dann die Strände des Seebads oder schwärmen zu den obligatorischen Ausflügen aus.

Der Name St. Cast deutet auf den irischen Prinzen *Cado* hin, der im 6. Jh. das Gebiet um St. Cast christianisierte. Den Doppelnamen erhielt die Gemeinde erst 1972 durch eine Gebietsreform: In diesem Jahr wurde *Notre-Dame-le-Guildo* eingemeindet, das kleine Hafenörtchen 5 km südlich an der Mündung des Arguenon, das vor allem vom Holzhandel lebt.

St. Cast selbst besteht aus drei Ortsteilen: das alte *Le Bourg* auf dem Höhenkamm hinter dem Hauptstrand, bis heute das Verwaltungszentrum; der touristische Ortsteil *La Garde*, der sich erst um die Jahrhundertwende am Südende des Hauptstrandes entwickelte und vor schmucken Ferienvillen, Hotels und dem Casino strotzt; und schließlich der Ortsteil *Isle St. Cast*, der sich mit seinen verwinkelten Gassen (Einbahnstraßen!) und alten Häusern steil über die Landzunge am Nordrand des Strandes hochzieht. Er war früher der Fischerhafen von Le Bourg und hat sich zum Vergnügungshafen gemausert. La Garde – Strandzeile und Fußgängerzone gehen nahtlos in den Ortsteil L'Isle über – ist heute das lebhafte Geschäfts-, Handels- und Urlauberzentrum.

Information/Verbindungen

- *Postleitzahl* 22380
- *Information* Multipavillon an einer Kreuzung der zweiten Parallelstraße zum Strandboulevard: Gendarmerie, Post, Bushaltestelle, öffentliches WC und Tourismusauskunft – alles unter einem Dach. Ganzjährig geöffnet. In der Hochsaison täglich Mo–Sa 9–19.30 Uhr, So 10–12.30 und 15–18.30 Uhr. Ansonsten Mo–Sa 9–12 und 14–18 Uhr. Von Oktober bis März bleibt das O.T. Samstagnachmittag und Montagvormittag geschlossen. Place Charles de Gaulle, ✆ 02.96.41.81.52.
- *Verbindung* Zentraler **Bus**bahnhof auf dem Place Anatol le Braz im Ortsteil L'Isle. Weitere Haltestellen in Le Bourg (Kirche) und beim Tourismusbüro. Ganzjährig mindestens 2-mal täglich Richtung Lamballe. Nach St. Brieuc (über Fréhel, Sables d'Or, Erquy, Val-André) im Juli und August mindestens 2 Mal täglich. Richtung Dinard/St. Malo ganzjährig mehrmals täglich Busanschluss (über Notre-Dame-le-Guildo und St. Jacut die Küste entlang). Infos im O.T..

Diverses

- *Bootsausflug* Ausflugsfahrten zum Kap Fréhel oder Fischen mit dem "patron pêcheur" auf dessen Kutter; Auskünfte und Buchung über das Tourismusbüro. Halbtagesausflüge auf dem Segelschiff *Le Dragous*, im Sommer täglich, in der NS am Wochenende; Auskunft über das Centre nautique im Hafen oder im O.T.
- *Boule* Die Association Bouliste Castine lädt während der Saison täglich zum Wettkampf ins öffentliche Boulodrôme. Ab 16 Uhr wird gegen einen Einsatz von 2 € um Geld gespielt. Donnerstags ab 15 Uhr doppelter Einsatz. Rue Duguay-Trouin.
- *Fahrradverleih* **M. Page** vermietet Tourenräder, Kinderräder, Mountainbikes und Mofas. Rue de L'Isle 9 (Oberstadt), ✆ 02.96.41.87.71.
- *Golf* Der Platz von Golf de Pen-Guen hinter dem Strand von Pen-Guen wurde mit 18 Löchern auf internationalen Standard erweitert. Die 16 ha große Rasenanlage bietet neben dem Einputt-Erlebnis schöne Ausblicke über die Bucht von St. Cast und die Halbinsel von St. Jacut. ✆ 02.96.41.91.20, golfpg@club-internet.fr.
- *Markt* Von Mitte Juni bis Mitte September Montagvormittag großer **Wochenmarkt** auf dem Place des Fêtes rund um das Sportgelände beim Campingplatz. Großes Angebot an frischen Landprodukten, Haushaltswaren und Souvenirs. Freitagvormittag ganzjährig **lokaler Markt** auf dem Place Anatole Lebraz in der Oberstadt von L'Isle.
- *Reiten* Das Reitzentrum **Bois Bras** in einem kleinen Waldgelände etwas außerhalb des Ortsteils Le Bourg (Richtung Matignon) gibt Unterricht durch einen staatlich diplomierten Reitlehrer und organisiert diverse Ausritte entlang der Küste. Centre Equestre du Bois Bras, Le Bourg, ✆ 02.96.41.95.01; darüber hinaus bietet auch **Ecuries du Gallais** Wanderausritte an, ✆ 02.96.41.04.90.

Côte Emeraude
Karte S. 103

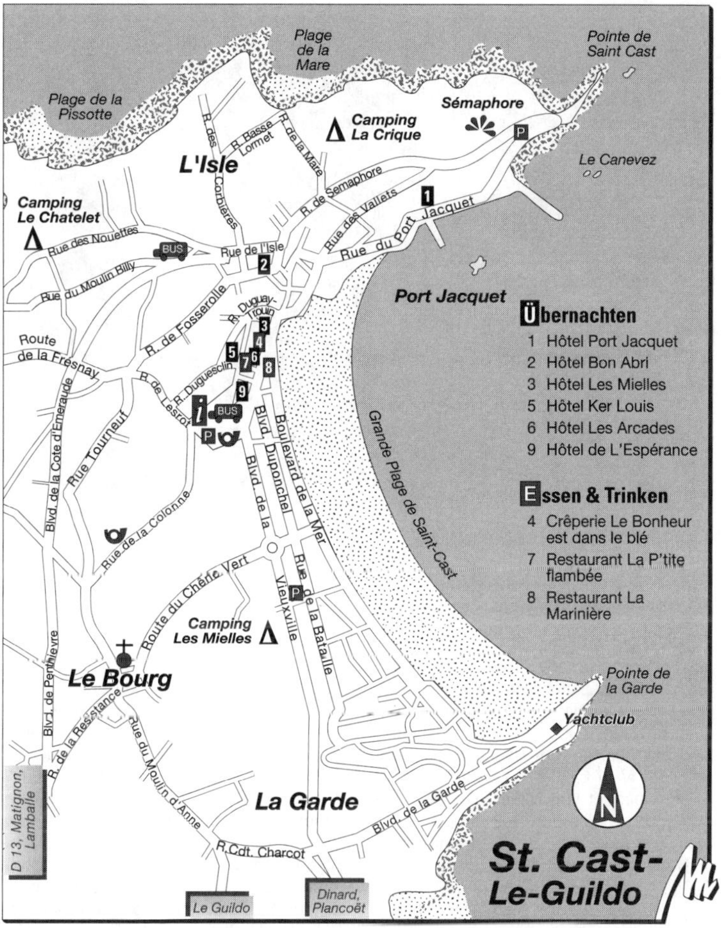

• *Schwimmbad* Überdachtes beheiztes Meerwasserschwimmbad hinter der Strandpromenade (Höhe Fußballstadion), ✆ 02.96.41.87.05.

• *Tennis* Der Tennisclub von St. Cast (Tennis Municipal) residiert standesgemäß am Boulevard des Tennis, ✆ 02.96.41.94.28.

• *Wassersport* Das Centre nautique im Hafen ist für alle Belange des Wassersports zuständig. Die Segelschule vor den Klippen am Ende des Hafens bietet Tages- und Wochenkurse auf Segelbooten (Optimist, Katamaran) und Brettern an, der Club de plongée diverse Tauchkurse. **Centre nautique**, Port, ✆ 02.96.41.86.42, www.cnnautique-saintcast.com; Boote verleiht **Vitavoile**, Plage de Pen Guen, ✆ 06.73.68.86.05; **Club de plongée**, ✆ 06.76.93.72.03, www.chez.com/saintcastplongee.

• *Yachthafen* An der Hafenmole unterhalb der Klippen von L'Isle neben dem Fischereihafen. Pontons mit 224 Liegeplätzen für maximal 13-m-Boote bis zu einem Gewicht von 12 t. Süßwasser-, Strom- und Tankanschlüsse, Sanitärblock. Bureau de Port, ✆ 02.96.81.04.43. Der örtliche Yachtclub residiert nicht im Vergnügungshafen. Er hat eigene Slipplätze und ein Club-Haus an der Pointe de la Garde. ✆ 02.96.41.64.26.

Gründerzeitidylle am Strand von St. Cast

Übernachten (siehe Karte S. 169)

*** **Hotel les Arcades (6)**, 32-Zimmer-Hotel am Ende des Grande Plage, voll im Zentrum des touristischen Geschehens. Der übliche Charme der Logis-de-France-Kette samt Restaurant und Terrasse. Alle Zimmer sind mit Dusche oder Bad/WC ausgestattet. DZ 57–87 €, HP 50–65 €, Frühstück 7,50 €. Geöffnet von Mitte März bis Mitte November. Boulevard Duc d'Aiguillon 17, ✆ 02.96.41.80.50, hotel.arcade@wanadoo.fr.

** **Hotel les Mielles (3)**, im Zentrum der Fußgängerzone etwa 50 m zum Strand. 19 Zimmer, fast alle mit Bad bzw. Dusche/WC, teilweise etwas klein, aber ordentlich, größtenteils mit Meerblick. Eigener Hotelgarten mit Kinderspielgelände und Pingpongplatte. Restaurant mit Meerblick. DZ 49–57 €, HP 38–44 €, Frühstück 7 €. Geöffnet von Mitte März bis Mitte November. Boulevard Duc d'Aiguillon, ✆ 02.96.41.80.95.

** **Hotel de L'Espérance (9)**, empfehlenswertes kleines Hotel mit 5 Zimmern, einziges der genannten ohne Restaurant; Parkplatz und Garten vorhanden. DZ 48 €, Frühstück 6,50 €. Ganzjährig geöffnet. Rue Jacques Cartier, ✆ 02.96.41.78.33.

** **Hotel Ker Louis (5)**, ein schönes 4-geschossiges Natursteingebäude etwas hinter dem Tourismusbüro. 28 sanitär unterschiedliche Zimmer, einige Erkerzimmer. Kleiner Garten mit Tischtennisplatte. Snackbargrill und Brasserie im verglasten Erdgeschossvorbau. DZ nach Standard 31–50 €, HP 35–45 €, Frühstück 6 €. Geöffnet von Mitte April bis Mitte September. Rue Duguesclin 15, ✆ 02.96.41.80.77, ker.louis@wanadoo.fr.

** **Hotel Bon Abri (2)**, familiäres, gutbürgerliches Hotel am Ortsausgang von L'Isle, 300 m oberhalb des Plage de la Mer. Ruhige Wohnatmosphäre in einem sympathischen Haus. 42 Zimmer mit unterschiedlichster Sanitärausstattung, alle ordentlich, von einigen Blick über die Bucht von Frenaye. Parkplatz, kleiner Gartenpark. Weitere Zimmer im Ergänzungsbau 50 m weiter. Gutbürgerliches Restaurant mit Menüs ab 13 €. DZ 29–44 €, HP 40–47 €, Frühstück 6,50 €. Geöffnet über Ostern und Mitte Mai bis Mitte September. Rue du Sémaphore 4, ✆ 02.96.41.85.74

** **Hotel Port Jacquet (1)**, freundlicher Familienbetrieb an der Straße zum Port de Plaisance, für seine Kategorie empfehlenswert. Im Restaurant Fischspezialitäten, gewohnt wird in Reihenbungalows im Garten. DZ 36–55 €, HP 37–52 €, Frühstück 6,50 €. Rue du Port 32, ✆ 02.96.41.97.18, port.jacquet@imagitel.fr.

• *Appartements* Mehrere Agenturen bieten in Zusammenarbeit mit dem Tourismusbüro Ferienhäuser und -wohnungen an. Zwei der 4 Agenturen: **Agence 2000**, Place Charles de Gaulle, ✆ 02.96.41.90.13 oder **Agence de la Plage** in der Fußgängerzone, Boulevard Duc d'Aiguillon, ✆ 02.96.41.80.75.

Camping/Essen (siehe Karte S. 169)

**** **Le Chatelet**, Top-Platz auf der L'Isle-Halbinsel oberhalb des Plage de la Pissotte. Rund um einen künstlich angelegten Weiher 181 z. T. schattige Stellplätze und volle Infrastruktur. Mobilhome-Verleih, Bungalows, Swimmingpool, Tauchmöglichkeit. Geöffnet vom 1.5. bis Mitte September. Rue des Nouettes, ✆ 02.96.41.96.33, www.lechatelet.com.

** **Les Mielles**, etwa 200 m landeinwärts, vor dem Ortsteil La Garde an der Straße nach Notre-Dame-le-Guildo. Das ebene Gelände ist im Sommer voll belegt. Auch viele Jugendgruppen. Vereinzelte Bäumchen und Hecken unterteilen den Platz am Rand eines Wäldchens. Behindertengerechte, sauber gewartete Sanitärzentrale, die mit dem Sommeransturm fertig wird – besser als auf vielen 3-Stern-Plätzen. Waschmaschinen, Bügelraum, Selbstkocherküche. Baguettes und Gebäck in der Rezeption, Zeitungsverkäufer bringen die "Ouest-France", eine mobile Fastfood-Station beliefert in der Saison Hungrige mit Crêpes und Eiskrem. 164 Stellplätze. Boulevard de la vieille Ville, Geöffnet von Mitte März bis Dezember, ✆ 02.96.41.87.60, info@campings.st.cast.com.

** **La Crique**, links vom Leuchtturm am Ortsende von L'Isle. Schön oberhalb des kleinen La-Mare-Strandes gelegen, mit Blick aufs Fort la Latte auf der anderen Seite der Bucht von Frenaye. Die 132 fast schattenlosen Stellplätze fallen in Terrassen zum Meer hin ab. Ordentliche Sanitärs in ansprechenden Natursteingebäuden. Zum Strand hinab 100 m. Geöffnet von Mitte März bis Dezember. Rue de la Mare, ✆ 02.96.41.89.19.

• *Essen* **La Marinière (8)**, das Restaurant in Gunstlage gleich hinter dem Strand ist der Muschelspezialist des Ortes. Moules marinières, campagnardes, à la crème de saumon fumé … Menüs von 14–20 €. Beispiel für ein 14 €-Menü: 6 Austern, Seelachsfilet nach Dieppper Art und Eisbecher. Mo und Di geschlossen. Bd de la mer 5, ✆ 02.96.41.86.41.

La Colonne

Crêperie le Bonheur est dans le Blé (4), der selbsternannte Meister der Crêpes bäckt seine Leckereien für 2,50–9 € pro Stück. Spezialität: Crêpe mit Jakobsmuscheln und Lauchfondue. Di und Mi geschlossen. Rue du duc d'Aiguillon 17, ✆ 02.96.81.03.99.

La P'tite flambée (7) ist ganz groß, wenn Pizza oder Grillgerichte serviert werden. Die Spezialität des Hauses ist Fondue Bourguignonne. Täglich geöffnet von April bis September, ansonsten nur an Wochenenden. Rue de la mer 11, ✆ 02.96.41.91.24.

Sehenswertes

La Colonne: Am 11. November 1758 wurde die Schlacht von St. Cast geschlagen. Die 18 m hohe *Säule* auf halbem Weg von L'Isle nach Le Bourg, auf deren Spitze ein schlanker Windhund einen Leoparden niederhält, erinnert an dieses wichtige

Datum der bretonischen Geschichte. Oder ist es ein Märchen? Die Schlacht schien für die bretonischen Truppen verloren. Trotzig stimmten sie ein keltisches Kampflied an – und die zwangsrekrutierten walisischen Truppenteile des englischen Heeres liefen auf die Seite ihrer bretonischen Brüder über. Gemeinsam brachten sie dem englischen Restheer eine vernichtende Niederlage bei. Der Sieg der vereinigten Söldner bedeutete das Ende der jahrhundertelangen englischen Invasionsbestrebungen in der Bretagne. *Napoléon III.* ließ zum hundertjährigen Jubiläum des für die Bretagne so bedeutenden Ereignisses das Mahnmal errichten.

Monument de la Frégate: Ein granitenes Mahnmal oberhalb der Bucht des La-Mare-Strandes erinnert an eine Tragödie, die sich in der Sturmnacht des 16. Septembers 1950 in der Bucht von La Frenaye abspielte. Das meteorologische Forschungsschiff *Laplace* lief beim Versuch, einen Ankerplatz zu finden, auf eine deutsche Mine aus dem Zweiten Weltkrieg auf. 50 Seeleute fanden dabei den Tod.

Baden

Grande Plage de St. Cast: Der Hauptstrand des Seebads, zwischen der Pointe de La Garde mit ihren Ferienhäusern und der steil abfallenden Landzunge von L'Isle mit dem Hafen; etwa 1,5 km lang und Zentrum hochsommerlichen Badevergnügens. Kinderclubs, Umkleidekabinen, Kinderrutschbahnen, Strandzelte und Verleihstationen für Wassersportzubehör stehen zur Verfügung. Auch bei Flut noch Liegeplätze.

Plage de Pen-Guen: Hinter der Pointe de La Garde unterhalb der Straße nach Notre-Dame-Le-Guildo. 1 km feiner Sand, bei Flut noch genügend Platz für Badetücher. Trotz ähnlicher touristischer Infrastruktur intimer als der Hauptstrand. Beachclubs, Umkleidekabinen, ein Restaurant (abends Disco) und ein Windsurfverleih. Großer Parkplatz an der Straße.

Plage de la Mare: Der 150-m-Strand an der Westflanke des Kaps in der Bucht von Frenaye ist das Baderevier der Campinggäste des gleichnamigen Platzes. Der Sand des Strandes ist teilweise mit Felsbrocken durchsetzt. Die Bucht ist von steilen Klippen begrenzt und im Sommer ziemlich voll. Tauchclubstation. Surfertreff.

St. Cast / Umgebung

Notre-Dame-Le-Guildo: Das kleine Hafenörtchen, das 1972 seine Selbständigkeit verlor und in die Großgemeinde von St. Cast eingegliedert wurde, liegt etwa 5 km südlich des Seebades malerisch an der Mündung des Arguenon-Flusses. Von St. Cast kommend führt ein schmales Sträßchen vor der Brücke über die Flussschleife hinab zu den Holzlagern des Hafens. Bei Ebbe können Sie bequem dem mit Steinen besäten Flussufer folgen und nach etwa 200 m die ersten *Pierres Sonnantes* entdecken – grünschwarze Amphiboliten, Steine, die aufgrund ihrer Festigkeit und Härte beim Zusammenklopfen einen hellen, metallisch klingenden Ton geben. Auf der anderen Seite des Arguenon-Flusses erheben sich die stark in Mitleidenschaft gezogenen Ruinen der alten *Burg Guildo*, die einem in der Bretagne wegen seiner Lebenslust und seinem tragischen Ende sehr beliebten Herren gehört hatte (siehe Kasten).

Veranstaltungen In den Ruinen der Gespensterburg finden jedes Jahr zwei besondere Abende statt: im Juli ein von einem Feuerwerk begleitetes Abendessen umrahmt von traditionellen Seemannsliedern sowie im August ein Fest mit „Son et lumière" (Licht- und Tonspektakel).

• Übernachten **Gästezimmer im Château du Val d'Arguenon.** Kurz hinter dem Ortsausgang von Notre-Dame-Le-Guildo Richtung St. Cast geht ein Sträßchen rechts ab zum Schloss aus dem 16. Jh. Das große, teils bewaldete Gutsgelände reicht direkt bis zur Steilküste. Topadresse für Wohnen in der authentischen Atmosphäre eines aristokratischen Hauses. Die distinguierte Hausherrin betont, dass es sich um kein Hotel, sondern um ein familiäres Gästehaus handelt. Reiten im Park, Tennisspiel auf historischem Boden, Frühstücken im massiv möblierten Speisezimmer. Geschmackvolle DZ ab 80 €, ✆ 02.96.41.07.03.

** **Hotel du Vieux Château**, schmuckes Natursteingebäude an der Straße direkt oberhalb des Hafens mit behäbiger Provinzatmosphäre. Teils renovierte Zimmer mit TV und Dusche/WC. Restaurant mit altem Mobiliar, Caféterrasse zur Hauptstraße. DZ 40 €. Le Port, ✆ 02.96.41.07.28.

Der galante Prinz

Gilles de Bretagne ist ein sympathischer junger Mann mit herausragenden künstlerischen und galanten Fähigkeiten – er liebt es, seinem Publikum bretonische, keltische und französische Verse vorzusingen und adeligen Damen auf ritterliche Art den Hof zu machen. Kain und Abel: Sein älterer Bruder, Herzog *Franz*, unkreativ und eifersüchtig, hasst ihn wegen seiner Beliebtheit aus ganzem Herzen. Als Gilles dem einflussreichen Sieur *Arthur de Montauban* erfolgreich ins Liebenswerben um eine reiche Erbin pfuscht, ist das Maß voll. Unter fadenscheinigen Gründen und gegen das Votum der königlichen Gerichte erheben der Herzog und Montauban Anklage wegen Konspiration mit England und kerkern den Prinzen ein. In einer stürmischen Aprilnacht des Jahres 1450 lassen die beiden Neider – Montauban ist gleich eigenhändig dabei – Gilles in seiner Zelle meucheln. Seine letzten Atemzüge nutzt der arme Prinz für einen tödlichen Fluch – binnen 40 Tagen sollen der Herzog und die feige Mörderbande vor Gottes höchstem Gericht erscheinen und sich für ihre ruchlose Tat verantworten. So geschieht es. Fast. Herzog Franz haucht kurz darauf sein Leben aus, und auch die gedungenen Mörder erleben Silvester 1450 nicht. Nur Arthur de Montauban, Hauptdrahtzieher und Vollstrecker, kommt ungeschoren davon – hochbetagt stirbt er als Erzbischof von Bordeaux.
Das traurige Schicksal des lebenslustigen Prinzen rührte die Bretonen so sehr, dass sie Gilles de Bretagne zum heiligen Prinzen, le Saint Prince, erhoben. Auch in die französische Sprache hat er Eingang gefunden: "Courir le guilledou" ist eine Umschreibung für den galanten Umgang mit der Damenwelt.

Von St. Cast nach Erquy

Fort la Latte

Die Filmburg mit dicken Türmen, Zugbrücke und festen Mauern krallt sich an die äußerste Spitze einer steilen Klippe – unter ihr tost der Atlantik, über ihr die Düsenjets der *Force de Frappe*. Letztere benutzen die markante Silhouette der Burg als Orientierungspunkt bei Aufklärungs- und Tiefflugübungen.

Die Anfänge der Burg gehen ins 13. Jh. zurück, als ein Herr von *Goyon* durch eine lukrative Heirat die finanziellen Mittel für den Burgbau bekommt. Die Burg wird im 14. Jh. mehrmals erweitert, von *Bertrand Duguesclin* eingenommen, wieder zurückgegeben und schließlich 1421 – die Goyons haben es bei Hofe zu etwas gebracht und siedeln nach Versailles um – von der Familie verlassen. Die Leitung der

Burg übernimmt ein nachgeborener Sohn der Familie als Gouverneur, den Wachdienst verrichten Edle aus der Nachbarschaft und die Bewohner der umliegenden Ortschaften. Unter *Ludwig XIV.* erkennt der Baumeister *Vauban* die außerordentliche Lage der Burg: 1691 wird frisch renoviert, die Ausrüstung verbessert, die Kapelle auf Vordermann gebracht und eine Abschussrampe für Kanonen installiert. Während der Revolution ist die Burg Gefängnis für englische Spione, in dieser Zeit wird auch der noch sichtbare Ofen errichtet, in dem bis ins späte 19. Jh. hinein die Kanonenkugeln glutheiß gemacht werden, bevor man sie auf eine der zahlreichen Belagerungstruppen abfeuert. 1890 wird Fort la Latte aus dem Besitz des Kriegsministeriums ausgegliedert und zum *Monument Historique* erklärt. Die Burg ist heute in Privatbesitz und kann z. T. besichtigt werden. Besonders aufregend: der Blick vom *Donjon,* dem höchsten -Wachturm, hinüber aufs *Cap Fréhel* und über die *Bucht von Fresnaye.*

Fort la Latte

• *Öffnungszeiten* Juli und August täglich 10–19. Uhr, April bis Juni und September täglich 10–12.30 und 14.30–18.30 Uhr, ansonsten nur am Wochenende 14.30–17 Uhr. Erwachsene 4,50 €, Kinder 2,50 €, ✆ 02.96.30.38.84. Im Sommer finden in den Mauern des Forts verschiedene Veranstaltungen statt, Infos im O.T.

• *Anfahrt* Über die D 16 A von St. Cast kommend. Hinter der Ortschaft La Motte den Wegweisern folgen. Die schmale Straße endet an einem Parkplatz, von dem ein schmaler Pfad ca. 500 m durch den Wald zur Küste führt. Am Ende des Waldes steht der Menhir "Finger des Gargantua", von dort aus erste Blicke auf die pittoreske Anlage unterhalb des Farndickichts.

Das Fort befindet sich auf dem Boden der Kommune Fréhel, zu der außerdem das Cap Fréhel (siehe dort) gehört, sowie der Hauptort Fréhel Bourg (Touristeninfo) und die Gemeinden Sable d'Or les Pins (siehe dort), Pléherel Plage (Crêperie La Clepsydre) und Plévenon (Jugendherberge).

Cap Fréhel

Cap Fréhel ist eines der imposantesten Naturdenkmäler und landschaftlich anregendsten Vogelschutzgebiete der Bretagne. 70 Meter tief stürzen die graurosa Sandsteinklippen hinab ins smaragdgrüne Meer, an den Felswänden tanzen Möwen und seltene Meeresvögel – Touristen mit Ferngläsern und Teleobjektiven belauern das beeindruckende Schauspiel in der steifen Brise des Atlantiks. Das von schäumender Gischt umtoste Kap ist mit einer einzigartigen Heide- und Torfmoorvegetation überzogen, die im Lauf des Jahres immer wieder ihr Farben-

Cap Fréhel, das mächtigste Kap der bretonischen Nordküste

kleid ändert: Gelber Stechginster, seltene Drosera-Arten und sogar Orchideen blühen auf dem von Pfaden durchfurchten Fels. Auf der Felsformation *La Fauconnière* (Falknerei) – ein schwindelerregender Pfad führt auf der östlichen Seite des Kaps bis auf ein Paar Dutzend Meter heran – nisten unzählige Vogelarten: Kormorane, Silbermöwen, Lummen, Tord-Alken. Angemerkt sei, dass in der Hochsaison mehr Menschen als Vögel das Kap bevölkern.

Bereits zur Zeit der Römer wiesen Leuchtfeuer den Weg durch die Klippen und Riffe des Ärmelkanals. Einen ersten Leuchtturm erhielt das Kap 1687, als Malouiner Korsaren einen primitiven Turm mit Leuchtfeuer installierten. 1702 wurde der Baumeister *Vauban* auf das strategisch so wichtige Kap aufmerksam. Er ließ zum Preis von 7090 Livres Steine aus Chausey heranschaffen und legte den Grundstein des alten Leuchtturms. Gegen eine Jahresgage von 200 Livres wurde die Stelle des ersten Leuchtturmwärters eingerichtet.
1821 wurde der Turm mit der neuesten Finesse des französischen Physikers und Wellenforschers *Fresnel* ausgestattet: Drehbare Parabollinsen reflektierten das Licht der Rapsöllaternen, das erste Intervall-Rotationsfeuer war erfunden. Der Turm funktionierte mehr oder weniger störungsfrei bis zum 11. August 1944. Genau vier Tage vor ihrer Kapitulation sprengen deutsche Soldaten vor den anrückenden Alliierten den Turm. Bereits 1948 wird einen Steinwurf vom alten – er bleibt als Mahnmal erhalten und beherbergt heute das Tourismusbüro – ein neuer Leuchtturm errichtet. Von seiner Plattform (145 Stufen) genießen Besucher eine herrliche Fernsicht: im Westen die *Ile de Bréhat* mit der Bucht von St. Brieuc, im Osten das *Fort la Latte*, die *Pointe de Grouin* und, weit im Atlantik, die *Chausey-Inseln*. Allerdings ist es nur im Juli und August möglich, den Turm zu besteigen, und dann je nach Gutdünken der Leuchtturmwärter.

• *Wandern* Ausgangspunkt einer Wanderung um das Kap ist der gebührenpflichtige Parkplatz (2 €) vor dem neuen Leuchtturm. Von hier führen Trampelpfade an einem Aussichtscafé-Restaurant vorbei zur Kapspitze. Mehrere Pfade verlaufen oft steil abfallend und schwindelerregend rings ums Kap. Eine Rundtour bis zum Fort la Latte dauert ohne Besichtigung hin und zurück etwa 4 Stunden (ca. 12,5 km).

Von Juli bis September werden geführte Kapwanderungen angeboten. Auskunft über Termine, Konditionen, Preise etc. im O.T. von Fréhel-Bourg.

• *Übernachten* ** **Hotel le Fanal**, an der D 16, die von Plévenon ans Kap führt (ca. 2,5 km). Gepflegte kleine Parkanlage und ein moderner, holzverkleideter Neubau mit 9 Zimmern, teilweise geschmackvoll möbliert, alle gepflegt und ausreichend groß mit Dusche/WC und Telefon. Freundlicher Empfang. Keine Hunde erlaubt. DZ 40–55 €, Frühstück 6,50 €. Geöffnet von Anfang April bis 20.9. ✆ 02.96.41.43.19.

* **Relais de Fréhel**, 100 m nach dem Hotel Fanal. In dem alten Bauernhof aus dem 19. Jh. vermietet Madame Myriam Fournel neben 2 Ferienhäusern auch 5 unterschiedliche Gästezimmer zu 50 € inkl. Frühstück – schöne Atmosphäre in ruhigster Lage. Tennisplatz. Ganzjährig geöffnet. Route du cap in Plévenon, ✆ 02.96.41.43.02.

• *Camping* * **Municipal des Grèves d'en bas**, an der D 34 zwischen dem Kap und Pléhérel; 150 Plätze oberhalb einer kleinen Bucht, fast kein Schatten, sehr einfach, immerhin warme Duschen. Geöffnet von Mitte Juni bis Mitte September. ✆ 02.96.41.43.43

Sables-d'Or-les-Pins

Der Badeort mit seinen weiten Sandstränden ist ein Kind der Neuzeit, 1922, zwei Jahre vor der Einweihung der Eisenbahnlinie von St. Brieuc und Lamballe, auf dem Reißbrett entworfen. Mit der Fertigstellung begann der unaufhaltsame Aufstieg des Retortenörtchens zu einem viel besuchten Seebad, das allerdings nur im Sommer richtig lebt. Dann sind die unzähligen Ferienhäuser und Residenzen, die manchmal mühsam, manchmal gelungen die Patina vergangener Fachwerkzeiten imitieren, voll belegt, Hotels, Cafés und Restaurants haben Hochbetrieb.

Sables-d'Or-les-Pins trägt seinen Namen zu recht: Die goldgelben Sanddünen, die sich in die weit geschwungenen Felsbuchten schmiegen, sind oberhalb des Küstenstreifens mit Pinien und Krüppelkiefern übersät und bieten für Campingfreunde schönste Quartiere. Im Sommer wimmeln die Strände nördlich zum Kap Fréhel denn auch von Wohnwagen, Zelten und Touristen. Ein gelungenes Panorama über Strände, Klippen, Heideland und Kap bietet sich von der Straße (D 34), die oberhalb der Küste über Pléhérel-Plage (3,5 km Superstrand) ans Cap Fréhel führt.

Information/Verbindungen

• *Postleitzahl* 22240

• *Information* Die zentrale Informationsstelle der Gegend ist das Office de Tourisme du Pays de Fréhel in Fréhel-Bourg, dem Hauptort auf der Halbinsel, zu dem auch Sables-d'Or-les-Pins und Pléhérel gehören. Von April bis September Di–Sa geöffnet, in den übrigen Monaten unregelmäßig. ✆ 02.96.51.53.81.

Von 15.6. bis 15.9. Zweigstelle in Sables d'Or, im Juli und August täglich geöffnet. ✆ 02.96.41.51.97.

• *Verbindung* Eine **Bus**linie führt im Sommer von Lamballe oder St. Brieuc über Erquy ans Kap Fréhel. Sables-d'Or ist daran angeschlossen. Haltestelle am Hafenboulevard. Nach Fréhel-Bourg fährt kein Bus.

Diverses

• *Casino* Vom Bade zum Spielautomaten – gleich hinter dem Strand am Ortsende Richtung Kap Fréhel dient ein nüchterner Bau dem Glücksspiel (Automaten und Poker). Hier treffen sich auch die Boulespieler. ✆ 02.96.41.49.05.

• *Fahrradverleih* **Mush Diffusion Carrosse**, der sich auch NordOuest nennt, ist ein

Großanbieter am Ende der Hauptstraße mit Tourenrädern, Mountainbikes und einer Unmenge an Spaßrädern. Allée des Acacias, ✆ 02.96.41.52.70.

• *Feste* Im Sommer ist Festsaison auf dem großen Platz hinter dem Strand. Mehrmals wöchentlich gibt es Open-Air-Konzerte, Folkloreveranstaltungen und Tanzabende auf dem Place des Fêtes. Die Kapelle von Pléherel Plage ist im Sommer Veranstaltungsort für Konzerte klassischer und bretonischer Musik. In Plévenon findet am ersten Freitag im August ein Fest-Noz mit keltischer und bretonischer Musik sowie Tanzkursen statt.

• *Markt* Nur im Sommer am Dienstag in Fréhel.

• *Sport* So ziemlich alle Sparten der körperlichen Ertüchtigung umfasst die Palette des örtlichen Animationsprogramms. Kinderspielclub, Pingpong, Reiten, Tennis, Segeln, Surfen, Minigolf und Golf, klassische und moderne Ballspiele u.v.m. – alles ist vertreten. Kontakte über das Tourismusbüro oder in den jeweiligen Clubs und Vermietungsservices rund um Sables-d'Or-les-Pins.

Übernachten/Camping/Essen

** **Hotel Diane et au Bon Accueil**, ebenfalls an der D 34, die innerorts Allée des Acacias heißt; nettes, ordentliches Hotel, 38 sanitär unterschiedliche Zimmer, 13 mit Dusche, 25 mit Bad, alle mit Telefonanschluss. DZ 50–65 €, Frühstück 8,50 €. Geöffnet von Ostern bis Ende September. Allée des Acacias, ✆ 02.96.41.42.19.

** **Hotel les Pins**, 22 Zimmer an der Hauptstraße; einfach, aber anständig. 11 Zimmer mit Dusche, 11 mit Dusche/WC. Restaurant (Menüs ab 12 €). DZ 36–52 €, Frühstück 7 €. Allée des Acacias, ✆ 02.96.41.42.20.

• *Jugendherberge* Sie befindet sich in der Nähe des Örtchens Plévenon, und ist von dort ausgeschildert. Ideal als billige Unterkunft mitten im Nirgendwo. Geöffnet von April bis September, ✆ 02.96.41.48.98.

• *Camping* * **Municipal Pont de l'étang**, von Pléherel Plage etwa 4 km in Richtung Kap Fréhel; der riesige Platz inmitten des welligen Dünengeländes zwischen Pléhérel-Plage und Sables- d'Or überzeugt durch seine Lage. Herrlich von Pinien beschattet, den smaragdfarbenen Ozean vor der Nase und 1 km Sandstrand. Versorgungslastwagen und Fastfood-Busse bieten alles, was Camper zum Überleben brauchen. Trotz Mikrochipsteuerung und Computerkasse sanitär insgesamt dürftig, Wasserstellen und Stromanschlüsse sporadisch über das Gelände verteilt. Warme Duschen. Zeltler, die ihren Wagen auf dem Parkplatz lassen, finden in der NS tolle Plätzchen, in der HS ist der Platz brechend voll. Geöffnet von Anfang April bis Mitte September. Pléhérel-Plage, ✆ 02.96.41.40.45.

• *Restaurant* **Crêperie la Clepsydre**, urige Crêperie mit sehr netter Bewirtung in Pléherel Plage. Crêpes von 2,50–7,50 €. Di und Mi geschlossen. Rue du calvaire, ✆ 02.96.41.41.21.

Erquy

(ca. 3000 Einwohner)

Ein ansprechendes Bild: Weitläufig ziehen sich Häuser an der halbkreisförmigen, tief eingeschnittenen Bucht entlang und steigen dann steil den Hang zum Kap hinauf.

Bucht und Kap von Erquy waren schon vor 4500 Jahren besiedelt, wie Grubenschächte in der Nähe der Ortschaft und mehrere Feuersteinfunde bezeugen. Dank der geschützten Lage werteten die Römer die verkehrsgünstig gelegene Bucht zur "Reginea" auf und statteten sie mit einem Hafen aus – einer der ältesten Häfen der Bretagne und bis heute einer der aktivsten.

Der Arbeit seiner Fischerflotte verdankt Erquy seit 1963 auch den Titel "Hauptstadt der St. Jakobsmuschel". Die wohlschmeckende *Coquille St. Jacques*, von Feinschmeckern geschätzt, ist eine der Haupterwerbsquellen des Urlaubsstädtchens: 50 Prozent aller französischen Jakobsmuscheln stammen aus der Bucht von St. Brieuc. Wurden 1990 1400 Tonnen aus dem Meer geholt, waren es 1995 schon knapp 1800 Tonnen, heute sind es jährlich rund 6000 Tonnen. Damit solche Zahlen auch in

Erquy: Vom Römerhafen zur Hauptstadt der St. Jakobsmuschel

Zukunft noch möglich bleiben, ist die Anlandung der Muscheln strengstens reglementiert: Nur 2 Mal pro Woche, und dann jeweils nur für eine Stunde dürfen die Fangflotten Jagd auf die kostbare Delikatesse machen. Die Einhaltung dieser Vorgaben wird aus der Luft und vom Wasser aus kontrolliert und alle Überschreitungen werden durch Sanktionen geahndet. Die andere Erwerbsquelle ist der Tourismus, wobei Erquy von der außerordentlichen Naturlandschaft seines Kaps profitiert. Rosa, lila und gelb überzieht Heidekraut die Felsen, in die das Meer kleine, vom Muschelsand weiß leuchtende Buchten genagt hat. Unbeschwerte Badefreuden, ausgedehnte Küstenspaziergänge, zwei kuriose Seen in den Klippen, Pinien, Dünen und Ozean – die Gegend um Erquy gehört zu den bevorzugten Bade- und Urlaubsgebieten der *Côte Emeraude*.

Information/Verbindungen

- *Postleitzahl* 22430
- *Information* An der Strandzeile von Erquy. Freundliche Auskünfte, akkurate Informationen über Unterbringung und diverse Freizeitangebote. Verkauf von Regionalkarten mit Wandertouren. Während der Sommermonate kann über das O.T. eine Vielzahl an Exkursionen zu den Themen Natur, Geschichte und Wirtschaft rund um das Cap d'Erquy gebucht werden. Erwachsene 2–5 €, Kinder umsonst. Juli bis August täglich 9.30–19 Uhr, So 9.30–12.30 und 15.30–18 Uhr. September bis Juni 9.30–12.30 und 14–18 Uhr außer Sonntag. Le Rial, Boulevard de la Mer 29, ✆ 02.96.72.30.12.
- *Verbindung* Nur Regional**busse**. Zentrale Haltestelle bei der Kirche am Boulevard Clemenceau. Im Sommer 3-mal täglich über Val-André nach St. Brieuc (ca. 1 Stunde), in die entgegengesetzte Richtung zum Cap Fréhel (25 Min.).

Diverses

- *Bootsausflug* Vedettes de Bréhat läuft täglich die **Ile de Bréhat** an. Aufgrund der geringen Tiefe des Hafens von Erquy ist die direkte Überfahrt von hier allerdings nur bei besonders hoher Flut möglich (unregelmäßig, ca. 1 Mal pro Woche). Information und Buchung beim O.T. Tagesausflug für Erwachsene 25 €, für Kinder 17 €. Ansonsten

findet die Überfahrt von der *Pointe de l'Arcouest* bei Paimpol statt. Vedettes de Bréhat, ✆ 02.96.55.79.50, www.vedettesdebrehat.com.
Mit dem Segelschoner Ste. Jeanne halbtags durch die **Bucht von Erquy**, max. 40 Personen an Bord, pro Person 25 €; erm. 12,50 € ganztags in der **Bucht von St. Brieuc** 40 €; für Kleinfamilien Kleinfamilientarife. Auch längere Fahrten möglich. Reservierung am problemlosesten über das O.T.

• *Criée* Die Fischversteigerung ist mittlerweile voll digitalisiert, Verkauf nur an Händler. Interessierte Touristen können trotzdem zusehen oder über das O.T. eine Führung rund um die criée buchen.

• *Fahrradverleih* **L. Balan** im Ortsteil les Hôpitaux verleiht Tourenräder und Mountainbikes. ✆ 02.96.72.10.22.

• *Markt* Samstagvormittag.

• *Tennis* Zum Beispiel im Ortsteil Tu es Roc; 6 Freiluft- und 2 überdachte Courts. ✆ 02.96.72.13.94.

• *Wassersport* **E.V.E.**, die Segelschule von Erquy, bietet zwischen Mai und Oktober Speedsail-, Katamaran-, Strandsegel-, Segelboot- und Kajakkurse an. Infos im Haus des Klubs an der Strandpromenade, maison de la mer, ✆ 02.96.72.32.62; Der **Club Histoire d'Eau** (Geschichte des Wassers) taucht zwischen Mai und Oktober in der Bucht von Erquy oder im Tauchbecken des Clubs ab. Mindestalter 8 Jahre. Maison de la mer, ✆ 02.96.72.49.67, www.chez.com/erquyplongees.

• *Yachthafen* 2 Hafenbecken für Yachten und Jollen neben dem Fischereihafen rechts am Ende der Bucht. 400 Liegeplätze. Capitainerie, ✆ 02.96.72.19.32.

Übernachten

Erquy besitzt 6 Hotels, von denen sich die meisten an der Strandpromenade befinden.

** **Hotel Le Relais**, sympathischer Bestandteil der Brasserie-Restaurant-Kette am östlichen Hafenrand. Crêperie/Restaurant, Restaurantterrasse mit Hafenblick, 12 ordentliche Zimmer mit Dusche/WC und z. T. schöner Aussicht. DZ 46–57 €, keine HP, Frühstück 7 €. Ganzjährig geöffnet. Rue du Port 60, ✆ 02.96.72.32.60.

** **Hotel de la Plage**, funktional-stilloser Neubau an der Strandpromenade. 25 Zimmer, z. T. mit verglasten Miniterrassen, etwas geschmacklos eingerichtet, sanitär aber gut in Schuss. Alle Zimmer mit Bad bzw. Dusche/ WC. Restaurant. DZ 43–54 €, HP 90–105 €, Frühstück 6,50 €. Geöffnet von Februar bis 30.11. Boulevard de la Mer 21, ✆ 02.96.72.30.09, www.hotelplage-erquy.com

** **Hotel Beauséjour**, nettes, kleines Hotel, etwas zurückversetzt in zweiter Reihe zur Strandpromenade. 15 Zimmer mit Dusche/WC. Von den oberen Stockwerken eindrucksvolles Buchtpanorama. Restaurant. In der Hochsaison Halbpension obligatorisch. DZ 48–60 €, HP 50–60 €, Frühstück 7,50 €. Ganzjährig geöffnet. Rue de la Corniche 21, ✆ 02.96.72.30.39, hotel.beausejour@wanadoo.fr.

Reflet de la Mer, eigentlich kein Hotel, sondern eine Ferienzimmeranlage. 7 einfache Zimmer, z. T. mit Meerblick. Dusche/WC auf der Etage. In der gastronomischen Abteilung des Hauses gibt's Snacks und Crêpes, die Eisdiele serviert kalte Köstlichkeiten. DZ 24–34 €, Frühstück 4,50 €. Geöffnet von April bis 30.9. Rue du Port 18, ✆ 02.96.72.00.95.

Hotel l'Eden, das frühere "Chez Juliette" liegt etwas abseits des Geschehens beim Kino. 7 Zimmer mit Nasszelle, Spielsaal. DZ 30 €, HP 45–60 €, Frühstück 6 €. Ganzjährig geöffnet. Rue Notre Dame 4, ✆ 02.96.72.32.13.

• *Appartements* 5 Vermietungsagenturen, die mit dem Tourismusbüro zusammenarbeiten. Anfragen also an das O.T. (wird weitergeleitet) oder z. B. an die Firma Capimmo, Rue Foch 30, ✆ 02.96.72.32.46, www.capimmo.com.

Camping

Die Umgebung von Erquy ist Ziel vieler Campingtouristen, das Angebot an Zeltquartieren dementsprechend groß. Doch trotz der 14 Plätze unterschiedlicher Kategorie reichen die nahezu 2500 Campingparzellen in der Hochsaison kaum aus. In dieser Zeit empfiehlt sich – wollen Sie nicht im Abseits landen – rechtzeitige Reservierung.

*** **de la Plage de St. Pabu**, auf der D 786 Richtung Val-André etwa 2 km bis zur Kreuzung nach St. Pabu. Schmale Straße noch 1 km bis zum Meer hinab (ausgeschildert).

Platz für ambitionierte Strandaktivisten und Stützpunkt für Drachenflieger. Das terrassenförmig planierte Rasen-/ Sand-Areal wird nur durch eine kleine Straße vom Strand getrennt. Wenig Schatten, ausreichend Wasser- und Stromanschlüsse, ordentliche Sanitärs. Self-Service-Geschäft, Bar und Restaurant, Wasserrutsche, Segelboot- und Surfbrettverleih sowie mehrere Spielfelder (Volleyball, Fußball etc.). 409 Stellplätze. Geöffnet von April bis 10.10. ✆ 02.96.72.24.65, www.saintpabu.com.

**** **le Vieux Moulin**, etwa 500 m vom vorherigen Platz, auf dem Kamm des Kaps entlang (ausgeschildert). Ebenfalls top, in ähnlicher Lage und mit ähnlicher Ausstattung. Der freundliche Besitzer gibt sich mit Erfolg viel Mühe, alles in Schuss zu halten: 173 idyllische Plätze unter hohen Bäumen, ordentliche Sanitärblocks, beheizter Swimmingpool und Kinderspielplatz. Restaurant, Bar, Laden und Wohnwagen-/ Zeltvermietung. 1200 m zum Strand. Geöffnet von Mai bis August. Rue du Moulin, ✆ 02.96.72.34.23, www.campingvieuxmoulin.com.

*** **les Pins**, rechts oberhalb der Bucht von Erquy auf dem Kamm des Kaps. Schönes, schattiges Areal in einem Waldgelände, infrastruktureller Top-Platz. Beheizter Swimmingpool, Bar, Restaurant, Laden und TV-Raum. Selbstverständlich Pingpong und Tennis. 800 m bergab zum Strand von Pen Guen. 400 Stellplätze. Geöffnet von Ostern bis 15.9. Rue des Hopitaux, ✆ 02.96.72.31.12, camping.des.pins@wanadoo.fr.

** **Municipal Le Guen**, in Nachbarschaft von Les Pins; netter Platz, ebenfalls unter Pinien, zwanglose Atmosphäre, für Municipalverhältnisse sehr gute Sanitärs. 130 Stellplätze. Geöffnet von Juni bis Mitte September. ✆ 02.96.72.07.05.

* **Municipal St. Michel**, etwa 5 km nordöstlich von Erquy (ausgeschildert), auf der anderen Seite des Kaps. Der große Gemeindeplatz liegt einen Katzensprung oberhalb des herrlichen Strandes. Etwas staubiges Gelände am unteren Rand eines Nadelwaldes, kaum Schatten, sanitär einer Vollbelegung nicht gewachsen. Vor allem bei jungen Leuten und Surfern beliebt. 200 Stellplätze. Geöffnet von April bis September. Plage St. Michel, ✆ 02.96.72.37.67.

Essen/Disco

Restaurant l'Escurial, in dem komfortablen Restaurant am Strandboulevard beim O.T. können Sie gediegen essen und dabei unauffällig Strandflaneure, Boulespieler und Segler beobachten. Die Küche bereitet verschiedene Menüs (20–72 €) und vorzügliches Jakobsmuschelfrikassee. Feinschmeckermenü: Lauwarmer Jakobsmuschelsalat, 1/2 gegrillter Hummer, Goldbrasse, Dessert nach Wahl. Montags geschlossen. Boulevard de la mer, ✆ 02.96.72.31.56.

Le Relais, das Restaurant des Hotels am Hafen; angenehme Außenterrasse, freundlich, Menüs ab 13 € aufwärts, unser Tipp liegt eine Preisklasse höher: Jakobsmuscheln à la bretonne, saftig zartes Lachsfilet mit Sauce Béarnaise und z. B. Ile flottante aus einer breiten Dessertpalette. Hinweis für Fleischliebhaber: Auch das Entrecôte ist köstlich zubereitet. Donnerstags geschlossen. Rue du Port 60, ✆ 02.96.72.32.60.

A L'Abri des Flots, drei Häuser weiter, etwas höheres Preisniveau als der Nachbar; wir empfehlen hier das gelungene Jakobsmuschel-Menü für 22 €. Rue du Port 68, ✆ 02.96.72.41.39.

Am späteren Abend treffen sich kontaktfreudige junge Leute im **Octo-puce, le bar à ambiance musicale**, die dem l'Escurial angeschlossen ist.

Baden

Um Erquy gibt es sieben Strände, die schönsten davon rund um das Kap. Heideland überzieht die Felsen und Klippen, Stechginster und Heidekraut reichen bis hinunter zum Meer. Erquy bedeutet Baden auf feinem, weißem Muschelsand zwischen graurosa Granitblöcken oder Sonnenbaden in den Dünen inmitten mediterraner Flora. Zu den Stränden rings um das Kap führen steile Stichstraßen hinab. Eine Auswahl der schönsten Tauch-, Bade- und Surfbuchten:

Plage du Centre: Bewachter Hausstrand des Städtchens und Zentrum organisierten Badens. Der lang gezogene Sandstrand unterhalb der Uferpromenade wird begrenzt von der steilen Landzunge des bewaldeten Kaps mit dem Ortsteil *Tu-es-Roc*

Garantierter Badespaß am Plage St. Michel

und von der *Pointe de la Haussaye* mit der ihr vorgelagerten Insel – eine ruhige Badebucht, die auch für Kinder sehr gut geeignet ist. Im Sommer lebhafter Betrieb mit Segeljollen und Kindertrampolin.

Plage de Caroual: 2 km südlich von Erquy im Anschluss an den gleichnamigen Ortsteil. Etwa 2 km feiner Sand zum Burgenbauen. Trotz seiner Größe intimer als der Zentralstrand.

Plage de St. Pabu: Direkt an den vorherigen Strand anschließend. Allerdings ist der Sand hier mit Steinen versetzt. Auf dem breiten Streifen, der auch bei Flut noch breit genug bleibt, toben gelegentlich Speedsailer und Drachenflieger. Surferdorado. Ausrüstung wird auf dem Campingplatz vermietet.

Plage le Guen: Nördlich des Zentrums, auf der Straße, die zu den Klippen emporführt, leitet eine Abzweigung zu vier "wilden" Stränden, die sich an den Küstensaum des Kaps schmiegen. Besonders nett der *Plage le Guen*: schöne Bade-Ecken zwischen hohen Felsriffen und Granittürmen. Der Nadelwald und das Heidekraut reichen fast ins Wasser.

Plage de St. Michel: Der krönende Abschluss der zu Erquy zählenden Strände. Felstorsos ragen aus dem weißen Sand einer sanft geschwungenen Bucht, in deren Vordergrund eine idyllische Insel mit der Kapelle St. Michel ruht. Großer Parkplatz mitten in der Heide etwa 100 m oberhalb des Strandes, links vom Campingplatz. Surferparadies, in dem sich aber auch Ozeanophile ohne Brett hemmungslos austoben können.

Erquy / Umgebung

Wandern/Spazieren: Ein Wanderweg führt rund um das 170 ha große Kap Erquy, die 20-km-Tour durch das Naturschutzgebiet dauert etwa sechs Stunden. Sie folgt

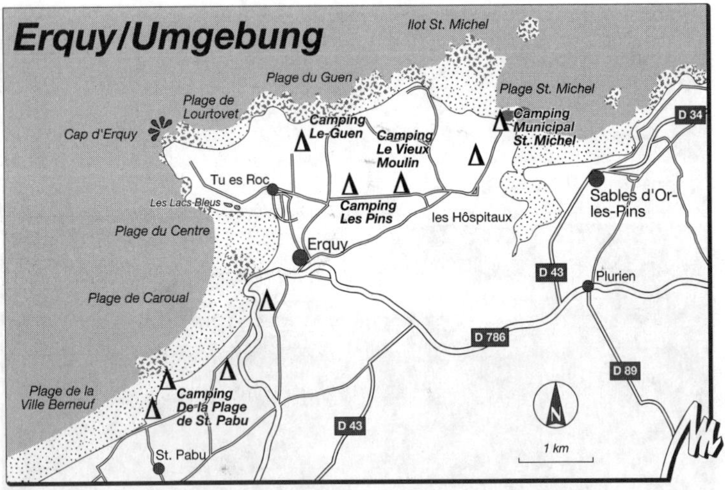

dem alten Zöllnerpfad und führt, teilweise an der Trasse einer stillgelegten Bahnlinie, die Küste entlang. Der Heidespaziergang lässt Florafreunde auf ihre Kosten kommen. Aussichtspunkte helfen beim Entdecken Ihrer Lieblingsbadebucht. In der Hochsaison bietet das Tourismusbüro begleitete Ausflüge an (siehe Information).

Lacs Bleus: Die zwei blauen Seen in den bewaldeten Klippen 30 m über dem Meer sind alte Steinbrüche, in denen der rosa Sandstein von Erquy abgebaut wurde, und die sich nach ihrer Stilllegung mit Wasser füllten. Der Blick von einem steilen Felsen oberhalb der Seen ist ein optischer Hochgenuss: In der Tiefe der ruhige, blaue Wasserspiegel eines Sees, eingerahmt vom harschen Felsgestein, an das sich verkrüppelte Nadelbäumchen klammern. Davor die weit geschwungene Bucht von Erquy mit ihren smaragdgrünen Fluten und dem rot-weißen Leuchtturm des Hafendamms. Der Weg zu dem Panoramapunkt ist ausgeschildert.

Château de Bienassis: Die Allee, die von der Straße zwischen Erquy und Val-André (D 786) abzweigt, führt durch einen Garten direkt in die Musketier-Kulisse eines 400 Jahre alten Wasserschlosses. Umgeben von schönem Eichen- und Rotbuchenwald demonstrieren die zinnengekrönten Mauern aus rosa Sandstein repräsentatives Wohnen zur Zeit D'Artagnans. Bereits um 1400 ließ sich ein Seigneur der Bretagne das Schloss bauen, das in den Ligakriegen teilweise zerstört und 1620 wieder aufgebaut und erweitert wurde. Einzig sichtbares Relikt des Ursprungsbaus ist ein Kamin aus dem 15. Jh. Das Schloss war im Lauf der Geschichte im Besitz mehrerer hoher Herrschaften und während der Revolution ein Gefängnis. Seit 1880 gehört es der Familie von Kerjegu. Der Besuch des Gartengeländes (Kapelle) ist möglich, zu bestimmten Zeiten auch ein Blick ins noch bewohnte Schloss: großer Gardesaal, Salon, Speisezimmer und prunkvolle Treppen.

Öffnungszeiten Von Mitte Juni bis Mitte September täglich 10.30–12.30 und 14–18.30 Uhr (außer Sonn-/Feiertagsvormittage), Eintritt 4 €.

Am Hausstrand von Pléneuf-Val-André

Pléneuf-Val-André

(ca. 4000 Einwohner)

Rund um das Casino wirbelt das Ferienleben, auf dem zwei Kilometer langen Fußgängerdamm Promenade de la Digue flaniert das Publikum, am breiten Sandstrand tobt das Animationsprogramm der Strandclubs und Segelschüler.

Touristisches Zentrum von Pléneuf-Val-André ist Val-André. Pleneuf wurde im 5./6. Jh. von Einwanderern von der britischen Insel gegründet, Val-André dagegen wurde erst gegen Ende des 19. Jh. für englische Feriengäste aus dem Boden gestampft. Hotels, Restaurants und Appartement(hoch)häuser ziehen sich hinter der Strandpromenade die Bucht entlang, in zweiter Reihe die Geschäfts- und Einkaufsstraße *Rue Admiral Charnier*, in der sich zu den Stoßzeiten die Autos stauen.
In der Saison schnellt die Einwohnerzahl Val-Andrés alljährlich um das achtfache hoch – dann bevölkern etwa 30.000 Urlauber die Großgemeinde aus drei Ortsteilen: das ländliche *Pléneuf* auf einem steil ansteigenden Hügel gut 2 km oberhalb der Küste, das fast schon städtische Seebad *Val-André* mit seinem großen, weit geschwungenen Badestrand und als Anhängsel der geruhsame Ortsteil *Dahouet*, wo in der tief eingeschnittenen Mündung des Flusses *Flora* die Yachten im Hafenbecken ankern.

Am rechten Ende des *Plage du Val-André* über dem Hafen schiebt sich die mit schmucken Villen und Kiefernparks belegte *Pointe de Pléneuf* zu der vorgelagerten Vogelinsel *Ile du Verdelet* ins Meer hinaus. Der Küstenpfad, der vom Hafen von Val-André rund um die Pléneuf-Landspitze zu führen scheint, endet im massigen Granit genau gegenüber der Verdelet-Insel. Um zum *Plage des Valleés* auf der anderen Seite der Landzunge zu gelangen, müssen Sie rechts vom Hafen ein Paar Stufen erklimmen. Der Weg führt steil nach oben, auf dem Kamm der Landspitze entlang (wunderbare Aussicht) und dann steil hinunter zur Küste. Links der Bucht von Val-André trennt die felsige *Pointe de la Guette* den belebten Badestrand von der Hafenzeile an der Floramündung im Ortsteil Dahouet. Unterhalb des Küstenpfades schmiegt sich die *Anse du Pissot*, eine kleine, intime Badebucht, mit grobkörnigem Sand zwischen mächtigen Felsen.

Information/Verbindungen

- *Postleitzahl* 22370
- *Information* Zentral am Hauptstrand neben dem Casino. Höchst professionell. Stadt- und Umgebungspläne, vielerlei Möglichkeiten zur Einschreibung für Animationsprogramme und Ausflüge. Vermittlung von Ferienimmobilien. Brauchbarer Wanderführer 5 €. Juli bis August Mo–Sa 9–13 und 14–19 Uhr, So 10–12.30 und 15–17 Uhr. Von September bis Juni Mo–Sa 9–12.30 und 14–17 Uhr. Rue Winston Churchill, ✆ 02.96.72.20.55, www.val-andre.org.
- *Verbindung* In jedem Ortsteil gibt es eine zentrale **Bus**haltestelle. In Pléneuf vor der Kirche, in Val-André an der Rotunde beim Casino, in Dahouet am Hafen. 3- bis 6-mal täglich nach St. Brieuc/Lamballe oder 3-mal über die Badeorte nördlich zum Cap Fréhel.

Diverses

- *Bootsausflug* Vedettes de Bréhat bieten in der Saison 1- bis 3-mal wöchentlich Bootsausflüge zur **Ile de Bréhat** an. Abfahrt in Dahouet 8.45 Uhr, retour Bréhat 17.45 Uhr, Erwachsene 25 €, Kinder 17 €. Ebenfalls im Sommer läuft die Pauline aus, eine Nachbildung eines alten Loggers. Gebucht werden können Fahrten von 3 Stunden bis zum Tagesausflug. Preisbeispiel: 3 Stunden 26 € pro Person. Abfahrt im Hafen von Dahouet.
- *Casino* Zentral an der Strandpromenade. Rotundenbau mit Flügeln im Art-déco-Stil. Bar, Terrasse und Kino machen "La Rotonde" zum Zentrum des Strand- und Nachtlebens. Roulette-Mindesteinsatz 20 Cents. Das Glücksrad dreht sich ganzjährig zwischen 22 und 3 Uhr, 48 einarmige Banditen berauben bereits ab 10 Uhr morgens unglückliche Glücksritter. Hunde haben Spielverbot. Tenue correcte exigée – gepflegte Kleidung erforderlich: kein Jogging-Anzug, keine Jeans, keine Shorts. Eintritt gratis.
- *Fahrradverleih* **Garage Renault** bei M. Huitric, Rue A. Charner, ✆ 02.96.72.20.12.
- *Golf* Seit Juni 1992 wird auf der 18-Loch-Anlage mit Par 72 der kleine, weiße Ball geschlagen – kürzeste Bahn 140 m, längste 490 m. Oberhalb des Plage des Vallées, im englischen Parkstil gehalten, Übungsbahnen für blutige Anfänger. Rue de la Plage des Vallées, ✆ 02.96.63.01.12.
- *Markt* Dienstagvormittag wöchentlicher Gemeindemarkt in Pléneuf. In der Saison von Juni bis September jeden Freitagvormittag ein zusätzlicher auf Selbstversorger zugeschnittener Markt in Val-André rund um den großen Parkplatz oberhalb der Rotunde.
- *Reiten* Zwei Reitclubs bieten zu ähnlichen Preisen Lehrstunden oder freie Ausritte an. Beide haben auch Ponys. Aufgesattelt wird im **Reitzentrum La Jeanette** etwas außerhalb von Pléneuf (abseits der Straße nach Lamballe), ✆ 02.96.72.95.79.
- *Schwimmbad* Beheiztes Hallenbad beim Camping Les Monts Colleux, ganzjährig geöffnet. ✆ 02.96.72.25.87.
- *Tennis* Anfang August startet jährlich das 7-tägige Internationale Tennisturnier von Val-André, eines der bedeutendsten Turniere der Bretagne. Wer hier nicht antritt, kann während seines Aufenthalts die Tennishalle im Sportkomplex Pont Gagnoux (✆ 02.96.72.93.11) oder einen der 8 Hart- und 4 Rasenplätze im Parc de l'Amirauté nutzen (✆ 02.96.72.23.35, tcamiraute@club-internet.fr).
- *Waschsalon* Grau raus, Weiß rein – **Laverie automatique**, an der Hauptstraße von Val-André, Rue Admiral Charnier 37 (Richtung Dahouet).
- *Wassersport* Mehrere Wassersportzentren bieten Kurse an und verleihen diverses Gerät. Das **Centre nautique** auf dem Guette-Plateau oberhalb des Yachthafens (✆ 02.96.72.95.28) ist ganzjährig geöffnet, die **Base nautique de Piégu** am Hafen von Val-André (✆ 02.96.72.91.20) nur von April bis Ende September. Beide bieten zu ähnlichen Konditionen Segelkurse auf verschiedenen Bootstypen und Surflehrgänge bzw. -ausrüstung an.
- *Yachthafen* Pléneuf Val-André besitzt zwei Häfen, Piégu und Dahouet (313 Stegplätze und 185 Bojenplätze). Hafenbüro ganzjährig geöffnet, ✆ 02.96.72.82.85

Côte Emeraude
Karte S. 103

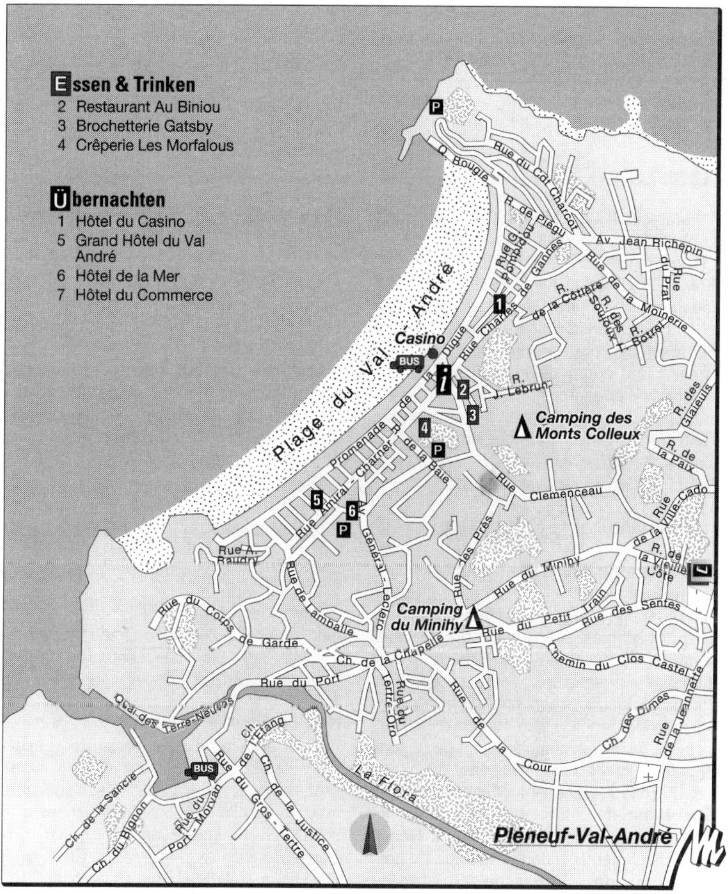

Übernachten

Die meisten Hotels befinden sich am Strand von Val-André, wo sich in zweiter Reihe zur Strandpromenade einige Mittelklassehäuser angesiedelt haben. Im Ortsteil Pléneuf rund um die Kirche gibt es mehrere ländlich-gemütliche Gasthöfe.

** **Grand Hotel du Val-André (5)**, durch die Promenade vom Strand getrennter Hotelbau mit 39 Zimmern – 36 haben Dusche bzw. Bad/WC. Komfortables Wohnen in alter Seebadatmosphäre. Restaurant mit Promenadenaussicht (Menüs 20–45 €). DZ 70–88 €, HP 71–81 €, Frühstück 9 €. Ganzjährig geöffnet. Rue Admiral Charnier 80, ✆ 02.96.72.20.56, www.grand-hotel-val-andre.fr.

** **Hotel de la Mer (6)**, das 12-Zimmerhotel in zweiter Reihe zum Strand hat aufgerüstet und einen Stern hinzugewonnen. Sanitär unterschiedlich ausgestattete Zimmer, sehr gutes Restaurant, in dem Halbpensionsgäste verwöhnt werden (Menüs 23–43 €). DZ 36–64 €, HP 45–64 €, Frühstück 7 €. Ganzjährig geöffnet. Rue Admiral Charnier 63, ✆ 02.96.72.20.44, hdlm2@wanadoo.fr.

* **Hotel du Casino (1)**, heißt nur wegen der Nähe zur Spielhölle so, hat aber mit Glitzerwelt nichts zu tun. 15 einfache Zimmer, von den oberen Räumen nach vorne teilweise

Meerblick. DZ je nach Standard 28–48 €, Frühstück 6 €. Geöffnet von Ostern bis 15.10. Rue Charles Cotard 10, ✆ 02.96.72.20.22.

Hotel de Commerce (7), sehr einfaches 10-Zimmer-Hotel im Ortszentrum von Pléneuf. DZ 26–36 €, Frühstück 6 €. Letzte Dezemberwoche geschlossen. Place du Lourmel 2, ✆ 02.96.72.22.48.

• *Appartements* Eine Angebotsliste der diversen Ferienwohnungsagenturen gibt das Tourismusbüro in Zusammenarbeit mit den lokalen Ferienwohnungsvermittlern heraus.

Camping

** **Municipal Les Monts Colleux**, relativ zentrumsnah, oberhalb des Hauptstrandes (300 m) mit schönem Blick über die Bucht. Etwas verwinkelte, teilweise steile Anfahrt (ausgeschildert). 180 Stellplätze mit ausreichend Stromanschlüssen, sanitär ordentlich bestückt, die Rasenterrains sind nummeriert und durch kleine Hecken und Stacheldraht abgegrenzt. Beheizter Swimmingpool, Kinderspielplatz. Auch Vermietung von Chalets. Geöffnet von April bis September. Rue Jean Lebrun, ✆ 02.96.72.95.10, ville.pva@wanadoo.fr.

*** **Le Minihy**, weit oberhalb der Bucht auf dem Weg von Pléneuf nach Dahouet. Ähnliche Ausstattung und ähnliches Terrain wie der vorige Platz. Auch hier Chaletvermietung. 800 m zum Strand. 60 Stellplätze. Geöffnet von Juli bis Mitte September. ✆ 02.96.72.22.95.

*** **La Ville Berneuf**, direkt oberhalb des gleichnamigen Strandes in der Nähe des Golfareals. Relativ kahles, heckenunterteiltes Gelände mit 75 Stellplätzen, 100 m zum Strand. Waschmaschinen, Shop, Spielplatz. ✆ 02.96.72.28.20.

Essen (siehe Karte S. 185)

Restaurant Au Biniou (2), in dem Lokal, das auch einheimische Gourmets frequentieren, speisen Sie hervorragend und in einem lauschigen Ambiente. Stilvolle Holzfachwerk-Atmosphäre mit Bildern lokaler Künstler auf schweren Stofftapeten. Ausgezeichnete Fischgerichte (Spezialitäten: hausgeräucherter Fisch und Jakobsmuscheln), Muschelvorspeisen und gediegene Meeresfrüchteplatten, erlesene Weinkarte (ab 16 €das Fläschchen). Mehrfach und zu Recht mit dem "Diplome d'Honneur" für gute Küche/Service ausgezeichnet. Neben 3 wechselnden Menüs (24–40 €) und einem "Vorschlag des Küchenchefs" gediegene Auswahl à la carte; Kindermenü 12 €. Donnerstag Ruhetag. Rue Clemenceau 121, ✆ 02.96.72.24.35.

Crêperie les Morfalous (4), nette Crêperie mit Crêpes von 2–8 € und Omelettes von 5–8 €. Von April bis Mitte September täglich geöffnet. Rue Admiral Charner 9, ✆ 02.96.72.95.52.

Brochetterie/Pub Gatsby (3), zwischen den beiden anderen Restaurants, der Essbereich ist neben dem Pub und ruhig. Keine Menüs, dafür z. B gute Muschelgerichte oder Tagliatelle mit Lachs und Sahnesauce zu Durchschnittspreisen. Spezialität des Hauses sind Brochettes en Chef oder Couscous de la Mer. Rue Clemenceau 125, ✆ 02.96.72.28.06.

Lamballe

(6100 Einwohner)

Die alte Hauptstadt des Herzogtums von Penthièvre und heutige "Station Verte de Vacances" liegt touristisch etwas im Abseits, und auch von ihrer historischen Bedeutung ist nicht viel geblieben. Höchstens als Stadt der bretonischen Pferde ist Lamballe heute noch bekannt.

Von schöner Landschaft umgeben, liegt das Städtchen auf einem Hügel über dem *Gouessant-Fluss*, die Stiftskirche *Notre-Dame-de-Grande-Puissance* überragt das Tal, rund um den dreieckigen *Place du Martray* im Zentrum sind einige schöne alte Fachwerkhäuser verstreut. Überregionale Berühmtheit haben die jahrhundertealte Wallfahrt zur Notre-Dame-de-Grande-Puissance und der *Haras National*, das 1825 gegründete Pferdegestüt für stark belastbare Zugtiere im Dienste des französischen Postwesens.

Die Ursprünge Lamballes gehen auf *St. Paul* zurück, der im 6. Jh. ein kleines Kloster im heutigen Stadtgebiet errichtete. Aus *Lan Paul* wurde *Lamballia* und daraus Lamballe, das im frühen Mittelalter als wehrhafte Festung galt – hinter dem Stadtwall mit seinen 50 Türmen konnten in Kriegszeiten die Bewohner von 45 Kirchensprengeln Unterschlupf finden. 1420 wurde Lamballe auf Befehl *Jeans V.* zum ersten Mal geschleift. Der Herrscher hatte genug von den Eigenmächtigkeiten des Lamballer Herzogs und bestrafte ihn mit der Zerstörung der Festungsmauern der Hauptstadt. 1626 besorgte *Richelieu* den Rest; aufgrund familieninterner Zwistigkeiten – Ärger mit dem Schwiegersohn – ließ der Kardinal die Burg komplett schleifen.

Das Tourismusbüro weist darauf hin, dass Lamballe Geburtsort oder Tätigkeitsfeld interessanter bretonischer Persönlichkeiten war. So wurde hier *Louis-Marie Lavergne* geboren, "der die Kartoffel in die Bretagne brachte". Und *Marie-Victoire von Lambilly*, die "praktisch die erste Advokatin in Frankreich war". Die berühmteste Figur der Lamballer Geschichte war *Marie-Thérèse de Savoie Carignan*, die Witwe eines früh verstorbenen Prinzen von Lamballe, die selbst nie in Lamballe war. Die junge Erlauchte lebte seit 1770 bei Hof und war das beliebteste Kammerfräulein der Königin Marie-Antoinette. Während der ersten Blutbäder an Adeligen im September 1792 wurde die Kammerjungfer auf bestialische Weise umgebracht; ihren Kopf spießten die Mordgesellen auf eine Pike und zeigten ihn der gefangen gesetzten Königin. Diese verlor später bekanntlich unter der Guillotine ihren Kopf.

Information/Verbindungen

- *Postleitzahl* 22400
- *Information* Fremdenverkehrsamt zentral im schönsten Haus der Stadt (siehe Sehenswertes/Henkershaus). Juli bis August Mo–Sa 9.30–18.30 Uhr und So 10–12 Uhr. September bis Juni Mo–Sa 10–12.30 und 14–17 Uhr. Place du Martray, ✆ 02.96.31.05.38, otsi.lamballe@netcourrier.com.
- *Verbindungen* **Bus**haltestelle am Bahnhof. Regelmäßig nach St. Brieuc und die

Küstenorte der Côte Emeraude. 2-mal täglich direkt nach Paris. Boulevard Jobert, ✆ 02.96.68.31.20.
Zug: Lamballe liegt an der Direktlinie Paris–Brest und am Nebenstrang St. Brieuc–Dol. 8-mal täglich Richtung Paris/Brest, 10-mal nach Rennes; 3-mal täglich nach Dinan/Dol bzw. St. Brieuc. Bahnhof im Süden der Stadt, Boulevard Jobert, ✆ 08.92.35.35.35.

Diverses

• *Autoverleih* Einige Anbieter, darunter **Avis**, im Bahnhof, ✆ 02.96.78.00.78, und **Garage Armor Auto Ada**, ✆ 02.96.31.10.19.

• *Einkaufen* Die Region um Lamballe ist für ihre Töpfereiartikel bekannt. Der Lehm stammt aus dem Ortsteil La Poterie, etwa 3 km östlich von Lamballe. In La Poterie dreht sich vom "bol" (Frühstückstasse) bis zur "saloué" (Nachttopf) alles um den Topf, wie ein Lamballer Sprichwort sagt. Einmal im Jahr, Ende Mai/Anfang Juni, Tonflohmarkt in La Poterie.

• *Feste* Größtes Ereignis sind die **jeudis lamballais** von Mitte Juli bis Mitte August: Neben kommentierten Kutschfahrten durch die Stadt (Erwachsene 4 €, erm. 3 €) finden an diesen Sommerdonnerstagen Orgelkonzerte in der Kirche St.Jean sowie Open-air-Konzerte auf dem Marktplatz statt (beides umsonst). Neben dieser Mischung aus klassischer, traditionell bretonischer und Weltmusik organisiert auch das Nationalgestüt große Veranstaltungen zu verschiedenen Themen. Genauere Auskünfte über das O.T.
Ende August/ Anfang September wird das 3-tägige **Springreitturnier** von Lamballe ausgetragen. Im Anschluss an die Wettkämpfe kann man das berühmte Defilée bretonischer Gespanne am Platz vor dem Gestüt erleben: Hengste im Sonntagsputz, alte Kutschen und Karossen.
Am letzten Sonntag im September findet unter dem Titel **Mille sabots** (Tausend Hufe) im Nationalgestüt ein großes Pferdefest statt. Infos unter 02.96.50.06.98.
Der Festkalender Lamballes wird ergänzt durch weitere Feste mit Musik, Springreitturniere und traditionelle bretonische Veranstaltungen zu wechselnden Daten, Infos im O.T.

• *Führung* Das O.T. organisiert während der warmen Jahreszeit Stadtführungen (Juli/August 10 und 15.30 Uhr, sonst auf Nachfrage im O.T., Erwachsene 2,50 €, erm. 1,50 €); im Juli und August bietet der Freundeskreis der Stiftskirche Notre-Dame begleitete Kirchenbesuche an. Auskünfte im O.T.

• *Markt* Jeden Donnerstag **Wochenmarkt** auf dem Place du Marché im Zentrum. Landwirtschaftliche Produkte aus der näheren Umgebung: Creme, Honig, Kaldaunenwurst und Cidre vom Bauernhof.

• *Parken* Entweder auf dem Messeplatz etwa 200 m nördlich vom Marktplatz oder, was die Stadtväter und ihre Kinder lieber sehen, auf dem Großparkplatz unterhalb der Kirche Notre Dame. 5 Minuten ins Zentrum.

• *Pardon* Pardon de Notre-Dame de Grande-Puissance am ersten Septembersonntag.

• *Reiten* Im **Parc Equestre Lamballe Communauté**; in der Hähe des Nationalgestüts, ✆ 02.96.50.13.55, oder etwas außerhalb, im **Centre Equestre de la Poterie**, im Ortsteil La Poterie. 25 Pferde und 20 Ponys, ✆ 02.96.31.08.55.

• *Schwimmen* Beheiztes Freibad in der Grünzone am Plan d'Eau im Westen der Stadt. Ganzjährig geöffnet, Sonntags aber geschlossen. Rue des hautes rivières.

• *Taxi* Z.B. Abeille Taxi Lamballe, ✆ 02.96.31.28.05.

• *Tennis* Der Tennisclub Lamballais freut sich auch über Nichtmitglieder/innen. Rue George Clemenceau, ✆ 02.96.34.74.44.

• *Waschsalon* Feinwäsche, Buntwäsche, Kochwäsche waschen und trocknen, alles in der **Laverie automatique** in der Rue du Dr. Calmette 16 (Nähe O.T.), täglich 7–22 Uhr.

Übernachten/Camping/Essen

*** **Hotel d'Angleterre (7)**, für bretonische Verhältnisse formloser Bau gegenüber dem Bahnhof, im Erdgeschoss mit einem Spiegelglasanbau verziert. 27 schalldichte(!) Zimmer mit Radio, Telefon und Doppelbett. Fast alle mit Dusche/WC bzw. Bad/ WC. DZ 50–65 €, Frühstück 7 €. Ganz-jährig geöffnet. Boulevard Jobert 29, ✆ 02.96.31.00.16, www.hotelangleterre.fr.

** **Hotel les Alizés (6)**, moderner Betonzweckbau 2 km außerhalb im Industriegebiet von La Ville es Lan, an der RN 12. Geschäftsleute-Herberge mit Neonreklame und funktionalem Design, in dem sich "die alten

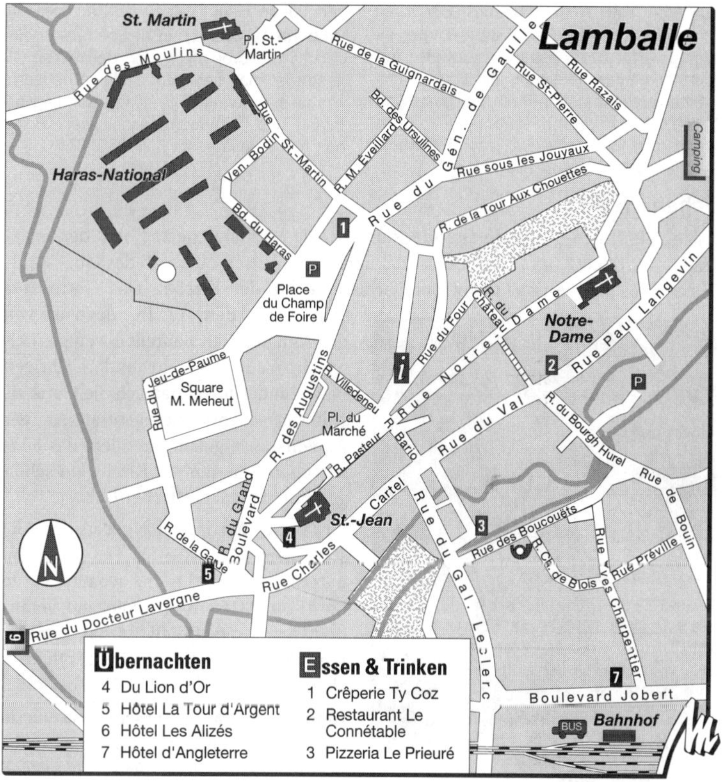

Legenden der Bretagne mit der Ultramoderne treffen" (Prospekt). 32 Zimmer mit Bad/WC, Telefon und Farb-TV. Ordentliches Restaurant. DZ 47–67 €, Frühstück 7 €. Ganzjährig geöffnet. Rue des jardins, ✆ 02.96.31.16.37, alizes.hotel.rest@wanadoo.fr.

** **Du Lion d'Or (4)**, in einem Langbau unterhalb der Kirche St. Jean, der einer tüchtigen Innensanierung unterzogen wurde. 16 Zimmer mit durchschnittlichem Mobiliar und guter Sanitärausstattung. DZ 43–55 €, Frühstück 6,50 €. Ganzjährig geöffnet. Rue du Lion d'Or 3, ✆ 02.96.31.20.36, leliondor hotel@wanadoo.fr.

** **La Tour d'Argent (5)**, Natursteinhaus mit Giebelfenstern, Schieferdach und Efeuschmuck an der Ecke des Place du Beloir; 14 z. T. kleine Zimmer, unterschiedlich ausgestattet. Unterm Dach etwas verwinkelt und düster. Wohl hauptsächlich wegen des Restaurants im Fachwerkanbau erhielt das Hotel von Logis de France zwei Kamine. Menüs ab 11 €, (Spezialität: Jakobsmuscheln und gegrillte Garnelen). DZ 46–55 €, Frühstück 6,50 €. Rue de Lavergne 2, ✆ 02.96.31.01.37.

• *Camping* ** **Municipal**, im Ortsteil St. Sauveur, im nordöstlichen Stadtgebiet. Kleine Grünanlage mit 25 Plätzen gegenüber dem Friedhof. Nur im Juli und August geöffnet. Rue St. Sauveur, ✆ 02.96.50.13.50.

• *Essen* **Restaurant le Connétable (2)**, das Interieur entspricht wohl nicht jedermanns Geschmack, doch die Menüs wurden mehrfach empfohlen und ausgezeichnet. Menüs von 10–32 €, unser Vorschlag für 14 €: Hasenterrine mit Haselnüssen, Gegrillter Lachs in Sauerampfersauce, Dessert. Sonntagabend und Montag geschlossen. Rue Paul Langevin 9, ✆ 02.96.31.03.50.

Pizzeria Le Prieure (3), schon beim Vorbeischlendern fällt die efeugeschmückte Fassade des alten medizinischen Kabinetts auf. Auf der Außenterrasse über dem Flussufer amüsieren sich junge Leute, innen geraffte Stoffbespannung, Kiefer furniert und Pflanzendschungel. Nette Angestellte servieren neben Pizza, Spaghetti und italienischen Fleischgerichten auch Preiswertes vom Grill. Außerdem jeden Tag wechselndes Mittagsmenü inkl. Wein 11 €. Gegenüber der Hauptpost, Rue St. Jacques 19.

Crêperie Ty Coz (1), in der gemütlich eingerichteten Crêperie neben dem Nationalgestüt ist man sehr auf Tradition bedacht. Terrasse. Menüs 7,50–10 €, Sonntagvormittag und Mittwoch geschlossen. Place du Champ de Foire 35, ✆ 02.96.31.03.58.

Sehenswertes

Collégiale Notre-Dame-de-Grande-Puissance: Die Stiftskirche zu Ehren der "Jungfrau der großen Kraft" erhebt sich steil über einen Felsen oberhalb des Gouessant-Flusses (schöne Aussicht von der Terrasse rechts der Kirche). Das Gotteshaus stammt aus dem 13. Jh., doch ist von den romanischen Bauteilen wenig erhalten; im Lauf der mehrhundert-jährigen Bauveränderungen hat sich die Gotik als stilbeherrschend durchgesetzt. An der Außenfassade gefällt vor allem das *Südportal*, im Inneren der Kirche ein schön geschnitzter spätgotischer *Lettner*.

Das schönste (Kirchen)Portal des Penthièvre

Kirche St. Martin: Im Norden der Altstadt, beim Haras-Gestüt. Das Kirchlein, ursprünglich im 11. Jh. gebaut, wurde im 15. und 16. Jh. grundlegend verändert. Schönstes Detail ist das romanische *Eingangsportal*, das im 16. Jh. sein charmantes hölzernes Vordach bekam.

Haras National: Um seine Kavallerie und das öffentliche Transportwesen besser auszustatten, plante *Napoléon* den Ausbau eines Netzes kaiserlicher Pferdezuchtanstalten im ganzen Land. 1825 wurde der Plan des mittlerweile toten Kaisers auch in Lamballe verwirklicht und die Stadt zum nationalen Pferdedepot des Bezirks Nordbretagne ernannt. Schwerpunkt der Arbeit: die Aufzucht von Nutztieren, insbesondere von robusten Remonte- und schweren Zugpferden. Seinen Höhepunkt erlebte das Gestüt von Lamballe zu Beginn des letzten Jahrhunderts: 1918 zogen 390 Lamballer Hengste französische Postkutschen über holprige Landstraßen. Heute ist das Gestüt von Lamballe das zweitgrößte Frankreichs und dem Landwirtschaftsministerium unterstellt. Noch etwa 80 Hengste verlassen jährlich die Stallungen. 70 Mitarbeiter sorgen sich um Aufzucht und Verwaltung der Pferde und heißen Besucher willkommen: Zu sehen sind Pferde bei der Arbeit, Ställe, Sattelkammer und Schmiede; außerdem schöne Wagen, Kutschen und herrliches Zaumzeug. Wen das auf Trab bringt, kann sich gleich in der gestütseigenen Reitschule anmelden.

• *Öffnungszeiten* 1-stündige Führungen, von Mitte Juni bis Mitte September täglich um 11, 15, 16.15, und 17.15 Uhr; im Juli und August zusätzliche Termine, in diesen Monaten außerdem deutschsprachige Führungen von Mo–Fr um 13.30 Uhr. ✆ 02.96.50.06.96, www.haraspatrimoine.com.

Maison du Bourreau: Das über 500 Jahre alte Haus am Place Martray mit vorspringendem Schieferdach und zweireihigen Butzenscheiben, in denen sich harmlos Geranien spiegeln, ist der Kern des im Lamballer Volksmund *Hôte du Pilori* (Pranger) genannten Stadtteils. Das raffinierte Fachwerk und der Beruf seiner ehemaligen Bewohner (Henker) haben das heimelige Haus zu einem der bekanntesten Gebäude der Bretagne gemacht. Heute ist das Henkershaus Sitz des Fremdenverkehrsbüros und zweier Museen, die der Altstadtverein eingerichtet hat (siehe unten).

So schön wohnte der Henker von Lamballe

Musée du Pays de Lamballe: Das Volkskundemuseum bietet auf eineinhalb Stockwerken neben landwirtschaftlichem Gerät, alten Fotografien und Kupferstichen vor allem Trachten und Hauben aus der Vergangenheit des Herzogtums Penthièvre, dessen Zentrum die Stadt einst war. Schön die Sammlung Lamballer Keramik, insbesondere die weihnachtlichen Krippenfiguren, die zusammen mit den Erzeugnissen provenzalischer Kunsthandwerker um die Gunst des französischen Publikums ringen.

Öffnungszeiten Wie O.T., Erwachsene 2 €, erm. 1 €.

Musée Mathurin-Méheut: Das Museum wurde zu Ehren eines berühmten Sohnes der Stadt eingerichtet. Der Maler *Mathurin Meheut* (1882–1958) fand seine Motive vor allem im bretonischen Alltagsleben: expressionistisch gesehene Islandfischer, der Pferdemarkt von Lamballe und ruhige Landschaften. Seine Aquarelle, Zeichnungen und Gemälde gelten als solide französische Leinwandkunst.

Öffnungszeiten Juni bis September Mo–Fr 10–12 und 14.30–18 Uhr. Ansonsten nur Di, Fr und Sa 14.30–17 Uhr, Januar geschlossen. Erwachsene 2,50 €, erm.1 €.

Bibliothek: In einem soliden Gebäude der *Rue Père-Ange-Le-Proust*, am Ende des Weges vom Marktplatz östlich zum Fluss. Ein republikanischer Lesezirkel aus der Zeit der französischen Aufklärung war 1774 Geburtshelfer der heutigen Stadtbibliothek. Der Hafen der Ruhe und Kultur (Stadtwerbung) verfügt über 30.500 Bände und Zeitschriften, darunter einige Hundert schwere Folianten aus der Zeit der Vereinsgründer und 7 Originalhandschriften aus dem 12. Jh. Aus dem späten 20. Jh. stammen die mittlerweile 700 CDs mit Musik aller Stilrichtungen, die zu einem speziellen Urlaubstarif verliehen werden.

Öffnungszeiten Täglich außer Dienstag und Sonntag auf jeden Fall von 14–17 Uhr. ✆ 02.96.50.13.68.

Lamballe / Umgebung

Lamballe ist Ausgangspunkt eines traditionellen Circuit touristique, der wie die meisten seiner Brüder neben echten Höhepunkten auch harmlose Stationen aufweist, die man nicht unbedingt gesehen haben muss.

Moncontour (ca. 1000 Einwohner): Schwere, efeuüberwucherte Mauern schnüren den kompakten Stadtkern rund um die *Kirche St. Mathurin* ein. Vor vielen Jahrhunderten hoch auf einem felsigen Steilhang am Zusammenlauf zweier Flüsse gebaut, präsentiert sich das Städtchen noch heute im schmucken Steingewand aus der Zeit der Musketiere und Hofintrigen. Besonders in der mittäglichen Ruhe herrscht zwischen den grauen Granit- und den dekorativen Fachwerkhäusern der "Petite Cité de Caractère". Mittelalter-Atmosphäre pur – jeden Augenblick kann das Pferdegetrappel einer eiligen Kutsche durch die kopfsteingepflasterten Gassen hallen.

Moncontour zählte bereits seit dem 13. Jh. zu den wichtigsten Festungen der Herzöge von Penthièvre. 1626 wurden Burg und Stadtmauer in Richelieus Auftrag geschleift. Die Ausführung der Aktion war allerdings bezüglich des Mauerrings dilettantisch. Noch heute trutzen 11 der 15 Türme in der Stadtumwallung dem Zahn der Zeit. Bis ins frühe 19. Jahrhundert war Moncontour eine wichtige bretonische Textilstadt, deren Justizverwaltung an die 8000 Leinweber unterstellt waren. Die Stadt führte ein weithin geschätztes, amtlich eingetragenes Markenzeichen für die hier produzierten Stoffe ein, die über St. Malo und Lorient in alle Welt exportiert wurden. Mit dem Niedergang des Textilgewerbes um die Mitte des 19. Jh. verblich Moncontours Stern. Seitdem schläft das Städtchen inmitten seiner hügeligen, grünen Landschaft einen von den Geschichtsläufen ungestörten Dornröschenschlaf.

Sehenswert sind die alten, z. T. aus dem 16. Jh. stammenden *Fachwerkhäuser* in der Rue du Temple und der Rue des Dames, die granitenen *Hôtels* (17.–19. Jh.) wohlhabender Kaufleute rund um den Place Penthièvre und die aus dem 16. Jh. stammende *Kirche St. Mathurin*, die im 18. Jh. fast vollständig erneuert wurde. Höhepunkte im Inneren: italienisch anmutende, geriffelt-verdrehte Säulen und sechs ausgefallene, an flämische Meister erinnernde Buntglasfenster (16. Jh.), die Szenen aus dem Leben Jesu und verschiedener Heiliger erzählen, u. a. leuchtende Bildergeschichten von St. Yves und St. Mathurin.

Aus der Neuzeit stammt das kleine *Museum* im Maison de la Chouannerie et de la Revolution (Sitz der Touristinfo), in dem u. a. Waffen, zivile Objekte und Dokumente aus der Revolutionszeit aus- und auch einige Szenen nachgestellt sind ("Revolutionäre spüren einen Chouan im Wirtshaus auf.").

Ein Museum neueren Datums ist das *Musée Théâtre du Costume*: Eine Kostümbildnerin stellt im Maßstab 1:3 und 1:7 Kostüme vom Mittelalter bis in die Neuzeit aus, und führt die Besucher mit viel Engagement auch selbst durch die Räume.

• *Postleitzahl* 22510

• *Information* Im Süden der Altstadt im Maison de la Chouannerie et de la Révolution. Von Juni bis September Mo–So 10–12.30 und 14.30–18.30 Uhr, vom 15.7. bis 31.8. ohne Mittagspause. Außerhalb dieses Zeitraums evtl. einen Tag geschlossen. Place de la Carrière, ✆ 02.96.73.49.57 oder 02.96.73.44.92, www.pays-moncontour.com.

• *Festival* Von Mitte Juli bis Mitte August finden auf dem Kirchplatz die **mardivertissants** statt (von mardis divertissants – vergnügliche Dienstage). Kostenlose Abendkonzerte traditioneller, moderner und Weltmusik.

Bretonischer Barock: Kirche von Moncontour

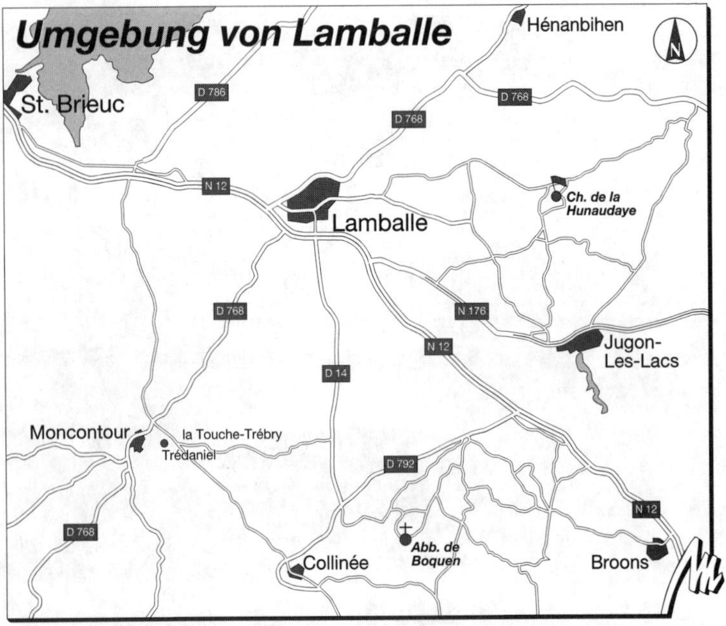

An 3 Wochenenden im September das **Festival Musique et Patrimoine**: Auch hier Konzerte in Schlösschen und Kirchen, die dem Publikum normalerweise nicht zugänglich sind. Infos für beide Veranstaltungen im O.T.

• _Markt_ Am Montag.

• _Öffnungszeiten der Museen_ **Museum** bei der Touristeninfo, siehe O.T. Eintritt 3 €, erm. 1 €; **Musée Théâtre du Costume** von Juli bis August täglich 14–18 Uhr. Rue Docteur Sagory 13, ✆ 06.81.87.33.40.

• _Pardon_ Jedes Jahr über die Pfingstfeiertage großer Pardon zu Ehren des Heiligen Mathurin. Er beginnt am Nachmittag des Pfingstsamstags mit der Wallfahrt der Kranken (insbesondere geistig Verwirrte, die Mathurins Segen einst heilte) und wird um 21 Uhr mit einem Fackel- und Freudenfeuerzug der Gläubigen fortgesetzt. Am Sonntag findet ein traditionelles Fest Deiz statt, am Pfingstmontag wird das Wochenende seit einigen Jahren mit einem Fahrradrennen abgeschlossen.

• _Übernachten_ ** **Hostellerie de la Poterne**, ein neueres Anwesen gegenüber der Stadtmauer. Die 9 Zimmer mit Dusche/WC sind einfach, ordentlich und funktional. DZ 47–49 €. Rue de l'Eperon 2, ✆ 02.96.73.40.01.

• _Camping_ **Municipal**, kleiner, schlichter Wiesenplatz am Fuß der Stadtmauer. Verträumte Sonnenuntergänge, Stromanschlüsse, simple Sanitärs mit Saloontüren, Behindertenabteil und heißer Dusche. "20 Stellplätze 20 km vom Meer" (Stadtbroschüre). Juni bis September geöffnet. ✆ vom O.T.

Trédaniel: Etwa 500 m außerhalb des kleinen Dörfchens (2 km südöstlich von Moncontour) liegt gleich neben der Straße die _Kapelle Notre-Dame-du-Haut._ Sie wurde im 17. Jh. an der Stelle errichtet, an der die heilige Jungfrau einen Landedelmann rettete, der von Straßenräubern aufgeknüpft werden sollte. Seither gilt die Kapelle als Wallfahrtsort (großer Pardon am 15. August). Verehrt und angefleht werden sieben krank aussehende Holzstatuen, die die sieben heiligen Doktoren der Bretagne symbolisieren. Sie helfen bei Migräne, Angst, Koliken, Rheuma, Tollwut und Wahnsinn. 1985 wurden die Originalfiguren gestohlen, Kopien stehen an ihrer Stelle. Die Kapelle ist seither sorgsam vergittert und abgeschlossen. Den Schlüssel können Sie im Bauernhof 100 m vor der Kapelle erhalten.

Château de la Touche-Trébry: Der wehrhaft-mittelalterliche Herrensitz derer von La Roche, die Ritter des Königsordens und Abgesandte des Adels beim Bischof von St. Brieuc waren. Schön zwischen einem Wald und einem Teich gelegen, mit Wassergräben und einer Umfassungsmauer bewehrt, spielen heute Kinder im Hof des stahlgrauen Gemäuers Fußball. Das Schloss aus dem 16. Jh. macht einen etwas asymmetrischen Eindruck, weil ein Turm zerstört ist und hartnäckig nicht wieder-aufgebaut wird.

- *Öffnungszeiten* Vom 15.7.–31.8. täglich außer Sonn- und Feiertage 14–18 Uhr. Eintritt 4 €.
- *Anfahrt* Etwa 8 km östlich von Moncontour (der D 6 Richtung Collinée folgend, kurz hinter Trédaniel links ab auf die D 25) gleich hinter dem Weiler Trébry.

Abtei von Boquen: Das 1137 gegründete Zisterzienserkloster am Rand des Waldes von Boquen (Gemeinde Plénée-Jugon) war bis zur Französischen Revolution ein wohlhabender Glaubenshort und eine von Aristokraten hochgeschätzte Lehenspfründe. Nach der teilweisen Zerstörung durch Revolutionstruppen kehrte erst 1936 ein einsamer Mönch in die Ruinen zurück, heute leben hier Nonnen nach den strengen Regeln des Hl. Bruno von Köln, dem Gründer des Karthäuserordens. Teile des verschwiegenen Klosters können besichtigt werden. Die *Abteikirche* (12. Jh.), *Fassaden, Kapitelsaal* und *Kreuzgang* der Klosteranlage wurden in bretonisch-normannischem Stil generalüberholt. Das Holztonnengewölbe und die schlichte Ausstattung verraten den romanischen Ursprung, die *Statue der Notre-Dame-de-Boquen* stammt wie der *Chor* aus dem 15. Jh. Eine Treppe vom linken Querschiff in die Schlafräume der Nonnen steht nur diesen offen.

- *Öffnungszeiten* Von Mitte Juli bis Ende August führen die wohltätigen Schwestern von Bethlehem 45-minütige Abteiführungen durch. Während der Gottesdienste kein Besichtigungsprogramm. Wenn der Eingang nicht besetzt ist, die Empfangsschwester über das Haustelefon rufen. Atheisten Achtung! Laut einer großen Tafel am Eingang wirklich willkommen sind nur: gottnahe Menschen oder Menschen, die Antworten suchen, Bürden tragen oder von den Schwestern gefertigte Andenken kaufen. ✆ 02.96.30.22.36.
- *Anfahrt* Von Lamballe über die D 14 in südlicher Richtung 18 km bis Le Gouray, im Ort links und ca. 5 km auf schmaler Landstraße (ausgeschildert).

Nachbau einer Wurfmaschine vor realistischem Hintergrund

Château de la Hunaudaye (Burg): Um 1220 stand hier eine Vorgängerburg, die ein Opfer des bretonischen Erbfolgekriegs wurde. 1367 begann der Bau der heutigen fünfeckigen Anlage mit ihren fünf Türmen, die letzten Verschönerungsarbeiten fanden im 16. Jh. im Stil der Renaissance statt. Die längste Zeit gehörte La Hunaudaye dem einflussreichen Geschlecht der Toulimine, die hier bis zum Ende des 16. Jh. ihre politischen Fäden spannen. Nach dem Anschluss an Frankreich nutzt die Familie die Burg nur noch gelegentlich als Zweitwohnsitz, 1783 erwirbt der Marquis de Talhouet, der künftige Bürgermeister von Rennes, das Gemäuer, doch die Immobilie ist eine Fehlinvestition: Aufgeputschte Revolutionäre sorgen 1793 dafür, dass aus La Hunaudaye eine malerische Ruine wird. Sie unterminieren die Burg, plündern sie und zünden sie an. Die "Blaue Bande" (aus dem Burgprospekt) leistet gründliche Arbeit – Türstöcke gehen ins Leere, Treppen führen ins Nichts, tiefe Abgründe öffnen sich in die Eingeweide der Burg. Einer der empfehlenswerten bretonischen Ruinenbummel.

Zum Mitspielen gezwungen: harmloser Tourist als aufständischer Bauer

• Öffnungszeiten Mitte Juni bis Mitte September täglich von 10.30–18 Uhr. April bis Mitte Juni und Mitte September bis Oktober Sonntag 14.30–18 Uhr. Führungen inkl. Ausstellung Erwachsene 4 €, erm. 3 €. Im Juli und August finden mittwochabends verschiedenste Veranstaltungen statt (Theater, Open-air-Kino, Feuerjonglagen), ✆ 02.96.34.82.10.

Jugon-les-Lacs *(ca. 1300 Einwohner)*: Eine Petite Cité de Caractère 16 km südöstlich von Lamballe. Innerbretonische Behäbigkeit, dazu dunkler Stein mit freundlichem Blumenschmuck, ein adretter Marktplatz und viele gelbe Straßenlaternen an den Fassaden. Die Kirche wurde erst im 19. Jh. um die 800 Jahre alte stilvolle Vorhalle und den Turm aus dem 15. Jh. errichtet. Die Seen vor bzw. hinter dem Ort entpuppen sich bei näherem Hinsehen als die Flüsse *Rieul* und *Rosette*, die sich beide bei Jugon-les-Lacs seenartig verbreitern. Am *Grand Etang de Jugon* am nördlichen Ortsende feiert im Sommer der Wassersport Triumphe; kleines Centre nautique und Campingareal.

Côte du Goëlo / Trégor

St. Brieuc

(47.500 Einwohner, Agglomeration ca. 90.000)

Zwei stolze Viadukte überspannen die beiden tiefen Täler des Gouedic und des Gouet, die drei Kilometer nördlich der Stadt in den Atlantik münden. Auf einem Hochplateau dazwischen liegt die alte Bischofsstadt – umgeben von Industriebetrieben, Kühlhäusern und dem umtriebigen Handelshafen.

Nur über eines der beiden Viadukte ist das Zentrum zu erreichen. Rund um die mächtige *Kathedrale St. Etienne* drängt sich etwas mittelalterliche Bausubstanz und kolonialer Gründerzeit-Klassizismus, ansonsten überwiegen funktionale Neubauten und gesichtslose Wohn- und Geschäftsviertel. St. Brieuc, die moderne, betriebsame Hauptstadt des Départements *Côtes d'Armor* ist wirtschaftlich mit Abstand die Nummer Eins in der Region. Für Touristen ist die Metropole ohne besondere Sightseeing-Höhepunkte nur eine Zwischen- bzw. Umsteigestation zu den Badeorten in der Bucht von St. Brieuc. Andererseits: Die Innenstadt mit ihrer großen Fußgängerzone stellt ein reizvolles Konsumpflaster dar, und das sehenswerte *Kunst- und Geschichtsmuseum* entführt aus einem tristen Regentag in ein stilles Reich bretonischer Vergangenheit.

Den Grundstein der Stadt legte im 6. Jh. der Mönch *Brioc* – einer der sieben bretonischen Gründerheiligen und der erste Bischof der Stadt. Über seinem Grab wurde später die Kathedrale erbaut, neben deren Portal eine Mahntafel an ein tragisches Zwischenspiel in der Stadtgeschichte erinnert: In der Nacht des 5. Brumaire des Jahres VIII (26./27. August 1799) starb unter den Bajonetten königstreuer Chouans der Republikaner und Bürgermeister Poulain-Corbion. Mit dem Ruf "*Vive la République!*" hatte er sich gegen die Überzahl der anrückenden Waldkäuze gestellt, die er an der Übernahme der Stadt hindern wollte.

Information

- *Postleitzahl* 22000
- *Information* Groß und professionell, im Altstadtzentrum unweit des Place de la Résistance, das ganze Jahr über geöffnet. Mo–Sa 9–12 und 14–18 Uhr. Rue St. Gouéno 7, ✆ 02.96.33.32.50, www.baiedesaintbrieuc.com. Die Hauptstelle, das O.T. de la Baie de Saint Brieuc, unterhält mehrere Zweigstellen: ganzjährig geöffnet das O.T. in Plérin (Mo–Fr 9–12 Uhr) und das O.T. in Pordic (Di–Sa 9–12.15 Uhr), nur im Sommer das O.T. in Hillion und der gut ausgestattete Tourismuspavillon am Autobahnparkplatz Yffiniac Richtung Brest.

Verbindungen

- *Bus* Vom Busbahnhof im Südosten der Stadt werden mehrere Regionalrouten bedient. Richtung Norden über Binic/St. Quay-Portrieux nach Paimpol bis zu 6-mal werktags. Ebenso oft über Val-André, Erquy und Sables-d'Or zum Cap Fréhel und weiter nach St. Cast. Nach Guingamp 2-mal täglich, nach Lamballe 1-mal. Gare Routière, Rue du Combat des Trente ✆ 02.96.68.31.20.
- *Zug* Der Bahnhof im Südteil der Stadt liegt an der Strecke Paris-Brest. Mehrmals täglich in beide Richtungen. Nach Paris (keine 3 Stunden mit dem TGV) über Lamballe und Rennes. Nach Brest über Guingamp/Morlaix/Landerneau. Mehrmals täglich nach Dinan, von dort Anschluss nach Dol und Saint Malo. Stichbahn nach Loudéac im Landesinneren 2-mal täglich. Boulevard Charner. Auskunft und Reservierung 08.92.35.35.35.

Diverses

- *Autoverleih* **Europcar**, Bd. Charner 8, ✆ 02.96.94.45.45. **Budget**, Boulevard Charner 74, ✆ 02.96.78.78.96.
- *Fahrradverleih* Leihräder beim **Camping des Vallées**, Bd. Paul Doumer, ✆ 02.96.94.05.05.
- *Markt* Mittwoch und Samstagvormittag großer Wochenmarkt rund um die Markthallen, den Place Général de Gaulle, den Place de la Résistance und den Place du Chai. An diesem Tag ist die Stadt einen Besuch wert. Einmal im Jahr, Ende September, großer **Michaelis-Markt** mit Vergnügungsrummel. Er ist die regionale Wirtschaftsattraktion des Départements Côtes d'Armor. Außerdem findet im Dezember auf dem Place Duguesclin ein 3-wöchiger Weihnachtsmarkt statt.
- *Parken* An der Verlängerung der Rue de Brest südlich des Stadtkerns stehen zwei große, gebührenpflichtige Parkflächen am Champ de Mars zur Verfügung.
- *Veranstaltungen* Am Pfingstwochenende findet von Fr–Mo das **Festival Art Rock** statt, zu dem jedes Jahr ca. 40 000 Menschen herbeiströmen, um die Veranstaltungen aus den Bereichen Rockmusik, Theater, Tanz, Kunst und Multimedia zu besuchen. Infos unter 02.96.68.18.40, www.artrock.org.

In den Sommermonaten werden unter dem Titel **L'été en fête** jeden Donnerstag- und Freitagabend Kleinkunstveranstaltungen gratis vor der Kulisse der mittelalterlichen Häuser am Place du Martray organisiert.

Übernachten

12 Hotels mit über 200 Zimmern bieten ausreichend Übernachtungsmöglichkeiten, vorzugsweise in Mittelklassehäusern. Schwerpunkt ist der Stadtkern rund um den Place de la Résistance und die Kathedrale.

*** **Hotel de Clisson (1)**, Brieucs erste Hoteladresse. 3-Sterne-Haus westlich des Altstadtzentrums, 24 gut möblierte und sanitär gut ausgestattete Zimmer in einem gediegenen Anwesen mit Gartenpark. Kein Restaurant. DZ 58–63 €. Ganzjährig geöffnet. Rue du Gouët 36–38, ✆ 02.96.62.19.29, www.hoteldeclisson.com.

** **Hotel Duguesclin (5)**, beim alten Busbahnhof. Preis und Leistung stimmen. 17 ordentliche Zimmer mit Bad bzw. Dusche/WC. Restaurant mit verschiedenen Tagesmenüs (ab 15 €). DZ 44 €, Frühstück 7 €. Ganzjährig geöffnet. Place Duguesclin 2, ✆ 02.96.33.11.58.

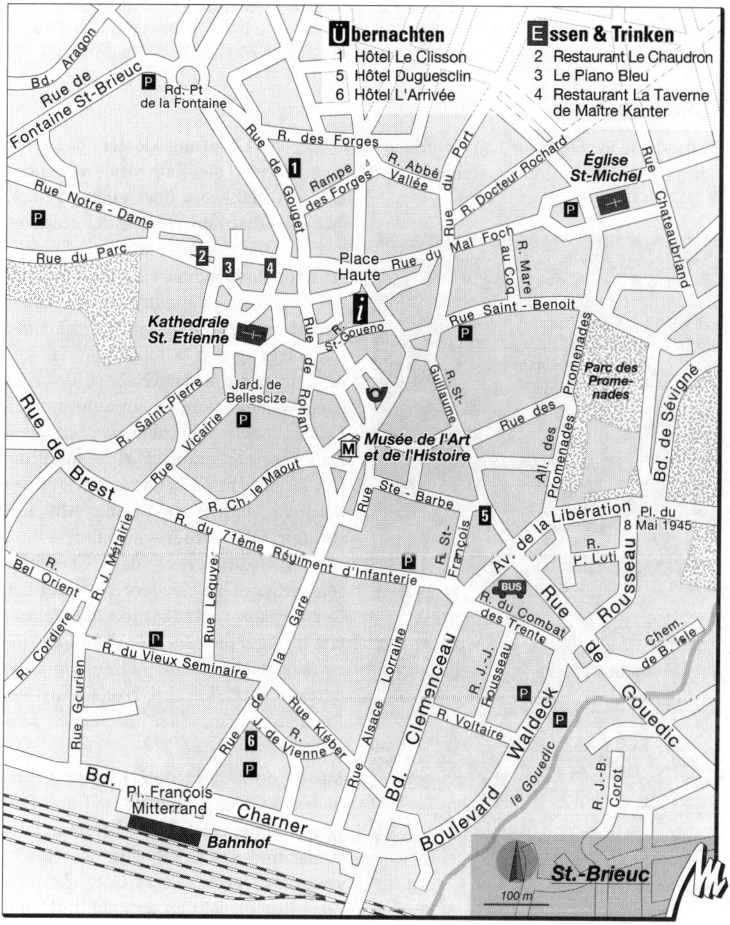

** **Hotel l'Arrivée (6)**, auf zwei Sterne hochgerüstetes Bahnhofshotel. 8 ordentliche Zimmer mit Dusche. Etagen-WC. Preiswertes Restaurant, Mittagsmenü 10 €. Restaurant montags geschlossen. DZ 37 €, Frühstück 5 €. Ganzjährig geöffnet. Rue de la Gare 35, ✆ 02.96.94.05.30.

• *Jugendherberge* 3 km außerhalb, in einem restaurierten Landhaus aus dem 15. Jh. untergebracht (Buslinie 3, Selbstfahrer: Richtung St. Brévin). Mit Fahrradverleih. 130 Schlafplätze, pro Bett 8 €. Ganzjährig geöffnet. Manoir de la Ville Guyomard, ✆ 02.96.78.70.70, www.saint-brieuc@fuaj.org.

Essen

In der **Taverne de Maître Kanter (4)** im belebten Zentrum werden Meeresfrüchte und Sauerkraut in verschiedenen Varianten des Hauses aufgetischt, Mittagsmenü für 10 €, ansonsten Menüs von 18–23 €. Place de la Grille, ✆ 02.96.61.97.70.

Le Chaudron (2), wer es gerne rustikal mag, kann in einem der restaurierten Fachwerkhäuser der Altstadt vorzüglich Fondue (ca.15 €), Raclette (ca. 15 €) oder Grillspezialitäten (ab 13 €) speisen. Sonntags geschlossen. Rue Fardel 19, ✆ 02.96.33.09.72.

Das **Piano bleu (3)** ist als traditionsreiches Konzertcafé und Bar bekannt. Das aktuelle Programm kann unter piano@aol.com erfragt werden.

Sehenswertes

Kathedrale St. Etienne: 1225 wurde an der Stelle des Ursprungsklosters des Brioc vom ersten bretonischen Heiligen *Guillaume Pinchon* die Kathedrale errichtet, z. T. auf Pfahlwerk über einem Sumpf. Das wehrhaft-abweisende Gotteshaus mit den granitenen Ecktürmen, Schießscharten und Pechnasen wurde im Lauf der Jahrhunderte mehrmals umgebaut und restauriert. Zahlreiche *Grabmäler* mit Liegefiguren schmücken das Innere. Interessant das Grabmal des Heiligen Wilhelm – in einem aufwendigen *Reliquienschrein* darüber werden seine Knochenreste aufbewahrt – und die fast lebensecht wirkende Liegefigur des Bischofs Mathias de Croing: Mit aufrechtem Oberkörper winkt der Bischof gönnerhaft-mahnend der Gemeinde seinen Segen zu. Weitere Höhepunkte: Der *Orgelprospekt* (16. Jh.), die *Kanzel* (18. Jh.) und die *Mariä Verkündungskapelle* (südliches Schiff), in der ein kostbarer *Barockaltar* von *Yves Corlay*, ein Riemenschneider der Bretagne, Eindruck macht.

Musée de l'Art et de l'Histoire: Oberhalb des Champ de Mars; auf drei Etagen widmet sich das Museum der Kunst und der Geschichte der Hauptstadt des Départements Côte d'Armor. Die Museumsleitung versteht ihr Handwerk: Etliche ansehnliche Exponate, stimmungsvolle Präsentation, lehrreiche Aufbereitung. Im Erdgeschoss die Abteilungen Landschaftsmalerei sowie "Fischer und Schiffer" mit vielen maritimen Glanzstücken, darunter eine seltene Gezeitenrechenmaschine und die ersten Sardinendosen. Profund wird im 1. Stock die Entwicklung der Textilindustrie dargestellt, Höhepunkt hier ist die feine Webstuhlsammlung. In der 3. Etage veranschaulichen liebevolle Modelle das ländliche Leben früherer Zeiten, in der Abteilung "Beginn des Tourismus" erfahren Sie u. a., dass die Guingamper um 1850 als erste zu Erholungszwecken an die Küste fuhren und damit die Pioniere des bretonischen Fremdenverkehrs sind.

Öffnungszeiten Täglich (außer den ganzen Montag und Sonntagvormittag) 9.30–11.45 und 13.30–17.45 Uhr. Eintritt 2,50 €, Kinder die Hälfte. Im Nebengebäude wechselnde Ausstellungen. Cour Francis Renaud / Rue des Lycées Martyrs.

Côte du Goëlo/Trégor
Karte S. 201

Parc de Promenade: Rund um den Justizpalast befindet sich ein im XIX. Jh. angelegter Park, der zu ausgedehnten Spaziergängen einlädt.

St. Brieuc / Umgebung

Quintin *(ca. 3200 Einwohner)*: Im Talgrund bildet das Flüsschen *Gouet* einen Teich, hinter den Terrassen der Ufergrünanlagen erhebt sich Quintin – hübsch und verschlafen im blumenaufgelockerten Granitkleid, folgerichtig auch als *Petite Cité de Caractère* kategorisiert.

Vor 300 Jahren war Quintin die wichtigste bretonische Textilstadt. 30.000 Leinweber produzierten in und um Quintin das damals weithin bekannte feine Quintiner Flachslinnen, das unter der Markenbezeichnung "Bretagne" speziell in der Hut- und Mützenbranche Verwendung fand und bis in die Neue Welt exportiert wurde. Vom Reichtum dieser Zeit zeugen die malerisch vorkragenden Fachwerkhäuser und granitenen Kaufmannshotels, die sich in den Gassen und Plätzen zu einer Musketierfilmkulisse aneinanderreihen.

Auf dem Weg zur *Basilika Notre-Dame-de-la-Délivrance* liegt ein *Brunnen* (15. Jh.), der Heiligen Jungfrau zur Empfängnis geweiht. Die Kirche zu ihren Ehren wurde erst im 19. Jh. errichtet. Neben der *Marienfigur* in der Vorhalle, verschiedenen

Liegefiguren und den zwei *Weihwasserbecken* aus zwei javanischen Riesenmuscheln beherbergt die Basilika einen *Reliquienschrein*. In ihm wird ein Stück des Gürtels der Muttergottes aufbewahrt, das der erste Schlossherr von Quintin 1252 vom Kreuzzug aus Jerusalem mitgebracht haben soll. Dem wertvollen Tuch werden heilige Kräfte zugeschrieben, Müttern soll er die Kraft für eine leichte Geburt schenken.

Sprachkultur

Frankreich versteht sich nicht nur als Heimat der edelsten Kochrezepte und Weine. Nein, Frankreich, die Grande Nation, ist überhaupt der Nabel der Kultur. Selbstverständlich auch sprachlich, da keine andere Sprache des Universums so geschliffen und feinsinnig ist und so viele Höflichkeitsformen kennt wie die der Franzosen. Die deutschen Dispute über die Rechtschreibreform verblassen angesichts der jahrzehntelangen Debatten um Ausdruck und Schreibweise des Französischen. Selbst die Mitglieder der Académie Française, die gelehrtesten Köpfe des Landes, sind sich nicht zu schade, sich Rechtschreibdiktaten zu unterziehen, um den Beweis anzutreten, dass nicht jeder Französisch schreiben kann ("Setzen, Sartre, 5 Minus!").

Im Umgang mit anderen Sprachen sind die Verehrer von Froschschenkel und geschmorten Wachteln weniger zimperlich. Wieder und wieder wird man als Frankreichreisender mit äußerst sorglosen Übersetzungen konfrontiert, so auch im Stadtprospekt von Quintin:

"Quintin ist eine mittelalterliche, in einem grünenden Ring gefasste Altsradt. Diese *Cité de Caraktère* und *Cité Mariale* schlägt dem Besucher vor. 13 nach Klassen geordnete Denkmäler (17. und 18. Jh.). Ein arsgezeichnetes Vermögen. Ein bedeutendes mit Blumen schmücken. Auch kennen zu lernen das riesige Gedicht des Leinenwarenhandels, die Protestantismusanfänge in der Bretagne. Auch anzuerkennen, die Empfangsqualität, die Handels- und festbelebungen, die Kochkunst, und auch die riezende Landschaft von *La Vallée de la Perche*."

Mensch, Franzosen! Gibt's bei euch wirklich so wenige Germanisten?

Das *Schloss* von Quintin – seine Anfänge gehen auf das 13. Jh. zurück – liegt in einem Park oberhalb des Flusses und besteht aus zwei Komplexen. Der Bauabschnitt aus dem 17. Jh. konnte nicht vollendet werden, die Bauherrin musste auf Befehl Ludwigs XIV. die Arbeiten einstellen. Der König glaubte an ein protestantisches Komplott der schönen Gräfin mit dem mächtigen Bischof von St. Brieuc. Der neuere Teil des Schlosses wurde im 18. Jh. angefügt. Der Schlosskomplex kann besichtigt werden: Speisesaal, mehrere Innenräume, Gartenanlage und die sechs Räume des *Museums*. Neben den üblichen Exponaten zur Stadtgeschichte (Dokumente, Porzellan, Silberschmuck und Urkunden) gibt es für die Besucher während der Sommersaison international renommierte Ausstellungen zu originellen Themen, z. B. "Bretonische Puppen" oder "Nachttöpfe aus allen Jahrhunderten".

- <u>*Postleitzahl*</u> 22800
- <u>*Information*</u> Freundliche Auskünfte in einem Eckhaus im Altstadtzentrum. Von Juli bis August Mo–Sa 9.30-12.30 und 14–18 Uhr, So 10–12 und 14–17 Uhr. Von September bis Juni Di–Sa 9.30–12 und 14–17 Uhr. Place 1830 Nr. 6, ✆ 02.96.74.01.51, www.pays-de-quintin.com.
- <u>*Verbindung*</u> **Busse** der CAT halten und starten am Schlossteich. Mindestens 6-mal täglich nach St. Brieuc, 2-mal über St. Nicholas-du-Pelem/Rostrenen nach Carhaix.
- <u>*Markt*</u> Dienstagvormittag im Zentrum.
- <u>*Pardon*</u> Wallfahrt zu Ehren der "Notre-Dame-de-la-Délivrance" (Heilige Jungfrau der geglückten Entbindung) alljährlich am 2.

Sonntag im Mai. Noch heute ist es Brauch, dass Gläubige ein Stück Stoff an der Marienstatue reiben, um es anschließend schwangeren Frauen über den Bauch zu legen. Diese Zeremonie soll eine unkomplizierte Geburt garantieren.

• Öffnungszeiten von Schloss/Museum Vom 15.6.–15.9. täglich 10.30–12.30 und 13.30–17.30 Uhr, ansonsten von April bis Oktober nur am Wochenende von 14–17 Uhr. Eintritt Schloss inkl. Museum 5,50 €.

• Übernachten ** **Hotel Commerce**, gemütliches 11-Zimmer-Hotel mit sanitär unterschiedlichen, komfortablen Zimmern. Restaurant mit mehreren Menüvorschlägen (Menüs 13–38 €). DZ 46–52 €, Frühstück 6,50 €. Um den Jahreswechsel geschlossen. Rue Rochonen 2, ✆ 02.96.74.94.67.

Hotel l'Hippocampe, etwas oberhalb des Schlossweihers. Einfaches, aber sauberes Übernachtungsquartier auf der Etappe, die Bar im Erdgeschoss ist Treffpunkt der Pferdewetter. Einige Zimmer mit Bad bzw. Duschkabinett. Etagen-WC. DZ ca. 30 €, 3-Bettzimmer 38 €. ✆ 02.97.74.87.00.

• Camping ** **Municipal du Lac**, kleiner Gemeindeplatz neben dem Schlossteich mit 30 Stellplätzen. Von hohen Pappeln eingerahmtes Rasenterrain, idyllisch unterhalb der Stadt. Kinderspielplatz, Tennisgelände und gut gewarteter Sanitärblock. Moderate Preise. Geöffnet von Mai bis Mitte Oktober. Route du Menhir, ✆ 02.96.74.92.54, 02.96.74.06.53, www.quintin.fr.

Côte du Goëlo/Trégor
Karte S. 201

Châtelaudren *(980 Einwohner)*: 14 km westlich von St. Brieuc, auf halbem Weg nach Guingamp. Das Städtchen am Ufer des *Leff* wurde 1148 mit den Stadtrechten ausgezeichnet und darf seit 1985 das Prädikat "Kleine Stadt mit Charakter" tragen. Der Fluss, am Ortsrand zu einem kleinen See aufgestaut und gerühmt wegen seiner Forellen, brachte einst eine böse Überraschung: Nach einem Dammbruch überschwemmten 1773 seine Wassermassen die Stadt und forderten 50 Menschenleben. Heute ist Châtelaudren ein verschlafener Marktflecken, der nur am montäglichen Markttag zu Leben erwacht. Auf einem Hügel oberhalb des Stadtplatzes steht die *Kapelle Notre-Dame-du-Tertre* (13./14. Jh.), in der Kunstgeschichte auch als "rote Kapelle" bekannt. Die *Holzdecke* des Chors, im 15. Jh. bemalt und seitdem

Sonntagnachmittag in Châtelaudren

mehrmals restauriert, zeigt auf rotem und goldenem Grund 96 ausdrucksstarke Bildminiaturen mit biblischen Motiven – die Hauptfiguren verraten interessante Details über mittelalterliche Konfektionsware. Über dem Altar des Nebenschiffes Szenen aus dem Leben der Hl. Marguerita und ein bildlicher Lebenslauf des Hl. Fiacre, beginnend mit der Missionsfahrt des irischen Königssohnes auf den Kontinent. Außerdem sehenswert eine *Alabastermadonna* (15. Jh.), die die Kirchenpatronin darstellt.

• *Information* O.T. in der Ortsmitte, in der HS Mo–Sa 8.30–12.30 und 13.30–19 Uhr. Place des Sapeurs Pompiers, ✆ 02.96.74.12.02.

• *Camping* ** **Municipal de L'Etang**, kleiner Platz neben dem Stauweiher an der Straße nach Quintin. Winziger, doch ordentlicher Sanitärblock, so gut wie kein Schatten. Offiziell 17 Stellplätze. Geöffnet 1.5.–30.9. Rue de la Gare, ✆ 02.96.74.10.38.

Baie de Saint Brieuc: Der weite Küstenstreifen von 30 km Länge lädt von der Halbinsel von *Hillion* bis zur *Pointe de Pordic* zur Entdeckung ein. Täler, Felsklippen, Strände und wilde Buchten wechseln sich ab. Auf dem reizvollen Wanderweg entlang des Zöllnerpfads mit Ausblick auf das geschützte Meeresgebiet können bis zu 200 verschiedene Vogelarten beobachtet werden. An der *Pointe du Roselier* ist ein authentischer Ofen, in dem zur Zeit der großen Seeschlachten die Kanonenkugeln zum Glühen gebracht wurden, zu besichtigen. Lohnende Ausflugsziele sind ebenfalls die beiden Hauptstrände *Plage de Tournemine* und *Plage des Rosaires* mit vielfältigen Wassersportmöglichkeiten und nicht zuletzt das Städtchen *Pordic* selbst. Mit seinen zahlreichen Landsitzen, wunderschönen Aussichtspunkten und allen Annehmlichkeiten eines beliebten Badeorts verspricht es seinen Besuchern “Momente der Ruhe und des Glücks“. Informationen im O.T. de la Baie de Saint Brieuc.

Binic

(ca. 2500 Einwohner)

"Binic, der Schönheitsfleck der Côtes d'Armor", wirbt das Syndicat ironisch. Doch auch der Schönheitsfleck erfreut sich regen Zulaufs. Familien mit Kind und Kegel bevölkern die zahlreichen Ferienimmobilien, an den Stränden und entlang der Hafenesplanade herrscht im Sommer Hochbetrieb. Der Jeffburgerumsatz erreicht dann schwindelnde Höhen.

Binic gehört nicht zu den ersten Badeortadressen der Bretagne, hat sich aber – vor allem in den letzten Jahren – gemausert. Malerisch gruppiert sich Binic, am Kopf (*pen*) der Mündung des kleinen Flüsschens *Ic*, das betoneingefasst über das Hafenbassin abgeleitet wird, in die Nische einer gut abgeschirmten Bucht. Am Ende des weit geschwungenen, seichten Hauptstrandes reihen sich niedrig-geduckte Häuser die Esplanade zum Hafen entlang, auf dem Hang hinter der Kirche verstecken sich Villen und Ferienhäuschen im Grün.

Vor seiner Entdeckung als Familienurlaubsstädtchen war Binic einer der bedeutendsten Fischereihäfen Frankreichs, Heimathafen der legendären Islandfischer und Neufundlandfahrer, die bis ins erste Drittel des 20. Jh. den Lebensrhythmus Binics bestimmten. Die Zeiten haben sich geändert. Heute rühmt sich das Städtchen des drittgrößten Yachthafens der Nordbretagne, und statt bärbeißiger Seewölfe belagert ein munteres Urlaubervölkchen die Bars und Cafés rund um den Hafen. Nur im kleinen *Museum* erinnern einige Exponate an die große Zeit der *Grande Pêche*.

Binic: der "Schönheitsfleck" hat durchaus schöne Seiten

Geschichte

Binic ist bereits zu Cäsars Zeiten römisches Oppidum und wichtige Nachschubbasis für die Invasion Britanniens. Im 16. Jh. segeln die ersten Binicer Fischer (*Binicais*) zu den fangreichen Fischgründen Neufundlands. Sie begründen Binics Ruf als gute Adresse im Kabeljauhandel. Ein kurzes Zwischenspiel als Korsarenhafen nach der Revolution bringt Binic den großen Aufschwung. *Francois Le Saulnier*, Binicer Fischer und Cousin des legendären *Surcouf*, erzwingt 1821 auf Druck seines Verwandten von *Ludwig XVIII.* die Stadtrechte für Binic. Eine neue Ära, die *Grande Pêche* genannte Zeit der Island- und Neufundlandfischer, beginnt. Zahlreiche steinerne Zeugen keltisch-römischer Vergangenheit, die nutzlos in der Heidelandschaft schlummern, versinken für immer im Meer – sie werden für den Ausbau der Hafendämme gebraucht. Binnen weniger Jahre wachsen 150 neue Gebäude rund um den Hafen, Unterkünfte, Werften, Lagerhäuser und Handelskontore, die sich um die Vermarktung der einträglichen Fischzüge kümmern.

1845 verlässt der erste große Segelschoner die Reede, um in halb-jähriger Fahrt den Kabeljauschwärmen des Golfstroms zu folgen. Bald arbeiten mehr als 600 Bootsbauer an der Herstellung weiterer, *Terreneuvier* (Neufundländer) genannter Segelschoner, über 1800 Matrosen fahren auf Binicer Schiffen zur See. Die Binicais gelten neben den Basken als geschickteste Fischer im lukrativen, oft tödlichen Dorschgeschäft. In verschiedenen Ortschaften der Neufundland- und Labrador-Küste hinterlassen sie sogar einen speziellen Dialekt, der lange Zeit unter der dortigen Bevölkerung als Fachdialekt gesprochen wird: "*bénicasser la morue*", auf Binicer Art den Kabeljau beschwatzen.

Den Höhepunkt erreicht die *Grande Pêche* Ende des 19. Jahrunderts. Binic schickt fast 100 Schoner mit je 25 Mann Besatzung auf die von Februar bis Ende August dauernde große Fahrt. Das ganze 19. Jahrhundert hindurch ist Binic einer der größten

Fischereihäfen Frankreichs, doch vom langsamen Niedergang der Schonerflotten nach dem Ersten Weltkrieg ist auch Binic betroffen. Nach dem Zweiten Weltkrieg beginnt zögernd ein neuer Aufschwung. Wie in so vielen Fischerstädtchen der Bretagne bringt der stetig sich entwickelnde Tourismus einen wirtschaftlichen Ausgleich.

Information/Verbindungen

• *Postleitzahl* 22520

• *Information* Tourismusbüro in einem neuen Gebäude an der Durchgangsstraße, direkt neben der Museumsflagge. Alle Auskünfte zu maritimen Angelegenheiten, Reservierung und Vermittlung von Ferienimmobilien, Prospekte. Geöffnet von Juli bis August Mo–Sa 9–13 und 14–19 Uhr, So 10–12.30 und 14–18 Uhr. September bis Juni Mo–Sa 10–12 und 14–17 Uhr. Avenue du Général de Gaulle, ✆ 02.96.73.73.35, www.villebinic.fr. Das O.T. bietet einmal pro Woche geführte Stadtrundgänge an. Erwachsene 3 €, Kinder umsonst.

• *Verbindung* **Busse** bis zu 11-mal täglich Richtung St. Brieuc bzw. St. Quay-Portrieux. Haltestelle an der Avenue Leclerc auf dem Parkplatz rechts vom Hafenbecken.

Diverses

• *Bootsausflug* Vedettes de Bréhat nimmt in Binic Passagiere auf für die Fahrt die Goëlo-Küste entlang über Paimpol zur **Ile de Bréhat**. Die Ganztagestour kostet inkl. einer 60-minütigen Bréhat-Umrundung 26 €, für Kinder 19 €. Einfaches Retourticket 22 bzw. 16 €. Auskünfte beim Touristenbüro.

• *Busausflug* Es besteht die Möglichkeit, individuelle Exkursionen in die Umgebung zu buchen. Den Service der **Taxis bretons** gibt es ab 7 Personen, Preis variiert je nach Distanz ab 26 € pro Person für eine Tagestour. Infos im O.T.

• *Fahrradverleih* Tourenräder und Mountainbikes bei **Cycles Ménier**. Avenue Leclerc 33, ✆ 02.96.73.74.95.

• *Markt* Donnerstagvormittag auf dem großen Parkplatz hinter dem Hafenbassin.

• *Öffnungszeiten* des Museums: Juli bis August täglich 14.30–18.30 Uhr, ansonsten von Mitte April bis Mitte September täglich außer Dienstag 14.30–18.30 Uhr. Eintritt 4 €, Kinder die Hälfte.

• *Tennis* Auf dem Gemeindeplatz mit 2 Courts, umsonst, Infos im O.T.

• *Wassersport* Binic ist **Station Kayak de Mer** – umfangreiches Kajakprogramm, Esplanade de la Blanche, ✆ 02.96.38.63.31; der **Club nautique** bietet Segel- und Surfkurse für Erwachsene und Kinder an, auch Segelausflüge sind im Programm, Quai des Corsaires, ✆ 02.96.69.29.27, cnbinic@aol.com; **Les plongeurs de l'Ic** sorgt für Tauchkurse und -ausflüge, ✆ 06.99.67.19.20, plongeurs-ic@wanadoo.fr; im Juli und August besteht zusätzlich die Möglichkeit, an einem günstigen Sport- und Kulturprogramm unter dem Titel **Activités Cap Armor** teilzunehmen, ✆ 02.96.69.28.48, capdecouvertebinic@libertysurf.fr.

• *Yachthafen* Der alte Hafen für die Neufundlandflotte bietet heute Platz für 660 Boote. ✆ 02.96.73.61.86.

Übernachten

Das Familienseebad hat sich ganz auf den Immobilientourismus spezialisiert. 49 Betten in 3 Hotels stehen einem Ferienwohnungs- und Privatzimmerangebot von knapp 1000 Objekten gegenüber.

*** **Hotel Le Ben-Huyc**, Binics beste Unterkunft mit viel Glas, 1992 eröffnet, zentral am langen Kai. 23 Zimmer großteils mit Blick über den Hafen, 1 Studio mit Küche. Speisesaal, kl. Palmengarten... DZ 50–75 €. Ganzjährig geöffnet. Quai Jean Bart 1, ✆ 02.96.73.39.00, www.benhuyc.com.

** **Hotel Neptune**, zentrales Eckhaus am Kirchplatz hinter dem Quai Jean Bart. 8 z. T. etwas schmale, dunkle Zimmer mit unterschiedlicher Sanitärausstattung. Cafébar im Erdgeschoss, Restaurant mit solider Küche im ersten Stock. DZ je nach Standard 37–45 €, Frühstück 6 €. Ganzjährig geöffnet. Place de l'Eglise, ✆ 02.96.73.61.02.

Auberge des Prés Calans, ein Stück außerhalb des Geschehens, rechts an der Straße nach Paimpol. Im Stil eines Landgasthauses, Spezialität des Restaurants sind Meeresfrüchte. 8 Zimmer, 4 weitere mit Kochgelegenheit. DZ 48–67 €, Les Prés Calans, ✆ 02.96.73.78.07.

• *Ferienhäuser und -wohnungen* vermittelt das Tourismusbüro oder u. a. Agence Armor (allein 300 Angebote) am Boulevard Clemenceau 1, ✆ 02.96.73.62.20.

Camping/Essen

*** **Panoramic**, 3-ha-Platz an der D 786 nach St. Brieuc auf einem Hügel oberhalb des großen La-Blanche-Strandes (500 m), von Panorama allerdings keine Spur. Teilweise schattig, 150 heckenunterteilte Stellplätze zwischen hohen Bäumen. Langgezogener Verwaltungs-, Unterhaltungs- und Versorgungstrakt, Sanitärblocks mit Geschirrspül- und Wäschebecken. Nicht allzu berühmtes, beheiztes Schwimmbecken; der "Spielplatz" besteht aus 2 Kinderschaukeln. Geöffnet von April bis September. Rue Gasselin, ✆ 02.96.73.60.43, www.lepanoramic.net.

** **Municipal Les Fauvettes**, auf einem planierten, zur Küste hin abfallenden Rasengelände über dem Plage de l'Avant Port. Von der Kirche aus steil bergauf durch ruhige Wohngegend (ausgeschildert). 83 schattenlose Stellplätze mit städtischer Schmalausrüstung, teilweise Panoramablick. 300 m zum Strand. Geöffnet von Ostern bis 30.9. Rue des Fauvettes 13, ✆ 02.96.73.60.83, www.villebinic.fr.

• *Essen* **La Mascotte**, bei jedem Gezeitenstand auf dem beliebten Restaurantschiff im Hafenbecken. Spezialitäten rund um die Jakobsmuschel, günstiger Mittagstisch. Wer nicht wasserfest ist: Das Schiff hat einen Ableger auf festem Boden, auf dem auch gekocht wird. Quai de Courcy, ✆ 02.96.73.30.77.

Côte du Goëlo/Trégor
Karte S. 201

Baden

Bei Ebbe ist es etwas mühsam, ins Wasser zu kommen. Das Meer zieht sich weit zurück, und um die Fluten zu erreichen, muss ein 1-km-Fußmarsch über planen Sand oder glitschigen Schlick in Kauf genommen werden. Bei Flut schiebt sich das Meer über die seichte Küste weit zu den Felsen vor, die Liegeflächen für Sonnenanbeter schrumpfen auf klägliche Reste zusammen. Die drei Strände Binics sind über den Zöllnerpfad und die Quais miteinander verbunden.
Der Hauptstrand *Plage de la Blanche* an der Esplanade rechts vom Hafenbassin besitzt ein Meerwasserbecken, Umkleidekabinen, Strandclub und Wachstation. Der *Plage de l'Avant Port*, durch die Hafenmole mit dem Leuchtturm vom Hauptstrand getrennt, liegt geschützt in einer Felsbucht unterhalb von Ferienhäusern und den Campingplätzen. Er ist 200 m lang und bei Flut noch 10 m breit (Mickeyclub). Der daran anschließende *Plage du Corps de Garde* wird westlich von Felsen begrenzt und ist bei Ebbe nur zum Fußfischen geeignet.

St. Quay – Portrieux (ca. 3300 Einwohner)

Der alte Fischerort Portrieux strahlt trotz der Geschäftigkeit der Hafenzeile provinzielle Behäbigkeit aus. Um die Jahrhundertwende vom 19. zum 20. Jahrhundert entstand in der Bucht nebenan St. Quay, dessen Casino, Hotels und Appartementhäuser sich hinter dem Strand zu einem quirligen Badeort aufblähen: Das Seebad mit dem Doppelnamen hat wirklich zwei Gesichter.

Der Ortsteil St. Quay verdankt seinen Namen – wie sollte es anders sein – einem irischen Mönch, der bei der Landung in der Bretagne fast sein Leben eingebüßt hätte (siehe Kasten unten). Von Portrieux aus segelten früher die Fischerboote zum Dorschfang bis Neufundland, sein Name rührt von der reichen Ausbeute guter Fischfilets (*rieux*) her. Durch die kleine Hauptgeschäftsstraße über den Kamm des Küstenvorgebirges ist es mit dem Tourismuszentrum St. Quay verbunden. St. Quay hat seinem Partnerort inzwischen den Rang abgelaufen. Die Gemeindeverwaltung ist umgesiedelt, und die Geschäftswelt macht ihre Einnahmen vorzugsweise in St. Quay, wo die Urlaubsgäste seit knapp 100 Jahren für auskömmlichen Wohlstand sorgen.

Information/Verbindungen

• *Postleitzahl* 22410

• *Information* Büro am großen Platz vor dem Casino. Stadtpläne, Hotellisten, Animationsprogramme. Vermittlung von möblierten Wohnungen und Häusern. Juli bis August Mo–Sa 9–19 Uhr, So 10.30–12.30 und 15.30–18 Uhr. Von September bis Juni Mo–Sa 9–12.30 und 14–18 Uhr. Rue Jeanne d'Arc 17, ✆ 02.96.70.40.64, www.saintquayportrieux.com.

• *Verbindung* **Busse** mindestens 11-mal täglich nach Paimpol (über Plouha) bzw. nach St. Brieuc (über Binic). Sonntags bis zu 5-mal. Haltestellen am Hafen in Portrieux und am Place de Verdun neben der Touristinfo in St. Quay.

Diverses

• *Bootsausflug* Mit den weiß-blauen Ausflugsschiffen von Ile de Bréhat an der Côte de Goëlo entlang über Paimpol zur **Ile de Bréhat**. Daten und Abfahrtszeiten am Kai von Portrieux (Port nouveau) sind gezeitenabhängig (Juni–September). Erwachsene retour 22 €, erm. 16 €, inkl. Inselumrundung 27/20 €. Reservierung beim O.T.
Halbtagesausflüge auf einheimischen Booten zum Sportangeln oder zum Sightseeing vermittelt das O.T. (nur im Juli und August). Erwachsene jeweils 32 €, Kinder 17 €, ohne Angeln 17 bzw. 9 €. Des weiteren Ausflüge auf dem alten Segelboot St. Quay, halbtags 20 €, ganztags 40 €, Infos bei Sport nautique, ✆ 02.96.70.93.34.

• *Bootsverleih* **Loc 'Voile Armor** am Yachthafen verleiht fast alles, was schwimmt; Port d'Armor, ✆ 02.96.70.92.94, www.locvoilearmor.com; Meereskajaks gibt's bei **St.-Quay Plaisance**, Rue Paul de Foucaud, ✆ 02.96.70.96.99.

• *Casino* Das Glücksrad im verunglückten Casinogebäude am Hauptstrand dreht sich in der Sommersaison täglich von 21.30–3 Uhr. Mindesteinsatz bei Roulette oder Boule 1 €. Einarmige Banditen dürfen bereits ab 14 Uhr gefüttert werden, Billardprofis gewinnen zwischen 17 und 4 Uhr in der Billardbar. Boulevard de Gaulle, ✆ 02.96.70.40.36.

• *Fahrradverleih* Nächster Verleiher in Etables-sur-Mer.

• *Golf* Der 6125 m lange Parcours mit seinen 18 Löchern (Par 72) liegt im 6 km entfernten Lantic. Er gehört dem Golfclub von St. Quay. Interessenten erhalten Auskunft über das O.T. oder unter ✆ 02.96.71.90.74.

• *Markt* Montagvormittag in Portrieux am rechten Hafendamm (Quay Robert Richet). Freitagvormittag in St. Quay, rund um die Rue Jeanne d'Arc oberhalb vom Hauptstrand.

• *Pardon* Wallfahrt zu Ehren der Heiligen Anna mit Fackelprozession, Meeressegnung und Hafenfeuerwerk (Illumination) im Ortsteil Portrieux am 26. Juli.

• *Reiten* **Centre Equestre de la Vallée**, bietet neben Reitunterricht auch Ausritte ins Hinterland und den Strand an, ✆ 02.96.65.20.52; **Univers Ponies** für die kleineren Urlauber, ✆ 02.96.20.37.76.

• *Segeln* Die städtische Segelschule **Ecole municipale de voile** (✆ 02.96.70.54.65) mit festen Wochenprogrammen v. a. für Kinder und Jugendliche bildet am Plage du Casino zukünftige Jollenkapitäne aus. Kinder bis 16 zahlen für den Wochenlehrgang ab 100 €.

• *Surfen* **Loc'Voile Armor à Loisirs** (siehe Bootsverleih) bietet Ausrüstung, Surfbretter, Funboards oder Standardbretter, Verleih stunden-, tage- oder wochenweise.

• *Tennis* Hoch oben im Verwaltungsviertel zwischen beiden Ortsteilen besitzt der städtische Tennisclub in etwas verbauter Atmosphäre 8 Courts, einer überdacht, mehrere Ascheplätze. Club Quinoceen, Place de la Poste, ✆ 02.96.70.51.81.

• *Tauchen* Der **Narco-Club** am Nouveau Port bietet auf dem Clubtauchschiff "Narcose" 19 Plätze für Tiefwassertaucher. ✆ an Land 02.96.73.05.79.

• *Veranstaltungen* Segelregatten, Tennisturnier, Feuerwerk, Jazz- und Rockkonzerte... der Veranstaltungskalender verschafft Überblick.

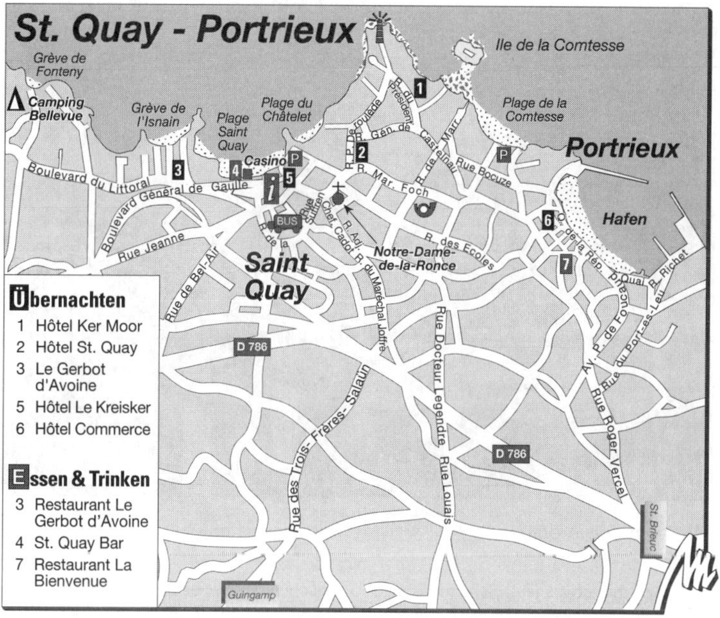

• *Waschsalon* Der Weiße Riese von St. Quai-Portrieux wohnt in der Laverie automatique in der Rue Clemenceau gegenüber vom Hotel Commerce.

• *Yachthafen* Im Ortsteil Portrieux. Die lang ins Meer hinausragende Mole beherbergt den Fischerei- und Yachthafen. Seit 1990 besitzt Portrieux neben dem alten Hafenbecken Port d'Echouage mit 445 Liegeplätzen den Nouveau Port mit einer Kapazität von 1030 Plätzen, teils in tiefem Wasser. Der neue Hafen genügt den modernsten Anforderungen. Mit 5-t-Kran, Süßwasser-, Strom- und Spritanschlüssen sowie dem üblichen Sanitärangebot an der Mole. Capitainerie am Quai Richet, Mo–Sa 9–12 und 14–18 Uhr. ✆ 02.96.70.81.30.

Übernachten

*** **Hotel Ker Mor (1)**, in bester Lage am Rande einer steilen Felsklippe gegenüber der Ile de la Comtesse, schön renovierte 1001-Nacht-Villa aus dem 19. Jh. mit Zwiebeldach im Stil eines indischen Maharadscha-Palastes. Gartenpark mit bunten Blumen, Pinien und einer Palme, 29 komfortable, helle Zimmer mit TV, Bad und Toilette. Individuelle Balkonterrassen mit herrlicher Aussicht. Im verspielten Garten-Restaurant reiche Auswahl an Meeresköstlichkeiten. Menüs ab 22 €, Meeresfrüchteplatte für 40 €. DZ 58–100 €, HP 70–84 €, Frühstück 12 €. Ganzjährig geöffnet. Rue du Président Le Sénécal 13, ✆ 02.96.70.52.22, www.ker-mor.com.

** **Le Gerbot d'Avoine (3)**, Logis-de-France-Quartier zentral am Hauptstrand. 20 Zimmer im Natursteingebäude, sanitär unterschiedlich, z. T. Balkons. Salon mit altem Mobiliar und schwer ornamentierten Tapeten, Restaurant mit ordentlicher Speisekarte und guter Küche. Drei Menüs inkl. Wein ab 17 €. DZ mit Dusche/WC bis zum eigenen Bad/WC und TV 44–55 €, Frühstück 7 €. In der Saison HP erwünscht (50–64 €). Ganzjährig geöffnet. Boulevard du Littoral 2, ✆ 02.96.70.40.09, www.gerbotdavoine.com.

** **Hotel St. Quay (2)**, vom Hauptstrand bergauf zur Kirche; kleines, efeuumranktes Granitsteinhaus mit 7 Zimmern. Unterschiedliche Sanitärausstattung, ordentlich,

Auf dem Zöllnerpfad

zur Straße hin etwas laut. Schöner Speiseraum mit Holzbalkendecke und sorgfältig arrangierter Tischdekoration. Die freundliche Besitzerin sorgt auch in der Küche für das leibliche Wohl ihrer Gäste. 3 Menüs ab 15 €. DZ 45 €, Frühstück 7 €. Ganzjährig geöffnet. Boulevard Foch 72, ✆ 02.96.70.40.99.

Hotel Commerce (6), gleich hinter dem Hafen von Portrieux. 12 einfache Zimmer, die meisten mit Waschbecken. Man zahlt für die Lage mit: DZ 24–62 €, Frühstück 5,50 €. Rue Clemenceau 4, ✆ 02.96.70.41.53.

Hotel le Kreisker (5), einen Katzensprung oberhalb des Hauptstrandes. Im Erdgeschoss Barbetrieb, Lotto, Toto, Pferdewetten und Tabakkiosk. Im Obergeschoss 8 einfache Zimmer mit Waschbecken, 1 mit Dusche/WC über einem separaten Eingang neben der Bar. 30–45 €, Frühstück 6,50 €. Rue Jeanne d'Arc 18, ✆ 02.96.70.57.84.

• Camping *** **Bellevue**, im Ortsteil Fonteny, etwa 500 m vom Zentrum den Boulevard Littoral entlang. Schöner Panoramablick, ein Küstenpfad führt steil hinunter zum schmalen Strand von Fonteny. Terrassenförmig angelegt auf einer rasenbedeckten Klippe über dem Meer, teilweise von Hecken und Bäumchen unterteilt. 3 ordentliche Hygieneblocks mit Warmduschen, Abspül- und Wäschebecken. Kleiner Laden, Waschmaschinen, Kinderspielplatz. Extra-Service: Duschen für Hunde. 180 Stellplätze. Geöffnet vom 1.5. bis 15.9. Boulevard Littoral 68, ✆ 02.96.70.41.84.

Essen (siehe Karte S. 209)

Gerbot d'Avoine (3), das Restaurant des gleichnamigen Hotels bietet nach der Küche des Hotels Ker Mor wohl die gelungensten Gaumenfreuden des Seebads. Menüs (17–32 €) und gute Auswahl à la carte, Spezialität Meeresfrüchte. Boulevard du Littoral 2, ✆ 02.96.70.40.09.

La Bienvenue (7), in einer Gasse hinter dem Hafen von Portrieux (ausgeschildert). Akzeptables Restaurant, Küche mit regionaler Note, Menüs 18–36 €. Place du Centre 2, ✆ 02.96.70.42.05.

St. Quay Bar (4), neben dem Casino, vom Barbetrieb getrenntes separates kleines Restaurant mit Panoramablick über den Strand. Keine großen Menüs, keine große Auswahl, doch gute Muscheln (ab 7 €), ebensolche Salate und ebensolche Desserts. Auch Pizza. Boulevard de Gaulle 4, ✆ 02.96.70.41.55.

Der Heilige Ké

Ké, couragiert und erfindungsreich, verließ die britische Heimat in einem Boot, das für seine Zeit mit der letzten technischen Neuerung ausgestattet war: Ein steinerner Trog beschwerte den Kiel, stützte den Mast und diente obendrein als Süßwasserreservoir.

Als er am Strand von St. Quay anlegte, hielten zahlreiche Frauen, die zum Waschen hierher gekommen waren, das neumodische Gerät für die Nussschale eines bösen Geistes, verprügelten den Missionar fürchterlich und gingen woanders waschen. In seiner Not, allein am Strand und dem Tod nahe, flehte der zerschundene Mönch um die Gnade der heiligen Jungfrau. Die erschien prompt, kühlte seine Wunden mit dem Wasser einer Quelle, die unter ihrem himmlischen Fuß hervorsprudelte, und führte Ké zu einem von ihr herbeigezauberten riesigen Brombeerbusch, unter dem er vor Tieren und Waschfrauen Schutz fand.

Am nächsten Morgen wurde der schlafende Mönch vom demütigen Flehen der Weiber geweckt und um Vergebung gebeten – ihre seefahrenden Männer hatten sie von der Harmlosigkeit des neuartigen Schiffes und seines Kapitäns überzeugt. Ké erholte sich, blieb und baute eine Kapelle, die er der Heiligen Jungfrau zum Brombeerstrauch weihte.

Die Kapelle Notre-Dame-de-la-Ronce wurde rasch zum Wallfahrtsziel, doch 1875 zerstört. Bei den Abbrucharbeiten entdeckte man unter dem Altar einen überdimensionalen Brombeerbusch. Der steinerne Trog, dem Ké die Prügel zu verdanken hatte und der lange als Reliquie verehrt worden war, war allerdings verschwunden. An der Stelle der Kapelle steht heute das Tourismusbüro.

Sehenswertes

Sentier des Douaniers: Ein herrlicher Küstenpfad führt in 1 Stunde vom St.-Quay-Strand zum Hafen von Portrieux – rund um die Landzunge mit steilen Klippen unterhalb des Leuchtturms, vorbei an alten Strandbadhäusern und Villen in Pinienparks mit dem altmodisch-charmanten Flair eines Kolonial-Seebads. Vor der steil abfallenden Spitze der Landzunge oberhalb des *Plage de la Comtesse* liegt verträumt die *Ile de la Comtesse*, deren einstige Besitzerin vor 150 Jahren für heftigen Wirbel in der Gemeinde sorgte. Die Comtesse, Geliebte eines Grafen, tyrannisierte 50 Jahre lang die über ihren Lebenswandel empörte Gemeindeverwaltung. Insbesondere die diversen Bürgermeister, die sie ständig mit gerichtlichen Verfahren in Atem hielt. Die boshafte Dame genoss bald den Ruf einer "uneinnehmbaren Festung". Heute ist ihre Insel bei Ebbe problemlos zu Fuß zu erreichen.

Baden

Fünf feine Muschelsandstrände, ein Meerwasserschwimmbecken und eine Floßinsel stehen den Badegästen zur Verfügung. Der Küstenpfad verbindet die einzelnen, z. T. malerisch zwischen Klippen, Felsen und Pinien gelegenen Strände, an denen die Gemeindeverwaltung auf einem absoluten Hundeverbot besteht.

Plage du Casino: Der Hauptstrand des Badeortes ist 400 m lang und durch das Meerwasserschwimmbecken auf einer kleinen Klippe in zwei Abschnitte unterteilt. Begrenzt und damit gut geschützt wird er von der Felsflanke mit dem Leuchtturm. Alle Strandeinrichtungen, von Kinderclubs über Strandzeltverleih bis zu Umkleidekabinen und Erste-Hilfe-Station. Bei Flut nur noch knappe Liegeflächen.

Plage de la Comtesse: Vom Hauptstrand über den Küstenpfad Richtung Portrieux; der 200 m lange Sandstreifen unterhalb der Felsklippen des Villenviertels ist bei Flut noch etwa 15 m breit. Bei Ebbe ist das vorgelagerte Comtesse-Inselchen trockenen Fußes zu erreichen. Traumhafte Lage, etwas ältliche Strandeinrichtungen.

Plage de Portrieux: Die vielen Boote im Hafenbecken scheinen niemanden beim Baden zu stören. 300 m Sand, bei Flut 20–30 m breit. Kinderclub und öffentliche Toiletten.

Plage du Moulin: Ein Tipp auf dem Gemeindegebiet von Etables-sur-Mer, etwa 2 km Richtung Binic. Kleine, anheimelnde Sandbucht mit Kinderclub und Beach-Volleyballfeld. Umkleidekabinen, WCs und ausreichend Strandbars halten sich dezent im Hintergrund.

St. Quay Portrieux / Umgebung

Plouha *(ca. 4000 Einwohner)*: Ein ruhiger, unscheinbarer Ort auf einem Hochplateau etwas landeinwärts der steil abbrechenden Felsküste neben der D 786. Plouha ist ein beliebter Ruhesitz altgedienter Seeleute und Marinerentner, die in der schlafmützigen Atmosphäre der 4000-Seelen-Gemeinde einen ungestörten Lebensabend verbringen wollen. Rund um die Kirche der Marktplatz, zwei kleine Hotels und viele Einfamilienhäuschen, die fast jährlich mehr werden – Plouha wurde in den letzten Jahren zur Ausweichstation für St. Quai-Portrieux.

Operation Bonaparte

1944. Ein einsamer Strand bei dem unscheinbaren Nest Plouha in einem gottverlassenen Winkel der Bretagne erhält eine Schlüsselrolle in den Aktivitäten der Résistance. Unter dem Decknamen Bonaparte organisiert die Widerstandsbewegung von Januar bis Juli 1944 den Transport abgeschossener alliierter Piloten nach Plouha und ihre Flucht nach England. Vom heutigen Plage Bonaparte aus entkommen den Nazis schließlich 135 amerikanische und kanadische Flieger. Das Denkmal der Alliierten Flieger erinnert an die erfolgreiche Operation.

Etwa 1,5 km außerhalb von Plouha drängen sich an der Steilküste sechs Badestrände zwischen die Felsklippen, Stichstraßen führen z. T. zu den Buchten. Hervorzuheben sind der kleine *Plage Bonaparte*, durch einen Felstunnel zu erreichen, und der lang gezogene *Le Palus-Strand*, eine schön von Felsen abgeschlossene Badebucht. Bevorzugter Aussichtspunkt alternder Seebären und Fischersfrauen jeden Alters ist das *Denkmal der Alliierten Flieger* oberhalb des Bonaparte-Strandes. Schöne Sicht über die Bucht von St. Brieuc, rechts die 100 m hohen Klippen, die die Bucht von Port-Moguer begrenzen.

Circuit des Falaises: Der Circuit der Steilküsten leitet zwischen St. Quai-Portrieux und Paimpont die Ausflügler auf kleinen und kleinsten Sträßchen zu allen Landspitzen der Region. Am beeindruckendsten sind die *Pointe de Minard* und die *Pointe de Bilfot*. Idealer Ausflug für Radler, auch wenn es immer bergauf und bergab geht. Hinweis für passionierte Fußgänger: Der Küstenpfad zählt zu den schönsten Abschnitten des GR 34.

Lanloup *(200 Einwohner)*: 5 km nordwestlich von Plouha an der Straße nach Paimpol. Der Pfarrbezirk des kleinen Ortes ist eine angenehme Überraschung. Das

Stimmungsvoll: der Enclos paroissial in Lanloup

große Kreuz im Gräberfeld stammt aus dem 18. Jh., die Kirche St. Loup selbst wurde im 15. Jh. errichtet. Den größten Eindruck hinterlässt die *Vorhalle* mit ihren 12 Steinaposteln und der Marienstatue über dem Portal.

Bréhec-en-Plouha: Der familiär-gemütliche Strand mit der idyllischen Häuserzeile vor dem Markt-/Parkplatz ist vor allem am Wochenende fest in der Hand von Ausflüglern und Surf- und Segelfreunden. Die niedrigen Häuser schmiegen sich unterhalb der Felsküste in die überaus hübsche Bucht. An den kleinen Bootshafen (Segelschule) schließen sich ein paar Restaurants, Cafés und Lädchen an. Wandertipp: Auf dem GR 34 in 1,45 Stunden zum Plage Bonaparte, in 3,45 Stunden zum Palus-Strand.

Kermaria-an-Isquit: Der kleine Weiler an der D 21, 3 km nordwestlich von Plouha, besitzt eine außergewöhnliche *Kapelle* aus dem 13. Jh. – eine Stiftung des unversehrt aus dem Heiligen Land zurückgekehrten Kreuzritters Henry d'Avongour an die "heilende Maria". Im Lauf der Jahrhunderte wurden am *Maison de Marie-Qui-Guérit* (Haus Mariens, die heilt) mehrmals bauliche Veränderungen vorgenommen, die Vorhalle mit den wunderschönen Holzaposteln war Schauplatz turnusmäßig stattfindender Gerichtsverhandlungen.

Doch berühmt ist die Kapelle wegen eines in der Bretagne seltenen, etwas blassen Deckenfreskos aus dem 15. Jh., das einen makabren *Totentanz* darstellt und die tragischen Ereignisse der Pestzeit thematisiert: 47 Personen aus allen Gesellschaftsschichten (König, Ritter, Kardinal, Mönch, Bauer, Bettler, Wucherer und zwei Verliebte), voneinander getrennt und zugleich verbunden von der knöchernen Hand des Todes, tanzen einen erschreckenden Reigen im Dach des Kirchenschiffes. Zusätzlich gemahnt ein vermoderter Reliquienschrein mit dem Totenschädel eines Heiligen an die Vergänglichkeit des Seins.

• Öffnungszeiten Wer die Kirche besichtigen möchte, muss sich an Madame Cojean in Kermaria wenden, ✆ 02.96.20.35.78.

• Pardon Am 3. Sonntag im September findet ein großer Pardon statt.

Lanleff: Der bäuerliche Weiler, 1 km abseits der D 7 zwischen St. Brieuc und Paimpol, beherbergt einen lange Zeit als archäologisches Mysterium geltenden Tempel. Etwas versteckt hinter dem Friedhof, fast an die Rückseite eines Hauses angelehnt, verwirrten die Ruinen des in der Bretagne seltenen Rundbaus die Wissenschaft. Die Hypothesen reichten vom keltischen Sonnentempel über eine gallorömische oder merowingische Kultstätte bis hin zur Annahme, dass dem Teufel verfallene Ritter des Templerordens den Rundbau gründeten, um hier in blasphemischer Weise Baphomet den Hintern zu küssen.
Die Wissenschaft ist zu einem Ende gekommen. Vermutlich handelt es sich um eine im späten 11. Jh. gebaute und der Muttergottes geweihte romanische Kirche. Den zeituntypischen kreisförmigen Grundriss des Tempels brachten heimkehrende Ritter aus dem ersten Kreuzzug als architektonische Anregung aus dem Orient nach Frankreich mit. Um die Instandhaltung der so merkwürdigen Ruine hat man sich nur wenig gekümmert. Guterhalten – wenn auch ohne Dachkuppel – ist noch die innere Rotunde (10 m Durchmesser) mit den Arkaden. Die Außenmauern, teils von Pflanzen überwuchert, bieten ein trauriges Bild. Es scheint, dass der äußere Ring des wuchtigen Rundbaus aus grau-rosa Granit einige Zeit als Steinbruch für die umgebenden Häuschen gedient hat. Nebenan eine klitzekleine Ausstellung zum Tempel (gebührenpflichtig).

Paimpol

(8250 Einwohner)

48° 47' N – 3° 02' W: Hier liegt Paimpol, die Stadt der Islandfischer. Ein knappes Jahrhundert lang prägten sie das Leben des Hafenstädtchens, ihrem oft tragischen Schicksal setzte Pierre Loti in seinem Roman ein weltweit gelesenes Denkmal: "Die alten Dächer erzählen vom jahrhundertelangen Kampf gegen den Westwind, gegen die Gischt, den Regen, gegen alles, was das Meer herausschleudert ..."

Die Fassaden der Häuser im Altstadtkern haben ihre charakteristischen Merkmale erhalten, auch wenn über dem *Café Tressoleur*, das die Islandfischer Pierre Lotis frequentierten, heute "Sport 2000" mit Neonschrift um Kundschaft wirbt. Die Gemeinde Paimpol – bret. Pempoull – umfasst drei Ortsteile: *Paimpol, Kerity* und *Plounez*. Sehenswert neben dem alten Paimpol westlich vom Hafen (durch eine breite Umfassungsstraße von Neu-Paimpol getrennt) sind die Ruinen der *Abtei von Beaugard* im Ortsteil Kerity. Die Strände um Paimpol sind für Bade- und Wassersportler nicht allzu einladend – flache, weite Buchten, bei Ebbe voll Schlick, und rund um den Hafen baggern Sandaushubschiffe. Badefreunde finden auf Bréhat bessere Möglichkeiten.

Geschichte

Die Gegend um Paimpol ist bereits in frühgeschichtlicher Zeit besiedelt. Nach den Römern lassen sich im 6. Jh. Bretonen in *Pemp-Poull* (Fünf Weiher) nieder – zur damaligen Zeit eine Halbinsel, die bei Flut bis rund um das heutige Bahnhofsgelände unter Wasser stand. Lange Zeit ist Paimpol Landungshafen für ein Missionskloster auf der vorgelagerten Insel St. Riom, seit 1202 dann Lehensdorf der Abtei von Beaugard. Paimpol, dessen Fischer bereits im 15. Jh. bis zu den Neufundlandinseln segeln, wird im 17. Jh. nach einer englischen Besetzung befestigt und steigt 1790 zum Hauptort des Kantons auf.

Pierre Loti

Julien Viaud wird 1850 in Rochefort geboren, 1892 zum Mitglied der Académie Française ernannt und stirbt 1923 in Hendaye. Bereits in jungen Jahren bereist er als flotter französischer Marine-Offizier die Meere. Er kennt den Nahen und Fernen Osten, die Kriegsschauplätze der französischen Kolonialpolitik in Übersee und gilt als weltgewandter, schriftstellerisch hochbegabter junger Mann. Die meisten seiner Romane und Novellen spielen so auch in erster Linie in der exotischen Welt. In die Bretagne verschlägt es Viaud Anfang der 80er Jahre – für nur kurze Zeit, aber mit für ihn unerwarteten Folgen.

Der weltläufig-exaltierte Julien verliebt sich in eine hübsche bretonische Unschuld, die seinem Liebeswerben widersteht und ihn damit zu einem neuen Roman inspiriert. Gründliche Recherchen über das gefährliche Leben der Islandfischer (er deckt sich in den verqualmten Spelunken bei gestandenen Seeleuten mit Informationen ein) und die psychische Verarbeitung seiner schmerzlichen Niederlage bei der schönen Maid sind die Ingredienzien für sein Werk. Das Thema: Meer, Liebe, Tod. Der Titel: *Les Pêcheurs d'Islande*, die Islandfischer. Viaud, er nennt sich fortan Pierre Loti, mischt seine eigenen Erfahrungen auf See mit den drastischen Beschreibungen der Islandfischer und verkehrt sein Liebesdrama in das Gegenteil: Die Heldin, die schöne, wohlhabende *Gaud Mével* ist unglücklich in Yann Goas verliebt, einen armen Islandfahrer, der ihr zunächst eigensinnig die kalte Schulter zeigt und behauptet, er sei mit der See verlobt. Diese holt ihn auch. Von seiner ersten Ausfahrt nach der Trauung mit Gaud – ja, sie hat ihn doch herumgekriegt – kehrt Yann nicht mehr zurück. Verzweifelt steht Gaud am Kreuz der Witwen und hält Ausschau nach dem verschollenen Schiff.

Loti, der mit diesem Roman zu Weltruhm gelangte, entwarf in den Islandfischern ein Gemälde der Bretagne des ausgehenden 19. Jh. ohne folkloristische Übertreibung. Trotzdem, oder gerade deswegen war der französische Schriftsteller bei den Bretonen nicht sonderlich beliebt. Das Bild der einfältigen, Holzpantinen tragenden Bevölkerung, die sich willenlos in ein gottgewollt-tragisches Schicksal ergibt, brachte Loti seitens der Bretonen oft den Vorwurf ein, ein verfälschtes Bretagne-Bild gezeichnet zu haben. Zwar ist in Paimpol einer der Quais nach dem Mann benannt, der Paimpol zu literarischem Weltruhm verhalf, ein eigenes Denkmal wie für seinen Künstlerkollegen *Botrel* findet man jedoch nicht.

1852 bricht der erste *Terre Neuviers* (Neufundländer) zum großen Fang auf den Kabeljau auf und leitet damit eine für Paimpol ruhmreich-tragische Ära ein: die *Grande Pêche* (Großer Fang), die Paimpol zwar fast ein Jahrhundert lang Reichtum, seinen Bewohnern aber auch viel Leid bringt. Jedes Jahr im Februar zieht nach einer weihevollen Abschiedszeremonie eine Flotte von Islandfischern zur Grande Pêche aus und hinterlässt eine Stadt ohne Männer. Bei ihrer Rückkehr Ende August fehlen regelmäßig einige Schiffe, und die freudigen Feierlichkeiten der Heimgekehrten sind immer von einem Schatten der Trauer überzogen – allein zwischen 1864 und 1866 bleiben acht Schiffe auf See verschollen.

Seinen Höhepunkt als erster Kabeljauhafen erlebt Paimpol kurz vor der Jahrhundertwende: 80 Schoner sind auf See. Nach dem Ersten Weltkrieg geht die große Zeit langsam, aber stetig zu Ende. Die Männer, die immer noch mit Leine und

Haken fischen, haben den Anschluss an die neue Zeit verloren. Die atlantischen Fangflotten, die mit großen Schleppnetzen den Golfstrom abzufischen beginnen, entscheiden die Schlacht um den Dorsch für sich. 1935 brechen die beiden letzten Schoner zur *Grande Pêche* auf – nur einer kehrt in den Heimathafen zurück.
Heute wird in Paimpol wieder Küstenfischfang betrieben. Von den 147 Booten, die zur Fangflotte gehören, laufen ganze zwei weiter in den Atlantik aus. Neben dem Tourismus bringen vor allem extensiver Frühgemüseanbau und Austernzucht Geld in die Kassen.

Information

- *Postleitzahl* 22500
- *Information* Tourismusbüro am Place de la République vor dem Hafen. Freundliche Damen geben Auskunft; Stadt- und Umgebungsplan, Hotelliste und Animationskalender. Im Sommer täglich außer Sonntag 9–19.30, am Sonntag 10–18 Uhr. In der NS Mo–Sa 9–12.30 und 13.30–18.30 Uhr. Place de la République, ✆ 02.96.20.83.16, tourisme@paimpol-goelo.com.

Verbindungen

- *Bus* Busbahnhof auf dem Vorplatz des SNCF-Bahnhofs. Über die Badeorte der Goëlo-Küste bis zu 11-mal täglich nach St. Brieuc. 3- bis 4-mal täglich über Lézardrieux nach Tréguier und Lannion. Zur Pointe de l'Arcouest (Abfahrt nach Bréhat) 4-mal täglich, vom 15.7–15.9. bis zu 9-mal.
- *Zug* Bahnhof im Südteil der Stadt, 300 m vom Hafendamm. Eine Stichlinie verbindet Paimpol mit Guingamp an der Hauptstrecke Paris-Brest. 4- bis 5-mal täglich über Pontrieux den Trieux-Fluss entlang nach Guingamp. Avenue Châteaubriand, ✆ 08.92.35.35.35.
- *Fähre nach Bréhat* Vedettes de Bréhat verbinden in der Saison stündlich (8.30–19.30 Uhr) die Pointe de l'Arcouest (6 km nördlich von Paimpol) mit der Insel Bréhat (ca. 20 Min.). Retour-Ticket 8 €, Kinder 7 €. Bei genügend Platz darf das Vélo mitgenommen werden, Ross und Reiter 16 € (im Juli/August nur vor 10 Uhr, Rückfahrt vor 16 Uhr).

Diverses

- *Bootsausflug* Gezeitenabhängige Bootstour den **Trieux-Fluss** hinauf bis zum Château La Roche Jagu (4 Stunden mit Besichtigung) für 17 €/Person, Kinder 12 €. Die Boote fahren ab Bréhat, Pointe de l'Arcouest und Paimpol. Aktuelle Abfahrtszeiten am Hafen, beim O.T. oder ✆ 02.96.55.79.50.
Die Rundfahrt um **Bréhat** erfolgt mit den Fährbooten von Vedettes de Bréhat, Buchung an der Pointe de l'Arcouest. Im Anschluss an die normale Überfahrt bleiben die Rundfahrtgäste an Deck und tuckern in 1 Stunde um die Insel. Inkl. Übersetzen zahlen Erwachsene 12 €, Kinder 9 €.
- *Fahrradverleih* Räder aller Art gibt es bei **Cycles du Vieux Clocher** am Place de Verdun (in der Nähe des alten Glockenturms), ✆ 02.96.20.83.58. Oder beim Verleih am Yachthafen neben der Capitainerie.
- *Feste* In der 2. Julihälfte **Fête de Terre-Neuves et des Islandais** in der Stadt und rund um den Hafen. Folkloristische Verneigung vor der ruhmreich-harten Vergangenheit, findet allerdings nur unregelmäßig statt. **Fête du Chant Marin** alle ungeraden Jahre im Juli und August: Ein buntes Fest zum Thema Seemannslieder rund um den Hafen. 2003 findet Ende Oktober/Anfang November zum ersten Mal das **Festival transaquatique**, ein Fest rund ums Wasser, statt.
- *Golf* Der Golfclub von Paimpol locht 7 km außerhalb ein, im Schlosspark des Château de Boisgelin. 18-Loch-Anlage in herrschaftlicher Atmosphäre. ✆ 02.96.22.37.67.
- *Markt* Dienstagvormittag ein sehr farbenfroher Markt auf dem Place Gambetta, ein Stück unterhalb des alten Glockenturms. Landwirtschaftliche Produkte. Hier sind auch die Fischhallen.
- *Minigolf* Im Ortsteil Kérity, 2 km südöstlich der Kais. Schönes Gelände in der Bucht von Poulafret, umgeben von einem öffentl. Park.
- *Schwimmbad* Neues, überdachtes und beheiztes Schwimmbad mit Solarium und

Auch ohne Grande pêche: Im Hafen herrscht reger Betrieb

Sauna in der Nähe der Jugendherberge im Ortsteil Kéroual (stadtauswärts Richtung Lézardrieux). Tägl. geöffnet, ✆ 02.96.20.54.57.

• *Tennis* Der örtliche Tennisclub spannt seine Schläger in der Rue de Bel Air, ✆ 02.96.22.07.25, in der Saison Einschreibung gleich vor Ort.

• *Waschsalon* Wer wäscht weißer? **Lavomatique**, ein paar Meter oberhalb des Hafens, 7.30–22.30 Uhr, Rue de Labenne. Oder **Au Lavoir Pampolais**, in Bahnhofsnähe, Rue du 18 Juin 23.

• *Wassersport* **Das Centre Nautique des Glénans** am oberen Ende des Yachthafens offeriert Segelkurse, ✆ 02.96.20.84.33; **Centre Nautique du Trieux**, ein weiteres Wassersportzentrum, in Coz Castel 5 km außerhalb am Ufer des Trieux, gibt Windsurfing- und Segelunterricht auf verschiedenen Bootstypen, ✆ 02.96.20.92.30; **Force 8** an der Straße nach Lannion ist der Vermietungsexperte für alle Wassersportgeräte. Auch Wasserski. Route de Lannion, ✆ 02.96.22.03.31.

• *Yachthafen* Von den beiden Hafenbecken ist eines für Yachten reserviert. Das allererste Flutbecken entstand bereits anno 1842. 1902, als das Fischgeschäft noch boomte, wurde das Flutbecken für den heutigen Yachthafen angelegt: 320 Liegeplätze für Yachten bis 20 m. Wasser, Strom und Sprit an den Pontons. 2 Kräne (max. 6 t). Ein-/Ausfahrt 2 Stunden vor und nach der Flut. Auskunft und Anmeldung im Maison des Plaisanciers, Quai Neuf, ✆ 02.96.20.47.65.

• *Zugausflug* Von Mitte Juni bis Ende September dampft ein kleiner Ausflugszug vom Bahnhof Paimpol nach Pontrieux und von dort nach mehrstündigem Aufenthalt wieder zurück. Auf der Hinfahrt Zwischenstopp mit Degustation unter Musikbegleitung. Rückfahrkarte 20 €, Kinder 10 €, www.vapeurdutrieux.com.

Übernachten

*** **Repaire de Kerroc'h**, gutbürgerliches Reedershaus am Yachthafenbecken, eine gediegene Wohnadresse. Komfortable Zimmer mit ordentlichen Sanitärabteilungen. Schöner Blick über die Boote und das Geschehen auf der gegenüberliegenden Hafenzeile. Restaurant mit Menüs von 19–41 €. DZ 60–150 €, HP 65–95 €, Frühstück 11 €. Ganzjährig geöffnet. Quai Morand, ✆ 02.96.20.50.13.

** **Hotel de la Marne**, im neuen Stadtteil, 300 m vom Bahnhof. Ordentliches Stadthotel mit 12 Zimmern, zur Straße hin etwas laut. Gute Hygieneeinrichtungen. Exquisites Restaurant mit Menüs von 25–80 €. DZ 55 €, HP 60 €, Frühstück 8 €. Im Februar geschlossen. Rue de la Marne 30, ✆ 02.96.20.82.16.

** **Eurotel**, etwa 1 km außerhalb der Stadt an der Straße nach Lanvollon. Der moderne Bau mit seinen 30 gut ausgestatteten Zimmern zählt zur gehobenen Mittelklasse in Paimpol. Empfehlenswertes Restaurant Le Grand Bleu. DZ 45 €, HP ab 44 €, Frühstück 7 €. Geschlossen vom 15.10. bis 15.3. Route de Lanvollon, ✆ 02.96.20.81.85, www.paimpol-eurotel.com.

** **Hotel le Goëlo**, das stillose 32-Zimmer-Haus am Hafenkai gehört zum gesichtslosen modernen Teil der Hafenzeile. Ein Teil der sanitär sehr unterschiedlichen Zimmer bietet Blick auf den Hafen. DZ 38–50 €, Frühstück 5 €. Geschlossen im Januar. Quai Duguay-Trouin, ✆ 02.96.20.82.74.

** **Hotel l'Origano**, der Paimpoler Aufsteiger, kleines Natursteinhaus in einer Seitenstraße zum Hafen. Das frühere 1-Stern-Haus hat viel getan: 7 ordentliche Zimmerchen mit guten Sanitärs und kleinen Fenstern. DZ 44–50. Geöffnet von Ostern bis September. Rue du Quay 7, ✆ 02.96.22.05.49.

* **Hotel Berthelot**, moderner Bau vis-à-vis vom L'Origano; 12 einfache, sanitär unterschiedliche Zimmer, z. T. verwinkelt in engen Gängen. Kein Restaurant. DZ 27–50 €. Ganzjährig geöffnet. Rue du Port, ✆ 02.96.20.88.66.

Hotel des Chalutiers, am Hafenbecken; etwas eintöniges, mehrstöckiges Gebäude mit 21 Zimmern unterschiedlichsten Komforts, z. T. mit Hafenblick. Lift und Snackbar. DZ 29–50 € (mit Hafenblick), Frühstück 5 €. Quai Morand 5, ✆ 02.96.20.82.15.

• *Jugendherberge* Die Jugendherberge wird wohl erst ab 2006 wieder für Gäste geöffnet werden.

Théodore Botrel

Théodore Botrel, 1868 in Dinan geboren, verlässt nach karger Kindheit und Jugend wie so viele Bretonen die Heimat, um in Paris ein Auskommen zu finden. Als einfacher Bahnangestellter fristet er dort sein Leben. Ein stiller Hang zum bretonischen Bardentum und die Begeisterung für Pierre Lotis Roman "Islandfischer" treibt ihn Nacht für Nacht in die Kabaretts der Hauptstadt. Als er eines Abends aufgefordert wird, selbst etwas vorzutragen, kommt Théodores große Stunde: Heimweh, Stolz und schwermütige Erinnerung – in einer Nacht komponiert und textet er einen Ohrwurm, den ein Musikverleger sofort als potentiellen Hit erkennt. Die *Paimpolaise*, die nach Motiven der Islandfischer von der tragischen Liebe eines armen Fischerjungen zu seiner Paimpolaise (ortsansässiges Mädchen) erzählt und tödlich endet, wird durch geschickte Vermarktung binnen kurzer Zeit zum absoluten Verkaufsschlager (1898 bereits 2 Millionen gedruckte Exemplare) und Botrel zum viel gefeierten Star. 1896 kommt Botrel zum ersten Mal nach Paimpol. Seine Popularität als Schöpfer der "Marseillaise des Meeres" verhilft ihm zu großzügigen Wohlstand, die bretonischen Bardenkreise verehren ihn, und Botrels Anwesenheit bei folkloristischen Feierlichkeiten hebt deren Bedeutung.

1914 schwappt eine neue Botrel-Welle über Frankreich hinweg. Mit bissig-grausamen Chansons feuert Botrel französische Soldaten in den Schützengräbe(r)n des Ersten Weltkriegs zum Kampf gegen die Deutschen an. In der Bretagne – sie blutet am meisten unter den rigorosen Aushebungen der französischen Regierung – macht sich Botrel damit nicht nur Freunde. Sogar der Magistrat von Paimpol rückt vorübergehend von Botrel ab. Am 26. Juli 1925, wenige Wochen vor einem Kongress, den der Paimpoler Heimatverein organisiert hatte und zu dem auch Botrel eingeladen war – man wollte ihm verzeihen – stirbt Théodore Botrel in Pont Aven.

Camping

*** **Le Cap Horn**, 5 km östlich von Paimpol am Port Lazo, ein Ortsteil von Plouezec. 120 Stellplätze in einem leicht ansteigenden, heckenunterteilten 3-ha-Terrain oberhalb des Strandes. Wenig Schatten, Laden, Restaurant, Schwimmbecken, Sport- und Spielsaal. Waschmaschinen, Tennisplatz, Surfbrett- und Fahrradverleih. Außerdem Wohnwagenverleih. Port Lazo, ✆ 02.96.20.64.28, www.lecaphorn.com.

** **Camping Municipal de Cruckin**, auf der anderen Seite der N 786, zum Meer hin leicht abfallendes Gelände mit 200 Stellplätzen. Die Sanitäreinrichtungen genügen den behördlichen Anforderungen und werden regelmäßig gewartet. Zum Meer etwa 200 m. Caravanvermietung. Geöffnet von Ostern bis Ende September. ✆ 02.96.20.87.47.

Essen

Restaurant de la Vieille Tour, eine gute Adresse mit etlichen Auszeichnungen in einem alten Haus in der Kirchstraße. Stilvoll eingerichtet, mit kleinen Tischen, hervorragende Bedienung und Top-Meeresfrüchte- oder Fleischgerichte. Menü 23–60 €. Sonntagabend und Mittwoch Ruhetag. Rue de l'Eglise 13, ✆ 02.96.20.83.18.

Restaurant L'Islandais, in dem lebhaften Restaurant mit beheizter Außenterrasse direkt an der Hafenzeile gibt es nicht nur Meeresfrüchte (Platte ab 20 €), sondern auch Crêpes, Galettes und Gegrilltes sowie leckere Menüs ab 17 €. Täglich geöffnet. Quai Morand 19, ✆ 02.96.20.93.80.

Pizzeria L'Arlequin, gute italienische Teig- und Nudelgerichte beim Place de la République. Doch Achtung: Billig ist das Pizzavergnügen in ganz Paimpol nicht. Rue de St. Vincent 9, ✆ 02.96.20.55.22.

Sehenswertes

Stadtrundgang: Der Altstadtkern mit seinen engen Gassen und niedrigen Häusern besitzt noch viel vom Flair der alten Fischerstadt – trotz Musikuntermalung durch öffentliche Lautsprecher in der Fußgängerzone und am Hafen. Zentrum der Altstadt ist der *Place Martray*. In dem putzigen Fachwerkhaus (16. Jh.) mit dem zierlichen Eckturm am oberen Ende des länglichen Platzes (Ecke Rue d'Eglise) findet sich das *Hôtel Michel*, in dem *Pierre Loti* abstieg, als er an seinem Roman über die Islandfischer arbeitete. Hier lebt, liebt und ängstigt sich auch die Hauptfigur der Geschichte, die gute Gaud Mével. Das *Quartier Latin* genannte Viertel, dessen Gässchen nördlich des Platzes zum Hafenbecken hinausführen, spiegelt in den Fassaden der Häuser noch immer die Spur des vibrierenden Viertels, in dessen rauen Spelunken bis Anfang dieses Jahrhunderts viel Seemannsgarn gesponnen wurde. In der *Rue des Huit Patriotes* steht noch die 500 Jahre alte Fachwerkfassade der alteingesessenen *Eisenwaren – und Schiffsarmaturenhandlung Jézequel*, über lange Zeit das Kaufhaus der Islandfahrer. Am Place de Verdun hinter dem Gassengewinkel ragt ein Glockenturm (1760) in den Himmel: das letzte Zeugnis der um 1550 erbauten Pfarrkirche, deren Ursprünge ins 13. Jh. zurückreichen. Am Fuß des Turms steht das Monument für den bretonischen Barden *Théodore Botrel*, den Schöpfer der ungekürten bretonischen Nationalhymne La Pampolaise – die Paimpolaiserin. Auf der Stirnseite des Denkmals blicken eine junge Fischersfrau und eine Mutter sorgenvoll-hoffend übers Meer. Auf der Rückseite intonieren drei Fischer fern der Heimat sehnsuchtsvoll das Lied, und es ist ihnen anzusehen, dass sie "*Paimpol und seine Felsküste, die Kirche und den großen Pardon – am meisten aber ihre Paimpolaiserin lieben, die sie erwartet im Pays breton*". Die erste Textstrophe der Hymne ist in französischer Sprache in den Granit des Denkmals geschlagen, doch mittlerweile recht verwittert.

Meeresmuseum: Vom Quai Loti umgezogen in die Rue Labenne rechts vom Hafenbecken I. Für Nautikfreunde durchaus lohnenswert. Ausstellung über lokale Geschichte, Navigationsinstrumente, Bilddokumente zum alten Paimpol und natürlich ein Epos auf die Islandfischer, ihren Literaten Loti und ihren Musiker Botrel. Jedes Jahr im Sommer wechselnde Ausstellung, immer zum Thema "Meer".

Öffnungszeiten Mitte Juni bis einschl. August täglich 10.30–12.30 und 14.30–18 Uhr. 1. bis 21. September nur 14.30–18 Uhr. Erwachsene 4,50 €, erm.2,50 €.

Abtei von Beauport: Die Klosterruine, in historischer wie architektonischer Hinsicht das bedeutendste Bauwerk der Region von Paimpol, überragt das Meer vom Hang eines kleinen Hügels aus. Gegründet wird die Abtei 1202 vom Grafen *Alain de Penthièvre*, einem Anhänger des Prämonstratenser-Ordens. Von Herzögen und Königen mit allerlei Privilegien versehen, ist Beauport über Jahrhunderte Zentrum der Region, wirtschaftlicher Motor für die Entwicklung Paimpols und gefürchteter Gerichtssitz. Die Äbte des Ordens regieren mit eiserner Faust – nicht nur im Kloster, auch in den ihnen unterstellten weltlichen Belangen. Ein Urteil aus dem Jahr 1650 belegt ihre rigide Machtausübung: Drei hungrige Fischer, die aus dem wohl gefüllten Magazin der Abtei ein Säckchen Getreide gestohlen haben, werden von den eisernen Mönchen zum Tode verurteilt. Nur dem Einspruch des bretonischen Parlaments verdanken die Diebe schließlich ihr Leben; die Todesstrafe wird in jahrelangen schweren Kerker für die Delinquenten umgewandelt. 1790 endet die Ära prämonstratensischer Selbstherrlichkeit. Revolutionstruppen sengen und plündern die Abtei, verjagen die Ordensbrüder und verwandeln das Kloster in eine Pulverfabrik. 1845 gelangt das nun schon ziemlich ramponierte Gebäude-Ensemble in Privatbesitz. Teile der Anlage werden heute noch bewohnt.

Hinter der Hafenfront

Die Ruinen, exponiert auf der schmalen Halbinsel gelegen und durch alte, hohe Bäume vor neugierigen Blicken geschützt, illustrieren den Jahrhunderte währenden Kampf romanischer (normannischer) und gotischer Baukunst. Das Aufeinandertreffen normannischer Ornamentik und gotischer Spitzbogen und Gesimse im *Kreuzgang* verleiht dem efeuumrankten Baugemisch eine Spur Unheimlichkeit, gesteigert noch von mehreren *Liegegräbern* unter den Arkaden. Weiter sehenswert die Reste der *Klosterkirche* aus dem 13./14. Jh., das *Refektorium*, der *Fürstensaal* und der leere *Weinkeller* der Ex-Abtei.

• Öffnungszeiten Mitte Juni bis September täglich 10–19 Uhr. Vor- und Nachsaison 10–12 und 14–17 Uhr. Sonst nach telefonischer Vereinbarung, ✆ 02.96.55.18.58. Zum besseren Verständnis erhalten Sie für Ihren Rundgang (auch deutschsprachige) Infoblätter. Im Sommer Führungen und zahlreiche Veranstaltungen, zu denen ein Faltblatt erhältlich ist. Erwachsene 5 €, Kinder 4,50 €.

• *Anfahrt* Im Ortsteil Kérity, 2 km von Paimpol auf der D 786 Richtung St. Quay-Portrieux, dann kleiner Weg (ausgeschildert) links ab. Staubiger kleiner Parkplatz vor den Ruinen.

Paimpol / Umgebung

Ploubazlanec *(4000 Einwohner)*: Nördlich von Paimpol auf dem Weg zur *Pointe de l'Arcouest*, der Wohn- und Arbeitsort *Pierre Lotis*, in dem ein großer Teil der "Islandfischer" spielt. Im *Friedhof* auf einem Hügel im Ortszentrum illustriert ein erschütterndes Monument drastisch die tödliche Härte des Kabeljaugeschäftes: Schwarze Gedenktafeln säumen die einfache Friedhofsmauer – die "Mauer der Verschollenen". *Perdu en mer* (Verloren auf See) lautet die lakonische Notiz, mit der an die über 2000 Seefahrer aus Paimpol und Umgebung gedacht wird, die seit 1852 nicht heimgekehrt sind. Vom 12-jährigen Schiffsjungen bis zum Kapitän der *Pierre Loti*, unbarmherzig werden die Namen der beim großem Fischfang vermissten und verschollenen Seeleute aufgelistet – oft ganze Besatzungen. Daneben die Namen der verlorenen Schiffe.

• *Camping* **Municipal de Pors Don**, der kleine Gemeindecamping von Ploubazlanec liegt unten am Meer. Unspektakulär, aber billig. Die größten Kosten entstehen für die Elektrik. Geöffnet von Mitte Juni bis Mitte September. Kein Telefon.

Croix des Veuves (Kreuz der Witwen): An der Kreuzung der N 786 mit der Ortsstraße rechts abbiegen und bis zur Küste vorfahren, ausgeschildert. Oben auf der Landspitze, von der aus früher die Fischersfrauen sorgenvoll über die Einfahrt der Bucht von Paimpol blickten, steht das steinerne Witwenkreuz. Nur zu oft kehrte der Ehemann nicht zurück. Eine von Wind und Wetter gezeichnete Mutter-mit-Kind-Statue gemahnt an das Leid und die Not der zurückgelassenen Familien und an die Gefahren des Dorschfischfangs.

Pointe de l'Arcouest: Über die Stichstraße N 786 c zu erreichen. Die Landspitze etwa 6 km nördlich von Paimpol ist der Abfahrtshafen für die Schiffe nach Bréhat (siehe Paimpol/Verbindung) und ein beliebtes Wandergebiet. Die 19 km lange Rundtour über die Landzunge bietet schöne Aussichtsplätze über die mit Riffen und Klippen bestückte Bucht, im Hintergrund die *Ile de Bréhat* mit ihren gelben Sandstränden und der zerklüfteten Küste. Auf dem Weg vom großen kostenlosen Parkplatz zur Anlegestelle (dort etwa 250 bewachte, gebührenpflichtige Parkplätze) liegt zwischen Krüppelkiefern am Küstensaum versteckt ein *Gedenkstein für Madame Curie*, die hier öfter ihre Sommerferien verbrachte.

• *Übernachten* *** **Hotel le Barbu**, 20-Zimmer-Hotel direkt vor dem Hafenkai. Teuer, aber Qualität, der Besitzer hat das Haus zu einem angenehmen Ferienhotel ausgebaut. Im Sommer 25 Angestellte, im Winter hält der Inhaber alleine die Stellung und kocht dann selbst. Von den gut möblierten Zimmern schöner Blick zur Blumeninsel, ruhiger Garten mit Swimmingpool für die Gäste. Bar, Fernsehraum, Sauna und Solarium. Im Panoramarestaurant, bekannt für seine Meeresfrüchte, verschiedene Menüs (16–75 €). DZ 65–125 €, HP 75–105 €, Frühstück 9,50 €. Vom 15.11. bis 1.3. geschlossen. ✆ 02.96.55.86.98, www.lebarbu.fr.

• *Camping* ** **le Rohou**, kleiner Platz 1 km von der Pointe de l'Arcouest mitten in der Pampa (ausgeschildert). Sanitär einfach, teilweise schattige Plätzchen. Kleiner Laden mit täglich frischem Brot und Croissants, Gastauschzentrale und Eisfächer, kleine Leihbibliothek mit internationalen Buchtiteln aus Urlauberbeständen, Mobilhome- und Caravanverleih. 70 Stellplätze. Ganzjährig geöffnet. ✆ 02.96.55.87.22.

Ile de Bréhat

(ca. 500 Einwohner)

Dank des milden, trockenen Klimas blüht eine fast mediterrane Vegetation: Oleander, Eukalyptus, Mimosen, Palmen, Feigen – hinter prächtig gedeihenden Hortensienbüschen verstecken sich geraniengeschmückte Granitsteinhäuschen.

Die Blumeninsel der Bretagne, nur einen 20-Minuten-Bootstrip vor der Küste, ist ein stark frequentiertes Ausflugs- und Ferienziel. Die 3,5 km lange und 1,5 Kilometer breite Insel ist durch einen Isthmus in zwei Teile geteilt, die seit dem 18. Jh. durch die *Pont ar Brat* (auch *Pont Vauban*) miteinander verbunden sind. Die stark zergliederte Felsküste mit ihren Buchten und breiten Sandstränden wird gesäumt von fast hundert Inselchen und Riffen.

Bréhat ist von einem wirren Netz schmaler Sträßchen und Trampel- oder Radlerwege überzogen, Autos sind nicht erlaubt. Den Transport von Gästen, Gepäck, Lebensmitteln, Baumaterial etc. übernehmen Handwagen oder die wenigen Traktoren, die in der Landwirtschaft eingesetzt sind. Die Bréhatiner leben heute vorwiegend vom Tourismus, ein kleiner Teil vom Gemüseanbau. Früher bezogen die Bewohner ihren kargen Reichtum aus dem Meer: entweder als Fischer oder als Matrosen bei der Kriegs- und Handelsmarine. Schon um 1450 sollen die als kühn und beherzt geltenden Bréhatiner zum "Großen Fang" auf den Kabeljau im ganzen Nordatlantik unterwegs gewesen sein.

Stolz erzählen ihre Nachfahren, dass es ein Bréhatiner Kapitän war, der *Kolumbus* acht Jahre vor der Entdeckung der Neuen Welt auf die richtige Spur nach Amerika brachte. Nach einigen Ballons schwersten Portweins in einer Lissaboner Hafenkneipe soll der betrunkene Bréhatiner dem stocknüchternen Kolumbus die Route der Kabeljaufischer nach Neufundland verraten haben.

Der Phare du Paon an der Nordspitze Bréhats

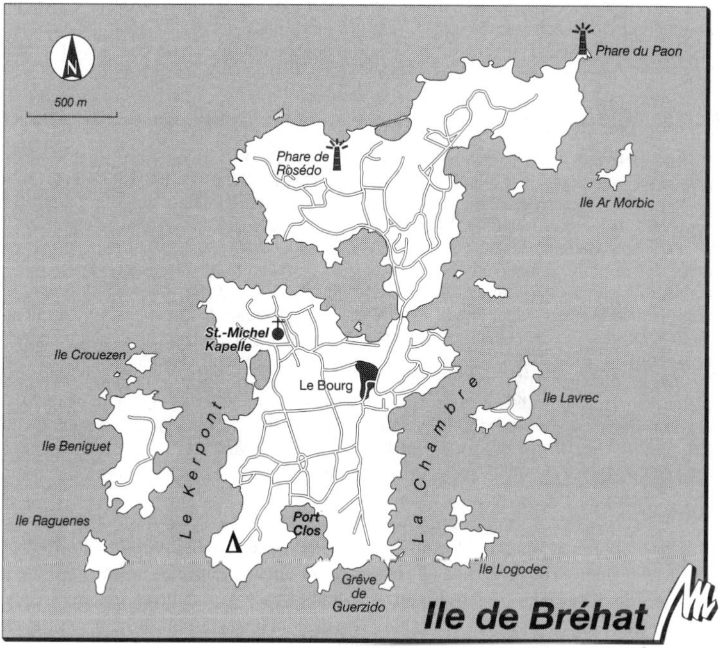

Der Südteil der Insel, "die Süße selbst" (Tourismusprospekt), beherbergt die beiden Hauptortschaften, den Hafen *Port Clos* und einen Kilometer landeinwärts das alte *Bourg* mit den niedrigen Granitsteinhäuschen, die sich um den platanengesäumten Dorfplatz neben der Kirche reihen. Einen Katzensprung nordwestlich von Bourg erhebt sich auf einer felsigen Anhöhe die *Kapelle St. Michel*, im Zweiten Weltkrieg Kurzzeitrefugium für Flüchtlinge. Von hier aus bietet sich dem Auge ein selten schönes Panorama: die Ruinen einer alten *Flutmühle* mit dem *Teich von Birlot* im Vordergrund, dahinter der *Kanal von Kerpont* mit unzähligen rosa-orangefarbenen Granitriffen. Der Nordteil der Insel ist entschieden rauer, die Winde sind stürmischer, die Vegetation karger, die Küste zerklüfteter. Zwei Leuchttürme überragen das wilde Heideland, auf dem Schafe und vereinzelte Kühe weiden. Vom *Phare du Paon* auf dem äußersten Nordzipfel Bréhats hat man eine bemerkenswerte Sicht in den Abgrund der Gischt umtosten Granitklippen.

Information/Diverses

- *Postleitzahl* 22870
- *Information* Freundliche Auskünfte, Inselplan und Prospekte gibt es im Erdgeschoss des Tourismusturms neben der Kirche. Ortsteil Bourg de Bréhat, ✆ 02.96.20.00.36.
- *Bootstour* Eine 45- bis 60-minütige Inselumrundung (gezeitenabhängig) mit den Booten der Kompanie Vedettes de Bréhat kann man bereits an der Pointe de l'Arcouest buchen. Erwachsene 12 €, Kinder bis 11 Jahre 9 €.
- *Fahrradverleih* Das normale touristische Verkehrsmittel, abgesehen vom Laufen, ist das Rad. Mehrere Verleiher gleich hinter den Hotels von Port Clos auf dem Weg nach Bourg. Preise und Qualität der Velos unterscheiden sich nicht wesentlich.

• *Verbindung* **Vedettes de Bréhat** hält die Verbindung zum Festland aufrecht. In der HS verkehren stündlich Fähren von 8.30–19.30. Uhr. Für diejenigen, die für die Rückfahrt die letzte Fähre wählen, sei angemerkt, dass der Fußweg zur Ablegestelle bei Ebbe um gute 20 Min. verlängert wird.

Übernachten/Camping

** **Hotel Bellevue**, 3-stöckiges Hotel gegenüber dem Hafen, gleich oberhalb der Mole in Port Clos. 17 renovierte Zimmer mit Dusche/WC, wahlweise mit Blick aufs Meer oder in den Garten. Restaurant mit Terrasse zum Hafen, Cafébar und Salon. Die Preise sind allerdings gesalzen, schon das Glas Leitungswasser kostet knapp 3 €. DZ 80–95 €, HP 75–83 €. Bis auf Januar ganzjährig geöffnet. ✆ 02.96.20.00.05.

** **Vieille Auberge**, das verschachtelte, efeuumrankte Granitanwesen in der Gasse, die zum Dorfplatz von Bourg führt, vermittelt bretonische Ursprünglichkeit. Familiäres Quartier mit 15 Zimmern (Bad bzw. Dusche/WC). Rustikales Restaurant (Menüs von 15–40 €). DZ 60–100 €, HP 62–70 €, Frühstücksbuffet 8 €. Geöffnet von Ostern bis 1.11. ✆ 02.96.20.00.24, vieille-auberge.brehat@wanadoo.fr.

• *Camping* ** **Aire Naturelle du Goareva**, im Kiefernwald der gleichnamigen steilen Landspitze hat die Gemeinde für Frischluftschläfer ein Terrain zur Verfügung gestellt. Schönes Gelände unterhalb der Ruinen der Zitadelle, magerer Sanitärblock. Im Sommer viele Pfadfindergruppen und junge Naturliebhaber. Nur im Juli und August geöffnet. ✆ 02.96.20.02.46.

Baden

Es gibt mehrere Strände und kleine Badebuchten rund um die Insel. Im Nordteil ist das Meer rauer, schwerer zugänglich und wohl auch gefährlich. Besser im Süden, auf den dem Festland zugewandten Südzipfeln, rechts und links von Port Clos. Hauptstrand ist die *Plage de Guerzido*, weitere Möglichkeiten unterhalb der steilen Felsen des *Bois de Citadelle* (schöne Aussicht).

Tréguier

(ca. 3500 Einwohner)

Früher reichten die Niederungen der Stadt bis hinein ins salzige Wasser des Jaudy-Flusses. Bei Flut drang das Meer bis zu den Getreidespeichern vor, die heute, durch das Hafenbecken und einen Damm geschützt, die steil aufsteigende Rue Ernest Renan einrahmen.

Tréguier ist eines der wenigen Hügelstädtchen der Bretagne. Über der durch den Zusammenfluss der Flüsse *Jaudy* und *Guindy* entstandenen Halbinsel ragen steil die Dächer einer mittelalterlichen Kleinstadt empor, überwacht von der mächtigen *Kathedrale St. Tugdual*, dem Wahrzeichen der Stadt, in der der berühmteste bretonische Heilige, *St. Yves*, verehrt wird. Tréguier, die Hauptstadt des Trégor, ist nicht nur Ort tiefster bretonischer Religiosität, sondern auch eine Stadt der Philosophie und Literatur. Hier fand der bretonische Literaturmatador *Anatol le Braz* seine letzte Ruhe, und das Geburtshaus von *Ernest Renan*, Orientalist, Religionshistoriker und Schriftsteller, wurde, wenn auch spät, zum *Renan-Museum* in der Renan-Straße umgebaut.

Tréguier war im Lauf seiner Geschichte immer ein geistliches Zentrum und hat bis heute diese Identität bewahrt. Unter dem wuchtigen Haupt des uralten *Hastingturms* ducken sich noch immer die alten Klostergebäude und Fachwerkgiebel der Bürgerhäuser um den *Place du Martray*, und selbst das Standbild des ketzerischen Philosophen Renan vor der Kathedrale vermag die spirituelle Atmosphäre der alten Bischofsstadt nicht zu stören.

St. Malo, die alte Freibeuterstadt ▲▲
Château Hunaudaiye ▲

Rue de Jerzual in Dinan ▲

▲▲ Klein und Groß – Hafen von St. Malo

Der Hauptstrand von Dinard ▲▲

▲▲ Der Hafen von Dinan
▲ Bigoudenhäubchen

▲ Bretonische Modenschau

Die alten Getreidespeicher am Ufer des Jaudy

Geschichte

Tréguiers Geschichte beginnt vor 1400 Jahren, als um 535 einer der sieben bretonischen Gründungsheiligen, der Mönch *Tugdual*, an dieser idyllischen, gut geschützten Flusskreuzung landet und ein Kloster gründet. *Landreguer*, das Kloster der drei Flüsse (bretonisch; Tréguier ist eine französische Verballhornung), entwickelt sich unter Tugdual und seinen Abtsnachfolgern zu einem spirituellen Zentrum und wird im 9. Jh. zu einem der neun Bischofssitze des Herzogtums Bretagne. Und Tréguiers Ruf als geistliches Zentrum wächst weiter.

Gegen Ende des 13. Jh. wirkt der Pfarrer und Richter *Yves Helori* so segensreich in der Stadt, dass er als einer der wenigen bretonischen Heiligen von der römischen Kurie anerkannt wird. Seine Heiligsprechung 1348 und die damit verbundenen Festlichkeiten begründen eine bis heute erhalten gebliebene Tradition: den großen Pardon zu Ehren des Hl. Yves (siehe Minihy, Kasten St. Yves). Mit ihm ist der Grundstein für eine dynamische religiöse Entwicklung gelegt. Rund um die peu à peu erweiterte Kathedrale erblüht die Bischofsstadt zu "einem großen Kloster" (Ernest Renan).

Anders als anderswo ist den frommen Bewohnern Handel und Wandel ein Gräuel, selbst der so günstig gelegene Hafen am Jaudy führt nur ein Schattendasein. Haupttätigkeitsfeld der Trégorer ist das Geschäft mit Wort und Glauben. Auf Magistratsbeschluss hin erhält Tréguier 1585 eine Druckerei und das erste typographische Atelier der Bretagne. Tréguier wird zur Stadt der Buchdrucker, Typographen, Kopisten und Devotionalienhändler, in der der *Catholicon*, das erste bretonisch-französisch-lateinische Wörterbuch, verlegt wird.

Einer so frommen Stadt drohen mit der Französischen Revolution schlechte Zeiten. 1794 wütet das berüchtigte Revolutionsbataillon *d'Etampes* gegen alles Pfäffische in der Stadt, Teile der Kathedrale gehen zu Bruch, Grabmäler werden geschändet, halb Tréguier wird ein Raub der Flammen. Der Bischof kann gerade noch nach England fliehen, und für Tréguier beginnen eiserne Zeiten. Zwar kommen nach dem Sturz Napoléons die Herren mit den schwarzen Soutanen wieder zurück, doch der Bistumstitel, das lohnende geistliche Geschäft ist verloren. Es dauert einige Zeit, bis sich die Bürger besinnen: Mitte des 19. Jh. wird der Flusshafen ausgebaut – seine Ausstattung ist bis dahin auf einige Schifferspelunken vor dem Stadttor beschränkt – und ein träger Handel mit Getreide beginnt.

St. Yves

Yves Helori de Kermartin wird 1253 auf dem Herrensitz von Kermartin als achtes Kind eines Landadeligen geboren und teilt das Schicksal vieler Buben seiner Zeit. Für den nachgeborenen, männlichen Sprössling wird die klerikale Laufbahn bestimmt, um den schmalen Familienbesitz nicht durch Erbteilung zu gefährden. Yves, ehrgeizig und gescheit, geht sein Schicksal zielstrebig an. Als Schüler fällt er durch seine außergewöhnlichen Geistesgaben auf, als Student der Theologie und der Rechte in Paris und Orléans erwirbt er allerbeste Zensuren. Mit 27 Jahren wird er zum kanonischen Richter ernannt, zum Priester geweiht und – gegen seinen Willen, ihm schwebt Höheres auf der Karriereleiter vor – in verschiedenen kleinen Landpfarreien des Departments Côtes-du-Nord eingesetzt. Die niedere Stellung tut seinem Tatendrang keinen Abbruch. Bald verbreitet sich sein Ruf als gerechter, mildtätiger Richter, der die Armen gegen die Hoffart der Reichen verteidigt. Der Bischof horcht auf, ruft Yves nach Tréguier, und der kleine Landgeistliche, der so entschieden und klug die kleinen Streitereien seiner Gemeinde schlichtete, wird zum Anwalt der Kirche gegen die Besitzansprüche der weltlichen Herren. Durch salomonische Urteilssprüche weist er aristokratischer Willkür die Schranken und bekräftigt seinen Ruf als Verteidiger der Armen und Fürsprecher der Entrechteten, der ihn über die Diözese hinaus berühmt und beliebt macht. Doch der Job ist hart und nervenaufreibend. Mit 44 Jahren quittiert der "Anwalt der Armen" den Dienst und zieht sich in sein Geburtshaus zurück, um sich ganz der Meditation und der Fürsorge seiner oft mittellosen Klientel zu widmen. Nach einer mehrwöchigen, kräftezehrenden Wallfahrt zu verschiedenen Pilgerstätten im Finistère kehrt Yves 1303 todkrank nach Kermartin/Minihy zurück, wo er am 19. Mai stirbt.

Bald nach seinem Tod beginnt der Heiligsprechungsprozess für den Verstorbenen. Erster Fürsprecher für ihn wird der Herzog der Bretagne selbst. Herzog *Jean V.* lässt eine Liste von 79 bezeugten Wundertaten des Richters erstellen und sendet sie nach Rom. Über 17 Jahre zieht sich das Kanonisierungsverfahren hin, doch 1347 wird der geistliche Richter als einer der wenigen bretonischen Heiligen von der römischen Kirche anerkannt. Seit dieser Zeit gilt Saint Yves als internationaler Patron der Juristen, sein Todestag wird in Tréguier mit einem großen Pardon gefeiert.

Information/Verbindungen

- Postleitzahl 22220
- Information Eine der am stilvollsten eingerichteten Touristeninformationen der Bretagne, direkt am Wasser und am Beginn der *Rue Ernest Renan*. Mai bis Mitte September Mo–Sa 10–13 und 14–19 Uhr, So 10–13 Uhr. Mitte September bis April, Mo–Sa 9.30–12.30 und 14–18 Uhr. Rue Ernest Renan 67, ✆ 02.96.92.22.33, www.paysdetreguier.com.

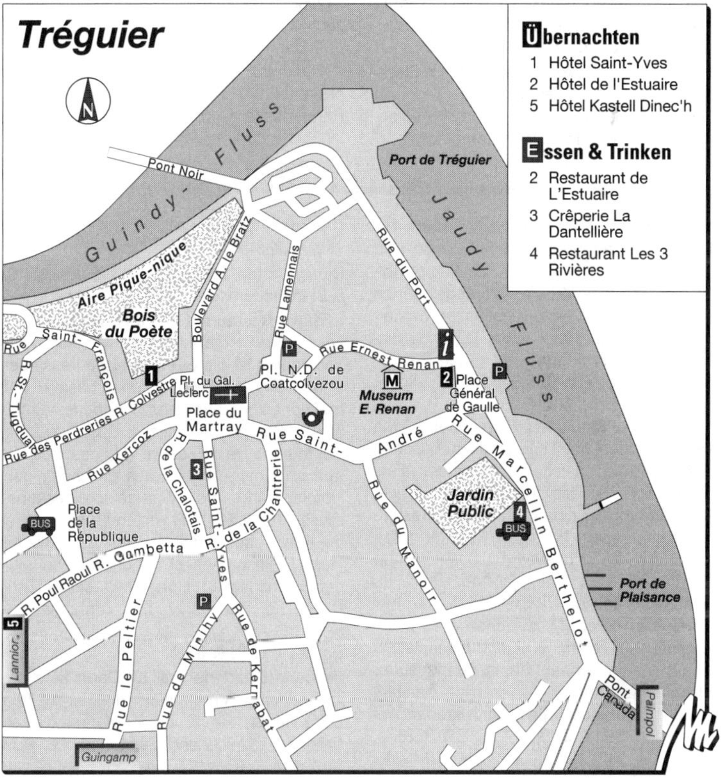

• *Verbindung* Tréguier liegt als regionale Zwischenstation auf der **Bus**-Hauptstrecke Lannion–Paimpol (mindestens 3-mal werktags in beide Richtungen, Sonntag kein Verkehr). Haltestellen auf dem Place de la République (Oberstadt, unweit der Kathedrale) und am Hafen in der Unterstadt.

Diverses

• *Einkaufen* Tréguiers Kunsthandwerker genießen einen guten Ruf; besonders das Holzhandwerk ist zu loben. Bretonische Möbel u. Holzskulpturen zu angemessenen Preisen.

• *Markt* Jeden Mittwochvormittag verwandelt sich der Platz vor der Kathedrale in einen lebhaften Handelsplatz (v. a. Kleidung und Gebrauchsgegenstände). Am Jaudy-Hafen zur gleichen Zeit der Markt für landwirtschaftliche Produkte.

• *Parken* Große Parkplätze entlang des Jaudy-Ufers in der Unterstadt. Wer unbedingt mit dem Wagen in die Oberstadt muss, parkt am besten am Place de la République oberhalb der Kathedrale.

• *Pardon* Tréguier feiert mehrere Pardons, u. a. einen zu Ehren des St. Tugdual und einen für St. Yves. Der internationale Pardon zum Gedenken des Anwalts der Armen wird am dritten Maisonntag begangen. Die feierliche Riesenprozession führt vom knapp 2 km entfernten Minihy-Tréguier, dem Geburtsort des Heiligen, zur Kathedrale von Tréguier und wird begleitet von Richtern, Rechts- und Staatsanwälten aus aller katholischen Herren Länder. In ihren farbenfrohen Talaren geben sie der Wallfahrt ein besonders buntes Gepräge.

• *Schwimmbad* Wetter schlecht? Im Stadtosten, Richtung Lannion, gibt es ein beheiztes Hallenbad im Sport-, Stadion- und Freizeitkomplex Gilbert Lemoine.

• *Waschsalon* Sonnensauber, windfrisch, auch am Sonntag – **Lavomatique**, täglich 7–22 Uhr, Rue M. Berthelot 3.

• *Yachthafen* 330 gezeitenabhängige Liegeplätze am Ufer des Jaudy. Wasser, Elektrik. Hafenmeister ✆ 02.96.92.42.37.

Übernachten/Camping/Essen (siehe Karte S. 227)

*** **Hotel Kastell Dinec'h (5)**, ein Stück außerhalb an der Straße nach Lannion und dann der Beschilderung in die Pampa folgen. In idyllischer Lage im abgelegenen Grünen verwöhnt ein gut situiertes, moderneres 15-Zimmer-Hotel seine Gäste. Gartenpark mit Swimmingpool, im guten Restaurant Menus von 30–50 €. DZ 75–95 €. Route de Lannion, ✆ 02.96.92.49.39.

* **Hotel de l'Estuaire (2)**, gegenüber den Kais im Hafen der Unterstadt, neben den alten Getreidespeichern. Schönes, altes Natursteinhaus mit rustikalem Holzfachwerk-Glasvorbau neueren Datums. Restaurant siehe Essen. 15 Zimmer, sanitär unterschiedlich, eine Handvoll mit Bad/ WC und TV. 30–40 €. Ganzjährig geöffnet. Place du Général de Gaulle, ✆ 02.96.92.30.25.

Hotel Saint-Yves (1), zwischen alten Fachwerkhäusern zentral am Kathedralenplatz in einem mehrstöckigen Granitsteingebäude; 10 einfache Zimmer. DZ je nach Sanitärs 27–40 €, Frühstück 5 €. Im Oktober geschlossen. Rue Colvestre 4, ✆ 02.96.92.33.49.

• *Camping* **La Ferme du Syet** in Minihy-Tréguier, 25 Zeltplätze auf dem Gelände eines Reiterhofs in bewaldeter Umgebung. Geöffnet von Mai bis Oktober. ✆ 02.96.92.31.79.

Die nächsten Plätze liegen an der Küste, z. B. in Plougrescant oder Penvénan.

• *Essen* **Restaurant Les 3 Rivières (4)**, das Lokal des Hotels Aigue Marine beim Yachthafen ist die beste Speiseadresse der Stadt. Die kreative Küche basiert auf traditionellen Gerichten. Gehobenes Preisniveau. Port de Plaisance, ✆ 02.96.92.97.00.

Restaurant de l'Estuaire (2), das Restaurant im Obergeschoss des gleichnamigen Hotels. Während die weit gelobten Jakobsmuschel-Spieße (11 €) verzehrt werden, fällt der Blick beschaulich über den Jaudy-Fluss. Feinschmecker Ulrich F. fand hier den kulinarischen Höhepunkt seiner Bretagne-Tour. Menus ab 13 €, umfangreiche à-la-carte-Auswahl. Place du Général de Gaulle, ✆ 02.96.92.30.25.

Crêperie/Saladerie/Grill La Dantellière (3), in ländlicher Atmosphäre in einer kleinen Seitenstraße zum *Place du Martray* gibt es Crêpes für 2–9 € und Salate für 7 €. Rue St.Yves 4, ✆ 02.96.92.33.54.

Sehenswertes

Kathedrale St. Tugdual: Aus der demütig-einfachen Klosterkirche, die St. Tugdual 540 errichtete, ist eine der schönsten französischen Kathedralen geworden. Das Gotteshaus mit den imposanten Ausmaßen wurde seit dem 11. Jh. aus Caener Stein, Schiefer und Granit in mehreren Abschnitten erbaut. Abgesehen vom alles überragenden, 63 m hohen Spitzturm mit seinem durchbrochenen Helm, der erst im späten 18. Jh. angebaut wurde, lassen sich drei Epochen unterscheiden: Der normannische *Hastingsturm* mit der schnörkellosen Würde der Romanik ist das einzige Überbleibsel aus dem 11. Jh. *Kirchenschiff* und *Chor* präsentieren sich im Stil der Gotik des 14. Jh., die *Porche des Cloches* (Vorhalle der Glocken) stammt zusammen mit der *Chapelle au Duc* und dem *Kloster* aus dem 15. Jh. und ist im Flamboyant-Stil gehalten.

Durch das *Portal der Diebe und Aussätzigen* auf der Westseite schreiten Sie in das Innere. Zunächst fällt die Ausgeglichenheit der Proportionen des gewaltigen Raumes auf. Das Licht der Buntglasfenster mit ihren typischen Motiven bretonischer Heiligenverehrung beleuchtet die 46 Stühle des Renaissance-Chors. Im linken

Seitenschiff flackert ein Meer von Kerzen vor dem monumentalen *Grabmal von St. Yves*. Die Totenstätte aus weißem Stein, schmiedeeisenumrankt von neugotischen Spitzbogen und von Merci-Tafeln umrahmt, wurde zwischen 1885 und 1890 vom Baumeister Devrez ausgeführt. Ganz dem Jahrhundertwende-Zeitgeschmack verpflichtet, wurde sie nach einem ausladenden Modell des ursprünglichen Grabes geschaffen, im 15. Jh. von Herzog Jean V. gestiftet, während der Revolution geschändet. In der *Chapelle au Duc* im stillen nördlichen Seitenschiff liegt der Herzog selbst begraben. Unter einem alten, reich verzierten Baldachin ruht seit 1945 die moderne Liegefigur des Förderers des Heiligen – er wünschte sich angeblich nichts sehnlicher, als neben ihm begraben zu sein.

Karte S. 201

Vom nördlichen Seitenschiff aus gelangt man zur *Sakristei*, in der der Kirchenschatz aufbewahrt wird. Neben einem originellen Messgewandmöbel mit Drehschubladen (17. Jh.) und verschiedenen Reliquienschränken kann man ein verwittertes Blatt aus dem Gebetbuch des Hl. Yves (13. Jh.) und Manuskripte aus dem Kanonisierungsverfahren für ihn bewundern. Höhepunkt des Schatzes ist der reich verzierte Eichenschrein mit den sterblichen Überresten des Heiligen. Über dem Heiligtum hängt eine berühmte, in der ganzen Bretagne kopierte Figurengruppe: St. Yves zwischen dem hochmütigen Reichen und dem demütigen Armen.
Rechts neben der Sakristei führt eine Pforte zum *Kreuzgang*. Die Arkaden (15. Jh.) sind Zeugen des spätgotischen Flamboyant. Unter den flammenden Spitzbogen wurden seit 1920 Sarkophage, Liegefiguren und Basreliefs aus diebstahlgefährdeten Kapellen und Klöstern aufgestellt.

Öffnungszeiten Juli und August täglich 9–18.30 Uhr, Führungen werden gratis angeboten. Ansonsten täglich von 9–12 und 14–18 Uhr. Besichtigung des Kreuzgangs für Erwachsene 3 €.

Museum Ernest Renan: Die schmale Straße mit den schmalbrüstigen Fachwerkgiebeln, die vom Chorhaupt hinunter zum Hafen führt, beherbergt das Geburtshaus Ernest Renans (Nr. 20), dessen Biographie allerdings weit aufregender ist als das von der Stadtverwaltung für ihn eingerichtete Museum. In dem stattlichen Haus aus dem 16. Jh. erwarten Sie spärliche Exponate aus dem Arbeitsleben des Philosophen: Bibliothek und Arbeitszimmer, Manuskripte und Bilder und seit dem Einzug der neuen Medien eine Videoshow über das ereignisreiche Leben des Stadtsohnes.

Öffnungszeiten Juli und August täglich 10–13 und 15–19 Uhr. April bis Juni und September Mi–So 10–12 und 14–18 Uhr. Oktober und November Mi–So 10–18 Uhr. ✆ 02.96.92.45.63.

Alte Häuser: Der mittelalterliche Stadtkern mit seinen Fachwerkhäusern und kopfsteingepflasterten Gassen aus dem 16./17. Jh. ist noch erhalten. Die schönsten Gebäude liegen rund um den *Place du Martray* (z. B. das Haus der Madame Taupin an der Ecke zur Rue Kercoz), in der *Rue Ernest Renan* (dessen Geburtshaus) und in der *Rue Colvestre*, in der neben dem Hôtel de Coetivy (Stadthaus alten bretonischen Adels) vor allem das Haus des Duc Jean V. mit seinen Spitzbogen hervorsticht. In ihm soll der Herzog während seiner länger dauernden Aufenthalte in Tréguier gewohnt haben.
Am Ufer des Jaudy führt die Straße an einer idyllischen Gebäudezeile aus dem 17. Jh. vorbei. Die viereckigen Türme, die die Rue Ernest Renan einrahmen, waren einst das Hafentor zur Stadt und wurden bis in die jüngste Zeit als Getreidespeicher genutzt.

Bois de Poète: Das Dichterwäldchen, das sich vom Ufer des *Guindy* bergan zur Kathedrale erstreckt, wurde von der Stadtverwaltung zum Picknickgelände umgerüstet. Dass dieser idyllische Teil des Städtchens noch nicht baulich verunstaltet wurde,

Ernest Renan

Ernest Renan wird am 27. Februar 1823 in Tréguier geboren. Mit fünf Jahren verliert er seinen Vater, einen Kapitän, durch ein Schiffsunglück. Auf Wunsch seiner Mutter und etlicher geistlicher Herren soll der begabte Jüngling Priester werden. Der 15-jährige wird nach Paris geschickt, um dort sein Studium fortzusetzen und sich der Subdiakonatsweihe zu unterziehen. Weit weg von der geistlich-gelehrten Atmosphäre seiner Heimatstadt, konfrontiert mit den Verlockungen und dem Wirbel der Großstadt, löst sich der junge Mann vom Klerikalismus und lässt den Weihetermin platzen. Stattdessen stürzt er sich auf ein neues Betätigungsfeld: semitische Sprachen und Orientalistik. Auf der Grundlage seiner theologischen Ausbildung und seiner Nahost-Kenntnisse erwirbt sich Renan in Fachkreisen bald einen Namen und wird zweimal im Auftrag der Regierung zu Ausgrabungen nach Palästina beordert.

Ernest Renan

Unter dem Eindruck der biblischen Landschaft verfasst Renan sein glänzend geschriebenes Werk "La Vie de Jesus", eine psychologisierende Lebensgeschichte, in der er das Leben Jesu als einen Weg zum Anarchismus wertet und die Wundertätigkeit des Gottessohnes einer rationalistischen Deutung unterzieht. Das Werk löst im französischen Klerus einen Sturm der Entrüstung aus und führt dazu, dass Renan seiner Professur im Collège de France enthoben wird. Damit nicht genug. In seiner streng-katholischen Heimatstadt verliert der ketzerische Sohn bald jede Reputation und gilt als Nestbeschmutzer und Defätist – im Krieg von 1870/71 hatte er sich zu allem Überfluss gegen den Deutschenhass der Franzosen verwahrt. Trotz weltweiter Publikationen und wissenschaftlicher Anerkennung spaltet Renan die Bürgerschaft. Selbst nach seinem Tod am 2. Oktober 1892 – er war inzwischen rehabilitiert und 1878 sogar zum Mitglied der Académie Française gewählt worden – wirbelt das Andenken an den berühmten Sohn noch mächtig Staub in der Lokalgeschichte auf. Als 1903 das Ernest-Renan-Denkmal auf dem Platz vor der Kathedrale enthüllt werden soll, kommt es zu heftigen klerikalen Protesten. Umsonst: Die Statue des fülligen Philosophen, über dessen Altershaupt sich eine weibliche Gestalt mit Strahlenkranz und Lorbeerzweig emporreckt, blickt ketzerisch zur Kathedrale auf. Trotz vollendeter Tatsachen gibt sich die Kurie nicht geschlagen. Ein Jahr später findet der Protest gegen die Renan-Partei ihre künstlerische Entladung: Im Park am Jaudy-Ufer wird der Calvaire de la Protestation eingeweiht.

verdanken die Bürger Tréguiers einem Vertrag von 1920. Anlässlich des Erwerbs des Bischofssitzes (heutiges Rathaus) und seiner Ländereien verpflichtete sich der Käufer (Stadt) gegenüber dem früheren Eigentümer (Bischof), den Bischofswald als natürliches Flaniergelände zu belassen. Seinen heutigen Namen erhielt das Wäldchen erst später. *Anatol le Braz*, berühmter bretonischer Literat, verehrte sein Vorbild Ernest Renan so sehr, dass er sich testamentarisch wünschte, in dessen Heimatstadt begraben zu werden. Sein Wunsch war der Stadtverwaltung Befehl. Das mit einem keltischen Kreuz geschmückte Grabmal, in dem der Dichter seine letzte Ruhestätte fand, gab dem Ex-Bischofspark einen neuen Namen: *Bois de Poète* – Dichterforst.

Tréguier / Umgebung

Von Tréguier aus führt der **Circuit des Ajoncs**, die Ginster-Rundfahrt, oberhalb der Jaudy-Mündung nach Plougrescant und von dort aus weiter die Trégor-Küste entlang (ca. 40 km). Mehrere Stichstraßen stoßen hinab ans Meer, wo in Fischer- und Urlaubsdörfchen wie Port Blanc ausgespannt werden kann.
Aber auch für graue Urlaubstage bietet das Trégor lohnenswerte Kurzweil. Ausgefallene Kirchenbauten wie die Templer-Kirche von Runan oder die Kapelle St. Gonery in Plougrescant gehören ins Programm.

Minihy-Tréguier: Der Geburtsort von *St. Yves* liegt etwa 1,5 km außerhalb Tréguiers. Das verschlafene Dörfchen erwacht einmal im Jahr zu regem Leben, wenn die Wallfahrt zu Ehren des Heiligen für wenige Stunden Massen gläubiger Pilger aus aller Welt in den Ort spült. Minihys Geschichte beginnt mit dem Bau des Herrensitzes von Kermartin, in dem die Vorfahren des Heiligen lebten. Als Yves Helori de Kermartin 1253 geboren wurde, war Minihy ein größerer Gutshof mit Hauskapelle. An der Stelle der früheren Schlosskapelle steht heute eine sehenswerte *Kirche* (15. Jh.) im Mittelpunkt der Handvoll granitgrauer, niedriger Häuser. Sie ist von einem *Friedhof* umgeben, auf dem sich die Gläubigen um einen kleinen *Calvaire* und einen *Steinaltar* drängen. Der bogenförmige Altar, als ursprüngliches Grabmal des Heiligen bezeichnet, vermutlich aber nur ein Teil des alten Kapellenaltars, ist der Mittelpunkt der Wallfahrt: Kniend rutschen die Pilger, Richter, Staats- und Rechtsanwälte durch den niedrigen, schmalen Bogen (Korpulente rutschen rechts oder links vorbei) und bitten um die Fürbitte ihres Idols. Im Inneren der Kirche fällt ein überdimensioniertes *Ölbild* in einem meisterlich verzierten Holzrahmen aus dem 16. Jh. auf – eine kunstvolle Abschrift des 1297 verfassten Testaments des Heiligen.

La Roche-Derrien: Das mittelalterliche Städtchen liegt ca. 6 km südwestlich von Tréguier. Neben mehreren alten Fachwerkhäusern sind eine Kirche und zwei Kapellen zu besichtigen. Von der *Chapelle du Calvaire* genießt man einen sehr schönen Blick auf das Tal des *Jaudy*, und die *Eglise Sainte Catherine* aus dem 11. Jh. kann sogar mit einer Orgel aufwarten, die ehemals in der Abtei von Westminster stand. Das kürzlich restaurierte Instrument aus dem 16. Jh. wurde ursprünglich von England nach St. Brieuc verkauft, und gelangte später nach La Roche-Derrien. Über das kleine *Musée Jadis* lassen wir Leserin Elke Koch berichten: "In einem Fachwerkhaus aus dem 16. Jh. finden sich zum einen Ausstellungen zur Geschichte des Hauses selbst sowie zur Geschichte der Region und der Bretagne. Im Erdgeschoss hat das Ehepaar Bonnier, das das Museum privat betreibt, Gegenstände des

Sicher wohnen in La Roche Jagu

täglichen Gebrauchs der Bewohner sowie Utensilien der verschiedenen in und um *La Roche* ausgeübten Berufe zusammengetragen. Die Sammlungen sind sehr liebevoll präsentiert und man merkt sofort, dass das Herz der Bonniers, die sich mit diesem Museum einen Lebenstraum verwirklicht haben, an jedem Ausstellungsstück hängt."

Öffnungszeiten Vom 15.6. bis 15.9. täglich außer Montag 10–12.30 und 14.30–19 Uhr. Erwachsene 3,50 €, Kinder unter 12 Jahren gratis. Von April bis September 2004 ist zusätzlich eine Sonderausstellung über Alte Medizin zu sehen.

Château la Roche Jagu: Eine doppelreihige Buchenallee führt zur Umfassungsmauer mit dem Eingangsportal und dem dahinter liegenden Schlossgarten, in dem über einer sanften Biegung des *Trieux-Flusses* stolz das aus dem 15. Jh. stammende Schloss thront. Die Doppelfunktion von Wohn- und Wehrbau wird bei einem Rundgang um das Schloss deutlich. Die Türme, der Wehrgang und die Wachräume der Ostfassade lassen die strategisch wichtige Flussschleife überblicken, die mit Skulpturen verzierten 19 Kamine im spätgotisch-anglonormannischen Stil sind Zeugen behaglicher, aristokratischer Wohnlichkeit. Hinter dem Schloss führt ein steiler Spazierweg hinab ins Flusstal, wo sich Yachten spiegeln oder bei Ebbe metallisch der Schlick glänzt. Eine Innenbesichtigung des Schlosses, heute im Besitz des Départments, ist möglich. Neben den 19 Kaminen sind im Erd- und Obergeschoss gediegene mittelalterliche Wohnausstattung und Gemälde zu bewundern. Eine Videoshow und wechselnde Ausstellungen zeitgenössischer Künstler vervollständigen das Besichtigungsprogramm. Für den kleinen und den großen Hunger danach bietet ein gemütliches Restaurant im alten Schlossverwaltergebäude Crêpes und Menüs an.

Empfehlenswert auch ein Spaziergang im frisch angelegten Park mit mediterranen Gewächsen. Drei Rundwege verschiedener Länge erschließen den Park gleich beim Schloss

• *Öffnungszeiten* Von Mitte Juni bis Mitte September täglich 10–19 Uhr, sonst täglich 10.30–12.30 und 14–18 Uhr. Erwachsene 4 €, erm. 1,50 €. Es werden Führungen durch Schloss und Park angeboten. Außerdem finden an Sommerwochenenden Veranstaltungen wie Konzerte oder Theateraufführungen statt. Ausstellungen von Juli bis Ende August (im Preis inkl.).

• *Anfahrt* Mit dem eigenem Fahrzeug von Tréguier kommend über die D 786 nach Lézardrieux (10 km), vor der Trieux-Brücke rechts auf die D 787 Richtung Guingamp. Nach 9 km links in die Schlossallee einbiegen.

• *Bootsausflug* Vedettes de Bréhat bietet in der Hauptsaison mehrmals wöchentlich (gezeitenabhängig) eine **Trieux-Tour** an. Der Bootstrip führt den Fluss hinauf bis zum Schloss und dauert etwa 3 Stunden. Abfahrtshäfen sind die Pointe de l'Arcouest, Paimpol oder Bréhat. Erwachsene 20 €, Kinder 13 €.

Pontrieux *(ca. 1300 Einwohner)*: Der Ort am Beginn der fjordartigen Trichtermündung des Trieux-Flusses gehört zur Kategorie der *Petite Cité de Caractère*. Der Fluss ist bis Pontrieux schiffbar. Der Hafen der Stadt, heute ein ansehnlicher Yachthafen, war bereits im Mittelalter ein wichtiger Verkehrsknotenpunkt für den Handel zwischen Armor und Argoat. Das Städtchen, das sich lang gestreckt in das schmale Flusstal schmiegt, besitzt einen alten Stadtkern mit zwei dreiecksförmigen Plätzen, die von Fachwerk- und Natursteinhäusern umgeben sind. Auffälligstes Gebäude ist das *Tour-Eiffel*-Fachwerkhaus (16. Jh.) mit seinem blauen Fachwerk am Place le Trocquer, an dem auch ein in der Bretagne einmaliges Exemplar eines granitenen Barockbrunnens aus dem 18. Jh. sprudelt.

• *Postleitzahl* 22260

• *Information* Tourismusbüro im Tour-Eiffel-Haus. Von Juli bis August täglich 10.30–18.30 Uhr. In der NS Mo und Fr 10.30–12.30 und 14–18.30 Uhr, Mi und Do 13.30–18.30 Uhr und Sa 10–13 Uhr. Place le Trocquer, ✆ 02.96.95.14.03, www.pontrieux.com.

• *Markt* Wochenmarkt am Montagvormittag, vor allem landwirtschaftliche Produkte.

• *Pardon* In der Nacht des 3. Julisonntags wird die Statue der "Notre-Dame-des-Fontaines" aus der Kirche geholt und in einer Fackelprozession durch den Ortgetragen.

Beschaulich ruhig: Pontrieux am Flüsschen Trieux

• *Wassersport* Der Wassersportclub am Hafen organisiert Kanu- und Kajakfahrten auf der Trieux. Vermietung von Booten. Auskünfte über das O. T.

• *Camping* **Traou-Mélédern**, ausgeschildert am Ortsrand am Ufer der Trieux. Sternloses Areal mit nur wenig Schatten, aber warmer Dusche und Strom, ✆ 02.96.95.68.72.

Runan: Von Pontrieux über die D 21 in westlicher Richtung, nach 5 km ist die kleine Ortschaft erreicht. Eine imposante Kirche überragt das Hochplateau, ihr kantiges Grau im Sommer von üppigen, weiß blühenden Hortensienbüschen geschmückt. Die *Kirche Notre-Dame* (15. Jh.) wurde im Auftrag des Templerordens errichtet und später von den Johannitern übernommen. Sie besitzt einen umfriedeten *Pfarrbezirk*, ein *Beinhaus* (1552) und eine große *Außenkanzel* (15. Jh.), die belegt, dass Runan zu dieser Zeit eine viel besuchte Pilgerstätte war. Die *Südfassade* der Kirche, aufgelockert durch vier spätgotische Fenster, ist reich mit Skulpturen und Ritterwappen verziert. Im Inneren beleuchtet das eindringende Licht diffus die reich ornamentierte *Holzdecke* mit ihren Heiligenfiguren. Das *Fenster* im Chor ist eine Meisterarbeit aus dem Jahr 1423. In der *Taufkapelle* rechts vom Eingang ein Retabel mit ausgefallenen Figuren aus blauem belgischen Stein.

Plougrescant *(ca. 700 Einwohner)*: Kirchenpatron und Ortsheiliger ist der britische Eremit und Fieberheiler *St. Gonéry*, der im 6. Jh. hier lebte, und für den im 10. Jh. eine Kapelle errichtet wurde. Um die *St.-Gonéry-Kapelle* hat sich etwas oberhalb der fjordartigen Mündung des Jaudy-Flusses ein kleiner Ortskern entwickelt, der Rest der Gemeinde ist auf viele weit verstreute Einzelgehöfte verteilt.

Von der Ursprungskapelle des St. Gonéry blieb nur der seltsam geknickte Glockenturm auf dem Kirchenschiff. Ob die bleigedeckte Turmspitze aus dem Jahr 1612 von einem Blitz getroffen oder von der Hand des Teufels verbogen wurde, ist ungewiss. Die Einheimischen erzählen grinsend, dass der Turm wieder gerade wird, wenn das erste jungfräuliche Mädchen des Ortes vor den Traualtar tritt.

Das Mauerwerk der Kapelle stammt im Kern aus dem 14./15. Jh. Der schön von Bäumen beschattete Pfarrbezirk im Ortszentrum wird von einer niedrigen Mauer umfasst, drei Kreuze bewachen die Eingangsstufe. Ihr Inneres ist einer der Höhepunkte bretonischer *Deckenmalerei*. Ein unbekannter einheimischer Künstler bemalte im 15. Jh. (im 18. und 19. Jh. restauriert) die Kielbogendecke mit Motiven aus dem biblischen Paradies. Vor blinkenden Sternen auf rotem Grund erzählt er in ikonenhaften Bildern schamhaft von Adam in der Blätterjacke und Eva, den nackten Körper unterm Umhang verborgen. Mit naiver Lust ergeht er sich in fremdartigen Konfektionen, malt orientalische Mützen, spitze Turbane und exotische Trachten. Einen Eindruck vom originellen Kunstschaffen des Meisters geben das Bild von der Erschaffung der Tiere und der genaue Blick aufs Abendmahl: der Tisch wird aus der Vogelperspektive gezeigt.

Zugang Falls die Kapelle nicht geöffnet ist, wenden Sie sich an Mme. Richard, die im Haus mit dem kleinen Antikladen gegenüber der Kapelle wohnt.

• *Postleitzahl* 22820

• *Information* Kleines O.T. nur im Juli und August geöffnet, ✆ 02.96.92.09.57, ansonsten gibt's Auskünfte im Rathaus in der Ortsmitte. ✆ 02.96.92.51.18.

• *Verbindung* Mit dem **Lokalbus** mehrmals täglich nach Tréguier. Abfahrt bei der Kapelle St. Gonéry im Zentrum. (7 km, ca. 30 Min.)

• *Wandern* 4 Rundwanderwege, von der Gemeindeverwaltung instand gehalten; zu empfehlen ist die 16 km lange "Ballade autour de Plougrescant" (4,5 Stunden), die an allen wesentlichen touristischen Höhepunkten vorbeiführt, z. B. der "Baie d'Enfer" (Höllenbucht) mit Austernbänken und Rennstrecke oder "Le Gouffre" (Schlund) mit dem berühmten Haus zwischen den Felsen. Wanderkarten gibt es im Rathaus oder an den Rezeptionen der Campingplätze. In der Bar **La Chope** (Spirituosen, Tabak, Benzin) im Nachbardorf Plougiel gibt der sympathische Besitzer kompetente Auskünfte über Wanderungen in der Umgebung.

• *Camping* *** **Le Varlen**, etwa 2 km außerhalb von Plougrescant (ab Kirche ausgeschildert). Funktionaler Wiesenplatz, freundliche Leitung und familiäre Atmosphäre. Für 3 Sterne simple Sanitärs und einfaches Platzangebot, doch nicht unsympathisch. 65 Stellplätze. Ganzjährig geöffnet. ✆ 02.96.92.52.12.

** **Municipal de Beg-Ar-Vilin**, etwa 2 km außerhalb von Plougrescant (ab Kirche ausgeschildert) am Ufer der Höllenbucht, ein idyllischer Gemeindeplatz weit ab vom Schuss. Rasengelände mit Hecken und Baumbestand, in Wohnwagen- und Zeltabteilung aufgeteilt, von der Lage für einen gemütlichen Aufenthalt prädestiniert. Elektroanschlüsse, gefliester Sanitärblock mit heißen Duschen (Jetons). Geöffnet von Juni bis September. Pointe de Moulin, ✆ 02.96.92.56.15, mairie.plougrescant@wanadoo.fr.

** **Le Gouffre**, 130 Stellplätze, ca. 1 km hinter dem Haus am Schlund (Anfahrt beschildert). Heckenunterteiltes Wiesengelände in ruhiger Lage, gepflegte Sanitäranlagen. Kaum Schatten. Wohnmobilstation. Geöffnet von Mai bis September. Hent-Kervorant, ✆ 02.96.92.02.95.

Le Gouffre: Der "Schlund" genannte Aussichtspunkt ist gut ausgeschildert (auf direktem Weg ca. 2 km vom Ortszentrum von Plougrescant). Panoramablick und eines der meistfotografierten Häuser der Bretagne: Zwischen zwei mächtigen Granitblöcken eingezwängt, hinter denen die Fluten in Felsspalten gurgeln, duckt sich ein schiefergedecktes Häuschen, das sich im seichten Wasser eines Salzweihers spiegelt, den die aufgebrachte Brandung der Atlantikstürme hinterlassen hat. Das "Haus zwischen den Felsen" gehört einer älteren Dame, die in Paris wohnt und jährlich nur ein paar Tage hier ist. Alle Versuche bretonischer Institutionen, das Haus zu erwerben, sind bisher gescheitert, auch aus der Fremdenverkehrswerbung ist das prächtige Motiv verschwunden: Madame beschäftigt einen Anwalt, der darauf achtet, dass seine Klientin für publizierte Fotos entschädigt wird.

Eines der beliebtesten Motive: das Haus zwischen den Felsen

Port Blanc: Auf der Suche nach kreativer Abgeschiedenheit entdeckten französische Künstler um die Jahrhundertwende den kleinen Fischerort an der Trégor-Küste. Unter ihnen einer der Heroen der bretonischen Literatur, *Anatol le Braz*, und der französisch-amerikanische Schriftsteller und Pathologe *Alexis Carrel*, der auf der vorgelagerten Insel *St. Gildas* den Bestseller "Der Mensch, das unbekannte Wesen" schrieb. Das malerische, fast mediterran wirkende Hafendörfchen Port Blanc, der Gemeinde von Penvénan angegliedert, liegt weitab vom Animationsrummel der großen Seebäder. Nur zu den Stoßzeiten beleben Ausflügler die Strandzeile, sonst herrscht im Zentrum der häuschenübersäten Region behäbige Ruhe.

Ein bizarres Granitensemble in der Mitte des Ortsstrandes, von einem kleinen *Marienoratorium* gekrönt, bestimmt Port Blancs Meerseite. Dahinter liegen die kleinen Hotels der Strandpromenade, die westlich über den bürgersteigähnlichen Damm zum Hafen führt. Weiter landeinwärts, etwas erhöht, umfriedet ein Enclos Paroissial mit Kalvariensockel die *Kapelle Notre-Dame* mit ihrem bis zum Boden reichenden Dach. Die im 16. Jh. errichtete Kapelle variiert in ihrem Inneren (nur während der Messe zugänglich) ein bretonisches Motiv: Auf einem Altar im rechten Seitenschiff thront der Heilige Yves zwischen dem Reichen und dem Armen.

Port Blanc besitzt mehrere Strände. Der Ortsstrand vor der Hotelzeile ist malerisch, auf dem schmalen Sanddreieck unterhalb des Oratoriums lassen sich bei Flut nur noch schmale Badetücher ausbreiten. Hier ist der Sitz der Segelschule, die auch Surfbretter verleiht. Besser zum Baden, wenn auch klein, ist der weiße Sandstrand etwa 500 m westlich der Hotels. Der *Plage des Dunes*, noch einen Kilometer weiter (Campingplatz), ist bei Ebbe extrem flach, bei Flut bleibt nur wenig Liegefläche. Statt großzügiger Dünen Felsen, Sand und Kiesel in einer optisch reizvollen Bucht.

• *Pardon* Auf der vorgelagerten Insel St. Gildas findet alljährlich ein weithin bekannter Pardon statt. In seinem Mittelpunkt steht St. Gildas, Beschützer der Pferde. Am Pfingstsonntag, wenn die Ebbe den Weg auf die Insel freigibt, werden die Pferde im Festtagsputz durch das Watt geritten und dreimal um die Kapelle des Heiligen geführt. Nach der Segnung erhalten sie Brot, das am Leib der Gildas-Figur gerieben wurde. Es soll die Tiere übers Jahr vor Bauchgrimmen und Durchfall schützen.

• *Übernachten* ** **Grand Hotel du Port Blanc**, lang gestrecktes Gebäude von Logis-de-France an der Strandpromenade, von den Frontzimmern schönes Panorama auf den Oratoriumsfelsen. Restaurant/Bar im Glasvorbau, auf dem Strandboulevard ein Terrassencafé. 30 Zimmer mit Bad bzw. Dusche, einige inkl. WC. DZ 45 €, Frühstück 7 €. Boulevard de la Mer, ✆ 02.96.92.66.52.

• *Camping* **des Dunes**, sandiger Platz mit dürrer Strandvegetation am gleichnamigen Plage 1,5 km westlich von Port Blanc Zentrum (ausgeschildert). Schattenlos, trotz des neuen Sanitärpavillons etwas verloren im Sand. Vom 15.5.–15.9. geöffnet. ✆ 02.96.92.63.42.

Sauvage-Halbinsel: Die Halbinsel zwischen den Mündungen des Jaudy und der Trieux liegt touristisch ziemlich im Abseits – was ihren Reiz nicht schmälert. Eine gemütliche 50-km-Rundfahrt kann die Sauvage-Halbinsel erschließen. Über den Ort *Lezardieux* an der Trieux führt die Touristenroute zu einer verfallenen Flutmühle (*Ancien moulin de marée*), zum *Phare du Bodic* (ein Stück links steht eine für jeden erklimmbare Plattform mit Sichtgarantie) und zur Landspitze *Sillon de Talbert*. Die Orientierungstafel *Creac'h Maout* an einem Gefallenendenkmal linkerhand der Spitze erlaubt die Identifizierung der markanten Landschaftszeichen. Auf dem Rückweg nach Tréguier können Sie in *Pleubian* stoppen: Die Ortskirche besitzt eine beachtenswerte Außenkanzel. Einen kurzen Abstecher wert ist der Aussichtspunkt an der Jaudy-Mündung mit dem treffenden Namen *Bellevue* (in Kerbors vor der Kirche rechts ab): u. a. Blick hinüber nach Tréguier.

Granitküste

Gelber Ginster, Heidekraut, wilde Brombeer- und rot blühende Zwergsträucher übersäen den kargen Boden des offenen Heidelands. Dazwischen türmt sich im Sonnenuntergang rosa glühender Granit zu einer dramatischen Felslandschaft, an der sich die Fluten des Atlantiks brechen.

Die bizarren Formen der über 350 Millionen Jahre alten, von Wind und Wasser erodierten Felsblöcke, deren zartes Rosa vom hohen Feldspatgehalt herrührt, reizten schon immer die Phantasie der Betrachter und haben zu einem außergewöhnlichen Wettstreit der beiden "Granit-Rose-Städtchen" *Ploumanach* und *Trégastel* geführt: Wer hat das skurrilste Stück Fels? Wer die schönste Granitformation? Ist es der *Hut Napoleons*, der in der Weltgeschichte eine bedeutende Rolle spielte, ist es die *Flasche*, der *Totenkopf*, die *Hexe*, *Bastille* oder *Teufelsburg*? Die Meinungen darüber sind Legion, die Ansichten der jeweiligen Bewohner eindeutig. Nichtsdestoweniger gehört die *Côte de Granit Rose* von Perros-Guirec bis Trébeurden zu den absoluten Höhepunkten einer Bretagne-Reise.

Zum infrastrukturellen Hauptort hat sich das Seebad *Perros-Guirec* entwickelt, *Ploumanach* und *Trégastel* im Westen bieten – ausgenommen Juli/August – sympathisch-verschlafene Provinzionalität und dörflichen Charme. Hinter Trégastel werden die rosafarbenen Granitformationen und bizarr aus dem Wasser ragenden Riffe seltener. Bei *Trébeurden* am Ende/Anfang der Granit-Rose-Tour sind so gut wie keine rosa Steine mehr zu finden, doch besitzt der Ort wegen seiner ausgezeichneten Strände eine große Stammkundschaft.

Entlang der Granitküste führt eine der wohl eindrucksvollsten bretonischen Küstenstraßen, die *Corniche Bretonne*, die auf ihren rund 30 Kilometern zwischen Perros und Trébeurden oft genug Anlass gibt zu erstaunlichen Ausblicken. Deren einladende Parkplätze sind denn auch meist von schaulustigen KFZ-Besitzern belegt – zu Fuß ist das Vergnügen ungleich größer.

Perros-Guirec

(ca. 8000 Einwohner)

Vor hundert Jahren noch drängten sich nur einige weiß gekalkte Häuschen mit den typischen Giebelkaminen in der Bucht des heutigen Yachthafens zusammen. Seit der Entdeckung des Urlaubslandes Bretagne zu Beginn des 20. Jh. hat sich der einstige kleine Fischerhafen in ein fast mondänes Reiseziel verwandelt.

Der Ort, mittlerweile über die zerfranste, fast 50 m hohe Landspitze der *Pointe du Château* hinaus bis ans Ende der nächsten Bucht gewachsen, ist heute hinter Dinard das bedeutendste Seebad der Nordküste. Ferienhäuser, Residenzen, Hotels und Villen in Kiefernparks hoch über der Küste bestimmen das Weichbild des Städtchens, im Sommer quirlig belebt von Tausenden von Touristen.

Perros-Guirec besteht aus mehreren Ortsteilen, die im Lauf des Jahrhunderts nahtlos zusammengewachsen sind: die von neuen Betonhäusern flankierte Promenade des heutigen Yacht- und früheren Fischerhafens (*Unterstadt*), das Verwaltungs- und Geschäftszentrum entlang der Hauptstraße auf dem Hügel oberhalb der Küste (*Oberstadt*) und das Ferienzentrum am *Tréstraou-Strand* mit seinen Beachclubs, einer Kongresshalle und dem seit 1924 bestehendenCasino. Auf einem Hügel im Westen erhebt sich die Kirche des Ortsteils *Clarté*, unterhalb der *Pointe du Château* lassen es sich Badegäste am Strand *Tréstrignel* gut gehen. Perros bietet seinen Gästen ein buntes Animationsprogramm: Bootsausflüge zu den der Küste vorgelagerten *Sept-Iles* (Sieben Inseln), Surf- und Segelregatten, Strandkonzerte... Die Palette der touristischen Möglichkeiten ist schier unerschöpflich.

Information/Verbindungen

- *Postleitzahl* 22700
- *Information* Im Ortszentrum der Oberstadt gegenüber dem Rathaus; Informationen über Perros und die Rosa Granitküste. Juli/August Mo–Sa 9–19.30 Uhr, So und Feiertage 10–12.30 und 16–19 Uhr; von September bis Juni Mo–Sa 9–12.30 und 14–18.30 Uhr geöffnet. Place de l'Hôtel de Ville 21, ✆ 02.96.23.21.15, www.perros-guirec.com; Nebenstellen in Trestraou und Ploumanach (siehe dort).
- *Verbindung* Zentraler **Bus**bahnhof am Hafen der Unterstadt, direkt vor dem Bassin du Linkin. Außerdem mehrere Haltestellen im ganzen Stadtgebiet, u. a. direkt vor dem Tourismusbüro in der Oberstadt. Die Busse von CAF verbinden die verschiedenen Orte der Granitküste mit Lannion, dem nächstgrößeren Verkehrsknotenpunkt. Täglich bis zu 7-mal nach Lannion (25 Minuten) und 8-mal über Ploumanach, Trégastel, Trébeurden und das Radom von Pleumeur-Bodou zurück nach Lannion.

Diverses

- *Autoverleih* nur noch in Lannion : **Avis**, Route de Perros, ✆ 02.96.48.10.98.
- *Bootsausflug* Mehrere Gesellschaften bieten vom 1.4.- 30.9. **Ausflüge zu den 7 Inseln** an. Die Bootstour im Vogelschutzreservat dauert ab 1 1/2 Stunden. Ein Landgang ist nur auf der Ile aux Moines (Mönchsinsel) möglich. Abfahrt am Kai des Trestraou-Strandes. Beispiele von Les 7 îles en vedettes: 1,5-Stunden-Ausflug zu den Vogelinseln Rouzic und Malban Erwachsene 13 €, Kinder 8 €. Die 2-Stunden-Tour führt zusätzlich an der Mönchsinsel und an Bono vorbei, Ticket 15/10 €. Eine weitere Variante beinhaltet einen 45-minütigen Aufenthalt auf der Mönchsinsel, Ticket 16/10 €. Reservierungen unter -✆ 02.96.91.10.00.

Weitere Ausflüge – nicht nur zu den 7 Inseln – sind z. B. auf der *Ar Jentilez* (traditioneller Kutter, halber Tag 23 €, Kinder 18 €) oder der *Sant C'hireg* (Nachbau eines Langustenfängers, halber Tag 22 €, Kinder 14 €) möglich. Auskünfte im O.T.

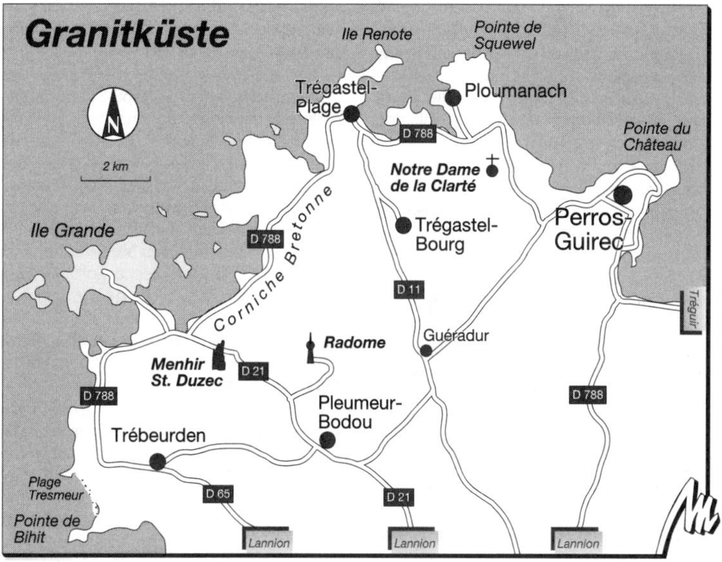

Granitküste
Karte S. 239

• *Bootsverleih* Zum Beispiel im **Centre nautique**, Plage de Trestraou, ✆ 02.96.49.81.21, cn.perros-guirec@wanadoo.fr.

• *Bridge* Sie befinden sich in einem – zumindest touristisch gesehen ehemals britischen Seebad: distinguierte Damen und Herren treffen sich Dienstag und Freitag von 14–18 Uhr im Complexe sportif de Kerabram zum stilvoll-ungezwungenen Spiel, Infos unter ✆ 02.96.37.13.51.

• *Busausflug* **Voyages Petretti**, chemin de la messe, ✆ 02.96.23.20.35, Infos auch im O.T.

• *Casino* Das Casino am Trestraou-Strand hat ganzjährig täglich ab 21 Uhr geöffnet. Bereits ab 10 Uhr kämpfen seine einarmigen Banditen gegen furchtlose Glücksritter/innen. Abends: Blackjack und Roulette.

• *Fahrradverleih* **Perros Cyclos**, Rue du maréchal Joffre 129, ✆ 02.96.23.13.08; in der Hauptsaison sicherheitshalber 1–2 Tage vorher bestellen.

• *Golf* Der Golfclub der Halbinsel residiert außerhalb von Perros auf dem Weg nach Pleumeur-Bodou. Auf einer stilvollen 18-Loch-Anlage kann eingelocht werden. Golf de St. Samson, Kerenoc, ✆ 02.96.23.87.34.

• *Karussell* "Bitte, bitte, noch einmal" – le petit Caroussel, ein Jahrmarktsjuwel aus den Anfangstagen des 20. Jh., hat schon manche Eltern zur Verzweiflung gebracht. Am Trestraou-Strand.

• *Markt* Unterhalb der Oberstadtkirche findet jeden Freitagvormittag auf dem Place du Marché der Wochenmarkt statt. In der HS am Sonntag im Ortsteil La Clarté.

• *Minigolf* Gesellige Partien nach dem Segeln, Surfen oder Sonnenbaden direkt am Trestraou-Strand, ✆ 02.96.23.08.11.

• *Pardon* Großer Pardon am 15. August zu Ehren der Notre Dame de la Clarté in und um die gleichnamige Kapelle. Der Pardon beginnt bereits am Abend des Vortages mit einer Nachtwache für die Jungfrau zur Klarsicht und einer anschließenden Freudenfeuerprozession auf dem Hügel hinter der Kapelle. Am Morgen des eigentlichen Festtages werden fünf Messen in der Kapelle gelesen. Nach einer weiteren Messe unter freiem Himmel auf dem Kirchhügel beginnt die große Prozession und Segnung auf dem Kirchplatz.

• *Parken* Große Parkplätze am und rund um den Hafen (Unterstadt), in der Oberstadt links und rechts der Hauptstraße (ausgeschildert). Da die Parkplätze am Trestraou-Strand oft voll belegt sind, empfiehlt sich für Spaziergänger und Wanderer durch die Rosa-Granit-Welt ein Parkplatz in der Oberstadt. Bei der Rückkehr bringt Sie der Bus direkt zu Ihrem Wagen. Für Eilige, die dann meist doch länger bleiben, gibt es einen Parkplatz unterhalb des Campingplatzes Ranolien zwischen Perros und Ploumanach an der Küste. Ein Katzensprung zum Felschaos.

• *Radeln* Radler werden vom Tourismusbüro verwöhnt. Brauchbare Tourenkarten gibt es gratis. Empfehlenswert die 25-km-Tour Vieilles Pierres (alte Steine) mit dem Schwierigkeitsgrad grün.

• *Reiten* Z. B. im **Poney-Club de Rulan**, in Trégastel, Route de Lannion, ✆ 02.96.23.85.29

• *Segeln* Die Segelschule von Perros ist spezialisiert auf die Ausbildung junger Jollenkapitäne, die vorzugsweise während 1- bis 2-wöchiger Ferienkurse getrimmt werden. **Centre nautique**, Plage Trestraou, ✆ 02.96.49.81.21.

• *Surfen* Am Trestraou-Strand vermietet der **Seven Islands Surf Club** Bretter und Ausrüstung, ✆ 02.96.23.18.38.

• *Tauchen* Zum Beispiel **Emotion Sub**, Rue Gabriel Vicaire 37, ✆ 02.96.91.67.20.

• *Taxi* **Allo Les Taxis Perrosiens**, ✆ 02.96.28.84.56 oder **Taxis Petretti**, ✆ 02.96.23.20.35.

• *Tennis* Mehrere Clubs, einer davon **Tennis de Trestraou** am Trestraou-Strand, ✆ 02.96.23.08.11.

• *Thalassotherapie* Informationen bei **Thermes Marins de Perros-Guirec**, Boulevard Joseph le Bihan, Tel.02.96.23.28.97; u. a. Raucherentwöhnung und Antistress-Therapie. Auskünfte vor Ort auch über das O.T.

• *Veranstaltungen* Im Sommer rummelt es insbesondere am Trestraou-Strand mehrmals wöchentlich. Regatten, Folkloreabende, klassische Strand- oder Rockkonzerte unter freiem Himmel. Höhepunkt der Saison ist das große Hortensienfest (**Festival de la Cité des Hortensias**) am zweiten Sonntag im August. Auf mehreren Bühnen in der Stadt bieten bis zu 500 Musiker, Tänzer und Sänger bretonische Folklore. Den Abschluss der Fête bildet der Triumphzug der Bläser, anschließend wird ein Fest-Noz auf dem Rathausplatz gefeiert. Das Fest-Noz ist kostenlos, einige Konzerte sind gebührenpflichtig.

• *Yachthafen* Gutgeschützter Gezeitenhafen mit schließbarem Flutbecken, das jeweils 1,5 Stunden vor und nach Flut geöffnet wird. 720 Liegeplätze, 40-t-Kran, Strom, Wasser und Sprit direkt am Ponton. Duschen/Toiletten im Hafenbüro an der Schleuse. Nähere Informationen über die Capitainerie an der Hafenzeile, Mo–Sa 7.30–17.30 Uhr. ✆ 02.96.23.37.82, port.perros.guirec@wanadoo.fr.

Übernachten (siehe Karte S. 242/243)

Über 30 Hotels mit ca. 700 Zimmern, dazu eine Unzahl möbl. Zimmer und Appartements – Perros ist das Beherbergungszentrum der Granitküste. Schwerpunkte sind der Hafen in der Unterstadt, der Boulevard A. Briand (Hauptstraße der Oberstadt) und der Trestraou-Strand. In der Saison bieten viele Hotels nur Zimmer mit Halbpension. Eine Auswahl:

*** **Grand Hotel de Trestraou (14)**, das ehemalige Seebadhotel beherrscht mit seiner kolonialen Würde den Baderummel zu seinen Füßen. Das 50-Zimmer-Haus mit den großen, etwas stillosen Aufenthaltsräumen besitzt ein Restaurant mit 200 Gedecken. DZ 55–100 €, HP 52–112 €, Frühstück 7,50 €. Geöffnet von März bis November. Boulevard J. de Bihan 45, ✆ 02.96.49.84.84, www.grand-hotel-trestraou.com.

*** **Hotel le Manoir du Sphinx (1)**, schmucke, hochgeschossige, alte Villa auf der Landspitze oberhalb des Trestrignel-Strandes; 20 mit Bad/WC/TV ausgestattete Türmchen- und Erkerzimmer mit Panoramablick über die Bucht. Hotel und Gartenpark mit dem angestaubten Charme eines englischen Aristokratenetablissements. Ausgezeichnete Dîners im Hotelrestaurant. DZ 95–115 €, HP 94–113 €, Frühstück 9 €. Geöffnet von März bis Dezember. Chemin de la Messe 67, ✆ 02.96.23.25.42, lemanoirdusphinx@wanadoo.fr.

*** **Hotel les Feux des Iles (2)**, freistehendes Natursteingebäude am Anfang der Oberstadthauptstraße, steil über den Klippen; 15 Zimmer mit prächtiger Aussicht, alle mit Bad/WC/TV und sehr komfortabel. Neben dem hoteleigenen Tennisplatz überzeugt vor allem das mehrfach ausgezeichnete Hotelrestaurant mit seinen Schlemmereien. DZ 80–110 €, HP 70–100 €, Frühstück 10 €. Ganzjährig geöffnet bis auf die ersten 10 Tage im Oktober und 20 Tage um den Jahreswechsel. Boulevard Clemenceau 53, ✆ 02.96.23.22.94, www.feux-des-iles.com.

** **Hotel Ker Mor (11)**, das mit Türmchen verzierte "Haus am Meer" liegt neben dem Kongresszentrum direkt am Trestraou-Strand. Frühe Reservierung und Halbpension im Sommer sind bei dieser Lage selbstverständlich. 29 in Größe und Ausstattung unterschiedliche Zimmer, z. T. mit Meerblick. Solides Restaurant mit Terrasse und Aussicht auf den Baderummel. DZ 45–100 €, HP 50–70 €, Frühstück 7 €. Ganzjährig geöffnet. Plage de Trestraou, ✆ 02.96.23.14.19, www.hotel-ker-mor.com.

** **Hotel de la Mairie (7)**, preisgünstigstes 2-Sterne-Hotel mit 21 schallgedämpften Zimmern zum Rathausplatz hin, von denen man nicht zu viel erwarten sollte. Der rechtwinklige Natursteinbau hat eine Betonbalkonzeile und eine Erdgeschossbar. Keine Hunde, Katzen oder Wellensittiche. 18 Zimmer mit Dusche bzw. Bad/WC, 3 Zimmer mit Waschbecken und Bidet. DZ 36–40 €, Frühstück 5,50 €. Ganzjährig geöffnet. Place de l'Hotel de Ville 28, ✆ 02.96.23.22.41.

** **Hotel de France (3)**, oberhalb des Stadtrands auf einer weit vorgeschobenen Landzunge im Grünen liegt das schieferverkleidete Empfangs- und Wohngebäude mit seiner granitgerahmten Fensterfront, die aufs Meer hin blickt. 30 sanitär voll ausgestattete Zimmer (Bad bzw. Dusche/ WC), die sich im Preis nur durch ihre Lage unterscheiden. Überdachte Aufenthaltsterrasse, ruhiger Garten und Restaurant. DZ 40–70 €, HP 46–60 €, Frühstück 7 €. Geöffnet von Anfang April bis Anfang Oktober. Rue Rouzic 14, ✆ 02.96.23.20.27, hotelfrance.perros@free.fr.

** **Hotel St. Yves (10)**, 20 Zimmer unterschiedlichster Ausstattung in einem weiß getünchten, familiären Bürgershaus mit neuzeitlichem Fachwerkanbau (Restaurant) und Caféterrasse. Oberhalb von Rathaus/ O.T. direkt an der Hauptstraße führt die Einfahrt in den Hofparkplatz. DZ 39–43 €, HP 42–50 €, Frühstück 6 €. Ab Mitte Januar 1 Monat, im November 2 Wochen geschlossen. Rue St. Yves, ✆ 02.96.23.21.31.

Hotel les Violettes (13), nettes Familienhotel in einem verwinkelten Gebäude-Ensemble mit geraniengeschmückten Balkönchen abseits der Oberstadt-Hauptstraße. Von den 17 einfachen, aber zweckmäßig eingerichteten Zimmern haben 9 Bad/Dusche/WC, 4 zusätzlich TV. Solides Restaurant. DZ 26–41 €, HP 38–46 €, Frühstück 5,50 €. Ganzjährig geöffnet. Rue du Calvaire 19, ✆ 02.96.23.21.33.

Le Gulf Stream (6), kleines Hotel am Ende des Trestraou-Strandes, oberhalb der steil abfallenden Klippen. 12 mit altmodischem Flair ausgestattete Zimmer, die mit grandiosem Ausblick über die Bucht aufwarten. 4 Zimmer besitzen Bad/WC, ansonsten Etagen-WCs und -duschen. DZ mit Waschbecken 30 €, mit Bad/WC bis 80 €, HP 40–55 €, Frühstück 7 €. Nettes Restaurant. Geschlossen im Januar. Rue des Sept Iles 26, ✆ 02.96.23.21.86.

Hotel le Suroit (16), zweistöckiger Eckbau stadtauswärts an der Hafenzeile (Unterstadt), 10 einfache Zimmer und ebensolcher Barbetrieb. 4 Zimmer mit Bad. Tagsüber emsiger Straßenverkehr. DZ 27–78 €, Frühstück 5 €. Im Februar geschlossen. Rue Ernest Renan 81, ✆ 02.96.23.23.83.

La Donne Auberge (15), hübsches, etwas schmalbrüstiges Natursteingebäude im touristischen Abseits im Ortsteil La Clarté (3 km zum Strand), vis-à-vis der Kapelle Notre Dame. Während des großen Pardons im August allerdings befindet sich die Herberge für 2 Tage im Zentrum des Geschehens, dann hilft nur rechtzeitige Reservierung. 8 einfache Zimmer, Salon und kleines Restaurant. DZ nach Standard 25–35 €, HP 48–52 €, Frühstück 5,50 €. Im November geschlossen. Place de la Chapelle, ✆ 02.96,91.46.05.

• *Appartements/Häuser* Neben privaten Zimmeranbietern (Informationen über das O.T.) einige große Mietwohnungs- und Häuseragenturen – vom 2-Personen-Studio bis zur 10-Zimmer-Villa (Kontakte über das O.T.). Anbieter z. B. **Agence Villeneuve**, Place de l'Hôtel de Ville 9, ✆ 02.96.23.22.62.

Camping

Etwa 1000 Stellplätze, doch im Sommer wird es eng. Vorbestellung empfohlen.

**** **Le Rannolien**, an der D 787 zwischen Perros und Ploumanach, das Felsenchaos des Teufelsschlosses auf der Pointe Squewel liegt gleich ums Eck. Von Lage und Ausstattung einer der schönsten Campingplätze der Bretagne. 10 ha bewaldetes Heideland, in dem wild verstreut riesige Felsblöcke schlummern, bieten lauschige Plätzchen für ca. 1000 Gäste. Sehr gepflegte Sanitärausstattung und breites Animationsangebot: Minigolf, Tennis, Segelkurs, beheiztes Schwimmbad mit Planschbecken, Folkloreabende und Ausflüge. Tabak, vorgekochte Schnellgerichte, Zeitungen, Tiefkühltruhen, Waschmaschinen, Reinigung, Restaurant und Selbstbedienungsladen gehören zum Service. Für Juli und August ist Platzreservierung zwingend. 580

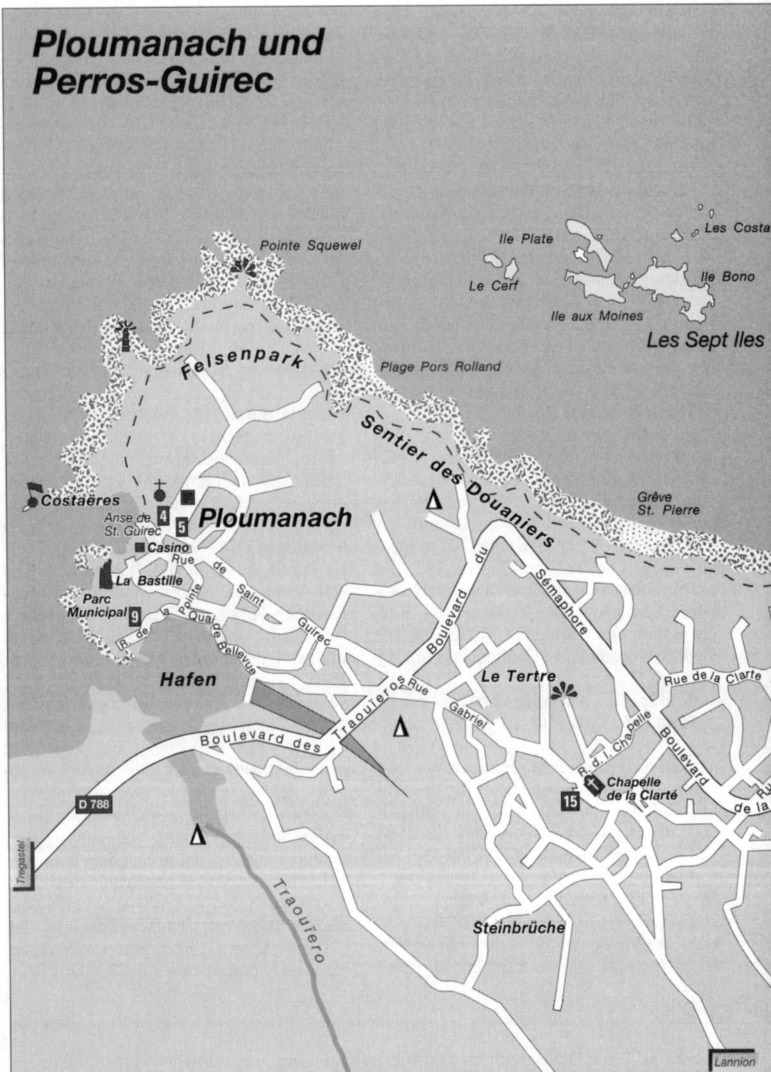

Stellplätze. Geöffnet von April bis September. Chemin du Rannolien, ✆ 02.96.91.43.58, www.leranolien.com.

*** **Camping Trestraou**, zentrale Lage, etwa 200 m hinter dem gleichnamigen Strand. Die ziemlich weitläufige Anlage ist eingerahmt von 3 Hotelkomplexen, die nachts hell strahlen und deren werte Gäste von den Zimmerbalkons in die Kochtöpfe der Freiluftkollegen schielen. Die 180 Stellplätze auf gepflegtem Rasen sind teilweise mit Hecken unterteilt. Das schmale Freizeitangebot (Tischtennis, Kicker) wird vom noch schmaleren Lebensmittelangebot des Su-

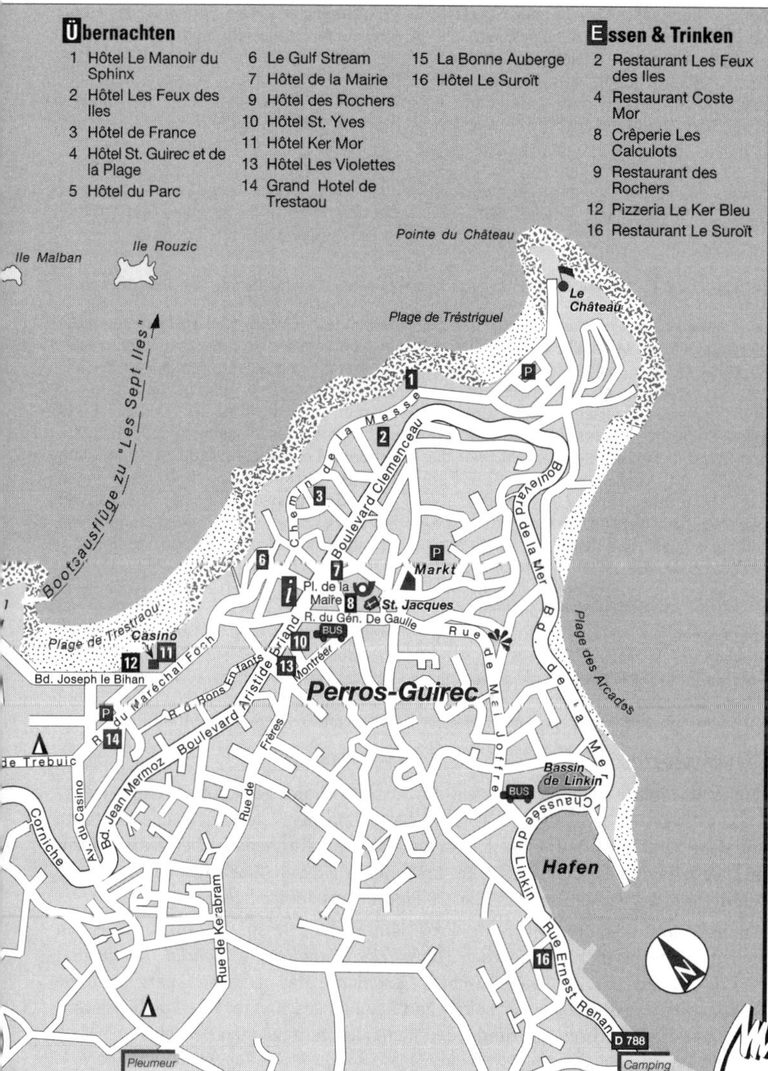

permarkts im Empfangsgebäude unterboten (Dosen, H-Milch); ca. 200 m zum Strand. Geöffnet von Mai bis August. Avenue du Casino 89, ✆ 02.96.23.08.11.

*** **Camping Ernest Renan**, gegenüber der Landzunge von Perros-Guirec auf der Strecke von Perros nach Louannec (D6), ruhig an einer lang gezogenen, gut geschützten Lagune. Die Gemeindeverwaltung von Louannec zeichnet verantwortlich. Originalton der Eigenwerbung: "Bar, vogerichtete Speise, Eisstücke zum erkühlen, Eis zum Essen. Für die Kindern: Rutsche, Schaukel, Strand und ein Meerwasser See. Auf diesem Meerwasser See können Sie durch die Stadtlicher Segeln Schule Kurze oder ein Einführung zu Segeln haben (Segelnbrett oder Segelnboot)." Klar, dass die "viele Grassanlage", die 1989 mit Blumen und wenigen Bäumchen bepflanzt wurde, auch sanitär sehr gut ausgestattet ist. Fazit: Der nette Municipal-Camping von Louannec braucht dringend einen Germanisten. Route de Perros-Guirec, ✆ 02.96.23.11.78.

*** **Camping la Claire Fontaine**, das Hotel de Plein Air ist ein schattiges, rasenbedecktes Areal am südlichen Ortsrand weit oberhalb der Küste, etwa 1 km vom Trestraou-Strand. 180 Plätze für Leute, die nicht auf Rummel stehen und die es nicht stört, dass das Meer nachts nicht rauscht. Die Sanitäranlagen werden ordentlich gepflegt, Warmduschen im Preis inbegriffen. Geöffnet von Ostern bis Mitte September. Rue de Toul Ar Lann, ✆ 02.96.23.03.55.

Essen (siehe Karte S. 242/243)

Le Printania, das Restaurant im gleichnamigen Hotel oberhalb des Trestraou-Strandes ist eine der besten Speiseadressen der Stadt. Hinter der großen Fensterfront genießen Feinschmecker nicht nur eine königliche Meeresfrüchteplatte, sondern auch die exzellente Aussicht über die 7-Insel-Bucht. Menu complet ab 32 €. Rue des Bons Enfants 12, ✆ 02.96.49.01.10.

Les Feux des Iles (2), im gepflegten, geschmackvollen Hotelrestaurant mit 7-Insel-Panorama ist der Hotelchef auch Meister der Küche. Kulinarisches ab 23 € (Menu), Spezialitäten wie norwegischer Lachs und Krustentiere gibt's à la carte. Boulevard Clemenceau 53, ✆ 02.96.23.22.94.

Restaurant le Suroit (16), im gleichnamigen Hotel. Wenn der Durchgangsverkehr abends nachgelassen hat, dann sitzt man besonders in den Herbst- oder Frühlingsmonaten im Wintergarten mit Blick auf den Yachthafen sehr gemütlich. Menüs von 15–35 €, Beispiel für 23 €: 6 Austern, Lammtrio auf Rosmarin, Käse, Dessert. Sonntagabend und Montag geschlossen. ✆ 02.96.23.23.83.

Crêperie Les Calculots (8), direkt im alten Zentrum am Kirchplatz mit Terrasse. Innen nette Seemannsatmosphäre. Crêpes von 2–8 €. Montagabend, Dienstagabend sowie Sonntag geschlossen. Place de l'Eglise, ✆ 02.96.91.04.09.

Pizzeria Le Ker Bleu (12), für den schnellen Hunger zwischen Strand und Casino. Genießbare Meeresfrüchtepizza (11 €), Tortellini oder sonstige Pasta (ab 7 €) direkt am Badeboulevard. Auch Gallettes, Fleisch- und Fischgerichte. Viel Glück im Casino! Boulevard Bihan, ✆ 02.96.91.14.69.

Sehenswertes

Kirche St. Jacques: Die Besonderheit der aus rosa Granit gebauten Kirche von Perros sind zwei Kirchenschiffe aus verschiedenen Epochen. Die romanische Westseite aus dem 12. Jh. wurde im 14. Jh. um ein gotisches Kirchenschiff erweitert. Turm und Chor stammen aus dem 17. Jh. Im Inneren ist das Altarblatt beachtenswert: Auf drei Etagen verteilt, zeigt es über 20 Figuren aus der Heiligengeschichte.

Wachsfigurenmuseum *(Musée de Cire)*: Hinter dem Bassin de Linkin am Hafen stellen einige berühmte Franzosen (*Boishardy, Napoléon, Cadoudal, Renan* und *Botrel*) Szenen aus der französischen Geschichte dar. Daneben pergamentene Dokumente und Stiche aus der Lokal- und Regionalgeschichte. Eine Haubensammlung aus der Niederbretagne rundet den nicht allzu aufregenden Besuch ab.

Öffnungszeiten Mitte Juni bis Ende August täglich 9.30–18.30 Uhr, Von Anfang April bis Mitte Juni und September 10–12.15 und 14–18 Uhr. Erwachsene 3 €, Kinder bis 13 Jahre 1,50 €.

Zöllnerpfad *(Sentier des Douaniers)*: Rechts vom Trestraou-Strand steigt die Straße steil nach oben. Hier beginnt der Zöllnerpfad (beschildert), ein sehr schöner Spazierweg von etwa 3,5 km Länge, der knapp über der Brandung die Küste entlang nach Ploumanach führt. Nach anfänglicher Skepsis (wo ist das Chaos?), wird die Wandertour immer verrückter. Kreuz und quer türmen sich vor dem Hintergrund der blauen Atlantikfluten in der gelb und lila blühenden Heidelandschaft gewaltige, rosa schimmernde Felstorsos zu immer bizarreren Formationen. Den ersten gewaltigen Höhepunkt der Rosa-Granit-Tour erleben Sie nach etwa 2,5 km an der *Pointe du Squewel* (skler well = schöne Aussicht): das *Château du Diable* (Teufelsschloss), eine mächtige Granitburg aus der Zauberkiste der Natur. Weitere Sensationen unter Ploumanach/Sehenswertes.

Die uralte Kirche des Badeorts

Chapelle Notre Dame de la Clarté: Die Kirche im Ortsteil Clarté wurde 1445 in Auftrag gegeben und aus dem rosa schimmernden Granit der Perroser Steinbrüche eiligst hochgezogen. In diesem Bethaus sollte künftig die heilige Jungfrau zur Klarsicht verehrt werden, die dem Spender auf so wundersame Weise geholfen hatte (siehe Kasten). Der Turm der Kapelle wurde erst im späten 16. Jh. hinzugefügt. Zu seinem Bau verwandte man praktischerweise Baumaterial aus dem von Royalisten während der Ligakämpfe zerstörten Ploumanacher Schloss. Im Innern der Kirche imponieren die *Kreuzwegstationen* (zwölf Jugendstilbilder des bretonischen Künstlers Maurice Denis), mehrere *Holzapostel* und die 1946 mit einer goldenen Krone versehene *Marienfigur*, die im Mittelpunkt der alljährlichen Wallfahrt steht.

Die Jungfrau der Klarsicht

Die Entstehung der Kapelle geht auf ein lebensgefährliches Abenteuer eines hier ansässigen Marquis von Barrach zurück, der vor 600 Jahren als Kommandant einer französischen Marineeinheit von einem Raubzug aus England zurückkehrte. Kurz hinter den Sieben Inseln geriet seine Staffel in dichtesten Nebel. Es war unmöglich, sicher zu steuern, Wind und Strömung konnten die orientierungslosen Schiffe jeden Moment in den tödlichen Riffen zerschellen lassen. Demütig kniete der gläubige Marquis auf den Planken nieder und flehte um die Fürbitte der heiligen Jungfrau. Sollten er und seine Flotte gerettet werden, versprach er, würde er ihr eine Kapelle stiften. Der Graf fand gnädiges Gehör. Ein Sonnenstrahl brach durch den Nebel und zeigte den sicheren Weg in den Hafen von Perros. Der adelige Herr, ganz Ehrenmann, ließ gleich nach seiner Ankunft an der Stelle, die der himmlische Strahl beschienen hatte, eine Kapelle errichten. Um an das Wunder in der Nebelsuppe zu erinnern, nannte er sie Notre Dame de la Clarté – Jungfrau der Helle, der Klarsicht. Ihre Aufgabe ist es, Fischer und Seeleute sicher zu leiten und Menschen aller Berufe vor dem Übel der Blindheit zu schützen.

P.S.: Solide Heimatforscher melden bei der Geschichte Zweifel an – trotz gewissenhafter Nachforschungen in Marinearchiven und Stammbüchern konnte die Existenz eines seefahrenden Marquis von Barrach nie nachgewiesen werden.

Le Tertre: 100 m oberhalb der Kapelle erhebt sich *Le Tertre* (der Hügel) über den Ort. Der beliebte Aussichtspunkt gibt einen prachtvollen Panoramablick auf die Sieben Inseln frei, im Rücken die großen Weltraumlauscher und das gleißendweiße Radom von Pleumeur-Bodou. Der Orientierungstisch auf dem Hügel ist aus heimischer Keramik.

Sieben Inseln (*Sept Iles*): Die Inseln vor der Küste sind Frankreichs ältestes Vogelschutzgebiet. Eine Bootstour zwischen den Inseln (von West nach Ost: *Bono, Rouzic, Aux Moines, Malban, Plate, Le Cerf, Les Constans*) gehört nicht nur für Ornithologen zum festen Programm (siehe Diverses/Bootsausflug). Der Rundtrip dauert etwa 2,5 Stunden und führt quer durch eine außergewöhnliche Meereslandschaft, in der sich neben zahlreichen Möwenvölkern und Basstölpel-Kolonien auch ausgefallenes Federvieh zum Nisten niederlässt. Wir erwähnen Austernfischer und Papageientaucher. Ein Landaufenthalt ist nur auf der *Ile aux Moines* (Mönchsinsel) gestattet. Auf ihr sorgt ein malerischer Leuchtturm und die Vauban-Festung aus dem 18. Jh. für touristische Kurzweil.

Baden

Plage de Trestraou: 500 m Sand und wirbelndes Badeleben mit komplettem Strandprogramm: Von öffentlichen Duschen und Umkleidezeile über Surfen, Segeln, Kindertrampolin bis zum Asphaltboulevard mit seinen Pizzerias, Cafés und dem Casino bietet der Hauptstrand von Perros alles. Parken an der Strandpromenade kann schwierig werden.

Plage de Tréstrignel: Unterhalb der Landspitze *Pointe du Château* schmiegt sich der 300 m lange, feinsandige Strand in die villenbestückte Bucht. Reger Badebetrieb, Strandclub, bei Flut kaum Platz für die Handtücher. Bei schönem Wetter ist der Parkplatz voll belegt.

Ploumanach

Ebbe und Vollmond: Die spiegelglatte See ist durchsetzt von violett schimmernden, rund geschliffenen Felswesen. Vor dem Oratorium des heiligen Guirec geben sie eine gespenstische Kulisse für das Zauberschloss auf der Insel ab. Polanski lässt grüßen.

Ploumanach gehört zum touristischen Muss. Das Panorama der traumhaften Bucht inspirierte vor einigen Jahren sogar die französische Eisenbahnverwaltung: In Großformat zierte das Konterfei des Costaëres-Schlosses die Plakatwände der Pariser Untergrundbahn. Bereits vor 2000 Jahren war die Gegend um Ploumanach besiedelt. Aus einer losen keltischen Siedlung entwickelte sich mit Hilfe römischer Besatzungstruppen ein gallorömischer Hafen, den im 6. Jh. einige Mönche aus England anliefen. Sie gründeten die Pfarrgemeinde (*Plou*) vom Mönchsmoor (*Manac'h*) und gaben dem Ort seinen Namen.

Anfang des 20. Jh. wurde das Fischerdorf vom Tourismus entdeckt. Aus der einst eigenständigen Pfarrei, die heute von Perros weltlich verwaltet wird, kirchlich noch immer dem Bischof von Dol untersteht, hat sich im Schatten des lebhaften Seebads Perros ein reizend-beschaulicher Badeort entwickelt. Mit seinem rosa Granit vor der Haustür zählt Ploumanach zu den wenigen nicht selbsternannten "Perlen der Bretagne", doch Vorsicht: Der abendliche Spaziergang durch das Steinchaos kann süchtig machen.

Die Flasche auf dem Zöllnerpfad

Information/Verbindungen

- *Postleitzahl* 22700 Perros-Guirec/Ploumanach
- *Information* Nur im Sommer in einem Häuschen in 2. Reihe zum Strand. Geöffnet von 10–12.30 und 15–18.30 Uhr. Rue St. Guirec.
- *Verbindung* Ploumanach liegt an der **Bus**strecke Lannion/Granitküste. Mindestens 4-mal täglich wahlweise über Perros-Guirec oder Pleumeur-Bodou nach Lannion.

Diverses

- *Bootsausflug* Zu den 7 Inseln, in der NS mehrmals wöchentlich, in der HS täglich. Einzelheiten siehe Perros-Guirec.
- *Busausflug* In der HS mit **Voyages Petretti** (näheres Perros Guirec/Busausflug).
- *Parken* Großer, bei regem Sommeransturm aber viel zu kleiner Parkplatz direkt vor dem Ortsstrand.
- *Pardon* Am Himmelfahrtstag feiert Ploumanach seinen großen Pardon für St. Guirec, der mehrere Wunder vollbracht und Kinder, Lahme, Fieberbefallene und Eiteraussätzige dadurch geheilt haben soll, dass er sie in seinem Bett herumrollte. Die Prozession für St. Guirec führt auch zum Oratorium des Heiligen. Die unverheirateten weiblichen Festgäste verzichten heutzutage auf den alten Brauch, dem Heiligen mit einer Nadel in die Nase zu pieken (siehe Sehenswertes/Oratorium).
- *Tauchen* **Lodan Glaz**, ✆ 02.96.45.81.93.
- *Yachthafen* Allein die wohl welteinmalige Hafeneinfahrt zwischen dem Leuchtturm Menez Ruz und dem Costaëres-Schloss lohnt für Bootsbesitzer oder Charterseeleute den Besuch. Ein Flutbecken mit 350 Liegeplätzen für maximal 14-m-Boote, Ponton mit Wasser, Strom und Elektrik stehen zur Verfügung. Informationen im Hafenbüro, ✆ 02.96.91.44.31.

Übernachten/Camping/Essen (s. Karte S. 242/243)

** **Hotel St. Guirec et de la Plage (4)**, der grausam-schieferverkleidete Restaurant-Anbau des alten Natursteinhotels unterhalb des Granitchaos zerstört die beschauliche Lage am Strand. Großer Trubel durch Schaulustige, die ebenfalls das 1-A-Panorama, das ein Großteil der 24 Zimmer (fast alle mit Bad/WC) bietet, genießen wollen.

In der HS Vorbestellung und HP unumgänglich. DZ 30–57 €, HP 36–53 €, Frühstück 6 €. Geöffnet von April bis Oktober. Plage de St.-Guirec, ✆ 02.96.91.40.89, www.hotelsaint-guirec.com.

** **Hotel des Rochers (9)**, hinter der Naturparkanlage (Bastille), vis-à-vis vom Hafen. 14-Zimmer-Hotel mit dem etwas postmodernen Schick greller Farben und rustikaler Holztäfelung in Aufenthaltsraum und Restaurant (siehe Essen). Sanitär gut eingerichtet, alle Zimmer mit Bad bzw. Dusche/WC. DZ 46–70 €, HP ab 50 €, Frühstück 7,50 €. Ganzjährig geöffnet. Port de Ploumanach, ✆ 02.96.91.44.49, www.hotel-des-rochers.com.

** **Hotel du Parc (5)**, zentrale Lage vor den touristischen Höhepunkten und dem Parkplatz. Schönes Natursteingebäude mit einem flachen Anbau und blumengeschmückten Dachgiebelfenstern. 11 gut möblierte Zimmer mit Bad/Dusche/WC. Restaurant und Bar. DZ 30–45 €, HP 47 €, Frühstück 5,50 €. Von April bis Oktober geöffnet. Parking de Ploumanach, ✆ 02.96.91.40.80, hotel.duparc@libertysurf.fr.

• *Camping* *** **West Camping**, unweit der Kreuzung der Küstenstraße (D 788) mit der Hauptstraße, die von Ploumanach herausführt. Etwa 50 Stellplätze auf einem bewaldeten Terrain mit ziemlich einfacher Infrastruktur. Geöffnet von Ostern bis September. Rue Gabriel Vicaire 105, ✆ 02.96.91.43.82.

• *Essen* **Les Rochers (9)**, das Restaurant des Hotels am Hafen. Von den Fensterplätzen wunderschöner Blick, an allen Tischen werden die Erzeugnisse der exquisiten Küche aufgetragen. Spezialität: gegrillter Hummer und flambierte Gamba-Jakobsmuschel-Spieße. Menus ab 17 €. ✆ 02.96.91.44.49.

Coste Mor (4), das Restaurant des Hotels St. Guirec am Plage de Bastille; durchschnittliche Gerichte zu durchschnittlichen Preisen, doch bestechend ist der Blick von der Terrasse hinüber zum Schloss Costaëres. Menu ab 13 €. ✆ 02.96.91.40.89.

Restaurant Le Mao, in Hafennähe, fast schon maoistische Preise: Menus 9–20 €, 4-Gang-Menu ab 20 €. Keine Top-Qualität, aber durchaus genießbar. Meeresfrüchtespezialitäten, als Nachtisch z. B. Fromage Blanc mit Erdbeersauce. Rue St. Guirec, ✆ 02.96.91.40.92.

Sehenswertes

Zöllnerpfad: Die Hauptattraktion Ploumanachs. Der Weg von der nördlich liegenden *Pointe de Squewel* (siehe Perros-Guirec) über den *Leuchtturm von Meen Ruz* und den Ortsstrand hinüber zur mächtigen *Bastille* ist als Naturpark ausgewiesen. Nachdem Sie das irrsinnige Teufelsschloss (siehe Perros-Guirec), das jeden Moment einzustürzen droht, hinter sich gelassen haben, führt der Pfad die Küste entlang quer durch das von Granitblöcken versperrte Heideland und bietet ständig neue Perspektiven: die *Felserne Flasche, Napoléons Hut*, chaotische Türme, Variationen in rosa Gestein. Hinter der Seerettungsstation (kleine Ausstellung über die lokale Geschichte des Vereins französischer Lebensretter) duckt sich zwischen riesigen Felsblöcken die *Villa Ker Wel* des berühmten französischen Architekten Gustav Eiffel. Rechts der *Leuchtturm von Meen Ruz* und dann, nach einem etwas holprigen Abstieg, der letzte Höhepunkt: die Bucht von Ploumanach mit der bei Flut nur knapp aus dem Wasser ragenden Andachtsstätte des heiligen Guirec und dem märchenhaften Quo-Vadis-Schloss auf einer Granit-Insel im Vordergrund. Am Ende des Strandes türmen sich gewaltige Blöcke zu einer 25 m hohen Zitadelle aus Fels, die im Volksmund schlicht *La Bastille* heißt. Klettererprobte mit vernünftigem Schuhwerk können von oben ein mehr als außergewöhnliches Panorama bestaunen.

Tipp: Es lohnt sich, den Spaziergang bereits in Perros-Guirec zu beginnen. Die optischen Attraktionen steigern sich (Näheres siehe Perros-Guirec/Zöllnerpfad).

Schloss Costaëres: Die zauberhafte Silhouette des Schlosses auf einem Felsinselchen inmitten der Bucht ist eines der meistfotografierten Motive der Bretagne. Eingerahmt von rosafarbenen Granitblöcken und bizarren Riffen, umspült von den blauen Wogen des Atlantiks, gilt ein Blick hinüber zum Märchenschloss als touristische Topattraktion der *Côte de Granit rose*.

Granitküste Karte S. 239

Schloss Costaëres

Das Schloss wurde 1892 im Auftrag des polnischen Ingenieurs Bruno Abakanowicz gebaut. Er hatte den Baugrund von einem hier Kartoffeln züchtenden Perrosser Zöllner erworben und plante für sich und seinen illustren Bekanntenkreis aus Künstlern und Schriftstellern eine Arbeitsklause und elegantes Feriendomizil. Auch der Romancier *Henry Sienkiewicz* hat sich einige Wochen hier aufgehalten. Ob er seinen Weltbestseller *Quo Vadis* z. T. hier geschrieben oder ob er nur Urlaub gemacht hat – die Henry-Sienkiewicz-Forschung ist sich in diesem Punkt nicht einig. Einerlei: Bei Insidern ist das Schloss als *Château Quo Vadis* ein stehender Begriff.

In den 70ern übernahm ein japanisch-französisches Firmenkonsortium die Eigentümerrechte und schickte Manager und verdiente Verkaufstalente zum Abspannen auf die Insel. Der vorläufig letzte Eigentümerwechsel vollzog sich 1989. *Didi Hallervorden*, Komiker, Philosoph, Mehrheitsaktionär und Geschäftsführer einer Liechtensteiner Firma, erwarb die Wohnrechte. Doch er sollte wenig Glück mit seinem Kauf haben: Am Morgen des 7. Septembers 1990 verwüstete ein Brand zwei Stockwerke und das Dach des Walt-Disney-Schlosses. Herr Hallervorden hat die damals zugesagte Renovierung mittlerweile abgeschlossen. Das Betreten der Schlossinsel ist für Ungeladene untersagt, das Fotografieren nicht. Das unglaublichste Panorama bietet sich von der Spitze der "Bastille" genannten Felsformation gegenüber der Insel.

Oratorium: Bei Ebbe ragt die kleine, überdachte Andachtsstätte, *St. Guirec* geweiht, aus dem ruhigen Wasser der Bucht. Vor über 1400 Jahren soll hier der hochverehrte englische Mönch an Land gegangen sein, um die heidnischen Völker zu missionieren. Zum Gedenken an ihn wurde im 12. Jh. ein mit seinem hölzernen Standbild versehenes Oratorium errichtet, das bei Flut bis zu den Säulchen verschwindet und nur bei Ebbe trockenen Fußes zu erreichen ist. Um die Gedenkstätte des Guirec entwickelte sich im Lauf der Zeiten ein eigentümlicher Brauch, der vor allem die jungen Damen des Ortes auf erklärliche Weise anzog: Sollte doch dem Mädchen, das der Holzfigur des Heiligen mit einer Nadel in die Nase stach, noch übers Jahr ein besonders gut aussehender Bräutigam begegnen. Die zahlreichen nasestechenden Bittstellerinnen machten mit der Zeit aus dem Gesichtserker des Heiligen ein Loch. Kein Wunder, dass die geplagte Holzskulptur vor Jahren durch ein granitenes Standbild ersetzt werden musste, das allerdings in der Nasengegend auch schon deutliche Spuren der Verwüstung zeigt.

Maison du littoral: Wer während eines Spaziergangs auf dem Zöllnerpfad auch etwas über die Entstehung des Felsenchaos' erfahren möchte, sollte hier einen kleinen Zwischenstopp einlegen: Die ständige Ausstellung informiert über Geologie der Granitküste, Verwendung des rosa Gesteins sowie Flora und Fauna der Region. Außerdem werden wechselnde Ausstellungen und ein Seemannsknotenatelier präsentiert.

Öffnungszeiten Mitte Juni bis Mitte September 10–13 und 14–18 Uhr. Eintritt frei. Sentier des douaniers/chemin du phare, ✆ 02.96.91.62.77.

Baden

Plage de St. Guirec: Der Stadtstrand von Ploumanach wird zum Ort hin begrenzt von Hotels, Caféterrassen und dem Oratorium. Zum Meer hin brechen die vorgelagerten Felsen und Riffe den Ansturm der Wogen und glätten die See. Der 300–400 m breite Sandstreifen, den die Gezeiten schaffen, ist auch für Kinder ein sicheres Baderevier in optisch eindrucksvoller Lage: Rosa Felswesen, ein Oratorium und ein Märchenschloss bilden die Kulisse des Planschvergnügens.

Plage de la Bastille: Unterhalb der 25 m hohen Felszitadelle, die die beiden Strände von Ploumanach trennt. Auf der vorgelagerten Insel das Costaëres-Schloss. Kleiner als der Hauptstrand, aber mindestens ebenso schön. Für Kinder sehr geeignet, ruhiges Meer. Beide Strände sind bei Ebbe ein hervorragendes Revier zum Fußfischen: Muscheln, Schnecken und Krustentiere im grünen Algenteppich zwischen Sand und Fels.

Trégastel (ca. 2000 Einwohner)

Am Strand die steingewordenen Zeugen reger bretonischer Phantasie: die Schildkröte, die Hexe, der Totenkopf oder die Palette eines Malers. Doch ebenso zu den Attraktionen Trégastels gehört der Ewige Vater aus gebranntem Ton, der auf dem Aquarium seinen mahnenden Zeigefinger erhebt.

Trégastel besteht aus zwei Ortsteilen. Die schmalen Granithäuser des alten *Bourg* auf einem Hügel ducken sich um den zentralen Kirchplatz (mehrmals restaurierte Kirche aus dem 12. Jh., Beinhaus aus dem 17. Jh.), in den winkligen Gassen herrscht die Beschaulichkeit vergangener Zeiten. Unten am Strand drängen sich zwischen Villen, Ferienhäusern und Hotels die Urlauber: *Trégastel-Plage*, in den Gründerjahren des Tourismus rund um den schwachbrüstigen alten Hafen entstanden, ist der modernere Ortsteil und verströmt auch in der lebhaften Hochsaison noch das leise Flair des gepflegten Familienseebads. Die schmucke Häuser- und Hotelansiedlung unterhalb des Gradlonfelsens besitzt diskreten Charme, und die rosa Zauberwelt der steinernen Fabelwesen als Kulisse eines unbeschwerten Badevergnügens rechtfertigt den empfindsamen Stolz der Bewohner, wenn man auf die Konkurrenz mit Ploumanach zu sprechen kommt.

Tipp: Den schönsten Gesamteindruck und die beste Orientierung gewinnen Sie, wenn sie an der Hauptstraße (D 788) dem Schild "Panorama" folgen und vom Granitensemble "König Gradlons Krone" (*Couronne du Roi Gradlon*) in der Heide den Blick ins Rosa/Blaugrün schweifen lassen.

Information/Verbindungen

- *Postleitzahl* 22730
- *Information* Hauptbüro an der Hauptstraße vor der Kapelle Ste. Anne. Stadtplan, Hotel-/Campingliste und eine Menge Broschüren über die Granit-Küste. Juli bis August Mo–Sa 9.30–13 und 14–19 Uhr, Sonntag 10–12.30 Uhr. Von September bis Juni Mo–Sa 9.30–12 und 14–17.30 Uhr. Place St. Anne, ✆ 02.96.15.38.38.
- *Verbindung* Die Lokalbusse halten auf ihrer Rundtour in der Hochsaison bis zu 12-mal täglich in Trégastel. Zum Verkehrsknotenpunkt Lannion 30 Min. Von dort aus Verbindung zu allen Ortschaften der Granitküste. 3 Haltestellen: am Place Ste. Anne an der Durchgangsstraße, am Parkplatz des Strandes Coz-Pors (Trégastel-Plage) und vor der Kirche im Ortsteil Bourg (1,5 km landeinwärts).

Diverses

- *Ausflüge* Mit dem Boot u. a. zu den **7 Iles**, ab Coz-Pors, in der NS mehrmals wöchentlich, in der HS täglich. Einzelheiten siehe Perros-Guirec. Auskunft u. Buchung im Hafen oder O.T.
Halb- oder Ganztagesfahrten mit dem Minibus offeriert Petretti; Bréhat, die Schlösser des Trégor, Dinan, Kalvarientour etc. Auskunft im O.T.
- *Fahrradverleih* Nur noch in Perros-Guirec, siehe dort.
- *Markt* Montag vorm. am Place Ste. Anne.
- *Parken* Zentral und häufig überfüllt am asphaltierten Platz vor dem Plage du Coz Pors. Besser und trotzdem nur einen Katzensprung vom Geschehen neben dem Aquarium oder auf der Landenge vor der Ile Renot.
- *Reiten* Aufgesattelt wird am Ortsausgang des alten Ortsteils Bourg direkt gegenüber dem Kalvarienberg. **Club Hippique**, Route du Calvaire, ✆ 02.96.23.86.14; für die kleineren Urlauber im **Poneyclub**, Route de Lannion, ✆ 02.96.23.85.29.
- *Schwimmbad* Forum de Trégastel, hinter dem Coz-Por-Strand. Stattlicher Hallenbadkomplex mit 28 Grad warmem Meerwasser. Außerdem: vier 25-m-Bahnen, Wasserkanone, Sauna, Hamam (Dampfbad). Ganz unterschiedliche Öffnungszeiten, mal am Vor-, mal am Nachmittag. Eintritt ab 8,50 €, Kinder ab 6 €.
- *Tennis* Städtischer Tennisclub mit 5 Courts und 2 Hallenplätzen. Clubhaus in der Rue de Poul Palud, ✆ 02.96.15.31.54.
- *Wassersport* Segel- oder Surfkurse in der **Base Nautique** auf der Landspitze zwischen Grève-Blanche- und Grève-Rose-Strand. Außerdem Kajaks und ein schneller 8-m-Katamaran. Grève-Rose, ✆ 02.96.23.45.05.

Übernachten

*** **Hotel Bellevue**, ruhiges 31-Zimmer-Hotel mit stilvoll-repräsentativer Fassade und herrlichem Garten, etwas zurückversetzt unterhalb des Panoramahügels. Hohe, helle Räume mit Bad oder Dusche/WC. Im Restaurant Menus von 16–40 €. DZ 70–100 €, HP 55–90 €, Frühstück 10 €. Geöffnet von April bis Ende September. Rue des Calculots 20, ✆ 02.96.23.88.18, bellevue-tregastel@wanadoo.fr.

** **Hotel Beauséjour**, in erster Reihe am Coz-Pors-Strand. Im Erdgeschoss des lang gezogenen Baus Eiscafé/Snackbar/ Restaurant-Terrasse (Menus ab 15 €), in der 2. Etage 17 z. T. etwas düstere, sanitär voll ausgerüstete Zimmer. Teils Meersicht, teils Blick auf die Skulptur des Ewigen Vaters über dem Aquariumsfelsen. DZ 59–69 €, HP 60–65 €, Frühstück 8 €. Geöffnet von März bis Dezember. Plage de Coz-Pors, ✆ 02.96.23.88.02, www.beausejour.fr.fm.

** **Hotel de la Mer et de la Plage**, absolut zentrale Lage am Coz-Pors-Strand, in Preis und Leistung dem 3-Sterne-Nachbarn ebenbürtig. 20 zivilisiert eingerichtete Zimmer mit Bad oder Dusche/WC. DZ 40–75 €, Frühstück 7 €. Geöffnet von Mitte März bis Dezember. Plage de Coz-Pors, ✆ 02.96.15.60.00.

Hotel de la Corniche, familiäres Natursteinhotel 500 m vom Strand, vor der Abzweigung der Hauptstraße nach Trébeurden. 15 ordentliche Zimmer mit Bad/Dusche/WC. Im Erdgeschoss nettes Restaurant hinter hohen Bogenfenstern. DZ 40–65 €, HP 42–55 €, Frühstück 7,50 €. Ganzjährig geöffnet. Rue Charles le Goffic 38, ✆ 02.96.23.88.15, www.hoteldelacorniche.fr.fm.

** **Hotel des Bains**, an der Bucht von Ste. Anne, nur durch die Straße zum Aquarium vom Meer getrennt. Mehrere verschachtelte Gebäudeteile mit einfach möblierten Zimmern unterschiedlicher Ausstattung. DZ ab 35 €, DZ "Grand Luxe" 55 €, Frühstück 7,50 €. Geöffnet von Mitte Januar bis Mitte November. Boulevard de Coz-Pors, ✆ 02.96.23.88.09, www.hotellesbains.com.

Camping/Essen

*** **Tourony Camping**, von Ploumanach kommend am Ortseingang links hinter der Flutmühle. Der Platz am Flusslauf des Traouïero besitzt gute Sanitärblocks, alter Pinienbestand spendet Schatten. Auf ebenen Rasenflächen gut 100 Stellplätze. Der gleichnamige Strand ist zum Baden nicht so geeignet. Geöffnet von Ostern bis September. Rue de Poul-Palud, ✆ 02.96.23.86.61, camping.tourony@wanadoo.fr.

Campingcars können für 5 € pro Nacht (Wasser und Strom inkl.) beim Tennisclub parken

• *Essen* **Auberge de la Vieille Eglise**, Landgasthof im Ortsteil Bourg in einem sympathisch verwinkelten, alten Gebäude gegenüber der Kirche. Gutbürgerliches Restaurant mit bretonischer Küche, Spezialität Meeresfrüchte, die gehobeneren Menus sind ausgesprochene Schlemmermenus (Menus 16–36 €). Place de l'Eglise (Bourg), ✆ 02.96.23.88.31.

Restaurant Coz Pors, eines der Restaurants am gleichnamigen Strand; freundlich und für seine Preisklasse gut. Selten ist die – gesetzlich vorgeschriebene – Nichtraucherabteilung. Der Küchenchef empfiehlt heute Abend: Seehecht in Blätterteig an Crevetten, danach Pot au feu (Fischeintopf mit Langustine), zum Nachtisch Mystère (Vanilleeis mit Baiserkern im Haselnussmantel). Menus von 13–29 €. Weitere Spezialität des Hauses: Meeresfrüchtepizza. Plage du Coz Pors, ✆ 02.96.23.40.28.

Sehenswertes

Zöllnerpfad: Der Pfad verbindet die kleinen und großen Strände von Trégastel, der Spaziergang durch die bizarr zerfressenen und durchlöcherten Granitmassive mit ihren bildhaften Namen ist touristische Pflicht. Der Weg führt vom *Grève Rose* über den weißen Sand des *Grève Blanche* zum Panoramafelsen in der Mitte des Kaps von Trégastel. Die Felsformation mit Orientierungstafel – die *Krone des Königs Gradlon* – bietet einen herrlichen Blick über die feinsandigen Strände mit ihren Granittorsi, die bei Ebbe aus dem spiegelglatten Blaugrün ragen. Weiter zum Strand von Coz-Pors mit dem berühmten Würfel (*Le Due*), der im Vordergrund gewagt auf einem Felsriff ruht, vorbei am *Totenkopf* mit seinem ausgehöhlten Auge und den aufgeschichteten *Galettes* hinüber zum Naturpark der *Ile Renot*. Heute ist die einstige Insel mit dem Festland verbunden, doch an ihrem Ende türmt sich wie eh und je das große Chaos des rosa Granits von Trégastel.

Aquarium: Die Grotten unter den zyklopischen Granitblöcken des Aquariums erfüllten im Lauf der Zeit verschiedene Funktionen: Sie waren Bleibe von Höhlenbewohnern, Ort der Gottesverehrung, Munitionslager, Behausung verarmter Fischer, Tummelplatz eines bildhauernden Abbés und prähistorisches Museum. Nachdem ein Großteil der Exponate in der feuchten Höhlenkulisse verrottet war, entschlossen sich die Stadtväter zu einer der Umgebung angemesseneren Form der Nutzung. In etwa 30 kleinen, in die Felswände eingelassenen Aquarien tummeln

sich nunmehr ausgefallene Exemplare der atlantischen Meeresfauna und lethargische, mediterrane Seekarpfen. Einmal etwas ganz anderes ist die anschauliche Gezeitensimulation – alle 12 Minuten wechseln auf 30 qm Ebbe und Flut.
Über den wuchtigen Granitkolossen des Aquariums droht auf einer Plattform (über eine schmale Metall-Leiter zu besteigen) mit erhobenem Zeigefinger die weithin sichtbare, weiße Skulptur des an Buddha erinnernden *Père Eternel* (Ewiger Vater), den ein in Trégastel praktizierender Pfarrer vor Jahren in Ton gebrannt hat. Vorsicht mit dem Kopf beim Eingang in die niedrige Grotte. Erschrecken Sie nicht.

Öffnungszeiten April bis September 10–12 und 14–18 Uhr, in der HS ohne Mittagspause. Ansonsten nur während der französischen Schulferien. Am Eingang sind Erklärungen auf Deutsch erhältlich. Eintritt 5 €, Kinder je nach Alter ab 3 €. Boulevard du Coz-Pors, www.aquarium-tregastel.com.

Allée Couverte de Kerguntuil: Unweit des Campingplatzes Le Golven. Die Zeugin der frühgeschichtlichen Besiedlung des Landfingers von Trégastel ist ein nicht allzu aufregendes Erlebnis und wohl nur für Spezialisten interessant. Sie sehen: einen einzelnen Dolmen und ein bedecktes Langgrab. Von der D 788 links vor dem Camping in die Rue du Dolmen abbiegen, danach erste Straße rechts (*Dolmen*), leicht bergan bis zu einem Bauernhof (dahinter die *Allée Couverte*).

Calvaire: Auf einem Hügel am Ortsende des alten Trégastel-Bourg, direkt neben dem Jugendferienlager, erhebt sich ein neuzeitlicher Calvaire (spätes 19. Jh.) in ungewöhnlicher Form. Die turmähnliche, von außen über eine Wendeltreppe zu besteigende Gedenkstätte aus grob bearbeitetem Granit wird gekrönt von einem gekreuzigten Jesus. Am Wendelgang und im Innenraum dokumentieren zahlreiche weiße Votivtafeln den Dank der Gläubigen.

Traouïero-Tal (*Vallée du Traouïero*): Die Talschlucht (sprich Troiero) ist ein Traumplatz für Botaniker und Liebhaber bretonischer Mythen und druidischer Legenden. Wie aus sicheren Quellen verlautet, lebten zwischen den 300 Millionen Jahre alten bemoosten Granitblöcken, die sich entlang des Flüsschens Traouïero türmen, die *Korrigans* (Zwerge) – ständig in Gefahr, von dem wackligen Chaos über ihren Zwergenmützen erschlagen zu werden. Der Wanderweg durch das schmale Tal ist gesäumt von seltenen Farnen, seltsamen Moosen und sonderbaren Pflanzen, aus denen Druiden einst ihre Zauberdrinks mixten. Auch heute noch sollen die kleinen und etwas verschrobenen Helfer der alten Weisen im Tal herumhuschen: An der früher mit einem schweren Granitblock verschlossenen Höhle *Karreg an arc'Hanteg* bewachen sie den unsichtbaren (!) Schatz einst befreundeter Piraten. Und im Höllenloch (*Toll en Ifern*) halten sie den in Fels gemeißelten Engel der Aussätzigen gefangen.

• *Wanderung* Sie dauert etwa drei Stunden und sollte nur mit vernünftigem Schuhwerk unternommen werden. Wer sich nicht allein in das Zwergenreich traut, kann sich einer vom Tourismusbüro organisierten Führung anschließen (in der HS 3-mal wöchentlich, Juni und September 2-mal). Treffpunkt ist die alte Flutmühle Moulin à Marée (Dienstag um 15 Uhr, Donnerstag und Samstag 9.30 Uhr; im Juni und September entfällt die Donnerstagswanderung. Menschen ab 12 1,50 €).

Baden

Die Tourismusprospekte Trégastels werben mit 12 Stränden, die unbeschwerte Badefreuden bescheren sollen. Die Zahl klingt etwas übertrieben, lassen sich doch nicht alle angegebenen Buchten als Baderevier betrachten. Trotzdem: hier einige Bombenstrände aus dem Angebot.

Baden im Schatten des Würfels

Plage du Coz-Pors: Der Ortsstrand von Trégastel-Plage wird eingerahmt von Hotel-/Restaurant-/Café- und Souvenir-Betrieben. Sein großer, asphaltierter Parkplatz reicht bis zu den zum Strand hin abgesetzten Umkleidekabinen. Der 300 m lange, feinsandige Strand wird bei Flut durch ein bizarres Granitlabyrinth vor der Brandung geschützt. Bei Ebbe zieht sich das Meer bis hinter den berühmten Felswürfel zurück und hinterlässt eine Menge Muscheln, Schnecken und anderes See-Kleingetier zum Sammeln. Neben Kinderspielclubs und Sportgeräteverleihern hat der Strand auch eine Rettungsstation.

Grève Blanche: Trégastels erste Badeadresse; 500 m feinster, weißer Sand, auch bei Ebbe zum Baden geeignet. Umkleidekabinen und Strandanimation. Zum Ort hin ist der Strand begrenzt von der felsigen *Krone des Königs Gradlon*, nach Westen von der bei Ebbe mit dem Land verbundenen *Ile aux Lapins* (Haseninsel).

Grève Rose: Ein knapp 20 m breiter, rosa schimmernder Streifen, der bei Flut die Wogen begrenzt, gab dem Strand seinen Namen. Der Strand ist das Aktionsfeld der Segel- und Tauchschule, aber trotzdem ruhiger und intimer als der weiße Nachbarstrand. Keine Strandclubs.

Grève de Toul-Drez: Der Strand auf der mit dem Festland verbundenen *Renot-Halbinsel* (Naturpark mit Picknickplätzen unter Pinien und Kiefern) liegt zum offenen Meer hin, die Fluten abgebremst vom vorgelagerten Felsriff des großen Molochs (*Grande Gouffre*), dessen glatt gespülter Granit bei Ebbe trockenen Fußes zu erreichen ist. Einsame Badenischen im Schatten bizarrer Steinriesen, in die gelegentlich die blaugrüne Brandung einbricht. Parkplatz auf der Landenge beim Picknickgelände.

Trébeurden

(ca. 3200 Einwohner)

"Um Trébeurden herum ist die Küste in sehr zahlreiche Inseln geteilt" (aus einem Hochglanzprospekt). Von dieser geologischen Merkwürdigkeit abgesehen, gilt die zersiedelte, lang gestreckte Gemeinde an der östlichen Spitze der Halbinsel von Lannion als Anfangs- bzw. Endpunkt der Corniche Bretonne.

Die typischen Felsformationen der Rosa-Granit-Küste schimmern hier weniger spektakulär, doch auch Trébeurden hat sich mit Haut und Haar dem Tourismus verschrieben – in der Saison sind die schönen Strände stark frequentiert. Das Zentrum *Le Bourg* liegt etwas landeinwärts an der D 788. Rund um die Kreuzung der Durchgangsstraße mit der Straße hinab zum Hafen und zu den Stränden liegen Rathaus, Post und Touristenbüro, oberhalb bei der Kirche der Supermarkt. Nahtlos führt die Bebauung zum Meer, wo *Le Chalet*, eine von Granitblöcken übersäte Landzunge, den lang gezogenen Hauptstrand *Tresmeur* von den Yachten des Hafens trennt. Hinter der Hotel- und Residenzenzeile des Tresmeur-Strandes ziehen sich im Grün der Kiefernparks und Gärten schmucke Villen und Ferienhäuser den steilen Hang hinauf.

Etwa 2,5 km südöstlich des Ortszentrums (ausgeschildert) streckt sich die steil zum Meer hin abfallende Landspitze *Pointe de Bihit* weit hinaus in die Bucht von Lannion. Die Straße führt an einen großen Parkplatz mit Orientierungstafel und eindrucksvollem Panorama: rechts die sanfte Dünung des Hauptstrandes, begrenzt von *Le Chalet* und der vorgelagerten *Ile de Milliau*, links die zackigen Felsen der Steilküste, zwischen denen golden kleine und größere Sandbuchten herausschimmern. Noch ein Stück weiter die hoch über der Küste verlaufende Straße entlang, und Sie erreichen den *Strand von Pors Mabo* unterhalb eines bewaldeten Hangs, eine der besten Badeadressen der Umgebung. Überhaupt genießen die Strände von Trébeurden vor allem bei Surfern einen guten Ruf.

Information/Verbindungen

- *Postleitzahl* 22560
- *Information* Tourismusbüro direkt an der großen Kreuzung im Ortsteil Le Bourg. Von Juli bis August Mo–Sa 10–19 Uhr und So 10–13 Uhr. Von September bis Juni Mo–Sa 9–12.30 und 14–18 Uhr. Place de Crech-Hery, ✆ 02.96.23.51.64, www.ville-trebeurden.fr.st.
- *Verbindung* Regelmäßige **Bus**verbindung (6-mal täglich) nach Lannion (9 km) und in die entgegengesetzte Richtung zu den Badeorten der Granitküste. Hauptbushaltestelle an der Kreuzung im Ortszentrum.

Diverses

- *Bootsausflüge* Von Trébeurden aus gibt es Ausflüge auf die vor der Küste von Roscoff gelegene **Ile de Batz**. Die Abfahrten finden in der HS ca. 1 Mal wöchentlich statt, sind aber sehr stark gezeitenabhängig. Hin und zurück Erwachsene 18 €, erm. 10 €. Ausflüge auf die **Sept Iles** siehe Perros-Guirec.
- *Fahrradverleih* **Le Piston vert**, Rue de Kergonan, ✆ 02.96.15.00.83.
- *Führungen* Im Sommer veranstaltet das O.T. sachkundig begleitete Ausflüge ins Marschland inkl. Vogelkunde. Eine andere Möglichkeit ist die Megalithentour, bei der gleich mehrere Zeugen aus der Steinzeit besucht werden. Erwachsene 3 €. Infos zu diesen beiden und weitere Führungen im O.T.
- *Markt* Dienstagvormittag.
- *Reiten* Die Möglichkeit zu ein- oder mehrtägigen Ausritten bietet die **Ecurie d'Heldrick**, Manoir de Trovern, ✆ 06.89.47.80.74.

• *Tauchen* Mit Flasche in der Goas-Treiz-Bucht. Tauchgänge, Kurse. Corniche de Goas Treiz, ✆ 02.96.23.61.92.

• *Tennis* Zum Beispiel auf dem Gemeindeplatz mit zwei überdachten Plätzen und einem Außencourt. Rue des Plages 5, ✆ 02.96.23.58.70.

• *Wassersport* **Ecole de Voile**, am Tresmeur-Strand. Kurse und Verleih von Segelbooten und Surfbrettern. Wasserski. ✆ 02.96.23.51.35, www.ev-trebeurden.com.

• *Yachthafen* 560 gezeitenabhängige Liegeplätze, Hafenbüro ✆ 02.96.23.66.93.

Übernachten

*** **Hotel de Lan Kerellec**, 18-Zimmer-Hotel im Landhausstil hoch über dem Meer, Trébeurdens beste u. teuerste Adresse. Alle Zimmer mit Bad/WC und Blick über Bucht und Inselchen. Kleiner Hotelpark und ein Salon, in dem es sich vorzüglich (bretonisch) speisen lässt. Spezialität: Filet St. Pierre in Cidre oder über Holzkohle gegrillter Hummer mit Korallenbutter (Menu ab 40 €). DZ 90–400 €, Frühstück 15 €, HP 150–300 €. Geöffnet vom 15.3. bis 15.11. Lan Kerellec, ✆ 02.96.15.47.47, lankerellec@relaischateaux.fr.

** **Hotel Ker an Nod**, gutbürgerliches Haus oberhalb des Pors-Termen-Strandes mit ausreichendem Komfort. 21 Zimmer, 9 davon sanitär voll ausgestattet. Im Restaurant Menüs ab 15 €. DZ 40–60 €, HP 50 €, Frühstück ab 8 €. Geöffnet von April bis Dezember. Rue de Pors Termen 2, ✆ 02.96.23.50.21, info@keranod.com.

Hotel Ecume de Mer, unweit des Strandes von Goas Treiz. 29 schlichte Zimmer, davon 3 mit Bad/WC, 16 mit Dusche. DZ 30–40 €, HP 37–42 €, Frühstück 5 €. Geöffnet von Ostern bis Ende September. Corniche Goas Treiz, ✆ 02.96.23.50.60.

• *Jugendherberge* Links der Hauptstraße, etwa 1,5 km vor der Ortseinfahrt oberhalb des Strandes Goas Treiz (Ortsteil Toëno). 56 Betten. Campingmöglichkeit auf dem Herbergsgelände. Geöffnet von Mitte März bis Mitte September. ✆ 02.96.23.52.22, trebeurden@fuaj.org.

Camping

Zeltfreunde und Wohnmobilisten zieht es zum Pors-Mabo-Strand etwa 2,5 km südlich von Trébeurden-Bourg. Dort gibt es 3 Plätze steil über der Küste, die z. T. für Gespanne fast unzugänglich sind.

*** **Camping Armor-Loisirs**, von den Plätzen der Pors-Mabo-Bucht der höchstgelegene auf dem Bergkamm der Steilküste, zum Strand hinab gut 1 km. Wenn nicht Hecken, Bäume oder Wohnwagen den Blick verstellen, hat man eine wunderbare Aussicht. Wiesengelände mit Schatten spendendem Baumbewuchs, Sanitärs etwas altmodisch und knapp, dafür gut gewartet. Spielplatz, Tischtennis in der Scheune, Billard und Spielautomaten, Waschmaschine, Bar, Fertiggerichte und ein Restaurant-Eck. 72 Wohnwagenplätze mit Wasser-, Kanalisations- und Stromanschluss. Keine Hunde. 122 Stellplätze. Geöffnet von April bis September. Route de Pors-Mabo, ✆ 02.96.23.52.31, armorloisirs@aol.com.

*** **Camping Kerdual**, der Weg ist ausgeschildert, aber für Gespanne ein Problem – die engen Kurven einer schmalen Teerstraße führen steil hinunter/hinauf zu dem schön gelegenen Platz über dem Pors-Mabo-Strand. Das abschüssige Gelände ist terrassiert, von fast allen Stellplätzen kann die Aussicht auf die Bucht von Lannion genossen werden. Direkter Zugang zum Strand (100 m). Sanitär gut ausgestattet. In der HS unbedingt vorbestellen. 27 Stellflächen. Geöffnet von Mai bis 15.9. Plage de Pors-Mabo, ✆ 02.96.23.54.86.

** **Camping Roz-Armor**, direkt oberhalb des vorherigen Platzes und damit fast die gleichen Probleme bei der Anfahrt. Ebenfalls terrassiert und großartiges Panorama. 35 Stellplätze, 2 Sanitärblocks mit warmen Duschen. Etwa 200 m zum Strand. Geöffnet von Mai bis Mitte September. Plage de Pors-Mabo, ✆ 02.96.23.58.12.

Baden

Rund um Trébeurden gibt es sieben Strände, die nach Auskunft der Tourist-Info "köstlichstes Badevergnügen" garantieren. Eine Auswahl:

Trébeurdens Hauptstrand: Viel Platz für Badefrösche

Plage Goas Treiz: Von Trégastel kommend knickt die Hauptstraße vor der Landspitze Toeno links ab und gibt den Blick frei über die Surfer- und Taucherbucht von Goas Treiz. Provisorische Parkplätze links und rechts der Hauptstraße, bei Flut praktisch keine Liegeflächen.

Plage de Tresmeur: Der Hauptstrand von Trébeurden und einer der schönsten Badestrände der Granitküste. Malerisch die *Ile de Milliau* im Vordergrund, rechts begrenzt von den rund gewaschenen Granitblöcken der Landzunge von *Le Chalet.* Bananenförmig zieht sich die Bucht 800 m weit, bei Flut allerdings bleibt nur ein schmaler Sandstreifen. Umkleidekabinen, Beachclubs, Sprungturm und verschiedene Animationsangebote sorgen für ausgelassenen Baderummel. Mit Strandaufsicht.

Plage de Pors Termen: Der kleine, etwa 100 m lange Sandstrand rechts der Hafenbucht ist Tummelplatz für Familien mit Kindern. Umkleidekabinen, Strandaufsicht und Kinderclub an der bebauten Hafenzeile.

Plage de Pors-Mabo: Etwa 3 km außerhalb von Trébeurden, südlich die Teerstraße entlang, die oberhalb der Küste zu den Campingplätzen führt. Parkplatz 200 m oberhalb des Pors-Mabo-Strandes. 300 m Sand, durchsetzt mit Felsriffen, eingezwängt von der steilen Felsküste, an die sich Heidekraut und Krüppelkiefern klammern. Schöne Lage, bei Flut nur wenig Liegefläche. Bei Ebbe hervorragendes Revier für Muschelsammler.

Trébeurden / Umgebung

Ile Grande: Etwa 6 km im Norden, eine Station der Corniche Bretonne. Höchstens bei Flut, wenn sich das Wasser unter der kurzen Brücke sammelt, die das Festland mit der Ile Grande verbindet, erinnert sie an eine kleine Insel, etwa 2 km lang, 1 km breit und ziemlich flach. Die schmale Straße über die Brücke führt an eine Kreuzung,

Ile Grande

an der sich zwei kleine Gasthöfe angesiedelt haben. Sie bilden das Zentrum der lang gestreckten Ortschaft, an deren höchster Erhebung der Glockenturm einer granitenen Kapelle in den Himmel ragt. Das karge Heideland ist stark mit Ferienhäuschen bebaut. Einziger einträglicher Wirtschaftszweig der Inselgemeinde ist – neben dem Tourismus – der Granitabbau, wegen seiner eigentümlichen Farbe als exklusives Baumaterial seit 1926 gebrochen. Für Touristen ist Ile Grande interessant wegen seines Vogelreservats (Beobachtungsposten ist die *Station Ornithologue* rechts vom Restaurant de Bretagne, sie organisiert auch Bootsausflüge) und wegen seiner drei Campingplätze, von denen einer in den Sanddünen des Inselstrandes liegt.

• *Camping* *** **Camping L'Abri Côtier**, das 2-ha-Areal am rechten Inselrand ist ein typischer Familienplatz. Ruhig im Grünen, umgeben von Ferienhäuschen, die oberen Stellplätze mit Blick aufs Meer. 200 m zum Strand, der sich zum Baden nicht allzu sehr eignet. 2 gut gewartete Sanitärblocks mit Warmwasser und Duschkabinen. 135 Stellflächen. ✆ 02.96.91.92.03.

** **Camping Municipal Dourlin**, bei den Sanddünen am linken Inselrand, dementsprechend sandig. Sanitär recht einfach ausgestattet und schattenlos, dafür aber dicht am Hauptstrand. 200 Stellplätze. ✆ 02.96.91.92.41.

Menhir von St. Duzec: Etwas erhöht neben der schmalen Straße ragt der Hinkelstein inmitten des kargen Heidelands auf. Eines der bemerkenswertesten frühgeschichtlichen Zeugnisse der Bretagne versinnbildlicht die Verschmelzung keltischer Mythen mit der christlichen Religion. Im 17. Jh. wurde der uralte Felsblock, mit dem die bretonischen Bewohner allerhand Aberglauben und Zauber verbanden, und an dem sich kinderlose Frauen schamlos rieben, durch einen exorzistischen Handstreich dem christlichen Glauben einverleibt. Ein anonymer einheimischer Steinmetz schlug 1674 im Auftrag des Bischofs ein Kreuz in die Spitze des der Geistlichkeit verhassten Symbols und verzierte die Front mit christlichen Reliefs. Auf diese Weise entstand das in der Bretagne einzigartige Monument. Die unbefangene, fast kindliche Ausführung der in den Stein getriebenen Reliefs vermittelt den Eindruck einer viel früheren Entstehungszeit und erinnert an ein indianisches Totem. Die ganze handwerkliche Inbrunst gilt neben der Darstellung der Gottesmutter und dem Hahne Petri besonders den Werkzeugen, die für die Kreuzigung Jesu notwendig waren: Hammer, Zange, Leiter, Lanzen und der Stab mit dem Essigschwamm.

Anfahrt Von der Küstenstraße D 788 kommend in Penvern kurz vor der Abzweigung zur Ile Grande auf die D 21 nach Pleumeur-Bodou abbiegen. Nach etwa 300 m links ab (ausgeschildert St. Uzec) und noch etwa 1 km auf schmaler Teerstraße.

Pleumeur-Bodou *(ca. 3500 Einwohner)*: Trébeurdens Nachbargemeinde im Inneren der Halbinsel. Das Gemeindegebiet von Pleumeur-Bodou war in frühgeschichtlicher Zeit fruchtbares Siedelland, heute leuchtet ein überdimensionaler Ballon gleißend-weiß im Sonnenlicht, riesige Parabolschirme lauschen ins All: Pleumeur-Bodou ist Frankreichs Ohr in den Weltraum, eine irreale Science-Fiction-Vision im Herzen des welligen, farbenfroh blühenden Heidelandes. Der Ort selbst ist touristisch uninteressant, doch in der Umgebung begegnet in *Cosmopolis* die Prähistorie der Neuzeit.

Granitküste
Karte S. 239

Cosmopolis: Eine stillgelegte, planetarische Satellitenstation inkl. Fernmeldemuseum, ein Planetarium und der Nachbau eines gallischen Dorfes – das ist Cosmopolis. Der Brückenschlag von Sternen-Hightech zur stromlosen Asterix-Epoche funktioniert: Cosmopolis ist eine gut besuchte "Stadt". Die Sehenswürdigkeiten im Einzelnen:

Radom: Die riesige weiße Kuppel des Radoms ist das Wahrzeichen der Gemeinde Pleumeur-Bodou. Unübersehbar etwa 2 km vom Zentrum entfernt, hat sie einen Durchmesser von 64 m. Unter der 9 mm dünnen Spezialfolie fand am 11. Juli 1962 um 0 Uhr 47 eine Weltpremiere statt, die Pleumeur international bekannt machte: die erste interkontinentale Fernsehübertragung via Satellit, an die ein moderner Menhir vor der weißen Kuppel als Gedenkstein erinnert. Seither ist Pleumeur Frankreichs Zentralstation für Satellitenübertragungen.

Steinzeit trifft Atomzeitalter

Das Radom, dessen Hornantenne über einem großen Reflektor einst die magnetischen Wellen des Satelliten Telstar empfing, ist heute ausgemustert. Seine Aufgabe haben die Parabolantennen (Reflektordurchmesser 30 m) rings um die Kuppel übernommen, die mit Hilfe modernster Computer bis aufs Hundertstel-Grad ausgerichtet werden können. Gegen sie wirkt das Eisen-Zahnrad-Trichter-Monster, das sich auf dem Betonsockel in der Mitte der Kuppel nur noch zu Demonstrationszwecken laut quietschend dreht, wie das Science-Fiction-Szenario des Raumschiffs Orion. Das Radom beherbergt heute das *Musée de Télécommunication*, das sich der Erklärung und Präsentation moderner Ton- und Bildübertragungen verschrieben hat.

Öffnungszeiten Kompliziert. Mai bis August täglich 11–18 Uhr. April und September Mo–Fr 11–18 Uhr, am Wochenende 14–18 Uhr. Sonst nur während der französischen Schulferien. Erwachsene 7 €, bis 17 Jahre 6 €, www.leradome.com.

Planetarium: Nur wenige 100 m vom Radom (ausgeschildert). Unter seiner Kuppel kann man "das faszinierende Schauspiel des Himmels und das Ballett der Planeten und der Sterne" (Informationsbroschüre) genießen. Im 315 Personen fassenden Hemisphärensaal werden zehn ständig wechselnde Programme gezeigt. Sie simulieren u. a. eine Reise durch das Sonnensystem, den Himmel unter dem Kreuz des Südens, eine Sonnenfinsternis oder die alles verschlingenden Nebel eines Schwarzen Lochs.

Öffnungszeiten Juli/August täglich 7 Vorstellungen von 11–17 Uhr, in der NS weniger. Erwachsene 6,50 €, erm. 5 €. In der HS auch deutsch- und englischsprachige Vorstellungen.

Village Gaulois: Der wahrheitsgetreue Nachbau eines kleinen gallischen Dorfes unterhalb des Planetariums ist nicht nur für Kinder und Asterixfans interessant. Interessierte erhalten in und um die Lehmhütten einen hervorragenden Einblick in die Bau- und Lebensweise der alten Gallier. Zusätzlich: Diorama, keltischer Kinderspielplatz in freier Natur, auf dem sich auch Erwachsene verlustieren, Kanufahren, Ponyreiten und kleine Snacks.

Öffnungszeiten Juli/August täglich 10.30–19 Uhr, April bis Juni und September täglich außer Samstag 14–18 Uhr. Eintritt 4 €.

So schön wohnten Asterix und Co.: Village gaulois

Mitten in Lannion

Granitküste
Karte S. 239

Lannion

(ca. 18.000 Einwohner)

Wo einst die Hutmacher im Kleinbetrieb produzierten und verkauften, wird aktuelle Damen- und Herrenmode feilgeboten. Die Häuser sind die alten geblieben, die Geschäfte haben sich der Zeit angepasst: Hinter großzügigen Schaufenstern befriedigen Boutiquen, Pubs und ein Reisebüro die Kundschaft des Atomzeitalters.

Das alte Flusshafenstädtchen liegt am breiten Flussbett des *Léguer*, der hier, kurz vor der Mündung ins Meer, ins Spiel der Gezeiten einbezogen ist. Östlich des Léguers zieht sich hinter dem großen Parkplatz die Altstadt hangaufwärts. Dem ebenen Westufer geben ein Park und das Kloster *Ste. Anne* einen großzügigen Rahmen, dahinter erstreckt sich das moderne Lannion.

Für Nostalgie im Folkloresinn ist in Lannion wenig Platz. Die Bewohner der zweitgrößten Stadt des Départements Côtes d'Armor parlieren zwar oft noch Bretonisch und leben weiterhin ihre Traditionen, doch ihr Blick ist in eine Zukunft wirtschaftlicher Prosperität gerichtet. Das Nationale Forschungszentrum für Fernmeldetechnik (*CNET*) und die Fabriken in der Umgebung haben Lannion zu einem modernen Verwaltungs-, Handels- und Industriezentrum gemacht, das trotz seiner geringen Einwohnerzahl eine wichtige Rolle in der bretonischen Ökonomie spielt.

Touristen finden in der Hauptstadt des Trégor eine angenehme, intakte Stadt mit schönen, alten Häusern, guten Einkaufsmöglichkeiten und der *Kirche von Brélévenez*. Mit dem eingemeindeten *Beg Léguer* an der Mündung des Flusses ist Lannion ans Meer angeschlossen. Die Stadt hinter der Granitküste ist ein guter Ausgangspunkt für zahlreiche Ziele im Inland, die es kulturell, architektonisch oder landschaftlich in sich haben. Wer es einrichten kann, sollte einen Besuch in

Lannion auf Donnerstag legen. Dann verwandelt sich ein Großteil der Altstadt zwischen dem Parkplatz am *Léguer* und der *Place Leclerc* in einen lebhaften Markt, auf dem von Kleidern über Lebensmittel bis zu afrikanischen Souvenirs alles zu finden ist. Besonders lohnenswert ist auch ein Besuch der kleinen Markthallen (*les halles*) mit ihren Fischständen.

Information

• *Postleitzahl* 22300

• *Information* Das Fremdenverkehrsamt informiert professionell in einem Pavillon am Rand des großen Parkplatzes am Léguer-Fluss. Im Sommer kommentierte Stadtführungen und Führungen in und um Le Yaudet, Auskunft und Treffpunkt im O.T. Mo–Sa 9.30–12.30 und 14–18 Uhr, Juli/August Mo–Sa 9–19 Uhr, Sonn- und Feiertage 10–13 Uhr. Quai d'Aguillon, ✆ 02.96.46.41.00, www.ot-lannion.fr.

Verbindungen

• *Bus* Kleiner Busbahnhof stadtauswärts Richtung Guingamp am rechten Léguer-Ufer, an der Allée du Palais-de-la-Justice hinter der Rue de Kermaria. Die Busse bedienen 3- bis 6-mal täglich die Orte der Granitküste, die Strecke nach Paimpol (werktags mind. 7-mal), nach Tréguier (werktags mind. 6-mal) sowie nach Guingamp und St. Brieuc.

• *Zug* Bahnhof an der Avenue du Général de Gaulle, hinter dem linken Léguer-Ufer Richtung Ploubezre. Züge nach Plouaret (14 km südlich), dort umsteigen auf den Hauptstrang Rennes/Brest. Mittlerweile gibt es auch eine Direktverbindung Paris-Lannion. Der TGV legt die Strecke in 4 Stunden zurück.

• *Flugzeug* Kleiner Flughafen an der Straße nach Trégastel nördlich von Lannion. Täglich außer Samstag 2 Flüge nach Paris. ✆ 02.96.05.82.22.

Diverses

• *Autoverleih* Mehrere Verleiher, z. B. **Avis**, Route de Perros, Rond point Géant, ✆ 02.96.48.10.98; **Budget**, Avenue Pierre Marzin, ✆ 02.96.48.04.64.

• *Bootsausflug* Die Bootsfahrten auf dem Léguer wurden eingestellt. Wer an Bord gehen möchte, kann dies derzeit nur direkt an der Küste tun.

• *Einkaufen* Würste und Likör aus Lannion haben einen guten Ruf.

• *Fahrradverleih* Stahlrösser verleihen **Didier Le Saux**, Rue St. Marc, ✆ 02.96.37.62.50 und die **Jugendherberge**, Rue du 73e Territorial, ✆ 02.96.37.91.28.

• *Kanu/Kajak* Die **Base nautique de Lannion** bietet neben Kajaktagesausflügen (32 €) auch Rafting und Wildwasserfahren an. ✆ 02.96.37.05.46 (HS) oder ✆ 02.96.37.43.90 (NS).

• *Markt* Jeden Donnerstag großer Regionalmarkt mit buntem Angebot.

• *Parken* Am Léguer-Fluss sind einige gebührenpflichtige Großparkplätze angelegt.

• *Rundflug* Der Aeroclub Côte de Granit lädt jeweils 3 Passagiere ein, das Panorama von oben zu genießen. Der Flug über die Granitküste oder die Côte des Bruyères kostet jeweils insgesamt 50 €, ein 30-Minuten-Circuit (z. B. Baie von Morlaix) beläuft sich auf 75 €. Avenue de la Résistance, ✆ 02.96.48.47.42.

• *Veranstaltungen* Jeden Sommer Orgel- und Fotofestival, von September bis Mai Aufführungen im Theater.

Übernachten/Camping/Essen

Lannion ist eine Stadt der Kurzbesuche, entsprechend gering ist das Hotelangebot. Die Campingplätze der Stadt liegen weit außerhalb an der Léguermündung und an der Straße nach Guingamp.

** **Hotel Arcadia (1)**, 2 Sterne-Hotel in der Nähe des Flughafens, mit beheiztem Schwimmbad, Garten und Terrasse. Ganzjährig geöffnet. 20 Zimmer. DZ 45–55 €, Frühstück 6,50 €. Route de Perros, ✆ 02.96.48.45.65, www.hotel-arcadia.com.

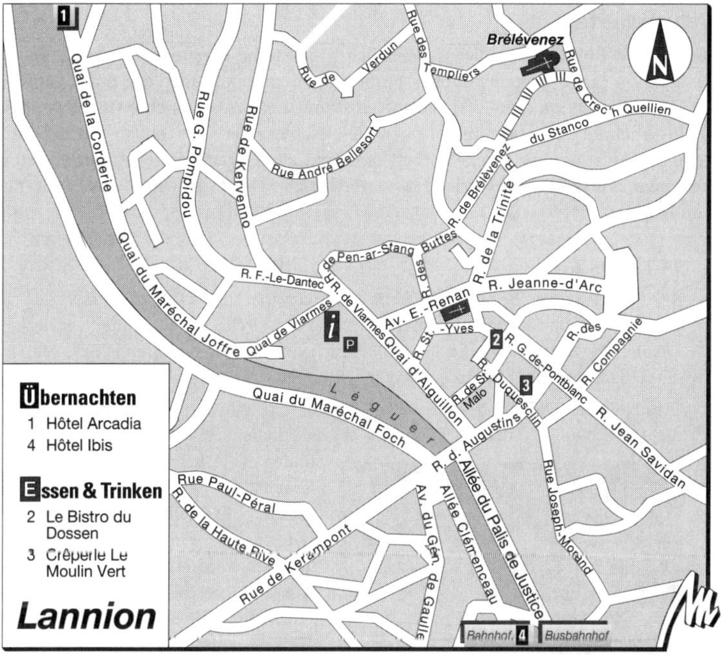

Granitküste Karte S. 239

** **Hotel Ibis (4)**, das größte Hotel am Platz befindet sich gegenüber dem Bahnhof. 70 klimatisierte Zimmer. DZ 41–61 €, Frühstück 6,50 €. Ganzjährig geöffnet. Avenue du Général de Gaulle 30, ✆ 02.96.37.03.65, www.ibislannion.com.

• *Jugendherberge* Das ganze Jahr über werden in der JH Les Korrigans 68 Betten angeboten, im Sommer besteht auf dem kleinen Grundstück der Herberge die Möglichkoit zu zelten. Pro Nacht und Nase 9 €. Fahrradverleih. Rue du 73e Territorial, ✆ 02.96.37.91.28, lannion@fuaj.org.

In der benachbarten **Pixie Bar** werden interessante Ausstellungen und Konzerte geboten.

• *Appartements/Häuser* Das Touristbüro ist Herausgeber einer Liste von 300 Objekten für 2–10 Personen, wahlweise an der Küste oder im ruhigen Landesinneren. Weitere Informationen vom Fremdenverkehrsamt.

• *Camping* *** **des 2 Rives**, relativ neuer, gut ausgestatteter Platz am Ortsende Richtung Guingamp (beschildert, beim Leclerc-Markt abbiegen). Langgezogenes, noch schattenarmes Wiesenareal am Flussufer (leider Gitterzaun) mit 3 hypermodernen Sanitärblocks. Bar, Waschmaschine etc. Geöffnet von Ostern bis Mitte September. ✆ 02.96.46.64.22, in der HS ✆ 02.96.46.31.40.

*** **de Beg Léguer**, etwa 4 km außerhalb von Lannion an der Ostseite der Léguermündung. Am Rand einer Wohnzone hoch über dem Meer, aber ohne Blick auf dasselbe. 180 Stellplätze, 3 Sanitärblocks, kleiner Laden, Waschmaschine, Bar, Restaurant, TV, kleiner Kinderspielplatz, Minigolf und beheiztes Schwimmbad. Geöffnet von Ostern bis Mitte September. Beg Léguer, ✆ 02.96.47.25.00.

• *Restaurants* **Crêperie le Moulin Vert (3)**, in ungezwungener Atmosphäre gibt es neben Crêpes (2–9 €) auch eine Vielzahl an Menüs (8–20 €), Eisbecher, Omelettes… Besonders lecker: Galette mit Lachs und Crème fraîche. Täglich geöffnet. Rue Duguesclin 15, ✆ 02.96.37.91.20.

Le Bistro du Dossen (2), serviert traditionelle Gerichte in einer belebten Gasse direkt am *Place du Général Leclerc*. Spezialitäten: Terrine des Hauses (5 €), viele Salate (7,50 €). Menüs von 10–17 €. Nur Mittagstisch, Sonntag geschlossen. Rue Saint Malo 11, ✆ 02.96.37.71.27.

Sehenswertes

Kirche von Brélévenez: Die ursprünglich romanische Kirche aus dem 12. Jh. in dem schon lange eingemeindeten Vorort Lannions hoch über der Stadt gehörte einst den *Templern*, die – offiziell aufgelöst und aus der Geschichte verschwunden – als Geheimorganisation immer noch die Geschicke der Welt lenken sollen. Während des Aufstiegs zur Kirche entlang einer mit alten Granithäuschen nur einseitig bebauten, stufig hochführenden Gasse weitet sich Schritt für Schritt das Panorama von Lannion.

140 + 4 + 2

Bei unserer Recherche über die Kirche von Brélévenez fiel uns etwas Merkwürdiges auf. Wichtigstes und umstrittenstes Detail der Kirche, so entnahmen wir der Lektüre diverser Kunst- und Reiseführer, scheint die Zahl der Treppen zu sein, die zu dem romanisch-gotischen Bau hinaufführen. Eine Auswahl an Zitaten:

"Am Fuße der 143 Steinstufen ..." (dtv/Merian), "Eine schwindelerregende Treppe mit 140 Stufen ..." (Hureau), "Man erreicht die Kirche über eine Treppe mit 142 Stufen ..." (Michelin), "... über 144 Granitstufen erreichbar" (Velbinger), "... 142 Stufen hinaufführen." (Oppens), "... eine eindrucksvolle Treppe mit etwa 400 Stufen" (Knaurs Kunstführer), "Über 140 Stufen muss derjenige erklimmen ..." (Reise Know-How), "Zu ihr führt eine aus 142 Granitstufen bestehende Treppe" (Verkehrsamt Lannion), "... erreicht man den zwar nur 143 Stufen umfassenden, aber endlos scheinenden Stufengang" (Artemis), "... eine Treppe mit 140 Stufen (zur Sicherheit zweimal gezählt)" (Goldstadt Reiseführer).

Selbstverständlich gingen wir der Sache nach. Hier unser Ergebnis: Von der ersten Granitstufe am Treppenbeginn führen 140 Stufen den Hang hinauf, es folgen vier abgesetzte Stufen in den Kirchenbezirk hinein, zwei weitere führen zum Portal der Vorhalle. Wir hoffen, mit unseren Forschungen einen Beitrag geleistet zu haben, der die Diskussion um die Stufenzahl von Brélévenez sinnvoll bereichert.

Vom romanischen Ursprungsbau ist die *Apsis* erhalten – in ihrer genial-einfachen Ausgewogenheit eine der schönsten der Bretagne. Das *Schiff*, an dem immer wieder Änderungen vorgenommen wurden, ist nunmehr der Gotik zuzurechnen, das gelungene *Südportal* mit den drei schlanken Pfeilern wurde dabei zum Blickfang;

der *Turm* ist ein Werk des 15. Jh. Das interessanteste und älteste Detail im düsteren Inneren ist ein umfunktioniertes steinernes *Getreidemaß*, in dem einst der Zehnte, die feudalistische Form der Kirchensteuer, abgemessen wurde. Aus dem Messtrog wurde später ein *Weihwasserbecken* mit einer jetzt halbverwitterten lateinischen Inschrift. Unter dem Altar eine Krypta mit Grablegungsszene.

Auf dem Markt

Alte Häuser: Die beiden schönsten Häuser Lannions schmücken den *Place du Centre* (= *Place Leclerc*) an der Ecke zur *Rue des Chapeliers*. Von oben bis unten schieferverkleidet, gleißt die grau-schwarze Fassade der Nr. 29 seit 500 Jahren silbrig-hell im Sonnenlicht, schlanke Karyatiden umrahmen die Fenster der Nr. 31. An der aufwärtsführenden *Rue des Chapeliers* (Straße der Hutmacher) neigen sich alte Fachwerkhäuschen über dem Kopfsteinpflaster gegeneinander und münden in die ebenso malerischen, etwa 100 Jahre jüngeren Häuserzeilen des oberen Marktplatzes. In der *Rue Geoffrey-de-Pontblanc* am nordöstlichen Ende des Place du Centre finden Sie neben weiterer Altbausubstanz (Nr. 1 + 3) an einer Wand ein Granitkreuz; genau hier wurde der Ritter *Geoffrey de Pontblanc* während einer Schlacht um Lannion von englischen Schwertern niedergestreckt.

Whisky-Destillerie: Seit Ende des 19. Jh. produziert die Familie Warenghem in Lannion den einzigen bretonischen Whisky. Wer an einer Führung, selbstverständlich inklusive *dégustation* Interesse hat, kann dies von Mitte Juni bis August tun.

• Öffnungszeiten: Dienstag bis Freitag 10–12 und 15–18 Uhr. Montags nur nachmittags und Samstags nur vormittags. ✆ 02.96.37.00.08.

• Anfahrt: Von Lannion in Richtung Guingamp auf der D767.

Lannion / Umgebung

Château de Coatfrec: Die Ruinen der Burg zwischen *Ploubezre* und *Buhulien*, etwa 7 km südöstlich von Lannion, gehören nicht zum bretonischen Besichtigungsprogramm. Wie im Märchen schlummern die Trümmer der einst stattlichen Anlage aus dem 15./16. Jh. im dichten Wald und warten auf den Prinzen, der die Prinzessin wachküsst. Verantwortlich für die Zerstörung zeichnen die bretonischen Generalstände. Aus Angst vor dem berüchtigten Räuber *La Fontanelle* ließen sie die Burg 1592 niederreißen. Dieser hatte seinen widerrechtlich angeeigneten Sitz für einen kurzen Raubzug verlassen, und die Stände nutzten die Gunst der Stunde.

Anfahrt Zum Beispiel ab Lannion über die D 767 Richtung Guingamp, bei Buhulien rechts ab Richtung Ploubezre, nach dem Kleinweiler Pont-Keriel links. Spätestens dann fragen. Die letzten 3 Minuten auf schattigem Waldweg zu Fuß.

Kerfons: Landidylle. Kastanienbäume beschatten die schlichte Kapelle aus dunkelgrauem Granit, ein kleiner Calvaire streckt sich im Kapellenbezirk, nebenan gackern die Hühner eines altbretonischen Bauernhofs. Kein Mensch würde in dieser Abgeschiedenheit ein Kunstwerk vermuten. Doch der *Holzlettner* aus dem späten 15. Jh. in der einstigen Grabkapelle der Grafen von Coëtmen zählt zu den schönsten der Bretagne.

Vor dieser Schranke, Symbol der Ständetrennung, stand das einfache Volk im Schiff der Kapelle, die Adligen, der reiche Schneider und die Geistlichen durften im Altarraum dem Gottesdienst sitzend beiwohnen. Doch beide Parteien konnten sich in die meditative Bilderwelt des Lettners versenken: Vor dem Hintergrund der üppigen Schnitzereien und Täfelungen, mit Gold und bunten Farben überzogen, blicken von der Empore die volkstümlich liebevoll gestalteten *Jungfrau Maria, Johannes* oder die *Apostel* und die *Hl. Barbara* (die einzige Heilige ohne gleichnamigen Schein) beidseitig auf die Gemeinde hinab, gruselige Dämonenfratzen und sanfte Engelsgesichter illustrieren eindringlich einige Schrecken der Hölle und die Freuden des Himmels. Der Lettner erstrahlt seit seiner Restaurierung in neuem Glanz – neue Farben wurden nach altem Vorbild aufgetragen, nur das Kruzifix, das ihn krönte, fehlt noch immer – es wurde 1907 gegen 13 Goldkronen an einen Privatmann aus Perros verkauft.

Genau zwischen Altar- und Gemeinderaum bezeichnet eine in eine Bodenplatte gemeißelte Schere das "*Grab des Schneiders*". Als reichster und angesehenster Nichtadeliger wusste er nie so genau, wo sein Platz in der Kirche war: Für das Volk zu vornehm, für die Grafen ein Standesfremder, wurde er nach seinem Tod zwischen den Ständen an der magischen Trennlinie des Lettners beigesetzt. Bunte *Glasfenster* (15. Jh.), ein italienischer *Rokoko-Altar* aus Eichenholz (1686), ein Nebenaltar (17. Jh.) und die *Nixen* im Balkenwerk der Dachkonstruktion gehören zur weiteren sehenswerten Ausstattung.

• *Öffnungszeiten* Juli und August täglich 10–18 Uhr. Juni und September täglich außer Di 10.30–12 und 13.30–17.30. Erwachsene 2 €. ✆ 02.96.47.15.51.

• *Anfahrt* Ab Lannion auf der D 11 nach Ploubezre, etwa 1 km weiter links ab (beschildert).

Der Lettner von Kerfons

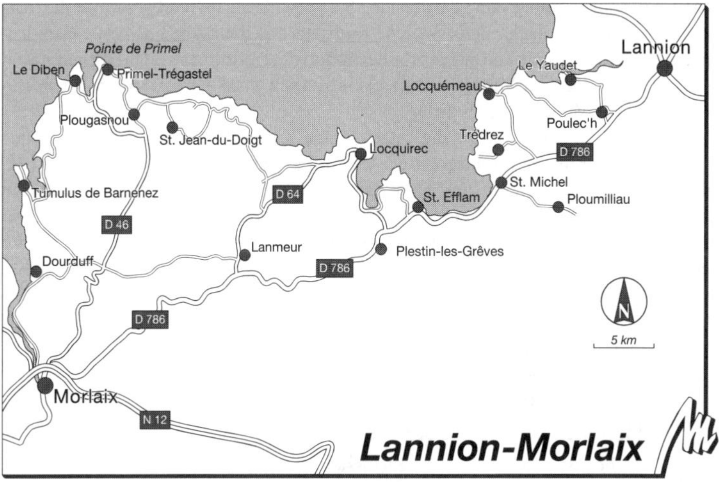

Château de Tonquédec: Mitten im verschwiegenen Wald hoch über dem Flusstal des Léguer erheben sich die Ruinen einer der einst mächtigsten Burgen der Bretagne. Gewaltige Ecktürme flankieren den Wall, der die trapezförmige Grundfläche immer noch lückenlos umschließt. Erst nach dem gebührenpflichtigen Eintritt ins Innere der Anlage wird das ganze Ausmaß der Zerstörung sichtbar. Im frühen 15. Jh. wurde Tonquédec von den Grafen von Coëtmen auf den Grundmauern einer älteren Burg errichtet, 1622 gab Kardinal *Richelieu* wieder einmal einen seiner Lieblingsbefehle: Er ließ das Château schleifen. Eine provisorische Crêperie im Burghof bietet Erfrischungen, ein Gang auf einen der Türme bei entsprechendem Wetter eine umfassende Sicht: Unbehindert blicken Sie über die Wipfel der Bäume hinweg.

• *Öffnungszeiten* April bis September täglich 15–19 Uhr, Juli und August 10–20 Uhr. Im Oktober nur am Wochenende von 14–18 Uhr. ✆ 02.96.54.60.70.

• *Anfahrt* Ab Lannion auf der D 11 nach Ploubezre, nach der Abzweigung nach Kerfons links ab und dann auf einem Serpentinensträßlein zum Schloss hoch.

Château de Kergrist: Typ Märchenschloss der trutzig-putzigen Art mit landwirtschaftlichem Betrieb. An der Fassade tobten sich im Lauf der Zeit die Epochen und ihre Stile aus und schufen die "Perle des Trégor". Ab dem 14. Jh. wurde an dem Schloss gebaut; der sichtbar älteste erhaltene Teil ist der Ehrenhof, die Nordseite präsentiert sich gotisch, der letztgestaltete Bauabschnitt, die Fassade des Wohntrakts aus dem 18. Jh., prunkt im französischen Barock. Der weitläufige Garten wurde in derselben Zeit im selben Stil angelegt und ist – neben einigen Räumen im Schloss – zur Besichtigung freigegeben.

• *Öffnungszeiten* Juni bis September 11–18 Uhr, mehrere Führungen. Oktober täglich 13–18 Uhr, Führung nur um 16.30 Uhr. Innenbesichtigung und Garten 6,50 €, nur Garten 4 €.

• *Anfahrt* Ab Lannion auf der D 11 nach Ploubezre/Plouaret, ein Stück vor der Kreuzung mit der D 30 die Stichstraße nach links nehmen.

Chapelle des Sept Saints *(Siebenschläferkapelle)*: Über einem Dolmen aus vorchristlicher Zeit treffen sich Christen aus Orient und Okzident. Seit 1954 pilgern am vierten Julisonntag zum Pardon der Siebenschläfer auch Abgesandte der oströmischen Kirche nach *Vieux-Marché* und feiern gemeinsam mit den Westeuropäern die Wallfahrt zu den sieben Heiligen, deren Verehrung aus dem fernen Ephesus (an der türkischen Mittelmeerküste) vermutlich von Kreuzrittern an das westliche Ende der Welt gebracht wurde.

Kreisförmig umgeben Bäume die relativ junge Kapelle aus dem Jahr 1703, solide verschlossen hinter einem Eisengitter steht unter dem Bodenniveau der uralte Dolmen, der als Krypta dient, und über dem die Kapelle errichtet wurde. Die sieben naiven Holzbilder der Heiligen sollen auf wundersame Weise (Engel? Eigenbewegung?) zum Dolmen gelangt sein – wieder einmal wurde ein heidnischer Kultort zu einer christlichen Glaubensstätte verwandelt. Das Denkmal am Platz vor der Kapelle gilt Professor Massignon, der Initiator der gemeinsamen Wallfahrt. Falls abgeschlossen ist – im Nachbarhaus wird der Schlüssel verwahrt.

Anfahrt Ab Lannion auf der D 11 nach Ploubezre/Plouaret, etwa 2 km vor Plouaret links ab und auf kleinen Sträßchen zur Kapelle.

Die Siebenschläfer von Ephesus

Eine frühchristliche Legende aus Kleinasien, die verschieden erzählt wird, doch im Kern gleich bleibt: Sieben männliche Christen (Jünglinge, Brüder, Legionäre) werden auf Befehl von Kaiser *Decius* von römischen Legionären in einer Höhle nah der Großstadt Ephesus eingemauert. In manchen Versionen haben sie sich in die Höhle geflüchtet und sind erschöpft eingeschlafen, in anderen werden sie gewaltsam hineingebracht. Jedenfalls schlafen sie ein, und sie schlafen einen 200 Jahre währenden Schlaf. Als sie im Jahr 431 pünktlich zum Konzil von Ephesus erwachen, lässt Kaiser *Theodosius II.* über dem Ort des Wunders eine Wallfahrtskirche erbauen – das Christentum ist längst oströmische Staatsreligion geworden.

Château de Rosanbo: Das beliebte Ausflugschâteau wird vom heutigen Marquis *de Rosanbo* bewohnt, dem Oberhaupt einer über 1000 Jahre alten Familie. Aus der Eigenwerbung: "Rosanbo, errichtet im 14. Jh. von der Familie der Rosanbos auf den Ruinen einer alten Burg, reflektiert bretonischen Lebensstil und Traditionen." Wohl wahr, jedenfalls für eine Minderheit. Ab dem 14. Jh. bastelten die Besitzer Rosanbos an ihrem geschmackvollen Wohnsitz auf einem Fels über dem *Bo* (*ros* = Fels, *an* = über), nach einschneidenden Veränderungen im 15. und 17. Jh. wurde der Bau erst im 19. Jh. vorläufig abgeschlossen.

In den zur Besichtigung freigegebenen Sälen (inkl. Billardsaal) im Erdgeschoss können Sie neben Wandteppichen, Möbeln, sakralen Kunstwerken und Luxusgeschirr 8000 Bücher in einer gemütlichen Privatbibliothek bewundern. Ein Spaziergang durch den Park gehört zum Besuch. Ergehen Sie sich im "*Theater*", im "*Salon des Dreiecks*" oder im "*Salon der Jahreszeiten*" – eine künstliche Gartenlandschaft mit einem Hauch von Versailles. Übrigens: Wer nichts zahlt, der sieht nicht viel, die Mauer um den Besitz ist für Blicke Neugieriger undurchdringlich.

- *Öffnungszeiten* April bis Juni 14–17 Uhr, Juli/August 11–18 Uhr, September/Oktober nur Sonntagnachmittag 14–17 Uhr. Nur geführte Besuche, letzte Führung in der HS 17.30 Uhr; die aktuellen Zeiten der jeweils nächsten Führung sind am Eingangstor der Schlossparkmauer angeschlagen. ✆ 02.96.35.18.77.
- *Anfahrt* Ab Lannion auf der D 11 nach Plouaret, in Plouaret rechts ab die D 32 nach Lanvellec. Weiter nach Westen durch den Ort und dann rechts (beschildert).

Côte des Bruyères

Über die Hauptroute D 786 ist die Strecke zwischen Lannion und Morlaix schnell und sensationslos nach 35 Kilometern zurückgelegt. Wer Zeit hat, kann die kleinen Küstenstraßen an der Côte des Bruyères (Heidekrautküste) benutzen und wird es nicht bereuen.

Kleine Badeorte wie *St. Michel-en-Grève* oder *Locquirec* laden zu einem Aufenthalt ein, Kirchenkunst gibt es z. B. in *St. Jean-du-Doigt* oder *Trédréz*. Der kulturelle Höhepunkt ist das frühzeitliche *Fürstengrab von Barnenez*, der landschaftliche begleitet Sie auf der ganzen Fahrt: Die vielfach zerrissene Küste ist nicht mehr so imposant wie bei Ploumanach und Trégastel, doch im launenhaften Spiel des Lichts und im stetigen Wechsel der Gezeiten ein reizvoller Abschnitt des bretonischen Gestades. Im Folgenden einige Stationen der Côte des Bruyères.

Le Yaudet

Eine gelungene Kombination von Kapelle und Aussichtspunkt hinter dem hübschen Granitdörfchen Le Yaudet. Spielzeugboote ankern in der tief eingeschnittenen Mündung des *Léguer*, der Fels der Küste fällt zügig ab und bildet rechts und links der Mündung eine Bucht wie aus dem Bilderbuch. Zwei Tipps: Besonders anmutig ist die Bucht, wenn sich die Morgennebel lösen oder abends die Sonne im Meer versinkt. Sie können auch laufen: Auf schmalen Pfaden gelangen Sie beispielsweise zu zwei kleinen Stränden oder zu einem kleinen Hafen und haben immer wieder schöne Blicke.

Die Anhöhe war seit Menschengedenken bewohnt. Wo Bronzemenschen und auch Kelten gesiedelt hatten, errichteten Römer die befestigte Siedlung *Lexovia* und die Bretonen einen Weiler. Der spätere Bischofssitz wurde leider im 9. Jh. von den Dänen heimgesucht. Die *Kapelle Notre-Dame-du-Yaudet* birgt eine seltene Darstellung: Über dem Altar ruhen Maria und ihr Neugeborenes in einem mit Spitzen bedeckten Bett, über ihnen schwebt die Taube des Heiligen Geistes, Gottvater wacht zu ihren Füßen.

• *Führungen* Montag und Freitag von 14.30–17.30 Uhr werden 3-stündige Führungen angeboten. Erwachsene 3 €, Infos im O.T.

• *Anfahrt* Von Lannion auf der D 786 Richtung Morlaix, bei Ploulec'h auf die D 88 meerwärts ab, durch Le Yaudet hindurch bis zum Parkplatz bei der Kapelle.

St. Michel-en-Grève (ca. 400 Einwohner)

Der kleine Ort, im Winter Heimat für etwa 400 Erdenbürger, gruppiert sich in Grau und Weiß um seine kleine Kirche gleich oberhalb des lang gezogenen Strandes und verliert sich dann zögernd landeinwärts. Im Sommer wird aus dem Dörflein ein Badeort, dessen Anziehungspunkt die sog. Strandmeile ist, die *Lieue de Grève* – mehr als 4 km feiner, weißgelber Sandstrand in einer sanft geschwungenen, weiten Bucht.

Der Ortsstrand am östlichen Ende der Lieue de Grève ist mit Strandclub und Umkleidekabinen ausgestattet, die restlichen Kilometer nur Sand und Wasser gleich neben der D 786. Bei Flut bleibt kaum noch Platz für ein Handtuch, bei Ebbe kann der harte Sand für Landsportarten genutzt werden – z. B. für Pferderennen.

Bei jedem Gezeitenstand lohnend ist der Weg auf den *Grand Rocher*: Auf der Spitze des allein stehenden *Großen Felsens*, der sich etwa in der Mitte der Bucht gleich

Die Strandmeile von St. Michel-en-Grève

neben der Straße auf 80 m hinauftürmt, sind Sie nach einem kurzen Aufstieg zu Fuß Panorama-König (besonders schön, wenn die Flut einsetzt).

- *Postleitzahl* 22300
- *Information* Die Touristinfo befindet sich neben dem Rathaus, ✆ 02.96.35.74.87.
- *Verbindung* St. Michel-en-Grève liegt an der **Bus**strecke Morlaix-Lannion. Bis zu 4 Anschlüsse täglich in beide Richtungen.
- *Übernachten* * **Hotel de la Plage**, direkt am Strand neben der Kirche, die Strandterrasse gleich neben dem Friedhof. Typ englisches Oma-Hotel für die Nachsaison – außen der Versuch schlichter Eleganz, innen 34 ordentliche Zimmer in diversem Sanitärstandard und ein großer Speisesaal. DZ 54 €, Frühstück 5,50 €. Ganzjährig geöffnet. ✆ 02.96.35.74.43.

Hotel-Restaurant Au Bon Acceuil, das ländliche, schon in Ploumilliau gelegene Anwesen ist preislich wie komfortmäßig die einfachere, aber stilvollere Alternative zum Strandhotel. DZ je nach Sanitärs 39–47 €, Frühstück 8 €. Route de Lannion, ✆ 02.96.35.74.11.

- *Camping* **** **Les Capucines**, etwa 1 km vom Meer in abgeschiedener Lage. Vom Swimmingpool bis zum Fahrradverleih rundum ausgestatteter, gepflegter, 4 ha großer Platz, durch Lebensbäume und Kiefern in Parzellen gegliedert. 100 Stellplätze. Geöffnet von Mai bis August. ✆ 02.96.35.72.28, www.lescapucines.fr.

St. Michel-en-Grève / Umgebung

Ploumilliau: In Ploumilliau tobte *Anatole Le Braz*, der bretonische Schriftsteller, als Kind, in der Kirche in der Ortsmitte wohnt der Tod – in Form einer eigentümlich-seltsamen Holzskulptur. Der Knochenmann ist neben seiner Sense zusätzlich mit einem Spaten ausgestattet. Bei einer früheren Recherche war Ankou, der Tod, gerade nicht da, doch hatte er am Kirchenportal eine Nachricht hinterlassen: "Ich bin in Österreich, auf Schloss Sallaburg bei Wien. Aber liebe Freunde, ich vergesse niemand, rechnet mit meiner Treue. Ich komme zurück. Der Tod." Der Tod hielt Wort. Er ist wieder da.

Anfahrt Von Lannion etwa 7 km auf der D 786 Richtung Morlaix, dann die D 88 A ca. 2,5 km landeinwärts. **Markt**: Samstag.

Tredrez *(ca. 1000 Einwohner)*: Ein verschlafenes Nest einen Kilometer hinter der Küste hoch über dem Meer. Die im Nachhinein bedeutendsten sieben Jahre der 1000-Seelengemeinde liegen über 900 Jahre zurück, als *St. Yves* der hiesige Ortsgeistliche war. Der Bau der ihm geweihten *Ortskirche* war im Jahr 1500 vollendet, ihr Pfarrbezirk ist großteils erhalten. Innerhalb der Umfassungsmauer breitet sich der Friedhof um die Kirche aus, im schlichten Beinhaus sind heute Zementsäcke statt Totenschädel gestapelt, und über dem Seiteneingang klebt ein Schwalbennest, auf das reglos die Apostel schauen. Den kühlen Innenraum unter der Holzdecke mit engelverzierten Sablieren schmücken einige feine Sakralarbeiten: u. a. ein Granittaufbecken mit geschnitztem Holzdach (15. bzw. 17. Jh.), die Altartafeln des Seitenaltars (17. Jh.) und ein gekreuzigter Jesus (13. Jh.).

Anfahrt Von Lannion etwa 8 km auf der D 786 Richtung Morlaix, dann die D 88 meerwärts und nach etwa 1,5 km links ab auf die D 88 B.

Corniche de l'Armorique

Die Corniche gibt sich als Konkurrentin der *Corniche Bretonne* an der Granitküste aus, doch so ganz kann sie nicht mithalten: Die D 42 und die D 64 führen von *St. Efflam* (Centre nautique) bis zum Aussichtspunkt *Marc'h Sammet* hinter Locquirec auf etwa 7 km Länge an wilden Felsformationen, Steilabstürzen und eingestreuten Sandstränden entlang. Im Zusammenklang mit dem Meer wirkt der angenagte Küstenstrich beileibe auf Auge und Gemüt, doch der Superlativ an Steinlandschaften bleibt nun einmal die rosa Granitküste. Apropos: Von der *Pointe de Plestin* können Sie im Nordosten den Verlauf der Côte du Granit einsehen.

• Camping Ab Plestin-les-Grèves folgen einige Campingplätze dem Verlauf der Corniche de l'Armorique. Von Ost nach West:

*** **Camping St. Efflam**, am Ortsrand von Plestin-les-Grèves. Ein Mitte der 90er eröffneter Gemeindeplatz, der eine gute Zukunft vor sich hat, wenn die Bäume etwas mehr Schatten geben. Bislang heckenunterteiltes, großzügiges Wiesengelände mit mehreren Sanitärblocks in Holzbauweise. Alle Annehmlichkeiten eines 3-Sterne-Platzes. Holzbungalow-Vermietung. 200 Stellplätze. Geöffnet von April bis September. ✆ 02.96.35.62.15.

*** **Kerallic**, Bestandteil eines Feriendorfs, ein betriebsamer, gut ausgestatteter Platz für 60 Campingeinheiten. U. a. Laden, Restaurant, Fahrradverleih, Tennisplatz. Busreisenden stehen Bungalow-Studios zur Verfügung, Camper finden Bocage-Flächen mit Hecken, Bäumen und zwei Sanitärblocks. Reservierung für den Sommer möglich. Geöffnet von Juli bis August. ✆ 02.96.35.61.49.

** **La Corniche**, auf einem kleinen Kap, durch frisierte Hecken und Nadelbäume windgeschützt, einfach, in schöner Lage, aber ohne Strand. 50 Plätze, Öffnungszeiten 15.6. bis 15.9. ✆ 02.96.38.93.99.

** **Hortensias**, bei Kerdroheret, etwa 1 km westlich vom Camping de la Corniche. Ebenso einfach, oberhalb der Küste, doch kleiner (40 Stellplätze) und mit vielen Hortensien freundlich gestaltet. Geöffnet vom 1.6.–1.9. ✆ 02.96.35.61.58.

Locquirec (ca. 1500 Einwohner)

Mildes Klima, mediterrane Flora und angenehme Wassertemperaturen: Locquirec, der alte Fischerhafen, an dem einst die Malteser einen Stützpunkt unterhalten haben, wurde zwischen den Weltkriegen von reichen Parisern entdeckt und ist nunmehr der gediegenste Badeort zwischen Lannion und Morlaix. Wald und Heide umgeben trotz der zahlreichen Villen und einfachen Feriendomizile noch immer die neun größeren und kleineren Sandstrände an der meist unbebauten Felsküste der klobigen Landzunge. Aussichtspunkte, Spazierwege, das einsame Hinterland oder die zahlreich angebotenen Sport- und Unterhaltungsmöglichkeiten –

Grasen mit Panoramablick auf Locquirec

Freizeitgestaltung wird in dem meist von Familien besuchten Seebad leicht gemacht. Übrigens beginnt in Locquirec das Département Finistère – das Ende der Welt rückt näher.

Information

- *Postleitzahl* 29241
- *Information* O.T. im Glaskästchen zentral am Place du Port. ✆ 02.98.67.40.83, www.locquirec.com.
- *Verbindung* Locquirec, direkt an der **Bus**strecke Morlaix-Lannion, hat bis zu 4 Anschlüsse täglich in beide Richtungen. Haltestelle zentral am Place du Port.

Diverses

- *Markt* Am Mittwoch morgen buntes Markttreiben.
- *Sport* Ob im Wasser oder lieber auf der festen Erde – Tennis, Minigolf, Segeln, Surfen, Tauchen. **Segelschule von Locquirec**, Büro im Rathaus (✆ 02.98.67.44.57), mit diversen Kursen.
- *Wandern* Die Küste und das Hinterland um Locquirec sind ideale Betätigungsfelder für Unternehmungen auf den eigenen zwei Beinen. Beim O. T. gibt es einen Faltplan mit Streckenvorschlägen verschiedener Länge. Lohnenswert.

Übernachten/Camping/Café

*** **Grand Hotel des Bains**, Tradition in bester Lage am Meer, nach einer längeren 1-Stern-Phase hat sich das Hotel verschlankt und neuen Glanz in die Zimmer gebracht. 36 voll ausgestattete, angenehme Zimmer, Tennisplatz, überdachtes und beheiztes Schwimmbecken, Restaurant. Nur Halbpension, in der Saison pro Person 130 € (Kirchensicht) bis 200 € (Meersicht). Im Januar geschlossen. Rue de l'Eglise, ✆ 02.98.67.41.02.

Hotel Les Sables Blancs, kleines 8 Zimmer-Hotel mit Crêperie, Bar und Terrasse. Geöffnet von April bis Oktober. DZ 50 €, HP ab 45 €, Frühstück 6,50 €. Rue des Sables blancs 15, ✆ 02.98.67.42.07.

Hotel du Port, gemütliches 10-Zimmer-Hotel am Hafenbecken mit einfachen, aber netten Räumlichkeiten. Blick über das Treiben in der Bucht. Restaurant. DZ je nach Sanitärstandard 35–40 €. Geöffnet von April bis November. Place du Port, ✆ 02.98.67.42.10.

• *Camping* ** **Municipal Des Pins**, ein lang gezogenes Areal für insgesamt 100 Camping-Familien am Ortseingang von Locquirec. Stellplätze direkt an der Strandlinie (sehr sandig) oder im dahinter ansteigenden Pinienwäldchen (schattig und nicht so sandig). Auf beiden Plätzen sehr einfache Sanitäreinrichtungen. Geöffnet vom 15.6.–15.9. Route de Plestin, ✆ 02.98.67.45.79, www.mairie-locquirec.com.

** **Le Rugunay**, auf der anderen Straßenseite gegenüber– nur ein äußerst simples Ausweichgelände für die Hochsaison. Einziges Plus: der Blick über die Bucht. 100 Stellplätze. ✆ 02.98.67.41.06, jean-michel.guillanton@wanadoo.fr.

** **Moulin de la Rive**, außerhalb Richtung Primel, dann den Hinweisschildern auf den Berg folgen. Einfach, doch wegen seiner Panoramalage über dem Atlantik angenehm. Schlichte Sanitärs, Wasserzapfstellen und Stromblocks. Schöner Blick auf das Meer und die Corniche. 44 Stellplätze. Ganzjährig geöffnet. Rue de Lézingard, ✆ 02.98.67.44.94.

** **Bellevue**, noch weiter westlich, direkt an der Küste. Kleiner schlichter Platz mit Bar und Lebensmittelladen für 35 Zelte oder Wohnmobile. Geöffnet von Ostern bis September. Route de la Corniche 25, ✆ 02.98.78.80.80.

• *Café* **Café Livres**, gegenüber der Einfahrt zum Bellevue-Camp, von Leserin Esther K. empfohlen, "weil es ums Wohlfühlen geht". Angenehme Atmosphäre und eine edle Literaturauswahl quer durch die Zeiten – der Besitzer war Verleger und hat aus seinem Ex-Beruf ein Hobby gemacht. Die Werke (auf Französisch) gibt es auch zu kaufen.

Sehenswertes / Spazlergang

Kirche: In der Ortskirche aus dem 12. Jh., unmittelbar hinter dem Place du Port, verrichteten einst die Malteser ihre Andacht. Im 17. Jh. wurde das Gotteshaus umgebaut und auf drei Schiffe erweitert, die getafelte Holzdecke wurde bemalt. Der *Altaraufsatz* (16. Jh.) erzählt die Passionsgeschichte, die *Pietà* (Maria und Kind) aus Alabaster ist eine schöne Arbeit (16. Jh.). Die größte Verehrung wird der *Figur der Notre-Dame-de-Bon-Secour* (15. Jh.) in einer Nische am Chor zuteil. Der Weg vom Tor des Pfarrbezirks zur Kirche wurde mit alten Grabplatten (um 1800 und später) bepflastert, um Platz im kleinen Pfarrbezirk zu schaffen.

Pointe de Locquirec: Ein gemütlicher Spazierweg, der hinter der Ortskirche beginnt, führt in etwa 30 kurzweiligen Minuten um die Spitze der Landzunge. Bei klarer Sicht überblicken Sie die ganze Bucht von Lannion. Eindrucksvollste Stelle ist die *Pointe du Château*, die äußerste Landspitze gegenüber der gischtumtosten *Ile Verte*. Laufen Sie westlich weiter, gelangen Sie zum Strand *Les Sables Blancs*, im Osten können Sie an der *Corniche de l'Armorique* entlangwandern.

Baden

Rund um die Landspitze von Locquirec wimmelt es von Sandstränden, insgesamt neun Sandflächen in allen Größen. Der Ortsstrand *Plage du Fond de la Baie* am nordöstlichen Ortsende ist der größte, die Strände *des Sables Blancs* und *du Moulin* sind landschaftlich die angenehmsten, besitzen keine Strandeinrichtungen und liegen westlich des Orts.

> Nach Locquirec den Hinweisschildern "Route touristique" folgen und Sie bleiben – bis auf einen eventuellen Ausflug nach St. Jean-du-Doigt – zumindest in Meeresnähe.

Hinter diesen Mauern ruht ein Fingerglied von Johannes dem Täufer

St. Jean-du-Doigt (ca. 650 Einwohner)

In dem Dorf wäre der Hund begraben, würde die Kirche nicht eine ganz seltene Reliquie aufbewahren: ein Fingerglied von Johannes dem Täufer. Bis 1420 war die Kirche dem Heiligen Meriadec geweiht, doch gegen so mächtige Konkurrenz konnte der Ortsheilige nicht mithalten. Nach dem ersten Kreuzzug gelangte die Reliquie nach Frankreich und landete 1420 ausgerechnet in dieser verschlafenen Gemeinde im nördlichen Finistère. Sofort wurde mit dem Bau einer angemessenen Kultstätte begonnen, doch erst 1505 schritten die Arbeiten zügig fort: Herzogin *Anne* war von dem Fingerglied von ihrem Augenleiden geheilt worden und zeigte sich entsprechend großzügig. So entstand im Stil des Flamboyant ein aufwendiger Kirchenbezirk. Im letzten Jahrhundert schlug das Schicksal zweimal zu. 1925 traf ein Blitz den Turm, 1955 brannte die ganze Kirche. Sie wurde in ihrer ursprünglichen Gestalt zwar wieder aufgebaut, doch ihre Ausstattung ist für immer dahin. Trauriger Notbehelf: wo vor dem Feuer Heiligenfiguren standen oder Bilder hingen, erzählen ersatzweise nüchterne Kopien von vergangener Pracht. Der Kirchenschatz und die kostbare Reliquie konnten gerettet werden. Als letzte Restaurierungsmaßnahme wurden 1990 die neuen Kirchenfenster geweiht.

Ein vollkommener *Enclos paroissial*: Ein leicht beschädigtes *Triumphtor* führt in den geschlossenen Bezirk, dahinter sprudelt vor den Gräbern und einem kleinen *Calvaire* Wasser aus einem *Renaissance-Brunnen* mit dem biblischen Motiv der Taufe von Jesus. Über den drei übereinander liegenden Becken des Brunnens segnet ein wohlwollender Gottvater die heilige Handlung. Unterhalb des Turms nahmen früher gleich zwei *Beinhäuser* die Skelette der Toten auf – beide klein, eines gotisch, das andere im Renaissance-Stil. Daneben eine offene *Betkapelle* mit derb verziertem Fries. Das Kircheninnere ist bis auf einige Steinstatuen schmucklos nackt, die Spuren des Brandes sind deutlich zu erkennen. Im *Kirchenschatz* finden sich u. a. ein Renaissance-Kelch, bei dem an Materialkosten nicht gespart wurde, ein Prozessionskreuz und neben zwei weiteren Reliquiaren natürlich der Reliquienschrein mit der Daumenkuppe von Johannes dem Täufer.

Vor oder nach der Besichtigung: Etwa 1 km außerhalb von St. Jean-du-Doigt liegt ein kleiner Strand – ein breiter Sandstreifen und ein Parkplatz.

• *Pardon* Am letzten Junisonntag findet die große Wallfahrt statt. Gläubige Augenleidende pilgern hoffnungsvoll zum "Pardon des Feuers" nach St. Jean-du-Doigt.

• *Übernachten* ** **Hotel le Ty-Pont**, 22 ruhige Zimmer in der Ortsmitte, 18 davon mit Bad oder Dusche/WC. Kinderspielplatz, Bar, solides Restaurant. DZ nach Sanitärstandard 34–42 €, HP ab 36 €, Frühstück 6 €. Place Robert Le Meur, ✆ 02.98.67.34.06.

• *Camping* **Municipal**, schlichter Platz 100 m vom Ortszentrum.

Granitküste Karte S. 239

Plougasnou (ca. 3500 Einwohner)

Das Zentrum eines größeren Umlands entpuppt sich als stiller, äußerst ländlicher Ort. Mit Abstand der größte Bau Plougasnous ist die *Kirche* (16. Jh.) im Zentrum mit dem nachträglich eingearbeiteten Renaissance-Vorbau. Etwa 2 km vom Meer entfernt, versteht sich die Gemeinde als Seebad, weil die vorgelagerten Strände zum Gemeindegebiet gehören. Empfehlenswert ist der Strand gleich östlich von Plougasnou – lang und geschützt in einer klippenreichen Bucht, die Felsriffe im Wasser sorgen für optische Reize.

Manchmal der Kirche wegen, meist aber ganz profan wegen der Banken, der Läden und des Supermarkts kommen die Touristen tagsüber in den Ort. Wer abends Plougasnou aufsucht, will nur eines: ein Bett oder in einem der Restaurants eine Mahlzeit einnehmen.

• *Postleitzahl* 29228

• *Information* Das Office de Tourisme besitzt ein Häuschen am Kirchplatz. Rue des Martyrs 3, ✆ 02.98.67.31.88, www.tourisme-plougasnou.com.

• *Verbindung* Bis zu 5 **Busse** tägl. nach Morlaix.

• *Markt* Im Sommer am Freitagvormittag.

• *Übernachten* ** **Hotel de France**, im Ortszentrum; 13 Zimmer, 10 mit Bad bzw. Dusche/WC, teilweise auch mit Terrasse. Bar, Restaurant. DZ 41–50 €, HP 50 €, Frühstück 6,50 €. Place Général Leclerc, ✆ 02.98.67.30.15.

** **Hotel de la Presse**, kleines, einfaches 7-Zimmer-Hotel, 5 davon mit Dusche/WC, 2 nur mit Dusche. Ganzjährig geöffnet. DZ 32–38 €, HP ab 30 €, Frühstück 5 €. Place du Général Leclerc 7, ✆ 02.98.67.32.22.

** **Hotel Roc'h Velen**, 5 km vom Zentrum, vom sternlosen Quartier aufgerüstetes 10-Zimmer-Hotel im Ortsteil Samson über dem Meer. Restaurant. Akzeptable DZ mit Dusche oder Bad 36–60 €, HP ab 38 €, Frühstück 6 €. Samson, ✆ 02.98.72.30.58, roch.velen@wanadoo.fr.

• *Camping* ** **Camping des Etangs**, im Landesinneren, 5 km zum Meer, an einem Plan d' Eau (Kunstweiher). 100 Plätze in der Pampa, mit Bar, Tennisplatz, kleinem Swimmingpool und eigenem Strand am Weiherufer. Geöffnet von Juli bis August. ✆ 02.98.67.37.45, www.mairie-plougasnou.fr.

** **du Trégor**, ebenfalls landeinwärts, ein Privatplatz im Ortsteil Kerjean; kleiner (60 Plätze) und weniger aufwendig eingerichtet als der Gemeindeplatz, dafür billiger. Ganzjährig geöffnet. ✆ 02.98.67.37.64.

Primel-Trégastel

Auch der kleine Badeort Primel am felsdurchsetzten Gestade hat sich die Granitküste zum Vorbild genommen und seinem Namen das "Schloss im Sand" (*Trégastel*) hinzugefügt. Das Felschaos, das sich besonders kompakt auf einer heidebewachsenen, schmalen Landzunge am Ostende der Bucht darbietet, setzt

Der Strand erwacht: Frühling in Primel-Trégastel

sich im Meer fort. Bei Ebbe werden die Zacken der zahlreichen Riffe schnell vom Wind getrocknet, dann kann auch die vorderste Landspitze besucht werden. Ein zehnminütiger Spazierweg führt zu dem Felsenlabyrinth der *Pointe de Primel*, das sich trotzig ins Meer schiebt. Die geschützte Bucht zwischen Primel-Trégastel und Diben ist ein vorzügliches Surfrevier, der großzügige Strand gleich vor dem Ort ist für das Sonnenbad zuständig.
Ohne die vielen Ferienhäuschen wäre Primel-Trégastel wesentlich kleiner. Hotels gibt es nicht, Durchreisende ohne festen Wohnsitz sind auf den Ortscamping, die Plätze in der Umgebung oder die Hotels in Plougasnou angewiesen.

• *Camping* ** **Municipal de la Mer**, der Gemeindeplatz von Primel-Trégastel, neben dem Parkplatz vor dem Felsenlabyrinth. Schöne Lage am Strand, nur niedrige Hecken, deshalb fast schattenlos und windig. 100 Stellplätze. ✆ 02.98.72.37.06.

Primel-Trégastel / Umgebung

Le Diben: Das Dorf auf der anderen Seite der Bucht, ein Ortsteil von Plougasnou, ist eine Hochburg der Fischfabriken und Meerwasserbecken für Krustentiere (*Viviers*) – eine Besichtigung ist möglich. Le Diben ist durch die Ferienhäuschen recht zersiedelt, der Hafen ein nüchternes Areal der fischverarbeitenden Betriebe. Die *Pointe de Diben* ist die westliche Begrenzung der Bucht von Primel-Trégastel – ebenfalls viel Fels, doch flacher.

Plage de Terenez: Der Renommierstrand der gleichnamigen Bucht bietet die besten Bademöglichkeiten zwischen Primel-Trégastel und Morlaix. Geräumig, keine Infrastruktur, am Wochenende Badefroschinvasion aus Morlaix.

Cairn von Barnénez

Der Cairn von Barnénez ist das letzte gewaltige Überbleibsel etlicher Megalithbauten, die zwischen 4500 und 2000 v. Chr. auf der Halbinsel entstanden. Könnten die Seelen auf normal-europäischen Friedhöfen vor Neid erblassen, sie würden es: Auf der *Halbinsel von Kernéléhen* haben Menschen der Vorzeit ihren Fürsten ein aufwendiges Grabmal in phantastischer Lage errichtet. Auf einem Hochplateau der schmalen Landzunge über der Bucht von Morlaix ruhten die Verstorbenen unter dem für ewig gehaltenen Schutz eines monumentalen Steinhügels, den die Abendsonne über dem Ozean in ihr flammendes Licht taucht.

Im modernen Kassengebäude vor dem Fürstenhügel die ersten Eindrücke: Bilder, Aufrisse und Modelle. Nach dem Einlass auf das Gelände das freigelegte Original: ein in mehreren Stufen massiv aufgeschichteter, 70 m langer und 8 m hoher Hügel aus ungeschlachten Granitbrocken; aufgereiht wie an einer Perlenschnur bildeten klobige Dolmen im Inneren des Kolosses – als Grundgerüst, um die die Steine aufgehäuft wurden – die Grabkammern von elf Fürsten der Megalithzeit.

Zwei Kollektivbegräbnisse fanden hier in 500 Jahren Abstand statt, deutlich lassen sich die beiden Bauabschnitte unterscheiden: Grüngrauer Granit wurde gegen 3800 v. Chr. für die erste, ältere Kammer mit sechs Dolmen verwendet. Daran schließt sich nahtlos der helle Stein der kleineren unteren Kammer an – für sie musste sogar der Hügel aufgeschüttet und planiert werden. Bei Dolmen D an der Ostseite ist das Grabmal angeknabbert: 1954 wollte ein Bauunternehmer den erdbedeckten Steinhügel als Steinbruch nutzen und musste nach einigen Lastwagenladungen feststellen, dass sein ergiebiger Steinbruch eine archäologische Rarität war. Bis 1968 dauerten dann die eigentlichen Ausgrabungsarbeiten, bei denen der Tumulus nach allen Regeln der Kunst freigelegt wurde. Doch außer Keramikscherben wurde nichts gefunden; der stark säurehaltige Boden hatte alles zersetzt.

Der Cairn ist nicht nur von außen zu besichtigen: Durch die Gänge der Dolmen D und C dürfen Sie gebückt den Tumulus durchqueren.

Öffnungszeiten Mai bis August täglich 10–18.30 Uhr, September bis April täglich außer Montag 10–12.30 und 14–17.30 Uhr, ✆ 02.98.67.24.73.

• *Camping* *** **Baie de Terenez**, direkt an der D 76, kurz vor dem Cairn von Barnenez. Durchschnittlich angelegt auf einem ziemlich schattenlosen Wiesengelände, von Bäumen und Sträuchern eingegrenzt, aber sehr gut eingerichtet: Bogenschießanlage, Waschmaschine, Swimmingpool, origineller Minigolf, Restaurant, TV etc. Über die Straße geht es zum nächst erreichbaren Strand (viele Kiesel, bei Ebbe verschlickt). Zum Baden besser an den Plage de Terenez, 1,5 km oberhalb der Austernbänke. Reservierung möglich. 143 Stellplätze. Geöffnet von Ostern bis 30.9. 29252 Plouezech, ✆ 02.98.67.26.80.

• *Essen* **La Crêperie du Cairn**, nah beim Camping Baie du Terenez an der Stichstraße zum Cairn de Barnenez. Leser lernten hier eine der besten Crêperien des Landes kennen. "Neben fantastischen Galettes und Crêpes bietet der freundliche Besitzer einen hervorragenden Cidre vom Fass an." Plouezoc'h, Route de Barnenez, ✆ 02.98.67.21.27.

Granitküste Karte S. 239

Côte du Léon

Morlaix

(ca. 20.000)

Auf den steil ansteigenden Hügeln des Hinterlands und unten im Tal liegt der Kern der Stadt. Vom Alter verzogene, schiefergedeckte Fachwerkhäuser, ansehnliche Bauten aus der Hochzeit des Tabakgeschäfts am Morlaix-Fluss und ein Eisenbahn-Viadukt aus dem vergangenen Jahrhundert – jede Epoche drückte Morlaix ihren Stempel auf.

Wo sich die *Queffleuth* mit dem *Jarlot* trifft und sich mit ihm zum *Morlaix-Fluss* (*Rivière de Morlaix* oder auch *Dossen*) vereinigt, ist aus der Ex-Hafenstadt im Wandel der Jahrhunderte eine lebhafte bretonische Verkehrsdrehscheibe geworden, die an ihre weltoffene Rolle in der Vergangenheit anzuknüpfen sucht. Die Fährverbindung von Roscoff, die Urlaubsdomizile in der klippenübersäten Bucht von Morlaix und ihre Lage als Ausgangspunkt etlicher Ausflugsfahrten bringen ein internationales Publikum in die Stadt.

Die letzte große Bauwelle musste notgedrungen nach dem 2. Weltkrieg einsetzen, der auch Morlaix nicht ungeschoren ließ und das Stadtbild einschneidend veränderte. So führen breite Avenues vorbei an großzügigen Plätzen durch die Innenstadt, während sich an den Hängen gedrängt die alten Viertel ducken. Ein Bummel durch die Stadt und ein Aperitif in einem der Cafés rund um das klassizistische Rathaus ist das Pflichtprogramm, die Kür findet im *Maison de la Duchesse* statt.

Geschichte

Die Gegend um Morlaix wählten schon Menschen in grauer Vorzeit als Siedlungsgrund. Als Urzelle der Stadt nachgewiesen ist ein römisches Lager (*mons relaxus* =

Morlaix) über dem Zusammenfluss der Queffleuth mit dem Jarlot. Um das Jahr 1000 erinnert sich ein Adliger aus Tréguier an die strategisch günstige Lage des Vorgebirges und errichtet eine Burg, um die sich Fischer, Handwerker und Händler niederlassen. Speziell der Fisch lässt den Ort wohlhabend werden, was den Bau einer ersten Stadtmauer erfordert. Bis 1277 ist die Marktgemeinde Privateigentum des Grafen von Léon, erst dann wird sie zu einer souveränen bretonischen Stadt.

In den unruhigen Zeiten des bretonischen Mittelalters ist Morlaix und seine Umgebung Schauplatz zahlreicher Feldzüge und Schlachten, doch die Stadt blüht auf, und 1506 erscheint im wohlhabenden Morlaix hoher Besuch: *Anne*, Herzogin der Bretagne und Gemahlin des französischen Königs *Ludwig II.*, macht im Rahmen einer ausgedehnten Dankwallfahrt für die Genesung ihres Gatten der Stadt ihre Aufwartung. Höhepunkt der Feierlichkeiten wird das liebevolle Geschenk der Stadt an die Herzogin: ein gezähmtes Hermelin, ein funkelndes Diamantband um den Hals, tippelt brav der Regentin entgegen. Anne ist gerührt.

Ungebetene Gäste

1522 erscheint unwillkommener Besuch in Morlaix: *Jean de Coetanlem*, Pirat und Bürger von Morlaix, hat gerade mit seinen Angestellten das englische Bristol geplündert. Im Gegenzug tauchen 60 englische Segler vor Morlaix auf, die eine fast verlassene Stadt vorfinden: Die überregionale Messe in Guingamp und der große Markt in Noyal-Pontivy finden am selben Tag statt. Die Engländer haben leichtes Spiel und plündern die Stadt. Doch der disziplinlose Haufen beginnt an Ort und Stelle, die verderbliche Beute (Alkohol und Lebensmittel) zu vernichten. In den Wäldern von Styval vor den Toren der Stadt fallen den Zechern schließlich die Augen zu. Jetzt hat die zurückkehrende männliche Bevölkerung leichtes Spiel und bringt gnadenlos alle Engländer um, die nicht rechtzeitig wieder nüchtern werden und fliehen.

Damit so etwas nicht wieder passiert, schützt seitdem das wehrhafte Château du Taureau auf einer Insel in der Bucht die Einfahrt nach Morlaix.

Der Hafen ist über die folgenden Jahrhunderte der sicherste der *Basse Bretagne*, die Gewinne der Korsaren sowie die Produktion und der Verkauf von Schiffen, Stoffen, Goldschmiedearbeiten und später Tabak sorgen für kontinuierlichen Wohlstand. Besonders mit Holland, Hamburg, Spanien und Portugal wird reger Handel getrieben. 1736 öffnet eine Tabakmanufaktur der Westindischen Kompanie ihre Tore, die bald 25.000 Zentner Rauchstoff jährlich herstellt und Keimzelle einer groß angelegten Tabakschmuggelei wird.

Doch wie fast alle bretonischen Städte verliert Morlaix mit Beginn des industriellen Zeitalters seine wirtschaftliche Stellung. Die Tabakfabrik gibt es, wenn auch weniger groß, heute noch – sie hat sich auf Zigarren, Kau- und Schnupftabak spezialisiert. Der Hafen hat seine Bedeutung verloren, Wirtschaftszweige wie die Piraterie sind ausgestorben, nur die Kunsthandwerker erinnern noch an die einst blühende Handwerkerstadt.

1809 stirbt *Charles Cornic*, genannt der "Blaue Offizier", eines der berühmtesten Stadtkinder von Morlaix. Der Seemann, der sich vom Schiffsjungen zum gefürchteten Korsarenkapitän hochgearbeitet hatte, hatte sich im besten Mannesalter frustriert pensionieren lassen, weil er als Angehöriger des Bürgertums von seinen aristokratischen Kollegen in der Flotte nur Spott und Hohn erfuhr. Kurz vor seinem Tod will die neue Republik dem Greis in Anerkennung seiner Leistungen ein neues Kommando geben, doch Charles Cornic lehnt aus Altersgründen ab.

Das letzte bedeutende Ereignis der Stadtgeschichte ist blutig und leidvoll: Am 29. Januar 1943 wird die von deutschen Truppen besetzte Stadt von alliierten Verbänden bombardiert, natürlich sind die Opfer unter der Zivilbevölkerung höher als in der deutschen Wehrmacht. Der *Place des Otages* (Platz der Geiseln) erinnert an die hingerichteten Bretonen – für einen getöteten deutschen Soldaten mussten bis zu hundert Menschen sterben.

Morlaix heute ist eine verkehrsreiche, lebendige Stadt, durch seine Fabriken in der *Zone Industrielle* und die Schnellstraße Brest-Rennes an die französische Ökonomie angebunden. Ein Bürger der Stadt war sogar schon einmal im Weltall: Der erste französische Astronaut, der 1982 seine Runden über die Erde drehte, heißt *Jean-Loup Chrétien* und stammt aus einem Vorort von Morlaix.

Information

- *Postleitzahl* 29600
- *Information* Professionelles Office de Tourisme in einem kleinen Pavillon in Viaduktnähe. U. a. ausführliche Zimmervermietungsliste mit Preisen. In der NS Di–Sa 10–12 und 14–18 Uhr, im Juli und August durchgehend 10–19 Uhr. Wenn geschlossen ist, steht immer noch der automatische Ratgeber neben dem Eingang zur Verfügung. Place des Otages, ✆ 02.98.62.14.94, officetourisme.morlaix@wanadoo.fr.

Verbindungen

- *Bus* Busbahnof zentral am Place Cornic beim Viadukt. Die Strecken Roscoff (täglich mindestens 4-mal) und Huelgoat/Carhaix (täglich 2-mal) werden ab dem Bahnhof bedient.
- *Zug* Über dem Talkessel fährt die Eisenbahn auf dem zweistöckigen Viadukt zum Bahnhof und von da weiter über St. Pol-de-Léon zum Sackbahnhof Roscoff. Oder sie dampft ostwärts nach Rennes (8-mal täglich, nach Lannion umsteigen in Plouaret) bzw. nach Westen über Landivisiau/Landerneau nach Brest (etwa 12-mal täglich). Außerdem mit dem TGV nach Paris in 4 Stunden, oder nach Brest in 30 Minuten. Auskunft und Reservierung ✆ 08.92.35.35.35.
- *Flugzeug* Die großen Flieger stehen nur noch zur Wartung auf dem Gelände des ehemaligen Flughafens. Nächste Alternativen sind Brest und Lannion.

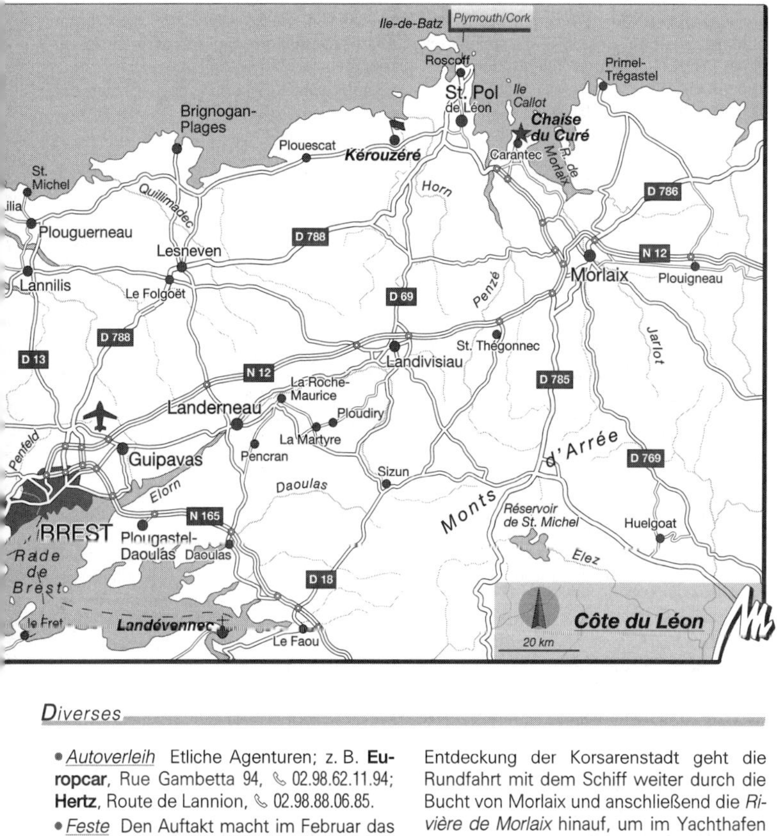

Côte du Léon Karte S. 280/281

Diverses

• *Autoverleih* Etliche Agenturen; z. B. **Europcar**, Rue Gambetta 94, ✆ 02.98.62.11.94; **Hertz**, Route de Lannion, ✆ 02.98.88.06.85.

• *Feste* Den Auftakt macht im Februar das **Rockfestival Panorama**. Im März/April findet unter dem Titel **Le printemps musical** ein Orgelfestival statt. Jeden Mi im Juli/August kann man das **Festival des Arts** in den Straßen der Stadt erleben. Von 19.33 Uhr (pünktlich!) bis 24 Uhr Performances und Artistik von internationalen Künstlern und Zirkusleuten. Außerdem findet Anfang August in der Gegend rund um Morlaix (aber nicht in der Stadt selbst) das **Festival de la Danse Léon** statt.

• *Führung* Unter dem Titel **Le Léon à fer et à flot** (Das Léon auf der Schiene und zu Wasser) wird über das O.T. von April bis September eine sehr empfehlenswerte Tour angeboten: Sie beginnt mit einem Spaziergang durch das mittelalterliche Morlaix, dem sich die Zugfahrt über Saint Pol de Léon nach Roscoff anschließt. Nach der Entdeckung der Korsarenstadt geht die Rundfahrt mit dem Schiff weiter durch die Bucht von Morlaix und anschließend die *Rivière de Morlaix* hinauf, um im Yachthafen unterhalb des Viadukts zu enden. Erwachsene 20 €, erm. 10 €. Genaue Infos über das O.T. oder www.aferaflots.org. Im O.T. sind außerdem Vorschläge und Pläne zu verschiedenen Stadtspaziergängen erhältlich.

• *Markt* Immer am Samstag bis in den späten Nachmittag. Großes Angebot.

• *Kino* In zwei Lichtspielhäusern flimmert Zelluloid; **Le Rialto**, Chemin de l'Hospice, und **La Salamandre**, La Boissière.

• *Parken* Während der Geschäftszeiten herrscht in der Innenstadt Parkplatzmangel. Gebührenpflichtige Plätze rund ums Viadukt vom Place de Gaulle bis zum Rathaus am Place des Otages sowie am Place des Halles. Kostenlose Plätze am Place du Pouliet und Place de Callac an der Route de Paris.

• *Rundflug* Der Aéroclub de Morlaix bietet für jeweils 2–3 Personen Luft-Circuits an, z.B. nach Carantec, auf die Insel Batz oder nach Locquirec. Oder Sie sagen, wohin Sie geflogen werden wollen, und vereinbaren einen Preis. Der Club empfiehlt, den Fotoapparat nicht zu vergessen. Flugplatz von Ploujean, ✆ 02.98.62.16.09.

• *Theater* Rue de Brest/Rue Gambetta.

• *Waschsalon* Stilgerecht in der Rue des Lavoirs unterhalb des Place des Halles steht **Lavomatique** täglich von 8–20 Uhr zu Diensten. ✆ 02.98.62.02.24.

• *Yachthafen* Geschützt vor den Toren der Stadt. 130 Pontons, 30 Plätze am Kai, 20- und 30-t-Kran, Segler-Facilities. ✆ 02.98.62.13.14.

Übernachten

** **Hotel d'Europe (4)**, im Stadtzentrum, erste Übernachtungsadresse der Stadt. 45 schallisolierte Zimmer mit unterschiedlicher Sanitärausstattung und Möblierung, alle mit TV und Telefon. DZ 56–100 € (Suite), HP ab 50 €, Frühstück 8,50 €. Um den Jahreswechsel 2 Wochen geschlossen. Rue Aiguillon 1, ✆ 02.98.62.11.99, www.hotel-europe-com.fr.

** **Hotel du Port (1)**, auf der westlichen Seite des Yachthafens, an der Ausfallstraße nach Carantec, deshalb etwas laut. 25 ähnliche, sanitär voll ausgestattete Zimmer. DZ 40–60 €, Frühstück 6,50 €. Um den Jahreswechsel geschlossen. Quai du Léon 3, ✆ 02.98.88.07.54, www.hotelduport.com.

* **Hotel des Halles (8)**, in der Fußgängerzone. 14 recht einfache Zimmer in ruhiger Lage. Etagen-WC und -Duschen. Preiswertes Restaurant. DZ 29–32 €, HP möglich, Frühstück 5,50 €. Ganzjährig geöffnet. Rue du Mur 23, ✆ 02.98.88.03.86.

Hotel St. Melaine (3), in einer Gasse in der Nähe des Viadukts unterhalb der gleichnamigen Kirche. 8 einfache Zimmer mit ebensolchem Sanitärkomfort, 2 Dreibettzimmer mit eigenem Bad. Etagenduschen und -WC. Bar. Restaurant mit Menü für 15 €. DZ 26–32 €, Frühstück 5 €. Rue Ange de Guernisac 77, ✆ 02.98.88.54.76.

Hotel Le Roy d'Ys (6), direkt beim Museum am *Place des Jacobins*. 11 einfache aber korrekte Zimmer im 2. und 3. Stock, die auch weiterhin gut zu erreichen sein sollten, wenn die alte Holztreppe nicht den Geist aufgibt. Bar und Fahrradverleih. DZ 24–31 €, Frühstück 5 €. Ganzjährig geöffnet. Place des Jacobins 8, ✆ 02.98.63.30.55.

Le Logis des Ecluses, die ehemalige Jugendherberge. Unterkunft in Hafennähe, immer noch zu sehr zivilen Preisen. Ab 14 € pro Person, Frühstück 6 €, HP ab 30 €. Allée St. François 28, ✆ 02.98.62.66.80, www.lelogisdesecluses.com.

Essen/Trinken

Ein für Morlaix typisches Gericht heißt **Morue**; zwei zarte Crêpes verhüllen Stockfisch und Langustenschwänze, darüber gibt man etwas Béchamelsauce.

Les Bains Douches (7), beim Justizpalast. Ein Fußgängersteg führt in das frühere Badehaus aus der Jahrhundertwende. Die charmant-bürgerliche Inneneineinrichtung entstammt derselben Epoche, zeitlos gut schmecken die servierten Köstlichkeiten. Hier ist nicht das Menü (nur 2), sondern à la carte angesagt. Auch liegt der Küchenschwerpunkt mehr auf Fleischgerichten als auf Meeresprodukten, z. B. exzellente Lammnuss gefüllt, dazu zarte Salzkartoffeln, oder Hasenfrikassee an Cidre mit Gewürzbrot und frischen Nudeln. Für das Gebotene straffe Preiskalkulation: beide Gerichte 14 €. Zum Nachtisch empfehlen wir gebrannte Vanillecreme. Allée du Poan-Ben 45, ✆ 02.98.63.83.83.

Les Fontaines (5), in dem orangefarbenen Eckhaus am *Place des Viarmes* kann man gleich an mehreren Stellen Platz nehmen: Bei schönem Wetter auf der Terrasse, ansonsten im barähnlichen Erdgeschoß, oder im gemütlichen ersten Stock mit Wohnzimmeratmosphäre (3 Tische). Zu den Spezialitäten bei Maguy und Roger zählen Moules au chouchenn (bretonischer Honigschnaps) für 10 €, oder Schweinefleisch in Cidre für 7 €. Leider nur Mittagstisch, Sonntag geschlossen. Rue au Fil 2, ✆ 02.98.88.07.06.

Einst war Bier aus Morlaix weithin bekannt. Seit 1985 hält die **Brauerei Coreff** die alte Tradition wieder aufrecht und braut dunkles, ale-ähnliches Bier (Malzhefe), das in kurzer Zeit wesentliche Marktanteile auf dem bretonischen Biermarkt erobern konnte. In der **Brasserie des Deux Rivières (2)** in einer alten Seilerei am Place de la Madeleine können Sie dieses Gebräu genießen (Sonntag Ruhetag). Kostenlose Besichtigung der Brauerei von Montag bis Mittwoch, 10.30, 14 und 15.30 Uhr. Mit Freibier!

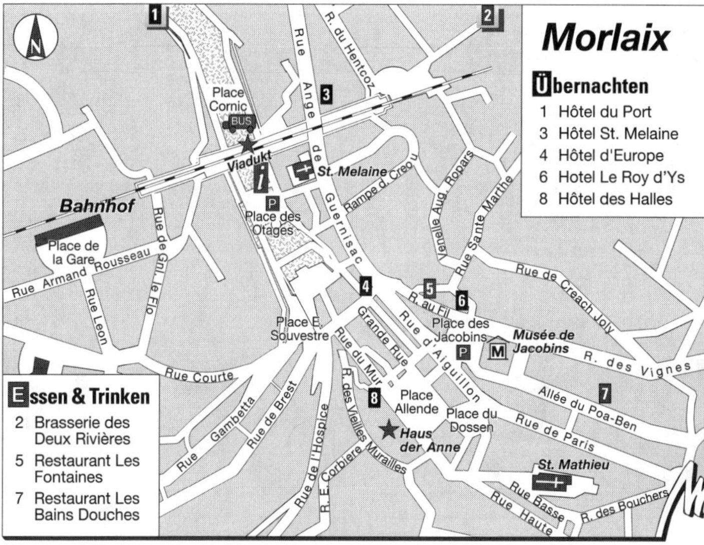

Côte du Léon
Karte S. 280/281

Sehenswertes

Der Stadtbummel **Circuit de Morlaix** erschließt die verbliebenen Sehenswürdigkeiten der Stadt, von denen das Laternenhaus der Herzogin Anne mit seiner für die Bretagne wohl einmaligen Wendeltreppe die größte ist. Am Startpunkt Place des Otages bekommen Sie den besten Eindruck vom Viadukt. Am Ende des Rundgangs sind Sie am Hafen auf der anderen Seite der Eisenbahnüberführung. Die interessantesten Stationen:

Viadukt: Der offensichtlichste Blickfang der Stadt hat Morlaix viel von seinem eigentlich anheimelnden Charakter genommen; seit 1864 herrscht die gewaltige Eisenbahnbrücke aus hellen Steinquadern, 59 m hoch und 284 lang, über die Häuser des Talkessels. Selbst die Kirche St. Melaine steht wehrlos im Schatten des Kolosses.

Kirche St. Melaine: Außerhalb der Kirche halten zwei Engel die große Inschrift aus Stein: "Im Jahre 1489 wurde der Bau dieser Kirche in Gottes Willen begonnen". Aus dem Granit der Insel Batz schufen die Baumeister der Familie Beaumanoir als Nachfolgebau einer zu klein gewordenen Kapelle das spätgotische Gotteshaus, dem *Hl. Melaine,* Bischof von Rennes, geweiht. 1943 wurde auch die Kirche bombardiert, so sind die nördlichen Seitenkapellen völlig neu entstanden. Die *Kirchenportale* sind geschmückt mit Pflanzen, Tieren, Menschen- und Engelsgesichtern, im Innenraum prangen Goldsternchen auf der blauen *Holztonnendecke,* eine vielstimmige *Orgel* thront auf der Empore. Kuppel und Säulen des *Taufbeckens* sind eine schöne Schnitzarbeit: reiche Verzierungen in dunklem Eichenholz.

Rue Ange-de-Guernisac: Gleich hinter der Kirche St. Melaine beginnt die stilvolle Heimat einiger Artisanats, eine gemütliche, kurze Gasse mit viel Schieferschindeln und Fachwerk. Auch die Nebengässchen atmen noch den Hauch einer auch in Morlaix vergangenen Zeit.

Am Place des Halles

Musée des Jacobins: Bretonischer Alltag, Kunst und Volkskunst, sakrale und moderne Gemälde. Die Themenpalette des städtischen Unternehmens in der alten Jakobinerkirche aus dem 15. Jh. ist groß, hat aber einen gemeinsamen Nenner: Morlaix und die Bretagne. Archäologische Funde aus der Umgebung, Stilmöbel, Gebrauchsgegenstände und Stadtansichten, längst verblichene Honoratioren oder Heiligenfiguren in der ethnographischen Abteilung, dazu der Höhepunkt: die bunt gemischte Gemäldesammlung mit flämischen und italienischen Künstlern sowie Werken von Monet, Courbet oder Boudin.

Öffnungszeiten Juli und August täglich 10–12.30 und 14–18 Uhr. Sonst täglich 10–12 und 14–17 Uhr außer Dienstag, Sonntag und Samstagvormittag. Erwachsene 4 €, erm. 2 €, Familie 6 €. Place des Jacobins.

Kirche St. Mathieu: Die Kirche oberhalb der Altstadt wurde mit Ausnahme des Turms im 19. Jh. neu aufgebaut und ist als Bauwerk weniger interessant. Im Inneren bewahrt sie eine sog. *Statue Ouvrante*, eine der seltenen Marienfiguren, die sich aufklappen lassen: Das Innenleben Marias (16. Jh.) birgt eine Dreieinigkeits-Skulptur.

Haus der Anne de Bretagne *(Maison de la Duchesse Anne)*: In der Rue du Mur 33 (sprich rüdümür) wohnte angeblich die Herzogin Anne während ihres Aufenthalts in Morlaix. Außen ein wunderschönes, dreifach vorkragendes Fachwerkhaus mit Karyatiden und kunstvoll geschnitztem Balkenwerk – Dämonen und Heilige schneiden Fratzen oder blicken ernst auf die Fußgänger hinab. Doch erst innen zeigt sich die wahre Attraktion des "Laternenhauses". Bei diesem Haustyp, über Spanien nach Morlaix gekommen, führen von einem glasüberdachten Innenhof mit riesigem Kamin die Zugänge, vor Wind und Wetter geschützt, zu den benachbarten Häusern. Einmaliges und kunstvollstes Detail des "Laternenhofs" ist die elf Me-

ter hohe *Säule* der Treppe, die zu drei Stockwerken hinaufführt – ein einziges, mächtiges Stück schwarzes Eichenholz, ausgiebigst verziert mit Figuren und Kapitellen. Eine besonders gelungene Holzskulptur turnt auf der Balustrade: ein Akrobat im Handstand, direkt aus dem tragenden Balken herausgearbeitet.
Öffnungszeiten In der Saison Mo–Sa 11–18.30 Uhr. Mai, Juni und September 11–17 Uhr außer Sonntag. Erwachsene 2 €.

Maison à Pondalez: Neben der *Maison de la Duchesse Anne* ist seit einigen Jahren noch ein weiteres, frisch renoviertes Fachwerkhaus dem Publikum zugänglich. Es befindet sich in der *Grande Rue*, die heute wie vor 500 Jahren zu den geschäftigsten Straßen der Stadt gehört.
Öffnungszeiten Mittwoch bis Samstag 10.30–12.30 und 14–18 Uhr, in französischen Schulferien auch Dienstag. Erwachsene 2 €. Grande Rue 9, ✆ 02.98.88.68.88.

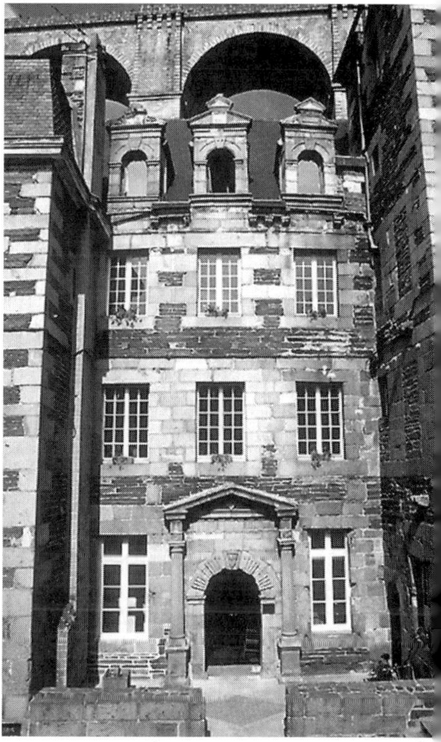

Steinlandschaft mit Viadukt

Place des Halles und Grande Rue: Der alte Marktplatz und die einstige Hauptstraße des Kerns von Morlaix weisen die meiste mittelalterliche Bausubstanz auf – sanft liegt ein Hauch von Idylle über dem früheren Zentrum. Speziell die herausgeputzte Grande Rue verweist auf eine dahingegangene Butzenscheiben-Epoche, in der die Kunsttischler zeitaufwendig und verspielt an der Fassadengestaltung mitarbeiten durften.

Zigarrenmanufaktur: Am Quai de Léon beim Yachthafen erinnert die altehrwürdige Fassade der Manufaktur an Morlaix' ausgezeichneten Ruf in der Welt des blauen Dunstes. Bis vor einigen Jahren produzierten hier noch 250 Beschäftigte jährlich mehr als 300 Millionen kleine Zigarren und dicke Kippen mit dem gallischen Helm. Doch bis Ende 2003 werden auch die letzten 40 Zigarettenarbeiter in Morlaix ihre Arbeit niederlegen. Auf das Gelände der dann stillgelegten Fabrik sollen eine Fachhochschule und ein Zigarrenmuseum ziehen. Im Gespräch ist auch ein größeres Kulturzentrum – was wirklich daraus werden wird, soll die Zukunft zeigen. Besichtigung Montag – Freitag nach Vereinbarung, ✆ 02.98.88.15.32.

Hafen: Vom Motor des einstigen Wohlstands zum gemütlichen *Port de Plaisier* degradiert. Wo einmal die Schiffe der Weltmeere ihre Fracht löschten und angesehene Schiffsbauer Fregatten und Dreimaster vom Stapel laufen ließen, haben nun maximal 300 Privatyachten im Schatten alter Reedershäuser einen sicheren Liegeplatz gefunden. Gelegentlich legen kleine Frachter an, doch die umgeschlagenen Tonnen sind unbedeutend.

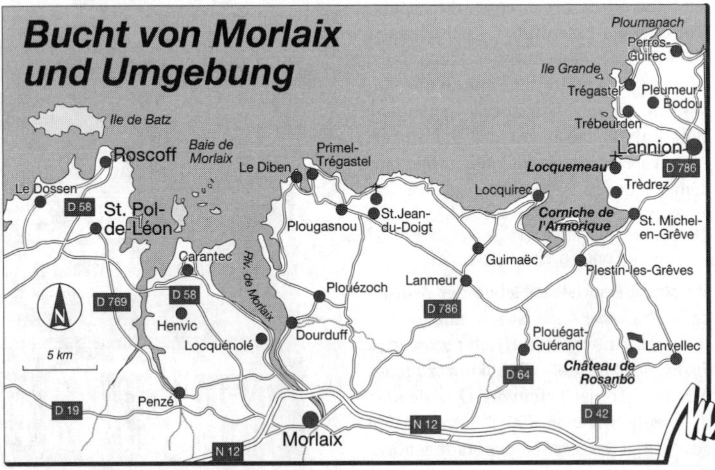

Morlaix / Umgebung

Rivière de Morlaix (Morlaix-Fluss): Auf den landschaftlich schönsten Ausflug um Morlaix sei hingewiesen; sowohl das linke wie das rechte Ufer des sich sanft ins Meer schlängelnden *Morlaix-Flusses* sind bei Ebbe wie bei Flut ein Augenschmaus. Und schließlich öffnet sich die schmale, lang gezogene Mündungsbucht, die *Rivière de Morlaix* mit ihren Klippen und Felsen ... Fototipp: Sonnenuntergang bei *Dourduff.* Als Zugabe können Sie im Beobachtungshaus des *Observatoire ornithologique* in Dourduff gratis Meeresvögel beobachten und klassifizieren.

Plougonven *(ca. 3300 Einwohner)*: Der Ort besitzt einen der ältesten bretonischen umfriedeten Pfarrbezirke mit *Kapelle, Beinhaus* (1532), *Calvaire* (1554) und einer *Kirche* (1523), die zu Beginn dieses Jahrhunderts fast völlig abbrannte, doch wenig später originalgetreu wiedererrichtet wurde – in alter Eleganz strebt der Turm in die Höhe. Höhepunkt des Ensembles ist der *Calvaire,* einer der ältesten, größten und schönsten Armorikas. Auf einem achteckigen Sockel gruppieren sich in zwei Stockwerken dic Figuren, die nicht nur in der Passionsgeschichte mitspielen. Neben anderen Heiligen gibt sich auch St. Yves – traditionell zwischen dem Reichen und dem Armen dargestellt – die Ehre. Drei Kreuze steigen hoch, aus dem mittleren zweigen noch vier Äste ab. Still stehen Johannes und Maria auf den beiden oberen, unter ihnen überwachen zwei römische Reiter die Hinrichtung. Einige Passionsszenen wurden nur auf diesem Calvaire gestaltet. Besonders ausdrucksstark gelang die Versuchung Jesu in der Wüste: Ein meditativ-gelassener Jesus widersteht einem unendlich bösartigen Teufel.

Anfahrt Von Morlaix etwa 12 km auf der D 9 nach Süden.

Nicht nur der Calvaire von Plougonven lockt. Morlaix ist ein günstiger Ausgangspunkt für die sog. **Calvaire-Tour** (Umfriedete Pfarrbezirke), der meistbefahrene Circuit der Bretagne. Wir starten unsere Calvaire-Rundreise in Landivisiau – ganz hinten im Buch im Kapitel "Argoat/ Calvaire-Tour" beschrieben.

Jesus und die Häscher in Plougonven

Trésor des Augustines: Der Orden der Augustinerinnen geht auf eine Gründung im Dieppe des 12. Jh. zurück. Nach den Wirren der Revolution, in denen einige der ihren nur knapp der Guillotine entgingen, erstand die Ordensschwester Maria de la Fruglaye im Jahre 1834 das Kloster *St. François* in *St. Martin des Champs*. Heute enthalten diese Räume den kostbar behüteten "Schatz der Augustinerinnen", der den interessierten Besuchern die Welt dieses Ordens näher bringt.

- *Öffnungszeiten* Di–Fr 14–17.30 Uhr. Erwachsene 3 €, Kinder bis 12 gratis.
- *Anfahrt* Morlaix auf der D73 in Richtung Carantec verlassen. Saint Martin des Champs ist mit Morlaix zusammengewachsen, und die D73 führt genau hindurch. Beim Ortsausgangsschild befindet sich auf der linken Seite das Kloster.

Locquénolé: Wer auf der landschaftlich eindrucksvollen Strecke von Morlaix nach Carantec unterwegs ist, kann in dem Örtchen Locquénolé einen kurzen Stopp einlegen. Direkt neben dem Rathausplatz, dessen Gefallenendenkmal von bretonischen Palmen gesäumt wird, steht inmitten von Grün eine kleine Kirche: Diese kann von Juli bis September sonntags um 15 Uhr im Rahmen einer Führung besichtigt werden.

Carantec

(ca. 2500 Einwohner)

Kleine Badebuchten schmiegen sich in den Granit der Steilküste, darüber schlängeln sich Spazierwege zwischen Ginster und Kiefern. Inselchen und nackte Felsriffe übersäen das Meer, das während der Ebbe zum Fanggrund der Fußfischer wird.

Solche geographischen Voraussetzungen ziehen naturgemäß erholungsbedürftige Menschen an. Den Ortskern des alten Dorfes locker umrahmend, hat die Besiedlungszone den größten Teil der Halbinsel erobert. Im sicheren Hafen an der Nordwestspitze unterhalb des Zentrums ankern mittlerweile mehr Yachten als Fischerboote. Das Familien-Seebad auf einer Landspitze zwischen den Flussmündungen des *Morlaix-Flusses* und der *Penzé* ist – neben dem eher städtischen Roscoff – der angenehmste und bestausgestattete Badeort weit und breit. Laut Prospekt werden in Carantec "Ihre Freuden jodhaltig sein", "im Kontakt mit unseren Schätzen werden Sie geradezu aufblühen", außerdem kann hier "jeder seinen Sport mit Maßen ausüben oder seine Leidenschaften völlig ausleben". Wir drücken die Daumen.

Von seinen touristischen Einrichtungen und der gesunden Luft abgesehen, besitzt Carantec in der Bucht von Morlaix Austernzuchtanlagen, die auch nach der kurzen Urlaubssaison ein Auskommen garantieren. Hummer und Langusten werden ebenfalls ganzjährig angelandet.

Information/Verbindungen

- *Postleitzahl* 29226
- *Information* In einer Seitenstraße der Place de la Libération arbeitet die Dame des örtlichen Office de Tourisme. Auskünfte aller Art, Buchungen und Exkursionen. Im Sommer Organisation von begleiteten Spaziergängen. Juli bis August Mo–Sa 9–19 Uhr und So 9–12.30 Uhr. Sonst mindestens Di–Fr 10–12.30 und 14–18 Uhr, sowie Sa 10–12 Uhr. Rue Louis Pasteur 4, ✆ 02.98.67.00.43.
- *Verbindung* Carantec hat drei **Bus**haltestellen – am Rathaus, an der Kirche und am Plage du Port. Täglich 5-mal nach St. Pol-de-León/Roscoff und nach Morlaix.

Diverses

- *Ausflüge* Schiffsausflüge, z. B. durch die **Baie de Morlaix** (Ile Louët, Château du Taureau, Vogelreservate. . ., Dauer 2–3 Stunden) oder eine Fahrt zur **Insel Batz**, vormittags hin, nachmittags retour. Preisbeispiel: Baie de Morlaix 14 €, Kinder 8 €. Taxis Carantec organisiert ab 8 Personen auch **kleine Touren** zu touristischen Zielen, ✆ 02.98.67.00.00.
- *Fahrradverleih* Evtl. auf dem *Place de la République*, aber nur im Juli/August.
- *Golf* 9-Lochplatz im Süden Carantecs am Plage du Clouët, 25 gepflegte Hektar mit liebenswertem bretonischen Flair. Rue de Kergrist, ✆ 02.98.67.09.14.
- *Kino* Ganzjährig gängige Streifen im L'Etoile, Abendvorstellungen Juli/August täglich außer Mittwoch um 21 Uhr. Zentral in der Rue Duquesne.
- *Markt* Donnerstagvormittag.
- *Pardon* Am Pfingstmontag Pardon von Notre-Dame-de-Callot auf der Ile Callot. Am 3. Julisonntag Pardon von St. Carantec. Am Sonntag nach dem 15. August Pardon von Notre-Dame-de-Callot (der größte). Am 31. Dezember bzw. am 1. oder 2. Januar Pardon von Notre-Dame-de-Callot.
- *Schwimmbad* Die beheizten Becken im **Camping Les Mouettes** mit drei großen Wasserrutschen und einigen kleineren Wasserspielereien stehen auch Nichtgästen im Juli und August von 13.30–19 Uhr zur Verfügung. Erwachsene 7 €.
- *Segeln/Surfen* **Centre nautique** am Plage du Kelenn. Wochenkurse für Kinder und Erwachsene auf verschiedenen Bootstypen. ✆ 02.98.67.01.12, www.carantec.nautisme.com; **Point Passion Plage** verleiht Surfbretter, Katamarane, Kajaks und andere Boote. Auch Unterricht, ✆ 02.98.67.01.12.
- *Tauchen* **Carantec Plongée**, am Plage du Kelenn: Kurse, Tauchgänge und Verleih von Ausrüstung sowie Atemluftverkauf. ✆ 02.98.67.95.37, www.carantec.org.
- *Tennis* 3 Courts beim Sportplatz vom **Tennisclub 2 Baies**, in der NS übers O.T., im Juli/August vor Ort oder unter ✆ 02.98.67.93.59; Courts auch beim größeren Konkurrenten **Pen al Lann** am östlichsten Ortszipfel Carantecs, auch Übungsstunden. ✆ 02.98.67.00.47.
- *Veranstaltungen* Im Sommer etliche Segelregatten, Boule- und Tennisturniere. Ganzjährig eine lose Konzertreihe (klassische und keltische Musik) in der Kirche, Auskünfte und Billetts im O.T.
- *Wandern* 15 km Wanderwege entlang der Küste. Das Tourismusbüro ist Herausgeber einer Broschüre mit sechs meist ca. einstündigen Wandervorschlägen um die Halbinsel.

Ile de Louët und Festung Taureau

Übernachten/Camping

*** **L'Hôtel de Carantec**, 12 Zimmer mit Meeresblick, in 50 m Entfernung vom Strand. DZ je nach sanitärer Ausstattung 140–160 €, HP 130 €, Frühstück 15 €. Ganzjährig geöffnet. Rue du Kelenn 20, ✆ 02.98.67.00.47, www.hoteldecarantec.com.

* **Le Relais**, an der Ausfallstraße nach Morlaix, zu den Stränden 500 m. 20 einfachere Zimmer mit unterschiedlichen Sanitärbedingungen. Etagen-WC, Barbetrieb. DZ 25–40 €, HP 40–53 €, Frühstück 6 €. Ganzjährig geöffnet. Rue Albert Louppe 17, ✆ 02.98.67.00.42.

• *Ferienimmobilien* Ein Katalog über Mietwohnungen und -häuser in und um Carantec ist über das O.T. erhältlich.

• *Camping* **** **Les Mouettes**, oberhalb der Penzé-Mündung westlich von Carantec, nicht direkt am Meer. Bei Flut Bademöglichkeit am Kiesstrand. Hier lässt es sich leben: von Hecken unterteiltes 2,5-ha-Wiesengelände, etwas ältliche Sanitärs, warmes Spülwasser (!), Babywickelraum, Bar/Restaurant, erfrischendes Schwimmbecken mit Riesenrutsche und, und, und. In der Saison voll bis auf den letzten Platz. 350 Stellplätze. Geöffnet vom 1.5–15.9., schon ab Dezember Platzreservierung möglich. La Grande Grève, ✆ 02.98.67.02.46, www.les-mouettes.com.

Les Hortensias, knapp 3 km außerhalb Richtung St. Pol-de-Léon, beim Dörfchen Kermen. Einfacher Bauernhof-Camping, die familiäre, billigere und weniger durchorganisierte Alternative zu Les Mouettes, allerdings weit ab von Schuss und Meer. Verkauf eigener Agrarprodukte, warme Duschen. 25 Stellplätze. Geöffnet vom 15.4.–30.9. Kermen-Carantec, ✆ 02.98.67.08.63.

Essen

• *Essen* **Restaurant La Chaise du Curé**, mitten im Ort nah der Kirche. Einfach gestyltes Lokal mit wenigen Tischen, Schwerpunkt Fisch und Meeresfrüchte. Ordentliche Qualität zu Durchschnittspreisen, Menü ab 16 €. Empfehlenswert die Lachsmousse mit Sauce armoricaine. Mittwoch und Donnerstag Ruhetag. Place de la République 3, ✆ 02.98.78.33.27.

Brasserie La Cambuse, am Plage du Port, neben dem angeschlossenen Restaurant Le Cabestan. Gut, reichlich und günstig,

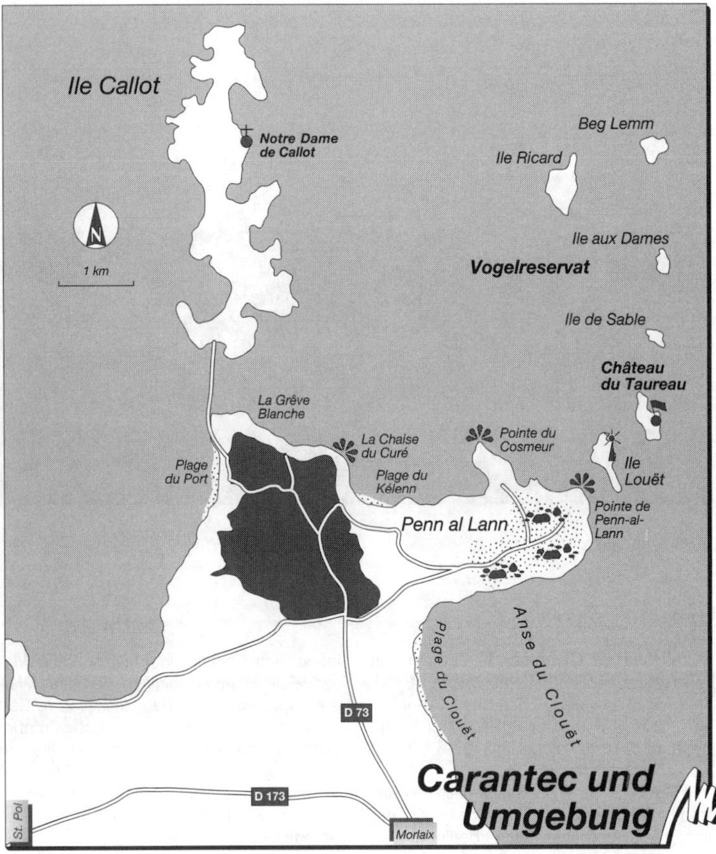

wenn es auch aufgrund der fröhlichen Bargäste etwas laut werden kann. Große Karte mit Fisch- und Fleischgerichten, für den kleinen Hunger Moules frites. Ergebnis unseres Testessens: Vorzüglicher Lachssalat, ausgezeichnete Entenbrust und auf den Punkt gebratenes Pfeffersteak. Zum Nachtisch: Profiteroles au Chocolat (warme Schokowindbeutel mit Eis gefüllt). Menüs von 19–43 €. Und: Es gibt eine Nichtraucherecke. Le Port, ✆ 02.98.67.01.87.

Ausflug / Spaziergang

Ile Callot: Eine Ferien- und Wallfahrtsinsel, auf der im Winter vielleicht 20, im Sommer etwa 1000 Menschen leben. Bei Ebbe kommen Sie zu Fuß auf die der Landzunge vorgelagerte Insel hinüber, die Straße ist bis zur Halbflut begehbar, bevor sie völlig überspült wird. Die Spazierwege werden gerne abgegangen, die Inselränder sind viel besuchtes Revier für Angler und Fußfischer. Die *Kapelle Notre-Dame* aus dem 16. Jh. (1808 neu gestaltet) mit ihrem gelungenen Turm und einer Wunder wirkenden Madonnenstatue ist das religiöse Zentrum des Inselchens: Gleich mehrere Wallfahrten finden jährlich statt, die größte am Sonntag nach dem 15. August zu Ehren der Jungfrau Maria von Ile Callot, deren Höhepunkt die Segnung des Meers ist.

Chaise de Curé *(Pfarrersstuhl)*: Hier sitzen nicht nur Geistliche gerne. Der Felsen mit Aussichtsplattform im Norden Carantecs erlaubt freie Sicht auf die Bucht von Morlaix und verschafft einen Überblick über die Ortsstrände von der Gréve Blanche bis zum Plage du Cosmeur auf Pen-al-Lan. Gleich links voraus liegt die Ile Callot.

Pointe de Pen-al-Lann: Etwa 1,5 km südlich vom Zentrum führt ein kurzer Fußweg durch Kiefern zu dem Aussichtspunkt, ein kleiner Landstreifen, der in die Bucht von Morlaix ragt. Von hier können der kleine Felsklotz der *Ile Louët* mit ihrem Leuchtturm und die dahinter schwimmende *Festung Taureau* aus nächster Nähe genossen werden. Die Landspitze gegenüber im Osten ist die *Halbinsel von Barnénez* mit dem Fürstengrab.

Festung Taureau: Hinter der *Ile Louët* umspült das Meer die abweisenden Mauern der Inselfestung. Das beliebte Fotomotiv wurde 1542 nach einem englischen Überfall auf Morlaix (siehe Morlaix/Kasten) zur Sicherung der Bucht von Morlaix auf einem kahlen Stück Fels errichtet und war während der Französischen Revolution ein ausbruchsicheres Gefängnis. Die "Küste der Legenden" kündigt sich an: Die Gerüchte, dass in den Mauern der Meerfestung auf dem öden Eiland Alchimisten ihrem gottlosen Handwerk nachgehen, wollten über Jahrhunderte nicht verstummen.

Côte du Léon
Karte S. 280/281

Baden

Die diversen Strände und kleineren Buchten gleich unterhalb der Siedlungszone sind das Kapital Carantecs. Der *Plage du Kelenn* ist der repräsentativste und bestbesuchte der fünf größeren Badeflächen: 300 m lang, bei Flut noch 10 m breit, mit Rettungsstation, Mickey-Club, Segel-, Surf- und Tauchschule, Crêperies, Eissalon und Hundeverbot. Die *Grève Blanche* im Nordosten vom Plage du Kelenn unterhalb der alten Befestigungsanlagen ist mit knapp 100 m Länge der zweite größere Strand Carantecs. Neben diesen beiden umziehen weitere Strände und Kleinbuchten mit Sandstrand die gesamte Halbinsel, wobei die Bademöglichkeiten an der *Penzé-Mündung* im Westen die schlechteren sind.

St. Pol-de-Léon

(ca. 8000 Einwohner)

Die Nadelspitze der Chapelle Notre-Dame-du-Kreisker sticht nicht mutterseelenallein in den Himmel über St. Pol: Zusammen mit den kürzeren Türmen der großen Kathedrale bildet der weithin sichtbare Kreisker eine einzigartige Silhouette.

Das Rathaus ist im alten Bischofspalais überaus passend untergebracht: St. Pol ist eine ernste Stadt, über Jahrhunderte geprägt vom bretonischen Katholizismus. Die *Rue Général Leclerc* mit ihren vielen Kleingeschäften verbindet die beiden außergewöhnlichen Gotteshäuser St. Pol-de-Léons. Noch immer dreht sich in der ehemaligen Bischofsstadt das Leben um die Kirchen. Ohne die zahlreichen Besucher, die wegen der einzigen französischen Kathedrale aus der Spitzbogenepoche und dem höchsten Kreisker der Bretagne kommen, würden die Bewohner des Städtchens ein wesentlich beschaulicheres Dasein führen. Doch das Geld, das die Touristen dalassen, kommt auch St. Pol zugute: Zum Großteil frisch herausgeputzt präsentieren sich die alten Häuser des 16. bis 18. Jh., die die Straßen des kleinen Zentrums säumen – vor einigen Jahrzehnten sahen dieselben Gebäude noch sehr marode aus.

Geschichte

Schon zur Stein- und Eisenzeit lebten Menschen in und um St. Pol-de-Léon. Römische Soldaten legten während der Besetzung Galliens ein Lager an, das nach ihrem Abzug von einheimischen Zivilisten übernommen wird. Die Geschichte der heutigen Stadt beginnt damit, dass der begeisterte Einsiedler *St. Pol Aurélien* im 6. Jh. von seinen Kirchenoberen aufgefordert wird, die Insel Batz zu verlassen und nebenan auf dem Festland eine Bischofsstelle anzutreten. St. Pol findet eine halbverlassene, in Trümmern liegende römische Siedlung vor. Tatkräftig macht der erste Bischof der Basse Bretagne aus der lethargischen Gemeinde die *Cité sainte*, die heilige Stadt, religiöses und auch weltliches Zentrum eines traditionell konservativen Landstrichs.

1790 wird das Bistum von der Republik aufgelöst, doch der Kreisker kann sich gottlob als Leuchtturm bewähren – nur deshalb lassen die Republikaner die Nadel Gottes unversehrt. Nach der Revolution sinkt St. Pol-de-Léon zu einer hochachtbaren Provinzstadt, die mittlerweile als gut besuchte Touristenstadt und Zentrum eines reichen Agrarlands von ihrer Vergangenheit und dem Gemüse des Umlands lebt.

Artischockenkrieg im Goldenen Gürtel

Die alte Landschaft Léon ist ein Teil des Goldenen Gürtels (Ceinture Dorée), der sich als landwirtschaftliche Gunstzone die Küste entlang nach Westen ausdehnt und intensiv für Gemüseanbau genutzt wird: Heute dominiert der Blumenkohl – drei Viertel aller französischen Blumenkohle wachsen im Goldenen Gürtel. Die Léoner Artischocke, einst das wichtigste Gemüse der Region, hat an Bedeutung verloren, deckt aber nach wie vor neun Zehntel des französischen Artischockenmarktes ab. Zwiebeln, Kartoffeln, Karotten, im Fruchtwechselrhythmus angebaut, ergänzen das fast ganzjährige Gemüsesortiment mit Schwerpunkt Frühgemüse.

1960 brach zwischen wütenden bretonischen Bauern und dem französischen Staat der Artischockenkrieg aus, den – es sei vorweggenommen – die Landmänner gewannen. Was war passiert?
Die Bauern, damals noch kaum genossenschaftlich organisiert, verkauften wie gewohnt ihre Ernte zum Großteil an private Großabnehmer, die im Rahmen eines festgesetzten Mindestpreises die Preise diktierten. 1960 kamen zwei Ereignisse zusammen: Die Regierung hatte die Preisbindung aufgehoben, und nach einer ausgesprochen guten Ernte waren jede Menge Artischocken zu haben. Als Folge purzelten die Preise in den Keller. Der Mensch lernt durch Erfahrung und durch Leidensdruck, so auch die bretonischen Artischockenbauern. Sie zogen aus zur berühmten "Artischockenschlacht", nahmen die öffentlichen Gebäude in St. Pol-de-Léon und Roscoff ein, errichteten Straßenbarrikaden und verbrannten über 20 Millionen Artischocken auf riesigen Scheiterhaufen – den Rest der Ernte verkauften sie vom Traktor herab.

Das Landwirtschaftsministerium kapitulierte, und ein Jahr später war der Krieg vorbei: 3000 Bauern schlossen sich zur S.I.C.A. (Société d'Intérêt Collective Agricole) zusammen, die den Verkauf der Feldfrüchte organisierte und sich in Paris als starke Lobby in die Agrarpolitik einmischte – das Förderungsgesetz von 1962, das dic Landwirtschaft durch finanziellen Großeinsatz des Staates tatsächlich modernisierte, war der schönste Sieg der bretonischen Sturköpfe.

Information/Verbindungen

- *Postleitzahl* 29250
- *Information* Office de Tourisme hinter der Kathedrale an einem weiten Platz beim Rathaus. Nur wenige Hochglanzbroschüren, aber fachkundige Hilfe. Im Juli/August von Montag bis Samstag 9–12 und 14–19 Uhr, So 10–12 Uhr. Von September bis Juni Mo–Sa 9–12 und 14–17.30 Uhr. Place de l'Eveché, ✆ 02.98.69.05.69.
- *Verbindung* **Bus**; St. Pol liegt an den Buslinien Roscoff–Morlaix und Roscoff–Brest. Die 5 km nach Roscoff und weiter nach Brest (nach Brest 1 ½ Stunden) werden werktags bis zu 8-mal bedient, die 20 km nach Morlaix mind. 4-mal. Nach Carantec 5-mal täglich. Busbahnhof am Place Michel Colombe hinter der Kreisker-Kapelle.

Zug: St. Pol liegt an der Bahnlinie Morlaix–Roscoff. In jede Richtung 2-mal täglich. Der Bahnhof ist nördlich des Zentrums.

Diverses

- *Fahrradverleih* **M. Desbordes**, vermietet ganzjährig Drahtesel, ✆ 02.98.69.03.38.
- *Markt* Am Dienstag ganztägig.
- *Parken* Um die große Kathedrale oder auf dem Platz hinter der Kreisker-Kapelle.
- *Waschsalon* **Laverie du Kreisker**, nahe der Kathedrale in einer Seitengasse der Rue Général Leclerc. Die Automaten lassen sich jeden Tag mit Wäsche und Münzen füttern. Rue Rozière 14.
- *Wassersport* Gleich neben dem Strand von Ste. Anne ist das **Centre Nautique** von St. Pol-de-Léon. U. a. Verleih und Kurse für Katamaran, Surfbrett, Optimist. ✆ 02.98.69.07.09.

Côte du Léon Karte S. 280/281

Übernachten/Camping/Essen

** **Hotel de France**, nach einer kurzen Pause empfängt das einzige 2 Sterne-Hotel Saint Pols nun wieder seine Gäste. Im weißen Gebäude mit Schieferdach stehen 22 Zimmer zur Verfügung, alle mit Bad/WC. DZ 42–48 €, Frühstück 6 €. Kein Restaurant, aber privater Parkplatz. Ganzjährig geöffnet. Rue des Minimes, ✆ 02.98.29.14.14, www.hoteldefrancebretagne.com.

* **Hotel le Passiflore**, an der Verlängerung der Hauptstraße nach Süden, in der Nähe der Post. Günstiges Routiers-Restaurant. Einfaches DZ 36 €, HP 43 €, Frühstück 6 €. Rue Pen-Ar-Pont 28, ✆ 02.98.69.00.52.

* **Hotel du Cheval Blanc**, zentral in einer Seitenstraße gleich südöstlich der Kathedrale. Restaurant, 16 ganz schlichte Zimmer, meist mit Etagensanitärs. DZ 25–35 €, Frühstück 4 €. Ganzjährig geöffnet. Rue au Lin 6, ✆ 02.98.60.01.00.

- *Privatzimmer* Im O.T. ist eine Liste von Vermietern in und um St. Pol erhältlich.
- *Camping* *** **Ar Kleguer**, etwa 2 km außerhalb am abseits gelegenen Stadtstrand von St. Pol. Schön gelegen und adrett angelegt auf der Landspitze der Halbinsel – Waldboden, Pinien zwischen Felsen und ringsum vom Atlantik umgeben. Bar, kleiner Spielplatz, beheiztes Schwimmbad, Tennis, Minigolf. 170 Stellplätze. Geöffnet vom 1. April bis Ende September. Le Vrennit, ✆ 02.98.69.18.81, www.camping-ar-kleguer.com.

*** **Trologot**, gleich ums Eck am Kiesstrand mit eigenem Strandabschnitt und Bootslipanlage; flaches Heckengelände mit Blick auf die Hochseeschiffe im Hafen von Roscoff. Schwimmbad. Sanitär aufgerüstet und nun auch in der Infrastruktur einem 3-Stern-Platz angemessen. 114 Stellplätze. Geöffnet vom 1.4.–30.9. Trologot, ✆ 02.98.69.06.26, www.campings-en-finistere.com.

- *Essen* **Restaurant la petite Brocante**, kleines Restaurant in einer Gasse der Altstadt. Das Interieur ist nicht so stilvoll, das große Plus ist dafür die Terrasse mit Blick auf einen der größten Kirchtürme der Bretagne. Dienstagabend und Mittwoch geschlossen. Menüs von 16–20 €. Rue aux Eaux 8, ✆ 02.98.19.10.95.

Crêperie Kreiz Kastell, direkt nebenan. In der gemütlichen Crêperie gibt es nicht nur die bretonischen Pfannkuchen (2–6 €), sondern auch Menüs von 12–20 €. Rue aux Eaux 12. ✆ 02.98.69.15.83.

Sehenswertes

Kathedrale: Bis 1790 war die Basilika Bischofskirche, 1901 wird sie den Minoriten zugeeignet, doch ihre Geschichte reicht weit über 800 Jahre zurück: Ein normannischer Baumeister aus Caen beginnt im Auftrag des Bischofs *Derrien* 1230 den Bau des Hauptschiffs und verwendet in diesem entlegenen Winkel der Bretagne elfenbeinfarbenen Kalkstein aus der Normandie. 1331 wird die Kathedrale nach über 100 Jahren Bauzeit geweiht, doch ist sie noch lange nicht vollendet. Bis über die Mitte des 16. Jh. wird an ihr gebastelt, wobei im Chor, der Apsis und den Seitenkapellen der helle Kalkstein der ungeliebten Normannenkonkurrenz ersetzt wird: 1431 markieren bretonische Gesellen ihre behauenen Steine, dunkler einheimischer Granit, trotzig mit dem regionalen Zunftzeichen.

Schließlich ist trotz der Länge der Bauzeit und der Konkurrenz der ausführenden Handwerker ein wohlproportioniertes Gebäude entstanden, nicht besonders groß, nicht besonders prächtig, aber in der klaren Form gotischer Idealarchitektur: Spitzbogenarkaden und Bündelpfeiler sorgen für schlichte Eleganz, Seitenkapellen durchbrechen raumgreifend die Fassadenführung, zwei Türme, etwa 50 m hoch, schließen vollendet die Westseite ab. Die exponierte Vorhalle auf der Südseite ist heute der Haupteingang, auf ihrer Brüstung gab einst der Bischof der Gemeinde seinen Segen.
Nach dem Eintritt – das *Weihwasserbecken* ist ein umfunktionierter Sarkophag – offenbart sich die wahre Pracht des Doms. Blaurotes Licht dringt durch die *Fensterrosetten* im Querschiff, Bilderfenster erzählen strahlend ihre frommen Geschichten. Im Dämmerschein unter dem erhabenen Gewölbe des Gotteshauses prunken die angehäuften Schätze der Bischöfe von Léon: eine Fülle von Altären, Skulpturen, Bischofsgräbern, Bildern und mittendrin – vor dem Hochaltar – der größte Schmuck: das stolze *Chorgestühl* aus Eiche (1512) mit phantastischen Schnitzereien, Szenen aus dem Leben von St. Pol, Blinde, Musikanten, Paralytiker, dazwischen eine musizierende Ente. Über dem Altar aus schwarzem Marmor erhebt sich schlank das sog. *Kolumbarium*, eine geschnitzte Darstellung eines Palmzweigs, dessen gebogenes Ende den Hostienbehälter barg. Selten ist das *Wandgrab* im Chor: 34 beschriftete Kästchen mit ausgewählten Totenschädeln von Honoratioren der Stadt, die posthum vom Friedhof in die Kirche übersiedelt wurden. Gegenüber der *Reliquienschrein* mit Überresten des St. Pol Aurélien.

Führung Im Juli und August täglich: gratis, und sogar für einzelne Personen. Informationen im Office de Tourisme. Fotokopien (auch deutsch) mit Skizze des Inneren samt kurzer Inhaltsangabe liegen in der Kathedrale aus und geben einen umfassenden Überblick über die Inneneinrichtung und die Fensterbilder.

Kapelle Notre-Dame-du-Kreisker: Um die Entstehung der Kreiskerkapelle rankt sich eine kleine Legende. Eine Näherin verstieß laufend gegen das 5. Gebot und arbeitete auch an Sonn- und Feiertagen. Ein werkelnd verbrachter Festtag zu Ehren der Jungfrau Maria wurde ihr schließlich zum Verhängnis, ihre Strafe bestand aus einer Ganzkörper-Lähmung. Nach aufrichtiger Reue wurde sie von *St. Kireg* geheilt und stiftete der Jungfrau ihr Häuschen, das nach ihrem Willen in eine Marienkapelle umgebaut wurde, die schon bald die Händler und Seefahrer der Stadt als Zunftsandachtsstätte aufsuchten.

Tatsache ist, dass die erste Kapelle 1375 von den Engländern so beschädigt wurde, dass ein Neubau nötig war. 1668 wurde nach Blitzschäden die Kapelle so gestaltet, wie sie sich heute zeigt: der ganze Granitbau leicht nach rechts geneigt, das Innere

Sozusagen himmelsstürmend: die Chapelle Notre-Dame-du-Kreisker

im sanften Licht der Buntglasfenster barock geschmückt. Die musikalisch untermalte Innenbesichtigung gehört in die Abteilung "stimmungsvoll"; schönstes Detail ist der Altar im rechten Seitenschiff aus dem 17. Jh. Der *Turm*, aus der Mitte der Großkapelle aufragend, ist das große und unerreichte Vorbild für die folgenden Kreiskergenerationen. 77 m über der Erde endet der schwerelos in die Höhe strebende Kreisker in einer zart durchbrochenen, filigranen Spitze, in deren luftigen Ornamenten die Sonne spielt. Der Turm kann prinzipiell bestiegen werden. Wir weisen aber darauf hin, dass sich die 169 Stufen so eng hinaufwinden, dass Menschen mit ausgeprägten Körperproportionen Schwierigkeiten bekommen. Besonders bei Gegenverkehr. Oben auf der Brüstung völlig ungehinderter Rundblick.

Öffnungszeiten des Turms: Während der Saison täglich außer zu Gottesdienstzeiten.

Kapelle St. Pierre: Auf dem Friedhof der Stadt (östlich vom Zentrum), in dessen Umfassungsmauer einige kleine Beinhäuser eingebaut sind. Die ältesten Teile der Kapelle reichen ins 15. Jh. zurück, doch ihre größte Sehenswürdigkeit sind ihre Fenster aus der Neuzeit, die biblische Geschichten erzählen. Besonders prächtig im vormittäglichen Sonnenlicht.

Baden

Der *Stadtstrand Ste. Anne*, etwa 2 km vom Zentrum, breitet sich kiesdurchsetzt und wenig aufregend vor der Mole des kleinen Yachthafens und Wassersportzentrums aus. Ringsum liegen einige ebenso wenig aufregende kleinere Strände wie der *Strand von Kersaliou* beim Municipal-Camping. Bei Ebbe aber ideales Revier für Fußfischer.

St. Pol-de-Léon / Umgebung

Château de Kergornadéach: Plötzlich weisen etliche Hinweisschilder auf den halbamtlichen Besichtigungspunkt inmitten einsamster Landschaft unmittelbar neben der Straße hin. Völlig zerfallen, verschlafen die Reste der allerletzten in Frankreich gebauten Wehrburg (1630) neben einem Herrenhaus einen Tag nach dem anderen. Privatbesitz.

Anfahrt Ab St. Pol-de-Léon auf der D 788 nach Südwesten. 2 km nach Berven in Mengleuz auf die D 30 nach links und gleich das nächste Sträßchen nach rechts (beschildert).

Château de Kerjean: Ein weitflächiger, grasgrüner Park, mächtige Bäume, ein Schloss: Erker, Türmchen, Kolonnaden und weiße Fensterrahmen im düstergrauen Granit gestalten die Fassade der robust-verspielten Behausung eines neureichen bretonischen Landadeligen. Um 1550 legte Louis Barbier, Neffe des Abtes von St. Mathieu, das großzügige Erbe seines Onkels in gehobener Wohnkultur an. Das einstige "Versailles von Léon" galt bis 1710 als Muster-Renaissance-Château des Regierungsbezirks Léon. Dann brannte es ab, wurde geplündert und erst spät – bis auf den rechten Seitenflügel – originalgetreu restauriert, wirkt aber durch die noch nicht beseitigten Zerstörungen und leeren Fenster, die nur ein Stück des Himmels rahmen, unausgewogen. Die rechte Seite fehlt dem Auge doch. In einem Teil des Inneren ist ein kleines *Heimatmuseum*, spezialisiert auf Möbel, untergebracht. Die Kapelle ist ebenso zu besichtigen wie das Zimmer, in dem *Françoise Barbier* vier aufdringliche Italiener aufbewahrte (siehe Kasten).

• Anfahrt Ab St. Pol-de-Léon auf der D 788 nach Südwesten. Über Berven, Plouzévédé, St. Vougay über kleine Nebenstraßen nach Kerjean (teils beschildert).

• Öffnungszeiten Juli und August täglich 9–19 Uhr. Von April bis Oktober täglich außer Dienstag mindestens von 14–17 Uhr. Ansonsten nur Mittwoch und Sonntag von 14–17 Uhr. Erwachsene 4,50 €, erm. 3,50 €.

Eine halberotische Novelle

Natürlich beginnt die Geschichte in Italien. *René Barbier*, Herr von Kerjean, weilte in Florenz bei *Maria von Medici* und musste das unsittliche Treiben der italienischen guten Gesellschaft mit ansehen, wo es in buntem Reigen so ziemlich Jede mit Jedem trieb. Nur Monsieur wollte nicht mittanzen. Seine Ehe mit der wunderschönen Françoise, so erzählte er leicht angewidert den florentinischen Schürzenjägern, sei eine wahre monogame Gemeinschaft, rein im Sinne der Moral und des Glaubens.

Er erzielte mit seiner Geschichte bei Hof einen großen Lacherfolg, die leichtlebigen Italiener glaubten ihm kein Wort, und der erboste Bretone ging mit vier Hofschranzen eine törichte Wette ein: Sie wollten nach Kerjean reisen, mal eben seine Gattin verführen und als Beweis einige intime Gegenstände zurückbringen. Top, die Wette galt. Übermütig gab ihnen der siegessichere brave Bretone sogar noch jede Menge Tipps mit, und vier erfolgsgewohnte Aufreißer machten sich auf den Weg in die Bretagne. Und kehrten nicht zurück.

Langsam aber trafen nacheinander die verabredeten Gegenstände ein, sodass René Barbier schließlich sorgenvoll, überstürzt, in Zweifeln verloren und von Eifersucht geplagt nach Hause fuhr, wo er eine gutgelaunte Françoise vorfand, die ihm mit den Worten "René! Endlich!" freudig in die Arme fiel.

Die vier Höflinge waren auch noch da. Eingesperrt in einem Raum, vertrieben sie sich mit Weiberarbeit die Zeit: Die Schlossherrin war hinter das üble Spiel gekommen und hatte die Edelleute dazu verdonnert, solange Tuch für sie zu weben, bis ihr Gemahl wieder zurück war und sich mit eigenen Augen von der sexuellen Standhaftigkeit seiner Gattin überzeugen konnte.

• *Veranstaltungen* Kerjean ist mit seinem wechselnden Veranstaltungs- und Ausstellungsprogramm am bretonischen Kultursommer beteiligt. So widmete sich einmal die Ausstellung "An Taolennoú" – Die Sünde in Bildern – anhand der sog. Missionsgemälde den Sündenpredigten. Ein andermal gaben "Die Bretonen jenseits des Meeres" einen Einblick in das Leben der einheimischen Abenteuer- und Forschungsreisenden. In den "Nächten von Kerjean" (jeden Freitagabend 4-mal) finden spektakuläre "Reisen in die Vergangenheit" statt.

Roscoff

(ca. 4000 Einwohner)

Die Zwiebel sorgte für das Image der Roscovites auf der britischen Insel: Die "Zwiebeljohnnies" aus Roscoff brachten im 19. Jh. ihre tränentreibenden Knollen lieber im Direktverkauf in England unters Volk, da war die Gewinnspanne höher. Taktvoll erinnert die Rue de Johnnies an alte Geschäftsverbindungen.

Der Zwiebelexport ist im Rahmen der Europäischen Gemeinschaft wieder aufgelebt, nur kommen heute die Briten zu den Zwiebeljohnnies. Gleich in ganzen Schiffsladungen fallen englische Urlauber (friedlich) in Roscoff ein: In der Bretagne ist neben St. Malo nur das kleine Roscoff Anlaufstelle von Fährschiffen aus England. Doch trotz des Rummels und der ausgeprägten touristischen Infrastruktur behielt der Kern der alten Hafenstadt sein ursprüngliches Ortsbild – am Ende einer ins Meer ragenden Felsklippe suchen dunkle Häuser, trutzig zusammengeschart, Schutz gegen die Fluten des Ozeans.

Im Sommer wohnen 12.000 Menschen in und um Roscoff, dem Geburtsort der Thalasso-Therapie und seitdem von treuen Kurgästen bevölkert. Daneben sorgen England-Fähren und Insel-Batz-Tourismus für viel Laufkundschaft, der der Ort Rechnung trägt: Zahlreiche Bars und Verköstigungsbetriebe aller Preisklassen sowie etliche Hotels versorgen den kontinuierlichen Gästestrom. Neben einigen Granithäusern aus dem Mittelalter besitzt Roscoff mit dem Turm der *Kirche Notre-Dame-de-Kroaz-Baz* einen der der schönsten bretonischen Kirchtürme. Weniger von touristischem, dafür von erheblichem wissenschaftlichen Interesse ist das *Meeresinstitut von Roscoff*, eines der größten Ozean-Forschungszentren Europas mit einem angeschlossenen *Aquarium*.

Geschichte

"Schlaf, schlaf deinen tiefen, granitenen Schlaf, Du Loch der Piraten, altes Korsarennest" (Tristan Corbiere). Wagemutige Korsaren und investitionsfreudige Kaufleute bildeten die Grundlage des Wohlstands im 16. Jh. – da galt Roscoff als besonders berüchtigtes Piratennest. Nichtsdestoweniger landete am 13. August 1548 *Maria Stuart* im zarten Alter von fünf Jahren in Roscoff, blieb einige Tage und reiste nach Morlaix weiter, wo sie sich mit dem französischen Thronprinz Franz II. verlobte. Die Tage dieses Besuchs sind das wichtigste von den Chronisten vermerkte Ereignis der Stadtgeschichte.

Im 19. Jh., Korsaren gab es keine mehr, muss Roscoff eine düstere Stadt vor einer klippenreichen Küste gewesen sein, die nur in England bekannt war: In monatelangen Verkaufstouren zogen die Roscoviter Gemüsehändler im Süden der britischen Insel herum, bis sie im mühsamen Kleinhandel ihre Erzeugnisse, vor allem Zwiebeln, losgeschlagen hatten.

1899 bereitete die Erfindung der Thalassotherapie, eine Kur gegen Knochenleiden und Beschwerden des vegetativen Nervensystems (siehe Wissenswertes/Thalasso-

Côte du Léon
Karte S. 280/231

therapie), einen neuen Aufschwung vor. Die ersten Hotels wurden errichtet, und die ersten Gäste kamen zum Wohl ihrer Gesundheit. Seitdem ist die Stadt in einem steten Aufwärtstrend begriffen, der internationales Flair in die alten Mauern brachte. Roscoff, früher nur als Hafen von St. Pol-de-Léon von Bedeutung, ist seit 1973 in Eigenregie "ein Tor zur Bretagne". In diesem Jahr gründeten einheimische Bauern die Fährgesellschaft "Brittany Ferries", um ihr Gemüse kostengünstig nach England zu transportieren. Heute werden in dem gezeitenunabhängigen Handels- und Fährhafen neben den Agrarprodukten des Goldenen Gürtels hauptsächlich Angelsachsen und deren Kraftfahrzeuge umgeschlagen.

Information

- *Postleitzahl* 29680
- *Information* O.T. neben der alten Kapelle Ste. Anne, am Rand des alten Zentrums gleich hinter dem Kai. Auskünfte, Reservierungen, Buchungen, wechselnde Ausstellungen zu landeskundlichen Themen. Außerdem gibt es ein Faltblatt zu vorgeschlagenen Stadtspaziergängen. Zu den Öffnungszeiten immer gut besucht. Juli bis August Mo–Sa 9–12.30 und 13.30–19 Uhr, So 10–12.30 Uhr. Von September bis Juni Mo–Sa 9–12 und 14–18 Uhr. Rue Gambetta, ✆ 02.98.69.75.75.

Verbindungen

- *Bus* Busbahnhof beim Bahnhof. Busse immer über St. Pol-de-Léon Richtung Brest (werktags bis zu 8-mal) oder nach Morlaix (täglich mind. 4-mal).
- *Zug* Wegen der Englandfähre wurden die Geleise bis nach Roscoff verlegt; Stichbahnhof im Süden des Zentrums an der Rue Hoche. Über St. Pol-de-Léon nach Morlaix. Dort muss immer umgestiegen werden, egal, ob es Richtung Brest oder Richtung Paris weitergeht. Infos unter 02.98.69.70.20.
- *Schiff* **Fähre zur Insel Batz**, die Boote legen hinten am Kai ab, wo ein 1 km langer Steg (L'Estacade) bei Ebbe zu den Booten führt. Von Juli bis Mitte September alle 30 Minuten (letzte Abfahrt Roscoff 20 Uhr); vom 10.9.–30.6. täglich bis zu 7-mal (letzte Abfahrt Batz 18 Uhr). Dauer der Überfahrt etwa 15 Min., Retourticket pro Person 6 €, erm. 4 €, Fahrrad 5 €.

  Fähre nach England, Start am modernen Fährhafen Gare Maritime de Bloscon, ein gezeitenunabhängiger Tiefwasserhafen etwa 2 km vor der alten Stadt. Mit Brittany Ferries nach Cork/Irland oder in 6 Stunden nach Plymouth/England – die kürzeste und frequentierteste Strecke. Ebenfalls im Geschäft sind Irish Ferries, die die Strecke Roscoff/Cork/Rosslare bedienen.

Diverses

- *Bootsausflug* Am Kai des Fischer- und Yachthafens unmittelbar vor der Stadt legen die Vergnügungsboote von Compagnie Armein (✆ 02.98.61.77.75) oder CFTM (✆ 02.98.61.78.76) ab. Angeboten werden während der Saison an wechselnden Wochentagen z. B. Ausflüge durch die **Bucht von Morlaix** mit ihren Vogelinseln (Dauer 2½ Stunden, Erwachsene 11 €, erm.6 €) oder – für das gleiche Geld – eine Fahrt zum **Château Taureau** oder zum **Cairn von Barnenez**. Billiger ist die **Rundfahrt um die Insel Batz**: Erwachsene 8 €, erm. 5 €. Auskunft und Buchung im Tourismusbüro.
- *Casino* In der Nähe des Fährhafens erst Ende der 90er hochgezogen. Glücksautomaten, Boule, Black Jack, Roulette. "Votre plaisir est notre satisfaction" – Ihr Vergnügen ist unsere Freude. Klar. Ab 22 Uhr werden neben Engländern auch gerne alle anderen Nationalitäten abgezockt.
- *Einkaufen* Wer wissen will, was aus Algen alles so hergestellt wird, kann zu Geschäftsöffnungszeiten den Laden **Comptoir des Algues** (beim Tamaris-Hotel) besuchen. Die Produkte können auch gekauft werden.
- *Fahrradverleih* Nächster Verleih in St. Pol.
- *Markt* Gut frequentierter Wochenmarkt am Mittwochvormittag.
- *Pardon* Am dritten Julimontag zu Ehren der Ste. Barbe.

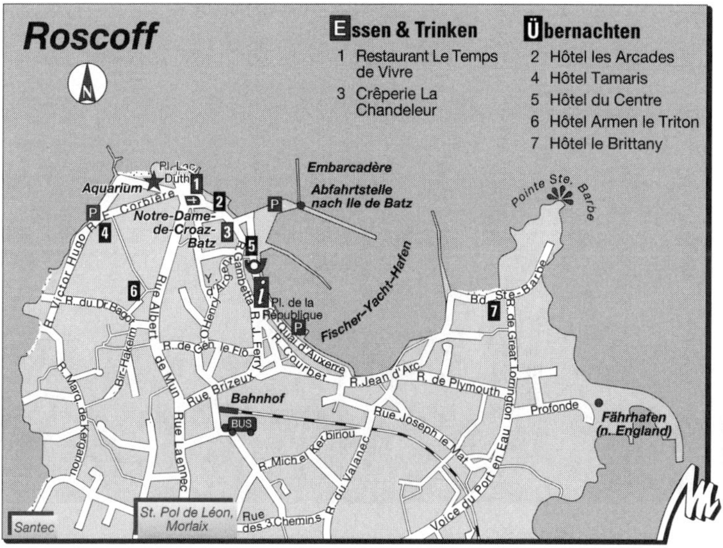

Côte du Léon
Karte S. 280/281

• *Parken* Am günstigsten auf den (im Sommer gebührenpflichtigen) Stellplätzen am Kai vor dem Fischer- und Yachthafen.

• *Thalassotherapie* Mehrere Kurkliniken; das älteste Meerwassertherapiezentrum Frankreichs ist das **Institut Marin Rockroum**, das auf 100 Jahre Dienst am Kurgast zurückblicken kann. Roc Kroum, ✆ 02.98.29.20.00.

• *Veranstaltungen* Der Veranstaltungskalender von Roscoff ist – zumindest in der HS – bunt, den Rest des Jahres über ist dafür eher tote Hose. Zu den Highlights im Sommer zählen Openair-Konzerte, Kinderfeste und Feuerwerk. In Anklang an die Vergangenheit der Stadt findet im August das Zwiebelfest **Fête de l'oignon rose** statt. Infos im O.T.

• *Wassersport* **Centre nautique** im Fischer- und Yachthafen, diverse Kurse für Kinder, Erwachsene und Familien. Quay d'Auxerre, ✆ 02.98.69.72.79.

• *Kleiner Zug* Auch Roscoff besitzt mittlerweile seinen **petit train** zur Stadterkundung. Abfahrt am Hafen, Erwachsene 4 €, erm. 2,50 €.

Übernachten/Essen

Zahlreiche Hotels – Schwerpunkt bürgerliche Mittelklasse – bevölkern das Stadtgebiet von Roscoff. Eine Auswahl durch die Kategorien:

*** **Hotel le Brittany (7)**, das 25-Zimmer-Hotel direkt am Meer ist Roscoffs gediegenste Übernachtungsadresse. Ansprechende Zimmer teilweise mit Meerblick, sanitär sehr gut ausgestattet. Eigenes Schwimmbad, im Restaurant "Le Yachtman" Menüs ab 20 €. DZ ab 95 €, HP 90–149 €, Frühstück 8 €. Geöffnet vom 21.3.–3.11. Boulevard Ste. Barbe, ✆ 02.98.69.70.78, www.hotel-brittany.com.

** **Armen le Triton (6)**, gutbürgerliches Garni-Hotel in einem ruhigen Viertel, etwa 100 m zum Meer. Schöne Gartenanlage, 45 Zimmer mit Dusche oder Bad/WC. DZ 45–60 €, Frühstück 6 €. Geöffnet von Februar bis November. Rue Dr. Bagot, ✆ 02.98.61.24.44, www.hotel-letriton.com.

** **Aux Tamaris (4)**, sehr ordentliches Hotel mit 27 Zimmern mit komfortabler Sanitärausstattung, schöne Aussicht. DZ 43–60 €, Frühstück 6 €. Geöffnet von April bis November. Rue E. Corbière 49, ✆ 02.98.61.22.99, www.auxtamaris.com.

** **Hotel du Centre (5)**, 16 Zimmer am Busbahnhof. Reisehotel für schnelle Stopovers. Etagen-Sanitärs, einige Zimmer mit

Roscoff, ein Klotz aus Granit

eigener Dusche/WC. DZ 45–70 €. Geöffnet von April bis Mitte Dezember. Le Port, ✆ 02.98.61.24.25.

** **Les Arcades (2)**, in der Nähe des Hafens. 27 gut ausgestattete Zimmer in einem schönen, efeuumrankten Gebäude mit Arkaden. Teilweise Blick auf die abfahrenden/ankommenden Fährschiffe. Schönes Restaurant mit Außenterrasse und Meerespanorama (Menü ab 15 €). DZ je nach sanitärer Ausstattung 29–56 €. Geöffnet von Ostern bis Ende September. Rue Amiral Réveillière 15, ✆ 02.98.69.70.45, www.acdev.com.

• *Essen* **Le Temps de Vivre (1)**, zentral am Kirchplatz; keine Schnellabfertigung, sondern aufmerksamer Service und geschmackvolle, wechselnde Gerichte. Der Name des Lokals – Zeit zum Leben – ist auch die Philosophie der Familie Crenn. Menüs 35–75 €. Wenn's mal teuer sein darf, unser Vorschlag für 35 €: Austern als Vorspeise, anschließend Seelachs mit Kartoffelcreme im Krustentierjus und zum Nachtisch 2 kleine Desserts. Place de l'Eglise, ✆ 02.98.61.27.28.

Crêperie La Chandeleur (3), die preiswertere Alternative unweit vom *Temps de vivre* liegt in Hafennähe. Kein berauschendes Interieur, dafür aber gute Crêpes von 2–7 €. Montag geschlossen. Rue Amiral Réveillère 34, ✆ 02.98.69.70.23.

Camping

** **Kerestat Peoc'h**, im Landesinneren südlich von Roscoff, westlich der Straße von Morlaix beim gleichnamigen Herrenhaus. Beim Gelände ein Museum und ein Park, für den längeren Aufenthalt trotzdem nicht so idyllisch. 22 Stellplätze. Geöffnet im Juli und August. ✆ 02.98.69.71.92, www.perso.wanadoo.fr/kerestat.

** **Municipal Penharidy**, 2,5 km Richtung Westen vor der Pointe de Penharidy; recht gut eingerichtetes Stützpunktcamp, aber am Ende der Saison ist die große Wiese völlig abgewirtschaftet. 200 Stellplätze und 17 gut ausgestattete 4-Personen-Bungalows. Geöffnet von Mai bis Ende September. ✆ 02.98.69.70.86.

Sehenswertes

Kirche Notre-Dame-de-Kroaz-Batz: Stolze Bürgerhäuser flankieren den Platz um die Kirche Unserer Lieben Frau vom Balkenkreuz, lassen selbst das säulchengegliederte Beinhaus mit dem steilen Dach verblassen, aber gegen den *Glockenturm* kommen sie nicht an: Wie die Kirche im Übergang von der strengen Gotik zur verspielten Renaissance im 16. Jh. erbaut, wird er, vierfach abgestuft, von zwei Balkons und von zierlichen Laternentürmchen spielerisch zu seiner Spitze getrieben. Vier Glocken schwingen auf zwei Stockwerken luftig im Freien.

Bretonische Spitze

An der Kirchenfassade verwittern *Segelschiffreliefs* mit Kanonen. Von gläubigen Korsaren in Auftrag gegeben, erzählen sie vom Zusammenspiel der Kirche mit heimatliebenden Freibeutern und stellen wieder einmal klar, dass der Korsarenberuf, heute geächtet und verfemt, einst ein ehrbares Handwerk war.

In der Saison ist die Kirche vor und nach der Mittagspause zu besichtigen. Der größte Schatz des Inneren sind sieben *Reliefs* aus Alabaster mit Stationen aus dem Leben Christi (15. Jh., an einem Altar im rechten Seitenschiff). Besonders gelang dem Künstler die Himmelfahrt, die er aus dem Blickwinkel des unten Zurückbleibenden darstellt – nur die Füße des entschwebenden Gottessohns sind noch zu sehen.

Aquarium: Zwei Fußminuten hinter der Kirche, eindrucksvoll in einem wuchtig-klassizistischen Granitgebäude mit Turm untergebracht, für die 100 Angestellten des Biologischen und Ozeanographischen Instituts von Roscoff aber nur ein kleiner Fisch – das Aquarium ist der kleinste und gleichzeitig der einzige Besuchern zugängliche Teil der bereits 1872 gegründeten Forschungsstation. In den Ausstellungsbecken haben 300 verschiedene Lebensformen des Meeres eine kleine Heimat gefunden. Das Schwergewicht bilden die Krustentiere – hier können Sie lebendig sehen, was in den Fischrestaurants gesotten und gebacken serviert wird. Das dazugehörige kleine Ozeanographische Museum mit Videofilmen und Erläuterungstafeln ist für den theoretischen Teil des Besuchs zuständig.

Öffnungszeiten Juli bis August täglich 13.30–18.30 Uhr, teilweise auch morgens. April bis Juni und September 13.30–17.30 Uhr. Erwachsene 4,50 €, erm. 2,50 €. Place Georges Tessier.

Haus der Maria Stuart: Beim Kai in der Rue Admiral-Réveillère 25, ein türmchenartiges Granithaus aus dem 16. Jh., in dem die Fünf-jährige auf die Weiterreise nach Morlaix gewartet haben soll. Außerdem: *Rue de Maria Stuart, Chapelle de Maria Stuart* (1934 bis auf den Eingang abgerissen), *La Tourelle de Maria Stuart* (kleiner Turm der alten Stadtmauer). Die unglückliche Thronanwärterin war in Roscoff und sorgte hier unabhängig von Friedrich Schiller für eine bleibende Erinnerung.

Museum: Das *Maison des Johnnies* widmet sich ganz dem einstigen Zwiebelexport auf die britische Insel. Schwerbeladene Wanderhändler aus Roscoff, Santec und St. Pol-de-Léon zogen bis 1914 zu Fuß, später mit dem Vélo von Plymouth bis Land's

End, wo sie mit etwas Glück die letzten Zwiebeln losschlagen konnten. Das Museum war bis 2003 in der kleinen Kappelle *Sainte Anne* untergebracht, und wird 2004 in einem alten Bauernhof am Eingang des Stadtzentrums seine Pforten wiedereröffnen. Genauere Informationen waren bei Redaktionsschluss noch nicht zu erfahren. Adresse des "neuen" Museums: Rue Brizeux.

Exotischer Garten: Der milde Einfluss des Golfstroms lässt in und um Roscoff exotische Pflanzen und Früchte gedeihen. Hier und auf der Insel Batz wachsen die nördlichsten Feigenbäume Europas. Der älteste (1610 von Kapuzinermönchen gepflanzt) erlaubte bis kurz vor seinem Tod Anfang der 90er noch Ernten von bis zu 400 kg/Jahr, heute zieren seine Nachkommen diverse Gärten. Gleich 1500 Pflanzen aus der südlichen Hemisphäre versammelt der Exotische Garten an der Küste südlich des Fährhafens. Kleines, reizvolles Gelände rund um den Aussichtsfelsen *Roc'h hievec.*

Öffnungszeiten Juni bis September täglich 10–19 Uhr, Oktober, November und März bis Mai kürzere Öffnungszeiten. Dezember bis Februar geschlossen. Erwachsene 5 €, Kinder 3 €.

Baden

Rund um Roscoff sind sieben Badestrände ausgewiesen. Der Hauptstrand *Plage de Roc'h Kroum* ist 100 m lang, von Umkleidekabinen bis zum Schirmverleih voll ausgestattet, als Zugabe gibt es ein Meerwasserschwimmbecken. Die besten Strände ohne Infrastruktur auf der Landzunge zwischen Bucht und offenem Meer. Schöner, weiter Strand in der *Bucht von Le Pouldu,* westlich der Pointe de Penharidy. Bei Ebbe sind, wie überall hier an der Küste, die Fußfischer freudig zugange – da hat sich das Meer weit von Roscoff zurückgezogen. Schlechtwetter-Tipp: Im beheizten *Meerwasserschwimmbad* stören weder Wind noch Regen.

Wer's einsam mag ...

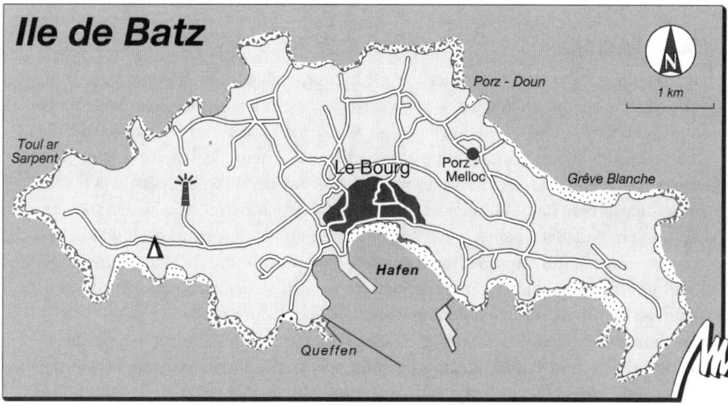

Roscoff / Umgebung

Insel Batz: Ein flacher Felsrücken unweit des Festlands. Am Ende des 20. Jahrhunderts herrscht auf der Insel noch streng geschlechtliche Arbeitsteilung: Gemüseanbau und Tangsammeln weiblich, Schifffahrt und Ackerbau traditionell männlich. 750 Menschen haben ihren ständigen Wohnsitz auf dem 357 Hektar-Eiland, 3,5 km lang und 1,5 km breit. Die einzige frucht- und bewohnbare Insel des riffdurchpflügten Ozeans vor Roscoff, im Winter völlig abgeschieden, ist im Sommer ein viel besuchtes Muss für die Besucher des Nordfinistère. Diese besichtigen die *romanische Kapelle* mit christianisiertem Dolmen, stehen am Schlangenloch (*Toul al Serpent*) an der Stelle, wo St. Pol den Drachen ins Meer schickte, besuchen den *Leuchtturm* oder den *Jardin Georges Delaselle*, ein kleines exotisches Gartenparadies mit südländischen Pflanzen aller Art. Andere lassen es sich einfach bei Spaziergängen und Radtouren gut gehen oder baden in einer der vielen Buchten. Der schönste Strand, *Aod Venn*, liegt im Nordosten hinter den Häusern von Porz Melloc. Im Süden wird das Bad durch Strömungen gefahrvoll.

- *Postleitzahl* 29253
- *Information* Bei der Anlegestelle eine Infotafel, Auskünfte im O.T. in Le Bourg, ✆ 02.98.61.75.70.
- *Fähre* Siehe Roscoff/Verbindung.
- *Fahrradverleih* In der Saison an der Anlegestelle, in der NS in Le Bourg. Übliche Konditionen. ✆ 02.98.61.77.65.
- *Öffnungszeiten* des Exotischen Gartens: Kompliziert, insgesamt von April bis Oktober. Zumindest von April bis September täglich 14–18 Uhr. Eintritt 4 €, Kinder von 10–16 Jahren 2 €.
- *Übernachten* **Grand Hotel Morvan**, größeres und besseres der beiden Insel-Etablissements. 38 Zimmer in diversem Sanitärstandard, großzügiger Speisesaal mit 150 Gedecken, Terrasse mit Meerblick. DZ 39–42 €, HP 46–50 €, Frühstück 6 €. Geöffnet von Anfang März bis Ende November. Pors Kernoc, ✆ 02.96.61.78.06.

  Hotel Roch Ar Mor, an der Anlegestelle, ebenfalls am Inselrand, mit bescheidenen 10 Zimmern, doch das große Restaurant für 120 Gäste ist zu den Essenszeiten im Sommer gut ausgelastet. DZ 37 €, HP 45 €, VP 54 €. Geöffnet von Ostern bis 30.9. Le Débarcadère, ✆ 02.98.61.78.28.
- *Camping* Die Gemeinde hat ein kleines Gelände zur Verfügung gestellt – neben dem Hauptort direkt am Strand. Einfach, aber bevorzugte Lage. 50 Plätze, die Formalitäten (z. B. Anmeldung oder Zahlen) werden im Rathaus abgewickelt. ✆ 02.98.61.77.76.
- *Essen* Die meisten Verköstigungsbetriebe der Insel haben nur in der HS geöffnet. Neben den beiden Hotel-Restaurants **Restaurant-Crêperie du Port**, Pors Kernoc, ✆ 02.98.61.75.24 und zwei weitere Crêperies.

St. Pol Aurélien

Der Heilige *Pol* oder *Paul*, einer der Gründungsheiligen der Bretagne des 6. Jh., erhielt den Beinamen Aurélien, um Verwechslungen auszuschließen. Er lebte bis zum Jahr 530 mit zwölf Gefährten (!) in Wales als Kaplan des legendären Königs Tintagel, doch diese Stelle füllte ihn nicht aus – neue Seelen für seinen Gott wollte er gewinnen. Er kündigte und landete auf der Insel Ouessant, wo seine missionarischen Bemühungen auf den noch unfruchtbaren Boden der Inselheiden fielen. Auf Batz, seiner nächsten Station, fand St. Pol klimatisch wie bekehrungstechnisch günstige Bedingungen vor und machte durch Wunderheilungen bald überregional von sich reden. Spätestens nach seiner Drachendressur war er eine Berühmtheit, und die Leute erzählen die Geschichte so:
Ein hungriger, Fleisch fressender Drache (das Heidentum?) tyrannisierte die Inselbewohner, und der Häuptling beauftragte den Kirchenmann mit der Entfernung des Untiers. St. Pol zog los. Als er dem Monster gegenübertrat, kämpfte er nicht, sondern schlang seine Stola (der wahre Glauben?) um den Drachenhals, führte seinen willenlosen Gefangenen an den Inselrand, der Drache sprang auf Zuruf ins Meer und wurde nie mehr gesehen (Sieg des Christentums?).

P.S.: Die Original-Stola des St. Pol ist in der Kirche zu bewundern. Angemerkt sei, dass der Stoff eine morgenländische Arbeit aus dem 12. Jh. ist und St. Pol im 6 Jh. lebte. Ein weiteres Wunder.

Château de Kerouzére: Hinter dem von zwei Löwen flankierten Tor führt eine Allee zum wehrhaften Burgschlösschen mit schwarzen Kegeldächern – den ehemaligen Park bedecken Ackerflächen. 1425 erbaut, stehen noch drei von vier Ecktürmen und tragen mit ihren Pechnasen massiv zum abweisenden Burgcharakter bei. Das kostenlose Lustwandeln im Nutzgarten ist jederzeit erlaubt, die geführte Innenbesichtigung (Stilmöbel) ist nur zwischen Anfang Juli und Mitte September möglich.

Anfahrt In Sibiril, etwa 11 km südwestlich von Roscoff an der D 10, nach Norden (rechts), dann nach 500 m links.

Côte des Légendes

Von Roscoff über Plouescat hinaus bestimmen die Zwiebel- und Artischockenfelder des Goldenen Gürtels das Bild. Dann setzt sich langsam die passende Kulisse für die Küste der Legenden durch.

Finis terrae, das Ende der Welt: eine wellige Bocage-Landschaft, in der Erdwälle die Äcker notdürftig schützen, windiges Heideland, kleine, mühsam zu befahrende Straßen, lange Dünenstrände und immer mehr Felsen – allmählich dringen Sie ins wahre Finistère ein. Die wenigsten Menschen pro Quadratkilometer wohnen ab hier bis an die *Aber-Küste* im äußersten Westen. Bei vielen älteren Leuten merkt man, dass ihr Französisch eine erlernte Zweitsprache ist, und in der Dorfbar wird sowieso bretonisch geredet.

Auch in der Hochsaison hält sich der Touristenansturm in Grenzen. *Plouescat*, *Brignogan* und *Plouguerneau* sind die einzigen drei Gemeinden, die sich auf viele Gäste eingestellt haben, und das aus zwei Gründen. Erstens liegen die Strände die-

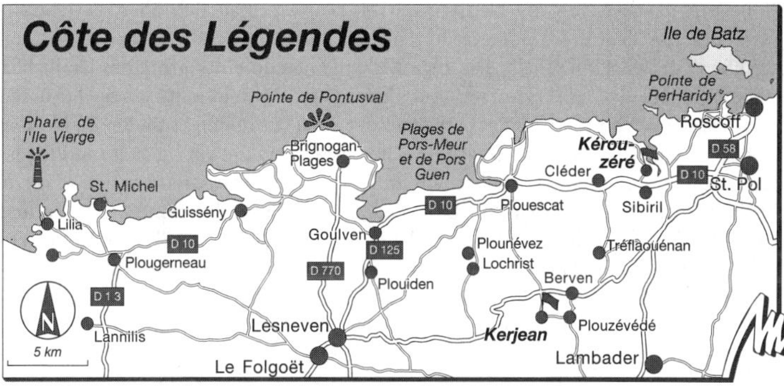

ses Küstenabschnitts um diese Gemeinden, die zweitens ideale Standorte für Ausflüge in den Westen zur Aber-Küste oder ins südliche Inland sind: die Schlösser im Léon, *Le Folgoët* mit seiner Wallfahrtskirche, das moderne *Brest* oder die *Calvaire-Tour* – alles gut machbar.

Aber große Zentren, gar mit einem Hauch internationalen Flairs, sind auch diese Badeorte nicht geworden. Trotz des milden Golfstromklimas ist die Nordwestküste der Bretagne rau, und Bildungstouristen kommen kaum auf ihre Kosten: großartige Architektur oder Kunst ist – abgesehen von den Schlössern westlich von Roscoff/St.-Pol-de Léon – mangels Masse nicht zu bewundern.

Côte du Léon
Karte S. 280/281

Côte des Légendes

An der Küste der Legenden gibt es auch nicht mehr Legenden als anderswo in der Bretagne, doch ein Problem aller küstennahen Fremdenverkehrsämter machte auch den Public-Relation-Experten zwischen Roscoff und Plouguerneau zu schaffen: "Wie nenne ich meine Küste griffig?" Klingende Namen wie Smaragdküste oder Rosa-Granit-Küste waren schon vergeben. Ein Ergebnis des ersten Brainstormings (Gehirnsturms) der Marketing-Poeten war die "Küste der Heiden". Schließlich waren hier die britannischen Missionare auf derartigen Widerstand gestoßen, dass sie ihren Tod einkalkulieren mussten. Doch was würde der Pfarrer dazu sagen? Weiteres Brüten. Dann die Lösung: Küste der Legenden. Klingt für das immer näher rückende Ende der Welt auch nicht schlecht und ist politisch korrekt. So werben nun die Nachfahren der mühsam bekehrten Kelten mit dem eingängigen Slogan, für den alle Prospektschreiberlinge unendlich dankbar sind.

Plouescat **(ca. 4000 Einwohner)**

Die alte *Markthalle* aus dem 16. Jh. im Zentrum gegenüber der Kirche ist das Schmuckstück Plouescats: Tief zieht sich das schwarze Schieferdach über die an den Seiten offene Halle fast bis zum Boden, gestützt auf ein ausgeklügeltes Balkenwerk aus dunklen Eichen. Der etwas abgelegene Place Wahnfried im Süden Plouescats erinnert an die Partnerschaft mit der gleichnamigen deutschen Stadt.

Plouescat, das sich von der Neusteinzeit bis heute gemächlich über die Jahrtausende brachte, liegt drei Kilometer hinter dem Meer und wird während der Saison tagsüber mit Musik beschallt. Die rege Marktgemeinde eines größeren ländlichen Einzugsgebiets ist im Sommer gut besuchter Mittelpunkt einer beliebten Urlaubsregion. Von *Cléder* 5 km östlich an der D 10 bis zu den Stränden im Norden Plouescats verteilen sich die Quartiere. Die besten Strände sind gleich um Plouescat herum, einige Kilometer außerhalb im Norden oder Westen: über den *Plage de Poul Fouen* und den Kleinstrand *Cam Louis* zu den Stränden von *Pors Guen* und *Pors Meur* – lange Sandstreifen, vor denen sich das Meer bei Ebbe weit zurückzieht. Die geschützte *Bucht von Kernic* ist zum Baden fast zu seicht, doch ein weiterer Strand in der Umgebung lockt: Der *Plage du Dossen*, 12 km östlich auf dem Gemeindegebiet von Santec, etwa 2 km lang und auch bei Flut ansehnlich breit, ist einer besten der ganzen Gegend. Für alle Wassersportaktivitäten geeignet, Café/Restaurant am Strand, Camping in der Nähe. Bei Ebbe können Sie die vorgelagerte *Insel Sieck* zu Fuß erreichen.

Information/Verbindungen

- *Postleitzahl* 29430
- *Information* O.T. neben der Kirche. Juli bis August Mo–Sa 9–12.30 und 13.30–18 Uhr, So 10–12 Uhr. September bis Juni Di–Sa 9–12.30 und 13.30–17 Uhr. Rue de la Mairie 8, ✆ 02.98.69.62.18, www.multimania.com/plouescat.
- *Verbindung* Plouescat liegt an der **Busverbindung** Brest–Roscoff. Werktags 8-mal, sonntags 2-mal in beide Richtungen.

Diverses

- *Casino* Die Spielhölle Plouescats liegt gleich neben dem Hotel Treas-Glaz am Ortsende. Zitat: "Sie können auch die Welt der Spielbank in Plouescat entdecken." Was sich die Leute anscheinend nicht zweimal sagen lassen. Bei der letzten Recherche bei strahlendem Sonnenschein schon an einem gewöhnlichen Montagnachmittag gut besucht. Spielautomaten, Roulette, Black Jack.
- *Einkaufen* Plouescat ist Einkaufszentrum eines größeren Umlands; neben den vielen Kleinläden der diversen Sparten haben sich auch Supermärkte angesiedelt.
- *Fahrradverleih* **Cycles Le Duff** verleiht Zweiräder in der Rue de Brest 34, ✆ 02.98.69.88.73.
- *Feste* Im August 2003 wurde von einer ortsansässigen Theatergruppe zum 3. Mal ein kleines Theaterfestival organisiert. Infos über eventuelle weitere Auflagen im O.T.
- *Führungen* In der HS werden neben Ausflügen zum Dünenhaus (s.u.) auch längere begleitete Wanderungen angeboten. Teilnahme kostenlos. Infos im O.T.
- *Markt* Samstagvormittag.
- *Minigolf* Am Pors-Guen-Strand.
- *Tennis* Insgesamt 8 Courts in Plouescat und Porsguen. Platzvermietung und Schulungen für Anfänger und Fortgeschrittene. Anfragen und Reservierung ✆ 02.98.69.86.36.
- *Wassersport* Segeln, Surfen, Kajak, Strandsurfen – an allen Stränden Plouescats wird geschult und verliehen; Segel-Wochenkurse, Einzelséancen etc.

Centre Nautique, Pors Guen, ✆ 02.98.69.63.25; am Plage du Dossen, ca. 12 km östl. bei Santec, rollen die schnellen Strandsegler auf dem festen Sand. Wer mitrollen will, meldet sich beim **Char à voile**, ✆ 02.98.69.82.96 oder 06.61.65.60.16.

Im **Point Passion Plage** können alle möglichen Strand- und Wassergeräte gemietet werden, ✆ 06.61.65.60.15.

Übernachten/Camping

** **La Caravelle**, das Tophotel Plouescats, 17 passable Zimmer mit eigenem Sanitärbereich, gutes Restaurant. DZ 32–54 €, HP 34–53 €, Frühstück 6 €. Ganzjährig geöffnet. Rue du Calvaire, ✆ 02.98.69.61.75, www.hotel-logis-caravelle.com.

Hotel Le Roch Ar Mor, kleines 7-Zimmer-Hotel in Strandnähe, Preise je nach sanitä-

Die Markthalle von Plouescat

rer Ausstattung fürs DZ 23–33 €, HP 40 €, Frühstück 6 €. Bar mit Terrasse. Geöffnet von April bis September. Rue Ar Mor 18, ✆ 02.98.69.63.01, roch.ar.mor@wanadoo.fr.

Hotel-Restaurant L'Azou, wird jährlich immer noch kleiner. 2003 nur noch 5 Zimmer. Im Restaurant heißt die Spezialität Fisch (siehe Essen). Einfaches DZ 28–34 €, HP 43 €, Frühstück 6 €. Im Oktober geschlossen. Rue Général-Leclerc 8 bis, ✆ 02.98.69.60.16, restau.lazou@wanadoo.fr.

• *Camping* ** **Municipal de la Baie du Kernic**, Anfahrt ab Plouescat beschildert; der Platz liegt auf einem Dünengelände auf einer Landzunge. Reizvolle Lage, viel Sand, Felstorsos, bei Ebbe kaum Wasser zum Baden. Einfache Ausstattung. 243 Stellplätze. Geöffnet vom 1.6.–15.9. ✆ 02.98.69.86.60, in der NS 02.98.69.62.18.

** **Municipal de Keremma**, 8 km von Plouescat an der Straße nach Lesneven. Großer, sympathischer Platz im Naturschutzgebiet am Plage de Karemma. Bewachsenes Dünengelände, Schatten, z. T. lauschige Stellplätze. Für 2 Sterne gut ausgerüstet: mehrere Sanitärblocks, Waschmaschine, Bar mit Zigaretten- und Zeitungsverkauf. Geöffnet Juli/August. ✆ 02.98.61.62.79.

* **Poul Fouen**, simpler Platz nördlich von Plouescat am Strand von Poul Fouen (Anfahrt beschildert). 88 Stellplätze. Geöffnet vom 15.6.–15.9. ✆ 02.98.69.81.80.

• *Essen* **Restaurant L'Azou**, das Restaurant des einzigen Hotels in der Hauptstraße. Großes, doch ansprechendes Restaurant mit ausgesprochen gutem Essen und freundlichem Service. Leser Barbara D. und K. Goldmann waren begeistert. Bei der Vorspeise Assiette du pêcheur (Meeresfrüchteplatte) wird Unkundigen gerne weitergeholfen. Menü 14–30 €. Rue Général-Leclerc 8 bis, ✆ 02.98.69.60.16.

Plouescat / Umgebung

Menhire: Um Plouescat stehen etliche Zeugnisse der Megalithkultur. Die diversen Menhire und Langgräber-Reste dürften nur für Megalithsüchtige interessant sein – klein, beschädigt oder verfallen bereichern die Steine die Landschaft nur wenig. Interessierte erhalten beim Office de Tourisme eine Skizze der Umgebung, auf der einige Megalithen eingetragen sind. Der größte Stein, der *Menhir von Kergouarat*, steht 7 m hoch auf einem Feld einige hundert Meter vor der Küstenzeile von Pors Guen. Zwei zerfallene, unscheinbare *Langgräber* liegen am Strand von Pors Meur.

Dunes de Keremma/Maison des Dunes: Das Dünenhaus an der D 10 kurz vor Tréflez ist ein guter Ausgangspunkt für einen Spaziergang über die zart bewachsenen Dünen von Keremma. Höhepunkt des Ausflugs ist der Bilderbuchstrand, der auch bei Ebbe noch laut nach einem Bad ruft. Im *Maison des Dunes* informieren eine kleine Ausstellung und etwas Schriftmaterial über die fragile Welt der Dünenlandschaft, die hier unter Naturschutz gestellt wurde.

Führung Im Sommer sachkundig begleitete Ausflüge. Erwachsene 3,50 €, Kinder 2,50 €.

Brignogan (ca. 1000 Einwohner)

Der alte Fischerort (exakt: *Brignogan-Plages*) hat seit Aufkommen des Badetourismus in seinem Umkreis kräftig expandiert; überall wirr in die bizarre Fels- und Heidelandschaft hineingesetzt, klecksen Häuschen ihr leuchtendes Weiß in das Grau und Grün einer kaum kultivierten Wildnis mit Druidencharakter.

Das Zentrum von Brignogan, die lang gezogene Avenue du Général de Gaulle hinauf zum Dreigestirn Rathaus, Bar und Kirche, entfaltet auch an den sonnigsten Tagen keinen Reiz. Dieser ist der Küstenlandschaft und den Stränden um den Badeort vorbehalten: Riesige Felsklötze, einsam versprengt oder sich gegenseitig zusammentürmend, zersetzen archaisch-wuchtig die harmlose Welt der Pflanzen, der Untergang des Sonnenballs hinter den Felsbänken des Plage du Phare führt an den Anfang der Zeit.

Information/Verbindungen/Diverses

- *Postleitzahl* 29890 Brignogan-Plages
- *Information* Kleines O.T. schräg gegenüber dem Rathaus. Juli bis August Mo–Sa 9.30–13.30 und 16–19 Uhr, So 10–13 Uhr. September bis Juni Di–Fr 10–12 und 14–16.30 Uhr, Sa 10–12 Uhr. Av. du Général de Gaulle 7, ✆ 02.98.83.41.08, www.ot-brignogan-plage.fr.
- *Verbindung* Der Platz der **Bus**haltestelle liegt westlich unmittelbar neben der Geschäftsstraße. Brignogan ist im Sommer

Die Flut kommt: am Plage du Phare

werktags 5-mal, sonntags 3-mal Start- und Zielpunkt der Strecken nach Landerneau und Brest.

• *Fahrradverleih* **Location de vélos** Rue Naot Hir, ✆ 02.98.83.09.67 oder 06.72.10.25.71.

• *Markt* Im Sommer am Freitagvormittag.

• *Wassersport* Am Plage des Crapauds; u. a. Segel- u. Surfschule (auch Hochseesegelkurse), Optimisten, Katamarane, Kajaks, Fischen. **Club Nautique Brignogan**, ✆ 02.98.83.44.76; Tauchclub **Aqua drive,** ✆ 02.98.85.83.53, www.perso.wanadoo.fr/aqua-drive/; Kajakverleih und Strandsegeln (Schulung und Verleih) bei **Ecole de Kitesurf**, ✆ 02.98.83.59.13, www.revesdemer.com.

Übernachten/Camping/Essen/Nachtleben

** **Hostellerie Castel Regis**, an der östlichen Landzunge der Hafenbucht. Das gemütliche, kleine Hotel ist die beste und schnuckeligste Adresse Brignogans, dazu noch schön gelegen. 21 Zimmer, guter Service, gute Ausstattung, gutes Restaurant nur für Hotelgäste. Meerwasser-Swimmingpool, Tennis, Sauna, Minigolf. DZ 50–100 €, in der HS 150–250 €, HP nach Saison 65–115 €, Frühstück 8 €. Geöffnet von April bis September. Le Garo, ✆ 02.98.83.40.22, www.castelregis.com.

** **Ar Reder Mor**, schlichtes, Stadthotel an der Durchgangsstraße Brignogans; 26 kleinbürgerliche Zimmer mit allem Drum und Dran, auch Restaurant. DZ je nach Standard 35–55 €, Frühstück 8 €. Ganzjährig geöffnet. Avenue du Général de Gaulle 35, ✆ 02.98.83.40.09, ArRederMor@wanadoo.fr.

• *Camping* Mehrere Plätze um den Ort. Die beiden besten am Meer:

** **Municipal Keravezan**, die Straße trennt den Platz am Plage des Crapauds in zwei ungleiche Teile. Das kleinere Areal unmittelbar hinter dem Strand ist das begehrtere Stück mit Dünencharakter und zuerst belegt; die Plätze auf einer größeren Freifläche gegenüber der Straße neben dem Sportplatz sind rein funktional. Immer schattenlos, einfache, aber noch halbfrische Sanitärblocks. 140 Stellplätze. Geöffnet von Ostern bis 30.9. ✆ 02.98.83.41.65, camping-cotedeslegendes@wanadoo.fr.

** **Du Phare**, gleich hinter dem gleichnamigen Strand in schöner Lage. Hohe Hecken gliedern das weitgehend naturbelassene Gelände, das auch in der Hauptsaison nur selten überlaufen ist. Freundlicher Betreiber, Grundnahrungsmittelverkauf, ordentliche Sanitärs, Waschmaschine. 144 Stellplätze. Geöffnet vom 1.4.–25.9. (danach unter Umständen eingeschränkter Betrieb). ✆ 02.98.83.45.67, www.camping-du-phare.com.

• *Essen/Trinken/Nachtleben* Gut und teuer in der **Hostellerie Castel Regis** (siehe Übernachten).

Café du Port, die Bar direkt an der Westseite des Hafens. Morgens Treffpunkt der Fischer, empfängt sie in der HS abends eher junges Publikum. Mit Blick auf die Boote der ideale Ort, um einen warmen (?) Badetag ausklingen zu lassen.

Côte du Léon
Karte S. 280/281

Sehenswertes / Spaziergang

Men Marz: An einem aufgerichteten Megalithstein, schlank und über 8 m hoch, wurde an der ursprünglichen Spitze das Kreuz der Christen herausgemeißelt, um die heidnischen Geister für immer zu bannen. Neben einem Haus direkt an einer Kreuzung der Straße von Brignogan/Zentrum zum Strand von Le Phare im Westen.

Pointe de Pontusval: In den letzten Jahren eroberte sich das Ensemble aus Leuchtturm, Fels und Meer einen festen Platz auf bretonischen Farbprospekten. Die Pointe, etwa 2 km im Nordwesten des Zentrums (ausgeschildert), ist in der Tat ein exponierter Punkt mit schönen Blicken, besonders zum Sonnenuntergang.

Baden

Brignogan besitzt etliche gute Bademöglichkeiten. Etwa zehn Strände umgürten das Gebiet von Brignogan-Plages, einige davon mit kinderfreundlichem Zugang und seichter Brandung, andere rauer, aber wildromantisch. Der Sand vermischt sich mehr und mehr mit Kies. Eine Auswahl:

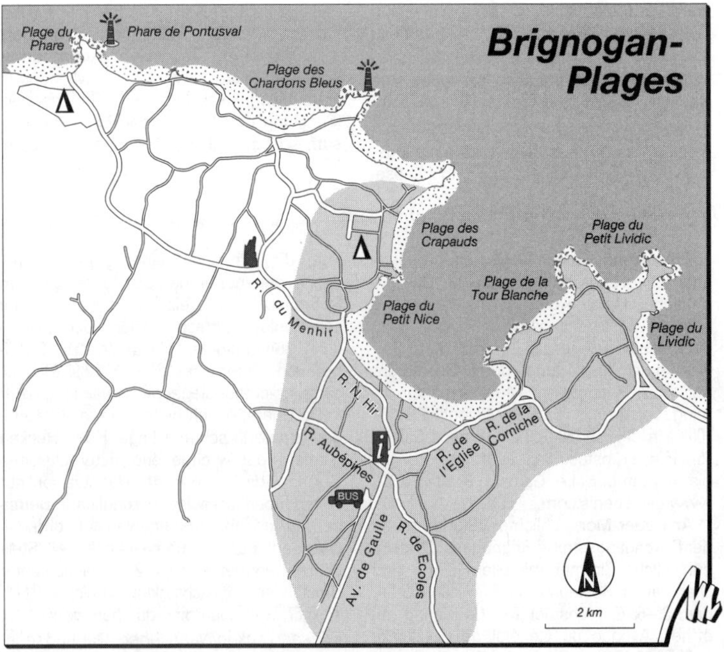

Plage des Crapauds: Der eigentliche Ortsstrand, nach Südosten ausgerichtet, ist der größte, bestausgestattete und bestbesuchte Strand mit Rettungsstation, Kinderclub und dem gut ausgerüsteten Club Nautique. 300 m lang und bei Flut 10 m breit; hinter dem städtischen Campingplatz.

Plage du Petit Nice: Der Klein-Nizza-Strand ist ebenfalls gut besucht und ebenfalls nach Südosten ausgerichtet; 150 m gelber Sand, bei Flut noch 15 m breit, erlaubt der Strand in seiner ruhigen Bucht auch Kindern den Zugang ins Wasser.

Plage du Phare: Ein langer Dünenstrand im Nordwesten Brignogans. Ein zur Residence umfunktioniertes Großhotel der Gründerzeit und eine Kapelle mit kleinem Leuchtturm bereichern architektonisch das Granitgewirr am Ostrand, dem *Plage Chardons Bleues*. In der HS verkauft eine Bar Snacks, Drinks und "Bière allemande de Luxe", vor den Riffs träumen Segelschiffe im seichten Wasser. Hier ist die Brandung des Öfteren nicht mehr so gemäßigt wie an den vorher genannten Stränden. Allwettertipp: Strandspaziergang.

Plouguerneau (ca. 5300 Einwohner)

An der Ostseite der Aber-Wrac'h-Mündung kündet schon das eher raue und verschlossene Ortsbild von Plouguerneau den äußersten Nordwesten der Bretagne an. Das Zentrum der Marktgemeinde, vor einigen Jahren noch kahl und düster, wurde adrett herausgeputzt: Frisch gestrichene Fassaden, neue Laden- und Hinweisschilder, eine verkehrsberuhigte Zone, nur die Pfarrkirche am großzügigen *Place de l'Europe* ist streng und abweisend wie eh und je.

Außerhalb der Saison lässt nichts erkennen, dass Plouguerneau, 4 km vom Meer entfernt, im Sommer ein Badeort ist. Doch Plouguerneau ist mehr als nur eine Einkaufsstation oder ein günstiger Ausgangsort zur Aber-Küstentour. In den Sommermonaten entfaltet der rührige Mittelpunkt einer vielfach aufgesplitterten Badezone diverse Aktivitäten, um neben der Stammkundschaft auch die Gäste zu unterhalten, die vielleicht nur wegen des höchsten Steinleuchtturms der Welt auf der nahen *Ile Vierge* gekommen sind. Um letztendlich doch einige Tage in der wilden Landschaft zu bleiben.

• *Postleitzahl* 29880

• *Information* Modernes O.T., das seit einigen Jahren unter dem Namen *O.T. du Pays des Abers* mit Lannilis (am Aber Wrac'h) zusammenarbeitet. Wenn in der NS das eine Infobüro nur halbtags besetzt ist, hat das andere ganztags geöffnet und umgekehrt. In dem Häuschen direkt am Kirchplatz gibt es sowohl Prospekte über die Region, als auch über weit entfernte Teile der Bretagne. Juli bis August Mo–Sa 9.30–12.30 und 14–19 Uhr, So 10.30–12.30 Uhr. In der NS Mo–Sa außer Mi 9.30–12 und 14–17 Uhr. Von September bis Ostern Mo und Di nur vormittags. Place de l'Europe, ✆ 02.98.04.70.93.

• *Verbindung* Über Lannilis gute **Bus**verbindung von und nach Brest. Zentrale Zusteigemöglichkeit am Hauptplatz. Mindestens 5 Busse werktags über Plouguerneau von Lilia/St. Michel nach Lannilis und retour.

• *Bootsausflug* Mit Vedettes des Abers, ✆ 02.98.04.74.94 entweder eine **Aberrundfahrt** oder zum Leuchtturm auf die **Jungfraueninsel**. Abfahrt im Hafen von Perros (am Ortseingang von Lilia links ab).

• *Fahrradverleih* **Méca 'Mob**, Route du Verger, ✆ 02.98.04.64.67.

• *Markt* Donnerstag.

• *Öffnungszeiten des Leuchtturms* Juli und August täglich 10–17 Uhr, sonst Infos im Ecomusée unter 02.98.37.13.35.

• *Pardon* Am letzten Junisonntag St.-Michael-Wallfahrt zu Ehren von Peter und Paul.

• *Wassersport* **Centre Nautique** schult am Hafen von Corréjou, ✆ 02.98.04.50.46.

• *Übernachten* ** **Castel Ac'h**, 5 km außerhalb von Plouguerneau am Strand von Lilia (D 71). Komfortables Mittelklassehotel in einem lang gezogenen Gebäude neueren Datums. 18 Zimmer, nach vorne heraus mit Meeresblick. Gutes Restaurant, Menüs von 15–30 €. DZ 60–80 €, Frühstück 9,50 €. Lilia, ✆ 02.98.37.16.16, www.perso.wanadoo.fr/castel.ach/.

• *Camping* ** **Municipal de la Grève Blanche**, im Ortsteil St. Michel, unweit der St. Michael-Kapelle an der Straße von St. Michel Richtung Lilia. Schutzloser Platz für 100 Campingeinheiten in guter Lage am Meer mit wunderschönem Blick, z. B. auf den Leuchtturm. Sanitärs einfach, aber ordentlich. Geöffnet vom 1.6. bis 30.9. ✆ 02.98.04.70.35, www.campinggreveblanche.fr.st.

** **Le Vougot**, ein ebenso einfacher, jedoch kleinerer Platz neben dem Strand von Vougut nordöstlich von Plouguerneau. 55 Stellplätze, geöffnet von 1.4. bis 30.9., ✆ 02.98.25.61.51.

Baden

Der *Plage de Corréjou* (mit Strandinfrastruktur) zwischen Plouguerneau und St. Michel sowie die *Grève Blanche* hinter St. Michel Richtung Lilia sind die Hauptstrände der Gemeinde. Weiter östlich der lange Strand von *Vougot* und die feinsandigen, von Steinkolossen umrahmten Buchten bis La Digue (bei Brignogan). Bei Lilia liegen die Strände von *Kervenny* (von der Wasserqualität der beste) und *St. Cava* gegenüber von Aber Wrac'h – ein felsdurchsetztes, flaches Sandgestade. Außer Vougot alle Strände mit Dusche/ WC.

Plouguerneau / Umgebung

Seit einigen Jahren sind 10 interessante bis spektakuläre Orte in und um Plouguerneau zum **Ecomusée de Plouguerneau** zusammengefasst. Zu den wichtigsten gehören:

Phare de l'Ile Vierge (Leuchtturm): Etwa 1,5 km ist die kleine Jungfraueninsel der zerzausten Küste vorgelagert. Der Stummel des kleinen weißen Leuchtturms, der –

Côte du Léon
Karte S. 280/281

Navigationshilfe am Ende der Welt

ausgemustert – nur noch die Antenne des Funkfeuers trägt, steht seit 1902 ganz im Schatten seines Nachfolgers: Die elegante Nadel-Silhouette des höchsten gemauerten Leuchtturms der Welt sticht alles in allem unerreichte 82,50 m in die Wolken (letzter Stein auf 77 m), die Innenwand besteht aus Milchglas, die Außenfassade wurde aus Kersanton-Granit hochgezogen. Erst 1956 wurde das Leuchtfeuer elektrifiziert. Zwei sich unablässig drehende Windräder decken den Energiebedarf, der nötig ist, einen weißen Blitz im 5-Sekunden-Abstand 27 Meilen weit durch die Nacht zu tragen. In zehn Minuten fahren die Fischer auf Nachfrage und gegen Entgelt Touristen auf die Leuchtturminsel.

Öffnungszeiten In der HS auf jeden Fall täglich von 10–17 Uhr, sonst Infos im Ecomusée unter 02.98.37.13.35.

Lilia: Kleiner Hafen und das dem Jungfrauen-Leuchtturm nächstgelegene Stück Festland. Durch zersiedelte Landschaft mit einem extravaganten Wohnturm führt die Straße zu einer Küste, an der der Begriff "Ende der Welt" wieder neu durchdacht werden kann: Der Atlantik pflügt sich durch ein Chaos aus Granit, wasserumspültes Urgestein der Erde, das sich langsam im uferlosen Meer verliert. Wie es sich für eine bretonische Gemeinde gehört, kann auch Lilia mit einem Zeugen aus der Steinzeit aufwarten, dem es evtl. seinen Namen verdankt (lia = Megalithen). Der Dolmen – von Plouguerneau aus kommend liegt er vor dem Ortseingang – ist Teil des Ecomusée, und kann auch im Rahmen einer Führung besichtigt werden (Infos unter ✆ 02.98.37.13.35).

Essen Zwei Restaurants gleich am Hafen; das bessere und teurere gehört zum **Hotel Castel Ac'h** (siehe Plouguerneau/Übernachten); das billigere heißt **La Route du Phare** und ist Bar, Crêperie und Restaurant in einem. ✆ 02.98.04.70.15.

St. Michel: Die Amüsier-, Aufenthalts-, Wassersport- und Badezone von Plouguerneau, mittendrin die Kapelle, die dem Ort den Namen gab. Weißgetünchte Häuschen, Disco, Camping – alles weit verstreut und immer nah am Meer. Hauptanziehungspunkte sind die zwei Strände von St. Michel, darunter der Gemeinde-Renommierstrand *Plage de Corréjou* mit dem Centre Nautique. Auch die Kapelle gehört zum Ökomuseum: Wer Interesse an einer Führung hat, sollte sich an jenes wenden. Besonders schön sind hier die im Sommer stattfindenden Konzerte.

Verbindung Busse von und nach Plougernau und Lilia.

Le Grouanec: Der umfriedete Pfarrbezirk mit dem *Brunnen Notre-Dame-de-la-Clarté*, einem kleinen *Calvaire* (beide 17. Jh.) und der niedlichen *Kirche* direkt am

Straßenrand der D 32 (Ortsausgang Richtung Lesneven) bildet ein ausgesprochen harmonisches Ensemble bretonischen Kirchenbaus. Die kleine schlichte Kirche der Jungfrau Maria von Grouanec aus dem Jahr 1503 wurde 1954 restauriert. Bei genauerer Betrachtung des Innenraums fallen die modernen Fenster von Max Ingrand, die geschnitzten Balken des Stützwerks und die naiv-andächtigen Kreuzwegstationen auf Keramikkreuzen auf. Eine weitere lohnende Einrichtung des Ökomuseums ist das Missionsmuseum, untergebracht in einem renovierten Bauernhaus: In diesem werden v. a. Leben und Werk des westbretonischen Missionars *Michel le Noblez* vorgestellt.

Öffnungszeiten: Von Juli bis September, Infos unter 02.98.37.13.35.

Pont du Diable: Die Teufelsbrücke über den Aber Wrac'h ist heute nur noch bei Ebbe zu erkennen. Um das vom Satan in einer einzigen Nacht errichtete Brückchen ranken sich diverse Legenden, die man sich am besten im Rahmen einer Führung erzählen lässt. Infos unter 02.98.37.13.35.

Le Folgoët

(ca. 3000 Einwohner)

Ein Verrückter, ein Ave Maria und eine Lilie: Aus diesen Zutaten werden hier Legenden gemacht, deren Anziehungskraft kurz nach der zweiten Jahrtausendwende nach Christi Geburt ungebrochen ist. Pünktlich am ersten Sonntag im September pilgern Scharen von Katholiken zum Pardon zu Ehren Salaüns, des heiligen Narren.

Itron Varia ar Fol Coat heißt die Wallfahrtskirche auf Bretonisch, Kirche Unserer lieben Frau vom Narren im Wald. Jedes Jahr am 8. September wimmelt der Pardonplatz mit den zahlreichen Lokalen von Besuchern, die sich ameisengleich zu einem der berühmtesten Pardons der Bretagne eingefunden haben. Den Rest des Jahres, ausgenommen die Mai-Sonntage und den letzten Sonntag im Juli (siehe unten, Pardon), ist es still in Le Folgoët, der riesige Rasenplatz wirkt kahl, die Restaurants sind nur mäßig besucht. Sofort nach dem Fest ist der Ort wieder in tiefe Provinzialität versunken, nur noch beachtet von einem kirchenkunst- und legendeninteressierten Publikum: Die Wallfahrtskirche, obwohl sichtlich von ihrem Alter und den Zerstörungen der Revolution mitgenommen, ist unter den vielen bretonischen Kirchenperlen eine besonders kostbare. Und der granitene Lettner im Inneren ein kleines Wunder aus behauenem Stein.

Geschichte

Folgoët – der Wald des Narren – heißt die Gemeinde seit dem bezeugten Wunder der beschriebenen Lilie. Im frühen 14. Jh. lebte hier *Salaün* im Wald, elternlos, gutmütig, zurückgeblieben, zu nichts nutze. Die Leute mochten ihn, versuchten sogar, ihm schulisch weiterzuhelfen, vergeblich: Salaün war und blieb blöde, wohnte allein an seiner Quelle, wo er sein zusammengebetteltes Brot verzehrte, und das einzige, was er je sagte, war "O itron guerhet Mari" – Gegrüßet seist du, erhabene Maria. Bei jeder Gelegenheit, immer freundlich lächelnd, gab er Zeit seines Lebens nur den Anfang des Englischen Grußes (Ave Maria) von sich.

Mit vierzig Jahren starb der Narr am Rande der Gesellschaft, er wurde beerdigt, und bald darauf geschah es: Aus seinem Grab wuchs eine nie gesehene Lilie, und ganz in Gold standen die Worte "Ave Maria" auf den Blütenblättern. Menschen waren schon immer neugierig, so wurde der Sarg geöffnet. Als jeder sehen konnte,

dass die Lilie im Mund des Salaün entsprang, begann die Verehrung des gottgefälligen Verrückten, durch den der Himmel ein Zeichen setzte.

1364: Das Ende des bretonischen Erbfolgekrieges ist das Geburtsjahr der Wallfahrtskirche. *Jean de Montfort* hatte sich verpflichtet, im Falle seines Siegs über seine Thronwidersacher der Jungfrau Maria im Wald des Narren eine würdige Kirche zu stiften. 1364 hatte er die entscheidende Schlacht von Auray gewonnen, und versprochen war versprochen. 1423 beendete sein Sohn die Bauarbeiten an der Kirche über der Quelle Salaüns, und Pilger kamen in Strömen, das Wunderwerk zu bestaunen und andächtig vor dem Wunder der Lilie zu erschauern. Nur vier Jahre später brannte es in Le Folgoët, die Kirche wurde das erste Mal beschädigt, aber wieder restauriert und erfreute sich auch unter der klerikalen und weltlichen Prominenz großer Beliebtheit: Der Papst verlieh der Wallfahrtskirche den Titel *Basilika minore*, die Herzogin *Anne* liebte die Wallfahrt nach Le Folgoët, und zahlreiche französische Könige erwiesen durch ihre wohlwollende Anwesenheit dem Pilgerort weitere Ehre. Bis auf *Ludwig XIV.* Der Sonnenkönig schenkte in seiner Raffinesse die Kirche den Jesuiten von Brest, von denen er genau wusste, dass ihnen Wallfahrten mit dem Ruch heidnischen Aberglaubens ein Dorn im wissenschaftlich geschulten Katholikenauge waren. Trauriger Höhepunkt des systematisch eingeleiteten Niedergangs war schließlich die Revolution: Die Kirche wurde geplündert, was im Sinne des neuen Geistes unbrauchbar oder ganz einfach zu schwer war, wurde zerstört, der Innenraum zum riesigen Schweinestall umfunktioniert.

Die ansässigen Bewohner konnten sich mit diesem erbärmlichen Zustand ihrer Kirche nicht abfinden. Einige Bauern der Gegend schlossen sich zusammen und kauften das zum Abbruch vorgesehene Objekt. Notdürftig gesäubert, die Reste des Mobiliars und die gerettete Madonnenstatue hineingestellt, wurden die Pardons wieder aufgenommen, als sei nichts gewesen. Als gar Kunsthistoriker aus der fernen Hauptstadt Paris feststellten, dass die Kirche ein erhaltenswertes Gesamtkunstwerk sei, wurden Mitte des 19. Jh. großzügig Gelder zur Verfügung gestellt, mit denen eine umfassende Restaurierung finanziert werden konnte.

• *Pardons* Von Frühjahr bis Herbst finden mehrere Pardons in Le Folgoët statt. Am ersten Septembersonntag pilgern etwa 20.000 Menschen zum Grand Pardon de Notre-Dame-du-Folgoët. Fällt der 8. September auf einen Sonntag, ist dies der Wallfahrtstag.
Jeden Sonntag im Mai, dem Monat der Jungfrau Maria, finden in Gegenwart von etwa 3000 Pilgern feierliche Weihemessen statt, auf Bretonisch Pemp-Sull genannt.

Sehenswertes

Kirche Notre-Dame: Die Kirche mit den Ausmaßen einer kleinen Kathedrale liegt an einem weiten Platz gegenüber vom alten Pfarrhaus und der angegliederten Pilgerherberge. Die Heiligkreuzkapelle, *Chapelle de la Croix* (15. Jh.), die mit ihrem von den zwölf Jüngern geschmückten Apostelportal wie ein Querschiff neben dem Chor südlich aus dem Langhaus ragt, gibt dem spätgotischen Bau seinen winkelförmigen Grundriss. Insgesamt steigen drei *Türme* hoch, einer über dem Chor, ein Stummelturm plump-kräftig neben dem schlanken Nordturm (15. Jh.), letzterer 56 m hoch und im hochstrebenden Flamboyant der schönste von allen. Auf der Nordseite der Kirche fließt Wasser aus einem unscheinbaren *Brunnen* mit Marienfigur, an der die Pilger trinken und mitgebrachte Behälter abfüllen: Die Quelle soll genau unter dem Hauptaltar liegen und schon Salaün zur Labung gedient haben. An der aufwendig gestalteten *Südfassade* posieren Statuen und Skulpturen, Schmuckwerk und eine Sonnenuhr verzieren das Mauerwerk, fein wie Spitze gemeißelte Granitemporen, schlanke Türmchen und Wimpergen sorgen für die aufstrebende Eleganz.

Alltag vor der Wallfahrtskirche

Im Kirchenschiff filtern die farbigen Fenster in der Apsis und der Heiligkreuzkapelle das Tageslicht; die große *Fensterrose* hoch oben in der Chorwand, ein Symbol der göttlichen Sonne, verwandelt das Licht in dunkle Blautöne und lässt es gedämpft auf die Statuen, Altäre und den *Granitlettner* fallen. Auch er hat durch die Revolution Schaden genommen, u. a. wurden Heiligenfiguren abgeschlagen, doch blieb er mit seinem aus dem Stein gehauenen Zierrat ein meisterliches Werk, trotz des harten Materials schwerelos und filigran gearbeitet. Drei Spitzbögen, auf vier Steinpfosten gestützt und von Wimpergen noch weiter in die Höhe gezogen, tragen die Balustrade aus rotem Granit. Eine Glastür mit Chromschloss verunziert den Lettner seit einigen Jahren.

Wie am Lettner gehört in der ganzen Kirche das Lilienmotiv zum Grunddekor, werden immer wieder Szenen aus dem Leben des Narren geschildert, an den Fenstern auf buntem Glas, an der *Predigtkanzel* in Eiche geschnitzt; Salaün beim Balanceakt an einem Baum, Salaün wird von zwei Soldaten kontrolliert, die Heilige Anna erscheint dem Narren, prächtig sprießt die wundersame Lilie aus Salaüns Grab. Der Hum+or kommt bei den Salaün-Geschichten nicht zu kurz.

Neben dem Lettner beten Fürst und Mönch (*Skulpturen*), auf einem Altar rechts die wundertätige *Madonnenstatue* der Schwarzen Maria von Le Folgoët. Über der Quelle, an der Salaün gewohnt hat, der *Hauptaltar*, hinten an der Chorwand weitere fünf *Altäre* aus dem blau-schwarzen Granit von Kersanton, eine restaurierte *Ölleinwand* mit Salaüns Grab hängt an der rechten Seite des Schiffs. In einer hermelingeschmückten grauen *Tonvase* erinnert keltische Erde aus Schottland, aus der Picardie und der Bretagne seit 1937 an die schwere Schlacht von Boiselle (1915) – keltische Waffenbrüderschaft im 20. Jh. Originell ist die zwölfminütige, audiovisuelle Show links vom Hauptportal: die Wallfahrtskirche zu Le Folgoët – ihre Ursprünge, die Basilika und der Pardon. Klingelbeutel unter dem Großbildschirm, eine Spende ist wie immer willkommen.

Dekanat und Pilgerherberge: Gleich gegenüber der Kirche. Im Garten Torsos hinter Hortensien, eine verrostete Kanone und trutzig-dunkle Bauten; zusammen mit der Krönungskapelle (alte, z. T. von französischen Revolutionären geschändete Heiligenfiguren aus Sandstein und Granit) gehören die herrschaftlich wirkenden Gebäude neben der Wallfahrtskirche zum Komplex der Pilgerstätte. Im kleinen *Museum* in der Pilgerherberge sehen Sie einige bretonische Möbelstücke, einige bretonische Trachten, einige Heiligenfiguren und einige weitere Gegenstände.

Öffnungszeiten des Museums: Vom 15. Juni bis 15. September täglich 10–12.30 und 14–18.30 Uhr. ✆ 02.98.21.11.18.

Le Folgoët / Umgebung

Lesneven *(ca. 7000 Einwohner)*: Lesneven trägt stolz den Titel "*die Stadt mit der höchsten Einschulungsquote*" (Stadtprospekt). Der Hauptort der Umgebung sei trotzdem an zweiter Stelle behandelt, denn touristisch kann sich die durchaus nette Gemeinde mit ihrer phantastischen Einschulungsquote (auf 7048 Einwohner kamen einmal über 5000 Schüler und Studenten!) nicht mit der Wallfahrtskirche von Le Folgoët messen. Doch in dem Landstädtchen mit dem hübschen historischen Altstadtkern ist vom Office de Tourisme bis zu den Hotels all das untergebracht, was Reisenden in dieser abseits gelegenen Region des Finistère nützlich sein kann. Übrigens zweigen vom Denkmal des Generals Le *Flo*, Sohn der Stadt, General und Botschafter, alle Verkehrsverbindungen Lesnevens nach Brest, Roscoff oder direkt zur Küste ab, worauf das offizielle Lesneven ebenfalls stolz ist.

- *Postleitzahl* 29260
- *Information* Zentral am Marktplatz in einem Ex-Wachhaus des 19. Jh. Material und Auskünfte für die Region: "Die Empfangsstewardessen offerieren das ganze Jahr über allerlei Dienstleistungen." Das ganze Jahr über Mo–Fr 9.30–12 und 14–18 Uhr, in der HS auch Sa. Place le Flo 14, ✆ 02.98.83.01.47.
- *Verbindung* **Bus** nach Brest, Landerneau oder Roscoff werktags 8-mal, sonntags 2-mal.
- *Markt* Großer Markt am Montag. Freitagvormittag Gemüse-, Fisch-, Blumenmarkt.
- *Waschsalon* Ganzjährig und täglich geöffnet ist die "Münz Wäscherei" mit Münzmaschinen für 16 kg bis hinab zu 4 kg. Rue Duguesclin 9.

Seglerparadies Aberküste

Côte du Léon
Karte S. 280/281

Pays des Abers

Penn ar Bed, das bretonische Ende der Welt im äußersten Westen des Finistère: einsame, karge Landschaft, versunkene Flusstäler, Wind, Meer und endlose Dünen. Das baumlose Land verliert sich sacht in den Wellen des Atlantiks, während die Flut das Meer in den ehemaligen Flussbetten der Abers tief ins Land spült.

Abers, bretonisch für weite Mündung, sind ehemalige Flussläufe, die das Meer erobert hat und die sich jetzt als gezeitenabhängiger Meeresarm fjordartig und flach weit ins Land hineinwinden. Drei dieser Abers am Nordwestzipfel Frankreichs gaben der wenig besiedelten *Pays des Abers* ihren Namen: *Aber Wrac'h*, *Aber Benoît* und *Aber Ildut* sind die größten der überfluteten Täler, die auf viele Kilometer das Bild der Küste prägen. Das Gras wächst an diesem windzerzausten Weltende nur kurz, Steilküsten gibt es kaum – meist flach und widerstandslos geht das Festland in Wasser über. Felsen und Inselchen sorgen für den letzten Schliff der badeunfreundlichen Küstenlinie, die optisch an vielen Stränden zum Bade lädt, doch Vorsicht: die Meeresströmungen verhindern am nördlichen Gestade bis auf wenige Ausnahmen ein lustvolles Planschvergnügen. So bleiben reine Badegäste der Aber-Küste fern, passionierte Windsurfer, Muschelsammler, Spaziergänger oder Naturliebhaber ohne Spezialhobby können sich hingegen hemmungslos austoben.

Etwa bei Portsall dreht sich die Küstenlinie, die ab dem Kloster Mont-Saint-Michel konsequent von Ost nach West verlief, und es beginnt die bretonische Südküste, die von nun an in Richtung La Baule, dem Ultra-Seebad, mit wenigen Ausnahmen immer touristischer werden wird. Landschaftlich kann sich der zahmere Südteil der Aber-Küste mit dem rauen Norden allerdings nicht messen.

Tang

Der Tang, woanders nur unerwünschter Strandbelag, ist an der Aber-Küste ein traditioneller Wirtschaftsfaktor. Noch immer sind in dieser Region der Bretagne häufig Tang- und Algensammler anzutreffen, die das angeschwemmte glibberige Grün auf Karren laden, oder Baggerschiffe vor dem Küstensaum, die punktuell das Meer abgrasen. Aus der Asche der Algen wird seit vielen Jahrhunderten Dünger gewonnen, aus Blasentang wird Viehfutter gemacht; in der Neuzeit finden die Algen als Alginsäure (Kunststofffaserproduktion, Eindickungsmittel für Speiseeis und lustigerweise wieder als Appetitzügler) oder in der Kosmetikindustrie Verwendung.

Aber Wrac'h: Der in seiner Mündungsbucht felsdurchsetzte Hexenaber (*Wrac'h* = Hexe) reicht stolze 10 km ins Land hinein und ist damit der beachtlichste Aber. Etwas im Inneren der Halbinsel, zwischen Aber Wrac'h und Aber Benoît, liegt der Hauptort *Lannilis* mit Touristinfo und Versorgungsmöglichkeiten, an der westlichen Aber-Küste, direkt an der 2 km breiten Mündung, der Fischerort *Port de l'Aber Wrac'h*. Der Ort versteht sich im Sommer als Badeort, doch die Wasseraktivitäten erstrecken sich mehr auf Segeln als Schwimmen – Yachthafen, Segelschule, kein Strand. Hinter Port de l'Aber Wrac'h vorbei an der *Engelsbucht* (*Baie des Anges*) mit Klosterruinen geht es zu den *Dunes des Marguerites* an der Spitze der Halbinsel, deren goldgelber Sand hinter den spärlich bewachsenen Dünenhügeln flach im Meer ausläuft.

• *Postleitzahl* 29870 Lannilis

• *Information* In Lannilis bei der Kirche. Nützlich ist eine Gratiskarte mit Wandervorschlägen zwischen Aber Wrac'h und Aber Benoît. Das O.T. von Lannilis ist mit jenem von Plouguerneau zum *O.T. du Pays des Abers* zusammengefasst. Juli/August Öffnungszeiten wie Plouguerneau, in der NS Mo–Mi 9.30–12 und 14–17 Uhr, Do geschlossen, Fr und Sa nur morgens. ✆ 02.98.04.05.43.

• *Verbindung* Mehrmals täglich **Busse** von und nach Brest.

• *Bootsausflug* Siehe Plougernau/Bootsausflug.

• *Markt* In Lannilis am Mittwochvormittag.

• *Wassersport* Das **Centre de Voile de l'Aber Wrac'h** in Port de l'Aber Wrac'h bietet diverse Kurse an. Schulungen u. a. auf dem Optimisten, dem Funboard und dem Kajak. Nähere Auskünfte ✆ 02.98.04.90.64, www.perso.wanadoo.fr/cvl.

• *Übernachten* *** **Baie des Anges**, in der Engelsbucht an der Straße zur Landspitze. Etliche Jahre geschlossen und wie Phönix aus der Asche auferstanden. Gutes, rundum renoviertes Haus mit 18 Zimmern. DZ ab 50 €. Geöffnet vom 5.2. bis 31.12. Aber Wrac'h, Route des Anges 350, ✆ 02.98.04.90.04.

* **Hotel Le Marina**, kleines Hotel-Restaurant in der Nähe des Rathauses von Lannilis. Simpel ausgestattet. Schlichte DZ je nach sanitärer Ausstattung 26–43 €. Rue de la Mairie 18, ✆ 02.98.04.19.46.

• *Camping* 2 Plätze am Nordende der Engelsbucht.

*** **des Abers**, ab Lannilis/Landeda ausgeschildert. Die Lage ist unübertrefflich: Rundum frisst sich das Meer in tiefen Buchten ins Festland, zahllose Inselchen schwimmen davor. Ansonsten: brauchbarer, terrassierter 4-ha-Platz auf der Halbinsel Marguerite, in vorderster Reihe vor einem langen Sandstrand. Gut ausgestattet, warmes Wasser auch zum Geschirrspülen, Waschmaschinen, Lebensmittel, Pizzas, Crêpes, Surfbrettverleih. Der Bus nach Brest hält vor der Haustür. 180 Stellplätze. Geöffnet vom 1.5.–30.9. 29870 Landeda, ✆ 02.98.04.93.35, www.camping-des-abers.com.

* **Municipal Pen Enez**, an den gleichnamigen Dünen (ab hinterer Engelsbucht ausgeschildert); ebenso schattenlos, weit vorn an der Küste, schlichtes Erdwall-Dünen-Gelände. 100 Stellplätze. Geöffnet Mai bis Ende September. ✆ 02.98.04.99.82, www.camping-penn-enez.com.

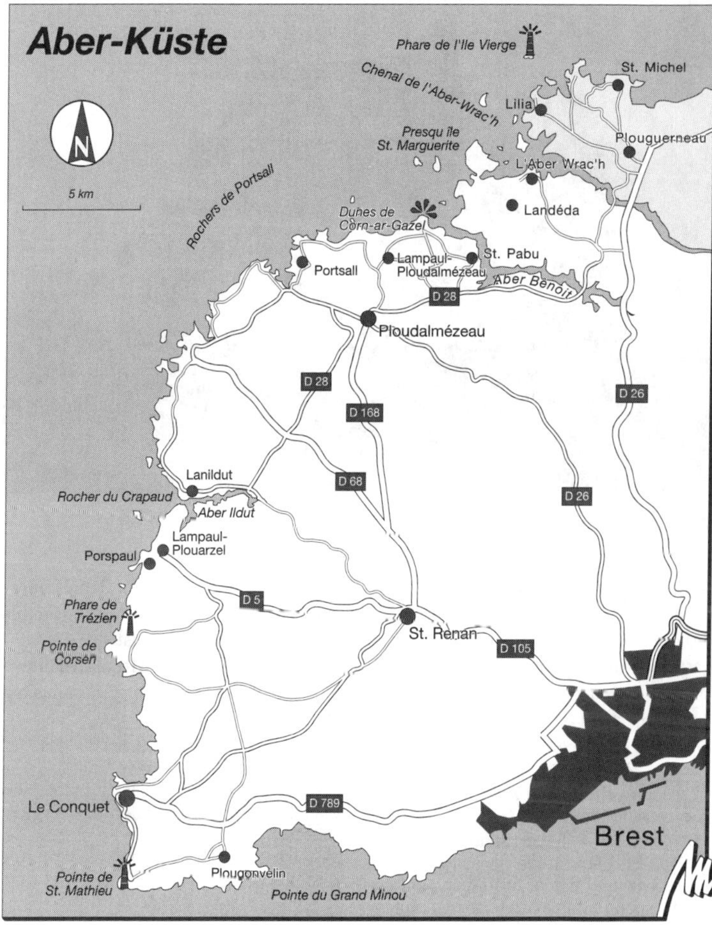

• *Essen* **Captain Crêpes**, ein Lesertipp in Port de l'Aber Wrac'h. Hannelore F. schreibt uns: "Crêperien gibt es in der Bretagne wie Sand am Meer, aber die hinter Port de l'Aber Wrac'h direkt in der Kurve fand ich besonders schön. Es gibt dort Riesensalate, nette Bedienung und eine ganz auf das Thema Meer und Schiffe abgestimmte Einrichtung. Sehr originell!" ✆ 02.98.04.82.03.

Aber Benoît: Vor *Tréglonou* überquert die D 28 den 7 km langen *Aber Benoît* (= Gesegnete Mündung) und wendet sich nach dem Dorf scharf nach Westen Richtung Ploudalmézeau/St. Pabu. Vom kleinen *St. Pabu* am westlichen Aber-Ufer führt die Straße zum Ende des Mündungstrichters bei den *Dunes de Corn Ar Gazel*: 500 m feinster weißer Sand, von Felsen flankiert, und von Heidekraut übersäte Dünenlandschaft, soweit das Auge reicht. Für Faule: Ein Touristensträßchen erlaubt immer wieder Blicke aufs Meer. Im winzigen *Lampaul-Ploudalmézeau*, etwa 3 km

Bis zur nächsten Flut...

südwestlich, versammeln sich im Friedhof die Kirche mit gelungenem Renaissance-Glockenturm von 1639, ein Brunnen und eine Kapelle zu einem Granit-Ensemble des bretonischen Glaubens. Tou-ristischer Mittelpunkt des Dorfes ist der Gemeindestrand hinter den weitläufigen *Dunes de Tréompan*. Von den Megalith-Hinterlassenschaften rund um die waldbewachsenen Ufer des Abers ist der Tumulus auf der Insel Carne erwähnenswert.

- *Reiten* **Ranchclub B**, in St. Pabu am Meer. ✆ 02.98.89.86.09.
- *Tauchen* In St. Pabu **Aber Benoît Plongée**, Quai du Stellac'h, ✆ 02.98.04.46.60.
- *Camping* ** **de l'Aber Benoît**, nordwestlich von St. Pabu an der einsamen Küste; Landschaft und die Initiative des Besitzers haben einen netten Platz in den Ausläufern der Düne Corn Ar Gazel geschaffen. Für 2 Sterne gut eingerichtet: Snackbar, Fahrradverleih, Menhir, TV, Brotverkauf und Gemischtwarenhandlung. Organisation von Wanderungen, Reiten oder Wassersport. Nachtschwärmer finden im Sommer in geräuschfreundlicher Entfernung (200 m) eine Discothek. 110 Stellplätze. Geöffnet vom 15.5. bis 15.9. ✆ 02.98.89.82.76.

Ploudalmézeau *(ca. 5000 Einwohner)*: 4 km im Inland, die größte Ortschaft des Gesegneten Abers, Kreishauptstadt, Einkaufsort und Zentrum der touristischen Aktivitäten (Tennis, Segelschule, Kanu-, Kajakvermietung, organisierte Wanderungen etc.). Die Ortskirche ist ein Werk des 19. Jh., ihr Turm wurde von der Public-Relations-Abteilung der Gemeindeverwaltung zur Sensation ausgebaut: "Er ist der letzte in Frankreich gebaute Kirchturm, dessen Stil noch direkt der französischen Gotik verpflichtet ist." Spektakulärer ist allerdings der nichtgotische Wasserturm des Orts, in dem ein Restaurant in luftiger Höhe seine Menüs anbietet und auch Neugierige ohne Hunger einen umfassenden Rundblick genießen.

- *Postleitzahl* 29830
- *Information* Im Zentrum. In der HS Mo–Sa 9.30–12.30 und 13.30–18 Uhr, So 10–12 Uhr. In der NS Di–Sa zu den selben Zeiten, Fr aber nur morgens und Sa nur nachmittags. Rue François Squiban, ✆ 02.98.48.12.88.

An der Granitküste ▲▲

▲▲ Rosa und bizarr – Steinensemble bei Ploumanach

▲ Cosmopolis

Ein Werk der Natur – prägnantes Profil ▲▲
Am Strand von Trégastel ▲

▲▲ Sonnenuntergang bei Ploumanach
▲ Schattenspiel in St. Quay-Portrieux

• *Verbindung* **Busse** von Cat bedienen ab Brest die schleifenförmige Linie Côte des Légendes Brest–St. Renan–Porspoder–Portsall–Ploudalmézeau–St. Renan–Brest. Werktags 3-mal, sonntags und an Feiertagen 1-mal.

• *Markt* Am Freitagvormittag.

• *Kajak/Kanu* Verleih und Schulung bei **Centre Canoë-Kayak Tréompan Pays d'Iroise**, Basis am Plage de Tréompan, ✆ 02.98.48.68.46.

• *Essen* **Crêperie La Salamandre**, mitten im Ort. Zwischen altmodischem, ländlichem Interieur werden Crêpes vom Feinsten aufgetragen, z. B. Crêpe Agennais avec Chantilly (am besten noch eine Kugel Eis dazu). Kinderfreundlich. Place du Général de Gaulle, ✆ 02.98.48.14.00.

Restaurant/Eisbar/Crêperie Le Château d'Eau, Essen mit Weitblick in 50 m Höhe. 116 Meter über dem Meeresspiegel der Aberküste serviert das Wasserturm-Panorama-Restaurant Crêpes und Menüs ab 15 €, Finistère-Rundblick inkl. Geschlossen von November bis Februar. Ansonsten von 12–15 und ab 18.30 Uhr, So durchgehend. Sportliche Esser gelangen über 278 Stufen in den Speisesaal, gehbehinderte oder eilige Gourmets benützen den Aufzug. Reservierung ✆ 02.98.48.15.88.

Portsall: Ein paar Schiffe im kleinen Hafenbecken einer geschützten Bucht, ein Kirchlein gleich hinter der Hafenzeile, gegenüber ein kleiner gemütlicher Sandstrand, am Ortsausgang Richtung Kersaint die Ruinen einer uralten Burg. Ein ruhiges Hafenörtchen wie so viele, kaum einer Erwähnung wert, wäre hier nicht eine der größten Umweltkatastrophen Europas passiert (siehe Kasten "Öl").

Öl

Am 16. März 1978 lief auf den Klippen vor der Küste, den in der Schifffahrt bekannten Rochers de Portsall, der Riesentanker "Amoco-Cadiz" auf und brach auseinander. 220.000 Tonnen Öl machten aus 360 Kilometern Küste – bis hinauf nach Mont-Saint-Michel – einen teerverklebten Streifen, eine Todesfalle für ungezählte Tiere, auf Jahre hinaus verseucht und verpestet.

Natürlich zog die Ölpest wirtschaftliche Folgen nach sich: Küstenfischer und Austernzüchter wurden arbeitslos, die Touristen wollten ihre schönsten Tage nicht an einem verseuchten Meer verbringen und blieben weg. Die betroffenen Gemeinden, Muschel- und Austernzüchter, Gastronomen, Umweltschützer und der französische Staat klagten gemeinsam gegen den Verursacher, die Standard Oil of Indiana. 10 Jahre später sprach das zuständige Gericht von Chicago sein Urteil, und es war das erste Mal, dass der Verursacher einer Umweltkatastrophe zur Kasse gebeten wurde. Doch gerade mal 138 Millionen US-$ musste der Trust zahlen, 30 Millionen US-$ Gerichtskosten sind hiervon noch abzuziehen. Vier Fünftel vom Rest gingen an den französischen Staat, den Rest erhielten die bretonischen Kläger. So gelangten kaum mehr als 20 Millionen US-$ "Wiedergutmachung" in die geschädigte Region.

Heute wird natürlich an allen betroffenen Küstenorten mit Badestränden versichert, dass das Meer wieder so sauber sei wie vor der Katastrophe. Zitat: "Heutzutage ist keine Spur der Katastrophe mehr zu sehen. Die Natur hat wieder einmal gesiegt." Tatsächlich wird die Wasserqualität hier besonders häufig kontrolliert: Dreckiger als anderswo ist das Meer in der Tat nicht, und die bretonischen Strände an der Westküste schneiden insgesamt durchschnittlich bis gut ab.

Porspoder *(ca. 1300 Einwohner)*: Ein ländlicher Stützpunktort im westlichsten Frankreich, gegen den beispielsweise Dachsbach bei Neustadt/Aisch eine Weltstadt am Puls der Zeit ist. Die Gäste wohnen meist in den Ferienhäusern um die Ortschaft, mehr angelockt von dem langen Dünenstrand als von der kleinen *Kirche*

(16. Jh.), in deren Innerem der Altar besichtigt werden kann. Sie wollen bretonische Atmosphäre pur schnuppern? Dann besuchen Sie das Café vor der Kirche.
Die Gegend um Porspoder ist uraltes Siedelland. Etwa 9 km südlich, vor dem Ort *Melon*, steht auf einem vorgelagerten Inselchen ein Dolmen im Gras – bei Ebbe zu Fuß erreichbar.

• *Information* Von Juli bis August Mo–Sa 9.30–12 und 17–19 Uhr. Ansonsten gibt's die Infos im Rathaus. O.T. 02 98 89.93.52, porspoder.mairie@wanadoo.fr.

• *Verbindung* Siehe Ploudalmézeau.

• *Camping* * **Municipal**, ein trauriger Dünenplatz ohne Schatten vor der Küste am nördlichen Ortsende, mobile Rezeption im Wohnwagen, spartanische Minimalsanitärs, das war's auch schon. 100 billige Stellplätze. Geöffnet von Juni bis August. ✆ 02.98.89.91.29.

Aber Ildut: Sanft ergießt sich das Meer im eroberten Flussbett ins wellige Land. Der letzte und friedlichste Aber, nach dem Hl. Ildut benannt, ist auch der kürzeste. Einige Erdkundedaten: Nur 20 km sind es von hier nach Ouessant, es wird wieder intensiv Landwirtschaft betrieben, hier endet der Ärmelkanal, und es beginnt geographisch der Atlantik. Hauptort am Aber-Ufer ist das Örtchen *Lanildut* (Campingplatz) an der Verbindungsstraße D 27. Der Hafen *Rocher du Crapaud* mit seiner Fischfangflottille, benannt nach dem Felsklotz an der Mündung, liegt vorne an der Trichtermündung des Abers und ist einer der stillen Superlative der Bretagne: Er ist der europäische Algenumschlagplatz Nr. 1. In Brélès führt ein Sträßchen knapp 4 km landeinwärts zum *Schloss Kergroadès* ab: ein wehrhafter, restaurierter Bau aus dem 17. Jh. (keine Innenbesichtigung).

Fähre nach Ouessant Vom Hafen Rocher du Crapaud verkehrt in der HS täglich eine Fähre nach Ouessant. Ticketpreise wie in Le Conquet (siehe dort).

Plouarzel: Das aufgeräumte Dorf, knapp drei Kilometer hinter der Küste, ist die am längsten bewohnte Ansiedlung der Gegend. Wo etliche Megalith-Hinterlassenschaften auf eine emsige Bronzezeit schließen lassen, gründete der Hl. Armel schon früh ein Kloster. Heute ist Plouarzel im Sommer Versorgungszentrum seines Ablegers *Lampaul-Plouarzel* an der Küste. Wer an Superlativen seine Freude hat: 16. Juli 1988. Unter tätiger Mithilfe der Bürgerschaft entsteht auf dem Marktplatz die größte Crêpe der Welt, die mit ihrem Durchmesser von 6 m und der Grundfläche von 28,36 qm anstandslos ins Guinnessbuch der Rekorde aufgenommen wird. An der Stelle der gigantischen Ofenplatte erinnert heute eine ungleich kleinere Plakette an das denkwürdige Backereignis.

• *Postleitzahl* 29810

• *Information* O.T. bei der Kirche. Neu und großzügig, wechselnde Ausstellungen zu lokalen Themen. In der HS Mo–Sa 9.30–12.30 und 14–19 Uhr, So 10–12 Uhr. In der NS Mo–Fr 9–12 und 14–18 Uhr, Sa 9–12 Uhr. ✆ 02.98.89.69.46, www.plouarzel.com.

• *Verbindung* **Busse** von Cat bedienen ab Brest die schleifenförmige Linie Côte des Légendes Brest–St. Renan–Porspoder–Portsall–Ploudalmézeau–St. Renan–Brest. Werktags 3-mal, sonntags und an Feiertagen 1-mal.

• *Golf* Im Ortsteil Kerhoaden wurde die alte 9-Loch-Golfanlage auf 18 Löcher ausgebaut. Golf des Abers, ✆ 02.98.89.68.33.

• *Reiten* Der **Poney Club Blue Nash** im Ortsteil Ruscumunoc (Porsmoguer) verleiht Pferde und Ponys und organisiert Ganztagesausritte mit Reiterfrühstück. ✆ 02.98.89.30.05.

• *Tennis* Eine Municipal-Halle und mehrere private Courts, Auskünfte im O.T.

• *Wassersport* Das **Centre nautique Plouarzel Pays d'Iroise** ist der Spezialist in diesem Aber-Eck, ✆ 02.98.89.69.46.

Menhir von Kerlouas (*Kervéatoux*): Ein weiterer Superlativ. Der Menhir 3 km landeinwärts von Plouarzel ist mit seiner Länge von 12 Metern der höchste stehen gebliebene Menhir der Bretagne. Ob die Megalithiker seinerzeit wussten, dass sie einen Rekord aufstellten, ist unbekannt. Dem schlanken Granitbrocken an einem Feldrand scheint ein Teil der Spitze abhanden gekommen zu sein, der schmale Fußweg vom Parkplatz zum Menhir kann durch den Kot von Primanern und Vierbeinern eine geruchliche Zumutung werden.

Anfahrt Ab Plouarzel beschildert; wenn Sie denken, Sie hätten sich verfahren, noch ein kurzes Stück und an einem kleinen Parkplatz am Sträßchen parken.

Lampaul-Plouarzel *(1650 Einwohner)*: Die alte Siedlung um ein Kloster von St. Pol ist heute ein eigenständiger Bade-Vorort von Plouarzel. Kapital des Küstenortes im Reihenhauscharakter ist der große Strand. Von Lampaul-Plouarzel führt ein verwirrendes Sträßchennetz durch eine gottverlassene Gegend zur *Pointe de Corsen*: Über *Porspaul* in einer Bucht mit Dünenbegrenzung ein Stück an der Küste entlang, bis die Straße nach *Trézien* mit seinem Leuchtturm landeinwärts führt (der 37 m hohe Leuchtturm kann im Sommer bestiegen werden). Nun wieder Richtung Meer halten, bis Sie Ihr Fahrzeug am Parkplatz der Pointe de Corsen abstellen können.

Der Längste

• *Information* O.T. in der Rue de la Mairie 7, ✆ 02.98.84.04.74, www.lampaul-plouarzel.fr.

• *Camping* ** **Municipal Lampaul-Plouarzel**, in Lampaul-Plouarzel beim Fußballplatz ein Stück hinter dem Meer. Tristes, schattenloses Areal mit neueren Sanitäreinrichtungen. 200 Stellplätze. Geöffnet vom 15.5.–15.9. ✆ 02.98.84.03.56, www.lampaul-plouarzel.fr.

** **Municipal Plouarzel (Porsevigne)**, weiter südwärts bei Porspaul. Etwas schattiger, etwas besser. 100 Stellplätze. Geöffnet vom 15.5. bis 15.9. ✆ 02.98.89.69.16.

Pointe de Corsen: Der westlichste Punkt der französischen Festlandsmasse, und dazu ein sehr exponierter. 50 Meter fällt das Land steil zum Atlantik hinab, weit schweift der Blick über die Küste und die vorgelagerten Inselsplitter. Südlich der Landspitze folgen noch zwei größere Strände: gleich anschließend der von *Porsmoguer*, weiter südlich der Strand von *Ploumoguer*, dem gleichnamigen Dorf etwa 6 km landeinwärts.

St. Renan: Das attraktivste und eher ruhig-gediegene Ziel im Inland der Aber-Region beschränkt sich auf das alte Städtchen im Westen der französischen Landmasse. *St. Ronan*, der sich später bei Locronan ansiedelte und dort berühmt wurde (siehe dort), legte mit seiner ersten Klause während der frühen Einwanderungsphase den Grundstein St. Renans, das einmal die Hauptstadt des unteren Léon und herzoglicher Gerichtssitz war. Diese Vergangenheit war sicher aufregender. Etwas Fachwerk, etwas Granit, eine junge, schmucke Kirche (18. Jh.) mit Barockturm, ein kleines *Heimatmuseum* und rundherum Behäbigkeit.

• *Postleitzahl* 29290

• *Information* Kleines Büro in der Ortsmitte; Place du Vieux marché, ✆ 02.98.84.23.78, www.perso.wanadoo.fr/ot.saint-renan.

• *Verbindung* **Busse** von Cat bedienen ab Brest die schleifenförmige Linie Côte des Légendes Brest–St. Renan–Porspoder–Portsall–Ploudalmézeau–St. Renan–Brest. Werktags 3-mal, sonntags und an Feiertagen 1-mal.

• *Markt* Samstagvormittag.

• *Öffnungszeiten* des Museums: In der NS samstags 10.30–12 Uhr, in der HS Di–Sa 15–18 Uhr. ✆ 02.98.32.44.94.

• *Camping* ** **Municipal de Lokouman**, etwas außerhalb an einem kleinen Gewässer beim Fußballplatz (Anfahrt beschildert). Ganz gemütliches Gelände, ordentliche, frisch renovierte Sanitärs. Tennisplatz. Kleiner Nachteil für Lärmempfindliche ist die nahe Straße. Offizielle 30 Stellplätze, doch es passen mehr drauf. Geöffnet vom 1.6. bis 15.9. Rue de l'Aber, ✆ 02.98.84.37.67.

Le Conquet

(ca. 2000 Einwohner)

Das einstmals gefürchtete Korsarennest ist ein respektierliches Städtchen geworden, seine Seefahrer mittlerweile brave Angehörige der christlichen Seefahrt: 1990 wurde in Anwesenheit eines französischen Admirals samt Kriegsschiff unter dem minutenlangen Tuten der Schiffssirenen und den Klängen der Ortskapelle der neue Hafen eingeweiht.

Le Conquet liegt am letzten Aber der Aber-Küste, der hier jedoch nur noch schlicht *Le Croaé* heißt, weil er gar so kurz ist. Den besten Blick auf das Hafenstädtchen hält die gegenüberliegende *Pointe de Kermorvan* bereit: Nur der schmale Wasserstreifen des Croaé, auf dem ruhig und geschützt die Boote dümpeln, trennt die schmale, sich weit ins Meer ziehende Felszunge von Kermorvan vom gegenüberliegenden Le Conquet.

In der Hafenbucht herrscht lässiger Betrieb, nur das Schiff nach Ouessant oder das Löschen eines Fischkutters bringt kurze Geschäftigkeit. Das kleine Zentrum Le Conquets liegt hoch über dem Mündungstrichter – ein kleiner Marktplatz und enge, planlos verwinkelte Gassen, die steil zum Hafen hin abfallen.

Das letzte Mal, und das gründlich, wurde die Stadt 1558 von Engländern zerstört. Seitdem wurde es ruhiger in Le Conquet, das seit römischen Zeiten häufiges Opfer von Eroberern und Plünderern gewesen war, und dessen eigene Seefahrer auch nicht gerade den friedlichsten Ruf hatten. Heute hat kein Bretagne-Tourist Angst vor Piraten, und so ist Le Conquet zu einem festen Anlaufpunkt im Finistère geworden. Die Stippvisitler kommen wegen der Schiffsverbindung zur nahen *Ile d'Ouessant.* Die Urlaubsmöglichkeiten um Le Conquet herum locken eine eigene Gästeschar, die sich angenehm dic Zcit vertreiben kann: Spaziergänge auf der Halbinsel *Kermorvan,* Baden in einer der vier Buchten der *Plages des Blancs Sablons* oder ein Ausflug zur *Pointe St. Mathieu* mit ihrem berühmten Leuchtturm im Kloster. Bei schlechtem Wetter kann das kleine *Museum* bei der Tourist-Info oder die *Kirche Notre Dame* besucht werden. Das Gotteshaus aus dem 15. Jh., beim englischen Überfall ebenfalls ein Raub der Flammen, wurde im 19. Jh. originalgetreu wiederaufgebaut.

Information/Verbindungen

• *Postleitzahl* 29217

• *Information* O.T. gleich am Ortseingang an der Route de Brest, oberhalb der Trichtermündung beim kleinen Museum. Juli bis August Mo–Sa 9–12.30 und 15–18.30 Uhr, So 9–12.30 Uhr. September bis Juni Di–Sa 9–12 Uhr. In der HS starten jeden Mittwoch um 9 Uhr Wanderungen vom O.T. Parc de Beauséjour, ✆ 02.98.89.11.31, www.leconquet.fr.

• *Verbindung* Von Montag bis Samstag 6 **Busse** nach Brest, an Sonn- und Feiertagen 3-mal. Fahrtdauer 40 Minuten.

Fähre nach Ouessant; die westlichste Insel Frankreichs wird von Brest über Le Conquet und die Insel Molène angelaufen. In Le Conquet zusteigen auf ein Boot von Penn Ar Bed, das von Brest kommt (Fahrtdauer 1 ¼ Stunden), oder mit den Schnellbooten von Finist'mer (Fahrtdauer bei günstigen Bedingungen 30 Minuten). In der HS 10-mal täglich, von Oktober bis März nur 1 Mal täglich, die Schnellboote ab April. Aktuelle Abfahrtszeiten in Le Conquet an der Embarcadère, teilweise Zwischenstopp und Aussteigemöglichkeit auf Molène (20 Minuten vor Ouessant). Rückfahrkarte (1 Tag gültig) bei Penn Ar Bed 26 €, Kinder 16 €, bei Finist'mer ähnlich. Auskünfte und Buchungen im Gare Maritime, ✆ 02.98.89.16.61 (Finist'mer) oder ✆ 02.98.80.80.80 (Penn Ar Bed).

Diverses

- *Bootsausflug* Verschiedene Ausflüge mit der ***Aquafaune***, die in ihrem "Salon a Vision Sous-Marine" Einblicke in die Unterwasserwelt erlaubt. Die schwimmende Beobachtungsstation wird meistens von Delfinen begleitet, und mit etwas Glück bekommt man auch die grauen Seehunde zu Gesicht, die auf einem der unzähligen Felsen des Molène-Archipels faulenzen. Preisbeispiel: 2½-Stunden-Ausflug zum Archipel von Molène 23 €, Kinder 15 €. Billetterie am Hafen, Reservierung ✆ 02.98.89.14.13.
- *Einkaufen* Wer von der Aber-Küste kommt oder dahin will und sich selbst verpflegt – das beste und größte Angebot westlich von Brest, inkl. Supermarkt, gibt's in Le Conquet.
- *Fahrradverleih* Nächste Möglichkeit in Plougonvelin. Dort gibt's die Räder im O.T. (✆ 02.98.48.30.18) oder bei PLG (✆ 02.98.48.23.37).
- *Markt* Jeden Dienstagvormittag rund um den Place Llandeilo.
- *Pardon* Am 2. Sonntag im September.
- *Parken* In der Saison manchmal problematisch. Beim Rathaus oder bei der Tourist-Info sind einige Stellplätze, weitere an der Fähranlegestelle ganz hinten am Hafen.
- *Taxi* Der Eine-Frau-Betrieb **Allo! Taxi** von Gwen Forny bringt einen überall hin. ✆ 02.98.89.07.85 oder 06.00.65.42.41.

Côte du Léon
Karte S. 280/281

Übernachten/Camping

** **Hotel Ste. Barbe**, gesichtsloser Bau an der Landspitze von Le Conquet an der Pointe Ste. Barbe. Direkter Zugang zum Strand. Lift, Restaurant (siehe Essen), Bar. 49 ordentliche Zimmer mit z. T. schönem Blick. DZ je nach Standard 34–107 €, Frühstück 7 €. Geschlossen vom 15.11 bis 15.12. ✆ 02.98.89.00.26, www.hotelpointesaintebarbe.com.

** **Relais du Vieux Port**, am Kai des Fischerhafens. Die teureren Zimmer geräumig, mit Grand und Extra-Lit sowie einer phantastischen Aussicht auf den Vieux Port. Die billigen Räume sind kleiner, dafür mit geräumigem Bad. DZ 36–62 €, Frühstück 6 €. Quai de Drellac'h 1, ✆ 02.98.89.15.91.

- *Camping* ** **Municipal le Theven**, großzügiger Platz auf der Halbinsel von Kermorvan, optimal für Badefreunde: Nach einem kleinen Spaziergang sind die letzten beiden Buchten der Plages des Sables Blancs zu Fuß zu erreichen. Ordentliche Sanitärs, Waschmaschine. 400 Stellplätze. Geöffnet vom 1.4. bis Ende September. Les Blancs Sablons, ✆ 02.98.89.06.90, www.leconquet.fr.

Essen

Restaurant Ste. Barbe, im gleichnamigen Hotel auf der gleichnamigen Landspitze. Mit 2 Hermelinen ausgezeichnetes Restaurant, dessen raffinierte Menüs unter Kennern der bretonisch/französischen Küche einen guten Ruf haben. Bei frühzeitiger Reservierung kann man ganz vorne an der großen Glasfront einen grandiosen Blick auf den Ozean genießen, und dabei schnell vergessen, dass man sich in einem ziemlich scheußlichen Betonkasten befindet. Menüs von 17–77 €. Unsere Empfehlung für 17 €: Fischterrine, Schwertfisch in Bourguignon-Sauce, Sorbet des Hauses.

Crêperie-Saladerie Relais du Vieux Port, wem das Restaurant St. Barbe zu teuer ist, kann beispielsweise am Kai des Fischereihafens einkehren. Vorzügliche Crêpes und Galettes und – besonders empfehlenswert – der Salat Chavignol, Blattsalat mit Nüssen und gegrilltem Ziegenkäse auf Himbeeressig. Auch Entrecôte mit Frites oder gut zubereitete Meeresspezialitäten.

Baden

Plages des Blancs Sablons: Fußwege durch Dünen führen steil bergab zu vier nebeneinander liegenden, bei Flut von Felsvorsprüngen getrennten Buchten an der Nordseite von Kermorvan – allesamt vom Feinsten. Zusammengerechnet 2,5 km Strand ergeben das Badeparadies von Le Conquet, neben Urlaubern am Wochenende auch verstärkt von Brestiens aus der nahen Großstadt aufgesucht. Keine Strandeinrichtungen.
Einige weitere Strände entlang der Küste Richtung St. Mathieu, z. B. *Le Bilou*, *Portzliogan* oder *Grève Bleu*.

Le Conquet / Umgebung

Pointe de Kermorvan: Heide zieht sich flächendeckend über den schmalen Finger, Kormorane verstecken sich in Weltkriegsbunkern, an der Landspitze leuchtet ein Turm. Das Spazierareal Le Conquets – die steil abfallenden Ränder der Landzunge – bietet Ausblicke nach allen Seiten: Ganz nah Le Conquet, im Norden die Pointe de Corsen, draußen auf dem Meer die Inseln, weit weg Molène und Ouessant. Wer sich allerdings am Wochenende auf Kermorvan ergehen will, wird wie an den Blancs-Sablons-Stränden den Genuss mit vielen Menschen teilen müssen – Kind und Hund und Kegel entsteigen den Kraftfahrzeugen, die in Stoßzeiten Stoßstange an Stoßstange den Rand der Straße säumen, die an einem überfüllten Parkplatz endet. Tipp: Die Fußgängerbrücke *Paserelle du Croaé* führt unweit vom Campingplatz über den *Croaé*. Wer von/nach Le Conquet läuft oder radelt, spart viele Autokilometer.

St. Mathieu: Ein Leuchtturmensemble und eine verfallene Abtei unmittelbar oberhalb einer schroff abstürzenden Steilküste, dazu Möwengeschrei und die Wellen des Atlantiks am zweitwestlichsten Punkt des französischen Festlands ergeben eine der ungewöhnlichsten Kulissen der bretonischen Küste.
Das *Kloster*, schon im 6. Jh. gegründet, bewahrte laut bretonischen Chronisten das Haupt des Hl. Matthäus auf und war einst das Kulturzentrum des äußersten Westens – St. Mathieu, das heute unscheinbare Dorf, war vor 600 Jahren eine wichtige Stadt in dieser Region. Erhalten ist aus dieser Zeit nur die *Fassade der Abteikirche*. Die ältesten Teile stammen aus dem 12. Jh., der *Wehrturm* neben dem Chor dokumentiert die stete Abwehrbereitschaft. Der *Glockenturm* der Abtei war der erste Leuchtturm, der 1740 eine verglaste Laterne mit 60 Spiegeln erhielt, die 1821 durch eine Argand-Lampe mit acht Reflektoren ersetzt wurde. 1865 wurde der heutige, 37 m hohe *Leuchtturm* gebaut. Sein Signal – alle 15 Sekunden ein Blitz – reicht 29 Meilen weit und ausgebildete Navigatoren wissen: Aha, das ist der Blitz von St. Mathieu, sieben Seemeilen westlich des Goulet von Brest.
Als Zugabe zum Spaziergang auf der Landspitze, der stimmungsvollen Ruinenbesichtigung und einem eventuellen Leuchtturmaufstieg (nur im Sommer) gibt es ein Restaurant, eine Bar, einen angemessenen Parkplatz und ein *Denkmal zu Ehren der Gefallenen der Weltkriege*. Von letzterem sind die verfallene Kultstätte und die integrierte maritime Signalstation im Ganzen optisch erfassbar.

• Übernachten *** **Hostellerie de la Pointe St. Mathieu**, gleich beim Leuchtturm, eine der besten und schönst gelegenen Herbergen des westlichen Finistère. 23 gute Zimmer mit Blick auf Leuchtturm und Ruinen, ebensolches Restaurant. DZ je nach Stockwerk und Ausstattung 53–123 €, 29217 Plougonvelin, ✆ 02.98.89.00.19, www.pointe-saint-mathieu.com.

Leuchtturm und Kloster St. Mathieu

Plougonvelin: Das arg zersiedelte 2000-Seelen-Städtchen ist im Sommer der überlaufene Mittelpunkt der *Bucht von Bertheaume*. Das Leben spielt sich an den drei Stränden ab und am *Fort Bertheaume*, das einst die Zufahrt in die Rade de Brest bewachte. Bei unserer ersten Recherche war die Festung ein vergessenes Gemäuer in einer einsamen Bucht. Heute sind das Fort und der gleichnamige kleine Strand unterhalb fester Bestandteil der Urlaubsgestaltung. Das Fort wird tagsüber nicht nur bei Schlechtwetter gern besichtigt, Höhepunkt aber sind die musikalisch untermalten Nachtbesuche der illuminierten Anlage.

- *Postleitzahl* 29217
- *Information* Am Hafen beim Centre Nautique. Freundlich und kompetent. In der HS Mo–Sa 10–19 Uhr, So 10–13 Uhr. In der NS Di–Sa 10–12.30 u. 14–18 Uhr. Boulevard de la mer, ✆ 02.98.48.30.18, www.plougonvelin-fr.com.
- *Verbindung* **Bus**anschluss nach Brest bzw. Le Conquet, werktags bis zu 6-mal täglich, an Sonn- u. Feiertagen 3-mal in beide Richtungen.
- *Fahrradverleih* **PLG Loisirs** vermietet Tourenräder und Mountainbikes. ZAC de Toulibil, ✆ 02.98.48.23.37.
- *Markt* In der HS jeden Sonntagvormittag.
- *Schwimmbad* Seit einigen Jahren besitzt nun auch Plougonvelin sein beheiztes Meerwasserschwimmbad, ✆ 02.98.48.20.12.
- *Öffnungszeiten* des Fort Bertheaume: In der HS täglich 10–19 Uhr. Sonst 14–18 Uhr außer Mo. Von November bis März geschlossen. Erwachsene 3,50 €, erm. 2 €. Die stilvolle Kulisse des Forts beherbergt in der HS diverse Veranstaltungen: Von Mitte Juli bis Mitte August finden immer mittwochs und freitags die **Noctambules de Bertheaume** statt, ein durch Ton- und Lichteffekte untermalter Spaziergang. Für die kleineren Besucher gibt es in der HS auch mittwochs eine Schatzsuche und Marionettentheater.
- *Wassersport* Das **Centre Nautique** am Trez-Hir-Strand bietet Surfstunden und Wochensegelkurse an, ✆ 02.98.48.22.20; zuständig fürs Tauchen ist **Hippocampe Plongée**, ✆ 02.98.48.30.18
- *Übernachten* Das einzige Hotel im Ort existiert nicht mehr. Wer nicht campen möchte, dem bleibt nur die Adresse an der *Pointe de St. Mathieu.*
- *Camping* Zwei 2-Sterner mit insgesamt 100 Stellplätzen verteilen sich über das dicht bebaute Siedlungsgebiet oberhalb von Trez Hir oder oberhalb der Bucht Bertheaume.

** **Camping Bertheaume** 75 Stellplätze, ganzjährig geöffnet, Rue Perzl, ✆ 02.98.48.32.37, camping-terrassesdebertheaume@wanadoo.fr.

** **St. Yves** in Trez Hir. 20 Stellplätze, ganzjährig geöffnet. Rue du Cléguer, ✆ 02.98.48.32.11, www.plougonvelin-fr.com.

Pointe du Petit-Minou: Klingt putzig und ist putzig. Schön liegt der Leuchtturm in einer stillen Küstengegend, wo die Ebbe kleine Sandstrände freigibt und im Süden die nahe Halbinsel Crozon sich ins Wasser schiebt. Auf einer Klippe ragt der Stummel auf, davor ein kleines Küstenfort. Sie müssen draußenbleiben: Für Zivilisten aller Nationen sowie für nichtfranzösische Uniformträger ist der Zutritt untersagt, damit Sie nicht versehentlich Frankreich erobern. Tipp: Spaziergänge entlang der Küste. Pfad vorhanden.

Kampf der Elemente: Les Rochers an der Nordwestküste Ouessants

Ile d'Ouessant

(1062 Einwohner)

Ein einsames Eiland an der Grenze zwischen dem offenen Atlantik und dem Ärmelkanal. Unentwegt branden die Wellen gegen den Granitklotz an, der die rollenden Wogen an seinen Felszacken in helle Gischt zerstieben lässt. Die vorgelagerten Riffe wurden schon Seefahrern aller Generationen zum Verhängnis.

Geformt wie eine Krabbenzange, ist die Insel 1558 Hektar groß, 8 km lang und an ihrer dicksten Stelle 4 km breit. Das Leben auf Ouessant wird von der See bestimmt. Die Frauen kümmern sich um Haus und Insel, die Männer sind als Leuchtturmwärter, Fischer oder aktive Mitglieder der französischen Marine zum Großteil in einem maritimen Gewerbe beschäftigt. Früher waren auch Schiffbrüche eine wichtige Einnahmequelle der Ouessantines – selbst ihre Möbel stellten sie aus Wrackteilen her.

Fromrust und *Fromveur* heißen die beiden kräftigsten Strömungen, die die Insel umspülen, besonders der Fromveur mit einer Durchschnittsgeschwindigkeit von 13 Kilometern pro Stunde macht den Schiffsbesatzungen das Leben schwer. Doch

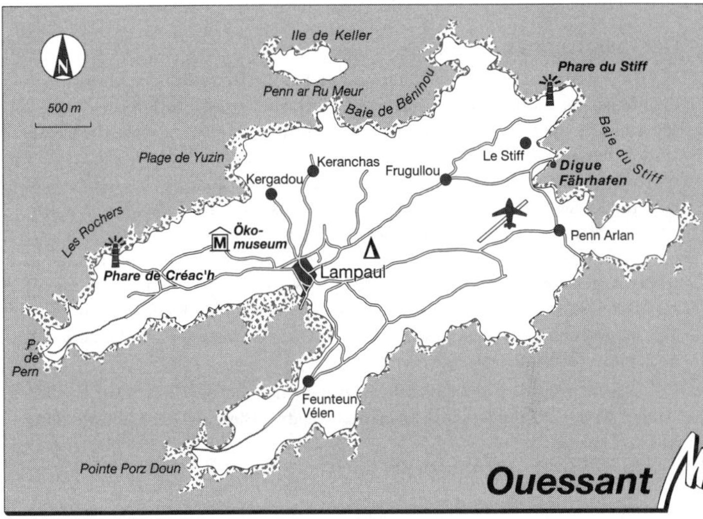

Côte du Léon
Karte S. 280/281

die Havarien sind weniger geworden, obwohl der Verkehr stark gewachsen ist. Mehr als 50.000 Schiffe schwimmen jährlich an der Insel vorbei, nunmehr sicher geleitet von einem der aufwendigsten Signalsysteme der Weltmeere.

Enez-Eussa (= legendenumwobene kahle Insel am Ende der Welt) ist der bretonische Name für Ouessant, geographischer Mittelpunkt von Oslo, Afghanistan, Rabat und New York und zudem westlichster Punkt Frankreichs – knapp eine Stunde später als in Straßburg geht hier die Sonne unter. Erst seit dem 19. Jh. darf nach einem Regierungserlass Getreide angebaut werden, aber die Ackerflächen der Insel sind ohnehin gering. Schafe weiden auf den kargen Heideflächen, in kleinen Gärten wird etwas Gemüse gezogen. Über das ganze Eiland sind planlos die Häuschen hingekleckert. Das traditionelle leuchtende Blau und Grün der Fensterläden weicht mehr und mehr weißem oder braunem Lack, obwohl die Insel als ein Teil des Naturparks Armorique einigen Schutzbestimmungen unterliegt, die ihren Charakter erhalten sollen.

Die meisten Besucher lassen es bei einem Tagesbesuch bewenden. Es ist mehr der Kitzel, sich auf einem exponierten, meerumtosten Stück Land zu befinden, der die Leute anzieht, als der Reiz Ouessants selbst. Wer aber bleibt und sich in aller Ruhe von der Sprödheit des kargen Eilands einfangen lässt, kommt auf seine Kosten. Überhaupt entfaltet sich das Wesen der Insel sowieso erst außerhalb der Hauptsaison und bei richtigem Sauwetter. Hinweis: Bei Sturm kann sich das Wegkommen von der Insel verzögern.

Information

- *Postleitzahl* 29242
- *Information* Auskünfte, Buchungen und Reservierungen zu den üblichen Öffnungszeiten in dem kleinen Häuschen des O.T. bei der Kirche in Lampaul. Freundlich und kompetent. Bei Sturm manchmal geschlossen. ✆ 02.98.48.85.83.

Der Heiratsantrag

Herren, Achtung: Die Männer Ouessants waren die Herrscher der Meere, doch die Frauen der Insel, sich ihrer ständigen Überzahl bewusst, hatten eine weniger schwache Stellung als ihre Geschlechtsgenossinnen auf dem europäischen Festland. Unter anderem entschieden sie nach eigenem Gutdünken, wer ihr Liebster sein sollte, und ihr Heiratsantrag sah dann so aus: Sie buken und backten, bis ein leckerer Kuchen fertig war, mit dem sie sich ins Elternhaus des Auserwählten zum Kaffeetrinken einluden. Nach nervösem Smalltalk kam dann der bange Augenblick: Nahm der junge Mann eine Kuchenschnitte von seiner Verehrerin an, war er so gut wie verlobt. Weigerte er sich, – "Nö du, ich bin mehr der Wursttyp" – flossen wohl nachts in einem kleinen Haus mit blauen Fensterläden die bitteren Tränen einer abgewiesenen jungen Frau. Im Grunde waren die Ouessanterinnen doch brave Mädels. Und solide Hausfrauen.

P.S.: Wenn heute von einheimischen Damen männlichen Hominiden Kuchen serviert wird, hat das überhaupt nichts zu bedeuten. Diese Art der Liebeswerbung ist ausgestorben.

Verbindungen

Pünktlich zu den An- und Abfahrten der Fähren (Fährverbindung siehe Le Conquet oder Brest) bedient der **Inselbus** die Längsverbindung von Ouessant zwischen Lampaul und der Anlegestelle der Fähre in der Baie du Stiff. Mit den **Inseltaxis** können Sie Rundfahrten unternehmen oder sich komfortabel zwischen Hotel und Fährschiff hin und her fahren lassen (z. B. von Dominique Etienne, ✆ 06.07.90.07.43). Ansonsten ist das Rad das Hauptverkehrsmittel.

Diverses

- *Fahrradverleih* Vom Schiff auf den Drahtesel – gleich an der Anlegestelle bieten mehrere Verleiher ihre Räder an: vom robusten Mountainbike bis zum eleganten Damenrad, auf Wunsch mit Körbchen. Wer sich nicht gleich entscheiden will: **Ouessancycles** der Familie Malgorn verleiht auch am Kirchenplatz in Lampaul, ✆ 02.98.48.83.44.
- *Pardon* Bei der Kapelle Notre-Dame-de-Bon-Voyage findet am 1. oder 2. Septembersonntag ein kleinerer Pardon statt.
- *Reiten* Begleitete Gruppenausflüge hoch zu Ross für Anfänger und Fortgeschrittene bietet **Ty Crenn Equitation**. Reservierung erwünscht. Stang ar Glen, ✆ 02.98.48.83.58.

Übernachten/Camping

Die allesamt einfachen Hotels sind im Hauptort Lampaul le Bourg versammelt.

* **Hotel-Restaurant Le Fromveur**, in der Ortsmitte, einige Meter von der Kirche zum Meer. In zwei einfachen, brauchbaren Nachbarhäuschen bieten 15 Zimmer "tout comfort". Im Restaurant mit Barbetrieb feste Essenszeiten, Menü ab 15 €. Spezialität: Gefüllte Krabben. DZ 28–70 €, Frühstück 6,50 €. Von November bis Januar geschlossen. Lampaul, ✆ 02.98.48.81.30.

Hotel-Restaurant L'Océan, gleich gegenüber ums Eck. Bröckelige Dispersionsfarbe gibt dem schlichten Hotel ein wenig gemütliches Äußeres. 12 Zimmer mit Meerblick, Bar. Vom Zimmer mit Waschbecken und Bidet bis zum Zimmer mit Bad. DZ 26–50 €, Frühstück 6,50 €. Ganzjährig geöffnet. ✆ 02.98.48.80.03.

Hotel-Restaurant Roch Ar Mor, beste Lage steil über den Klippen, 15 Zimmer, z. T. mit Meerblick, Terrasse zum Ausruhen, Menüs im 180-Gedeck-Restaurant ab 16 €. DZ 50–75 €, Frühstück 8 €. Von November bis Februar oft geschlossen. ✆ 02.98.48.80.19.

Hotel La Duchesse Anne, unterhalb der anderen Etablissements, ebenfalls gleich am Meer. Einfaches Haus mit 9 ebensolchen Zimmern. Spezialität neben den ordinären Meeresfrüchten: Jakobsmuscheln am Spieß. DZ 38–40 €, Frühstück 6,50 €. ✆ 02.98.48.80.25.

• *Privatzimmer* Verschiedenste Vermieter, z.B. Mademoiselle Lamour, ✆ 02.98.48.85.56; oder Madame Prigent, ✆ 02.98.48.86.56.

• *Camping* ** **Municipal Penn Ar Bed**; ein Stück außerhalb von Le Bourg neben der Straße zur Anlegestelle umgibt eine Steinmauer den kahlen Platz für 100 Zelte. Unidyllisch einfach. Rezeption im Rathaus. Geöffnet von April bis September. ✆ 02.98.48.84.65.

Sehenswertes / Spaziergang

Phare du Stiff (Leuchtturm): Hoch über der *Baie du Stiff* ist der Leuchtturm vom Schiff aus das erste sichtbare Bauwerk Ouessants. An seiner klobigen Architektur ist seine Verwandtschaft mit Kriegstürmen zu erkennen: Wo Baumeister *Vauban* 1695 zwei kegelstumpfförmige Wachttürme errichten ließ, wurde knapp 200 Jahre später der Leuchtturm hochgezogen. Über 32 m ist er hoch, seine Lampe aus dem Jahr 1926 hat eine Reichweite von 24 Meilen. Alle zwanzig Sekunden macht der Phare du Stiff mit zwei roten Blitzen die Steuerleute auf das Nordostende der Insel aufmerksam.

Lampaul: Alle Wege führen zu dem Hauptort der Insel in der zangenförmigen Bucht von Lampaul. Das "Kloster von Pol" erinnert an den kurzen Aufenthalt des Gründungsmissionars, der seine Arbeit auf Ouessant jedoch bald frustriert aufgab und auf die Insel Batz umzog (siehe Kasten bei Batz). Kleiner Hafen, Kirche mit Friedhof, wenige rustikale Hotels und die Häuschen der Lampauler – unspektakulär, doch in sich stimmig.

Friedhof: Weiße Christusfiguren auf schweren Kreuzen aus schwarzem Granit übersäen den Friedhof unterhalb der Kirche – eng an eng ruhen die Toten der Insel.

Auf dem Friedhof von Ouessant

Côte du Léon
Karte S. 280/281

Auch wer unauffindbar ertrank, bekam auf Ouessant einen Platz unter den Seinen: Ein kleines mausgraues Mausoleum mitten unter den Gräbern beherbergt Wachskerzen in Kreuzform (bretonisch *proëlla*, zu Deutsch Rückkehr in die Heimat), die nach der üblichen Trauernacht symbolisch für verschollene Seefahrer beigesetzt wurden. So haben die Seelen der Toten einen Ruheplatz zu Hause.

Ökomuseum: Das *Maison des Techniques et Traditions ouessantines* in Niou-Uhella ist in einem aufgemöbelten Alt-Bauernhof zu Hause. Innen Originalmöbel und Gebrauchsgegenstände, Trachten und Handwerkszeug. Zum Ökomuseums-Ensemble gehören des Weiteren Heuschober, Backhaus, blaue Türen, blaue Fenster und eine Natursteineinfassung.

Öffnungszeiten Von April bis September täglich 10.30–18.30 Uhr, sonst mindestens von 13.30–16 Uhr. Besser nachfragen! Erwachsene 5 €. Vorsicht beim Eintritt, niedrige Pforte.

Leuchtturmmuseum (Phare de Créac'h): Das Museum für Seewegmarkierungen im Leuchtturm von Creac'h widmet sich der Geschichte und Entwicklung der maritimen Signalisation. U. a. Reflektoren, Vitrinen, Spiegel etc. Und das alles in einem stattlichen, aktiven Leuchtturm.

Öffnungszeiten wie oben. Erwachsene 5 €. Es gibt für die Einrichtungen, die beide zum *Parc naturel régional d'Armorique* gehören, auch Kombitickets.

Nordwestküste: Hier tobt auf breiter Front der tägliche, endlose Kampf der Urelemente. Von der Westspitze Ouessants, der *Pointe de Pern*, bis etwa zum Strand von *Porz Yusin* ist das aufregendste Stück der Inselküste dem ständigen Anprallen des Atlantiks ausgesetzt, am wütendsten zwischen dem *Phare de Créac'h* und Porz Yusin. *Les Rochers*, die Felsen, heißt treffend die spitzgezackte Formation der Nadelfelsbastion, die sich dem Wasser entgegenstemmt.

Wissenschaftsgeschichte: Vor der *Pointe de Pern* steht am Inselrand eine zerfallene *Kapelle*, Aufenthaltsraum für Schafe und 1866 Testort für die *Trompette de Porzaziou*: Zwei Pferde trieben ein Pumpe an, die ihrerseits ein Nebelhorn zum Tuten brachte. Bald wurden die Pferde durch eine Dampfmaschine ersetzt – die frei lebenden Inselpferde zeigten sich völlig unkooperativ und wollten partout nicht stur im Kreis laufen. Dennoch war das Experiment erfolgreich: Ab 1885 tutete direkt an der Pointe de Pern eine stärkere, dampfbetriebene Trompete in die Nebelschwaden.

Pointe de Porz Doun: Die untere Krabbenzange der Insel, die zusammen mit der Pointe de Pern die Bucht von Lampaul bildet, ist weniger grandios als die Nordwestküste, doch nicht unattraktiv. Vorbei an einigen kleinen Stränden führt der Weg zur Südspitze, von der die zangenförmige Bucht samt Pointe de Pern und dem gemütlichen Lampaul im Panorama überblickt werden kann.

Baden

Wegen der Wasserverhältnisse keine umwerfenden Möglichkeiten: Die See ist meist rau, die Küsten felsig, ungeschützt und steil. Bester Strand die kleine Bucht von *Porz Yusin* an der Nordwestküste nordöstlich von Lampaul im Anschluss an die gezackten Felspyramiden von *Les Rochers*. Weitere Bademöglichkeiten auch an der Bucht von Lampaul.

Ouessant / Umgebung

Ile Molène: Winzige Zwischenstation der Schiffe auf der Ouessant-Route und Heimat von 500 Menschen. Wenn Sie im Sommer die Insel passieren, sehen Sie vielleicht ein Tangschiff, das zum Bruttosozialprodukt des Inselchens maßgeblich beiträgt. Neben dem Tang ist der Fisch die wichtigste Erwerbsquelle auf dem flachen Fleckchen Land, das an der höchsten Stelle 6 m hoch, gerade 1200 x 800 m groß, 1,8 km lang und 50 m bis 500 m breit ist.
Lieben Sie kurze Strandspaziergänge oder gar Inselumrundungen? Sie können aussteigen – Unterkunft finden Sie im Inselhotel oder auf dem Inselcampingplatz.

• *Übernachten* ** **Hotel Kastell An Daol**; 10 Zimmer mit "tout comfort" und Hafenblick. Restaurant mit 80 Gedecken, ganzjährig geöffnet. ✆ 02.98.07.39.11, kastell.an.daol@libertysurf.fr.

• *Camping* **Municipal**; 20 einfache Stellplätze auf beschränktem Areal. Anmeldung und Kostenbegleichung im Rathaus, werktags von 10–12 Uhr. ✆ 02.98.07.39.05, mairie.ile.molene@wanadoo.fr.

• *Essen* **Restaurant L'Archipel**; am Kai, geöffnet von Ostern bis Ende September. ✆ 02.98.07.38.56.

Was haben Sie entdeckt ?

Haben Sie **den** Strand in der Bretagne gefunden, ein freundliches Restaurant weitab vom Trubel, ein nettes Hotel mit Atmosphäre, einen schönen Wanderweg?

Wenn Sie Ergänzungen, Verbesserungen oder neue Tipps zum Bretagne-Buch haben, lassen Sie es uns bitte wissen!

Wir freuen uns über jeden Brief!

Jochen Grashäuser
Stichwort "Bretagne"
Michael Müller Verlag
Gerberei 19
91054 Erlangen
E-Mail: jochen.grashaeuser@michael-mueller-verlag.de

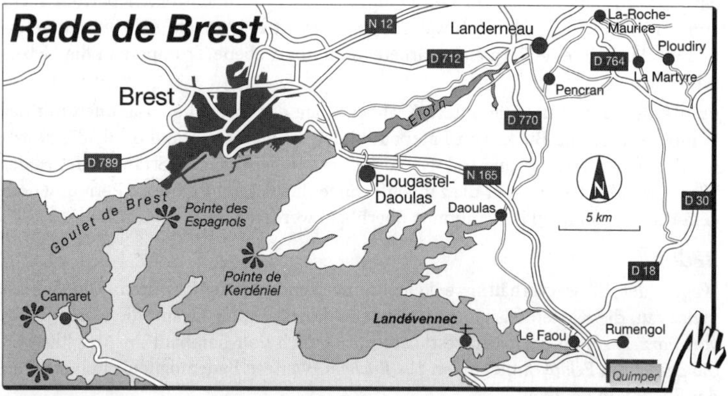

Rade de Brest

Seit Jahrhunderten sind in der riesigen Bucht Kriegsschiffe zu Hause. Die Rade de Brest mit einer Wasserfläche von 150 qkm ist einer der größten Naturhäfen Europas, in ihr würden alle europäischen Kriegsschiffe Platz finden.

Die Mündungsbuchten von Aulne und Elorn sind die letzten Ausläufer der 5 km langen und knapp 2 km breiten Rade de Brest. Von der sicheren Bucht führt zwischen der *Halbinsel Crozon* und dem Nordwestzipfel des bretonischen Festlands nur eine schmale Einfahrt ins offene Meer, der knapp zwei Kilometer breite *Goulet de Brest.* Den schmalsten Punkt, und damit vor dem Raketenzeitalter von beiden Seiten aus gut zu sichern, bilden die *Pointe des Espagnols* der Halbinsel Crozon im Süden und die *Pointe de Portzic* westlich von Brest.

Rund um die Rade de Brest ist touristisch einiges geboten. Eine kurzweilige Entdeckungsfahrt zieht sich vom Kriegs- und Handelshafen *Brest* im Norden über das Landstädtchen *Landerneau* und die Erdbeer-Halbinsel *Plougastel* zur Halbinsel *Crozon* mit ihren vorzüglichen Aussichtspunkten am Südrand der Bucht.

Brest

(ca. 170.000 Einwohner)

Wie wichtig die strategische Lage der Stadt war, bekamen auch ihre zivilen Bewohner immer wieder schmerzhaft zu spüren, das letzte Mal im Zweiten Weltkrieg. Die von der deutschen Wehrmacht besetzte Hafenstadt wurde von den alliierten Streitkräften innerhalb weniger Wochen zusammengebombt.

So kann die Stadt nichts dafür, dass sie sich im Zentrum ausgesprochen nüchtern und kühl präsentiert, während die umliegenden Viertel nichtssagend bis heruntergekommen wirken. Nach einem geometrischen Gesamtplan wurde Brest wiederaufgebaut. Haupteinkaufsader ist die schnurgerade *Rue de Siam,* wo sich Busse sanft den Weg zum Rathaus freiklingeln. Großzügig gestaltete Plätze lassen viel Raum, die Stilrichtungen der Bauten reichen von einer Art Nachkriegs-Deco-Empire über platten Säulen-Klassizismus bis zum hypermodernen Kulturzentrum *Le Quartz* aus Glas und Spiegel.

Nicht gerade bretonisch: Moderne Architektur in Brest

Rade de Brest
Karte S. 334

Wie das Leben so spielt – nicht nur Gefahr und Tod brachte die Gunstlage der Hafenstadt an der nach ihr benannten Bucht, auch den Wohlstand verdanken die Bürger und Bürgerinnen von Brest dieser Riesenlaune der Natur. 40.000 Menschen, ein Drittel der arbeitenden Bevölkerung, sind in der Verteidigungsindustrie bzw. deren Zulieferbetrieben beschäftigt. Brest ist einer der großen Kriegs- und Handelshäfen Frankreichs, zweitgrößte bretonische Universitätsstadt, Sitz eines bedeutenden Ozeanographischen Forschungszentrums (*CNEXO*) und, nach den schweren Zerstörungen, die modernste Stadt der Bretagne. Von den Reisenden, die Landschaftseindrücke oder schnuckelige Fachwerkidylle bevorzugen, wird die Stadt links liegengelassen. Wer kommt, ist meist auf der Durchreise und kann sich mit hauptsächlich maritimen Programmpunkten die Zeit vertreiben.

Geschichte

Seit 2000 Jahren dient die Bucht von Brest als idealer Ankerplatz der heidnischen und christlichen Seefahrt, und immer wieder ist Brest ein heißumkämpfter Zankapfel. 1341, im bretonischen Erbfolgekrieg, entzweit die Stadt sogar Verbündete: *Jean de Montfort* lässt Brest durch englische Truppen besetzen, die dann nicht mehr abrucken wollen. Glücklos versucht er, die Festung zurückzuerobern, auch fünf Anläufe des französischen Königs scheitern. Erst 1397 bringt die Tochter des englischen Königs durch ihre Heirat mit *Karl VI.* die Besitzrechte der Stadt als Mitgift nach Frankreich mit.

Immer aufwendiger und den jeweiligen Kriegstechniken angepasst, werden die Befestigungsanlagen stetig verstärkt, der beste der königlichen Baumeister, *Vauban*, kümmert sich persönlich um die zeitgemäße Gestaltung der Stellungen.
Richelieu beginnt mit dem Ausbau des Hafens in der Penze-Mündung, sein Nachfolger *Colbert* erhebt Brest im 17. Jh. zur Seehauptstadt Frankreichs. Mehrere Seefahrtsschulen werden eröffnet, in denen neben Marinekadetten und Baumeistern für maritime Festungswerke auch Kanoniere eine fundierte Ausbildung erhalten. Colbert ist auch der Initiator der *Seerolle*, in der bis heute alle männlichen französischen Küstenbewohner eingetragen sind, die beruflich mit dem Meer zu tun haben und so gezielt für den Dienst auf See rekrutiert werden können.

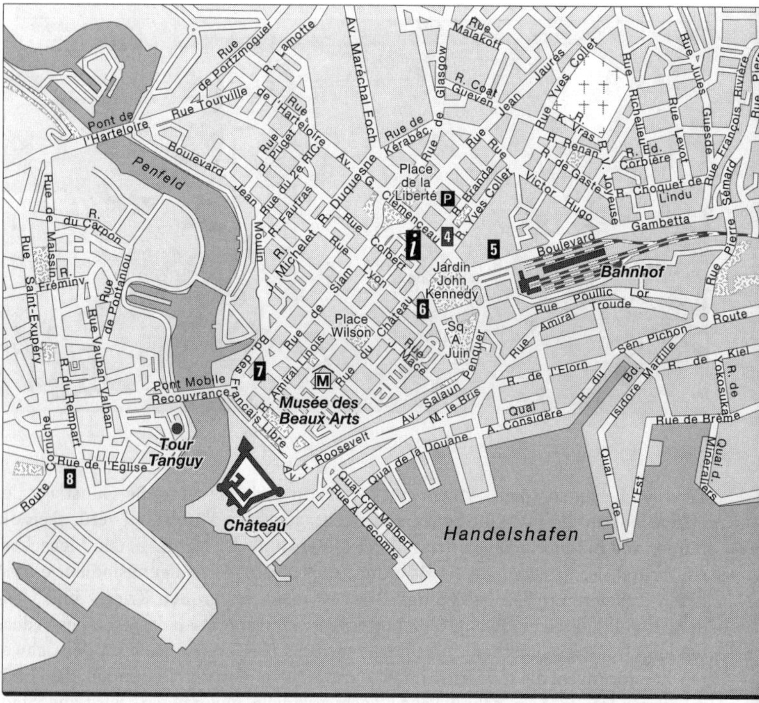

Der stattliche Hafen, inzwischen die Heimat von *la Royale,* der königlichen Flotte, zieht neben prominenten Besuchern und Kauffahrern aus aller Welt auch sesshafte werktätige Menschen an. Kunsttischler und Blattgoldspezialisten kommen hierher und verdienen sich durch ihre schmückenden Arbeiten an den Schiffen der französischen Flotte eine goldene Nase. Seit 1750 kommen auch jede Menge Sträflinge, die ebenfalls tüchtig arbeiten, doch nichts verdienen: Das *Bagno von Brest* (Arbeitslager) mit einer Kapazität von 500 Häftlingen ist bis zur Regierung von *Napoleon III.* eines der gefürchtetsten der französischsprachigen Welt. Der Kriegsmarine unterstellt, werden die Gefangenen für alle harten und lebensbedrohlichen Arbeiten eingesetzt oder warten auf ihre Zwangsverschiffung in die noch schlimmeren Arbeitslager der Kolonien.

Im Zweiten Weltkrieg richtet sich ab 1940 die deutsche Wehrmacht in der kampflos eroberten Stadt ein: Die französische Kriegsmarine hat vorher ihre noch schwimmfähigen Schiffe abgezogen und die Hafenanlagen sowie die restlichen Schiffe gesprengt. Den Deutschen ist das recht, sie verbunkern die ganze Gegend und machen aus dem Hafen einen stark befestigten U-Boot-Stützpunkt, der vier Jahre lang immer wieder angegriffen wird, aber nicht eingenommen werden kann. 1944 landen die Alliierten in der Normandie, umgehen den deutschen Atlantikwall von hinten und befreien unter hohem Blutzoll auch Brest. Nach 43 Tagen Belagerung und Bombardement kapitulieren am 18. September die deutschen Besatzer vor der alliierten Übermacht – die Innenstadt und das Hafenviertel von Brest gibt es nicht mehr.

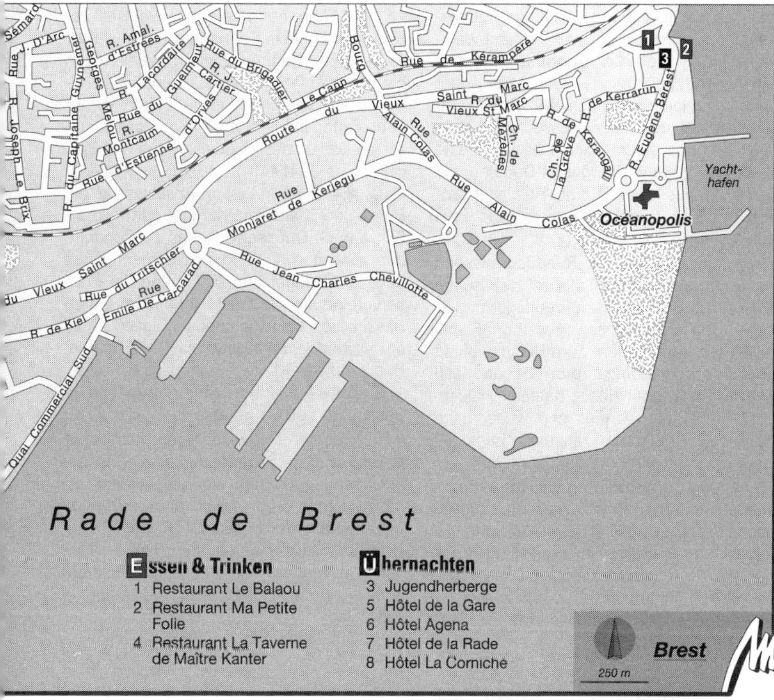

Rade de Brest
Karte S. 334

Die letzte Katastrophe geschieht 1947, als im Handelshafen ein norwegischer Frachter, vollbeladen mit Ammoniumnitrat, explodiert. Etliche Todesopfer, Hunderte von Verletzten und 5000 zerstörte Häuser und Behelfsquartiere im sowieso schon geschundenen Hafenviertel werden gezählt.
Brest wird wiederaufgebaut und avanciert mit dem neu angelegten *Arsenal* hinter dem Strand von Lanilon ein weiteres Mal, diesmal zusammen mit Toulon, zum größten Kriegshafen Frankreichs, den mittlerweile auch EU-Ausländer im Rahmen einer Führung besichtigen dürfen. Der größere Stellenwert kommt jedoch dem Ausbau des Handelshafens zu.

Information

• *Postleitzahl* 29200
• *Information* Im Kulturpalast der Stadt beim Place de la Liberté. Ein verglaster und verspiegelter Kubikbau namens Le Quartz aus der Serie "Neopostmoderne" oder "Wie-sichderfranzösischearchitektsciencefiction-vorstellt." Mitte Juni bis Mitte September Mo–Sa 9.30–19 Uhr, So 10–12 Uhr. Ansonsten Mo–Sa 9.30–12.30 und 14–18 Uhr. Avenue Georges-Clémenceau 8, ✆ 02.98.44.24.96.

Verbindungen

• *Bus* Busbahnhof vor dem Bahnhof am Place du 19e RIC. Busse von CAT bedienen ab Brest die schleifenförmige Linie "**Côte des Légendes**": Brest/St. Renan/Porspoder/Portsall/Ploudalmézeau/St. Renan/Brest. Werktags 3-mal in beide Richtungen, sonntags und an Feiertagen 1-mal. Nach **Quimper** werktags mindestens 6-mal, über Plougastel-

Daoulas nach **Le Faou** (werktags mindestens 5-mal). Cars de St. Mathieu fährt werktags 6-mal nach **Le Conquet**, Voyages Bihan werktags mindestens 6-mal über Lesneven/Plouescat nach **St. Pol Léon/ Roscoff**. Mindestens 6 Busse täglich von Les Cars des Abers nach **Lannilis**. Beste Verbindung nach **Plougastel-Daoulas** mit dem Stadtbus Nr. 25. Auf die Halbinsel **Crozon** mit Endstation Camaret schickt Effia mindestens 5 Busse täglich.

• *Zug* Der Bahnhof, ein Rundbau passend zur Stadt, am Place du 19e RIC. Zwischen 4.46 und 23 Uhr verlassen werktags rund 25 Züge den westlichsten Bahnhof Frankreichs Richtung Osten. Zum Beispiel direkt über Morlaix/ Guingamp/St. Brieuc nach Rennes/Paris, oder über Châteaulin/ Quimper/Lorient nach Vannes und weiter nach Nantes. Dazu kommen zahlreiche Regionalzüge Richtung Morlaix oder Quimper.

• *Flugzeug* Aérodrome Brest-Guipavas südöstlich der Stadt; u. a. mehrmals täglich nach Paris. Lufttaxi nach Ouessant: Finist'air unterhält regelmäßige Flugverbindungen zur Insel Ouessant, mindestens 2-mal täglich, Flugdauer etwa 15 Minuten. Erwachsene einfach ca. 60 €, erm. ca. 35 €. ✆ 02.98.84.64.87.

• *Schiff* **Fähre nach Le Fret** (Halbinsel Crozon), von April bis September täglich 3-mal, Juli/August 4-mal. An Sonn- und Feiertagen die erste Abfahrt 2 Stunden später. Fahrtdauer 40 Minuten. Aktuelle Zeiten in der Touristinfo, bei Vedettes Armoricaines im ersten Bassin des Handelshafens (1er Bassin, ✆ 02.98.44.44.04) oder bei Azénor (✆ 02.98.41.46.23). In Le Fret Anschluss an die Busse nach Camaret, Morgat und Crozon.

Fähre nach Ouessant: Neben Le Conquet, der kürzesten Verbindung, bedient Brest über Le Conquet und Ile Molène die Wasserverbindung zur Insel. Abfahrt im ersten Bassin des Handelshafens. Täglich 1-mal am Vormittag, Fahrtdauer ca. 2 ½ Stunden. Rückfahrkarte (1 Tag gültig) 30 €, Kinder 18 €. Service Maritime Départemental, 1er Bassin, Port de Commerce, ✆ 02.98.80.80.80.

• *Stadtverkehr* Die weißgelben Stadtbusse sollen in der Zukunft durch ein neues, schienengebundenes Verkehrssystem ergänzt werden. Doch auf absehbare Zeit verbindet noch die Buslinie 7 Place Liberté, Bahnhof, Handelshafen und Port de Plaisance (Ozeanopolis). Städtische Busdrehscheibe ist die Place Liberté.

Taxi: Radios Taxis Brestois; Zentrale in der Rue Jean-Jaurès 220, ✆ 02.98.80.43.43.

Diverses

• *Autoverleih* **ABL** Rue Loscoat 53, ✆ 02.98.47.47.00; **ADA**, Avenue Clémenceau 9, ✆ 02.98.44.44.88; **Europcar**, Rue de Kéranfurust 45, ✆ 02.98.02.76.76

• *Bootsausflug* In der Vor- und Nachsaison 2-mal täglich, von Juni bis August 3-mal täglich, starten am ersten Bassin des Port de Commerce (unterhalb des Châteaus) die Ausflugsboote von Azénor (✆ 02.98.44.44.04) zu einer **Rundfahrt in der Reede von Brest** (aktuelle Zeiten im Office de Tourisme erhältlich). Dauer etwa 1 1/2 Stunden, Erwachsene 14 €, Kinder 10 €. Sie sehen u. a. die Schutzreede, den Militärhafen mit den Silhouetten der Kriegsschiffe, die U-Boot-Basis (ebenso von fern), den Leuchtturm von Portzic, die Hafeneinfahrt und ihre Befestigungen.

Die Gesellschaft Azénor beim Océanopolis (Port Plaisance de Moulin Blanc, ✆ 02.98.41.46.50) bietet zwischen April und September neben Rundfahrten in der Rade Brest auch **Schlemmerkreuzfahrten** in der Rade de Brest an. 3 Stunden Schiff mit Mittag- bzw. Abendessen kosten (bei einer Auswahl von 4 Menüs) für erwachsene Esser ab 42 €. Von April bis September startet das Schiff vom Port de Plaisance.

• *Einkaufen* Bis auf 24-mm-Weitwinkel-Objektive fast alles, was das Herz begehrt. Matrosenmode für Seemänner und Wassernixen gibt's bei **L'Elegant Marin**, Rue Ducouédic 12.

• *Fahrradverleih* **Torch VTT**, Boulevard Montaigne 93, ✆ 02.98.46.06.07.

• *Feste* Alle 4 Jahre findet in Brest das große **Fête internationale de la mer et des marins** statt. Brest 2004 startet am 10. Juli, über 2000 alte Segelschiffe aus 30 verschiedenen Nationen werden in der Reede zusammenfinden. Am 16. Juli bewegen sich die Boote im Rahmen einer großen Regatta bis Douarnenez, wo sie noch bis zum 20. zu sehen sein werden. Das Riesenevent lohnt mit Sicherheit einen Besuch, es muss allerdings mit sehr großem Andrang gerechnet werden. Insbesondere am Nationalfeiertag 14. Juli, aber auch an allen anderen Abenden, werden Feuerwerke und *spectacles pyrotechniques* stattfinden. Ein besonderes Highlight der ungewöhnlichen Art ist die

Teilnahme von einem Dutzend äthiopischer Pirogen und deren Besatzung, begleitet von Sängern, Tänzern u Artisten aus dem ostafrikanischen Land. Mehr Infos unter www.brest2004.fr; und wer 2004 verpasst, muss eben bis 2008 warten.

Nicht ganz so spektakulär, erfreuen sich die **jeudis du port** dennoch regen Zulaufs: Im Juli und August finden jeden Donnerstagabend Konzerte und vieles mehr am Hafen statt.

• *Markt* Die einzelnen Stadtviertel haben diverse Markttage; jeden Vormittag Marktgeschäfte im Marktbau Halles St. Louis an der Rue Louis Pasteur, eine Parallelstraße zur Rue de Siam. Jeden 2. Samstag im Monat Flohmarkt.

• *Waschsalon* **Point Bleu**, Rue de Siam 7, ✆ 06.07.33.03.53.

• *Wassersport* Großes Angebot an Kursen und Leihgeräten an Strand und Hafen von Moulin Blanc; eine Adresse: **Crocodiles de l'Elorn**, ✆ 02.98.41.73.81. Tauchen z. B. mit **GMAP**, ✆ 02.98.43.15.11, gmap@wanadoo.fr.

Übernachten/Camping/Essen (siehe Karte S. 336/337)

Etwa 25 Hotels verteilen sich in und um Brest, viele davon in den oberen Kategorien angesiedelt. Eine kleine Auswahl:

*** **Hotel La Corniche (8)**, im Stadtteil Kerbonne, an der westlichen Mündungsseite der Penze an der Porte Grand Rivière nah an der Route de la Corniche. Eine gediegene, ruhige Adresse: stilvolles Anwesen, 17 modern eingerichtete Zimmer mit Bad/WC, Farb-TV und Telefon. Feines Restaurant, Tennisplatz, zwei Saunas. DZ 60–75 €, Frühstück 7,50 €. Ganzjährig geöffnet. Rue Admiral Nicol 1, ✆ 02.98.45.12.42.

** **Citotel de la Gare (5)**, zentral Richtung Place de la Liberté in Bahnhofsnähe. Funktionales, aufgemöbeltes Hotel mit 38 Zimmern. Alle Zimmer mit Radio, Farb-TV und Telefon, wahlweise Dusche/WC oder Bad/WC. Einige Zimmer mit Meerblick. Parkmöglichkeit. DZ je nach Standard 40–60 €. Ganzjährig geöffnet. Boulevard Gambetta 4, ✆ 02.98.44.47.01.

** **Hotel Agena (6)**, einige Fußminuten vom Bahnhof, gleich am Square Alphonse Juin. 21 sachlich-moderne Zimmer, Bar und Salon à la disposition des clients. DZ je nach Standard 43–50 €, Frühstück 6,50 €. Ganzjährig geöffnet. Rue Frégate la Belle Poule 10, ✆ 02.98.33.96.00.

** **Hotel de la Rade (7)**, exponiert in der Rue de Siam, mit 44 recht einfachen Zimmern ein großes Etablissement. Kein Restaurant. DZ je nach Standard 33–40 €, Frühstück 6 €. Ganzjährig geöffnet. Rue de Siam 6, ✆ 02.98.44.47.76.

• *Jugendherberge* **(3)** In der Nähe von Ozeanopolis am Yachthafen von Moulin Blanc; 12 € pro Nacht. Mit dem Bus Nr. 7 Verbindung in die Innenstadt. Rue de Kerbriant, ✆ 02.98.41.90.41, www.auberges-de-jeunesse.com.

• *Camping* *** **du Goulet**, Lanhouarec, Ste. Anne du Portzic, westlich vom Zentrum. Simples Großstadtterrain mit Platz für 100 Campingeinheiten. Immerhin gibt es Stromanschlüsse. Buslinie 71 ist die nächste Verbindung in die Innenstadt. Ganzjährig geöffnet. ✆ 02.98.45.86.84.

• *Essen* Die Brester Küche ist für drei Spezialitäten bekannt: Goldbrassen mit Crevetten und Schalotten (**dorade aux crevettes et échalotes**), Stockfisch mit Porrée (**morue au poireau**) und schließlich Blutwurst mit Sahne und Zwiebeln (**boudin à la crème et aux oignons**).

Ma Petite Folie (2), empfehlenswertes Restaurant im Bauch eines gestrandeten Schiffes, das trocken auf dem Strand von *Moulin Blanc* liegt. Menüs 20–26 €, Meeresfrüchteplatte ab 32 €. Sonntags geschlossen. Port de Moulin Blanc, ✆ 02.98.42.44.42.

La Taverne de Maître Kanter (4), die in ganz Frankreich vorhandene Brasseriekette (siehe z. B auch Saint Brieuc), bietet immer gutes Essen. In Brest natürlich Meeresfrüchte als Spezialität (direkt aus dem Becken), Plateau ab 24 €, Menüs von 17–24 €. Täglich geöffnet. Av. Georges Clemenceau 15, ✆ 02.96.80.25.73.

La Brasserie de Siam, zentral in der Rue de Siam; solides Restaurant ohne den großen Gaumenkitzel, doch für das Gebotene reelle Preise (vollständiges Menü ab ca. 15 €). Rue de Siam 12, ✆ 02.98.46.05.52.

Bar, Restaurant, Pizzeria Le Balaou (1), die preiswerte Alternative direkt gegenüber von der *Petite Folie*. Kein gastronomisches Erlebnis, aber durchaus passend nach einem Tag in *Océanopolis*, am Strand von *Moulin Blanc*, oder für Gäste der Jugendherberge um die Ecke. Täglich geöffnet. Place des Alizés, ✆ 02.98.40.51.42.

Rade de Brest
Karte S. 334

Das alte Arsenal an der Recouvrance-Hebebrücke

Sehenswertes

Tanguy-Turm *(Stadtgeschichtliches Museum)*: Der *Tour de la Motte Tanguy* in der Rue de la Tour am rechten Penze-Ufer gehörte einst zu dem Festungswerk der Hafenstadt, wurde 1944 zerstört und 1974 über seinen Grundmauern originalgetreu aufgebaut. Heute steht er vereinsamt da und beherbergt das kleine *Musée de la Tour Tanguy*. Thema: Brest vor der Revolution (1. Stock) und Brest nach der Revolution (2. Stock).

Öffnungszeiten Juni bis September täglich 10–12 und 14–19 Uhr, sonst Mittwoch und Donnerstag 14–18 Uhr, am Wochenende eine Stunde länger. Eintritt frei.

Château *(Marinemuseum)*: Aus einem römischen Lager an der Mündung des Penze-Flusses entwickelte sich ab dem 12. Jh. die mittelalterliche Befestigungsanlage in Trapezform. Dicke Mauern und viele Kanonen schützten das Schloss der Herren von Brest und – unterstützt vom Tour Tanguy am Nordufer – die Einfahrt in den Penze so gut, dass die Anlage als uneinnehmbar galt. Seit 1923 ist das Château ein *Monument historique*. Nicht der Zahn der Zeit nagte kräftig an der Festung, sondern das Dauerbombardement von 1944. In einem ersten Bauabschnitt wurde die *Bastion Sourdeac* mit dem *Donjon* hinter der Hafeneinfahrt des Handelshafens ab 1991 restauriert. Im Château unterhält die französische Marine in einigen Türmen ein gut bewachtes *Museum*, das der Geschichte der französischen Marine gewidmet ist. Schiffe, Bilder, Dokumente, Ausrüstung, dazu die Geschichte des Châteaus und des Bagnos von Brest.

• Öffnungszeiten des Museums: Vom 15.9. bis 31.3. täglich außer Dienstag 10–12 und 14–18 Uhr, vom 1.4. bis 30.9. keine Mittagspause und abends eine halbe Stunde länger. Der Billettverkauf wird jeweils eine halbe Stunde vor dem Schließen eingestellt. Eintritt 5 €, ermäßigt 3 €, Kinder umsonst. Die Festung selbst ist als Sitz der *Préfecture Maritime* Militärgebiet, zur Besichtigung freigegeben sind einige Türme und Teile des Walls.

Lebensart

Vor Brest kam es im Lauf der langen englisch-französischen und französisch-sonstigen Kriege zu vielen Seekämpfen. Von den vielen Gefechten sei ein – vergleichbar harmloses – Treffen erwähnt.

Wir schreiben das Jahr 1778. Während des amerikanischen Unabhängigkeitskriegs, stößt die "La Belle Poule" aus Brest auf die feindliche "Arethusa" unter englischer Flagge. Das folgende Gefecht beendet die angeschlagene Arethusa, indem sie Reißaus nimmt. Frankreich kann wieder einmal stolz auf seine Flotte sein, und ein Figaro aus Paris feiert in der Damenwelt des Hofs Triumphe mit seinem Modehit "à la Belle Poule" – in einer ausgesparten Nische des hochgetürmten Haars halten Klammern – voilà – ein Segelschiffchen.

Kunstmuseum *(Musée des Beaux Arts)*: Wenig aufregende Ausstellungsräume in der Rue Traverse 4. Der Schwerpunkt der städtischen Bildersammlung liegt auf Werken des 17. und 18. Jh.: Italiener, Holländer und Franzosen. Dazu Künstler aus dem 19. Jh., u. a. aus der Schule von Pont Aven.

Öffnungszeiten Täglich außer Di und Sonntagvormittag 10–11.45 und 14–18 Uhr. Erwachsene 4 €, Kinder frei, 1. Sonntag im Monat für alle umsonst.

Cours Dajot: Unterhalb des Châteaus beginnt diese schattige, etwa 600 Meter lange Promenadenstraße mit dauerndem Blickkontakt zu den Anlagen und Schiffen des Handelshafens sowie über die Reede von Brest. Für das Lustwandeln auf der Promenade geben wir Ihnen noch die Information mit auf den Weg, dass die Straße unter Leitung des Ingenieurs Dajot 1769 von Sträflingen des berüchtigten Bagnos von Brest angelegt wurde.

Monument Américain de Brest: Ein geschmacklos-monumentaler Turm an der Promenade über dem Handelshafen, an einem exponierten Aussichtspunkt. Gleich nach dem Krieg klotzte Onkel Sam den nutzlosen, die meiste Zeit des Jahres abgesperrten Denkmalsturm in die Ruinen des zerbombten Brests, um die Leistung der vereinigten Flotten von Frankreich und den USA nicht in Vergessenheit geraten zu lassen. Historisch gebildete Amerikaner können Brest traditionell sowieso gut leiden: die Franzosengeneräle Rosambeau und de Grasse ließen sich mit ihren Männern von Brest aus einschiffen, um am Unabhängigkeitskrieg der Amerikaner teilzunehmen, den sie schließlich erfolgreich mitbeendeten. Eine Tafel erinnert daran.

Handelshafen *(Port de Commerce)*: Mitte des 19. Jahrhunderts war die Penze-Mündung als Kriegs- und Handelshafen überlastet, sodass eine Ecke weiter der Bau eines eigenen Zivilhafens nötig wurde. Heute schwimmen vom Kutter bis zum Ölriesen alle Schiffstypen vor den Hafenanlagen des Port de Commerce. Jährlich werden über zwei Millionen Tonnen Ladung umgeschlagen, im eigenen Ölhafen werden die Tanker gelöscht. Mächtig sind auch die Docks; im größten finden Schiffe bis 500.000 t Aufnahme.

Militärhafen: 2-stündige Führungen werden von ehrenamtlichen Mitarbeitern angeboten (Trinkgeld erwünscht). Am Eingang muss der Pass aus der Schengen-Zone vorgelegt werden.

Öffnungszeiten Juli bis Mitte September beginnen die Führungen zwischen 9 und 10.30 Uhr, sowie zwischen 14 und 16 Uhr. Infos: marine.atlantique.visite.arsenal@wanadoo.fr.

Recouvrance-Hebebrücke: Die Stahlkonstruktion aus dem Jahr 1954 gilt noch immer als die größte Hebebrücke Europas und funktioniert nach dem Fahrstuhlprinzip:

Rade de Brest
Karte S. 334

Die alte Grenze zur Grafschaft Cornouaille: der Quai de Léon am nördlichen Elorn-Ufer

Zu festen Zeiten wird das 87 Meter lange und 530 Tonnen schwere Mittelteil der Fahrbahn in zweieinhalb Minuten um 26 Meter hochgehoben, damit kein Hochseedampfer anschrammt. In Sekunden wird das Tragwerk dann wieder herabgelassen, und der Landverkehr kann weiterfließen.

Albert-Louppe-Brücke: 880 m lang überspannt sie seit 1930 am Nordostende der Bucht von Brest in drei gewaltigen Bögen den Elorn und erspart damit 25 km Landweg. Die beiden Brückenenden werden symbolträchtig von insgesamt vier *Statuen* geschmückt: eine Frau von der Küste bei Brest, ein Mann aus Léon und ein Paar von der Halbinsel Plougastel. Albert Louppe, Präsident des *Conseil général du Finistère*, war der Initiator des Bauwerks.

Océanopolis: 1990 öffnete am Yachthafen *Océanopolis* seine Kasse – und war damit das größte und auch bestausgestattete Aquarium Europas. Der Architekt hat einen Krebs stilisiert und in Beton nachgebaut. Im Inneren dieses Komplexes ist auf 2700 qm jede Menge zu sehen und zu erleben: die ganze Palette der noch lebenden Fauna und Flora der Atlantikküste, Robben, Vögel, Fische aus Übersee, Vorführungen, Filme, Computeranimationen und Vorträge rund um das Meer. Vor 3 Jahren ist der Krebspavillon zum *Pavillon der gemäßigten Zonen* geworden, neben dem es nun auch einen *Tropen-* und einen *Polarpavillon* zu besichtigen gibt. Neben zahlreichen Aquarien mit den schillerndsten Fischen sind in ersterem auch jede Menge Informationen, z. B. zur Entstehung von Atollen oder Korallenriffs, verfügbar. Letzterer beginnt mit der Panoramaprojektion *Antarctica.* Der anschließend zu sehende Eisbär ist zwar nur aus Plastik, doch Robben und Pinguine auf echten Eisschollen gibt es lebend zu beobachten. Nicht nur in den Aquarien wird etliches geboten. Während des anschaulichen Rundgangs lernen die Besucher neben den Mechanismen von Wind oder Gezeiten u. a. auch das Innenleben eines Fischerbootes kennen. Für Kinder am interessantesten sind wohl die Becken, in denen sie allerlei Meeresbewohner (keine Angst, sie beißen nicht!) anfassen dürfen. Alles in allem ist man/frau/kind nach einem Besuch von Océanopolis in Sachen Meer viel schlauer als vorher – vorausgesetzt, man/frau/kind kann sich in die erste Reihe durchdrücken. Beste Zeiten am frühen Vormittag oder wenn die Franzosen am Mittagstisch sitzen. Trotz des satten Eintrittspreises empfehlenswert. Eine Besichtigung aller drei Pavillons kann locker einen halben bis ganzen Tag füllen (entsprechende Restaurationsmöglichkeiten), wer nur ein bis zwei Stunden in dem Komplex verbringen möchte, kann sich z. B. auf den *Pavillon der gemäßigten Zonen* beschränken (für sich gesehen bleibt er der ausführlichste).

- *Öffnungszeiten* Vom 1.4. bis 5.9. täglich 9–19 Uhr. Im restlichen Jahr werktags 10–17 Uhr, Mo geschlossen. Erwachsene 15 €, Kinder unter 17 Jahren 10 € für alle 3 Pavillons. Ein Pavillon für Erwachsene 6,50 €. ✆ 02.98.34.40.40, www.oceanopolis.com.
- *Anfahrt* Océanopolis liegt am Yachthafen von Moulin-Blanc (stadtauswärts Richtung Daoulas-Halbinsel) und ist dank der überaus reichen Beschilderung den Hafen entlang schier nicht zu verfehlen. Oder einfach mit Bus Nr. 7 vom Zentrum zur Endhaltestelle.

Landerneau

(ca. 15.000 Einwohner)

"Das wird in Landerneau wieder Lärm machen" gehörte in Frankreich einst zum Sprichwortschatz. Doch es ist stiller geworden in Landerneau – auch die lärmenden Polterabende der Witwenhochzeiten, für die die Stadt weit über ihre Grenzen berühmt war, werden heute geziemend ruhig im familiären Rahmen begangen.

Landerneau, die einstige Hauptstadt Léons und Grenzstadt zur Grafschaft Cornouaille, ist weltpolitisch zur völligen Bedeutungslosigkeit abgesunken und steht nunmehr in jeder Hinsicht im Schatten des nahen Brest. Im 16./17. Jh. war die Stadt im Machtbereich der Fürsten von Rohan noch bedeutender Umschlag- und Lagerplatz für Brest sowie Standort von Segeltuch- und Ledermanufakturen, deren Produkte für den Export bestimmt waren. Dann sank Landerneaus Stern. Die geringe Entfernung zur Großstadt an der Küste lässt Landerneau jedoch seit einigen Jahrzehnten wieder prosperieren. Mit Brauerei, Düngemittelfabrik, Kühlhallen, Milch- und Schlachthof ist die Stadt ein gut eingerichtetes, wohlhabendes Zentrum seines bäuerlichen Umlands, das sich auf Obst- und Gemüseanbau sowie Lachs- und Forellenzucht spezialisiert hat.

Nur der *Quai de Léon* und der *Quai de Cornouaille* am rechten und linken Elorn-Ufer erinnern daran, dass Landerneau an der Schnittstelle der alten Grafschaften Léon und Cornouaille liegt. Seit Jahrhunderten säumen rund um die *Pont de Rohan* die schönen Fassaden solider Bürgerhäuser den Fluss, der bis nach Landerneau den Gezeiten unterworfen ist. Wer durch Landerneau kommt und sich etwas Zeit nimmt, erhält – neben einem kleinen Bummel – die bleibendsten Eindrücke auf der Außenterrasse des Café-Treffs *Le Goéland* neben dem Tourismusbüro auf der Rohanbrücke – hier kommt auch die Nase auf ihre Kosten.

Information/Verbindungen

- *Postleitzahl* 29800
- *Information* Office de Tourisme du pays de Landerneau et de Daoulas, in einem kleinen Häuschen am Rand der Rohan-Brücke. Gute Auskünfte u. freundliche Hilfe. Im Sommer 1-mal wöchentlich begleitete Führungen. Ganzjährig geöffnet. Juli bis August Mo–Sa 9.30–12.30 und 13.30–19 Uhr, So

Rade de Brest Karte S. 334

9.30–12.30 Uhr. Das restliche Jahr über sehr komplizierte und immer wechselnde Öffnungszeiten. Pavillon Pont de Rohan, ✆ 02.98.85.13.09 und 02.98.21.65.60, www.landerneau.com.

• *Verbindung* **Bus**haltestellen am S.N.C.F.-Bahnhof und am Elorn-Ufer bei den Parkplätzen. Busse in alle Richtungen der Region.

Zug: Bahnhof knapp 2 km nordwestlich oberhalb des Zentrums. Landerneau liegt am Schnittpunkt der Schnellstrecken Brest/Rennes/Paris und Brest/Vannes/Nantes, dazu fahren noch die Regionalzüge Brest/Morlaix und Brest/Quimper über Landerneau. Gute Verbindungen in alle Richtungen.

Diverses

• *Autoverleih* **Locatour**, Rue de la Tour d'Auvergne 27, ✆ 02.98.85.10.10; **Elorn Automobile**, Boulevard de la Gare 4, ✆ 02.98.30.35.70

• *Einkaufen* Die Agrarprodukte des Umlands – Obst und Gemüse, Lachs und Forellen.

• *Fahrradverleih* **Cycles Le Gall**, Rue Alain Daniel, ✆ 02.98.21.50.62.

• *Markt* Am Quai de Léon und Place du Marché am Dienstagvormittag und Freitagvormittag (nur Obst und Gemüse) und am ganzen Samstag.

• *Parken* Großparkplätze am Quai de Léon.

• *Reiten* **Club Hippique de l'Elorn**, La Forest-Landerneau, ✆ 02.98.85.31.40; **Poneyclub du Guerus**, La Forest-Landerneau, ✆ 02.98.21.68.28.

Übernachten/Camping/Essen

** **Hotel Ibis (1)**, stadtauswärts in Stadtrandlage beim Kongresszentrum. Typisches Glied der Ibis-Kette, 42 Zimmer mit guter Sanitärausstattung, Restaurant, Gartenterrasse. DZ 40–50 €. Ganzjährig geöffnet. Parc boisé de Mescoat, ✆ 02.98.21.85.00, www.mescoat.com.

** **Hotel le Clos du Pontic (3)**, Logis-de-France-Haus auf der südlichen Elorn-Seite. 32 Zimmer in einem älteren Anwesen, gutes Restaurant. DZ 55–58 €, Frühstück 7,50 €. Ganzjährig geöffnet. Rue du Pontic, ✆ 02.98.21.50.91.

** **Hotel l'Amandier (2)**, 8 Zimmer. Restaurant (Meeresfrüchteplatte 30 €, Menüs ab 20 €). DZ 47 €, Frühstück 7,50 €. Ganzjährig geöffnet. Rue de Brest 55, ✆ 02.98.85.10.89.

• *Camping* ** **Municipal du Calvaire**, im Freizeitpark der Stadt – Tennis, Schwimmbad, Fußballstadion am Elorn-Ufer. Der Platz selbst: Hecken schützen vor neugierigen Blicken, Pappeln beleben die Rasenflächen. Splitwege, Stromblocks, ordentliches Sanitärgebäude (Duschzeiten nicht verpassen!). 42 Stellplätze. Geöffnet von Mai bis Oktober. Rue du Calvaire, ✆ 02.98.21.66.59.

• *Essen* Spezialität des Städtchens ist Fisch aus dem Elorn – Forelle und Aal. Neben den genannten Hotelrestaurants das **Les Cap Horniers**, mitten in der City in einer Gasse hinter dem Quai d'Elorn. Menüs 19–25 €, Schwerpunkt Fisch. Großer Pluspunkt: Die Muscheln kommen aus Carantec. Rue du Commerce 13, ✆ 02.98.85.40.55.

Sehenswertes

Der vom Office de Tourisme angebotene *Circuit de Landerneau* ist beim besten Willen bald erledigt – in etwa einer halben Stunde können es die Langsamsten schaffen. Die Höhepunkte:

Flach überspannt die **Rohan-Brücke** in sechs Bögen seit 1336 den Elorn, ihre heutige Form erhielt sie im Jahr 1510: Die Häuschen mit den Schieferfassaden zu beiden Seiten der massiven Steinkonstruktion nehmen der Pont de Rohan jeden Brückencharakter.

Die **Kirche St. Houardon** ist großteils ein Werk des 19. Jahrhunderts. Der *Turm* und die *Renaissance-Vorhalle* (1604) sind die ältesten und auch schmucksten Partien. Das in eine Kapelle umfunktionierte *Beinhaus* (1635) und der *Glockenturm* der **St.-Thomas-Kirche** aus dem 16. Jh., Thomas Becket, Erzbischof von Canterbury geweiht, sind die wichtigsten Sehenswürdigkeiten der anderen Uferseite.

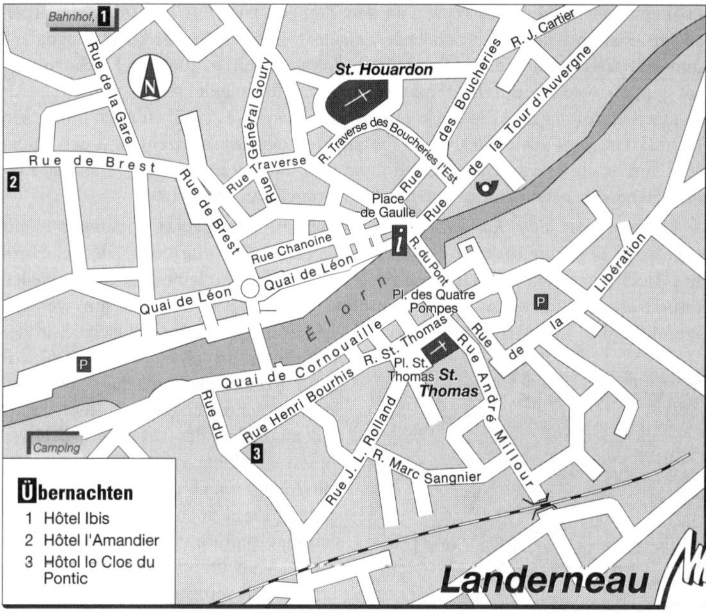

Die meisten **alten Häuser** versammeln sich hinter dem Quai de Léon am rechten Elorn-Ufer um den Place du Général-de-Gaulle, darunter natürlich auch ein schieferverkleidetes *Maison d'Anne* (17. Jh.) am de Gaulle-Platz 9. Am anderen Ufer weitere Altbausubstanz um die St.-Thomas-Kirche. Besonders putzig die *Herberge der 13 Monde* schräg gegenüber der Kirche, in deren Fassade kleine Erdtrabanten aus dem Stein herausgearbeitet sind.

Landerneau / Umgebung

Neben Morlaix und Landivisiau ist Landerneau ein idealer Startpunkt für die **Calvaire-Tour**. Rund um Landerneau, besonders am linken Elorn-Ufer, wimmelt es von kleinen Ortschaften, deren Pfarrbezirke sich an Prunk zwar nicht mit der Calvaire-Tour-Konkurrenz vergleichen können, doch zumindest kleine Attraktionen bieten. Wir verweisen in diesem Zusammenhang vor allem auf die Todesdarstellungen, vor denen sich Bretagne-Reisende so gerne gruseln.
Als Ergänzung und Abrundung zur Calvaire-Tour kann die Besichtigung einiger dieser Landkirchen in diesem stillen Teil der Bretagne ein durchaus vergnügliches wie lehrreiches Urlaubserlebnis werden.

Pencran *(ca. 1000 Einwohner)*: Auf einer Hügelkuppe liegt der Pfarrbezirk mit *Triumphtor, Beinhaus* und *Calvaire.* Der Enclos von Pencran (= Holzkopf) ist kein gewaltiges Monument, doch gelang hier ein in sich fein abgestimmtes Ensemble, das sich kunstvoll-unaufdringlich in seinen bäuerlichen Rahmen schmiegt. Der ältere Calvaire wurde hier einmal nicht als Figurengruppe gestaltet – an den drei locker

Rade de Brest
Karte S. 334

nebeneinander stehenden Kreuzen an den Treppen zum *Enclos paroissial* sterben soeben Jesus und die beiden Schächer; aufgelöst, in tiefer Trauer blickt Magdalena zum Gekreuzigten hinauf. Die Sakristei verfällt unbeachtet, auch die Kirche mit ihrem doppelstöckigen, durch Balkons gegliederten Turm leidet sichtbar an ihrem Alter. Doch Granit ist zäh. Die *Eingangspforte der Vorhalle* (1553) ist noch immer ein Gesamtkunstwerk aus Stein. Neben Fragmenten der Geburtsszene und den Aposteln schmücken verwitternde Granitminiaturen mit viel Liebe zum Detail den Eingang. Haben Sie schon einmal einen betrunkenen Noah gesehen?

La Martyre *(ca. 600 Einwohner)*: Ein düsteres, dreibogiges *Triumphtor* mit begehbarer Brüstung führt in den aufwendig gestalteten Pfarrbezirk des winzigen Orts. Hoch über dem Eingang die schmerzverzerrten Steinleiber der traditionellen Sterbeszene des *Calvaires*. Das Triumphtor und der Calvaire mit nur wenigen Figuren sind in La Martyre eines: Drei Kreuze entsprießen der Balustrade, in der Mitte Jesus, an seinen Seiten die niedrigeren Kreuze der Schächer, auf deren Ableben schon Engel bzw. Teufel warten, zu Füßen des Kreuzes des Herrn trauert eine Pietàgruppe.

Die älteste Vorhalle Léons

Die Anlage muss einmal viel Geld gekostet haben, doch La Martyre konnte sich eine repräsentative Andachtsstätte leisten: Vom 14. bis zum 18. Jh. richtete der Ort die größte Messe Westfrankreichs aus – neben den Stammgästen aus England, Holland und Irland verschlug es sogar arabische Geschäftsleute in das Nest.

Der Märtyrer, dem diese Kirche geweiht ist, ist entweder *Salaün*, Vorgänger des Königs *Gradlon* und angeblich im Jahr 421 genau an der Stelle des Altars ermordet, oder ein zweifelhafter Salaün, der letzte bretonische König, der 400 Jahre später lebte, seinen Vorgänger aus dem Weg geräumt hatte, später ebenfalls am Altar umgebracht worden sein soll und nach seinem Tod vom Papst trotz aller Sünden heilig gesprochen wurde. Am *Beinhaus* von 1619 gibt die ebenerdig angebrachte, fast lebensgroße Karyatide der Fachwelt Rätsel auf: Die Frauengestalt mit unverhülltem Oberkörper ist ab dem Nabel bis zu den Füßen bandagiert. Eine Sirene? Eine überlebende römische Göttin? Oder eine beliebige Phantasiefigur? Über dem Eingang verweisen von Engeln gehaltene Spruchbänder, auf denen die Hölle in schöner keltischer Tradition ein Ort dauernden Frierens ist, ans unvermeidliche Sterben: "Der Tod, das Jüngste Gericht, die eisige Hölle ..."

Die Kirche entstand gemächlich zwischen dem 14. und dem 16. Jh. Die *Vorhalle*, aus der Mitte des 15. Jh. und damit die älteste von Léon, ist überreich mit Figurenschmuck ausgestattet. Böse grinst der Tod am Weihwasserbecken des Seitenportals, unter dem Arm einen Schädel eingeklemmt, die andere Knochenhand hält den Todespfeil. Im Tympanon (Giebelfeld über dem Eingangsportal) ist die mutwillig zerstörte Geburtsszene von Nazareth eingemeißelt: Ochs und Esel blicken neugierig vom Bildrand hinein, die stillende Maria mit unbedeckten Brüsten hält ihre Arme in Wiegestellung, doch das Jesuskind ist längst verschwunden. Der künstlerische Höhepunkt des Inneren sind die *Sablières* – an den langen, bunt bemalten Balken unter dem Holzgewölbe haben sich genussvoll die von der Gemeinde bestellten Kunsttischler ausgetobt. Abstrakte Ornamente wechseln mit biblischen und alltäglichen Szenen. Die Fenster des Chorraums mit den hell-bunten und doch grausam-realistischen Passionsszenen gelten als Vorbild der Fenster von La Roche Maurice.

- Pardon Am 2. Mai- und am 2. Julisonntag.
- Camping Zur Not auf dem winzigen Municipal-Platz für 9 Campingeinheiten. Von Landerneau kommend, 500 m vor Le Bourg rechts. Geöffnet von 15.6 bis 15.9. Anmelden und Zahlen werktags auf der Mairie, ✆ 02.98.25.13.19.

La Roche Maurice *(1500 Einwohner)*: Die malerische Ruine einer Burg erhebt sich über dem Ort, der sich hangaufwärts zieht und von Burg und Kirche gekrönt wird. Die Kirchgänger/innen der Ortschaft wissen lange schon Bescheid: "*IE VOUS TUE TOUS*" – Ich töte euch alle. Scherenförmig über dem Weihwasserbecken des *Beinhauses* (1640, eines der größten der Bretagne) macht Ankou seine zum Spruchband stilisierten Beinknochen breit. Unmittelbar neben dem Beinhaus wächst die Kirche (16. Jh.) in den Himmel, der zweigeschossige Turm wirkt bei dieser Enge überdimensioniert. Durch die üblich geschmückte *Vorhalle* mit ihren kleinen Aposteln geht es ins Innere. Ein großes *Chorfenster* von 1539 mit einer Renaissancedarstellung der Passion beleuchtet den fröhlich-bunten Raum, dessen größter Schatz der vielfigurige *Renaissance-Holzlettner* mit Triumphbalken ist: Apostel, Päpste und Heilige geben sich die Ehre, am Kreuz leidet Jesus für die Menschheit, beweint von zwei betenden Frauen.

Pardon Am 15. August Pardon de Pont-Christ zur Kapelle Notre-Dame-de-Bon-Secours.

Ploudiry *(ca. 700 Einwohner)*: Dem Tod entkommt nun einmal niemand. In Ploudiry bedroht Ankou an der Fassade des Beinhauses im Pfarrbezirk mit seinem langen, unfehlbaren Pfeil fünf herausgemeißelte Köpfe vom Bauern bis zum Bischof – Sinnbild für alle Stände, die nur vom Tod letztendlich gleich behandelt werden. Wie das Beinhaus stammen auch die Vorhalle der Kirche und die Altäre im Inneren aus der Zeit der bretonischen Renaissance (17. Jh.) und sind einen Blick wert.

Plougastel-Daoulas (ca. 9500 Einwohner)

Der Hauptort der Halbinsel Plougastel wurde schöner. Der zentrale Place de l'Eglise war aufgerissen, um völlig neu gestaltet zu werden – etwas fehl am Platz stand der berühmte Calvaire im Lärm der Presslufthämmer neben der Großbaustelle. Doch jetzt ist wieder Ruhe eingekehrt.

Nach dem Ende der Umbauarbeiten ist Plougastel-Daoulas wieder, was es die letzten Jahrhunderte über war: eine unauffällige Kleinstadt. Selten ist eine Region so nah an einer Großstadt wie Brest so provinziell und ruhig wie diese Halbinsel inklusive ihres Hauptorts. Trotzdem: Tempora mutantur, die Zeiten ändern sich. Wer noch vor zwanzig Jahren die Halbinsel Plougastel besuchte, konnte seine Freude an den traditionellen Gewändern besonders der Frauen haben – Plougastel

Rade de Brest
Karte S. 334

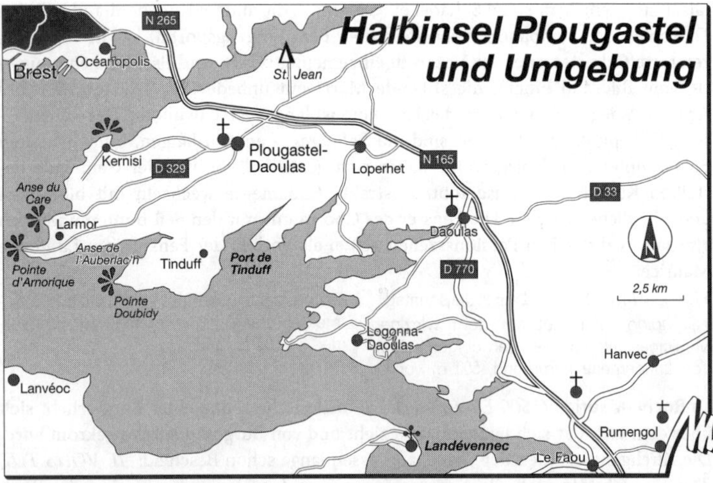

galt als eine Oase bretonischer Tracht. Im heutigen plougasteler Alltag sind die Häubchen, Westen und Zipfelmützen fast ganz verschwunden, nur an Festtagen wird die Kleidung einer auch für Plougastel vergangenen Zeit aus dem Schrank geholt.

Zusammen mit der (Jakobs-)Muschel ist die Erdbeere das Stadtwappen Plougastel-Daoulas'. Letztere machte die Halbinsel berühmt und verhalf ihr zu dem in Frankreich geläufigen Beinamen *Erdbeer-Halbinsel*. Neben Erdbeeren und Jakobsmuscheln aus der Brester Bucht sind Tomaten, Blumen, Melonen und Gemüse die weiteren Geldquellen der agrarorientierten Halbinsel. Einheimische Bretonen nutzen Plougastel-Daoulas als Versorgungszentrum und Umschlagplatz, Tourismus findet – für bretonische Küstenverhältnisse – nur in bescheidenem Rahmen statt. Die Halbinsel ist ein ruhiges Spaziergebiet mit Panoramapunkten über die Bucht von Brest, mit etlichen Kapellen und einigen Dörfern, von älteren Herrschaften und Familien mit Hund begangen oder von eiligen Reisenden schnell mit dem Auto abgehakt. Nur den *Calvaire von Plougastel-Daoulas* wollen mehr Leute sehen.

Information/Verbindungen

- Postleitzahl 29470
- Information Neben der Post am Rand des zentralen Place du Calvaire. Juli und August Mo–Sa 9–12.30 und 14.30–19 Uhr, So 10–12 Uhr. September bis Juni Di–Fr 9–12 und 14–18 Uhr, Sa nur bis 17 Uhr. Place du Calvaire 4 bis, ✆ 02.98.40.34.98.
- Verbindung Von und nach Brest am besten mit dem Stadtbus Nr. 25. Dazu kommen werktags mindestens 5 Busse nach Le Faou oder Brest.

Diverses

- Einkaufen Erdbeeren. Vor allem während der Erdbeererntezeit im Mai und Juni, doch noch bis spät in den September rollt der Erdbeernachschub aus den Erdbeertreibhäusern. Problemloser Ankauf in Plougastel-Daoulas oder z. B. vor der Haustüre der Erdbeerpflanzfamilien.
- Feste Am zweiten Junisonntag großes Erdbeerfest. Mit Umzug und Folkloregruppen.

Übernachten/Essen/Camping

** **Hotel Kastel Roc'h**, die feinste Adresse der Stadt, westlich außerhalb beim Weiler Roc'h Kerezen (von der Nationalstraße Brest–Quimper Ausfahrt Plougastel-Daoulas). Französischer Mittelklasse-Schick zwischen funktional und neobarock. Parkplatz, Garten, Bar, 48 Zimmer. DZ mit Bad/WC 42–56 €, Hund und Frühstück je 7,50 €. Roc'h Kerezen, ✆ 02.98.40.32.00.

* **Hotel Britotel**, ebenfalls im Weiler Roc'h Kerezen gleich neben Kastel Roc'h. Kleiner und weniger aufwendig. DZ mit Dusche/WC 32–41 €. Roc'h Kerezen, ✆ 02.98.40.68.70.

Hotel-Restaurant Les Voyageurs, einfaches Stadthotel unterhalb vom Zentrum. Preisgünstiger Mittag- und Abendtisch. Spezialität des Hauses sind neben Meeresfrüchten Fondues. DZ 45 €, Frühstück 7 €. Rue Mathurin-Thomas 2, ✆ 02.98.40.37.56.

• *Camping* Mit Campings ist es auf der Halbinsel schlecht bestellt. Einziger Platz der Gegend einige Kilometer oberhalb von Plougastel-Daoulas ist der *** **St. Jean** am Ufer des Elorn direkt an der Elorn-Mündung. Schattig, heckenunterteilt, Laden, eigener Strandabschnitt am Elorn-Ufer, kleiner Kinderspielplatz, Mobilhomeverleih. 120 Stellplätze. Ganzjährig geöffnet.
✆ 02.98.40.32.90, www.campingsaintjean.com.

Sehenswertes

Calvaire: In einer Nische der Basis stehen die Schutzheiligen gegen die Pest, St. Sebastian und St. Rochus: 1598 wurde der Calvaire wegen der gerade wütenden Seuche in Auftrag gegeben, nach ihrem Abklingen zwischen 1602 und 1604 erstellt. 1944 wurde er wie die Kirche durch Granaten beschädigt und wieder restauriert. Über 180 Granitfiguren stellen 20 Szenen dar, deren Mittelpunkt, die Passion, durch kleine Extra-Geschichten umrahmt wird. Alle Stationen des Kreuzwegs sind minutiös festgehalten, der Engel schwebt über dem reuigen Schächer, der Teufel wartet auf den Tod des unbelehrbaren Sünders. Wie in Guimiliau holt auch in Plougastel-Daoulas der Teufel die Katel Gollet, wobei es fast den Anschein hat, als ob die personifizierte Sünde das auch noch genießt (siehe Guimiliau/Kasten Katel Gollet).

Vermutlich wurde der Calvaire dem von Guimiliau abgeschaut, eventuell von den gleichen Steinmetzen geschaffen, zu deutlich sind die Übereinstimmungen des

jüngeren Calvaires mit dem berühmten Vorbild. In einem Punkt aber unterscheidet sich der Calvaire deutlich: Während die Figuren in Guimiliau steingewordene Momentaufnahmen menschlicher Gefühle darstellen, ist der Calvaire von Plougastel-Daoulas ein unterkühltes, unpersönliches Monumentalwerk, das sich erst nach und nach erschließt: "Sie werden den Calvaire siebenmal umrunden und eine achte Runde beginnen müssen, um die verschiedenen Szenen, die der behauene Stein erzählt, zu entdecken und wertzuschätzen", weiß der Stadtprospekt.

Erdbeermuseum *(Musée de la fraise)*: Der Name ist irreführend – nach der Kasse stellt man fest, dass man in einem betulichen Heimatmuseum gelandet ist. Zur Einführung die Geologie der Halbinsel, ein Pappmodell der Stadt und die Geschichte des Calvaires. Der nächste Raum ist dann sozusagen der *Salon de la fraise*: u. a. Arbeitsgeräte, leere Erdbeerkistchen und 1 Pflücker samt 1 Pflückerin beim Plastikerdbeerenpflücken. Hm. Anschließend gibt es noch Erläuterungen zu Fischfang und Fußfischen und die unvermeidliche kleine historische Abteilung mit Bauern-

Strawberryfields forever?

Die Geschichte der Erdbeere auf Plougastel zeigt, wie wendig der bretonische Landmann, geschmäht als sturer Dickschädel, unflexibel und allem Neuen wenig aufgeschlossen, sich verhalten kann. 1715 wurde die Erdbeere von Südamerika nach Europa gebracht. Einige Exemplare landeten auch in Brest, wo sich zuerst nur einige aufgeschlossene Botaniker über die neue Frucht freuten. Im Verlauf des späten 18. Jh. – mit dem Weben von Segeltuch war nur noch wenig Geld zu machen – wurden einige Bauern von Plougastel auf die Idee gebracht, sich mit der Erdbeere eine neue Existenz aufzubauen. Und siehe, immer mehr Einwohner stiegen in das Geschäft ein und gaben dem Exoten aus Übersee eine neue Heimat – Erdbeerfelder über Erdbeerfelder überzogen im Verlauf von 50 Jahren das Gebiet der Halbinsel.

Das Klima, ausgeklügelte Düngemethoden und der nahe Welthafen Brest waren die Garanten eines ertragreichen Anbaus und guten Absatzes, und der Erfolg gab den experimentierfreudigen Erdbeerzüchtern recht. Ab Mitte des 19. Jh. florierte das Geschäft, vor allem Pariser und Engländer konnten gar nicht genug von der süßen Frucht kriegen. Eigene Schiffe der Erdbeer-Genossenschaft, schon 1897 gegründet, belieferten von Brest aus die britische Insel, wo die Beeren schon zwei Tage nach der Ernte in London reißenden Absatz fanden.

Etwa hundert Jahre lang, bis zur Mitte des 20. Jahrhunderts, verdienten sich die Erdbeerbauern der Halbinsel goldene Nasen, dann ging der Umsatz zurück. Zum einen waren auf England die einheimischen Anbauflächen stark erweitert worden, und überhaupt wurde das handarbeitsintensive Geschäft im Maschinenzeitalter zu unlukrativ – bäuerliche Arbeitskräfte wanderten scharenweise in die Industrie ab. Wurden 1950 noch 6000 t angebaut, waren es aufgrund der konstant gesunkenen Nachfrage in den 90ern nur noch etwa 1000 t.

Die Plougasteler waren also wieder einmal in Zugzwang und konterten geschickt: Teure Gewächshäuser und billige Folientunnels hielten Einzug, in denen besonders Tomaten und Blumen die Erdbeere ablösten. 3000 t Tomaten sind die jährliche Ernte. Da in Frankreich und der EG aber eigentlich schon genug Tomaten im Umlauf sind, haben die ansässigen Bauern für ihre Expansionsgelüste einen neuen Markt im Auge: Amerika.

schrank und Grand Lit, als deren Glanzpunkt eine lebensgroße Puppenfamilie beim Abendessen sitzt (das Erdbeerpflückpärchen beim Feierabend?). Am interessantesten sind noch die kleinen Vitrinen vor der Kasse: Erdbeerprodukte wie Erdbeerkaramell oder Erdbeerlikör. Das war's, kommen Sie bald wieder und vielen Dank für Ihr Geld!

Öffnungszeiten Juli bis August täglich 10–12.30 und 14–18.30 Uhr, am Wochenende und an Feiertagen nur nachmittags. Von September bis Mai Di–Fr und So 14–18 Uhr. ✆ 02.98.40.21.18, www.musee-fraise.infini.fr.

Plougastel-Daoulas / Umgebung

Rundfahrt auf der Halbinsel: Die Blicke von der Straße abseits der Küste bleiben beschränkt – hohe Hecken schützen die Kulturen, verbergen die Häuser und parzellieren die Halbinsel in eine unübersichtliche Kleinstlandschaft, in der nur das Glas der Gewächshäuser Akzente im undurchdringlichen Grün setzen kann.

Die Anlaufpunkte an der Küste bieten allesamt Panoramablicke auf die Bucht von Brest. **Kernisi** an der Nordwestküste beginnt auf einer Hügelspitze mit dem Aussichtsreigen. In der gemütlichen Bucht von **Le Caro** einige Kilometer unterhalb verändert sich der Blickwinkel. Neben *Brest* ist die *Pointe des Espagnols* der Halbinsel Crozon am engen Südende der Riesenbucht gut auszumachen. Die noch vom letzten Weltkrieg befestigte **Pointe de Kerdéniel** ist der Höhepunkt des netten Spiels "Was gibt es hier zu sehen?" Vom unteren Ortsteil ist der Fußweg beschildert, und dann: die Mündungen von *Faou* und *Elorn*, *Brest*, die *Pointe des Espagnols*, die *Ile Longue* und als Zugabe im Landesinneren der *Ménez-Hom*. Den letzten Aussichtspunkt bildet ein Stück hinter dem Meer das erhöht liegende Panorama von **Keramenez** an der *Bucht von L'Auberlac'h*, wo eine Orientierungstafel die exakte Bestimmung der einzelnen Punkte erlaubt. Hier sehen Sie neben dem Südteil der Bucht von Brest auch Teile der Halbinsel Plougastel im Überblick.

Daoulas *(ca. 1000 Einwohner)*: Im Sommer sind die Parkplätze unterhalb der alten *Abtei* gut gefüllt. Um die romanische Klosterkirche aus dem 12. Jh. entstand der *geschlossene Pfarrbezirk* für die Gemeinde von Daoulas, die zum Kirchgang von ihren Häusern im Tal ein Stück aufwärts laufen müssen.

Schon im 5. Jh. gründeten die Mönche des Hl. Columban hier ein erstes Kloster, das nach etlichen Wikingerüberfällen immer mehr herunterkam und von den Brüdern schließlich knapp 500 Jahre später verlassen wurde. Bis 1125 dämmerten die Ruinen von sich hin, als der Herzog von Léon ein gottgefälliges Werk vollbrachte: Er finanzierte einen romanischen Neubau, den er dem Augustinerorden übereignete. Der nannte schon bald eine stattliche Abtei sein eigen, die er geschmackvoll erweiterte und reich ausstattete – neben dem Ausbau der Kirche lag der Mönchsgemeinschaft die Bibliothek besonders am Herzen. 1790 vertrieben Revolutionäre die Bewohner des Klosters und verwüsteten die Abtei, die erst ab 1880 z. T. wieder aufgebaut wurde.

Ein *Torhaus*, das verpflanzte und umgebaute einstige Südportal der Kirche, führt in den Pfarrbezirk mit *Friedhof*, *Grabkapelle* und kleinem *Calvaire*. Die *Kirchenvorhalle* aus dem 16. Jh. – der heutige Eingang – schmücken Apostel, das Innere ist eine Rekonstruktion des romanischen Stils: düster, kahl und fast schmucklos. Prunkstück der Klosteranlage ist der beschädigte *Kreuzgang* vom Ende des 12. Jh. Sein Dach und die seitliche Begrenzung sind verschwunden; geblieben sind elegante Arkaden und Kapitelle mit fein gemeißeltem Ornamentschmuck. Zentral ein

Rade de Brest
Karte S. 334

Schönste Romanik: Klosteranlage von Daoulas

Brunnen mit Dämonen, an dem sich die Mönche mit gemischten Gefühlen laben konnten. Das ehemalige Kloster ist heute als *Museum* Heimat für wechselnde und überregional beachtete Ausstellungen. 1992 waren "Antiquitäten aus China" zu bewundern, 1996 die "Zaren und Völker Russlands", 1999 "Peru – Götter, Menschen, Traditionen". 2004 werden die Wikinger in der romanischen Abtei von Mai bis Mitte November zu Gast sein.

Markt Am Sonntagvormittag an der Place St. Yves. **Öffnungszeiten** für Kreuzgang und Museum: Ganzjährig täglich 10–18 Uhr, in der HS bis 19 Uhr. Erwachsene 3 €, Kinder 2 €.

Hôpital Camfrout: Auf halbem Weg zwischen Plougastel-Daoulas und Le Faou. Die unglaublich malerisch gelegene *Kirche* (16. Jh.) neben dem eingefassten Flussbett ist nicht zu Unrecht ein beliebtes Motiv für Maler und Fotografen. Kirchenspezialisten finden im Inneren einige hübsche Skulpturen aus der Zeit der Hochgotik.

Le Faou *(ca. 1500 Einwohner)*: Le Faou (bretonisch die Buche), einst eine wichtige Hafenstadt auf halber Strecke zwischen Brest und Quimper, ist ein uraltes Städtchen mit heimeligem Ortsbild. Die großen Zeiten sind vorbei, doch nicht ohne positive Folgen: Le Faou wurde in die Liste der schönsten Dörfer Frankreichs aufgenommen. Alte Häuser mit Schieferfassaden, im Erdgeschoss Einzelhandelsgeschäfte und Restaurants, säumen die anschließende Hauptstraße, auf der es sommers zu Geschäftszeiten munter summt und brummt.

Rumengol: An der D 42, knapp 3 km östlich von Le Faou, ist die Kirche von Rumengol mehrmals jährlich das Ziel der Wallfahrer zur *Notre-Dame-de-Tout-Remède*. Einer der bekanntesten und größten Pardons der Bretagne findet hier am Wochenende von Trinitatis statt (zwischen Pfingsten und St. Johanni). Am 15. August Pardon zu Ehren Königs Gradlon. Die Kirche selbst ist eine typische Pilgerkirche mit überladenem Inneren, den besten Eindruck hinterlassen ihre Außenmauern.

Halbinsel Crozon

Wehrmachtsbunker aus dem Zweiten Weltkrieg und Befestigungsanlagen aus den Anfängen des französischen Absolutismus übersäen die Ränder des zerklüfteten Landzipfels. Vor der Raketen-Ära war die Halbinsel Crozon strategisch ein äußerst exponierter Punkt, wer sie beherrschte, hatte die Herrschaft über die Bucht von Brest.

Der große Kriegshafen von Brest liegt gleich gegenüber, und die *Ile Longue*, eine flache Landzunge bei Le Fret, ist ein streng abgeschirmter Marinestützpunkt (nicht fotografieren). Doch momentan sind die Zeiten in diesem Teil der Welt friedlicher. Atlantikfluten, Kormorane und Strände mit blitzblankem Sand, besonders aber die vielen Aussichtspunkte sind gefahrlos zu genießen.

Wie ein Anker schwingt sich die wilde Halbinsel mit Felstoren, Grotten, steil abfallenden Klippen, schroffen Kaps und Spitzen, tief eingeschnittenen Fjorden und windigem Heideland ins Meer. Kurz vor den Felsformationen der *Pointe de Penhir*, der Spitze der lang gezogenen Halbinsel, krallen sich noch zwei Flügel mit der *Pointe des Espagnols* und dem *Cap de la Chèvre* in die beiden Buchten um Crozon, bilden die schmale Einfahrt in die Bucht von Brest oder schwingen sich weit in die Bucht von Douarnenez im Süden.

Zum Baden gibt es schönere Strände als auf Crozon (etliche *plages dangereuses*), doch so viele Kaps und Landspitzen der feinen Art sind nirgendwo in der Bretagne so eng versammelt. Eine gemütliche Rundfahrt entlang der Küste oder noch besser ausgedehnte Spaziergänge zu und an den Pointes bilden einen angenehmen Erholungsbeitrag mit eingestreuten Superlativen.

Am Wochenende schwärmen verstärkt Brestiens über die Halbinsel aus, doch auch in der höchsten Saison gilt: Crozon wird gut besucht, ist aber nicht überlaufen. Der größte Gästeandrang auf der Halbinsel herrscht in Camaret und Crozon/Morgat, die sich ganz auf den kurzen Sommertourismus eingestellt haben. Meist französische Camperfamilien belegen mit Vorliebe auch die Standquartiere von Telgruc sur Mer und St. Nic an der Bucht von Douarnenez.

Landévennec (ca. 400 Einwohner)

Hinter Le Faou sehen Sie an einem Aussichtspunkt an der D 791 das neue Kloster Landevénnecs schon nah vor sich. Aber erst müssen Sie mit Hilfe der *Pont de Térénez* (mit 272 m eine der längsten Hängebrücken Frankreichs) über die Aulne hinüber auf die zerklüftete Halbinsel und sich dann bogenförmig zum verschlafenen Landévennec in den letzten Ausläufern der Bucht von Brest durchschlagen. Die traurigen Wracks in der Aulne heißen offiziell Schiffsfriedhof.

Palmen wiegen sich sanft vor dem Kreisker der alten Ortskirche (16. Jh.), träge klatscht das Wasser an die Ufermauern, und genauso ist die Stimmung im Dorf. Es tut sich wenig in Landévennec, und noch weniger wäre los, gäbe es das *Kloster des Hl. Guénolé* nicht. Die alte Abtei, einst einer der Ausgangspunkte für die Missionierung der Bretagne, ist verfallen und lockt nur Kurzbesucher an, doch seit 1958 leben in einer einfachen, rosa verputzten Anlage nebenan wieder die Mönche von Landévennec. Die Benediktiner halten gut besuchte, zweisprachige Messen (auf Bretonisch und Latein), organisieren neben ihren christlichen Beschäftigungen die Besichtigung der Abteiruine und sind für ihre Fruchtpasteten bekannt – die religiöse Anziehungskraft der frühchristlichen Stätte an der Aulne-Mündung ist ungebrochen.

Ein Opfer der Revolution: das Kloster von Landévennec

- *Postleitzahl* 29146 Telgruc/Mer
- *Information* In der HS kleines O.T. Geöffnet Mo–Sa von 10–12.30 und 15.30–19 Uhr. ✆ 02.98.27.78.46, www.inet-bretagne.fr/com/landevennec; sonst gibt es Infos in der Mairie, ✆ 02.98.27.72.65.
- *Bootsausflug* Das **Centre nautique Aulne Loisir Plaisance** organisiert eine einstündige Fahrt die **Aulne** hinauf, am Schiffsfriedhof der französischen Marine vorbei. Abfahrt täglich am Port de Landévennec, ✆ 02.98.73.28.63.
- *Parken* Ein Großparkplatz am Ortseingang lässt keine Parksorgen aufkommen.
- *Übernachten* **Hotel le Beau Séjour**, in Bourg de Landévennec an der Straße Richtung Kirche. Auch nach dem Verlust der zwei Sterne die bessere der beiden Ortsunterkünfte. Im Restaurant vier Menüs von 15–30 € zur Wahl. DZ in diversem Sanitärstandard 40–45 €, HP 45 €, Frühstück 7 €. Ganzjährig geöffnet. Rue St.-Guénolé, ✆ 02.98.27.36.99.

  ** **Hotel le St. Patrick**, in derselben Straße; teils Etagenduschen, teils eigene Sanitärs. 7 Zimmer auf zwei Etagen, kleiner Salon mit TV für Hotelgäste. Restaurant mit gutem Tagesmenu, z. B. Muscheln, Jägerhuhn und Nachtisch (15 €). DZ 33–35 €, Frühstück 6,50 €. Mitte Oktober bis Mitte März geschlossen. Restaurant in der NS Mittwochs geschlossen. Rue St.-Guénolé, ✆ 02.98.27.70.83.
- *Camping* * **Municipal Le Pal**, simpler, kleiner Platz, buchtabgewandt an der allerletzten Aulne-Schleife am Fluss mit schönem Blick. 20 Stellplätze. Geöffnet vom 1.4.–31.10. ✆ 02.98.27.72.65.

Sehenswertes

Abtei: 1988 wurde die alte Abtei von American Express mit dem "Prix Europa nostra" geehrt, doch kaputt bleibt kaputt: Außer den Ruinen der Klosterkirche unmittelbar hinter der Küste hat von der Anlage kein Stein die Zeiten überstanden. 485 von St. *Guénolé*, dem Ratgeber des legendären Königs *Gradlon* (siehe Quimper/Geschichte und Douarnenez/Kasten Ys) gegründet, wuchs die Abtei über 500 Jahre zu einem blühenden Gemeinwesen und einer fruchtbaren Zelle des Katholizismus, wohlgelitten von den weltlichen Herrschern und wirtschaftlich gesichert

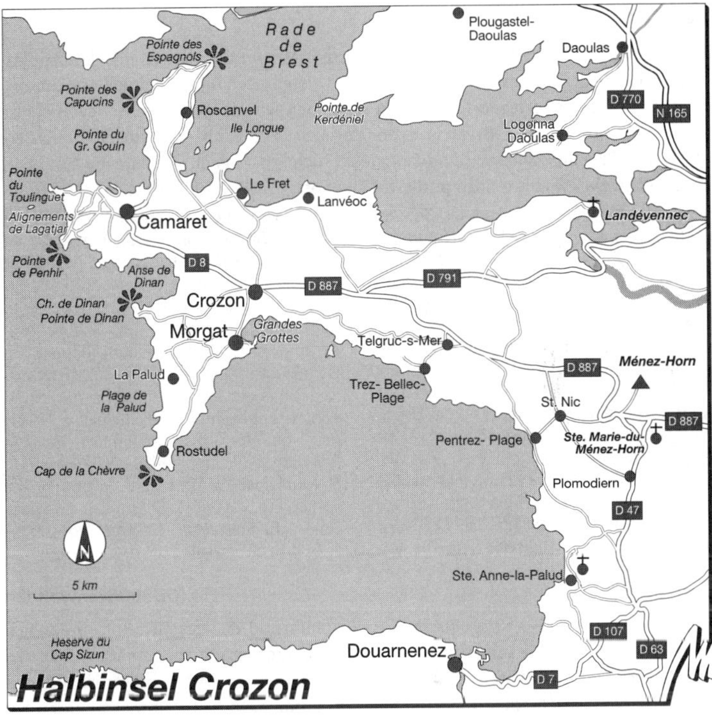

Rade de Brest Karte S. 334

durch die Warenzölle der Aulne-Schifffahrt. Gottlose Wikinger, die 913 als erste über das Kloster herfielen, läuteten eine Ära der Raubzüge ein. Die Abtei erhob sich zwar nach 23 Jahren in neuem Gesicht wie Phönix aus der Asche und gelangte zu neuem Reichtum und Ansehen, doch die regelmäßigen Heimsuchungen englischer Plünderer in den folgenden Jahrhunderten machten ein ruhiges Leben unmöglich. Das endgültige Aus war die Revolution. Die Mönchsgemeinschaft wurde zwangsaufgelöst, das Kloster weit unter Wert verkauft, die Steine der überflüssig gewordenen Anlage schließlich peu à peu nach Brest geschafft, wo sie recycelt wurden.

Nur die unteren Mauerreste der romanischen Klosterkirche (11. Jh.) sind übrig geblieben – leere Fensterbögen in der niedergerissenen Fassade und Säulenstümpfe im freiliegenden Innenraum. Die ältesten Bauteile entstammen der karolingischen Zeit, keltisches Schmuckwerk auf verbliebenen Kapitellen bildet eine künstlerische Rarität. Das Mausoleum am Anfang des rechten Seitenschiffs ist angeblich das Grab Gradlons. 1990 wurde das *Museum* eröffnet, das einen stimmungsvollen Einblick in die Klostergeschichte gibt. U. a. Diashow, Statuen, Modelle und Kleinfunde.

<u>*Öffnungszeiten*</u> Juli bis Mitte September täglich 10–19 Uhr. Mai, Juni und 2. Septemberhälfte täglich außer Sa 14–18 Uhr, sonst nur an Sonntagen von 14–18 Uhr. Erwachsene 4 €, erm. 1,50 €. ✆ 02.98.27.35.90.

Le Fret

Lanvéoc, Le Fret und *Roscanvel* an der Nordküste sind die kleineren Urlaubsdomizile auf Crozon. Von den drei bescheidenen Küstenorten hauptsächlich erwähnenswert ist das adrett gelegene Le Fret in einer heimeligen Sichelbucht wegen seiner Schiffsverbindung nach Brest und der Aussicht zur Erdbeerhalbinsel Plougastel. Die bei Le Fret anschließende *Ile Longue* ist nicht zugänglich – die flache Halbinsel ist ein schwer bewachter Stützpunkt für französische Atom-U-Boote.

• *Fähre nach Brest* Von April bis September 3-mal täglich außer Montag (morgens, mittags und früher Abend). In der HS öfters und auch Montag, Dauer 40 Minuten. Aktuelle Zeiten bei **Azénor**, ✆ 02.98.41.46.23, www.azenor.com. Erwachsene Hin und zurück 15 €, erm. 11 €. Von Dienstag bis Freitag gibt es außerdem ein Kombiticket inkl. Eintritt für *Océanopolis*: Abfahrt *Le Fret* 13 Uhr, Rückfahrt ab *Océanopolis* 17.15 Uhr – die Zeit für die Besichtigung ist also eher knapp bemessen, allerdings entgeht man den Wartezeiten an der Kasse. Erwachsene 27 €, erm. 19 €. Weitere Verbindungen durch **Vedettes Armoricaines**, ✆ 02.98.27.88.44.

• *Übernachten* ** **Hostellerie de la Mer**, Logis de France am Bootshafen. 25 gepflegte Zimmer. Im Restaurant können auch Nicht-Gäste gut speisen: Menüs ab 19 €, dazu Gerichte à la carte. DZ mit Dusche/WC 43–60 €, HP 51–58 €. Ganzjährig geöffnet. Port du Fret, ✆ 02.98.27.61.90.

• *Camping* ** **Gwel Kaer**, Areal vor der großen Brücke. Klein, steil am Hügel, mit großen Bäumen. Für zwei Sterne gut eingerichtet: Lebensmittel. 98 Stellplätze. Geöffnet von April bis September. ✆ 02.98.27.61.06, www.camping-gwel-kaer.com.

** **Municipal La Cale**, in Lanvéoc östlich von Le Fret vor der Pointe de Lanvéoc beim Hafen. 70 Stellplätze. Geöffnet vom 15.6.–15.9. ✆ 02.98.27.58.91.

Camaret

(ca. 3000 Einwohner)

Ein einst bedeutender Langustenhafen, der aufgrund der geschrumpften Fanggebiete wirtschaftlich zu kämpfen hat, eine kleine, nicht mehr zeitgemäße Werft und ein florierender Yachthafen – eine Standardsituation für etliche bretonische Hafenorte, die vom Fisch allein nicht mehr leben können. In den Sommermonaten hat sich Camaret erfolgreich dem Tourismus verschrieben, der wesentlich zum Bruttosozialprodukt des Orts beiträgt. Der Hafenort Nummer eins der Halbinsel hat sich auf sein zahlreiches Publikum eingestellt: Die Hafenzeile wurde zur Restaurantmeile, auf der mit Blick auf die hautnah dümpelnden Fischkutter am Kai gespeist werden darf.

Ein schmaler Naturdamm, der *Sillon*, schiebt sich 600 m lang in die Hafenbucht, beherrscht von einer Kapelle und einem Wehrturm – der Umschlagplatz für die Pilger des im Hundert-jährigen Krieg englisch besetzten Umlands benötigte eine religiöse Einrichtung, und die neuralgische Lage an der Bucht von Brest machte den klobigen *Tour Vauban* nötig.

Geschichte

Die offizielle Ortsgeschichte liest sich wie eine Anhäufung von Eroberungsversuchen, die seit der Installation der Verteidigungsanlagen rund um die Halbinsel – mit Ausnahme des 2. Weltkriegs – wirksam unterbunden wurden. Die blutigsten Nasen an diesen Festungswerken holten sich 1694 die vereinigten Engländer und Holländer. Die Stadtchronisten zehren immer noch von dem Ereignis des 18. Juni 1694, bei dem das eben fertig gestellte Bollwerk auf dem Damm und der freiwillige Kampfeinsatz der männlichen Bevölkerung von Camaret laut örtlicher Geschichtsschreibung die Garanten für den überwältigenden Sieg Frankreichs waren: 45 eigene Verwundete, 1200 feindliche Gefallene.

Blick auf den Sillon

Eine Anekdote am Rande: 1801 baute der amerikanische Ingenieur *Fulton* ein Unterseeboot inklusive einer Vorrichtung, mit der sich unter Wasser ein Sprengsatz an einem nichts ahnenden Schiff befestigen ließ. Er lief aus der Bucht von Camaret aus und wollte der französischen Regierung durch die Versenkung eines englischen Schiffes beweisen, dass so ein U-Boot eine tolle Sache ist. Mr. Fulton kam nicht dazu, seine Ladung zu zünden, weil der gesichtete Engländer rechtzeitig verschwand. Die französische Marine zeigte sich fortan desinteressiert und ließ das Projekt des Spinners aus Übersee platzen.

Information/Verbindungen

- *Postleitzahl* 29570 Camaret-sur-Mer
- *Information* O. T. am Kaianfang. In der HS Mo–Sa 9–13 und 14–19 Uhr, So 9–12 Uhr. In der NS Mo–Sa 9–12 und 14–18 Uhr. Quai Toudouze, ✆ 02.98.27.93.60, www.camaret-sur-mer.com.
- *Verbindung* Camaret ist die Endstation der Presqu'île-Linien nach Brest bzw. Quimper. Werktags über Roscanvel/Crozon/Telgruc/Landévennec mindestens 4-mal nach Brest und über Crozon/Le Fret/Telgruc/St. Nic ebensooft nach Quimper.

Diverses

- *Bootsausflüge* Viele Ziele, einige Veranstalter. Mit Azénor (✆ 02.98.41.46.23, www.azenor.com) um die **Tas de Pois** oder nach **Brest/Océanopolis**, Preisbeispiele: Tas de Pois 15 €, Kind 9 €, Océanopolis/Brest 27/19 €. Mit der "Belle Etoile", einem alten Segelboot der Langustenfischer, diverse Ziele in der **Bucht von Brest**, u. a. zum Vogelreservat Tas de Pois. Außerdem Fahrten nach **Ouessant, Molène** und zur **Ile de Sein**. Auskünfte im O.T.
- *Pardon* Am ersten Sonntag im September Pardon Notre-Dame-de-Rocamadour mit Segnung des Meers.
- *Tennis* Der Tennisclub von Camaret residiert im Stade Municipal, wo er eine Bitumenanlage und eine Halle besitzt. 1.7.–31.8. Spielzeit von 9–21 Uhr. Anfragen und Reservierung Rue du Stade, ✆ 02.98.27.93.60.
- *Veranstaltungen* Vivaldi, Bach und Telemann. 2003 fand schon die 31. Auflage der

Lundis musicaux von Camaret statt. Fast jeden Montag von Juli bis Mitte August, wird um 21 Uhr abwechselnd entweder in der Kirche oder in der Kapelle klassische, volkstümliche und religiöse Musik vorgetragen – vom Duett bis zum 50-köpfigen Chor – von meist hochkarätigen Ensembles. Aktuelles Programm in der Tourist-Info. Ansonsten ist Camaret an das Sommerprogramm der Halbinsel angeschlossen. Einzelheiten siehe Crozon/Veranstaltungen.

• *Wassersport* Recht großes Angebot. Der **Club Léo Lagrange** (Rue du Stade 2, ✆ 02.98.27.90.49, www.club-leo-camaret.com) bietet Leihausrüstungen und diverse Schulungen (u. a. Tauchen, Segeln, Kajak) am Nordostende des Hafens am Quai Téphanie an. Wer fischen gehen möchte, ist bei **Pesketour Armement** (✆ 06.46.84.98.44) richtig: Tagesausflug Erwachsene 38 €, Kinder 23 €. Nur die Sauerstofflasche nachfüllen oder mit der "Odyssee" auf Schatzsuche – Tauchspezialist ist der **Club TBAC**, Quay Kléber 4, ✆ 02.98.27.99.73; Info auch im Hotel Styvel oder bereits in Deutschland, Club TBAC, c/o Bulli's Tauchtreff, Commenisstr. 30, 67071 Ludwigsburg, ✆ 06.21.67.54.93.

• *Yachthafen* 350 Plätze hat der gut ausgestattete Yachthafen auf Le Sillon zur Verfügung, Reparaturen können von Fachkräften vor Ort ausgeführt werden. Telefonnr. des Hafenkapitäns 02.98.27.95.99.

Übernachten/Camping/Essen

** **Hotel Thalassa**, der Riese von Camaret am Ende der Hafenzeile. 45 gute Zimmer, zum Großteil mit Blick aufs Meer. Restaurant. DZ 46–115 €, HP 56–100 €, Frühstück 8,50 €. Geöffnet vom 1.4.–30.9. ✆ 02.98.27.86.44.

** **Hotel de France** eine familiäre Alternative zum Thalassa, 20 Zimmer. Mit Restaurant. DZ je nach Standard 38–86 €, HP 46–76 €, Frühstück 7,50 €. Geöffnet von März bis Oktober. ✆ 02.98.27.93.06.

** **Hotel Vauban**, das frühere 1-Stern-Hotel hat mächtig zugelegt und besitzt nach umfangreichen Renovierungsarbeiten nun 16 voll ausgestattete Zimmer, z. T. mit schönem Hafenblick. Kein Restaurant, aber Eisdiele, Bar, Terrasse und Garten. DZ 30–40 €, Frühstück 5,50 €. Geöffnet vom 1.2.–30.11. ✆ 02.98.27.91.36.

** **Hotel du Styvel**, 14 ordentliche Zimmer mit Dusche/WC, die meisten auf der Meerseite. Restaurant mit Hafenblick. DZ 29–43 €, Frühstück 6 €. Ganzjährig geöffnet. ✆ 02.98.27.92.74, hotelstyvel@wanadoo.fr.

• *Camping* **** **Le Grand Large**, in der Heide oberhalb der gut sichtbaren Atlantikküste nordöstlich von Camaret beim Weiler Lambézen. Recht gute Infrastruktur mit kleinem Laden, einfachen Speisen und Swimmingpool. 123 Stellplätze. Geöffnet vom 1.4.–30.9. ✆ 02.98.27.91.41, www.campinglegrandlarge.com.

*** **Trez Rouz**, am gleichnamigen Strand, 3 km nordöstlich von Camaret Ortsteil Roscanvel). Wiesengrundstück direkt neben der Straße gleich am Meer, ebenfalls passabel eingerichtet (z. B. Brotdepot und Waschmaschine) und z. T. Schatten. 80 Stellplätze. Geöffnet von Ostern bis 1.10. ✆ 02.98.27.93.96, camping-plage-de-trez-rouz@wanadoo.fr.

** **Municipal du Lannic**, oberhalb des Zentrums Richtung Pointe de Penhir (Anfahrt beschildert), in der Nähe des Alignements von Lagatjar. Ein vom Gelände ansprechender großer Platz neben dem Sportzentrum. Steil über der Küste, hohe Baumreihen im welligen Areal und lustige moderne Sanitärblocks. Duschen mit Jetons, Brot gibt es vom "Kunstbäcker". 300 Stellplätze. Geöffnet von April bis Oktober. ✆ 02.98.27.91.31.

• *Essen* Eine Spezialität der örtlichen Küche ist die Jakobsmuschel (coquille St. Jacques). Im Herbst und im Winter werden sie frisch aus der Bucht von Brest gefischt – dann schmecken sie am allerbesten.

Die Restaurants sind fast allesamt am Hafenkai. Wer aus dem ewigen Hummereinerlei ausbrechen möchte oder keine Jakobsmuscheln mag, kann eine der beiden Pizzerias in Meernähe aufsuchen, beide in Preis und Leistung ähnlich: **Pizzeria Abri du Marin**, Rue Abri du Marin 4, ✆ 02.98.27.93.10, oder **Pizzeria del Mare**, Quai Toudouze 16, ✆ 02.98.27.97.22.

Sehenswertes

Tour Vauban: Drei vieleckige Stockwerke wälzen sich auf dem schmalen Naturdamm im Hafen von Camaret massiv in die Höhe. 1689 begannen unter *Vauban*, dem Lieblingsbaumeister des französischen Königshauses, die Arbeiten an einer der effektivsten Verteidigungseinrichtungen der Halbinsel. Schon fünf Jahre später spielte die Kleinstfestung bei dem legendären Großangriff auf Camaret eine bedeutende Rolle – Vauban selbst koordinierte von dem noch nicht fertig gestellten, dachlosen "Roten Turm" die Verteidigung. Im Turminneren ist ein kleines Museum untergebracht, das *Musée Historique et Naval*, das sich während der Saison in bescheidenem Rahmen der geschichtlichen Aufarbeitung des Seewesens annimmt: Bilder, Stiche, Schiffsmodelle und natürlich die Schlacht um Camaret.

Kapelle Notre-Dame-de-Rocamadour: Ebenfalls auf dem Sillon-Damm trägt die Nachfolgekapelle dreier Vorgängerbauten zur Silhouette des Damms bei. Zwischen 1610 und 1683 errichtet, wurde der Turm beim Angriff von 1694 zusammengeschossen und nicht wieder aufgebaut. Die meerumschlungene Kapelle war einst eine Zwischenstation für bretonische Pilger, die auf ihrer Wallfahrt nach Rocamadour-en-Querzy im Hundertjährigen Krieg den Landweg vermeiden wollten. Im Inneren neben Schiffsmodellen als größte Kostbarkeit ein altes Kreuz.

Alignements de Lagatjar: Zwei Kilometer westlich oberhalb des Hafenkerns stehen seit 1928 wieder 143 kleinere Menhire aus weißem Quarzit in drei Reihen neben der Straße – nur ein spärlicher Rest eines einst riesigen Megalith-Felds, in dem vor etwa 200 Jahren noch über 800 Steine aufrecht standen, die in ihrer Gesamtheit eindeutig auf das Sternbild Plejade zeigten.

Baden

Meist ist Kies der Liegeuntergrund. Der kleine Sandstrand *Plage du Correjou* an der alten Hafenmole ist die ortsnächste Badestelle. Um Camaret verteilen sich drei größere Sand-/Kiesstrände ohne Strandeinrichtungen, der ungefährlichste und bestbesuchte ist der *Plage de Trez Rouz* 3 km im Nordosten. Der *Strand von Pen Had*, zwischen Pointe Toulinguet und Pointe Penhir, ist abgelegen, schön und gefährlich; Camping interdit. Dasselbe gilt für den *Plage du Veryac'h* östlich der Pointe de Penhir.

Aussichtspunkte um Camaret

Um Camaret liegen so viele Felskaps mit Fernsicht und Flair wie sonst nirgendwo in der Bretagne. Im Folgenden von Süd nach Nord:

Pointe des Espagnols: Aus früheren Zeiten immer noch außerordentlich stark befestigt. Der nicht alltägliche Blick auf eine riesengroße Bucht, eine stattliche Großstadt und einen leibhaftigen Kriegshafen machen die Pointe des Espagnols zu einem viel angefahrenen Panoramapunkt. Weiß glänzend schmiegt sich *Brest* in das grüne Küstenland, davor der *Goulet*, die schmale Einfahrt in die Rade de Brest, weit hinten am Ende der Bucht die *Albert-Louppe-Brücke* und die *Halbinsel Plougastel*. Teleobjektiv sinnvoll, Tipp: der sonnige Mittag bietet das beste Licht auf Brest.
1589 landeten 400 katholische, spanische Söldner auf der Halbinsel, um für ihre verbündeten katholisch-bretonischen Glaubensbrüder die Einfahrt nach Brest zu blockieren. Südlich der Pointe mussten Einheimische aus Roscanvel eine Stellung errichten, die erst nach zähem Kampf von den französisch-königlichen Truppen genommen werden konnte. Die Historiker sind sich nicht ganz einig: Elf oder auch nur acht Spanier überlebten das Landeunternehmen, das der Pointe des Espagnols ihren heute unverfänglichen Namen schenkte. Im Sommer widmet sich ein kleines *Museum* im Fort der Militärarchitektur.

Rade de Brest Karte S. 334

Auf der Pointe de Penhir

Pointe des Capucins: Wasser und Wind feilen stetig an den Felsformationen – schwarz und rot und braun stürzen links die Felsen steil zum Meer ab, rechts unterhalb nistet ein düsterer Wehrmachtsbefehlsstand im Granit. Der Blick reicht bis zur *Pointe de St. Matthieu* im Nordwesten.

Pointe de Grand Gouin: In der Vielzahl der Panoramapunkte steht die ortsnächste Landspitze, die den Westrand der Bucht von Camaret bildet, weniger spektakulär da. Doch hässlich ist sie selbstverständlich nicht und sie erlaubt die schönste Sicht auf die *Anse de Camaret.*

Pointe de Toulinguet: Die westlichste Landspitze Crozons wird von einem Leuchtturm überragt, das Fort stammt aus dem Jahr 1811. Hoch über einem Traumstrand verweilend, genießen Sie vor allem ein Nah-Panorama vom Feinsten. Die *Felsen von Toulinguet,* der im Südosten anschließende *Strand von Pen Had* und die *Pointe de Penhir* sind die markantesten Punkte der näheren Umgebung. Für die gelungene Fernsicht ist die *Pointe de Penhir* zuständig.

Pointe de Penhir: Manche Leute meinen, die Pointe de Penhir auf Crozon sei der berühmten Pointe du Raz landschaftlich überlegen. Das 70 Meter hohe, gespaltene Felskliff aus hellem Granit ist eines der aufregendsten bretonischen Kaps. Wellen tosen, in Felsschluchten gurgelt tief unten grünes Wasser, in kleinen Buchten schäumt wütende Gischt. Der zerklüfteten Spitze vorgelagert sind die *Tas de Pois* (Erbsenhaufen), drei harmonisch kleiner werdende Felsklötze im Meer, einem flüchtenden Zyklopen nachgeworfen.
Gemeinsam mit den Tas de Pois ist die Landspitze ein Vogelschutzgebiet, markiert durch ein Denkmal für die Toten der Armee von Général de Gaulle. Nach einem kurzen Spaziergang vergrößern dankenswerterweise einige fest installierte Ferngläser die Höhepunkte des Panoramas: In der Ferne die Striche der Inseln *Ouessant* (Nordwest) und *Sein* (Südwest), im Süden das *Cap Sizun* mit der *Pointe du Raz.*

Der vorspringende Punkt im West-Finistère ist die *Pointe de St. Mathieu*, die nahe *Pointe de Toulinguet* liegt gleich links, auf der anderen Seite sehen Sie die *Pointe de Dinan* und das *Ziegenkap*. Der östlich unterhalb anschließende *Plage de Veryac'h* ist ein langer Sandstrand mit modernem Thalassozentrum im Stil der bretonischen Postmoderne, die Erhebung im Inland der *Ménez-Hom*.
Je nach Mut, Geschick und Schwindelfreiheit darf auch geklettert werden – besonders auf der Südseite des Kaps erlaubt der Fels das Eindringen in eine Welt, in der die Strudel mit unwiderstehlichem Sog am nackten Stein nagen. Und das Meer hat seine Gefährlichkeit nicht verloren: Immer wieder zieren havarierte Schiffsleichname die Pointe de Penhir – rostig-grüner Wasserschaum und zerfressene Eisenskelette zwischen dem stoischen Granit.

Crozon

(ca. 7900 Einwohner)

Im Sommer ist Crozon zu den Geschäftsöffnungszeiten ohnehin immer gut besucht. Am Markttag aber quellen die Sträßchen gänzlich über, wird das Vorwärtskommen nicht nur für die plötzlich zahlreich herumkurvenden Kraftfahrzeuge zur Geduldsprobe. Der Hauptort der Halbinsel, zwei Kilometer landeinwärts vom Atlantik, ist für Touristen hauptsächlich wegen seines Warenangebots, der Verkehrsanbindung und seiner kleinstädtischen Infrastruktur interessant – hier residiert auch das zentrale Office de Tourisme für die gesamte Halbinsel. Außerdem schmeckt ein Kaffee nach einem Einkaufsbummel oder einem Küstenausflug in dem alten Städtchen mit den engen Gassen besonders gut. Das bedeutendste Stück Kultur der Halbinsel bietet die Ortskirche mit einem *Altarretabel*, das in Thematik und Ausführung wohl konkurrenzlos dasteht.

Rade de Brest
Karte S. 334

Information/Verbindungen

- *Postleitzahl* 29160
- *Information* Informationsstelle für die gesamte Halbinsel im großzügigen Maison de Tourisme, außerhalb des Zentrums an der Durchgangsstraße am Großparkplatz/Bushaltestelle. In der HS Mo–Sa 9.15–13 und 14–19 Uhr, So 9.15–12.30Uhr. In der NS Di–Sa 9.15–12 und 14–18 Uhr. Boulevard de Pralognan, ✆ 02.98.27.07.92, www.crozon.com.
- *Verbindung* **Bus**bahnhof gleich an der D 8 beim Maison de Tourisme; Crozon liegt an den Busstrecken Camaret–Brest und Camaret–Quimper. Werktags mindestens jeweils 4 Busse täglich in alle Richtungen.

Diverses

- *Einkaufen* Crozon ist – siehe oben – das Einkaufsparadies der Halbinsel. Supermärkte, Einzelhandel, alles da.
- *Fahrradverleih* Räder gibt es bei **Cycles Ely Pierrick**. Stundenweise, halbtags- und tagesweise, am Wochenende, zu Einzel- oder Familientarifen; Rue de Poulpatré 34, ✆ 02.98.27.06.35. Ein weiterer Verleiher ist **Presqu'île loisirs,** ✆ 02.98.27.00.09.
- *Markt* Ein kleiner Markt findet täglich am Kirchplatz statt. Wer etwas größeres möchte, muss auf den 2. oder 4. Mittwoch im Monat warten.
- *Parken* Am problemlosesten neben der D 8 beim Maison de Tourisme.
- *Reiten* **Etrier de l'Aber** (✆ 02.98.26.24.63), 2 km von Crozon auf der D 87 Richtung Brest, dann rechts ab Richtung Plage de l'Aber; auch Ponys. Oder **Gîtes de Lescoat**, Route du Fret, ✆ 02.98.27.28.05.
- *Tennis* Der Tennisclub von Crozon vermietet Courts und führt Kurse durch. Route du Loc'h, ✆ 02.98.27.24.87.
- *Veranstaltungen* Im Juli und August ist das Veranstaltungspaket der Halbinsel prallvoll; Konzerte, Regattas, Son et Lumière, Strandclubfeten, Ausstellungen, organisierte Rad- und Fußausflüge. Ausführliche Informationen bei den Touristenbüros. Höhepunkt ist das **Festival du bout du**

monde (Festival vom Ende der Welt) am 2. Augustwochenende, jeweils ab 16 Uhr bis tief in die Nacht. Der Name ist zweideutig: Einerseits wird auf das *Finistère* als Ende der Welt angespielt, andererseits kommen die auftretenden Künstler aus der ganzen Welt. Die Konzerte finden im Dorf *Landaoudec* zwischen *Crozon* und *Lanvéoc* statt. 2003 waren so bekannte Musiker wie Manu Chao oder Ibrahim Ferrer dabei.

• *Wassersport* Siehe Morgat.

Übernachten/Camping

** **Hotel Clos St. Yves**, ein Glied der Logis-de-France-Kette unterhalb von Tourist-Info und Busbahnhof in der Nähe der Post. 34 ordentliche Zimmer im alten Interieur mit TV und Direktwahltelefon hinter einer einfachen Fassade. Rustikales Restaurant. Tiere erlaubt. DZ 40 €, HP 40–45 €. Im Oktober geschlossen. Rue Alsace Lorraine 61, ✆ 02.98.27.00.10.

• *Camping* *** **Les Pins**, südwestlich von Crozon neben der D 308 (am Intermarché vor Crozon ab; Anfahrt beschildert). Schattiges Waldgelände (Pinienwäldchen), für 3 Sterne triste Sanitäranlagen, u. a. Gasservice, Spielplatz, Lebensmittel, Restaurant, aber kein Strand. 140 Stellplätze. Geöffnet von April bis Oktober. Route de Dinan, ✆ 02.98.27.21.95, camping.lespins@presquile-crozon.com.

*** **La Plage de Goulien**, beim gleichnamigen Strand; z. T. schattig, Laden, Waschmaschine und kleiner Kinderspielplatz. 115 Stellplätze. Geöffnet vom 5.6.–15.9. Kèrnavéno/Crozon, ✆ 02.98.27.17.10.

** **Les Bruyères**, kleiner Platz im Nirgendwo (Richtung Ziegenkap, dann rechts ab und immer weiter, bis er schließlich unvermutet auftaucht). Ausgesprochen ruhig, gemütliche Stellplätze unter Bäumen. 130 Stellplätze. Geöffnet von Mai bis September. Village du Bouis, ✆ 02.98.26.14.87.

** **Pen Ar Ménez**, der stadtnächste Platz, in der Nähe des Maison de Tourisme neben der D 8 oberhalb des Zentrums. 140 Stellplätze. Ganzjährig geöffnet. Argol, ✆ 02.98.27.12.36.

Sehenswertes

Kirche: Die Ortskirche am Marktplatz ist seit Jahrhunderten der Aufbewahrungsort eines typischen Exemplars "bäuerlich"-bretonischer Kirchenkunst. Im Jahr 1603 wurde mit Begeisterung und viel Phantasie die einzigartige *Altarwand* geschnitzt und bemalt: 400 Figuren auf 29 Tafeln stellen das Martyrium von 10.000 christlichen Legionären auf dem Berg Ararat dar, die auf Befehl Kaiser Hadrians wegen ihres Glaubens gekreuzigt oder in Dornbüsche geworfen worden waren. Bunt, naiv und in der Aussage kompromisslos – wahre Gläubige erdulden für ihren Gott alle Qualen, denn das Paradies wird ihnen sicher sein.

Morgat

In Morgat blickt der Tourismus auf seine längste Geschichte auf Crozon zurück: Der Großunternehmer *Armand Peugeot*, der Nachwelt bekannt durch die gleichnamige Automobilmarke, rief gegen Ende des 19. Jh. in dem seinerzeit windigen Fischerdörfchen einen Verein zur Förderung des Fremdenverkehrs ins Leben. Eine wagemutige Entscheidung, da Morgat, tatsächlich noch am Ende der Welt, nur mühsam erreichbar war und den ärmlichen Standard eines abgelegenen Fischerdorfs zu bieten hatte. Der Mann hatte nicht nur bei Kraftfahrzeugen Weitblick: Heute ist Morgat mit seinem großen Strand und den mannigfaltigen Wassersportmöglichkeiten die erste Badeort-Adresse der Halbinsel.

Direkt an Crozon angrenzend, hat sich das kleine Morgat seine Eigenständigkeit bewahrt. In einer tief eingeschnittenen Bucht der Steilküste, beherrscht vom *Beg Ar Gador*, dem schützenden Felskap im Süden, liegt der von kleinen Wäldchen umgebene Ort hinter dem langen Strand. Am Südrand der Bucht unter dem Kap der große Yachthafen. Fischerboote laufen ein und aus, doch den Verkehr beherrschen im Sommer die Ausflugsboote zu den *Grotten von Morgat*.

Kleines Kap bei Morgat

Information/Verbindungen

• *Postleitzahl* 29160 Crozon-Morgat

• *Information* Office de Tourisme in einem kleinen Häuschen direkt am Strand, nur in der HS geöffnet: Juli und August Mo Sa 10–13 und 15–19 Uhr, So 16–19 Uhr. Im Juni und September etwas kürzer. Boulevard de la Plage, ✆ 02.98.27.29.49, www.crozon.com.

• *Verbindung* Der **Bus**bahnhof von Crozon (s. o.) ist die nächste Anschlussstelle an den öffentlichen Verkehr.

Diverses

• *Bootsausflug* Mehrere Veranstalter tuckern zu den **Grottes Marines de Morgat**. Gezeitenabhängige Abfahrt von Mitte Juni bis Ende August, die Besichtigungsfahrt dauert 45 Minuten, angelaufen werden vier Grotten. Erwachsene 9 €, Kinder von 4–10 Jahre 6 €. Vedettes Sirènes, am Hafen, ✆ 02.98.26.20.10. Außerdem auf die **Ile Vierge** mit Vedettes Rozmeur.

• *Fahrradverleih* In Crozon. Siehe dort.

• *Veranstaltungen* Morgat ist an das Sommerprogramm der Halbinsel angeschlossen. Einzelheiten siehe Crozon/Veranstaltungen.

• *Wassersport* **Centre Nautique CNCM** (✆ 02.98.16.00.00, www.cncm.asso.fr) und **Point Passion Plage** (✆ 02.98.26.24.90), beide am Plage de Morgat, halten die Wassersportfäden in ihren Händen. Die gesamte Palette inkl. Surfen und Wasserski. Tauchkurse und Tauchausflüge **beim Centre de Plongée ISA** am Port de Plaisance, ✆ 02.98.27.05.00.

• *Yachthafen* 585 Yachten finden Unterschlupf im geräumigen Port de Plaisance von Morgat, dem größten der Halbinsel. Reinigungsbedürftige Crews finden löbliche sanitäre Anlagen, ansonsten übliche Einrichtungen. ✆ der Capitainerie ✆ 02.98.27.01.97.

Übernachten/Camping/Essen

*** **Le Grand Hotel de la Mer**, direkt am Meer gelegen, mit Blick auf die große Bucht von Douarnenez. 78 Zimmer, DZ 45–106 €, Frühstück 8 €, großes *Restaurant Panoramique*, direkter Zugang zum Meer. Geöffnet von April bis September. Avenue de la Plage, ✆ 02.98.27.02.09.

** **Hotel Julia**, bei der Schule an der Strandpromenade ein Stück landeinwärts. Das Logis-de-France-Quartier im robusten Landhausstil hat sich einen Stern emporgearbeitet. Bar, Restaurant. 19 ordentliche Zimmer in unterschiedlichem Sanitärstandard. DZ 37–57 €, HP 47–57 €. Geöffnet von Ende März bis Anfang Oktober. Rue de Tréflez 43, ✆ 02.98.27.05.89.

Hotel de la Baie, eine einfache Unterkunft am zentralen Place d' Ys hinter dem Strand. Ohne Restaurant. 26 Zimmer, DZ 31–46 €, Frühstück 6 €. Ganzjährig geöffnet. Boulevard de la Plage 46, ✆ 02.98.27.07.51, hotel.de.la.baie@club-internet.fr.

• Camping siehe Crozon/Camping.

• Essen **Crêperie la Bolée**, vom ersten Stock des kleinen Häuschens hat man eine tolle Aussicht auf den Yachthafen und die ganze Bucht, und auf der Terrasse direkt am Strand lässt es sich auch ganz gut Crêpes essen. Crêpes von 1,50–8 €, in der NS Montag geschlossen. Boulevard de la Plage 48, ✆ 02.98.17.06.56.

Sehenswertes

Grotten *(Les Grottes de Morgat)*: Ein Bootsausflug zu den Felsgrotten nördlich und südlich der klassisch-halbrunden Bucht zählt zum festen Programmpunkt eines ausgedehnteren Morgatbesuchs; die größte und beeindruckendste Wasserhöhle, die *Grotte de l'Autel*, wurde vom Atlantik 15 m hoch und 80 m lang in den Fels der Steilküste getrieben und löst von den vier angelaufenen Grotten bei den Passagieren die meisten Ahs und Ohs aus. Die aus dem Wasser aufragenden Felsen im Inneren gaben ihr den Namen "Altargrotte". Die sog. *Kleinen Grotten* in den Felsen zwischen dem großen Strand und dem von Portzic können bei Ebbe zu Fuß aufgesucht werden – ein schöner Spaziergang.

Baden

Plage de Morgat: Direkt vor Morgat breitet sich der große Hauptstrand aus. 900 m lang, von den Felsen der Bucht von Morgat begrenzt, bei Flut bleiben noch bis zu 30 m feinster Sand. Volle Strandinfrastruktur von der Umkleidekabine über das Strandzelt zum Kinderclub.

Plage de Portzic: Gleich nebenan in einer 200 m langen Felsausspülung, bei Flut bleibt ein bis zu 10 m langer Sand-/Kiesstreifen. Kinderfreundlich. Über Treppen vom hochgelegenen Parkplatz zum Strand hinab.

Aussichtspunkte um Morgat/Crozon

Pointe de Dinan: Die Pointe de Dinan ist die Landspitze mit dem üblichen Panorama, doch die eigentliche Attraktion ist das *Château de Dinan* kurz vor dem Kapende. Eine während der Flut durchspülte Natursteinbrücke erlaubt den Übergang auf den Steinklotz im Meer, einer zyklopischen Burgruine ähnlich. Hier lebten nach Auskunft des Volksmunds einstmals barbarische Riesen, die sich bevorzugt von Seefahrern ernährten und deren einzige ernsthafte Widersacher die Korrigans waren: Zwerge, die ihren Wohnsitz an der Steilküste bei Morgat in der Grotte der Korrigans hatten. Der Aufenthalt auf dem legendenumwobenen Felsschloss ist reizvoll. Kleine Spaziergänge, kurze Klettertouren oder ein Picknick an einer windgeschützten Stelle lassen die Zeit wie im Flug verstreichen. Festes Schuhwerk oder Turnschuhe sind auf den schmalen Pfaden und im Fels hilfreich.

Cap de la Chèvre: Namenswirrwarr – das französische Ziegenkap leitet sich vom bretonischen *c'hawr* (Ziege) ab, doch weder hat die Landzunge die Form einer Ziege noch weiden hier welche. Nein, hier lebte in grauer Vorzeit der böse Riese Kawr, was aber die französischen Besetzer nicht wussten oder ignorierten. Auf die Pinienwäldchen um Morgat folgt Heideland, kurz vor dem Kap duckt sich links der

Straße der Weiler *Rostudel* in die Heide – die niedrigen, zusammengedrängten Granithäuschen lassen erahnen, wie abgeschieden und bescheiden das Leben hier noch vor einigen Jahrzehnten war. Und dann das Ziegenkap, ein steil abfallendes Kliff am Ende des Festlands mit Rundumblick: Imposante 100 m stehen Sie über dem glitzernden Meeresspiegel und sehen bei klarem Wetter die nahe *Pointe de Penhir*, die *Pointe du Van*, die vorbleckende *Pointe du Raz* auf der Halbinsel Sizun und weit draußen den Strich der *Ile de Sein*. Stacheldraht verhindert, dass Sie dem Abgrund zu nahe kommen. Kein prickelndes Kaperlebnis, doch gemütliche Spaziergänge hoch über dem Meer.

Telgruc-sur-Mer

Knapp drei Kilometer sind es vom Dorf zur Küste, doch weil der Strand von *Trez-Bellec* zum Gemeindegebiet gehört, versteht sich der Ort, Domizil zahlreicher Ferienwohnungen, als Badeort. Am *Trez-Bellec-Plage*, besonders bei Surfern beliebt, läuft die Straße auf einem Damm direkt hinter dem Strand der kleinen Bucht, damit das Wassersportzubehör nicht so weit getragen werden muss. Verglichen mit dem *Plage de l'Aber* unterhalb von *Tal Ar Groaz* – die nächste Bucht nach Nordwesten – ist der Strand von Trez-Bellec weniger spektakulär. Dort mäandriert ein Flüsschen mit dem simplen Namen *Aber* gelangweilt durch die Mitte der Bucht zu den Stranddünen des Schwemmlandgebiets. Wer Ruhe sucht, kann sie hier finden, z. B. auf dem erhöht gelegenen Campingplatz.

Rade de Brest
Karte S. 334

Information/Diverses

- *Postleitzahl* 29560
- *Information* O. T. in der Ortsmitte, Rue du Ménez Hom 6, ✆ 02.98.27.78.06.
- *Wassersport* Das **Centre Nautique de Telgruc** hat sein Domizil ganzjährig am Strand von Trez Bellec. Kurse für Kinder und Erwachsene, Anfänger und Fortgeschrittene und Verleih von Segel- und Surfgerät. ✆ 02.98.27.33.83, cntelgruc@wanadoo.fr.

Camping

- *Bei Trez-Bellec* **** **Le Panoramic**, an der Straße von Telgruc zum Trez-Bellec-Strand. Hotel de Plein-Aire nennt sich der Platz stolz – zu Recht. Eine gehobene Anlage mit touristischer Rundum-Struktur für Freunde des gepflegten Campierens. Service wird groß geschrieben. 200 Stellplätze. Geöffnet vom 15.6. bis 15.9. ✆ 02.98.27.78.41, www.camping-panoramic.com.

*** **Armorique**, auf der anderen Straßenseite. Gespanne Achtung: steile Anfahrt, steile Verbindungswege zu den einzelnen Terrassen des Platzes. 1 km Luftlinie zum Strand, der vom Platz aus nicht zu sehen ist – hohe Bäume spenden Schatten und verbergen das Meer. Vom Areal her angenehm. 1990 wurde der Platz mit seinen heruntergekommenen Sanitärs von einem agilen Familienvater und Selfmademan übernommen, der sich an die Ausgestaltung gemacht hat und nun einen frischen Camping präsentiert – neue Sanitärblocks, Bar etc. Fahrradverleih, Tennis, Spielsalon, Wohnwagenvermietung. 100 Stellplätze. Geöffnet von April bis September. ✆ 02.98.27.77.33, www.campingarmorique.com

** **Les Mimosas**, der erste der vier Plätze an der Straße von Telgruc hinunter zum Strand von Trez-Bellec. Blick wahlweise auf die umgebenden Wohnhäuser oder einen Zipfel des Meers weit unten. Hecken. 100 Stellplätze. Geöffnet vom 1.4. bis 30.9. ✆ 02.98.27.76.06.

** **Pen Bellec**, blasses, schattenloses Wiesengelände neben dem Centre Nautique an der Straße, der Surferstrand direkt vor der Haustür. 50 Stellplätze. Geöffnet vom 1.6.–15.9. ✆ 02.98.27.31.87.

- *Bei Tal Ar Groaz* ** **de l'Aber**, nordwestlich von Telgruc sur Mer oberhalb des Aber-Strandes. Bei Tal Ar Groaz meerwärts auf der D 887. Üblicher 2-Stern-Normplatz neben der Straße in Hanglage mit gigantischer Sicht über die Bucht. Ganzjährig geöffnet. 100 Stellplätze. ✆ 02.98.27.02.96.

Landidylle bei St. Nic

St. Nic

(ca. 750 Einwohner)

Klingt fast so flott wie St. Trop, doch die beiden Badeorte trennen Welten. Badezone der bäuerlichen Landgemeinde ist *Pentrez-Plage*, ein selbständiger Ortsteil mit Bar, Hotel-Restaurant und einigen Campingplätzen unten am Strand. Versorgungszentrum ist *Plomodiern* mit seinem Ecomarché. Für St. Nic selbst bleibt außer einer Diskothek und einem gelungenen Kirchturm schier nichts, und frivole Glitterwelt um den Kirchenplatz fehlt im Gegensatz zu St. Trop völlig.

Angemerkt sei, dass da, wo heute die Häuser St. Nics stehen, in längst vergangenen Zeiten eine zentrale Kultstätte der keltischen Druiden war. Was St. Trop von sich nicht behaupten kann. Der Strand (Mickey-Club) ist im Sommer gut besucht und zieht sich von Pentrez-Plage bis *Lestrevet* über die ganze lange Bucht – 4 km Sand, bei Ebbe ist es weit zum Wasser, bei Flut dringt das Nass bis zur Straße vor.

• *Wassersport* Der **Club Nautique de Plomodiern** (✆ 02.98.81.52.49) verleiht am Plage de Pors ar Vag Wassersportzubehör zu – z. T. – recht günstigen Preisen. Sie wollen Strandsegeln? Kurse und Verleih beim **Club de Pentrez**, am Strand von Trez-Bellec, ✆ 02.98.27.22.82.

• *Camping* Zwei Plätze nebeneinander am Ortsausgang von Pentrez-Plage, gleich hinter der Straße etwa 20 m hinter der Strandzone. Der erste ein Dreisterner, die nächsten standardgleiche 2-Sternplätze mit ähnlichem Gelände – hohe Hecken grenzen die Rasengelände ab und parzellieren sie ein wenig, einfache Sanitärs dienen der Hygiene.

*** **Ker Ys**, ein mauerumfasstes Grundstück am Nordrand von Pentrez-Plage. Gut ausgestattet mit modernen Sanitärs (Warmwasser auch im Waschbecken), Waschmaschine, kleiner Bibliothek, Kinderspielplatz und Spielraum. 190 Stellplätze. Geöffnet vom 1.5. –5.9. ✆ 02.98.26.53.95, www.ker-ys.com.

** **Ménez Bichen**, daneben. Das größte Areal mit 265 Stellplätzen. Aufgrund seiner offen dargebotenen Größe ein nicht besonders reizvolles Gelände und fast schattenlos. ✆ 02.98.26.50.82.

• *Campings bei Lestrevet* Am Ostende der Bucht von Pentrez, beim Streudörfchen Lestrevet, sind eine Reihe weiterer Plätze.
*** **L'Iroise**, gepflegtes 2,2-ha-Areal 200 m vom Strand mit Meerblick. Neben der regulären, ordentlichen Ausstattung Mobil-Home-Verleih und Photodepot – Dias in 48 Stunden. Nette Bar. 132 Stellplätze. Geöffnet von Mitte April bis Mitte September. Plage de Pors Ar Vag, 29127 Plomodiern, ✆ 02.98.81.52.72, www.camping-iroise.com.
** **Goulit Ar Guer**, die etwas schlichtere Alternative gleich oberhalb von L'Iroise, aber teilweise schattig und ebenfalls mit kleinem Laden. 100 Stellplätze. Geöffnet von April bis September. ✆ 02.98.81.52.71.

Halbinsel Crozon / Umgebung

Ménez Hom: Mit satten 330 m der höchste Berg weit und breit. Auf seiner Flucht aus dem versinkenden Ys (siehe Douarnenez/Kasten Ys) ritt König Gradlon auf den Ménez Hom, löschte eigenhändig die Feuer der bis dahin hier oben aktiven Druiden und ließ postwendend eine Kapelle auf dem Gipfel errichten – der Ménez Hom, der dem bretonischen Himmel am zweitnächsten ist, ist mehr als eine einfache Hügelkuppe. Einsam und kahl, nur flankiert von zwei niedrigeren Kuppen, ragt der letzte Ausläufer der *Montagnes Noires* einige Kilometer hinter dem Atlantik auf. Oben bietet sich eine entsprechende Rundsicht, die von einem großen Publikum dankbar genossen wird. Eine Orientierungstafel erlaubt die Identifizierung der Bretagne zwischen der *Pointe de St. Mathieu* und dem Südende der *Bucht von Douarnenez* sowie der markanten Punkte im weiten Hinterland.

Kapelle Ste. Marie-du-Ménez-Hom: Im Schatten des Ménez Hom unterhalb der Hügelkuppe stürmt der Turm des dunklen Kirchleins dem Himmel entgegen. Ein Tor führt in den ulmenbeschatteten Pfarrbezirk mit einem verstümmelten *Calvaire* (1544): zwei Schächerkreuze fehlen. Im Inneren sind die geschnitzten Deckenbalken (16. Jh.) mit Tieren und Geschichten geschmückt, doch Prunkstück ist die bilderfreudige *Altarwand*. Das flächendeckende Altarretabel (18. Jh.) an der Ostmauer wurde frisch restauriert, was auch dringend nötig war. Finanziert vom Komitee zur Rettung der Kapelle, strahlen seitdem die Apostel in neuem Glanz. Den Schlüssel erhalten Sie bei Bedarf im gegenüberliegenden Gasthaus.

Pardon Mitte August zu Ehren der hiesigen Maria.

Ste. Anne-la-Palud: Einsam steht die große, graue Kapelle aus dem letzten Jahrhundert an einer Wiesenfläche hinter dem Dorf, gleich vor den Dünen der Küstenlinie – untrügliche Indizien für einen großen Pardon. Und in der Tat – der Pardon von Ste. Anne ist eine der bedeutendsten bretonischen Feierlichkeiten, die sich zu einem touristischen Muss entwickelt hat. So mengen sich am Festtag zwischen den einheimischen Trachten und Kirchenbannern zahllose Amateurfotografen auf der Jagd nach einem "motif folklorique". Eine eher unscheinbare, angemalte *Granitstatue der Hl. Anna* (16. Jh.) ist das jährliche Ziel Tausender von Pilgern, die schon am Samstag die Messe besuchen, bevor sie sich abends zu einer Lichterprozession sammeln. Das Programm der nächsten Tage (bis Dienstag) ist ähnlich: Gottesdienste und der feierliche Großumzug als Abschluss der Großwallfahrt. An den Ufern des Atlantiks nördlich und südlich von Ste. Anne-la-Palud locken immer wieder Badefreuden: Fünf akzeptable Strände verteilen sich in beide Richtungen, für Zulauf sorgen hauptsächlich die Gäste der umliegenden Campingplätze.

Pardon Am letzten Augustsonntag große Wallfahrt zu Ehren der Hl. Anna.

• *Übernachten* **** **Hotel de la Plage**, wenn hier einmal die Welt zugrunde geht, dann vornehm; ein Haus vom Feinsten in feinster Lage – einsam direkt am Meer, unweit der Kapelle. Stilvolles Anwesen mit angemessenen Räumlichkeiten zu

Rade de Brest
Karte S. 334

entsprechenden Preisen. DZ 150–260 €. Geöffnet von April bis Oktober. 29550 Plonévez-Porzay, ✆ 02.98.92.50.12; www.relaischateaux.com.

• Camping Im Norden Ste. Annes, am Ty-Anquer-Plage und am Plage Treguer, liegen zwei Plätze – allesamt die gewohnten, einfachen 2-Stern-Areale der Küste mit etwa gleichem Preisniveau, wahlweise am Meer oder in zweiter Reihe:

** **Treguer**, am gleichnamigen Strand. 272 Stellplätze. ✆ 02.98.92.53.52, www.camping-treguer-plage.com.

** **Ste.-Anne-Pilgercamp**, an der Kreuzung D 67 mit der Straße nach Trefeuntec, der spartanischste der hiesigen Campings. Im Prinzip nur während des Pardons bevölkert. 100 Stellplätze. Geöffnet von Ostern bis September. ✆ 02.98.92.51.17.

• *Am Plage de Kervel* (zwischen Ste. Anne-la-Palud und Douarnenez):

**** **International de Kervel**, ein Campingdorf oberhalb vom Meer und der Ortschaft Kervel, mitten in der Einsamkeit. Recht weit zum Strand, das große Gelände ist so toll nicht, doch voll ausgestattet – der Luxus beginnt bei der holzgetäfelten, mehrsprachigen Rezeption. Geöffnet von Mitte April bis Mitte September. 29550 Plonevez Porzay, ✆ 02.98.92.51.54, www.kervel.com.

** **Ville d'Ys**, flache Terrassen auf einem steilen Hügel direkt über dem langen, breiten Strand und einer Crêperie. Einfach, aber gute Lage. 60 Stellplätze. Geöffnet vom 1.4.–30.9. ✆ 02.98.92.50.52.

Die Großmutter von Jesus Christus

Ste. Anne ist die Schutzheilige der gesamten Bretagne, ihr sind zahlreiche Kirchen geweiht, vor ihren Altären und Statuen im ganzen Land brennen besonders viele Kerzen. Warum? In den Adern von Jesus floss – natürlich – bretonisches Blut. Anna, die Mutter der Jungfrau Maria, war nach bretonischer Überlieferung eine waschechte Bretonin, eine Prinzessin der Landschaft Cornouaille, verheiratet mit einem maßlos eifersüchtigen Mann, der seine Frau nicht einmal mit eigenem Nachwuchs teilen wollte. Als sie dennoch in andere Umstände kam, befürchtete der Himmel von dem unbeherrschten Triebmenschen offenbar Schlimmes: In Nullzeit wurde die Schwangere von Engeln nach Nazareth versetzt, wo sie ihre Tochter Maria gebar, die später bekanntermaßen den Tischler Joseph heiratete. Nach der Geburt kehrte sie in die Heimat zurück und durfte viele Jahre später sogar ihren Enkel in der Bretagne begrüßen. Denn bevor Jesus in Jerusalem einzog, so eine ganz ausgefallene Variante, hatte er noch eine kurze Stippvisite zu seiner bretonischen Großmutter unternommen.

Vermutlich kam die Verehrung der Anna über zurückkehrende Kreuzritter aus dem Heiligen Land ans Ende der Welt und fiel sofort auf fruchtbaren Boden. Herzogin Anne war natürlich vom aufkommenden Annenkult begeistert und unterstützte ihn nach Kräften. Seitdem ist Ste. Anne ebenso wie ihre Tochter etlichen gläubigen Bretonen erschienen, um sie durch ein Wunder darauf aufmerksam zu machen, dass sie hier gerne eine Kirche hätte.

P.S.: Diese gern erzählte Version der Biographie der Hl. Anna hält die Bretonen nicht ab, ihren namentlich bekannten Macho-Gatten zu verehren: In der Wallfahrtskirche Ste.-Anne-d'Auray flackert auch vor der Statue des *Hl. Joachim*, immerhin Verursacher ihrer himmlischen Entführung ins Gelobte Land, ein Lichtermeer. Und hätte Jesus nicht so einen bösartig-eifersüchtigen Großvater gehabt – er wäre sicher ein waschechter Bretone geworden.

Côte de Cornouaille

Locronan

(ca. 800 Einwohner)

Ein bretonisches Musterstädtchen: Weber, Glasbläser, Töpfer, Lederhandwerker in antiquiert gestylten Ateliers bieten im nostalgisch-verzuckerten Granitrahmen handgearbeitete Waren feil. Doch was vermögen sie gegen den Hl. Ronan auszurichten, der sich diesen Ort als letzte Ruhestätte aussuchte: Im 6-Jahres-Rhythmus vereint er Tausende von Pilgern zur Grande Troménie, eine der größten Wallfahrten der Bretagne.

Aber auch die alljährlich stattfindende *Petite Troménie* zu Ehren des Heiligen zieht Scharen von gläubigen und neugierigen Besuchern an, und der Alltag des Städtchens ist sowieso ganz auf weltliche Touristen abgestellt. Das sauber herausgeputzte Locronan mit den vielen freundlich stimmenden Blumenkästen ist eine einzige belebte Fußgängerzone. Touristenautos parken auf Großparkplätzen vor dem Ort, die Kunsthandwerker erfreuen sich regen Zuspruchs, Restaurants und Cafés sind gut besetzt, und gedämpftes Dauergemurmel ist das Hintergrundgeräusch in der Kirche des Hl. Ronan.

Das winzige Locronan mit den hochoffiziellen Auszeichnungen *Petite Cité de Charactère* und *Un des plus beaux Villages de la France* hält des Öfteren als Originalkulisse für Kino- und Fernsehproduktionen her. Dann nimmt auch die Guillotine auf dem Grande Place ihre blutige Arbeit vor den Augen der Neugierigen wieder auf: Philippe de Broca drehte hier *Chouans*, Roman Polanski den Kassenflop *Tess* mit Nastasja Kinski. Kein Neubau stört das miteinander verschmolzene Häuserensemble um den Kirchenmittelpunkt. Nur die Ladenschilder und Verkehrszeichen müssen abgenommen werden, schon ist das braun-graue Granitstädtchen, seit dem

17. Jahrhundert einschließlich Kopfsteinpflaster baulich nicht mehr verändert, ein mustergültiger Hintergrund für Mantel- und Degenfilme aller Art.

Das Handwerk, heute von Touristen am Leben erhalten, hat Tradition in Locronan: 400 Webstühle schnurrten hier einst und lieferten begehrtes Segeltuch und Leinen, bis der Beginn der industriellen Revolution mit dem Aufkommen der Manufakturen den Anfang vom Ende des Wohlstands markierte. Die Dampfschifffahrt machte schließlich die letzten verbliebenen Weber arbeitslos, die jetzigen Kunsthandwerker siedelten sich erst in den letzten Jahrzehnten wieder an.

Höhepunkt des Gästestroms ist die *Troménie* (*Tro minihy* = Weg um das Kloster), bei der in der Neuzeit Schaulustige und Pilger verschmelzen. Bei der kleinen Troménie pilgern die Wallfahrer die 5-km-Strecke, die Ronan jeden Morgen betend abschritt – natürlich zu jeder Jahreszeit barfuß. Die große Troménie im 6-Jahres-rhythmus, die den langen Weg nachvollzieht, den der Heilige am sechsten Tage ging, ist eine der größten Wallfahrten der Bretagne. Am Samstagabend bereitet das feierliche "Mysterium des Hl. Ronan" mit über 100 kostümierten Mitwirkenden auf die fünfstündige Wallfahrt vor. Tags darauf bewegt sich der festliche Zug mit Bannerträgern, hoher Geistlichkeit, der zerbeulten Messeglocke des Heiligen und seinen Reliquien auf 12 Kilometern zu den 12 Stationen um den Berg. Gute Kondition ist unbedingt empfehlenswert: Das letzte Stück zur zehnten Station auf dem *Hügel des Horns* – hierhin flog das von Keben abgeschlagene Horn des Ochsen – wird im Eilschritt zurückgelegt, bevor nach der kurzen Schlusspredigt des Bischofs der lange Heimweg angetreten wird. Die letzte Station beider Troménies vor dem Einzug in Locronan ist das unheilige *Kreuz der Keben*, das einzige, vor dem man/frau sich nicht bekreuzigt (siehe Kasten St. Ronan).

Information

- *Postleitzahl* 29180
- *Information* Kleines Office de Tourisme im alten Gemäuer beim Rathausplatz; kompetente mündliche Auskünfte, Prospekte, Zimmervermittlungslisten und, gegen Gebühr, aufschlussreiches Hintergrundmaterial über Stadt und Kirche. Ein kleines angeschlossenes Museum zeigt bretonische Motive und alte Locronan-Photographien (Erwachsene 2 €, Kinder umsonst). Öffnungszeiten kompliziert: in der HS Mo–Sa und Sonntagnachmittag, von April bis Juni nur Mo–Fr. Im Winter teilweise geschlossen. Place de la Mairie, ✆ 02.98.91.70.14, www.locronan.org.

Diverses

- *Einkaufen* Die Erzeugnisse des örtlichen Kunsthandwerks werden in den Artisanats zum Kauf angeboten. Handweber, Seidenmaler, Schnitzer, Schuster, Töpfer produzieren bretonische Keramik, Heilige aus Holz, klassisch-verspielte Stickereien, moderne Ledermodelle u.v.m.
- *Feste* Im Juli und August Festival der klassischen Musik. Ganzjährig Sakralmusikkonzerte in der St. Ronankirche. Auskünfte und Kartenbestellungen beim hiesigen Touristenbüro oder dem in Douarnenez.
- *Pardon* Jährlich am 2. Julisonntag wird die kleine Troménie begangen. Große Troménie alle 6 Jahre am 2. und 3. Julisonntag. Die nächsten finden 2007 und 2013 statt.
- *Parken* Aus Richtung Douarnenez kommend gebührenpflichtig auf dem Großparkplatz vor dem Ort. Wir zitieren: "Die Parkgebühren sind Ihre Beteiligung an der Erhaltung der Landschaft, um unser Erbgut zur Geltung zu bringen, und an der Verbesserung des Empfangs der Besucher. Der Gemeindevorstand dankt Ihnen für Ihr Verständnis." Die Ortsdurchfahrt ist für Nicht-Anlieger gesperrt.

Telegener Hintergrund für Mantel- und Degenfilme: Kulissenstädtchen Locronan

Pulls
Vestes de laine

Übernachten/Camping/Essen

** **Hotel de Prieuré**, hinter dem großen Parkplatz zentral im Ort. 14 ganz unterschiedliche Zimmer, doch meist mit sehr eigenem Charakter und sanitär gut ausgestattet. Garten und gemütliches Restaurant (Menu ab 15 €). Ordentliche DZ 51–65 €, HP 49–55 €. Von April bis Oktober geöffnet. ✆ 02.98.91.70.89, www.hotel-le-prieure.com.

• *Camping* ** **Municipal**, östlich des Granit-Ensembles, in einer ruhigen Siedlung (Anfahrt beschildert). Großzügiges Wiesengelände, auf mehreren Terrassen angelegt, z. T. schöner Panoramablick. 125 Stellplätze. Geöffnet vom 1.6.–30.9. Rue de la Troménie, ✆ 02.98.91.87.76, in der NS ✆ 02.98.51.80.80.

• *Essen* **Restaurant au Fer à Cheval**, am Kirchplatz. Das frühere Hotel hat voll auf Speisen umgestellt. Die ursprünglich herrschende Atmosphäre, die an den Film "Die drei Musketiere" erinnert, wurde von dem großen Zeitungsständer leider gründlich verdorben. Menus 12–25 €. Place de l' Eglise, ✆ 02.98.91.70.74.

Sankt Ronan, o Patron!

Das Ronanlied, zum großen Pardon gesungen, erzählt die Legende eines heiligen Lebens, das sich weniger durch Weisheit und kosmische Liebe auszeichnete als durch wundersame Hau-Ruck-Methoden. Schon mit seinem ersten bretonischen Auftritt bestach der aus Irland eingewanderte Heilige: Auf einem Felsstück, das ihm als Boot diente, steuerte er zum Schrecken der einheimischen Fischer flugs auf die Küste von Léon zu. Beim ersten Bodenkontakt verwandelte sich der Fels übergangslos in einen Schimmel, auf dem Ronan ans trockene Ufer ritt, wo er den verdutzten Augenzeugen erst einmal eine flammende Predigt hielt. Es nutzte nichts – die Leute wollten vom Christentum nichts wissen. Ronan ließ sich in einer Einsiedelei in der Wildnis nahe dem heutigen Locronan nieder, wo er wegen seines eigensinnigen Umgangs mit den Naturgesetzen und seines aufbrausenden Wesens eher gefürchtet als geliebt war. Ernest Renan schreibt treffend: "Unter den Heiligen der Bretagne ist niemand origineller als er. Er war mehr Erdgeist als Heiliger. Seine Macht über die Elemente war fürchterlich. Sein Charakter war heftig und ein wenig bizarr; man wusste niemals im Voraus, was er tun würde, was er wollte. Man achtete ihn, aber seine Hartnäckigkeit, allein seinen Weg zu gehen, flößte eine gewisse Furcht ein."

Der weitere Inhalt des Ronanlieds ist eine der vielen Hymnen vom Sieg des Christentums über die dunklen heidnischen Mächte, in denen die Wunder des Himmels über die finsteren Ränke der gottlosen Druiden triumphieren:

Ebenfalls im Wald von Nevet, in der Nachbarschaft des Eremiten, wohnte *Keben*, eine böse Hexe, der die Anwesenheit der christlichen Konkurrenz zuwider war. Bei *König Gradlon* klagte sie Ronan überzeugend wg. Verwandlung in einen Werwolf und des damit verbundenen Mordes an ihrer Tochter an. Der verdächtige Einsiedler wurde zwecks Vollstreckung des Todesurteils in die Hauptstadt Quimper gebracht, wo er von zwei wilden Hunden zerfleischt werden sollte. Als die Bestien den Heiligen jedoch sanft umschnurrten, war es Gradlon klar, dass Ronan unschuldig sein musste. Als der Eremit gar das von Keben selbst getötete Kind – es fand sich nach seinen Hinweisen in einer Truhe des Hexenhaushalts – wieder zum Leben erweckte, drehte sich wie im Hollywood-Prozess-Film der Spieß um: Das entlarvte Böse, Keben, entging später seiner gerechten Strafe nicht (siehe unten).

Ronans letzter Auftritt war ebenfalls eines irischen Heiligen würdig. Nach seinem Tod in St. Brieuc hätten alle großen Städte der Bretagne gern seinen Leichnam in

ihren Kirchen gehabt, doch man kannte den Verstorbenen: Gefiel ihm die getroffene Wahl nicht, war ein Erdbeben wohl die kleinste Katastrophe, die er noch vom Himmel aus anrichten würde, so die übereinstimmende Meinung. Vorsichtshalber wurde der Tote auf einen von zwei Ochsen gezogenen Karren gelegt, damit er selbst seinen letzten Ruheplatz aussuchen konnte.
Nach einigen Tagen wurde klar, dass das Ziel des Leichengespanns die alte Einsiedelei Ronans in den Wäldern der Cornouaille sein musste. Am Ostersonntag erreichte die Prozession, die dem Wagen folgte, das Grundstück der Keben, die gerade den Feiertag missachtete und ihren Waschtag hatte. Fröhlich sang sie ein Spottlied über ihren verblichenen Erzfeind, der tot und scheinbar wehrlos an ihr vorbeirumpelte. Doch als die Ochsen den Leichnam mitten durch ihre Wäsche zogen, schlug ihre Häme in Wut um. Keifend und den Toten bespuckend schlug sie mit dem Waschholz einem Zugtier ein Horn ab, und das Maß war endgültig voll: Auf der Stelle wurde sie von der Hölle verschlungen – das Kreuz der Keben bezeichnet den Ort, an dem die Erde sich öffnete. Vor diesem Kreuz bekreuzigt sich kein Bretone.

Nach diesem Zwischenfall trotteten die Ochsen noch ein Stück in die Wildnis und hielten schließlich an. In einer ganz phantastischen Schlussversion versteinerte das Gespann und wurde zur ersten Grabkapelle Ronans. Ein anderer, nüchterner Schluss berichtet, dass an dieser Stelle eine Kapelle gebaut wurde.

Sehenswertes

Kirche St.-Ronan: Im Jahr 1031 ließ ein bretonischer Herzog an der Stelle der ersten Grabkapelle eine romanische Kirche errichten, die 1420 einem christlichen Renommierprojekt weichen musste. Die Herzöge der Bretagne finanzierten den neuen Bau, königliche und herzogliche Erlasse zur Beteiligung am Salzgewinn der Halbinsel Guérande stellten neben den Einnahmen aus Pilgerborsen bis zur Revolution den Wohlstand der florierenden Großwallfahrtsstätte sicher. Die Eignungsberechtigten – das hiesige Benediktinerkloster und die Zunft der Weber – profitierten gleichermaßen vom Wohlwollen des hohen Adels und der Frömmigkeit des Volks.
In einem Guss wurde die Kirche des St. Ronan zwischen 1420 und 1480 hochgezogen – vollendete bretonische Spätgotik in dunklem Granit. Aber man war nicht ganz zufrieden. 1485 erhielt der Baumeister der Kathedrale zu Quimper den Auftrag, im Süden der Ronan-Kirche eine Kapelle anzubauen, zum Kirchenschiff weit geöffnet und würdig für das Grab des Heiligen. *Pierre Le Goaraguer* zeigte sich dem Vorhaben gewachsen, 30 Jahre nach Auftragseingang war Ronans letzte Ruhestätte vollendet: Neben dem mächtigen Turm der Kirche erhob sich das zierliche Türmchen der Kapelle, neben dem monumentalen Portal lud das neue der Grabkapelle zum Eintritt, der Bogen geschmückt mit filigranen Steinmetzarbeiten. Der hohe Spitzhelm des auf vier Pfeilern ruhenden Kirchturms wurde 1808 vom Blitz getroffen und aus Geldmangel einfach abgetragen, doch sonst blieb alles, wie es war: Zusammen mit der *Chapelle du Pénity* bildet die Ronankirche inmitten der mittelalterlichen Stadthäuser eine architektonische Einheit.

Im Mittelpunkt der künstlerischen Ausstattung steht der Hl. Ronan. Schon in der *Vorhalle* am großen Portal dient die Figur des Eremiten als Blickfang. Etwa zehn Medaillons am *Predigtstuhl* (1707) schildern bunt und drastisch einige Ereignisse aus seinem Leben, breiten Raum nimmt dabei seine Auseinandersetzung mit der

Locronan

bösen Keben ein. In der Kapelle Pénity steht sein *Grabmal*, auf dem er mit der Rechten den Segen spendet, während die Linke den Krummstab in den Rachen eines Ungeheuers stößt. Sechs Granitengel tragen die streitbar-heilige Liegefigur aus dem frühen 15. Jh. aus kersantoner Granit, über ihr wird auf einem Altar der *Reliquienschrein* mit den Überresten des Heiligen aufbewahrt.

Neben den Ronan-bezogenen Kirchenschätzen ist der dämmrige Innenraum von Kirche und Kapelle reichlich mit Statuen, Grabmälern, Wappenschildern und Altären ausgestattet. Die bemalten Steinfiguren der *Kreuzabnahme* (16. Jh.) in der Pénity-Kapelle in teilweise zeitgenössischen Gewändern strahlen Trauer und Ergriffenheit aus. Am Tabernakel des *Hauptaltars* mit Holzschnitzereien aus dem 17. Jh. tragen zwei Engel ein vergoldetes Kreuz. Hinter dem Altar zeigt das große *Fenster* (um 1480) 17 Episoden der Passionsgeschichte; der Bilderreigen beginnt symbolträchtig mit der Auferweckung des Lazarus und endet ebenso symbolträchtig mit einem Besuch des auferstandenen Christus bei Adam und Eva in der Hölle.

Douarnenez

(ca. 16.000 Einwohner)

Der Fisch und sein Fang ist bis auf den heutigen Tag die Lebensgrundlage der Stadt in der Bucht von Douarnenez. Jeden Tag werden riesige Mengen an Sardinen, Makrelen, Thunfisch und Langusten an Land gebracht, von denen ein großer Teil sofort in die Konservenfabriken wandert. Die Folge: ständiger Fischgeruch in Hafennähe, doch die Nase gewöhnt sich daran.

Hinter dem hochgelegenen Zentrum von Douarnenez führen Gässchen verwinkelt die Steilküste hinunter zu den Hafenanlagen. Der *Port nouveau* mit seinen modernisierten Anlagen, von einer 700 m langen Mole gegen Meeresunbill gut geschützt, ist der sechstgrößte französische Fischerhafen. Der alte *Port du Rosmeur* gleich

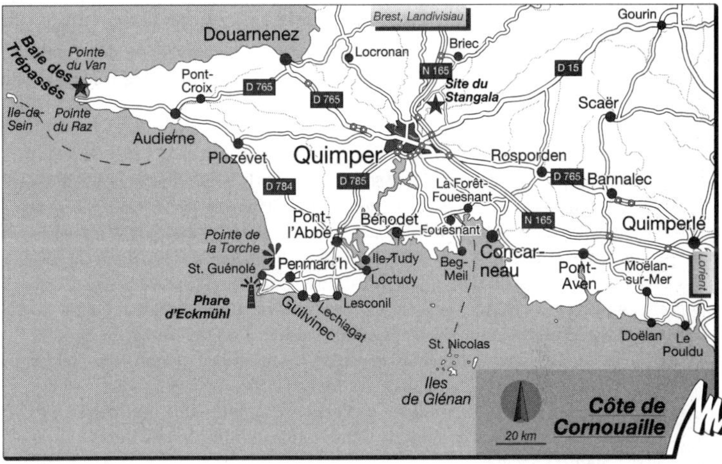

daneben, von vereinzelten alten Häusern umrahmt, ist wirtschaftlich unbedeutend und der nostalgischste Flecken von Douarnenez. Der *Port Rhu* beherbergt heute das *Hafenmuseum*, Europas größte museale Sammlung von Wasserfahrzeugen.

Douarnenez, gelegentlich mit dem Doppelnamen *Douarnenez-Tréboul* bezeichnet, besteht aus vier völlig unterschiedlichen Stadtteilen. Drei eigenständige Gemeinden mit eigenständigem Charakter wurden nach Kriegsende 1945 durch einen Verwaltungsakt mit Douarnenez zusammengefasst und haben 60 Jahre später von ihren persönlichen Noten wenig verloren. *Pouldavid* und *Plouré* mit dem *Plage du Ris* sind ländlich unauffällig, *Tréboul*, das sich Jahr für Jahr ein wenig mehr herausputzt, sorgt mit seinem *Plage des Sables Blancs* für einen Hauch Seebad-Atmosphäre.

Die Mündung des *Pouldavid-Flusses*, der tief in die Felsen eingeschnittene *Port Rhu*, trennt die Innenstadt von Douarnenez vom Ortsteil *Tréboul* auf der gegenüberliegenden Seite. Die Sträßchen zum Poul-David-Fluss hin sind kleinstädtisch geprägt, der Yachthafen ist für den Rummel zuständig, im Westteil, der sich über dem Strand im Schatten einer baumbestandenen Anhöhe ausbreitet, herrscht Vorortatmosphäre. Tréboul, meist von französischen Gästen besucht, ist ganz auf den Meerestourismus ausgerichtet – Yachthafen, Segelschule, Thalassotherapie und, als Grundlage, natürlich der Strand. So wohnt in und um Tréboul auch das Gros der Gäste.

Geschichte

Eher dem Sagenkreis als der Historie zuzurechnen sind die überlieferten Geschichten rund um Douarnenez. Sicher ist, dass Douarnenez die Ex-Hauptstadt der Cornouaille war, bevor Quimpers Stern aufging – bei *Plomarc'* am Plage du Ris soll in einer längst verfallenen Burg ein König Marc'h residiert haben, jener, der mit dem Sagenkönig Marke aus dem Tristan-und-Isolde-Stoff identisch sein soll (siehe Huelgoat/Kasten Tristan und Isolde). Und nach Quimper zog es König Gradlon auf seiner Flucht aus der versinkenden Stadt Ys, die vielleicht an der Bucht von Douarnenez lag (siehe Kasten Ys). Auch die kleine Tristansinsel unmittelbar vor der Mündung des Pouldavid-Flusses hat ihre Rolle gespielt. Auf ihr landete der suizidgefährdete *Tristan*, der mit einem Sprung von der Steilküste des Festlands seinem liebestollen Leben ein Ende setzen wollte, jedoch von seinem Mantel wie

Ys – das Atlantis der Kelten

Vorneweg: Süffisant bemerken Bretonen, dass Par-Is nichts anderes heißt als "Wie Ys". Der Standort der legendären, uralten Stadt, die ohne jede Spur verschwand, ist naturgemäß umstritten: Lag sie spektakulär in der Baie des Trépasses oder gar vor der Pointe du Raz? Gab es sie überhaupt? Oder deuten die Geschichten doch mehr auf die Bucht von Douarnenez? Egal. Stellen Sie sich eine große Stadt vor. Reich, prächtig, für die Ewigkeit aus unzerstörbarem Granit erbaut, mit gepflasterten Straßen, Müllabfuhr und Kanalisation. Mutig am Ende einer Bucht lag der Traum einer Märchenstadt, ein mächtiger Damm schützte das stolze Menschenwerk vor den Fluten des Meers. Dann versank Ys, und weil der König allein den Goldenen Schlüssel in Verwahrung hatte, mit dem der Damm geöffnet werden konnte, werden viele wundersame Geschichten über den Untergang der Stadt Ys erzählt.

In unserer christlichen Version spielen mit: König *Gradlon* (gut), seine Tochter *Dahut* (verkommen), der Teufel (böse) und *St. Corentinus* (heilig). Ort und Zeit der Handlung: Ys, die Hauptstadt der Cornouaille im 6. Jahrhundert nach Christus.

Ys erlebt unter der Regentschaft des gütigen Königs Gradlon einen Wirtschaftsboom ungeheuren Ausmaßes. Doch Geld verdirbt. Ys wird das Sodom und Gomorrha der Bretagne, über die Schwellen der Kirchen wächst langsam Gras. Alle Bürger und Bürgerinnen mit Ausnahme des standhaften Königs Gradlon treiben es rundum schlimm, und am allerschlimmsten treibt es Dahut, die missratene Tochter des Regenten.

Natürlich wittert der Teufel hier die Chance, seinen Gegenspieler mit wenig Aufwand um etliche Seelen zu bringen. Als galanter Verehrer gewinnt er schnell Macht über Herz und Körper des lustbetonten Mädchens. Und schickt mitten in der Nacht die sexuell abhängige Königstochter los, den Goldenen Schlüssel zu entwenden. Mit diesem öffnet der Teufel die Schleusen des Damms, Ys versinkt, alle Menschen sterben – bis auf König Gradlon. Der wird von seinem Besucher, dem Einsiedler Corentinus, geweckt, wirft sich auf ein Pferd, zieht sein verstörtes Kind hinauf und flieht. Doch Dahut darf nicht entkommen: Die Flut droht die Flüchtenden einzuholen, und der Bischof empfiehlt Gradlon, seine Tochter abzuwerfen. Das eigene Kind? Nein! Was der Vater nicht fertig bringt, erledigt Corentinus. Mit seinem Bischofsstab holt er Dahut vom Pferd, die im gurgelnden Wasser versinkt. Gradlon ist gerettet.

Der einzige Überlebende von Ys braucht natürlich eine neue Hauptstadt. Zusammen mit Corentinus begibt sich König Gradlon nach Quimper, das er zu seinem Regierungssitz ausbaut. Hier regiert er noch viele Jahre sein Königreich Cornouaille so herzensgut, dass er nach seinem Tod als Heiliger verehrt wird.

Dahut hat den Anschlag des Corentinus übrigens überlebt – als Nixe geistert sie in und auf den Wogen der See, und wer sie sieht, ertrinkt, weil die Betörten der Nixe unbedingt ins Wasser folgen wollen. Eine winzige Erlösungschance indes wurde der Prinzessin eingeräumt: Wenn am Karfreitag in Ys eine Messe für sie gelesen wird, kann ihre Seele in Frieden ruhen.

Gewitterstimmung über Douarnenez

auf Schwingen sanft zur Insel getragen wurde. So etwas gefällt den Bretonen: 1520 änderten die Bewohner nach kurzer Debatte ihren Ortsnamen von *St. Michael* in "*Tristansinselweiler*" um. Doch lang hielt sich der Name nicht: Schon 1541 verfügte der Rat der Stadt die offizielle Umbenennung in *Douarnenez* – Erde der Insel.

Gegen Ende des 15. Jh. erlebte Douarnenez seine unglücklichste Zeit: Der Großräuber *La Fontenelle*, der selbst den König von Frankreich zu Zugeständnissen zwingen konnte, nistete sich ausgerechnet auf der Ile de Tristan ein. Aus Teilen der von ihm geschleiften Stadtmauer von Douarnenez ließ er sich hier seinen befestigten Hauptwohnsitz schaffen. Von hier zog er auch los, um das wohlhabende Penmarc'h zu plündern. Zeitgenössischen Quellen zufolge kostete allein dieser Raubzug 5000 Bauern das Leben, und die Beute musste auf 300 Booten zur Tristansinsel befördert werden. Als La Fontenelle schließlich doch gefasst und 1602 auf dem Rad gestorben war, wurde allseits in der Gegend aufgeatmet.

Heute ist Douarnenez ein vitales, maritim ausgerichtetes Städtchen. Die stattliche Fangflotte, drei große Konservenfabriken und ihr neuzeitlicher Ableger – die Industrie für Nahrungsmittelverpackung – sorgen ganzjährig für Arbeitsplätze. Im Sommer kommen noch die Einkünfte aus dem Urlaubsgeschäft und der Thalassotherapie dazu.

Information/Verbindungen

- *Postleitzahl* 29172
- *Information* Das städtische Office de Tourisme informiert umfassend, zentral und ganzjährig; Privatzimmervermittlung, Anmeldung für Veranstaltungen, Ticketreservierung für Bootsausflüge. Inselfahrten etc. In der Saison jeden Dienstag und Freitag Stadtführungen. In der HS Mo–Sa 10–12 und 14–18 Uhr, in der NS nur bis 17 Uhr. Rue du Docteur Mevel 2, ✆ 02.98.92.13.35, www.douarnenez-tourisme.com.
- *Verbindung* Mit dem **Bus** nach Quimper wochentags mindestens 9-mal, zur Pointe du Raz über Audierne während der Woche mindestens 5-mal täglich.

Côte de Cornouaille
Karte S. 375

Diverses

- *Bootsausflug* Von April bis September geht Vedettes Rosmeur auf Exkursion. **Bucht von Douarnenez** 1,25 Stunden, Erwachsene 12 €, Kinder 8 €; bei entsprechender Nachfrage besteht die Möglichkeit, eine Fahrt zum Vogelreservat auf **Cap Sizun** zu organisieren, Infos im O.T.; 4-stündiger Ausflug für Angler, Ticket 31/19 €. Abfahrt im Hafen von Porsmeur, Auskunft und Billettverkauf im O.T oder bei Vedettes Rosmeur im Hafen, ✆ 02.98.92.83.83.
- *Einkaufen* Sardinen. Sicherheitshalber am besten eingedost.
- *Fahrradverleih* Zum Beispiel **La Bécane** in der Avenue de la Gare 42 (Tréboul), ✆ 02.98.74.20.07.
- *Feste* Im August (meistens 2. Sonntag), dem Tag des Pardons, wird in der Stadt auch das weltliche Möwenfest gefeiert.
- *Kino* Zwei cinematographische Unternehmen mit eingängigen Namen bieten Leinwandträume; **Le Club** in der Rue Berthelot 39, **Le Rex** in der Rue Louis-Pasteur.
- *Markt* Frische Agrarprodukte jeden Vormittag in den Markthallen und am Yachthafen von Tréboul. Montag- und Freitagvormittag Markt auf dem Großparkplatz des Zentrums, Mittwochvormittag und Samstagvormittag am Yachthafen von Tréboul.
- *Tennis* Am Plage des Sables Blancs besitzt der örtliche Tennisclub 6 Courts. Clubhaus ✆ 02.98.74.08.18.
- *Thalassotherapie* **Centre de Rééducation Fonctionelle de Cure Marine de Tréboul**, Rue des Professeurs Curie 42 bis, BP 4 Tréboul, ✆ 08.25.00.42.30, www.thalasso.com.
- *Veranstaltungen* Ein sehr lohnenswertes Festival gegen Ende Juli spielt auf die Rolle der Stadt im Sardinengeschäft an: Unter dem Titel **Les arts dînent à l'huile** (kleines Wortspiel: je nach Aussprache bedeutet es *Ölsardinen* oder *die Kunst speist mit Öl)* wird jährlich eine Hafenstadt eingeladen. 2003 war *Saint-Louis* aus Senegal an der Reihe und hat mit Künstlern und Kleinkünstlern aller Art das bretonische und touristische Publikum begeistert. Infos unter ✆ 02.98.92.27.13 oder www.lesartsdinent.com. Im Juli und August **les vendredis de Port Rhu:** jeden Freitag Konzerte, Open-air-Kino u. v. m. im Hafen. 2003 fand das 26. **Festival de Cinéma** statt, das sich gegen Ende August eine Woche lang unterdrückten Minderheiten widmet. Thema war 2003 Kurdistan. Informationen und Termine beim O.T. oder über www.kerys.com/festival.

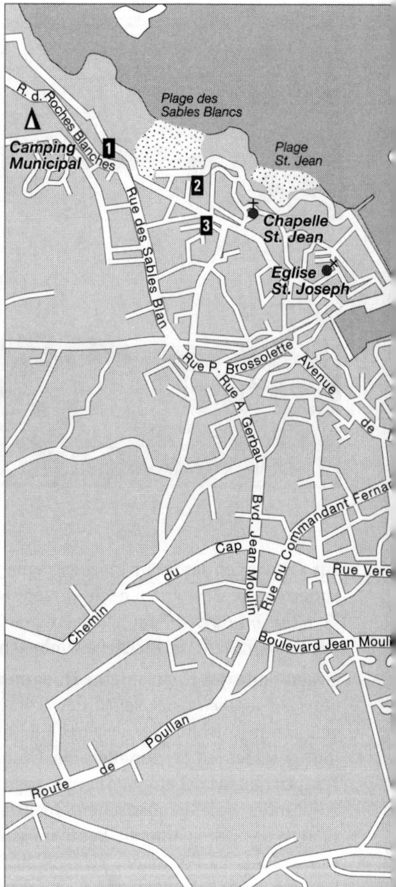

- *Wandern* Eigentlich mehr Spaziergänge durch das Stadtgebiet oder an der Küste entlang; einige Streckenvorschläge, deren Bewältigung 1,5 bis 2 Stunden dauert, hat sich das O.T. überlegt. Eine ausführliche Broschüre mit Hintergrunderklärungen wird Ihnen gerne ausgehändigt (auch in deutscher Sprache).
- *Waschsalon* Jetzt aber Schluss mit den Fleckenzwergen! Laverie automatique im Zentrum auf dem Weg zum Hafen; Maschinen von 5–17,6 kg für weniger und für mehr Fleckenzwerge.

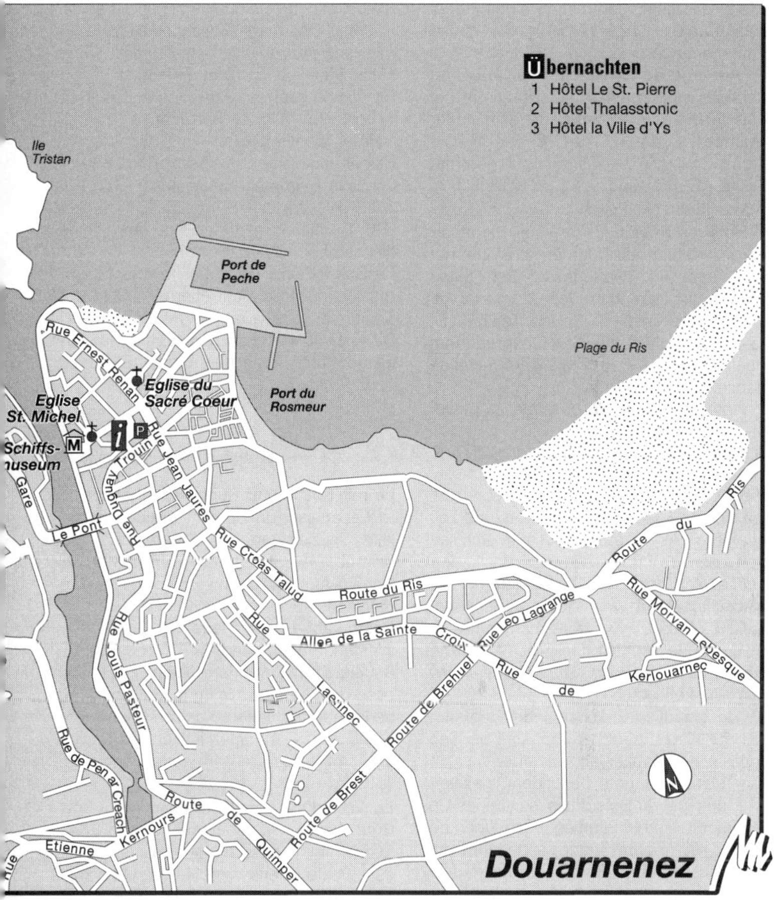

Côte de Cornouaille
Karte S. 375

• *Wassersport* So gut wie alle Aktivitäten in Tréboul. Schulungskrösus ist das **Centre Nautique** mit seiner großen Flotte (✆ 02.98.74.35.41). **Fun Evasion** am Plage des Sables Blancs (✆ 02.98.74.33.33, www.chez.com/funevasion) verleiht Equipment und lehrt Surfen. Boote (auch Schlauch) verleiht **Iroise nautic** am Yachthafen, ✆ 02.98.74.29.38.

• *Yachthafen* Das olympische Trainingszentrum für Jollensegler besitzt gezeitenunabhängige 700 Plätze, davon 86 für Gästesegler. Bureau du Port de Plaisance am Yachthafen von Tréboul, ✆ 02.98.74.02.56.

Übernachten (siehe Karte S. 378/379 u. S. 381)

13 Hotels von der Drei-Stern-Kategorie bis zur nicht mehr kategorisierten Klasse – gehäuft in Tréboul oder in der Innenstadt von Douarnenez. Eine Auswahl:

*** **Hotel Thalasstonic (2)**, gediegener Luxus am kleinen Park ein Stück hinter der Plage des Sables blancs. Alle Einrichtungen für eine Thalassokur. 50 wohnliche Zimmer, Restaurant (auch mit Diätgerichten) und Garten. DZ 80–105 €, HP 70–100 €, Frühstück

8,50 €. Ganzjährig geöffnet. Rue des Professeurs-Curie, ✆ 02.98.74.45.45, www.hotel-douarnenez.com.

** **Auberge de Kerveoc'h**, die 14 Zimmer befinden sich in einem alten bretonischen Bauernhaus, am Stadtausgang Richtung Quimper (D765). DZ 49–63 €, HP 47–55 €, Frühstück 7,50 €. Ganzjährig geöffnet. Route de Kerveoc'h 42, ✆ 02.98.92.07.58, www.auberge-kerveoch.com.

** **Hotel de France (6)**, an einer Hauptader der Innenstadt von Dournenez; 27 Zimmer, Restaurant und Hofterrasse. Bar, Salon, großzügige Rezeption. Jedes Zimmer mit integrierten Sanitärs, TV und Telefon. DZ 45–55 €, Frühstück 7 €. Ganzjährig geöffnet. Rue Jean-Jaurès 4, ✆ 02.98.92.27.05, hotel.de.france.dz@wanadoo.fr.

** **Hotel Bretagne (5)**, günstige Stop-over-Bleibe mitten in Douarnenez an einer der Hauptschlagadern; 23 schnörkellose Zimmer und Aufzug, kein Restaurant. DZ je nach Standard 31–50 €, Frühstück 6,50 €. Ganzjährig geöffnet. Rue Duguay-Trouin 23, ✆ 02.98.92.30.44, www.portzic.fr.

* **Hotel la Ville d'Ys (3)**, in Tréboul, einige Reihen hinter dem Weißsandstrand; 10 ordentliche Zimmer, Restaurant. DZ 160–200 €, HP in der HS 185–245 €, Frühstück 25 €. Ganzjährig geöffnet. Rue des Sables-blancs 39, ✆ 740 087.

Le Saint Pierre (1), Hotel mit nur 3 Zimmern, dafür tolle Sicht über die Bucht und Sonnenterrasse (wenn's Wetter mitspielt). DZ 40 €, HP 40 €, Frühstück 6,50 €. Ganzjährig geöffnet. Route des Roches Blanches, ✆ 02.98.74.03.33.

Camping/Essen (siehe Karte S. 378/379 u. S. 381)

Vier Plätze, allesamt im Ortsteil Tréboul, teilen sich das Geschäft im Caravan- und Zeltgewerbe. Alle Plätze bewegen sich auf demselben Preisniveau. Hinter dem Fußballplatz der ** **de Croas Men** (74 Stellplätze, geöffnet von April bis Oktober, ✆ 02.98.74.00.18, www.croas-men.com.

** **de Kerleyou** (100 Stellplätze, geöffnet vom 1.5.–30.9., ✆ 02.98.74.13.03, www.camping-kerleyou.com) und

** **de Trezulien** (mit Bar und Videoraum, 150 Stellplätze, geöffnet von April bis September) noch weiter landeinwärts.

Ein Platz hat uns besonders gefallen: ** **Municipal du Bois d'Isis**, schattiges Gelände mit hohen Bäumen hoch über der Bucht, 400 m zum Strand, angenehm und reich ausgestattet. Barbetrieb, Fahrradverleih, Lebensmittel und Kleingerichte (im Sommer), kleiner Kinderspielplatz, Waschmaschinen, ordentliche Sanitärs. Sonnenenergie liefert Warmwasser. 120 Stellplätze. Geöffnet vom 1.6. bis 15.9. ✆ 02.98.74.05.67.

• *Essen* Haben Sie schon einmal **Sardinensuppe mit Sauerampfer** (soupe aux sardines et à l'oseille) gegessen oder **Suppe mit Speck und Buchweizen** (soupe au lard et au sarrasin) probiert? Beides sind lokale Spezialitäten aus Douarnenez, und weit über die Stadtgrenzen bekannt ist der **Kouign-Amman**, der bretonischste der bretonischen Kuchen.

Restaurant Le St.-Pierre (1), hinter dem Westende des Strands von Tréboul; gutes Restaurant mit wunderschönem Blick über das Meer. Moules à la bretonne, Couscous de la mer und andere Köstlichkeiten mehr. Menu ab 15 €, die Spezialitäten des Hauses à la carte. Route des Roches Blanches 5, ✆ 02.98.74.03.33.

La Ville d'Ys, beim gleichnamigen Hotel. Gute Lage in Strandnähe. Neben Meeresfrüchten und Fisch gibt es als Spezialität auch Paëlla. Menüs von 14–25 €. Ganzjährig geöffnet. Rue des Sables Blancs 39, ✆ 02.98.74.00.87.

Crêperie Roz Avel (4), wer lieber bei Crêpes bleibt, dem sei diese kleine Crêperie gegenüber des O.T. empfohlen. Nicht nur Crêpes von 1,50–6 €, sondern auch gute Salate und viele Eisbecher. Place Edouard Vaillant.

Sehenswertes

Ein Besuch der **Hafenanlagen** inkl. Hafenmuseum (siehe unten) gehört zu den touristischen Highlisghts in Douarnenez. Kirchen- und Kapellenliebhaber können sich im Ortsteil Ploaré die **Kirche St. Herlé** aus dem 16./17. Jh. mit hohem Turm und geschnitztem Hochaltar sowie die **Kapelle Ste. Hélène** nah am Hafen von Rosmeur mit zwei Originalfenstern aus dem 16. Jh. vormerken. Die grün überwucherte kleine **Tristansinsel** in der Bucht unmittelbar vor Douarnenez, geheimnisumwitter-

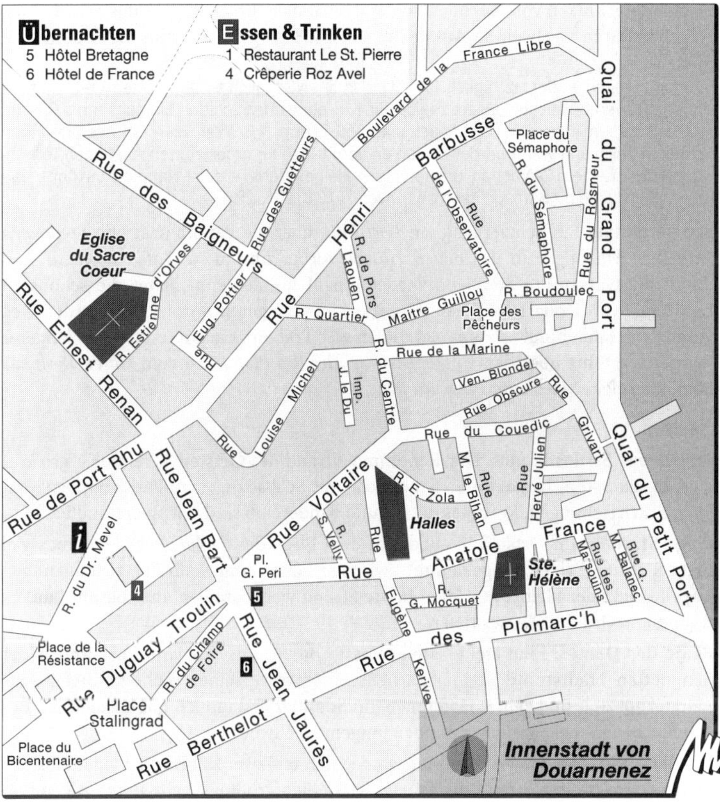

ter Schauplatz legendenhafter Ereignisse und Wohnort des grausamen Räubers La Fontenelle, ist vom Besichtigungsprogramm ausgeschlossen: Das Eiland ist in Privatbesitz.

Hafenmuseum *(Le Port-Musée)*: Wo früher die Handelsschiffe der seefahrenden Nationen angelegt haben, ist nun ein einzigartiges Museum in Betrieb. In den 80er Jahren begann ein sammelrwütiger Freundeskreis mit dem *Musée du Bateau* am kleinen Place de l'Enver, Holzboote zu sammeln und der Öffentlichkeit zu präsentieren. Aus dem netten, aber bescheidenen Bootsmuseum der Anfangstage entwickelte sich Europas größte Schiffssammlung. Das Museum ist zweigeteilt: Im *Port Rhu* vor der Mündung in die Bucht von Douarnenez liegen im Freilichtbereich etwa 40 Schiffe an einem langen Kai. Fünf davon – darunter ein Feuerlöschschiff – dürfen hautnah besichtigt werden. Im gegenüberliegenden *Musée du Bateau* dreht sich nach wie vor alles um das (Holz-) Boot – seine Konstruktion, seine Geschichte und sein Gebrauch. Im passenden Rahmen einer ehemaligen Konservenfabrik sind 80 von bislang 230 zusammengetragenen Booten ausgestellt. Ein historischer Überblick wird ebenso ausführlich und anschaulich gegeben wie der Einblick in diverse

Fischfangtechniken von Norddeutschland bis Italien. Ergänzt wird das reichhaltige Angebot durch wechselnde Ausstellungen: 2003 ging es z. B. um die bretonische Sprache.

Öffnungszeiten In der HS täglich 10–19 Uhr, in der NS täglich außer Montag 10–12 und 14–18 Uhr, November geschlossen. Preise für Museum *oder* Schiffe: Erwachsene 5 €, erm. 3,50 €. Museum *und* Schiffe: Erwachsene 6,50 €, erm. 4 €. Wer seine Bootserfahrungen vertiefen will, kann während der Saison an vom Museum organisierten Ausflügen teilnehmen oder in einem 2-Wochenkurs selbst ein kleines Boot basteln. Nähere Auskünfte darüber bei: Musée du Bateau, Place de l'Enver, ✆ 02.98.92.65.29.

Spaziergänge: Ein Spaziergang am *Port Rhu*, über die Panoramastraße *Boulevard Jean-Richepin* oberhalb des *neuen Hafens* vorbei zum alten *Hafen Rosmeur* und durch die Gassen am Steilhang wieder hinauf ins Zentrum bietet die schönsten Eindrücke von Douarnenez. Ein Tipp für einen längeren Spaziergang ist der Weg vom alten Hafen hinüber zum Yachthafen von Tréboul. Ein weiterer, etwas längerer Spazierweg führt über den Küstenpfad *Sentier des Plomarc'h* vom *Hafen Rosmeur* hoch über dem Meer zum *Plage du Ris.*

Baden

Plages des Sables Blancs: Der Renommierstrand des Ortsteils Tréboul – großzügige, bis zu 300 m lange, weiße Sandfläche mit Seebadzugaben: Park, Tennisplätze, Hotels. Erfrischungen, Rettungsstation und Kinderclub sind selbstverständlich.

Plage St. Jean: Im Ortsteil Tréboul vor dem Plage des Sables. Bei Ebbe gibt's viel Platz Richtung Meer. Eingeklemmt zwischen Felsen unterhalb der gleichnamigen Kapelle lockt der kleine, nur 50 m breite Strand viele Familien an – betont kinderfreundlich wird das Wasser tiefer.

Plage des Dames: Eine kleine, steingefasste Bucht ums Eck vom Port Rhu bildet den netten Stadtstrand von Douarnenez, der trotz seiner recht geringen Aufnahmekapazität und seiner Hafennähe im Sommer erstaunlich gut besucht ist. Besonders beliebt bei Familien mit noch jungem Nachwuchs.

Plage du Ris: Vom Hafen Rosmeur windet sich ein zwei Kilometer langer Küstenpfad zu dem breiten Strand mit feinem Sand. Sein größter Nachteil: die Algen und der Geruch. Sein Plus: die schöne Lage.

Halbinsel Sizun

Der Hafen Audierne ist im Sommer Standort der Gästemassen. Pont-Croix wird wegen seiner Kirche aufgesucht. Für das Vogelschutzgebiet der Halbinsel schwärmen Ornithologen/innen. Doch Anziehungspunkt Nummer eins ist die westliche Landspitze der Halbinsel, die Pointe du Raz, ab der der Mensch dem Lauf der Sonne nicht mehr folgen konnte. Ihre vorderste Spitze bedeutete den Kelten das Ende der Welt.

Die Spitze der Felshalbinsel, an der die *Pointe du Raz* und die *Pointe du Van* die *Baie des Trépassés* umrahmen, früher ein Ort der Gefahr und der Legenden, ist nunmehr eines der bretonischen Muss-Ziele mit allen Konsequenzen. Doch schon einige Meter daneben ist die Welt des wilden Kaps Sizun, kurz *Le Cap,* wieder in Ordnung, leben die recht wenigen Menschen wie seit alters her in überschaubaren Einheiten zusammen oder versteckt in Einsiedelhöfen.

Von Douarnenez bis zur Pointe du Raz trennt eine durchgängige Steilwand von 70–80 Metern Höhe das Festland vom heranwogenden Ozean. Immer wieder ragen

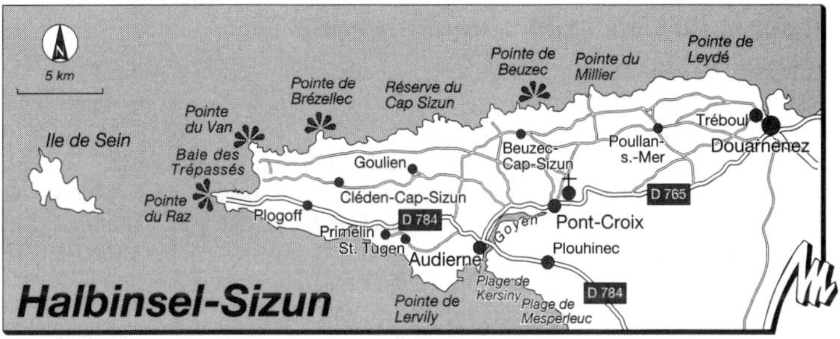

Kaps ins Meer, bilden sich Buchten mit wirbelndem Wasser, das donnernd gegen die Felsen schlägt. Haupteinnahmequelle der Region ist, trotz des Rummels an der Pointe du Raz, immer noch das Fischereigewerbe. Verschwiegene Ortschaften mit ihren Kirchen und Kapellen verstreuen sich im Inneren der Halbinsel, gegen das Kap-Ende im Westen werden die Häuser immer niedriger und erreichen bei *Plogoff* ihre geringste Höhe. Die westlichsten Häuser stehen auf der legendenumwobenen *Ile de Sein* in Sichtweite vor der Pointe du Raz. Die beiden größten Orte sind der Hafen *Audierne* und das Landstädtchen *Pont-Croix* mit seiner Kirche, deren Turm in die Kirchenbaugeschichte eingegangen ist.

Das badetechnische Angebot Sizuns ist schmal: Die besten Badeplätze sind bei Audierne, ein weiterer Strand folgt bei *Primelin* zwischen Plogoff und Audierne am Südrand der Halbinsel, die *Baie des Trépassés* ist für Surfer interessant, das war's auch schon. Das eigentliche Erlebnis auf Le Cap ist der Aufenthalt an der frischen Luft und das genussreiche Beobachten der Naturelemente Wasser, Erde, Luft im Licht des Sonnenfeuers.

Hinweis: Natürlich gibt es auf Sizun noch mehr Aussichtspunkte als die weiter unten beschriebenen, z. B. die *Pointe du Millier* oder die *Pointe de Brézellec* im Norden, doch die genaue Beschreibung vor dem Hintergrund der überwältigenden Pointe du Raz erübrigt sich: Hinfahren und anschauen.

• *Camping* auf Cap Sizun: Außerhalb von Douarnenez und Audierne verteilen sich nur relativ wenige Plätze bis vor zur Kapspitze, die meisten schlichte Zweckareale für Kurzgäste. Eine Auswahl:

**** **Pil Koad**, bei Poullan-sur-Mer (ausgeschildert); der luxuriöseste und am komfortabelsten ausgestattete Stützpunktplatz der Halbinsel. Beheizter Swimmingpool, zwei gediegene Sanitärblocks, Bar, Fahrradverleih, Minigolf, Tennis. 190 Stellplätze. Geöffnet vom 1.5. bis 15.9. 29100 Poullan-sur-Mer, ✆ 02.98.74.26.39, www.pil-koad.com.

** **Pors Perron**, gehört zur Gemeinde Beuzec-Cap-Sizun; von Poullan-sur-Mer kommend, die D 7 zwischen den Ortschaften verlassen und auf der D 407 meerwärts fahren. Einfach ausgestatteter, kleiner Platz vor der Küste nahe dem Vogelschutzgebiet, 14 Stromanschlüsse. 47 Stellplätze. Geöffnet vom 1.5.–30.10. 29790 Beuzec-Cap-Sizun, ✆ 02.98.70.40.01.

* **Municipal de Kerros**, bei Goulien ein kurzes Stück Richtung Meer; simpler kleiner Platz, doch immerhin mit drei Warmwasserduschen und Elektrik. 25 Stellplätze. Geöffnet vom 1.7.–31.8. 29770 Goulien, ✆ 02.98.70.06.04.

** **de la Baie**, bei Cléden-Cap-Sizun Richtung Baie des Trépassés; auch winzig, kleiner schlichter Sanitärblock, 12 Stromanschlüsse für 27 Stellplätze. Ganzjährig geöffnet. 29770 Cléden-Cap-Sizun, ✆ 02.98.70.64.28.

** **Kermalero**, der landspitzennächste Camping in Primelin, im Ortsteil Kermalero bei den Sportanlagen; anspruchsloser Platz mit ordentlichen Sanitärs. 75 Stellplätze. Von März bis November geöffnet. ✆ 02.98.74.84.75.

Côte de Cornouaille
Karte S. 375

Réserve du Cap Sizun (Vogelreservat)

Zwischen der *Pointe de Beuzec* im Osten und der *Pointe de Brézellec* im Westen hat der Mensch in den wilden Klippen von *Castel-Ar-Roc'h* einigen Vogelarten eine etwa 70 m hohe Schutzzone zugestanden. Schwärme von Kolkraben, Krähen-Scharben, Silber-, Mantel- oder Dreizehenmöwen haben zusammen mit Tord-Alken, Alpenkrähen und anderen Federträgern einen vorübergehenden Wohnsitz in ungebändigter Natur. Die beste Zeit, den gefiederten scheuen Freunden mit dem Fernrohr aufzulauern, ist während des Nestbaus von Mitte April bis Mitte Juni. Ab Mitte Juli fliegen die Zugvögel aus, die letzten suchen im August das Weite.

Öffnungszeiten Das Reservat ist zugänglich von März bis August, täglich von 10–18 Uhr. Eintritt frei; kostenpflichtige Führungen werden täglich um 10.30 und 14.30 Uhr angeboten. Infos z. B. im O.T. von Audierne, ✆ 02.98.70.12.20.

Pointe du Van

Ein Riesenparkplatz in der Heide. Dann ein ausgetretener Pfad zur kleinen, uralten *Kapelle St.-They* mit ihrem von Wind und Wetter zernagten Glockenturm über der *Baie des Trépassés* und erste, vorbereitende Blicke auf den schwarzen Felsstrich der *Pointe du Raz.* Sie können die Kapelle, die seit dem 15. Jahrhundert die Bittgebete bang wartender Seemannsfrauen gehört hat, aufsuchen oder links liegen lassen und direkt zur Landspitze weitergehen – der etwa zehnminütige Weg zur Pointe du Van ist auf jeden Fall eine gelungene Einstimmung auf die Landspitze hoch über dem Atlantik.

Die nördliche Begrenzung der "Bucht der Dahingeschiedenen" ist weniger spektakulär als ihr südlicher Nachbar. Das Meer stürmt hier weniger theatralisch gegen

Auf dem Weg zur Pointe du Van

das Land an, doch der Aufenthalt auf der Pointe du Van ist rundum gemütlich, Spaziergänge bieten unerwartete Einblicke in den Küstenverlauf, und die Sicht von ganz vorne gehört in die Kategorie "außergewöhnlich": rechts das *Cap de la Chèvre* und die *Pointe de Penhir* der Halbinsel Crozon, weit entfernt die *Pointe St. Mathieu*; links draußen im Meer die *Ile de Sein*, der *Leuchtturm la Vieille* und der Felsklotz der *Pointe du Raz*.
Sie können auch prickelnde Kletterpartien wagen, um tiefer in die Felsen des Kaps einzudringen und die Grenze zwischen Wasser und Land in vorderster Front zu inspizieren. Wie immer bei solchen Unternehmungen sind Vorsicht und akzeptables Schuhwerk die Garanten eines unbeschwerten Vergnügens.

Baie des Trépassés

Wütend wogt der Ozean in der Bucht, knallt mit Getöse gegen die Felsen, verläuft sich kraftlos geworden im Sand. Im unruhigen Fackelschein unter dem wolkenzersetzten Sternenhimmel wird der Leichnam eines Druiden in ein Boot gebettet und von kräftigen Ruderern hinaus zur Insel der Toten gebracht, der Zwischenzone zwischen Hier und Drüben.
Die Bretagne wäre nicht die Bretagne, gäbe es über die "Bucht der Dahingeschiedenen" nicht diverse Versionen über die Herkunft ihres Namens. Wurden von hier die verstorbenen Druiden der Kelten zu ihrer letzten Reise auf die Insel Sein übergesetzt? Oder trug das Meer hier besonders viele Ertrunkene an Land? Lag hier Ys, dessen Bewohner der Ozean verschlang? Wurden hier mit trügerischen Lichtsignalen Schiffe in den Untergang gelockt? Oder handelt es sich gar um sprachliche Schlamperei, weil die Kelten gar nicht *boe an anaon* sagten, Bucht der Seelen in Not, sondern ganz profan *boe an aon* – Bucht des Bachs? Wahrscheinlich. In dieser urweltlichen Bucht am Ende der alten Welt erfüllt der gruselige Name jedenfalls seinen Zweck, hier könnten sich in der Tat die schauer oder feierlichen Ereignisse abgespielt haben, die ihr zugeschrieben werden.

Côte de Cornouaille
Karte S. 375

Auf den vorzüglichen Sandstrand der 300 m langen Bilderbuchbucht folgen Dünen, darauf Sümpfe und kleine Teiche in den kargen Hügeln – ein einsamer, unwirtlicher Landstrich, erst durch den Tourismus der menschlichen Nutzung zugeführt. Bei Flut ist die Baie des Trépassés ein vorzügliches, entmythologisiertes Surfareal, Fußgänger am Strand hören den hereinbrechenden Ozean am lautesten in der Nähe der Felsen, Angler können ihr Glück auch in der Strandmitte versuchen. Die beiden Hotels in den Dünen hinter dem Strand entmythologisieren ebenfalls etwas, liegen aber unbestritten in Top-Lage.

• Übernachten/Essen ** **Hotel-Restaurant le Relais de la Pointe de Van**, modernes Anwesen in erster Reihe in den Dünen hinter dem Strand. 25 Zimmer, Restaurant, Bar, Salon de Thé, Brasserie. DZ 44–78 €, HP 53–62 €. Geöffnet von April bis Dezember. 29770 Cléden-Cap-Sizun, ✆ 02.98.70.62.79, www.baiedestrepasses.com.

** **Hotel-Restaurant de la Baie des Trépassés**, etwas erhöht über dem Strand, 27 Zimmer, die Speisekarte im Restaurant mit Panoramablick lebt von Fisch und Meeresfrüchten (Menü ab 15 €). DZ 31–61 €, HP 47–62 €. Januar geschlossen. 29770 Plogoff, ✆ 02.98.70.61.34, www.baiedestrepasses.com.

Pointe du Raz

Granit ist hart, doch letztendlich wehrlos und vergänglich. Der Wind hat den Fels kahlgefegt, pausenlos brandet der Atlantik gegen den stummen Stein. Seine Wellen brechen im Sekundenabstand an den kantigen Riffen, unaufhörlich graben die

Die Maria der Schiffbrüchigen an der Pointe du Raz

Fluten tiefe Spalten und schäumende Nischen in die wirr aufgetürmte Felsbastion. Spektakulärer als hier wird der europäische Kontinent nirgends vom Meer berannt, die Folge sind zur Hochsaison mindestens ebenso spektakuläre Besuchermassen, die sich 72 Meter über dem Meer auf die Landspitze ergießen. Tipp: Besuch bei Sturm. Kein Gedränge, keine Weitsicht, aber wütendes Meer und peitschender Wind – eine dramatische Inszenierung aus der Gattung Naturschauspiele. Oder: In der Hochsaison einfach auf eins der benachbarten Kaps ausweichen. Auch wenn diese landschaftlich vielleicht nicht ganz an die *pointe des pointes* heranreichen, so sind sie für Naturbegeisterte bestimmt weitaus ergiebiger als die Massenwanderung zur *Pointe du Raz.*

Die Pointe du Raz wurde zum Naturschutzgebiet erklärt, das einem absoluten Bauverbot unterliegt. Zitat: "Ziel der Aktion: Unansehnliche Gebäude zu entfernen und die ursprüngliche Vegetation der Klippen wieder zu ermöglichen. Um die Qualität des Besuchs zu gewährleisten, wurde ein neues Ensemble, das sich wunderbar in die Landschaft einfügt, am Tor zur Pointe du Raz errichtet." Von wegen. Das harmlose 10-Zimmer-Hotel de l'Iroise, viel fotographierter Blickfang am nördlichen Klippenrand, musste schließen, weil es zu seinem Unglück plötzlich in der geschützten Zone lag. Hinter den Großparkplätzen aber taucht erst einmal das respektlos hingeklotzte, abartige *Centre Commercial* auf – Snackbars, Läden, Restaurants und Info-Stelle zwei Meter neben dem Naturschutzgebiet.

Von diesem Alptraum führt der Weg, vorbei an dem aufgelassenen alten Kommerzzentrum, zum *Leuchtturm.* Ein Stück weiter im nackten Stein ein den Schiffbrüchigen gewidmetes *Monumental-Denkmal* mit einer überdimensionalen Maria, und die Spannung wächst. Schließlich das Chaos der so aufregend zerklüfteten Spitze der Halbinsel, deren letzte Felstürme sich gischtbesprüht im Meer verkleckern.

Weit hinter den Felsen und den Leuchttürmen *La Vieille* und *Tévennec* schwimmt die *Ile de Sein*, dahinter taucht an klaren Tagen der Strich des *Phare Ar Men* auf.

Richtig zu genießen ist das Weltenende auf einem Rundgang um die Kapspitze. Auf einem teilweise schwindelerregenden Felspfad nah am Abgrund können Sie sich zur endgültigen Spitze vorarbeiten und nach einem angemessenen Aufenthalt auf der vordersten Felsplatte auf der anderen Seite zurückkehren. Schwierige Stellen sind mit Seilen gesichert.

• *Verbindung* Von weltabgeschieden kann überhaupt keine Rede mehr sein – ab Audierne ist die Landspitze werktags mit bis zu 11, sonntags mit 5 **Bussen** an die Welt angeschlossen. Außerdem im Ausflugsprogramm aller Busreiseveranstalter von Quimper bis Concarneau.

• *Führung* Der schmale, teilweise unbequeme Klippenpfad mit kurzen Kletterpartien um die vorderste Spitze ist das A und O der Raz-Visite, aber nicht jedermanns Sache. Offizielle Guides (Büro im Centre Commercial) bieten deshalb gegen Bezahlung ihre hilfreiche Begleitung an.

• *Pardon* Am 1. Sonntag im August Wallfahrt zur Maria der Schiffbrüchigen (Notre-Dame des Naufragés).

• *Parken* Der einzige legale Parkplatz vor der Pointe du Raz gehört zum Touristenzentrum, ist den Umständen entsprechend riesig (1000 Plätze) und kostet 5 €. Wer nicht bereit ist, soviel Geld hinzulegen, muss einen längeren Fußmarsch in Kauf nehmen; im hinteren Teil von Plogoff herrscht Halteverbot. Lesertipp: Eventuell ist die Schranke nach 19 Uhr geöffnet.

• *Shuttle-Bus* Vom neuen Touristenzentrum, das sich wunderbar in die Landschaft einpasst, verkehrt ein kostenloser Shuttle-Bus zum Leuchtturm (zu Fuß gemütliche 10 Minuten). Besonders Senioren nehmen das Angebot gerne an.

• *Übernachten/Essen* ** **Hotel Ker Moor**, zwischen Plogoff und Primelin, etwas oberhalb des Plage du Loch. Nettes 18-Zimmer-Haus mit schönem Ausblick, unterschiedlicher Sanitärausstattung und gutem Restaurant (Menus 14–58 €). DZ 33–75 € (letztere mit *Lit Breton* oder *Lit Baldaquin*), HP 43–64 €. Ganzjährig geöffnet. 29770 Plogoff, Plage du Loch, ✆ 02.98.70.62.06, www.hotel.kermoor.com.

• *Essen* **Relais de l'Ile de Sein**, am Ortsende von Plogoff an der Straße kurz vor dem Parkplatz. Akzeptable Menüs gibt's ab 10 € ✆ 02.98.70.60.67.

Nukleel? Nann Trugarez!

Atomkraft? Nein danke! 1976 wurde bekannt, dass die französische Regierung erwägt, bei Plogoff, fünf Kilometer hinter der Pointe du Raz, ein Atomkraftwerk zu errichten. Vermutlich war weniger die Angst vor einem eventuellen GAU für den folgenden Proteststurm ausschlaggebend als die Umsiedlungspläne und der drohende Verlust eines Stücks ungebändigter Natur und damit eines Publikumsmagneten ersten Ranges: Schon die ersten vorbereitenden Bodenproben konnten nicht ohne Widerstand der Bevölkerung entnommen werden.

In der letzten Phase des Widerstands kamen 1980 Zehntausende von Atomkraftgegnern zusammen, die das Projekt z. T. auch gewaltsam bekämpften – neben Kundgebungen und Demonstrationen kam es zu Besetzungsaktionen und Straßenschlachten. 1981 lenkte Präsident Mitterand ein. Das Unheil vor der eigenen Haustür war abgewandt worden, doch dass bei Brennilis in den Monts d'Arrée, in einer weniger spektakulären Gegend abseits der großen Tourismusgebiete, schon seit 1966 ein Atommeiler das französische Stromnetz belieferte, war irgendwie dem wehrhaftesten Atomkraftgegner egal. 1987 wurde diese Anlage als zu klein und veraltet abgeschaltet, seitdem ist die Bretagne wieder – nein, nicht ohne Strom – ohne Nuklear-Kraftwerk.

Pont-Croix

(ca. 1800 Einwohner)

Oberhalb des Flusstals des *Goyen* erhebt sich die stolze Kirche, vom kleinen *Place de l' Eglise* zum weiten *Place de la République* führt noch flach eine unscheinbare Gasse, dann senken sich die Häuschen von Pont-Croix zügig zum trägen Goyen-Fluss hinab. Wer den Spaziergang machen will: die *Grand*e und die *Petite Chère* sind die nettesten und stufigsten Gässchen am Hang. Das alte Städtchen am Ende der Goyen-Mündung war einst die Kapitale von Cap Sizun und bekannt für seinen Handelshafen, seine Messen und seine Kirche. Der Hafen hat seine Bedeutung völlig verloren, die Messen finden nicht mehr statt, doch die *Kirche* zieht noch Ortsfremde an, die sich das Vorbild der Türme der Kathedrale von Quimper aus der Nähe anschauen wollen. Die Zugabe – das stille Ortsbild von Pont-Croix – wird meist noch im Schnellrundgang erledigt, einige Ausflügler besuchen vielleicht das *Heimatmuseum*. Spätestens dann knallen die Autotüren und die Motoren werden zur Weiterfahrt gestartet.

• *Postleitzahl* 29790

• *Information* Kleines Office de Tourisme gegenüber der Kirche. Von Juli bis September täglich 9.30–12.30 und 14–19 Uhr. Von Oktober bis Juni 10–12.30 und 14–17 Uhr. Rue Laënnec, ✆ 02.98.70.40.38, otsi.pontcroix@wanadoo.fr.

• *Verbindung* Mit dem **Bus** mindestens 4-mal täglich Richtung Quimper oder über Audierne zur Pointe du Raz.

• *Fahrradverleih* **M. Goraguer**, Räder aller Art; Rue JJ. Le Goff 21, ✆ 02.98.70.41.77.

• *Markt* Ganzjährig am Donnerstagvorm., Juli/August Sonntagvorm. und Montagabend.

• *Reiten* **Centre équestre du Goyen**, Kurse und Promenaden, ✆ 02.98.70.51.04.

• *Pardon* Am 15. August großer Pardon Notre Dame du Roscudon mit Fackelumzug. Kleiner Pardon am 1. Sonntag im September.

• *Camping* ** **Municipal Langroas**, ein wenig frequentierter Platz 1 km im Norden des Städtchens beim Stadion (Richtung Cap Sizun). Schattig, ruhig, Spielplatz. 100 Stellplätze. Geöffnet vom 15.6.–15.9. Route de Lochrist, ✆ 02.98.70.40.66.

Sehenswertes

Kirche Notre-Dame-de-Roscudon: Im frühen 13. Jh. wurde der Bau begonnen, 1290 wurde der Chor vergrößert, 1450 wegen des neuen, 67 m hohen *Turms* das Querschiff umgebaut – insgesamt dauerten die Umbauarbeiten bis ins 16. Jh. Der Turm mit den zarten Galerien und den ausladenden Wasserspeiern wurde zum Vorbild der Türme der Kathedrale zu Quimper. Das eigentliche Prunkstück aber ist das reich verzierte *Portal* vom Ende des 14. Jh. mit seinen drei spitzgiebeligen Wimpergen über dem Eingang; über dem mittleren der kleeblattgeschmückten Giebel thront die *Steinfigur der Notre-Dame-de-Roscudon*. Aufgrund der langen Bauzeit präsentiert sich die Kirche in romanisch-gotischer Stilmischung, doch das Kirchenschiff und der Chor mit eleganten Arkaden und leichtfüßigen Pfeilern blieben romanisch und in ständiges Halbdunkel gehüllt; nur aus dem Chor und den Seitenschiffen dringt gedämpftes Licht in das Innere. Ein Renaissance-*Taufbecken*, ein geschnitztes *Abendmahl* (17. Jh.) in der Apsidialkapelle und mehrere *Fenster* – neben gotischen auch moderne – sind die künstlerischen Höhepunkte im Innenraum.

Le Marquisat: Kleines Heimatmuseum in einem Herrschaftshaus aus dem 16. Jh., das sich in seinem Zustand aus dem Jahr 1930 präsentiert. Das Museum hinter der Granitfassade widmet sich der Vergangenheit des Städtchens und des Caps Sizun. U.a. historische Küche und Schlafzimmer, Schwarzweißfotos, Trachten, Werkzeuge und ein Raum für wechselnde Ausstellungen

Öffnungszeiten Von 15.9. bis 15.6. Sonn- und Feiertage 15–18 Uhr, von 15.6. bis 15.9. täglich 10.30–12.30 und 15.30–18.30 Uhr. Ab 12 Jahre 2 €, darunter gratis.

Audierne an der Mündung des Goyen

Côte de Cornouaille
Karte S. 375

Audierne

(ca. 3000 Einwohner)

Wo der *Goyen* ins Meer mündet, schmiegt sich Audierne entlang seiner Ufer in die grünen, baumbestandenen Hänge. Die Häuser allesamt schmal, viele Fassaden weiß, reihen sich geradlinig am Fluss auf, gruppieren sich eng um das kleine Zentrum hinter dem *Place de la Liberté* und verlieren sich dann langsam im Grün der Anhöhen über dem Flusstal. Weil die Hafenstadt traditionell Küstenfischerei betrieb, verbreiteten böse Zungen aus der Nachbarschaft, nur feige Fischer würden die Küstengewässer abfischen und vor längeren Fahrten auf den rauen Ozean zurückschrecken. Doch warum in die Ferne schweifen, wenn das Gute nahe liegt?

Noch immer macht von April bis Oktober die arg geschrumpfte Küstenfischflottille von ihrem Heimathafen aus Jagd auf die Jakobsmuschel, ganzjährig werden normaler Speisefisch sowie der begehrte Thun und die Languste angelandet. In etwa 30 Meerwasserbecken werden gefangene Krustentiere in immensen Stückzahlen bis kurz vor dem Verzehr aufbewahrt. In der Neuzeit hat sich rund um den geschützten Hafen in der Mündung des Goyen etwas fischbezogene Industrie angesiedelt: Konservenfabriken, eine Eisfabrik und zwei kleine Werften stellen den Broterwerb eines nicht geringen Teils der Bevölkerung sicher.

Das größte und lebendigste Städtchen der Halbinsel ist auf Gäste eingestellt: Baden an den Stränden vor Ort und in der Umgebung, Ausflüge auf das *Cap Sizun* und in die Region sowie der fast obligatorische Besuch der *Ile de Sein*, dazu das sommerliche Veranstaltungsprogramm mit Folkloreschwerpunkt und einigen Segelregatten – das freundlich-rührige Städtchen erwartet seine Besucher mit einem umfangreichen Angebot.

Information

- *Postleitzahl* 29770
- *Information* Das O.T. gegenüber vom Hafenkai ist die zentrale Auskunftsstelle für die Halbinsel. Auskünfte, Prospekte, Hotellisten und Zimmervermittlungen für Stadt und Umland. Mo–Sa 9–12 und 14–18 Uhr, in der Saison länger. Rue Victor Hugo 8, ✆ 02.98.70.12.20, www.audierne-tourisme.com.

Verbindungen

- *Bus* Werktags 5 Busse über Pont Croix nach Douarnenez, 6 nach Quimper, 11 zur Pointe du Raz. Die Kurzstreckenlinie nach Pont-l'Abbé wird werktags 3-mal, sonntags 2-mal bedient.
- *Fähre zur Ile de Sein* Mehrere Boote zweier Gesellschaften halten den Passagierbetrieb aufrecht. Ab der zweiten Juliwoche bis Ende August 6-mal täglich (je 2-mal Vormittag, später Mittag, Nachmittag), ansonsten 2-mal (Vormittag). Rückfahrt von der Ile de Sein früher Mittag, Nachmittag und früher Abend bzw. nur am frühen Abend. Fahrtdauer etwa 70 Minuten, aktuelle Abfahrtszeiten bei der Tourist-Info oder direkt bei Vedette Biniou bzw. Penn Ar Bed. Ablegestelle (Lieu d'Embarquement) von Penn Ar Bed 3 km außerhalb von Audierne am Plage Ste. Evette. Rückfahrbillett 22 €, Kinder bis 10 Jahre 13,50 €. Penn Ar Bed, Gare Maritime Ste. Evette, ✆ 02.98.70.70.70, contact@pennarbed.fr; Vedette Biniou, Rue Racine 8, ✆ 02.98.7021.15, vedette-biniou@caramail.com.

Diverses

- *Fahrradverleih* Nur im Juli und August: **Locabike**, ✆ 02.98.70.11.37.
- *Kino* Das **Cinéma Le Goyen** wirft in der HS in einer Parallelstraße des Kais seinen Projektor an. Rue Louis Pasteur, ✆ 02.98.70.22.30.
- *Markt* Obst und Gemüse gibt es jeden Mittwoch frisch vom Erzeuger. Am Samstag breiten sich die Stände des Großen Marktes auf dem Place de la Liberté und dem Place de la République aus.
- *Tennis* Der örtliche Tennisclub vermietet 4 Courts hinter dem Strand. Anmeldung ✆ 02.98.70.20.29.
- *Veranstaltungen* Vielfältige kulturelle (Konzerte), sportliche (Schwerpunkt Wasser) oder Ausflugsangebote offeriert die Touristinfo in den beiden Hochsommermonaten – für jeden ist etwas dabei.
- *Wassersport* Alle Aktivitäten am Strand von Ste. Evette. Segeln, Surfen, Tauchen. Schulungen und Verleih. 2 Adressen: **Club Nautique de la Baie d'Audierne**, Segelschule und Verleih, ✆ 02.98.70.21.69, www.voile-capsizun.com; **Modeo Surf Club**, Quai Anatole France, ✆ 02.98.70.07.98.

Übernachten/Essen

*** **Hotel le Goyen**, in Audierne-Ville, südlich vom Zentrum Richtung Plage Ste. Evette an der Mündung des Goyen. 27 gute Zimmer, gepflegtes Restaurant (siehe Essen) und die Annehmlichkeiten der gehobenen Klasse. DZ 47–135 €, HP 70–120 €, Frühstück 11,50 €. Geöffnet von April bis Oktober. Place Jean Simon, ✆ 02.98.70.08.88, www.le-goyen.com.

** **Hotel Roi Gradlon**, beim Plage Ste. Evette; 19 ordentliche Zimmer, Restaurant (Menu ab 16 €). DZ je nach Standard 42–65 €, HP 71–81 €. Von Februar bis Mitte Dezember geöffnet. Avenue Manu Brusq 5, ✆ 02.98.70.04.51, www.auroigradlon.com.

** **Hotel l'Horizon**, ebenfalls in Audierne-Plage; mit seinen 50 unterschiedlichen Zimmern ist der Riese des Städtchens die preiswerteste und einfachste Übernachtungsadresse. Ordentliches Restaurant. DZ je nach Standard 34–55 €, HP 42–56 €. Geöffnet von April bis September. ✆ 02.98.70.09.91.

- *Essen* **Le Goyen**, das Restaurant des Hotels am Fluss. Fast Wohnzimmeratmosphäre herrscht in dem gediegenen Restaurant, dessen Küche einen exzellenten Ruf genießt. Die Spezialitäten kommen alle aus dem Meer, Menüs 15–70 €. Place Jean Simon, ✆ 02.98.70.08.88.

Camping

Mehrere fast standardgleiche Plätze um Audierne und in der Nachbargemeinde Plouhinec im Osten versorgen Campeurs und ihre Familien. Eine Auswahl:

** **de Kerivoas**, an der Straße nach Esquibien im Westen Audiernes. Kleiner, anspruchsloser Standardplatz, einziges Extra ist der Laden für das Nötigste. 25 Stellplätze. Geöffnet vom 1.6. bis 15.9. ✆ 02.98.70.26.86.

** **de Larenvoi**, ein etwas abschüssiges Gelände links neben der Straße von Plouhinec nach Audierne. Wer im Inneren des Wiesenareals mit Bäumen einen Platz findet, ist vor Lärm etwas geschützt. Hinweis: Die flachen der 75 Stellplätze sind zuerst besetzt. Geöffnet vom 15.6.–15.9., danach eingeschränkter Betrieb. ✆ 02.98.70.89.38.

** **Municipal de Kersiny**, das meernächste Areal. Ein offener Platz am Hang über dem Atlantik, niedrige Hecken schützen zumindest die Füße vor Wind. Kleiner Laden, kleiner Spielplatz, kleine Gerichte. 100 Stellplätze. Geöffnet vom 1.4.–30.9. Rue Nominoé 1, ✆ 02.98.70.82.44, www.campingkersiny.com.

Baden

Plage Ste. Evette *(Plage d'Audierne)*: Ein knapp 1 km langer, bei Flut noch bis 50 m breiter, im Sommer gut besuchter Strand unterhalb der Strandpromenade. 2 km westlich vom Zentrum in geschützter Südlage mit allen Einrichtungen: Umkleidekabinen, Segelschule, Kinderclub etc.

Plage de Kersiny: Ohne Infrastruktur, etwa 4 km südöstlich von Audierne unterhalb von Plouhinec. In jeder Hinsicht zweite Wahl nach dem Stadtstrand. Der Dünenstrand vor Felsriffen ist knapp 400 m lang, bei Flut noch 50 m breit.

Plage de Penhors: Ein Stück südlich vom Kersiny-Strand, eine Stichstraße führt von Plouhinec an die Küste. Mehrere Kilometer karge Küste mit eingestreuten Ferienhäuschen. Viel Wind, bei Ebbe jede Menge Sand und bei Flut gewaltig viel Meer. Ideal zum Baden und für längere Strandspaziergänge, auch in der Hochsaison relativ einsam.

Côte de Cornouaille
Karte S. 375

Halbinsel Sizun / Umgebung

Ile de Sein: Schon früh haben sich Menschen der starken Strömung des felsgespickten *Raz de Sein* ausgesetzt und die Insel im Sonnenuntergang besucht: Der letzte Landklecks vor der Unendlichkeit des Ozeans war der glückseligen Region der Unsterblichen am nächsten. Später hatten die Kelten auf der Insel der Feen und der Toten eine Kultstätte und begruben hier vielleicht ihre Druiden. Ein Dolmen und einige Menhire bei der Kirche erinnern an die Frühzeit des Homo sapiens.

In früheren Zeiten galten die Bewohner der kargen Insel, die sich nie autark ernähren konnten, als Piraten und Strandräuber. Die Tourismusmanager des Finistère legen allerdings Wert auf die Feststellung, dass ihnen a) nichts zu beweisen ist und sie sich b) mittlerweile in "aktive Lebensretter" verwandelt haben. Heute leben etwa 500 Menschen wegen der ungünstigen Erwerbsbedingungen steuerfrei auf dem flachen, baumlosen Eiland, das sich 7 km vor der Pointe du Raz wie ein langschwänziges Fabeltier im Meer windet. Gerade 1 qkm groß ist das gut durchlüftete Inselchen, Anbauflächen gibt es keine, nur das Meer liefert seinen Fisch. Boote dümpeln im Hafen, die Häuser von *Le Bourg* ducken sich zum Schutz vor dem Wind eng zusammen, Hummer werden gezüchtet, der Leuchtturm weist die Passage – für viel mehr wäre auch kein Platz. Vielleicht ist es die Überschaubarkeit des winzigen Landfleckens, der für die Anziehungskraft der Insel sorgt – in der Saison drängen sich die Tagesgästescharen in den Gassen von Le Bourg.

Im Zweiten Weltkrieg blieben neben Frauen und Kindern nur der Pfarrer und der Leuchtturmwärter auf der von deutschen Soldaten besetzten Insel zurück. Der Rest der männlichen Bevölkerung, 144 Seefahrer, schloss sich der Exilarmee von General *de Gaulle* an, der dies nach Soldatenart mit einem markigen Spruch zu honorieren wusste: "Wie viele seid ihr?" "144, mon Général!" "Sein ist also die Hälfte Frankreichs!" Von dieser Hälfte kehrten 36 nicht mehr zurück.

• *Übernachten* ** **Hotel Ar-Men**, 10 Zimmer mit Dusche/WC, alle mit Meerblick. Restaurant. DZ 48–62 €. Ganzjährig geöffnet. Route du Phare, ✆ 02.98.70.90.77.

Hotel les Trois Dauphins, das alteingesessene Inselhotel mit 7 Zimmern und einem Restaurant (Spezialität Hummerragout und Crêpekreationen). DZ 32–55 €. Ganzjährig geöffnet. ✆ 02.98.70.92.09.

• *Camping* Auf einem Fleckchen Land im Süden Le Bourgs, das der Gemeinde gehört. Die Modalitäten werden im Rathaus erledigt.

Pays Bigouden

Das Bigouden-Häubchen, die traditionelle Kopfbedeckung der hiesigen weiblichen Bevölkerung, gab dem Bigoudenland seinen klingenden Namen. Nach offiziellen Angaben tragen heute noch etwa 3000 Frauen die hohe Spitzenhaube, die dazugehörigen gelb und rot bestickten Trachten lassen allerdings auch sie im Schrank hängen – diese werden nur zu Festtagen ausgepackt.

Das *Pays Bigouden* erstreckt sich über die *Halbinsel Penmarc'h* zwischen den Ufern der *Odet* und des *Goyen* in der Bucht von Audierne. Bis zum 16. Jh. war die Halbinsel mit der Hauptstadt *Pont-l'Abbé* einer der wohlhabendsten Landstriche der Bretagne. Dann schlug das Schicksal zu: Die Kabeljauschwärme wanderten ab, einheimische Großräuber und plündernde Engländer brandschatzten immer wieder das Land, das mehr und mehr verarmte und am Rande der westlichen Zivilisation nur mehr eigensinnig vor sich hindämmerte.

Die Bewohner des Bigoudenlands gelten als eigener Schlag unter den Bretonen, und viele Klischees werden über sie verbreitet: Mehr der Vergangenheit als der Zukunft zugewandt sei die bretonische Sprachinsel, derb, stolz, auf Eigenständigkeit bedacht. Daran scheint etwas zu sein: "*Wir Bigoudins stehen in dem Ruf, eben anders zu sein. Das muss wahr sein, denn alle sagen es, nicht zuletzt wir selbst. Nur, wir sagen es etwas anders als alle.*" (Pierre Jacques Hélias, Bigoude)

Über das flache Land sind zahllos die spitzgiebeligen Häuser verstreut, die weiß in der Sonne glänzen. Die Äcker werden bis nahe an den Atlantik bestellt. Die Küste des Bigoudenlands ist felsig, von Riffen umgeben und durchsetzt von kleinen Häfen. Der Fischfang spielt trotz intensiver Landwirtschaft die Hauptrolle im Wirtschaftsleben. Die kleinen Küstenorte von *St. Guénolé* bis *Loctudy* sind allesamt rege Fischerhäfen. Jährlich entreißt die insgesamt 450 Schiffe zählende Fangflotte dem Meer 35.000 Tonnen Fisch und Schalentiere und liegt damit an der Spitze der französischen Fischfangstatistik.

Viele, wenn auch unspektakuläre Megalithdenkmäler und einige Kirchen und Kapellen, allen voran der *Calvaire von Notre-Dame-de-Tronoën*, sind das kulturelle Erbe dieses Landstrichs, doch Hauptanziehungspunkt ist die Küste. Segler und Surfer werden besonders zu einem Aufenthalt animiert, aber an den Stränden von Le Guilvinec bis Loctudy – lange, für den Atlantik charakteristische Dünenstrände – fühlen sich auch Badegäste und Fußfischer gut aufgehoben. Fazit: ein klassisches, für Südküstenverhältnisse eher noch ruhig-provinzielles bretonisches Urlaubseck.

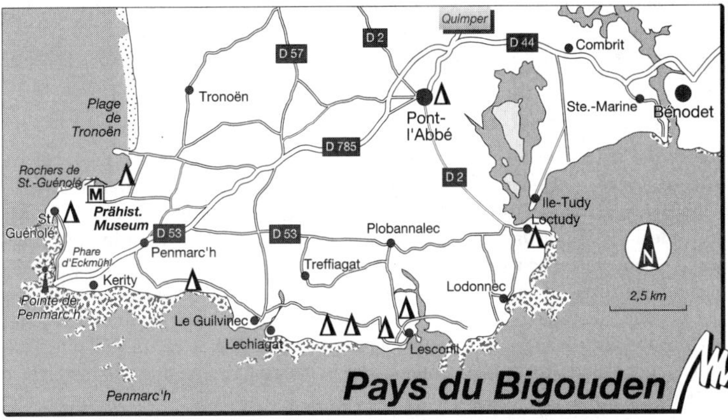

Côte de Cornouaille
Karte S. 375

St. Guénolé

Gierige Möwen, Fischfabriken, eine Handvoll Hafenbars – St. Guénolé ist nach Concarneau und Lorient einer der größten bretonischen Sardinenhäfen. Der Fang wird, für alle Menschen ohne Schnupfen unschwer festzustellen, gleich vor Ort verarbeitet. Weitere Sensationen: Der Kabelstrang, der Europa mit Amerika telefonisch verbindet, verlässt am *Pors-Carn-Strand* das Wasser, und das *Vorgeschichtliche Museum* von St. Guénolé ist nach dem von Carnac immerhin das zweitbedeutendste seiner Art in der Bretagne. Kleinsthotels und Campings sind die Anzeichen, dass St. Guénolé auch im Tourismus seine kleine Rolle spielt. Die Felsen von St. Guénolé, einfach *les Rochers*, sind dem stärksten Ansturm des Atlantiks ausgesetzt – nirgendwo sonst in der Bretagne können die Wellen mit solcher Gewalt an das Land donnern. Neben den Felsen beginnt der lange Dünenstrand Pors Carn, der sich hinüber zur *Pointe de la Torche* zieht – Platz für alle, das kinderfreundlichste Stück in einer kleinen Bucht nah den *Rochers*

- *Postleitzahl* 29760
- *Verbindung* St. Guénolé ist Endpunkt der **Bus**strecke von und nach Quimper. Werktags bis zu 9 Busse, sonntags 6-mal.
- *Übernachten* ** **Hotel de la Mer**, am Schlenderboulevard von Guénolé; 15 Zimmer in solider Mittelklasse, z. T. mit Meerblick, Restaurant. DZ 46–54 €. Frühstück 7,50 €. Im Januar geschlossen. Rue F. Péron 184, ✆ 02.98.58.62.22.
- *Camping* ** **Domaine de la Joie**, der einzige Platz bei St. Guénolé/Penmarc'h in Meernähe. Die *Domäne der Freude* liegt hinter der Durchgangsstraße gegenüber einer Fina-Tankstelle. Großer, schlichter Normplatz mit einfachen Sanitärs und einigen Extras: Schwimmbecken, Waschmaschine, Tennis, Minigolf, Hüttenvermietung. 244 Stellplätze. Geöffnet von April bis 15.9. ✆ 02.98.58.63.24.

Sehenswertes

Prähistorisches Museum *(Musée préhistorique finistérien)*: Megalithen vor dem Bau kündigen an, worum es bei der pädagogisch strukturierten Sammlung geht. Die Exponate aus dem gesamten Finistère mit Schwerpunkt Halbinsel Penmarc'h umspannen die Jahrtausende von der Steinzeit bis zur römischen Besetzung. Die Gräber und Menhire sind aus Platzgründen im Garten, die zahlreichen Funde aus der Frühgeschichte des Menschen werden in zwei Ausstellungsräumen gezeigt. Aufsehenerregend in Saal 1 die Totenstadt aus der Eisenzeit.

Öffnungszeiten Juni bis September täglich außer Dienstag 10–12 und 14–18 Uhr, in der NS nur nach Anmeldung. Erwachsene 3 €, erm. 2 €. ✆ 02.98.58.60.35.

St. Guénolé / Umgebung

Pointe de la Torche: Hier greift der Atlantik auf breiter Front an. Zwischen St. Guénolé bis vor Audierne zieht sich ein etwa 25 km langer, dünenbegrenzter Sand-/ Kiesstreifen, an den ein meist unruhiges Meer anbrandet – für Badende gefährlich, doch ideal für Surfer und ein Traum für das Funboard. Die einsam ins Meer bleckende Landspitze teilt die lange Strandzone in zwei riesige, weißsandige Badebuchten mit exzellenten Gleitbedingungen. Hier, in dem Worldchampionship-Revier bei der Pointe de la Torche trifft man sich jedes Jahr zum Funboard-Festival. Als Zugabe zum kleinen Spaziergang an die Landspitze gibt es am Ziel alte Kult- und neuere Militärarchitektur: Unter einem frei zugänglichen *Langgrab* mit einigen Seitenkammern auf der Kuppe der Pointe de la Torche duckt sich unterhalb, aber dominierend ein betonierter, verschlossener *Wehrmachtsbunker.*

- *Wassersport* **Ecole de Surf de Bretagne** hat einen Stützpunkt an der Pointe; Schule (vom Tages- bis zum Wochenkurs), Zubehörladen und Verleih. Geöffnet von Ostern bis Allerheiligen. La Torche, 29120 Plomeur, ✆ 02.98.58.53.80.
- *Camping* *** **de la Torche**, unweit der Landspitze (ausgeschildert); guter, neuerer Platz, idealer Stützpunkt für die Surfgemeinde. U.a. Spielplatz, beheiztes Schwimmbecken und Sportgelände (Volleyball, Fußund Basketball). 155 Stellplätze. Geöffnet von Anfang April bis September. 29120 Plomeur, Roz An Tremen, ✆ 02.98.58.62.82, www.campingdelatorche.fr.

Notre-Dame-de-Tronoën: Im Heideland hinter breiten Dünen in Sichtweite des Meers steht eine Crêperie, ein Stück dahinter in den Dünenausläufern die schlichte *Kapelle Notre-Dame-de-Tronoën,* deren Türmchen zierlich aus der Dachmitte in

Pointe de la Torche

Der älteste Calvaire der Bretagne steht in Tronoën

den Himmel ragt. Gleich neben der Kapelle aus dem frühen 15. Jh. trotzt der älteste *Calvaire* der Welt den Zeiten – seit 1450 ist er dem Erosionsprozess ausgesetzt. Die Figuren im hellgrauen Stein sind verwittert, Regen und Wind haben manche Gesichter geglättet und unleserlich gemacht. Auch Marias Konturen, die so gut wie nackt im Bett liegt, und die des Jesuskindes sind verwaschen. Doch geschadet haben Wasser, Salz und Wind der Ausdruckskraft nicht.
Drei Kreuze erheben sich vom Sockel, auf zwei Ebenen lehnen sich die unterschiedlich großen und gestalteten Figuren (zwei Künstler?) an eine Steinplatte. Zwei Szenen der Passionsgeschichte wurden nur auf diesem Calvaire ausgeführt: Nur in Tronoën erscheint der wiederauferstandene Jesus als verkleideter Gärtner der überraschten Maria-Magdalena, und nur in Tronoën tragen die Schächer, hinter Jesus hergehend, wie der Gottessohn ihre Kreuze eigenhändig auf den Schädelberg hinauf.
Pardon Am 3. Sonntag im September.

Kapelle von Languidou: Die Kapelle für St. Quidon ist heute eine Ruine – aber was für eine. Im 12. Jh. errichtet und im 16. Jh. mit einer wandfüllenden Fensterrosette geschmückt, wurde die Kapelle nach der Revolution verkauft und teilweise abgetragen. Heute steht die Ruine einsam und verlassen inmitten von Feldern, verstreuten Höfen und weidenden Schafen. Das Dach fehlt, doch einige Reliefs, Rundbögen des Mittelgangs und vor allem die granitene Fensterrose sind gut erhalten.
Anfahrt Von Ploneur-Lanvern auf der D 2 knapp 3 km nordwestlich nach Tréogat, dort die erste Straße links, von da noch 3 km (ab Tréogat beschildert).

Penmarc'h

(ca. 6500 Einwohner)

Der Verwaltungsort der umliegend verstreuten Kleingemeinden unmittelbar hinter der *Pointe de Penmarc'h* besitzt im Ortsteil *Kérity* ein Wahrzeichen: Kantig und braun wächst am Ende der Hauptstraße kurz vor dem Meer der düster gemauerte

Côte de Cornouaille
Karte S. 375

Einer der höchsten: Leuchtturm Eckmühl

Leuchtturm mit dem schönen Namen *Phare d'Eckmühl* über die Hausdächer hinaus. Mit 65 m Höhe ist er einer der höchsten Leuchttürme Frankreichs, benannt hat ihn die noble Stifterin nach ihrem Vater, *Louis Nicolas Davout*, Fürst von Eckmühl, ein General Napoléons. Neben dem Leuchtturm steht seit Jahrhunderten die *Kapelle Notre-Dame-de-la-Joie* gefährlich nah am Gestade; eine Mauer muss das Meer zurückhalten, der Glockenturm ist verwittert wie der Calvaire von Notre-Dame-de-Tronoën.

Im Zentrum von Penmarc'h gilt die klassisch-gotische *Kirche St. Nonna* mit dem zierlichen Glockentürmchen als ein Musterbeispiel des bretonischen Flamboyant. 1508 von einheimischen Reedern gestiftet, wurde sie in der Blütezeit Penmarc'hs hochgezogen. Am dicken Westturm, nie vollendet, sind noch typische Reliefs der Küste erhalten: Schiffe und Fische.

Als der Räuber *La Fontenelle*, der mit seinen Gesellen am Ende des 16. Jh. zum Zwecke der Brandschatzung eine Rundreise über die Halbinsel unternommen hatte, 3000 Bauern samt ihren Familien töten ließ, die sich in der Kirche sicher wähnten, war das wirtschaftliche Schicksal der Gemeinde auf Jahrhunderte besiegelt. Erst der Aufschwung nach dem 2. Weltkrieg brachte wieder mehr Leben in diese Region.

Hinweis: "Die frische und jodhaltige Luft fördert das Wachstum der Kinder und lässt den Erholungsurlaub der Erwachsenen gelingen." (Eigenwerbung)

- *Postleitzahl* 29760
- *Information* Das O.T. von Penmarc'h bietet in der HS eine große Auswahl an Veranstaltungen und Ausflügen an. Geöffnet von Mitte Juni bis Mitte September Mo–Sa 10–12.30 und 14–19 Uhr, So 14–18 Uhr. Ansonsten von Mo–Fr 9.30–12.30 und 14–18 Uhr, Sa 14–18 Uhr. Place du Maréchal Davout, ✆ 02.98.58.81.44, www.penmarch.fr.
- *Verbindung* Penmarc'h liegt an der **Bus**strecke Quimper-St. Guénolé. Werktags bis zu 9 Busse.
- *Fahrradverleih* **Le Buhannic-Jacquinet**, ✆ 02.98.58.75.32.
- *Feste* Jedes Jahr am zweiten Sonntag im August steigt das Kormoran-Fest.
- *Markt* Am Freitagvormittag ganzjährig in St. Guénolé, in der HS außerdem Montagabends ab 17.30 Uhr am Fuße des Leuchtturms, und Mittwochmorgens im Ortsteil Kerity, speziell für *produits bigouden*.
- *Pardon* Für Notre Dame de la Joie, am 15 August.
- *Wassersport* **Centre nautique de Penmarc'h**, Segel- und Surfkurse für Anfänger und Fortgeschrittene. Pyramide du Ster, ✆ 02.98.58.64.87, penmarch.nautique@laposte.net.

Sehenswertes

Centre de Découverte Maritime: Seit seiner umfassenden Innenrenovierung ist der Leuchtturm aus dem Jahr 1835 Mittelpunkt des Zentrums der maritimen Entdeckung (Meeres-Entdeckungsmuseum). Noch finden auf dem Gelände jährlich wechselnde Ausstellungen statt, doch in absehbarer Zeit soll eine feste Abteilung die Penmarc'her Geschichte dokumentieren. Im Rahmen der Besichtigung darf der Leuchtturm auch bestiegen werde – aber nicht mehr als 20 Personen, und bitte den Leuchtturmwärter nicht stören, damit wegen Ihnen kein Schiff sinkt.

Öffnungszeiten In der HS täglich 10.30–12.30 und 14–19 Uhr, in der NS täglich außer Dienstag von 14–18 Uhr. Eintritt 3,50 €, Kinder und Soldaten 1,50 €.

Le Guilvinec (ca. 4000 Einwohner)

An den beiden Ufern einer tief eingeschnittenen Flussmündung, die als Hafen dient, haben sich zwei Orte angesiedelt. Le Guilvinec am westlichen Ufer ist der größere, ein lebhaftes Fischerstädtchen mit Hafenreede, Konservenfabriken, Campings und einem Hotel. Wenn die Boote am Nachmittag wieder heimkommen, finden sich an der *Criée*, der Fischversteigerungshalle, Schaulustige, Kleinkunden und Großhändler gleichermaßen ein. Anziehungspunkt von Le Guilvinec ist sein langer Strand, ein 5 km langer Sandstreifen Richtung Penmarc'h schließt sich westlich von Le Guilvinec an – ruhige, geschützte Plätze in den Dünen oder nur ruhige am Strand.

- *Postleitzahl* 29730
- *Information* Das kleine Office du tourisme liegt am Hafen. Juli bis August Mo–Sa 10–12.30 und 15–19 Uhr. Von September bis Juni mindestens Di–Sa 10.30–12.30 Uhr. Rue de la Marine 62, ✆ 02.98.58.29.29, www.leguilvinec.com.
- *Verbindung* Siehe Penmarc'h.
- *Criée* Sehenswerte Frischfischpreisverhandlungen um 6.30 und 16.30 Uhr. Das O.T. organisiert in der HS von Mo–Fr nachmittags Besichtigungen.
- *Fahrradverleih* **Peuziat** in der Rue de la Paix verleiht zu gängigen Konditionen Velos. ✆ 02.98.58.20.17.
- *Markt* Jeden Dienstag bunter Wochenmarkt am Place de l'Eglise. In der HS auch Sonntagmorgen.
- *Übernachten* * **Hotel-Restauraunt du Centre**, mitten im Ort mit kleinem Gartenbetrieb, familiärem Restaurant und 9 Zimmern, fast alle davon mit Dusche/WC. Monsieur Le Mann ist auch der Chef einer gehobenen Küche, Spezialität: Meeresfrüchte à la carte oder im Menü (15–45 €). DZ 40–51 €. Ganzjährig geöffnet. Rue Penmarc'h 16, ✆ 02.98.58.10.44.
- *Camping* *** **la Plage**, westlich der Ortschaft nach dem Abzweig Penmarc'h/Zentrum am Meer. Riesiges, sehr gut ausgestattetes Areal, auch als längere Bleibe geeignet. Schwimmbecken, Minigolf, Fahrradverleih. 410 Stellplätze. Geöffnet vom 1.5. bis 11.9. Ster Poulguen, ✆ 02.98.58.61.90, www.campingsbretagnesud.com.

** **Municipal de la Grève blanche**, am Ortseingang Richtung Penmarc'h. Kahles Gelände zwischen Dünen und Straße, ordentliche Sanitärs. 100 Stellplätze. Geöffnet vom 20.5.–30.9. ✆ 02.98.58.56.20 (HS) oder 02.98.58.93.13 (NS).

Lechiagat

Das kleine Anschlussdorf von Le Guilvinec direkt hinter der Brücke bildet zusammen mit *Treffiagat* eine Gemeindeeinheit unter treffiagatischer Oberhoheit. Das ruhige Lechiagat mit seinem kleinen Yachthafen ist der touristischere der beiden Orte an den Mündungsufern. Ebenfalls ein längerer Sandstrand mit Dünenbegrenzung unterhalb der *Rue des Dunes* schließt sich an Lechiagat an – 4 km weißer

Karte S. 375

Vor pittoreskem Hintergrund: die vereinigte Fangflotte von Le Guilvenec und Lechiagat

Sand in allen Körnungen. Der Abschnitt gleich hinter Lechiagat fällt wegen seiner Algen und seiner Enge bei Hochwasser gegenüber den folgenden Kilometern ab.

- *Verbindung* Siehe Penmarc'h.
- *Markt* Jeden Samstagvormittag am Place du Marché.
- *Wassersport* **Centre nautique de Lechiagat**, Surf- und Segelkurse für Einzelpersonen, Familien und Gruppen. ✆ 02.98.58.21.58.
- *Übernachten* ** **Hotel du Port**, 40 ordentliche Zimmer und ein Restaurant am Hafenbecken stehen ganzjährig der Klientel zur Verfügung. DZ je nach sanitärem Standard 41–55 €, Frühstück 8 €. Avenue du port, ✆ 02.98.58.92.96.
- *Camping* ** **des Ormes**, östlich von Lechiagat unterhalb der Straße nach Lesconil. Flaches, heckengesäumtes Wiesengelände, 300 m zum Strand. Brotverkauf, Waschmaschine u. a. 76 Stellplätze. Geöffnet vom 1.5.–30.9. ✆ 02.98.58.21.27.

** **Karreg Squividen**, kurz danach, Heckenplatz, passable Sanitärs, Anschluss zum Bauernhof, 200 m zum Strand. Gespanne haben es schwer, enge Zufahrt. 75 Stellplätze. Geöffnet vom 15.6.–15.9. ✆ 02.98.58.22.78.

** **Municipal le Merlot**, 800 m landeinwärts an der Verbindungsstraße, ruhig. 125 Stellplätze. Geöffnet vom 15.6.–15.9.
✆ 02.98.58.03.02 oder 02.98.28.20.08.

Lesconil (ca. 3000 Einwohner)

Weit ins Land windet sich der Meeresarm *Le Steir*, der von vier kleinen Flüsschen Zulauf erhält. Am Ende des Fjords liegt das nette Lesconil. Eine Fischfabrik, viele Neubauten und einige Hotels: Der Fischereihafen an der Westmündung des Meeresarms wird jeden Sommer für wenige Wochen ein touristisches Nebenzentrum im Schatten des größeren Loctudy, dann zieht wieder die Ruhe des Bigoudenlands ein. Im Hafen ist Platz für 30 Fischkutter, werktags täglich um 17.30 Uhr wird der Fang vor Ort versteigert, dann ist – ausgenommen den Pardon am dritten Augustsonntag – immer am meisten los in Lesconil.

Gebadet wird am *Grande Plage* – 1 km lang und schneeweiß zieht sich der beliebte Strand ab der Mündung des Steir nach Westen hin.

- *Postleitzahl* 29740 Plobannalec-Lesconil
- *Information* O.T. seit einigen Jahren mit Pont l'Abbé zusammengelegt als O.T. de Pont l'Abbé-Plobannalec-Lesconil. Sehr rührig, informiert auch über die in den beiden Sommermonaten recht zahlreichen Veranstaltungen, deren Termine und eventuelle Kosten. Von April bis September 9.30–12.30 und 14–17 Uhr, ansonsten nur Di und Fr 9.30–12.30 Uhr. Rue Pierre Loty 4, ✆ 02.98.87.86.99, www.ot-pontlabbe29.fr.
- *Verbindung* Lesconil ist Endstation der **Bus**linie Quimper–Pont-l'Abbé–Loctudy–Lesconil. Werktags 5 Busse ab Quimper, sonntags 4.
- *Markt* Mittwochvormittag.
- *Waschsalon* Auch in der Hochsaison aprilfrisch-Laverie automatique in der Rue de la République 1, täglich 8–22 Uhr.
- *Wassersport* Diverse Segel- und Surfkurse beim hiesigen **Centre nautique**, Büro in der Rue Victor Hugo 2, ✆ 02.98.87.89.43.
- *Übernachten* ** **Grand Hotel des Dunes**, ansehnliches 50-Zimmer-Hotel mit Seebadatmosphäre und guter Sanitärausstattung, die Zimmer meist mit Meerblick. DZ 56–70 €, HP 60–70 €, Frühstück 7,50 €. Geöffnet von Anfang April bis Ende Oktober. Rue Laënnec, ✆ 02.98.87.83.03, grand.hoteldesdunes@wanadoo.fr.

** **Hotel du Port**, zufriedenstellendes Hafenhotel mit 12 unterschiedlich ausgestatteten Zimmern. Restaurant. DZ 42–51 €, HP 49–53 €, Frühstück 6,50 €. Geöffnet vom 1.4. bis Ende Oktober. Rue du Port 4, ✆ 02.98.87.81.07.

- *Camping* *** **La Grande Plage**, am westlichen Ortseingang an der Straße und 200 m vor dem Wasser. Gut eingerichteter Platz mit ordentlichen, behindertenfreundlichen Sanitärs, Laden, Fahrradverleih, Fernsehraum, Minigolf etc. 100 Stellplätze. Geöffnet von Ostern bis 30.9. ✆ 02.98.87.88.27 .

*** **des Dunes**, gleich daneben; vom Platz her ein wenig bescheidener, doch gleichfalls nett eingerichtet, 100 m vom Strand, sehr gute Infrastrukur inkl. Baby-Bowling und Fischbehälter, gute Sanitärs. 120 Stellplätze. Geöffnet von Ende Mai bis 15.9. ✆ 02.98.87.81.78.

** **Keralouet**, eine billigere, aber unidyllischere Alternative am östlichen Ortsende neben der Straße nach Loctudy. 64 Stellplätze. Geöffnet vom 15.5.–30.9. ✆ 02.98.82.23.05.

Côte de Cornouaille
Karte S. 375

Loctudy (ca. 3500 Einwohner)

Gleich neben dem modernen Fischerhafen sind die Liegeplätze des Yachthafens: Loctudy ist ein florierender Fischer- und Urlaubsort. Zusammen mit der gegenüberliegenden Halbinsel *Ile Tudy* bildet die Landspitze von Loctudy den schmalen Einlass in die *Mündungsbucht des Pont-l'Abbé*. Neben den Anwesen der Einheimischen und dem Hafen bestimmen Villen und lauschige Gärten das Ortsbild. Direkt vor und um Loctudy am westlichen Ende der Bucht von Bénodet hat die Natur einige Strände eingerichtet. Der Hauptstrand *Plage de Langoz*, 400 m Sand mit Felsriffen, ist am ortsnächsten, am besten ausgerüstet und am meisten besucht. Die Strände von *Kervizec* und *Lodonnec* schließen sich an.

Information/Verbindungen

- *Postleitzahl* 29750
- *Information* Das kleine O.T. informiert in der Ortsmitte beim Hafen. In der Saison Mo–Sa 9–12 und 14–19 Uhr, in der NS 9–12 Uhr, außer Mittwoch und Sonntag. Place de la Mairie, ✆ 02.98.87.53.78, www.loctudy.fr.
- *Verbindung* Loctudy liegt an der **Bus**strecke Quimper/Pont-l'Abbé/Lesconil. Werktags 5 Busse ab Quimper, sonntags 4.

Boot nach Ile Tudy, während der Hochsaison befördern kleine Boote laufend Gäste über die kleine Meerenge zwischen Loctudy und Ile Tudy, in der Nebensaison entsprechend seltener oder gar nicht.

Ebbe bei Loctudy

Diverses

• *Bootsausflug* Vedettes de l'Odet lädt zur **Odet-Flussfahrt** nach Quimper (beschrieben unter Quimper/Umgebung, technische Einzelheiten Bénodet/Bootsausflug). Auskünfte und Billetts bei Vedettes de l'Odet im Hafenbüro, ✆ 02.98.87.45.63.

Die Fahrt zu den **Iles de Glénan** wird ebenfalls von Vedettes de l'Odet organisiert, Termine und Preise siehe Bénodet/ Verbindung. Informationen über die Glénan-Inseln siehe Concarneau/Umgebung.

Im Programm von Vedettes de l'Odet sind auch diverse **Angelausflüge**, für die die Gesellschaft mit dem Preis "für die touristische Innovation des Jahres 1997–1998" ausgezeichnet wurde. Morgens Profiangeln, nachmittags Familienfischen mit gemeinsamem Netzeinholen. Angelruten und Köder werden gestellt. Der Fang darf behalten werden.

• *Criée* Gefangene Meeresbewohner werden außer Sa und So täglich um 7 und 17 Uhr en gros an den Mann gebracht.

• *Fahrradverleih* **La Pédale Bigoudène**, ✆ 02.98.87.42.00.

• *Markt* Dienstagvormittag.

• *Wassersport* **Centre nautique** am Plage de Langoz, ✆ 02.98.87.42.84, der fünftgrößte Segelclub des Finistère. Schulungen und Verleih von Segelbooten, Kajaks oder Surfboards. Boote und Surfbretter vermietet auch **Locamarine** am Hafen, ✆ 02.98.87.95.95; fürs Tauchen zuständig ist **Bigouden Ranniged Ar Mor**, ✆ 02.98.82.00.95.

Übernachten/Camping

** **Hotel de Bretagne**, an der Straße zum Hafen, auch mit einem Stern mehr immer noch ein einfaches 14-Zimmer-Hotel. Kein Restaurant. Sanitär unterschiedliche DZ 45–60 €. Ganzjährig geöffnet. Rue du Port 19, ✆ 02.98.87.40.21, hoteldebretagne@msn.com.

• *Camping* Einige Plätze gleich nördlich vom Ortskern in Meernähe mehr oder weniger hintereinander, z. B.: ** **Municipal Kergall**, gleich neben der Segelschule, 100 Stellplätze, geöffnet von Ostern bis 30.9., Plage de Langoz, ✆ 02.98.87.45.93.

** **Les Hortensias**, direkt am Meer bei der Pointe de Kergall, 100 Stellplätze, geöffnet vom 1.4.–1.9., Rue de Tulipes, ✆ 02.98.87.46.64.

** **Les Mouettes** in der Rue Penhador ist der am besten ausgestattete und teuerste Platz. 68 Stellpätze, geöfffnet vom 15.6. bis 31.8. ✆ 02.98.87.43.51.

Weitere Campings auf der anderen Seite der Mündung bei und um Ile Tudy.

Sehenswertes

Kirche St. Tudy: Im Pfarrbezirk wird ersichtlich, dass Loctudy buchstäblich steinalt ist. Eine gallische, zwei Meter hohe *Grabstele* (Grabmal in Form einer aufrecht stehenden Platte oder eines Steins) im Friedhof wurde vor vielen Jahrhunderten christianisiert. Die *Kirche* stammt im Kern aus dem 12. Jh. und wurde im 15. und 18. Jh. zweimal umgestaltet. Von Kunstliebhabern wird sie wegen der keltischen Motive an Kapitellen und Sockeln der Säulen des Chorumgangs besucht, doch den immer noch romanischen Innenraum beschreiben auch ahnungslose Kirchen- und Kunstmuffel als sehenswert.

Ile Tudy

Eine lang gestreckte Landzunge mit viel Sand, etlichen Häuschen und kleineren Kiefernbeständen. Landeinwärts eine stille Lagune, auf der anderen Seite der Atlantik – die Halbinsel auf der Nordseite der Mündungsbucht des *Pont-l'Abbé* mit ihrem langen Dünenstrand ist ein geschätztes Baderevier. Die architektonisch reizvolle Amüsiermeile liegt an der Spitze der Halbinsel: ein fein herausgeputztes Ensemble aus Bars, Crêperien, Restaurants und Hotels auf engstem Raum.

• *Postleitzahl* 29980

• *Information* Kleines O.T. im Hauptort Ile Tudy (gleich links der Einfallstraße). Informationen zu den üblichen Öffnungszeiten, allerdings nur von April bis September. Rue des Roitelets 1, ✆ 02.98.56.30.14, in der HS 02.98.56.42.57.

• *Verbindung* **Bus**anschluss nach Quimper und Pont-l'Abbé, **Boote** nach Loctudy.

Bootsausflug Uferrundfahrt durch die **Rivière de Pont-l'Abbé**; Einzelheiten siehe Loctudy/Bootsausflug.

• *Markt* Montagvormittag.

• *Wassersport* Der **Club de Voile** schult Kinder und Erwachsene; Rue des Mousses 1, ✆ 02.98.56.43.10.

• *Übernachten/Essen* * **Modern Hotel**, einfaches, doch sympathisches Logis-de-France-Etablissement in vorderster Front an der Inselspitze. Großzügiger Ausblick auf den Hafen, Essen im hoteleigenen **Restaurant le Malamok** mit seiner lebendigen Straßenbar. 22 Zimmer, davon 5 mit Meerblick. DZ 45–60 €, HP 50–60 €, Frühstück 6,50 €. November und Dezember geschlossen. Place de la Cale 9, ✆ 02.98.56.43.34.

• *Camping* *** **Pen Ar Palud**, etwa 150 m hinter dem Ne-Téven-Strand; schattiges Gelände mit einigen willkommenen Zusatzeinrichtungen, z. B. Fernsehraum und beheiztes Schwimmbecken. 60 Stellplätze. Geöffnet vom 1.6. bis 15.9. Avenue du Téven 6, ✆ 02.98.51.97.00.

** **Municipal le Sillon**, direkt am Ile-Tudy-Strand, gesichtsloser Normplatz mit 165 Stellplätzen. Geöffnet von April bis 15.9. ✆ 02.98.56.43.39, www.ile-tudy.com.

Karte S. 375

Pont-l'Abbé

(ca. 8000 Einwohner)

Ihren Namen erhielt die Stadt beidseits eines Meeresarms von der ersten Brücke, die ein Abt von Loctudy im 7. Jh. hier schlagen ließ. 1400 Jahre später besitzt Pont-l'Abbé immerhin zwei Brücken, ein Château, die Stadtkirche, eine kerzengerade Hauptstraße und um die Zentrumsachse das niedrige Häusergewirr einer betagten Kleinstadt. Bis ins 16. Jh. spielte Pont-l'Abbé eine bedeutendere Rolle auf der Geschichtsbühne: In der Hauptstadt des damals reichen Bigoudenlands liefen die Fäden politischer und wirtschaftlicher Macht zusammen. Während der Stempelpapierrevolte 1675 (siehe Geschichtskapitel/ Kasten Stempelpapierrevolte), an der die Bauern um Pont-l'Abbé maßgeblich beteiligt waren, hatten die repräsentativen Bauten der Stadt dementsprechend zu leiden: Das Schloss und die Kirche von Lambourg am anderen Ufer der *Rivière* gingen nach Ausbruch des Aufstands in Flammen auf.

Das alles ist Vergangenheit. Der behäbige Kleinhafen in der *Rivière de Pont-l'Abbé*, vor 450 Jahren ein emsiger Umschlagplatz, dient nun hauptsächlich der Freizeitschifffahrt als Refugium. Das wiederaufgebaute *Schloss* der einflussreichen Barone du Pont, die von ihrem Wohnsitz neben der Brücke seit dem 12. Jh. die Stadtgeschicke lenkten, wurde nach der Revolution ganz und gar verbürgerlicht. Zuerst war die Aristokratenbehausung ein Gefängnis, seit 1836 wickelt der Magistrat der Kleinstadt seine Amtsgeschäfte im noblen Rahmen ab, und seit 1955 teilt er sich mit dem Museum des Bigoudenlands brüderlich die Räumlichkeiten des einstigen Herrschaftssitzes.

"*Hebken*" – "So sind wir und so bleiben wir" ist das Motto der traditionsbedachten Stadt. Auch wirtschaftlich: Ein immer noch Früchte tragender Geschäftszweig ist die alteingesessene Möbelfabrikation, nach wie vor bekannt ist Pont-l'Abbé für feine Stickerei- und Spitzenarbeiten, von den einheimischen Ateliers für einen überregionalen Markt gefertigt.

Information/Verbindungen

- *Postleitzahl* 29122
- *Information* Mitten im Zentrum, am größten Platz der Stadt. Juni bis September Mo–Sa 9.30–12.30 und 14–18.30, im Juli und August auch So 10–12.30. In der NS Mo–Sa 9–12 und 14–17 Uhr. Place de la République 10, ✆ 02.98.82.37.99, www.ot-pontlabbe29.fr.
- *Verbindung* **Busse** halten an der Pont-Neuf und in der Rue Jules-Ferry, einer Seitenstraße der Hauptstraße Rue du Général-de-Gaulle. Anschlüsse Richtung Loctudy, St. Guénolé und Quimper (werktags bis zu 6-mal).

Diverses

- *Bootsausflug* Uferrundfahrt durch die **Rivière de Pont-l'Abbé**; Einzelheiten siehe Loctudy/Bootsausflug.
- *Einkaufen* Häubchen.
- *Fahrradverleih* Unweit des Schlosses bei **Le Loch**, Place de la République 28, ✆ 02.98.87.12.41.
- *Feste* Passend zur Hauptstadt des Bigoudenlands am zweiten Julisonntag la **Fête des Brodeuses**; mehrere tausend Besucher feiern das rauschende Fest der Stickerinnen, die für den guten Ruf der Stadt mitverantwortlich waren. Ein vollgestopfter Tag mit Trachten-Defilee, Tänzen, Gesängen und dem nachmittäglichen Höhepunkt: die Krönung der Königin der Stickerinnen, die später im Prunkzug zum Château geleitet wird. Den Abschluss bildet das obligatorische Fest Noz ab 21 Uhr, mit dem der Tag selig ausklingt. 1995 zum drittschönsten Fest Frankreichs gekürt, feierte die Häubchenfete 1999 ihren 90. Geburtstag. Wir freuen uns auf 2009! Am vierten Sonntag im September steht das **Tréminou-Fest** auf dem Programmkalender.
- *Kino* Die einzige Lichtspielstätte des Bigoudenlandes heißt Excelsior und residiert in der Rue Pasteur.
- *Markt* Jeden Donnerstag ganztägig an den Plätzen Gambetta und de la République.
- *Pardon* Am Sonntag nach dem 15. Juli Wallfahrt zur Notre-Dame-des-Carmes.
- *Parken* Großparkplatz an der Pont-Neuf, weitere zentrale Parkmöglichkeiten am Quai St.-Laurent und am Place de la République.
- *Reiten* Größere und kleinere Ausflüge mit dem Club Hippique de Pont-L'Abbé, ✆ 02.98.87.34.62.
- *Tennis* Netzball! Doppelfehler! Der örtliche Tennisclub spielt in der Rue des Chevaliers auf, ✆ 02.98.87.18.00; Gäste sind willkommen.
- *Waschsalon* La Lavanderie, zentral im Städtchen; Maschinen für die kleine (4 kg), die mittlere (8 kg) und die ganz ganz große Wäsche (16 kg); täglich 8–21.30 Uhr. Place Gambetta 1.

Übernachten/Camping

** **Hotel-Restaurant de Bretagne**, eine gute Adresse westlich der Rue Général-de-Gaulle am größten Platz. 18 Zimmer, Restaurant. Für die Preisklasse gute, nett eingerichtete Zimmer. DZ in der HS 42–63 €. Ganzjährig geöffnet. Place de la République 24, ✆ 02.98.87.17.22.

** **Hotel de la Tour d'Auvergne**, zwischen dem Place de la République und dem Place Gambetta. Ebenfalls nicht schlecht, 21 voll ausgestattete Zimmer hinter einer netten Fassade. Bar, Restaurant. DZ 44–58 €. Ganzjährig geöffnet. Place Gambetta 22, ✆ 02.98.87.00.47.

• *Camping* ** **Municipal de Pors Moro**, kleiner Wiesenplatz am gegenüberliegenden Mündungsufer (vom Schloss über die Brücke und rechts). 50 Stellplätze. Geöffnet vom 15.6.–15.9. Quai de-Pors-Moro, ✆ 02.98.66.09.09.

Sehenswertes

Château: Direkt am Nordufer des Meeresarms wohnten seit dem 13. Jh. standesgemäß die Barone du Pont gleich neben der zollpflichtigen Brücke, die zu ihren reichlichen Einkünften maßgeblich beitrug. Im 14. Jh. begannen die Arbeiten an der Schlossanlage, aus dem 15. Jh. stammt der unverändert wehrhafte Wohnturm. Erhalten sind der *Donjon*, das vorgesetzte, schlanke Uhrtürmchen *Tour de Gouet* und der angebaute *Wohntrakt*. Im 18. Jh. veränderten grundlegende Renovierungsarbeiten – dringend notwendig nach der Zerstörung durch die aufständischen Bauern im Jahr 1675 und einem weiteren Großbrand im 18. Jh. – das Gesicht der Schlossburg einschneidend: Im Zusammenspiel von luftigem Barock und abweisendem Mittelalter prägen nun große Fenster die einst lichtscheue Fassade und versorgen die Rathausbediensteten im Gegensatz zu den früheren Bewohnern mit ausreichend Tageslicht.

Museum: Das *Musée Bigouden* im Schloss widmet sich in vier übereinander liegenden Sälen des Donjons ausschließlich der regionalen Volkskunde. Der Schwerpunkt ist im 3. Stockwerk zu bewundern: die *Haube* in ihren prächtigsten und reichgesticktesten Variationen. Daneben bieten Trachten, Mobiliar, Handwerkszeug, Skulpturen, Bilder, Pläne, eine Bootsabteilung und Tonbanderläuterungen (Text von Jakez Hélias, Bigoude und Schriftsteller) einen kleinen Einblick über den vergangenen Alltag bretonischer Bauern, Seeleute und Bürger in einer immer noch traditionsverhafteten Region.

Öffnungszeiten Von Juni bis Ende September täglich 10–12.30 und 14–18 Uhr. Letzter Eintritt 45 Minuten vor Schließung. Erwachsene 3,50 €, erm. 2 €, Kombiticket mit Ökomuseum Erwachsene 5 €, erm. 2,50 €. ✆ 02.98.66.09.03 oder 02.98.66.09.09.

Das Bigoudenhäubchen

Die Entstehungsgeschichte der Coiffe Bigoudène, das höchste bretonische Damenhäubchen, ist typisch für die Region der ausgemachten Trotzköpfe. Nach der Stempelpapierrevolte von 1675 (siehe Kapitel Geschichte, gleichnamigen Kasten), die im Pays Bigouden besonders hohe Wellen schlug, lässt Ludwig XIV. etliche Kirchtürme zwischen Concarneau und Douarnenez schleifen. Und was machen die gedemütigten Bigoudiens bzw. deren Frauen? Sie schlagen auf ihre Weise zurück und kreieren die Coiffe Bigoudène. Das hohe Spitzenhäubchen, das selbst stärkstem Wind standhält, symbolisiert den bretonischen Kreisker und kann vom König beim besten Willen nicht geschleift werden.

P.S.: Selbstverständlich lasen Sie soeben wieder eine dieser typischen bretonischen Geschichten – durch nichts bewiesen, aber nett.

Côte de Cornouaille
Karte S. 375

Kirche Notre-Dame-des-Carmes: Aus der Kapelle eines Karmeliterklosters wurde die Pfarrkirche von Pont-l'Abbé. 1411 entstand der heutige Bau, der 1603 seinen Glockenturm bekam und bei dieser Gelegenheit leicht verändert und dem Zeitgeschmack angepasst restauriert wurde. Eine *Marienfigur, Statuen* von Johannes und St. Sebastian sowie die *Kreuzigungsszene* in der Mitte der Kolonnaden (linke Seitenwand des Hauptschiffs) sind die erwähnenswerte Ausstattung des kühlen Inneren. Aufsehenerregend flutet das Licht durch die große, renovierte *Rosette* (15. Jh.) im Chor: 7,20 m Durchmesser, die acht unteren Fenster zeigen heilig gesprochene Angehörige des Karmeliterordens.

Monument aux Bigoudens: Am 7. September 1931 wurde am Quai St.-Laurant unweit der Kirche Notre-Dame-des-Carmes das *Poème de granit et de bronze* des Bildhauers *Francois Bazin* enthüllt, der dafür den begehrten "Prix National" in Gold einheimste. Nahtlos anknüpfend an das althergebrachte Image der Bigoudenhauptstadt, zeigt es von der Großmutter bis zur Enkelin vier trauernde Frauengestalten und ein Mädchen, die die menschlichen Lebensalter symbolisieren, während sie sich um ihre abwesenden Männer sorgen, die auf den Wellen des Ozeans gegen die Stürme des Lebens kämpfen.

Pont-l'Abbé / Umgebung

Ökomuseum: Ab Pont-l'Abbé 2 km Richtung Loctudy. Das alte *Gut von Kervzégan* wurde mitsamt seinen Wirtschaftsgebäuden im Stil der bretonischen zwanziger Jahre restauriert, mit passendem Mobiliar, bäuerlichen Gebrauchsgegenständen und Hausgeräten ausgestattet, und trägt seitdem als *Maison du Pays Bigouden* wesentlich zur sommerlichen Kulturlandschaft von Pont-l'Abbé bei.

Öffnungszeiten Vom 1.6. bis 30.9. täglich 10–12 und 14–18 Uhr, sonntags geschlossen. Eintrittspreise siehe Museum in Pont l'Abbé.

Château Kerazan: Im 16. Jh. entstand die Hauptfront des Manoirs. 200 Jahre später wurde ein Seitenflügel angefügt, der zu Beginn dieses Jahrhunderts noch einmal erweitert wurde und dem Gebäude seine heutige L-Form bescherte. Die Fondation Astor stiftete das Schloss 1929 dem Institut de France, das im Sommer einen Teil des Châteaus in seinem dann schattigen Park zur Besichtigung freigibt: antike französische Möbel (Ludwig XV.) und alte (17. Jh.) wie moderne Gemälde (20. Jh.) von französischen, flämischen und holländischen Malern.

Öffnungszeiten **Museum und Park**: von Ostern bis 14.6. und vom 1.9.–30.9. täglich außer Montag von 10–18 Uhr, vom 15.6.–31. 8. täglich 10.30–19 Uhr. Eintritt 5,50 €, Kinder 3 €.

Botanischer Garten *(Parc botanique de Cornouaille)*: Bei Combrit, etwa 6 km östlich von Pont L'Abbé, liegt einer der schönsten botanischen Gärten der Bretagne. Auf etwas über 4 Hektar blühen im Wandel der Jahreszeiten ab März hunderte von Blumenarten und Sträuchern. Besonders schön im Frühjahr die Rhododendronblüte, im Sommer sind die 230 verschiedenen Rosen die Hauptattraktion. Wer etwas von der Pracht nach Hause mitnehmen will: Jungpflanzen können im Gewächshaus erworben werden.

Öffnungszeiten Juli und August täglich 10–19 Uhr. Sonst von März bis November 10–12 und 14–19 Uhr. Hunde nicht erlaubt! ✆ 02.98.56.44.93.

Quimper: Mehr als Fachwerk und Fayencen

Karte S. 375

Quimper

(ca. 60.000 Einwohner)

Der berühmte Blick durch die Rue Kéréon, die Schusterstraße, zum Portal der doppeltürmigen Bischofskirche zählt seit der Erfindung der Fotografie zu den beliebtesten bretonischen Stadtmotiven. Wer sein Bild im Kasten hat: Das Beobachten der Fotografen von der Wahl des Ausschnitts bis zum erlösenden "Klick" ist eine vergnügliche Studie.

15 Kilometer von der Küste, wo die Flüsse *Steir* und *Odet* sich vereinigen, liegt Quimper (bretonisch *Kemper*, Zusammenfluss), die Hauptstadt des Finistère. Die aktive Bischofs- und ehemalige Residenzstadt der Cornouaille gilt als die bretonischste der größeren Städte der Bretagne, und dieser Ruf sorgt für entsprechenden Zulauf. Sammelpunkt ist die Altstadt mit einigen bunt gemischten Häuserzeilen in den historischen Gassen: frisch herausgeputztes Fachwerk, Repräsentationsarchitektur der Renaissance und das Wahrzeichen Quimpers, die *Kathedrale St. Corentin*.

Um das relativ kleine Zentrum hat sich selbstverständlich viel Gesichtsloses angesammelt. Ab den sechziger Jahren des letzten Jahrhunderts verdoppelte sich innerhalb eines Jahrzehnts die Einwohnerzahl, und der Fachwerkstil ist längst passé. Doch wie seit alters her überragen nur die Türme der Kathedrale die Stadt, und seit alters mündet der Steir im Zentrum Quimpers unterirdisch in den größeren Fluss, der für Stunden kärglich rinnt, bevor er wieder sein Bett ausfüllt – die Gezeiten reichen bis Quimper. Die vielen Brücken über die Odet – netterweise sind die meisten für Fußgänger/innen gedacht – lockern dank ihres bunten Blumenschmucks das steingefasste Flussbett der einstigen Lebensader der Stadt freundlich auf.

Die Quimperois stehen auf Tradition und verschließen sich doch nicht der Moderne: Als die alte Markthalle abgebrannt war, wurde sie ohne Zaudern durch eine moderne ersetzt. Heute kaufen die Kunden in einem weder historisierenden noch futuristischen Marktbau ein, der trotz seiner luftigen Konstruktion mit zeitgenössischen Materialien nicht als Fremdkörper auf dem kleinen Platz wirkt. Der Tradition verhaftet sind dagegen die *Fayencen* aus Quimper – bemaltes Porzellannippes, auf dem der bretonische Landmann und sein liebes Weib im traditionellen Blau, Grün und Rot fröhliche Urständ feiern. Die heute hergestellten Stücke halten sich in Form und künstlerischer Ausführung eng an die überlieferten Folklore-Motive, die das Bürgertum des ausgehenden 19. Jh. so schätzte.

Geschichte

In römischer Zeit lag an dem strategisch wichtigen Platz der Mündung zweier Flüsse zumindest ein Wachtposten, um den sich eine kleine Siedlung entwickelte, doch erzählfreudigen Bretonen ist dies egal. Für sie beginnt die Geschichte Quimpers mit dem Untergang der Stadt Ys (siehe Douarnenez/Kasten Ys), als König *Gradlon* Quimper zur Hauptstadt seines Reichs machte und den Eremiten *Corentinus* (St. Guénolé) zum Bischof seiner neuen Residenz ernannte. Gradlon wird noch heute hoch verehrt, und sein bester Freund und Ratgeber St. Corentinus blieb der Schutzheilige Quimpers.
Viele Wunder werden von dem Heiligen berichtet, besonders wunderlich die berühmte Fischmahlzeit des Corentinus, Symbol für das unerschöpfliche, nahrungsspendende Meer: Täglich schwamm ihm ein Fisch zu, von dem der anspruchslose Heilige so viel verspeiste, bis er satt war. Den angenagten Rest warf er ins Wasser zurück, und am nächsten Tag war der Fisch wieder heil und bot sich erneut zum Verzehr an.

Auch um Gradlon ranken sich viele Sagen, und noch vor 250 Jahren wurde der legendäre Stadtgründer am Gradlonstag auf seltsame Art gefeiert: Ein schwindelfreier Bursche versah den steinernen König auf seinem Ross über dem Portal der Kathedrale mit einer Serviette und (scheinbar) mit einem Glas Wein. König Gradlon leerte (scheinbar) sein Glas, das der schwindelfreie Bursche (der den Wein selbst getrunken hatte) anschließend von oben in die händereckende Menge warf. 100 Taler zahlte der Magistrat zähneknirschend dem glücklichen Fänger und hoffte dabei insgeheim, dass es nächstes Jahr wieder Scherben geben würde.

Zur nachprüfbaren Stadtgeschichte: Etwa um 500 löst Quimper Douarnenez als Hauptstadt der Cornouaille ab, und jahrhundertelang regieren von hier die Grafen der Cornouaille ihren Besitz, bis Quimper dem Herzogtum Bretagne eingegliedert wird. Ab dem 13. Jh. entwickelt sich Quimper zu der mittelalterlichen Stadt, deren Überbleibsel im Altstadtkern heute das Touristenauge erfreuen – nur die Mauern des einstigen Stadtwalls sind bis auf einen winzigen Rest neben dem alten Bischofspalais abgetragen.

Quimper als eine der wenigen mittelalterlichen Metropolen der Bretagne erlebt hautnah alle Stürme der Zeiten mit, ist im Erbfolgekrieg und den Religionskriegen immer wieder Ziel von Belagerungen und Plünderungen, von hier ziehen die Parteien in den Kampf, es werden Pläne geschmiedet und Verträge unterzeichnet, bis der französische Absolutismus auch den bretonischen Adel mundtot gemacht hat.

Am Ende des 17. Jh. erblüht ein neuer Industriezweig in der Stadt, der zumindest in Fachkreisen noch immer geschätzt wird und noch heute seine zerbrechlichen Waren produziert: Die beiden verbliebenen Fayencen-Manufakturen Quimpers bieten, wenn auch nun in kleinerem Rahmen, seit 200 Jahren Arbeitsplätze und pflegen so das Image der einzigen und letzten bretonischen Fayencen-Stadt. Die Vorkommen an Tonerde an den Odet-Ufern sind noch lange nicht erschöpft.

Information

- *Postleitzahl* 29000
- *Information* O.T. in einem Pavillon am Ufer der Odet. Modern und absolut kompetent in allen denkbaren touristischen Belangen. Von Juli bis August Mo–Sa 9–19 Uhr, So 10–13 und 15–17.45 Uhr. Von September bis Juni Mo–Sa 9.30–12.30 und 13.30–18 Uhr. Place de la Résistance, ✆ 02.98.53.04.05, www.quimper-tourisme.com.

Verbindungen

- *Bus* Busbahnhof am Bahnhof (siehe unten), diverse Haltestellen in der Stadt. Nach Douarnanez wochentags mindestens 9-mal, nach Audierne und weiter zur Pointe du Raz mindestens 4-mal. Zahlreiche Verbindungen ins Pays Bigouden: Pont-l'Abbé (werktags 3-mal), St. Guénolé, Loctudy, Lesconil, Ile Tudy. Weitere gute Verbindungen nach Brest, über Concarneau nach Quimperlé.
- *Zug* Gute Anschlüsse nach Norden und besonders gute in den Südosten. Quimper liegt an der Schnellstrecke Brest–Nantes, dazu kommt die Direktverbindung nach Rennes und Redon (beide über Lorient/Auray/Vannes). Bahnhof etwa 2 km südöstlich des Zentrums, an der Ausfallstraße nach Lorient. Avenue de la Gare, ✆ 08.92.35.35.35.
- *Flugzeug* Der Flughafen der Stadt, der Aéroport de Quimper Pluguffan, liegt 7 km westlich des Zentrums von Quimper. Flüge nach Paris und über Brest nach London. Flughafen ✆ 02.98.94.30.30.

Diverses

- *Autoverleih* **ABS**, Avenue de la libération 40 bis, ✆ 02.98.52.13.13 oder **Citer**, Avenue de la libération 34, ✆ 02.98.90.13.13.
- *Bootsausflug* Ab der Embarcadère Cap-Horn unterhalb von Locmaria lädt Vedettes de l'Odet zur **Odet-Flussfahrt** nach Bénodet (beschrieben unter Quimper/Umgebung, technische Einzelheiten Bénodet/Bootsausflug). Auskünfte und Billetts beim Office de Tourisme oder bei Vedettes de l'Odet, ✆ 02.98.57.00.58, www.vedettes-odet.com.
- *Einkaufen* Wem die Keramik aus Quimper gefällt, sitzt hier natürlich an der Quelle. Direktverkauf (auch 2. Wahl) in den Fabrikationsstätten. Einige hochinteressante Preisbeispiele: Herzchen mit Blumenschmuck ca. 14 €, Nippes-Kacheln mit Landmann/frau 45 €, 2.-Wahl-Teller nach Originalmotiven aus dem Museum ab 14 €. Zwei Adressen: Der Marktriese **HB-Henriot** im Ortsteil Locmaria, Rue Haute (Montag bis Freitag 9–12 und 14–19 Uhr); Bretonisches Tuch schneidert **Le Glazik** in der Nähe vom O.T. Blousons, Pantalons und Original-Fischertrachten. Rue de 19 Mars Dixneufcentsoixantdeux 9, ✆ 02.98.52.29.28.
- *Fahrradverleih* **Torch V.T.T.**, Rue Providence 58, ✆ 02.98.53.84.41.
- *Führung* In der HS täglich um 10.30 Uhr Führungen durch Stadt und Kathedrale, Infos im O.T. Nachtbesichtigung Mittwoch um 21 Uhr. Erwachsene 5 €, erm.2,50 €.
- *Kleiner Zug* In der Kindereisenbahn durch die Innenstadt. Erwachsene 5 €, erm. 4 €, Kinder unter 5 umsonst. Abfahrt jede Stunde.
- *Markt* **Lebensmittelmarkt** täglich in den Halles St.-François; **Blumen- und Gemüsemarkt** am Samstagvormittag beim Ursulinerinnen-Kloster; Mittwoch und Samstag **Kleidermarkt** am Quai du Steïr und den Halles St.-François.
- *Museumspass* Mit dem **Passeport culturel** gibt es 4 Besichtigungen zu 12 €. Sie können aus einer Auswahl von 6 Museen/Führungen frei zusammengestellt werden: Kunstmuseum, Volkskundemuseum, Fayencenmuseum, Faïencerie, Museum für zeitgenössische Kunst und vom O.T. angebotene Satdtführungen.
- *Parken* Problemlos auf den zwei gebührenpflichtigen Großparkplätzen an beiden

Côte de Cornouaille
Karte S. 375

Odet-Ufern im Norden der Innenstadt; der kleinere am Place du-Champ-de-Foire, auf einer Riesenparkfläche westlich können 1300 Gefährte abgestellt werden.

• *Taxi* Zum Beispiel Abbassides Radio Taxis, ✆ 02.98.53.42.42; oder Radiotaxis quimpérois, ✆ 02.98.90.21.21.

• *Veranstaltungen* In der Woche vor dem letzten Julisonntag schwärmen Tausende von Teilnehmern des **Festival de Cornouaille** in der Stadt aus. Trachten, Konzerte, Lesungen, Schauspiele und, und, und. Höhepunkt ist der Sonntag: am Vormittag großer Trachtenumzug mit etwa 2500 Trachtenträger/innen aus allen Regionen der Bretagne, nachmittags der Aufzug der Tanz- und Musikgruppen. Aktuelle Daten und Programm bei der Tourist-Info.

Jedes Jahr in den drei ersten Augustwochen **Semaines musicales** – mannigfaltig dargebotene klassische Musik an verschiedenen Spielorten.

• *Waschsalon* Wäsche dreckig? Macht nichts. **Wash'n Dry Boutique** in der Avenue de la France libre 6, ✆ 02.98.64.23.05.

Übernachten/Camping

Hotelschwerpunkt mit Billig- und Mittelklassequartieren am Bahnhof. Weitere Hotels im großen Kreis um das Zentrum verstreut. Eine Auswahl:

*** **Hotel Gradlon (1)**, im Südosten des Zentrums bei der Bahnlinie; nach seinem Aufstieg zum 3-Sternehaus 23 gute Zimmer. Geblieben sind der wohnliche Salon und der ruhige Innengarten mit hübscher Frühstücksmöglichkeit. Kein Restaurant. Hunde sind nicht erlaubt. DZ je nach Komfortwunsch 72–148 €. Ganzjährig geöffnet. Rue de Brest 30, ✆ 02.98.95.04.39, www.hotel-gradlon.com.

** **Hotel Dupleix (6)**, am gleichnamigen Boulevard am südlichen Odet-Ufer, schräg unterhalb der Kathedrale. Modernes Hotel mit 29 ordentlichen Zimmern. DZ je nach Komfort 56–90 €. Ganzjährig geöffnet. Quai Dupleix 34, ✆ 02.98.90.53.35.

** **Hotel Mercure (7)**, großes Hotel gegenüber vom Bahnhof. Modern und funktional, 63 ziemlich standardgleiche Zimmer mit integrierten Sanitärs, 3 salles de réunion. Ganzjährig geöffnet. DZ 54–94 €. Rue de la Gare 21, ✆ 02.98.90.31.71, www.mercure-quimper.com.

Hotel de la Gare (8), gegenüber vom Bahnhof und direkt neben dem Hotel Mercure liegt diese etwas billigere Alternative. Die modernen Zimmer zeigen auf einen ruhigen Innenhof; ein Restaurant ist vorhanden. DZ 38–63 €, Frühstück 6 €. Avenue de la gare 17, ✆ 02.98.90.00.81, hoteldelagare quimper@free.fr.

• *Jugendherberge* 60 einfache Betten im Westen des Zentrums; pro Nacht 9 €, Frühstück 3 €. Wie viele Nächte benötigt der Herbergsvater mindestens, um 1152 € Übernachtungsgeld einzunehmen? Avenue des Oiseaux 6, ✆ 02.98.64.9797, quimper@fuaj.org.

• *Camping* ** **Municipal**, kleiner, für Stadtverhältnisse gemütlicher Platz bei der Jugendherberge am westlichen Stadtrand (Richtung Audierne) im Parc de l'ancien Séminaire, einem schönen, alten Parkgelände. Großzügige Stellflächen, sanitär ganz ordentlich. Parc de l'ancien Séminaire, ✆ 02.98.55.61.09.

**** **Orangerie de Lanniron**, 4 km nördlich vom Zentrum. Wo einst die Bischöfe von Quimper residierten, ist an der ehemaligen Residenz am Ostufer der Odet ein gepflegter 17-ha-Luxusplatz entstanden. Schwimmbad und Tennis, Laden, Schatten, Restaurant, Uferpark – alles da. 199 Stellplätze. Geöffnet vom 15.5.–15.9. Route de Bénodet, ✆ 02.98.90.62.02, www.lanniron.com.

Essen

Quimpers Küche bietet mehrere Spezialitäten. Zum Beispiel Makrele in Apfelwein oder mit Senf (maquereau au cidre oder à la moutarde).

Folle Blanche, zentral, östlich der Kathedrale an die alte Stadtmauer gebaut. Ein "Restaurant Caractère", das mehr Wert auf Essensqualität denn auf Outfit legt. Gut und für das Gebotene nicht teuer, 3 Menüs von 19–40 €. Der Küchenchef empfiehlt heute Casolette de Coquillage à la coriandre fraîche. Mittwochabend, Samstagmittag und Sonntag geschlossen. Boulevard Kerguelen 39, ✆ 02.98.95.76.76.

Rive Gauche, das Lokal für die Quimper-Normal-Familie; gutbürgerliche Mittelklasse

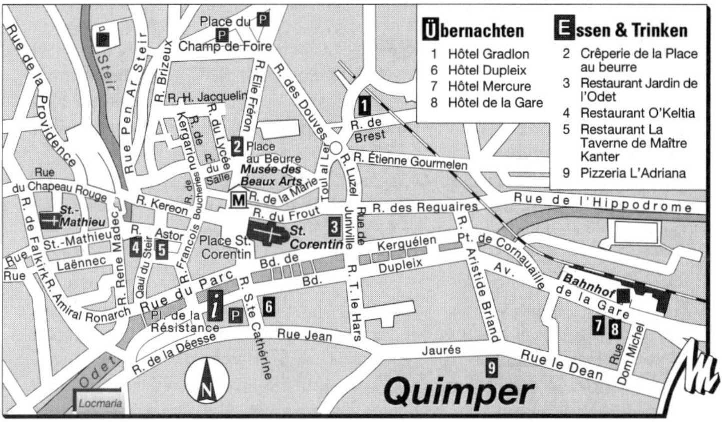

im halb-modernen Interieur. Solide Menüs, Meeresbewohner, Federvieh und Vierbeiner sind auf der Speisekarte gleichberechtigt. Menüs 14–38 €, wobei schon das günstigste etwas hermacht. Rue Ste. Catherine 9, ✆ 02.98.90.06.15.

Restaurant O'Keltia (4), in der Nähe der Kathedrale kann man auf 2 Etagen gut speisen. Menüs von 12–25 €. Unsere Empfehlung: Gebratener Chèvre auf Toast mit Speckstückchen, Hühnchenfilet in Chouchenn auf frischen Nudeln, Tarte au citron. Quai du port au vin 1, ✆ 02.98.64.68.99.

La Taverne de Maître Kanter (5), auch in Quimper eine empfehlenswerte Adresse. Auf der Speisekarte stehen – entsprechend der elsässischen Herkunft der Kette – Flammkuchen und Sauerkraut, aber auch viel Fisch und Meeresfrüchte. Ganz besonders hier die Aussicht im ersten Stock: Wer mittags speist, kann beim Plätschern des Hummerbeckens direkt auf das bunte Treiben in den Markthallen herunterschauen. Quai du steïr 14, ✆ 02.98.95.30.05.

Pizzeria Grill l'Adriana (9), die Pizzeria in dem lachsfarbenen Haus bietet auch eine große Auswahl an Pasta, Fleisch und Salaten. Pizza von 6–11 €. Dienstag geschlossen. Rue Jean Jaurès 1.

Crêperie de la place au beurre (2), die Crêperie in einem verwinkelten Fachwerkhaus am pittoresken *Butterplatz* serviert exzellente Crêpes von 2–8 €. Täglich geöffnet. Place au beurre, ✆ 02.98.95.49.88.

Sehenswertes

Kathedrale St. Corentin: Der Grundstein der Kathedrale wurde 1240 gelegt. Zuerst wurde der *Chor* in Angriff genommen, der sich nicht lotrecht ans *Hauptschiff* anschließt, sondern leicht nach links geneigt ist. Kirchenmythologisch symbolisiert der Knick das zur Seite geneigte Haupt Christi am Kreuz, bautechnisch gesehen wich man wohl einer Grabkapelle aus, die man wegen des Neubaus nicht abreißen wollte. Im 15. Jh. nahmen *Längs-* und *Querschiff* sowie die leichtfüßig aufstrebenden *Türme* ihre heutige Gestalt an. Letztere waren größere Kopien des Turms der Kirche von Pont Croix, erst 1856 bekamen sie dank des Corentin-Pfennigs, den der Bischof von Quimper seiner Diözese fünf Jahre lang auferlegte, ihre langen, lichtdurchlässigen *Spitzen* und mit diesen ihre endgültige, himmelstürmende Eleganz. Unbekümmert wurde so das Gotteshaus im wechselnden Stil der Zeiten hochgezogen, strenge Früh- und gereifte Spätgotik treffen auf den hier glücklich nachahmenden Neoklassizismus, der sich an die frühen gotischen Pläne hielt.

Das enge Zusammenspiel von Kirche und aristokratischem Staat wird an der *Westfassade* sichtbar, auf der sich die Herzöge von Montfort, Herrscher über die

Die Erfindung des Stethoskops

René Laënnec, 1781 in Quimper geboren, hätte nach seinem Medizinstudium wohl bis zum Ruhestand eine normale Arztpraxis unterhalten, wäre er nur nicht so schüchtern gewesen. Doch wie das Leben spielt – was für andere ein Handicap ist, machte ihn berühmt.

Ein anscheinend normaler Arztalltag im Jahr 1815. "Die nächste, bitte!" Die Patientin tritt ein und Docteur Laënnec verschlägt es die Sprache. Eine Schönheit, ein Traum von einer Frau steht vor ihm. Dr. Laënnecs Puls rast. Als die Betörende auch noch über Herzschmerzen klagt, ist der Mediziner nervlich am Ende.

Der Arzt müsste nun, wie er es gelernt und bis jetzt tadellos praktiziert hat, seinen Kopf auf die Brust der Schmerzgeplagten legen, um das Herz abzuhören. Doch der 34-jährige Mann ist wie gelähmt. Nie, nie könnte er sein Ohr an den Busen dieser Unantastbaren pressen. Fieberhaft überlegt er nach einem schicklichen Ausweg, und er weiß gar nicht, was er tut, als er, völlig verlegen, ein Stück steifes Papier zu einem Rohr rollt. Ein Rohr? Aber natürlich! Das war es, ein Rohr könnte es zur Not tun und würde den so dringend nötigen Abstand schaffen. Hoffentlich hat die Patientin nichts gemerkt. Baff ist wohl das zutreffendste Wort für Dr. Laënnecs Zustand, als er die Herztöne so laut und deutlich wie noch nie in seinem Leben hört.

Nein, er hat die schöne Patientin nicht geheiratet, wie es sich für ein richtiges Happy-End gehört, doch bald hatte der Arzt die abendländische Ärzteschaft von seinem Hörrohr überzeugt und widmete sich fortan der systematischen Erforschung der Auskultation, des Abhorchens: Aus dem ersten primitiven Papierrohr entwickelte sich schnell das heute unverzichtbare Stethoskop ("Bitte nicht atmen!").

Nach dem verdienten Ruhestand siedelte Dr. Laënnec nach Douarnenez um. Als er 1826 starb, wurde er am Friedhof von Ploaré (Douarnenez) beigesetzt. So sonnt sich auch Douarnenez im Ruhm des bedeutendsten Sohnes Quimpers. Sein Denkmal in Quimper steht etwas verloren auf dem Laënnec-Platz zwischen Dom und den Museen.

Cornouaille und Herzöge der Bretagne, in Stein verewigen ließen; hoch über dem Portal reitet der weltliche Stadtgründer König Gradlon auf seinem steinernen Ross. Fast zwangsläufig werden die Jahre der Revolution die bitterste Zeit des Gotteshauses. 1789 werden Stifterwappen, Grabmale und die unteren, gut erreichbaren Fenster beschädigt oder zerschlagen und die Kunstschätze geraubt. Vier Jahre später, gemeinerweise am Festtag des Hl. Corentinus, werden die Holzstatuen der Kathedrale öffentlich verbrannt. Die heutige Ausstattung, nach Abklingen der antiklerikalen Zerstörungsaktionen zusammengesammelt, entspricht nicht mehr der ursprünglichen Pracht.

Im Inneren der Kathedrale herrscht die Geschäftigkeit eines weltlich-religiösen Kulttempels: Kulturtouristen und gläubige Katholiken mengen sich zu einer Gemeinde, von der ein Teil christliche Kultur inspiziert und murmelnd seiner Bewunderung Ausdruck verleiht, während der andere Teil still im Gebet versunken ist oder kreuzschlagend weitere Lichter im Meer der Kerzen entzündet.

Chor und Vorderschiff erstrahlen schon in neuem Glanz, nach dem Ende der Restaurierungsarbeiten werden auch Haupt- und Querschiff wieder wie in ihren Anfangsjahren prunken. Die Höhepunkte der reichen Ausstattung: Nach dem Eintritt von der Nordseite die *Taufkapelle* mit dem *Taufbecken* und einer *Alabasterstatue von Johannes dem Täufer*, eine englische Arbeit aus dem 15. Jh. Anschließend an der hell beleuchteten Westwand eine Gipskopie der *Grablegung von Bourges*. An der Südfassade neben der Pforte flackern Kerzen und Totenlichter vor einer Nachbildung der *Grotte von Lourdes* – die Madonna steht auf aufgehäuftem Felsgestein und wird von einer Knienden angebetet.

Die Spitzen von St. Corentin

Im Querschiff *Bischofssitz* und *Kanzel* (1679), auf deren Medaillons das Leben des Corentinus skizziert wird. Im nördlichen Querschiff ein ausgefallenes Thema: Die Hl. Anna, Nationalheilige der Bretagne, bringt der halbwüchsigen Maria das Lesen bei (Statue aus dem 17. Jh.).
Hinter dem Altar wird der *Hl. Jean Discalcéat* (1279–1349) alias *Santik Du* verehrt. Die Statue des "kleinen schwarzen Heiligen" ist das einzige Stück, das die Revolution unversehrt überstanden hat. Als Reliquie verehrt wird ein Stück des Schädels von Santik Du, der dem bodenständigen Maurerhandwerk nachging, bevor er in Rennes Theologie studierte und bei den Minoriten Ordensbruder und Priester wurde. Der Barfußläufer erfüllte äußerst gewissenhaft die strengen Ordensregeln, pflegte während einer Epidemie in Quimper Pestkranke und starb selbst am Schwarzen Tod. Er gilt als Schutzheiliger der armen Leute. An seiner Statue wurde Brot deponiert, das sich der nächste Bedürftige aneignen konnte.
Die erhaltenen *Fenster* in der oberen Reihe des Haupt- und Querschiffs (meist 15. Jh.) zeigen vielfach bretonische Ritter, Kirchenmänner oder Fürsten, verwoben in Szenen aus dem Leben bretonischer Heiliger.

Alte Häuser: Im Rahmen eines schleifenförmigen Rundgangs durch die obere und untere Altstadt erschließt sich die mittelalterliche Bausubstanz, die das 21. Jahrhundert noch erleben durfte. Die bemerkenswertesten Stationen:
Wo am Nordende des *Place St. Corentin* die große *Rue Ellie-Fréron* abgeht, links ab in die *Rue Guéodet*, und Sie stehen bald vor dem *Haus der Karyatiden*, dessen Figuren ihr Dasein recht lustig finden. Das *Maison Minuellou* sticht in der *Rue du Sallée* auf dem Weg zum ehemaligen Buttermarkt heraus. Der *Place au Beurre* selbst, ein winziges Plätzchen, lädt zu einem Päuslein (Bar! Crêpes!).
Die kurze *Rue Kéréon* wird durchgängig von adrett geputzten Geschäftshäuslein aus dem romantischsten Mittelalter gesäumt; über den Köpfen der Fußgänger

Blick auf St. Corentin

verehrt ein geschnitzter und buntbemalter Quimperois Tag und Nacht sein angebetetes weibliches Pendant auf der anderen Gassenseite, das ihm schon seit Jahrhunderten Hoffnung macht.
Am *Place Terre-au-Duc*, wo der Steir im Schatten eines Wachtürmleins sich in sein unterirdisches Bett begibt und früher Gericht und Kerker der bretonischen Herzöge beheimatet waren, steht mitten im malerischsten Platz-Ensemble das lustigste Haus Quimpers – ohne Nachbarn, schief, verzogen und ungemein heiter.

Kunstmuseum *(Musée des beaux arts)*: Am Place St. Corentin bei der Kathedrale. Nach der Neueröffnung 1993 ist das umfangreiche Bilderangebot das ursprüngliche: Maler vom 16. bis zum 20. Jh., bretonische Motive im "Bretonischen Saal", etliche Werke der Schule von Pont-Aven, darunter *Emile Bernard* und *Paul Sérusier*, ein Extrasaal für Bilder und Originalmanuskripte von *Max Jacob*. Der gebürtige Quimperer ging um 1900 nach Paris, um in der Großstadt zu finden, was Quimper nicht bieten konnte: Anschluss an die Surrealisten- und Avantgardeszene und damit Anregungen für sein eigenes Schaffen. Neben der ständigen Sammlung beherbergt das Museum im Jahr zwei bis drei Sonderausstellungen. Zum 100. Todestag von *Gauguin* wurde 2003 z.B. die vielbeachtete Ausstellung *Das Abenteuer von Pont-Aven und Gauguin* gezeigt.

Öffnungszeiten Juli/August 10–19 Uhr, NS 10–12 und 14–18 Uhr und Di geschlossen, Oktober bis März auch Sonntagvormittag geschlossen. Erwachsene 4 €, ermäßigt 2,50 €.

Volkskundemuseum *(Musée Départemental Breton)*: Gleich neben dem Gemäldemuseum. Seit 1991 hat es nach dem mehrjährigen Umzug vom Bischofspalast in sein neues Heim wieder geöffnet. Alte Exponate in neuer Pracht und didaktischer Anordnung geben einen Überblick über Geschichte, Kulturschaffen und Alltagsleben seit der römischen Besetzung im Finistère und der Cornouaille. Ein Glanzpunkt ist der 3 m hohe *Menhir von Kernuz* mit eventuell gallischen Gravierungen. Die *Fayencen-Abteilung* ist aus verständlichen Gründen besonders üppig.

Öffnungszeiten Juli bis September durchgehend von 10–19 Uhr. In der NS mit Mittagspause und nur bis 17 Uhr, außerdem Montag und Sonntagmorgen geschlossen. Eintritt 4 €, ermäßigt 2,50 €.

Kirche Notre-Dame-de-Locmaria: Der Stadtteil Locmaria, knapp 2 km unterhalb des Kerns von Quimper auf der anderen Seite der Odet, in frühen Quellen als *Aquilonia* erwähnt, versteht sich als Ursprungsort des späteren Quimpers. Hier unterhielten Benediktiner ein Kloster, und hier sollen die ersten Bischöfe residiert haben, bevor die Diözesenleitung nach Quimper umzog. Erst spät wurde Locmaria eingemeindet, das lange auf seine Unabhängigkeit und seine Rechte pochte. Es war Sitte, dass jeder frisch bestallte Bischof seine Aufwartung bei der Äbtissin des Frauenklosters von Locmaria machte; in einem immergleichen Zeremoniell vertraute er Pferd, Mantel und Handschuhe der Priorin an, bevor er fragte, ob er hier in Gottes Namen die Nacht verbringen dürfte.

Städtische Flussromantik

Die letzten Nonnen verließen das Kloster 1792, als es zwangsaufgelöst wurde. Die romanische *Klosterkirche Unserer Lieben Frau von Locmaria* – ursprünglich *Ste.-Anna-Maria-in-Aquilonia-Civitate* – bei den Fayencenmanufakturen neben dem Odet-Ufer ist der einzige klerikal genutzte Rest der Abtei. Vermutlich im 11. Jh. wurde die Kirche erbaut, der Chor wurde im 19. Jh. einschneidend restauriert. Der äußere Eindruck ist der eines düsteren Gotteshauses, das von seinem dicken Turm niedergehalten wird. Das Innere ist ungewohnt hell, die Wände fast kahl, der umgebaute Chor säulchengegliedert. Höhepunkt der kargen Ausstattung ist der *Triumphbalken* mit Christus, der mit einer roten Robe bekleidet ans Kreuz geschlagen ist.

Fayencenmuseum: In Locmaria, hinter Quimpers Fayencenkönig HB. 500 ausgesuchte Stücke geben einen Überblick über die Geschichte und das kreative Schaffen der einheimischen Fayencenmanufakturen. Ergänzt wird die Sammlung durch jährlich wechselnde Ausstellungen.

Öffnungszeiten Mitte April bis Oktober Mo–Sa 10–18 Uhr, Eintritt 4 €, ermäßigt 2,50 €. Rue J. B. Bousquet.

Faïencerie: In Locmaria im Hause HB Henriot, dem unangefochtenen Marktführer in Sachen Kitsch und Kunst. Der geführte Gang durch die Werkstätten verschafft einen Einblick in die Produktionsweise; die Ergebnisse der aktuellen Arbeiten sowie alte Prachtstücke, von denen man sich nicht trennen wollte, sind in den Ausstellungsräumen zu bewundern: funktionale Keramik, als künstlerisch wertvoll deklarierte Staubfänger, dazwischen wirkliche Kunst. Flache Teller, Suppenteller, Kaffeegeschirr, Vasen, Schüsseln oder Platten in allen Größen, Puppen, Figurengruppen, Uhren, edle Tiere (z. B. stolzer Schwan und scheues Reh) und viele andere Kostbarkeiten mehr.

Öffnungszeiten Nur Führungen: Mo–Fr 9.15, 10.15, 11.15, 14, 14.45, 15.45 und 16.15 Uhr. Erwachsene 3 €, erm. 1,50 €.

Fayencen

Fayenceries sind Keramikwerkstätten, die Fayence eine weiß glasierte, bemalte Irdenware, benannt nach Faenza, einem Hauptort der italienischen Fayencenproduktion. Werkstücke aus fein geschlemmten Tonsorten werden an der Luft getrocknet, darauf in Öfen bei 800–900° C verfestigt, dann in ein mit Zinnoxid angereichertes Glasurbad getaucht und in noch feuchtem Zustand blau, grün, mangan, gelb oder rot bemalt. In einem zweiten Brand verschmelzen bei hohen Temperaturen (bis etwa 1100° C) die weiß deckende Glasur und die sich in ihr einbettenden Scharffeuerfarben zu einem glänzenden Überzug.

Schon Jahrzehnte vor Beginn der Produktion in Quimper wurde die Tonerde der Odet-Ufer zur Weiterverarbeitung nach Locronan verschifft, um 1690 machte ein Südfranzose, der den Grundstoff der Bequemlichkeit halber vor Ort verarbeiten wollte, die erste Manufaktur in Quimper heimisch. Die Bemalung war anfangs eine Stilverschmelzung aus tradierten Motiven von Rouen und Nevers – den namhaftesten Werkstätten Frankreichs – und dem Morgenland. Eine Qualität wie Delfter Porzellan oder Fayencen aus dem türkischen Iznik wurde in Quimper nie erreicht; hergestellt wurde solide, wenig ausgefallene Keramik für eine wohlhabende Kundschaft, die sich wegen des Geschirrs keine extravaganten Ausgaben zumuten wollte.

Ab dem Ende des 18. Jh. begannen englische Manufakturen, das europäische Festland mit billigem Steingut zu überfluten – die Fayencen verschwanden fast völlig vom Markt. Der Jugendstil verhalf der Fayencenherstellung zu einem neuen Aufschwung, der sich auch in der fernen Bretagne bemerkbar machte: Ab 1880 wird in Quimper mit der Massenproduktion von Keramik begonnen, die bis heute zum größten Teil mit bretonischen Themen dekoriert ist und, je nach Geldbeutel, in jedes gut- bis kleinbürgerliche Wohnzimmer passt.

Museum für zeitgenössische Kunst (Centre d'art contemporain): Das Ausstellungsgebäude liegt inmitten des neu entstandenen Kulturkomplexes und zeigt wechselnde Ausstellungen zeitgenössischer Künstler.

Öffnungszeiten Di–Sa 10–12.30 und 13.30–18 Uhr, So 14–17 Uhr. Erwachsene 1,50 €, Personen unter 26 Jahren umsonst.

Château de Lanniron: Am östlichen Odetufer, 2,5 km südlich von Quimper-Centre. Nach des Tages Müh' und Plag' kann man hier den lieben Gott einen guten Mann sein lassen. Schönes Schloss in 1-A-Lage, Preis Verhandlungssache – hätten die Bischöfe von Quimper annoncieren können, hätten sie ihren Wohnsitz veräußern wollen. Im 17. Jh. von den Bischöfen bezogen, wurden Schloss und Park im 19. Jh. dem Geschmack der Zeit angepasst und bis dato so erhalten – aristokratische *noblesse oblige* am Flussufer. Der prächtig angelegte Garten der ehemaligen Residenz ist zum Flanieren freigegeben.

Öffnungszeiten Vom 1.5.–15.9. täglich 14–18 Uhr. Eintritt 4 €, Kinder bis 10 Jahre die Hälfte.

Quimper / Umgebung

Flussfahrt auf der Odet: Wir laden ein zu einer romantischen Fahrt auf einem romantischen Fluss. Kurvenreich, still und blau schlängelt er sich durch sein liebliches, grün wucherndes Tal, bis er sich kurz vor seiner Mündung ins Meer respektabel weitet. An den Ufern aristokratische Schlösschen in gepflegten Parks, großzügige Villen betuchter Zeitgenossen, Bürgershäuser in bevorzugter Lage, ab und zu ein Seitenarm oder eine Anlegestelle.

Die *Vire-Court* genannten Schleifen, in denen die Odet hinter der seeartigen *Baie de Kérogan* nach Quimper ihrer großzügigen Mündung entgegenzieht, sind Höhepunkt der Fahrt. An der engsten Stelle der Odet ragen Felsen auf, einer davon der *Jungfernsprung* (*Saut de la Pucelle*) – hier verfolgte angeblich ein sexuell amoklaufender Mönch eine Maid, die mit einem gewaltigen Sprung von einem Felsen zum anderen übersetzte. Der Mönch sprang nach und stürzte ab. Den *Bischofsstuhl* (*Chaise de l'Evêque*), eine andere Felsformation in den Flussschleifen, formten Engel für *St. Corentin*, der hier gerne saß und meditierte. Kurz darauf die engste Kurve: Hier traute sich einst eine spanische Flotte, deren Plan es war, Quimper heimzusuchen, nicht mehr weiter und trat resigniert den Rückweg an. Kurz vor Bénodet wird noch schnell die *Cornouaille-Brücke* von unten besichtigt, die 610 m lang die Odet überspannt, und dann öffnet sich die Mündung des Flusses endgültig zu einer Bucht im Atlantischen Ozean.

Zu den technischen Einzelheiten der Flussfahrt siehe Quimper, Bénodet, Concarneau/Bootsausflug.

Site du Stangala: Der Aussichtspunkt, 70 m über einer engen Schleife des sich sanft schlängelnden Flusslaufs der *Odet*, erlaubt einen Blick der lieblichen Art. Durch Wald geht es in etwa 30 Minuten hinauf zu dem bekannten Panoramapunkt auf einer von Büschen umrahmten Felsplattform, und dann: die Odet unten im Vordergrund, am Talhang die Häuser von Tréazon, etwas störend die Kommunikationsanlage. Links weit voraus der *Mont de Locronan* mit seiner Kapelle auf der Kuppe.

Anfahrt Von Quimper im Ortsteil Locmaria Richtung Autobahn, aber davor links ab Richtung Quéllenec/St. Guénolé. Bei Quéllenec wieder links ab und parken.

Bénodet

(ca. 2100 Einwohner)

Ein Fluss, eine Lagune und das Meer sind die Wasserflächen Bénodets. Der Atlantik stillt alle Wassersportträume, die charmante Odet, von Bénodet bis nach Quimper schiffbar, befriedigt romantische Flussfahrtbedürfnisse. Dazu trennt eine langgezogen-schmale Düne am Ortsende hinter dem Stadtstrand eine flache Lagune vom offenen Meer ab, in der Anfänger surfen und Kinder baden.

Das Bigoudenland unterhalb der Pointe du Raz gibt sich touristisch alle Mühe, doch auf absehbare Zeit wird es dabei bleiben: Der große Strom der Urlauber zieht von La Baule bis Bénodet. Bei Bénodet am Ende der Odet-Mündung endet die wahre bretonische Südküste. Von Bénodet bis la Baule häufen sich die Unterkunftsorte, die Strände werden länger, die klimatisch begünstigte Küstenzone ist weniger den Gezeiten unterworfen.

Als einziger Ort des Küstenabschnitts zwischen Concarneau und dem Cap Sizun verdient Bénodet wirklich den Namen Seebad, der Ort ist ein Urlaubsparadies, in dem es an nichts mangelt: Hotels, Restaurants, Thalassotherapie-Zentrum, dazwischen die Villen der Betuchten, das Casino für einen verspielten Abend, ein mondäner Yachthafen, Bars und Eisdielen für den Appetit auf gekühltes Süßes. Wer gerade nicht badet, konsumiert oder einen Ausflug macht, kann den Leuchtturm *La Pyramide* besteigen (192 Stufen), auf der *Promenade* wandeln oder entlang der *Corniche de l'Estuaire* am Meer spazieren gehen. Ein Tipp der Gemeindeverwaltung: "Machen Sie, was Sie wollen und wann es Ihnen beliebt!"

Information

- *Postleitzahl* 29118
- *Information* Großzügiges Maison de Tourisme, ab vom Schuss in einer ruhigen Wohngegend ein Stück landeinwärts. Das Office de Tourisme hilft in allen touristischen Belangen weiter. Von Mitte Juni bis Mitte September täglich Mo–Sa 9–19 Uhr, So 10–18 Uhr. Ansonsten Mo–Sa 9.30–12 und 14–18 Uhr. Avenue de la Mer, ✆ 02.98.57.00.15, www.benodet.fr.

Verbindungen

- *Bus* Etliche **Busse** nach Quimper; wer nach Fouesnant, Concarneau oder Pont l'Abbé möchte, muss in Quimper umsteigen.
- *Schiff* **Fähre zu den Iles de Glénan**, die Fahrt zu der vorgelagerten Inselgruppe wird von Vedettes L'Odet organisiert. In der HS starten 4 Boote zwischen 9.30 und 13.30 Uhr zu ihrer etwa 1-stündigen Überfahrt, Mai/Juni 2-mal täglich außer Montag. Retourticket Erwachsene 24 €, Kinder 13 €. Adresse und Telefon siehe Bootsausflug, Informationen über die Glénan-Inseln siehe Concarneau/Umgebung.

  Im Sommer Boot nach **Loctudy**, Fahrtdauer 30 Minuten, Ticket einfach 5 €.

Diverses

- *Bootsausflug* Mit Vedettes de l'Odet zur **Odet-Flussfahrt** nach Quimper (beschrieben unter Quimper/Umgebung). Juli/August 5-mal täglich, ab April mindestens 2-mal. Das ganze Vergnügen dauert etwa 2 ½ Stunden. Abfahrtshafen ist außer Bénodet auch Loctudy. Die Fahrt führt bis Quimper ins Viertel Locmaria. Die Flussreise kann – je nach Abfahrtsort – in Quimper und Bénodet unterbrochen oder beendet werden. Erwachsene retour 21 €, Kinder 13 €. Wer das Mittagsboot (nicht Montag) ab Bénodet wählt, kann ein Croisière-Déjeuner einnehmen: Kindermenü 10 €, ansonsten à la

Die Ile Louët bei Carantec ▲▲

▲▲ Hummerreusen

Artischockenfeld im Goldenen Gürtel ▲▲
Häuserfassade in Morlaix ▲

▲▲ Detail in Lampaul-Guimiliau
▲ Tour-Eiffel-Haus in Pontrieux

▲▲ Roscoff
▲ Stilleben in Josselin

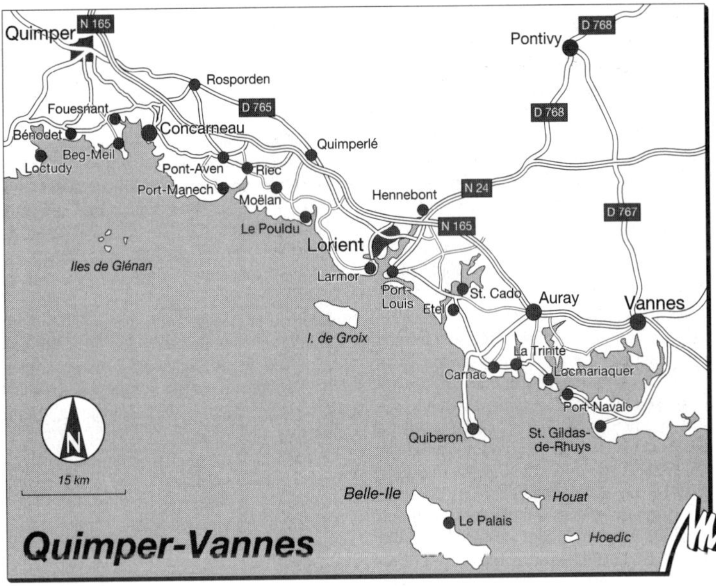

carte. Auskünfte und Billetts beim Office de Tourisme oder bei Vedettes de L'Odet im Hafen- und im Ortsbüro, ✆ 02.98.57.00.58, www.vedettes-odet.com.

Die gleiche Gesellschaft bietet ein Kompaktpaket zu den **Iles de Glénan**: Hin- und Rückfahrt, Inselrundfahrt "und Entdeckung der Unterwasserlandschaft mit einem Naturfachmann", Aufenthalt auf St. Nicolas. Erwachsene 38 €, Kinder 20 €.

Der billigste Bootsausflug führt durch die **Odetmündung** vor der Haustür Bénodets. Dauer 45 Minuten, Erwachsene 9 €, Kinder 6 €.

- *Casino* Wer seine Urlaubskasse ohne Knochenarbeit aufbessern möchte, kann sein Glück im Spielpalast an der Corniche de la Plage versuchen.
- *Fahrradverleih* **Cycletty** mitten im Ort in der Nähe der größeren Rue de Cornouaille (100 m landeinwärts vom Handelshafen); auch Tandems. Avenue de la Mer 56, ✆ 02.98.57.12.49.
- *Golf* Golf de l'Odet, eines der 7 bretonischen Mitglieder von Formule Golf. Golfer treffen sich bei Clohars-Fouesnant einige Kilometer nordöstlich am noblen 18-Loch-Platz (par 72 SSS 73). Putting Green. Auch Kurse. ✆ 02.98.54.87.88.
- *Kleiner Zug* Im Sommer alle 30 Minuten "tour après tour".
- *Markt* Am Montagvormittag in der Avenue de la Plage.
- *Tennis* Tennisclub Bénodet in Le Poulpry, 4 Courts außen, 2 drinnen. ✆ 02.98.57.16.15.
- *Thalassotherapie* **Thalasso de Bénodet**, Corniche de la Plage, ✆ 02.98.66.27.00.
- *Veranstaltungen* Im Sommer üppiger Veranstaltungskalender, für alle Geschmäcker ist etwas dabei. Aktuelle Veranstaltungen und Termine beim O.T.
- *Wassersport* Segeln, Surfen, Kajak, Wasserski. . . 2 Schulen, die beide eng mit der Gemeindeverwaltung zusammenarbeiten, bieten zwischen Juni und September vielfältige Segel- und Surfkurse an. Die **Ecole de Voile du Letty** (✆ 02.98.57.03.26) arbeitet am gleichnamigen Strand, die **Ecole de Voile du Coq** (✆ 02.98.57.16.09) bildet am Plage du Coq Surflehrlinge und zukünftige Freizeitkapitäne aus. Auch Kinder-Segel- oder -Surfkurse. Informationen und Reservierungen für beide Segelschulen in der Vorsaison bei Le Letty. Segel- und Motorbootverleih über **Cornouaille Nautique**, Route de Quimper, Menez St.-Jean, ✆ 02.98.57.00.87.

Côte de Cornouaille
Karte S. 375

Übernachten

Zahlreiche Hotels aller Kategorien in und um den Ort. Eine Auswahl:

*** **Hotel Ker Moor**, ausladender Hotelkasten an der Strandpromenade, von einem Pinienpark (Schwimmbad, Tennisplatz) umgeben. Zusammen mit dem Hotel Kastel Moor (angegliedert) 60 Zimmer der gehobenen Klasse, teilweise mit Balkon. Im Restaurant Menüs ab 23 €. DZ je nach Standard in der HS 61–100 €, HP 63–90 €, Frühstück 8 €. Ganzjährig geöffnet. Corniche de la Plage, ✆ 02.98.57.04.48, www.kermoor.com.

** **Hotel des Bains de Mer**, 32-Zimmer-Hotel in einer ruhigen Seitenstraße oberhalb des Handelshafens mit eigenem Swimmingpool. Ordentliche Räumlichkeiten mit unterschiedlicher Sanitärausstattung. DZ 53–71 €, HP 51–67 €, Frühstück 7 €. Geöffnet von April bis Oktober. Rue de Kerguélen 11, ✆ 02.98.57.03.41, www.lesbainsdemer.com.

** **Hotel Le Cornouaille**, im Ort oberhalb der Promenade; freundlicher Empfang. Zum Frühstücken in den kleinen Palmenhof im Restaurant-Annexe. Ausgezeichnete Küche. 30 moderne, praktische und ausreichende Zimmer, alle mit Du/WC. DZ ab 53 €, Frühstück 7 €. Geöffnet von Mai bis September. Avenue de la Plage 62, ✆ 02.98.57.03.78.

Hotel Ker Vennaik, kleineres 16 Zimmer-Hotel etwas abseits vom Trubel nahe des *Plage du Coq*. Restaurant und Garage, Hunde erlaubt. DZ 40–66 €, HP 45–57 €, Frühstück 7,50 €. Geöffnet von Ostern bis Oktober. Avenue de la Plage 45, ✆ 02.98.57.15.40.

Hotel de la poste, auch die preiswerteste Alternative des Seebads ist nicht gerade billig. Die 18 ordentlichen Zimmer unweit von Kirche und Hafen kosten zwischen 36 und 56 €, Frühstück 6,50 €. Ganzjährig geöffnet. Rue de l'Église 17, ✆ 02.98.57.17.08.

• *Appartements/Häuser* Einige Agenturen bieten Ferienwohnraum aller Größen und diverser Preisklassen in und um Bénodet. 2 Adressen: **Agence Bocquet**, Corniche de la Plage, ✆ 02.98.57.00.77; **Agence de Cornouaille**, Rue Charcot 2, ✆ 02.98.57.03.79, www.locations-saisonnieres.com.

Essen

Restaurant Le Spi, direkt am westlichen Ende der Strandpromenade. Bei schönem Wetter der ideale Ort, um den flanierenden Herrschaften, Badegästen und Wassersportlern zuzuschauen, oder einfach um selbst in einem Liegstuhl die Sonne zu genießen. Nebenbei gibt es Meeresfrüchte, Fisch und exzellente Crêpes. Unser Favorit: Crêpe bergère mit Chèvre, Speck und Salat für 6 €. In der HS täglich geöffnet. Avenue de la Plage 3, ✆ 02.98.57.19.50.

Camping

8 Plätze um Bénodet mit einer Kapazität von über 2200 Campingeinheiten; auf den gehobenen Großanlagen ist auch im höchsten Sommer ein Plätzchen frei. Alle aufgeführten Plätze südöstlich vom Zentrum. Eine Auswahl:

**** **la Pointe St. Gilles**, ein wahres "village de l'plein aire", ein Campingdorf an einem Sträßchen direkt am Meer, Zufahrt über die Rue Poulmic. Schwimmbecken und die ganze Ausrüstung eines gehobenen Campings für Langzeitgäste. 486 Stellplätze. Geöffnet vom 1.5. bis 15.9. Rue Poulmic, ✆ 02.98.57.05.37, www.camping.stgilles.fr.

**** **du Letty**, der letzte Platz in der Reihe am Ausgang der Lagune, wie die 4-Stern-Konkurrenz ein riesiges Urlaubsdorf. Eigener Strandabschnitt an der flachen Lagune, viel Schatten auf dem unterteilten 10-ha-Areal und selbstverständlich alle Einrichtungen der Luxuskategorie, allerdings kein Swimmingpool. Segelschule angeschlossen (siehe Wassersport). 493 Stellplätze. Geöffnet vom 15.6. bis Anfang September. ✆ 02.98.57.04.69, www.campingduletty.com.

*** **de la Plage**, hinter der Hotelzeile oberhalb des Plage du Trez. Spielplatz, beheizter Kleinswimmingpool mit Kinderrutsche und Planschbecken. Mehrere Sanitärblocks, Laden, etliche Wohncontainer und verschiedene Verleihangebote: Fahrrad, Windsurfbrett, Fischerzubehör. Hohe Bäume bedecken einen Teil des Geländes mit Schatten. Im unteren Areal viele Wohncon-

tainer. 300 Stellplätze. Geöffnet vom 1.5.–30.9. Rue Poulquer, ✆ 02.98.57.00.55, www.campingdelaplagebenodet.com.
*** **du Poulquer**, auf der anderen Straßenseite von de la Plage; Heckenareal mit ordentlichen Sanitärs und Pseudospielplatz, Swimmingpool und klitzekleinem Kinderplanschbecken. 240 Stellplätze. Geöffnet vom 15.5.–30.9. Rue du Poulquer, ✆ 02.98.57.04.19, www.campingdupoulquer.com.
** **du Trez**, der zentrumsnächste, in Kasinonähe auf einem Hügel hinter dem Stadtstrand im Häuschengewirr. Kleines, gartenähnliches Gelände in dritter Reihe. Etwa 500 m zum Strand, futuristische Sanitärpavillons. 200 Stellplätze. Geöffnet vom 1.6.–15.9. Rue des Peupliers, ✆ 02.98.57.15.94.

Sehenswertes

Musée du bord de mer: Seit einigen Jahren besitzt Bénodet auch ein Museum, in dem sich alles um Geschichte und Gegenwart von Badetourismus, Wassersport und Küste dreht. Besonders interessant sind die Filme über das Seebad der zwanziger und dreißiger Jahre des letzten Jahrhunderts.
Öffnungszeiten Juni bis September täglich 10–19 Uhr. Erwachsene 4 €, erm. 2 €

Baden

Plage du Trez: Der Stadtstrand erfreut sich dank seiner Gunstlage in der sich tief öffnenden Mündungsbucht der Odet eines Riesenzulaufs. Einen halben Kilometer lang zieht er sich ein Stück unterhalb der Promenade hin, bei Flut bleiben immer noch 30–50 m Sandfläche vor dem endgültigen Nass. Selbstverständlich volle Infrastruktur inkl. mehrerer Kinderclubs.

Fouesnant

(ca. 7500 Einwohner)

Mit "Wald und Meer" wirbt die Gemeinde. Der Hauptort Fouesnant, etwas landeinwärts inmitten stattlicher Apfelbaumbestände, ist dank seiner Strände im Umland im Sommer ein beliebter Urlaubsort. An manchen Tagen blähen sich Hunderte von Segeln in der halbkreisförmigen Baie de la Forêt.

Kleiner und viel ländlicher als Bénodet, bietet Fouesnant außer seinen Gemeindestränden, dem grünen Hinterland und Cidre aus eigener Herstellung ein ansprechendes Ortszentrum: blumenüberwucherte Häuser und eine beachtenswerte Kirche. Das Schiff der *Pfarrkirche St. Pierre* aus dem 12. Jh. gilt Kunstgeschichtlern als das tollste romanische der Bretagne. Zwar wurde die Kirche im 18. Jh. baulich verändert, doch blieben die Grundform des Gebäudes, die Tonnengewölbe unter dem Dach und die fünf Joche, in denen oberhalb der Arkade je ein schmales Fenster Licht einlässt. Vor der Kirche weint eine steinerne Bretonin um die Soldaten des Orts, die aus dem Krieg nicht mehr heimkamen.

Die größte Fläche um Fouesnant wird von Apfelbäumen eingenommen, denen die mit Kastanien und Eichen bepflanzten Böschungen Schutz geben – Fouesnant rühmt sich des besten Cidres der Bretagne. Die schönsten Strände liegen im Süden Fouesnants um Beg Meil und Mousterlin – kilometerlange Dünenstrände, an denen sich immer ein ruhiges Plätzchen findet.

Information/Verbindungen

• *Postleitzahl* 29170
• *Information* Das Office de Tourisme von Fouesnant ist in Rathausnähe an einem kleinen Platz. Freundlich, mehrsprachig und kompetent. Von Juli bis August Mo–Sa 9–19 Uhr, So 10–13 Uhr. Von September bis Juni Mo–Sa 9–12 und 14–18 Uhr. Rue de Kérourgé 49, ✆ 02.98.56.00.93, www.ot-fouesnant.fr.

Côte de Cornouaille
Karte S. 375

• *Verbindung* Mit dem **Bus** problemlos mehrmals täglich nach Quimper. Nach Bénodet und Concarneau gibt es keine Direktverbidungen. 6-mal täglich fährt der Lokalbus nach Cap Coz und Beg Meil.

Fähre zu den Iles de Glénan, die Fahrt zu der vorgelagerten Inselgruppe wird z. B. von Vedettes de l'Odet organisiert. In der HS starten die Boote 2-mal täglich in Beg Meil, ✆ 02.98.94.97.94. In der 2. Junihälfte Mo keine Überfahrt, von April bis Mitte Juni wöchentlich 1-mal nur ab Beg Meil. Fahrtdauer etwa 1 ½ Stunden. Retourticket Erwachsene 24 €, Kinder 13 €. Auskunft und Buchung bei den O.T.s (La Forêt Fouesnant für Port-La-Forêt, Fouesnant für Beg Meil) oder an den Ablegestellen. ✆ von Vedettes de l'Odet in Beg Meil 02.98.94.97.94.

Diverses

• *Bootsausflug* Wer Interesse an einer **Odet-Flussfahrt** hat, muss sich zum Hafen von Bénodet begeben. Die angebotenen Ausflüge rund um die **Glénan-Inseln** starten in Beg Meil (siehe Concarneau/Umgebung, technische Einzelheiten Concarneau/Bootsausflug).

• *Fahrradverleih* Zum Beispiel **Mécanique Loisirs**, Rue de l'Odet 56, ✆ 02.98.56.18.23.

• *Feste* Am 3. Juliwochenende wird beim **Apfelbaumfest** (Fête des Pommiers) der beste regionale Cidre gekürt. Die Feier beginnt bereits Freitagabend und klingt am Montag aus. Viele Trachtenträger und Trachtenträgerinnen, Umzug, Feuerwerk, Essen, Trinken.

• *Pardon* Am letzten Sonntag im Juli St.-Annen-Wallfahrt zur Kapelle Ste. Anne.

• *Reiten* Eine Adresse: **Haras de la mer blanche**, Route de St. Sébastien, ✆ 02.98.56.51.37 oder 06.74.63.58.61.

• *Schwimmbad* Unterhalb von Fouesnant das Erlebnisschwimmbad **Les Balnéides** mit der längsten Riesenrutsche der Bretagne: 75 Meter. Variierende Öffnungszeiten, meist am Nachmittag, sonntags zuverlässig 10–18 Uhr, in der HS täglich 10–20 Uhr. Allée de Loc'hilaire, www.balneides.com.

• *Tennis* Etliche Plätze im Gemeindegebiet verteilt. Auskunft beim O.T.

• *Veranstaltungen* "Ihre Sommerabende in Fouesnant werden durch 20 kostenlose Veranstaltungen belebt; sie finden am Strand, in Beg Meil, Cap Coz oder Mousterlin statt. Erleben Sie den Sonnenuntergang bei Musik am Rande des Ozeans!"

• *Wandern* 50 km Wanderwege weist das Gemeindegebiet von Fouesnant inkl. Iles de Glénan auf. Karten und Tourenbeschreibungen gibt es beim O.T. Wer nicht alleine wandern will, kann im Sommer an einem geführten Ausflug teilnehmen. Anmeldung und genauere Informationen beim O.T.

• *Wassersport* **Centre Nautique de Fouesnant (Point Passion Plage)**, Verleih und Schulung am Strand von Cap Coz (✆ 02.98.56.01.05). **UCPA** betreibt in Beg Meil eine Segelschule mit diversen Kursen für Segler ab 7 Jahre; Plage de Coat Clevarec, ✆ 02.98.94.96.36. Ebenfalls in Beg Meil unterhält das **Centre international de Plongée CIP** (siehe auch Concarneau/Tauchen) eine Filiale, ✆ 02.98.94.49.00, www.cip.glenans.free.fr.

Übernachten

** **Hotel L'Orée du Bois**, in Fouesnant bei der Kirche; günstig und gepflegt. Kein Restaurant. 15 Zimmer mit WC, die besseren auch mit Dusche, 2 Zimmer führen zu einem Gärtchen, in dem sich hervorragend frühstücken lässt, bestes Zimmer die Nr 15: ruhig und geräumig. DZ 32–48 €. Ganzjährig geöffnet. ✆ Rue de Kergoadic 4, ✆ 02.98.56.00.06.

** **Hotel de la Pointe de Mousterlin**, in Traumlage hinter den Stranddünen von Mousterlin. Das Stammhaus in Schneeweiß mit säulchenverziertem Eingang, der Annexe modern gehalten. Recht große Anlage mit 44 Zimmern, manche mit Balkon. Sauna, Spielraum, gediegenes Restaurant mit ebenbürtigen Menüs (nicht billig). DZ 67–100 €, HP 60–80 €, Frühstück 8 €. Geöffnet von Ostern bis 15.10. Route de la Pointe, ✆ 02.98.56.04.12, www.mousterlinhotel.com.

** **Le Thalamot**, etwas außerhalb von Beg Meils Zentrum kurz vor dem Leuchtturm, gerade 50 m zum Strand. Restaurant, 32 ordentliche Zimmer. DZ in der HS 43–63 €, HP 43–6 €, Frühstück 8 €. Chemin Creux 4/6, ✆ 02.98.94.97.38, www.hotel-thalamot.com.

Le Bon Acceuil, in Beg-Meil-Zentrum, das unkategorisierte Billighotel der Gemeinde. 14 schlichte Zimmer, die ohne Rücksicht auf HS und NS je nach sanitärem Standard 24–31 € kosten. Frühstück 5,50 €. Geöffnet vom 1.5.–20.9. Rue des Glénan 18, ✆ 02.98.94.98.14.

Camping

Im Gemeindegebiet von Fouesnant liegen 21 Plätze. Etliche Areale verstecken sich in dem teils sumpfigen Gelände zwischen der Pointe de Mousterlin und dem Cap Coz. Einzige Chance, sie in dem unübersichtlichen Gebiet zu finden: sich an die Beschilderungen halten. Eine kleine Auswahl der Plätze um Cap Coz, Mousterlin und Beg Meil:

• *Bei Cap Coz* ** **Les Mimosas**, 800 m zum Strand, Küstennormplatz ohne Extras. 80 Stellplätze. Geöffnet vom 1.5.–15.9. ✆ 02.98.56.55.81, yjuhel@club-internet.fr.

** **Pen-an-Cap**, 400 m zum Meer, ähnlicher Standard wie Les Mimosas. 100 Stellplätze. Geöffnet vom 1.5.–15.9. Route du Port 27, ✆ 02.98.56.09.23, www.penancap.com.

** **Kerscolper**, ein Stückchen südlich vom großen Strand in Meernähe (300 m). Mit Bar, Fernsehraum Schwimmbecken und einigen Extras mehr der bestausgestattete Platz bei Cap Coz. 160 Stellplätze. Geöffnet von Mitte April bis Mitte September. Descente de Bellevue, ✆ 02.98.56.09.48; jean-claude-capp@wanadoo.fr.

• *Bei Beg Meil und Mousterlin* **** **Sunêlia Atlantique**, im grünen Hinterland, irgendwo zwischen Mousterlin und Beg Meil (beschildert, gut zu finden). 400 m zum Strand von Mousterlin und 2 km nach Beg Meil. Abgeschiedener, luxuriöser Top-Camping mit allem Zubehör und Riesenrutsche in den Pool. 432 Stellplätze. Geöffnet vom 15.4. bis 15.9., voller Service ab Mitte Mai. Pointe de Mousterlin, ✆ 02.98.56.14.44, www.camping-atlantique.fr.

*** **Le Vorlen**, bei den großen Dünen von Beg Meil. Gut ausgestattetes 10-ha-Gelände mit 600 Stellplätzen, etwa 200 m vom Strand von Kérambigorn und 1 km von Beg Meil. Geöffnet vom 1.5.–20.9., voller Service im Juli/August. Kerambigorn, ✆ 02.98.94.97.36, www.vorlen.com.

*** **Kost Ar Moor**, recht schattiger Platz, 400 m hinter den Stranddünen von Beg Meil. Aus dem familiären 1-ha-Areal wurde eine große, gut ausgestattete Anlage. Brotdepot, Laden, Fernsehraum, Bar, Volleyballplatz usw. 360 Stellplätze. Geöffnet vom 1.4.–30.9. Pointe de Mousterlin, ✆ 02.98.56.04.16, www.camping-kost-ar-moor.com.

*** **La Plage de Cleut Rouz**, eingezäunter Heckenplatz auf freiem Feld, etwa 200 m vom Strand von Beg Meil. Auch gut ausgestattet. 143 Stellplätze. Geöffnet vom 1.4.–30.9. ✆ 02.98.56.53.19, campinglaplage-decleutrouz@wanadoo.fr.

Bretonische Trauer

Fouesnant / Umgebung

La Forêt-Fouesnant: Am Ende eines kleinen Fjords, etwa 3 km westlich von Fouesnant an der Straße nach Concarneau. Im Zentrum steht der stimmungsvolle *Pfarrbezirk* mit Kirche, Calvaire und gefasster Quelle aus dem 16. Jh. *Altar* und

Côte de Cornouaille
Karte S. 375

Taufkapelle, beide aus Holz, sind der größte Schmuck des dreischiffigen Inneren. Östlich unterhalb von La Forêt-Fouesnant liegt der moderne Hafen *Port-La-Forêt,* daran schließt sich der Hauptstrand von La Forêt-Fouesnant an, der *Plage de Kerleven*: 1 km lang, gut erschlossen, mit üppigem Wassersportangebot.

Cap Coz: Auf dem 2 km langen schmalen Landstreifen Cap Coz im Osten von Fouesnant wurde in den 70ern ein Tourismuszentrum mit Schiffsanlegestelle aus dem Boden gestampft. Mittlerweile ist Cap Coz der gut besuchte Hausstrand von Fouesnant – der sandige Strand zur offenen Buchtseite ist ebenso lang wie das Halbinselchen.

Beg Meil: In den Dünen hinter dem kilometerlangen, sandigen Küstensaum stechen Pinien hoch, veredeln das Strandvergnügen und spenden den Blechkarossen Schatten. Beg Meil hat sich gemausert. Aus der verschlafenen Ferienappartementsiedlung hinter der *Pointe de Beg Meil* ist ein quicklebendiges Urlaubsörtchen geworden. Im Hafen unten an der langen Mole starten die Ausflugsboote, im Zentrum geht sommers die Post ab. In den zahlreichen Verköstigungs- und Trinketablissements fliegen die Urlaubsabende wie eine Concorde dahin. Bei Wassersportaktivisten und Erholungssuchenden hat das kleine Beg Meil schon lange einen guten Namen: Gern wird darauf verwiesen, dass in den frühen Jahren dieses Jahrhunderts schon *Marcel Proust* (Literatur) und *Sarah Bernhardt* (Schauspiel) dem Ort zur Saison die Ehre gaben. Die langen Strände *Grande Plage* (= *Plage des Dunes*) und *Plage du Sémaphore* hinter einem Piniengürtel in den Dünen sind gut ausgestattet. Weitere Strände ohne Infrastruktur an der Hafenmole von Beg Meil und weiter in Richtung Cap Coz. Übrigens: Die vielen Parkplätze hinter den Stränden sind an sonnigen Augusttagen alle belegt.

Mousterlin: Flach und sandig schiebt sich die *Pointe de Mousterlin* ins Meer, weit schweift der Blick, und der Strand lockt zum Bad. Mousterlin selbst ist ein kleiner Ort hinter der Pointe im hier trockengelegten, kultivierten Sumpfland. Der optisch bestechende *Kerlosquen-Strand* im Osten der Pointe Richtung Beg Meil, ein etwa 4 km langer Sandstreifen unterhalb hoher Dünen, empfiehlt sich auch für ausgedehnte Strandspaziergänge ohne Wasserberührung.

Concarneau

(ca. 18.000 Einwohner)

Gleich einer schwimmenden Festung liegt die völlig ummauerte Ville Close im stattlichen Becken des Fischerhafens. Nur eine kleine Brücke trennt die touristisch aufbereitete Enklave einer vergangenen Zeit von der alltäglichen Geschäftigkeit des Hafenviertels.

Concarneau, bretonisch *Konk Kernew,* Ecke der Cornouaille, liegt genau an der Schnittstelle zwischen Cornouaille und Morbihan. Aus einer der wichtigsten bretonischen Festungen des Mittelalters wurde bis zum 19. Jh. ein ordinärer Sardinenhafen, der zu Beginn dieses Jahrhunderts seine bitterste Zeit erlebte. 1905 blieben die Sardinenschwärme plötzlich aus. Die Stadt verlor ihre Lebensgrundlage, nur durch Spendenaktionen konnte die Not etwas gelindert werden. Die letzte große Katastrophe traf Concarneau in der Sturmnacht vom 19. zum 20. September 1930. 207 Seeleute kehrten nicht mehr zurück und hinterließen 127 Witwen und 187 Kinder.

Seitdem hat Concarneau wieder einen Aufschwung erlebt. Dank des Yachthafens, der Tauchschule auf den nahen *Iles de Glénan* und dem Sportangebot an den südli-

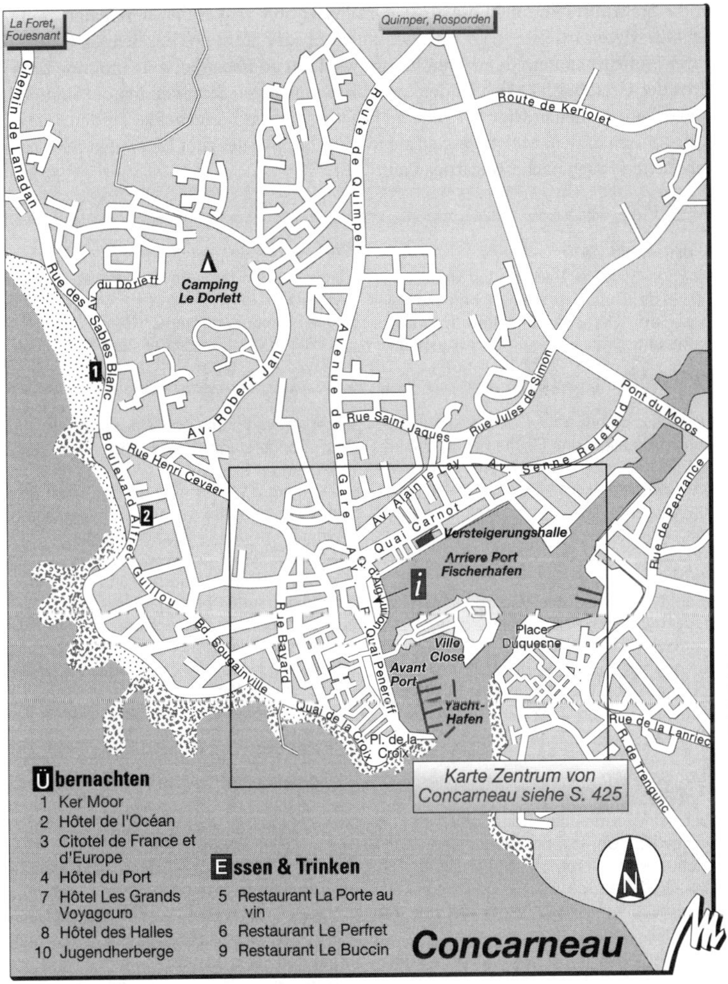

Côte de Cornouaille Karte S. 375

chen Stränden gilt die Stadt als bedeutendes Wassersportzentrum, doch die direkte Ausbeutung des Meeres hat nach wie vor Vorrang: Concarneau ist nach Boulogne und Lorient der drittgrößte Fischereihafen Frankreichs, seine Flotte, die sich zur *Grande pêche* aufmacht (siehe Kapitel Wirtschaft), die größte Frankreichs.

Die Stadt breitet sich an der Mündung des *Moros-Flusses* in der *Bucht von La Forêt-Fouesnant* aus. Der Hafen gliedert sich in zwei Areale. Das vordere nimmt private Sportboote und Ausflugsschiffe auf, der dahinter liegende *Arriére-Port* ist der Heimathafen der Fischer. Die den Fangquoten angemessene Versteigerungshalle am Quai Carnot wird täglich ein- bis zweimal zum Mittelpunkt des wirtschaftlichen Lebens.

In die Stadtmitte kommen die Touristenscharen nur wegen der denkmalgeschützten befestigten Inselstadt, gern als der kleine Bruder St. Malos bezeichnet. Das moderne Concarneau um den Hafen herum wird nur so nebenbei mitgenommen. Das Gros der Urlauber hält sich an den erschlossenen langen Stränden um die Stadt auf, speziell am östlichen Ufer der *Baie de la Forêt* und im Feriengebiet an der *Baie de Cabellou* im Süden. Meist brechen sie nur zur Stippvisite, zum Einkaufen oder zum gehobenen Essen nach Concarneau auf.

Information

- *Postleitzahl* 29110
- *Information* Der Pavillon des städtischen Office de Tourisme steht neben der Ville Close am Hafen. Tourist-Info mit allem Drum und Dran, Buchung von Ausflügen, Zimmervermittlung. Von Juli bis August täglich 9–19 Uhr. Von September bis Juni Mo–Sa 9–12 und 14–18 Uhr, im Mai und Juni auch Sonntagmorgens. Quai d'Aiguillon, ✆ 02.98.97.01.44, www.ville-concarneau.fr.

Verbindungen

- *Bus* Busbahnhof am oberen Ende des Quai d'Aiguillon am Fischerhafen. Zahlreiche Anschlüsse, die meisten nach Quimper. Corncarneau ist Endstation der Linien von Quimper bzw. Rosporden mit guten Anschlüssen in beide Richtungen. Über Pont-Aven nach Quimperlé, außerdem Busse nach Süden.
- *Schiff* **Fähre zu den Iles de Glénan**, die Fahrt zu der vorgelagerten Inselgruppe wird z. B. von Vedettes de l'Odet organisiert. Ab der zweiten Juliwoche bis 31.8. starten die Boote am Vor- und Nachmittag je 1-mal zu ihrer etwa 1-stündigen Überfahrt, im Juni nur Donnerstags um 14 Uhr. Erwachsene 25 €, Kinder 13 €.
Ein weiterer Veranstalter mit ähnlichen Konditionen: Vedettes Glenn beim Yachthafen, Avenue du Docteur-Nicolas 17, ✆ 02.98.97.10.31; täglich 2-mal, Sie können wählen zwischen einem 2- und einem 6 ½-stündigen Aufenthalt auf St. Nicolas.
Fähre nach Beg Meil, im Sommer in 25 Minuten über die Bucht an die Strände von Beg Meil. In der HS 4-mal täglich, Erwachsene einfach 10 €.

Diverses

- *Bootsausflug* Wer Interesse an einer **Odet-Flussfahrt** hat, kann im Juli und August mit Vedettes de l'Odet von Di–Fr und So um 14.15 Uhr in Concarneau starten. Erwachsene 24 €, erm.13 €. Mehrmals täglich fährt Vedettes de l'Odet den Fluss bis Quimper hinauf, allerdings nur von Bénodet und Loctudy aus.
Rundfahrtprogramme rund um die **Glénan-Inseln** offeriert im Sommer Vedettes de l'Odet. Beliebt sind auch Bootstypen, die Einblicke in die Unterwasserwelt rund um das Archipel erlauben. Zum Beispiel auf der *Capitaine Némo*: Hin- und Rückfahrt Concarneau–Iles Glénan + Unterwasserfahrt Erwachsene 38 €, erm. 20 €. Ebenfalls im Angebot sind Tagesausflüge und Angeltouren auf traditionellen Segelbooten. Auskunft im O.T.
- *Criée* Um die Fischversteigerung noch einigermaßen traditionell zu erleben, muss man sich beeilen: In einigen Jahren wird wohl auch hier alles vollautomatisiert ablaufen. Im Moment bietet ein privates Unternehmen geführte Criée-Besichtigungen und vieles mehr an (Besuch von Fischerbooten etc.): Video-mer, ✆ 06.80.26.34.25, lachevre.yvon@wanadoo.fr.
- *Fahrradverleih* **Gloanec**, Avenue Alain Le Lay 65, ✆ 02.98.97.09.77.
- *Feste* Am vorletzten Augustsonntag (2004: 19.8. bis 22.8.) beginnt das einwöchige **Fête des filets bleus**, das große Fest der blauen Fischernetze, eine groß angelegte Folkloreveranstaltung an den Quais vor der Ville Close, die ihren Ursprung in einer Solidaritäts- und Spendenaktion am Anfang dieses Jahrhunderts für Not leidende Sardinenfischer hat. Heute: Trachten, Tänze, bretonischer Ringkampf usw. Die Netze sind übrigens wegen der Farbe des Meeres blau, damit sie den Fischen unsichtbar bleiben. Infos beim O.T.
- *Kleiner Zug* Abfahrt am O.T oder am Plage des Sables Blancs, retour oder einfach möglich. Kommentierte Fahrt.

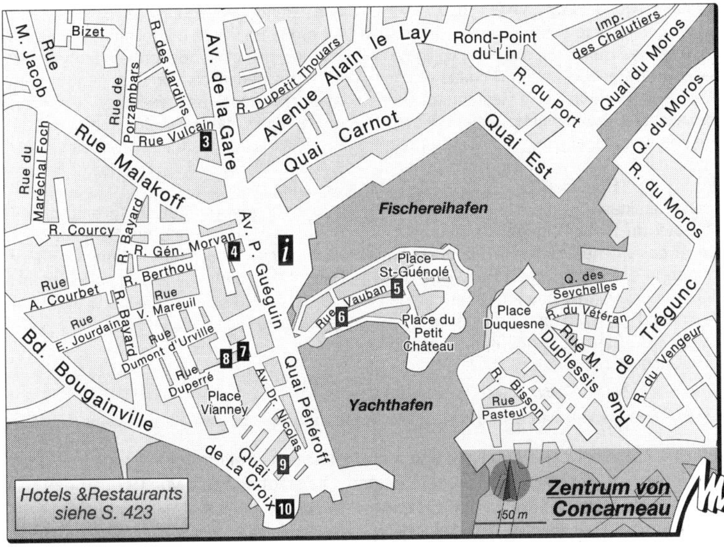

• *Markt* Die Markthalle gegenüber der Ville Close ist täglich ohne Rücksicht auf Sonn- und Feiertage von 8–12.30 geöffnet. Montag und Freitag Wochenmarkt.

• *Parken* Großparkplätze vom Yachthafen bis zur Tourist-Info vor den Hafenbecken.

• *Tauchschule* **Centre International de Plongée de Glénan**; die international renommierte Organisation hat sich mit Haut und Haar dem Tauchsport verschrieben und unterhält auf St. Nicolas auf den Iles de Glénan eine Schule (eine Art Tauchinternat), ✆ 02.98.50.57.02; 2 weitere Tauchclubs in Concarneau.

• *Segelschule* Ebenfalls auf den Glénan-Inseln lehrt die **Ecole de voile Glénans** die hohe Kunst des Segelns (in einer Art Segelinternat). Adresse in Concarneau: Place P. Viannay, ✆ 02.98.97.14.84.

• *Wäscherei* Gestern beim Dessert gekleckert? **Laverie Automatique**, Place de l'Hôtel de ville, ✆ 02.98.50.86.74.

• *Wassersport* Schulen und Verleih von Wassersportgerät an den Stränden von Trégunc und Cabellou. Eine Schule ist z. B. **Club nautique de Kersidan**, Trégunc, ✆ 02.98.06.71.98.

• *Yachthafen* Der gut ausgestattete Port de Plaisance bietet Platz für 665 Yachten, davon 276 an Pontons. Elektrik und Wasseranschluss auf den Pontons, WCs und Duschen auf dem Festland. Capitainerie ✆ 02.98.97.57.96.

Übernachten (siehe Karte S. 423 und S. 425)

Hotels in der Stadt, am stadtnahen Plage des Sables Blancs oder beim Cabellou-Strand im Süden. Eine Auswahl am Plage des Sables Blancs und in der Innenstadt:

*** **Hôtel de l'Océan (2)**, Zimmer mit Meerblick am Plage des Sables Blancs; 70 komfortable Räume, ebensolches Restaurant mit exquisiten Gerichten. Beheiztes Schwimmbecken, Spielsaal usw. DZ 60–105 €. Ganzjährig geöffnet. Plage des Sables Blancs, ✆ 02.98.50.53.50, www.hotel-ocean.com.

** **Ker Moor (1)**, ebenfalls direkt am Weißsand-Strand; wesentlich kleiner und übersichtlicher als letzteres. 12 voll ausgestattete Zimmer, kein Restaurant. DZ nach Komfort und Lage 60–90 €. Ganzjährig geöffnet. Plage des Sables Blancs, ✆ 02.98.97.02.96, www.kermoorlespiedsdansl'eau.com.

** **Citotel de France et d'Europe (3)**, das Mittelklassehotel liegt in Bahnhofs- und Hafennähe. 26 Zimmer, DZ 49–60 €. Ganzjährig geöffnet. Avenue de la gare 9, ✆ 02.98.97.00.64, www.hotel-france-europe.com.

** **Hôtel des Halles (8)**, ebenfalls völlig zentral beim Hafenbecken am Rathaus; 24 Zimmer, Bar, TV-Raum, kein Restaurant. Weitgespanntes Wohnangebot, die günstigen Räume akzeptabel, die guten Zimmer recht komfortabel. DZ 37–57 €. Ganzjährig geöffnet. Place de l'Hôtel-de-Ville, ✆ 02.98.97.11.41, www.hoteldeshalles.com.

** **Hôtel du Port (4)**, gegenüber vom O.T., im Angesicht des hinteren Hafenbeckens, mitten in der Stadt; unten PMU-Bar, oben 14 Zimmer. Kein Restaurant, aber Fernsehraum und preislich günstig, weil einfach: DZ 29–46 €. Ganzjährig geöffnet. Avenue Pierre-Guéguin 11, ✆ 02.98.97.31.52.

Les Grands Voyageurs (7), kleines Hotel für große Reisende mit tollem Blick auf Hafen und ville close. Besonders lebhaft wird es unter den nach vorne zeigenden Zimmern montags und freitags, wenn der große Markt stattfindet. 16 Zimmer, DZ 30–44 €. Ganzjährig geöffnet. Place Jean Jaurès 9, ✆ 02.98.97.08.06, beatrice.donniou@wanadoo.fr.

• *Jugendherberge* **(10)** in toller Lage mit Blick auf die Bucht und nur 5 Minuten von Yachthafen und ville close entfernt. Ganzjährig geöffnet. Pro Person 12 € inkl. Frühstück. Quai de la croix, ✆ 02.98.97.03.47, concarneau.aj.cis@wanadoo.fr.

Camping

Etliche Plätze verteilen sich links und rechts der Stadt, weitere bei Tregunc im Süden und noch weiter südlich am Cabellou-Strand. Die stadtnächsten von Concarneau:

**** **les Prés Verts**, an der Straße von Concarneau nach Fouesnant, 200 m hinter dem kleinen Strand von Kernous. Geschützte Anlage der Top-Kategorie u. a. mit Laden, kleinem Spielplatz, Videospielen. 150 Stellplätze. Geöffnet vom 1.5. bis Mitte September. Kernous, Route de la Forêt-Fouesnant, ✆ 02.98.97.09.74, www.pres-verts.com.

*** **le Dorlett**, vom Les Prés stadteinwärts, auf einem Hügelchen an der anderen Straßenseite; nur die Straße hinunter geht es zum nahen Strand. Das leicht abschüssige Terrain ist durch Bäume und hohe Hecken gegliedert, das Sanitärhäuschen ist älteren Datums und schlicht. In der ersten Reihe Blick über die Bucht. Mit Bar und einfachem Restaurant im Sommer. 163 Stellplätze. Geöffnet von Ostern bis Ende September. Avenue du Dorlett, ✆ 02.98.97.16.44.

** **Le Moulin d'Aurore**, auf der östlichen Seite der Moros-Mündung im Ortsteil Trégunc, 50 m vom Meer. 170 Stellplätze. Geöffnet von April bis 30.9. Rue du Trégunc 49, ✆ 02.98.50.53.08, www.moulinaurore.com.

Essen (siehe Karte S. 423 und S. 425)

Besonders für ein Gericht ist die Küche von Concarneau bekannt – Thunfisch mit Reis, Karotten und Weißwein (thon au riz, carottes et vin blanc).
Restaurant-, Crêperie- und Snackschwerpunkt ist konkurrenzlos die Ville Close.

Restaurant Le Buccin (9), liegt in der Neustadt und hat die Farbe Gelb als Thema seiner Innenausstattung. Es werden exzellente Menüs von 17–34 € geboten, auch das preiswerteste ist eine Gaumenfreude der gehobenen Art. Zur Abwechslung einmal ohne Fisch empfehlen wir den Salat mit Kaninchenfleisch, die Ente im Knuspermantel mit Cidre und Honig, und – um beim Thema zu bleiben – die Tarte tatin mit konfitierter Ananas und Bananen. In der NS Sonntagabend und Donnerstag geschlossen. Rue Duguay Trouin 1, ✆ 02.98.50.54.22.

La Porte au vin (5), eines der vielen Restaurants in der ville close, das mit der schönen Terrasse auf dem *Place St. Guénolé* einen Pluspunkt besitzt: Menüs von 15–25 €, auch Crêpes. In der HS täglich geöffnet. Menüvorschlag für 15 €: Jakobsmuscheln auf bretonische Art, Gegrillte Sardinen mit Dampfkartoffeln, Eis. Place St. Guénolé 9, ✆ 02.98.97.38.11.

Le Perfret (6), ähnliches Restaurant kurz vor dem Platz mit nettem Holz- und Natursteininterieur. In der HS täglich geöffnet. Menüs von 15–25 €. Rue Vauban 40, ✆ 02.98.50.70.55.

Oldtimertreffpunkt Ville Close

Sehenswertes

Ville Close: Die Keimzelle des heutigen Concarneau und unumstrittenes Zentrum des touristischen Geschehens. Von der *Pont du Moros* im Norden des Hafenbeckens ist eine umfassende Bestandsaufnahme über die Inselstadt möglich. 350 Meter lang und 100 Meter breit schiebt sich die befestigte Stadtinsel in das Hafenbecken, rundum von ihrer hohen, turmbewehrten Mauer umgeben, die Südwestspitze seit alters her unbesiedelt.

Am *Uhrturm* vorbei führt das Brücklein zur *Torbastion*, erst dahinter beginnt die zusammengedrängte Wohnzone um die Hauptachse *Rue Vauban*: Schmale Granithäuschen säumen das Kopfsteinpflaster, das ehemalige *Arsenal* (heute Fischmuseum), die *Kirche* und das alte *Hospiz* sind seit ihrer Erbauung die einzigen größeren Anwesen des noch immer vollkommen abgeschotteten Städtchens. Die *Stadtmauer* – das charakteristischste Element der Insel – ist z. T. begehbar (Konditionen für den Rundgang siehe unten). Der Halb-Rundgang gibt Einblicke in das kleine Gemeinwesen und über den Hafen, den es in seine zwei Areale teilt: Auf der Südpartie des Walls schwanken die Masten der Yachten, die Nordseite ist den weniger eleganten Fischkuttern und der langen Auktionshalle vorbehalten.

Im 14. Jh. begannen die Arbeiten am Schutzwall, ihr jetziges Aussehen erhielten sie im 17. Jh. unter *Vauban*, dem Stararchitekten des französischen Königshauses. Die Türme, Bastionen, Tore oder der Uhrturm am Stadteingang sind hauptsächlich sein Werk. Wo Soldaten eine Festung wittern, wird gebombt: Im Zweiten Weltkrieg litt auch die Ville Close, weil die deutsche Wehrmacht den Alliierten nicht kampflos weichen wollte. Ähnlich wie in St. Malo wurde rekonstruiert, was zerstört war, doch die Schäden in Concarneau waren wesentlich geringer. Und über den wiederaufgebauten Häusern liegt schon wieder die Patina von beinahe fünfzig Jahren. Die meisten Gebäude haben das 16. Jh. noch erlebt und ließen sich damals sicher nicht träumen, dass man sie im 20. Jh. zu gut gehenden Andenken-, Schmuck- und Bekleidungsläden, Galerien, Restaurants, Crêperies oder Snackbars umfunktionieren würde:

Die kurze Strecke von der Rue Vauban über den Place St. Guénolé zur Rue St. Guénolé ist auf engstem Raum mit knapp 20 auf Touristen ausgelegten Einkaufsmöglichkeiten sowie über 15 Esstempeln mit Schwerpunkt Crêperies gepflastert.

• Stadtmauerrundgang Für den kleinen Gang auf der Stadtmauer der Ville Close – nur Teile sind freigegeben – ist vom 15.6. bis 15.9. 1 € zu zahlen, in der übrigen Zeit ist der Spaziergang umsonst.

Fischereimuseum *(Musée de la Pêche)*: In der Hauptgasse der Ville Close im alten Arsenal (früher ein Gefängnis) untergebracht, beschäftigt sich das Museum mit dem Fisch, seinem Fang und der Rolle Concarneaus in diesem Gewerbe. Neben geschichtlichen Fragen wird geklärt, wie der Wal und der Hering gefangen werden, oder Sie spielen Kapitän im großen Saal der kommerziellen Hochseefischerei. Ferner sind geboten: Aquarium mit 40 Becken, in einem döst der Stolz des Museums, ein gekidnappter Quastenflossler. Dazu 80 Schiffsmodelle, der echte 36-m-Chalutier *Hémérica*, Fotografien, Dioramen, Kleinboote, Pläne, Statistiken u. v. m.

Öffnungszeiten Ganzjährig täglich von 10–12 und 14–19 Uhr. Im Juli und August täglich von 9.30–20 Uhr. Erwachsene 6 €, Kinder 4 €.

Marinarium: Ein düsterer, kaum besuchter Bau an der Nordspitze Concarneaus am Ende des Yachthafens – die Touristen sind alle in der Ville Close. Doch unbeugsam präsentiert er sein Angebot – das Meer. Neben den obligatorischen Aquarien veranschaulichen aufschlussreiche Dia- und Video-Shows, dass der Ozean, der den größten Teil dieses Planeten bedeckt, Heimat für eine unendliche Anzahl von Lebewesen und wichtiger Teil des globalen Gesamtsystems ist.

Öffnungszeiten Februar bis Dezember mindestens täglich 14–18 Uhr, Juli und August täglich 10–19 Uhr. Erwachsene 5 €, erm. 3 €.

Baden

Um Concarneau tummeln sich jede Menge Strände, doch zu den schönsten der Bretagne zählen sie mit Sicherheit nicht. Ihre größten Mängel sind Algen, Schmutz und ein unidyllisches Hinterland. Trotzdem im Sommer gut besucht. Die besten Bademöglichkeiten an der *Baie du Cabellou.*

Plage du Miné: Der stadtnächste größere Strandflecken vor dem Plage des Sables Blancs unterhalb des Boulevard Katherine-Wyllie; bei Flut ein kleiner, eingezwängter Flecken Sand, bei Ebbe auch nicht ansehnlich.

Plage des Sables Blancs: Knapp 3 km vom Zentrum Richtung La Forêt-Fouesnant. Der 400 m lange Stadtstrand ist auch für sportliche Aktivitäten wohlgerüstet – vom Tretboot bis zum Surfbrett kann der Kunde wählen. Gleich daneben der *Plage des Petits Sables Blancs* – weitere 200 m Sand unter einer Steinmauer.

Plage de Cabellou: In einer für den Tourismus gänzlich erschlossenen Bucht 7 km südlich von Concarneau dreht sich neben dem normalen Wasserbad alles um den Wassersport: Hier wird in großem Rahmen geschult und vermietet. Der Strand selbst ist 800 m lang, die Flut lässt noch sichere 30 m übrig. Essen und Trinken vor Ort sind ebenfalls gesichert. Weitere kleinere Strände verteilen sich rund um die Bucht von Cabellou.

Concarneau / Umgebung

Iles de Glénan: Etwa 20 km im Süden Concarneaus schwimmen die Inselchen der Gruppe im offenen Meer, und um sie herum schwimmen im Sommer jede Menge Wasserfahrzeuge. Die sieben Inselsplitter sind ein Eldorado für Wassersportler, die sich hier hemmungslos austoben. Die Tauchschule auf *St. Nicolas* und die Segelschulbasen auf *Penfret*, *Bananec*, *Drennec* und *Cigogne* mit seiner Festung können über mangelnden Publikumszuspruch nicht klagen. Doch normale Tagesausflügler kommen nur nach St. Nicolas, dem Anlegeort der Fähre. Die Inseln *Brunec* und *Loch* sind Privatbesitz, *Giautec* ist als Vogelreservat ausgewiesen. Gemein sind allen Inseln schöne Strände und winddurchwehte Heideflächen. Ist es zum Baden zu kalt, empfiehlt sich auf St. Nicolas mit seinen wenigen Häuschen ein optisch reizvoller Spaziergang an der Küste, die durch einen Weg rundum erschlossen ist.

- Verbindung/Bootsausflug Siehe Bénodet, Fouesnant, Concarneau.
- Segeln/Tauchen Adressen siehe Concarneau.

Pont-Aven

(ca. 3300 Einwohner)

Gauguin war hier, und daraus schlägt das Städtchen bis heute Kapital: Ateliers, Galerien, Expositionen, ein Museum, das ganz der "Schule von Pont-Aven" verpflichtet ist, dazu der Spaziergang im Liebeswäldchen oder der Ausflug nach Nizon – Gauguin war hier.

Gauguin, der die Bretagne durchstreifte und in Pont-Aven zeitweise seinen ersten Wohnsitz hatte, fand hier eine wilde, naive Primitivität der Bevölkerung, er war begeistert vom Licht und den Farben, die den profansten Gegenstand veredeln können. In und um Pont-Aven entdeckte er eine Landschaft, die seiner romantischen Vorstellung der Idylle entsprach. Doch Gaugin war nicht der erste, der Pont-Aven entdeckte.

Seit 1860 zog es Maler nach Pont-Aven, die langsam die ersten bretonischen Sujets in die Malerei einführten. Zehn Jahre später logierte hier eine Gruppe amerikanischer Maler, die die illustre Anziehungskraft des Orts noch vergrößerten. Als 1886 die "Ecole de Pont-Aven" gegründet wurde, war der Höhepunkt erreicht. Namen wie *Gauguin*, *Bernard*, *Sérusier*, *Schuffenecker*, *Seguin* und viele mehr stehen für eine Kunstrichtung, die durch Beschränkung und Hervorhebung des Wesentlichen das Ganze durch ein Teil ausdrücken will. Nicht mehr Landschaften der Bretagne sollten gemalt werden, sondern die ganze Bretagne in einer Landschaft enthalten sein. "*Beeinflusst von Volkskunst, Glasmalerei und dem japanischen Farbholzschnitt, entwickelten sie eine nichtillusionistische Darstellungsweise, bei der Umrisslinien und Farbflächen die elementaren Ausdrucksträger sind.*" (Meyers Enzyklopädisches Lexikon)

Von wilder, naiver Primitivität der Menschen kann heute keine Rede mehr sein, auch der überlieferte Spottvers "Pont-Aven ist eine Stadt, die 14 Mühlen und 15 Häuser hat" hat jegliche Grundlage verloren. Doch die putzige *Ortsmitte* von Pont-Aven, der *Hafen*, der *Aven-Fluss* und sein *Tal*, die verbliebenen *Mühlen* oder das *Liebeswäldchen* in ihrer lichtdurchtränkten Anmut lassen auch Laien ahnen, was Bilderbesessene hier noch immer finden können.

Côte de Cornouaille Karte S. 375

Leider kein Original

Noch heute werden Maler magisch von diesem Ort angezogen, doch das Gros der vielen Touristen hat mit Pinsel und Farben nichts zu schaffen – sie wandeln auf den Pfaden Gauguins, bestaunen das Original des "Gelben Jesus" oder entziffern die Gedenktafel am *Maison de la Presse*, der ehemaligen Pension der guten Madame *Gloannec*, die nur 65 Francs pro Monat verlangte – und auch nur dann, wenn die pinselnden Hungerleider gerade flüssig waren.

Information/Verbindungen

- *Postleitzahl* 29330
- *Information* Das O.T. in der Ortsmitte kümmert sich um alle touristischen Belange. Von April bis September Dienstag bis Samstag tägl. begleitete Führungen inkl. Museumsbesuch (Erwachsene 7 €, Kinder 5 €). Von Juli bis August Mo–Sa 9.30–19.30 Uhr, So 10–13 und 15–18.30 Uhr. Von September bis Juni Mo–Sa 9.30–12.30 und 14–18 Uhr. Place de l'Hotel-de-Ville 5, ✆ 02.98.06.04.70, www.pontaven.com.
- *Verbindung* Pont-Aven liegt auf der **Bus**strecke Moelan-sur-Mer/Quimperlé–Concarneau/Quimper; werktags mindestens 6-mal Anschlüsse in beide Richtungen.

Diverses

- *Ateliers* 80 Galerien und die entsprechende Anzahl mehr oder weniger begnadeter Maler haben sich mittlerweile in Pont-Aven niedergelassen – die Palette ist weit gestreut, von Marinemalerei über bretonische Landschaftsdarstellungen bis hin zu zeitgenössischer Kunst. Der – auch unverbindliche – Besuch einiger Ateliers gehört zum Muss eines Pont-Aven-Besuchs. Wer an dem Massenmalen teilhaben möchte, kann das ganze Jahr über an Kursen teilnehmen, z. B. in der *Galerie Anne-Sylvie Pecot "Les Sentiers de Gauguin"* ✆ 02.98.06.01.69, www.pecot.as@free.fr.
- *Bootsausflug* Von Anfang April bis Ende September fahren Ausflugsschiffe mehrere Touren auf dem **Aven-Fluss**. Zum Beispiel in 1 ¼ Stunden von Pont-Aven bis zum Meer und wieder zurück, Erwachsene zahlen 10 €, Kinder 6 €, Kleinkinder 2 €. Die Zwei-Flüsse-Fahrt startet in Port-de-Bélon: in knapp 2 Stunden von den Austerngründen des Bélon-Flusses nach Pont-Aven und wieder zurück nach Port-de-Bélon (13 €/8 €/

2 €). Aktuelle Auskünfte bei der Tourist-Info oder am Béloner Hafen bei Vedette de l'Aven-Bélon, Port-de-Bélon, 29360 Moelan-sur-Mer, ✆ 02.98.71.14.59.

• *Feste* Am ersten Augustsonntag die **Fête des Ajoncs d'Or** (Goldenes Stechginsterfest), 1905 von dem Barden Théodore Botrel ins Leben gerufen (siehe Paimpol/ Kasten Botrel), als Höhepunkt der sommerlichen Veranstaltungen. Wallfahrt, Kunst und Folklore.

• *Kanu/Kajak* Fluss- und Meerausflüge. Ganzjährig schult und verleiht **Pagaie des Avens**, Basen in Pont-Aven und Port-Manec'h. Preisbeispiel: halber Tag Kanu auf dem Aven-Fluss 25 € für den 2er. Square Téodore Botrel, ✆ 06.11.97.53.94.

• *Markt* Die Wanderhändler, die am Tag zuvor in Bénodet waren, bauen am Dienstag ihre Stände entlang der Straße zum Hafen aus.

• *Parken* Parkplätze am Aven-Fluss beim Hafen, zwei weitere Großparkplätze an den Ortsenden Richtung Bannalec bzw. Concarneau. Trotzdem kann das Finden eines Parkplatzes in der HS eine echte Herausforderung werden. Da hilft dann nur Rundendrehen, oder Pont-Aven zu Fuß z.B. von Port Bélon aus ansteuern.

• *Wandern* Um Pont-Aven, Bélon und Moelan-sur-Mer erschließt ein Netz von Wanderwegen das "Pays de Gaugin". Der Pflichtspaziergang zur Kapelle von Trémalo und durch den Bois d'Amour ist nur 4 km lang und dauert etwa 1 ½ Stunden. Auskünfte und Karten beim O.T.

Übernachten/Camping

Ausnahmslos gute bis gehobene Mittelklasse bestimmt das Hotelbild. Man wohnt zentral oder am Hafen. Camper müssen ausweichen – die nächsten Plätze bei Nevez (siehe unten) oder Le Pouldu (siehe Pont-Aven/Umgebung).

*** **Hotel le Roz-Aven**, ein gediegenes Haus am Parkplatz am oberen Hafenende. Flussblick. 17 DZ je nach Standard 58–138 €. Frühstück 8 €. Geöffnet von März bis Oktober. Quai Théodore Botrel 11, ✆ 02.98.06.13.06, www.hotelpontaven.online.fr.

*** **Hostellerie de Rosmadec**, zentral in wunderschöner Lage beim Place Paul-Gauguin neben dem Aven-Fluss. Reservierung sinnvoll: nur 4 Zimmer und 1 Appartement sind zu vergeben. Restaurant in der angeschlossenen Moulin de Rosmadec (siehe Essen). DZ 80 €. Frühstück 8,50 €. Ganzjährig geöffnet außer Februar und die zweite Oktoberhälfte. Venelle de Rosmadec, ✆ 02.98.06.00.22.

** **Hotel Ajoncs d'Or**, zentral beim Rathaus. 20 passable Zimmer, Restaurant (am Sonntag geschlossen) mit Menüs von 17–36 €. DZ 45–55 €, HP 45 €, Frühstück 7 €. Im Januar geschlossen. Place de l'Hotel-de-Ville 1, ✆ 02.98.06.02.06.

• *Camping* Etwa 10 Plätze mit 2–4 Sternen bei Nevez südlich von Pont-Aven. Wir haben drei für Sie ausgesucht, alle südlich von Nevez beim Weiler Raguénès hinter dem gleichnamigen Strand:

**** **Le Raguénès**, ein voll ausgebauter Luxusplatz (Airotel) direkt am Meer. 290 Stellplatze. Geöffnet von Ostern bis 30.9. ✆ 02.98.06.80.69.

*** **l'Océan**, heckenunterteiltes Wiesengelände, etwa 300 m vom Strand entfernt, mit der nötigsten 3-Stern-Ausrüstung, gute Sanitärs. Über die nächtliche Ruhe wird streng gewacht: Nach 23 Uhr nur noch Flüsterlautstärke. 150 Stellplätze. Geöffnet vom 15.5.–15.9. ✆ 02.09.06.87.13.

** **Le Vieux Verger**, beim Océan-Camp; von Platz und Infrastruktur einfacher, aber weniger reglementiert. 100 Stellplätze. Geöffnet von Ostern bis 30.9. ✆ 02.98.06.83.17.

Essen

Entsprechend seiner touristischen Attraktivität ist Pont-Aven von der Snack-Bar über die Crêperie bis zu Restaurants in allen Preisklassen mit zahlreichen Magenfüllstationen versehen. Wenn schon, denn schon:

Moulin de Rosmadec, exquisite Küche in bester Lage am Flussufer, im lauschigen Ambiente einer alten Mühle. Feinschmeckermenüs 165–400 €. Eine Spezialität: Barben auf Austerncreme. Mittwoch geschlossen, in der NS auch Sonntagabend. Venelle de Rosmadec, ✆ 02.98.06.00.22.

Tahiti, ein Stück außerhalb des Zentrums Richtung Liebeswäldchen. Günstige exotische und chinesische Gerichte im provinziell-bürgerlichen Rahmen, Menü ab 15 €, Hauptgericht à la carte ab 9 €. Rue de la Belle-Angèle 21, ✆ 02.98.06.15.93.

Sehenswertes

Spuren von Gauguin und Botrel: Außer den bekanntesten bretonischen Motiven des Malers Gauguin machen nur einige stille Gedenktafelsteinbüsten auf die beiden bedeutendsten Gäste Pont-Avens aufmerksam. Wo heute Zeitungen in der Ortsmitte verkauft werden, waren früher vor der *Herberge der Madame Gloanec* das Künstlercafé des Städtchens und der Treffpunkt der illustren Künstlerszene (Gedenktafel). Am ehemaligen *Hotel Julia* an der Straßenecke zwischen Rathausplatz und Rue L.-Lomenech erinnert eine weitere Gedenktafel an "*la bonne Hôtesse*" *Julia Guillou*, die sich ebenfalls rührend um ihre chronisch verschuldeten Gäste kümmerte. Neben dem Namen Gauguin kann das Städtchen auch auf den unvergessenen Liedermacher *Théodore Botrel* verweisen, der sich im Alter hier niederließ, das erste Stechginsterfest Pont-Avens organisierte, vom Ortsgeistlichen Bretonisch lernte und in Pont-Aven verstarb. Am Hafen steht eine Statue des Chansonniers.

Paul Gauguin

"Wenn meine Holzschuhe auf den granitenen Boden aufschlagen, höre ich jenen dunklen und kräftigen Laut, den ich in der Malerei suche", schrieb Paul Gauguin aus Pont-Aven. Die kunstinteressierte Nachwelt erfreut sich vor allem an den Südseebildern des Malers, doch seinen persönlichen Stil fand er in der Bretagne. Und sein letztes Bild, das er kurz vor seinem Tod auf den fernen tropischen Marquesas-Inseln malte, war eine bretonische Winterlandschaft.

Am 7. 6. 1848 in Paris geboren, stirbt er am 8. 5. 1903 in Atuo auf der Insel Hiva Oa – dazwischen liegt das Leben eines Mannes, der von der Malerei besessen ist. Mit 35 Jahren gibt Gauguin seine bis dahin in geordneten Bahnen verlaufende bürgerliche Existenz mit allen Konsequenzen auf: Er kündigt seinen Job als Börsenkaufmann, wird von seiner dänischen Frau verlassen, die alle fünf Kinder mitnimmt, und steht ohne Geld und soziale Bindungen auf der Straße. Jetzt kann er unbeschwert malen.

1886 geht er in die Bretagne – dort ist das Leben spottbillig und ohne großstädtische Ablenkung. In Pont-Aven findet er eine Schar gleichgesinnter Verrückter mit demselben Lebensziel. Bald ist der nicht mehr jugendliche Gauguin unter den meist viel jüngeren Kollegen ein bekannter Name: "Hier ist auch ein Impressionist mit Namen Gauguin, ein merkwürdiger Bursche. Er ist 36 Jahre alt und zeichnet und malt sehr gut." (Emile Bernard)

Aus den oft hitzig verlaufenden Abendmahlzeiten im Hotel der Madame *Gloannec* – Gesprächsstoff: das gute Bild – entsteht die innovative Schule von Pont-Aven. Insgesamt zehn Pont-Aven-Schüler, darunter der blutjunge *Emile Bernard*, *Paul Sérusier* und Gauguins Oberfan *Charles Laval*, finden sich unter der Leitung Gauguins einige Sommer zusammen, um ihr Leben gemeinsam unter das Banner der Malkunst zu stellen. Es wird debattiert, gemalt, getrunken, gestritten und wieder gemalt, das ganze Herzblut der Gruppe fließt frei von irgendwelchen Nebensächlichkeiten in die Theorie und Praxis des Bilderschaffens.

Besonders mit Bernard verbindet Gauguin eine enge Beziehung, über ihn lernt er *Van Gogh* kennen, den er in Arles besucht, und es ist anzunehmen, dass Bernard und Gauguin gemeinsam den neuen Stil der Schule von Pont-Aven entwickelten. Nach dem Durchbruch der beiden als anerkannte Künstler wird passieren, was so oft passiert: Jeder beansprucht die geistige Vaterschaft für sich, die Folge sind jahre-

langer Streit und viel grundloser Hass auf beiden Seiten.

Zu diesem Durchbruch fehlen noch einige Jahre, doch 1888 beginnt die Schule von Pont-Aven von sich reden zu machen – unbeachtete Malerkollegen ziehen zögernd den Hut, neugierige Touristen kommen, um die wilden Künstler zu bestaunen. Doch Geld bringt die erste Berührung des Malers mit einem größeren Publikum nicht, im Gegenteil.

1889 zieht der mittellose Gauguin ins nahe Le Pouldu an die Küste um – die Touristen haben das Preisniveau Pont-Avens für ihn unerreichbar gehoben und die Ruhe aus dem Städtchen vertrieben. Der zivilisationsmüde Gauguin findet wohl auch nicht in der Bretagne, was er an unverfälschter Einfachheit sucht. 1891 zieht es ihn nach Tahiti. Eine für ihn naturverbundene Ursprünglichkeit der Südseemenschen und die Farben der Tropen locken ihn in die französische Palmenkolonie, wo er beginnt, die Bilder zu malen, um die sich heutzutage große Museen und millionenschwere Privatsammler reißen.

1893 kehrt er nach Paris zurück, kommt für einen Kurzbesuch in ein Pont-Aven, das sich ihm entfremdet hat, und muss länger bleiben: Bei einer Prügelei in Concarneau bricht er sich ein Bein. 1895 setzt er sich wieder nach Tahiti ab, zieht dann 1901 vorsichtshalber auf die Marquesas-Inseln um, um größere Differenzen mit der Kolonialverwaltung zu vermeiden, die nicht gut auf den verschuldeten Querschädel zu sprechen ist. Zwei Jahre später stirbt er.

Gauguins Frühwerk ist noch vom Impressionismus geprägt, die persönliche Formfindung gelingt ab 1888 in der Bretagne: Die Wendung hin zu einem Stil betont-deutlicher Abgrenzung der Flächen, die expressiv gesteigerte, knallbunte Farbigkeit seiner Bilder ging als Synthetismus, ein Wegbereiter des Expressionismus, in die Kunstgeschichte ein.

Sérusier brachte 1888 den bemalten Deckel einer Zigarrenkiste nach Paris, um der malenden Großstadtszene zu illustrieren, welche Revolution in der hinterwäldlerischen französischen Provinz soeben stattfand. Zu sehen war "eine durchaus synthetische und somit formlos dargestellte Landschaft in Violett, Zinnoberrot, Veronesergrün und anderen unvermischten Farben, wie aus der Tube gespritzt, fast ohne Zugabe von Weiß."

Gauguins überlieferte "Malstunde im Bois d'Amour" zeigt, worauf es dem Ex-Börsianer farbtechnisch ankam: "Wie sehen Sie diesen Baum? Ist er grün? Also los, malen Sie grün, das schönste Grün Ihrer Palette, und dieser Schatten, ist er nicht eher blau? Nur Mut, malen Sie ihn so blau wie Sie nur können!"

Côte de Cornouaille
Karte S. 375

Zwischen Pont-Aven und Pont Manec'h

Museum: Alljährlich pilgern um die 50.000 zahlende Besucher/innen an den Gemälden des modernen Ausstellungsgebäudes hinter der Mairie vorbei. Die wechselnden Ausstellungen sind der Schule von Pont-Aven sowie regionalen Malern gewidmet, einige Bilder bleiben dauerhaft hängen. Ein Lichtbildervortrag und ein kleines Dokumentationszentrum vermitteln Hintergründe.

Öffnungszeiten Juli und August täglich 10–19 Uhr, sonst 10–12.30 und 14–18 Uhr, im Januar evtl.geschlossen. Eintritt 5 €, ermäßigt 3 €. In der HS etwas teurer, dafür mit Sonderausstellung, ✆ 02.98.06.14.43.

Pont-Aven / Umgebung

Kapelle von Trémalo: Ein Muss jeder Gauguin-Wallfahrt. Von Buchen umschattet, bei einem Gehöft inmitten eines lichten Wäldchens liegt das dunkle gotische Kapellchen, das Gauguin oft besuchte. Der buntbemalte gekreuzigte Christus mit den gestreckten Armen und dem leicht zur Seite geneigten Kopf (17. Jh.) im Inneren gilt als Vorbild des berühmten *Gelben Christus*, den Gauguin 1889 malte. Auch das Original des leidenden Jesus, von einem unbekannten Kunsthandwerker geschaffen, ist Kunst. Abgeschlossen? Der Schlüssel wird im Bauernhof aufbewahrt.

Weg Von der D 27 nach Rosporden an der Steigung stadtauswärts den ersten Weg rechts und durch den Wald (beschildert). Ein schöner Spaziergang.

Auf dem Sentier côtier nach Port Manec'h: Wer am Hafen den rot-weißen Markierungen folgt, kann am rechten Ufer des Aven bis an die Küste wandern. Der schöne Spaziergang führt teilweise am, je nach Lauf der Gezeiten, mehr oder weniger wasserreichen Fluss entlang, teilweise auch durch eine sanfte, bewaldete Hügellandschaft. Nach ca. 30 Minuten erreicht man die alte Gezeitenwassermühle in *Le Hénan*, nach weiteren 45 den kleinen Hafenort *Kerdruc*. Bis ans Meer in *Port Manec'h* sind es insgesamt 12 km, von dort reicht der Blick bei schönem Wetter bis zur *Ile de Groix* im Südosten. Tipp: Um dem Parkplatzproblem in Pont-Aven zu entgehen, kann das Auto auch am Parkplatz von *Le Hénan* abgestellt werden. Hierfür am westlichen Ortseingang von *Pont-Aven* Richtung *Le Hénan* und *Kerdruc* abbiegen.

Nizon: 3 km im Westen Pont-Avens ist der *Calvaire* (17. Jh.) vor der Pfarrkirche (15. Jh.) in Nizon-Mitte ein weiteres Ziel der Gauguin-Pilger. Die steinerne Pietágruppe am Fuße des mittleren Hauptschafts des Calvaires – drei Frauen mit dem eben vom Kreuz genommenen Jesus – wurde von Gauguin aus ihrer angestammten Umgebung herausgelöst und im "*Grünen Christus*" vor eine Dünenlandschaft gesetzt. Gauguin gehört zu den ersten, die die bretonischen Calvaires als gelungene Kunstform zu würdigen wussten. Er übersteigerte die Ausdruckskraft des Calvaires in eine noch größere Einfachheit. Doch auch der Bretone hat seine Grenzen: Als Gauguin dem Pfarrer von Nizon "*Jakobs Kampf mit dem Engel*" schenken wollte, wollte der das Kunstwerk, in seinen Augen eine Obszönität, um Himmelswillen nicht haben. Dieses Bild, entstanden 1888, gilt heute als Gauguins erstes charakteristisches Werk abseits vom Impressionismus.

Moëlan-sur-Mer *(ca. 6500 Einwohner)*: Etwa 12 km südöstlich von Pont-Aven liegt neben der D 24 das Großdorf mit der *Kapelle St.-Philibert-et-St.-Roch* am südöstlichen Ortsrand (Anfahrt beschildert). Die Patrone des gotischen Gotteshäuschens in bester Lage werden gleichermaßen verehrt, beide haben ihren eigenen Pardon. Der ältere Heilige ist St. Philibert. Erst seit der Pestepidemie von 1598 pilgern die Bürger/innen Quimpers nach Moëlan-sur-Mer, um auch St. Rochus ihre Reverenz zu erweisen.

Im Inneren sind die *Skulpturen* aus dem 16. und 17. Jh. erwähnenswert, die weitere Beschreibung überlassen wir Leserin Iris B.: "Der bezaubernde Innenraum besticht geradezu mit dem warmen Licht, durch die bunten Fenster hervorgerufen, dem soliden Mauerwerk und den einfachen Holzstühlen. Aber am eindrucksvollsten war für mich der unverkleidete Dachstuhl (effektvoll ausgeleuchtet), der Einblick in dessen Konstruktion gewährt. Für mich war es die schönste Kapelle, die wir in der ganzen Zeit besichtigt haben." Der helle, einfache *Calvaire* (16. Jh.) vor der Kapelle zeigt eine Besonderheit: Oben auf dem Kreuz ist auf beiden Seiten ein Christus, doch nur einer ist gekreuzigt. Die gefasste *Fontaine St. Roch* am Rand des Kapellenbezirks, früher der Ortsbrunnen, hilft Kleinkindern gegen Blähungen. Rezeptur: Ein Erwachsener muss im Wasser der Quelle das Leibchen des betroffenen Kindleins waschen, das dem kleinen Wesen anschließend (trocken) übergezogen wird.

Etwas älteren Datums ist die *Allée couverte de Kercordonner*. Das Megalithengrab liegt 3 km außerhalb an der D216 in Richtung *Brigneau* inmitten eines Maisfeldes.

- Öffnungszeiten der Kapelle: Vom 15.6.–15.9. täglich von 10–12 und 15.30–19 Uhr.
- Pardon Für jeden Heiligen einen; 1. Pardon am zweiten oder dritten Augustsonntag, 2. Pardon am folgenden Sonntag.

Le Pouldu: Eine wildzerklüftete Klippenküste säumt Le Pouldu, drei feinsandige Strände schmiegen sich in die Felsen. Die Gemeinde besteht aus den Ortsteilen *Le Pouldu-Plage* und *Le Pouldu-Port*, touristisch zusammengeschlossen mit *Clohars-Carnoët* und *Doëlan*, außerhalb der Monate Juli und August allesamt verschlafene Dörfchen. Le Pouldu wurde vor 100 Jahren von Gauguin "entdeckt", der von Pont-Aven hierher zog. Ein kleines *Museum* im Maison Marie-Henry (Rue des Grands Sables), in dem der Maler wohnte, und eine Gedenktafel neben der *Kapelle Notre-Dame-de-la-Paix* oberhalb des *Plage Grands Sables* erinnern an den berühmten

Grands Sables: der Strandname ist Programm

Maler. Die Kapelle aus dem 15./16. Jh. stand bis 1958 in Nizon, halbverfallen und von Brombeersträuchern überwuchert. In einer aufwendigen Transportaktion wurde sie Stein für Stein nach Le Pouldu gebracht und hier wieder aufgerichtet.

Dem Badeort fehlt ein eigentliches Ortszentrum. Der größte Teil des Geschehens spielt sich an der Durchgangsstraße oberhalb des Grands-Sables-Strandes ab. Die Umgebung ist mit Campingplätzen gespickt, die einst ländliche Idylle von Ferienhäusern zersiedelt. Trotzdem finden sich – vor allem entlang der *Laita* – reizvolle Ecken. Richtig hübsch ist der Hafen, von dem aus ein Spazierweg (Sackstraße) die Mündung der Laita hinaufführt, wo 1343 die Truppen des spanischen Ludwigs verheerend geschlagen wurden. Von 3000 spanischen Söldnern konnten nur 300 entkommen.

Ein weiteres pittoreskes Fleckchen besitzt die Gemeinde mit dem Hafen *Doëlan*. Wer von *Clohars-Carnoët* auf der D316 Richtung Küste fährt, muss sich schon früh für Doëlan *Rive Droite* oder *Rive Gauche* entscheiden: Der mündende Wasserlauf und die tief eingeschnittene Bucht mit Segelbooten und Fischkuttern trennen die beiden Ortsteile voneinander. Für die rechte Seite sprechen eine kleine Steinkapelle und das Cidre-Anwesen *Les Vergers de Pen ar Steir* (Direktverkauf), am linken Ufer bieten sich schöne Spaziergänge oder eine Pause in der Hafenbar direkt am Kai an.

Information/Verbindungen/Diverses

- *Postleitzahl* 29360
- *Information* Pavillon des O.T. oberhalb des Strandes Grands Sables. In der HS täglich 10.30–12.30 und 15–19 Uhr. In der NS kürzer, das O.T. bleibt aber ganzjährig geöffnet. Boulevard de l'Océan, ✆ 02.98.39.93.42.
- *Verbindung* Siehe Quimperlé.
- *Fahrradverleih* Fa. **Fontaine** an der Durchgangsstraße, nur Juli/August, ✆ 02.98.39.90.08.
- *Reiten* **Cheval à la Ferme**, Ausritte und Kurse für Debütanten und Fortgeschrittene. ✆ 02.98.39.98.65.
- *Tennis* Gemeindeplatz mit 4 Außencourts. Anmeldung übers Rathaus (✆ 02.98.71.53.90) oder am Platz (✆ 02.98.96.90.87).
- *Wassersport* Ausrüstung ebenfalls Fa. **Fontaine**. Tauch- und Segelangebote.

Übernachten/Camping

** **Hotel Panoramique**, oberhalb des Kerou-Plage. Komfortable Übernachtungsadresse mit 25 Zimmern, alle mit Bade- oder Duschkabinett inkl. WC. Salon, Bar mit Kamin, kein Restaurant. DZ 40–55 €, Frühstück 6 €. Geöffnet von April bis Oktober. Kerou-Plage, ✆ 02.98.39.93.49.

• *Camping* *** **du Quinquis**, an der D 49 etwas landeinwärts. Nettes, schattiges Areal unweit der Kapelle Notre-Dame-de-la-Paix. 300 m zum Strand. Heckenunterteilte Stellplätze mit viel Grün. Ordentliche Sanitärs. Laden. Nebenan Minigolf und nutzbarer Swimmingpool. ✆ 02.98.39.92.40, www.campingquinquis.com.

*** **Embruns**, oberhalb der Ortschaft zwischen einer Häuseransiedlung. Zum Strand 500 m. 180 Stellflächen in einem teils heckenunterteilten 2,5-ha-Areal. Komfortable Hygieneblocks, Volleyball-Platz, Minigolf. Geöffnet von April bis 20.9. ✆ 02.98.39.91.07, www.camping-les-embruns.com.

** **du Kerou**, oberhalb des gleichnamigen Strandes (beschildert). Sehr schöne Aussicht, wenig Schatten, gut eingerichtet (Bar, Caféterrasse), am Empfang thront ein Dolmen. Fahrradverleih. 700 m bergab zum Strand. 235 Stellplätze. ✆ 02.98.39.92.57, www.campingkerou.com.

** **Grands Sables**, direkt neben der Kapelle Notre-Dame-de-la-Paix, oberhalb des großen Strandes von Le Pouldu. Umgeben von Ferien- und Wohnhäusern. Nicht weiter unterteiltes Wiesenareal, das in eine Mulde abfällt. Zum Teil schattige Plätze unter Bäumen, einfache Sanitärs. 200 m zum Strand. 147 Stellplätze. Von Ostern bis 15.9. geöffnet. ✆ 02.98.39.92.57.

** **Le Vieux Four**, 500 m außerhalb des Zentrums, links der D 49. Camping auf dem Bauernhof. Schmale Zufahrt für Gespanne. Schöner, etwas abschüssiger Platz in einem typisch bretonischen Agraranwesen. Apfelbäume spenden Schatten. Einfache Sanitärs in einem Nebengebäude des Bauernhofes. Auf Wunsch Versorgung mit frischen Landprodukten (empfehlenswerter, hausgemachter Cidre). 50 Stellplätze. Geöffnet von Ostern bis Mitte September. ✆ 02.98.39.94.34.

Quimperlé

(ca. 11.500 Einwohner)

Die städtische Tourismusbroschüre bezeichnet Quimperlé als den Mont-Saint-Michel des Landes. Und richtig: Die steil vom Fluss zur Kirche hinaufstrebenden Häuser beschreiben eine pyramidenförmige, vom Kirchturm gekrönte Silhouette, der des berühmten Klosterbergs im Atlantik nicht unähnlich.

Das beschauliche Quimperlé am Zusammenfluss von *Ellé* und *Isole*, die unter dem Namen *Laïta* zum Atlantik weiterfließen, gliedert sich in zwei Teile. Die Oberstadt *Quartier St. Michel*, von der *Kirche Notre-Dame* überragt, zieht sich vom Quai Brizeux einen steilen Felssporn hinauf. Die Unterstadt breitet sich auf der von den beiden Flüssen gebildeten Insel aus und ist die Wiege des Städtchens. Vor über 1300 Jahren gründete der Mönch Guthiern eine Missionsstätte, um die der Ort *Anaurot* heranwuchs. Anaurot wurde um 900 von Normannen geplündert und vollständig zerstört. Zwei Jahrhunderte später erlebte Quimperlé einen Neuanfang. Der Comte *Alain de Cornouaille* hatte über der kleinen Festlandsinsel ein goldenes Kreuz untergehen sehen und verstand das göttliche Zeichen. Er schenkte dem Propst von Redon das heilige Fleckchen zwischen den Flüssen. Rund um die eiligst errichtete *Abtei Ste. Croix* entstand das neue Quimperlé.

Seine Hochblüte erlebte die Stadt zur Zeit der bretonischen Herzöge, bis in die Mitte des 18. Jh. galt Quimperlé, inzwischen verwaltet von Benediktineräbten, als die Pforte zur Cornouaille. Zwischen den Fachwerkhäusern, die sich z. T. noch in der Unterstadt zusammendrängen, entstanden die Verwaltungsgebäude und die eleganten Renaissancebauten reicher Herren. Quimperlé heute: keine Stadt großer Sensationen, aber immer wieder lauschige Ecken und unerwartete Ausblicke.

Karte S. 375

Information/Diverses

- *Postleitzahl* 29300
- *Information* O.T. an der *Place St.Michel* in der Oberstadt. Juli bis August Mo–Sa 9.30–18.30 Uhr, So 10–12 Uhr. Von September bis Juni Mo–Fr 9–12.30 und 14–18 Uhr, Sa nur bis 17 Uhr. Im Sommer zusätzlich ein Tourismuspavillon bei der Brücke in der Unterstadt. Juli und August Mo–Sa 10–18 Uhr. Place Saint Michel 45, ✆ 02.98.96.04.32, www.quimperletourisme.com.
- *Fahrradverleih* Nächster Verleih in Moëlan-sur-Mer bei M. Gouyec, ✆ 02.98.39.69.09.
- *Markt* Freitagvormittag ländlicher Wochenmarkt am Place St. Michel bei der Oberstadtkirche.
- *Waschsalon* Laverie automatique in der Rue du Couédic 64 (Richtung Champion-Supermarkt). Die Trommeln kennen keinen Ruhetag und drehen sich täglich von 8–22 Uhr.

Verbindungen

- *Bus* Zentrale Haltestelle am Bahnhofsplatz, eine weitere Haltestelle am Quai Brizeux in der Unterstadt. Werktags 7-mal über Pont-Aven, Concarneau nach Quimper, sonn- und feiertags 4-mal. Regelmäßig nach Lorient. Von Juli bis Ende August werktags 2 bzw. 3 Busse nach Le Pouldu, sonst nur an Schultagen am frühen Morgen. Jeden Mittwoch ein Extrabus zum Markt nach Lorient. Tickets und Auskunft bei M. Jegou am Bahnhofsplatz, ✆ 02.98.39.35.45.
- *Zug* Bahnhof in der Oberstadt. Quimperlé liegt an der Linie Redon-Vannes-Lorient-Quimper. Nach Quimper mindestens 8-mal täglich, Richtung Vannes und Redon-Rennes mindestens ebenso oft. Infos im O.T.

Übernachten/Camping/Essen

* **Hotel Le Brizeux**, einfaches Stadthotel in einer Häuserzeile am Ufer der Laïta. Restaurant (siehe Essen), lebhafte PMU-Bar zur Straße. Architektonisches Glanzstück ist der ins Haus integrierte alte gotische Bogen. DZ 25–31 €, Frühstück 5 €. Ganzjährig geöffnet. Quai Brizeux 7, ✆ 02.98.96.22.88.

- *Camping* ** **Municipal**, einfacher Platz, dem Sportzentrum angeschlossen. Ausfallstraße Richtung Quimper, beim Leclerc-Markt rechts ab. 40 Stellplätze auf ebenem Rasengelände mit wenig Schatten. Die knappen, aber gut gepflegten Sanitäreinrichtungen gehören zu den Umkleidekabinen für die SportlerInnen. Offiziell geöffnet vom 1.6.–15.9. Route de Concarneau, ✆ 02.98.39.31.30.
- *Essen* **Bistro de la Tour**, in der Unterstadt bei der Markthalle, ausgezeichnete französische und bretonische Küche in Salonatmosphäre. Menüs ab 15 €. Allerdings etwas steif. Rue Dom Morice 2, ✆ 02.98.39.29.58.

Le Brizeux, mit Blick über die Laïta; im Restaurant im 1. Stock des Hotels werden Gaumenfreuden ohne Brimborium serviert. Rustikales Ambiente, angenehme Atmosphäre und freundlicher Service lassen das Dîner rundum gelingen. Menüs ab 14 €, gute à-la-carte-Auswahl und große Weinkarte, auf der auch der günstige Pichet nicht fehlt. Quai Brizeux 7, ✆ 02.98.96.22.88

Sehenswertes

Eglise Notre-Dame de l'Assomption: Die Kirche auf der Spitze des Hügels, deren vierkantiger Turm die pyramidenförmige Silhouette der Oberstadt bestimmt, wurde zwischen dem 13. und 15. Jh. gebaut. Sie verbindet gelungen romanische Strenge mit gotischer Eleganz, Renaissance-Steinmetze haben die Vorhalle reich mit Laubwerk und Figuren verziert.

Ein Stück unterhalb der Vorhalle führt ein Tor im Strebewerk des Turms auf den *Place Gambetta*, von dem aus die *Rue Savary*, von Geschäften und Boutiquen gesäumt, steil zum Fluss abfällt. Links vor dem Tor, im Haus Nr. 6, erblickte am 29. Januar 1789 der beste Bombarde-Spieler aller Zeiten das Licht der Welt: der blinde *Mathurin Furic* alias Mathurin L'Aveugle. Am 14. 9. 1859 verstarb der auf Volksfesten und Truppenaufmärschen gefeierte Musiker in seinem Geburtshaus. Eine

Gedenktafel in Bretonisch/Französisch erinnert an ihn.

Eglise Ste. Croix: *St. Guthiern* hatte im 6. Jh. hier eine erste Gebetsstätte gebaut, die heutige Kirche wurde im 11./12. Jh. nach dem Plan der Heilig-Kreuz-Kirche in Jerusalem errichtet. Auch mit dem neuen klotzigen Campanile – 1848 war der alte Glockenturm eingestürzt und hatte große Teile der Kirche niedergerissen – blieb sie eines der schönsten romanischen Bauwerke der Bretagne, ein Rundbau mit drei Apsidialkapellen und einer Vorhalle. Unter der Kuppel, im Zentrum des kreuzförmigen Grundrisses, wo die Messe zelebriert wird, liegt die *Krypta* der alten Abtei. Unbeschadet vom Turmeinsturz, von zwei romanischen Säulenkränzen umrahmt, schließt sie die beiden *Grabmäler* (15. Jh.) des Kirchengründers und des Abtes Lesperevez ein. An die Fassade lehnt sich ein *Renaissancealtar*. Das steinerne Kunstwerk zeigt die vier Evangelisten über ihr Schreibzeug gebeugt, der Stimme von oben lauschend, während Jesus zum Himmel aufsteigt. Das lebensgroße *Grablegungsensemble* aus Kalksandstein (16. Jh.), das sich hinter dem Seitenausgang zum alten Klostergebäude (heute Polizeipräfektur) versteckt, ist stark verwittert und von Menschenhand beschädigt.

Quimperlé, die Pyramide der Erde

Altstadtviertel: Hinter der *Kirche Ste.-Croix* führt die *Rue Brémond d'Ars* an mehreren alten Fachwerkhäusern vorbei. Die Straße galt früher den Krautjunkern als erste Wohnadresse, wappenverzierte Portale öffnen sich zu den einstigen Stadtquartieren der Landadeligen. Vorbei an den Ruinen der *Kapelle St. Columban*, links in die *Rue Dom Morice*. Unter anderem illustren Fachwerk steht hier das schönste Haus der Stadt, das *Maison des Archers* (1470). Auf beiden Etagen mit mehreren Kaminen ausgestattet, war es einst das Quartier der Bogenschützen (*archers*), die damals die Gendarmen stellten. In fünf Jahren liebevoll restauriert, befindet sich heute ein kleines Museum in seinen Räumen. Die wechselnden Ausstellungen drehen sich v.a. um die Bretagne. Unweit von hier befindet sich das alte Gericht *Le Présidial*. Neben einer bemerkenswerten Treppe aus dem 19. Jh. präsentiert es als städtische Galerie mittlerweile jährlich fünf bis sechs Ausstellungen moderner Kunst. Ein kleines Stück unterhalb des *Place St. Michel* liegt *la Chapelle des Ursulines*, Teil eines Klosters aus dem 17. Jh. Auch hier organisiert die Stadt im Frühling und Sommer mehrere Kunstausstellungen.

Öffnungszeiten **Maison des Archers** täglich außer Dienstag 10.30–12.30 und 13.30–18.30 Uhr. **Le Présidial** täglich außer Dienstag 14.30–19 Uhr. **Chapelle des Ursulines** Juli und August täglich 10.30–12.30 und 13.30–18.30, sonst täglich außer Dienstag 13.30–18.30.

Côte du Morbihan

Lorient

(ca. 70.000 Einwohner)

L'Orient – der Orient: Die auf dem Reißbrett entworfene Stadt sollte für ein gutes Jahrhundert Frankreichs Tor zur Welt sein – eine durch geschäftstüchtige Kolonialmanager und clevere Sklavenhändler rasch reich gewordene Handelsmetropole.

1664 erhielt die Stadt ihren Namen, im Jahre 1666 wurde sie auf königlichen Befehl erbaut. *Ludwig XIV.* folgte den Einflüsterungen seines Finanzministers *Colbert*, der, um den königlichen Säckel weiter zu füllen, die Gründung einer Handelskompanie vorgeschlagen hatte. Ihre Aufgabe sollte es sein, Frankreich am gewinnbringenden Geschäft mit den pazifischen und indischen Kolonien teilhaben zu lassen, und die dafür gegründete *Compagnie des Indes Orientales* verdiente bald Unsummen. Lorient wurde binnen kürzester Zeit eine blühende Wirtschaftsmetropole. Skrupellose Geschäftemacher, Korsaren und Merkantilisten verdienten sich goldene Nasen an einem zeittypischen Dreiecksgeschäft. Mit billigem Schund beladen, liefen die Schiffe die afrikanischen Kolonialhäfen an, wo sie den glitzernden Plunder gegen 'schwarzes Gold' eintauschten: afrikanische Sklaven, die in die Übersee-Plantagen verfrachtet und dort gegen einträgliche Importartikel weiterverhökert wurden. Bei der Rückkehr der Schiffe nach Lorient raschelte das Papiergeld, Aktiencoupons wurden fällig, Optionen realisiert. An den Hafenkais duftete es nach Gewürzen und Tee, in den Lagern und Magazinen stapelte sich orientalisches Porzellan und chinesische Seide.

Mit dem Verlust der indischen Kolonien 1757 drohte Lorient der wirtschaftliche Ruin. Doch bereits 1770 gewann die Stadt ihr Leben zurück, Lorient wurde zum königlichen Arsenal für den Bau und die Reparatur von Kriegsschiffen umfunktioniert, und *Napoléon I.* gründete um 1800 den großen Militärhafen von Lorient.

Nach dem Ersten Weltkrieg bekam Lorient seinen Fischereihafen, heute der zweitgrößte Frankreichs. Nach der Besetzung der Stadt durch deutsche Truppen im Juni 1940 bauten die Nazis die Hafenanlagen zwischen 1941 und 1943 mit 900.000 t Beton zu einer gewaltigen U-Boot-Basis aus. Während der Luftangriffe alliierter Bomber wurde die bis Mai 1945 besetzte Stadt zu 85 % zerstört. Ironie der Geschichte: Die *Base-des-Sous-Marins* überstand die Angriffe mehr oder weniger unversehrt, und beherbergte bis in die neunziger Jahre die U-Boote der französischen Marine. Heute steht die Basis leer – bis auf ein einzelnes U-Boot, welches die Marine der Stadt zum symbolischen Preis von einem Franc überlassen hat. Die Pläne, dieses einer Besichtigung zugänglich zu machen, sind bisher noch nicht realisiert, interessierte Touristen werden allerdings durch die Anlage geführt.
Nach dem Krieg baute man Lorient schnell wieder auf – der Not der Zeit gehorchend überwiegend funktional. So bietet Lorient wenig; abgesehen vom Hafen und den Verkehrsanbindungen ist die Stadt touristisch uninteressant: Ein nach dem Weltkrieg wie Phönix aus der Asche wiedererstandener "rauchender und rasselnder Polyp" (Hermann Schreiber), der nicht nur die Trichtermündung des *Scorff*, sondern auch das gegenüberliegende *Port-Louis* mit seiner Zitadelle aufgesogen hat.

Information

- *Postleitzahl* 56100
- *Information* Im Maison de la Mer beim Yachthafen, Anfahrt beschildert. Von Juli bis August Mo–Sa 9–19 Uhr, So 9–13 Uhr. Von April bis Juni und September Mo–Sa 9–12.30 und 13.30–18 Uhr. Von Oktober bis März Mo–Fr 10–12.30 und 13.30–17 Uhr, Sa nur vormittags. Quai de Rohan, ✆ 02.97.21.07.84, www.lorient-tourisme.com.

Verbindungen

- *Bus* Regelmäßig nach Pont Scorff, Hennebont, Le Faouët, Pontivy und Quimperlé. Mehrere Haltestellen, zentraler Umsteigebahnhof Gare d'Echanges, Cours de Chazelles (beim Bahnhof), ✆ 02.97.21.28.29.
- *Zug* Hauptlinie Paris-Rennes-Quimper. Mehrmals täglich Direktverbindungen nach Paris, viele Anschlüsse nach Quimper. Nahverkehrszüge nach Hennebont, Quimperlé und Auray. In Auray Busanschluss nach Carnac. Bahnhof in der Nordstadt an der Hauptstraße nach Vannes in der Rue Beauvais, ✆ 08.92.35.35.35.
- *Schiff* Regelmäßige Personenfähren über die **Reede**. Über Locmiquélic nach Port-Louis und weiter nach Gavres auf dem Zipfel der südlichen Landzunge der Rade von Lorient. Ganzjährig ca. halbstündlich von 7–19.30 Uhr, am Wochenende weniger Fahrten. Einfache Fahrt 1,25 €. Abfahrt/Ankunft am Quai des Indes in der Nähe des O. T. oder am Fischereihafen.
Regelmäßige Fährverbindungen (Auto- und Personen) zur **Ile de Groix** mit der Société Morbihannaise et Nantaise de Navigation. Abfahrt vom modernen Schiffsbahnhof am Boulevard Adolphe Pierre (Anfahrt beschildert). Ganzjährig, in der Hochsaison bis zu 6-mal täglich, in der NS noch 3 (April) bzw. 4-mal. Fahrtdauer 45 Min., retour 23 €, Kinder 14 €. Wer sein Auto mitnehmen möchte, sollte reservieren (Platzkapazität 20–25 Pkw, retour 120–200 €). Auskunft/Reservierung übers Internet, www.smn-navigation.fr; Zusätzlich: Schiffstaxi (30 Min.), das im Juli/August den Verkehr auch nachts aufrecht erhält. Abfahrt am Fischereihafen, ✆ 02.97.65.52.52.
In der HS einmal täglich zur **Belle Ile**, Retourticket Erwachsene 27 €, Kinder 19 €. Abfahrt Lorient 8.20 Uhr, Rückfahrt Sauzon auf Belle Ile 20.30 Uhr, keine Autos und Fahrräder, Reservierung erforderlich, Dauer der Überfahrt 1 Stunde.
- *Flugzeug* Aéroport de Lann-Bihoué 10 km westlich des Zentrums. Air France fliegt nach Paris und Lyon. Auskunft bei Air France Brest, ✆ 02.97.87.21.50.

Côte du Morbihan
Karte S. 442/443

Diverses

- *Autoverleih* Zum Beispiel **Europcar**, Boulevard Laënnec 4, ✆ 02.97.21.13.45 oder **ADA Location**, Cours de Chazelles 16, ✆ 02.97.21.75.06.
- *Bootsausflüge* Diverse Angebote, von der **Hafenrundfahrt** über die **Umrundung der Ile Groix** zur **Blavet-Fahrt** nach Hennebont. Beispiel: Rundfahrt durch die **Rade de Lorient** mit dem Nautibus, Abfahrt am Yachthafen, Dauer 1 ¼ Stunden, Erwachsene 10 €, Kinder 5 €. Genaue Auskünfte im O.T.
- *Fahrradverleih* **Vélo Loca Service**, ganzjährig, ✆ 06.70.97.88.73, velolocaservice@wanadoo.fr. Das Rathaus verleiht billige Räder, die im Juli und August am Busbahnhof bereitstehen, ✆ 02.97.21.28.29.
- *Feste* Kelten aus allen Ländern – **Festival Interceltique** Anfang August. Bretonische, irische, walisische Folklore, interessante Konzertveranstaltungen etc. Einer der größten sommerlichen Events der Bretagne, für Fans keltischer Musik fast ein Muss.
- *Markt* An den Markthallen von Merville und Saint-Louis jeden Vormittag. Mittwoch und Samstag regelmäßiger Wochenmarkt rund um die Hallen.
- *Taxi* Radio Taxis Lorientais, ✆ 02.97.21.29.29.

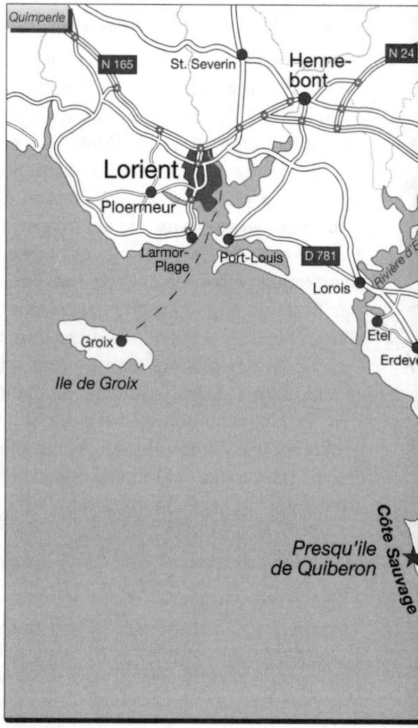

Übernachten

**** Hotel Leopold**, zwischen Kirche und Bahnhof, links in einer Seitenstraße des Cours de Chazelles. 26 geräumige Zimmer, die meisten mit separatem Bad/WC. Gemütliche Wohnatmosphäre. Kein Restaurant. DZ 28–40 €, Frühstück 6 €. Weihnachten bis 1. Januarwoche geschlossen. Rue Waldeck-Rousseau 11, ✆ 02.97.21.23.16.

**** Hotel Le Victor Hugo**, auf dem Weg von der Tourist-Info in die Neustadt, in der Nähe vom Hotel d'Arvor. Ganz sympathisches Stadthotel mit 30 ordentlichen, unterschiedlich ausgestatteten Zimmern. DZ 28–63 €. Ganzjährig geöffnet. Rue L. Carnot 36, ✆ 02.97.21.16.24, hotelvictorhugo.lorient@wanadoo.fr.

Hotel d'Arvor, in einer Seitenstraße am Beginn des Cours de Chazelles. Nettes bürgerliches Haus mit 13 einfachen Zimmern. Unterschiedliche Sanitärs, gepflegte Gemeinschaftseinrichtungen, Bar. Empfehlenswertes Restaurant mit gutbürgerlicher Küche. DZ 30–35 €, Frühstück 6 €. Ganzjährig geöffnet. Rue L. Carnot 104, ✆ 02.97.21.07.55.

- *Jugendherberge* Im Süden etwas außerhalb der Stadt, direkt beim Ter-Fluss. 104 Betten, meist Mehrbettzimmer. Campingmöglichkeit (20 Plätze). Ganzjährig geöffnet. Rives du Ter, Rue Victor Schoelcher, ✆ 02.97.37.11.65, lorient@fuaj.org.

Sehenswertes

Museumsschiff Thalassa : Nach 36 Jahren auf hoher See, in denen es die Erde über 30 Mal umrundet hat, ist das ehemalige französische Forschungsschiff nun im Hafen von Lorient zur Ruhe gekommen. In der Nähe von O.T. und Yachthafen beher-

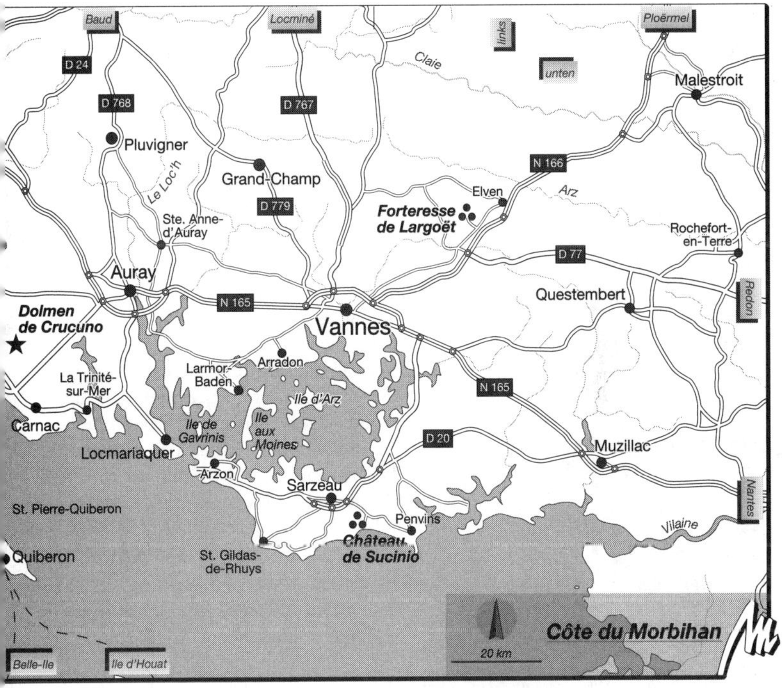

Côte du Morbihan
Karte S. 442/443

bergt es ein interessantes Museum, in dem Kinder ihre Fähigkeiten als Ozeanograph, Fischer oder Käpt'n erproben können.

Öffnungszeiten Juli und August täglich 9–19 Uhr. Von September bis Juni 9–12.30 und 14–18 Uhr, Samstag-, Sonntag- und Montagmorgen geschlossen. Erwachsene 6 €, Kinder 4,50 €, Familienpreise.

Lorient / Umgebung

Port-Louis *(ca. 3300 Einwohner)*: Heute gehört Port-Louis zum Naherholungsgebiet Lorients, durch ein Tor in der Wehrmauer an der *Promenade des Patis* gelangen Badegäste zum sommers viel bevölkerten, feinsandigen Strand. Früher hieß Port-Louis genau wie der Fluss – *Blavet* – und war ein regional bedeutender Fischereihafen, der zur Zeit der Ligakriege am Ende des 16. Jh. von den Spaniern mit einer mächtigen Zitadelle befestigt wurde.

Kardinal *Richelieu* ließ hier ein erstes Handelskontor für die geplante Ostindische Kompanie einrichten, und Blavet wurde, dem Herrscher *Ludwig XIII.* zum Gefallen, in Port-Louis (Ludwigshafen) umgetauft. Weil die dazugehörige Handelsflotte leider fehlte, gingen die Geschäfte nicht allzu gut, und als Finanzminister Colbert 1666 den neuen Handelshafen Lorient auf der gegenüberliegenden Seite der Bucht bauen ließ, ging es mit Port-Louis endgültig bergab. Einen vorübergehenden Höhenflug erlebte das Städtchen Mitte des 19. Jh. als Sardinenhafen.

Wie der große Nachbar Lorient wurde Port Louis im Zweiten Weltkrieg schwer zusammengebombt und großteils zerstört. Einzig die wehrhaften Mauern der *Zitadelle*, die sich auf die äußerste Landspitze der Halbinsel drängt und die Einfahrt in die *Rade de Lorient* überwacht, haben den Zahn der Zeit und die Bomben überstanden. Seit 1984 beherbergt die Zitadelle zwei Museen.

Militärarchitektur

Zitadelle/Museen: Die Festung, die sich im Westen des Städtchens um den Küstensaum legt, wurde 1591 errichtet, 1614 erweitert und schließlich 1636 im Auftrag der französischen Krone zu einem abweisenden Bollwerk ausgebaut. Zwei Brücken und ein halbrunder Vorwall bildeten für potentielle Gegner die erste Barriere. Im Mittelpunkt der rechteckigen Anlage liegt der geräumige Exerzierplatz. An den Flanken und Ecken springen keilförmig schwere Bastionen ins Meer vor, ein Wehrgang führt über die Befestigungsmauern. Die Gebäude der Zitadelle stammen großenteils aus dem 19. Jh.

Das *Musée National de la Marine* gibt anhand zahlreicher Schiffsmodelle einen Überblick über die Vergangenheit der Marineschifffahrt. Im Pulverturm der Zitadelle illustrieren schwere Mörser, Torpedos und Seeminen die Entwicklung von Schießmaterialien und Artilleriegeschossen seit dem 17. Jh. In einem Nebenraum die Nachstellung eines dramatischen Seerettungseinsatzes auf dem SOS-Boot von Roscoff. Im Südwestflügel der Kaserne dokumentieren Modelle von Fischerschiffen die friedliche Küstenschifffahrt im Atlantik.

Den Höhepunkt des Museumskomplexes bildet das *Musée de la Compagnie des Indes*, das im Nordwestflügel der Lourmel-Kaserne die Geschichte der Handelsgesellschaft erzählt. Präsentiert werden alte Stiche, Bilder, Möbel, Seekarten und Mannschaftslisten, daneben ausgewählte Kostbarkeiten des Fernhandels: Porzellan, Seide, wertvolle Lackarbeiten, Edelsteine. Aufschlussreich die verschiedenen Nachbildungen berühmter Handelsschiffe des 18. Jh., darunter die "Comte d`Artois", die 1758 zu einer 18-monatigen Rundfahrt aufbrach. Mit ihr werden Personal und Ausstattung eines schwimmenden Handelsriesen vorgestellt: 300 Figuren (Mannschaften und Passagiere), der mit allerlei Handelsgütern gefüllte Schiffsbauch, Proviant und Bewaffnung – alles, was für den Abenteuerausflug nötig war. Im Erdgeschoss stimmt eine vertonte Diaschau auf den jahrhundertealten Traum von der Straße des Goldes und der Gewürze ein.

Öffnungszeiten der Museen: Von April bis September 10–18.30 Uhr, Oktober bis Ende März 13.30–18 Uhr. Eintritt für beide Museen 5 €, unter 18 Jahre gratis.

Larmor-Plage *(ca. 6300 Einwohner)*: Genau gegenüber der Zitadelle von Port-Louis erhebt sich der granitene, strauchbewachsene Glockenturm der gotischen *Ortskirche Notre-Dame-de-la-Clarté* (15./16. Jh.) in den Himmel. In der Vorhalle begrüßen zwölf steinerne Apostel die Besucher. Das Kirchenschiff ist mit bemaltem Tafelwerk ausgeschmückt, im Chor steht neben dem reich verzierten Hauptaltar aus dem 17. Jh. der sog. *Judenaltar*. In sein Altarblatt sind gut 40 Figuren geschnitzt, im flämischen Stil ausdrucksstark gestaltete Personen versammeln sich am Hang des Kalvarienberges, wo Jesus zum letzten Mal seinen Vater anruft.

Glockensalut von Notre-Dame-de-la Clarté

Notre-Dame-de-la-Clarté war einst für die spirituellen Belange der französischen Kriegsmarine zuständig. Jahrhundertelang feuerten die in den Kampf ziehenden Kriegsschiffe beim Auslaufen aus der Bucht von Lorient drei Kanonenschüsse ab, denen die Glocken der Kirche antworteten. Dazu flatterten auf der Kirchturmspitze die Farben der Trikolore, und der Ortsgeistliche erflehte Gottes Segen für eine gerechte Sache.

Die Kirche mit ihrem wuchtigen Kreisker steht zwar noch im geographischen Ortsmittelpunkt, ist aber nur noch zu Gottesdienstzeiten und am 24. Juni, dem Tag der Schiffssegnung, Zentrum des Geschehens – in Larmor-Plage dreht sich heute alles um das Badevergnügen und den Wassersport. Die drei Strände *Plage de Toulhars, Port-Maria* und *Kerguelen* direkt vor der Haustür ziehen Weekend-Gäste aus Lorient wie erholungssuchende Urlauber an. Neue Ferienhäuser zersiedeln den Küstenabschnitt rund um Larmor-Baden, Reste der Bunker- und Befestigungsanlagen des Zweiten Weltkriegs betonieren an vielen Stellen die Dünenlandschaft.

- *Postleitzahl* 56260
- *Information* In einem Häuschen vor dem Camping des Algues. ✆ 02.97.84.26.26, www.larmor-plage.com.
- *Fahrradverleih* Larmor Cycles, im Sommer täglich 9–20 Uhr; Boulevard de Toulhars 2, ✆ 02.97.33.79.50.
- *Markt* Sonntagvormittag im Zentrum.
- *Schiffssegnung* Große Wallfahrt alljährlich am 24. Juni. In der bunten Prozession der Bénédiction des Courreaux durchpflügen zahlreiche Boote den Meeresarm, der die Ile-de-Groix vom Kontinent trennt.
- *Wassersport* Das große **Centre Nautique de Kerguelen** am gleichnamigen Strand ist für den Wassersport in all seinen Spielarten zuständig. ✆ 02.97.33.77.78.
- *Übernachten* ** **Hotel Les Mouettes**, außerhalb vom Zentrum in der Bucht von Kerguelen; 21 nicht nur sanitär gut ausgestattete Zimmer, zum Großteil mit Meerblick. Garten, Barbetrieb, im Restaurant halten Geschäftsleute aus Lorient mit ihren Partnern gern ausführliche Mittagsbesprechungen ab. DZ 63–73 €. Ganzjährig geöffnet. Anse de Kerguelen, ✆ 02.97.65.50.30, info@lesmouettes.com.
- *Camping* ** **de la Fontaine**, am Ortsausgang nach Fort Bloqué. Der jüngste der Plätze ist der beste: angenehmer, geräumiger Platz mit unterteilten Stellflächen, halb unterirdische, grasbewachsene Sanitärs. Im Sommer Brotverkauf, Pizzadienst, Laden mit Zeitungen und Zeitschriften. 126 Stellplätze. Ganzjährig geöffnet. ✆ 02.97.33.71.28.

Côte du Morbihan
Karte S. 442/443

*** **Municipal des Algues**, wesentlich liebloser, hinter der Strandzeile; nach einer Umgestaltung 1990 bietet der Campingplatz neben Sanitärpavillons auch ein "Centre Polyvalente", eine Mehrzweckhalle für Sport und Spektakel. 100 m zum Strand. 147 Stellflächen. Geöffnet von Mitte Juni bis 15.9. Rue de Port Maria, ✆ 02.97.65.55.47, www.larmor-plage.com.

Ploëmeur: Das Städtchen südlich des Flughafens ist die viertgrößte Kommune der Region. 18.000 Menschen leben in dem 4000 Hektar großen Gemeindegebiet, an dessen etwa 15 km langem Küstenabschnitt die Ferien-Kleinzentren *Fort Bloqué*, *Kerroch* und *Kerpape* liegen. Feine, lang gezogene Sandstrände wechseln sich mit Felsklippen ab, Reste von Bunkeranlagen und Betonbefestigungen begrenzen auf langen Strecken den Dünenstreifen. Entlang der Küstenstraße D 152 von Guidel nach Larmor-Plages finden sich Ferienhauskolonien und meist sehr einfache Campingplätze, dazwischen kleine Fischereihäfen.

Der Reigen der weitläufigen Dünenstrände beginnt beim hübschen *Guidel-Plage* an der östlichen Mündungsseite der Laïta. Die Westgrenze der Großgemeinde Ploëmeur bildet einige Kilometer weiter das viel besuchte Badeörtchen *Fort Bloqué*, das seinen Namen der bei Flut vom Meer umspülten, von schweren Mauern geschützten Festung verdankt. Der 1 km lange *Plage de Fort Bloqué* (Segelschule) nördlich der Retortensiedlung ist ein Dorado für Surfer; günstige Brisen aus Südwest sorgen für schnittige Fahrt, Architekten bauen Strandburgen, inspiriert von der Silhouette des Forts.

In südöstlicher Richtung weitere Strände: malerisch der *Plage du Courégant*, begrenzt von der gleichnamigen Landspitze mit dem kleinen Hafen. Weitläufig zersiedelt von Campingplätzen und Wohnwagenparzellen mit Hausnummern die *Pointe de Talud*, eine breite Felsnase, schwer befestigt mit einem mächtigen Bunkerwall, auf der Familie Dupont im Sommer Blumenbeetchen hegt und der et-

Fort Bloqué

was muffige Duft einer Schrebergartenkolonie herrscht. Auf der klippigen Westseite das alte *Kerroch* mit seinem Hafen, auf der Ostseite zwängt sich der *Plage du Perello* zwischen die Felsen. Ein Stückchen weiter am Rand der Großansiedlung *Lomener* die Bucht von Stole (*Anse du Stole*). Den südlichen Abschluss des zu Ploëmeur zählenden Küstenstreifens bildet die Badestation von *Kerpape* oberhalb der flachsandigen Bucht von Kerguelen. Für den gesamten Abschnitt gilt: viel Betrieb während der Ferienzeit. In der Nebensaison und im Winter sind die Jalousien der Ferienhäuschen, Residenzen, Hotels und Restaurants heruntergelassen.

- *Postleitzahl* 56270
- *Information* Kleineres O.T. in der Rue des Écoles, ✆ 02.97.86.40.40, www.ploemeur.com.
- *Markt* In Ploëmeur Bourg Sonntag und Mittwochvormittag. Im Ortsteil Kerroch Dienstag morgen, in Fort Bloqué während der Sommersaison jeden Freitagvormittag.
- *Camping* ** **Pen er Malo**, am Nordrand des Plage de Fort-Bloqué in der Heide am Atlantikwall. 08/15-Platz mit 131 Stellflächen und Bunker an der Straße zum Meer. Kein Schatten, magere Sanitäreinrichtungen, Waschmaschinen. 100 m zum Strand. Ganzjährig geöffnet. Route Cotière, ✆ 02.97.05.99.86, pen-er-malo@wanadoo.fr.

** **Camping Kerbel**, unweit des vorherigen Platzes. nur 25 Stellplätze, ansonsten ähnliche Bedingungen. Kinderspielplatz, Strom und Wasser für Wohnmobile. Kein Schatten. Von April bis Oktober geöffnet. ✆ 02.97.82.91.73.

*** **de Kerpape**, 240 Stellplätze mit direktem Zugang zum Strand von Kerguelen. Großzügiges Gelände, allerdings nicht viel Schatten im Heideland. Wasser- und Stromversorgung für Wohnmobile und Caravans. Laden, Kinderspielplatz, knapp ausreichende Sanitärs. Geöffnet vom 1.4. bis 15.10. Lomener, ✆ 02.97.82.94.55, www.camping.kerpape.mutualite56.fr.

Ile de Groix *(ca. 2500 Einwohner)*: "Qui voit Groix, voit sa joie" (Wer Groix sieht, sieht seine Freude) – das Sprichwort der französischen Fischer umschreibt treffend die freundliche Atmosphäre, die die Besucher im Hafen *Port-Tudy* empfängt. Angemerkt sei, dass an schönen Sommertagen die Parkplätze vor der Gegenstation in Lorient bei weitem nicht ausreichen – bis zu 15.000 Besucher überschwemmen täglich die Ile Groix. Diese ist 15 km vom Kontinent entfernt, 8 km lang und 3 km breit. Ihr Westteil stürzt in z. T. über 40 Meter hohen Klippen ins Meer ab, Felsnadeln, Grotten und winzige Buchten bieten Vögeln willkommene Nistplätze. Die granatfarbenen Felsen, Quarzadern, Schieferablagerungen und besonders das blaue Glaucophan, vor 300 Millionen Jahren durch die unterirdische Kollision zweier gewaltiger Felsplatten in der Erdrinde aus dem Meer getrieben, machen Groix zu einem interessanten Aktionsfeld für Mineralogen. Sowohl die Vögel wie die Steine sind z. T. in den beiden Sektoren des Naturreservats "François le Bail" geschützt. Der "*Secteur de Pen Men*" an der Westspitze ist für die Vögel zuständig, "*Secteur de Locqueltas*" im Süden für Mineralien.

Im Inselinneren überwuchern Heide, Pinienwäldchen und grüne Täler das Millionen Jahre alte Gestein, aufgelockert von Ackerflächen, Weilern und den schnuckeligen Anwesen des kleinen Ortes *Locmaria* im Südosten. Ost- und Südteil sind flacher und besitzen mehrere feinsandige Badestrände, darunter der *Plage des Grands Sables*: Eine weit gerundete, einer konvexen Linse ähnlichen Sandzunge, die sanft ins Meer leckt, im Sommer von knapp bekleideten Gästen bevölkert, die im Sand nach Edelsteinen (Granat) suchen können.

Der Hafen *Port-Tudy* mit seiner Betriebsamkeit wächst nahtlos mit dem Hauptort *Bourg de Groix* zusammen. Hier leben die meisten der Inselbewohner, die früher als ausgezeichnete Thunfischfänger galten und Groix zu Anfang des 20. Jahrhunderts zu einem der ersten Häfen für die gefährliche Islandfischerei aufsteigen ließen. Einziges Relikt dieser Vergangenheit ist heute ein Thunfisch, der statt des

Côte du Morbihan
Karte S. 442/443

Wetterhahns die Spitze des Kirchturms schmückt. In einer alten Konservenfabrik in Port Tudy hat die Gemeinde ein kleines *Ökomuseum* eingerichtet: Brauchtum, Geschichte und Geologie der Insel.

- *Postleitzahl* 56590
- *Information* Fremdenverkehrsbüro an der Hafenzeile in Port Tudy. Von der Wohnungsvermittlung bis zu mineralogischen Exkursionen. O.T., Port Tudy, ✆ 02.97.86.53.08, tourisme.groix@free.fr.
- *Autoverleih* Mit dem geliehenen Clio von **Loca-Loisirs** über die Insel. Quai de Port-Tudy, ✆ 02.97.86.80.03.
- *Fahrradverleih* Mehrere Anbieter am Quai oder auf dem Weg nach Bourg, z. B. **Loca-Loisirs** (s.o.) in Port Tudy mit Tourenrädern und Mountainbikes.
- *Führung* Während der HS halbstündiger geführter Besuch im Naturschutzgebiet Locqueltas; Führer vom Fach erklären die geologischen Besonderheiten und geben Einblick in die Welt der Mineralien. Eintritt 4 €, Kinder 2,50 €. Auskunft im O.T.
- *Ökomuseum* In der Saison täglich 9.30–12.30 und 15–19 Uhr. Eintritt 4,50 €, ermäßigt 3,50 €.
- *Wassersport* Kanu, Kajak und Rudern bei **Association l'AMER**, ✆ 02.97.86.88.59.
- *Übernachten* ** **Hotel de la Marine**, stilvolles Haus mit 22 z. T. antik möblierten Zimmern in Bourg de Groix. Unterschiedliche Sanitärausstattung. Garten, Café-Terrasse, gemütliches Ambiente. Restaurant mit 120 Gedecken, Menüs ab 15 €. DZ 35–75 €, Frühstück 6 €. Januar geschlossen. Rue Général de Gaulle 7, ✆ 02.97.86.80.05, www.hoteldelamarine.com.

** **Hotel Ty Mad**, 30-Zimmer-Hotel der Ilotels-Gruppe, direkt am Hafen. Aussicht über das Hafentreiben und das Meer. Das Restaurant gilt als exzellente Speiseadresse. Menüs ab 23 €. DZ 50–70 €. Ganzjährig geöffnet. ✆ 02.97.86.80.19.

- *Camping* *** **Sables Rouges**, unweit des Leuchtturms an der Südostspitze der Insel. 120 Stellplätze fast direkt am Meer (100 m), Stromboxen, ordentliche Sanitärs. Versorgungsmöglichkeiten in Groix (3 km), Kinderspielplatz, Swimmingpool. Im August unbedingt reservieren. Geöffnet von Juni bis 15.9. ✆ 02.97.86.81.32, camping.sables-rouges@wanadoo.fr.

** **Camping Municipal du Mené**, einfaches Gelände an der Pointe du Spermec, 1 km östlich von Groix Bourg. 40 Stellplätze. Geöffnet von Mai bis September. Fort du Mené, ✆ 02.97.86.81.13 (HS), oder 02.97.86.80.15 (NS).

Hennebont *(ca. 13.000 Einwohner)*: Von der alten Bausubstanz innerhalb des mächtigen Stadtwalls ist nicht viel geblieben. Am 7. August 1944 bombardierte die deutsche Artillerie auf dem Rückzug vor den Alliierten die Stadt am Ufer des *Blavet* zu 75 % in Schutt und Asche, Hennebont verlor sein Gesicht einer mittelalterlichen Festungs- und Handelsstadt. Von der *Ville Close* mit den Stadtmauern aus dem 13. Jh. steht neben einem sorgsam gepflegten und von Blumenbeeten gesäumten Mauerrest nur noch die *Porte Broerec'h*, einstiges Haupteingangstor, zeitweiliges Stadtgefängnis und heutiges Kleinmuseum. Den Krieg halbwegs unbeschadet überstanden hat die *Basilika Notre-Dame-de-Paradis* mit ihrem 65-m-Turm oberhalb des Place Maréchal Foch, 1524 eingeweiht und ein imposantes Zeugnis bretonischer Flamboyant-Architektur.

Hennebont war während des Mittelalters Zentrum der Region, verlor aber im späten 17. Jh. mit dem Ausbau des Hafens von Lorient seine Bedeutung. Bereits im Erbfolgekrieg ging es in Hennebont hoch her. Hartnäckig verteidigte die legendäre *Jeanne de Flandre* alias *Jeanne la Flamme* anstelle ihres vom französischen König eingesperrten Gatten *Jean de Montfort* den Familienbesitz gegen *Charles de Blois.* Zur Zeit des Ancien Régime bis zur Französischen Revolution war Hennebont Sitz des Senneschalls (Kronbeamter) für die Region. In der Mitte des 19. Jh. bekam Hennebont den *Haras National,* das staatliche Pferdegestüt, das noch bis heute den guten Ruf der Stadt in der Pferdewelt ausmacht. Zu diesem Zweck kaufte der Staat das Gelände der *Abtei de la Joie-Notre-Dame*, ein Zisterzienserkloster, dessen Ruinen im 24-Hektar-Park des Gestüts besichtigt werden können.

Neben dem Haras-Besuch gehören zum kleinen Hennebonter Besichtigungsprogramm ein Stadtmauerspaziergang, das kleine *Heimatmuseum* im *Tour Broerec'h* und Wanderungen am Blavetufer. Zum Schluss noch ein Hinweis des Informationsbüros: "Ein reiches Vereinsleben (über 110 Vereine vom Bogenschießen zum keltischen Tanzclub, Informatik und Verteidigungssportarten ...) zeigt die Dynamik seiner Einwohner."

• *Postleitzahl* 56700

• *Information* Kleines Büro zentral am großen Platz vor der Basilika. Von Juli bis August Mo–Sa 9–19 Uhr, So 10–12.30 Uhr. Von September bis Juni 9–12.30 und 14–18 Uhr. Place Foch 9, ✆ 02.97.36.24.52.

• *Verbindung* **Bus**, Haltestelle außerhalb der Altstadt an der Route de Port-Louis am Blavet-Ufer. Die Linien 16 und 18 verkehren auf der Strecke Lorient-Carnac. Sie halten an allen touristisch interessanten Orten der Südküste. Mindestens 6-mal täglich Richtung Carnac, nach Lorient mindestens 1-mal die Stunde. Nach Pontivy 2-mal täglich. Auskunft und Reservierung, ✆ 02.97.36.04.64.
Zug Hennebont liegt an der Hauptlinie Rennes–Redon–Vannes–Lorient–Quimper. Mindestens 6-mal werktags und 4-mal sonn- und feiertags in beide Richtungen. TGV-Anschluss ab Lorient.

• *Bootsausflug* Im Juli und August Tagesausflüge über den **Blavet** zur **Ile de Groix**, dort 5-stündiger Aufenthalt und kommentierte Inselumrundung. Immer sonntags, Abfahrt 9 Uhr, Erwachsene 23 €, erm. 16 €, Infos beim O.T.

• *Fahrradverleih* Nur in Lochrist auf der anderen Seite des Blavet: **Blavet Cyclo**, ✆ 02.97.36.98.48.

• *Markt* Donnerstag von 9–12 Uhr, einer der größten der Region.

• *Öffnungszeiten* des Museums: vom 1.6. bis 30.9. täglich 10.30–12.30 und 13.30–18.30 Uhr. Eintritt 4 €, erm.3 €.

• *Pardon* Letzter Septembersonntag Wallfahrt zu Ehren der Notre-Dame-de-Voeu.

• *Reiten* Mehrere Möglichkeiten, z. B. in der Gestütsreitschule des **Haras National** (40 Pferde und Ponys stehen zur ständigen Verfügung), Rue Victor Hugo, ✆ 02.97.89.40.30; oder bei **Ouest Coral 14** im Ortsteil Le Boutiez, Impasse du Boutiez, ✆ 02.97.36.49.26. Zwischen Juni und September finden mehrmals täglich **Führungen** auf dem Gelände von Haras National statt. September bis Juni 9–12.30 und 14–18 Uhr, im Sommer ohne Mittagspause bis 19 Uhr. Eintritt 7,50 €. Die Besucher können 85 Zuchthengsten bei der Arbeit zusehen oder sich in der Reitschule selbst auf den Rücken eines Vollblüters setzen.

• *Waschsalon* Da macht Waschen Spaß – **Fun Lavage**, täglich 8–22 Uhr, Rue Maréchal Joffre.

• *Camping* ** **Municipal de St. Caradec**, am linken Blavet-Ufer am Nordrand der Stadt. Gemütlicher Platz, z. T. schattig. Sanitärs mit fließend Warmwasser. 66 Stellplätze. Geöffnet vom 15.6. bis 15.9. St. Caradec, ✆ 02.97.36.21.73 (HS) oder 02.97.36.43.71 (NS).

Basilika Notre-Dame-de-Paradis

Rivière d'Etel: Eine Miniaturausgabe des Golfs von Morbihan zwischen Lorient und der Halbinsel Quiberon. Durch eine enge Passage strömt im Wechsel der Gezeiten Meerwasser in die inseldurchsetzte, zerfranste Bucht, bisweilen mit immenser Gewalt – die Einfahrt in die Rivière d'Etel ist in Schifffahrtskreisen bekannt und berüchtigt. Die Sandbänke an der Enge laden zum Sonnenbad, schöne Blicke auf die Rivière erlauben die Autobrücke *Pont Lorois*, die *Pointe de Mané Hellec* auf der östlichen Buchtseite oder die Insel *St. Cado* (siehe unten). Am besten erschließt sich die Region durch Spaziergänge, Fahrrad- und – am angemessensten – Bootsausflüge. Hauptorte sind Belz vor der Insel St. Cado und der kleine Thunfischhafen *Etel* an der Ostseite des schmalen Durchlasses zum Meer. Sturmtipp: an die Mündung vorkämpfen (besser zu Land).

• *Information* O.T. am Place des Thoniers, 56410 Etel, ✆ 02.97.55.23.80.

• *Bootsausflug* Ab Etel mit der Compagnie des Iles 1,5-stündige kommentierte **Rundfahrt durch die Ria d'Etel**. Von April bis Mitte Juni 4-mal wöchentlich, bis Anfang September täglich, den Restseptember 3-mal wöchentlich. Erwachsene 12 €, Kinder 8,50 €. Auskunft und Reservierung ✆ 02.97.55.45.77.

• *Markt* Dienstag in Etel. Im Juli und August auch Freitagabend.

• *Übernachten* ** **Hotel le Trianon**, Logis-de-France-Herberge im Ortszentrum von Etel unweit der Kirche. 3 Kamine! Gemütliches Hotel mit 16 Zimmern und einem vorzüglichen Restaurant. DZ nach Standard 35–60 €, HP 50–62 €. Rue Général Leclerc 14, ✆ 02.97.55.32.41.

• *Camping* ** **Municipal de la Barre**, in Etel; windiger, ungeschützter Platz hinter dem Hafen, nah an der Mündung der Rivière d'Etel in den Atlantik. Einziges Plus: der tolle Blick. 276 Stellplätze. Geöffnet von Ostern bis 15.9. Rue de la Barre, ✆ 02.97.55.33.79.

** **St. Cado**, in Belz vor der gleichnamigen Insel; einfacher Heckenplatz mit einigen Extras wie kleiner Spielplatz und Tennis. 100 Stellplätze. Geöffnet vom 1.4.–30.9. Port de St. Cado, ✆ 02.97.55.31.98, www.camping-saintcado.com.

St. Cado: Eine kleine Insel in der *Rivière d'Etel* (Anfahrt siehe unten). Wir zitieren Leser Hans-Jürgen K., der ein Faible für gemütliche Sitzplätze hat: "In der Bar vor der Brücke sitzt man gemütlich mit Blick auf die Insel und Beobachtung der steigenden Flut. St. Cado selbst ist nicht nur ein Muss für Romantiker und Verliebte, hier erwacht auch noch der Abenteuergeist, da die Insel an ein richtiges Piratennest erinnert. Auch hoch oben, neben der Kapelle, kann man auf Bänken sit-

Klein, aber fein: die Insel St. Cado

zend einen Großteil der Rivière d'Etel überblicken." Wir ergänzen einige trockene Daten: Auf die Insel führt eine kleine Brücke, bei deren Errichtung neben anderen auch der Teufel mitwirkte. St. Cado selbst ist ein dicht bebautes, kleines Eiland, die Kapelle ist *St. Cado* geweiht, dem Heiligen für Gehörlose. Ursprünglich von den Templern im schlichten romanischen Stil errichtet, wurde in der Spätgotik an der Rückseite eine Empore hinzugefügt. Die winzige Insel neben der Brücke, auf der nicht viel mehr als ein kleines Haus mit hellblauen Fensterläden Platz hat, ist wohl ein ähnlich beliebtes Fotomotiv der Bretagne wie das Haus zwischen den Felsen bei *Le Gouffre* (Tréguier/Umgebung).

Anfahrt Von Lorois Kergo an der Brücke auf der D 16 2 km nach Belz, dort links ab (etwa 3 km, beschildert).

Halbinsel Quiberon (ca. 7000 Einwohner)

Wie ein Wellenbrecher teilt die Halbinsel die Atlantikfluten – im Osten sanft abfallend, sandig und ruhig im Spiel der Gezeiten die weite, flutgeschützte Bucht von Quiberon, im Westen die den Strömungen und Winden ausgesetzte Côte Sauvage (Wilde Küste) mit ihren steilen Klippen über einer gefährlichen See.

Im Sommer verfünfzehnfacht sich die Einwohnerzahl – dann leben über 100.000 Menschen auf der Halbinsel. Über 2000 Stunden Sonnenschein und weniger als 650 mm Niederschläge im Jahr machten die 14 km weit in den Atlantik vorgeschobene Landzunge zum Top-Feriengebiet der Bretagne. An der schmalsten Stelle – ein 25 m breiter Landstreifen – der durch Sandanschwemmungen entstandenen Halbinsel ist gerade noch Platz für die Straße und das Bahngleis, bewacht vom mächtigen, mehrmals zerstörten und im 19. Jh. wiedererstellten *Fort Penthièvre.* Nach diesem Engpass ist Quiberon dicht besiedelt, zwischen den einzelnen Orten haben sich besonders seit den 70ern Ferienhauskolonien angesiedelt.

Hauptort der Halbinsel ist das quirlige, halbmondäne Bade- und Kurstädtchen *Quiberon* mit seinen Häfen *Port Maria* (Sprungbrett nach Belle-Ile) und *Port Haliguen* (Yachten und Fischerei). Hier spielt sich der Hauptrummel der Sommersaison ab. *St. Pierre-Quiberon,* im Nordteil der Halbinsel, ist die zweite Hauptgemeinde, im Ortskern herrscht fast noch authentisch bretonische Provinzatmosphäre. Ihr angegliedert sind im Norden *Kerhostin* (winziger alter Ortskern mit winzigen

Die Schlacht von Quiberon

Im Jahr 1795 wird das blutigste Kapitel der Halbinsel geschrieben. Englische Schiffe bringen 5000 royalistische Emigranten, meist Mitglieder des französischen Adels, an den Strand von Carnac, wo sie von 10.000 königstreuen Bretonen erwartet werden. Schnell und schmerzlos soll die nur 3000 Mann starke republikanische Armee unter General Hoche auf Quiberon überrumpelt werden. Doch zeitraubende Meinungsunterschiede über die Befehlsgewalt, gepaart mit Verrat, lassen das Unternehmen für die Royalisten zu einer Katastrophe werden. Statt sofort anzugreifen, werden zwei Wochen vertändelt, in denen General Hoche seine Truppen aufstocken kann und über die Pläne der Konterrevolutionäre auch noch bestens unterrichtet wird. Am Fort Penthièvre entscheidet sich das Schicksal der Royalisten. Nur 3000 von ihnen überleben das Gemetzel. Die meisten Gefangenen werden später hingerichtet, allein 952 in Auray (siehe Auray/Champ des Martyrs).

Gassen, umgeben von Ferienhäusern) und das alte *Portivy*. Die Häuseransammlung rund um den ruhigen Hafenkern ist das letzte Örtchen vor der *Pointe du Percho*, einer steil abfallenden, sehenswerten Felsspitze, hinter der die unter Naturschutz stehende *Côte Sauvage* beginnt. Im Süden geht St. Pierre fast nahtlos in den Ortsteil *St. Julien* über, im Prinzip schon ein Vorort von Quiberon. Von hier ab über *Port Haliguen* bis zur *Pointe du Conguel*, der südöstlich am weitesten vorgeschobenen Landspitze der Halbinsel, gibt es mehrere Campingplätze, Bade- und Wassersportreviere. Der Ortsteil *Penthièvre* nördlich der Landenge ist eine Retortensiedlung – Villen, Appartementhäuser und Vermittlungsagenturen in rechtwinkligen Straßenzügen. Schräg gegenüber dem alten malerischen Fort erstrecken sich in einem sandigen, vom Wind zerzausten Kiefernwald entlang der Dünen mehrere Campingterrains an einer 3 km langen Sandbucht.

Es geht auch wilder

Côte Sauvage

Scharfe Klippen, Felsschlünde, Grotten und Spalten – bizarr stürzt das von Heidekraut und Grasnelken überzogene Land ins Meer ab. An den malerischen kleinen Buchten mit feinem Sand herrscht absolutes Badeverbot – zu gefährlich ist die See (Grundsee!). Die Côte Sauvage ist Naturschutzgebiet und deshalb von der emsigen Bauwut, die den Rest der Halbinsel zersiedelt, verschont geblieben. Die Panoramastraße, die von Portivy aus etwas landeinwärts durch die Ginster- und Bruyère-Heide der Küste folgt, wird von zahlreichen Parkplätzen begleitet. Ein *Wanderpfad* (ca. 2 Stunden), von Menhiren, Stelen, unzähligen Hinweisschildern und Badeverbotstafeln gesäumt, windet sich oberhalb der Steilküste den aufregenden Felskamm entlang und bietet immer neue, immer überraschende Aussichten: das massive *Felsentor von Port Blanc*, durch das die Flut tobt, die *Teufelsgrotte*, ein sagenumwobener Felsschlund, in dem es gurgelt und dröhnt, oder das *Loch des Souffleurs* (*Trou du Souffleur*) vor der mit einem herrlichen Panorama gesegneten *Pointe Beg er Lan*. Der gigantischste Aussichtspunkt ist die *Pointe du Percho*, eine steil ins Meer abfallende Landnase westlich von Portivy: im Rücken das geschichtsträchtige Fort Penthièvre und die Hafenzeile, davor und darunter die furchigen Strömungen und Strudel, die spritzende Gischt der Côte Sauvage.

Quiberon (ca. 5000 Einwohner)

Seit 1924 als Fremdenverkehrs- und Luftkurort staatlich klassifiziert und mit Frankreichs erstem Thalassotherapiezentrum zum Thermalbad aufgestiegen. Adrett und aufgeräumt, die Boutiquen, Bars und Geschäfte haben Hochkonjunktur. Mittelpunkt der Stadt ist der *Place Hoche* zwischen dem *Fährhafen Port Maria* und dem *Grande Plage*, auf dem eine Bronzestatue an den jungen Revolutionsgeneral erinnert (siehe Kasten Schlacht von Quiberon). Von hier führt der *Boulevard Chanard*, flankiert von Geschäften und Bars, zum Bahnhof hinauf. Westlich vom Zentrum reihen sich mehrere Strände bis zur zerfransten *Pointe du Conguel*, der Südspitze der Halbinsel. Hier liegen Campingplätze und die Beton- und Glaspaläste des Kurzentrums. Weniger Trubel herrscht im östlich gelegenen alten Fischerhafen von *Port Haliguen*, heute vorzugsweise von Yachten belegt. Nördlich davon folgen eine Reihe von Campings und Stränden (*Ortsteil St. Julien*); fast nahtlos geht die Bebauung über den nationalen Segelstützpunkt von *Beg-Rohu* und das Windsurfzentrum von *Port-Orange* bis in die Gemeinde *St. Pierre-Quiberon* über.

Information

- *Postleitzahl* 56170
- *Information* 200 m oberhalb der Grande Plage in der zentralen Geschäftsstraße vom Hafen zum Bahnhof. Multiprogrammbüro für alle touristischen Belange – von der Einschreibung zur Tennisstunde bis zur Vermittlung einer Ferienvilla. Von Juli bis August Mo–Sa 9–19.30 Uhr, So 10–13 und 14–18 Uhr. September bis Juni Mo–Sa 9–12.30 und 14–18 Uhr. Rue de Verdun 14, ✆ 02.97.50.07.84, www.quiberon.com.

Verbindungen

- *Bus* Die Linie 1 von Cars du Morbihan bietet Anschluss nach Auray und Vannes. Haltestellen am Hafen und vor dem Bahnhof SNCF. Die Busse halten auf der Halbinsel außerdem im Zentrum von St. Pierre, in Kerhostin (Isthmus) und am Fort Penthièvre. Über Carnac, St. Philibert und Trinité-sur-Mer nach Auray und Vannes. Fahrtdauer bis Auray ca. 1 Stunde. In der Saison bis zu 10-mal täglich (Schwerpunktzeiten Ankunft- und Abfahrt der Fähren nach Belle-Ile).
- *Zug* Eine Stichbahn verbindet die Halbinsel im Juli und August mit Auray. Bahnhof ein Stück oberhalb des Touristenbüros in der Nähe der Kirche. In der Hochsaison bis zu 8-mal täglich mit dem Bummelzug (5 Stationen auf der Halbinsel) über Plouharnel-Carnac nach Auray. Fahrtdauer 30–60 Minuten. Info und Buchung ✆ 08.92.35.35.35.
- *Schiff* **Fähre nach Belle-Ile**, Abfahrt am Gare maritime Port Maria. Gebührenpflichtiger Parkplatz am Hafenkai, der in der HS oft nicht ausreicht. Es gibt 2 Anlegehäfen in Belle-Ile. In Sauzon landen von Ende April bis Mitte September die Schnellboote aus Quiberon, Fahrtdauer je nach Fähre 15 bzw. 25 Minuten, Erwachsene H/R 23 € bzw. 25 €, erm. 14 € bzw. 15 €. Außerdem landen im Juli und August die Schnellboote aus Lorient, Fahrtdauer 60 Minuten, nur Personenverkehr, retour 27 €, Kinder von 4–12 Jahren 19 €. In Le Palais legen die großen Fährschiffe an, die auch Autos mitnehmen. In der Saison täglich bis zu 10-mal, in der Nebensaison entsprechend weniger. Fahrtdauer 40 Minuten, dieselbe Zeit kann in der HS das Aussteigen beanspruchen. Retour 23 €, Kinder 14 €. Wer motorisiert auf die

Insel will (nur für einen Langzeitaufenthalt interessant), muss unbedingt vorbuchen – es stehen pro Fahrt nur ca. 20 Fahrzeugplätze zur Verfügung. Preisbeispiele (Hin- und Rückfahrt): Autos je nach Länge 100–200 €, Wohnmobile ab 300 €. Fahrrad 13 €, Motorräder über 125 ccm 100 €. Während der HS außerdem auch Schnellboote zwischen Quiberon und Le Palais, Fahrtdauer 20 Minuten, Preis nur unwesentlich höher. Auskünfte Gare Maritime, www.smn-navigation.fr.

Fähre nach Houat und Hoëdic, Abfahrt am Port Maria. In der Hochsaison 6 Personenfähren nach Houat (Saint-Gildas, Fahrtdauer 1 Stunde). Von dort nochmals 3-mal täglich auf die Ile de Hoëdic (Port de l'Argol, Fahrtdauer ab Houat ca. 40 Minuten). In der NS nur noch 1 bzw. 2 Boote zu den Inseln. In den Wintermonaten muss man sich vorher vergewissern, ob man noch ein Boot am selben Tag zurück nach Quiberon bekommt. Erwachsene nach Houat oder Hoëdic und zurück 23 €, Kinder 12 €. Beide Inseln werden in der Hochsaison auch von Le Palais/Belle-Ile aus angesteuert. Auskunft Gare Maritime, www.smn-navigation.fr-

Diverses

• *Ausflug* Populärster Ausflug ist die **Belle-Ile-Rundfahrt**. Sie beinhaltet den Fährpreis plus eine Inselrundfahrt mit dem Bus und Mittagessen. Infos beim O.T. In der Saison täglich außer Montag, 56 €. Eine Morbihan-Rundfahrt zu Wasser hat Compagnie des iles (Port Haliguen, ✆ 02.97.46.18.19) im Programm; weitere Ausflüge zu Schiff führen in die **Bucht von Quiberon**, durch den **Golf von Morbihan** oder zu den Inseln **Houat** und **Hoëdic**. Ausflüge über Land organisiert Quiberon Voyages (Place Hoche, ✆ 02.97.50.15.30), z. B. nach **Ouimper und Locronan** oder über **Rennes zum Mont. St. Michel**. Daneben Ausflüge nach **Carnac** oder die **Rosa-Granit-Tour**.

• *Casino* Glücksspielzentrale am Grande Plage. Roulette, Boule und Black-Jack für Zocker und Verzweifelte täglich bis 3 Uhr morgens.

• *Fahrradverleih* Mehrere Anbieter mit großer Auswahl an Tourenrädern und Mountainbikes. Daneben Funmodelle mit Sonnendach, Tandems, Mofas und Roller. Keine Unterschiede in Preis und Qualität. Zwei Anbieter: **Cyclomar**, Place Hoche (oberhalb des Grande Plage), ✆ 02.97.50.26.00, oder **Cycles Loisirs**, Rue Victor Golven 3 (linke Straße hinter dem Touristenbüro), ✆ 02.97.50.10.69.

• *Kleiner Zug* Der Petit Train bricht ab Place Hoche oder Palais des Congrès 4-mal täglich zu seiner 50-Minuten-Rundfahrt um die Landspitze auf. Der schönste Streckenabschnitt ist die Côte Sauvage. Erwachsene 6 €, Kinder 3 €. Juli/August um 21 Uhr ab Place Hoche Nachtfahrt. Etwas länger, etwas teurer.

• *Markt* Jeden Samstagvormittag großer Wochenmarkt rund um den Place Hoche. Bunte Mischung aus Souvenirs, Secondhand, Kunsthandwerk, Lebensmitteln, Obst, Gemüse. Am Mittwochvormittag (nur Sommer) Markt in Kerhostin, am Donnerstagvormittag in St. Pierre-Quiberon.

• *Reiten* Jeder Ortsteil hat seine Arena für Ausbildung und Wettkampf. Zusätzlich Promenaden und wilde Ausritte an der Côte Sauvage oder an den weiten Stränden. Aufgesattelt wird u. a. bei **La Grande Randonnée** in Kergroix (Ortsteil St. Pierre) oder im **Centre Equestre l'Epéron** beim Château d'Eau (von Quiberon stadtauswärts rechts der Straße), Rue J.-P. Calloch 38, ✆ 02.97.50.28.32.

• *Rundflug* Aérodrom südlich von Port-Haliguen. Der **Quiberon Air Club** offeriert atemberaubende halb- bzw. ganzstündige Rundflüge über den Golf von Morbihan und das Küstengebiet von Quiberon. Belle-Ile, Houat und Hoëdic aus der Vogelperspektive. Auskunft/ Anmeldung beim O. T. oder am Flugplatz, ✆ 02.97.50.11.05, www.quiberonairclub.com

• *Schwimmbad* Das auf 27° aufgeheizte Meerwasser des ersten französischen Thalassotherapiezentrums wird auch für Nicht-Kurgäste eingelassen. Im Sommer täglich zwischen 12.30–14 Uhr, Sonntag 14–18 Uhr. Erwachsene 10 €.

• *Tauchen* Das Büro von **Ecole Française de Plongée** ist beim Fährhafen, Quai de Houat 3, ✆ 02.97.50.00.98.

• *Tennis* Etliche Clubs, z. B. Der **Tennisclub Quiberonnais** hinter dem Kongresspalast, mehr als ein Dutzend Plätze und eine Tennishalle. Rue de St. Clément, ✆ 02.97.50.10.44.

• *Thalassotherapie* Institut de Thalassothérapie, BP 10802 Quiberon Cedex, ✆ 02.97.50.20.00. Wir empfehlen gleich eine Rundumverwöhnung im **** **Sofitel Thalassa** an der Pointe du Goulvars.

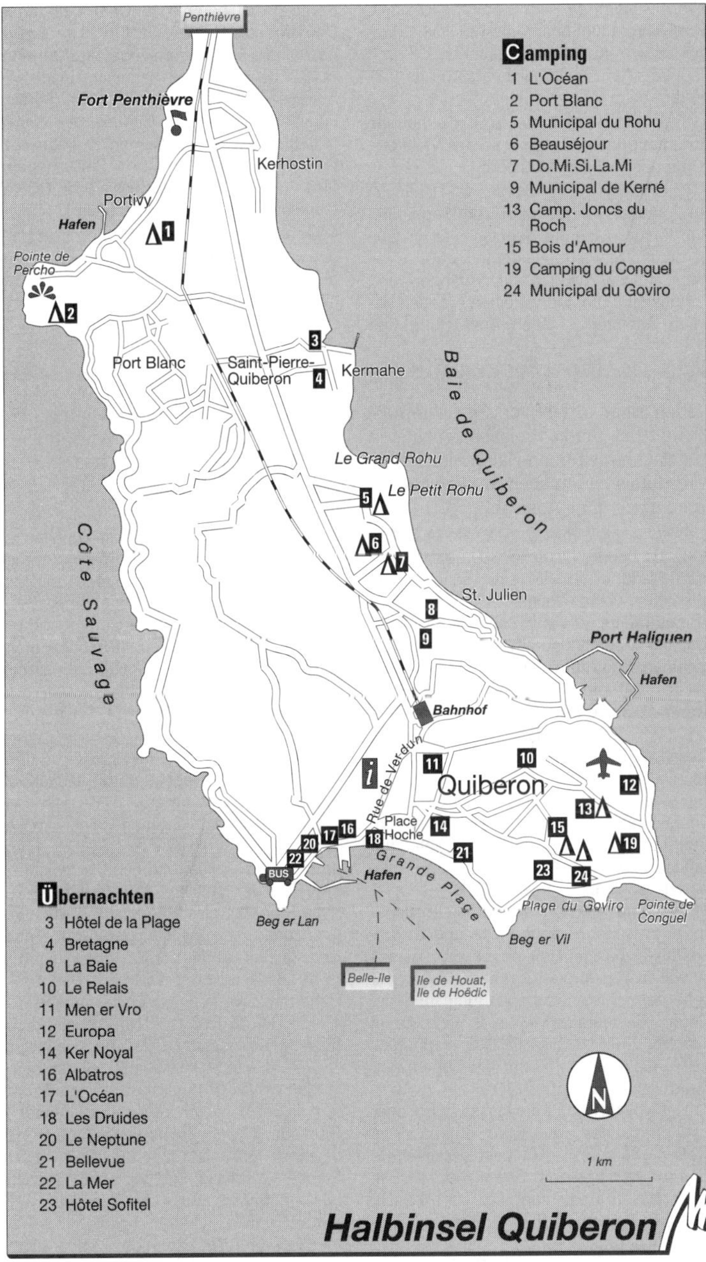

Camping
1 L'Océan
2 Port Blanc
5 Municipal du Rohu
6 Beauséjour
7 Do.Mi.Si.La.Mi
9 Municipal de Kerné
13 Camp. Joncs du Roch
15 Bois d'Amour
19 Camping du Conguel
24 Municipal du Goviro

Übernachten
3 Hôtel de la Plage
4 Bretagne
8 La Baie
10 Le Relais
11 Men er Vro
12 Europa
14 Ker Noyal
16 Albatros
17 L'Océan
18 Les Druides
20 Le Neptune
21 Bellevue
22 La Mer
23 Hôtel Sofitel

Côte du Morbihan
Karte S. 442/443

• *Veranstaltungen* Im Sommer riesiges, buntes Vergnügungsprogramm inkl. Sommerfeste, Konzerte, Feuerwerk und Segelregatten. Ausführliches aktuelles Programm beim O.T.

• *Waschsalon* Mehrere, z. B. die **Laverie Automatique** in der Impasse des Violettes, hinter der Kirche von Quiberon.

• *Wassersport* Die exponierte Halbinsellage prädestiniert Quiberon zum Segel- und Surfdorado. Mehrere Segelschulen in Quiberon und St.-Pierre-Quiberon bieten in beiden Disziplinen Kurse für Anfänger- und Fortgeschrittene. Sie verleihen – neben privaten Anbietern – auch Ausrüstung und Boote. In Quiberon z. B. **Centre nautique Quiberonnais**, ✆ 02.97.30.56.19, www.nautisme-quiberon.com; oder **Atol Marine**, ✆ 02.97.50.56.80, atol-marine@wanadoo.fr; Surfspezialist ist **Ecole de Surf**, Surfing Paradise, Avenue du Général de Gaulle, ✆ 02.97.50.39.67 ; Außerdem angesagt: Wasserski, Kajak/Kanu und Strandsegeln. Eine Adresse: **Ecole de Char a voile UCPA**, Plage de Penthièvre, ✆ 02.97.52.39.90.

• *Yachthafen* Im alten Hafen von Port Haliguen auf der Ostseite Quiberons. 800 Liegeplätze für Boote bis 35 m, 2-t-Kran und 13-t-Lift, alle Sanitäreinrichtungen, Strom, Sprit, Spiritus. ✆ 02.97.50.20.56.

Übernachten (siehe Karte auf S. 455)

Neben einer Unzahl von Privatzimmern und Residenzen rund 30 Hotels mit über 1200 Betten. Starke Preisschwankungen in der Hochsaison (ca. 10–20 %), in mehreren Häusern ist dann Halbpension obligatorisch und Voranmeldung ratsam. Mehrere Hotels bieten auch Studios mit Kochnische und Mehrbettzimmer oder Appartements an. Eine Auswahl:

• *Hotels in Quiberon/Ort* **** **Hotel Sofitel (23)**, die beiden Luxushotelkomplexe über dem Plage de Goviro sind neueren Datums. Im weißen Kasten (133 Zimmer, 17 Appartements, alle mit Bad/WC, TV, Telefon und Meerespanorama) ist das Thalassotherapiezentrum untergebracht, im grauen das Diäthotel (78 Zimmer mit gleichem Komfort). Beide Renommierhotels mit Tennis, Park, Salon und Konferenzraum, im Thalasso-Sofitel das Meerwasserhallenbad, im Diététique-Hotel ein Diät-Restaurant. Thalasso: DZ 70–530 €, HP 100–330 €. Im Diététique gibt es keine HP. Thalassozentrum ganzjährig geöffnet, Diététique Januar und Februar geschlossen. Boulevard de Goulvars, ✆ 02.97.50.20.00.

*** **Bellevue (21)**, auf der verbauten Landspitze zwischen Grande Plage und Goviro-Strand. 2-stöckiger Hotelneubau mit 36 sanitär voll ausgestatteten Zimmern. Garten mit beheiztem Swimmingpool. Ruhig und gediegen. Restaurant (Menüs ab 15 €). DZ in der HS 70–115 €, HP 65–87 €, Frühstück 8,50 €. Geöffnet von April bis September. Rue Tiviec, ✆ 02.97.50.16.28.

*** **Ker Noyal (14)**, für die Klasse gehobener Komfort. Nobles Hotel 100 m oberhalb des großen Strandes, 100 bestausgestattete Zimmer, hell und zum Strand hin mit Balkonterrassen. Restaurant. DZ 100–120 €, HP 85–100 €, Frühstück 10 €. Rue de St. Clément, ✆ 02.97.50.08.41.

*** **Les Druides (18)**, postmodernes Gebäude mit langer Restaurantmarkise, zentral vor dem Place Hoche. Einige der 31 Zimmer (alle mit Bad/Dusche/WC) haben Balkons, die darunter liegenden Zimmer sind etwas dunkel. Insgesamt gut. Restaurant (Mai bis September) mit guten Fischgerichten, Menüs ab 14 €. DZ 50–105 €, Frühstück 7,50 €. Geöffnet von März bis Oktober. Rue Port Maria 6, ✆ 02.97.50.14.74, www.hotel-des-druides.com.

** **Le Neptune (20)**, direkt an der Hafenzeile. 4-stöckiger Neubau mit 21 sanitär voll ausgestatteten Zimmern. Teilweise Balkons mit Blick auf Hafen und Meer. Im Restaurant Menüs ab 17 €. DZ 53–70 €, Frühstück 7 €. Im Januar und Februar geschlossen. Quai de Houat 4, ✆ 02.97.50.09.62.

** **La Mer (22)**, gleich daneben. Traditionelles Hotel mit granitsteingefassten Fenstern. 27 Zimmer mit Bad/Dusche/WC. Zwar keine Balkons, aber teilweise Meerblick. Beheizter Swimmingpool. Restaurant. DZ 47–77 €, HP 45–65 €. Von November bis Januar geschlossen. Quai de Houat 8, ✆ 02.97.50.09.05, www.hoteldelamer.com.

** **Men er Vro (11)**, beim oberen Stadtzentrum, in der Nähe von Kirche und Bahnhof. 2 Gebäude. 10 z. T. etwas enge Zimmer mit eigenem Bad/WC-Kabinett. DZ je nach Standard 31–66 €, Frühstück 7,50 €. Ganzjährig geöffnet. Rue de Haliguen 22, ✆ 02.97.50.16.08.

** **L'Océan (17)**, Logis de France hinter dem Hafen. Charmantes, schon 1897 ge-

Quiberon, auch Treffpunkt der Yachtbesitzer

gründetes Hotel. Gutbürgerliche Jahrhundertwendefassade, 37 Zimmer in unterschiedlichem Sanitärstandard. Restaurant, 27 mit Dusche/WC, sonst Etagen-Toiletten. DZ 31–55 €, Frühstück 6,50 €. Quai de Houat 7, ✆ 02.97.50.07.58.

** **Le Relais (10)**, am Stadtrand etwas abseits der Straße nach Port Haliguen. 800 m zum Meer. 26 Zimmer, die meisten mit Bad/WC in einem einfachen Gebäude. Familiäre Atmosphäre, gemütlicher Garten, Parkplatz, preiswertes Restaurant (Menüs 10–30 €). DZ 38–56 €, Frühstück 6 €. Über den Jahreswechsel geschlossen. Rue du Roch Priol 64, ✆ 02.97.50.10.56, www.hoteldurelais.fr.

* **Albatros (16)**, zwischen Grande Plage und Hafen mit Blick auf die Fähren. Freundlich. 35 Zimmer in einem älteren Gebäude, 1993 total renoviert. Restaurant "Le Corsaire" (Menüs 13–21 €) u. Bar mit kleiner, blumengeschmückter Terrasse hinaus zum Boulevard. DZ 47–79 €, HP 47–65 €. Ganzjährig geöffnet. Quai de Belle-Ile 24, ✆ 02.97.50.15.05.

• *Hotels in den Ortsteilen Port Haliguen, St. Julien und St. Pierre* *** **Europa (12)**, stilloses Gebäude-Ensemble am südlichen Ortsausgang von Port Haliguen; 53 komfortable Zimmer und 12 Studios mit Küche. Außen nichtssagend, innen sehr komfortabel und großzügig. Alle Zimmer mit Bad/Dusche/WC. Hallenschwimmbad und Grünanlage. Restaurant (Menüs ab 15 €). Über die Straße direkt zur Bucht von Conguel. DZ 80–125 €, HP 73–95 €, Frühstück 11 €. Geöffnet vom 1.4. bis Anfang November. Boulevard de la Teignouse, ✆ 02.97.50.25.00, www.europa-quiberon.com.

** **La Baie (8)**, im Ortsteil St. Julien, knappe 100 m vom Strand. Klein, ruhig, 19 unterschiedlich ausgestattete Zimmer, die Hälfte mit Bad/WC. Schattige Terrasse, Frühstückssalon. Kein Restaurant. DZ je nach Standard 33–60 €, Frühstück 6,50 €. Geöffnet von April bis November. Rue de la Petit-Côte, ✆ 02.97.50.08.20.

*** **Hôtel de la Plage (3)**, direkt am Hafen in St. Pierre. Mehrstöckiger Neubau mitten im Ort, über die Straße zum betonierten Hafenstrand. Gemütlich-komfortables Wohnen in 44 geschmackvoll möblierten, hellen Zimmern, z. T. mit Balkonterrasse und Meerblick, alle mit Bad/Dusche/WC. Restaurant mit Menüs ab 15 €. DZ 45–100 €, HP 51–81 €, Frühstück 9 €. Geöffnet von April bis Ende September. Quai d'Orange 25, ✆ 02.97.30.92.10, www.hotel-la-plage.com.

** **Bretagne (4)**, im Ortsteil St. Pierre, gegenüber dem Rathaus. Granitsteinfassade mit hohen Fenstern und einem auf ländlich getrimmten Restaurant im Erdgeschoss. 20

Karte S. 442/443

Zimmer mit Bad/Dusche/WC. 100 m zum Hafen. DZ 44–47 €, Frühstück 6,50 €. Geöffnet von April bis Oktober. Rue de Gaulle, ✆ 02.97.30.91.47.

• *Residenzen/Ferienwohnungen/Häuser* Über 10 Agenturen offerieren ihren Service, meist in enger Zusammenarbeit mit dem O. T. Über 2000 Objekte, vom einfachen Gastzimmer bei einer Familie über das 2-Zimmer-Studio mit Kochnische bis zur großzügigen Villa mit eigener Bootsanlegestelle und Park stehen zur Auswahl. Adressliste der Agenturen und deren Angebote über das O. T.

• *Jugendherberge* Etwas abseits der Straße von Quiberon nach Port Haliguen. Knapp 60 Betten, Selbstversorgerküche und Zeltmöglichkeit. Nacht 9 €. April bis September geöffnet. Les Filets Bleus, Rue du Roch Priol 45, ✆ 02.97.50.15.54.

Camping (siehe Karte auf S. 455)

14 Campingplätze säumen die Küste der Halbinsel – 2- und 3-Sternplätze mit sehr unterschiedlicher Ausstattung. Schwerpunkte sind das Gebiet um den Flugplatz südlich von Port Haliguen und die lang gezogene Bucht von Quiberon zwischen Port Haliguen und St. Pierre auf der Ostseite der Halbinsel. An der Côte Sauvage haben sich – wohl auch in Folge des Badeverbots – nur einige Plätze an der Nordspitze rund um Portivy angesiedelt. Die genannten Preise sind HS-Preise, in der NS geben alle Plätze mindestens 20 % Preisnachlass. Eine Auswahl:

**** **Du Conguel (19)**, weitläufiges Areal kurz vor der gleichnamigen Landspitze. Aus dem einfachen 2-Stern-Normplatz wurde der beste Camping der Halbinsel. Alle Annehmlichkeiten eines Top-Platzes, welliges Gelände, in dem sich Sand- und Rasenflächen abwechseln, Kiefern und hohe buschige Hecken. Mehrere direkte Uferzugänge. 250 Stellplätze. Geöffnet von April bis Oktober. Boulevard de la Teignouse, ✆ 02.97.50.19.11, www.campingduconguel.com.

*** **Camping les Joncs du Roch (13)**, neben dem Aerodrom südlich von Port Haliguen auf dem Weg zur Pointe du Conguel – die Flieger gehören zum Platzleben. Rasengelände, von hohen Hecken umgrenzt. Wenig Schatten, aber ordentliche Sanitärs, Stromblocks, Abwasser für Wohnwagen, Waschmaschinen und Bügelraum. Zum Meer etwa 500 m. 163 Stellflächen. Geöffnet vom 1.4–30.9. Rue de L'Aérodrome, ✆ 02.97.50.24.37.

*** **Do.Mi.Si.La.Mi (7)**, am nördlichen Ortsausgang von St. Julien, über die Straße zum Strand, gleich daneben ein Supermarkt. 170 Stellplätze zwischen gepflegten Hecken, Blumenbeeten und Bäumchen. Ordentliche Sanitärs mit Warmwasserduschen. Laden, Sandwichbar-Restaurant, Selbstkocherküche, Aufenthaltsraum mit TV und Fahrradverleih. Geöffnet vom 1.4.–31.10. Plage St. Julien, ✆ 02.97.50.22.52, www.domisilami.com

*** **Bois d'Amour (15)**, aus dem schlichten alten Municipalplatz wurde ein aufgepepptes Privatunternehmen, doch das Areal blieb dasselbe. Großer Platz hinter dem Thalassozentrum, etwa 150 m vom Sandstrand von Goviro. Sandiges Dünengelände mit Heidekraut. Der Liebeswald besteht aus wenigen Bäumen und ein paar Hecken. Pool, Kinderspielplatz, 2 Sanitärblocks. 290 Stellflächen. Geöffnet von April bis Ende September. Rue St. Clément, ✆ 02.97.50.13.52, www.homair-vacances.fr

** **Beauséjour (6)**, einen Katzensprung nördlich vom Do.Mi.Si.La.Mi, durch die Straße vom Strand getrennt. Das Gelände ist von hohen Hecken umgeben, sonst nicht unterteilt. Sanitärblocks mit gratis Warmwasser, Stromblocks, Lebensmittel, Wohnwagenvermietung, Fahrradverleih. 150 Stellplätze. Geöffnet vom 15.5.–15.9. Boulevard du Parco (Küstenstraße von St. Julien nach St. Pierre), ✆ 02.97.30.44.93, info@campingbeausejour.com

** **Municipal du Goviro (24)**, kurz vor Rohu am Meer. Welliges Dünengelände mit Bäumen und Hecken, die die Hälfte der 200 Stellplätze unterteilen. Zum Strand etwa 100 m, über die Straße. Große, brauchbare Sanitärs, Kinderspielplatz. Geöffnet vom 15.3. bis Mitte Oktober. Boulevard du Goviro, ✆ 02.97.50.13.54.

** **Municipal du Rohu (5)**, zwischen St. Julien und St. Pierre im gleichnamigen Ortsteil. Etwas kahl und trostlos auf einer dürren Düne in erster Reihe zum Ozean. Ziemlich windig, was insbesondere Surfer nicht stört – auf dem Platz UCPA-Segelschulbasis. Einfache Sanitärs. 110 Stellplätze. Geöffnet vom 1.4.–30.9. Chemin des Men Du, Petit Rohu, ✆ 02.97.50.27.85.

** **Port Blanc (2)**, 500 m südlich von Portivy, kurz vor der Pointe du Percho. Flaches, rasen- und heidekrautdurchsetztes Sand-Terrain, von zerzausten Hecken und einem Drahtzaun umgeben. 2 sehr einfache Sanitärblocks. Etwa 300 m zur Küste. 142 Stellplätze. Geöffnet vom 15.6.–15.9. Rue de Port Blanc, ✆ 02.97.30.91.30.

** **L'Océan (1)**, an der Durchgangsstraße in Portivy (südlich aus dem Ort), hinter dem Kinderferiendorf. Viel Sand und wenig Schatten, groß und weitläufig, 100 m zum Strand, der sich aber nicht sonderlich zum Baden eignet. Etliche Freizeitangebote für groß und klein, u. a. Ponys und Karaoke. 300 Stellplätze. Geöffnet vom April bis Oktober. Avenue de Groix 16, ✆ 02.97.30.91.29.

** **Municipal de Kerné (9)**, oberhalb der Côte Sauvage, 1 km vom Ortsrand von Kerné; kahles, leicht abfallendes Wiesengelände ohne Schatten an einem künstlich angelegten Weiher. 260 Stellplätze. Geöffnet von Ende Juni bis 31.8. Village de Kerné, ✆ 02.97.50.05.07.

Essen (siehe Karte auf S. 455)

La Chaumine, 2 km westlich der Tourist-Info im touristischen Abseits. Stilvolles Haus in ländlicher Umgebung, kleine Auswahl, nicht gerade billig, aber gut und ruhig. Menüs 14–45 €, Place du Manémeur 36, ✆ 02.97.50.17.67.

L'Huitrière, das beliebte Restaurant am Grande Plage ist ganz auf Fisch und Meeresfrüchte spezialisiert. Schöne Terrasse oberhalb des Strandes, Meerblick und empfehlenswerte Menüs von 15–25 €. Probieren Sie als ersten Gang Fischsuppe und danach z. B. Millefeuille de saumon aux blancs de poireaux oder vergleichen Sie Muscheln aus der Baie de Quiberon (in verschiedenen Größen erhältlich) mit deren Verwandten aus Cancale. Rue de Port Maria 3, ✆ 02.97.30.44.03.

Le Rétro, die Crêperie für den kleinen Snack zwischendurch serviert ihre Gerichte nur bis 18 Uhr. Direkt an der Strandpromenade mit Blick auf die an- und abfahrenden Schiffe nach Belle-Ile. Crêpes zwischen 2 € und 8,50 €, Salate ab 3 €. Donnerstag geschlossen. Promenade de la Plage, ✆ 02.97.30.39.93.

Crêperie Restaurant Vieux Port, die Crêperie mit Flair am Yachthafen von Port Haliguen ist bei Einheimischen eine beliebte Adresse. Neben Crêpes von 2,50–8 € gibt es auch eine große Auswahl an Meeresfrüchten und je nach Saison Käsefondue. Täglich geöffnet. Rue Surcouf 42, ✆ 02.7.50.01.56.

Baden

Absolutes Strandverbot für Vierbeiner, Badeverbot für alle an der *Côte Sauvage.* Strände entlang der Ostküste, rund um die *Pointe du Conguel,* in Quiberon und im nördlichen Teil der Halbinsel, noch vor der Landenge bei Penthièvre: Dünenstrände, von Kiefernwäldchen begrenzt.

Grande Plage: Der Hauptstrand des Städtchens in einer weiten, zum Meer hin offenen Bucht, gesäumt vom Strandboulevard mit seinen Geschäften, Cafés und Residenzen. Etwa 1,5 km lang und selbst bei Flut noch 30–50 m breit. Wenn sich bei Ebbe das Meer weit zurückzieht, tauchen Sandbänke und Felsriffe auf. Stark besucht und mit allen Strandeinrichtungen versehen.

Plage du Goviro: Der 200 m lange Dünenstrand unterhalb des Thalassotherapiezentrums besitzt sauberen, feinen Sand und lässt auch bei Flut noch ausreichend Platz für Badetücher. Ohne Strandeinrichtungen. Die an den Goviro-Strand anschließenden Badebuchten ziehen sich rings um die felsige Landspitze von Conguel herum – weniger besucht, etwas rauer und von kleinen Riffen und Felsen durchsetzt. Auf dem äußersten Zipfel der Pointe du Conguel gibt es einen speziellen Vierbeinerstrand.

Plage de Port Haliguen: Der 250 m lange Strand beim Yachthafen wird bei Flut ziemlich eng. Etwas klein und verbaut. Für die Badegäste stehen die Sanitäreinrichtungen

Rummelplatz für Badefrösche: Quiberons Hauptstrand

des Hafens zur Verfügung. Besserer Strand etwas südlich beim Hotel Europa, parallel zur Küstenstraße. 1 Kilometer lang, vor der Brandung bestens geschützter seichter Sandstrand mit Dünenabschluss. Surfer- und Seglerrevier.

Plage de St. Pierre: Nördlich von Port Haliguen, zwischen St. Julien und St. Pierre, ziehen sich Dünen den Küstensaum entlang. Bei Ebbe sind die einzelnen Strandabschnitte miteinander verbunden, bei Flut durch kleine Landnasen begrenzt und noch 20–30 m breit. Campings, Ferienhäuser, mobile Sportausrüstungsverleiher, Surfer und Segler. Mehrere Strandabschnitte haben Strandclubs, teilweise Umkleidekabinen, Toiletten und Duschen. Am Nordende, unterhalb des alten Ortskerns (Beg Rohu), befindet sich eine Station der nationalen Segelschule.

Plage des Sables Blancs: Nördlich von St. Pierre und Kerhostin. 3 km lang, von einem Kiefernwald begrenzt und sehr flach. Bei Flut wird es eng. Gut geschützt, die Brandungswellen verrollen friedlich im weißen Sand. Mehrere Campingplätze und Wassersportausrüster.

Plage de Penthièvre: Der breite Dünenstreifen mit dem spärlichen Heidekrautüberzug, der sich auf der Meerseite kilometerweit zum Festland streckt, geht extrem flach in den Atlantik über. Bei Ebbe optimales Revier für Strandsegler. Surfausrüstung und Wassersportartikel im gleichnamigen Retortendorf.

Quiberon / Umgebung

Ile d'Houat *(ca. 400 Einwohner)*: Die größere der beiden Inseln, die wie eine Verlängerung der Quiberon-Halbinsel aus dem Ozean auftauchen. Houat, 15 km vom Festland entfernt, etwa 5 km lang und 1 km breit, erhebt sich 30 m aus dem Meer, bedeckt von einer abgeschoren wirkenden Grasnarbe aus Heidekraut und maritimer Flora (besondere Spezies: wilde Lilien und Strohblumen). Besucher kommen im kleinen, malerischen Hafen *St. Gildas* an. An der Mole stapeln sich die Cassiers der Krebs- und Hummerfänger; wenn die Boote einlaufen, herrscht kurze Geschäftigkeit. Der Hauptort *Centre Bourg* liegt ein Stück oberhalb. Die weiß getünchten, blumengeschmückten Häuschen gruppieren sich entlang der winkligen Gassen rund um den Kirch- und den Dorfplatz mit seinem Brunnen.

Haupterwerbsquelle der Houatais ist der Fisch- und Krustentierfang. 1972 wurde eine Hummerzuchtstation unweit vom *Plage de Salus* auf der Südwestseite gegründet, die den Bestand an Krustentieren fördern soll, zusätzlich bringt der Tourismus etwas Geld. Auf der Insel sind gerade zehn motorisierte Fahrzeuge zugelassen (meist landwirtschaftliches Gerät), für Fremde kommt eine Erkundung also nur mit dem Rad oder per Pedes in Frage. Neben dem *Plage de Salus* lädt ein weiterer großer Strand zum Bad: Weit geschwungen und von Sanddünen begrenzt, klebt der *Plage Goured* an der Westseite, im Vordergrund die Nachbarinsel Hoëdic. Den alten Hafen am südlichen Strandende zerstörte ein Unwetter in den fünfziger Jahren. Wer Zeit und Interesse hat: Das muschelförmige *Eclosarium* informiert über das Ökosystem Meer und warum es so wichtig ist, das gefährdete Gleichgewicht zu bewahren.

• *Postleitzahl* 56170 Quiberon, Ile d'Houat.

• *Öffnungszeiten* Eclosarium: Mai bis September, ✆ 02.97.52.38.38.

• *Übernachten* *** **Hotel la Sirène**, oberhalb des Hafens; bestes Inselquartier, Restaurant, 21 voll ausgestattete Zimmer, 5 davon mit Meerblick. DZ 70–77 €. Route du Port, ✆ 02.97.30.66.37.

* **Hotel des Iles**; einfaches 13-Zimmer-Hotel oberhalb des Hafens. Sanitär unterschiedlich ausgestattet. Restaurant mit 100 Gedecken. DZ 54–70 €. Geöffnet von März bis Oktober. ✆ 02.97.30.68.02, www.chez.com/houat.

• *Camping* Kleiner Aire Naturelle auf Gemeindegrund. Einfache Sanitäreinrichtungen. ✆ 02.97.30.68.04.

• *Essen*: Außer den Hotel-Restaurants die Crêperie **Chez Loulou** die Restaurant-Crêperie **Chez Eliane** und die auf Frühstück, Fastfood und Austerndégustation spezialisierte Snack-Bar **Le Siata** im Ortsteil Centre Bourg.

Ile de Hoëdic *(ca. 150 Einwohner)*: 7 km südöstlich von Houat und 22 km vom Kontinent liegt die kleine, von mehreren feinsandigen Buchten umringte und von feinem Dünensand überzogene Granitinsel – etwa 2,5 km lang und maximal 800 m breit. Die Vegetation ähnelt der Houats, wird aber durch Tamarisken, Feigenbäume und Zypressen bereichert. Hoëdic besitzt drei kleine Häfen (*Port Croix* im Süden, *Port Guen* im Westen), in denen im Sommer die Yachten ankern. Anlegestelle für die Fährboote ist *Port d'Argoal* im Norden, der gemütliche Fischer- und Fährhafen. Oberhalb der Mole verteilen sich etwas landeinwärts die kleinen, niedrigen Häuser des Hauptorts *Le Bourg* in Dreier- und Vierergruppen über ein flaches Plateau. Hoëdics Bewohner leben fast ausschließlich vom Tourismus. Die Inselerforschung mit dem Fahrrad oder zu Fuß dauert etwa drei Stunden. Die Pfade, die sich durch das niedrige Heidekraut winden, führen unweigerlich zum *Fort d'Hoëdic*, das sich in eine Mulde der Heidekraut- und Dünenlandschaft duckt: imposante Militärarchitektur aus dem letzten Jahrhundert, in dem das *Conservatoire de l'Espace Littoral* (Naturschutzverein) einen Wassersportstützpunkt eingerichtet hat.

• *Postleitzahl* 56170 Quiberon, Ile de Hoëdic

• *Übernachten* * **Hotel Les Cardinaux**; kleines 10-Zimmer-Hotel. Im Oktober geschlossen. Unterschiedliche Ausstattung. Gutes DZ ab 50 €. ✆ 02.97.52.37.27

• *Camping* **Municipal**; ein einfacher Platz im Heideland der Insel. Ausgewiesene 150 Stellflächen, einige Wasserstellen und einfache Sanitärblöcke. Auskünfte, Anmeldung und Bezahlen im Rathaus. Geöffnet von Mai bis September. ✆ 02.97.30.68.32.

Côte du Morbihan
Karte S. 442/443

Belle-Ile-en-Mer

(ca. 4500 Einwohner)

Die Überfahrt zur "Schönen Insel im Meer" dauert nur eine Dreiviertelstunde. Herrschte in Quiberon noch ganz Geschäftigkeit und Rummel, verschwindet im Ankunftshafen Le Palais mit den wenigen von Bord rollenden Autos die letzte kontinentale Hast. Jedenfalls in der Nebensaison.

Belle-Ile, mit über 8400 Hektar die größte bretonische Insel, gehört zu den bevorzugten Reisezielen in der Bretagne. Das Schieferplateau, das über 60 m hoch aus dem Meer aufragt, ist 17 km lang und fünf bis neun Kilometer breit. Das Inselinnere ist geprägt von ginsterbestandenem, windgepeitschtem Heideland, in das sich Getreidefelder und Äcker mischen. Von hier führen Dutzende kleiner Bachtäler zur Küste hinunter, tief eingeschnitten, grün, von Wiesen, Wäldern und Gärten gesäumt. Belle-Ile ist nur dünn besiedelt. Neben *Le Palais*, dem Anlegehafen der Fähren, gelten nur noch *Locmaria* (ein kleines Dörfchen unter uralten Bäumen oberhalb der Ostküste), das Bauerndorf *Bangor* (der einzige Ort im Inselinneren) und der Hafenort *Sauzon* als eigenständige Ortschaften. In den sich zu fjordartigen Buchten öffnenden Tälern verteilen sich Gehöfte, Weiler und neuerdings – am Ausgang der Täler – einzelne Hotels. Die *Ports*, die sich rund um die Insel reihen, sind keine Häfen im Wortsinn – die Einbuchtungen und Einschnitte der Bachtäler, bretonisch *porz*, wurden zum französischen *port* verballhornt.

Belle-Ile ist in erster Linie eine landschaftliche Attraktion. Im Norden und Nordosten geschützte Badebuchten, im Süden und Nordwesten, steil abfallend und von der Atlantikgischt umtost, die *Côte Sauvage* mit ihren Felsnadeln, Grotten und Aussichtspunkten. Ein sternförmiges Straßennetz überzieht die Insel, die Hauptkreuzung liegt beim Flughafen im Landesinneren zwischen Le Palais und Bangor. Von hier führen nur wenige Stichstraßen direkt ans Meer, sodass vor der Erfrischung oft ein kleiner Fußmarsch oder eine Kletterpartie bewältigt werden muss. Unproblematisch ist der Zugang zum Meer auf der der Quiberon-Halbinsel zugewandten Ostseite. Hier führt die Straße ein kurzes Stück direkt am Küstensaum entlang bis zur *Pointe de Kerdonis*. Tipp: Wer die Ruhe und Schönheit Belle-Iles erleben möchte, sollte die Insel im Juli und speziell im August meiden.

Geschichte

Belle-Ile, die Schöne Insel, gilt in der keltischen Mythologie als ein Geschenk wundertätiger Feen an die Bretonen. Als die edlen Damen ihr Zauberreich am Meer verlassen mussten, waren sie so traurig, dass sie mit ihren salzigen Tränen den heutigen Golf von Morbihan unter Wasser setzten. Dann rissen sie sich in ihrer grenzenlosen Verzweiflung ihre Haarkränze vom Kopf, warfen sie ins Meer und verwandelten sie in Inseln und Riffe. Der Kopfschmuck der Feenkönigin trieb mit der Tränenflut weit hinaus aufs offene Meer und erstarrte zur größten und schönsten Insel der Bretagne: Belle-Ile.

Historisch belegt ist, dass Belle-Ile seit dem 9. Jh. Lehensgut der Abtei Ste.-Croix in Quimperlé war und 1572 von den Mönchen an das Geschlecht der *Gondi de Retz* verkauft wird. Die Herren bauen die 1549 errichtete Schmalspurfestung am Hafen von Le Palais zur Zitadelle aus, und 100 Jahre später erwirbt *Nicolas Fouquet* die Insel: Der erste Finanzbeamte und Schatullenverwalter Ludwigs XIV. braucht einen sicheren Platz für seine eigenen Millionen. Er lässt *Le Palais* weiter befestigen, bestückt die Zitadelle mit 200 Kanonen und richtet sich prachtvoll ein – zu pracht-

Bei den Apothekergrotten

voll. Der Sonnenkönig fühlt sich von Fouquets schillernder Hofhaltung provoziert. 1661 muss der Minister zurücktreten und landet im Gefängnis von Nantes. Belle-Ile fällt an die Krone und bleibt, trotz einiger holländischer und englischer Eroberungsversuche im 17. und 18. Jh., in französischer Hand.

Ende des 19. Jh. wird Belle-Ile touristisch entdeckt, impressionistische Inselbilder des Malerfürsten *Claude Monet* bezaubern das Pariser Publikum. *Proust* und *Andre Gide* kommen zur Stippvisite, die Tragödin *Sarah Bernhardt* verbringt von 1893 an über 40 Jahre lang ihren Sommerurlaub auf Belle-Ile. Sie lässt sich eigens das alte Fort an der Nordwestspitze der Insel zum Refugium ausbauen. Im Zweiten Weltkrieg ist die Insel von Deutschen besetzt, die das Urlaubsdomizil der Schauspielerin sprengen.

Information/Verbindungen

- *Postleitzahl* 56360 Le Palais/Belle-Ile-en-Mer.
- *Information* Fremdenverkehrszentrale am Fährhafen von Le Palais; bunte Prospekte, Wanderkarten und Hotellisten. Ganzjährig geöffnet, von Mo–Sa 9–12.30 und 14–18 Uhr, von April bis September auch So 10–12.30 Uhr. ✆ 02.97.31.81.93, www.belle-ile.com.
- *Verbindung* Mehrmals täglich fährt Taol Mor von Le Palais nach Sauzon und wieder zurück (Linie 1), außerdem nach Bangor (Linie 2) und Locmaria (Linie 3). Die Busse verkehren regelmäßig von April bis September, sonst nur in den Schulferien.

Diverses

- *Autoverleih* Mehrere Anbieter zu ähnlichen Konditionen, alle in Le Palais; z. B. die Agentur **Locatourisle**, Quai Bonnelle, ✆ 02.97.31.83.56
- *Fahrradverleih* Mehrere Verleiher in Le Palais, kein Unterschied in Preis und Qualität. Zum Beispiel **Cyclotour**, Quai Bonelle 3, ✆ 02.97.31.80.68; Oder **Roue libre**, Quai Leblanc 6 von April bis September, sonst nur in der Rue Pont Orgo etwas abseits. Hier gibt's auch Tandems. ✆ 02.97.31.49.81. Fahrradverleih auch in Sauzon.

• *Golf* 18-Loch-Platz in schöner Küstenlage, bei Loch Nr. 2 ist vorsichtige Spielweise angesagt: Ein zu weiter Schlag – und der Ball wird vom Meer verschluckt. Beim Dîner im Clubhaus können die Einlochungen analysiert werden. Les Poulains, Sauzon, ✆ 02.97.31.64.65, gcbi@libertysurf.fr.

• *Inselrundfahrt* Die wichtigsten Sehenswürdigkeiten mit dem Bus; kommentierter ganz- oder halbtägiger Ausflug z. B. mit **Cars Verts**. Wer nicht schon in Quiberon gebucht hat, kann das am Hafen von Le Palais gegenüber der Anlegestelle nachholen. Ausflug nach Länge und Leistung ab 15 €, ✆ 02.97.31.81.88. Angemerkt sei, dass sich im Sommer an den exponierten Punkten kleinere Buskarawanen treffen, was nicht jedermanns Sache ist.

• *Reiten* Reitstunden, begleitete Promenaden oder Alleinausritte beim **Centre Equestre de Belle Ile en Mer**, in der Domaine de Chevalier bei Bangor. Reservierung im Sommer unbedingt empfehlenswert. Ganzjährig geöffneter Reitstall mit Manege, ✆ 02.97.31.52.28.

• *Thalassotherapie* Kuren unter Aufsicht von Dr. Cremers, **Castel Thalasso**, Goulphar, ✆ 02.97.31.80.15.

• *Wassersport* Mehrere Segelschulen, Yachtclubs, Bootsverleiher und Surfausrüster. Zentrum der Verleihbüros ist der Quai von Le Palais. Einige Adressen: Tauchspezialist **Angelus Plongée** in Le Palais, ✆ 06.85.13.83.76; **Horizon**, Surfschule und Brettverleih in Locmaria, ✆ 02.97.31.54.71.

• *Zitadelle/Heimatmuseum* Täglich von 9–19 Uhr. Erwachsene 6,50 €, Kinder 3,50 €.

Übernachten

Für die Hochsaison gilt: unbedingt reservieren. Die meisten Etablissements werden in dieser Zeit nur mit Halbpension vermietet. Die angegebenen Preise sind HS-Preise, in der NS z. T. deutlich billiger.

• *In Le Palais* ** **Hotel de l'Atlantique**, hübsch renoviertes Hotel in vorderster Front am Kai. 30 gut ausgestattete Zimmer mit Dusche/ Bad/WC, 7 davon mit Meerblick. DZ 52–76 €, HP ab 52 €. Ganzjährig geöffnet. Quai de l'Acadie, ✆ 02.97.31.80.11, www.hotel-atlantique.com.

** **De Bretagne**, ebenfalls am Kai. Das 32-Zimmer-Hotel gefällt durch seinen traditionellen Stil. Die Mehrzahl der Zimmer mit Bad/WC, 12 mit Meerblick. Das Restaurant ist eine solide Speiseadresse, Menüs ab 18 €. DZ 38–77 €, Frühstück 7,50 €, im Sommer ausschließlich HP 260–375 €. Ganzjährig geöffnet. Quai de l'Acadie, ✆ 02.97.31.80.14.

La Frégate, ein nicht klassifiziertes Billighotel zwischen seinen 2-Stern-Kollegen am Kai und meist zuerst ausgebucht (complet). 10 einfache aber gemütliche Zimmer, alle mit Namen (l'oiseau bleu, le nid). Die meisten Zimmer mit Meer- bzw. Hafenblick. Kein Restaurant, kein HP-Zwang. DZ 23–40 €, Frühstück 6 €. Geöffnet vom 1.4. bis 15.11. Quai de l'Acadie, ✆ 02.97.31.54.16.

• *In Sauzon* *** **Le Cardinal**, 400 m vom Hafen auf der Pointe de Cardinal. Moderner Bau inmitten der Heide. 70 etwas kleine, funktionale Zimmer (Bad/Dusche/WC), Superaussicht über das Meer oder die Inselheide. Restaurant. DZ 66–133 €, HP 65–100 €. Geöffnet von Mitte April bis Anfang Oktober. Pointe de Cardinal, ✆ 02.97.31.61.60, www.hotel-cardinal.com.

** **Les Tamaris**, 1990 eröffnet; kleines Hotel 500 m vom Hafen, 15 freundliche Zimmer mit Dusche/WC. Kein Restaurant. Unser Preistipp: DZ in der HS 44–66 €, Frühstück 7,50 €. Dezember und Januar geschlossen. Allée des Peupliers, ✆ 02.97.31.65.09, www.belle-ile.com.

• *In Port Goulphar* **** **Castel Clara**, Topübernachtungsadresse der Insel. Herrlich gelegen in einem schlossähnlichen Gebäude mit Blick über den Schlupfhafen und die Felsküste. 39 Zimmer/Wohneinheiten (11 Appartements mit getrenntem Wohn- und Schlafraum) bieten ausgezeichneten Komfort. Aussichtsterrasse, Gartenanlage, Tennisplatz, beheizter Meerwasser-Swimmingpool. Gediegenes Restaurant (Menüs ab 35 €). DZ 120–215 €. Geöffnet von Mitte Februar bis 15.11. ✆ 02.97.31.84.21, www.castel-clara.com

*** **Manoir de Goulphar**, oberhalb des Hafens. Etwas weniger luxuriös wie das Castel Clara, doch auch sehr behaglich. 65 Zimmer mit zeitgemäßer Ausstattung und großteils ausgezeichneter Aussicht. Garten, Sonnenterrasse. Restaurant mit à la carte-Gerichten ab 25 €. DZ 77–187 €, HP ab 70 €, Frühstück 9,50 €. Geöffnet von März bis Oktober. ✆ 02.97.31.80.10, www.manoir-de-goulphar.fr.

** **Grand Large**, kleines Hotel mit 35 guten Zimmern in schöner Lage. Schönes Pano-

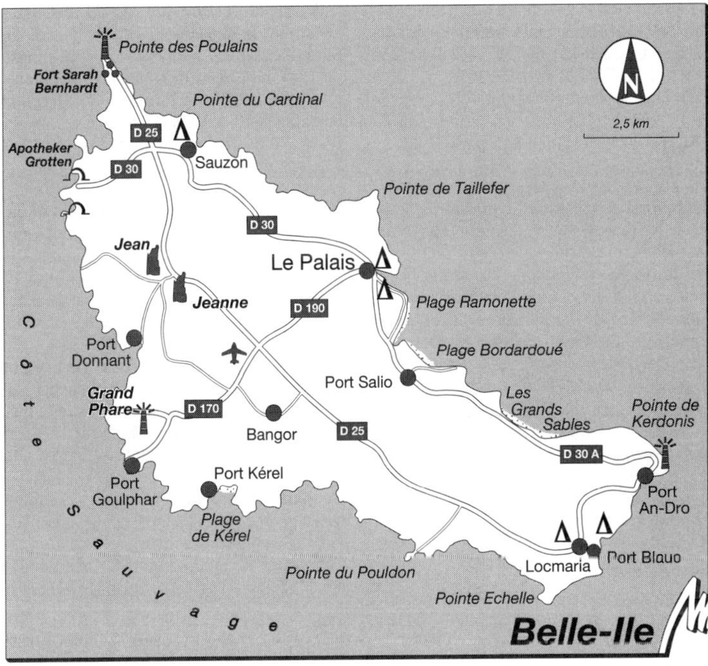

rama, besonders von den 20 meerseitigen Zimmern. DZ 71–77 €, HP ab 66 €. Geöffnet von Mitte März bis 15.11. Goulphar, ✆ 02.97.31.80.92, www.hotelgrandlarge.com.

• *Jugendherberge* In Le Palais, 93 Schlafmöglichkeiten in 2- und 3-Personenzimmern mit getrennten Betten. Möglichkeit für VP bzw. HP. Ordentliche Ausstattung. Gemeinschaftsduschen und Etagenklos. Übernachtung 9 €, Frühstück 3,50 €. Im Oktober geschlossen. Haute Boulogne, ✆ 02.97.31.81.33, belle-ile@fuaj.org.

Camping

Belle-Ile in seiner ganzen Naturschönheit ist ein beliebtes Campingparadies. Über ein Dutzend meist einfacher Anlagen mit über 700 Stellplätzen reicht für den alljährlichen Sommeransturm jedoch nicht aus. Die Reservierung im Juli und August ist mehr als empfehlenswert.

• *In Le Palais* *** **de Bordeneo**, 1,5 km außerhalb von Le Palais, landeinwärts, 700 m zum Meer. Heckenunterteilt, z. T. Schatten. Ordentliche Sanitärs. Laden, Tennis- und Spielplatz, Aufenthaltsraum m. TV, Waschmaschine, Radverleih. 202 Stellplätze. Geöffnet von Ostern bis 20.9. ✆ 02.97.31.88.96; www.bordeneo.com.

** **Municipal Les Glacis**, 100 Stellplätze abseits der Küste in Le Palais. Sehr einfach, nicht für Wohnwagen geeignet. Spielplatz. Geöffnet von Anfang April bis Ende September. ✆ 02.97.31.41.76, mairie.palais@wanadoo.fr.

• *In Sauzon* ** **Municipal Le Pen Prad**, in einer geschützten Mulde am östlichen Ortsrand. 200 m zum Meer, 300 m nach Sauzon. 78 Stellplätze auf 1,5 ha Wiesenfläche. Gute Sanitärs, Stromboxen. 12 Bungalows werden vermietet. Geöffnet vom 1.4. bis Ende September. ✆ 02.97.31.64.82, mairiede@wanadoo.fr.

• *In Locmaria* ** **Municipal de Lann-Ivrec**, etwas abseits des Ortes. 110 Stellplätze mit

Côte du Morbihan
Karte S. 442/443

wenig Schatten. 2 Tennisplätze, Spielplatz und Fahrradverleih. Einfache Sanitärgebäude. Geöffnet von 1.5. bis 15.9. ✆ 02.97.31.70.92 (HS) oder ✆ 02.97.31.73.75 (NS), mairie_de_locmaria@libertysurf.fr.

* **Municipal de Port-Andro**, 120 Stellplätze in unmittelbarer Nähe zum gleichnamigen Strand. Absolut einfach, ohne Schnickschnack und Schatten. Nicht für Wohnwagen geeignet, keine Stromboxen. Geöffnet von Juni bis 15.9. ✆ und E-Mail s. o.

Essen

Restaurant La Saline, das empfehlenswerte Etablissement hinter blau-weiß gestrichener Holzfassade liegt rechts an der Strasse zum Flugplatz, 100 Meter hinter Ende des Yachthafens. Im traditionellen Interieur gibt es Menüs von 20–30 €. Unser Vorschlag für 30 €: Meeresfrüchteteller, Fisch des Tages, Sorbet des Hauses. Route du phare, ✆ 02.97.31.84.70.

Restaurant Le Contre-Quai, das kleine Speiselokal beim Hafen von Sauzon gilt als eine gute Adresse bezüglich Service und Qualität. 36 Gedecke, d. h.: reservieren. Spezialitäten sind u. a. Gurkensalat mit Austern auf Kräutercreme oder Lammnierchen mit Schalotten. Gerichte à la carte ab 22 €. Rue St. Nicolas, ✆ 02.97.31.60.60.

Restaurant L'Annexe, das ländlich eingerichtete Lokal mit Blick auf die Zitadelle serviert gute Fleisch- und Fischgerichte à la carte, auf dem Holzfeuer zubereitet, z. B. Lammspieß vom glücklichen Inselschaf für 14 €. In der NS Mittwoch geschlossen. Quai de l'Yser 3, ✆ 02.97.31.81.53.

Restaurant l'Atlantique, das Restaurant des gleichnamigen Hotels besticht v.a. durch den tollen Hafenblick im Wintergarten. Gute Fischgerichte, Menü für 16 € und à la carte. Täglich geöffnet. Quai de l'Acadie, ✆ 02.97.31.80.11.

Restaurant Crêperie Le Gallion, die Crêperie am Rathausplatz ist innen etwas dunkel, auf der Terrasse sitzt man dafür mitten im Leben der Inselhauptstadt. Crêpes von 2–8 €. Place de l'hôtel de ville, ✆ 02.97.31.81.71.

Le Palais (ca. 2600 Einwohner)

Der doppelte Festungsring beim Hafen zeugt von Le Palais' strategischer Bedeutung im Lauf der Geschichte. Schwere Mauern umrahmen das Städtchen, das mit seinen bunten Häusern so gar nicht militärisch wirkt. Im quirligen Haupt- und Verwaltungsort der Insel sorgt nicht nur der rege Fährverkehr für viel Betrieb, hier befinden sich auch die meisten Einkaufsmöglichkeiten und die meisten touristischen Anbieter.

Die massive, spitzwinklige *Zitadelle* wurde 1549 von *Heinrich II.* in Auftrag gegeben und von Stararchitekt *Vauban* 1687 zu einem uneinnehmbaren Bollwerk ausgebaut. Nach der Revolution diente die Festung lange Zeit als Gefängnis, 1961 ging sie in Privatbesitz über. Heute können Zivilisten aller Nationen auf den alten, großzügigen Parade- und Exerzierplätzen promenieren und sich im kleinen *Musée Historique* über die Geschichte der Insel – besonders aber über ihre berühmten Gäste – informieren. Der Zugang in den äußeren Verteidigungsring ist kostenlos, die exzellente Aussicht vom vorderen Festungswall kann nur im Rahmen eines gebührenpflichtigen Zitadellenbesuchs genossen werden.

Inseltour

Baderoute

Von Le Palais aus bieten sich zwei Rundfahrten an. Die in erster Linie für Badefreunde interessante Tour über die Pointe de Kerdonis und Locmaria zurück nach Le Palais beträgt etwa 33 km. Wenn Sie Le Palais auf der Avenue Camot durch die

Porte Locmaria verlassen, gelangen Sie, begleitet von mehreren Stränden (*Plage de Ramonette*, der Stadtstrand, *Plage de Bardardoué* und schließlich *Plage des Grands Sables*, der gut geschützte und größte Inselstrand), zur *Pointe de Kerdonis* mit Leuchtturm und Blick auf die Passage zwischen Belle-Ile und Hoëdic. Hier knickt die Straße oberhalb des Küstensaums nach Süden ab, führt über *Port An-Dro* (steiler Fußweg zum 300 m langen Sandstrand am Ausgang eines Bachtales) ins kleine, vom Tourismus einigermaßen unberührt gebliebene *Locmaria* mit seiner 1714 erbauten Kirche. Von Locmaria aus führen zwei Stichstraßen steil zum Meer hinab in die beiden Talbuchten *Port Maria* (idyllischer Strand bei Ebbe) und *Port Blanc*. Ein Stück weiter südlich liegt die zerfurchte *Echelle-Landzunge*. Von hier aus wenig atemberaubend auf der D 25 quer über die Insel 13 km nach Le Palais zurück.

Nordwestküste

Touristisch und landschaftlich interessanter ist die Tour über den *Nordwestteil* der Insel – etwa 50 Kilometer auf teils ausgebauten, schmalen Straßen. Zu den Sehenswürdigkeiten entlang der Küste gelangt man meist nur über Spazierwege oder schmale Küstenpfade. Von Le Palais aus führt die Route über die D 30 zuerst nach Sauzon.

Sauzon: Der kleine Ort mit seinem von vielen Yachten und Booten frequentierten Naturhafen zieht sich reizvoll am Westufer des gleichnamigen Flüsschens entlang. Sauzon ist die putzigste Inselsiedlung, die herausgeputzte Hafenfront ein Mussziel für Tagesausflügler und dementsprechend touristisch aufgepeppt – Restaurants

Côte du Morbihan
Karte S. 442/443

Der kleine Hafen von Sauzon

und Souvenirläden bestimmen das Bild. Vom Hafen aus führt ein knapp zweistündiger Fußweg (hin und zurück) zur und um die *Pointe du Cardinal*, einem schönen Aussichtspunkt mit Blick über die Hafeneinfahrt und das gegenüberliegende Festland.

Pointe des Poulains: Die Nordwestspitze der Insel wird bei Flut gänzlich von der Insel abgetrennt. Bauliche Höhepunkte sind der Leuchtturm, eine Kapelle und rechts vor der Landspitze das zerstörte *Fort Sarah Bernhardt*, zeitweiliger Urlaubssitz der berühmten Tragödin. Mme. Bernhardt widmete sich hier mit einem Heer jährlich wechselnder Bewunderer dem bretonischen Landleben, schlug im Butterfass gesalzene Butter und genoss das romantisch-wilde Ambiente. Hier beginnt die *Côte Sauvage*, die in ihrer wilden Tücke und Zerklüftung der Namensvetterin auf der Quiberon-Halbinsel in nichts nachsteht.

Apothicairerie-Grotte: Die größte Attraktion der Côte Sauvage. In Äonen hat der Atlantik, der ungebremst an die Steilküste klatscht, tiefe Einbuchtungen in den Inselrand geknabbert, die spektakulärste die Apothekergrotte, ein gigantischer Felstunnel unter einer hohen Klippe. Die Grotte verdankt ihren Namen den Apothekergefäßen ähnlichen, bauchigen Kormoran-Nestern, die die Felswand bedeckten. Heute sind die Nester fast gänzlich verschwunden. Die großen Vögel, die einst hier nisteten, sind den Menschenmassen gewichen, ein Teil der Grotte ist 1990 eingestürzt. Trotzdem: Die Klippen über der immer noch riesigen Grotte, in die donnernd die Meeresbrandung dringt, sind einen Besuch wert. Früher war der Grund, in der das Wasser brodelt, über eine glitschige, bei Flut von der Gischt bespritzte Felstreppe zu erreichen, die heute aus Sicherheitsgründen gesperrt ist.

Menhire: Mitten im Heideland, links und rechts der Straße nach *Port Donnant* (äußerst schöner, aber sehr gefährlicher Badestrand, von hohen Felsen eingerahmt und wellenumspült), stehen zwei außergewöhnliche Menhire: *Jeanne* und *Jean*, zwei Liebende, die von einer (guten? bösen?) Hexe in Stein verwandelt wurden, weil sie ihrem Sexualtrieb freien Lauf ließen und sich bereits vor der Hochzeitsnacht einander hingaben.

Grand Phare: Kurz vor Port Goulphar erhebt sich der Leuchtturm einen Kilometer landeinwärts über der Küste, knapp 50 m hoch und mit einem der lichtstärksten Leuchtfeuer Europas ausgestattet (Reichweite knapp 60 km). Die Aussichtsterrasse bietet den schönsten Blick über die Insel und die von Klippen und Felsen zerfurchte Côte Sauvage mit ihren tückischen Strudeln in der aufgewühlten See.

Port Goulphar: Kein Wunder, dass hier auch die nobelsten Inselhotels liegen. Hinter einem gastronomisch genutzten Landhaus fällt die Straße steil zum Meer hin ab und endet in der reizvollsten Bucht Belle-Iles: *Port Goulphar*, ein kleiner Hafen entlang einer schmalen Bucht, vor der mehrere kleine Inselchen und Riffe liegen. Einen Katzensprung westlich, von der Straße über den Klippen gut zu sehen, ragen die Felsnadeln von *Port Coton* (*Aiguilles de Port Coton*) wie surrealistische Torsos aus dem Meer; ihr Name rührt von dem fast watteartigen Schaum, den die Strömungen der Wilden Küste hier aufwirbeln. Zurück nach Port Goulphar und von dort über das Hochplateau nach *Bangor*, dem einzigen Dörfchen (600 Einwohner) im Inselinneren. Eine Stichstraße führt 3 km nach *Port Kérel*, einem schönen, viel besuchten Strand in einer von Felsen geschützten Bucht. Zurück nach Bangor und von dort über die D 190 zurück nach Le Palais.

Abendstimmung in den Megalithfeldern

Carnac

(ca. 4000 Einwohner)

Côte du Morbihan
Karte S. 442/443

Das Königreich der Steine: Die einzigartigen Steinreihen, die sich nördlich des Ortes die Straße entlangziehen, gelten als eines der Mysterien der frühen Menschheitsgeschichte. Auch die ortsansässigen Bäcker wissen daraus Kapital zu schlagen. Statt der bei uns üblichen Granatsplitter zieren aus Hefeteig und Kokosflocken gebackene Menhire die Vitrinen.

Carnac ist *der* Mittelpunkt der Megalithkultur, in dem Archäologen, Enthusiasten der Vorgeschichte und UFO-Forscher ein unüberbietbares Repertoire für Spekulationen und Theorien finden. So viele Steinalleen, Tumuli, Dolmen und Menhire wie hier gibt es nirgendwo – rund 4000 granitene Hinterlassenschaften in der näheren Umgebung zeugen von einer ausgeprägten, vorgeschichtlichen Zivilisation. Heute ist Carnac im Sommer eines der meistbesuchten bretonischen Städtchen, das neben dem Kultur- vor allem vom Badetourismus profitiert.

Zwar wirkt das Seebad Carnac-Ville durch seine Gärten und Parks harmlos wie eine Sommerfrische, doch langsam – speziell in regenarmen Sommern – bekommt die Gemeinde enorme Schwierigkeiten mit dem Menschenansturm in der Hochsaison. Zigtausende von Feriengästen bedrohen die frühgeschichtlichen Monumente, den Wasserhaushalt und die öffentliche Ordnung. Die Verwaltung will dem nicht tatenlos zusehen und hat u. a. einen mehrsprachigen "Brief an die Sommerurlauber" in Umlauf gebracht, der die Probleme erkennen lässt. Wir zitieren in Auszügen: "*Die Gemeindeverwaltung ist in Bezug auf die Sicherheit an Land und auf dem Meer kompromisslos. Im Fall eines schweren Verstoßes benachrichtigen Sie bitte ohne zu zögern die Gendarmerie. Niemand braucht 3 Duschen am Tag. Niemand darf einen Wasserhahn tropfen lassen. Wenn Sie Carnac lieben, ersetzen Sie die verschwundenen Bäume und respektieren Sie die übrig gebliebenen.*"

Carnac besteht aus drei Ortsteilen: *Carnac-Plage* ist das viel besuchte Seebad mit seinem langen, weißen Strand und den Kolonialstilvillen, Hotels und Residenzen in schönen Pinien- und knorrigen Kiefernparks. 1 km landeinwärts sammelt sich *Carnac-Ville* oder *Carnac Bourg*, das alte, ursprüngliche Dorf um die Kirche St. Cornély. Westlich der beiden Ortsteile, getrennt durch das alte Salzmoor, heute der Gemeindesee, ducken sich die windschiefen Granitsteinhäuschen des Weilers *Saint Colomban* auf die zum Meer hin abfallende, von Stränden gesäumte Landzunge.

Information/Verbindungen

- *Postleitzahl* 56340
- *Information* Professionelles Hauptbüro im Ortsteil Carnac-Plage. Ganzjährig geöffnet, täglich außer Sonntag 9–12 und 14–18 Uhr. In der HS etwas länger und auch Sonntag geöffnet. Avenue des Druides 74, ✆ 02.97.52.13.52, www.carnac.fr; Von Ostern bis Ende September Zweigstelle im alten Ortsteil neben der Kirche.
- *Verbindung* Mit der **Bus**linie 1 der Cars du Morbihan nach Quiberon (mit Anschluss auf die Fähre zur Belle-Ile), nach Auray und Vannes. Werktags bis zu 8-mal täglich in beide Richtungen. Zentralhaltestelle in Carnac-Plage neben dem Tourismusbüro. In Carnac-Ville unterhalb der Kirche, an der Avenue de la Poste.
Im April und von Juni bis September der beliebte **Minibus-Service** zwischen Carnac-Ville und Carnac-Plage. Täglich außer Sonntag von 9.30–19 Uhr. Einfache Fahrt 1 €. Für längere Aufenthalte empfiehlt sich das Zehnerticket.

Diverses

- *Fahrradverleih* Mehrere Anbieter mit ähnlichem Angebot – Zweiräder vom Mofa bis zum Fun-Rad Känguru. Zwei Adressen: **Cyclo'hiss**, Avenue des Druides 93bis, ✆ 02.97.52.75.08, **Lorcy** in Carnac Ville, Rue de Courdiec, ✆ 02.97.52.09.73.
- *Kino* **Cinéma Rex** in der Avenue Miln bringt Leinwandträume zum Flimmern.
- *Kleiner Zug* In 50 Minuten vom Yachthafen über die aufgerichteten Steine von Ménec nach La Trinité-sur-Mer. Tickets an der Haltestelle Port-en-Dro (Yachthafen). Erwachsene 6 €, Kinder 3 €. Im Juli/ August um 21 Uhr Nachtfahrt, etwas länger, etwas teurer.
- *Markt* Mittwoch und Sonntag.
- *Minigolf* Hinter dem Diana-Hotel beim Yachthafen, 2. Reihe zum Grande Plage. Avenue de Port-en-Dro.
- *Pardon* Viel besuchte Wallfahrt zu St. Cornelius am 2. Sonntag im September. Die Segnung des Hornviehs findet westlich der Kirche an einem Brunnenhaus statt.
- *Reiten* **Centre Equestre des Menhirs** in Le Manio, ✆ 02.97.55.73.45.
- *Tennis* Mehrere Clubs und Hotels bieten über 30 Plätze. Der lokale Tennisclub mit 10 Courts am östlichen Ende des Grande Plage. Tennis Club de Carnac, Avenue d'Orient, ✆ 02.97.52.93.53.
- *Thalassotherapie* Kurzentrum ist das Novotel am Weiher. Auskünfte über das Centre de Thalassothérapie, Avenue de l'Atlantique, ✆ 02.97.52.53.00.
- *Waschsalon* **Laverie Prado** an der Allée des Alignements 8. Die Waschmaschinen gönnen dem Schmutz keinen Ruhetag, täglich geöffnet. Oder direkt neben dem Casino-Supermarkt die **Laverie automatique.**
- *Wassersport* Vom Surfbrett bis zum Tauchkurs, Hydrospeed, Paragliding, Wasserski – alles ist zu haben. Zentrum der Aktivitäten sind der Grande Plage und das Areal am Yachthafen Port-en-Dro. Hier ist das Centre nautique zu Hause, das in Carnac Yacht Club de Carnac heißt – eine riesige Basis mit einem kompletten Ange-bot (✆ 02 97 52 10 98, info@yccarnac.com). Eine Allroundadresse im reinen Verleihgeschäft ist Carnac Evasion, Avenue des Druides 52, ✆ 02.97.52.63.30 oder 06.84.20.33.66.

Übernachten (siehe Karte S. 473)

**** **Hotel Diana (10)**, erste Adresse in Carnac. Zentral am Grande Plage, in einem parkähnlichen Areal am Strandboulevard. 32 großzügige Zimmer bzw. Appartements mit komfortablen Balkons zum Meer. Hotel-Minigolf, Swimmingpool und Tennis. Gediegenes Restaurant, Menüs ab 25 €. DZ nur mit HP 105–150 € pro Person. Geöffnet von Ostern

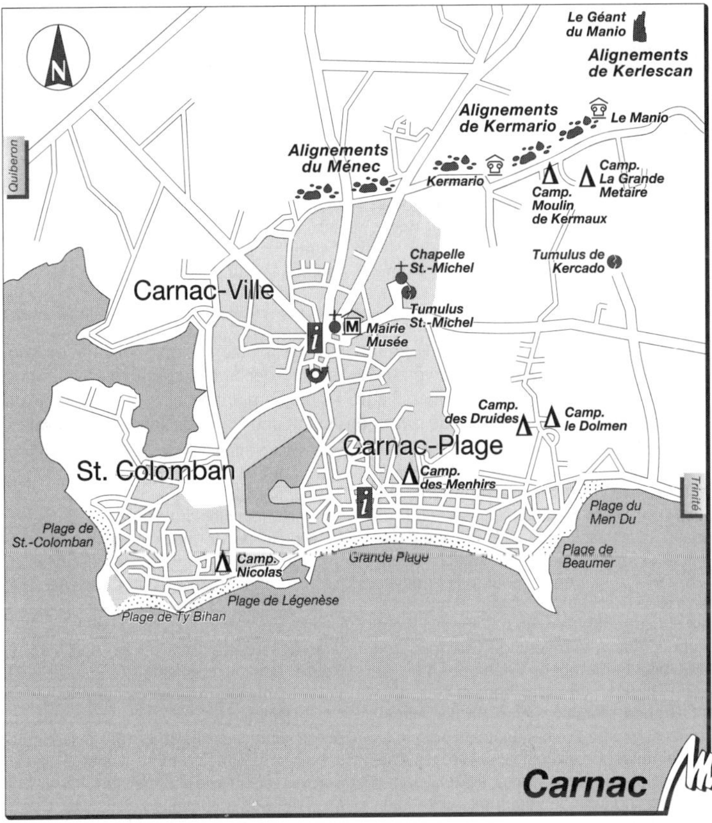

bis Ende Oktober. Boulevard de la Plage 21, ✆ 02.97.52.05.38, www.lediana.com.

*** **Le Plancton (11)**, 3 geschossiger Flachbau am Strandboulevard mit langer Fensterfront zur Bucht. Komfortables Wohnen in 23 modern ausgestatteten, hellen Südzimmern mit Loggias. Alle Zimmer mit Bad/WC. Restaurant mit Menüs ab 20 €. DZ 65–120 €, Frühstück 9 €. Geöffnet von April bis September. Boulevard de la Plage 12, ✆ 02.97.52.13.65, www.hotel-plancton.com.

*** **Hotel Celtique (9)**, zwischen Strandpromenade und Hauptstraße. Kolonialzeitferienvilla in ruhigem, von Bäumen beschattetem Park. Gartenterrasse mit Sonnenschirmen. 55 ruhige Zimmer mit gemütlicher Wohnatmosphäre. Gute Sanitärausstattung mit Bad/WC. DZ 55–137 €, Frühstück ab 9 €. Ganzjährig geöffnet. Avenue de Kermario 17, ✆ 02.97.52.14.15, www.hotel-celtique.com.

** **Lann Roz (5)**, Hotel mit Blumengarten an der Verbindungsstraße zwischen Carnac-Plage und -Ville; 11 ordentliche Zimmer (Bad bzw. Dusche/WC), ausgezeichnetes Restaurant (siehe Essen). DZ 66–76 €, HP ab 64 €, Frühstück 8 €. Ganzjährig geöffnet. Avenue de la Poste 36, ✆ 02.97.52.10.48.

** **Hotel de la Marine (3)**, in Carnac-Ville, gleich beim Museum. Bis zur Theke ist das Design so blau wie das Meer. 28 Zimmer mit moderner Ausstattung (Bad/WC). Gartenterrasse. DZ 36–48 €, Frühstücksbuffet 7 €. Januar geschlossen. Place de la Chapelle 4, ✆ 02.97.52.07.33.

** **Hotel Licorne (6)**, 5 Fußminuten zum Strand und ins Zentrum von Carnac-Plage, in der Nähe der alten Salzfelder. Freundliches, kleines Hotel mit 26 ausreichenden

Côte du Morbihan Karte S. 442/443

Zimmern mit TV und Dusche/WC. Kein Restaurant. DZ 45–85 €, Frühstück 7 €. Avenue de l'Atlantique 5, ✆ 02.97.52.10.59.

** **Le Tumulus (1)**, am Fuß des Tumulus von St. Michel in Carnac-Ville. Großbürgerliche Ferienvilla in schönem Gartenpark; 25 Zimmer, zum Großteil mit Bad oder Dusche/WC. Swimmingpool, Restaurant. Halbpension erwünscht. DZ 46–90 €, HP 44–80 €, Frühstück 9 €. Geöffnet von Ostern bis Oktober. Rue du Tumulus 31, ✆ 02.97.52.08.21, www.hotel-tumulus.com.

Villa HO-TY (8), zwischen Strandpromenade und Hauptstraße in Carnac-Plage. Zimmervermietung (chambre avec service) mit kleinem Gartenpark. 8 sanitär unterschiedliche Zimmer. DZ ab 31 €. Von April bis Oktober. Avenue de Kermario 15, ✆ 02.97.52.11.12.

Hotel La Frégate (7), gleich ums Eck bei der Information von Carnac-Plage; die 3 einfachsten und billigsten Zimmer, die in Carnac zu haben sind, aber nicht unsympathisch. DZ 29 €, Frühstück 5 €. Geöffnet von Ostern bis Ende Oktober. Allée des Alignements 14, ✆ 02.97.52.97.90.

Camping

Rund 20 Plätze aller Kategorien mit knapp 2000 Stellplätzen. Trotzdem kann es speziell im August eng werden. Schwerpunkte entlang der Straße der Alignements und am östlichen Stadtrand von Carnac-Plage. Keine Campingmöglichkeiten direkt am Meer. Oft starke Preisunterschiede zwischen Haupt- und Nebensaison. Eine Auswahl:

**** **Les Menhirs**, Luxusplatz 250 m oberhalb des Grande Plage. Großes, fast schattenloses Areal, 161 Stellplätze in Reih und Glied. Gepflegte Sanitärs, Wasser- und Abwasseranschlüsse für Wohnwagen/-mobile. Restaurant, Bar, Laden, Waschmaschinen, Reinigung, Tennis, Sauna, Fahrradverleih. 60-m-Rutschbahn in den Pool, Spielplatz, Planschbecken und Swimmingpool. Wohncontainer-Vermietung. Geöffnet von Mai bis September. Allée St. Michel, ✆ 02.97.52.94.67, www.lesmenhirs.com.

**** **Grande Métairie**, unterhalb der Alignements an einem Weiher, fast parkartig in einer Talmulde. Großzügiges, schattiges Wiesenterrain, teilweise von Hecken, hohen Bäumen und Büschen unterteilt. Gute Sanitärs. Swimmingpool, Waschmaschinen, vielfältiges Animationsangebot von Tennis über Reiten bis Minigolf. Restaurant, Laden. 25 % Ermäßigung in der NS. 128 Stellplätze. Geöffnet von April bis 15.9. Route Alignements de Kermario, ✆ 02.97.52.24.01, www.lagrandemetairie.com.

*** **des Druides**, am östlichen Ortsende von Carnac-Plage, 500 m zu den Stränden. Gepflegtes Gelände in ländlicher Umgebung. 90 Stellplätze, ordentliche Sanitärblocks, etwas wenig Infrastruktur, Spielplatz. Geöffnet von Juni bis August. Rue de Beaumer 55, ✆ 02.97.52.08.18, www.camping-les-druides.com.

*** **Moulin de Kermaux**, in einem Kiefern- und Pinienwäldchen unterhalb der Menhirfelder von Kermario. Nettes Gelände mit Kinderspielplatz, beheiztem Swimmingpool, Laden und Plats Cuisiniers. Ordentliche Sanitärs. 70 Stellplätze. Geöffnet von April bis 15.9. Route des Alignements, ✆ 02.97.52.15.90, www.camping-moulinkermeaux.com.

*** **le Dolmen**, neben dem Druidencamp. Recht einfaches Gelände, an dessen Eingang ein Dolmen steht. Kinderspielplatz, Caravanverleih wie die meisten Plätze. Keine Hunde oder sonstigen Haustiere. Geöffnet von Anfang Mai bis Mitte September. Rue de Beaumer, ✆ 02.97.52.12.35.

** **le Men Du**, einer der wenigen 2-Sterner in und um Carnac und von allen Plätzen der strandnächste (unterhalb des Les Druides). Wer auf große Ausstattung verzichten kann, findet hier einen für seine Klasse attraktiven Platz. 100 Stellplätze. Geöffnet von Ostern bis Mitte September. ✆ 02.97.52.04.23, www.camping-mendu.fr.

Essen (siehe Karte S. 473)

Eine Vielzahl von Crêperien, Pizzerias, Snackbars, Schnell- und gediegenen Restaurants verteilt sich über das Stadtgebiet, gehäuft in Carnac-Plage. Vier bekannte, gute Speiseadressen:

Hotel-Restaurant Lann Roz (5), zwischen Carnac-Plage und Carnac-Ville in der Nähe der Post. Der Michelin-Führer für gehobene Gastronomie bescheinigt dem Restaurant eine ausgezeichnete Meeresfrüchteküche und 1-A-Fleischspezialitäten. Nicht zu Unrecht. Menüs 17–50 €. Avenue de la Poste 36, ✆ 02.97.52.10.48.

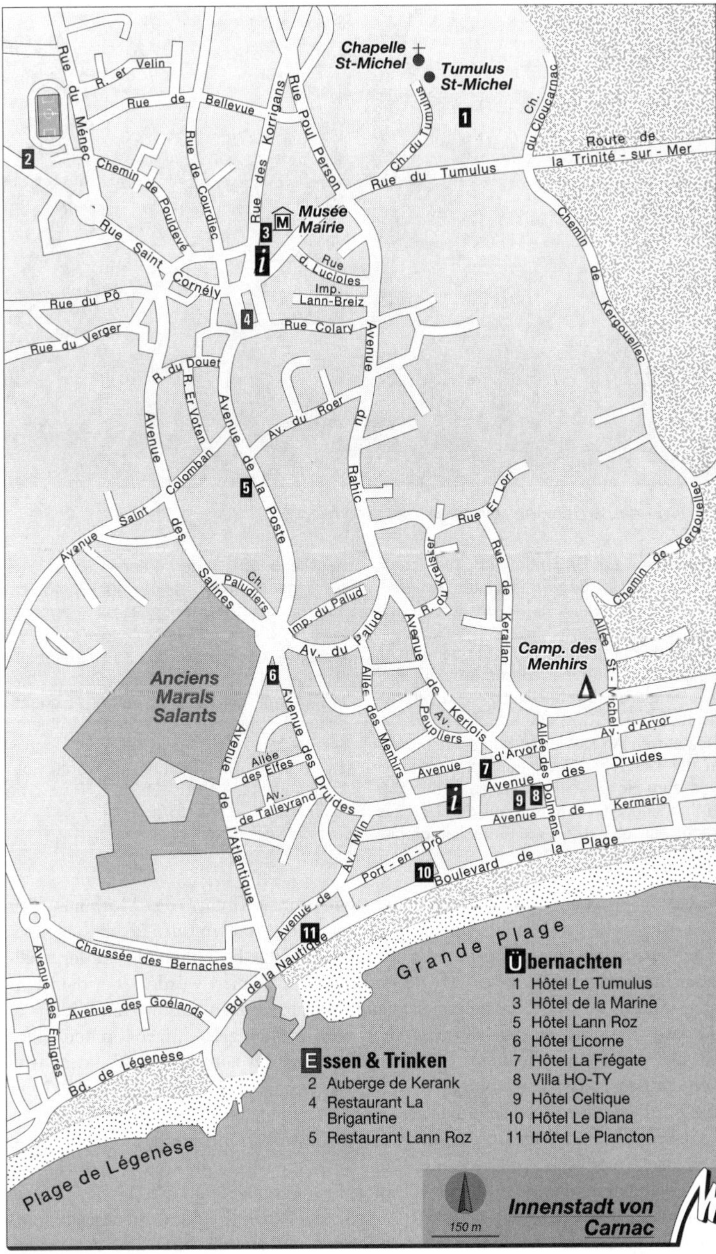
Chapelle St-Michel
Tumulus St-Michel
Rue du Ménec
R. er Velin
Rue de Bellevue
Rue des Korrigans
Rue Poul Person
Ch. du Tumulus
Ch. du Cloucarnac
Route de la Trinité - sur - Mer
Rue du Tumulus
Chemin de Pouldevé
Rue de Courdiec
Musée Mairie
Rue Saint Cornély
Rue d. Lucioles
Imp. Lann-Breiz
Chemin de Kergouellec
Rue du Pô
Rue du Verger
Rue Colary
R. du Douet
R. Er Voten
Avenue du Rahic
Av. du Roer
Avenue Colomban
Avenue de la Poste
Avenue Saint
Avenue des Salines
Rue Er Lori
R. du Kreisker
Rue de Kerallan
Chemin de Kergouellec
Ch. Paludiers
Imp. du Palud
Av. du Palud
Allée St-Michel
Camp. des Menhirs
Anciens Marals Salants
Allée des Menhirs
Avenue de Kerlois
Av. Peupliers
Avenue des Druides
Avenue de l'Atlantique
Allée des Elfes
Av. de Talleyrand
Av. d'Arvor
Avenue d'Arvor
Allée des Dolmens
Avenue des Druides
Avenue de Kermario
Av. Miln
Port-en-Drô
Boulevard de la Plage
Avenue de
Chaussée des Bernaches
Bd. de la Nautique
Grande Plage
Avenue des Emigrés
Avenue des Goélands
Bd. de Légenèse
Plage de Légenèse
Übernachten
1 Hôtel Le Tumulus
3 Hôtel de la Marine
5 Hôtel Lann Roz
6 Hôtel Licorne
7 Hôtel La Frégate
8 Villa HO-TY
9 Hôtel Celtique
10 Hôtel Le Diana
11 Hôtel Le Plancton
Essen & Trinken
2 Auberge de Kerank
4 Restaurant La Brigantine
5 Restaurant Lann Roz
150 m
Innenstadt von Carnac

St. Cornelius, der Schutzheilige des Hornviehs

Restaurant La Brigantine (4), hier passt das Interieur zu den Spezialitäten. Im efeubewachsenen Haus hinter der Kirche von Carnac-ville kann man sich mit Meeresfrüchteplatten (ab 15 €) oder Menüs (15 € bis 57 € für das Hummermenü) verwöhnen lassen. In der NS So und Mo geschlossen. Rue Colary 3, ✆ 02.97.52.17.72.

Restaurant An Daol, das bunte Restaurant in der Nähe der Touristeninformation gehört zum Hotel Celtique. Innen in stilvoller Umgebung oder draußen auf der Terrasse kann man das zum Wochentag empfohlene Menü (20 €) oder Meeresfrüchte à la carte genießen. Reservierung empfohlen. Täglich geöffnet. Avenue de Kermario, ✆ 02.97.52.14.15.

Auberge de Kerank (2), 3 km außerhalb Richtung Plouharnel; alte "Auberge bretonne" mit Kamin und derben Eichentischen, Holzfachwerk und Granit. Ambiente Marke Musketier, Bedienung in bretonischer Tracht. Mehrfach preisgekrönte Holzkohlegerichte. Menüs ab 15 €. Route de Quiberon, ✆ 02.97.52.35.36.

Sehenswertes

Kirche St. Cornely: Eine der schönsten Renaissance-Kirchen des Morbihan. Der Bau der Kirche im Zentrum des alten Carnac wurde 1639 mit der Errichtung eines mächtigen, viereckigen *Turmes* mit achteckiger Spitze begonnen, der in der südlichen Bretagne viel Aufsehen erregte und später oft kopiert wurde. Über dem Eingangsportal thront St. Cornely in segnender Pose zwischen zwei naiven Bildtafeln, die zwei Ochsen inmitten von Menhiren und Dolmen zeigen. Der Kirchenheilige gilt als zuverlässiger Schützer des Hornviehs, noch bis zum Ersten Weltkrieg trieben die Bauern der Umgebung ihr Vieh zur Segnung vor das Eingangsportal. Über der nördlichen Vorhalle schmückt ein in der Bretagne einzigartiger *Baldachin* das Seitenportal. 1792 angefügt, symbolisiert er die Märtyrerkrone des Hl. Cornelius. Von den Kunstschätzen im Inneren sind erwähnenswert die fünf *Altäre* (17./18. Jh.), die beiden *Reliquienbüsten* des Heiligen aus vergoldetem Holz (17./19. Jh.), die aus Schmiedeeisen fein gearbeitete *Kanzel*, das *Chorgitter* und die wegen ihres Klanges gerühmte *Orgel*. Das *Tonnengewölbe* des Hauptschiffs und der beiden

Seitenschiffe, im 18. Jh. von einem Künstler aus Pontivy bemalt und 1962–65 komplett restauriert, zeigt in vier thematisch abgeschlossenen Zyklen Szenen aus dem Leben des Kirchenheiligen, die Geschichte von Johannes dem Täufer, die Mysterien des Rosenkranzes und den Zyklus über das Leben Jesu.

Ein Papst flieht nach Carnac

Die Historiker sind sich einig: *St. Cornelius*, der erste der römischen Aristokratie entsprossene Papst, bekleidete nur ein kurzes, aber wichtiges Pontifikat. Seine Hauptaufgabe sah er im Kampf gegen die Götzenverehrung seiner Zeit. Zwangsläufig legte er sich mit dem Kaiser Roms an, der ihn aufforderte, dem antiken Götterhimmel zu huldigen. Cornelius weigerte sich und wurde darauf nach Civitavecchia verbannt, wo er anno Domini 292 an Erschöpfung und geistiger Auszehrung starb.

Soweit die nüchterne Wissenschaft. Nach Einschätzung legendenverliebter Bretonen ist das aber alles Humbug: Cornelius, begleitet von einem kräftigen Stier, der sein weniges, in erster Linie sakrales Gepäck trug, konnte fliehen und wurde von römischen Truppen bis nach Carnac gejagt. Dort holten ihn die Verfolger ein. Der Heilige, nur noch die Fluten des Ozeans vor sich, wandte sich seelenruhig um und verwandelte die Tausende von Legionären in Steine. So heißen die berühmten Menhire von Carnac, die mit etwas gutem Willen an eine römische Schlachtreihe erinnern können, bis heute bei den Bretonen "soldats de St. Cornély".

Musée de la Préhistoire: Das Museum für Vorgeschichte unweit der Kirche von Alt-Carnac besitzt die umfangreichste Sammlung früh- und vorgeschichtlicher Funde in der Bretagne. Das Museum, 1881 von dem schottischen Hobbyarchäologen *J. Miln* und seinem französischen Freund und Frühgeschichtler *Zacharie Le Rouzic* gegründet, wurde 1985 völlig neu gestaltet. Zahlreiche Exponate dokumentieren die regionale Geschichte über die Zeitspanne von 450.000 Jahren vor Christus bis zum frühen Mittelalter (8. Jh.). Seltene Schmuckstücke aus Stein, Werkzeuge, Faustkeile und Äxte aus der Jungsteinzeit, Grabstätten (aufschlussreich das rekonstruierte Grab einer Frau mit Kind aus dem Mesolithikum) und gravierte Steine aus Hünengräbern. Eine vertonte Diamontage informiert (auch in Deutsch) über die verschiedenen Interpretationen der bis heute rätselhaft gebliebenen Funde von Carnac und seiner Umgebung.

Öffnungszeiten Juni bis September Mo–Fr 10–18 Uhr, am Wochenende 10–12 und 14–18 Uhr. Oktober bis Ende Mai täglich außer Dienstag 10–12 und 14–17 Uhr. Eintritt 5 €, bis 18 Jahre gratis, erm. 2,50 €.

Tumulus von St. Michel: Der 120 m lange, 60 m breite und 12 m hohe Grabhügel am nördlichen Ortsrand ist eines der ältesten menschlichen Bauwerke. Nach Messungen mit der Radio-Karbon-Methode wurde der Fürstenhügel vor 6000 Jahren errichtet. Der Tumulus, eine Aufschichtung von über 35.000 Kubikmetern Erdreich, Schlamm und Bruchsteinen, wurde 1862 von *René Galles*, einem Archäologen aus Vannes, angegraben. Durch Zufall führten seine Arbeiten direkt zum Eingang des Fürstengrabes, wo ein Jadebeil, Ohrringe und über 100 Halskettenperlen aus Türkis einen ersten Hinweis auf die Wichtigkeit des Fundes gaben (alle in den Museen von Carnac und Vannes). 1864 entdeckte Galles ein weiteres Grabgewölbe mit ineinander vermischter menschlicher und tierischer Asche sowie mehrere sog.

Karte S. 442/443

Steinkistengräber, die wahrscheinlich dem fürstlichen Personal bzw. seinen Liebsten vorbehalten waren. Das Innere des Tumulus kann mittlerweile nicht mehr betreten werden, auf dem Gipfel des Grabhügels mit *Kapelle* (17. Jh.) und kleinem *Steinkreuz* (16. Jh.) kann man allerdings weiterhin die Aussicht über Carnac-Bourg und die Küste genießen.

Tumulus von Kercado: Der Grabhügel in einem Wäldchen zwischen der D 781 und der Route des Alignements (von beiden aus zu erreichen, in unmittelbarer Nähe des gleichnamigen Schlosses, Spazierweg) gilt als der älteste der Region von Carnac – gut 6000 Jahre alt und in relativ gutem Zustand. Das etwa 4 m hohe Fürstengrab beherbergt eine von einer riesigen Felsplatte abgedeckte Grabkammer. In der linken, hinteren Ecke zeigen die Tragsteine einige schwache Gravuren.

Öffnungszeiten In der Saison täglich 9–12 und 14–18 Uhr. Ansonsten kann man im Schloss von Kercado einen Schlüssel erhalten. Taschenlampe nicht vergessen und einen Obolus von 1 € in die Blechkasse geben.

Die Megalith-Felder

Die letzte Zählung ergab genau 2792 Hinkelsteine und -steinchen, die sich über die drei großen Alignements nördlich von Carnac verteilen. Über eine Länge von knapp 4 km dehnen sich die Steinalleen von *Ménec, Kermario* und *Kerlescan* aus. Die Größe der geheimnisumwitterten Steine ist unterschiedlich (0,80–6,50 m), ebenso ihre Anordnung. Das Heidekraut, das einst zwischen den Reihen wucherte, wurde von den Besucherheeren niedergetrampelt, der Boden, der die Steine über die Jahrtausende hielt, erodierte. Die Folge: Die Megalithe sitzen so locker wie Zähne bei einer schlimmen Parodontose. Die Denkmalschutzbehörde hat inzwischen reagiert: die Steinreihen sind mit einem Gitterzaun geschützt, das Gelände wird renaturiert, und erste Fortschritte sind sichtbar. Im Frühjahr leuchtet gelb der Ginster zwischen den Felsblöcken, die Heide breitet sich wieder aus. "Ein ehrgeiziges großartiges Programm der Aufwertung soll in Zukunft bessere Empfangs- und Besuchsbedingungen bieten", kann man auf einer Informationstafel am Rande der Steinfelder lesen. Bis das Großprojekt mit Ausstellungen, Informationszentren und breit angelegten Wander- und Radwegen Realität wird, dürften allerdings noch einige Jahre ins Land ziehen. Ein schöner Blick über das Gelände bietet sich vom Dach des Point d'accueil und vom Windmühlenturm bei Kermario.

Alignements de Ménec: Elf parallel verlaufende Steinreihen mit 1099 Steinen auf einer Länge von über einem Kilometer und einer Breite von rund 100 Metern bilden die größte Menhirallee der Welt. Die Steine wachsen nach Westen hin (bis zu 4 m Höhe) und werden von einem halbkreisförmigen Chromlech aus 70 Steinen begrenzt. Am Parkplatz der *Alignements de Ménec* werden die Besucher in einem Point d'accueil empfangen, in dem sich unterschiedlichstes Infomaterial über die Megalithiker erwerben lässt.

Alignements de Kermario: Nicht das größte, doch das schönste Steinfeld. 1029 Felsblöcke, die größten über 6 m hoch, schließen zehnreihig an die vorige Allee an und enden nach 1200 m auf dem *Grabhügel von Le Manio*. Interessantestes Exemplar ist der *Menhir aux Serpents* am östlichen Ende der Allee, an dessen Fuß fünf Schlangenzeichnungen eingeritzt sind. Den nördlichen Abschluss der Steinallee bildet – etwas im Wald versteckt – der *Gigant von Manio* (*Géant du Manio*), ein Koloss von knapp 6 m Höhe, unterhalb dessen ein vierseitiger, fast quadratischer *Chromlech* aus 39 niedrigen Steinen aus dem Waldboden ragt.

Und niemand weiß, warum: Was machten die Megalithiker in Carnac?

Alignements de Kerlescan: Die 555 Felsblöcke in 13 Reihen auf einer Länge von 280 m sind am besten über den Spazierweg zu erreichen, der vom Reitstall an der *Route des Alignements* abzweigt. Im Nordwesten steht der *Dolmen de Kerlescan*. Im Südosten, durch die Straße und ein Stück Heidegelände heute von der größeren Steinallee von Kerlescan getrennt, früher wohl mit ihr vereint, richten sich die weniger bedeutenden Felsblöcke des *Petit Ménec* auf.

Führungen In der HS bietet das O.T. mehrmals täglich Führungen an, bei denen einige Abschnitte der *Alignements* mittlerweile wieder betreten werden dürfen. Von Oktober bis März ist dies auch ohne Führung möglich, die größten Steinfelder dürfen zu ihrem Schutz jedoch weiterhin nur über den Gitterzaun betrachtet werden.

Côte du Morbihan
Karte S. 442/443

Baden

Carnac liegt im Herzen der Bucht von Quiberon. Die Kreiselströmung in der Bucht – verursacht durch die weit vorgeschobene Halbinsel – hat feinsandige und sanft in die Fluten abfallende Bilderbuchstrände aufgeschüttet, die zu den badefreundlichsten in der Bretagne gehören. Ein Problem, das den Tourismusbehörden seit einigen Jahren durchschwitzte Sessel beschert, sind die Algen. Diese vermehren sich rasend schnell und sind, haben sie sich erst einmal in Felsspalten angesiedelt, kaum mehr zu beseitigen. Eine Gruppe von Gemeindearbeitern ist eifrig damit beschäftigt, die Strände zu säubern. Der unangenehme Geruch, den die grünen Teppiche beim Trocknen verbreiten, lässt sich allerdings nicht vermeiden. Die Strände von West nach Ost:

Plage de St. Colomban: 400 m lang, ziemlich flach und mit einem etwa 20 m breiten Sandgürtel. Am Strand kann man Zelte mieten, Kinderclub mit üblichem Animationsprogramm, Toiletten. Keine Boote. Am *Boulevard de l'Océan*, der den Colomban-Strand begrenzt, können sich Hungrige und Durstige versorgen.

Plage de Ty Bihan: Von zwei Felsnasen begrenzt, 250 m feiner, seichter Strand mit Kinderclub und Sprungturm. An der Straße Versorgungsmöglichkeiten und Toiletten. Bei Flut knapp 20 m breit.

Plage de Légenèse: Flach und seicht. Pinienparks mit Ferienhäusern und Grünanlagen mit Baumbestand begrenzen den 400-m-Strand, der durch den Yachthafen vom Grande Plage getrennt ist. Viel besucht und von den Wassersportartikel-Anbietern bestens versorgt (Surfbretter, Tretboote, Sprungturm). Kinderclub und Zeltverleih. Keine Hunde.

Grande Plage: Der Hauptstrand. 1,5 km lange, auch bei Flut noch knapp 50 m breite Badebucht, die sich ab dem *Port de Plaisance* unterhalb der Strandpromenade entlang zieht und in die spitze, weit ins Meer hinausreichende *Pointe Churchill* ausläuft. Eine gediegene Hotel- und Ferienhäuserzeile in schattigen Pinienwäldchen säumt den Boulevard. Alle Strandeinrichtungen eines modernen Seebades und turbulentes Badeleben im Sommer.

Plage de Beaumer und **Plage Men Du**: Die beiden kleinen, geschützten Strände liegen auf der Ostseite der Pointe du Churchill, durch einen schmalen Grünanlagen-/Häuserstreifen voneinander getrennt. Bei Ebbe ausgedehnte Wattlandschaft, bei Flut noch 10–20 m breit. Oberhalb der Strände Parkplätze, Pinien und der Strandboulevard. Verschiedene Strandeinrichtungen, Cafés, Restaurants und Crêperien.

Carnac / Umgebung

Erdeven: Für Anreisende aus dem Westen der Auftakt zur Megalith-Tour von Carnac. Südlich von Erdeven entlang des flachen Küstenstreifens liegen mehrere Campingplätze und seichte, lang gezogene Strände – wer länger bleiben will, findet hier ein schönes, nicht so überlaufenes Feriengebiet mit idealen Radlmöglichkeiten. Die zahlreichen Megalithzeugnisse um Erdeven bilden die westlichen Ausläufer des Steinzentrums Carnac. Gleich hinter der Ortschaft, links der D 781 (Parkplatz), liegt die mit 1129 Menhiren größte Steinallee der Umgebung, die *Alignements de Kerzérho*. Die Steine sind in zehn Reihen aufgerichtet, die größten sind bis zu fünf Meter hoch.

• *Camping* Einige Plätze in der Umgebung, einer davon *** **des Megalithes**, am östlichen Ortsausgang Richtung Meer. 100 großflächige Stellplätze auf einem gut ausgestatteten Areal. Ganzjährig geöffnet. Route de Kerhilio, ✆ 02.97.55.68.76.

Crucuno: Einen Kilometer hinter Erdeven geht es von der D 781 links ab zu dem kleinen Weiler, dessen granitene Häuschen den Eindruck erwecken, sie könnten aus prähistorischer Bausubstanz gemauert sein. An die Giebelwand eines grauen Anwesens gelehnt, erhebt sich der *Dolmen von Crucuno* – nur noch die Grabkammer ist erhalten, 11 aufrechte Hinkelsteine tragen eine mächtige, in zwei Stücke geborstene Deckplatte. 500 m weiter landeinwärts, von einem Kiefernwäldchen verdeckt, der *Dolmen Mané Groh*, ein schmales Ganggrab mit Seitenkammern. Mit dem Auto bequem zu erreichen über die D 768 von Plouharnel nach Auray. Nach der Benediktinerinnen-Abtei von Kergonan links ab, etwa 500 m. Links und rechts der D 768 gibt es weitere Dolmen.

La Trinité-sur-Mer: Am westlichen Ufer des Flusses *Crach* erhebt sich die Ortschaft leicht erhöht auf einer Landzunge. La Trinité-sur-Mer mit seinem großen Yachthafen genießt in der Segelszene einen guten Ruf und ist bekannt für seine Austernparks im fjordartigen Mündungsbecken des Flusses. Haupttätigkeit und erste Einnahmequelle ist – noch vor dem Tourismus – die Gewinnung von Austernbrut. Das

Dolmen von Crucuno

Zentrum der 1500-Seelen-Gemeinde breitet sich rund um den Hafen aus, südlich zersiedeln Ferienhäuser die schmale, bewaldete Landzunge oberhalb des Flussufers. Der nach Süden zum Meer hin offene, 400 m lange *Strand von Kervillen* ist die beste Badeadresse (Parkplatz, Toiletten, Mickey-Club, 2 kleine Campingplätze am Rand). An ihn schließt sich noch vor der gleichnamigen Landzunge der *Plage de Kerbihan* an. Die Strände entlang der Flussmündung sind wegen Algen und Gezeiten nur bedingt zum Baden geeignet, die Zufahrtswege meist privat. Auf der 300 m langen Brücke *Pont de Kerisper* (D 781 Richtung St. Philibert und Locmariquer) über den Fluss bekommt man einen Überblick über das weit eingeschnittene Flusstal und das geschäftige Hafenzentrum mit seinen Bootswerften.

Karte S. 442/443

- *Postleitzahl* 56470
- *Information* O.T. am Hafen; Juli bis August von Mo–Sa 9–13 und 14–19 Uhr. Von September bis Juni von Mo–Sa 9–12 und 14–18 Uhr. Cours des Quais, ✆ 02.97.55.72.21.
- *Verbindung* **Bus**haltestelle beim Fischmarkt am Hafen. Von 7.30–17.30 Uhr Anschlüsse nach Carnac/Quiberon und Auray/Vannes mit der Linie 1.
- *Bootsausflug* Navix bietet im Juli und August täglich 4 Touren im **Golf von Morbihan** an. Die ganztägige Tour "2 Inseln an einem Tag" (Arz + Moines) kostet 22 €, ermäßigt 14 €. Ebenfalls täglich in der Saison um 8 und 11 Uhr tuckert das Ausflugsschiff nach **Belle Ile**, zurück um 18 Uhr; Erwachsene 29 €, ermäßigte Tickets 19 €.
- *Markt* Dienstag und Freitag.
- *Wassersport* Segeln, Surfen, Kajak, Wasserski an verschiedenen Stränden; eine Allround-Adresse: **Société nautique de la-Trinité (Segel- und Surfschule)**, Cours des Quais, ✆ 02.97.55.73.48.
- *Yachthafen* Elegante Yachten, Katamarane und exklusive Schnellboote im Hafenbecken beim Ortszentrum. La Trinités Hafen ist eine feine, mit knapp 1200 Plätzen geräumige Anlegeadresse. Natürlich ist alles da, was der Vergnügungs-Seemann braucht, inkl. gepflegter Sanitärneubauten. ✆ 02.97.55.71.49.
- *Übernachten* ** **Hotel L'Ostrea**, zentral am Hafen, von den Ortshotels die Mittelklasse; 12 gute Zimmer mit Dusche/WC, Restaurant, Brasserie, Pub. DZ 51–81 €. Von Dezember bis Februar geschlossen. Cours des Quais 34, ✆ 02.97.55.73.23, www.hotel-ostrea.com.

• *Camping* 5 Campingplätze in der näheren Umgebung, 3 davon im Landesinneren, nördlich von La Trinité (die Abzweigung auf die D 186 vor der Brücke über den Crach führt zu drei 3-Sterne-Plätzen). Die beiden anderen Plätze auf der Landzunge im Süden links und rechts des Plage de Kervillen, mehr oder weniger direkt am Meer.

**** **Camping de la Baie**, 170 Stellflächen in einem schattigen Wäldchen in besiedelter Vorstadtgegend. Freundlicher Platz, gute Infrastruktur. Laden, Vorgekochtes, Restaurant, Swimmingpool mit großer Rutsche, Kinderspiel- und Tennisplatz, Fahrradverleih. Geöffnet vom 15.5.–15.9. ✆ 02.97.55.73.42, www.camping-la-baie.com.

**** **de la Plage**, 200 Stellplätze in ähnlichem Terrain wie der vorherige Platz, ähnliche Infrastruktur, ähnliches Preisniveau, gleiche Öffnungszeiten. ✆ 02.97.55.73.28, www.camping-plage.com.

**** **Kervilor**, im gleichnamigen Ortsteil; große Rutsche ins Schwimmbecken, schattig, sehr gut ausgestattet, insgesamt empfehlenswert. 230 Stellplätze. Geöffnet von Mitte Mai bis September. ✆ 02.97.55.76.75, www.camping-kervilor.com.

*** **Park Plijadur**, an der Straße nach Carnac; bis auf einige Ausstattungsdetails (kein Tennis, Fahrradverleih) dem Kervilor sehr ähnlich, ähnlich empfehlenswert. 200 Stellplätze. Geöffnet von Juni bis September. ✆ 02.97.55.72.05.

Tipp: Statt nach der Brücke auf der D 781 zu bleiben und auf gerader, doch ereignisloser Strecke einen Kilometer weiter links nach St. Philibert abzubiegen, lohnt es sich, "par la côte" zu fahren; die schmale D 28 führt gleich hinter der Brücke (rechts) rund um die Landnase, man erreicht beide Strände und die Campingplätze.

St. Philibert: Weit verstreut zwischen zwei Fjordbuchten, gegenüber von La Trinité, liegt der kleine, ländliche Ort. Im Vergleich zu Carnac und La Trinité eine Urlaubsadresse 2. Klasse. Der herausgeputzte, etwas verträumte Ortskern mit Kapelle und Brunnen liegt malerisch vor der Wattlandschaft, mehrere Strände säumen südlich der Ortschaft die Küste. Allerdings sind die Buchten rund um die Landnase ziemlich veralgt und bei Ebbe schlickig. Der *Strand von Kerneveste*, auf der La Trinité gegenüberliegenden Uferseite des Crach, ist ein etwa 300 m langer, von Wald begrenzter Dünensaum, bei Flut noch 10 m breit. Der *Plage de Men er Bellec*, gekrönt von einem Supermarkt-/Appartementareal, ist wenig einladend, flach und seicht. Starke Veralgung.

• *Einkaufen* Leser entdeckten in St. Philibert an der D 781 die **Keksfabrik La Trinitaine**, in der ab Fabrik verkauft wird. Preisersparnis bis zu 50 %. "Hier kann man sich gut mit bretonischen Butterkeksen (und viel Süßem mehr – die Redaktion) eindecken, die super schmecken und sich hervorragend als Mitbringsel eignen."

• *Markt* Im Sommer jeden Samstag in St. Philibert-Bourg.

• *Übernachten* ** **Domaine du Congre**, 25 Zimmer an der D 781, 1,5 km von der Brücke zwischen La Trinité und St. Philibert; außen eintönige Kastenarchitektur aus den 70ern, innen ein gepflegtes Haus. Gartenanlage mit hübschem Schwimmbad, Restaurant. DZ 46–60 €, HP 45–52 €, Frühstück 6 €. Ganzjährig geöffnet. ✆ 02.97.55.00.56, domaine.du.congre@bir.fr.

• *Camping* *** **Le Chat noir**, neben dem Domaine de Congre, für Reisende mit Mobilwohnungen, die auf einen gewissen Standard nicht verzichten wollen. Gut und schattig, beheiztes Schwimmbad. Mehr Wohnwagen als Zelte. ✆ 02.97.55.04.90, www.camping-lechatnoir.com.

*** **Au vieux Logis**, im Landesinneren, rund um ein bretonisches Bauernanwesen. Spielplatz, große Tennisanlage, Norm-Tischtennis, Waschmaschine, Spielplatz, Agrarversorgung ab Erzeuger. 90 Stellplätze. Geöffnet von Ostern bis September. ✆ 02.97.55.01.17.

** **Municipal de Ker Arno**, großes, ebenes Wiesengelände an der Durchgangsstraße, etwas landeinwärts. Recht einfach. Geöffnet von April bis Oktober. ✆ 02.97.55.08.90.

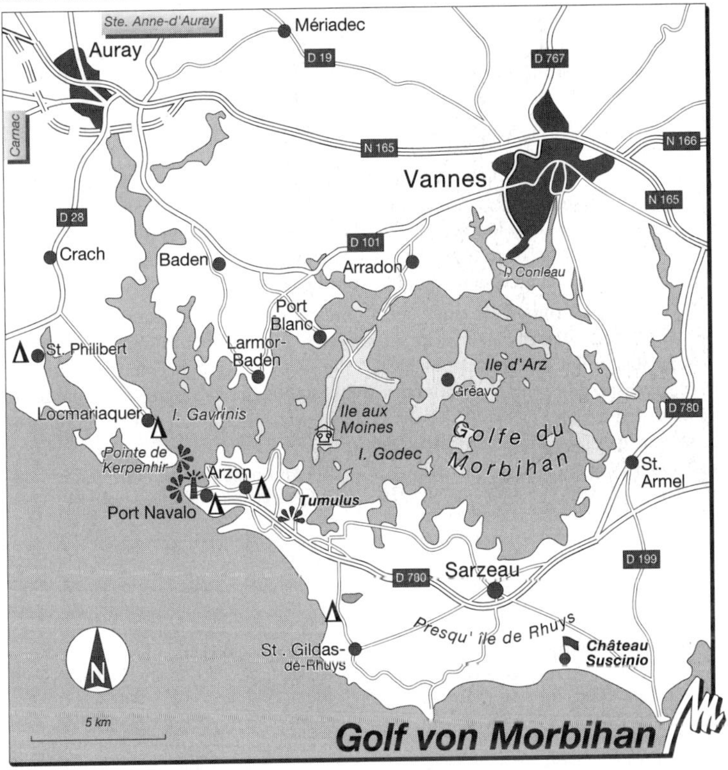

Côte du Morbihan
Karte S. 442/443

Golf von Morbihan

"Mor Bihan", das Kleine Meer. Nach der bretonischen Legende überschwemmten die Tränen trauriger Feen, die einst hier lebten und vor den Menschen aus ihrem Zauberreich fliehen mussten, das Festland. Ihre Haarkränze verwandelten sich in 365 Inseln, die im Tränenmeer zu schwimmen scheinen. Für jeden Tag des Jahres eine.

Geologen sehen die Sache nüchterner: Die 12.000 Hektar große Wasserfläche ist das Resultat einer relativ jungen Verschiebung zweier gigantischer Platten in der Erdrinde, die den Meeresboden senkte und das Fast-Binnenmeer entstehen ließ – nur durch einen schmalen Abfluss ist die 20 km lange und bis zu 17 m tiefe Bucht mit dem Atlantik verbunden. Der gewaltige Sog von 10 Knoten Fließgeschwindigkeit an dieser Engstelle besorgt im Spiel der Gezeiten den Wasseraustausch und verhindert eine Versalzung und Verlandung der Bucht. Zahlreiche Flüsse, besonders der *Auray*, der ungeheure Mengen Sand und Geröll anschwemmt, zergliedern die Küste in tief einreißende Mündungsarme mit dazwischen weit vorspringenden Landzungen, die sich flach in das sanft gekräuselte Kleine Meer hinausschieben.

Zweimal am Tag verändert sich das Gesicht dieser außergewöhnlichen Meer-/Insellandschaft. Während bei Flut die flachen, bewaldeten Inseln schemenhaft auf dem Meer schwimmen, verwandelt die Ebbe den Golf in weite, von Prielen, Sandbänken und Austernparks durchzogene Schlicklandschaften, die sich aus der spiegelglatten Wasserfläche des "Kleinen Meeres", wie von Zauberhand hervorgeholt, herausheben.
Naturfreunde finden im Golf eine fast mediterrane Vegetation, in der neben Palmen sogar Orangen- und Zitronenbäume gedeihen. Von den Inseln und Inselchen des Golfes sind etwa 40 bewohnt, die größten sind die *Ile aux Moines* und die *Ile d'Arz.* Kulturhistorisch aufregend ist die *Ile Gavrinis* mit dem interessantesten Fürstengrab der Bretagne, dem Tumulus von Gavrinis.

Der Golf von Morbihan ist eines der größten Vogelreservate Europas: Myriaden von Flugenten, Stelzenvögeln und Möwenarten beleben den Himmel, auf ihrem Flug in den Süden machen hier alljährlich die großen Zugvögel eine Pause, und in der Brutsaison gibt sich ein Fünftel des Weltbestandes an Kurzschnäblern ein Stelldichein. Am besten erschließt sich der Golf von Morbihan auf dem Wasser, zahlreiche Schiffsgesellschaften bieten ihre Dienste an.

• *Fährverbindungen* Zwischen Mai und Oktober 9-mal täglich Personenfähre zwischen **Locmariaquer** und **Port Navalo** an den beiden Landspitzen am Eingang zum Golf. Weitere regelmäßige Verbindungen zwischen Larmor-Baden und der Insel **Gavrinis**, zwischen Arradon und der **Ile aux Moines** sowie der **Ile d'Arz**. Auskünfte in den Hafenbüros der verschiedenen Gesellschaften.

• *Bootsausflüge* Eine Unzahl von Angeboten erschließt den Golf von Morbihan inkl. Auray-Flussmündung per Schiff. Von der Fähre zwischen zwei Häfen über die kommentierte halb- oder ganztägige Panoramarundfahrt bis zur gastronomischen Golfkreuzfahrt ist alles zu bekommen. Haupthäfen sind Locmariaquer, Auray, Larmor-Baden, Vannes und Port Navalo. Insgesamt unterscheidet sich das Preis-Leistungs-Verhältnis der Gesellschaften kaum. Aus der Fülle der Angebote zwei Beispiele von Navix: Ganztägige große Golftour inkl. einem Besuch der Mönchsinsel 22 €, Kinder 14 €, Vormittagsrundfahrt 18 € bzw. 12 €. Auskünfte/Buchungen in den verschiedenen Hafenbüros von Navix oder bei der Zentrale in Vannes, Gare Maritime, Parc du Golfe, ✆ 02.97.46.60.00, www.navix.fr.
Navix-Sonderservice: Eine lukullische Kreuzfahrt, bei der 60 km Golf absolviert werden. Fahrtdauer ca. 4 Stunden. Im Juli/August 3-mal wöchentlich ab Vannes, 1-mal wöchentlich ab Port Navalo/Locmariaquer, entweder zum Mittagessen von 12.30–16 Uhr oder zum Kerzenschein-Dinner von 20–23.30 Uhr. Die Fahrt auf den großzügigen Panorama-Restaurant-Schiffen kostet inklusive Menü 42 €, für Kinder inklusive Kindermenü 28 €.

Locmariaquer (ca. 1300 Einwohner)

Locmariaquer liegt auf einer Halbinsel, die sich zwischen der *Crach-* und *Auray-Mündung* weit ins Meer hinausschiebt und zusammen mit dem gegenüberliegenden Port Navalo das Tor des Golfs bildet. Die weiß gestrichenen Häuser drängen sich auf der Golf-Seite zusammen und bilden die Kulisse eines provinziell-gemütlichen Urlaubsparadieses abseits der Turbulenzen großer Seebäder. Doch ein Geheimtipp ist Locmariaquer nicht. An schönen Sommertagen amüsiert sich viel Badevolk entlang des fast 15 km langen, flachen Küstensaums mit seinen insgesamt 6 km feinen Sandstränden, Bootsausflügler drängeln sich am Hafen, am Kassenhäuschen eines kleinen Ausgrabungsgeländes herrscht reger Betrieb: Stolz und zurecht nennt sich Locmariaquer *Cité mégalithique.*
Seine bedeutenden prähistorischen Monumente, die zur Carnac-Gruppe gerechnet werden und zwischen Jungsteinzeit und Frühbronzezeit errichtet wurden, machten

Die Meerseite von Locmariaquer

Locmariaquer in Fachkreisen schon früh berühmt. Die Halbinsel war eine der beliebtesten Begräbnisstätten frühzeitlicher Sippenchefs. Zahlreiche Dolmen, darunter der gewaltige *Table des Marchands* oder der zerbrochene *Feenstein*, der mächtigste Menhir der Welt, bezeugen die außerordentliche Rolle der Halbinsel im Totenkult der Megalithiker. Von der *Pointe de Kerpenhir*, der einzigen Verbindungsstelle des "Kleinen Binnenmeeres" mit dem Ozean, glitten im Strom der Gezeiten die Boote mit den Seelen der Vorfahren hinüber zur Göttin des Jenseits.

Eine lange Tradition besitzt die Gemeinde in der Austernzucht. Nach den Römern genossen bretonische Herzöge und französische Könige den Jetset-Snack. Mitte des 19. Jh. beauftragte *Napoléon III.* einen renommierten Biologen, die Austernkultur der Region zu professionalisieren, und über hundert Jahre war das Austerngewerbe wichtigstes wirtschaftliches Standbein Locmariaquers. Nach einigen bösen Rückschlägen zu Beginn der 70er – Parasiten dezimierten die Bestände, japanische Zuchtware musste importiert werden – gelang es den Austernzüchtern, die ostasiatische Brut so zu veredeln, dass sie unter der Markenbezeichnung *Creuse de Bretagne* wegen ihres speziellen Geschmacks zu einem Marktrenner wurde. Heute produzieren 45 Zuchtbetriebe rund 3000 t Austern pro Jahr.

Côte du Morbihan
Karte S. 442/443

Information/Verbindungen

- *Postleitzahl* 56740
- *Information* Kleines Büro; nützlich eine bunte Karte inkl. den wichtigsten Sehenswürdigkeiten und Campings. Von Juli bis August Mo–Sa 9–13 und 14–18 Uhr, So 10–13 Uhr. Von April bis Juni und September Mo–Sa 9.30–12.30 und 14–17.30, den Rest des Jahres variable Öffnungszeiten. Rue de la victoire, ✆ 02.97.57.33.05, www.locmariaquer.com.
- *Verbindung* Ein **Bus** verbindet Locmariaquer (Haltestelle im Ortszentrum) 2-mal täglich mit Auray.

Fähre: Regelmäßige Fährverbindung mit Port Navalo auf der gegenüberliegenden Landspitze (15 Minuten). 8-mal täglich (im Sommer) verkehren die "Vedettes Lez V" im Einstundenrhythmus. Einfach 9 €.

Diverses

• *Bootsausflüge* Golfrundtouren siehe oben. Im Sommer täglich eine Überfahrt nach **Belle-Ile**, ebenfalls 1-mal nach Houat. Abfahrt jeweils 10 Uhr, retour 18.30 Uhr. Preisbeispiel Houat: 25 €, Kinder 16 €. Auskunft/Buchung am Hafen.

• *Markt* Dienstag und Samstagvormittag am Place Général de Gaulle.

• *Segelschule* **Société nautique**, Le Rolay, ✆ 02.97.57.32.90.

• *Tennis* Plätze am Terrain des Sports, Auskünfte über das O.T.

Übernachten/Camping

** **Hotel l'Escale**, nettes kleines Hotel direkt am Hafen mit schöner Aussicht und kleinem Gartenpark. 12 unterschiedlich ausgestattete Zimmer. Behagliches Restaurant mit traditionellen Gerichten ab 12 €. DZ 35–57 €, Frühstück 6,50 €. Geöffnet von April bis Mitte September. Place Dariorigum, ✆ 02.97.57.32.51.

** **Hotel Lautram**, 24-Zimmer-Hotel am Platz vor der Kirche gleich vor dem Hafen; gutbürgerliches Haus mit gemütlicher Atmosphäre, unterschiedliche Ausstattung. Im Restaurant Menüs ab 15 €. DZ 45–57 €, HP 40–52 €, Frühstück 6,50 €. Geöffnet von April bis 30.9. Place de l'Eglise, ✆ 02.97.57.31.32.

• *Camping* *** **Municipal de la Falaise**, an der Südwestspitze der Halbinsel, durch die Straße vom Hauptstrand (flach, veralgt) getrennt. 313 Stellplätze auf ebenem Terrain. Ordentliche Sanitärs, Laden, Kajak- und Kanuverleih. Geöffnet von April bis 30.9. ✆ 02.97.57.31.59.

** **Kerpenhir**, schattenloses, von Hecken und einem Zaun eingefasstes Rasenterrain unweit der gleichnamigen Landspitze. Einfache Sanitärs. Auf der anderen Straßenseite gutbürgerlich speisen im Hotel-Restaurant Le Relais. 95 Stellplätze. Geöffnet Mai bis Ende September. ✆ 02.97.57.31.92.

** **La Ferme Fleurie**, unweit der aufregendsten Megalithen, am nördlichen Ortsrand etwas landeinwärts. Kleiner, schattiger Platz, sanitär ausreichend. Vermietung von Bungalows, Zelten und Caravans. Laden, Spielplatz. 30 Stellplätze. Geöffnet vom 1.2. bis Ende November. ✆ 02.97.57.34.06.

Sehenswertes

Die Megalith-Zeugnisse am Ortseingang erregen seit Mitte des 19. Jh. die wissenschaftliche Neugier – und in ihrer Folge die Phantasie der Touristen. Ähnlich wie in Carnac taten sich besonders der Vanner Archäologe R. Galles und der "Vater der Megalithen", *Z. Le Rouzic*, bei den Ausgrabungsarbeiten im letzten Jahrhundert hervor. 1986 wurde mit archäologischen Grabungen größeren Ausmaßes rund um den *Table des Marchands* begonnen, wobei sich Hinweise auf eine noch frühere Kultstätte und Besiedelung fanden. Seitdem ist das Gelände rund um den Großen Menhir eingezäunt und von Suchgräben durchfurcht. Wertvolle Fundstücke befinden sich in den Museen von Vannes und Carnac. Hinweis für alle dunklen Ganggräber um Locmariaquer: Für die Erkundung ist eine Taschenlampe erforderlich.

• *Öffnungszeiten* des Ausgrabungsgeländes mit dem Table des Marchands, dem Grand Menhir brisé und dem Cairn Er-Grah: Mai bis August täglich 10–19 Uhr, September bis April täglich 10–12.30 und 14–17 Uhr. Kleine Ausstellung, auf Wunsch Führungen. Erwachsene 4 €, unter 18 Jahren gratis.

Dolmen Mané Lud: Nah der Hauptstraße am Ortseingang. Der *Hügel der Leichen* (bret. *Mané Nélud*) war das erste Ganggrab, das 1863/64 angegraben wurde: 5,50 m hoch, 80 m lang, 50 m breit und von einer dünnen Erdschicht überzogen. Das Fürstengrab aus aufgeschichteten Steinen besitzt eine ovale Grabkammer, in deren Mittelpunkt R. Galles einen Bestattungs- oder Opferplatz ausmachte (menschliche Asche in einem geschlossenen sog. Steinkistengrab). Grabkammer wie Gang weisen Ritzungen und Muster auf. Frei und gratis zu besichtigen.

Table des Marchands: Der *Tisch der Händler* trägt seinen Namen zu Recht: Die 4 € Besichtigungsgebühr grenzen an Wucher. Dem deutschen Dichterjournalisten *Heinrich Heine*, der im Zuge seiner Recherchen über Elementargeister Anfang des 19. Jh. Locmariaquer besuchte, galt das mächtige Ganggrab noch als Wohnstatt der Korrigans. Heute besitzt der Tisch der Händler mit der fast 1 Meter dicken und 5,72 m auf 3,95 m großen "Tischplatte" ein viel profaneres Aussehen: Hinter dem Drahtgitter wirkt das Ex-Totenhaus geheimnislos. In ihrer feinen Bearbeitung außergewöhnlich sind die Gravierungen und Reliefs des hinteren spitzbogigen Tragsteines. Der besonders bei megalithischen Monumenten in Spanien und Portugal vorkommende Strahlenkranz (Symbol der Sonnengöttin) und die 56 Hakenstäbe (sie symbolisieren vielleicht ein ährenschwangeres Kornfeld) beweisen in den Augen der Wissenschaftler, dass die Ackerbau treibenden armorikanischen Megalithiker Sonnen- und Fruchtbarkeitsrituale in den Mittelpunkt ihres Glaubens rückten.

Grand Menhir brisé: 25 m vom Kaufmannstisch liegen die vier schweren Brocken des großen, zerbrochenen Menhirs. Über seinen Zweck gibt es nur Spekulationen. Der ursprünglich 20,30 m hohe *Men-er-Hroec'h* (Feenstein) besitzt ein Gewicht von 350 t und dürfte erst relativ spät aufgerichtet worden sein – unter den Bruchstücken fand man gallorömische Spuren. Unklar ist, wann und warum der stolze Stein in Trümmer ging. Stürzte er bereits beim Aufrichten um, schlug der Blitz ein oder wurde er in Stücke gehauen? Einigkeit besteht dagegen darin, dass der Granitriese über eine längere Entfernung hierher transportiert wurde, mit ziemlicher Sicherheit aus einem Steinbruch an der Côte Sauvage (Quiberon).

Pierres Plates: Die knieförmig geknickte *Allée couverte* liegt an einem kleinen Steilufer etwa 1,5 km westlich der Pointe de Kerpenhir. Das von elf flachen Steinen überdachte Ganggrab stammt aus dem 3. Jahrtausend vor Christus. Ein *Menhir indicateur* (Hinweismenhir) zeigt die Grabanlage an und bestärkt die Vermutung, dass die Pierres Plates auch eine Orientierungshilfe für die Küstenschiffer gewesen sein könnten. Nicht allzu aufregend, gratis zu besichtigen.

Pointe de Kerpenhir: Hinter der flachen Landspitze am Eingang zum Golf von Morbihan kräuseln sich die Strömungen, die im Gezeitenrhythmus den Wasseraustausch zwischen Golf und Atlantik besorgen. Die strategisch wichtige Pointe ist noch immer von der Zeit des Zweiten Weltkriegs gezeichnet: Hinter dem Denkmal einer Fischerfrau mit Kind, die nach dem Familienvater Ausschau hält, ragt eine verrostete MG-Lafette aus dem grauen Fundament. Auf der anderen Seite des Kanals, einen knappen Kilometer entfernt, der Leuchtturm von Port Navalo.

Auray

(ca. 10.000 Einwohner)

Das so friedlich wirkende Städtchen am Ufer des *Loch* oder *Auray-Flusses* hat eine bewegte Geschichte. Von der Burg, am Anfang des 13. Jh. auf einem steilen Felshügel über dem Loch erbaut, ist nichts mehr erhalten: *Heinrich II.*, König von Frankreich und Sohn der Herzogin Anne de Bretagne, ließ sie 1526 gnadenlos schleifen und verwendete die Steine für den Bau der Festung Le Palais auf der Insel Belle-Ile.

Von den Grundmauern der Burg führt heute die romantische *Promenade du Loch* in spitzkehrigen Serpentinen hinunter nach *St. Goustan*, dem alten Hafen von Auray. Durch die Blätterkronen der Bäume bieten sich traumhafte Ausblicke auf das mittelalterliche Handelszentrum, das zu den am besten erhaltenen Ortskernen der Bretagne zählt und Auray das Prädikat *Ville d'Art et Histoire* eingebracht hat. Eine

Brücke verbindet den alten *Hafen* mit der hoch über dem Fluss liegenden sympathischen "Neu"-Stadt, deren Zentrum vor allem von repräsentativen Verwaltungsgebäuden aus dem frühen 19. Jh. und der *Kirche St. Gildas* geprägt ist. Hier, in der Oberstadt, spielt sich heute das Alltags- und Wirtschaftsleben ab. Unauffällig verlieren sich Touristen im geschäftigen Treiben.

Information/Verbindungen

- *Postleitzahl* 56400
- *Telefonvorwahl* 0297
- *Information* In einer herausgeputzten Kapelle im Herzen der Stadt, in einer kleinen Seitenstraße des Oberstadtzentrums. Auskünfte auch in Deutsch, reichlich Material über Stadt und Golf von Morbihan, wechselnde Ausstellungen zu bretonischen Themen. Juli bis August Mo–Sa 9–19 Uhr, So 9–12 Uhr. Von September bis Juni Mo–Fr 9–12 und 14–18 Uhr, Sa 9–12 Uhr.
- *Verbindung* 3 **Bus**haltestellen. Relativ zentral die Haltestelle am Place Loch (beim Stadion, 200 m südlich des Rathausplatzes). Hauptterminal am Bahnhof. Mehrmals täglich nach Vannes und Lorient. Für Touristen ist die Linie 1 interessant: Haltestellen an allen wichtigen Orten am Golf von Morbihan bis nach Quiberon/Carnac/Lorient.

Zug: SNCF-Bahnhof am nördlichen Stadtrand an der TGV-Linie Paris-Quimper. Mehrmals täglich in beide Richtungen. Mehrmals täglich auch nach Pontivy und Redon/Rennes. Im Juli und August versucht der *tire-bouchon* (Korkenzieherzug) die chronischen Engpässe auf der Strasse nach Quiberon zu umgehen. Mit 10 Fahrten täglich in beide Richtungen und einem Fahrpreis von 2,50 € ist er eine echte Alternative zum Im-Stau-Stehen auf dem Damm.

Diverses

- *Autoverleih* Zum Beispiel **Europcar**, Rue J. Jaurès 38, ✆ 02.97.24.23.33.
- *Bootsausflug* Auch Auray und das gegenüberliegende kleine Le Bono sind an das Ausflugsprogramm rund um den Golf angeschlossen. Auskunft und Prospekte im O.T.
- *Fahrradverleih* nächster Verleih in Carnac.
- *Kleiner Zug* Zwischen der Oberstadt und dem alten Hafenviertel St. Goustain verkehrt im Sommer le petit train. Abfahrt in der Oberstadt beim Rathaus.
- *Markt* Montag und Freitagvormittag in der Fußgängerzone der Oberstadt. Von Mai bis Oktober jeden 1. Sonntag im Monat in St. Goustan **Marchés de l'artisanat et de la création** – Künstler, Kunsthandwerker und solche, die es werden wollen. Außerdem Donnerstags von 17–12 Uhr ein Biomarkt auf der *Place Notre Dame*.
- *Reiten* Mehrere Reitställe in der Umgebung, einer das Centre équestre de Plougoumelen, Tréverno Plougoumelen, ✆ 02.97.24.87.31.
- *Waschsalon* **Laverie du Centre**, der Schrecken der Wäscheberge – in 35 Minuten sauber! In der Oberstadt, Place Gabriel Deshayest. Täglich 7–22 Uhr.

Übernachten/Camping

** **Hotel du Loch**, klingt im Deutschen nicht sehr vertrauenserweckend. Doch das du Loch ist ein gediegenes Quartier am nördlichen Stadtrand; 30 ordentliche Zimmer und ein weit gelobtes Restaurant. DZ 55–70 €, Frühstück ab 7 €. Ganzjährig geöffnet. Rue du Guhur 2 (rüdügü`ürdö), ✆ 02.97.56.48.33, www.hotel-du-loch.com.

** **Le Branhoc**, etwa 1,5 km außerhalb Aurays an der Straße nach Bono; 28 Zimmer in einem gutbürgerlichen Haus, recht komfortabel und nett eingerichtet. DZ 42–62 €, Frühstück 7 €. Ganzjährig geöffnet. Route du Bono, ✆ 02.97.56.41.55, le.branhoc@wanadoo.fr.

* **Hotel Cadoudal**, in der Nähe der Kirche, am großen Platz. Neues, noch nicht abgewohntes Etablissement der unteren Kategorie. Zimmer gut in Schuss, je nach Sanitärausstattung und Saison 28–57 €, Frühstück 6 €. Place Notre-Dame 9, ✆ 02.97.24.14.65.

Hotel Le Celtic, etwas heruntergekommenes Hotel im Stadtzentrum, dafür aber preiswert. 19 Zimmer mit unterschiedlicher Sanitärausstattung. Bar. DZ 27–52 €, Frühstück 6 €, Rue Clemenceau 38, ✆ 02.97.24.05.37.

• *Camping* ** **Camping du Parc Lann**, schattiges und ruhiges Gelände in unmittelbarer Nähe des Flusses Bono und der Küstenwege. Wohnmobilverleih, Kinderspielplatz. Geöffnet von Mai bis September. ✆ 02.97.57.93.93, campingduparclann@minitel.net.

Essen

Neben dem **Restaurant de la Sterne** im Hotel du Loch (bekannt für extravagante Fisch- und Meeresfrüchtespezialitäten, Menüs ab 20 €). empfehlen wir für Feinschmecker die **Closerie de Kerdrain** unweit der Kirche St. Gildas. Stilvoll eingerichtete einstige Meierei aus dem 16./17. Jh. mit 3-Bestecke-Küche (Michelin), die auserlesene Gaumenfreuden serviert. Menüs 20–70 €. Im Januar geschlossen. Rue L. Billet 20, ✆ 02.97.56.61.27.

Le Sinagot, schon durch die Lage am Hafen unten schmeichelt sich das Restaurant ins Herz der Touristen. Nicht das billigste der Hafenrestaurants, aber eines der besten. Spezialität sind Meeresfrüchte, billigstes Menü 14 €, gute À-la-carte-Auswahl. Place St. Sauveur 9, ✆ 02.97.56.37.40.

Brasserie du Pavillon, günstiges Lokal am Rathausplatz, tagsüber der Treffpunkt junger Leute. Lebhafte Atmosphäre zum Mittag- oder Abendessen. Immer wechselnde, doch stets gediegene 2 Menüs (13–17 €), daneben Fleisch- und Fischgerichte à la carte. Place de la République 1, ✆ 02.97.24.01.81.

La Marie Galante, die Crêperie mit bretonischen Interieur ist sowohl bei Touristen als auch bei Einheimischen beliebt. Exzellenter Service und reichlich garnierte Crêpes von 2–6 €. In der NS Montag und Dienstag geschlossen. Place St. Sauveur 3, ✆ 02.97.24.18.51.

Sehenswertes

In Auray und Umgebung wurden einige der blutigsten Kapitel der bretonisch-französischen Historie geschrieben. Einige der wenig spektakulär wirkenden Sehenswürdigkeiten erschließen sich erst, wenn Sie die Nerven behalten und sich aufrichtig für deren Geschichte interessieren. Dann hat Auray einiges zu bieten: Die Stadt war Zeugin einer schicksalhaften Schlacht, Schauplatz eines blutrünstigen Prozesses und Geburtsort eines tragisch endenden Idols. Oder, mit den Worten der Touristeninformation: "Alles hier ist Kaptiwierend und nimmt Sie mit auf eine Lange Reise in die Vergangenheit."

Hafenviertel St. Goustan: Schiefe Fachwerkhäuser (15./16. Jh.) wachsen von den beiden Kais die engen, steilen, kopfsteingepflasterten Gassen den Hügel hinauf, überragt von der Turmspitze der gotischen *Kirche St. Sauveur*. Der träumerisch an einer Flussschleife des Loch gelegene alte Hafen von Auray war bis zu Beginn des 20. Jh. ein wichtiger Umschlagplatz. Es herrschte buntes Treiben, die schnellen Küstenschiffe, die mit Kolonialwaren, Textilien, Holz und Apfelwein beladen hier ankerten, brachten Wohlstand in die Stadt. Am *Quay Franklin* hielt sich 1776 der amerikanische Unterhändler und Mitverfasser der Unabhängigkeitserklärung *Benjamin Franklin* im Haus Nr. 8 auf, um die für die amerikanische Unabhängigkeit entscheidenden Verhandlungen mit Frankreich zu führen. Boote und Yachten, in der besonders schönen *Rue du Petit Port* mit ihren restaurierten Häusern genießen Touristen authentisches Mittelalter. Empfehlenswert: ein kleiner Spaziergang auf den beiden alten Treidelwegen an den Flussufern und auf der *Promenade du Loch*, die auf der St. Goustan gegenüberliegenden Flussseite in steilen Stufen in die Oberstadt (*Auray Centre*) führt und herrliche Aussichten auf den alten Hafen bietet.

Kirche St. Gildas: Die Kirche im Oberstadtzentrum ist ein kunterbuntes Gemisch verschiedener Stile. Sie stammt zum größten Teil aus dem 17./18. Jh. und vereinigt

Karte S. 442/443

Stilvoll: der kleine Hafen St. Goustan

Elemente der Gotik, Renaissance und des Barocks zu einem architekturgeschichtlich interessanten Baudenkmal. Im Inneren ein marmorverzierter *Retabel* (1664), die *Kirchenorgel* (1761) und ein holzgeschnitzter *Baldachin* über dem Taufbecken.

Mausolée de Cadoudal: In einem einfachen, runden Kuppelmausoleum ruhen die Gebeine von *Georges Cadoudal*, des berühmtesten und letzten Kämpfers der Chouannerie (siehe Geschichtskapitel, Französische Revolution). Freundlicherweise wurde die Grabstätte gegenüber seinem Elternhaus (kleines Museum) in Kerléano errichtet (heute Ortsteil von Auray, am südwestlichen Stadtrand, einen Katzensprung von der D 165).

Chartreuse d'Auray: Das mit grausamer Härte geführte Gemetzel, das als "Schlacht von Auray" in die Annalen der Geschichte einging, spielte sich am 29. September 1364 zwei Kilometer nördlich von Auray in den Sümpfen von Kérzo ab und beendete den 23 Jahre währenden bretonischen Erbfolgekrieg. Einzige Erinnerung an das Massenmorden ist die *Grabkapelle* der ehemaligen Kartäuserabtei *Chartreuse d'Auray*, die Jean de Montfort unmittelbar nach seinem Sieg gestiftet hatte, um den im Kampf gefallenen Rivalen und Blutsverwandten Karl von Blois einen christlichen Gefallen zu erweisen (siehe Geschichtskapitel, Erbfolgekrieg). Der historische Gebäudekomplex der Abtei wurde 1968 bei einem Brand fast vollkommen zerstört, dann wieder aufgebaut und als Heim für taubstumme Kinder genutzt. Die Grabkapelle mit den Gebeinen Karls von Blois blieb – ein Wunder? – erhalten.
In einer weiteren Gruft der Grabkapelle ruhen, unter der knappen lateinischen Inschrift "*Für Gott, für den König frevelhaft erschlagen*" lieblos aufeinander geschichtet, die makabren Reste der auf dem *Champ des Martyrs* gemeuchelten royalistischen Emigranten und Chouans (siehe unten). Sie wurden 1814 exhumiert und aus der Sühnekapelle des *Champ des Martyrs* in die für Karl errichtete Grabkapelle *Chartreuse d'Auray* gebracht.

Champ des Martyrs: Das zweite, nicht minder grausige Ereignis in der Geschichte Aurays fand unweit der Sümpfe statt, in denen schon Karl von Blois sein Leben gelassen hatte. Auf dem Feld der Märtyrer steht eine *Sühnekapelle* für 952 königstreue Soldaten und Chouans, die im Anschluss an die blutige Schlacht von Quiberon 1795 hier exekutiert wurden (siehe Quiberon/Kasten Schlacht von Quiberon). An der etwas heruntergekommenen Fassade des Kirchenvorbaus, einem griechischen Tempel nachempfunden, erinnert eine ganz knappe Inschrift an die Massenhinrichtung: "*Hic deciderunt*" (Hier sind sie gestorben).

Der letzte Chouan

1771 wird in Kerléano bei Auray der Bauernsohn *Georges Cadoudal* geboren, der als "letzter Chouan" in die Geschichte einging. Cadoudal, der sich 1793 der Waldkauzbewegung angeschlossen hat, überlebt die Niederlage von Quiberon und wird 1795 zum Anführer der Chouans im Untergrund. Trotz mehrerer Schlichtungsversuche Napoléons – er trägt dem in der Bretagne fanatisch verehrten Rebellenchef sogar den Generalsrang an – lässt Cadoudal nicht von seinen royalistischen Idealen ab und terrorisiert, teils mit Erfolg, die republikanischen Truppen. 1799, die Chancen für eine Wiedereinsetzung der Monarchie waren mit Napoléons Staatsstreich auf Null gesunken, verfällt Cadoudal auf eine bizarre Idee: Er will den Ersten Konsul entführen, beschließt dann aber, den kleinen Korsen durch ein Attentat zu beseitigen. Dieses misslingt, Cadoudal wird verhaftet, von Napoléon verurteilt und am 12. Juni 1804 in Paris unter dem frenetischen Jubel einer aufgewiegelten Menge als "letzter Chouan" hingerichtet. Die Leiche des royalistischen Rebellen wird in der anatomischen Abteilung der Pariser Universität von Medizinstudenten seziert. Sein Skelett, von einem Professor auf ein Drahtgerüst gezogen, dient lange Jahre als praktisches Anschauungsmaterial für den Knochenbau des Menschen.

Auray / Umgebung

Ecomusée de St. Dégan: Etwa 5 km nördlich von Auray kurz vor *Brec'h*. Einige Anwesen des kleinen Weilers St. Dégan wurden in jahrelanger Arbeit restauriert und geben mit ihrer liebevollen Inneneinrichtung nun einen lebendigen Überblick über das Landleben um Auray vom 17. bis ins 19. Jh. Das dazugehörige Obstgartenmuseum sorgt dafür, dass in Vergessenheit geratene Obstbäume nicht ganz aussterben. "Kinder und Erwachsene werden sicherlich für diese lebhafte Rückkehr in unsere Wurzeln sich begeistern."

Öffnungszeiten April bis September täglich 14–17.30 Uhr, Juli/August täglich 10–19 Uhr. Die Führung dauert 1 Stunde. Eintritt 4 €, Kinder 2 €. ✆ 02.97.57.66.00.

Le Bono *(1750 Einwohner)*: Sympathisches Örtchen an der *Ria d'Auray* mit einem hübschen Hafen und einer kleinen Attraktion – die mittlerweile für den Verkehr gesperrte *Brücke* über den Bono. Der Auftrag für die holzplankenbedeckte Konstruktion ging an Gustave Eiffel, der eine schmale, elegante Hängebrücke im Geschmack der Zeit entwarf. Doch um die Pflege des unbedeutenden Kleinauftrags kümmerte sich niemand. Die Planken sind morsch, die Eisenteile verrosteter, als sich das der Eiffelturm überhaupt vorstellen kann.

Ste. Anne d'Auray

(ca. 1550 Einwohner)

Der von einer mächtigen Basilika überragte Ort 6 km im Norden Aurays wird alljährlich im Juli von mehr als 35.000 Pilgern überschwemmt: Ste. Anne d'Auray ist die wichtigste bretonische Wallfahrtsstätte; nach einem Sprichwort muss sie jeder Bretone "tot oder lebend" aufgesucht haben. Ste. Anne d'Auray spiegelt auf eindrucksvolle Weise bretonisches Selbstverständnis: Es ist nicht nur ein Ort religiöser Verehrung, sondern auch Symbol eingefleischten Nationalbewusstseins, und es wundert nicht, dass der Tag des großen Pardons zu Ehren der Nationalheiligen mit dem bretonischen Nationalfeiertag zusammenfällt. Dementsprechend ist Ste. Anne d'Auray keine einfache Kirche, sondern ein weit ausladendes Gebäude- und Denkmal-Ensemble, zu dem neben der *Basilika* ein *Kloster* mit Kreuzgang, die *Schatzkammer*, ein *Volkskundemuseum*, *Wachsfigurenkabinett*, *Gefallenendenkmal*, ein wundertätiger *Brunnen* und eine *Scala Sancta* (Heilige Treppe) gehören.

• *Information* O.T. am Place Nicolazic, ✆ 02.97.57.69.16, www.sainte-anne-auray.com.

• *Pardon* Die Kirchenfestsaison wird Anfang März eröffnet. Zwischen Ostern und Oktober finden (meist mittwochs und sonntags) regelmäßige Wallfahrten statt, bei denen Vertreter der einzelnen Pfarrgemeinden der Bretagne Votivtafeln überbringen und um Segen für ein gutes Jahr bitten. Zentrales Ereignis ist die große Ste.-Annen-Wallfahrt am 25./26. Juli, zu der sich laut Prospekt "35.000 Gläubiger zur Walfahrt treffen". Spaß beiseite, die Wallfahrt beginnt um 21.30 Uhr mit dem "Veillée de Ste. Anne" (Erweckung), einer riesigen Lichterprozession, an der Tausende von Pilgern teilnehmen, die Kerzen, Fahnen, Heiligenbilder und natürlich die Figur der Anna mit sich tragen (offizielles Ende 24.00 Uhr). Nach dem Pontifikalamt um 10.30 Uhr des nächsten Tages findet die eigentliche Prozession (Grand Pardon) statt – Zigtausende begleiten den feierlichen Zug.

Sehenswertes

Basilika Ste. Anne: Die nicht nur von außen kühle, protzige und ausladende Basilika, der Hl. Anna, der Mutter Marias, geweiht, wurde 1865 nach Plänen des Pariser Architekten Deperthes im Stil der Renaissance errichtet. Ihre Entstehung geht auf ein mysteriöses Ereignis zu Anfang des 17. Jh. zurück, von dem, wie häufig, mehrere Versionen in Umlauf sind. Hier die wahrscheinlichste: Am 25. Juli 1624 erschien unter Mithilfe der Karthäusermönche von Auray dem tiefgläubigen, als etwas tumb bekannten Bauern Yvon Nicolazic die Heilige Anna und bezeichnete ihm eine Stelle, wo sie eine Kirche gebaut haben wollte. Als man nach eingehender Prüfung der Schilderungen Nicolazics im Beisein der kirchlichen Prominenz im angezeigten Acker zu graben anfing, entdeckte man wundersamerweise eine stark demolierte, unförmige Holzfigur, die der Bischof zweifelsfrei als Annenfigur identifizierte. Sofort wurde eine Kapelle errichtet, und der einträgliche Kult um die Heilige begann. Nach und nach wuchsen ein Kloster (1641), die Heilige Treppe (1660) und mehrere Wohngebäude rund um die Kapelle, Pilger strömten herbei, und die Klingelbeutel klimperten. Dabei ist es bis heute geblieben. Ganzjährig finden sich Gläubige in der Basilika ein. Das Lichtermeer der Kerzen vor der vergoldeten Holzfigur, deren Sockel ein Schädelfragment der Heiligen bewahrt, erlischt nie.

Öffnungszeiten Von Juli bis September Mo–Sa 10–12.30 und 14.30–18 Uhr, So 14.30–18 Uhr.

Trésor: Der Kirchenschatz ist in einem der Basilika angeschlossenen Gebäude zu bewundern. Alles dreht sich um die Heilige: Reliquien, Votivtafeln, Gewänder, Schwerter,

Basilika Ste. Anne

Scala Sancta: die Heilige Treppe in Ste. Anne d'Auray

Schiffsmodelle und Gegenstände aus Konzentrationslagern des Nazireiches. Am kostbarsten der Reliquienschrein, den die österreichische Kaiserin Anna 1638 dem Kloster stiftete – ihr Dank für die Geburt des lang ersehnten Thronfolgers, des späteren Sonnenkönigs Ludwig XIV. In einer Kunstgalerie werden historische Gemälde über die Wallfahrt und Bildnisse prominenter Besucher gezeigt. Interessant das Porträt des Nicolazic und ein Bildnis des "Banditen Gottes" Keriolet, eines von Anna zum Priester geläuterten Verbrechers, der um 1640 die Gegend unsicher machte. Eine Volkskunstgalerie gibt einen Überblick über bretonische Bildhauer- und Steinmetzkunst des 15. und 16. Jh. An das Kirchenschatzmuseum angeschlossen ist ein Souvenirladen, in dem neben Spardosen in Glockenform auch 54-Karten-Pokerblätter erhältlich sind.

Öffnungszeiten In der Saison täglich 10–12 und 14.30–18 Uhr. Eintritt 2 €, Kinder bis 10 Jahre gratis.

Mémorial: Das monumentale Mausoleum im Blumenpark links der Basilika wurde zwischen 1923 und 1932 zum Andenken an die 240.000 gefallenen Bretonen des Ersten Weltkrieges errichtet. Ihre Namen sind, nach Ortschaften (zweisprachig) getrennt, auf zwei langen Mauerreihen aufgelistet. Heute ist das aufrüttelnde Monument eine Gedenkstätte für alle bretonischen Toten der Kriege des 20. Jahrhunderts.

Larmor-Baden

Der ruhige Hafenort mit seinen 800 Einwohnern ist umgeben von Austern- und Muschelgärten, die Hafenmole erlaubt den Ausblick auf die vorgelagerten grünen Inselchen. Larmor-Baden mit zwei Hotels, zwei Campingplätzen und mehreren völlig sensationslosen, gezeitenabhängigen Badestränden ist touristisch vor allem wegen der Übersetzmöglichkeit auf die *Ile Gavrinis* interessant. So ist neben der Bar im Zentrum die Mole der belebteste Flecken von Larmor-Baden.

• *Bootsausflug* Les Vedettes Blanches Armor bieten ab Larmor-Baden täglich einige Golffahrten an, ✆ 02.97.57.15.27

• *Übernachten* ** **Hotel du Centre**, in der Ortsmitte; sympathisches, einfaches Landhotel. Restaurant, die hiesige PMU-Bar befindet sich ebenfalls im Haus. 13 Zimmer, DZ je nach Standard 49–73 €, Frühstück 6,50 €. Im Januar geschlossen. ✆ 02.97.57.04.68.

• *Camping* ** **Ker Eden**, Eden ist etwas übertrieben; einfaches Gelände am knappen Strand am Ortsausgang nach Baden unter einigen Bäumen. Immerhin Warmduschen im Preis inkl. ✆ 02.97.57.05.23.

Le Diben, gleich schräg gegenüber, Campen neben einem (hübschen) Bauernhof; einfach, wenig Schatten. Auch Zimmervermietung. 60 Stellplätze. Geöffnet von Mai bis September. ✆ 02.97.57.05.36.

Ile Gavrinis

Die unbewohnte Insel beherbergt das bemerkenswerteste Fürstengrab der Bretagne: den *Tumulus de Gavrinis*. Ein Pfad führt zwischen Brombeerhecken von der Schiffsmole zu einer Hügelterrasse hinauf. Hier erhebt sich seit 4000 v. Chr. der kreisrunde Grabhügel, der mit 6 m Höhe und 50 m Durchmesser die Insel beherrscht. Das mächtige Fürstengrab ist aus Bruchsteinen aufgeschichtet, der Gang ist 13 m lang, gebildet von 23 Tragsteinen und neun Deckplatten. Am Gangende schließt sich die Grabkammer an – mannshoch und fast quadratisch, die sechs Stützsteine von einem wuchtigen Monolithen überdacht. Bemerkenswert ist die – von Neonlichtern ausgeleuchtete – Ornamentik der Tragsteine: verschlungene Linien, Schlangen, konzentrische Kreise, Tannenzweigmuster und ein mit viel Phantasie als Männergestalt zu identifizierendes, verschlungenes Flachrelief.

Da man bei ersten Ausgrabungsarbeiten 1832 keinerlei Grabbeigaben entdeckte, nimmt man an, dass das Fürstengrab bereits in früherer Zeit ausgeplündert wurde. Interessant ist eine neuzeitliche Entdeckung: Auf der Oberseite der freigelegten Deckplatte der Grabkammer fand man gigantische Gravierungen – ein 2 m langes Rind mit riesigen, gebogenen Hörnern, eine überdimensionale Pflugschar sowie den Rücken und die Hörner eines weiteren Rindes. Verblüffend. Das unvollständige Rind passte genau zu den Gravuren in der Deckplatte des *Table des Marchands*, die Pflugschar wurde nahtlos von einem im *Dolmen von Er Vinglé* (beide in Locmariaquer) gefundenen Ornament ergänzt. Die Vermessung und geologische Untersuchung der drei Steine beseitigte 1984 den letzten Zweifel. Alle drei sind aus dem gleichen grobkörnigen Granitstück, haarscharf fügen sich die Bruchkanten aneinander und müssen einmal einen einzigen, 14 m hohen, verzierten Menhir gebildet haben. Neue Rätsel, neue Spekulationen: Waren die Neolithiker Grabräuber, versorgten sie sich beim Bau ihrer Nekropolen mit Material aus den Grabstätten unterlegener Sippen, um deren übernatürliche Kräfte zu bannen?

• *Verbindung* Mindestens 2 Überfahrten (15 Minuten) täglich von Larmor-Baden nach Gavrinis, in der HS viel höhere Frequenz. Aktuelle Abfahrtszeiten im Hafenbüro. Überfahrt inkl. Führung dauern ca. 1 Stunde und kosten in der HS zusammen 10 €, erm. 4 €. Hinweis: Die eigentliche Grabbesichtigung nimmt die geringste Zeit in Anspruch.

Ile aux Moines

(ca. 500 Einwohner)

Die Insel der Mönche, früher im Besitz des Klosters von St. Gildas, ist mit 6 km Länge und 3 km Breite die größte Insel des Golfs. Trotzdem wirkt – abgesehen von der Anzahl der Ferienhäuser – alles auf der Insel miniaturhaft: Minihügelchen und Minitäler, von Mini-Sträßchen durchzogen, Miniwäldchen, deren Namen aus Feenmärchen stammen, so der *Bois d'Amour* (Liebeswald), *Bois des Soupirs* (Wald der

Côte du Morbihan
Karte S. 442/443

Nach einem anstrengenden Ausflugstag

Seufzer) oder der *Bois des Regrets* (Wald des Bedauerns). Auf jedem Fleckchen grünt und blüht es, zahlreiche Palmen ragen aus den Gärten, über denen es sich eine reiche Vogelwelt gut gehen lässt. Die *Ile aux Moines* – die *Perle des Golfs* – zählt zu den landschaftlichen Höhepunkten des Golfs von Morbihan.

Anlegestation ist *Port Lério*. Sehenswert *Bourg* mit den putzigen Gässchen rund um die Kirche, den ebenerdigen Fischerhäuschen und den einstöckigen Wohnstätten der Kapitäne. Nur ihnen war es erlaubt, höhere Häuser zu bauen. Noch im 19. Jh. regierte auf der Insel eine Art maritimer Aristokratie – den feudalen Kapitänen waren die Familien der Matrosen untergeordnet. Von den zahlreichen Werften, in denen früher 3-Mast-Bricks für die Cap-Horniers gebaut wurden, ist noch eine geblieben. Sie hat sich auf Konstruktion und Restaurierung traditioneller bretonischer Holzboote spezialisiert. Die Bewohner leben heute vom Tourismus, manche verdienen ihr Geld mit Muschel- und Austernzucht.

Ab Ostern kommen die Tagesausflügler, von denen sich die meisten gleich in den Lokalen von Le Bourg niederlassen. Ansonsten ist die Insel– abgesehen vom August – ein ruhiges Feriengebiet mit einem der wenigen Strände des Binnenmeers, an dem man auch bei Ebbe noch die Fluten erreicht (*Plage du Gored* auf der Westseite). Auf der Ostseite das für den Golf typische Wattmeer mit Muschelbänken und Austerngärten. Einiges Prähistorische (*Chromlech* und *Dolmen*) liegt im Südteil, eine schöne Aussicht auf die Bucht von Arradon und den Golf erlaubt die Nordspitze (*Pointe de Trech*). Von der *Pointe de Brouel* im Osten sieht man die *Ile d'Arz*, die Zwillingsschwester der Insel.

• Postleitzahl 56780

• Information In einem Kiosk am Hafen, begehrtestes Beutegut der Neuankömmlinge ist der Inselplan. Von Ostern bis September zu den üblichen Öffnungszeiten; ✆ 02.97.26.32.45.

• Verbindung Ganzjährig Boote ab **Port-Blanc** bei Larmor-Baden. Im Sommer jede halbe Std. von 7–22 Uhr, das Restjahr letzte Fahrt 19.30 Uhr. Fahrtdauer 5 Min., retour 3,50 €, Kinder 2 €. Mit Vedettes Vertes du

Golfe zwischen Ostern und 30.9. 2- bis 6-mal täglich Überfahrten ab Vannes (18 €). Außerdem im Sommer Verbindung mit Locmariaquer und Port Navalo.

• *Fahrradverleih* Der Tipp für Tagesausflügler: das Stahlross. Mehrere Anbieter, z. B. **P'tit Louis** am Hafen; Tourenräder und Mountainbikes. ✆ 02.97.26.35.21. Für Schnellbesucher Vermietung ab 1 Stunde.

• *Wandern/Radeln* Einige Streckenvorschläge von 15 Minuten bis knapp 4 Stunden hat das O.T. parat.

• *Übernachten/Essen* **Hotel San Francisco**, ein düsteres Gemäuer am Hafen, doch innen ganz gemütlich. 8 ordentliche Zimmer, Aussichtsterrasse mit Blick über den Golf, Restaurant. DZ 59–73 €, HP 65–115 €, Frühstück 9 €. Geöffnet von Ostern bis Oktober. ✆ 02.97.26.31.52.

Hotel de l'Isle, 6 weitere Zimmer und noch ein Restaurant im Inseldorf. Schlichtes Äußeres, einfaches Inneres, DZ 55 €. Ganzjährig geöffnet. Rue du Commerce, ✆ 02.97.26.32.50.

• *Camping* ** **Municipal Le Vieux Moulin**, etwa 300 m zum Meer, außerhalb des Ortes Kergonan auf der Ostseite der Insel. 44 schattige Stellplätze, einfache Sanitärs, Spielplatz. Nur für Zelte geeignet. Geöffnet 15.6.–15.9. ✆ 02.97.26.30.68.

Ile d'Arz

(ca. 250 Einwohner)

Erst eine dramatische Liebesgeschichte trennte die L-förmige Ile d'Arz, früher durch einen schmalen Landarm mit der Mönchsinsel verbunden, von der großen Schwester ab: Ein reicher Kapitänssprössling hatte sich in eine arme Fischerstochter verliebt und wollte sie heiraten. Was nicht sein darf, kann nicht sein: Der Teufel (oder der liebe Gott – je nach Version) schickte eine Sturmflut, der Damm, auf dem sich die beiden Liebenden jeden Abend getroffen hatten, versank in den Wogen. Die Ile d'Arz, etwa 5 km lang und etwas kleiner als die Mönchsinsel, wird von sieben Satelliteninseln umringt. Die ständig wechselnden Strömungen rund um Arz gelten bei Segelexperten als ausgezeichnetes Revier zum Erlernen von schwierigeren Navigationsmanövern. Dies ist auch der Grund für die Existenz von einigen Segelschulen, darunter das große *Centre Nautique des Glénan*, das die Tradition der früher in der Handels- und Marineschifffahrt berühmten Arzer Seeleute fortsetzt.

• *Postleitzahl* 56840

• *Verbindung* Täglich, im Sommer häufiger, vom Gare Maritime in Vannes (Ile de Conleau) Boote nach Arz. Überfahrt 15 Minuten. Retourticket 6 €, Kinder 3,50 €.

• *Wassersport* **Centre Nautique des Glénan**; ganzjährig Segelkurse, Kreuzfahrten und andere Wassersportausbildungsprogramme. ✆ 02.97.44.31.16

• *Übernachten* ****Hotel L'Escale**, Logis-de-France-Mitglied, an der Hafenmole, 11 passable Zimmer mit Dusche/WC, z. T. mit Blick aufs Meer. Panorama-Restaurant. DZ 61 €, Frühstück 7,50 €. Geöffnet von März bis September. ✆ 02.97.44.32.15, www.restaurant-escale.com.

• *Camping* **Municipal les Tamaris**, 70 schlichte Stellplätze nahe dem Weiler Pennero im Nordostteil der Bucht. Stromanschlüsse für Wohnwagen, Kinderspielplatz. Municipalpreise. Geöffnet Juni bis 30.9. ✆ 02.97.44.33.97.

Arradon

Der Ort selbst liegt etwas landeinwärts, der kleine, von Wochenend- und Ferienhäusern umdrängte Hafen auf der gleichnamigen Landzunge bietet typisches Golfpanorama: Segelboote, Inselsplitter und direkt gegenüber die Nordspitze der *Ile aux Moines*. Arradon bzw. die Pointe d'Arradon ist im Sommer ordentlich belebt – zahlreiche Wassersportler haben hier, unweit von Vannes, ihren Stützpunkt. Die Hotels liegen wahlweise im Binnenland oder an der Pointe d'Arradon.

• *Wassersport* An der Pointe d'Arradon hat das große **Centre Nautique d'Arradon** seinen Stützpunkt. Segeln und Windsurfen. ✆ 02.97.44.72.92.

• *Übernachten* *** **Le Stivell**, auf dem Weg zur Landspitze, bei der einzigen Ampel weit und breit. Hat um einen Stern aufgerüstet. 25 ordentliche Zimmer, die nicht auf der

Côte du Morbihan
Karte S. 442/443

Wassersportstützpunkt Arradon

Top-Liste der 3-Stern-Zimmer stehen. DZ 49–63 €, Frühstück 7 €. ✆ 02.97.44.03.15, www.hotelstivell.com.

** **Hotel Les Vénètes**, die Veneter verteidigen mit stolzen Preisen seit 1935 die Landspitze von Arradon. DZ 90–170 €, Frühstück 8,50 €. ✆ 02.97.44.85.85, www.lesvenetes.fr.

** **Hotel Beaurivage**, der Nachbar vom Stivell, die besten Räume in ähnlicher Ausstattung, doch weniger komfortabel. 18 passable Zimmer mit Dusche/WC. DZ 39–54 €, Frühstück 6,50 €. ✆ 02.97.44.01.42, beaurivage@free.fr.

• *Camping* **** **Penboch**, Luxusplatz im Osten von Arradon. 175 Stellplätze mit komplettem Hotel-plein-air-Programm. Gut frequentierter Spielplatz, kleine Riesenrutschbahn. In der NS billiger. Geöffnet von Mitte April bis Mitte September. ✆ 02.97.44.71.29.

*** **L'Allée**, die Monsieur-Dupont-Version des Zeltens. 100 meist schattige Stellplätze 600 m vom Meer in freier Wildbahn. Appartement- und Caravanvermietung, beheiztes Schwimmbad, vorgefertigte Speisen. Geöffnet von April bis September. ✆ 02.97.44.01.98, campingdelallee@free.fr.

Halbinsel von Rhuys

Die lang gestreckte Halbinsel aus Schiefergestein, die den Golf von Morbihan gegen den Atlantik abschirmt, gilt wegen ihres milden Klimas und der mediterranen Vegetation als angenehme Sommerfrische. Der Küstensaum zum Golf hin ist flach und durch eine ununterbrochene Folge von Landzungen und Buchten zerfleddert, auf der Atlantikseite wechseln kleine Steilküstenabschnitte mit weiten Stränden. In den letzten Jahren regt sich die Bautätigkeit besonders auf dem Westzipfel: Ferienhäuser ducken sich in die Kiefernwäldchen entlang der Küste, die Ortschaften wachsen allmählich zusammen, und das touristische Aufkommen während der Sommermonate ist zum Massenansturm geworden. Vor allem entlang der Atlantikküste breitet sich der Badetourismus aus. Von *Port Navalo*, an der äußersten Westspitze der Rhuys-Halbinsel, über *Port de Crouesty* und *Kerjouanno* bis weit hinter *St. Gildas de Rhuys* reihen sich Strände und Badebuchten. Zu den Austerzüchtern der Halbinsel führt die *Route de l'huître*. Wer ihr folgt, kann nicht nur zentnerweise Austern kaufen, sondern auch etliche schöne Plätze finden.

• *Information* Großzügige Tourismuszentrale für die ganze Halbinsel bei St. Colombier am Rand der D 780 (beschildert). In der Saison 9–19.30 Uhr. ✆ 02.97.26.45.26, www.rhuys.com.

• *Verbindung* Mehrmals täglich startet in Vannes die **Bus**linie 7 zu ihrer Fahrt auf die Presqu'île de Rhuys. Über Sarzeau, St. Gildas de Rhuys, Arzon nach Port Navalo.

Sarzeau *(ca. 4000 Einwohner)*: Das Verwaltungs- und Handelsstädtchen abseits der Küste ist die größte Siedlung der Halbinsel. Die offiziellen kulturellen Glanzpunkte des Städtchens setzen zwei Renaissance-Gebäude und ein kleines Museum, doch den besten Eindruck hinterlässt die adrette Ortsmitte mit ihren Einkaufsmöglichkeiten. Ein Besuch lohnt vor allem am Donnerstag, wenn der größte Markt der

Halbinsel Sarzeau auf Hochtouren bringt. Die Strände der Gemeinde sind an allen schönen Tagen gut besucht.

- *Postleitzahl* 56370
- *Information* Zu Bürooöffnungszeiten in der Rue Jean-Marie Coudrin, ✆ 02.97.41.82.37, www.ville-sarzeau.com.
- *Fahrradverleih* **Loca Services**, Kerolaire, Route de St. Jacques, ✆ 02.97.42.99.21.
- *Tennis* Der Tennisclub Sarzeau hat insgesamt 6 Plätze am Parc des Sports. Kurse und Court-Vermietung. ✆ 02.97.41.80.13.
- *Wassersport* Vielfältiges Angebot bis hin zum Strandsegeln. Am Strand von Roaliguen schult und verleiht die **Ecole de voile du Roaliguen** (✆ 02.97.41.96.95) Optimisten, Katamarane, Kinder-Katamarane und Surfbretter. Ein größeres Angebot unterbreitet der **Club nautique de Penvins** (✆ 02.97.67.38.47), der auch Strandsegler anbietet. Den Kanu-Kajak-Sektor deckt z. B. **Manu Thomas** ab (✆ 06.14.68.04.65).
- *Übernachten* ** **Hotel-Bar du Port**, moderner Zweckbau an der Hafenzeile von St. Jacques. Im Restaurant viel Tagesbetrieb, 8 gute, voll ausgestattete Zimmer. DZ 56 €, Frühstück 8 €. Rue du Port St. Jacques, ✆ 02.97.41.93.51.

Hotel Restaurant Le Connétable, prägt die Ortsmitte von Sarzeau entscheidend mit – ganz zum Guten. Bar, Restaurant und 33 meist kleine, doch ordentlich-funktionale Zimmer. DZ 37–56 €, Frühstück 7 €. Ganzjährig geöffnet. Place Richmont 3, ✆ 02.97.41.85.48.

- *Camping* 7 Plätze liegen auf dem Gemeindegebiet von Sarzeau.

*** **Kersial**, etwa 2 km landeinwärts an der Straße nach St. Jacques. Wer sich an der meerfernen Lage nicht stört, ist hier gut aufgehoben. Gut ausgestattet. 100 Stellplätze. Geöffnet vom 15.4.–15.9. Route de St. Jacques, ✆ 02.97.41.75.59.

*** **La Madone**, großer Platz etwa 500 m hinter dem Strand von Penvins. 350 Stellplätze. Alle Facilitäten einer 3-Stern-Anlage. Geöffnet von Mai bis September. ✆ 02.97.67.33.30, campinglamadone@wanadoo.fr.

** **St. Jacques**, am Strand von St. Jacques und mit 530 Stellplätzen der Campingriese der Halbinsel. Einfach ausgestatteter Platz für Leute ohne große Ansprüche. Extra: Tennis. Geöffnet vom 1.4.–30.9. ✆ 02.97.41.79.29.

Château de Suscinio: Vor Sarzeau auf die D 198 ab, ca. 3 km. Hinter der mächtigen Umfassungsmauer des Wasserchâteaus strahlten vor einigen Jahren noch leere Fensterhöhlen und dachlose Wohnbauten die Atmosphäre eines romantischen

Suscinio, einst die Sommerresidenz der bretonischen Herzöge

Ruinenbildes von Caspar David Friedrich aus. In den letzten Jahren wurde die ehemalige Sommerresidenz der bretonischen Herzöge mit Geldern des *Départements* allerdings zuerst vor dem endgültigen Zerfall bewahrt, und anschließend durch ein aufwendiges Restaurierungsprogramm wieder in Schuss gebracht. Ihren vorläufigen Abschluss fanden die Arbeiten mit der Fertigstellung der Dachstühle des östlichen Wohnflügels. Seitdem leuchtet Suscinio wieder im herrschaftlichen Glanz vergangener Jahrhunderte. Im Inneren beherbergt die Burg heute zwei Museen und wechselnde Ausstellungen: Unbestreitbarer Höhepunkt sind die Mosaikböden der ehemaligen Schlosskapelle im 1.Stock. Die Kapelle war um das Jahr 1370 durch einen Brand vollkommen zerstört worden, ihre Ruinen wurden im weiteren Verlauf Opfer der Vergrößerungsmaßnahmen von Suscinio. So kam es, dass die wunderbaren Böden aus über 30000 Terrakotta-Fließen völlig in Vergessenheit gerieten, und erst 1975 durch einen glücklichen Zufall wieder entdeckt wurden. In der 2. Etage werden jährlich wechselnde Ausstellungen gezeigt, und das 3. Stockwerk ist der Geschichte des Schlosses seit dem 13. Jh. gewidmet. Eindrucksvolle Vorher-Nachher-Fotografien über die 30-jährigen Restaurierungsarbeiten machen diesen Abschnitt auch für jene Besucher interessant, die mit den zahlreichen französischen Texttafeln nicht so viel anfangen können.
Mitte Juli bis Mitte August finden im Schlosshof Theateraufführungen und historische Spektakel statt. Die nächste Ausgabe des großen Mittelalterfests mit Jongleuren, mittelalterlichem Markt und Wettbewerben im Bogenschießen ist für Juli 2005 geplant.

Öffnungszeiten Juni bis September täglich 10–19 Uhr, ansonsten von Februar bis November täglich außer Dienstag 10–12 und 14–18 Uhr. Erwachsene 5 €, erm. 3 €, Infos über die Veranstaltungen unter ✆ 02.97.41.91.91.

St. Gildas-de-Rhuys: Auf einem Plateau oberhalb der Atlantikküste liegt die von einer mächtigen Kirche überragte Tausend-Seelen-Gemeinde. Hinter der Kirche, die wie eine brütende Glucke inmitten des granitgrauen Ortskerns sitzt, senkt sich das Land zum Hafen hin ab, an der Peripherie schießen Ferienhäuser aus dem Boden. Beiderseits des Ortes liegen zwei lange Strände: westlich der von einem breiten Dünensaum begrenzte *Plage des Govelins* in einer 2 km langen Bucht (Strandeinrichtungen) und 5 km östlich der *Plage de Roaliguen*, der sich zu einer "modernen Marina" (Werbeprospekt) entwickelt hat.

St. Gildas-de-Rhuys ist eine der ältesten Siedlungen der Halbinsel. Ihre Gründung geht auf *St. Gildas* zurück, der im frühen 6. Jh. das Land missionierte und durch einige spektakuläre Händel mit dem Teufel etliche Seelen für seinen Gott gewann. Bis zum 12. Jh. blieb St. Gildas-de-Rhuys eine der größten und einflussreichsten Abteien, bekannt auch für ihre losen Sitten und skrupellosen Intrigen (siehe Kasten). Von der *Abteikirche* dieser Zeit ist der romanische Teil des Chors und des Querschiffes erhalten. An der Außenwand des Chors stellt ein verwittertes *Relief* ein Ritterspiel dar: Zwei schwer gepanzerte Reiter stürzen sich mit gestreckter Lanze aufeinander. Einer der Recken soll Geoffroi de Plantagenet darstellen, einer der gefürchtetsten Turniergiganten seiner Zeit, der bei einem Lanzenduell durchbohrt wurde. Im Inneren der Kirche verbergen sich unter den Rundbogen und massigen Pfeilern des Chors bemerkenswerte *Totenstätten*: neben den Grabplatten verschiedener Abbés, Adliger und hoher Würdenträger u. a. das *Granitgrab von St. Goustan* (11. Jh.) mit einem wertvollen Reliquienschrein, in dem die knöchernen Überreste des Heiligen ruhen. Hinter dem barocken Hauptaltar die letzte Ruhestätte des Kirchenpatrons. Sein Totenschädel inklusive Arm- und Beinknochen sind im Kirchenschatz zu bewundern.

- *Fahrradverleih* Im Sommer bei **Passot Espace Voyage**, Route de Kergoff 29, ✆ 02.97.45.14.00.
- *Wassersport* Segeln und Surfen; Kurse und Verleih am Plage des Govelins, **Ecole de Voile Rohu**, ✆ 02.97.45.37.05.
- *Camping* **** **Le Menhir**, 4 km außerhalb der Ortschaft, unweit der Kreuzung der D 780 mit der D 198 nach St. Gildas. Schattig, hervorragend ausgestattet mit Laden, Tennisplatz, Swimmingpool und Fahrradverleih. 1,5 km zum Strand Les Govelins. In der HS Vorbestellung! 180 Stellflächen. Geöffnet vom 1.5.–20.9. ✆ 452 288.

** **Goh Velin**, an der D 198, ca. 2 km außerhalb. Einfaches Campingterrain mit 100 z. T. schattigen Stellflächen. 1 km zum Strand. Geöffnet Ostern bis 15.9. ✆ 452 167.

Abélard

Pierre Abélard, 1079 bei Nantes geboren, gilt zu seiner Zeit als einer der führenden geistigen Köpfe Frankreichs. Er verfasst wegweisende philosophisch-theologische Schriften und verdient sich bei reichen Leuten als Privatlehrer seinen Lebensunterhalt. Hierbei unterläuft ihm ein folgenschwerer Fehler, dem die Nachwelt ein berühmtes literarisches Kunstwerk verdankt, doch dem Autor die Manneskraft kostet: Pierre verführt in Paris Héloise, eine seiner Schülerinnen und ausgerechnet die Nichte eines einflussreichen und nicht zimperlichen Kanonikers. Nach der Entdeckung der leidenschaftlichen Affäre lässt der erboste Oheim den verliebten Theologen von gedungenen Spezialisten entmannen. Mehr als an der Ehre verletzt, verschlägt es den gezeichneten Gottesmann in die Bretagne, das "raue Land, dessen Sprache ich nicht kenne und dessen Bewohner wild und ungehobelt sind". Im Kloster St. Gildas will er als Abt seines Fleisches Schmach sühnen, doch weh: In einem Briefwechsel schildert er die heillosen Zustände der Benediktiner-Gemeinschaft. Nach seinen Worten leben die Mönche "schlimmer als die Heiden, ihre einzige Regel ist, keine zu haben, ihr Lebenswandel ist barbarisch, das Kloster zu einem wilden Freudenhaus verkommen". Blutige Jagdtrophäen zieren die Pforten der Abtei, und nur das Gebell der Meute und der Klang der Jagdhörner können die geilen Mönche aus den Betten ihrer Konkubinen locken. Wieder gerät der Entmannte in Gefahr: Bestrebt, Zucht und Ordnung in die mönchischen Reihen zu bringen, legt er sich mit seinen Ordensbrüdern an und fällt fast einem Giftanschlag zum Opfer. Nur durch Zufall kann sich Abélard 1132 retten und findet bei einem Edelmann Zuflucht. Hier entsteht seine berühmte "Historica calamitatum mearum" (Geschichte meines Unheils), eine bittere Anklage des Zustands der kirchlichen Institutionen, gewürzt durch wahrscheinlich nie abgesandte, fingierte Briefe des immer noch verliebten Abbés an seine Héloise, in denen er seinen schmerzhaften Verlust beweint.

Arzon: Die Hafen- und Badeorte an der zerklüfteten Westspitze der Halbinsel wie Port Navalo und Port Crouesty gehören alle zur Gemeinde Arzon und werden von ihr verwaltet. Außer der Supermarktballung an der Peripherie und einem kleinen Zentrum mit etlichen Läden hat Arzon selbst, nicht direkt am Meer gelegen, nichts zu bieten.

- *Postleitzahl* 56640
- *Fähre/Bootsausflug* Regelmäßige Fährverbindung von Port Navalo mit Locmariaquer, siehe dort. Auch die Ausflugsboote starten in Port Navalo zu ihren Golftouren. Im Sommer täglich zwei Überfahrten nach **Belle-Ile**. Abfahrt 8.30 und 14.30 Uhr, retour 17 und 19.15 Uhr, 29 €, Kinder 18 €.

Auskünfte/Buchungen am Hafen. Ausflüge auf dem Nachbau eines Langustenfängers sind auf dem *Krog e Barz* möglich. Infos unter ✆ 02.97.53.99.25.

• *Fahrradverleih* **Abbis Location**, in Port de Crouesty, Quai des Voiliers, ✆ 02.97.53.64.64.

• *Kleiner Zug* Macht Platz! Macht Platz für den Kleinen Zug! An den Sommerwochenenden verkehrt zwischen Port Navalo und Port de Crouesty le petit train.

• *Markt* Wochenmarkt der hinteren Halbinsel Dienstag und Freitag in Arzon.

• *Wassersport* Die meisten Aktivitäten in Port du Crouesty; ein Anbieter ist die **Ecole de voile du Fogeo**, Schulungen und Verleih von Segelbooten, Katamarans und Surfbrettern. ✆ 02.97.53.84.01.

• *Übernachten* ** **Glann Ar Mor**, in Port Navalo, hinter dem Zentrum von Arzon kurz vor dem Meer an der Straße. Funktionaler 2-Sterner mit Restaurant. 8 ordentliche Zimmer, DZ 41–55 €, Frühstück 7,50 €. Ganzjährig geöffnet. Rue des Fontaines 27, ✆ 02.97.53.88.30, glanarmor@aol.com.

Bar-Hotel de la Plage, ältliches Billighotel am Strand von Port Navalo, an dem der Zahn der Zeit sichtbar nagt. 10 einfache Zimmer, DZ 39 €. Geöffnet vom 1.4. bis 2.11. Avenue Général de Gaulle 21, ✆ 02.97.53.75.92.

• *Camping* *** **Le Tindio**, auf der Golf-Seite, 1 km östlich von Arzon beim Weiler Kerners, an einer tief eingeschnittenen Bucht. Anständig ausgestattet, gepflegte Sanitärs. Geöffnet April bis Ende Oktober. ✆ 02.97.53.75.59.

** **Camping Bilouris**, exponiert auf einer Landzunge unweit des vorherigen Platzes. 100 z. T. schattige Stellplätze oberhalb des Strandes in der Bucht von Kerners. Lebensmittellädchen, Kinderspielplatz, Snack-Bar. Einfacher als Le Tindio. Geöffnet von Mitte März bis Oktober. ✆ 02.97.53.70.55.

** **Port Sable**, südlich des Hafens von Port Navalo, an der Bucht zwischen Navalo und Crouesty. Leicht zum Meer abfallendes Areal, nicht unterteilt und von einigen Kiefern beschattet. 2 ordentlich gewartete Sanitärblocks, direkter Zugang zum Strand auf der Atlantikseite. 215 Stellplätze. Geöffnet von April bis 15.10. ✆ 02.97.53.71.98.

Butte de César: Kurz vor Arzon, rechts der D 780, erhebt sich der *Tumulus von Tumiac*, der als Hügel Cäsars (*Butte de César*) in die Geschichte eingegangen ist. Von der Spitze des 15 m hohen Erdhügels, unter dem ein Hünengrab entdeckt wurde, soll der Feldherr 56 v. Chr. seine Seetruppen in der entscheidenden Schlacht gegen die Veneter dirigiert haben. Einen Bericht dieser Seeschlacht liefert Cäsar in seinem von Lateinschülern geliebten Buch *De Bello Gallico* (Vom Gallischen Krieg): Während die Veneter mit 220 tiefbauchigen Segelschiffen antraten, hatte sich Cäsar für flache Rudergaleeren entschieden. Am Tag der Schlacht herrschte ruhige See und relative Windstille. Die venetische Seglerflotte lag manövrierunfähig in den Fluten, und Cäsars wendige, von Trommelschlägen, Peitschenhieben und Sklavenkraft angetriebenen Galeeren hatten leichtes Spiel, die unbeweglichen Keltenschiffe zu zerstören. Die Folge des Siegs: die Einverleibung Armorikas ins Römische Weltreich und die Verschleppung der überlebenden Veneter in die Sklaverei. 2000 Jahre später schlagen die Nachkommen der Veneter zurück: Bald haben französische Hypermarchés den Caesar-Hügel erobert.

Petit Mont: Viele Jahrtausende war das *Fürstengrab* kurz vor Arzon, ein unscheinbarer Hügel über dem Ufer, totes Kapital. Unter Zuhilfenahme vieler Steine schichteten nun Archäologen um den Kern des *Cairns* einen stattlichen Steinhaufen auf, wie er vor etwa 6500 Jahren ausgesehen haben könnte, bevor er mit Erde bedeckt wurde. Das Ergebnis darf gegen Gebühr besichtigt und betreten werden.

Öffnungszeiten Juli bis August täglich außer Dienstag und Samstag Führungen um 10, 11.30, 15 und 17 Uhr. Außerhalb der HS Infos im O.T. Erwachsene 3,50 €, erm.1,50 €.

Port Navalo: Ein kleiner, aber wichtiger Leuchtturm, der Hafen, eine Strandpromenade mit gemütlichen Bänken und Aussichtspunkten, dazu ein paar Hotels, viele Ferienappartementhäuser, Restaurants und Crêperien – Port Navalo, Ankunfts-

und Abfahrtshafen für die meisten Panoramaschiffe und Fähren auf der Landzunge, bildet zusammen mit dem gegenüber liegenden Locmariaquer das Tor zum Golf. Das von Kiefernwäldchen umgebene Bade- und Fährhafenörtchen an der schmalen Golfmündung wird in nächster Zeit ganz mit *Port Crouesty* (südöstlich) zusammenwachsen. Auf dem zum Atlantik gerichteten Küstensaum liegen zwei schön von Felsen und Kieferbestand begrenzte Strände, die im Sommer ziemlich belegt sind.

Port de Crouesty/Kerjouanno: Südöstlich von Port Navalo bildeten einst lose verteilte Weiler und Gehöfteansammlungen auf einer weiteren Landzunge den Ort *Port Crouesty* – heute ein Eldorado für Yachtbesitzer, 1200 Bootsplätze stehen zur Verfügung. Die rege Bautätigkeit der letzten Jahre hat östlich einen Retortenort entstehen lassen: *Kerjouanno* mit seinen Ferienhauskolonien, einem etwa 1 km langen Badestrand und einem vielfältigen Freizeitangebot. Weiter östlich schmiegt sich ein 3 km langes Dünengelände mit guten Bademöglichkeiten an die Küste.

Vannes

(ca. 47.000 Einwohner)

Als Julius Cäsar vor 2000 Jahren die Bretagne eroberte, war es der Stamm der Veneter, der ihm den heftigsten Widerstand entgegensetzte. Die für ihre Tapferkeit und Lebenslust bekannten Ureinwohner, die den römischen Feldherrn zwar zu Komplimenten hinrissen, ihn aber nicht davon abhielten, sie zu ermorden oder in die Sklaverei zu treiben, gaben Vannes auch ihren Namen.

Vannes ist die Hauptstadt des Départements Morbihan und – wie zu Zeiten Cäsars – wichtigster Verkehrsknotenpunkt der Region. Zudem ist die Stadt auf einem Hang am Nordufer des Golfs von Morbihan heute ein dynamisches Handels- und Industriezentrum. An der Peripherie und der Südflanke der Stadt haben sich nationale, renommierte Großbetriebe wie Michelin angesiedelt, Lagerhallen, Hafenanlagen und Wohnblocks wuchern aus dem Boden. Doch die Szenerie des alten Vannes hat sich kaum verändert.

Vor dem Halbrund repräsentativer Fassaden auf dem quirligen *Place Gambetta* ragen die Masten exklusiver Segelyachten aus dem Hafenbecken, dahinter schließen mächtige Stadtmauern mit dickbauchigen Türmen das Mittelalter ein – heute bewohnt von Boutiquen, luxuriösen Geschäften und stilvollen Restaurants. In den Gassen der zur Fußgängerzone erklärten *Altstadt* mit ihren renovierten Fachwerkfassaden, gekrönt von der gewaltigen *Kathedrale St. Pierre*, verliert sich die Zeit, unter dem weit hervorragenden Schieferdach des alten *Waschhauses* an der *Marle* klingt noch das Schwatzen der Waschfrauen. Die Stadt gibt sich viel Mühe, ihre Attraktionen zu fördern; Kultur hat einen hohen Stellenwert, Museen, Parks, Promenaden und das Aquarium sorgen für Kurzweil. Kurzum: Vannes ist nicht nur eine der schönsten bretonischen Städte, sondern auch eine der lebhaftesten und aufgeschlossensten.

Geschichte

Mit der Besetzung Armorikas durch römische Truppen beginnt die Geschichte der heutigen Stadt. Nachdem die Römer die venetische Oberschicht ermordet und den Großteil der restlichen Bevölkerung auf dem Sklavenmarkt verramscht haben, entsteht auf dem Stadtgebiet ein römisches Verwaltungs- und Verkehrszentrum, das

Am Place Gambetta

zunächst *Darioritum*, später *Venetis* und heute *Vannes* heißt. Mit der Christianisierungswelle im 5. Jh. verwandelt sich die römische Stadt in eine christliche Enklave. *St. Patern*, ein Mönch aus der Schule des St. Gildas, der durch eifrige Wundertätigkeit noch über seinen Tod hinaus für Staunen sorgte, legt den Grundstein für Vannes' Zukunft als Bischofsstadt. Im 9. Jh. schlägt Vannes' glorreichste historische Stunde: *Nominoe*, ein aus biederen Verhältnissen stammender Ellenbogenmensch, wird von Karl dem Großen zum Grafen von Vannes, später von Ludwig dem Frommen zum ersten Heerführer und Herzog der Bretagne ernannt. Ein Plan reift in Nominoes Kopf. 845 sagt er sich von der fränkischen Oberhoheit los, 851 gründet sein Sohn *Erispoe* das Königreich Bretagne mit Vannes als Hauptstadt. Ironie der Geschichte: In der gleichen Stadt, in der die Unabhängigkeit der Bretagne begann, endet sie knapp 800 Jahre später. 1532 tritt *Claudia*, Tochter der Anne de Bretagne, das Herzogtum an die französische Krone ab. Ihr Gatte *Franz I.* lässt sich diesen Staatsakt, der "die immerwährende Union des Herzogtums Bretagne mit dem Königreich und der Krone Frankreichs" besiegelt, von den Landständen in Vannes bestätigen. Die Bretagne ist wieder, was sie vor Nominoe war: eine ausgebeutete Provinz einer mächtigen Nation.

Erst ab 1675 erlangt Vannes wieder überregionale Bedeutung, als *Ludwig XIV.* nach Niederschlagung der *Stempelpapierrevolte* (siehe gleichnamigen Kasten/Geschichtskapitel) das bretonische Parlament aus Rennes verbannt. 15 Jahre tagen die Parlamentarier in Vannes, für das die Strafaktion des Sonnenkönigs neuen Aufschwung bringt. Während der Französischen Revolution steht Vannes auf der Seite der Königstreuen und muss mit hohem Blutzoll dafür büßen.

Der Aufstieg des neuen Hafens Lorient leitet den Abstieg von Vannes ein, der erst nach dem Zweiten Weltkrieg gestoppt wird: Neue Industrieansiedlungen leiten den Wandel zu einer modernen, prosperierenden Stadt ein, die ihre Vergangenheit nicht vergessen hat.

Information

• *Postleitzahl* 56000

• *Telefonvorwahl* 0297

• *Information* Linker Hand vom Hafenkai, auf dem Weg zu Rathaus und Post. Juli bis August täglich 9–19 Uhr. September bis Juni Mo–Sa 9.30–12.30 und 14–18 Uhr. Rue Thiers 1, ✆ 02.97.47.24.34, www.pays-de-vannes.com/tourisme.

Verbindungen

• *Bus* Bahnhof für Bus und Zug im Norden am Boulevard Général Guillaudot. Für Busreisende interessant ist u. a. die Linie 1 (Auray–Lorient) zur Halbinsel Quiberon, Stopps an allen wichtigen Tourismuszentren (Auray, Locmariaquer, Trinité, Carnac). Mit dem Stadtbus in den Golf von Morbihan zu den Abfahrtshäfen für die Golf-Inseln (Port Blanc, Larmor-Baden, Baden). Einige weitere Linien: Nr. 8 3-mal täglich über La Roche-Bernard nach Nantes, Nr. 4 2-mal täglich über Malestroit nach Ploërmel, mit Linie 81 weiter nach Rennes. Auskünfte bei TPV am Gare Routière, Place de la Gare, ✆ 02.97.01.22.10.

• *Zug* Vannes liegt an der TGV-Schnellverbindung Paris–Brest. Über Redon bzw. Quimper mehrmals täglich "tout de suite" in beide Richtungen. Dazu zwei schnelle "Bummelzüge" auf der Strecke Redon/Quimper (über Auray, Hennebont, Lorient und Quimperlé). Im Sommer zur Halbinsel Quiberon über eine Stichbahn (Auray–Carnac). Auskünfte und Reservierung im Bahnhof, Boulevard Général Guillaudot, ✆ 08.92.35.35.35.

Diverses

• *Bootsausflüge* Gare Maritime auf der südlich gelegenen Halbinsel von Vannes (2 km südlich des Altstadthafenkais, auf der Promenade de la Rabine Richtung Conleau). Die Flotte der Kursschiffe unternimmt von April bis Ende September **Bootstouren im Golf** und fährt ganzjährig zur **Ile d'Arz**. Schlemmerrundfahrten im Restaurantschiff zwischen März und September (Näheres im Kapitel Golf von Morbihan). Im Juli/August einmal täglich zu den Inseln **Houat** und **Belle-Ile**, Preisbeispiel Belle-Ile H/R: Erwachsene 29 €, Kinder 19 €. Auskünfte und Reservierungen direkt im Gare Maritime von Conleau bei Navix am Parc du Golfe, ✆ 02.97.46.60.00; Weitere Angebote bei Compagnie des Iles, ✆ 02.97.46.18.19.

• *Fahrradverleih* **Cycles Le Mellec** verleiht zu gängigen Konditionen in der Rue Jean Gougaud 53ter, ✆ 02.97.63.00.24.

• *Feste* Bunt und lebhaft geht es während der **Fêtes historiques** Mitte Juli zu: Am 13. und 14. Juli (Nationalfeiertag) sowie dem vorhergehenden Wochenende gibt es traditionelle Spektakel, Feuerwerke etc. Ein wichtiges Datum für Liebhaber bretonischer Folklore sind die Tage um den 15. August: Bei bretonischem Tanz und Musik kommen sie voll und ganz auf ihre Kosten. Jazzig wird's beim **Festival du Jazz** im August: Hier finden bekannte Musiker in Clubs und Open-air ihr Publikum. 2003 fand im September/Oktober die erste Ausgabe des **Festival international de la photo de mer** statt: Konferenzen, diverse Veranstaltungen und – für Touristen besonders lohnend – Fotoausstellungen an verschiedenen Orten in der Altstadt. Weitere Ausgaben sind geplant. Infos unter www.photodemer.com oder im O.T.

• *Kleiner Zug* Le petit train rollt auch in Vannes. Von April bis Oktober täglich außer Mittwoch und Samstagvormittag 30 Minuten kommentierte Stadtrundfahrt, Erwachsene 5 €, Kinder 3 €. Juli/August auch Nachtfahrten bis 22.30 Uhr.

• *Markt* Wochenmarkt jeden Mittwoch und Samstagvormittag auf dem Place des Lices. Fischmarkt jeden Freitag und Samstag in den Hallen am Place de la Poissonnerie.

• *Stadtführung* Über das O.T. nur Gruppenführungen. Für Einzelpersonen Infos unter ✆ 02.97.01.64.00.

• *Tennis* **Tennisclub Vannetais**, ✆ 02.97.63.14.66.

• *Waschsalon* Zeitgemäßer als im Waschhaus an der Marle waschen Sie in der **Laverie automatique** in der Avenue Victor Hugo 5, täglich 7–21 Uhr.

Côte du Morbihan
Karte S. 442/443

Übernachten/Camping/Essen

Über 20 Hotels der unterschiedlichsten Kategorien (mittlere Oberklasse bis sternloses Nacht-Logis) mit etwa 600 Zimmern. Die meisten Unterkünfte liegen etwas außerhalb des historischen Zentrums. Eine Auswahl:

*** **Mercure (11)**, im Parc du Golfe etwas außerhalb, Richtung Conleau. Erste Adresse mit gediegenem Wohnkomfort, 77 Zimmer mit erstklassigen Sanitärs, schöne Aussicht. Hotel-Restaurant Le Dauphin mit ausgezeichneter Küche (Menüs ab 25 €). DZ 82–102 €, Frühstück 10 €. Ganzjährig geöffnet. Parc du Golfe, ✆ 02.97.40.44.52, mercurevannes@easynet.fr.

*** **La Marébaudière (7)**, oberhalb des Promenaden-Parks de La Garenne, unweit des Etang de Duc. Nobel in ruhiger Lage, 41 Zimmer mit entsprechender Einrichtung. DZ 65–96 €, Frühstück 8,50 €. Ganzjährig geöffnet. Rue Aristide Briand 4, ✆ 02.97.47.34.29, www.marebaudiere.com.

** **Anne de Bretagne (2)**, gleich gegenüber dem Bahnhof. Funktionales 20-Zimmer-Hotel mit ordentlichen Räumen und Sanitärkomplexen. Kein Restaurant. DZ 44–53 €, Frühstück 6 €. Ganzjährig geöffnet. Rue de Clisson 42, ✆ 02.97.54.22.19, www.anne-bretagne.com.

** **Le Bretagne (4)**, kleines, nettes Hotel unweit der Kathedrale (Norden). 12 für die Preisklasse ordentliche Zimmer, unterschiedlich ausgestattet. Zum Teil Etagen-WC. Kein Restaurant. DZ 32–39 €, Frühstück 5 €. Ganzjährig geöffnet. Rue Mené 36, ✆ 02.97.47.20.21, hotel.le.bretagne@wanadoo.fr.

** **Hôtel de France (1)**, vor dem neuen Rathauskomplex. Funktionales 30-Zimmer-Hotel. Unterschiedliche Ausstattung, kein Restaurant. DZ 41–55 €, Frühstück 5,50 €. Ganzjährig geöffnet. Avenue Victor Hugo 57, ✆ 02.97.47.27.57, www.hotelfrance-vannes.com.

** **Hotel le Marina (9)**, im Halbrund des Place Gambetta am Kopfende des Yachthafens. Wer gern eine größere Auswahl an Bars und Brasseries direkt vor seiner Haustür hat, ist hier richtig. 14 Zimmer im unteren 2-Stern-Bereich, die Zimmer nach hinten sind ruhiger, aber ohne entsprechenden Blick. DZ 52 €, Frühstück 5,50 €. Ganzjährig geöffnet. Place Gambetta, ✆ 02.97.47.22.81, lemarinahotel@aol.com.

* **La Chaumière (3)**, einfaches Garni-Hotel 500 m vom Zentrum an der Hauptstraße nach Auray. 14 schlichteste Zimmer, etwas laut. Restaurant. DZ je nach Sanitärausstattung 31–56 €, Frühstück 5 €. Ganzjährig geöffnet. Place de la Libération 12, ✆ 02.97.63.28.51.

• *Camping* *** **Municipal de Conleau**, etwas außerhalb der Stadt beim Gare Maritime. Die Uferstraße trennt das leicht abschüssige Rasengelände von der Golfküste. Vereinzelt Pappeln und Kiefern. Nach Jahren sanitärer Tristesse herrscht auch in diesem Bereich endlich 3-Stern-Niveau. Kleiner Laden, Kajak- und Fahrradverleih, Scheckkarten-Schlagbaum. Busanschluss ins Zentrum. 250 Stellplätze. Geöffnet von April bis 30.9. Avenue du Maréchal Juin 188, ✆ 02.97.63.13.88.

• *Essen* Am Bahnhofsplatz empfängt das edle **Restaurant Régis Mahé** Gourmets mit edlen Gaumenkitzeleien. Bekannt für exzellenten Fisch und Meeresfrüchte, dem Michelin 1 Stern wert. Menüs zu angemessenen Preisen (ab 26 €), Spezialität Langusten à l'Estragon, Seebarbensalat auf Kräutern und Wolfsbarschragout. Place de la Gare, ✆ 02.97.42.61.41.

Restaurant le Carré blanc (10), das geschmackvoll und minimalistisch eingerichtete Restaurant liegt am westlichen Hafenufer, und kommt Nichtrauchern durch einen Bereich mit Rauchverbot entgegen. Menüs je nach Anzahl der Gänge 15–20 €, große Auswahl an Weinen. Sonntag und Montagmittag geschlossen. Rue du port 28, ✆ 02.97.47.48.34.

Restaurant la Nappe Monde (5), das helle und gemütliche Lokal ist vor allem für das Mittagessen ein beliebter Treffpunkt. Die freundliche Bedienung serviert bretonische Spezialitäten. Menüs von 15–21 €. Mi. geschl. Rue des Halles 8, ✆ 02.97.47.21.94.

La Gargouille (6), eine exzellente Adresse der etwas anderen Art. Im mittelalterlich anmutenden Interieur werden unter den Blicken der fratzen- und teufelsgesichtigen Wasserspeier (Gargouilles) Spieße der exotischsten Art zubereitet und verzehrt. Unser Favorit: In Zimt karamellisierter Lammspieß. Spieße zwischen 10 und 18 €. In der NS Mittwoch geschlossen. Rue Aristide Briand 9, ✆ 02.97.42.48.51.

Crêperie Kalon Breiz (8), die traditionelle Crêperie in der Altstadt ist Nachbar des La Nappe Monde. Crêpes zwischen 2 und 8 €. Sonntagmittag geschlossen. Rue des Halles 6, ✆ 02.97.54.27.20.

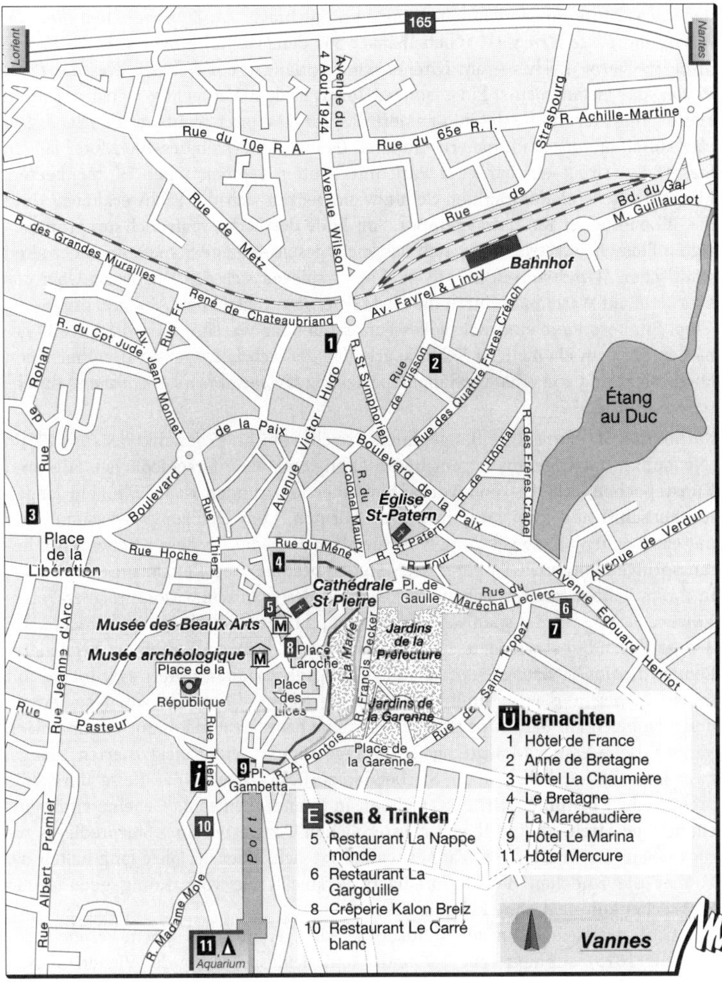

Côte du Morbihan
Karte S. 442/443

Sehenswertes

Stadtrundgang: Vom *Place Gambetta* am Ende des schlauchförmigen Yachthafenbeckens geleitet die wehrhafte *Porte St. Vincent* in die engen Altstadtgassen, die allesamt fachwerkgesäumt zur Kathedrale hinaufführen. Den *Place des Lices* säumen Bürgerhäuser: Hier wurden früher die Turniere und Schaukämpfe der Ritter ausgetragen. Über die *Rue Rogue* an der nördlichen Spitze des Platzes (interessant das Eckhaus am Ende der Gasse, im Volksmund das "Haus von Vannes und seiner Frau", mit zwei bäuerlich-derben Holzskulpturen an der Giebelseite) und die *Rue des Halles* gelangt man zu den *Markthallen* (*La Cohue*) aus dem 12. Jh., in

denen das Museum der schönen Künste untergebracht ist. Zwischen dem *Place St. Pierre* und *Place Henry IV.* (Giebelhäuser aus dem 16. Jh.) erhebt sich die *Kathedrale St. Pierre.* Rechts – am Kirchenschiff entlang – ein weiteres Tor: die *Porte Prison*, das Gefängnistor. Ein massiger Turm, in dem Verdächtige einst auf ihren Haftprüfungstermin warteten, flankiert das Tor. Dahinter rechts in die *Rue F. Decker* außerhalb der Stadtmauern. Im alten Graben unterhalb des 400 Meter langen Stadtwalls erfreut ein barocker Park mit bunten, geometrischen Blumenbeeten, hinter der teils efeuumrankten Schutzwand recken sich die Fachwerkhäuser und die Silhouette der Kathedrale empor. Am Ende des Parks, malerisch am grün veralgten Flüsschen *Marle*, duckt sich das leicht geschwungene Schieferdach des alten städtischen *Waschhauses*, im stillen Wasser spiegelt sich das Fachwerk. Über das Brücklein am Waschhaus durch die *Porte Poterne* zurück in den Altstadtkern.
Tipp: Ein besonders eindrucksvolles Panorama über Waschhaus und Stadtwall genießen Sie vom ehemaligen Schlosspark aus, der sich links der Straße über einen Hügel zieht und von einem schönen Spazierweg (*Promenade de la Garenne*) durchschnitten wird.

Kathedrale St. Pierre: Ihre Baugeschichte reicht vom 12. (Romanik) bis zum 19. Jh. (Neugotik), das Ergebnis ist ein buntes Konglomerat unterschiedlicher Stile und Kunstepochen, mit An- und Vorbauten, einer kreisrunden Kapelle, einem langen Kirchenschiff und zwei monumentalen Türmen. Vom Ursprungsbau ist nur der mit einer neuen Spitze gekrönte Nordturm erhalten, die aus dem Kirchenschiff herausspringende Kapelle ist eines der seltenen bretonischen Renaissance-Bauwerke. In ihrem lichten Inneren liegen die Reliquien des spanischen Dominikaner-Paters *Vinzenz Ferrer*, den der spanische König Philipp II. quer durch Europa schickte, um den gottlosen Pöbel wieder auf die rechte Bahn zu bringen. Ferrer, ein begnadeter Redner, rastlos in Sachen Gottes- und Königspropaganda unterwegs, lockte mit seinen derben und volkstümlichen Schmähpredigten Tausende von Neugierigen und Gläubigen an. 1417 wird er in die Bretagne beordert und kommt zweimal nach Vannes. Beim ersten Mal predigt er 24 Tage lang vor einer elektrisierten Menge, zwei Jahre später kehrt er als Sterbender zurück – nach einer Reise durch die bretonischen Bistümer stirbt er erschöpft in Vannes. Um seine Gebeine entbrennt ein heftiger Streit. Philipp II. will die sterblichen Überreste seines Starpredigers zurückhaben, der Bischof von Vannes widersetzt sich. Über 36 Jahre lang halten die Vanner die Knochen des Bußpredigers versteckt, die vom König gedungenen Einbrecher kommen ohne Reliquie heim.
Das Grab des Heiligen in der Rundkapelle wird gerahmt von einem verblichenen Gobelin (1615), auf dem Leben, Wunder und Heiligsprechung des Vinzenz dargestellt sind. Ein anderes Gemälde zeigt ihn bei der Arbeit: Vinzenz predigt den Bürgern von Granada. Im ehemaligen Kapitelsaal der Kathedrale (rechts hinter dem Chor) die Schatzkammer, wo neben liturgischem Handwerkszeug (Hostienbüchse aus Elfenbein) und Kultgegenständen (Kreuze, Kelche, Bücher), eine bemalte Hochzeitstruhe (12. Jh.) ins Auge sticht.
Öffnungszeiten Täglich 8–19 Uhr, So 9–19 Uhr. ✆ 02.97.47.10.88.

Musée des Beaux Arts / La Cohue: Die Markthallen *La Cohue* ("Die lärmende Versammlung") aus dem 12. und 16. Jh. waren bis 1840 die Domäne der Händler – speziell der Metzger – und während des Ancien Régime Sitz des Finanzgerichts. Hier entschied der Präsidial über Steuerfragen, zur Zeit der Revolution fällten die Jakobiner ihre blutigen Urteile, und später diente die Cohue als Theater. Ein Teil

Ein Opfer der Waschmaschine:
Das alte Waschhaus an der Marle hat längst geschlossen

der Hallen – verborgen hinter verschachtelten Fachwerkfassaden – ist im romanischen, der andere im Stil des 14. und 16. Jh. gehalten. Zwei Eingänge führen in das älteste, vor einigen Jahren renovierte Gebäude. Es beherbergt heute das *Musée des Beaux Arts* mit seiner Kollektion namhafter Maler besonders des 19. Jh.: Corot, Millet, Delacroix und Goya. Ein Extrasaal widmet sich der Geschichte und Ethnologie des Golfes von Morbihan, wobei vor allem Schiffsmodelle die Entwicklung der Seefahrt illustrieren. Jährlich wechselnde Ausstellungen von der Archäologie bis zur modernen bildenden Kunst vervollständigen das Angebot.

Öffnungszeiten Mitte Juni bis Mitte September täglich außer Feiertage 10–18 Uhr. Ansonsten täglich außer So und Feiertage 13.30–18 Uhr. Erwachsene 4 €, Kinder 2,50 €. Kombipass mit Archäologischem Museum Erwachsene 5 €, erm. 3 €.

Musée Archéologique: Das *Château Gaillard*, das mit seinem vorgebauten Treppenturm eher an eine Festung als an ein Palais erinnert, war seit 1457 sporadischer Tagungsort des bretonischen Parlaments. Es beherbergt heute – neben Carnac – das interessanteste prähistorische Museum der Bretagne. Der Bogen reicht vom Neolithikum (Grabbeigaben) bis zum späten Mittelalter (Passionskreuze). Schwerpunkt der Sammlung bilden die Exponate der Megalith-Kultur, die von den ersten Ausgrabungen in Locmariaquer und Carnac (besonders Tumulus von St. Michel) stammen: jede Menge Steinzeitschmuck und derbes Arbeitsgerät, Beile, Münzen, Perlen hinter Glasvitrinen.

Öffnungszeiten In der HS täglich von 10–18 Uhr, in der NS besser nachfragen, da das Museum wegen langwieriger Umbauarbeiten teilweise geschlossen bleibt. ✆ 02.97.01.63.00. Erwachsene 3 €, erm. 1,50 €, Kombipass siehe oben.

Aquarium: An der Ausfahrt des Yachthafens, etwa 1,5 km vom Zentrum, Richtung Conleau. 1984 wurde das futuristisch anmutende ozeanographische und tropische

Aquarium eingeweiht. In über 50 Bassins, verteilt auf drei Ebenen, präsentiert es gut 600 Arten maritimer Fauna von der Nautilusmuschel bis zum Tigerhai. Bemerkenswert: das 35.000-Liter-Becken mit einem tropischen Korallenriff und das Haifischbecken. Skurril: das berühmteste Krokodil Frankreichs, das 1984 in den Abwasserkanälen von Paris entdeckt wurde und daraufhin weltweit Furore machte.

Öffnungszeiten April bis Oktober täglich 10–12.30 und 14–18.30 Uhr. Juli und August täglich 10–19 Uhr. Erwachsene 8 €, erm. 5 €.

Schmetterlingspark: Seit einigen Jahren gibt es direkt neben dem Aquarium auch einen *Jardin aux papillons* zu besichtigen, in dem die Besucher inmitten von mehr als 15000 tropischen und heimischen Schmetterlingen spazieren gehen können.

Öffnungszeiten April bis September täglich 10–12.30 und 14–17.30 Uhr. Juni bis August täglich 10–18 Uhr. Erwachsene 6 €, erm. 4,50 €, Kombipass mit Aquarium Erwachsene 11 €, erm. 7,50 €.

Vannes / Umgebung

Forteresse de Largoët: Bei *Elven* im Landesinneren, etwa 15 km nordöstlich von Vannes links der Straße nach Ploërmel. Die Festung, wunderschön in einem gepflegten Waldgelände gelegen, wurde leider schon 1488 vom Franzosenkönig Karl VIII. zerstört. Neben dem Torbau und einem kleineren Turm zeugt nur noch der mächtige, sechs Stockwerk hohe Bergfried von der einstigen Bedeutung der Burg: Die bis zu 9 m dicken und 44 m hoch aufeinander getürmten Mauern bilden noch immer den höchsten Donjon Frankreichs. Die Ruinen Largoëts werden wegen der verbliebenen Türme heute oft *Tours d'Elven* genannt. km

Öffnungszeiten Von Mitte März bis 31.5. und vom 20.10. bis Anfang November nur am Wochenende von 14–18.30 Uhr. Juni bis Ende September täglich außer Dienstag 10.30–12 und 14.30–18.30 Uhr. Juli/August auch Dienstag und ohne Pause. Bis 10 Jahre gratis, sonst 4 €.

Questembert: Wo anno 888 der bretonische Graf Alain III. den Normannen kräftig auf die Mütze gab, steht heute eine lebhafte Kleinstadt mit viel Gewerbe im Umland. Etwas traurig eingezwängt verbringt die älteste *Markthalle* der Bretagne (1552) mit ihrer ausgeklügelten Dachkonstruktion ihre alten Tage, nur an den Markttagen entfaltet sie ihren Reiz. Neben der Markthalle besitzt Questembert einige weitere historische Bausubstanz wie ein paar *Granithäuser* im Zentrum oder auf dem Friedhof die *Kapelle St. Michel* im Stil des Flamboyent.

- Postleitzahl 56230
- Information Bei der Markthalle; in der HS Mo–Sa 10–12.30 und 14.30–19 Uhr, So 10–12.30. In der NS wechselnde Öffnungszeiten. Rue des Halles 15, ✆ 02.97.26.56.00, tourisme.questembert@tiscali.fr.
- Verbindung Mehrmals täglich mit der Linie 9 von und nach Vannes und weiter nach Rochefort-en-Terre.
- Markttag Am Montagvormittag unter dem Dach der Markthalle.

Rochefort-en-Terre *(ca. 600 Einwohner)*: Das auf einem Schieferfelsen über zwei tiefen Flusstälern gelegene Städtchen ist das älteste *village fleuri* (Blumendorf) Frankreichs. Geraniengeschmückt reihen sich die grauen Schiefer- und Granitsteinhäuser die *Grande Rue* entlang – Rochefort ist eines der authentischsten bretonischen (Dorf)-Städtchen im Argoat. Dank seiner günstigen verkehrspolitischen Lage auf einem Felssporn über dem *Gueuzon-Tal*, dem einzigen natürlichen Durchstich des Schieferkamms zwischen Malestroit und La Roche-Bernard, erhielt Rochefort schon im 11. Jh. eine *Wehrburg*, von der aus im Lauf der Zeit mehrere große Geschlechter den Handel im Landesinneren kontrollierten. Nach wiederholten Verwüstungen und stetem Wiederaufbau raffte die Revolution fast den ge-

Hereinspaziert! Kulinarischer Spezialitätenladen in Rochefort-en-Terre

samten Schlosskomplex hinweg, nur ein befestigtes Tor, ein paar Wirtschaftsgebäude und die Kellergewölbe blieben relativ unversehrt. Anfang dieses Jahrhunderts verliebte sich der wohlhabende amerikanische Maler Klots in das verschlafene Nest und begann mit der Restaurierung der verfallenen Schlossruinen. Er schuf ein halb mittelalterliches, halb im Renaissance-Stil gehaltenes architektonisches Konglomerat, in dem heute ein efeuüberwuchertes *Museum* döst – etwas Volkskunde und Bilder der Künstler Alfred und Trafford Klots.

Die meisten der stattlichen Häuser, in denen der Landadel inmitten des gut situierten Bürgertums wohnte, stammen aus dem 16. und 18. Jh. Am zentralen *Place du Puits* mit Brunnen und altem Justizgebäude ragt über einem Calvaire die *Kirche Notre-Dame-de-la-Tronchaye* in den Himmel, seit dem 12. Jh. Ziel von Wallfahrtspilgern und mehrmals umgebaut. Der größte Teil der Pfarrkirche stammt aus dem 16. Jh. Im rechten Querschiff steht hinter einem kunstvoll verzierten Schmiedeeisengitter die bis heute hochverehrte *Marienfigur Notre-Dame-de-la-Tronchaye*; hinter dem Chor, in einer vergitterten Nische, der *Kirchenschatz*. Auf der gegenüberliegenden Seite der *Renaissance-Altar*, der ursprünglich am Eingang des Chors aufgerichtet war und die acht Stiftsherren, die bis zur Revolution täglich die Messe sangen, vom gemeinen Kirchenvolk trennte.

• *Postleitzahl* 56220 Malansac

• *Information* Office de Tourisme, modern hinter Glas an der Hauptstraße. Auf Nachfrage Führungen. In der HS Mo–Fr 10–12.30 und 14–18 Uhr, am Wochenende 14–18.30 Uhr. In der NS Mo–Fr 10–12.30 und 14–17.30 Uhr. Place des Halles, ✆ 02.97.43.33.577, www.rochefort-en-terre.com.

• *Markttag* Mittwoch und Samstagnachmittag.

• *Museum* April und Mai nur am Wochenende 14–19 Uhr. Juni bis September täglich 14–19 Uhr. Juli und August täglich 10–19 Uhr. Erwachsene 4 €, erm. 2 €, unter 12 Jahre gratis.

Côte du Morbihan
Karte S. 442/443

Dunkler Stein und erster Blumenschmuck: Frühjahr im Blumendorf

• *Pardon* Am 3. Augustsonntag die große Wallfahrt Notre-Dame-de-la-Tronchaye.

• *Parken* Eigens für touristische Stadtbesuche wurde ein groß dimensionierter Parkplatz am nordöstlichen Ortsausgang eingerichtet.

• *Übernachten* Im O.T. ist eine Liste der privaten Zimmervermieter erhältlich. Oder im einzigen Hotel am Platz: **Le Pélican**, ✆ 02.97.43.38.48.

• *Camping* *** **Le Moulin neuf**, am Ortsrand Richtung La Roche-Bernard. Wiesengelände mit schattigen Bäumen und der kompletten Ausstattung eines guten 3-Stern-Areals inkl. Waschmaschine und kostenlosem Tennisplatz. Idylle: Etwa 1 km vom Camping entfernt lockt ein kleiner Badesee mit Bootsverleih und Strand. Geöffnet von April bis September. ✆ 02.97.43.32.81.

Parc de Préhistoire de Bretagne: Bei Malansac, etwa 2 km südöstlich von Rochefort-en-Terre. Homo Erectus trifft Tyrannosaurus Rex. In dem für Frankreich einzigartigen Erlebnispark sind auf 20 ha mit etlichen wetterfesten Puppen und Sauriernachbildungen an die 30 Szenen der Vorgeschichte gestaltet, wie sie sich die Parkbetreiber vorstellen ("grandeur réelle"). Die Zeitreise beginnt bei den Sauriern (bis zu 20 m groß!) und führt über die ersten Menschen, die vor 500.000 Jahren in der Bretagne lebten, zu den Megalithikern um 2000 v. Chr. U. a. sehen Sie kämpfende Dinos, pelzige Urzeitmenschen beim mühseligen Versuch, Feuer zu machen, oder Steinzeitler beim Menhirtransport.

Öffnungszeiten Vom 1.4.–15.10. täglich 10.30–19 Uhr, vom 16.10.–11.11. sonntags 13.30–18 Uhr. ✆ 02.97.43.34.17.

Was haben Sie entdeckt ?

Haben Sie **den** Strand in der Bretagne gefunden, ein freundliches Restaurant weitab vom Trubel, ein nettes Hotel mit Atmosphäre, einen schönen Wanderweg?

Wenn Sie Ergänzungen, Verbesserungen oder neue Tipps zum Bretagne-Buch haben, lassen Sie es uns bitte wissen!

Wir freuen uns über jeden Brief!

Jochen Grashäuser
Stichwort "Bretagne"
Michael Müller Verlag
Gerberei 19
91054 Erlangen
E-Mail: jochen.grashaeuser@michael-mueller-verlag.de

Ebbe an der Liebesküste

Côte d'Amour

La Roche-Bernard (ca. 850 Einwohner)

La Roche-Bernards beste Tage liegen lange zurück. Das Städtchen, das mit seinen Kanonen auf einem steilen Felssporn die Ufer der Vilaine und die Ausfahrt zum Ozean bewachte, verlor in den letzten Jahrhunderten immer mehr an Bedeutung und ist auf den Rang einer sympathischen Provinzgemeinde gesunken.

Dabei war früher alles ganz anders. Schon ein Wikingerfürst hatte die strategische Bedeutung des Ortes erkannt und einen imposanten Bergfried errichtet. Der Einfluss seiner Nachkommen, die fleißigst Abgaben kassierten, wuchs, La Roche-Bernard stieg zum Hauptsitz einer der neun Baronien des Herzogtums auf. Stadt und Hafen blühten, die Herren von La Roche kontrollierten die Flussschifffahrt, verdienten kräftig am Weinhandel und mischten beim Transit des weißen Goldes aus den Salzsümpfen der Guérande-Halbinsel tüchtig mit.

Im 17. Jh. war aus dem einstigen Wikingerhorst die erste protestantische Gemeinde der Bretagne geworden, deren solid geführte Werften hoch im Kurs standen. So hoch, dass Minister Richelieu von seiner sonst üblichen Bestrafung einer umstürzlerischen Stadt absah (Schleifung) und sie sogar mit einem als Staatsgeheimnis gehüteten, einträglichen Auftrag versah. 1629 begannen auf dem Gelände des heutigen Campingplatzes die Bauarbeiten an Frankreichs erstem dreideckigen Kriegsschiff, der in die Schiffsbaugeschichte eingegangenen *La Couronne*. In fünfjähriger Arbeit entstand ein 1200-Tonnen-Riese, 52 m lang, mit 68 Kanonen bestückt, der mit 634 Mann Besatzung 1638 an seiner ersten Seeschlacht teilnahm

Karte S. 513

und noch ein Jahrhundert später als viel kopierter Prototyp französischer Linienschiffe durch die Weltmeere pflügte.

Während der Revolution war La Roche konsequenterweise eine republikanische Hochburg. Beim Angriff vereinigter royalistischer und Chouan-Truppen starb der revolutionäre Bürgermeister Sauveur unter den königlichen Bajonetten mit den Worten "Es lebe die Republik!" Zu seinem Gedenken wurde die Stadt nach der republikanischen Rückeroberung für einige Jahre in "La Roche-Sauveur" umbenannt.

Mit dem Bau der ersten Vilaine-Brücke 1839 begann La Roches Abstieg in die Drittklassigkeit. Der Hafen verödete, die Verkehrsströme und Handelswege führten fortan ohne Zwischenstopp vorbei. Die Brücke, die heute den Fluss in 50 m Höhe überspannt und auf der Tag und Nacht die Fernlaster über die Route National brummen, wurde 1960 erbaut. Von ihr werfen die Vorbeirauschenden einen kurzen, entzückten Blick ins Flusstal hinab, wo sich Segelyachten spiegeln und über einem kantigen Felssporn die windschiefen Dächer der Ortschaft zu einem geometrischen Muster zusammenschachteln.

Information/Verbindungen/Diverses

- *Postleitzahl* 56130
- *Information* In der Ortsmitte. In der HS täglich von 10–19 Uhr, von Oktober bis Mai Di–Sa 10–12.30 und 14–18 Uhr. Place du Pilori, ✆ 02.99.90.67.98.
- *Verbindung* Mehrmals täglich (Sonn- und Feiertage weniger) mit den Linien 20 bzw. 8/8b nach Nantes und Pont-Château. bzw. Vannes.
- *Bootsausflug* Diverse Ausflüge auf der Vilaine veranstaltet Vedettes Jaunes. Beispiele: Im Juli und August am Nachmittag stündlich flussabwärts bis zum Staudamm (8,50 €), Dauer 90 Minuten. Beliebt sind auch die ganztägigen Flusskreuzfahrten auf der "Anne de Bretagne" mit Verköstigungsmöglichkeit im Bordrestaurant (Menü + Billett 32–45 € je nach Menüwahl). Information und Buchung in Arzal bei Dréno, ✆ 02.99.45.02.81.
- *Markt* Donnerstagvormittag.
- *Yachthafen* Auch für Landratten einen Blick wert ist der Yachthafen am Ufer der Vilaine. 300 Liegeplätze, davon 20 für Besucher. Hafenkapitän ✆ 02.99.90.62.17.

Übernachten/Camping/Essen

*** **Auberge Bretonne**, Solange und Jacques Thorel haben ihr exklusives Restaurant zum Hotel erweitert. Stilvoll, charmant und luftig wie ihre bekannte Küche. 8 Zimmer in exklusiver, immer anderer detailverliebter Ausstattung. DZ 110–225 €, HP ab 155 €. Im November und Januar geschlossen. Place Duguesclin, ✆ 02.99.90.60.28, www.auberge-bretonne.com.

** **Auberge des 2 Magots**, zentral auf dem schönsten Platz des Städtchens. Schmuckes, lang gezogenes 15-Zimmer-Hotel, komfortable, stilvoll eingerichtete Räumlichkeiten mit unterschiedlicher Sanitärausstattung. Im Hotelrestaurant ausgezeichnete Menüs ab 15 €. DZ 45–55 €, Frühstück 6 €. Geöffnet vom 15.1.–20.12. Place du Bouffay 1, ✆ 02.99.90.60.75, aubergelesdeuxmagots.roche-bernard@wanadoo.fr.

Hotel-Restaurant Auberge Rochoises, fast am Ortsende, an der Straße nach La Baule. Ausreichende, für den Preis nicht ungemütliche Zimmer. Im Restaurant schmackhafte Menüs ab 15 €. DZ 39 €, Frühstück 5 €. Rue de Nantes 42, ✆ 02.99.90.77.37.

- *Camping* *** **Municipal du Patis**, am Ufer der Vilaine. Gut geführter, sanitär sehr ordentlicher Platz. Rasengelände, von Hecken unterteilt. In unmittelbarer Nähe des Platzes zwei Bootshäfen, Tenniscourt und Möglichkeit für Kanu-/Kajak-Fahrten. 60 Stellflächen. Geöffnet von 1.4. bis 30.9. Chemin du Patis, ✆ 02.99.90.60.13.
- *Essen* **Auberge Bretonne**, Restaurant der gehobenen Klasse mit fabelhafter Küche. Stilvoll eingerichtet am Place Duguesclin (kurz vor der Kreuzung der Hauptstraße des Ortes mit der Route Nationale). Spezialitäten sind die getrüffelten Jakobsmuscheln, die "süßen Wonnen Solanges" und der Hummertopf. Rauschende Weinkarte mit erlesenen Tropfen. Menüs ab 90 € (kein Tippfehler!). ✆ 02.99.90.60.28.

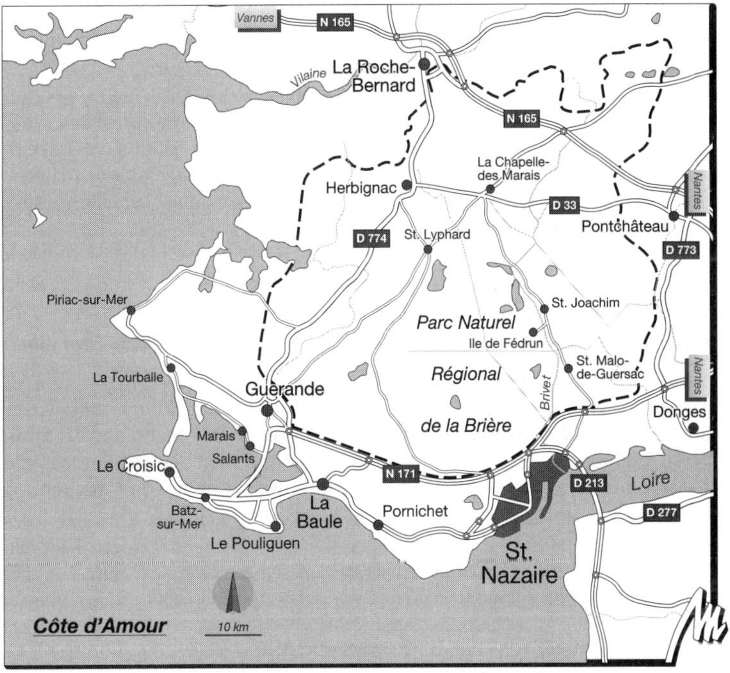

Sehenswertes

Stadtspaziergang: Bester Startpunkt am Hafen. Gleich oberhalb des alten Zollkais mit seinen alten Lagerhallen und den mit Außentreppen versehenen Häusern (17. Jh.) ragt der *Felsen* empor, eine denkmalgeschützte Anlage, auf der noch zwei alte, funktionsunfähig gemachte Kanonen über die Vilaine wachen. Sie stammen vom Kriegsschiff *Le Juste*, das mit Mann und Maus bei der Schlacht der Kardinäle 1759 vor Croisic auf Grund gelaufen war. Gegenüber diesem Aussichtspunkt führt die *Promenade du Ruicard* oberhalb des Hafens entlang und endet in einem Gewirr kleiner, enger Gässchen, die steil zum Ortszentrum ansteigen (Häuser aus dem 16./17. Jh.). Am Ende der Promenade das *Château des Basses-Fosses*, ein imposantes fünfstöckiges Gebäude aus dem 16./17. Jh., in dem sich das *Musée Maritime* eingenistet hat. In der *Rue de la Saulnerie* oberhalb der Promenade du Ruicard (Blick auf den alten Hafen) kann man zwischen Kramläden und Werkstätten einige ehemalige Magazine der Baronie entdecken: voluminöse Salzscheunen mit steinmetzverzierten Fenstersimsen, Bullaugen, Doppeltoren und dem traditionellen Schieferdach (besonders schön Haus Nr. 12).

Am zentralen *Place du Bouffay* oder *Place du Pilori* (Pranger), stand während der Revolution die Guillotine. Gegenüber der schönen Fassade der *Auberge des deux Magots* schließt das *Maison du Canon* (Touristinfo) den Platz ab. Das granitene *Renaissance-Herrenhaus* (1599) mit dem rosettenverzierten Spitzdach, den Eselsrückenfenstern und dem kleinen Glockenturm erhielt seinen Namen von dem

Côte d'Amour Karte S. 513

Artilleriegeschütz, das man 1760 in ein Hauseck einmauerte. Die Kanone stammt vom Kriegsschiff *L'Inflexible*, das wie die *Le Juste* in der Schlacht der Kardinäle gesunken war.

Musée de la Vilaine Maritime: Das Anwesen eines reichen Salzhändlers aus dem 17. Jh. präsentiert in sieben Sälen eine kleine Heimatausstellung, die ein anschauliches Bild über den maritimen Alltag zu Anfang unseres Jahrhunderts liefert. Interessant das zehn Meter lange Modell von Stadt und Hafen, das den Hintergrund einer Diorama-Show bildet und die Zeiten der *Couronne* heraufbeschwört. Englischsprachiger Kommentar.

Öffnungszeiten Von Mitte Juni bis Mitte September täglich 10–18.30 Uhr. In der NS samstags, sonn- und feiertags 14.30–18.30 Uhr. Eintritt 4 €, ermäßigt 2,50 €.

Guérande

(ca. 9000 Einwohner)

Die einstige Hauptstadt des Pays Blanc, des weißen Landes, liegt heute im Windschatten La Baules. Das Salz aus den Salzfeldern, über Jahrhunderte Grundlage des Wohlstands, ernährt nur noch selten den Mann und die Frau. Umso willkommener sind die Touristen aus der nahen Seebad-Retorte, die in der mauerumgürteten Altstadt Guérandes "Bretagne typique" suchen.

Von einem wehrhaften Mauerring geschützt, hat sich der Charakter der mittelalterlichen Stadt weitgehend erhalten. Sechs Türme überragen den Stadtwall, vier Tore führen in die Gassen der Altstadt, die fast sternförmig am *Platz St. Aubin* vor der Stiftskirche zusammenlaufen. Der Graben, der die Wälle früher umgab, wurde im 18. Jh. zugeschüttet, seitdem führt eine zum schattigen Boulevard gewachsene Ringstraße rund um die Stadtmauer. Wichtigster Zugang zur Altstadt ist das Südosttor, die mächtige *Porte St. Michel*, durch die vor 500 Jahren Anne de Bretagne mit großem Gefolge ritt.

Guérande heute ist eine ländliche Kreisstadt, umgeben von halbmodernen Vororten und über 40 Dörfern und Dörfchen. Der mittelalterliche Glanz ist verblichen, die malerischen Gassen und Winkel der Altstadt lassen aber noch den Wohlstand und die gediegene Saturiertheit der Bürger der einstigen Salzmetropole erahnen. Nicht umsonst hat sich Guérande die deutsche Mittelalter-Perle Dinkelsbühl zur Partnerstadt gewählt. Und wie beim deutschen Partner bietet auch das adrett aufgepäppelte Zentrum von Guérande alles, was Urlauber auf einer Stippvisite brauchen (könnten).

Guérande war über Jahrhunderte politisches und wirtschaftliches Zentrum der gesamten gleichnamigen Halbinsel. Geographisch umfasst die *Presqu'île de Guérande* das Gebiet zwischen der *Loire-* und *Vilaine-Mündung*. Ursprünglich war ein Großteil dieser Region vom Meer bedeckt, die heutige *Halbinsel von Le Croisic* oder die *Ile de Fedrun* in der *Grande Brière* ragten als Inseln aus dem Wasser.

Infolge einer relativ jungen tektonischen Verschiebung zweier Erdplatten hob sich der Meeresboden um 15 m und ließ die heutigen Sumpfgebiete entstehen. Der vom Meer abgetrennte Ostteil verwandelte sich in das sumpfige *Pays Noir* (Schwarzes Land, Torfmoor), die 40.000-ha-Fläche der *Grande Brière*. Im Westen entstand das *Pays Blanc*. Die Anschwemmungen der beiden großen Flüsse füllten den Boden des ehemaligen Golfes auf, und das Festland wuchs langsam zu der Insel hinüber, auf der heute La Baule liegt. Die Meeresströmungen sorgten dafür, dass ein kleiner

Kanal frei blieb. Durch ihn erfolgt der Wasseraustausch zwischen den flachen, salzigen Sümpfen (*Marais Salants*) und dem Atlantik. Damit waren die natürlichen Voraussetzungen für das Salzgeschäft gegeben.

Geschichte

Guérandes Geschichte ist untrennbar mit dem Salz verbunden. Bereits vor 1000 Jahren gewinnen die Bewohner das weiße Gold aus den Sümpfen südlich der Stadt. Um 900 erhält der Kirchensprengel von Guérande stattliche Privilegien, und der blühende Reichtum der Stadt lockt die verschiedensten Völker und Herrscher an. Erst zerstören normannische Truppen die Befestigungen, dann plündern der Spanier Ludwig und seine Söldner. Obwohl Guérande im Erbfolgekrieg auf der richtigen Seite steht, wird die Stadt ein Raub der Flammen. Nach der Schlacht von Auray 1364 dankt *Montfort* für die teuer bezahlte Treue und erhebt die Stadt zu seiner Generalbevollmächtigten. Eine lang anhaltende Zeit des Friedens und des Wohlstands bricht an. 1488 erhält Guérande vom Vater der späteren Herzogin Anne seinen Stadtwall, Anne selbst führt von Guérande aus erste Heiratsverhandlungen mit dem König von Frankreich. Nach der erfolgreichen Vermittlung spendet die neue Königin der Stadt eine goldene Blumenkrone, die noch heute bei traditionellen Hochzeiten vor die Heiratskandidatinnen gelegt wird. Zusätzlich erhalten die Salzbauern ein zollrechtliches Privileg: Sie dürfen ihr weißes Gold steuerfrei handeln und transportieren – ein überaus einträgliches Geschäft.

Im März 1793 belagern republikanische Truppen die Stadt. Royalistische Anhänger, die sich hinter den schweren Mauern Guérandes eingeigelt haben, leisten 80 Tage lang Widerstand. Zur Strafe verliert die Salzstadt ihre königlichen Privilegien, der stete Niedergang beginnt. Erst mit der Entwicklung des Tourismus durch die Geburt von La Baule tun sich für die inzwischen von der südfranzösischen Konkurrenz überholten Salzgewerbler neue Einnahmequellen auf. Sie sprudeln, wenn auch lange nicht so reichlich wie in La Baule, bis heute.

Information/Verbindungen

• *Postleitzahl* 44350

• *Information* Tourismusbüro vor der Stadtmauer gleich rechts der Porte St. Michel. Mo–Sa 9.30–12.30 und 13.30–18 Uhr, im Juli und August auch So 10–13 und 15–18 Uhr. Im Juli und August außerdem täglich um 15 Uhr eine begleitete Führung durch die Ville Close. Place du Marché au Bois, ✆ 02.40.24.96.71, www.ot-guerande.fr.

• *Verbindung* **Busse** der Linie 80 werktags bis zu 8-mal täglich nach La Turballe und Piriac, in die Gegenrichtung nach St. Nazaire. So und Feiertage 5-mal. Werktags bis zu 11 Busse der Linie 83 nach La Baule und z. T. direkt weiter nach St. Nazaire. Günstige Haltestellen beim Rathaus in der Rue des Saulniers oder an der Porte St. Michel.

Diverses

• *Einkaufen* Unbedingt Salz. Garantiert direkt vom Salzbauern vermarktet Groupement des Producteurs du Sel das weiße Gold. Erkennbar an "Sel marin de Guérande".

• *Fahrradverleih* **Motocycles Diffusion**, Place Kerhillers 5, ✆ 02.40.24.91.44.

• *Feste* Von Mitte Juli bis Mitte August unter dem Titel **Voix des Orgues** (Orgelstimmen) jeden Freitagabend Konzerte mit der Königin der Instrumente in der Stiftskirche. Platzkarten über das Tourismusbüro.

• *Markt* Mittwoch und Samstagvormittag auf dem Platz vor der Kirche.

• *Reiten* Mehrere Möglichkeiten; z. B. **Ferme équestre La Champagne**, bei St. Molf an der D 774, ✆ 02.40.61.95.20.

Côte d'Amour
Karte S. 513

Übernachten/Camping/Essen

** **Hotel Les Remparts**, gleich beim O.T, direkt an der Ringstraße um den Stadtwall. Hübsches 8-Zimmer-Hotel mit gemütlichen Zimmern, entweder mit Dusche oder Bad/ WC. Im Hotelrestaurant bretonische Gerichte, gute Speiseadresse, Menüs ab 17 €. In den Sommermonaten HP obligatorisch. DZ 43 €, HP 50 €, Frühstück 6 €. Von November bis Januar geschlossen. Boulevard du Nord 14, ✆ 02.40.24.90.69, clesremparts@aol.com.

** **Le Roc Maria**, in einer kleinen Gasse bei der Kirche. Pittoreskes, renoviertes Natursteingebäude aus dem 15. Jh., 9 Zimmer mit moderner Sanitärausstattung. Kein Restaurant, aber eine gemütliche Crêperie, in der auch gefrühstückt wird. DZ 48–51 €, Frühstück 6 €. Im Januar geschlossen. Rue du vieux Marché aux Grains 1, ✆ 02.40.24.90.51.

** **Les Voyageurs**, das Eckhaus am Stadtmauerring gehört zur Logis-de-France-Organisation. 12 ordentliche Zimmer, sanitär gut ausgestattet (Dusche/WC o. Bad/ WC). Hotelrestaurant. In der Sommersaison HP erwünscht. DZ 50–55 €, HP 66 €, Frühstück 5 €. Place du 8. Mai 1962, ✆ 02.40.24.90.13.

Hotel le Pont blanc, nicht gerade die ansprechendste Unterkunft, aber eine preiswerte und optimal gelegene Alternative in der oft etwas knappen Hotellandschaft Guérandes. 50 Meter von der Porte Saint Michel. Über den Jahreswechsel geschlossen. DZ 32–40 €, HP 35–38 €, Frühstück 5 €. Faubourg Saint Michel 17, ✆ 02.40.24.91.91.

• *Camping* **** **de Léveno**, luxuriöse Anlage im Osten der Stadt (3 km, ausgeschildert), in einem lichten Kiefernwald. Lichtungartiges 5-ha-Wiesengelände, von Hecken- und Ginsterbüschen gegliedert. Riesenspielplatz mit vernünftigen Spielgeräten. Großer, beheizter Swimmingpool, 2 Tennisplätze, Reiten, Pingpong-Zelt, Fahrradverleih, Fernsehraum, vorgekochte Menüs, Laden, Restaurant, Bar, Waschmaschinen, Top-Sanitärs. Im Sommer eine reiche Palette von Animationsprogrammen für jung (Sackhüpfen) und alt (Tanzabend). 350 großzügige Stellplätze. Geöffnet von Mai bis 30.9. Léveno, ✆ 02.40.24.79.30, www.domaine-leveno.com.

**** **Parc Ste. Brigitte**, auf dem Höhenkamm über den Salzsümpfen, rechts der Straße nach La Turballe (D 99) in einem Schlosspark. Wiesengelände mit Hecken, Blumenbeeten und Büschen, schattig unter Bäumen oder sonnig am großen Swimmingpool (mit beheiztem Planschbecken). Gepflegtes Sanitärgebäude, Waschmaschinen, Trockner. Gemeinschaftsräume in alten, renovierten Gebäuden. TV, Pingpong, Sportprogramme, Animation, im Sommer 1-mal wöchentlich Disco. 150 Stellplätze. Geöffnet von 1.4. bis 1.10. Bréhet, Route de la Turballe, ✆ 02.40.24.88.91, www.campingsaintebrigitte.com.

*** **Municipal de Bréhadour**, etwa 1,5 km nordöstlich der Stadt, etwas abseits der Straße nach La Roche Bernard (D 774). Großes, heckenunterteiltes Wiesengelände. Spielplatz, geheiztes Schwimmbecken, 2 Tennisplätze, kleiner Laden, ganz ordentliche Sanitärs. 271 Stellplätze. Geöffnet von Juni bis Ende September. Bréhadour, ✆ 02.40.24.93.12.

** **Le Panorama**, in unmittelbarer Nähe vom Camp Parc Ste. Brigitte, hinter dem Ortsteil Clis, links der Straße D 99. Unterhalb des Geländes bei Sonnenuntergang Blick über die Salzsümpfe. Einfaches Wiesenterrain, von einigen Obstbäumen aufgelockert, putziges Sanitärgebäude mit geblümten Plastikvorhängen vor den Waschkabinen. Waschmaschine, Laden im Rezeptionsgebäudchen. 70 Stellplätze. Geöffnet von April bis November. Clis, Route de la Turballe, ✆ 02.40.24.79.41.

• *Essen* **Restaurant le vieux logis**, das rustikale Restaurant war sogar dem Gourmet-Führer *Gault-Millau* für die Qualität seines Fleisches eine lobende Erwähnung wert. Vor den Augen seiner Gäste grillt der ehemalige Fleischermeister Jean-Louis Morali Rippchen, Steaks u. a. über dem Holzfeuer. Menüs von 20–27 €. Dienstagabend und Mittwoch geschlossen. Place de la Psalette 1, ✆ 02.40.62.09.73.

Restaurant les Voyageurs, das Restaurant des gleichnamigen Hotels ist eine solide Speiseadresse der Stadt. Wer nicht auf Rosa steht, sollte von der Inneneinrichtung abstrahieren können. Gute Menüs von 18–33 €. Unser Tipp: Als Vorspeise Miesmuscheln in exzellenter Sauce. Sonntagabend und Montag geschlossen. Place du 8 mai 1962, ✆ 02.40.24.90.13.

Crêperie la Flambée, die nette Crêperie versteckt sich in der Gasse zwischen Kirchplatz und Südtor. Gemütliche Atmosphäre, oft bei bretonischer Volksmusik. Crêpes von 2–7 €. Täglich geöffnet. Rue de Saillé 12, ✆ 02.40.24.73.82.

Salz

Ein unter den Salzbauern gebräuchliches Sprichwort sagt alles über die Güte des Guérander Salzes: "Un sel si bon que l'on met dans la conversation" – ein Salz, so gut, dass man es in die Unterhaltung streut.

Die Ex-Meeresbucht im Südwesten Guérandes, die sich vor Jahrtausenden in eine flache Sumpflandschaft verwandelte, wurde von Menschenhand in ein überdimensionales, 1700 Hektar großes Schachbrett verwandelt. Durch ein ausgeklügeltes System von immer flacher werdenden Becken, Kanälen (*étiers*), sich verjüngenden Gräben und Verdunstungspools (*Salinen*) wird hier seit 1000 Jahren aus Meerwasser das weiße Gold gewonnen, das fahrige Köche heute so sorglos verstreuen. Wichtigste natürliche Faktoren der Salzgewinnung sind der Gezeitenunterschied (bei Flut strömt das Meerwasser durch den schmalen Kanal zwischen Le Croisic und dem Festland in die flache Bucht) und die Tatsache, dass das Meerwasser bei Sonneneinstrahlung verdunstet und bei entsprechender Sättigung Salz auskristallisiert, das regelrecht geerntet werden kann.

Mit langen, breiten Rechen (*Las*) stehen die Salzbauern (*Paludiers*) auf kleinen Plattformen (*Ladure*) und ziehen vorsichtig die wertvolle, fragile Salzblume (*Fleur de sel*), die oberste weiße Schicht, aus den 2–5 cm tiefen Salinenbecken (*Fares* oder *Adernes*). Bei günstiger Witterung gewinnt man auf diese Weise 3–5 kg Spitzensalz (*Sel Menu*) pro Tag und Becken. In den letzten, nur noch knapp 2 cm tiefen Salinen (*Oeillets*) ist die Salzkonzentration durch Verdunstung so hoch, dass ein graues, besonders mineralienreiches Salz (*Sel Gris*) ausflockt. Es wird mit flachen Schaufeln zwischen den Becken in Kegeln aufgehäuft und in der Fabrik gereinigt und verarbeitet. Geerntet wird von Juni bis September. In einem 15 bis 30 Tage währenden Prozess, der stark von der Witterung abhängig ist, gewinnt man aus den rund 8000 Becken im Jahresdurchschnitt etwa 10.000 Tonnen Salz. Heute leben noch rund 250 Familien in der Region vom Salzhandwerk. Nach einem steten Niedergang des Salzabbaus und der Stilllegung vieler Salinen infolge der preisgünstigeren Konkurrenz aus den wetterbegünstigten südfranzösischen Erntegebieten sieht sich die Regierung seit 1972 gezwungen, diesen traditionellen Gewerbezweig der Guérande-Halbinsel durch Subventionen und Gesetze zu retten – mit ihm ein vom Menschen seit Jahrhunderten sinnvoll genutztes Naturreservat.

Sehenswertes

Porte St. Michel: *Château* nennt der Volksmund das repräsentative Tor in der Stadtmauer, flankiert von zwei mächtigen, spitzhelmigen Türmen. Es wurde Ende

Die Porte St. Michel

des 15. Jh. zusammen mit dem Wall errichtet und diente lange Zeit dem jeweiligen Gouverneur als Wohnung. Heute hat die Stadt hier ein *Heimatkundemuseum* eingerichtet. In den Wachstuben (1. Stock) stehen typische Möbel aus der Brière (gewachst) und den Salzsümpfen (mit Ochsenblut rot bemalt). In den Wohnräumen des Gouverneurs (2. Stock) zieren Gemälde die Wände, feiner Nippes, Fayencen, Waffen und Alltagszierrat füllen einige Schaukästen. Im Obergeschoss präsentieren lebensgroße hölzerne Mannequins und Dressmen lokale Trachten, ein alter Webstuhl macht mit dem Konfektionsgeschäft der Zeit, das Modell eines Salzgartens mit den Geheimnissen der Salzgewinnung vertraut.

Öffnungszeiten des Museums: Von April bis September täglich 10–12.30 und 14.30–19 Uhr, im Oktober bis 10–12 bzw. 14.30–18 Uhr. Erwachsene 3,50 €, Kinder 2 €.

Collégiale St. Aubin: Von der Mitte des 9. Jh. bis zur Revolution wurde der Gottesdienst täglich von einer Versammlung aristokratischer Herren unter der Leitung des Dompropstes abgehalten – deshalb *Collégiale*, Stiftskirche. Erste Fundamente legte der Kirchenheilige Aubin – man fand unter dem Chor Bauteile aus dem 6. Jh. Ansonsten ist die Kirche im Zentrum der Altstadt ein immer wieder umgestaltetes und erweitertes Baukonglomerat, an dem alle Stilarten vom 12. bis zum 17. Jh. ihre Spuren hinterlassen haben. Die mit Glockentürmchen, romanischen Kapitellen und schaurigen Wasserspeiern verzierte Granitfassade besitzt eine gotische *Außenkanzel* (15. Jh.). Im Inneren der Kirche fallen die schlichten romanischen *Säulen* auf, die von gotischen Bögen überbrückt werden. Sehenswert sind die *Buntglasfenster* (13. bis 18. Jh.), besonders das *Chorfenster* mit einer Mariendarstellung. In einer dekorierten Stirnwand des Südquerschiffs schaut die *Statue des Heiligen Aubin* (15. Jh.) wohlwollend-mahnend herab.

Puppenmuseum *(Musée de la Poupée et des Jouets anciens)*: In der Rue de Saillé in der Altstadt (Weg ausgeschildert). Wer Freude an historischen Puppen aus den Jahren 1830–1930 findet, kann hier wohlgemut rein. Weniger große Puppenfans finden das Preis-/Leistungsverhältnis wohl etwas einseitig. Kleine Puppensammlung, auch Schaukelpferde und Puppenzubehör.

Öffnungszeiten Von Mai bis Oktober täglich 10.30–12.30 und 14.30–18.30, von November bis April täglich 14–18.30 Uhr. Im Januar geschlossen. Erwachsene 3,50 €, Kinder 2 €.

Guérande / Umgebung

Marais Salants (Salzsümpfe): Das als "Land der Sonne, des Meeres und des Windes, zwischen Himmel und Wasser gepriesene, magische Land, wo der Schrei der Möwen und der schwere Flug der Reiher mit dem Parfum des Salzes und der Blu-

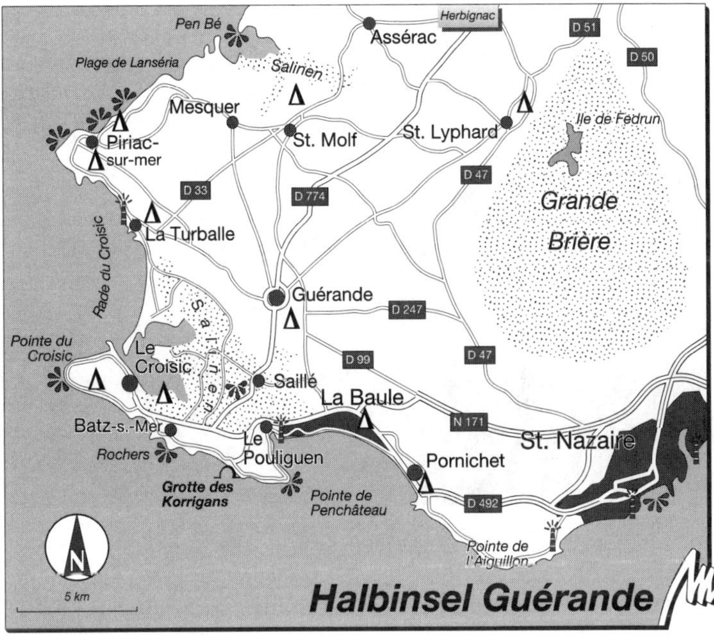

men verschmilzt" (Prospekt), entfaltet aus der Vogelperspektive des Batzer Kirchturms seinen größten Reiz: eine kunstvoll vom Menschen gestaltete Kulturlandschaft, durchzogen von kleinen Kanälen, von Dämmen, von rechteckigen, gleichmäßig gereihten Becken, in denen ruhig spiegelnd der Himmel vorüberzieht und weiß die Salzkegel glitzern.

Saillé: Ein kleines Nest an einem Dammweg (von Guérande auf der D 774 etwa 2 km in Richtung Pouliguen, Le Croisic) mitten in den Salzgärten. Von der Kirche, in der *Jean IV.* 1381 die Spanierin Johanna von Navarra heiratete, ist nichts geblieben außer einer Kapelle, die nunmehr einen profanen Zweck erfüllt: Sie beherbergt das *Maison des Paludiers* (Haus der Salzarbeiter), ein kleines Museum, in dem sich alles ums Salz dreht. Trachten, Arbeitsgeräte, Möbel und eine Diaschau, die sich der Arbeit und Methoden der Salzbauern widmet. Von Juni bis September kann man sich bei schönem Wetter täglich um 17 Uhr einer begleiteten Führung durch die Salinen anschließen (ca. 1,5 Stunden).

Öffnungszeiten des Maison des Paludiers: Von Februar bis Oktober 10–12.30 und 14.30–mindestens 17 Uhr, in der HS bis 19 Uhr. Eintritt 3,50 €, ermäßigt 2,50 €.

La Turballe *(ca. 4000 Einwohner)*: Das gesichtslose, lang gestreckt an die Küste geklotzte Fischereistädtchen ist eines der Badereviere der Halbinsel. Im 17. Jh. bestand La Turballe aus 15 windigen Fischerkaten, erst mit dem Bau der ersten Konservenfabrik 1824 begann der Ort zu wachsen. Heute besteht die Gemeinde von La Turballe aus mehreren ehemaligen Fischer- und Salzbauerndörfchen, die sich rund um den früheren, etwas landeinwärts gelegenen Hauptort und Kirchensprengel von *Trescalan* zusammengeschlossen haben. Zentrum der Gemeinde ist

Die moderne Fischhalle ist das Zentrum von La Turballe

der im 19. Jh. ausgebaute Hafen, in dem hauptsächlich Sardinen und Sardellen angelandet werden. Die *Criée* mit ihrer betonierten Fassade verschandelt die asphaltierte Hafenpromenade, doch ein Besuch lohnt. Von einer Gästebalustrade aus genießen Sie – umwölkt von Fischgeruch – den regen Trubel von oben. Lautstark wird der Fang versteigert, den die etwa 100 Fangboote der Turballer Flotte einfahren. Mit einer Jahrestonnage von knapp 13.000 t zählt La Turballe zu den umsatzstärksten Fischereihäfen der Bretagne (20 Mio. Euro) und ist von allen französischen der fünftgrößte. Von den Fischkonservenfabriken, die früher den Fang verarbeiteten, konnte sich allerdings nur eine halten.

Für Touristen ist La Turballe in erster Linie wegen seiner Quartier- und Bademöglichkeiten interessant. Nördlich schmiegen sich zwei etwas felsige Sandbuchten (*Plage de Ker Elisabeth* und *Plage de la Bastille*) an die Küste, im Süden läuft ein feinsandiger, 4 km langer Dünenstreifen mit mehreren Stränden (*Plage des Bretons, Plage de la Croix*) in die Landspitze von *Pen Bron* aus. Wenige Hotels, viele Ferienimmobilien und eine Handvoll Campingplätze bilden die touristische Infrastruktur.

• *Postleitzahl* 44420

• *Information* Direkt gegenüber der Fischhalle am Hafen. Juli bis August Mo–Sa 10–13 und 14–19 Uhr, So 10–13 Uhr. September bis Juni Mo–Fr 10–12.30 und 14–18 Uhr. Juli/August täglich eine 2,5-Stunden-Führung (Fischhalle, Konservenfabrik, Boots- oder Bimmelbahntrip, gemeinsames Mittagessen). Place de Gaulle, ✆ 02.40.23.39.87.

• *Verbindung* **Busse** der Linie 80 fahren werktags 8-mal, sonn- und feiertags 5-mal am Platz vor der Criée in Richtung Piriac bzw. Guérande und La Baule ab.

• *Bootsausflüge* Im Sommer mehrere Möglichkeiten, z. B. Ganztagestouren nach **Belle Ile, Houat und Hoëdic**. Die Rückfahrkarte zur Belle Ile kostet mit Compagnie Vendéenne für Erwachsene 30 €, Kinder bis 18 Jahre 19 €. 2-mal täglich verkehrt ein Boot zwischen La Turballe und **Le Croisic**, einfache Fahrt 4 €. Auskünfte beim O.T. oder bei Compagnie Vendéenne, ✆ 02.40.23.05.80.

• *Criée* Aktuelle Öffnungszeiten im O.T. erfragen.

• *Fahrradverleih* **Herigault**, in der Nähe des Postamts, vermietet Tourenräder. Rue de Lattre 52, ✆ 02.40.23.30.59; Außerdem im **Parc de loisir**, Boulevard de la grande falaise, ✆ 02.40.62.53.06.

• *Führung* Ganzjährig Führungen durch den Fischereihafen (2,5 Stunden). Anmeldung in der HS im O.T., in der NS im Maison de la Pêche. Erwachsene 3 €, Kinder 2,30 €.

• *Kleiner Zug* Bequem vom Camping Le Falaise über den Hafen zum Camping Chardons Bleus und weiter zum Pen Bron; Im Juli/August tägl., in der NS nur an den Wochenenden.

• *Markt* Täglich Fischmarkt in der Criée. Wochenmarkt am Mittwoch und Samstag auf dem Place E. Moreau oberhalb des Quais.

• *Wassersport* Angebote rund ums Segeln und Surfen bei **Nautisme en Pays Blanc**, Plage des Bretons, ✆ 02.40.62.89.20. Fürs Tauchen zuständig ist der **Club de Plongée**, Port de la Turballe, ✆ 02.40.23.31.01.

• *Übernachten* ** **Hotel les Chants d'Ailes**, südlich des Hafens (500 m), direkt hinter dem Plage des Bretons mit schönem Meerblick. Komfortables 17-Zimmer-Hotel. DZ 43–60 €, Frühstück 7 €. Ganzjährig geöffnet. Boulevard Bellanger 11, ✆ 02.40.23.47.28.

• *Camping* *** **les Chardons Bleus**, Gemeindeplatz mit direktem Zugang zum Meer am großen Strand (2 km südlich), im touristischen Neubaugebiet Turballes. Unweit des Platzes die Zone de Loisirs mit Trimm-dich-Pfad, Kinderamüsement und Riesenwasserrutsche. 300 schattenlose Stellflächen auf einem ausgedehnten, spärlich bepflanzten Dünenareal. Optimal für Wassersportler (Surfer). Ordentliche Sanitärs, geflieste Einzelkabinen und Warmwasser. Laden und Kochmöglichkeiten. Snackbar. Im Sommer ziemlich voll. 300 Stellplätze. Geöffnet von Ende April bis 30.9. Boulevard de la Grande Falaise, ✆ 02.40.62.80.60, camping.les.chardons.bleus@wanadoo.fr.

*** **La Falaise**, von Piriac kommend, direkt an der Straße vor dem Ortseingang. Oberhalb der Küste mit Zugang zur felsendurchsetzten Sandbucht Ker Elizabeth. 150 Stellflächen, heckenunterteilt, wenig Schatten. Schöner Platz mit ausreichenden Sanitärs. Laden. Geöffnet von Ende März bis Ende Oktober. Boulevard de Belmont 1, ✆ 02.40.32.32.53, www.camping-de-la-falaise.com.

Piriac-sur-Mer *(ca. 1000 Einwohner)*: Weit und breit der schönste Küstenort. Die niedrigen, granit- und schiefergrauen Giebel der alten Fischerhäuschen, die sich hinter dem Hafenkai um die Kirche drängen, riegeln das alte Piriac gegen die Neuzeit ab. Vom regen Bau der Ferienhäuser und Appartements, die rund um Piriac die Landzunge mit der *Pointe de Castelli* zersiedeln, spürt man in den abweisend wirkenden Gassen des Ortskerns nur wenig. Alt-Piriac ist ein wahres Labyrinth enger Wege und Sackgassen, oft bleibt nur Platz für einen Passanten. Das Ensemble wind- und wettergepeitschter Fassaden, das den Kirchplatz umrahmt, scheint noch in den Zeiten des Romanciers *Emile Zola* zu träumen, der, angeregt von der melancholisch-urwüchsigen Kraft des Ortes, von 1876 bis zu seinem Tod 1902 hier seine Sommerfrische verbrachte. Während in der Saison Tausende von Erholungssuchenden einige Wochen lang hier wohnen und für Leben sorgen, wirken Piriac und seine Umgebung den Rest des Jahres wie ausgestorben. Die kleine Fußgängerzone im schmucken Ortskern wird dann mangels Verkehr wieder aufgehoben.

Wo sie nicht verbaut ist, ist die teils felsige, teils sandige Steilküste von lichten Kiefern- und windzerzausten Pinienwäldchen umgeben. Mehrere unterschiedlich große, teils nette Strände locken die Badegäste: intime kleine Buchten mit Kies rund um die *Pointe de Castelli*, von der man eine schöne Aussicht genießt, der Ortsstrand *Plage St. Michel* oder die flache, 150 m lange *Bucht von Lérat* (Richtung La Turballe), die auch für Bambinis zum Planschen geeignet ist. Für die gastronomische Versorgung sind ein gutes Dutzend Restaurants, einfache Crêperien und Pizzerias zuständig, für die Übernachtung – neben der Unzahl von Ferienimmobilien – einige Hotels und ein Dutzend meist einfacher Campingplätze.

• *Postleitzahl* 44420

• *Information* Am großen Parkplatz neben der Schule. Von Juli bis August Mo–Sa 9.30–19 Uhr, So 10–12.30 und 15–18 Uhr. Von September bis Juni Mo–Sa 9–12.30 und 14–18 Uhr. Rue des Cap-Horniers 7, ✆ 02.40.23.51.42.

Côte d'Amour
Karte S. 513

• *Verbindung* Siehe La Turballe.

• *Fahrradverleih* bei **Garage Patalane**, Rue du Calvaire, ✆ 02.40.23.50.62.

• *Markt* Im Sommer 3-mal wöchentlich am Place Paul Vince (zwischen Post und O.T.). Gleichzeitig findet der Fischmarkt auf dem Kirchplatz statt (Montag, Mittwoch, Samstag). In der NS nur am Dienstag Markt.

• *Reiten* Nächster Reitstall (auch Poneys) beim **Club du Bel-Air** in Mesquer, 5 Pferdeminuten vom Strand. Route de Piriac, ✆ 02.40.23.56.86.

• *Tennis* Auskünfte über Möglichkeiten und Konditionen im O.T.

• *Wassersport* **Atout vent** hat den Wind als Trumpf (atout): Bootsverleih, ✆ 02.40.15.51.48.

• *Übernachten* Das Appartement- und Residenzengeschäft läuft auf Hochtouren. Langzeiturlauber bekommen eine ausführliche Liste der Ferienimmobilien über das O.T. Im Hotelgewerbe arbeiten nur wenige Häuser.

** **Hotel de la Poste**, das solide 2-Stern-Haus im Zentrum ist die beste Unterkunft am Ort. DZ ab 38 €, HP ab 42 €, Frühstück 6 €. Rue de la Plage 26, ✆ 02.40.23.50.90, hoteldelaposte@msn.com.

Hotel de la Plage, einer der unkategorisierten Betriebe. Direkt am Strand, einfach, aber sympathisch. DZ je nach Sanitärstandard 33–44 €, HP ab 32 €, Frühstück 5 €. Ganzjährig geöffnet. Place du Lehn, ✆ 02.40.23.50.05.

• *Camping* 10 Campingplätze unterschiedlichster Größe. Die meisten sind sehr einfach ausgestattet und liegen abseits der Küste im Halbinsel-Inneren. Eine Auswahl:

**** **Le Parc de Guibel**, ruhig und abseits, ein zweigeteiltes, 10 ha großes Wald- und Wiesengelände an der Straße nach Mesquer (3 km nach Piriac). Schön parzelliert, Sanitärs bestens ausgestattet und gewartet. Riesenpalette von Freizeitangeboten und Sportwettbewerben: Tennis, Tischtennis, Swimmingpool, Volleyball etc. Laden, Bar und Restaurant in zentraler Lage. Mietbungalows und Mietcaravans. 450 Stellplätze. Geöffnet vom 1.4.–30.9. Route de Kerdrien, ✆ 02.40.23.52.67, www.parcduguibel.com.

*** **Le Pouldroit**, am Ortsrand an der Straße nach Mesquer. 7-ha-Platz auf einem ebenen Wiesenterrain. Einige Kiefern und Laubbäume spenden Schatten, Hecken und Blumenbeete unterteilen das Areal. Ältere, gut gewartete Sanitärblocks. Großzügiges Freizeitangebot: Swimmingpool, Fahrradverleih, Tennis. Laden und Snackbar. Ca. 350 m zum nächsten Strand. 242 Stellplätze. Geöffnet vom 31.3.–11.11. Route de Mesquer, ✆ 02.40.23.50.91.

** **Le Razay**, an der D 333 nach Guérande, oberhalb der ausladenden Ferienanlage des Ortsteils St. Sébastien. Wie überall breites Animationsprogramm. Einfache Sanitärs mit Warmduschen. 800 m zum Strand (Bucht von Lérat). 100 Stellplätze. Geöffnet vom 1.5. bis 30.9. Route de Razay, ✆ 02.40.23.56.80.

Nicht nur aus der Ferne reizvoll: Piriac-sur-Mer

La Baule im Herbst: fast menschenleer

La Baule

(ca. 15.000 Einwohner)

Sie haben viel Geld. Sie lieben das Bad im Atlantik und das in der Menge. Casino? Disko? Restaurants vom Allerfeinsten? Einkaufsbummel bei Ebbe oder Regenwetter? Dann sind Sie hier richtig: La Baule ist das bretonische Seebad der Superlative.

An der endlos langen Strandpromenade sticht sie schon von weitem ins Auge: Die 1975 gebaute, futuristisch anmutende Appartementwelle, die nach Vorstellung ihre Architektin die Dünung des Atlantiks symbolisieren sollte. Leider wirkt sie für architektonisch nicht versierte Betrachter eher wie ein augenschmerzendes Betonriff, das über dem Sandstrandbogen grausam in den Himmel ragt. Von den reizenden Ferienvillen im Kolonialstil und den eleganten Grand Hotels der Belle-Epoque, die die Strandpromenade einst säumten, haben sich nur wenige unbeschadet – und meist nur in zweiter und dritter Reihe – über die Jahrhunderte gerettet. Die meisten wurden abgerissen, umgebaut oder in viele funktionale und gewinnbringende Ferienparzellen aufgeteilt. Trotzdem, La Baule gehört zu den Orten, "die man (...) einmal versucht haben sollte, nicht so sehr um diese Orte, sondern um sich selbst kennen zu lernen", so der deutsche Bretagnekenner Hermann Schreiber vor 30 Jahren.

La Baule ist eine Retortenschöpfung, 1879 von französischen Bahnbeamten "entdeckt", die bei der Fertigstellung der Bahnlinie St. Nazaire – Le Croisic die Zukunftsträchtigkeit des von Pinien- und Kiefernwäldchen abgeschirmten, ewig langen Dünen- und Strandstreifens erkannten. Die gewieften Tourismuspioniere kauften großflächige Terrains, parzellierten sie und legten mit Hilfe großzügig gewährter Kredite ein Straßennetz an. Bald gewann La Baule das Aussehen und den Ruf eines mondänen Seebades, die Schlafwägen aus Paris brachten Tausende zivilisationsmüder Gäste an die Sommerfrische, die ihrer lieblichen Wäldchen wegen fix *Côte d'Amour* (Liebesküste) getauft wurde. Der Sturm auf La Baule setzt sich seither ungebrochen fort: In den Sommerferien halten sich hier mager geschätzte 150.000 Urlauber auf.

Bei diesem ungeheuren Run, an dem sich vor allem französische Urlauber beteiligen, hat das Netz der touristischen Infrastruktur keine Löcher: knapp 7000 Ferienwohnungen, 40 Hotels mit 3000 Betten, 1000 Gästezimmer, Villen, Campingplätze... La Baule ist in jeder Hinsicht ein touristischer Superlativ und bezeichnet sich nicht zu unrecht als "*Grande Station Sportive d'Europe*": 40 Sportclubs mit 36 Disziplinen von A (Aikido) bis Y (Yoga) halten rund um die Uhr fit. Klassische Urlaubssportarten wie Tennis, Segeln, Surfen, Tauchen oder Reiten verstehen sich von selbst.

Die Bucht von La Baule ist seit 500 Jahren besiedelt, die Bewohner des damaligen *Escoublac* mussten aber vor der zunehmenden Verdünung hinter den von den atlantischen Winden aufgeworfenen Dünengürtel zurückweichen. Hier gründeten sie das heute alte Neu-Escoublac. Um ein weiteres Vordringen des Sandes zu verhindern, wurde Mitte des 19. Jh. der Dünensaum mit Pinien und Kiefern bepflanzt, 1879 der Bahndamm darauf errichtet. Seither trennt der inzwischen licht gewordene *Forêt d'Escoublac* oder *Bois d'Amour* (Liebeswald) den alten Ortsteil vom modern-mondänen Stadtgebiet.

Heute erstreckt sich La Baule schlauchförmig entlang des 5 km langen Strandes zwischen dem Hafenbecken von *La Baule-Pouliguen* und dem Tiefwasserhafen von *La Baule-Pornichet.* Mehr oder weniger nahtlos gehen diese beiden Ortsteile ineinander über und werden im Norden vom Bahndamm abgegrenzt. Bei diesen Entfernungen ist das Auto bevorzugtes Verkehrsmittel, im Sommer sind der 4-spurige Strandboulevard und die Stadtavenuen häufig überlastet. Es lassen sich zwei Stadtzentren ausmachen: Das turbulente *La Baule-Centre* rund um den Place de la Victoire (unterhalb des Bahnhofs La Baule-Escoublac) mit seinen feinen Geschäften, großzügigen Avenuen und dem offenen Marktgelände und das verschlafene *La Baule-les-Pins,* dessen Appartementhäuser zwischen Strand und Pinienwald konzentrisch vom Place des Palmiers hin zum Bahnhof La Baule-les-Pins wachsen.

Information

- *Postleitzahl* 44500
- *Information* Nah am Bahnhof von La Baule-Escoublac. Riesenauswahl an Prospekten, Visitenkarten und Hochglanzinfos. Einschreibemöglichkeiten zu fast allen Sportprogrammen, Organisation von Rundfahrten (Bus/Boot), Veranstaltung unzähliger Feste und Konzertabende in der Saison, Vermittlung von Appartements bzw. Hotelzimmern. Ganzjährig geöffnet. Im Juli/August täglich 9.30–19.30 Uhr, in der Nebensaison Montag bis Samstag 9.15–12.30 und 14–18 Uhr. Place de la Victoire, ✆ 02.40.24.34.44, www.labaule.fr.

Verbindungen

- *Bus* Mehrere Haltestellen (u. a. an den SNCF-Bahnhöfen) über das ganze Stadtgebiet verteilt. Linie 81 im Sommer im knappen Stundenrhythmus (werktags bis zu 12-mal) über Pouliguen und Batz nach Le Croisic, in entgegengesetzter Richtung mit Linie 81 und 82 nach St. Nazaire, mit Linie 83 werktags bis zu 12-mal nach Guérande.
- *Zug* La Baule verfügt über 2 Bahnhöfe – La Baule-Escoublac (zentral) und La Baule-les-Pins. Sie liegen zwar nicht an der Hauptstrecke, werden aber – besonders im Sommer – ausreichend bedient. In weniger als 3 Stunden donnert der TGV mit bis zu 300 km/h nach Paris (insgesamt mindestens 3 Direktverbindungen am Tag), 6-mal täglich Richtung St. Nazaire und Nantes. ✆ 08.92.35.35.35.

Was tun mit dem angebrochenen Tag?

Diverses

• *Autoverleih* Neben den Büros der großen internationalen Agenturen (z. B. **Avis**, Place Rhin et Danube, ✆ 02.40.60.36.28, oder **Rent a car**, Place de la Gare, ✆ 02.40.24.49.89) gibt es eine Handvoll lokaler Anbieter, z. B. **ADA**, Avenue Georges Clemenceau 26, ✆ 02.40.11.04.44.

• *Casino/Disco* Im Beachcasino beim Thalassozentrum rollt jeden Abend ab 21 Uhr die Glückskugel. Roulette, Boule, Black-Jack und eine kleine Armee einarmiger Banditen. Angeschlossen sind eine Brasserie und die Diskothek "Le Paradise", tagsüber locken Markenboutiquen und exklusive Geschäfte. Esplanade Francois André.

• *Fahrradverleih* Mehrere Verleiher. Eine große Auswahl an Tourenrädern, Mountainbikes, Tandems und Fun-Zweirädern bietet u. a. **Alpha Grand Bi**, Avenue Maréchal de Lattre de Tassigny 237, ✆ 02.40.60.28.82; oder **Michel Chaillou** am Place de la Victoire 3, ✆ 02.40.60.07.06.

• *Feste* Höhepunkt der Festsaison sind Juli und August; vom Strandkonzert über Folkloretreffen und Filmfestspiele bis zum Galaabend des russischen Tanzballetts. Einen aktuellen Festkalender erhält man beim O.T.

• *Golf* **Golf International de La Baule**, nettes Gelände 6 km nordöstlich von La Baule, unweit von St. André-des-Eaux. 6200-m-Parcours mit 18 Löchern (Par 72) und ein kleinerer 9-Lochplatz. Domaine de St. Denac, ✆ 02.40.60.46.18.

• *Kino* 2 Lichtspielhäuser hellen verregnete Abende auf. Aktuelle Programme in den 3 Sälen des **Le Gulf Stream**, zentral in der Avenue Général-de-Gaulle, und im **Les Evens**, Allée Acacias.

• *Kleiner Zug* Ja, er rollt auch in La Baule. Vom Casino sektorenweise zum Hafen von Pornichet u. zurück. In der HS 10–22.30 Uhr.

• *Markt* Großzügige Markthalle mit über 100 Händlern südwestlich des O.T. auf einem geräumigen Platz rechts der Avenue nach Pouliguen. Ganzjährig geöffnet, in der NS Montag geschlossen. Im Sommer durchgehend 9–20 Uhr. Großer Wochenmarkt am Dienstag, Freitag und Sonntag.

• *Reiten* Mehrere große Reitställe. Das Angebot reicht vom 1-Wochenkursus für Anfänger bis zur Perfektion des "Pas-de-Deux", Sie können sich einer Pferdepromenade anschließen oder den Gaul frei für eine Stunde zäumen. Zum Beispiel **Manège des Platanes** am äußersten Ostzipfel des

Liebeswaldes (Nähe Flugfeld), Avenue Antoine Louis 23, ✆ 02.40.60.37.37, oder **Centre Equestre de La Baule**, das Reitzentrum im Freizeitpark (hinter der Tennisanlage), an der Avenue nach Pouliguen. Avenue de Rozière, ✆ 02.40.60.39.29.

• Schwimmbad Aquabaule, modernes, öffentliches Schwimmbad mit 50-m-Freibecken und Schwimmhalle (25-m-Becken) ca. 100 m strandeinwärts zwischen den beiden Ortszentren (Mitte der Bucht). Eine 126 m lange Riesenrutsche macht nicht nur Kindern Spaß. Das ganze Jahr über täglich geöffnet Avenue Honoré de Balzac, ✆ 02.40.60.09.07.

• Tennis Allein die 3 großen Clubs verfügen über 80 Plätze. Die größte Anlage liegt auf dem Areal des **Country Clubs**, einem großzügigen Parkgelände an der Avenue Lattre de Tassigny 113 nach Pouliguen. 24 Courts, gediegene Ausstattung mit Clubräumen, Duschen etc. Eine weitere Anlage unterhalb des Parc des Dryades in La Baule-les-Pins. Squash-Court selbstverständlich, Minigolf nebenan. **Garden Tennis**, Avenue Gabrielle 2, ✆ 02.40.60.21.00.

• Thalassotherapie Infos bei Thalassothérapie La Baule-les-Pins, Boulevard Océan 28, ✆ 02.40.11.33.11.

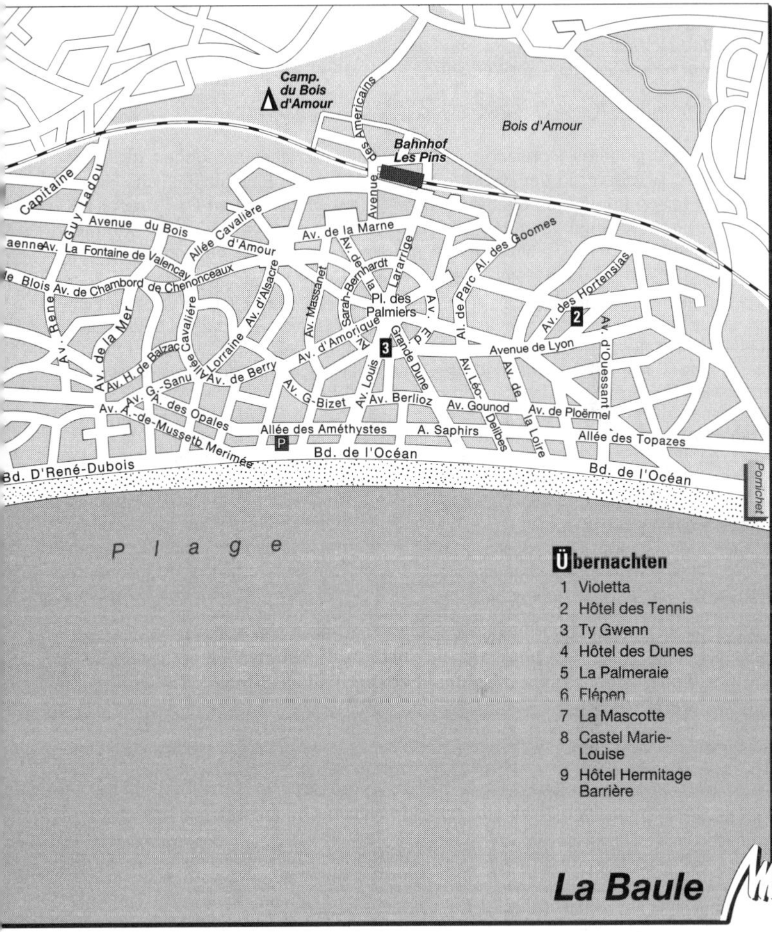

Côte d'Amour
Karte S. 513

• *Waschsalon* **Berlioz**, Avenue de-Lattre-de-Tassigny 180, in derselben Straße Nr. 218 **La Bulle de Savon**.

• *Wassersport* Alles ist möglich. Surfbretter und Segelkreuzfahrt, Wasserski und Flaschentauchen; 4 große Strandclubs mit weit gefächertem Animationsprogramm für Kinder und Jugendliche, 4 große Segel-/Surfzentren und eine Riesenauswahl an Verleihern. Einige Großanbieter: Boote gibt's in La Baule-Pouliguen bei **C.N.B.P.P.** (Rue F. Bougouin 77, ✆ 02.40.42.32.11). **Club des Dauphins** in La Baule (Boulevard Hennecart, ✆ 02.40.42.01.62); **La Baule Nautic** am Hafen von Pornichet (✆ 02.40.61.03.78), oder eine der Segelschulen am Strandboulevard (z. B. **Ecole de voile latitude**, Boulevard Océan 226, ✆ 02.40.60.57.87) bieten Segel- und Surfkurse der verschiedensten Schwierigkeitsgrade und verleihen Bretter sowie Sportausrüstung. **Holywind**, Verkauf und Verleih diverser Wassersportgeräte von der Taucherbrille bis zur Segelyacht, Avenue Pierre Loti 2, ✆ 02.40.60.51.96.

• *Yachthäfen* Der Tiefwasser-Yachthafen von Pornichet bietet Platz für 2000 Boote. 1150 Plätze an den Pontons, maximal 25-m-Yachten, max. 25 to. Technisch wie sanitär erstklassige Ausstattung. Tag und Nacht ist die Aus-/Einfahrt möglich. Capitainerie ✆ 02.40.61.03.20. Weiterer kleinerer Yachthafen am westlichen Stadtrand vor der Brücke nach Pouliguen. Ruhige Pontons entlang des tief eingeschnittenen Flussufers. ✆ 02.40.11.97.97.

Übernachten (siehe Karte S. 526/527)

Fast unüberschaubares Hotelangebot, rund 40 Hotels aller Kategorien mit über 3000 Betten. Trotzdem: In der HS kann es knapp werden. Eine ausführliche Hotelliste mit Preisen und Beschreibung erhalten Unentschlossene im O. T. In der NS sind öfter Preisermäßigungen von 5–35 % üblich (Durchschnitt 15 %). Im Sommer bestehen verschiedene Etablissements auf Halbpension. Die hier angegebenen Preise sind HS-Preise. Eine kleine Auswahl:

**** **Hotel Hermitage Barrière (9)**, Sie lieben den Luxus und können sich ihn leisten. Oberste Oberkategorie an der französischen Küste. Beste Lage am Strandboulevard, links vom Casino. 210 Zimmer und 9 Appartements mit Topausstattung. Hotelgäste finden natürlich alles im Haus. DZ 190–465 €, HP ab 150 €, Frühstück 18 €. Geöffnet von Mitte April bis Oktober. Esplanade Lucien Barrière 5, ✆ 02.40.11.46.46, www.lucienbarriere.com.

**** **Castel Marie-Louise (8)**, gleich links vom Casino mit schönem Pinienpark, der den Lärm vom Hafenboulevard etwas dämpft. Edle Absteige im Landhausstil der Belle-Epoque mit 31 geschmackvoll eingerichteten Zimmern für Leute, die sich das Hermitage zwar leisten können, denen es aber zu groß ist. Kein Schwimmbad. DZ 150–500 €, HP 145–325 €, Frühstück ab 18 €. Von Mitte November bis Mitte Dezember geschlossen. Avenue Andrieu 1, ✆ 02.40.11.48.38, www.relaischateaux.com/marielouise.

** **La Mascotte (7)**, hinter dem Casino. Geschmackvoller Neubau (Neo-Landhaus) mit kleiner Palmenterrasse und gepflegtem Gartenpark, für seine Kategorie ausgezeichnet ausgestattet und eingerichtet. 23 Zimmer, z. T. mit Gartenbalkon und lichten Fenstern. Restaurant mit Menüs ab 18 €. DZ je nach Standard 65–90 €, HP 65–80 €, Frühstück 8 €. Geöffnet von März bis Mitte November. Avenue Marie Louise 26, ✆ 02.40.60.26.55, www.la-mascotte.fr.

** **Flépen (6)**, an der Avenue nach Pouliguen, Höhe Casino, etwa 250 m zum Strand. Nettes, renoviertes Hotel aus den späten Gründerjahren, Gartengelände mit Pinien. 23 Zimmer, z. T. etwas lustlos eingerichtet. Kein Restaurant. In der NS bis zu 35 % Reduktion. DZ 47–72 €, Frühstück 7 €. Geöffnet vom 1.3.–15.11. Avenue de Lattre de Tassigny 145, ✆ 02.40.60.29.30, www.hotel-le-flepen.com.

** **Hôtel des Dunes (4)**, unweit des Zentrums (O.T.), in der Avenue nach Pouliguen. Gepflegtes 33-Zimmer-Hotel mit ordentlicher Einrichtung, sanitär renoviert, alle Zimmer mit Bad bzw. Dusche/WC. Restaurant mit Menüs ab 18 €. DZ 40–53 €, Frühstück 6 €. Ganzjährig geöffnet. Avenue de Lattre de Tassigny 277, ✆ 02.40.75.07.10, www.hotel-des-dunes.com.

** **La Palmeraie (5)**, familiäres Logis-de-France in der Nähe vom Rathaus. Piniengelände mit Blumengarten ca. 50 m vom Meer. Ordentliches, behagliches Hotel, 22 Zimmer mit Bad oder Dusche/WC. Restaurant (2 Kamine) mit Menüs ab 18 €. DZ 55–85 €. Geöffnet April bis Ende September. Allée des Cormorans 7, ✆ 02.40.60.24.41, www.hotel-lapalmeraie-labaule.com.

** **Hôtel des Tennis (2)**, in La Baule-les-Pins, unterhalb des Dryaden-Parks (200 m zum Strand). 18-Zimmer-Garni-Hotel mit unterschiedlicher Sanitärausstattung (vom Waschbecken bis Bad/ WC). DZ 47–60 €, Frühstück 6 €. Im Oktober geschlossen. Avenue de Lyon 1, ✆ 02.40.60.24.04, www.pays-blanc.com/hoteldestennis.

** **Ty Gwenn (3)**, im Zentrum von La Baule-les-Pins. 17-Zimmer-Hotel, einfach, aber durchaus behaglich eingerichtet. Insgesamt nettes Wohnambiente. Zimmer z. T. ohne Bad, nur mit Waschbecken oder WC. Kein Restaurant. DZ 40–68 €, Frühstück 6 €. Mitte November bis Januar geschlossen. Avenue de la Grande Dune 25, ✆ 02.40.60.37.07, hotel.tygwenn@wanadoo.fr.

** **Violetta (1)**, vermutlich die billigsten Zimmer in La Baule, an einer Straßenecke beim Bahnhof. 11 Zimmer, wahlweise mit Waschbecken bis zu Dusche/WC, einfach, aber ordentlich. DZ 35–60 €, Frühstück 6 €. Mitte Dezember bis Januar geschlossen. Avenue Clemenceau 44, ✆ 02.40.60.32.16, hotel.violetta@wanadoo.fr.

Camping

Campingfreunde haben es in La Baule schwer. Die Hotels und Residenzen lassen für preisgünstige Urlaubsmöglichkeiten nur noch spärlich Platz. Am Strand gibt's überhaupt kein Campingrevier, im Sommer sind fast alle Plätze ausgebucht.

**** **Airotel la Roseraie**, im Ortsteil Escoublac, oberhalb der Schnellstraße nach St. Nazaire. Modernes Hotel de plein air mit zahlreichen Sportmöglichkeiten. Tennis, Billard, Volleyball, Fahrradverleih, Swimmingpool. Extra Abteilung für jugendliche Zelter. 235 Stellflächen auf ebenem, aber wenig beschattetem Wiesenterrain. Sehr gute Sanitäranlagen, Laden, Bar, Restaurant. 2,5 km zum Strand. Geöffnet April bis Ende September. Avenue J. Sohier 20, ✆ 02.40.60.46.66, www.laroseraie.com.

**** **Le Pré du Château de Careil**, die Alternative, 2,5 km nördlich von La Baule unweit der D 92 nach Guérande. Etwas abseits, dafür in ruhiger und zauberhafter Lage: Schlosspark mit alten Bäumen und Blumenbeeten. Rezeption stilecht im Schloss. 50 Parzellen, ordentliche Sanitäranlagen. Geöffnet von Mai bis Ende September. ✆ 02.40.60.22.99, www.pays-blanc.com/camping-careil.

*** **Camping du Bois d'Amour**, Zufahrt hinter der Brücke unter den Bahngeleisen auf dem Weg vom Bahnhof La Baule Centre nach Escoublac. Ein großes Gelände entlang der Bahnlinie (tuut-tuut), großzügig unterteilt, sandiger Boden, Schatten durch Pinien. Ordentliche Sanitärs, etwa 1 km zum Strand. Gern von jugendlichen Gästen besucht. 354 Stellplätze. Geöffnet von Februar bis Oktober. Allée de Diane, ✆ 02.40.60.17.40, www.campingdefrance.com/boisdamour.

*** **Ajoncs d'Or**, schattiges Gelände mit heckenunterteilten, teils etwas abschüssigen Rasenflächen am Rand einer Vorortsiedlung nördlich vom Bahndamm. Beheizter Swimmingpool, Laden, Bar, einfaches Speiselokal. 222 Stellflächen. Geöffnet von Ostern bis 30.9. Chemin du Rocher, ✆ 02.40.60.33.29, www.ajoncs.com.

*** **Eden**, im nördlichen Ortsteil St. Servais, etwas abseits der D 99. 5-ha-Gelände im bäuerlichen Hinterland. Akkurat parzelliertes Park-/Waldterrain, als Attraktion ein idyllisch-romantischer Steinbruchsee. Kinderfreundlich. Minigolf, beheizter Swimmingpool (Riesenrutsche) u. Planschbecken; laut Prospekt reiches "Beseelungsprogramm". Campinggerechter Laden mit vorgekochten Gerichten (Plats cuisiniers). Ordentliche, geflieste Sanitärs mit Warmduschen. Geöffnet von April bis Mitte Oktober. St. Servais, ✆ 02.40.60.03.23.

Essen

Schon der grand café ist kleiner und teurer als beispielsweise sein Bruder in Châteaubriant, aber deshalb nicht besser. So verhält es sich auch mit dem Speiseangebot La Baules. Preislich deutlich über dem bretonischen Durchschnitt, in der Qualität eher darunter – ausgenommen, Sie investieren ein paar dutzend Euro. Die Lokale sind in der Regel auf Massenabfertigung eingerichtet, in der Restaurant-Landschaft überwiegen Crêperies und Pizzerias mit den kleinsten Calzones der Welt. Die meisten La-Baule-Gäste essen aber sowieso in ihrem Appartement oder brutzeln sich etwas auf dem Campingplatz. So haben wir keine Empfehlung, sind aber für jeden Tipp, der uns eines besseren belehrt, dankbar.

Baden

Die Strandbucht von La Baule gehört zweifelsohne zu den schönsten Stränden Europas. Sie ist durch die Croisic-Halbinsel gut gegen die von Westen kommenden Atlantikfluten geschützt und hat doch eine für Wassersportler optimale Dünung. Der *Grande Plage* (inkl. der Strandabschnitte von Pouliguen und Pornichet 7 km lang) gleitet feinsandig und flach ins Meer, bei Flut bleiben noch gut 20 m Sand. Im Hochsommer wird schwerpunktmäßig vor dem Casino oder dem Thalassozentrum sonnengegrillt. Die Prachtbucht besitzt selbstredend Toiletten, Umkleide- und Duschkabinen sowie ein breit gefächertes Animier-, Gastronomie-, Lern- und Verleihangebot.
Naturliebhaber mögen Probleme mit dem betonierten Strandboulevard haben, ambitionierte Surfer und Segler fühlen sich hier pudelwohl. Für sie gelten trotzdem einige Regeln, auf die Stadtverwaltung und örtliche Wasserpolizei hinweisen. Faustregel: Die ersten 500 m gehören dem Badegast, für Unfälle und Missgeschicke, die innerhalb dieser Schutzzone geschehen, ist der Wassersportler verantwortlich. Grundsätzlich gilt am Strand Hundeverbot (dahinter Leinenpflicht).

La Baule / Umgebung

Pornichet *(ca. 7500 Einwohner)*: In östlicher Richtung scheint die Strandzeile von La Baule nahtlos in Pornichet überzugehen. Doch auf der Landnase hinter dem großen Yachthafen verwandelt sich das Flair des mondänen Seebads langsam zu einem familiäreren Ferienensemble. Statt ausladender, mehrstöckiger Appartementblocks reihen sich niedrige Einfamilien- und Ferienhäuser in die lichten Pinienparks. Pornichet, das bereits zu den Gründerzeiten La Baules existierte und ebenfalls vom Tourismus lebte, besteht aus zwei Ortsteilen: dem Ferienstädtchen *Pornichet-les-Pins* mit den oft nur während der Saison bewohnten Häusern auf der Landzunge und dem alten Kern *Vieux Pornichet*, Verwaltungs- und Geschäftszentrum der Gemeinde. Pornichet besitzt im großen Tiefseehafen mit über 1000 Liegeplätzen noch eine tätige Fischfangflotte, und im weithin bekannten *Hippodrome de la Côte d'Amour* finden mehrmals jährlich gut dotierte Rennen statt.

- *Information* O.T. am Boulevard de la République 3, ✆ 02.40.61.33.33.
- *Essen* **La Gargouille**, das Schwesteretablissement des Wasserspeierrestaurants in Vannes (siehe dort). Auch hier exzellente Spieße in besonderer Atmosphäre. In der HS täglich ab 19.30 Uhr geöffnet. Avenue du Général de Gaulle 96, ✆ 02.40.61.74.52.

Pouliguen *(ca. 4500 Einwohner)*: Im Westen schließt sich, nur durch die Brücke über den Yachthafen getrennt, das nicht minder mondäne Le Pouliguen an die Prachtavenue von La Baule an. Doch Le Pouliguen hat seinen eigenen Charakter, teilweise wirkt der Ort wegen seiner zur Schau gestellten Gutbürgerlichkeit der Gebäude und Edelvillen noch überheblicher als La Baule. An der Südspitze der Landzunge – ein Spazierweg schließt sich an die Hafenallee an und führt um sie herum – besitzt Pouliguen zwei gut geschützte, kleinere Strände, oberhalb lockert ein lichtes Pinien- und Kiefernwaldareal das Häusermeer etwas auf. Westlich von Le Pouliguen wird die Küste steiler und rauer, sie heißt dann zurecht *Côte Sauvage* – Wilde Küste (siehe auch Batz-sur-Mer). In den touristischen Hochzeiten stellen allerdings die wilden Besucherhorden die Wildheit der Küste in den Schatten.

Information O.T. am Hafen, Port Sterwitz, ✆ 02.40.42.31.05.

St. Nazaire *(ca. 70.000 Einwohner)*: Die moderne Industrie- und Handelsstadt an der Mündung der Loire stand lange Zeit im Schatten Nantes', aus dem sie sich erst Mitte des 19. Jh. löste: Als die höheren Tonnagen nicht mehr die Loire-Mündung bis nach Nantes hinaufgebracht werden konnten, wurde 1856 der Tiefwasserhafen von St. Nazaire eingeweiht. Ein rascher Aufstieg folgte. 1881 wurde das heute noch zu den größten Hafenbecken Europas zählende 22 ha große *Bassin de Penhoët* ausbetoniert, in den riesigen Trockendocks und Werften begann man mit dem Bau von gigantischen Passagier- und Handelsschiffen sowie Panzerkreuzern. Dann kamen tragische Zeiten. Im Ersten Weltkrieg landeten die alliierten Truppen, im Zweiten Weltkrieg setzte sich die deutsche Wehrmacht fest. Mit dem Ausbau eines 300 m langen und 125 m breiten, 2,5 Millionen Kubikmeter Stahlbeton fressenden U-Bootstützpunktes, dessen überdachte Schleuse die Ein- und Ausfahrt der Nazi-U-Boote vor Bombenangriffen schützte, gewann St. Nazaire allererste strategische Bedeutung. Und musste teuer bezahlen. Während die Stadt von 1944 bis zum Ende des Kriegs tagtäglich von alliierten Bombern heimgesucht und dem Erdboden gleichgemacht wurde, überstand das grauschwarze Stahlbetonmonstrum der Deutschen alle Angriffe unbeschadet. Noch heute arbeiten in dem heruntergekommenen, scheinbar unverwüstlichen Zeugnis menschlichen Zerstörungswahns mehrere Industriebetriebe, auf dem Werftgelände werden noch immer Ozeanriesen gebaut. Heute gibt es konkrete Pläne, das triste Viertel um den Bunker in ein modernes, lebenswertes Quartier zu verwandeln. Ironie der Geschichte: Unweit des düsteren U-Boot-Bunkers erhebt sich auf einem schattigen Platz, der von trostlosen Wohnblocks einer Arbeitersiedlung der Nachkriegszeit umdrängt wird, der *Dolmen du Bois-Savary*: ein Grabmal der Megalithiker, das – neben dem Bunker – als einziges "Bauwerk" der Stadt die schrecklichen Ereignisse des letzten Krieges unbeschadet überlebt hat.

Information Tourismusbüro im Stadtzentrum gegenüber dem Rathaus. Übliche Bürozeiten. 44613 St. Nazaire, Place F.-Blancho, ✆ 02.40.22.40.65.

Le Croisic

(ca. 5000 Einwohner)

Bereits um das Jahr 1500 zählte die Stadt 5000 Einwohner und war ein wichtiger Fischerei- und bedeutender Kriegshafen: Die als geschäftstüchtig und risikobereit geltenden Croisicais kontrollierten über Jahrhunderte als Seeräuber, Reeder oder als einfache Wrackplünderer die Einfahrten in die Loire- und Vilaine-Mündungen.

Wuchtige alte Reeders- und Kapitänshäuser aus dem 16. und 17. Jh. säumen die lang gezogene Hafenpromenade. Die Fensterfronten und schmiedeeisenverzierten Balkons blicken über die Kais hinweg zur *Grand Traict*, zur großen Bucht der Salzgärten, von einem kuriosen Labyrinth kleiner Kanäle und Salinenbecken durchzogen. Entlang der einen Kilometer langen Kais, die den Hafen in drei Becken teilen und eine Anlandung des Fangs auch bei Flut erlauben, herrscht das Treiben eines lebhaften Fischerstädtchens: Wie auf magischen Rollen gezogen, weisen im steten Wind die bunten Markierungswimpel der Fangboote hinüber zur 1982 errichteten "Kathedrale des Fischfangs", der neuen *Criée*. Hier schlägt jeden Morgen die Stunde des Fischs. Von der Balustrade herab kann man seiner aufgeregten, lautstarken Vermarktung zusehen. Über 60 Boote entreißen dem Meer jährlich 3300 t Fisch und Krustentiere.

Karte S. 513

In Le Croisic herrscht hemdsärmelige Lässigkeit; Lastwagenchauffeure, Matrosen und urwüchsige Kapitäne mischen sich im Sommer fast unbemerkt unter die Touristenscharen. Der geschäftige Trubel entlang der Hafenpromenade versickert aber schnell in den engen Gassen, die, ausgehend von der ehrwürdigen ehemaligen Fischhalle, die Kirche *Notre Dame-de-Pitié* einschnüren. Kulturelle Höhepunkte Le Croisics sind neben den alten Häusern aus dem 16./17. Jh. und der Kirche das schmucke Rathaus (*Hôtel d'Aiguillion*) sowie das neue Aquarium.
Kurz vor dem Bahnhof erhebt sich der *Mont Esprit*, ein im 19. Jh. aus dem Ballast der Salzschiffe (Erde) aufgeworfener Hügel, parkartig bepflanzt mit Krüppelkiefern, Tamarisken und Blumengeometrie: Aussicht über das Mosaik der *Grand Traict* und die vom Festland herüberleckende, flachsandige Landzunge *Pen-Bron*. Noch schöner ist der Blick vom ebenso entstandenen *Mont Lénigo* am oberen Ende des Hafens (West). Der von einer Granitsteinmauer (1759) eingefasste, lang gezogene Promenadenhügel ist Mitte August Schauplatz eines viel besuchten Festes: Der Pfarrer segnet die einfahrenden Fischerboote und Segelyachten.

Information

• Postleitzahl 44490

• Information In einem schön renovierten Häuschen neben dem Bahnhof. Von Juli bis August Mo–Sa 9–13 und 14–19 Uhr, Sonntag 10–13 und 15–17 Uhr. Von September bis Juni Di–Sa 9–12.30 und 14–18.30 Uhr. Außerdem ein Infopavillon am Hafen, der nur im Juli und August Mo–So 10–13 und 14.30–19.30 geöffnet hat. Place du 18 Juin 1940, ✆ 02.40.23.00.70, www.ot-lecroisic.com.

Verbindungen

• Bus Buslinie 81 täglich im knappen Stundenrhythmus über Batz, Pouliguen, La Baule und Pornichet nach St. Nazaire, werktags bis zu 12-mal. Außerdem im Sommer werktags 4-mal täglich über Le Pouliguen nach Guérande. Zentralste Haltestelle beim Hafen, Place Dinan, Endstation am Bahnhof.

• Zug Le Croisic! Endstation! Zwischen 5.05 Uhr und 20.40 Uhr stehen auf dem Sommerfahrplan über 20 Züge täglich. Über Le Pouliguen, La Baule, Pornichet und St. Nazaire in knapp 1,5 Stunden nach Nantes, mit dem TGV in 1 Stunde.

Diverses

• Bootsausflüge Dasselbe umfangreiche Angebot wie in La Turballe. U. a. bietet die "Garcie Ferrande" 180 Passagieren die Möglichkeit zu einer Kreuzfahrt nach **Houat** und **Hoëdic**. Einzelheiten siehe La Turballe. 2-mal täglich verkehrt ein Boot zwischen Le Croisic und **La Turballe**, einfache Fahrt 4 €. Auskünfte beim O.T.

• Criée In der Fischhalle werden jährlich ca. 3300 Tonnen Fische, Krustentiere und Muscheln umgeschlagen. Sommeröffnungszeiten: Von Mo–Sa Langustinen um 4 Uhr (traditionell verkauft auf Zuruf), 4.30 Uhr Fisch, ab 7 Uhr alles. Am Sonntag um 6 Uhr Langustinenversteigerung.

• Fahrradverleih **Bihoré**, Rue du Traict 34, ✆ 02.40.62.92.81, oder **Garage Peugeot**, Rue E. Provost, ✆ 02.40.62.90.32.

• Feste Herausragend aus dem reichen Croisicer Veranstaltungsprogramm das **Fête de la Mer** am 15. August: Eine bunte Prozession mit halb religiösem und halb weltlichem Charakter (Schaulustige) zieht von der Kirche zum Mont Lénigo.

• Fischen Von Mai bis Ende September kann man auf der "Toison d'Or" (40 Plätze) sein Mittagessen fischen. 5-Stunden-Angeltrip (7–12 Uhr) auf See 28 €, Angelroute kann für 10 € gemietet werden. Nachmittags startet die Motor-Schaluppe mehrmals täglich zu einem 1-Stunden-Ausflug entlang der Küste. Erwachsene 7 €. Auskünfte in der Bar de la Criée am Hafen oder bei J. Turpin, ✆ 02.40.62.94.43.

• Golf 9-Lochplatz für Anfänger und Fortgeschrittene an der Côte Sauvage, ✆ 02.40.23.14.60.

• Kleiner Zug Im Juni am Wochenende, in der HS täglich rollt der Kleine Zug die Küstenstraße von Le Croisic nach Le Pouliguen.

• *Markt* In der Rue des Cordeliers zwischen dem Place Dinan und der Kirche. In der Sommersaison Dienstag, Donnerstag und Samstagvormittag, das Restjahr entfällt der Dienstag. Am Freitag in der Rue du Pilori ein *Marché du terroir* mit traditionellen Produkten.

• *Tauchen* Flaschentauchen an der Côte Sauvage. Der lokale Tauchclub **Groupe Atlantique de Plongée** bietet Unterwassertrips mit einem alten Segelschoner zum Plateau du Four auf offener See an. Clubhaus und Flaschenfüllstation in der Nähe der Festhalle (200 m südlich von der Kirche). Rue du Pont de Chat, ✆ 02.40.62.91.83.

• *Tennis* Der örtliche Club besitzt 4 Courts (eine Halle). 2 schön gelegene Plätze auf dem Mont Esprit. ✆ 02.40.23.21.61.

• *Waschsalon* Do it yourself am Intermarché-Parkplatz, Rue de Kerdavid.

• *Wassersport* Die Côte Sauvage ist ein interessantes Segel- und Surfrevier. Mehrere Segelschulen bieten Kurse an. Verleih von Booten und anderen Wassersportgeräten nur in Batz, z.B. bei der **Ecole de voile**, ✆ 02.40.23.85.28.

Übernachten/Camping

Wie überall der Trend zur Ferienimmobilie. Noch bieten etwa 10 Hotels der mittleren bis einfachen Kategorie Quartier. Hotelschwerpunkte sind Port-Lin an der Atlantikseite und der Hafenkai. Eine Auswahl:

*** **Hotel Les Vikings**, wohnlicher Glas-Beton-Komplex mit kleinen Balkons und Terrassen oberhalb des Strandes von Port-Lin mit Meerespanorama. 24 Zimmer, alle mit Bad/WC, geräumig und hell. DZ 73–113 €, Frühstück 9 €. Ganzjährig geöffnet. Port-Lin, ✆ 02.40.62.90.03.

** **Les Nids**, 50 m oberhalb des Strandes von Port-Lin. 22 freundliche Zimmer, zum Großteil mit Balkon und moderner Sanitärausstattung, die billigeren nur mit Waschbecken und Bidet. Schöner Garten. Gemütliches Restaurant in einem niedlichen Gebäude mit Turm gleich ums Eck (Menüs ab 16 €). DZ 41–75 €, HP 45–60 €, Frühstück 7 €. Geöffnet von April bis Mitte Oktober. Boulevard Leclerc 83, ✆ 02.40.23.00.63, www.hotellesnids.com.

** **L'Estacade**, zentral am Hafen, gegenüber der neuen Fischhalle. Familiäres 15-Zimmer-Hotel mit zum Großteil gemütlichen, großen Zimmern, nach der erfolgten Renovierung mit modernen Sanitärs ausgestattet. Einfaches Restaurant mit Menüs ab 15 €. DZ 50–64 €, HP 50–55 €, Frühstück 7 €. Ganzjährig geöffnet. Quai du Lénigo 4, ✆ 02.40.23.03.77, lestacade@wanadoo.fr.

Les Jonchères, Zimmervermietung am Fischereihafen. Zimmer sanitär unterschiedlich, die meisten mit Dusche oder Bad. Eingang durch den Schuhladen. DZ ab 41 €. Geöffnet von April bis September. Quai Port Ciguet 16, ✆ 02.40.23.01.26.

• *Camping* *** **de l'Océan**; 200 m oberhalb der flachen Bucht von Castouillet, am Ende der Landzunge. Heckenunterteiltes Wiesengelände ohne Schatten, ordentliche

Hochseefischer im Hafen von Le Croisic

Sanitärblocks. Beheizter Swimmingpool (2 Becken) mit Riesenrutsche, Spielplatz, Tischtennis, Tennis. Bar, vorgekochte Gerichte, Laden. 400 Stellplätze. Geöffnet vom 1.4. bis 1.10. Route de la Maison rouge, ✆ 02.40.23.07.69, www.camping-ocean.com.

** **Camping la Pierre Longue**, oberhalb der Küstenstraße etwas landeinwärts. Ebenes Wiesenareal mit einigen Bäumchen. Halbwegs ordentliche Sanitärs, Laden, Bar, Tennis. 162 Stellflächen. Ganzjährig geöffnet. Baie du Castouillet, ✆ 02.40.23.13.44.

** **Camping du Paradis**, Wiesenareal auf der Landspitze, 300 m zum Strand. Im Vergleich zum Nachbarn etwas schwächer ausgestattet, keine Versorgungsmöglichkeiten auf dem Platz. 110 Stellplätze. Geöffnet von Mai bis September. Rue Henri Dunant, ✆ 02.40.23.07.89.

Essen

Hotel-Restaurant L'Océan, Top-Speiseadresse am Strand von Port-Lin. Vom Restaurant aus Panorama auf die Heimat der Tiere, die Sie gerade verspeisen; Meeresbewohner sind in der Küche erste Wahl. Menüzusammenstellung à la carte ab 46 €. Port-Lin, ✆ 02.40.62.90.03.

Restaurant Le Bretagne, stilvoll mit alten Nussbaummöbeln und mit insgesamt viel Liebe zum Detail haben die Besitzer ihr bereits mehrfach ausgezeichnetes Speiserestaurant am Hafen eingerichtet. Erlesene Weinkarte und eine reiche Auswahl an Muschel-, Krustentier- und Fischgerichten. Das "einfache" 3-Gang-Gourmetmenü kostet 19 €, aufwändigere Speisefolgen bis 63 €. Quai de la Petite Chambre 11, ✆ 02.40.23.00.51.

Sehenswertes

Eglise Notre-Dame-de-Pitié: Die zwischen 1494 und 1528 im gotischen Spitzbogenstil errichtete Kirche zu Ehren der Jungfrau des Erbarmens hat vier Kirchenschiffe und flache Chorhäupter; ein 56 m hoher Glockenturm mit bauchiger Laternenkuppel überragt den Bau. Im Inneren mehrere *Holzstatuen* aus dem 15. bis 17. Jh., darunter die des gegeißelten Christus und die der windrosetragenden Notre-Dame-des-Vents, die die Fischerfrauen um guten Wind für die wohlbehaltene Heimkehr ihrer Männer anflehten.

Alte Häuser säumen die Hafenfront

Hôtel d'Aiguillon: Das repräsentative Rathaus in zweiter Reihe zum Hafen wurde Ende des 17. Jh. während der Hochblüte Le Croisics geschaffen. Im Garten des Anwesens ruht die Attraktion: eine zwei Tonnen schwere Bronzekanone, die im Profil ein Porträt *Ludwigs XIV.* trägt. 1955 von Tauchern bei Le Croisic aus 12 m Tiefe geborgen, gehört sie zu den wenigen Überresten der legendären Schlacht der Kardinäle. 1759 verlor Ludwig XV. im Verlauf des Siebenjährigen Krieges gegen England in einem blutigen Seegefecht vor der Stadt einen Großteil seiner Flotte. Die bullige Kanone im Rathausgarten stammt von der *Soleil Royal*, einem noch vom Sonnenkönig georderten, aber erst 1748 in

Bau gegebenen Superkriegsschiffes, das während der Schlacht von Kardinal Conflans auf Grund gesetzt und angezündet wurde, um die übermächtigen Engländer an der Einfahrt in die Bucht zu hindern.

Océanium: 150 Gattungen aus allen Weltmeeren in 30 Aquarien. Während 3000 Muscheln sich schamhaft verschließen, blüht die gelborange Dendrophyllia mit ihrem schleirig-eleganten Hofstaat im "Touch-Pool" (Berührbecken) unter Ihrer Berührung auf. Im Glastunnel schwimmen Haie über Ihrem Kopf, ganz aus der dunklen Tiefe der See glotzt *Coelacanthus*, der 40-Kilo-Quastenflosser aus der Devonzeit, in erschreckte Kinderaugen. Pinguine (im Frack) servieren kalte Drinks, Piranhas wetzen die Zähne: Hereinspaziert!

Öffnungszeiten Von Juni bis August täglich von 10–19 Uhr. Von September bis Mai täglich 10–12 und 14–18 Uhr. November und Dezember nur 14–18 Uhr, Januar geschlossen. ✆ 02.40.23.02.44.

Baden

Abgesehen von einigen kleinen Buchten rund um die Landzunge gibt es zwei größere Strände. Auf der Nordseite den stark von den Gezeiten abhängigen, bei Flut steil in Schwimmtiefe führenden *Plage de St. Goustan* (alle Strandeinrichtungen) und den zum Atlantik gerichteten, 250 m langen *Plage de Port-Lin*, eine nette, von Felsriffen begrenzte Sandbucht, in der sich bevorzugt das Badeleben Le Croisics abspielt.

Le Croisic / Umgebung

Batz-sur-Mer *(ca. 2500 Einwohner)*: Unübersehbar überragt der mächtige Glockenturm der Kirche von *St. Guénolé* die alte Salzbauerngemeinde, die bis vor 250 Jahren noch auf einer Insel lag. Batz hat seine ländliche Atmosphäre nicht verloren, die Küste ist nicht mehr mit Residenzklötzen und Spiegelfassaden verbaut. Batz-City liegt auf der schmalsten Stelle der Landzunge von Croisic, etwas landeinwärts zwischen den kultivierten Salzsümpfen und den wild anbrandenden Atlantikwogen. Das Städtchen blickt auf eine tausendjährige Geschichte zurück. Letzte Reste dieser z. T. glorreichen Zeit finden sich vor der Ortskirche: Die eindrucksvollen Ruinen der *Kapelle Notre Dame du Murié* verleihen dem Ensemble niedriger Häuser, das die mächtige *Kirche St. Guénolé* (15./16. Jh.) umdrängt, historische Patina. Hauptattraktion von Batz-sur-Mer ist der Aufstieg auf den 60 m hohen Glockenturm der Kirche: Das spiegelnde Mosaik der *Marais Salants* (siehe Guérande) breitet sich zu einem prächtigen Panorama aus, in der Ferne schwimmt Belle Ile. An guten Besuchstagen ist auch das kommunikative Gedrängel auf der engen Wendeltreppe ein Erlebnis für sich.

Im *Musée des Marais Salants*, einer schon 1887 gegründeten Ausstellung über die Regional- und Salzgeschichte, finden diesbezüglich Interessierte einiges an Informationen über Geschichte und Technik der Salzgewinnung und das Leben der Salzbauern. Neueste Attraktion des Batzer Unterhaltungsprogramms ist *le Grand Blockhaus*, ein zum Museum umfunktionierter ehemaliger Befehlsstand der Wehrmacht. Wer hier eine aufregende Militaria-Show in stimulierender Originalkulisse erwartet, liegt Gott sei dank falsch. Wert wird auf korrekte Details gelegt, und die gibt es reichlich. In der Hauptsache stellen freundliche und grimmige Puppensoldaten 11 Szenen aus dem Bunkerleben dar, die an der Kasse erhältlichen Informationsblätter – auch in Deutsch – vertiefen das Gesehene. Interessant: Außen durch aufgemalte Fenster und Türen und mit einem aufgesetzten Dach als Hotel getarnt,

Côte d'Amour Karte S. 513

wurde der Bunker von den alliierten Fliegern nie entdeckt und erst nach der Kapitulation übergeben. Kleines Detail am Rand: Die nach der Übergabe gefundenen Lebensmittel hätten der 24-köpfigen Besatzung noch für zwei Jahre Bunkerleben genügt.

An der Küstenstraße reihen sich Ferienhäuschen an die 7 km lange *Côte Sauvage*. Die Küste fällt hier steiler ins Meer, Felsklippen und einige lauschige Sandbuchten wechseln miteinander ab: Auf Felszinnen spähen Möwen in die Gischt, Surfsegel blähen sich im Wind. Batz ist beim weniger betuchten, oft jugendlichen Publikum beliebt. Der schönste Strand, *Plage Valentin*, liegt auf halbem Weg nach Croisic und ist etwa 600 m lang, ein welliger Dünenstreifen grenzt ihn zum Land hin ab (große Segelschule).

- *Information* Kleines Büro bei der Kirche. Juli bis August täglich 9.30–18.30 Uhr. In der NS Mo-Sa 9.30–12.30 und 13–17 Uhr. Mittwoch- und Samstagnachmittag geschlossen. Rue de la Plage 25, ✆ 02.40.23.92.36.
- *Markt* Montag, im Sommer auch Freitag.
- *Kirchturm* Von Mai bis Ende September täglich 10–12 und 14–18 Uhr. Steiggebühr 1,50 €, Kinder 1 €.
- *Le Grand Blockhaus* April bis Mitte November 10–19 Uhr außer Dienstag. Erwachsene 6 €, Kinder 4 €.
- *Musée des Marais Salants* Juli und August täglich 10–12 und 14–19 Uhr. In den übrigen Monaten sehr komplizierte und häufig wechselnde Öffnungszeiten. Eintritt 4,50 €, Kinder 3 €. ✆ 02.40.23.82.79.
- *Wassersport* **Ecole de Voile Valentin**, am gleichnamigen Strand, ✆ 02.40.23.85.28.
- *Camping* *** **Les Paludiers**, ausgedehntes, schattenloses Terrain an der Küstenstraße nach Le Croisic oberhalb des Plage Valentin. 200 m zum Strand. Attraktiv ist der Platz nur aufgrund der Lage. Laden, Bar und Snack-Restaurant, Spielplatz, Mietzelte, Radverleih, alles da, aber recht lieblos. 150 Stellplätze. Geöffnet vom 1.4. bis 15.9. Route de Croisic, ✆ 02.40.23.85.84 (HS) oder 08.25.00.78.25 (NS).

Grande Brière

Die Schönheit des Parc Naturel Régional de Brière eröffnet sich seinen Besuchern erst richtig, wenn sie die "Route touristique" verlassen und mit einem der Brière-typischen, kiellosen Holzkähne in das Labyrinth verwundener Kanäle, glucksender Moore und wiegenden Schilfs eintauchen: ein 40.000 Hektar großes Naturreservat, still, melancholisch, märchenhaft verwunschen.

Das *Pays Noir*, das Schwarze Land der Halbinsel von Guérande, ist ein gewaltiges Torfmoorgebiet mit einem Durchmesser von 15–20 km. Eine Hebung des Meeresbodens löste um 7500 v. Chr. eine gewaltige Flutkatastrophe aus und verwandelte das Schwemmland aus dem Loire-Becken in gurgelndes Sumpfgebiet (siehe auch Guérande). Schon früh erkannte der Mensch den wirtschaftlichen Nutzen der Sümpfe, begann sie trockenzulegen und nutzte die zu Torf verwitterten Wasserpflanzen und vorzeitlichen Bäume zur Düngung seiner Felder sowie als Heizmaterial; auf den Trockeninseln weideten seine Tiere. Mitte des 15. Jh. begann die kommerzielle Ausbeutung: Per Erlass des bretonischen Herzogs erhielten die Bewohner den Auftrag und das Privileg, gemeinsam ein besonders torfreiches Gelände zu bewirtschaften – die knapp 7000 Hektar große Fläche der *Grande Brière Mottière* (*Motte* = Torf). Die Ära des Torfabbaus begann und wurde über Jahrhunderte zum wichtigsten Erwerbszweig der Sumpfbewohner. Ein Bild der entbehrungsreichen Arbeit und der trostlosen Abgeschiedenheit der Bewohner gibt ein Klassiker der französischen Heimatliteratur, *Alphonse de Châteaubriand*. In seinem Roman *La Brière* (1923) übertünchte er zwar die karge Landschaft mit idyllischen Farben, verschwieg aber die Härte des Brièrer Alltags ehrlicherweise nicht.

Morgendliche Idylle im "Schwarzen Land"

Heute befinden sich im Gebiet der Grande Brière 21 Gemeinden, einige Ortschaften schwimmen wie Inseln im Sumpf. Auf insgesamt 135 km durchziehen Kanäle das Moor, das noch immer gemeinschaftlich genutzter Wirtschaftsraum ist (die Bewohner zahlen eine jährliche Abgabe für Jagd, Fisch- und Weiderechte sowie für das Schneiden von Schilf). Das kommerzielle Torfstechen ist zurückgegangen, Jagd (Wildente) und Fischfang (Silberbauchaal) oder Blutegel-Ernten haben sich mittlerweile als einträglicher erwiesen. Bedeutendster Wirtschaftszweig ist jedoch der Tourismus geworden. Für die oft in den Fabriken St. Nazaires und Trigniacs arbeitenden Bewohner bringen die zahlreichen Natur suchenden Urlaubsgäste, die sich in den flachen Kähnen (*blins*) durch die Sümpfe staken lassen, ein nicht unwesentliches Zubrot.

Information

- *Information* Tourismuszentrale der Region ist das Fremdenverkehrsbüro von Chapelle-des-Marais, im alten Maison du Sabotier, Rue de la Brière 38, ✆ 02.40.66.85.01. Zentrale Informationsstelle für das gesamte Gebiet des Naturschutzparkes ist das "Maison du Parc" in St. Joachim, direkt an der Brücke zur Ile de Fedrun, ✆ 02.40.91.68.68; Auskunftsstellen mit Prospekten und Tourenvorschlägen (auch deutschsprachig) in den wichtigen Orten, z. B. St. Lyphard (Place d'Eglise, ✆ 02.40.91.41.34) oder an den entsprechenden Sehenswürdigkeiten. Alle Tourismusbüros im Sommer täglich von 10–12.30 und 14.00–18.30 Uhr geöffnet.

Diverses

- *Angeln* Nur mit Angelschein. Dieser ist je nach Ort in den Bürgermeistereien oder Bar/Tabacs erhältlich. Infos im O.T.
- *Bootsverleih/Exkursionen* Unzählige Kahnverleiher. Es werden Promenaden (begleitet, bis 30 Personen) angeboten, daneben gibt es auch Boote ohne Führer. Einige Schwerpunkte: **St. Lyphard**, von der D 51 aus Richtung Guérande kurz vor der Ortschaft rechts ab zum Weiler La Pierre Fendue (1,5 km). Im "Hafen" liegen viele blins, flache, kiellose Kähne. Der geführte

Gruppenausflug in das Torfmoor dauert 45 Minuten (ab 7 €, Kinder 4 €), ein kleines Boot solo für den halben Tag kostet ab 20 €. Ein weiteres Zentrum ist die **Ile de Fedrun**. Links und rechts der Straße warten die Kähne in den Kanälen. Preise für Promenaden und Exkursionen wie in St. Lyphard. Großangebot in **Bréca**, weit vorgeschoben etwa 5 km südlich von St. Lyphard (D 47 bis Le Brunet, dort links ab): Y. Thual (✆ 02.40.91.32.02) fährt mit Original-Blins, M. Deniaud (✆ 02.40.91.33.97) vermietet Standardmodelle.

• *Fahrradverleih* In **St. Lyphard** bei **Mr. Cadiet**, ✆ 02.40.91.32.81; in **St.-Malo-de-Guersac** im **Café du Pont**, ✆ 02.40.91.15.44.

• *Markt* Von Ende Juni bis Anfang September jeden Donnerstag Wochenmarkt im Museumsdörfchen Kerhinet, Agrarprodukte aus der Grande Brière. Ganzjährig in Herbignac am Mittwoch.

Übernachten/Camping/Essen

** **Hotel Les Chaumières du Lac**, bei St. Lyphard gegenüber dem See. 20 Zimmer in einem kleinen Hotelareal der Neuzeit neben der Landstraße. Im dazugehörigen Restaurant Auberge les Typhas (gehoben und beliebt, Di Ruhetag) Menüs 21–55 €. Vollständig ausgestattete DZ 55–90 €, Frühstück 9 €. Geöffnet von Anfang Februar bis Mitte Dezember. ✆ 02.40.91.32.32, www.leschaumieresdulac.com.

** **Auberge du Kerhinet**, gemütlich wohnen im Museumsdorf, etwas versteckte Logis-de-France-Herberge mit 7 Zimmern und empfehlenswertem Restaurant für das Mittagessen – die ganze Menüpalette (ab 22 €) gibt's nur mittags. DZ 40–48 €, HP ab 60 €, Frühstück 7 €. Außer Juli/August am Mittwoch und Dienstag Ruhetag. Village de Kerhinet, ✆ 02.40.61.91.46, www.pays-blanc.com/auberge-kerhinet.

* **Hotel Vince**, in Herbignac am Rand der Grande Brière; zentral bei der Kirche, einfach, aber für einen Kurzzeitaufenthalt ausreichend. 14 Zimmer, teils mit eigenen, teils mit Etagensanitärs, günstiges Restaurant. DZ 25–38 €, Frühstück 5 €. Rue de Verdun 8, ✆ 02.40.88.90.21, www.hotelrestauvince.com.

• *Camping* *** **Municipal des Brières**, etwas außerhalb von St. Lyphard an der Straße nach La Chapelle-des-Marais. Rasengelände an einem kleinen Badesee, z. T. schattig. Ordentliche Sanitärblocks, Sportanlagen (Tennis, Tischtennis), Fahrradverleih, organisierte Kahnfahrten. 130 Stellplätze. Geöffnet von April bis September. ✆ 02.40.91.43.13.

• *Essen* Eine Spezialität, die Sie probieren sollten: Pimpeneaux, Brière-Aal (mit silbrigem Bauch) überm Torffeuer gegrillt. Weitere regionale Leckerbissen sind Rebhuhn, Ente oder Fisch. Eines der gediegensten Restaurants der Gegend ist die **Auberge du Parc** auf der Ile de Fedrun, hier erhalten Sie neben gängiger (exzellenter) Küche auch die genannten Gerichte (Menüs 33–65 €). ✆ 02.40.88.53.01.

Rundfahrt

Eine Rundfahrt von ca. 80 km führt an allen interessanten touristischen Höhepunkten rund um das Torfmoor vorbei. Zur richtigen Erkundung ist ein Holzkahn oder Boot unerlässlich (siehe oben) – zahlreiche Bootsanlegestellen liegen an der Strecke. Unsere Grande-Brière-Rundfahrt beginnt auf der westlichen Brière-Seite in Kerhinet.

Kerhinet: Das Dorf 6 km südlich des größeren St. Lyphard ist ein Freilandmuseum, vom Komitee des Naturschutzparkes erworben und im Stil der früheren Brière-Dörfer restauriert. 18 Gebäude, Bauernhäuser, Scheunen und Ställe, vermitteln Einblicke in den ehemaligen Alltag der Bewohner der Grande Brière. Zu besichtigen sind eine ganzjährig geöffnete *Weberwerkstatt*, das unvermeidliche *Haus der Handwerkskunst* und das kleine *Musée du chaume* (Arbeits- und Hausgeräte, Möbel und Trachten des "Pays Noir"). Von Kerhinet führt eine schmale Straße nach *Le Brunet* und von dort weiter nach *Bréca* (ca. 3 km), einer größeren Kahn- und Bootsablegestelle.

Öffnungszeiten des Musée du chaume: Vom 1.6.–1.10. täglich 10.30–13 und 14.30–18.30 Uhr. Eintritt 3 €, erm.1,50 €

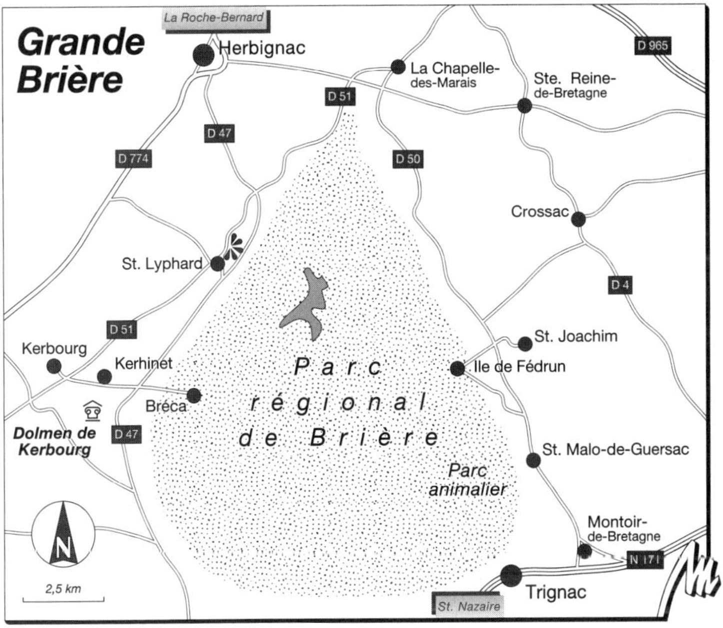

St. Lyphard *(ca. 2300 Einwohner)*: Die Ortskirche besitzt einen mit einer Aussichtsterrasse versehenen Turm – über 135 Stufen können Sie sich 35 m zu einem schönen Brière-Panorama hocharbeiten. Danach empfehlen wir eine Pause auf dem gemütlichen, von Bars gesäumten Kirchplatz. Im schlichten *Café de la Place*, am Fuß des Turms, können Sie Impressionen ganz anderer Art sammeln: von teils verschlossenen, teils von einigen Ballons angeheiterten, aber immer freundlichen Menschen des Sumpfes. Für Bootsausflügler interessant ist der Weiler *La Pierre Fendue* außerhalb der Gemeinde.

- *Information* Information in der Dorfmitte, 44410 St. Lyphard, Place de l'Eglise, ✆ 02.40.91.41.34.
- *Turmbesteigung* Im Juli und August täglich von 10–12 und 13.30–18.30 Uhr. In der NS alle halbe Stunde. Die Turmbesteigungen finden in Begleitung der Angestellten des O.T. statt. Erwachsene 2 €, erm. 1,50 €.

La Chapelle-des-Marais *(ca. 3000 Einwohner)*: Die "Kapelle der Sümpfe" ist ein Provinznest am Nordrand des großen Moors. Das touristische Interesse konzentriert sich auf das *Maison du Sabotier* (Haus des Schuhmachers), das mit dem Handwerk der Brière-typischen schweren Holzpantoffeln vertraut macht, auf das Tourismusbüro mit einer heimatgeschichtlichen Ausstellung und auf das Rathaus. Hier befindet sich eine Treppe, die z. T. aus einer *Morta* gebaut ist – ein sieben Meter langes Holzstück eines vor über 5000 Jahren im Moor versunkenen Baumstamms. Es wurde 1969 aus dem Torf gefischt und gilt aufgrund seiner Härte als unverwesbar.

St. Joachim/Ile de Fedrun *(ca. 4000 Einwohner)*: Der Ort, auf zwei kleinen Trockeninseln nur wenige Meter über den Sümpfen gelegen, ist durch einen Kanal mit der *Ile de Fedrun* verbunden – der schönsten Insel der Grande Brière. Eine

Côte d'Amour
Karte S. 513

Ringstraße führt am Küstensaum entlang, ein weiteres Sträßchen durchquert die Ortschaft. Niedrige, strohgedeckte Bauernhäuser (*Chaumière Brièronne*) im traditionellen Stil der Brière, weiß getüncht und Blumenschmuck am Fenstersims, reihen sich an den Weg. Hinter dem Hof und Gemüsegarten liegen die flachen Kähne, die im Bedarfsfall ihre Fracht in den Sumpf befördern – neben Touristen beispielsweise Ziegen und Schafe, die zu den trockenen Weideflächen (*plattières*) im morastigen Torfmoor geschifft werden.
Früher war die Ile de Fedrun bei Brautpaaren in ganz Frankreich bekannt: Zwei Manufakturen in St. Joachim stellten wächserne Orangenblüten her – ein traditionelles, kleinbürgerliches Hochzeitsgeschenk, das um die Jahrhundertwende als Exportschlager bis nach Portugal geliefert wurde und als einziger "Industriezweig" der Brière auch Frauen einen Arbeitsplatz bot. Die Firmen haben die Produktion schon lange eingestellt, eine Sammlung des Brautnippes präsentiert das *Maison de la Mariée* (Haus der Braut) auf der Ile de Fedrun (Nr. 132). Haus Nr. 308 ist eine vom Tourismusbüro renovierte und eingerichtete *Chaumière Brièronne* mit typischen Möbeln und einer Dokumentation der früheren Lebensverhältnisse auf der Insel Fedrun.

Öffnungszeiten des **Maison de la Mariée**: Von April bis Ende September 10.30–13 und 14.30–18.30 Uhr. Eintritt 3 €, erm. 2 €.

St.-Malo-de-Guersac *(ca. 3200 Einwohner)*: Eine stille Ortschaft mit schiefergedeckten Häuschen auf einer etwa 10–13 m hohen, aus dem Sumpfgebiet ragenden und von Kanälen umzogenen "Insel". Am Ortsende überquert man den *Brivet*, einen Flusskanal, auf dem früher die Torf-Lastkähne entlangfuhren. Gleich links der Brücke das *Maison de Garde*. Die Ex-Wach- und Zollbehörde ist nun Maison d'accueil und kleines Museum für die hier lebende Vogel- und Fischwelt. Etwas weiter, direkt über den Schleusentoren des Kanals, das putzige *Maison de l'Eclusier*, das Wohnhaus des Schleusenwärters, in dem einige magere Dias und Dokumente auf die Entwicklungsgeschichte des Moors hinweisen. Interessanter ist das am Ufer vertäute dickbauchige Lastschiff *Théotiste* – wie die Fühler einer Riesengarnele ragen die weit ausladenden Hebearme des ehemaligen Torffrachters aus dem Rumpf. 800 m weiter, auf der anderen Seite des Kanals, führt ein 1 km langer Rundweg um die *Réserve Pierre Constant*, ein 26-ha-Freigehege, in dem die Vögel der Brière beobachtet und die botanischen Kenntnisse auf einem Lehrpfad erweitert werden können.

Brière-Haus

Öffnungszeiten Alle drei Einrichtungen können täglich von Ostern bis Ende September von 10.30–13 und 14.30–18.30 Uhr besichtigt werden. Eintritt für den Park 3 €, ermäßigt 2 €, die Tourist-Info ist kostenlos. Kombiticket für Park und Museen: Erwachsene 4 €, erm. 2,50 €

Alter Verkehrsknotenpunkt am Ufer der Vilaine: Redon

Ostbretagne

Von der Südküste nach Vitré

Redon

(ca. 10.000 Einwohner)

Auf Plakaten wirbt die Stadtverwaltung für ein modernes, dynamisches Redon und setzt ihre Pläne auch tatkräftig um: Vor Rathaus und Kirche durchschneidet eine tief liegende Eisenbahnbrücke den einst zusammenhängenden Platz zwischen den repräsentativen Bauten. Damit liegt Redon konsequent auf historischem Kurs. Schon früher war das Städtchen am *Vilaine-Ufer* bedeutendes regionales Wirtschafts- und Handelszentrum. Segensreich wirkte die rege Tätigkeit der Klostergemeinschaft der *Kirche von Saint-Sauveur* für das gemütliche Städtchen, die *Fachwerkhäuser* zwischen der Kirche und dem heutigen Hafenbecken bezeugen mittelalterlichen Wohlstand. Musterexemplare dieser Zeit (15.-18. Jh.) finden sich entlang der Fußgängerzone *Grande Rue* sowie deren Seiten- und Parallelstraßen.

Mit dem Ausbau des *Nantes-Brest-Kanals* zu Beginn des 19. Jh. stieg Redon zum bedeutenden Verkehrsknotenpunkt auf. Im rechten Winkel durchkreuzt der Kanal die Vilaine, brachte neuen Aufschwung und prägt seitdem das Bild der Stadt. Zwischen Hafen und Vilaine-Ufer entstand eine großzügige Schleusenanlage mit vier Toren, überspannt von kleinen, blumengeschmückten Brücken und gesäumt von repräsentativen Reedershäusern (*Quai Duguay-Trouin*, hier auch der *Tour Richelieu*, das ehemalige Hôtel des Ministers). Dahinter die ausladenden Lagerhallen, Speicher und Zollgebäude (*Rue du Jeu de Paume*) des alten Hafenviertels. Von der wichtigen Wasserkreuzung zum Eisenbahnknoten war es dann noch ein fünfzigjähriger Schritt.

Mit dem Beginn des vergangenen Jahrhunderts siedelten sich Industrie- und Produktionsbetriebe (u. a. Feuerzeuge) an, die Altstadt wurde zu eng, Fabriken und Arbeitersiedlungen wucherten nördlich des Bahndamms aus. Bis heute ist Redon ein lebhaftes Handels- und Agrikulturzentrum geblieben. Allerdings spielt sich die regste Betriebsamkeit der Neuzeit vorwiegend vor der Stadt ab – im gigantischen Leclerc-Supermarkt von *St. Nicolas-de-Redon*, in dem mehr Trubel herrscht als in der ganzen Altstadt.

Information/Verbindungen

• *Postleitzahl* 35600

• *Information* Großzügiges Tourismusbüro gegenüber der Kirche beim Theater. Es organisiert begleitete Führungen (Dauer 1,5 Stunden) durch die Stadt, den alten Hafen und die Abtei. Juli bis August Mo–Sa 9–19 Uhr, So 10–12.30 und 15.30–18 Uhr. Vom 15.6.–1.9. gibt es eine Zweigstelle am Yachthafen. Hauptbüro am Place du Parlement, ✆ 02.99.71.06.04.

• *Verbindung* **Busse** starten und halten am Bahnhofsplatz. Mehrmals täglich nach Nantes, St. Nazaire und La Baule. 3-mal täglich Richtung Châteaubriant oder Rennes. Auskünfte/Reservierungen, T.T.O., ✆ 02.99.40.72.88.

Zug: Redon ist ein wichtiger SNCF-Knotenpunkt. Hauptlinien: Paris–Rennes–Redon–Quimper–Brest (ab Rennes mit dem TGV in die Hauptstadt), Bordeaux–Nantes–Redon–Vannes/Rennes–Brest, täglich ca. 10 Anschlüsse in beide Richtungen.

Diverses

• *Bootsausflüge* Zwei Zielrichtungen stehen zur Auswahl – der Kanal Nantes–Brest oder die Vilaine. Hier eine der Offerten: romantische 4,5-Stunden-Rundfahrt (inkl. Busrückfahrt) an Bord der "Visiona" die Vilaine hinunter nach Arzal, im Juli/August mehrmals wöchentlich zu den unterschiedlichsten Zeiten.. Beliebt sind auch die 4-stündigen Gourmetkreuzfahrten am Mittag (Abfahrt 12.30 Uhr) oder Abend (20 Uhr) auf der "Péniche St.Christophe". Tickets je nach Menuwahl 185–263 €. Auskünfte/Reservierungen problemlos beim O.T. oder bei *vedettes jaunes*, ✆ 02.99.71.46.03, www.vedettesjaunes.com.

• *Bootsverleih* 1 Stunde, halb- oder ganztags Kapitän sein dürfen – **Day Boat Location** verleiht kleine Motorboote für die Fluss- oder Kanalfahrt, für die kein Führerschein erforderlich ist. La Gacilly (D8 Richtung Ploërmel) ✆ 02.99.72.41.11.

• *Fahrradverleih* Nächster Verleih in St. Vincent sur Oust, beim Kanu-Verleiher **Apach'Bihan**, ✆ 02.99.91.21.15.

• *Feste* Im Juli und August finden die **Vendredis du port** statt: Konzerte, Essen u. v. m. im Hafen von Redon. *Das* wichtigste Marktereignis mit folkloristischem Charakter ist die **Foire Teillouse** am 4. Wochenende im Oktober: bekannt für köstliche heiße Maronen, für die die Region von Redon berühmt ist.

• *Markt* Montag, Freitag und Samstag in den Hallen beim O.T.

• *Tanzkurs* Im Juli und August findet speziell für Touristen eine Einführung in bretonische Tänze statt. Gratis auf dem Platz vor dem O.T. jeden Donnerstagabend.

Übernachten/Camping/Essen

** **Hotel Chandouineau**, oberhalb des zentralen Parkplatzes. Exklusiver Sitz der Confraternité du marron (Maronenbrüderschaft). 7 Komfortzimmer, gelegentlich etwas laut wegen vorbeibrausender Züge. Gutes Restaurant mit angemessenen Menupreisen (ab 18 €, interessant wird's ab 36 € aufwärts). DZ 75–145 €, Frühstück 8 €. Geschlossen von Mitte November bis Anfang Januar. Avenue de la Gare 10, ✆ 02.99.71.02.04.

** **Hotel Asther**, komplett renoviertes 18-Zimmer-Hotel gegenüber dem Marktplatz. Alle Zimmer mit Bad und TV, Brasserie, Bar und Restaurant. DZ 29–48 €, Frühstück 5,50 €. Rue des Douves 14, ✆ 02.99.71.10.91.

** **Hotel le France**, gutbürgerliche Unterkunft mit vielen kleinen blauen Balkons in unmittelbarer Nähe der Wasserkreuzung. 18 ganz gemütliche Zimmer mit Waschbecken oder Bad/WC. DZ 29–49 €, Frühstück 5,50 €. Ganzjährig bis auf Weihnachten und Neujahr geöffnet. Rue Duguesclin 30, ✆ 02.99.71.06.11.

• *Camping* ** **Municipal La Goule d'Eau**, an der Straße nach Vannes unterhalb des Hafenbeckens. Schönes, schattiges Wiesengelände am Ufer des Kanals. 50 Stellplätze, ordentliche Sanitäranlagen. Geöffnet von Juli bis August. ✆ 02.99.72.47.92, www.ville-redon.fr.

• *Essen:* **Restaurant Auberge des Marais,** Im Restaurant direkt an der Wasserkreuzung serviert der Küchenchef Meeresfrüchte und bretonische Menüs von 11–25 €. Einfache, aber sympathische Adresse. Sonntag geschlossen. La Digue, ✆ 02.99.71.02.48.

Crêperie L'Akène, liegt etwas abseits, in einer schönen alten Gasse. Gute Crêpes zwischen 2 und 7 €, Salate ab 3,50 €. Dienstag und Mittwochabend geschlossen. Rue du Jeu de Paume 10, ✆ 02.99.71.25.15.

Sehenswertes

Eglise St. Sauveur: Die eindrucksvolle Kirchenanlage neben der Eisenbahnlinie wurde im 11. und 12. Jh. erbaut, über Jahrhunderte lebten fleißige Benediktinergemeinschaften in dem düsteren Gotteshauskomplex. Bis zur Revolution war St. Sauveur (bereits 832 gegründet) ein viel besuchter Wallfahrtsort. 1780 vernichtete ein Brand das romanische Kirchenschiff, nur der von einer 3-stöckigen Fensterarkade beleuchtete romanische *Vierungsturm* (12. Jh.), der *Chor* (15. Jh.) und ein gotischer *Turm,* der heute getrennt vom Kirchenbau in den Himmel ragt, überstanden das vorrevolutionäre Feuer. Während das Innere des romanischen Kirchenschiffs mit seinen gedrungenen Pfeilern die düstere Atmosphäre einer niedrigen, dunklen Krypta verbreitet, ist der lichtdurchflutete Chor mit dem bequemen *Chorumgang* und dem *Hochaltar* ein Paradebeispiel gotischer Spiritualität und Helle. Der Altaraufsatz wurde 1636 von *Richelieu* gestiftet, der als weltlicher Abt die Einnahmen des Klosters auf sein Konto brachte. An die Südflanke der Kirche fügt sich das Kollegiums-Gebäude mit einem Kreuzgang aus dem 17. Jh. und dem barocken Garten an.

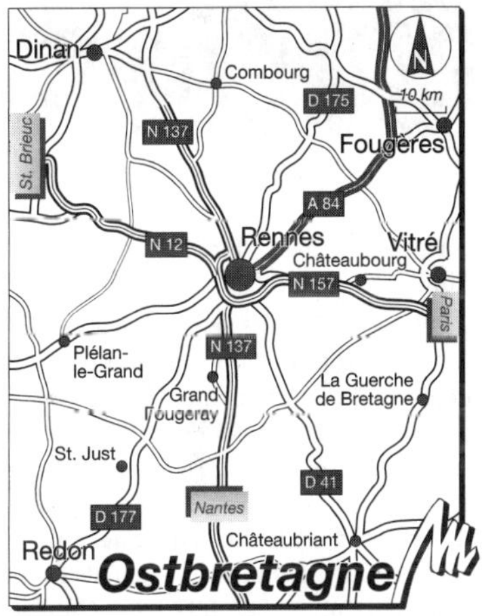

Museé de la Batellerie de l'Ouest: Das Museum in einer Art Großbaracke am Quai Jean Bart am Hafen führt zurück in die Zeit, in der Redon ein wichtiger Schifffahrtsknotenpunkt war. Typische Kanalboote, historische Fotos, Modelle, Videofilm etc. Wenig aufregend, doch für Regentage ein kleiner trockener Zeitvertreib.

Öffnungszeiten Vom 15.6.–15.9. täglich 10–12 und 15–18 Uhr, in der NS Mo, Mi, Sa, So 14–18 Uhr. Erwachsene 2 €, Kinder 1 €.

Redon / Umgebung

St. Just: Etwa 18 km nördlich von Redon links der D 177 nach Rennes liegt das Dorf, in dessen Nähe ein *Circuit des mégalithes* (beschildert) zu einigen zum Teil beachtenswerten Hinterlassenschaften der Frühzeitmenschen führt: Alignements,

Ostbretagne Karte S. 543

Einsam im Park: der Donjon von Grand Fougeray

Allées couvertes, Menhire und Tumuli in einer gottverlassenen Landschaft. Der Rundweg, am besten in aller Ruhe mit dem Rad oder zu Fuß zurückzulegen, beginnt an der spektakulärsten Steinsetzung um St. Just, den *Alignements von Cojoux*.

Grand Fougeray: Gepflegte Romantik in ländlicher Umgebung. Als letzter Rest einer im 17. Jh. geschleiften Burg steht am Ortsrand an einem kleinen, romantisch umwucherten See ein beachtlicher *Donjon* (im Inneren gebührenpflichtige wechselnde Ausstellungen). 1354 holte der Feldherr *Duguesclin* (siehe Kasten Dinan) mit einer netten Kriegslist die von Engländern besetzte Burg zurück: Von Spionen unterrichtet, dass die Engländer auf einen größeren Posten Holz warteten, maskierten er und einige seiner Ritter sich als harmlose Holzfäller. Die Besatzer fielen auf den Trick herein und bezahlten ihre Gutgläubigkeit fast ausnahmslos mit dem Leben.

Anfahrt Grand Fougeray liegt etwa 35 km nordöstlich von Redon an der Schnellstraße Rennes–Nantes. Der Donjon ist ab Ortsmitte mit "Tour Duguesclin" ausgeschildert.

Châteaubriant (ca. 14.400 Einwohner)

Umgeben von welligem, von Hecken und Wäldern durchschnittenem Agrarland, in das märchenhafte Teiche und fischreiche kleine Seen eingebettet sind, drängen sich die Schieferdächer der alten Festungsstadt um den Burgberg. Das einstige Sumpfland am Rand der Provinz geriet im 13. Jh. in den Blickwinkel der Mächtigen. Mit dem Ausbau einer uneinnehmbaren Festung sowie der Trockenlegung und Urbarmachung der Sümpfe wuchs das *Châteaubrianteser Land* zu einer fruchtbaren Pfründe und die Stadt zu einem militärisch-strategischen Stützpunkt. Die mächtige Schlossanlage gehörte – zusammen mit Vitré und Fougères – zum mittelalterlichen Ostwall des Herzogtums Bretagne und war ein wichtiges Bollwerk gegen französische Machtgelüste. Châteaubriants Bürger hatten darunter oft zu leiden. 1234 und 1488 wird die Stadt belagert, ausgehungert, schließlich geplündert und großteils zerstört.

Die Odet in Quimper ▲

▲▲ Idylle an der Pointe du Raz

▲ An der Pointe de la Torche

Eine geheimnisumwitterte Bucht - die Baie des Trépasssés ▲▲
Locronan ▲

▲▲ Audierne
▲ Megalithen bei Carnac

▲ Friedlich und still – Nantes-Brest-Kanal

Ab 1500 beginnt ein neuer Aufschwung. Gegenüber der düsteren Zwingburg lässt *Jean de Laval* einen repräsentativen Wohnsitz für seine Gattin bauen, im Umland siedelt er Hüttenbetriebe und Schmieden an, die noch heute einen wesentlichen Wirtschaftszweig der Region bilden.

Nach der Revolution kehren wieder Ruhe und Wohlstand ein. Die Umstrukturierung des französischen Landlebens ab Mitte des 19. Jh. lässt die Stadt über ihre Mauern hinauswachsen, der Wall wird niedergerissen. Durch extensive Urbarmachung verringert sich das Heideland, die Metall fördernden und -verarbeitenden Betriebe blühen (die Produktion von Ackergerät bringt Châteaubriant den Ruf der "Hauptstadt der Pflüge" ein), neue Straßen und Schienenwege bilden eine solide Infrastruktur für den Handelsverkehr. Im Zweiten Weltkrieg ist Châteaubriant eines der von den Nazis am meisten gefürchteten Widerstandsnester, die Bestrafung der Freiheitskämpfer ist brutal. Zahlreiche Erinnerungsstätten in der Umgebung, die bekannteste der *Carrière des Fusillés* (Steinbruch der Erschossenen) etwa einen Kilometer außerhalb der Stadt (Richtung Laval), erinnern an die Massenmorde.

- *Postleitzahl* 44110
- *Information* Rechts unterhalb des Schlosses, in der Verlängerung der Grande Rue (Fußgängerzone). Ausführlicher Prospekt in Deutsch und Englisch über die Stadt und das "Castelbrianteser Land". Organisation begleiteter Führungen durch Stadt und Schloss im Sommer (siehe unten). Ganzjährig von Mo–Sa 9.30–12.30 und 14–18 Uhr, außer Montagmorgen und Samstagnachmittag. Rue de Couré 22, ✆ 02.40.28.20.90, www.tourisme-chateaubriant.fr.fm.
- *Verbindung* **Bus**linie 40 fährt nach Laval. Werktags mit Bus Nr. 41 mindestens 4-mal nach Nantes. Haltestelle und Auskunft am Place E. Bréant, ✆ 02.40.28.10.26.
Zug: Châteaubriant liegt an einer Nebenlinie. Werktags 5-mal nach Rennes, Sonn- und Feiertage 2-mal. Bahnhof, von der Altstadt kommend, links unterhalb des Schlosses an der Rue de la Gare.
- *Markt* Der Rindermarkt von Châteaubriant ist der drittgrößte Frankreichs. Jeden Mittwoch in der Markthalle an der Rue Aristide Briand. Gewöhnlicher Markt am Mittwochmorgen im Stadtzentrum.
- *Übernachten* *** **Hotel Châteaubriant**, rechtwinkliges Gebäude mit Dachgauben und lichter Fensterfront zentral in der Nähe des Busbahnhofs. 36 voll ausgestattete Zimmer (TV etc.), gemütlich und komfortabel. Kein Restaurant. DZ je nach Standard 26–48 €. Frühstück 6 €. Ganzjährig geöffnet. Rue 11 Novembre 30, ✆ 02.40.28.14.14, www.ch-demeures.com.
** **Hotel Terminus**, gutes Bahnhofshotel 200 m vom Schloss. 15 ordentliche, sanitär unterschiedliche Zimmer, meist mit TV. Kein Restaurant, dafür Eisbar/Café. Ganzjährig geöffnet. DZ 35 (grand lit)–46 € (2 Betten), Frühstück 6 €. Rue de la Gare 3, ✆ 02.40.28.14.36.
- *Camping* ** **Municipal les Briotais**, in einem abschreckenden Industriequartier im Süden der Stadt, von Redon (D 771) kommend, kurz vor der Stadt rechts ab und am Waldgelände von Tugny entlang. 35 Stellplätze in einem heckenunterteilten Areal nah der Eisenbahn. Einfache, aber ordentliche Sanitärs, Stromanschlüsse. Kleiner Kinderspielplatz. Fußballfeld angeschlossen. Geöffnet von Mai bis September. Rue Tugny, ✆ 02.40.81.02.32, mairie.chateaubriant@wanadoo.fr.

Sehenswertes

Château: Die mächtige Schlossanlage ist untrennbar mit dem tragischen Schicksal einer Frau verbunden (siehe Kasten) und geprägt von zwei unterschiedlichen architektonischen Prinzipien, die sich aus den wechselnden Funktionen der Anlage erklären. Die *Zwingburg*, heute Ruinen, entstand zwischen dem 11. und 14. Jh. und diente der Verteidigung des für die Herzöge wichtigen strategischen Ortes. Mauerwälle und ein mächtiger Donjon machten die von Sumpfgebiet umgebene Burg von Châteaubriant zu einer fast uneinnehmbaren Festung. Nach der Einverleibung des Herzogtums ins Königreich zu Beginn des 16. Jh. gab der damalige Gouverneur

Jean de Laval eine elegante Wohnanlage in Auftrag, die er gegenüber der Zwingburg errichten ließ: ein beschwingt-fröhliches Renaissance-Schloss mit einem *Palais Seigneural*. Das luxuriöse, dreiflügelige Gebäude-Ensemble, in dem heute das Amtsgericht von Châteaubriant seine Urteile fällt und die Stadtbibliothek Unterkunft fand, ist zum Teil zu besichtigen. Vom parkartigen Ehrenhof führt ein teilweise zerstörter Säulengang über einen reizenden Treppenpavillon zum Repräsentierbalkon. Von ihm aus gelangt man in das unheimliche *Zimmer der Françoise de Foix*, die hier die finstersten Tage ihres Lebens fristete, und zur Betkapelle, in der die Grabplatte der unglücklichen Schlossherrin liegt.

Öffnungszeiten Täglich außer Di 14–17 Uhr, in der HS länger. Führungen für 3 € in der NS Sa und So 15 Uhr, in der HS täglich 11, 14.30 und 16.30 Uhr. ✆ 02.40.28.20.20.

Arme Françoise

Wir schreiben etwa das Jahr 1500: Im zarten Alter von 12 Jahren wird *Françoise de Foix* mit dem Grafen von Châteaubriant, *Jean de Laval*, vermählt. Der krankhaft eifersüchtige Aristokrat hält das zu einer edlen Dame heranwachsende Mädchen in strengster Klausur. Umsonst. Die Kunde von der atemberaubenden Schönheit und dem Charme der Dame de Châteaubriant erreicht das Ohr des Königs, der erfolgreichste Schürzenjäger seiner Zeit. Trotz verzweifelter Versuche, seine Gattin vor den gefürchteten galanten Nachstellungen seines Vorgesetzten zu schützen, hat Jean das Nachsehen. Mit einer üblen Intrige lockt *Franz I.* die zauberhafte Frau an seinen Hof und spannt sie dem Ehemann aus. Françoise de Foix wird über Jahre hinweg Franzens bevorzugtes Herzblatt, beschenkt mit herrlichem Geschmeide und aller – vergänglichen – königlichen Leidenschaft. Dann erlahmt des Königs Wallung. Eine ebenfalls verheiratete Herzogin erobert sein lüsternes Gemüt, und Françoise wird auf Betreiben der neuen Favoritin zu ihrem Gatten zurückgeschickt. Der Graf, in grausiger Wut entbrannt, straft die gedemütigte Frau auf seine Weise. Über 10 Jahre hinweg sperrt er sie zusammen mit der siebenjährigen Tochter in ein mit schwarzem Tuch ausgeschlagenes Zimmer ein, das zusätzlich in ständiger Dunkelheit gehalten wird. In der Nacht des 16. Oktobers 1537 findet die Pein ein Ende: Der vom Wahn gezeichnete Graf öffnet der inzwischen heillos zerrütteten Frau mit seinem Schwert die Pulsader und lässt sie verbluten.

Kirche von St. Jean-de-Béré: Die Kirche auf einer kleinen Anhöhe am Nordwestrand der Stadt (Ortsteil *Béré*) war die Keimzelle Châteaubriants. Sie wurde im Zuge der Urbarmachung des sumpfigen Landstrichs im frühen 11. Jh. von Benediktinermönchen aus Redon errichtet und blieb bis ins 19. Jh. hinein die zentrale Kirche der Pfarrgemeinde. Aus der Gründungszeit stammen das schiefergedeckte romanische *Kirchenschiff* und der *Chor* aus rotem Sandstein, der *Glockenturm* über dem gedrungenen Querschiff wurde erst im 19. Jh. hinzugefügt. Ein kunstvolles *Portal* aus dem 15. Jh. schmückt die Südfassade. Im Inneren fällt der *Hochaltar* (1665) auf: zum Teil aus wertvollem Marmor gearbeitet, geschmückt von einem schön geschnitzten Barock-Altarblatt. Neben verschiedenen *Heiligenskulpturen* (darunter eine stehende Maria aus dem 15. Jh.) stechen zwei flache *Kalksteinreliefs* ins Auge; sie thematisieren die Verkündigung (14. Jh.) und die Heimsuchung (16. Jh.).

La Guerche-de-Bretagne

(ca. 4000 Einwohner)

Apfelwein, Pfeilerhäuser und der seit 1121 stattfindende Dienstagsmarkt sind La Guerches profane Attraktionen. Kirchen- und Kunstgeschichtler werden die Basilika besuchen, Megalithfans den gut 10 km entfernten Feen-Felsen *La Roche-aux-Fées*, eines der schönsten prähistorischen Monumente der Bretagne.

La Guerche-de-Bretagne war früher der Landsitz *Duguesclins*. Wenn das zeitraubende Kriegsgeschäft es zuließ, residierte er in einem Holz-Donjon, der im 15. Jh. durch eine Steinburg ersetzt wurde, die ihrerseits während der Revolution zerstört wurde. Von einem Stadtwall umgeben, entwickelte sich La Guerche vom 16. bis zum 18. Jh. zu einem blühenden Handelsstädtchen. Im Zentrum, rund um den *Rathausplatz* und den *Place de Gaulle*, zeugen die alten, auf Pfeilern ruhenden Fachwerkhäuser vom einstigen Wohlstand. Dicht aneinandergereiht und windschief vorkragend, bilden einige von ihnen Arkadengalerien, unter denen die Zeit stehen geblieben scheint. La Guerche-de-Bretagne, einst mit Sitz und Stimme in der Ständeversammlung vertreten, ist mit der Neuzeit ins historische Abseits geraten: ein gemütlicher Marktflecken, der seit Jahrhunderten jeden Dienstagvormittag zum Leben erwacht. Dann versammeln sich die Händler und Bauern mit ihren Caravans, Lieferwagen und mobilen Ständen im Zentrum, um im Schatten der Basilika ihre Geschäfte zu machen.

La Guerche-de-Bretagne: Großreinemachen nach dem Markt

- *Postleitzahl* 35130
- *Information* Zentral am Place de Gaulle bei der Kirche. Ganzjährig geöffnet. Von Juli bis Oktober Mo–Sa 9.30–12 und 14.30–18 Uhr, in der NS kürzer. Place Charles-de-Gaulle, ✆ 02.99.96.30.78.
- *Verbindung* Es gibt mehrere **Bus**-Linien. 1-mal täglich über Châteaugiron (dort umsteigen) nach Rennes. Daneben 1-mal werktags nach Laval und 1-mal täglich nach Vitré bzw. Châteaubriant (während der Schulzeit 2-mal).
- *Markt* Der quirlige Wochenmarkt mit oft über 200 Händlern findet seit dem Jahr 1121 mit Unterbrechungen jeden Dienstagvormittag auf dem Marktplatz statt.
- *Übernachten* ** **Hotel La Calèche**, die beste Wohnadresse der Stadt, etwa 300 m nördlich des Zentrums. 10 zum Teil richtig gemütliche Zimmer mit Waschbecken oder separatem Bad/WC. Restaurant und Bar. Restaurant und Hotel sind Freitag- und Samstagabend sowie Sonntag geschlossen, außerdem komplett während der 3

ersten Augustwochen. DZ 46 €, Frühstück 8 €. Avenue Leclerc 16, ✆ 02.99.96.21.63.
* **Hotel du Faubourg**, an der Straße nach Angers, 300 m vom Zentrum. Einfaches Hotel mit 7 Zimmern, fast alle mit TV, aber unterschiedlicher Sanitärausstattung. DZ 23–28 €. Im Juni geschlossen. Faubourg d'Anjou 35, ✆ 02.99.96.30.09.

• *Camping* ** **Municipal**, in La Selle Guerchaise, kleiner sensationsloser Platz auf dem Land, 5 km östlich von La Guerche-de-Bretagne. ✆ 02.99.96.27.11.

Sehenswertes

Basilika de Notre-Dame: Das Gotteshaus wurde 1951 in den Rang einer *Basilique Mineure* erhoben. Haupt- und südliches Seitenschiff sind aus dem 16. Jh., Turm und nördliches Seitenschiff wurden im 19. Jh. errichtet. Vom Ursprungsbau, einer schlichten Kapelle von 1206, ist nur noch der gedrungene, schieferbehelmte Chorturm erhalten. Überragt wird die Kirche vom 75 m hohen Glockenturm – ein schlanker, himmelwärts strebender Pfeil im Stil der Neugotik, der an die Originale im Finistère erinnert. Im Inneren der Kirche sind mehrere Raritäten zu bestaunen, z. B. die *Liegefigur* des Kirchengründers aus weißem Tuffstein – im Panzerhemd, das Haupt von Engeln, die eisenbewehrten Füße von einem Hund bewacht. Das *Chorgestühl* (16. Jh.) zählt zu den schönsten der Bretagne. Die Rückenlehnen sind geschmückt mit geschnitzten, blumigen Arabesken, zwischen denen Herkules mit den Genien spielt und sich Zentauren und Greife, Schimären und Kinder verstecken. Mit grotesk-hintergründigem Humor präsentieren sich die Figuren an den Miserikordien (als Sitzgelegenheit dienender Vorsprung am hochgeklappten Sitz des Gestühls), die vom irdischen Paradies und seinen Sünden erzählen. In den Mosaiken der *Fenster* des Südschiffes (15.–17. Jh.) sind biblische Szenen mit historischen Personen besetzt, u. a. der beinahe naturalistische Hl. Yves im weißen Hermelin der Advokaten.

La Guerche-de-Bretagne / Umgebung

La Roche-aux-Fées: Das auf einem Hügelchen unter Bäumen gelegene Langgrab ist eines der mächtigsten der Bretagne. 42 zum Teil über 40 Tonnen schwere Steine aus rötlich schimmerndem Schiefer bilden das Gerüst der Grabstätte, die nach der Legende von kräftigen Feen gebaut wurde. Von der gewaltigen Vorhalle führt ein knapp mannshoher Gang in eine ausladende, mehrfach gegliederte Grabkammer. Der Feenfelsen ist Schauplatz eines uralten Brauches. Früher trafen sich hier bei Vollmond künftige Brautpaare, um durch das Zählen der Steine – die Dame links, der Herr rechts um den Dolmen herum – die Feen über die Zukunft zu befragen und sich ihrer intellektuellen Fähigkeiten zu vergewissern. Stimmte die Zahl überein, die sich die beiden nach erfolgter Umrundung gleichzeitig zurufen mussten, war alles in Butter, bestand eine geringe Abweichung (bis 2), war die Schulbildung mangelhaft, doch die Verbindung gerettet. Gab es jedoch eine größere Diskrepanz, fiel die Hochzeit besser ins Wasser – der Ehe wurde viel Missgeschick prophezeit. Heute vollzieht man das traditionelle Vollmond-Ritual sicherheitshalber meist erst nach der Trauung. Tagsüber, am liebsten bei Sonnenschein, im Beisein der Hochzeitsgäste und mindestens einer Videokamera.

Anfahrt Etwa 10 km westlich von La Guerche; über die D 463 Richtung Rennes, nach 5 km in Visseiche links ab auf die D 48 (5 km Richtung Esse), kurz hinter der Ortschaft Marcillé-Robert wieder links (D 107) und noch 1,5 km leicht bergan.

Eine der architektonischen Perlen der Bretagne: Vitré

Vitré

(ca. 16.000 Einwohner)

"Wäre ich nicht König von Frankreich, würde Ich Bürger von Vitré werden." Blickt man von den Tertres Noirs über das Tal der Vilaine, versteht man Heinrich IV. (1553–1610). Die zauberhafte Silhouette des Schlosses über dem Fluss stammt aus einem Grimmschen Märchen. Hinter den Mauern, Türmen und Zinnen könnte Dornröschen auf den erlösenden Kuss warten.

Vitré gehört zu den architektonischen Perlen der Bretagne. Kaum eine andere Stadt ist so gut erhalten geblieben wie die von einem schweren Mauerkorsett eingeschnürte Altstadt Vitrés. An ihrer Westseite wird die *Ville Close* vom Stadtschloss beherrscht, im Mittelalter eine der wichtigsten Grenzfesten des bretonischen Herzogtums. Vitré war Zentrum einer der neun Baronien der Bretagne, über Jahrhunderte einer der aktivsten Handels- und Handwerksplätze für Tuch und Webwaren und eine wohlhabende Stadt – wie die idyllischen Gassen und Fachwerkhäuser bezeugen. Hauptattraktion Vitrés ist das *Château*, ein Glanzstück mittelalterlicher Militärarchitektur, das heute die Stadtverwaltung und ein ausgefallenes Museum beherbergt. Überragt wird die Stadt von den spitzen, "pickligen" Türmen und Giebeln der *Eglise Notre-Dame* (Aussichtsplattform), unter der die Schieferdächer und kopfsteingepflasterten Gassen metallisch blinken. Wer sich zu einem gemütlichen Spaziergang entschließt, begibt sich in Vitré in eine mittelalterliche Traumkulisse.
Empfehlung: Den schönsten Blick auf die Stadt und das Schloss genießt man von den *Tertres Noirs* (Schwarze Hügel) nordöstlich des Zentrums (ausgeschildert).

Geschichte

Die Glanzzeit Vitrés liegt etwa 500 Jahre zurück. Rund um die strategisch wichtige Festung an der Grenze des Herzogtums ist eine blühende Handels- und

Handwerksstadt mit knapp 7000 Seelen gewachsen, die Vitréais frequentieren fremde Länder zu Wasser und zur Erde. Die Bruderschaft der *Marchands d'Outre-Mer* (Überseekaufleute, Vertreter der städtischen Weberzunft) verhökert Vitrés berühmtes Hanfleinen und seine begehrten Wollsocken in der ganzen damals bekannten Welt – von Flandern bis Indien und Amerika reichen die Geschäftsbeziehungen. In den Mauern drängt sich reich verziertes Fachwerk, und die Seigneursfamilien und Herzöge sind's zufrieden. Einen rauschhaften Höhenflug erleben die Vitréais zur Mitte des 15. Jh. – unter Franz II. sorgen die geschickten Winkelzüge eines der Ihren für Vitrés blühenden Reichtum (siehe Kasten).

Eine tragische Karriere

Pierre Landais lebt in der Mitte des 15. Jh. als Schneider in Vitré. Seine handwerklichen Fähigkeiten und sein einnehmendes Wesen fallen Herzog *Franz II.*, der in der Stadt weilt und sich neu einkleiden will, bei einer Anprobe auf, und er ernennt den flotten Zwirnartisten zu seinem Kammerherrn. Die beiden verstehen sich gut. Statt mit seinem Friseur plaudert Franz am liebsten nun mit Pierre, in Windeseile gewinnt der intellektuelle Schneider des Herzogs Herz. Eine ungewöhnliche Laufbahn beginnt. Pierre Landais, außergewöhnlich gut über die laufenden Geschäfte informiert, steigt zum Schatzmeister und schließlich – einige wohl platzierte Ratschläge haben ihn unentbehrlich gemacht – zum ersten Berater des obersten Herrn der Bretagne auf.

Mit Neid und Argwohn beäugen die ausgestochenen adeligen und geistlichen Mitbewerber den einfachen Emporkömmling, der es zudem wagt, über die unlauteren Vorrechte des Adels und Klerus zu philosophieren. Als Landais auch noch für die Aufnahme seiner bürgerlichen Standesgenossen ins Ständeparlament eine Bresche schlagen will, ist das Maß voll. Erfolgreich konspirieren einige Herren am Pariser Hof und ziehen den König auf ihre Seite. Der, über die schauderhaften Ansichten Landais aufs Höchste erbost, zwingt Franz II., seinen Ratgeber fallen zu lassen.

Flugs präpariert man eine infame Anklageschrift, beschuldigt Landais des Hochverrats und der Steuerhinterziehung und kerkert ihn ein. Unter der Folter in den Verliesen des Nanter Schlosses gesteht der Unglückliche alle gegen ihn vorgebrachten Anschuldigungen. 1485 wird er unter dem Gejohle einer von Traktaten und Bänkelsängern aufgewiegelten Menge auf dem Richtplatz von Nantes gehenkt.

Zur Zeit der Religionskriege (1562-1598) steht Vitré unter dem Schutz des mächtigen Geschlechts der *Colignys*. Vitré ist eine hugenottische Hochburg, der Stadtherr *Gaspar de Coligny* einer der berühmtesten französischen Protestantenführer. Da er immer mehr Einfluss auf den noch jugendlichen König *Karl IX.* gewinnt, zieht er sich die Missgunst der streng katholischen Königsmutter zu. Zunächst entkommt er einem von ihr angezettelten Anschlag, doch in der Bartholomäusnacht vom 24. August 1572 – der ganze hugenottische Adel ist unter Zusicherung freien Geleits anlässlich einer Hochzeit nach Paris gekommen – wird Coligny zusammen mit 3000 Glaubensgenossen niedergemacht. Harte Zeiten brechen über die Stadt herein. 1598 sorgt das Edikt von Nantes für vorübergehende Beruhigung. *Heinrich IV.* sichert den Protestanten freie Glaubensbetätigung und uneingeschränkten Handel zu, und die strebsamen Hugenotten Vitrés machen wieder prächtige Geschäfte.

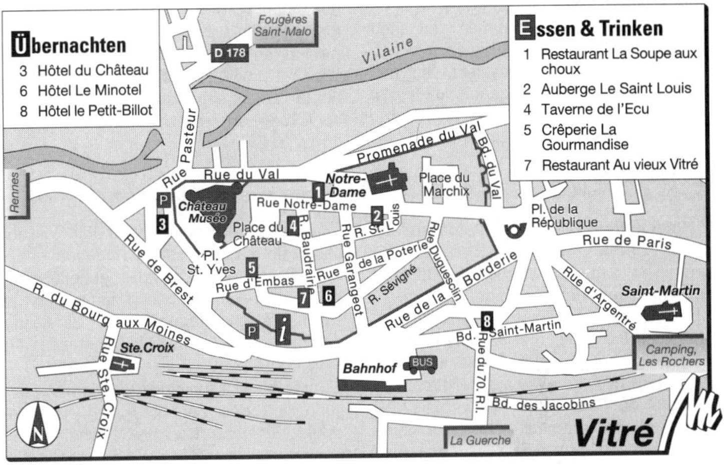

Den endgültigen Abstieg Vitrés leitet *Ludwig XIV.* ein. Mit der Aufhebung des Ediktes von Nantes 1685 fliehen Tausende von Hugenotten aus der Bretagne, die Textilindustrie verliert ihre wichtigsten Köpfe und Arbeiter, der Hanfanbau um Vitré – wichtigste Quelle des Reichtums – kommt zum Erliegen. Über 200 Jahre schläft Vitré in seinem mittelalterlichen Korsett einen Dornröschenschlaf.

Erst seit der Mitte des 20. Jh. beginnt eine Neubesinnung auf die wohlhabenden vergangenen Zeiten. Ein von der Regierung eingeleitetes Wirtschaftsprogramm zu Beginn der 70er Jahre belebt die traditionelle Kurzwarenfabrikation aufs neue, Schuhfabriken, Lebensmittelindustrie und Produktionsstätten für Landmaschinen schaffen Arbeitsplätze – ein Prozess, der bis heute anhält.

Information/Verbindungen

- *Postleitzahl* 35500
- *Information* Unterhalb des Bahnhofs, an der Durchgangsstraße (Stadtmauer). Ausführliche Informationen. Geöffnet im Juli/August täglich 10–12 und 14–19 Uhr. Von September bis Juni Mo 14.30–18 Uhr, Di–Fr 9.30–12.30 und 14.30–18 Uhr, Sa 10–12.30 und 15–17 Uhr. Promenade St. Yves, ✆ 02.99.75.04.46, www.ot-vitre.fr.
- *Verbindung* **Bus**bahnhof am Place Général de Gaulle. Nach Fougères werktags und zu Schulzeiten 2 bis 4-mal, nach Rennes 3-mal.

Zug: Vitré liegt an der Hauptstrecke Rennes–Paris. Mindestens 6-mal täglich in beide Richtungen (Sonn- und Feiertage mindestens 3 Züge). Der TGV hält nur im Sommer 2-mal in Vitré (nächste Station Laval). Rennes etwa 20 Min., Paris etwas über 3 Stunden. Auch einige TGVs halten in Vitré, mit den Hochgeschwindigkeitszügen nur 2 Stunden in die Hauptstadt. Bahnhof an der Durchgangsstraße am Rand der Altstadt. Place Général de Gaulle.

Diverses

- *Fahrradverleih* In der Rue de Paris 61, ✆ 02.99.75.01.41.
- *Feste* Anfang bis Mitte Juli findet in Vitré und den umliegenden Dörfern das Kleinkunstfestival **Festival du bocage vitréen** mit einheimischen und internationalen Künstlern statt. Das **Spectacle Son et lumière** vor der beeindruckenden Burgkulisse pausiert bis 2006.
- *Golf* Eine der schönsten Golfanlagen der Bretagne liegt unterhalb des Schlosses von Madame Sévigné, etwa 6 km auf der D 88

Ostbretagne
Karte S. 543

südöstlich von Vitré. 18 Löcher par 71 in einem weiten, mit Nussbäumen und alten Rotbuchen bestandenen Rasenpark entlang des malerischen Flussufers. Golf des Rochers, Route d'Argentré-du-Plessis, ✆ 02.99.96.52.52. Wer im Hotel Le Minotel absteigt bekommt die Golfausrüstung vergünstigt und Frühstück umsonst.

• Stadtführung Das O.T. veranstaltet 2 Führungen täglich: Mo, Mi und Fr 15 Uhr, sowie Di, Do und Sa 10.30 Uhr. Jeden Tag findet um 22 Uhr eine *visite nocturne* statt (Reservierung erforderlich). Erwachsene 5 €, erm. 2,50 €.

Übernachten/Camping (siehe Karte S. 551)

** **Hotel le Petit-Billot (8)**, Mittelklassehotel in der Nähe des Bahnhofs. 21 ordentliche Zimmer mit unterschiedlichem Sanitärkomfort. Frisch renovierte Fassade, Zusammenarbeit mit dem Restaurant nebenan. DZ 45 €, Frühstück 5 €. Über den Jahreswechsel 2 Wochen geschlossen. Place Général Leclerc 5b, ✆ 02.99.75.02.10, www.petit-billot.com.

** **Hotel du Château (3)**, 15-Zimmer-Hotel am Stadtwall unterhalb des mächtigen Schlosses. Ab dem 2.Stock schöne Aussicht auf das Schloss. Ruhige Lage, kein Restaurant. DZ 42–46 €, Frühstück 5 €. Ende Oktober geschlossen. Rue Rallon 5, ✆ 02.99.74.58.59.

** **Hotel Le Minotel (6)**, gemütliches, kleines Hotel mit 16 Zimmern an einem belebten Platz mitten im alten Vitré. Für Golfliebhaber gibt es interessante Angebote (s.o.). Kein Restaurant, aber das gegenüberliegende *Au vieux Vitré* gehört demselben Besitzer. DZ 46 €, Frühstück 6 €. Ganzjährig geöffnet. Rue de la poterie 47, ✆ 02.99.75.11.11.

• Camping ** **Municipal St. Etienne**, 2 km südöstlich des Zentrums am Ortsendeschild (Richtung Rochers-Sévigné, D 88). Campen passend zur Stadt: gepflegtes Wiesengelände, efeuüberrankte Ruinenreste und Sanitärblock im Natursteinstil (tolles Duschen). Bushaltestelle in Platznähe, Linie 3 vom Zentrum, Linie 4 ins Zentrum. 50 Stellflächen. Ganzjährig geöffnet. Boulevard des Rochers, ✆ 02.99.75.25.28.

Essen (siehe Karte S. 551)

Vitré wartet mit 2 kulinarischen Spezialitäten auf; "La Roulade Sévigné", eine Rindsroulade nach dem Rezept der gleichnamigen sparsamen Dame. Zum Nachtisch einen "Petit Vitréais", ein delikater Bisquit mit Honig, Mandeln und karamelisierten Apfelscheiben, den Sie in jeder Pâtisserie erhalten.

Taverne de l'Ecu (4), in der Straße der früheren Lederzunft speist man gediegen und stilvoll in einem sehr schön restaurierten Fachwerkhaus aus dem 16. Jh. Neben verschiedenen Menus (17–42 €) Erlesenes à la carte. Sonntagabend und Mittwoch geschlossen. Rue Baudrière 12, ✆ 02.99.75.11.09.

Auberge Le St. Louis (2), gegenüber von der Kirche Notre Dame; innen gemütlich holzgetäfelt, außen einige Tischchen unter den alten Arkaden. Gepflegte Küche, große Auswahl zu moderaten Preisen – Menus 12–28 €, Beispiel aus dem 17- €-Bereich: Jakobsmuscheln, Entenbeinchen und -leber und köstliches Dessert. Etwas teurer sind der geräucherte Lachs und die Langustinenschwänzchen auf Salat serviert. Rue Notre-Dame 31, ✆ 02.99.75.28.28.

La Soupe aux choux (1), unterhalb der Kirche Notre Dame, ein optisch nichts sagendes Lokal mit kleiner Außenterrasse. Ins Restaurant "Kohlsuppe" gehen auch gern der Vitréais und die Vitréaise. Dort bestellen sie entweder das günstige Tagesmenu (Richtung Hausmannskost, 3 Gänge 12 €) oder sie stellen sich ihr Menu à la carte zusammen. Sehr gut als Vorspeise das Rindercarpaccio mit Basilikum, im Dessertbereich empfehlenswert die Crème brulée à la vanille. Samstagmittag und Sonntag geschlossen. Rue Notre-Dame 32, ✆ 02.99.75.10.86.

Au Vieux Vitré (7), an einem Haus an der Ecke Rue d'Embas/Rue Baudrière schwingt ein Kneipenschild mit einem pfannenbewehrten Koch: Das Pizzeria-Restaurant im Obergeschoß empfiehlt sich wegen seiner Pizzas, seiner Salate und der italienischen und französischen Fleischgerichte (Florentiner Medaillons 13 €). Im Erdgeschoß erweitert eine Crêperie das kulinarische Angebot. Straßentische laden zum Verweilen. Geschlossen Sonntag und Montag. Rue d'Embas 1, ✆ 02.99.75.02.52.

Crêperie La Gourmandise (5), in der Rue d'Embas, neben dem Place St. Yves. Günstige Crêpes in lebhafter Atmosphäre. Für 10 € pro Person kann man es sich am *Tor der Bretagne* mit selbst zusammengestellten Crêpes und Cidre gut gehen lassen. Donnerstagabend und Montag geschlossen. Rue d'Embas 26, ✆ 02.99.75.02.12.

Sehenswertes

Stadtspaziergang: Am interessantesten und eindrucksvollsten ist das Gassenviertel zwischen Schlossplatz und Kirche. Vom Château aus führt die *Rue Notre-Dame* in Vitrés schönste Straße, die *Rue Baudrière.* In den von Satteldächern überragten Fachwerkhäusern wohnten, produzierten und verkauften früher die Meister der Lederzunft (altfranzösisch *baudroyers*) ihre Artikel. Die Gasse mündet im rechten Winkel auf die *Rue d'Embas,* in der weitere, im Zug der Renovierung befindliche Häuser das Kopfsteinpflaster rahmen. Darunter das schlösschenartige *Hôtel du Bol d'Or* (Goldene Tasse) und das 1846 zum Teil eingestürzte Stadttor *Porte d'Embas.* In östlicher Richtung geht die Rue d'Embas in die *Rue de la Poterie* über. Nach einer Schleife durch die *Rue Duguesclin* gelangen Sie zum *Tour de la Bridole* (15. Jh.), wo die *Promenade du Val* beginnt. Sie führt, von der Stadtmauer und ihren Türmen begleitet, zu einem Gittertor, hinter dem man die Stadtmauer erklimmt. Eine idyllische Allee mit Aussichtspunkten ins Vilaine-Tal führt zum Tor *Saint-Pierre,* links die Kirche Notre-Dame, rechts geht's zum Schloss.

Château/Museum: Die Burg ist eines der schönsten Denkmäler mittelalterlicher Militärarchitektur Frankreichs. Der gegen Ende des 11. Jh. errichtete Ursprungsbau war eine einfache, palisadenbewehrte Feste auf dem steilen Felshang über der Vilaine – Reste dieser romanischen Burg wurden im Burghof ausgebuddelt. Er wurde nach zwei Jahrhunderten abgerissen und Mitte des 13. Jh. neu errichtet. Im 14. und 15. Jh. wurde der Neubau mehrmals erweitert, mit wehrhaften Galerien versehen und schließlich zur repräsentativen und militärischen Residenz ausgebaut. Die Burg besitzt einen dreieckigen Grundriss, eine schwere Zugbrücke führt durch einen von zwei Türmen bewachten Torbau in den Burgfried. Sieben Türme erheben sich im Mauerwall, an der Nordseite ist heute das Rathaus der Stadt.

Im Schlosshof

Ein Teil der Schlossanlage wird als *Museum* genutzt. Verteilt auf drei Türme, durch eine Galerie auf der Burgmauer verbunden, werden hier einige außergewöhnliche Raritäten aufbewahrt. Der *Tour St. Laurent* bietet neben dem Panorama auf die Schieferdächer der Altstadt Skulpturen aus Vitréser Bürgerhäusern, flandrische Gobelins (16. Jh.), Truhen, alte Stadtansichten und, als Höhepunkt, einen Kamin von anno 1583, frisch bemalt und mit dekorativen Musikern, Tänzern und Wappen verziert.

Ostbretagne
Karte S. 543

Der schönste Eingang der Altstadt

Über die Wehrmauergalerie zum *Tour d'Argenterie,* der seit 1989 das städtische Kuriositätenkabinett beherbergt. Achtung: Die außergewöhnliche Kollektion verrückter Objekte, die Ambroise Morel, ein Vitréser Natur- und Heimatkundler, zusammengetragen und der Stadt vermacht hat, ist nichts für schwache Nerven. Neben den naturkundlichen Exponaten (Insekten, Vögel und Muscheln) winden sich im Alkohol Reptilien, Säugetiere und ein menschlicher Fötus, während am Plafond eine ausgestopfte Boa Constrictor hängt. Ein Leckerbissen für Freunde speziellen Humors ist die Vitrine mit den ausgestopften Fröschen: in teilweise zeitgenössischen Kostümen stellen sie Szenen aus dem aristokratischen Alltag dar; elegant tanzen sie eine Polonaise, sie spielen Karten, humpeln kläglich einbeinig auf Krücken herum oder fechten mit einem gegnerischen Frosch.
Den Abschluss bildet der *Tour Oratoire,* in dessen angebauter Renaissance-Kapelle sich ein dreiflügeliger Altar (16. Jh.) befindet. 32 wertvolle Emailletafeln aus Limoges (17. Jh.) mit Motiven aus dem Leben Christi und Marias schmücken ihn. Daneben liturgische Gewänder und zwei kunstvolle Monstranzen, im 19. Jh. von Pariser Goldschmieden gefertigt.

• *Öffnungszeiten* des Museums: Juli bis September täglich 10–18 Uhr. April bis Juni täglich 10–12 und 14–17.30 Uhr, das Restjahr täglich außer Dienstag und den Nachmittagen von Samstag bis Montag 10–12 und 14–17.30 Uhr. Eintritt 4 €, Kinder 2,50 €. Das Billett berechtigt gleichzeitig zum Besuch des Museums St. Nicolas, des Schlosses von Mme Sévigné und des Musée de la Faucillonaie.

Eglise Notre Dame: Zwischen 1420 und 1550 bauten mehrere Generationen an dem außergewöhnlichen Architekturmonument, ein klassisches Beispiel flammender, spitzbogiger Gotik aus grauem Vitréser Stein. Die Südseite der Kirche mit ihren sieben reich verzierten Giebeln ist der interessante Teil. Hier ist auch die *Außenkanzel,* auf der die protestantischen Prediger während der Religionskriege predigten. Im Inneren gefällt neben den verschiedenen *Altarblättern* das *Chorgestühl*: neogotisches Schnitzwerk aus den Jahren 1850–1880.

Museum St. Nicholas: In der gotischen Kapelle des ehemaligen Hospitals unterhalb der Burg (Rue Pasteur) widmet sich eine kleine Ausstellung der religiösen Kunst. Schwerpunkt des Musée d'Art Sacré sind Goldschmiedearbeiten des 19. und der ersten Hälfte des 20. Jh. Sehenswert sind neben der kleinen Sammlung die Wandgemälde der Kapelle aus dem 15. Jh.

Öffnungszeiten Zeiten wie Schlossmuseum. Preise siehe ebenfalls dort.

Vitré / Umgebung

Château des Rochers Sévigné: 6 km südöstlich von Vitré, links der D 88, liegt das Schloss der Marquise de Sévigné, umgeben von einem Wald mit hohen Rotbuchen und alten Nussbäumen, in dem die Literatin einst lustwandelte. Vor dem L-förmigen Schlossbau aus dem 15. Jh. öffnet sich der französische Garten, gestaltet von dem berühmten Landschaftsarchitekten Le Notre. Im 17. Jh. wurde der alte Flügel mit einem niedrigeren Wohngebäude erweitert, die Kapelle steht etwas isoliert daneben.

Madame Sévigné

Marie de Rabutin Sévigné, Jahrgang 1626, ging in die Literaturgeschichte als eine der bekanntesten Briefschreiberinnen ein. Ihre aus Klatsch, Intrigen und historischen Fakten zusammengesetzten Mitteilungen an verschiedene literarische Koryphäen und an ihre in der Provence lebende Tochter illustrieren geistreich und sprachgewandt den Alltag geplagter Adelskreise im 17. Jh.

Mme Sévigné, gebürtige Burgunderin, heiratete 1644 den Marquis von Sévigné, der bereits acht Jahre später bei einem Duell getötet wurde. Zunächst lebte die Witwe mit ihren beiden Kindern weiter in Paris, doch das für Adelskreise aufwändige Leben in der Hauptstadt verschlang ungeheuere Summen, und das Erbe schmolz dahin. 1678 zog sich die Familie nach Vitré zurück. Im Stammschloss ihres verstorbenen Mannes führte die Marquise aus Sparsamkeitsgründen ein karges Leben, argwöhnisch und notgedrungen geizig kontrollierte sie ihre Pächter und Handwerker. Nach der Heirat ihrer Tochter Françoise-Marguérite begann sie in regelmäßigen Briefen in die Provence über ihren Provinzalltag zu berichten.

In über 1500 Briefen, die sie im Lauf ihres zunächst ereignisreichen (Paris), später eintönigen Lebens (im Schloss des Rochers) schreibt, kommentiert Mme Sévigné das Alltagsleben ihrer aristokratischen Zeitgenossen. Pointiert erzählt sie von politischen Intrigen und Klatsch am Hof des Sonnenkönigs, In den späten Briefen an ihre Tochter widmet sie sich ganz der Bretagne. Boshaft lässt sie sich über den bretonischen Landadel aus – "es fließt soviel Wein durch die Kehle eines Bretonen, wie Wasser unter der Brücke hindurch" – oder begleitet Sitzungen des Ständeparlaments mit beißendem Spott. Daneben bleibt der Schlossherrin noch Zeit, sich peinlichst genau um die kleinen Dinge des Lebens zu kümmern. Höchst erstaunt wundert sie sich über die von ihr bestellten Dachdecker, die, "man dankt Gott, für 12 Sous eine Arbeit machen, die man für 10.000 Ecu nicht machen würde". In einer Anwandlung von Güte und Mitleid bedauert sie ihre armen Pächter und Bauern, "die kaum Brot haben, auf Stroh schlafen und weinen".

1695 zieht die inzwischen fast 70jährige Frau zu ihrer Tochter in die Provence. Im Schloss Grignan stirbt sie am 17. April 1696.

Ostbretagne
Karte S. 543

Die Besichtigung der Schlossanlage beschränkt sich auf die Kapelle und zwei etwas lieblose Zimmer im Nordturm. Während sich in der Kapelle das alte Mobiliar, Sessel für die Damen und niedrige, stoffbespannte Betbänke für die Herren bewundern lassen, ist der Besuch der Schlossräume enttäuschend. Das *Cabinet vert* des Erdgeschosses ziert ein Kamin mit den Initialen Mme Sévignés, an den Wänden hängen zwei Portraits der Dame: etwas mollig, das Kleid tief dekolletiert, ganz aristokratischer Zeitgeschmack. In einer Vitrine liegen Handschriften aus – Haushaltsaufzeichnungen und Berichte über die Schlossverwaltung. Im oberen Raum weitere Bilder und spärliches Mobiliar. Geruhsam und kurzweilig ist ein Spaziergang durch den *Grand parc* (Gelände des Golfclubs), in dem die Wege noch die von Mme Sévigné gegebenen Namen tragen: *le mail* (Promenade), *l'infini* (Unendlichkeit) oder *l'humeur de ma fille* (Laune meiner Tochter).

Öffnungszeiten Zeiten wie Schlossmuseum. Preise siehe ebenfalls dort.

Musée de la Faucilonnaie: Das vierte im Bunde des Vitréser Besichtigungsnetzwerks, 5 km nördlich in Montreuil-sous-Pérouse. In einem Gutshaus, dessen Ursprünge aus dem 15. Jh. stammen, werden Gegenstände des gehobenen Landlebens vergangener Tage gezeigt. Nichts Aufregendes, doch wer sein Museumsticket voll ausschöpfen will, wird sich wohl auf den kurzen Weg machen.

Öffnungszeiten Von April bis Juni täglich 14–17.30 Uhr, von Juli bis September täglich 10–18 Uhr, Oktober und November täglich außer Dienstag 14–17.30 Uhr. Preise siehe Vitré/Schlossmuseum.

Champaux *(ca. 300 Einwohner)*: Ein kleines Dorf im Abseits, und in dessen Mitte ein dörfliches Schmuckstück – den Place du Cloitre bilden die *Granitreihenhäuser* der früheren Chorherren und die *Stiftskirche*, ein hübscher *Ziehbrunnen* auf der Rasenfläche rundet das historische Ensemble harmonisch ab. Die große, einschiffige Kirche stammt aus dem 14. und 15. Jh., die Höhepunkte im Inneren sind aus der Zeit der Renaissance: das *Chorgestühl* (u. a. Schnitzereien Adam und Eva im Fell) und die *Fenster* in der Apsis (Passionsgeschichte und Abrahams verhindertes Opfer). Eine weltliche Zugabe bildet das urige Landcafé neben der Kirche.

Anfahrt Vitré auf der D 857 Richtung Châteaubourg verlassen und nach etwa 5 km rechts ab, noch 4 km auf einem schmalen Sträßchen.

Fougères

(ca. 23.000 Einwohner)

Die schweren Mauern und Bastionen der Burg tief unten im Tal des Nancon sprechen eine beredte Sprache. Fougères war über Jahrhunderte als mächtigste und heftig umstrittene Feste des bretonischen Ostwalls eine der größten mittelalterlichen Wehranlagen Europas.

Die *Unterstadt* Fougères mit der Burganlage, der *Kirche St. Sulpice* und den alten Fachwerkhäusern eng um den *Place du Marchix* ist der von der Geschichte angestaubte Kern der ehemaligen Grenzstadt. Heute spielt sich das Leben Fougères in der jüngeren *Oberstadt* ab, auf den Flanken eines Steilhangs hoch über der Flussschleife des *Nancon*.

Fougères war die nördlichste Grenzfeste des bretonischen Ostwalls. An der Schnittstelle dreier französischer Départements (Bretagne, Maines und Normandie) war die Stadt nicht nur von herausragender strategischer Bedeutung für das bretonische Herzogtum, sondern auch wichtige Handelsstadt – zunächst eine der Topadressen für die Segeltuchproduktion, dann für die Fabrikation von Schuhen (siehe Kasten unten).

Blick vom Jardin publique

Bereits vor, besonders aber nach dem Zweiten Weltkrieg stürzte Fougères in eine tiefe wirtschaftliche Depression. Erst die Pariser Förderprogramme der späten 60er und frühen 70er Jahre brachten neuen ökonomischen Aufschwung. Durch die Ansiedlung moderner Industriebetriebe (Elektronik, Lasertechnik und Chemie) und die systematische Modernisierung des Agrarwesens gewann Fougères einen Teil seiner überregionalen handelspolitischen Bedeutung zurück. Die 6000–7000 Tiere fassende Versteigerungshalle im *Parc de l'Aumaillerie*, in der sich jeden Donnerstag die Viehhändler treffen, ist einer der wichtigsten Umschlagplätze Frankreichs und der EU für Rind- und Hornvieh.

Geschichte

Fougères wechselvolle Geschichte beginnt vor rund 1000 Jahren mit dem Bau einer simplen Holzburg (*motte*) auf einem Felsplateau inmitten des schwer anzugreifenden Sumpfgeländes, das der mäandernde Fluss *Nancon* hier bildet. Zu ihren Füßen entwickelt sich eine kleine Stadt, eine Kirche wird errichtet, eine Mönchsgemeinschaft zieht ein, und vor allem Gerber- und Färberfamilien siedeln sich unter dem Schutz der Barone von Fougères an. Einer der bekanntesten von ihnen ist *Raoul II.*, Vasall des bretonischen Herzogs Conan des Kleinen, der sich 1166 zusammen mit mehreren Adeligen gegen den englischen König stellt. Raoul muss nach einer mehrmonatigen Belagerung aufgeben, seine Burg wird geschleift. Nach dem Abzug der Engländer macht er sich an den Bau eines steinernen Gebäudes, das zukünftigen Attacken nicht mehr so hilflos gegenüberstehen soll.

In den folgenden drei Jahrhunderten bauen seine Nachfolger ein gewaltiges Verteidigungsensemble in das sumpfige Land, leiten sogar den Flusslauf um und befestigen die Mauern mit mächtigen Türmen. Die wichtige Lage Fougères erfordert diese Maßnahmen auch. Häufig ist die Burg umkämpfter Zankapfel mächtiger Interessen, und trotz ihrer ungeheuren Ausmaße ziehen immer neue Herren mit

Ostbretagne Karte S. 543

Gewalt in die Fougèrer Festung ein: Ludwig IX., Duguesclin, der aragonische Hauptmann Surienne und 1488 schließlich *Karl VIII.,* der drei Tage nach der Einnahme Fougères auch die entscheidende Schlacht gegen Franz II. gewinnt und damit den Anfang vom Ende des autonomen Herzogtums der Bretagne einleitet.

Zwischen 1793 und 1804 wird Fougères mehrmals zum Schauplatz trauriger Gemetzel. Stadt und Umgebung gelten als Hochburg der Chouannerie, in wechselnder Folge wird Fougères belagert, gestürmt und erobert. Mal sind es die Blauen (Republikaner), mal die Roten (Royalisten), die in der Stadt wüten. Ströme von Blut fließen, Bürgermeister werden füsiliert, fast zehn Jahre lang herrschen Hinterhalt, Denunziation, Mord und Totschlag. Danach kehrt Ruhe in Fougères ein – und die Dichter kommen, zuerst *Honore de Balzac,* dann *Victor Hugo.* Beide auf der Suche nach der Vergangenheit, beide mit dem Vorhaben, über die Zeit der Chouan-Bewegung zu berichten. Balzac gelingt mit seinem in Fougères geschriebenen Roman *Les Chouans* 1829 der literarische Durchbruch. Hugo – er arbeitet nur wenig an seinem erst 1873 erscheinenden Werk *1793* – erlebt in Fougères seine zweite Liebe. Er gewinnt das Herz seiner Geliebten, die ihn verlassen hatte, wieder zurück, und sein Entzücken über die Stadt fasst er in einem berühmten Ausspruch zusammen: "Gerne würde ich jeden fragen: Haben Sie Fougères gesehen?" Die literarische Vergangenheit der Stadt lebt heute im Rahmen einer *promenade littéraire* weiter: Der interessierte Besucher kann sich beim Entdecken der Sehenswürdigkeiten durch Zitate großer französischer Dichter auf kleinen Tafeln in vergangene Jahrhunderte zurückversetzten lassen.

Vom Tuch zum Schuh

Im Schatten des Schlosses, entlang der Flussschleife des Nancon, arbeiteten bereits seit dem 12. Jh. die Gerber und Färber der Stadt. Im 13. Jh. galten die Stofffärber von Fougères als Meister ihres Gewerbes, die Tuchweber als beste Textilspezialisten. Mit dem Aufkommen der Segelschifffahrt zu Beginn des 15. Jh. erlebte Fougères einen rasanten wirtschaftlichen Aufstieg. Bretonisches Segeltuch war bei allen Flotten begehrt, und die Fougèrais lieferten.

Als die Dampfschifffahrt das Segeltuch überflüssig machte, stellten sich die Weber/innen schnell auf das Strumpfgeschäft um, und bereits vor der Revolution galt geklöppeltes Fußgarn aus Fougères bei Damen und Herren als erste Wahl. Ab 1800 ging man zur handwerklichen Produktion von Stoffschuhen über, zunächst aus Wolle geflochten, dann aus Filz gewirkt. Mit der Idee, statt der textilen Sohle eine aus Leder an das Fußkleid zu nähen und den Filz schließlich durch einen Lederschaft zu ersetzen, begann Fougères goldene Ära als führende französische (Damen-)Schuhstadt. Bis 1870 wurden die Schuhe ausschließlich handgenäht, dann in industrieller Produktion hergestellt. Vor allem im zweiten Drittel des 19. Jh. boomte das Schuhgeschäft: Von 1874 bis 1890 verdoppelte sich die Zahl der in der Schuhindustrie Beschäftigten, in 27 Fabriken schufteten 11.000 Arbeiter/innen. Mit der Verbesserung der industriellen Techniken sank zwar die Zahl der Schuhproduzenten, doch 1950 verdienten immer noch 5000 Fougèrais ihren Lebensunterhalt in der Schuhfabrik. Eine von nur einem Produkt abhängige Stadt musste mit der modernen wirtschaftlichen Entwicklung zusammenbrechen. Die ausländische Konkurrenz und die zu späte Modernisierung der Produktionsanlagen brachten Fougères in eine tiefe wirtschaftliche Talsohle. Nur wenige der einst berühmten Fougèrer Schuhunternehmen überlebten den neuzeitlichen Konkurrenzkampf.

Kostbares Überbleibsel aus der Prädigitalzeit: Uhrmacher in Fougères

Information/Verbindungen

- *Postleitzahl* 35300
- *Information* Im Oberstadtzentrum. Ganzjährig geöffnet von Montag bis Samstag 9.30–12.30 und 14–18 Uhr, Sonntag 13.30–17.30 Uhr. Im Juli und August werktags ohne Mittagspause von 9–19 Uhr, Sonntag 10–12 und 14–16 Uhr. Rue nationale 2, ✆ 02.99.94.12.20, www.ot-fougeres.fr.

Von Juni bis September Nebenstelle beim Schloss, gleiche Öffnungszeiten wie das Hauptbüro. Place P. Simon

- *Verbindung* **Bus**bahnhof 300 m südlich des Zentrums. Nach Laval 2-mal täglich, Vitré mindestens 3-mal werktags, Sonn- und Feiertage 2-mal, über St.-Aubin du Cormier nach Rennes (bis zu 8-mal werktags, Sonn- und Feiertage 2-mal). In der Saison zusätzlich mehrmals täglich zum Mt. St. Michel. Gare Routière, Place de la République.

Diverses

- *Führung* Das O.T. organisiert im Sommer eine Führung täglich. Erwachsene 4,50 €, erm.3,50 €.
- *Kleiner Zug* Le petit train rollt ab dem Schlossplatz 30 Minuten durch die Ober- und die Unterstadt. Erwachsene 5 €, Kinder 3 €.
- *Markt* Samstagmorgen im Zentrum. Der Rindermarkt (Marché de l'Aumaillerie) findet jeden Donnerstagnachmittag statt. Eintritt 2 €, Kinder gratis.
- *Waschsalon* La Laverie du Futur-Filialen in der Rue de la forêt und Place de la République

Übernachten/Camping (siehe Karte S. 561)

** **Hotel Balzac (3)**, unweit des Theaters im Zentrum. Gepflegtes Stadthotel, 20 ordentliche Zimmer. Unterschiedliche Sanitäreinrichtung. TV und Telefon. Kein Restaurant. DZ 32–50 €, Frühstück 5,50 €. Ganzjährig geöffnet. Rue Nationale 15, ✆ 02.99.99.42.46.

** **Citotel les Voyageurs (1)**, im Zentrum der Oberstadt beim O.T., an einer verkehrsreichen Kreuzung. Mehrstöckiges 35-Zimmer-Hotel, zum Teil etwas laut. Restaurant im

Ostbretagne
Karte S. 543

Erdgeschoß (siehe Essen). DZ 33–57 €, Frühstück 6,50 €. Weihnachten bis 15.1. geschlossen. Place Gambetta 10, ✆ 02.99.99.08.20, hotel-voyageurs-fougeres@wanadoo.fr.

** **Hotel le Commerce (7)**, südlich des Bahnhofs. Nettes Hotel mit 15 meist komfortablen, sanitär unterschiedlichen Zimmern. Gartenterrasse. Im Restaurant preiswerte und gute Menus von 11–24 € (inkl. Wein). Völlig unterschiedliche DZ 46–64 €, Frühstück 7 €. Weihnachten und Neujahr geschlossen. Place de l'Europe, ✆ 02.99.94.40.40, tmk.fougeres@wanadoo.fr.

* **Hotel Flaubert (5)**, ein Stück hinter dem Busbahnhof; frisch renoviertes 10-Zimmer-Hotel mit kleiner Bar. Einfache Räume, einige mit Dusche/WC. DZ ab 29 €, Frühstück 5,50 €. Ganzjährig geöffnet. Rue Flaubert, ✆ 02.99.99.00.43.

Hotel de Bretagne (6), bahnhofsnah und einfach, doch für die Preisklasse in Ordnung. 19 Zimmer, vom schlichten Zimmer mit Waschbecken bis zum 4-Personenzimmer mit Dusche/WC. Wer auf die Glotze nicht verzichten kann, dem wird für 4 € pro Nacht geholfen. DZ 24–30 €, Frühstück 4 €. Der freundliche und gut informierte Besitzer erspart den Weg zur Touristeninformation. Geschlossen zwischen Weihnachten und Silvester. Place de la République 7, ✆ 02.99.99.31.68.

• *Camping* ** **Fougères**, am Rand der Vorstadt Paron, 2,5 km vom Zentrum an der D 77, bescheiden ausgeschildert. Gediegenes Rasengelände mit Hecken, Pappeln und viel Grün, umgeben von einem Complexe Sportive. Gute und saubere Sanitärs. Spielplatz, Tennismöglichkeit. 90 Stellplätze. Geöffnet von April bis Oktober. Route de la Chapelle Janson, ✆ 02.99.99.40.81.

Essen

Les Voyageurs, das Restaurant des Hotels Les Voyageurs ist das beste der Stadt, hier können Sie die meisten Euro lassen. Keine kulinarischen Offenbarungen, doch eine gute Auswahl sehr ordentlicher Menus von 17–38 €.

Le Buffet (4), gleich neben dem Villéon-Museum; etwas nüchtern, aber preiswerte und gute Menus von 10–20 €. Am Vorspeisen- und Dessertbuffet darf man sich je nach Menü je ein oder mehrere Gerichte aussuchen. Durch die reichhaltige Auswahl ist auch das 12 €-Menü ohne Hauptspeise durchaus zu empfehlen. Mittwochabend und Sonntag geschlossen. Rue Nationale, ✆ 02.99.94.35.76.

La Naïade (2), Pizzeria, Saladerie, Grill. Stilvoll eingerichtetes Gasthaus am Place du Théâtre mit Pizza zu 8 € und Grillspezialitäten zu 11 €. Sonntag und in der NS auch Montag geschlossen. ✆ 02.99.94.51.75.

Sehenswertes

Château: Trotz der Ausmaße seiner monströsen Wehrmauern gehört die Feste von Fougères zu den Burgen, die oft erfolgreich belagert und eingenommen wurden. Die Gründe dafür sind die paradoxe Lage der Burg und die Verbesserung der Feuerkraft der Artillerie im Lauf der Jahrhunderte. Während im frühen Mittelalter das sumpfige Gelände an der Nanconschleife und die nur kurz reichenden Geschütze Gewähr für die Unversehrtheit der Feste boten, erwies sich die Lage im Flusstal in späterer Zeit als schweres Handikap. Vom Felssporn über der Burganlage erreichten die modernen, weitreichenden Kanonengeschosse mühelos das Bollwerk und konnten sturmreife Breschen in den Festungswall schlagen. So gelang es seit dem 14. Jh. vielen Belagerern, in auszehrenden Kanonenduellen die imposante Festung zu knacken (siehe Geschichte).

Ein Rundgang außerhalb der Ringmauer verschafft einen ersten Eindruck der Anlage – die Macht der bis zu sieben Meter dicken Mauern ist überwältigend. Insgesamt verstärkten 13 Türme die Verteidigungsanlage, benannt nach Eroberern oder späteren französischen Gouverneuren. Ins Innere der Anlage gelangt man hinter der Brücke über den Nancon. Von drei Türmen bewacht, öffnet sich das *Vorwerk* – der erste Hof, in dem früher die Eindringlinge von allen Seiten aus beschossen und mit Pech übergossen werden konnten. Eine Brücke über einen weiteren Graben, von Bogenschützen und Pechgießern in den vier Türmen kontrolliert, führt durch

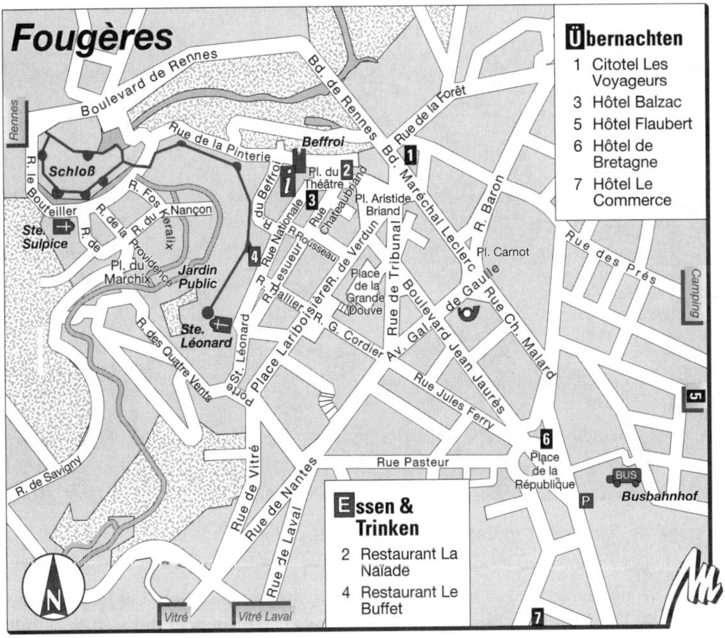

die zweite Verteidigungsmauer in den *Innenhof.* Von links nach rechts erheben sich der *Tour Raoul,* der *Surienne-,* der *Mélusine-,* der *Gobelin-* und der *Coigny-Turm.* Tour Mélusine, der mächtigste, wurde um 1300 von dem Geschlecht der Lusignans gebaut, die ihren Stammbaum auf die keltische Fee Mélusine zurückführen. Der Turm ist 31 m hoch, hat einen Durchmesser von 13 m und eine fast vier Meter dicke Mauer. Seine Plattform erlaubt einen exzellenten Rundblick über die Burg und die Dächer des Marchix-Viertels.

• *Öffnungszeiten* Täglich, von Mitte Juni bis September 9–19 Uhr, den Jahresrest außer Januar gestaffelt kürzere Öffnungszeiten und um 12 Uhr 2 Stunden Mittagspause. 3-mal täglich werden begleitete 45-Minuten-Führungen (englisch/französisch/deutsch) angeboten, Erwachsene 3,50 €, Jugendliche (10 bis 16 Jahre) 2 €. Das Schloss kann jederzeit auch unbegleitet besichtigt werden.

Marchix-Viertel: Das Fachwerk rund um den *Place du Marchix* (früherer Schauplatz des Hornviehmarkts) und dessen anschließenden Gassen ist ein häufig gemaltes/fotografiertes Motiv. Die Häuser stammen vorwiegend aus dem 16. Jh. Besonders romantisch die Ansicht der über dem Flussufer thronenden Fachwerkkonstruktionen (*Rue des Tanneurs*).

Eglise St. Sulpice: Die zwischen dem 15. und 18. Jh. mehrmals umgebaute Kirche im spätgotischen Stil beherbergt die Jesus stillende *Marienfigur Notre-Dame-des-Marais* (Jungfrau der Sümpfe). Englische Plünderer hatten sie 1166 nach der Eroberung der Stadt in die Sümpfe geworfen, wo sie später wunderbarerweise wieder auftauchte. Natürlich ein prächtiger Anlass, ihr zu Ehren alljährlich einen Pardon zu begehen. Daneben zwei *Altäre,* einer aus Granit (15. Jh.), der andere, in der Gerberkapelle, holzgeschnitzt und mit reichem Figurenschmuck versehen.

Ostbretagne
Karte S. 543

Fougères, eine der größten Burgen des Mittelalters

Eglise St. Léonard: Im 15./16. Jahrhundert errichtet, ist sie heute die Hauptkirche der Stadt. Die Nordseite des lang gezogenen gotischen Kirchenschiffs ist reich mit granitener Steinmetzkunst verziert. Am Fuß der Kirche der *Jardin public* (Stadtpark), der sich terrassenförmig zum Schloss hinunterzieht: ausgezeichnetes Panorama über die Burg und das Marchix-Viertel unten an der Nancon-Schleife. Die Allee des Parks ist dankenswerterweise von hohen Bäumen und niedrigen Bänken gesäumt. Den noch besseren Überblick allerdings bietet nach einigem Schnaufen der Glockenturm der Kirche.

Öffnungszeiten des Glockenturms: Ostern bis November, ab 8 Jahre Steiggebühr 2 €.

Beffroi: Der unten vier- und oben achteckige Granitturm mit den animalischen Wasserspeiern und der schmalen Flamboyant-Balustrade unterhalb des schiefergedeckten Helms wurde im 14. Jh. gebaut. Hier tagte früher die Ratsversammlung der Stadt. Der Beffroi von Fougères ist, neben dem in Dinan, der einzig erhaltene weltliche Glockenturm der Bretagne – nicht nur Zeichen von Wohlstand, sondern auch Symbol für das frühe Aufbegehren eines durch Handwerk und Handel reich gewordenen, aufstrebenden Bürgertums gegen die aristokratische Allmacht.

Atelier-Musée de l'Horlogerie: Auf der Rue Nationale lädt die kombinierte Museumswerkstatt *l'horlogerie* dazu ein, kostbare Überbleibsel aus der Prädigitalzeit zu bewundern. Mehr als 200 Uhren gibt es zu sehen, darunter kleine Armband- und Taschenuhren, bunte Spieldosen bis hin zu prächtigen Pendel- und großen Kirchturmuhren.

Öffnungszeiten Ganzjährig Di–Sa 9–12 und 14–19 Uhr, von Mitte Juni bis August zusätzlich auch So und Mo 14–18.30 Uhr. Erwachsene 4 €, erm. 3,50 €.

Musée de la Villéon: Einem Sohn der Stadt zu Ehren in der Rue Nationale 51 gegründet. Der Impressionist *Emmanuel de la Villéon* (1858–1944) malte mehr als hundert Bilder, von denen hier beinahe die Hälfte zu sehen ist. Das Museum befindet sich in einem schönen, mit einer Vorhalle versehenen Fachwerkhaus, dessen Anblick und Eindruck die Bilder des Künstlers fast in den Schatten stellt.

Öffnungszeiten Vom 15.6–15.9. täglich 10.30–12.30 und 14.30–18 Uhr. Sonst nur Mi–So 10–12 und 14–17 Uhr. Eintritt gratis.

Fougères / Umgebung

Fôret de Fougères: Ein mit 1600 Hektar relativ großer Wald 3 km nordöstlich der Stadt. Ein dichtes Netz kilometerlanger kleinerer und größerer Fußwege führt (beschildert) zu nicht gerade atemberaubenden, dafür etlichen Höhlen und Megalithzeugnissen. Durchaus anregende Spaziergänge.

Tremblay: Wer auf dem Weg zum Mont-Saint-Michel ist und an alten Kirchen seine Freude hat, wird einen kurzen Stopp in Tremblay nicht bereuen. Die Pfarrkirche in der Dorfmitte stammt aus dem 11./12. Jh. Das linke Seitenschiff wurde im 16. Jh. angebaut, Anfang des 19. Jh. musste die Kirche nach einem verheerenden Feuer in großen Teilen wiederaufgebaut werden. Trotz der Umgestaltungen blieb außen wie innen der romanische Charakter erhalten. Unter dem Holztonnengewölbe ist es extrem düster, die Augen müssen sich erst an das Dunkel gewöhnen, um die Innenausstattung wahrzunehmen: u. a. das symbolträchtige, kunstvoll geschnitzte Kreuz des Hochaltars, der seltene Baldachin über dem Altar und sechs Holzheilige im Hauptschiff.

Anfahrt Tremblay liegt ca. 22 km nordwestlich von Fougères an der D 175 (auf der D 155 bis kurz vor Antrain, dann links ab).

Parc Floral de Haute Bretagne: In dem wegen der deftigen Eintrittspreise wohl nur für Blumenfreunde interessanten Park, der liebevoll um ein altes Herrenhaus angelegt wurde, können v. a. in den Monaten Juni und Juli prächtige Rosen- und Hortensienarrangements bewundert werden. Ähnlich wie in *Fougères* wird man auch bei diesem Spaziergang von Zitaten großer Dichter begleitet.

- *Öffnungszeiten* Von März bis September täglich 14–18 Uhr. Erwachsene 7,50 €, erm. 4,50 €.
- *Anfahrt* Der Park ist von der Ausfahrt *Le Châtellier* auf der D 219 von *Fougères* kommend in Richtung *Avranches* gut ausgeschildert. In *Le Châtellier* selbst sei das Gasthaus *A l'Orée du Bois* all denjenigen empfohlen, die einmal einfache und deftige Speisen probieren möchten.

Rennes

(ca. 200.000 Einwohner)

Ganz unbretonisch modern präsentiert sich die Hauptstadt der Bretagne. Ursache ist die schwere Feuersbrunst von 1720. Die mittelalterliche Stadt mit den vorkragenden Fachwerkhäusern in den engen Gassen wurde fast vollständig ein Raub der Flammen, und das Zentrum von Rennes erhielt sein für heute typisches Gesicht: ein am Reißbrett entworfenes, ausladendlichtes Stadtgebilde mit neoklassizistischen Fassaden.

Rennes liegt am Zusammenfluss von *Ille* und *Vilaine* im Herzen eines geologischen Bassins – eine Lage, die die Stadt seit knapp zwei Jahrtausenden zum Verkehrsknotenpunkt prädestiniert. Anders als andere bretonische Städte war Rennes im Lauf seiner Geschichte weniger in Richtung Monts Arrée als vielmehr in Richtung Osten orientiert. Bretonisch hörte man in der Krönungsstadt der bretonischen Herzöge nur selten, das geschliffene Französisch der Parlamentsaristokratie, der Verwaltungsbeamten und Diplomaten war in der Hauptstadt des Herzogtums an der Tagesordnung.

Karte S. 543

Rennes, die größte Stadt der Bretagne, ist noch heute ihre Hauptstadt. Seit dem Zweiten Weltkrieg verdoppelte sich die Einwohnerzahl, alle wichtigen Finanz-, Justiz- und Verwaltungsbehörden befinden sich hier. Daneben ist Rennes auch die wichtigste Industrie- und Handelsstadt, an der Peripherie haben sich Elektronikkonzerne (u. a. militärische Produktion), Automobilindustrie (Citroën), Transportunternehmen und Baufirmen niedergelassen. Mit seinen zwei Universitäten, denen noch mehrere Fachhochschulen angeschlossen sind, ist Rennes auch das Bildungszentrum der Bretagne. 40.000 Studentinnen und Studenten geben der Stadt ein jugendliches, weltoffenes Flair.

Geschichte

Rennes (*Condate*) ist bereits zur Zeit der Römer der zentrale Verkehrsknotenpunkt ihrer Provinz Armorika. Nach seinen Bewohnern nennt sich ein ganzer keltischer Stamm: die Redonen, die sich, im Gegensatz zu den widerspenstigen Venetern, nach dem Sieg Cäsars 56 v. Chr. schnell mit den römischen Machthabern arrangieren und – ganz dem gallorömischen Lebensstil verhaftet – die Stadt schon früh zur Blüte bringen. Rennes geht nach dem Zusammenbruch Roms in die Hände der Goten, später der Franken über. Im 9. Jh. erhält *Erispoe*, ein Nachkomme britannischer Kelten, aus der Hand *Karls des Kahlen* die Unabhängigkeit der Bretagne und mit ihr die Städte Rennes und Nantes – Ursprung einer fast 1000jährigen Rivalität um die Vorherrschaft in der Bretagne. Erst mit der Neugliederung Frankreichs (1790) in Départements entschied Rennes als bestätigte Hauptstadt des Départements Bretagne den politischen Konkurrenzkampf letztlich für sich.

Im frühen Mittelalter ist Rennes eine heftig umstrittene Stadt, im Wechsel mit Nantes Sitz der bretonischen Herzöge, ständig von Briten und Franzosen umbuhlt, gelegentlich belagert und geplündert und so das geeignete Pflaster eines später über die Bretagne hinaus berühmt gewordenen Haudegens und Volkshelden, *Bertrand Duguesclin* (siehe Dinan/Kasten). Einen Schlussstrich unter Rennes erste unruhige Zeiten setzt nach dem Erbfolgekrieg 1365 *Jean de Montfort*, der künftige Herzog der Bretagne. Unter ihm und seinen Nachfolgern entwickelt sich Rennes zur mittelalterlichen Hauptstadt des Herzogtums, bis Anfang des 15. Jh. steigt die Einwohnerzahl auf stolze 12.000. Zwar residieren die Machthaber meist im verhassten, weltoffeneren Nantes, doch gekrönt werden die Herrscher in der Kathedrale von Rennes.

1491 wird diese Regelung der Stadt fast zum Verhängnis: *Karl VIII.* belagert zwei Wochen lang die bretonische Metropole, um die 12jährige *Anne de Bretagne*, die hier auf die Ankunft ihres eigentlichen Gatten Maximilian von Österreich wartet, selbst zu freien (siehe Geschichtskapitel/Kasten Anne). Zum Glück für die Stadt entscheidet sich das Kind für den 17jährigen Franzosen. Rennes bleibt heil. Die Krönungszeremonie kann in der Kathedrale ungestört über die Bühne gehen, und die Stadt steht vor einer blühenden Zukunft.

Mit der Eingliederung des Herzogtums an die französische Krone 1532 wächst ihre Bedeutung noch. Da das wirtschaftlich bedeutendere Nantes König *Heinrich II.* zu unsicher ist, wird Rennes 1554 zum Sitz des bretonischen Parlaments und damit zur politischen Hauptstadt der Bretagne. In Rennes tagen die Stände, und die wichtigsten juristischen Entscheidungen fallen hier. Die Stadt boomt. Die im Parlament vertretenen Aristokraten des halbautonomen Herzogtums bauen sich großzügige Quartiere (*Hôtels*), in denen sie während der Tagungsperioden residieren, die Ge-

Eines der vielen Gesichter von Rennes

schäfte der Händler und Juristen blühen, Wohlstand anzeigendes Fachwerk sprießt in den engen Gassen. 1675 erschüttert die "Stempelpapier-Revolte" die Stadt (siehe gleichnamigen Kasten im Geschichtskapitel). Die Truppen *Ludwigs XIV.* ziehen nach Rennes und schicken das Parlament in die Verbannung.

In der Nacht des 22. Dezembers 1720 findet Rennes' über 200 Jahre währender Höhenflug ein plötzliches Ende. Ein Tischler entfacht auf dem Heimweg von der Weinstube im Vollrausch mit seiner Öllampe ein Feuer, das sich zu einer alles verschlingenden Brandkatastrophe auswächst. Fünf Tage lang wütet die Feuersbrunst in der dicht verwinkelten Stadt, fast 1000 Häuser werden ein Raub der Flammen, über 8000 Menschen obdachlos. Rennes ist fast völlig zerstört. Die Pläne für den Neuaufbau entwickelt der Pariser Architekt *Jean Gabriel*, der der Stadt, die jetzt auch die Universität von Nantes übernommen hat, zwischen 1722 und 1756 ihr neues Gesicht gibt: monumentale Administrationspaläste mit granitenen Erdgeschossen und Säulengängen, die die Tuffsteinfassaden säumen, über die sich geometrisch gemusterte und bleiern schimmernde Schieferdächer legen. Rennes wird eine repräsentative, klassizistische Beamtenstadt, geprägt von breiten Avenuen, großzügigen Verwaltungsgebäuden und ausladenden Wohnhäusern, die appartementweise an die zahlungskräftigen Bevölkerungsschichten verkauft bzw. vermietet werden – eine Weltneuheit.

Mit dem Zeitalter der Industrialisierung verändert sich Rennes' Aussehen zum dritten Mal. Die Altstadt wird zu klein, die Stadt braucht Platz. Südlich der *Vilaine*, die bis dahin das Stadtgebiet natürlich abgegrenzt hat und nun kanalisiert wird, wächst in einem trockengelegten Sumpfgelände eine neue Stadt empor. Fabriken, Lagerhallen, Eisenbahn und neue Arbeiterwohnblocks legen sich wie Zwiebelschalen um den Altstadtring, in dessen kühler Eleganz das Beamtentum arbeitet und wohnt. Noch bis in die Mitte des 20. Jahrhunderts gilt es in Rennes keineswegs als Empfehlung, von "drüben", aus der proletarischen Südstadt, zu kommen.

Ostbretagne
Karte S. 543

1940 wird Rennes bei Fliegerangriffen schwer bombardiert. Über 6000 Menschen sterben, vor allem in der Südstadt richtet der Bombenhagel ungeheure Schäden an. Die Aufbauarbeiten nach dem Zweiten Weltkrieg sind ein relativ geglücktes Beispiel urbanen Bauens, bei dem auch "soziale" Architekten zum Zuge kommen. So präsentiert sich Rennes heute als Stadt mit mindestens drei sympathischen Gesichtern: dem spärlichen mittelalterlichen, dem neuzeitlich-klassizistischen und dem modern-funktionalen des 20. Jahrhunderts.

Information

• *Postleitzahl* 35000

• *Information* Städtisches Tourismusbüro an der Kapelle St. Yves in der westlichen Altstadt, eine Gasse hinter der Vilaine. Information über die gesamte Bretagne – speziell über das Département Ille et Vilaine. Stadtprospekte, Hotelliste, Reservierungen, begleitete Stadtführungen (Di und Do 21 Uhr, an allen anderen Tagen 11 Uhr, täglich um 15 Uhr Führung zu einem bestimmten Thema, im Juli und August nach Rücksprache auch deutsche Führungen). Freundliche, mehrsprachige Auskunft. Von April bis Ende September Mo–Sa 9–19 Uhr, So und Feiertage 11–18 Uhr, das Restjahr wie oben, aber nur bis 18 Uhr. Rue St. Yves 11, ✆ 02.99.67.11.10, www.ville-rennes.fr.

Verbindungen

• *Bus* Busbahnhof einen Steinwurf nördlich des Hauptbahnhofs. Flächendeckende Verbindungen zu allen Nahzielen (z. B. Paimpont, Châteaubriant, Dinan, Ploërmel, Loudéac, Fougères, Vitré, Dol, La Guerche), zu den größeren Städten (Brest, St. Brieuc, Vannes etc.) und zu den Küsten- und Urlaubsorten im Süden (La Baule, Carnac, Quiberon) und Norden (St. Malo/ Dinard, Mont-St.-Michel). Sonn und feiertags stark reduzierte Fahrpläne. Auskünfte bei T.I.V., Rue des Veyettes 24, ✆ 02.99.26.11.26.

• *Zug* Rennes ist der Zentralbahnhof der Bretagne. Ende 1991 wurde das zur bretonischen Metropole passende Abfertigungszentrum fertig gestellt: Viel Glas, viel Licht, Großrolltreppe und großstädtisches Reisezentrum. Mehrere Hauptlinien schneiden sich hier: Brest–St.-Brieuc–Rennes–Paris, Quimper–Rennes–Paris; mindestens 10-mal täglich in 3 Stunden über Laval und Vitré nach Paris (mit dem TGV 5-mal täglich in 2 Stunden) und ebenso oft nach Brest. Quimper (über Redon, Vannes, Lorient) erreicht der Zug in 2,5 Stunden, Brest in 2–3 Stunden. Touristisch interessante Nebenlinien: Rennes–Dol–Pontorson (Mont-Saint-Michel), Rennes–Dol–St. Malo/ Dinard (etwa 10-mal täglich). Um auf die Nord-Süd-achse nach Nantes, Lyon und Bordeaux zu kommen, steigt man in Redon um (etwa 10-mal täglich). Im Süden der Stadt, ca. 800 m vom Zentrum. Place de la Gare, Auskunft und Reservierung ✆ 08.92.35.35.35.

• *Flugzeug* Der bretonische Flughafen mit den meisten Anschlüssen 7 km außerhalb in Rennes-St.-Jacques (D 177, südwestlich). Nonstop-Flüge nach Paris (1 Stunde), Lyon, Bordeaux, Toulouse, Marseille, Montpellier, Nice, Metz und Bâle-Mulhouse. Die Buslinie 57 hält die Verbindung aufrecht. ✆ 02.99.29.60.00.

• *Stadtbusse* Rennes hat ein sehr gut ausgebautes öffentliches Verkehrsnetz, das jährlich über 35 Millionen zahlende Passagiere befördert. 20 Stadtlinien, 33 Vorstadtverbindungen einige Nachtbusse und seit neuestem sogar eine Metro-Linie. Die Stadtbusse verkehren im 5- bis 20-Minuten-Rhythmus von 6.30–20.30 Uhr, Nachtservice bis 23.30 Uhr. Interessant für Camping-Touristen ist die Linie 3 (St. Laurent), die vom Place de la République oder vom Rathaus aus zum Campingplatz fährt. Fahrplan z.B. bei der Tourist-Info oder am Campingplatz, Kartenverkauf z.B. am Place de la Mairie von Montag bis Samstag 7–19 Uhr, beim Busfahrer oder in den Metrostationen.

Diverses

• *Autoverleih* Alle großen internationalen Anbieter im Bahnhof, einige auch in der Avenue Janvier in der Nähe des Bahnhofs.

• *Feste* Groß ist die Anzahl kultureller Veranstaltungen und Feste. Im O.T. ist der vierteljährlich erscheinende Veranstaltungskalender *Rennes Spectacles Infos* erhältlich. Schwerpunkt die drei Sommermonate. Das Topereignis in der letzten Juni- bzw. ersten Juliwoche: Das Festival mit dem zweideutigen Titel **Tombées de la Nuit** (Gefallene der Nacht oder Einbruch der Dunkelheit) ist das städtisch gesponsorte Kultur-Großereignis, eine Woche Tanz, Musik, Theater mit bretonischen und internationalen Darstellern auf verschiedenen Openair-Bühnen oder in den Fest- und Konzertsälen der Stadt. 2004 vom 6. bis 11. Juli.

• *Markt* Jeden Samstagvormittag rund um den Place des Lices. Wochenmarkt mit reichem Sortiment, frische Lebensmittel, Krimskrams und bunter Blumenmarkt.

• *Parken* Die Stadtverwaltung rühmt sich ihrer 10.500 Parkplätze, die in den vergangenen Jahren eingerichtet wurden. Trotzdem wird es zum täglichen Berufsverkehr sehr eng. Die größten Parkareale in der Innenstadt entlang der Ufer der Vilaine. Sie sind gebührenpflichtig und für Wohnwagen und Wohnmobile nicht anzufahren (Höhe 2,40 m). Weitere gebührenpflichtige Parkplätze sind über die ganze Altstadt verteilt: Mo–Sa von 9–12 und 14–19 Uhr ca. 1 € pro Stunde.

Übernachten/Camping (siehe Karte hinterer Umschlag)

50 Hotels mit über 2000 Zimmern. Bis auf die 5-Sterne-Luxus-Kategorie ist alles vertreten, das Schwergewicht liegt auf der einfachen bis leicht gehobenen Mittelklasse. Die meisten Hotels finden sich in der Südstadt, Schwerpunkt Bahnhof.

*** **Hotel Mercure-Colombier (15)**, der Bettenriese der Stadt in einer ruhige Seitenstraße in der Südstadt, in der Nähe des *Square Emile Souvestre*. 5 Minuten zum Zentrum odor Bahnhof. 140 standardgleiche Zimmer mit allem Komfort, Restaurant mit Menus ab 15 €. DZ 93–105 €, Frühstück 11 €. Ganzjährig geöffnet. Rue Capitaine Maignon 1, ✆ 02.99.29.73.73, H1249@accor-hotels.com.

** **Hotel Le Président (12)**, hinter der etwas geschmacklos-nüchternen Neubaufassade an der Straße zum Bahnhof verbergen sich 34 Zimmer im Stil Louis XV./Louis XVI. Alle mit Bad/WC bzw. Dusche/WC. Kein Restaurant. DZ 55–66 €, Frühstück 7 €. Zwischen Weihnachten und Silvester geschlossen. Avenue Janvier 27, ✆ 02.99.65.42.22, hotelpresident@wanadoo.fr.

** **Hotel Lanjuinais (8)**, in einer Seitenstraße zwischen dem Place de Bretagne am Ende des Quais und dem Kongresspalast in dessen Mitte. 33-Zimmer-Hotel mit komfortablen Räumlichkeiten. Alle mit Bad oder Dusche/WC und TV. Kein Restaurant. Frühstücksbar. DZ 36–50 €, Frühstück 7 €. Ganzjährig geöffnet. Rue Lanjuinais 11, ✆ 02.99.79.02.03.

** **Hotel Garden (9)**, bei der Fernsehstation FR 3, 100 m vom Quai im Zentrum. Gemütliches Anwesen mit schönem Blumenpatio, zu dem die meisten der 26 Zimmer hinausgehen. Unterschiedlich ausgestattet, die meisten mit Bad/WC oder Dusche/WC. Alle mit Telefon/TV. Wintergarten. Salon, kein Restaurant. DZ 37–55 €, Frühstück 6 €. Ganzjährig geöffnet. Rue Duhamel 3, ✆ 02.99.65.45.06.

** **Hotel Nemours (10)**, in der Nähe der neuen Markthallen, hinter dem Place de la République. Jedes Kind in Rennes kennt den schnittigen Monsieur Chappey und seine Mannschaft von der MS Nemours. Der umgängliche Ex-Kapitän heißt Sie persönlich willkommen an Bord des Hotels. 26 Kabinen erster Klasse im ersten Stock mit Telefon, Fax, Minitel und Video. Bad/WC. Kein Restaurant, aber Kombüse für kleine Gerichte. DZ 41–50 €, Frühstück 7 €. Im Sommer 3 Wochen geschlossen. Rue de Nemours 5, ✆ 02.99.78.26.26, www.hotelnemours.com.

** **Hotel des Lices (4)**, am gleichnamigen Platz in der Altstadt, eines der seltenen Hotels abseits der Bahnhofsgegend. Moderner, funktionaler Bau mit 45 ebensolchen Zimmern. Kein Restaurant, aber Privatparkplatz. DZ 51–56 €, Frühstück 6 €. Ganzjährig geöffnet. Place des Lices 7, ✆ 02.99.79.14.81, www.hotel-des-lices.com.

** **Hotel de Bretagne (13)**, gegenüber dem Bahnhof. 40 Zimmer mit unterschiedlicher Sanitärausstattung (Dusche oder Bad/ WC), zum Platz hin etwas laut. DZ 40–46 €, Frühstück 6 €. Ganzjährig geöffnet. Place de la Gare 7, ✆ 02.99.31.48.48, le.bretagne.hotel@wanadoo.fr.

* **Hotel d'Angleterre (11)**, zwei Gründe sprechen für das Hotel: die zentrale Lage zwischen Bahnhof und Altstadt und die günstigen Preise. Einfach, aber doch mit Stil. 30 altmodische, zum Teil geräumige Zimmer in diversem Sanitärstandard. DZ 23–43 €, Frühstück 5 €. Ganzjährig geöffnet. Rue de Maréchal Joffre 19, ✆ 02.99.79.38.61.

Ostbretagne Karte S. 543

Rocher de Cancale (2), kleines Hotel in einem putzigen Fachwerkhaus mitten im Herzen der Altstadt. In der Nachbarschaft Bars und Pubs, Musikkneipen, in denen sich die Szene abends trifft. Vier kleine Zimmer mit Bad oder Dusche/WC. Im Restaurant gibt es ausgezeichnete Meeresfrüchte und Fisch, Menus ab 14 €. DZ ab 35–44 €, Frühstück 6 €. Ganzjährig geöffnet. Rue St. Michel 10, ✆ 02.99.79.20.83.

• *Jugendherberge* Ein gutes Stück nördlich der Altstadt (ca. 1,5 km) am Kanal (Buslinie 2 und 18, Haltestelle Rue St. Malo). 96 Schlafplätze in 40 Zimmern. Übernachtung inkl. Frühstück ab 13 €. Canal St. Martin 10–12, ✆ 02.99.33.22.33, www.fuaj.org.

• *Camping* ** **Municipal des Gayeulles**, 3 km vom Altstadtzentrum am nordöstlichen Stadtrand im Naherholungspark von Gayeulles (Buslinie 3 ab Place de la Mairie Richtung St. Laurant, Haltestelle Gayeulles). Unter der Verwaltung des Gartenbauamtes, großes, ansprechendes Rasenareal, Kleinzeltbesitzer wohnen schattig unter Bäumen, Wohnwagen und -mobile parken in großzügig unterteilten Parzellen. Ordentliche Sanitärpavillons, großzügiger Spielplatz. 30 Komfortplätze, die ganzjährig geöffnet sind; 100 3-Sterne-Plätze, geöffnet von April bis Oktober; 50 zusätzliche Plätze nur für Zelte im Juli und August. Rue du Professeur Maurice Audin, ✆ 02.99.36.91.22.

Essen/Nachtleben (siehe Karte hinterer Umschlag)

Über 200 Restaurants, Crêperies, Brasseries – die Küchen der Stadt bieten nahezu alle Gaumenfreuden: exotisch, bretonisch, italienisch, marokkanisch.

Auberge St. Saveur (6), stilvolles Restaurant in einer Gasse bei der Kirche. Kleines, aber feines Spezialitätenrestaurant in einem windschiefen Fachwerkhäuschen aus dem 15. Jh. Die Hummer kommen frisch aus dem Aquarium, die Menus von 12–26 € wurden mehrfach prämiert. Samstagmittag, Montagmittag und Sonntag geschlossen. Rue St. Saveur 6, ✆ 02.99.79.32.56.

Le Four à Ban (1), gemütliches, kleines Feinschmeckerlokal zwischen Place Ste. Anne und Place Hoche, nicht nur dem Michelin eine lobende Erwähnung wert. Vier wechselnde Menus (17–44 €), kleine A-la-carte-Auswahl, doch für den verwöhntesten Gaumen findet sich sicher etwas. Spezialität des Hauses: Langoustines et artichauts bretons à la crème de foie gras. Samstagmittag, Sonntag und Montagabend geschlossen. Rue St. Melaine 4, ✆ 02.99.38.72.85.

Le Café Noir (14), kurz vor dem Bahnhof, unter den Lokalen in Bahnhofsnähe aus gutem Grund das beliebteste. In der lebhaften Brasserie gönnen sich auch der Rennais und die Rennaise eine gute Mahlzeit ohne Menuzwang. Bretonische Brasserie-Durchschnittspreise. Fixer, dennoch freundlicher Service, Pizza, Fleisch- und Fischgerichte. Empfehlenswert die Entenbrust mit leckerer Fruchtsauce. Menüs von 15–31 €. Täglich geöffnet. Avenue Janvier 55, ✆ 02.99.30.54.40.

Für Altstadtbummler: Internationales Restaurant-Eck am Place Rallier du Baly unterhalb des Place des Lices. Ess-Tour durch die internationale Küche in einfachen Speiselokalen. Hintereinander folgen:

L'Assiette Kabyle, der einfache, doch nicht schlechte Marokkaner. Spieße, Hühnchen-Couscous (ab 12 €), Tajine ab 13 €. Sonntag geschlossen. Rue Rallier du Baty 6.

Le Shanghai, kleines chinesisches Speiselokal mit familiärer Note. 8 Tische, Straßenterrasse. Chinesisches Schnellmenu (mit Wein) 17 €, vom Chef empfohlenes Menu 20 €. Sonntag geschlossen. Rue Rallier du Baty, ✆ 02.99.79.20.36.

La Lupa (3), der Italiener, auf dessen Terrasse man sich die hausgemachte Pasta schmecken lassen kann. Menüs von 8–12 €. Sonntag geschlossen. Place Rallier du Baty 10, ✆ 02.99.79.31.15.

Queen Mum (5), traditionelle Küche in gemütlicher Atmosphäre. Mittagsmenü 11 €, ansonsten Menüs von 15–20 €. Sonntag geschlossen. Rue St. Georges 11,
✆ 02.23.20.09.83.

La Taverne Grecone (7), griechisches Restaurant mit Wintergarten und Frischetheke, mehrfach prämiert. Vorspeisen zu 5 € (z.B. Feta im Blätterteig), Hauptgerichte zu 11 € (z.B. gegrillte Lammrippchen im Kräutermantel). Sonntag und Montag geschlossen. Rue des dames 1,
✆ 02.99.31.63.31.

Gemütlich auch gegenüber die nach dem französischen Kinderspiel benannte Teestube **Jeu de l'oie** (montags geschlossen).

• *Nachtleben* Dichteste Barfrequenz in der Rue St. Michel, die Gasse zwischen Place des Lices und Place Ste. Anne. Hohe Barfrequenz um die Plätze und deren Umgebung.

Im mittelalterlichen Stadtzentrum

Sehenswertes

Altstadt: Für einen Stadtspaziergang empfehlen wir als Ausgangspunkt die *Porte Mordelaise.* Von hier aus erschließt sich Rennes' Geschichte anhand seiner Architektur. Im Mittelalter mussten die bretonischen Herzöge das heute verwahrlost wirkende, von Resten der Stadtbefestigung flankierte Tor durchschreiten, ehe sie in der *Kathedrale St. Pierre* gekrönt wurden. An dieser vorbei führt die *Rue de la Monnaie* zum *Place des Lices* hinauf – der frühere Turnierplatz ist Schauplatz des Wochenmarktes geworden. Östlich und nördlich des *Place des Lices* säumen windschiefe, reich mit Skulpturen geschmückte Fachwerkhäuser die engen Gassen; besonders schön das mittelalterliche Ensemble am *Place Ste. Anne,* die von Restaurants, Bars und Pubs in Beschlag genommene *Rue St. Michel* und die *Rue Rallier du Baty* mit ihrer Butzenscheibenromantik. Das schönste Haus dieser Epoche liegt in der *Rue St. Guillaume* (rechte Seitenstraße hinter der Kathedrale): das *Ti Koz,* ein von Holzskulpturen bewachtes Fachwerkhäuschen (16. Jh.), in dessen Vorläufergebäude Duguesclin gelebt haben soll. Heute ist es ein kleines, vorzügliches Speiselokal. Unterhalb der Kathedrale, entlang der *Rue du Chapitre,* finden sich einige interessante Beispiele für die Wohnpracht der oberen Stände früherer Zeiten, u. a. das aufwendige *Hôtel de Brie* (Nr. 8) aus dem 17. Jh. und das ausladende Renaissance-Ensemble des *Hôtels de Blossac* (Nr. 6).

Östlich dieses Gebäudes verändert sich das Altstadtbild drastisch: Statt kleinbürgerlicher Fachwerk-Romantik beherrscht Sachlichkeit die breiter werdenden Straßen. Auf dem Rathausplatz (*Place de la Mairie*) erhebt sich repräsentativ das *Rathaus* mit seinen beiden bauchigen Pavillons und dem liebevoll *Le Gros* (der Dicke) genannten, gedrungenen Glockenturm – monumentales, barockes Architekturdenkmal und Austragungsort politischer Scharmützel: In der großen Nische unter dem Turm befand sich seit 1764 eine bronzene Figurengruppe, die Ludwig XV.

Das Rathaus mit dem Glockenturm Le Gros

huldigte. Sie wurde 1911 auf Druck der französischen Regierung beseitigt und durch eine wenig einfühlsame allegorische Darstellung der Vereinigung der Bretagne mit Frankreich ersetzt; 1932 sprengten bretonische Separatisten das verhasste Symbol in die Luft. Seither ist die Nische leer.

Der *Place de la Mairie*, eingerahmt vom *Hôtel de Ville* und dem neoklassizistischen Rundbau des *Theaters* (1831), ist Flanier- und Kulturzentrum der Stadt, Fußgängerzone und Hort der sommerlichen Animation. Gleich um die Ecke das *Palais de Justice* (siehe unten). Ein Stück weiter in nordöstlicher Richtung, rechts der Avenue Guillaudot, breitet sich hinter der *Kirche Notre-Dame-en-St.-Mélanie* der *Jardin du Thabor* aus. Der frühere Klostergarten wurde gegen Ende des 19. Jahrhunderts zu einem elf Hektar großen öffentlichen Park umgewandelt. Zwischen Blumenbeeten und französisch gestutzten Bäumen und Hecken kann man sich hier von den Strapazen des Stadtrundganges erholen. Ein Botanischer Garten mit Palmen und seltenen oder typischen Pflanzen, ein berühmtes Rosarium, ein Tiergehege und eine ostasiatisch anmutende Taubenschlag-Pagode sorgen für Kurzweil (täglich 7.30 bis 20.30 Uhr geöffnet, im Winter nur bis 18.30 Uhr).

Palais de Justice: Der Justizpalast ist das wichtigste historische Bauwerk der Stadt, 1615 von der parlamentarischen Aristokratie in Auftrag gegeben und durch eine Wein- und Cidre-Steuer finanziert. Neben dem obersten bretonischen Gerichtshof sollte er das Parlament beherbergen und insgesamt monumentaler Ausdruck des parlamentarischen Willens des Adels gegen das absolute Königtum sein.

Ein erster Architekt macht sich 1615 ans Werk, ein rigoroser Vertreter des französischen Manierismus. Drei Jahre später holt man einen neuen Mann, denn die Entwürfe lassen in ihrer gekünstelten Verspieltheit die politischen Absichten der Auftraggeber kaum erkennen. *Salomon de Brosse*, dessen ausladende Renaissancepaläste in Paris für Aufsehen sorgen, schafft schließlich, was die Herren Parlamentarier wollen: ein unübersehbares, herausforderndes Monument und Symbol bretonischer Autonomie. 1665 ist das Glanzstück im Stil der Florentiner Renaissance fertig gestellt. In der *Grande Chambre*, der 20 m langen, 10 m breiten und 7 m hohen Großen Kammer, tritt zum ersten Mal das bretonische Parlament zusammen. Die üppige Pracht, in der die Sitzungen des Obersten Gerichtshofs und die Parlamentsversammlungen stattfanden, ist noch zu spüren. Die mit prunkvollen Gemälden dekorierte Kassettendecke, vergoldete Täfelungen und mit zierlichem Schnitzwerk dekorierte Logen, in denen Beobachter den öffentlichen Sitzungen folgen konnten, sprechen vom Selbstbewusstsein ihrer Auftraggeber. Wertvolle Gobelins (Anfang 20. Jh.) erzählen stolz die Geschichte der Bretagne (besonders eindrucksvoll der Wandteppich mit der Krönung Anne de Bretagnes). Weiterhin interessant: der *Salle des Gros Pilliers*, der Saal der dicken Pfeiler (erster Saal), in dem bis in die Mitte des letzten Jahrhunderts Schriftkundige und mobile Juristen ihre Dienste anboten, oder der *Salle du Pas Perdu* (Saal des verlorenen Schritts), die Wandelhalle, in der nervöse Delinquenten und hoffnungsvolle Verteidiger auf das Urteil warteten.

Rush hour in Rennes

1994 ging der Justizpalast während einer Protestkundgebung bretonischer Fischer gegen die europäische Agrarpolitik in Flammen auf. Mittlerweile ist das Bauwerk wieder vollständig restauriert, die Fassade strahlt in ihrer alten Pracht.

Kathedrale St. Pierre: Ein heidnischer Tempel aus dem 4. Jh. wurde 200 Jahre später von einem christlichen Gotteshaus überbaut. Doch von der Kathedrale, in der einst die bretonischen Herzöge gekrönt wurden, blieb nur die Erinnerung. Der alle Spielarten der Gotik spiegelnde Kirchenbau, im 12. Jh. begonnen und bis ins 18. Jh. verändert, stürzte nach dem Brand ein. Nur die beiden amputierten Türme überstanden die Flammen und den Zahn der Zeit. Mit dem Bau der heutigen Kathedrale wurde 1787 begonnen; von der Revolution unterbrochen, dauerten die Arbeiten bis 1844. Ergebnis: ein neoklassizistischer Kolossalbau, dessen von Tonnen überwölbter Innenraum trotz allen vergoldeten Stucks düster und melancholisch wirkt. Größter Schatz ist ein gewaltiger flandrischer *Altar*: ausladendes, vergoldetes Schnitzwerk (16. Jh.), das vom Leben der Heiligen Jungfrau Maria erzählt – in seiner Art wohl eines der schönsten Kunstwerke der Bretagne.

Öffnungszeiten Täglich 9.30–12 und 15–18 Uhr. Sonntagnachmittag und im Juli und August auch Montag geschlossen

Ostbretagne Karte S. 543

Hôtel de Blossac: Ein typisches Gebäude des Architekten *Jean Gabriel* für ein aristokratisches Parlamentsmitglied. Das stattliche Anwesen hinter der Kathedrale mit Ställen, Wirtschaftsgebäuden und dem ausladenden Wohnpalais wurde nach dem Brand von 1720 errichtet. Interessant die Empfangshalle mit der geschwungenen Treppe, flankiert von Marmorsäulen und Arkaden, die einen authentischen Eindruck des fast florentinischen Zeitgeschmacks vermitteln. Über der gelb-weiß gehaltenen Eingangsfassade prunkt noch das Wappen des ersten Hausbesitzers, Herrn Blossac. Heute ist das für die Stadtgeschichte bedeutende Baudenkmal Sitz der regionalen Kulturverwaltung.

Musée de Bretagne: Das noch bis 2005 wegen Renovierungsarbeiten teilweise geschlossene (s. u.) heimatkundliche Museum ist zusammen mit dem *Musée des Beaux Arts* im Palais des Musées auf der linken Seite des Quai Emile Zola untergebracht. Zwischen 1849 und 1856 als Teil der Universität gebaut, war es lange Zeit Sitz der Fakultäten und wurde von Anfang an als Museum genutzt. Raum genug bietet das ausladende Gebäude und ermöglicht so eine in der Bretagne einmalige Präsentation der Exponate – übersichtlich, gut kommentiert (nur französisch) und wohl bestückt. In sinnvoll gegliederten Perioden spannt sich der Bogen von den Grabrunen der Megalithiker bis zu den Spitzenhauben und Trachten des frühen 20. Jh. Zu Beginn die *Ur-, Vor-* und *Frühgeschichte*: Grabbeigaben aus Hügelgräbern, Armreifen aus massivem Gold, Schalen, Vasen, Krüge und keltisches Ackerbau- und Schlachtwerkzeug aus der Bronzezeit dokumentieren, unterstützt von Archivbildern und Plänen der Ausgrabungsarbeiten, prähistorischen Alltag. Direkt anschließend die *gallo-römische Epoche*, die mit der Seeschlacht der Veneter gegen Cäsar 57 v. Chr. beginnt und mit der Invasion britannischer Mönche im späten 5. Jh. endet. Aus der Unzahl römischer Münzen, Armreifen, Stempel, Keramiksiegel, Wegsteine, Gedenk- und Ehrentafeln sticht die "Göttin des Menez-Hom" (1. Jh.) heraus: ein zierlich gearbeitetes Bronzeköpfchen mit toten Augenhöhlen, herunterhängenden Mundwinkeln und einem von einer phantastischen Gans gekrönten Helm.

In der Museums-Abteilung "Die moderne Bretagne"

Die weiteren Abteilungen überspannen folgende Epochen: die *Bretagne vom 5. bis zum 16. Jh.* mit bildhauerischer Sakralkunst, Kapitellen und Steinmetz-Zierrat aus dem 12. Jh. und Objekten aus der *Zeit der unabhängigen bretonischen Herzöge* (u. a. ein erlesenes Portrait der Herzogin Anne), die *Epoche des Ancien Regime* (1532–1789) und die *moderne Bretagne* (1789–1914), die mit typisch bretonischem Mobi-

Auf dem Place de la Mairie

liar (Lit-Clos) und einer außergewöhnlichen Sammlung gut erhaltener Trachten aufwartet. Wenn sich die Renovierungsarbeiten nicht noch mehr verzögern, wird das Museum als Teil eines großen Kulturforums *Les champs libres* Ende 2005 wieder seine Pforten öffnen. Ebenfalls untergebracht in diesem von dem bekannten französischen Architekten *Christian de Portzamparc* entworfenen Gebäude werden die *Bibliothèque municipale* und der *Espace des Sciences*. Durch die deutlich vergrößerte Ausstellungsfläche wird der Besucher dann auch eine Vielzahl an bisher nicht gezeigten Exponaten betrachten können. Bis 2005 muss man sich allerdings mit einem stark verkleinerten *Musée de Bretagne* zufrieden geben, in dem bei freiem Eintritt wechselnde Ausstellungen gezeigt werden.

Musée des Beaux Arts: Der zweite Stock des *Palais des Musées* gehört den "Schönen Künsten", eine mit dem 14. Jh. beginnende, reichhaltige Sammlung von Gemälden, Zeichnungen und bretonischer Keramik, ergänzt von einer ägyptologischen und antiken Abteilung. Die Säle sind nach Jahrhunderten und Schulen geordnet, die bedeutendsten Vertreter der italienischen Renaissance des 16. Jh. (*Tintoretto*, *Veronese*: der kraftstrotzende Perseus befreit die pralle Andromeda aus den Fängen eines geflügelten Meerungeheuers), die niederländische (*Rembrandt*) und flämische Schule (*Rubens*) des 17. Jh. sind vertreten: makaber und düster-bizarr der "Marsch des Todes" des süddeutschen Malers *Hans Baldung Grien*, eines Meistergesellen Dürers (Zeichnungen).

Unter den Franzosen des 17. Jh. fallen *Claude Vignons* "Selbstmord Kleopatras" und *Le Bruns* monumentale "Kreuzabnahme Christi" auf. *Gaugin* (Stilleben mit Orangen), *Emile Bernard* (Der gelbe Baum) und *Sérusier* (Einsamkeit) bilden den Schwerpunkt der Künstler von Pont-Aven. Ein Raum ist den Malern bretonischer Motive gewidmet: der Annen-Pardon in Ste. Anne-Palud, die Bucht von Erquy im

Ostbretagne
Karte S. 543

Jahr 1876 oder *Delaunays* "Volksfest auf dem Land". Die Malerei des 19. Jh. geizt nicht mit klassischen Motiven oder Schlachtengemälden (*Alex Chantron, Mélingue*). In der Abteilung des 20. Jh. (der letzte Saal) hängen Gemälde von *Picasso, Utrillo, Vlaminck* und *Delaunay.*

Öffnungszeiten beider Museen: Täglich außer Dienstag und an Feiertagen 10–12 und 14–18 Uhr. Musée des Beaux Arts 4 €, erm. 2 €. Musée de Bretagne wegen Umbauarbeiten bis 2005 freier Eintritt bei stark reduzierter Ausstellungsfläche.

Rennes / Umgebung

Ecomusée du Pays de Rennes: Im Süden von Rennes, an der Straße nach Chatillon-sur-Seiche. Eine Art Freilandmuseum rund um das Gut von Binitais, lange Zeit eines der größten Landwirtschaftsgüter des Renner Landes. Auf dem renovierten Landgut präsentiert sich bäuerliches Alltagsleben um Rennes aus den letzten fünf Jahrhunderten.

Öffnungszeiten Von Mai bis Mitte Oktober täglich außer Dienstag und Feiertage von 9–12 und 14–18 Uhr, Samstag 14–18 Uhr, Sonntag 14–19 Uhr, das Restjahr 14–18 Uhr. Eintritt 5 €, Kinder und Studenten 2,50 €.

Châteaugiron: Eventuell interessant für Burgenfans. Das Städtchen 18 km östlich von Rennes, einst Teil der östlichen Burgenkette der Bretagne, ist heute eine *Cité de caractère* am Rand der Bretagne. Das hübsche kleine Zentrum wird dominiert von der immer noch mächtigen Burg oberhalb der Durchgangsstraße. Die erhaltenen Teile stammen aus den verschiedensten Jahrhunderten – das älteste Bauwerk ist der eindrucksvolle Donjon aus dem 13. Jh., der Glockenturm ist 200 Jahre jünger. Im Wohntrakt, im 18. Jh. neu gestaltet, ist heute das Rathaus untergebracht.

Manoir de l'Automobile: Vom ehrwürdigen Oldtimer über den Käfer zu den noblen Sportflitzern von Ferrari oder Maserati. Wer jede Woche seinen Wagen wäscht und den Besuch des Automobilmuseums versäumt, ist selber schuld. Auf 10.000 qm dreht sich alles um den fahrbaren Untersatz, dabei etliche Prunkstücke wie der Rolls Royce aus dem Jahr 1925, einer der ersten Wohnwägen oder die Sammlung aufgemotzter Rallyebrummer. Diverse ausgebaute Motoren und 4000 Automodelle ergänzen die aussagekräftige PS-Sammlung.

- *Öffnungszeiten* Täglich außer Montag 10–13 und 14–19 Uhr. Eintritt 8 €, Kinder von 10–16 Jahre 6 €, musee@sfep.fr.
- *Anfahrt* Das Automobilmuseum ist in **Lohéac**, knapp 30 km im Nordwesten von Rennes an der D 177 (Richtung Redon).

St.-Aubin-du-Cormier: Auf halbem Weg von Rennes nach Fougères liegt das geschichtsträchtige Städtchen, in dessen Umgebung 1488 die bretonischen Truppen unter Herzog Franz II. gegen das königliche Heer kämpften. Neben der Burgruine und den *Bécherel-Felsen* im Wald macht auch die kleine Kirche einen Zwischenstopp durchaus lohnenswert

Verträumt statt rau: die innere Bretagne

Argoat

Fôret de Paimpont

(Wald von Paimpont)

Als König Artus und seine Ritter der Tafelrunde noch gegen das Böse auf der Erde fochten, hieß der Wald Brocéliande und war der zauberdurchwobene Schauplatz von tödlichen Kämpfen, galanten Abenteuern und schicksalhaften Tragödien.

Unter seinem damals unendlichen Blätterdach bestrickte *Viviane* den rasend verliebten *Merlin*, die Fee *Morgane* lockte ihre Liebhaber auf Nimmerwiedersehen ins Tal ohne Wiederkehr, und der Löwenritter *Iwein* beschützte nach seinem Sieg über den Schwarzen Ritter das Reich der "Dame von der Quelle". Und da, wo es den Wald in seiner ursprünglichen Gestalt noch gibt, wächst wie seit Artus' Zeiten hüfthoher Farn unter Eichen, Buchen und Kastanien, gedeihen Efeu und Fingerhut in dem quell- und wasserreichen hellen Laubwald, in dem der Mittel- mit dem Laubspecht um die Wette klopft.

Brocéliande, der früher fast die ganze innere Bretagne bedeckte, ist mit nunmehr etwa 6300 ha der größte Wald der Bretagne. Bis auf seinen auch schon gelichteten Rest wurde er bis zum Ende des 19. Jh. systematisch gerodet und verfeuert: Sein Holz diente der Herstellung von Stahl, und Bauern auf der Suche nach mehr Ackerfläche rodeten den Wald für ihre Zwecke. Systematische Aufforstungen werden seit der vorletzten Jahrhundertwende vorangetrieben – doch aus Wirtschaftsgründen meist mit schnell wachsenden Kiefern ohne jeden Brocéliande-Charakter.

Und jetzt der Reihe nach die schlechten Nachrichten: Das Waldgebiet ist überhaupt nicht zusammenhängend. Immer wieder bilden Heide- oder Ackerflächen riesige Lichtungen, so dass der Sturm, der 1987 über die Bretagne tobte, noch schlimmer als in geschlossenen Waldgebieten wüten konnte und verheerende Schäden anrichtete. Im September 1990 erscheint die Ouest-France mit der Schlagzeile "Der Zauberwald brennt". Im Tal ohne Wiederkehr war, vermutlich durch Brandstiftung, Feuer ausgebrochen und hatte 200 ha des ausgetrockneten Waldes abgebrannt. In den Tagen danach – es ist der zweite trockene Sommer in Folge – lodert das Feuer immer wieder auf und kann nicht unter Kontrolle gebracht werden. "Brocéliande stirbt", stellt eine weitere Zeitungsüberschrift fest und übertreibt nicht: Von den 7000 ha des größten Forstgebietes der Bretagne waren 10 % im wohl schönsten Teil des Waldes eingeäschert worden – das Tal ohne Wiederkehr, Heimat der Fee Morgane, gab es erst einmal nicht mehr.

Die Artussage

Jede Sage rankt sich normalerweise um den berühmten wahren Kern. Momentan favorisiert in der Artus-Forschung ist die These von *Geoffrey Ace*, das historische Vorbild des Vorsitzenden der Tafelrunde könne der Keltenkönig *Riothamus* aus dem 5. Jh. sein, der die Sachsen nicht nur auf britischem Boden erfolgreich zurückschlug, sondern sie mit seinem Heer auch in Frankreich belästigte. Nach Ace besiegt er die Sachsen in Gallien zwar, wird aber in der folgenden Schlacht von den Westgoten vernichtend geschlagen, woraufhin er sich nach Burgund zurückzieht, wo er vermutlich stirbt.

Doch sein Name wird nicht vergessen werden, denn den Kelten (Briten und Bretonen) gelang es, ihre historische Niederlage in die vielleicht schönste, umfangreichste und tiefgründigste Geschichte des christlichen Kulturkreises umzudichten. Die ursprünglich keltische Regionalsage von Kampf und Niederlage gegen die übermächtigen Sachsen wurde in den Aristokratenkreisen Englands, Frankreichs und Deutschlands zu einem immer weiter wachsenden höfischen Epos gestaltet, in dem – mehr oder weniger elegant – alle keltisch-heidnischen Elemente durch christliche ersetzt sind und Ritter ohne Fehl und Tadel phantastische Abenteuer in ihrem täglichen Kampf gegen das Böse auf der Welt erleben.

Der erste, der den unbedeutenden Lokalherrscher Artus zum glanzvollen Monarchen hochstilisiert, ist *Geoffrey von Monmouth* um 1135 in seiner "Historia Regnum Britanniae". Der normannische Dichter *Wace* übersetzt das Werk des Engländers in seinem Sinne ins Französische und fügt ihm zahlreiche eigene Motive hinzu, die wiederum vermutlich auf bretonisches Erzählgut zurückgehen. Die so weitergesponnene Artussage wird für die höfischen Dichter des Mittelalters immer interessanter, in ihr finden sie den Rahmen, eigene Geschichten weiterzuspinnen oder bislang eigenständige Sagen zu integrieren.
Chrétien de Troyes (1135–1190) schließlich führt den Sagenkreis um König Artus zu seiner Vollendung. Spätere Dichter wie *Wolfram v. Eschenbach* (um 1200) verändern nur noch Nuancen, und der Kern der Sage liest sich so:

Mit Hilfe des Magiers *Merlin* besteigt der junge *Artus*, Sohn des Königs *Uther*, den englischen Thron. Als einzigem der vielen Thronanwärter des zerrissenen, von äußeren Feinden bedrohten Landes gelingt es ihm als rechtmäßigem Königskind, das Zauberschwert Excalibur aus einem Amboss zu ziehen. Artus zieht gegen die Angreifer los, und nicht zuletzt durch Excalibur erlebt England darauf eine Zeit des friedlichen Aufschwungs. Von Merlin, Drahtzieher der Geschicke und Ratgeber des Königs, erhält Artus einen Tisch für 40 Personen, kreisrund als Symbol der Gleichheit. Hier soll er 39 würdige Ritter um sich versammeln, die ihm im Kampf gegen das Unrecht und das Böse helfen sollen. Artus regiert als anerkannter Hochkönig auf Camelot, ist glücklich mit *Guinevra* verheiratet und versammelt bald 38 Recken um sich, darunter so bekannte Namen wie *Gawein, Lancelot, Eric, Iwein* oder *Parzival*. In den zahllosen Abenteuern der "Ritter der Tafelrunde" retten sie Jungfrauen, erschlagen ehrlose Ritter und Feuer speiende Drachen oder kämpfen mit ihrer eigenen Tugend. Nebenbei suchen die Helden erfolglos die Gralsburg, in der der Gral, Sinnbild der letzten Erfüllung einer reinen Seele, aufbewahrt wird. Der Platz neben dem König, der "gefährliche Platz", bleibt lange leer. Er ist dem reinsten Ritter aller Zeiten bestimmt, und von Merlin weiß man, dass das Ende der Tafelrunde nah ist, wenn Artus einen neuen Tischnachbarn hat. So kommt es auch. *Galahad*, der später den Gral finden wird, stößt als letzter Ritter zur Runde und die Ereignisse eskalieren: Lancelot, im unlösbaren Konflikt zwischen seiner Liebe zu Guinevra, seiner Treue zu seinem Herrn und seiner ritterlichen Tugend, setzt sich ab, die Gemeinschaft beginnt zu zerfallen. Während eines Feldzugs des Königs, der weiteren Tafelrittern das Leben kostet, bemächtigt sich sein widerlicher Neffe *Mordred* mit Hilfe der eigensüchtigen Herzöge Englands seines Throns und seiner Frau. König Artus und sein angeschlagenes Heer kehren in Eilmärschen zurück und stellen sich trotzig einer weit überlegenen Streitmacht. Die ritterlichen Beschützer einer Zeit, die sich unwiderruflich dem Ende zuneigt, schlagen ihre letzte Schlacht.
Das Chaos siegt am Ende, ein Hoffnungsschimmer aber bleibt: Der sterbende Artus wird auf die Insel Avalon gebracht. Unter den Apfelbäumen der Insel der Seligen darf er solange sorglos und glücklich verweilen, bis die Zeit gekommen ist, in der er wieder auf die Welt zurückkehrt, um endgültig Ordnung zu schaffen.

Fünfzehn Jahre später gibt es Erfreulicheres zu vermelden. Die zur Aufforstung des Hochwalds gepflanzten amerikanischen Eichen gedeihen aufgrund des reichlich fließenden Regens prächtig. Selbst in den am stärksten betroffenen Gebieten um

Karte S. 576

Tréhorenteuc grünt es wieder zaghaft – zumindest unten am Fluss im Tal ohne Wiederkehr. Natürlich soll der Wald von Paimpont wieder völlig aufgeforstet werden. Doch wird es wohl 15 bis 20 Jahre dauern, bis die schlimmsten Narben zugewachsen sind.

Wer die Artussagen schätzt und mit einer immer noch waldreichen Region mit einigen Anziehungspunkten vorlieb nimmt, kommt durchaus auf seine Kosten. Touristischer Hauptstützpunkt, aber immer noch ruhig, ist der Ort *Paimpont*, einige weitere im *Fôret de Paimpont* verstreute einfache Hotels und einfache Campingplätze bieten Unterkunft in völliger Ruhe.

Circuit de Brocéliande

Abgesehen von längeren Aufenthalten mit längeren Wanderungen oder einfachen Spaziergängen (der Wald ist mit einem Netz von markierten Wegen versehen), können Sie sich auf den 62 km langen **Circuit de Brocéliande** begeben, auf dem Sie im Verlauf eines Tages die interessantesten Ziele ansteuern. Zu einigen Anlaufpunkten müssen Sie für das letzte Wegstück die Füße einsetzen.

Paimpont: Stille Schieferhäuser aus der Musketierfilmabteilung, eine Abtei, ein kleiner See – der mit etwa 1500 Bewohnern größte Ort an einer gelichteten Stelle im Waldgebiet strahlt die Ruhe des Alters in einer romantischen Umgebung aus. Die erste *Abtei*, um die sich der Ort ansiedelte, wurde im 7. Jh. von König *Judicael* gegründet, Herrscher über die nördliche Bretagne und später einfacher Mönch. Während der Französischen Revolution wurden die im Lauf der Jahrhunderte kontinuierlich veränderten und auch neu errichteten Gebäude zerstört und nur zum Teil restauriert: Arkaden verfallen melancholisch vor dem See.
Im ehemaligen Abteigebäude residiert der Bürgermeister, die einschiffige *Kirche* nebenan, ursprünglich aus dem 13. Jh. und bis in die Neuzeit umgebaut, blieb das Haus des Herrn. Im Inneren erwähnenswert sind die kunstvolle *Täfelung* mit ihren Friesen, einige *Skulpturen*, wie der Judicael aus buntbemaltem Stein oder der geschnitzte Hl. Méen, sowie der *Kirchenschatz* in der Sakristei: u. a. eine Reliquie des Judicael in Form eines Silberarms, eine Statue der Hl. Anna, die ihre Tochter Maria und ihren Enkel trägt (ein seltenes Motiv aus dem 15. Jh.), und ein filigran geschnitzter Elfenbein-Jesus aus dem 17. Jh. als handwerklich-künstlerischer Höhepunkt.

- *Postleitzahl* 35380
- *Information* Syndicat d'Initiative de Brocéliande an der Ostseite der Abtei. Prospektmaterial und mündliche Auskünfte über Brocéliande. Von Juni bis September Mo–So 10–12 und 14–18 Uhr. Von Oktober bis Mai Di–So 10–12 und 14–17 Uhr. Im Januar geschlossen. In der HS täglich halbtägige Führungen durch den Wald der *Brocéliande*. Mit eigenem Fahrzeug 8 € pro Person. Außerdem geführte Waldspaziergänge und evtl. Ganztagesausflüge. Paimpont le Bourg, ✆ 02.99.07.84.23, syndicatdinitiativepaimpont@wanadoo.fr.
- *Bootsverleih* Vom späten Frühjahr bis zum frühen Herbst werden 10 Tretboote mit je 4 Plätzen und Kajaks/Kanus verliehen. Im Juli und August täglich, sonst nur Samstags. Am Weiherrand oder gleich im **Club nautique** neben der S.I. Reservierung ✆ 02.99.07.85.89.
- *Fahrradverleih* Im Ortsteil Trudeau, 3 km im Nordosten von le Bourg an der D 40, vermietet Familie **Grosset** Fahrräder, ✆ 02.99.07.81.40; Mountainbikes verleiht die **Bar "Le Brécilien"** von April bis September in Paimpont Bourg in der Rue du Général de Gaulle 6. ✆ 02.99.07.81.13.
- *Reiten* Hoch zu Ross durch den Zauberwald. Diverse Reitställe bieten vom Stunden-

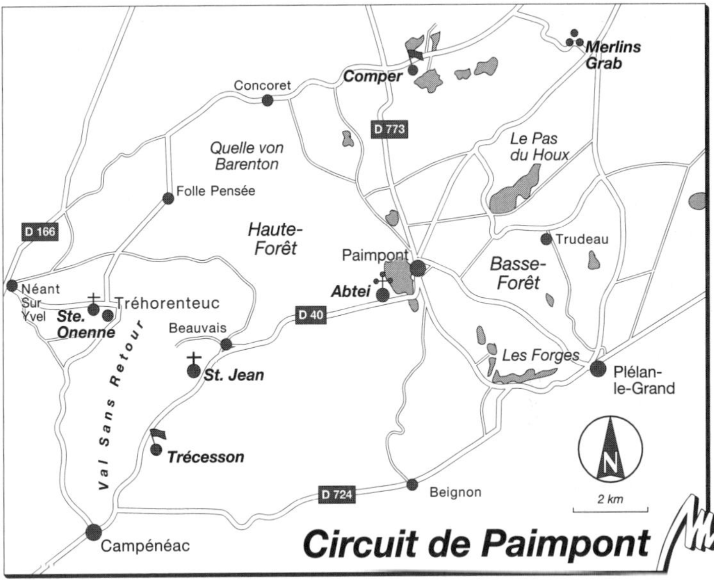

ritt bis zum Tagesausflug ein breites Angebot. Adresslisten haben die Touristbüros.

• *Wandern* 19 markierte Rundwanderwege (die beiden längsten 14 km), die große Brocéliande-Tour (160 km) und ein Teil des G.R. 37 erschließen den Wald für Fußgänger/innen. Material ist bei den Auskunftsstellen in Paimpont und Plelan erhältlich, Routenbeschreibungen finden Sie in den Topo Guides.

• *Übernachten* **Manoir du Tertre**, herrschaftliches Landhaus mit gepflegtem Garten an einem Hügel 4 km von Paimpont an der Straße nach Beignon (beschildert). Fazit: wundervoll. Das frühere Hotel-Restaurant empfängt seine Gäste mittlerweile als chambre d'hôte. Auf Reservierung wird man von der Gastgeberin auch bekocht (table d'hôte). Le Cannée, ✆ 02.99.07.85.45.

** **Relais de Brocéliande**, Natursteinfassade vis à vis vom Stadttor in Grau, mit Tiefrot, Ocker und Efeu belebt. Garten, Bar, Restaurant (s. Essen), 24 ordentliche Zimmer, klein, aber nicht ungemütlich. DZ vom Normalraum bis zum Studio 33–63 €. ✆ 02.99.07.84.94.

• *Jugendherberge* Zwischen Paimpont und Concoret; 20 Betten, pro Kopf 9 €. Geöffnet vom 1.6. bis 30.9. Choucan Paimpont, ✆ 02.99.22.76.75.

• *Privatzimmer* Um Paimpont wie im ganzen Waldgebiet ist die Zahl der privaten Zimmervermieter enorm. Auskünfte erteilen die Touristinfos.

• *Camping* ** **Municipal Brocéliande**, ein nur auf Funktion ausgerichtetes, schattenloses Wiesengelände am Weiher mit einem kleinen funktionalen Sanitärbau. Geöffnet vom 1.5. bis Ende September. ✆ 02.99.07.89.16.

Ferme A. N. Camping Trudeau, im Ortsteil Trudeau, etwa 3 km östlich von Paimpont an der D 40; schattenloses Wiesenareal neben dem Sträßchen. Zum Ambiente gehören ein altes Backhaus und ein efeuumrankter Bauernhof. Daneben werden im Bauernhof Zimmer in ländlicher Idylle und Fahrräder vermietet. 25 Stellplätze. Geöffnet vom 1.6.–15.9. ✆ 02.99.07.81.40.

• *Essen* **Manoir du Tertre**, s. Übernachten.

Relais de Brocéliande, das großzügige Restaurant des Hotels in einer Stilmischung von gehobenem Jagdambiente und Belle-Epoque-Speisesaal. Freundlicher Service, gute Küche, große Weinkarte. Neben A-la-carte-Gerichten Menus von 23–70 €. Unsere Empfehlung: Jägersalat mit Wachtelfilet und –eiern, Wildschwein in Waldbeeren. Montag geschlossen.

Au Temps des Moines, im traditionellen Natursteinhaus isst man die Crêpes mit Blick auf den See. Crêpes 1,50–7 €. In der HS täglich, sonst nur Fr–So. Avenue du Chevalier Ponthus 16, ✆ 02.99.07.89.63.

Argoat
Karte S. 576

Les Forges: Spaziergänger ziehen ihre Kreise um den Teich, um den bis zur Mitte des vorletzten Jahrhunderts in einigen Hüttenwerken ein Stahl hergestellt wurde, der wegen seiner Härte einen guten Namen hatte. Einige kümmerliche Ruinen und Schornsteine erzählen nur wenig von ihrer Geschichte, was bleibt, ist ein Spaziergang in frischer Luft und die Einkehr in ein Ausflugsrestaurant an der Nationalstraße. Vielleicht lässt sich die Idylle an einem nebligen Novembertag hier blicken, während der Saison einfach unnötig voll.

Weg Von Paimpont die D 773 bis kurz vor die Kreuzung der N 24.

Plélan-le-Grand: Entlang der N 24 zieht sich die größte Gemeinde Brocéliandes links und rechts der Straße hin, vom Wald ist in der näheren Umgebung allerdings so gut wie nichts geblieben. Der Ort, an dessen südlichem Ortsrand (Richtung Gué) sich auch ein Supermarkt niedergelassen hat, bietet die besten Einkaufsmöglichkeiten der Gegend, eine Kirche aus dem 19. und eine romanische Kapelle aus dem 12. Jh. Zum Bleiben trotz eines Hotels und eines Campings weniger empfehlenswert.

- *Postleitzahl* 35380
- *Information* Pays d'Acceuil Touristique de Brocéliande, zuständig für das ge-samte Waldgebiet. Von Montag bis Freitag ganz jährig von 9–12 und 14–18 Uhr. 35380 Plélan-le-Grand, Rue des Korrigans 1, ✆ 02.99.06.86.07, pays.touristique.broceliande@wanadoo.fr
- *Markt* Am Sonntagvormittag.
- *Übernachten* ** **Hotel des Bruyères**, zentral in einer Seitenstraße der Hauptstraße. Das unauffällige Anwesen ist das beste der hiesigen Zimmeranbieter. Restaurant, 12 ordentliche Zimmer. DZ 35–44 €, Frühstück 6,50 €. Ganzjährig geöffnet. Rue de Brocéliande 10, ✆ 02.99.06.81.38.
- *Camping* ** **Municipal**, beim Sportkomplex. Fast schattenloser Platz mit kleinem Sanitärkomplex, wenig idyllische Zweckanlage. 33 Stellplätze. Geöffnet vom 15.5.–15.9. Rue de l'Hermine, ✆ 02.99.08.61.41.

Le Pas du Houx: Von den 14 größeren und kleineren Wasserflächen des Waldes der mit Abstand größte Weiher Brocéliandes – rundum hohe Bäume, dazwischen 86 ha sanft gekräuselte Wasserfläche, Schilf und zwei einsame Schlösser an den Ufern: zu Beginn des 20. Jh. ließen betuchte Auftraggeber das neonormannische *Château Brocéliande* und das *Schlösschen Le Pas du Houx* am Weiherrand errichten (beide immer noch privat und nicht zugänglich). Achtung, Füße: Spazierwege am Ufer und im Wald stehen zu eurer Verfügung.

Weg Von Plélan-Le-Grand der Circuit-Beschilderung links ab folgen; über den Weiler Trédeal auf die D 40, dann rechts ab zu den Weihern.

Merlins Grab

Merlins Grab/Jungbrunnen: Ein Steinkreis, aufgerichtete Felsbrocken und eine mistelgeschmückte Stechpalme am Rande eines kleinen Felds. Merlin ist hier, aber er ist nicht tot, er ist nur in einer anderen Dimension – neun magische Kreise trennen den unsterblichen Zauberer von Ihnen. So ist mit den Augen allein wenig anzufangen; Sie müssen andere Sinne einsetzen, um hinter dem mickrigen Grab die Anwesenheit Merlins zu spüren. Nachtrag: Ein neuer Brauch hat sich eingeschlichen – Wunschzettel. In der Regel auf der Rückseite von Rechnungen werden Wünsche festgehalten, in der Hoffnung, dass sie von Merlin erfüllt werden.

Gleich in der Nähe (beschildert) plätschert eine kleine Quelle, die als *Jungbrunnen* gehandelt wird. Richtig ist, das Wasser nicht zu trinken, sondern über das kleine Bassin zu springen.

Weg Nach den Weihern links ab auf die D 71; bei der nächsten Kreuzung der Beschilderung Richtung Comper in Nordostrichtung folgen. Schilder am Straßenrand machen auf Merlins Grab und den Jungbrunnen aufmerksam.

Merlin

Der unsterbliche, nicht alternde Meistermagier Merlin stammt aus der Vereinigung des Teufels (böse) mit einer Jungfrau (gut, aber leichtsinnig). Gottlob wurde das Baby gleich nach der Geburt christlich getauft und Merlins Seele somit gerettet. Seine vom Vater ererbten übernatürlichen Eigenschaften wie Reisen in der Zeit, Bewusstseinsübertragungen oder Schaffen von Materie setzte er als erwachsener Zauberer ausschließlich für die Sache des Guten ein.

Neben seinen unschätzbaren Hilfeleistungen für König Artus und dessen Ritter und seinen eigentlichen Arbeiten und Forschungen, über die im Menschengeschlecht wenig bekannt ist, hatte Merlin natürlich auch ein Privatleben. Und dieses sollte ihm zum Verhängnis werden. Viviane hieß seine große Liebe, die blonde Tochter des reichen Schlossherrn am Comper-See. An der Quelle von Barenton eroberte er ihr Herz im Sturm, und fortan war er ihr völlig verfallen. Viviane profitierte gut von dieser Beziehung: Mit seinen magischen Kräften schuf er ihren künftigen Lieblingsort, ein Schloss auf dem Grund des Comper-Sees, und die Zauber, die er ihr verrict, machten Viviane zu einer mächtigen, allseits respektierten Fee. Auch die bezaubernde Viviane liebte ihren Merlin, solange er ihr fleißig alle Geheimnisse zum Mitschreiben anvertraute. Nur seinen letzten, größten Zauber wollte er lieber für sich behalten. Viviane drängte und drängte, bis der haltlos verliebte Mann nachgab und damit sein Ende auf dieser Realitätsebene besiegelte: Viviane sprach den großen Bann. Gefangen in einem neunfach gestaffelten Kreis aus Luft wartet nun der Unsterbliche auf das Ende der Zeit.

Anmerkung: Es gibt mehrere Versionen; einer Variante zufolge war auch Viviane in Merlin verliebt, bis ihre Liebe in Besitzsucht umschlug – nur so war ihr der viel beschäftigte Merlin für immer sicher. Auch die Schlüsse unterscheiden sich; in einer Fassung könnte Merlin sich sehr wohl befreien, tut es aber aus Rücksicht auf die immer noch geliebte Viviane nicht, um ihr die Illusion der Allmacht zu lassen. Ein ganz versöhnlicher Schluss weiß zu berichten, Viviane sei mit Merlin zusammen hinter dem Bannkreis, und es gehe ihnen gut.

Château Comper: Anmutig spiegelt sich das Schloss im Weiher des Schlossparks. Doch nur wer bereit ist, einen Obolus zu entrichten, kommt in den Genuss dieses stimmungsvollen Bildes – hohe Mauern schirmen den umfangreichen Besitz vor den Blicken Neugieriger ab. Der Schlossherr, erlauchtes Mitglied der König-Artus-Gesellschaft, zeichnet auch verantwortlich dafür, dass einige Räume des Schlosses zum *Centre de l'Imaginaire Arthurien* umfunktioniert wurden: Die wichtigsten Personen der Artussage, die wichtigsten Requisiten (Excalibur, runder Tisch) und eine kleine Einführung über die Kelten. Die Wehrmauern samt Türmen und Toren, im 14. Jh. errichtet, wurden von *Heinrich IV.* zum Großteil zerstört, das Wohngebäude aus dem 16. Jh. während der Revolution in Brand gesetzt. Die angenagten Ruinen des Burgwalls verwittern weiter, der Wohntrakt aber wurde im 19. Jh. restauriert.

Mystik-Tratsch: Am und im kleinen See von Comper ereigneten die seltsamsten Dinge. So wohnte in einem Schloss auf dem Seegrund die Dame du Lac *Viviane*, Geliebte des Zauberers *Merlin*. Hier unten widmete sie sich acht Jahre der Erziehung eines ausgesetzten Königsprinzen, der später als Ritter *Lancelot vom See* verzweifelt gegen seinen Sexualtrieb kämpfte. *Guy XIV. de Laval*, der unter *Jeanne d'Arc* gegen die Engländer focht, wohnte zwar wieder ganz normal neben dem Weiher, war aber als recht fähiger Magier bekannt.

• *Öffnungszeiten* Von April bis Oktober 10–17.30 Uhr, Dienstag und Mittwoch geschlossen. Im Juli und August bis 19 Uhr und nur Mittwoch geschlossen. Die zahlreichen Texttafeln der Ausstellung hängen leider nur auf Französisch aus.

• *Veranstaltungen* Im Juli und August finden in und um das Schloss Konzerte, Wanderungen, Konferenzen etc. statt. Infos unter ✆ 02.97.22.79.96.

• *Weg* Von Merlins Grab der Straße folgen und bei der nächsten Kreuzung links ab auf die D 31 nach Comper.

Château Rox: Ein Blick im Vorbeifahren. Wenn Sie der Circuit-Beschilderung folgen, liegt das efeuüberwachsene Anwesen mondän und trotz des Grüns kühl auf der linken Straßenseite. Privatbesitz, keine Besichtigung.

Weg Der Beschilderung nach, die bei Concoret von der D 31 auf ein Sträßchen links ab führt.

Quelle von Barenton: Mitten im abgeschiedensten Hochwald rinnt spärlich etwas Wasser aus der robust eingefassten Quelle, um sich sacht in einem Bachlauf zu verlieren. Als *Merlin* hier, am "Ort der Freuden", zum ersten Mal der liebreizenden *Viviane* begegnete, schäumte noch kochendes Wasser aus dem Erdreich hervor und übertönte die Geräusche das Waldes. Heute wird an der legendären Quelle nichts mehr so heiß gegessen, wie es gekocht wurde, doch ist ihre Anziehungskraft – besonders in Zeiten der Trockenheit – ungebrochen. Bei unserer ersten Recherche fanden wir folgende drei Gegenstände auf einer Steinplatte neben der Umfassung: einen Keks, einen Becher Wein und ein unruhig flackerndes Totenlicht.

P.S.: Die Quelle von Barenton ist eine Wunderquelle. Einige Tropfen Wasser, auf einen Stein nahe der Quelle gegossen, wirken Sturm auslösend bzw. bringen zumindest Regen. Welcher Stein, sei aus Sicherheitsgründen verschwiegen.

Weg Ab dem Château der Beschilderung folgen und bei La Saudrais links ab auf die D 141. Wenig später weist ein Schild nach links. Spätestens vor dem Wald parken. Dann der spärlichen Beschilderung (weiße Punkte) folgen, einen großen Waldweg überqueren, weitere 5 Min. Hang aufwärts und einen Pfad links ab. Bald hören Sie ein leises Gluckern.

• *Camping* **Le Relais de Barenton**, von der D 141 leiten beim Weiler Folle-Pensée die Schilder hinauf zu dem aufgerüsteten Platz in der Einsamkeit des Waldes. 19 Stellplätze um einen Kleinstweiher, ein neuerer Sanitärbereich, Snack-Café und eine freundliche Platzfamilie. Auch Zimmervermietung. Ganzjährig geöffnet. Folle-Pensée/Paimpont, ✆ 02.97.22.64.72.

Tréhorenteuc: Tréhorenteuc lässt sich gerne "Tor zum Tal ohne Wiederkehr" nennen und untertreibt damit unseres Erachtens. Denn die *Dorfkirche* der *Hl. Onenne*, Schwester von König Judicael, die hier auch beigesetzt war, enthält einen der größten Schätze der Brocéliande: kunstvoll und bilderreich widmet sich die Ausschmückung des Kirchleins der Tafelrunde von König Artus. 1945 wandte sich der damalige Ortspfarrer und Artus-Liebhaber *Abbé Gillard* an das französische Militär und beantragte zwei deutsche Kriegsgefangene, die ihn bei der künstlerischen Ausstattung der renovierungsbedürftigen Kirche fachkundig unterstützen sollten. Nach seinen Ideen fertigten der Maler *Karl Rezabeck* und der Tischler *Peter Wisdorf* im Verlauf zweier Jahre *Bilder*, *Altäre* und einen *Kreuzweg*, in deren biblischen Motiven Elemente der Artussage eingewoben sind. So steht die Fee Morgane an der 9. Kreuzwegstation für die Wollust, der Hirsch am Ende des Langhauses versinnbildlicht den Leib Christi im Rahmen der Artuslegende: der Hirsch, den Galahad jagt, verwandelt sich in Jesus und die vier Evangelisten. Tréhorenteuc und das *Val sans retour* als Schauplatz der Artus-Sage liefern auf den meisten Stationen des Kreuzwegs konsequentermaßen auch den Hintergrund der mit der Sage verwobenen Passionsgeschichte.

Der Gral erscheint der Tafelrunde: Fensterbild in Tréhorenteuc

Schon 1943 waren die Geschichten auf den *Fenstern* zu beiden Seiten des Altars vollendet: "Die Erscheinung des Grals" und "Das Letzte Abendmahl". 1951 wurde das Chorfenster fertiggestellt, und seitdem bringt die Sonne das gleißende Licht des Grals über dem hell lodernden Dornbusch so zur Geltung, wie es sich Abbé Gillard wohl vorgestellt hat.

Die Verquickung von Legende und Katholizismus brachte dem Geistlichen in einem eher konservativen Teil der christlichen Welt nicht nur Freunde – seine letzten Jahre verbrachte er in einem anonymen Altersheim einer Großstadt. Nach seinem Tod 1979 wurde Abbé Gillard am Ort seines Lebenswerk beigesetzt, das nunmehr auch kirchlicherseits von jedem heidnischen Makel befreit ist und unbefangen genossen werden darf. Mehr noch: 1999 wurde unter dem Motto "20 ans aprés..." der 20. Todestag des Abbés in feierlich-aufwendigem Rahmen begangen. Höhepunkt des Festtags mit Messe, Umzug und Groß-Picknick war die Einweihung einer Gedenkstatue. Auch im Alltag finden sich heute um die Kirche Erfrischungs- und Souvenirstationen: T-Shirts mit dem Kirchenaufdruck, Kaugummis oder für 12 € das große Buch über die Kirche.

• Information Office du Tourisme du Pays de Mauron en Brocéliande, neben der Kirche. Auskünfte, Wanderungen ins Val sans Retour, Ausflüge zu den wichtigsten Stationen des Zauberwaldes, Kirchenführungen. Mo–Sa 10–12 und 14–17 Uhr, Im Sommer bis 18 Uhr. 56430 Tréhorenteuc, Place Abbé Gillard, ✆ 02.97.93.05.12, valsansretour@club-internet.fr.

• Weg Von Barenton zurück zur D 141, links und direkt nach Tréhorenteuc.

Argoat
Karte S. 576

Der Gral

Der Gral, altfranzösisch graal, das Gefäß, taucht in der höfischen Literatur des Mittelalters auf und wirkt bis heute auf die Phantasie europäischer Schriftsteller und Opernregisseure. Die älteste bekannte Gralsdichtung verfasst *Chrétien du Troyes* mit "Perceval", im 19. Jh. verhilft der Komponist *Wagner* dem Gral zu einem anhaltenden Comeback.

Der Gral ist ein geheimnisvoller, verschieden beschriebener sakraler Gegenstand: ein Kelch, eine Schale, ein Stein, der zusammen mit einer ständig blutenden Lanze vom Gralskönig und den Gralsrittern in einer – für Normalbürger unsichtbaren – Burg bewacht wird. Immer wirkt der Gral Wunder: Er spendet Glück, ewige Jugend, Heilung und gutes Essen in Hülle und Fülle. In der christlichen Version wurde der Gral, der das Blut Jesu enthält, zusammen mit der Lanze, die dem Gekreuzigten in die Rippen stach, von *Joseph von Arimathea* vom Morgenland nach Westeuropa gebracht (Symbolik des Abendmahls und der Messe). In der keltischen Erzähltradition, die ebenfalls einen Gral kennt, ist das Gefäß der magische Kelch des Überflusses und der Kraft. Psychologisch versierten Mythenforschern gilt der Gral als religionsunabhängiges Fruchtbarkeitssymbol, wobei der Kelch den Schoß der Frau und die Lanze das Glied des Mannes versinnbildlichen soll.

Die Gralsuche ist ein wesentliches Element der Artussage. Nur dem seelisch reinsten aller Ritter ist es bestimmt, die Burg Montsalvatsch zu finden und Gralskönig zu werden. Und einmal kommt der Gral sogar auf die Burg Camelot: Als mit dem Erscheinen *Galahads* die Tafelrunde das erste und einzige Mal vollständig versammelt ist, taucht aus dem Nichts das wundertätige Gefäß auf und speist die versammelten Ritter. Abbé Gillard sah hier das Abendmahlmotiv und ließ danach das vielleicht schönste Fenster gestalten, in dem der Gral vor der Tafelrunde erscheint.

Val sans retour *(Tal ohne Wiederkehr)*: So sah es einmal aus: Tief eingeschnitten zwischen schroffen Felshängen gediehen Farn und Heidekraut im Talgrund, die Blätter der Bäume flüsterten im Wind und warfen ihren Schatten auf den tiefklaren Feenspiegel-Teich (*Miroir des Fées*). Heute: Ginster überwuchert den Boden, einige Bäume ragen trostlos in den Himmel, mühsam werden die Hänge wieder aufgeforstet. Der Zauber des Tals ist seit dem Waldbrand im September 1990 dahin, der *Goldene Baum* (*Arbre d'Or*), ein von François Divan nach dem Brand vergoldeter Baumstumpf, wartet zwischen zwei verkohlten Stämmen auf ein neues Goldenes Zeitalter. Es heißt, *Merlin* hält seine schützende Hand über den Wald von Paimpont. Wenn dem so ist – hat er eine Niederlage in einem magischen Kampf erlitten? Oder wie konnte es passieren, dass ausgerechnet das Tal ohne Wiederkehr so zerstört wurde?

Weg Durch Tréhorenteuc bis zu einem großen Parkplatz linkerhand. Den Schildern nach auf einem bequemen Waldweg leicht bergauf, nach etwa 15 Minuten stehen Sie über der Schlucht. Felsstufen führen hinab, ein Weg schlängelt sich durch den Talgrund.

Morgane

An dieser Fee aus dem Sagenkreis der Tafelrunde entzweien sich die Geschichtenerzähler völlig. Einig sind sich alle darin, dass Morgane eine heilkundige Halbschwester von König *Artus* war. Aber war sie gut oder böse? Einmal dient sie aufopfernd den Mächten des Lichts und geleitet Artus nach Avalon, der Insel der Seligen. Ein andermal wieder gilt sie als ebenbürtige Feindin des großen Zauberers Merlin. Warum ist diese Gestalt, in der Mythenforscher die keltische Göttin Modron sehen, gar so widersprüchlich? Hat die katholische Kirche bei einer eventuellen Verwandlung der Urfigur einer keltisch-heidnischen Priesterin in eine unchristliche Hexe die Hand im Spiel gehabt? Ihre letzte Ehrenrettung unternahm Frau Marion Zimmer-Bradley in ihrem Buch "Nebel von Avalon", in dem Morgane als weise Frau mit einem grundehrlichen Charakter geschildert wird.

Im Val sans retour, raunt eine der vielen Legenden jedenfalls, sei die (jetzt wieder böse) Fee zu Hause gewesen. Verbittert und nach Rache lechzend, nachdem sie von ihrem Liebhaber betrogen worden war, belegte sie das Tal mit einem Bann. Jeder Ritter, der hier vorbeikam und mindestens einen Seitensprung auf dem Kerbholz hatte, kam aus dem Tal nicht mehr heraus. Männer! Natürlich hatte jeder Blaublütler, der durch Brocéliande streifte, Dreck am Stecken, und bald waren 40 willenlose Ritter zusammen, mit denen sich Morgane angenehm die Zeit vertrieb. Erst *Lancelot vom See* beendete den Zauber. Ohnmächtig musste Morgane zusehen, wie der edle Ritter, der noch nie an eine andere Frau gedacht hatte als an *Guinevra*, Gattin seines Königs, die vierzig erleichterten Gefangenen aus dem Tal herausholte.

Château Trécesson: Noch immer führt der Weg ins Schloss über die Zugbrücke und durch ein mehr abweisendes als einladendes Tor – doch das Bilderbuchschloss (15. Jh.) in Privatbesitz ist sowieso nur von außen zu bestaunen. Spielt auch noch das Wetter mit, präsentiert sich das wehrhafte Mauerwerk mit seinen Türmchen und schwarzen Dächern hinter dem Weiher ganz in Rot und ergibt mit seinem Spiegelbild im Wasser das am häufigsten abgelichtete Motiv des Fôret de Paimpont.

Weg Von Tréhorenteuc über die Abbaye la Joie-Notre-Dame nach Campénéac an der N 24. Links ab und die D 312 gleich wieder links. Das Schloss liegt links der Straße.

Kapelle St. Jean: Auf der einen Straßenseite ein verbotenes Militärgelände, gegenüber die hingeduckte, dunkle Kapelle des Johanniterordens in einem kleinen Ensemble verfallener Schieferhäuser. Risikoloser Kurzbesuch eines vor langer Zeit verlassenen Weilers.

Weg Von Trécesson der D 141 folgen.

Beauvais: Wir erwähnen den Ort wegen seiner Nähe zur höchsten Erhebung des Fôret du Paimpont (*Côte de Beauvais*, 256 m), und weil das *Biologische Institut* der Universität Rennes (der große Bau ist sofort zu identifizieren) hier seine ausgedehnten Forschungen betreibt. Bei guter Sicht ist von der Hügelspitze aus Rennes in der Ferne zu sehen.

Argoat
Karte S. 576

Ploërmel

(ca. 7500 Einwohner)

Die Zeit läuft anders in Ploërmel: Wenn vierzehn Generationen vergangen sind, hat der schwarze Zeiger der Astronomischen Uhr gerade eine Umdrehung hinter sich. Um die Spiralen und Federn eines ausgeklügelten Uhrwerks hinter dem schützenden Glas einer Vitrine spiegelt sich Vergänglichkeit.

Ploërmel, lange Zeit eine ernstzunehmende Rivalin des nahen Josselins, steht nunmehr wirtschaftlich wie touristisch ganz im Schatten des dreimal kleineren Nachbarn. Ein Bummel durch das übersichtliche, lichte Provinzstädtchen wird kaum jemanden überanstrengen, so bleibt Zeit und Konzentration, die beiden Hauptattraktionen Ploërmels ausgiebig zu genießen: Die *Kirche des Hl. Armel* und die *Astronomische Uhr* im frei zugänglichen Innenhof eines katholischen Instituts verdienen mehr als nur einen flüchtigen Blick. Von Ploërmel aus sind die Städtchen *Malestroit* und *Rochefort-en-Terre* (siehe Vannes/Umgebung) gut erreichbar – beide Orte zählen zu den Ausflugszielen im Argoat, die aufgrund ihrer wenig veränderten Architektur in einer ruhigen, grünen Umgebung beliebte Anlaufpunkte für einen Kurzbesuch sind.

Geschichte

St. Armel selbst, einer der verehrten Gründer-Heiligen Klein-Britanniens, legt mit seiner Einsiedelei im 6. Jh. den Grundstein der nach ihm benannten Stadt. Weltpolitisch gesehen, hatten die Bewohner Ploërmels im ersten Drittel ihrer Stadtgeschichte Ruhe. Die Herzöge der Bretagne ernennen die Stadt zur Residenz, in der auch einige Male die Stände tagen. Im 12. Jh. erwähnen die Chronisten die erste Gründung eines Karmeliterklosters auf bretonischem Boden, und das Jahr 1351 geht in die lokale Geschichte ein, als während des bretonischen Erbfolgekriegs vom besetzten Ploërmel ein Teil der englischen Besatzungsmacht in die legendäre "Schlacht der Dreißig" auszieht, um sich blutige Köpfe zu holen (siehe gleichnamigen Kasten bei Josselin). Die größte Katastrophe erlebt Ploërmel im 17. Jh. Ebenfalls englische Truppen brennen nach zäher Belagerung die eroberte Stadt nieder – der Grund für die spärliche alte Bausubstanz. Während der Revolution, als alles anders werden sollte, ist Ploërmel kurzfristig Provinzhauptstadt, und kurz darauf wird einer der bedeutendsten Söhne der Stadt geboren: *Dr. med. Guérin*, der Erfinder des gepolsterten Watteverbands. Zum ersten Mal und mit viel Erfolg wird der wundfreundliche Verband beim Deutsch-Französischen Krieg 1870/71 en gros bei französischen Verwundeten eingesetzt.

- *Postleitzahl* 56800
- *Information* O.T. in der Nähe des Lamennais-Instituts. Im Sommer Stadtführungen. Juli/August Mo–Sa 9.30–19 Uhr, So 9.30–12.30. Von September bis Juni Mo–Sa 10–12.30 und 14–18.30 Uhr. Rue du Val 5, ✆ 02.97.74.02.70.
- *Verbindung* Zentrale **Bus**haltestelle am Place Lamennais. Anschlüsse Richtung Rennes bzw. über Josselin nach Pontivy 4–5-mal täglich, nach Vannes über Malestroit insgesamt 6-mal täglich. 1 Stunde nach Vannes, 1 Stunde nach Rennes, 50 Minuten nach Pontivy, 15 Minuten nach Josselin.
- *Fahrradverleih* **Robert Miloux**, Rue des Forges 19, ✆ 02.97.74.06.96.
- *Fahrradtouren* Im O.T. sind Streckenvorschläge inkl. Karten für 7 unterschiedliche Radtouren zwischen 20 und 70 km Länge zu erhalten.
- *Golf* Golf du Lac au Duc, 9-Loch-Platz (par 36) am gleichnamigen Weiher. Auskunft und Anmeldung ✆ 02.97.74.19.55.
- *Kino* Im Syrius in der Rue des Patarins flimmert die Leinwand täglich außer Montag.
- *Markttag* Freitagmorgens sowie 1. und 3. Montag im Monat.

• Parken Die verschiedenen Plätze des Städtchens sind als Parkzonen ausgewiesen, die durch einige Abstellflächen vor dem Zentrum ergänzt werden.

• Übernachten/Essen **Hotel Le Thy**, das kleine *Hotel de charme* besitzt 7 Zimmer, von denen jedes thematisch einem bestimmten Maler zugeordnet ist. Kein Restaurant, dafür Hotelbar. DZ 46–56 €. Rue de la gare 19, ✆ 02.97.74.05.21, www.le-thy.com.

Hotel Le Thalassa, hübsches, efeuumranktes Anwesen mit 6 einfachen Zimmern. Bar, Brasserie, Restaurant mit Menus ab 12 €. DZ 30 €, Frühstück 4 €, Rue de la Gare 76, ✆ 02.97.73.35.17.

• Camping Siehe Umgebung/Lac au Duc.

Sehenswertes

Kirche St. Armel: Optischer und geographischer Mittelpunkt des Städtchens. Das Schiff aus dem 15. und 16. Jh. streckt sich dem Himmel entgegen, während der Turm, im 18. Jh. hinzugefügt, stumpf und ohne Spitze mit seiner Balustrade endet. Das *Nordportal* aus der Übergangszeit von der Spätgotik zur Frührenaissance ist der liebevollst gestaltete Teil der Fassade. Wer den wahren Genuss will, benötigt ein Fernglas: In Überfülle ranken sich aus dem Granit gemeißelte Skulpturen und Ornamente rund um das Portal, verwitternde Figurengruppen erzählen kleine Grotesken, in denen ein lustiges Schwein den Dudelsack spielt oder ein Gatte mit Nadel und Zwirn die Lippen seiner Gattin vernäht. Das große *Tor* selbst schmücken würdig die schön aus dem Holz herausgearbeiteten Apostel unter der Darstellung der Verkündigung.

Hinter Glas: L'horloge und das Porträt ihres Schöpfers

Der schönste Schmuck des Inneren sind die restaurierten *Fenster* aus dem späten 16. Jh. Eines zeigt die Wurzel Jesse, acht Fenster des linken Querschiffs sind dem Kirchenpatron gewidmet. Bunt und bilderreich erzählen sie einige nichtalltägliche Situationen aus dem Leben des Hl. Armel, in aller Ausführlichkeit natürlich seine unvergessene Drachendressur auf der Insel Batz, als er eines dieser Biester durch bloßes Umlegen seines Schals zähmte (siehe Insel Batz/Kasten). Des weiteren stehen unter der *Holztonnendecke* mit den fein gearbeiteten Simsen seit vielen Jahrhunderten die *Grabmäler* und *-statuen* einiger bretonischer Herzöge: *Jean II.* und *Jean III.* fanden wie *Philipp de Montauban* und dessen Frau in der Kirche des St. Armel ihre letzte Ruhe.

Alte Häuser: Im Altstadtkern im Norden der Kirche blieben in der *Rue Beaumanoir* wie in der *Rue des Francs-Bourgeois* einige Wohnhäuser aus dem 16. Jh. bei der Zerstörung Ploërmels verschont und erfreuen heute durch ihr zuckrig-herunter-

Argoat Karte S. 576

gekommenes Design. Das auffälligste Anwesen in der Rue Beaumanoir 7 heißt *Maison des Marmousets*, steht gegenüber vom sog. *Haus der Herzöge*, stammt aus dem Jahr 1585 und besticht durch die Schnitzereien im Balkenwerk.

Lamennais-Institut: Das katholische Institut in der Rue du General Dubreton wurde 1817 als Mönchsstift von *Jean-Marie de Lamennais* gegründet. Die Brüder der Abtei machten es sich zur Aufgabe, den Küstenbewohnern etwas Grundschulwissen beizubringen und zogen – nach einer soliden Ausbildung – von der Zentrale aus Ploërmel auf die Dörfer. Das mehrflügelige Gebäude im klassizierenden Stil des 19. Jh. sowie das kleine Museum der Brüder-Gemeinde sind für verwöhnte Bretagne-Reisende nicht so interessant, doch sei ein Besuch wegen der Astronomischen Uhr (Ausgeschildert *l'horloge*) empfohlen, denn so etwas haben Sie noch nicht gesehen.

Astronomische Uhr *(l'horloge)*: Eine Jules-Verne-Adaption in einer Glasvitrine im Innenhof des Instituts. Ein auch nach dem siebten Blick undurchschaubares Gewirr aus Zahnrädern, Gewichten, Schrauben und Stäben endet dann doch glasklar durchdacht an zehn Zifferblättern, an denen Sie die verschiedensten Zeiten und Konstellationen ablesen können: u. a. die profane Ortszeit, die absolute Erd-Durchschnittszeit, natürlich den jeweiligen Tag und Monat, die Sonnenuhrweltzeiten, das aktuelle Tierkreiszeichen oder den augenblicklichen Stand des Himmels über Ploërmel. Zifferblatt 10 zeigt den Sonnenstand im jeweiligen Tierkreiszeichen und ist zum Zuschauen am langweiligsten: Der weiße Zeiger dreht sich alle hundert Jahre einmal ganz herum, der schwarze benötigt für eine Umdrehung tausend Jahre. Bruder *Bernardin*, mit bürgerlichem Namen *Gabriel Morin*, schuf in dreijähriger Filigranarbeit das ungewöhnliche Unikat, das ab 1855 den Unterricht für angehende Brüder bereicherte.

Öffnungszeiten Von Ostern bis Oktober täglich 9–12 und 14–18 Uhr, sonst nur So 10–12 und 14–18 Uhr. Mit und ohne Führung, auf Wunsch hören Sie auf einer Kassette Ihrer Sprachwahl eine ausführliche Erläuterung des kleinen Meisterwerks. Spende willkommen. ✆ 02.97.74.06.67.

Ploërmel / Umgebung

Lac au Duc: Aus dem ehemaligen Etang au Duc (Fürstenweiher) etwa 3 km im Norden Ploërmels ist auf den Hinweisschildern ein See geworden – die Grundfläche des beförderten Binnengewässers beträgt jedoch weiterhin 250 ha, die sich auf acht Kilometer eher in die Länge ziehen und ihr Wasser zuverlässig vom Yvel-Fluss erhalten. In eine stille, unspektakuläre Hügellandschaft eingebettet, dient die Wasserfläche den feuchten Sportarten: Surfer und Segelboote tummeln sich auf dem glitzernden Blau, ein von Menschenhand geschaffener Strand ermöglicht Schwimmern/innen einen bequemen Zugang ins Nass. Die anderen, nichtkünstlichen Uferzonen sollten Sie unberührt lassen – es dankt Ihr Bund Naturschutz. Wassersporteinrichtungen, Campingplatz und Restaurant am Nordwestende des Sees.

- Wassersport **Base nautique**, Schulungen und Verleih von allerlei Wassersportgerät vom Surfbrett über den Optimisten bis zum Katamaran, ✆ 02.97.74.14.51.
- Camping **** Camping du Lac**, ein mittelgroßer Platz am Nordwestufer des Sees neben dem künstlichen Strand; 135 schattige Stellplätze unter hohen Bäumen am Seeufer – eine Art Garten-Waldgelände mit durchschnittlichen Sanitärs. Geöffnet von April bis September. ✆ 02.97.74.01.22.

Malestroit *(ca. 2500 Einwohner)*: Das Städtchen, malerisch am Ufer des hier eingefassten, von alten Brücken überspannten *Oust* gelegen, ist ein beliebter Anlegepunkt für Hausboote. In der Geschichte taucht der Ort zum ersten Mal während der Kreuzzüge auf. Im 12. Jh. zogen Malestroiter Ritter erfolgreich in den Heiligen Krieg und brachten reiche Schätze zurück – seither zeigt das Stadtwappen einen Rachen mit neun byzantinischen Goldmünzen. Malestroit muss ein wohlhabendes Städtchen gewesen sein, bereits im 14. Jh. entsandte die Stadt einen Deputierten in die Provinzverwaltung, 1462 erhielt sie einen Umfassungswall und zählte zu den neun befestigten Baronien der Bretagne. Der Niedergang begann mit den Religionskriegen im 16. Jh. An deren Ende lag das Städtchen ruiniert darnieder, die Mühlen am Ufer des Oust waren zerstört, eine Pestepidemie tat den Rest. Malestroit verschwand aus den Annalen der Geschichte und ist heute eine kleine Provinzstadt, deren alte Fachwerkhäuser rund um Kirche und *Place du Bouffay* durch humorvolle Holzskulpturen auffallen: ein geschnitzter Pelikan, eine Muttersau, ein Hase spielt neben einem betrunkenen Seemann den Dudelsack. Wichtigstes Bauwerk ist die *Kirche Saint-Gilles* mit zwei Kirchenschiffen aus verschiedenen Epochen (12. Jh. und 16. Jh.) – ein erstaunliches Exempel für die romanisch-gotische Stilvermischung. Kurios das Figurenensemble über/neben dem Seitenportal: Punkt 15.00 Uhr (Sonnenschein vorausgesetzt) projizieren die vier Evangelistensymbole, die zusammen mit dem Ochsen des Heiligen Hervé das Portal flankieren, ein Schattenbild an die Kirchwand, das dem Profil Voltaires sehr ähnelt. Empfehlenswert: ein gemütlicher Spaziergang durch das Städtchen und am Ufer des Oust entlang.

- *Postleitzahl* 56140
- *Information* Zentral in der Altstadt am Kirchenplatz, zuständig für das Städtchen und das Pays de Malestroit. Juli/August 2-mal pro Woche Stadtführungen. Von Juli bis August Mo–Sa 9–19 Uhr, So 10–16 Uhr. Von September bis Juni Mo–Sa 9.30–12.30 und 14.30–18.30 Uhr. Place du Bouffay 17, ✆ 02.97.75.14.57, www.malestroit.com.
- *Verbindung* Malestroit liegt an der Buslinie Ploërmel–Vannes. Werktags 4-mal in beide Richtungen.
- *Fahrradverleih* im O.T. oder bei MBK, ✆ 02.97.75.13.36.
- *Markttag* Donnerstagvormittag.
- *Veranstaltung* Am letzten Samstag im Juli lockt das große Musikfestival **Le Pont du Rock** Tausende von Menschen in die kleine Stadt.
- *Übernachten* **Hotel le Cap Horn**, schlichte 7-Zimmer-Herberge im Westen der Altstadt. DZ 24–29 €. Faubourg St.-Michel 1, ✆ 02.97.75.13.01.
- *Camping* ** **Municipal la Daufresne**; schattig in Stadtnähe neben dem Schwimmbad. Angenehmer Platz, nett gegliedert, das größere, nicht unterteilte Areal für Zeltler. Kajak- und Kanuverleih. 75 Stellplätze. Geöffnet vom 15.5.–15.9. ✆ 02.97.75.13.33, www.malestroit.com.

Musée de la Résistance: Etwa 1 km außerhalb von Malestroit, im Ortsteil *St. Marcel*. In einem 6-ha-Park widmet sich das Museum vordergründig dem französischen Widerstand während des Zweiten Weltkriegs. U.a. Videofilme und Zeitdokumente geben Interessierten wissenswerte Einblicke in die Résistance, doch Besuchermagnet und Höhepunkt der Militariasammlung ist die lebensnahe Präsentation von typischen Kriegssituationen – inkl. Bunkerleben, besetzte Straße und martialische Panzerspähwägen auf dem Vormarsch. Die Standortwahl fiel übrigens nicht zufällig auf St. Marcel. Hier befand sich ein Camp für Fallschirmjäger und Résistance-Kämpfer, das 1944 von der Wehrmacht angegriffen wurde. Nach der Schlacht wurden 600 Tote gezählt.

Öffnungszeiten Vom 15.6.–15.9. 10–19 Uhr. Den Rest des Jahres außer Dienstag 10–12 und 14–18 Uhr. Erwachsene 6,50 €, ermäßigt 4,50 €.

Argoat Karte S. 576

Josselin: die Prunkfassade

Josselin

(ca. 2500 Einwohner)

Das Schloss: Abends spiegelt sich die trutzig-kahle Außenseite mit den drei verbliebenen Rundtürmen im ruhigen Wasser des Oust, morgens leuchtet die Sonne die reich ornamentierte Prunkfassade des Fürstensitzes aus. Das hier so geglückte Zusammenspiel von Architekt, Auftraggeber und Geld-spielt-keine-Rolle schuf eines der schönsten Schlösser der Bretagne.

Das *Château* derer von Rohan ist die unbedingte Attraktion des Kleinststädtchens. Doch in der Saison ergießen sich die Besuchermassen genauso hingerissen durch die stimmungsvollen Gässchen, strömen in die *Kirche Notre-Dame-du-Roncier* und sitzen dann zufrieden vor den Cafés auf dem Kirchenplatz, wo sie Erfrischungen und die himmelwärts strebende Eleganz der Kathedrale inmitten der anheimelnden Fachwerkhäuschen genießen. Josselin an den Ufern des *Oust* ist ein Juwel und einer der meistbesuchten Orte der inneren Bretagne – auch die Hausbootbesatzungen legen hier einen Stopp ein.

Neben dem Sommertourismus tragen einige kleine, moderne Fabrikationsstätten am Ortsrand ganzjährig zum Gedeihen des weltoffenen Josselin bei. Pappkartons und Fleischkonserven aus Josselin sind aus der gallischen Verpackungs- bzw. Dosenbranche nicht mehr wegzudenken.

Geschichte

Die Geschichte des Orts ist die Geschichte seiner Kirche (siehe Sehenswertes/ Kirche *Notre-Dame-du-Roncier*) und der Burg (siehe hier). Die Jungfrau vom Dornbusch wird schon 200 Jahre verehrt, als sich *Vicomte Guethonec* 1008 auf einem Felsen über dem Oust eine Burg bauen lässt, die auch dem unbedeutenden Dorf nebenan ihren Namen gibt: Josselin, genau wie der Sohn des Vicomte.

1168 lässt der englische König *Heinrich II. Plantagenet* im Verlauf einer größeren Fehde die Burg erobern und schleifen, doch der jetzige Besitzer *Vicomte Eudes II.* krempelt die Ärmel hoch und baut aus den Ruinen ein neues, stärker befestigtes Josselin. 1370 wechselt das Schloss friedlich seinen Besitzer: *Olivier de Clisson*, Feldmarschall und einer der Mächtigen Frankreichs, erwirbt das Schloss, verstärkt es durch weitere Mauern und neun wuchtige Rundtürme und vererbt es 1407 an seinen Schwiegersohn *Alain VIII.* aus dem Geschlecht der Rohan.

1488 wird Josselin zum zweiten Mal zerstört. Der bretonische Herzog *Jean II.* will durch die – unter Schlossbesitzern übliche – Strafaktion den franzosenfreundlichen Rohans eine Lektion erteilen, die sie nicht so schnell vergessen sollen. Der Herzog stirbt, und seine Tochter *Anne*, Herzogin der Bretagne und Gemahlin des Königs von Frankreich, durchkreuzt die Pläne ihres toten Vaters. Auf ihre Fürsprache hin versieht *Karl VIII.* den Chef des Rohan-Clans, *Jean II.*, mit großzügigen Geldmitteln für den Wiederaufbau. Der Fürst nutzt die Gunst der Stunde: Zwischen 1490 und 1510 erhält Josselin seine einmalige Prunkfassade.

Im 16. und 17. Jh. stehen die Rohans als Hugenottenanhänger und Teilnehmer eines Putschversuchs wieder einmal auf der falschen Seite. 1629 muss das Schloss mit dem Verlust von sechs Türmen und seines Wehrfrieds wieder für seine Besitzer büßen und gibt den Anlass für ein schönes Beispiel höfischer Gemeinheit: "*Monsieur, ich habe eben einen schönen Treffer in Eurem Kegelspiel getan*", teilt Kardinal *Richelieu*, der eifrigste Beamte des französischen Königshauses, dem nichts ahnenden Herzog Henri von Rohan bei einem Empfang im Louvre von Paris mit. Dieser muss sich unter seiner Perücke große Mühe geben, nicht die Fassung zu verlieren.

Im 18. Jh. kümmern sich die Rohans nicht mehr um Josselin. Das Schloss beginnt zu verfallen, wird während der Revolutionsjahre als Tribunal, Getreidespeicher und Gefängnis für Aristokraten genutzt und kommt immer mehr herunter. Im vorletzten Jahrhundert erinnert sich die Familie Rohan an das Château und veranlasst aufwendige Renovierungen. Seitdem wird Josselin wieder von den Rohans bewohnt und gepflegt. Die Rolle des spendablen Königs haben in der Republik Frankreich die Touristen übernommen – durch den Kauf eines Billetts finanzieren sie den Erhalt Josselins.

Information/Verbindungen

- *Postleitzahl* 56120
- *Information* Office de Tourisme, stilvoll im Fachwerkhaus beim Schlosseingang gleich neben der Hauptstraße Rue des Trente. Stadtführungen auf Anfrage. Von Juli bis August Mo–So 10–18 Uhr, von April bis Juni und September Mo–Sa 10–12 und 14–18 Uhr, So 14–18 Uhr. Ansonsten Mo–Fr 10–12 und 14–18 Uhr, Sa 10–12 Uhr. Place de la Congregation, ✆ 02.97.22.36.43, ot.josselin@wanadoo.fr.
- *Verbindung* Mehrmals täglich **Busse** über Ploërmel nach Rennes, in die Gegenrichtung nach Vannes, außerdem Busse nach Pontivy.

Diverses

- *Fahrradverleih* Bei der **Renault-Garage Le Texier**, Place St. Nicolas 2, ✆ 02.97.22.22.55 oder bei **Entreprise Guého-Roblin**, Place Duchesse-Anne 6, ✆ 02.97.22.28.02.
- *Markttag* Samstagvormittag.
- *Pardon* Anfang September die überregional bekannte Wallfahrt "Pardon des aboyeuses" zur Notre-Dame-du-Roncier. 1832 heilte "Unsere Frau vom Dornbusch" drei Kinder, die während ihrer epileptischen Anfälle bellende Laute ausstießen, von der "Fallsucht" (= Epilepsie). Seitdem ist der Pardon noch berühmter und heißt "Wallfahrt der bellenden Mädchen".

Argoat
Karte S. 576

• *Parken* Einige beschilderte Großparkplätze in Schlossnähe. Wer sie benutzt, entlastet sich und den Ort.

• *Post* In der Nähe der Kathedrale, Rue Olivier de Clisson.

• *Veranstaltungen* Im Juli und August finden jeden Mittwochabend die **Festiv'été** statt: Theater, Konzerte etc. im Freien. Infos im O.T. Am 2. August-Sonntag ist das Großereignis das Pferderennen auf der Rennbahn von St.-Jean-des-Prés.

Übernachten/Camping

4 Hotels, fast alle mit eigenem Restaurant, stehen zur Verfügung – Sie können vom 2-Zimmer- bis zum 36-Zimmer-Etablissement wählen.

** **Hotel du Château**, die größte Herberge Josselins, genau gegenüber der Burg, am anderen Ufer des Oust. 36 Zimmer, eigene Garage und Parkplatz, Restaurant mit Menus von 14–40 €. DZ je nach Lage und Sanitärstandard 31–58 € (wer sich allerdings für die günstigste Variante entscheidet, darf nur gegen Bezahlung duschen), Frühstück 6,50 €. Montag und von Dezember bis Januar geschlossen. Rue Général de Gaulle 1, ✆ 02.97.22.20.11, www.hotel-chateau.com.

• *Privatzimmer* Hier hilft auf Anfrage das O.T. mit einer vollständigen Liste weiter.

• *Camping* *** **du Bas de la Lande**, terrassenartig ansteigendes Gelände oberhalb des Kanals bei Guégon in der Nähe der Schnellstraße nach Lorient (beschildert) – die Camper verlieren sich mehr und mehr in der Höhe. Gut geführt. Von der Stimmung sympathisch, mit partiellem Schatten und exzellentem (geheiztem!) Sanitärblock. Bar, Crêperie, Brotverkauf, kleiner Kinderspielplatz, über die Straße zum Minigolf. 60 Stellplätze. Geöffnet von April bis Oktober. Route de Lorient, Guégon, ✆ 02.97.22.22.20, campingbasdelalande@wanadoo.fr.

Essen

6 Restaurants, 2 Crêperies, 2 Grill-Crêperien und 2 Pizzerien sind für die Freuden des Gaumens zuständig.

Restaurant La Table d'O, oberhalb des Kanals. Die Fensterfront bietet tolle Ausblicke auf das mächtige Schloss. Wer exzellent speisen möchte, ist hier richtig. Menüs von 21–40 €. Mittwoch und Sonntagabend geschlossen. Rue Glatinie 9, ✆ 02.97.70.61.39.

Außer dem Table d'O gilt das Restaurant des Hotels **du Château** – in der oberen Menupreisklasse – als der örtliche Gourmet-Treff. Neben Menus auch A-la-Carte-Gerichte. Preise und Adresse unter Übernachten.

Les Routiers, bietet preislich günstig rustikale Hausmannskost ohne touristisches Flair – hier stillen die Werktätigen ihren täglichen Hunger. Menus 9–16 €. Rue Glatinie 128, ✆ 02.97.22.27.29.

Pizzeria du Château, in der Hauptstraße; Speisetreffpunkt eines hauptsächlich jugendlichen Publikums, gelegentlich lassen sich auch ältere bis alte Semester im Gastraum oder im kleinen Hofgarten die italienischen Spezialitäten schmecken. Fazit: gehobenes Pizza- und Nudelteigniveau. Rechnen Sie mit Wein, Salat und Nachtisch ab 15 € pro Person. Rue des Trente 6, ✆ 02.97.75.96.40.

Sehenswertes

Château Josselin: Die zwei Gesichter des Schlosses könnten verschiedener nicht sein; die abweisende, kompakt abfallende Wehrseite mit den drei wuchtigen Wehrtürmen auf den Felsen über dem Blavet lässt nicht ahnen, dass die granitgraue Wohnfassade die schönste aller bretonischen Château-Hauswände ist. Nach dem Kassenhäuschen führt eine Zugbrücke über einem harmlosen Steinlöwen im alten Wassergraben hinüber zu den Kugelbüschen des kleinen Parks, und die Pracht Josselins entfaltet sich mit einem Schlag: Lang und verspielt streckt sich das Schlossgebäude am Rand des Plateaus und lässt das bullige Gesicht der anderen Seite vergessen. Können ihres Fachs meißelten filigrane Ornamente, hauchdünne Spitzen und

Josselin, die Wehrfassade

dämonische Wasserspeier aus dem dunklen Granit, die dem harten Stein Hohn zu sprechen scheinen. Der Gesamteindruck der Fassade ist am besten vom allein stehenden *Tour Prison* am hinteren Ende des Schlossparks zu erfassen, die Vielfalt der Details ist nur aus der Nähe zu erkennen – wobei die obere Fassadenhälfte mit ihren hohen Giebeln und dem zierlichen Steingitterwerk den Erdgeschoßschmuck noch übertrumpft. Schauen, staunen und auf erste Zeichen von Genickstarre achten. Immer wieder taucht ein "A" im Schmuckwerk auf – dauerhafter Dank der Rohans an die Herzogin Anne, die den französischen König dazu gebracht hatte, seine Schatulle für die bretonischen Fürsten weit zu öffnen.

Ein Teil des Erdgeschosses ist zur Innenbesichtigung freigegeben. So können auch einmal Normalbürger im Rahmen eines kleinen Rundgangs den Wert der Einrichtungsgegenstände einer Behausung des Hochadels kurz überschlagen. Höhepunkte sind der filmreife Speisesaal, der edel eingerichtete Salon und die behagliche Bibliothek mit ihren 3000 Bänden, von denen sich etliche der Geschichte des eigenen Geschlechts widmen. Nett am Rande: Die auch im Inneren wiederauftauchende Initiale "A" erinnerte die Rohans noch am Feierabend im Kreise der Familie an die Frau, die ihr wunderschönes Zuhause erst möglich gemacht hatte. Einige Porträts vervollständigen den Eindruck.

• Öffnungszeiten April/Mai und Oktober an Wochenenden und schulfreien Tagen 14–18 Uhr; Juni und September täglich 14–18 Uhr, Juli/August täglich 10–18 Uhr. Die Führung dauert 45 Minuten. Eintritt 7 €, ermäßigt 4,50 €. In Kombination mit dem Puppenmuseumsbesuch 11,50 € bzw. 8 €.

• Fototipp Morgens im Schlosspark die Wohnfassade des Châteaus, abends von der Brücke über den Oust die Wehrseite ablichten.

Puppenmuseum (Musée des Poupées): Schwelgen in der Welt der Puppen. Von den vielen Museen der Bretagne eines derjenigen, deren Besuch eine wirkliche Bereicherung des Urlaubsalltags darstellt und in dem auch Kindern nicht gleich langweilig wird. Ein begeisterter Eintrag aus dem Gästebuch: "Es war wunderschön, so viele Puppen zu sehen. Vielleicht kommen wir einmal wieder. Tschüßle." *La Duchesse de Rohan*, die Großmutter des heutigen Schlossherrn, legte gegen Ende des 19. Jh. den Grundstock für die Sammlung von Puppen, Puppenzubehör (wie Puppenküchen) und etablierten Gesellschaftsspielen (z. B. Scrabble). Auf zwei Stockwerken tummeln sich etwa 600 Puppen aus allen Ländern dieser Erde – die letzten 1989 eingekauft, die ältesten aus dem frühen 19. Jh.: Porzellanpuppen zum Spielen und Lernen für Aristokratenkinder, Barbiepuppen und der Elefantenkönig Babar, Bären zum Liebhaben mit dem Knopf im Ohr, exotische kleine Indianer- und Eskimobuben, ein kuscheliger Plüschsnoopy, Kleinstpüppchen und, und, und. Die ergreifendste Szene der Ausstellung: Sanft streichelt eine Puppe einen kühlen Roboter.

Öffnungszeiten Dieselben Zeiten wie das Schloss. Eintritt 6 €, ermäßigt 4 €. In Kombination mit dem Schlossbesuch 11,50 € bzw. 8 €.

Kirche Notre-Dame-du-Roncier: Am Anfang der Kirche "Unserer Dame vom Dornbusch" steht eine Legende. 800 und noch einige Jahre nach Christi Geburt entfernte ein Bauer fleißig Unkraut und Dornbüsche von seinem verwahrlosten Acker und fand in einem der Stachelgewächse eine Marienstatue. Natürlich nahm er sie mit, doch am nächsten Tag fand sich die Figur wieder auf ihrem alten Platz in den Dornbüschen. Dieser unerklärliche Vorgang wiederholte sich einige Tage, bis der bretonische Dickschädel begriff: Aha, hier will die Jungfrau eine Kirche haben. So entstand am Fundort der Statue das erste Bethaus, bald ersetzt durch eine romanische Kapelle, die 1186 in Flammen aufging.

Die heutige Kathedrale, im 11. Jh. begonnen und im Prinzip erst 1949 mit dem Chorturm vollendet, ist im wesentlichen ein Werk der späten bretonischen Gotik, geprägt vom Flamboyant – leichtfüßig strebt das Gotteshaus in den Himmel. Im großzügigen, dezent ausgestatteten Innenraum herrscht die Weltläufigkeit einer viel besuchten Wallfahrts- und Besichtigungskirche. Die Holzstatue der Jungfrau vom Dornbusch wurde ein Opfer der Revolution, nur ein kleines Stück konnte aus dem Scheiterhaufen gerettet werden – ein *Reliquienschrein* links vom Chor beherbergt es. Auch die Schäden am *Marmor-Grabmal des Olivier de Clisson* und seiner zweiten Frau in der *Kapelle Sainte-Marguérite* (rechts vom Chor) verursachten die Republikaner während ihrer Schändungsaktion 1793. Heil bleib die schmiedeeiserne *Kanzel*, die ein einheimischer Kunstschmied im 18. Jh. schuf. Im Sommer darf der Turm bestiegen werden: Einblicke in den Schlossgarten und ungetrübter Panoramablick über das Umland.

Kapelle Ste. Croix: Das Schönste an der einfachen Kapelle ist die Hanglage mit Blick auf Fluss und Schloss, das Bemerkenswerteste ihr Alter: Der romanische Bau aus dem 11. und 13. Jh. ist das älteste Stück Architektur der Region. Auch unter französischen Tourismusfachleuten gilt die Kapelle – ohne große Posaunentöne – als "*très simple, sans ornementation*".

Josselin / Umgebung

Gedenksäule: Neben der Durchgangsstraße im Dörfchen *La Croix-Helléan*, 5 km östlich von Josselin, erinnert dieser 15 m hohe Obelisk an die Schlacht der Dreißig, die hier stattfand (siehe Kasten). Zuerst diente eine Eiche als Orientierungspunkt, später ein zweimal zerstörtes Kreuz. Den heutigen Obelisken ließ Ludwig XVIII. zu seinem Ruhm aufstellen: "*Lang lebe der König – die Bourbonen immer.*" Die Bronzetafel gibt weitere Auskünfte über die Schlacht und die Baugeschichte des Denkmals.

Die Schlacht der Dreißig

Wir schreiben das Jahr 1351. In der Bretagne tobt seit 10 Jahren der Erbfolgekrieg (siehe Geschichtskapitel). Josselin steht unter der Herrschaft von *Jean de Beaumanoir*, einem Parteigänger *Karls von Blois*, der mit Unterstützung des französischen Königs die bretonische Herzogskrone anstrebt. Die Nachbarstadt Ploërmel wird von *Sir Bemborough* gehalten. Der englische Ritter hilft mit seinen Truppen wie sein König zu *Jean de Montfort*, dem Bruder des verstorbenen Jean III. Die Dörfer und Felder um Josselin und Ploërmel sind durch die Raubzüge beider Parteien mittlerweile verwüstet, die ständigen Kleingefechte haben auf jeder Seite viel Blut gekostet, und weder die Bretonen noch die Engländer konnten bisher einen entscheidenden Vorteil erringen. Patt. Und nun beginnt die Geschichte, die unter Kennern der höfischen Ethik als ein doppelt schönes Beispiel für ritterliches Verhalten gilt.

Jean de Beaumanoir und der Feldhauptmann Bemborough vereinbaren, das ausufernde und irgendwie sinnlose Blutvergießen zu beenden, ein letzter Kampf – dreißig Ritter gegen dreißig Ritter – soll über Sieg oder Niederlage entscheiden. (Erstes ritterliches Verhalten)

Am 27. März treffen auf der Heide von Mi-Voie, fünf km im Osten Josselins, 30 Bretonen auf 20 Engländer, 6 Deutsche und 4 Bretonen. Den ganzen Tag hauen

Argoat Karte S. 576

und stechen sie nach allen Regeln der Fechtkunst aufeinander ein, und gegen Abend sind die Engländer besiegt. Neun von ihnen, darunter Bemborough, erleben den Sonnenuntergang nicht mehr.
Ein in der Tat bemerkenswerter Satz eines Mitstreiters hat als wörtliches Zitat die Zeiten überdauert. Feldmarschall de Beaumanoir, nach einigen Stunden harter Kriegsarbeit verschwitzt und aus mehreren Wunden blutend, macht aus seinem schrecklichen Durst kein Hehl. Und was bekommt er von seinem Kampfgefährten *Geoffroy du Blois* zur Antwort? "Sauf dein Blut, Beaumanoir, und dein Durst vergeht!" (Zweites ritterliches Verhalten)

Guéhenno: Das Dorf 10 km im Südwesten Josselins besitzt den östlichsten umfriedeten Pfarrbezirk der Bretagne, der sich vor seinen Kollegen im Westen nicht verstecken muss. Innerhalb der Einfriedung finden sich neben *Kirche* und *Friedhof* ein *Beinhaus*, ein *Calvaire* und eine *Säule* – die Marterwerkzeuge sind am Schaft eingemeißelt, an der Spitze blickt ein Granithahn, Symbol für den Verrat des Petrus, stumm nach Osten. Auch das Beinhaus erzählt die Passionsgeschichte: Vor dem figurengeschmückten Ossuaire trauern Maria und Magdalena um Jesus, dessen Leichnam, bewacht von zwei Soldaten aus Stein, in der mittleren Grabkammer ruht. Der Calvaire, um 1550 geschaffen und damit einer der ältesten überhaupt, ist in seiner harmonischen Ganzheit auch einer der ausdrucksstärksten. 1793 während der Revolution eingerissen, wurde er Mitte des 19. Jh. mit den sorgsam aufbewahrten Statuen und Reliefs wiederaufgebaut und hat von seiner künstlerischen Kraft nichts verloren – die Gesichter und Körper der Figuren des Calvaires sind zeitlos verewigte Momentaufnahmen eines flüchtigen Augenblicks.
Anfahrt Ab Josselin 5 km auf der N 24 Richtung Lorient, dann weitere 5 km auf der D 778.

Ensemble im Pfarrbezirk von Guéhenno

Pontivy

(ca. 15.000 Einwohner)

Die Fürsten der Familie Rohan bescherten der Stadt ein Schloss, Napoléon ließ neben den verwinkelten Gassen des Mittelalters gleich eine neue Stadt hochziehen: Großzügige Avenues kreuzen sich exakt im rechten Winkel, klotzige Verwaltungsgebäude rahmen den Place Aristide Briand und können doch nicht verhindern, was Napoléon nicht ahnen konnte: Aus dem einstigen Paradeplatz wurde ein seelenloser, gebührenpflichtiger Großparkplatz.

Dagegen hat sich die anheimelnde Enge des alten Pontivy rund um den *Place du Martray* über die Zeiten gerettet. Fachwerk und heller Granit gruppieren sich seit alters her unterhalb der massiven Familienburg, nur das Angebot in den Läden hat sich unserer Zeit angepasst. Die *Rue Nationale* ist die schnurgerade Hauptachse der Stadt, ab dem *Place A. Briand* schließen sich ihr nahtlos die einfachen Häuserzeilen des frühen 19. Jh. an – für aufwendige Fassadengestaltung blieb bei dem mehr militärisch ausgerichteten Projekt kein Geld übrig.

Vornapoleonisches Mittelalter

Hausbootbesatzungen legen gerne in Pontivy an. Die Stadt, am Durchstich des *Nantes-Brest-Kanals* in den hier begradigten *Blavet* gelegen, bietet neben Sightseeing aus zwei Epochen auch willkommene Einkaufsmöglichkeiten. Rund um Pontivy laden etliche Ziele zu Ausflügen ein, die Sie zu ganz individuellen Circuits zusammenstellen können. Denn die alte Herzogsstadt ist immer noch Mittelpunkt eines anmutigen und kulturreichen Umlands, das von seiner Lage im Kernland des Fürstengeschlechts profitierte.

Geschichte

Pontivy bedeutet "Brücke des Yves". Einfallsreich, typisch bretonisch, und die städtischen Geschichtsschreiber bestehen darauf: Im Verlauf der Einwanderungswelle von England in den abgelegenen Zipfel Frankreichs lässt *St. Yves* im 6. Jh. am menschenleeren Ufer des Blavet ein Kloster und eine der damals seltenen Brücken über den Fluss errichten – die Keimzelle der gedeihenden Siedlung Pontivy. Einige hundert Jahre später – Pontivy ist inzwischen ein Lehen der Ducs de Rohan – entdeckt das Fürstengeschlecht aus dem Weiler Rohan in der Nähe Pontivys sein Herz für die Stadt. *Herzog Jean II.* beginnt 1485 mit dem Bau einer so schützenden wie repräsentativen Burg, die der Stadt in diesen unsicheren Zeiten zu bedeutendem Aufschwung verhilft. Als Pontivy gegen 1600 gar Hauptstadt der mächtigen Herzöge wird, kommt es zur Blüte der Stadt.

Karte S. 576

1790 schlagen sich Rat und Bewohner der Stadt einträchtig auf die Seite der Revolution: Pontivy empfängt die Revolutionsräte von 203 Städten, die 318 Delegierten der *Fédération militaire et civile bretonne-angévine* werden mit frenetischem Jubel begrüßt. Bald wird Pontivy – inmitten eines königsfreundlichen Umlands, das sich mit den städtischen Republikanern blutige Gefechte liefert – die Bastion der Republik gegen die hartnäckig kämpfende Chouannerie. Bei soviel Loyalität wird *Napoléon* auf die Stadt aufmerksam. Mit einigen weitreichenden Befehlen schlägt der geniale Stratege mehrere Fliegen mit einer Klappe: Die englische Flotte vor der eigenen Küste macht französische Schiffsbewegungen immer riskanter, ein Kanal von Nantes nach Brest würde dieses Problem elegant lösen.

Pontivy am Blavet-Fluss, genau in der Streckenmitte, wird zur repräsentativen Garnisonsstadt hochgerüstet. Im Süden der Altstadt wird ab dem 12. August 1807 im Zeitraum von 23 Jahren eine neue Stadt aus dem Boden gestampft. Als erstes eine Kaserne, dann der Gerichtshof, die Mairie (Rathaus), ein 300-Betten-Hospital und ein Gefängnis (das städtische Lyceum wird erst zwei Jahre später genehmigt). Die Truppen, offiziell nur für den Bau des Kanals zuständig, erfüllen nach den Plänen des Korsen auch eine innenpolitische Funktion: Sie sollen die dickschädeligen bretonischen Bauern in Schach halten, die dem neuen Frankreich nach wie vor sehr distanziert gegenüberstehen.

Pontivy dankt dem Konsul schon drei Jahre vor Beginn der Bauarbeiten für die Neu-Stadt und nennt sich bis 1870 *Napoléonville*. Doch noch während Napoléon auf St. Helena schmachtet, verliert zusammen mit dem Nantes-Brest-Kanal auch Pontivy an Bedeutung und wird wieder das, was es vor dem Einzug der Rohans war: eine bedeutungslose Provinzstadt. Erst in den letzten Jahrzehnten des vergangenen Jahrhunderts entstehen vor der Stadt mit den zwei Gesichtern kleine Industrie- und Handelsviertel – der staatlich gelenkte Versuch, dem Zentrum einer wirtschaftlich unterentwickelten Region zu einem entwicklungsfähigen Standbein zu verhelfen.

Information/Verbindungen/Diverses

- *Postleitzahl* 56300
- *Information* O.T am Schloss an der Hauptstraße, in einem Häuschen schräg gegenüber vom Rathaus. Tonnenweise Prospekte und freundliche wie kompetente Auskunft. Privatzimmervermittlung. Das ganze Jahr über Mo–Sa 10–12 und 14–18 Uhr geöffnet. Rue du Général de Gaulle 61, ✆ 02.97.25.04.10.
- *Verbindung* Pontivy ist auf Straße und Schiene das Verkehrszentrum der Region. Gute Anbindungen in alle Richtungen. Die Busse nach Vannes, Lorient, St. Brieuc und Rennes sind auf den TGV abgestimmt.
- *Autoverleih* **Europcar**, Rue Général Quivinet 10, ✆ 02.97.25.07.26.
- *Bootsausflug/Bootsverleih* An der Kreuzung Blavet/Nantes-Brest-Kanal, am Bassin des Récollets residiert die **Base nautique de Toulboubou**. Ausflüge (wahlweise ganztags, übers Wochenende oder auch länger) z.B. auf dem Lac de Guerlédan oder auf dem Nantes-Brest-Kanal. Verliehen werden Kajaks und Kanus. ✆ 02.97.25.09.51.
  Das ganze Jahr über stimmungsvolle **Blavet-Fahrt** mit der *Etoile du Blavet*. Abfahrt in St.-Nicolas-des-Eaux (ca. 12 km südwestlich), Erwachsene 9 €, Kinder bis 14 Jahre 5 €.
- *Fahrradverleih* Herr Lamouric vermietet in seinem Geschäft **MBK** Zweiräder vom Vélo ordinaire bis zum Mountainbike. Route de Lorient, ✆ 02.97.25.03.46.
- *Markt* Am Montag bis in den Nachmittag. In der Innenstadt in den Gassen zwischen Place Martray und dem Château.
- *Pardon* Am 2. Sonntag im September zu Ehren Unserer Frau zur Freude. Schon am 15. August der Pardon für Notre-Dame-de-Quelven-en-Guern.
- *Parken* Zentralste Möglichkeit ohne großes Heckmeck auf der geräumigen Place Aristide Briand. Oder unterhalb vom Schloss in Rathausnähe.

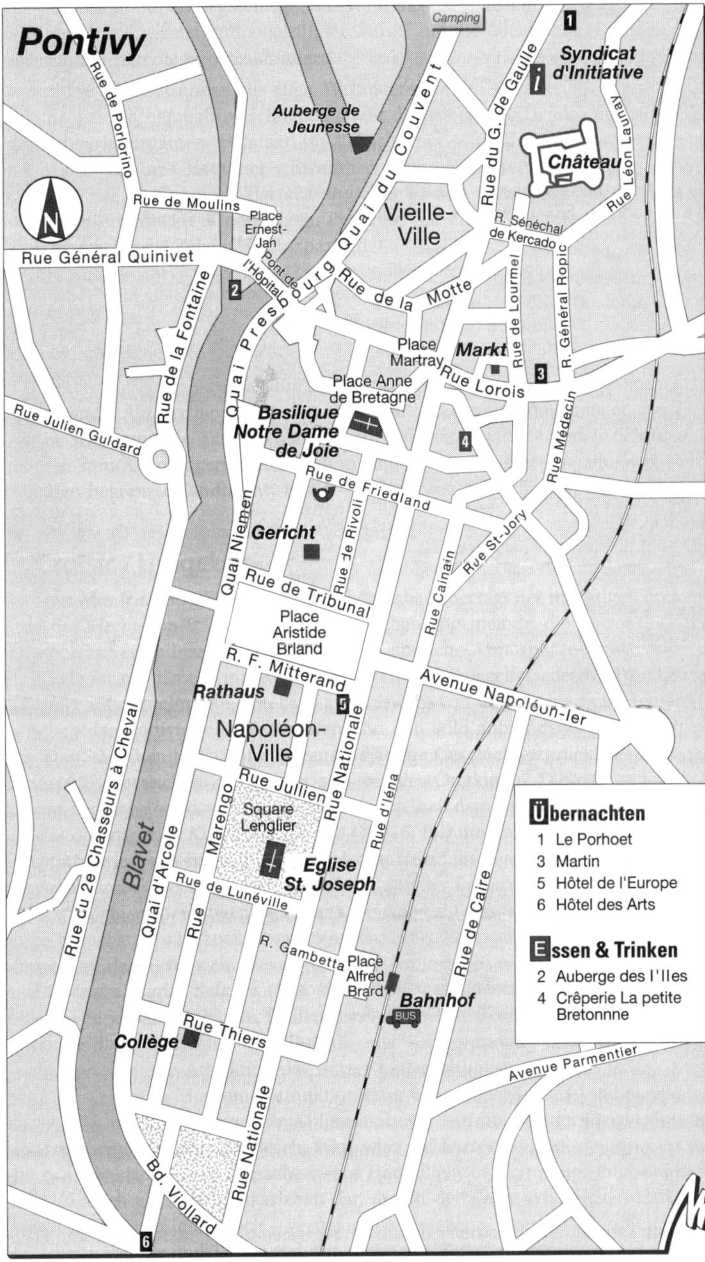

Argoat Karte S. 576

Übernachten/Camping/Essen (siehe Karte S. 599)

** **Hotel de l'Europe (5)**, an der Ecke Place A. Briand/Rue Nationale. Elegant-stilvolles Haus aus dem 19. Jh., 20 lärmisolierte Zimmer mit meist schöner Möblierung und eigenem Badezimmer. Gartenanlage nach hinten hinaus. Gediegen eingerichtetes Restaurant mit guten Menus ab 15 €. DZ 44–58 €, HP ab 44 €, Frühstück 7,50 €. Ganzjährig geöffnet. Rue François Mitterand 12, ✆ 02.97.25.11.14, www.hostellerieurope.com.

** **Le Porhoet (1)**, 100 m unterhalb vom Schloss an der Straße nach St. Brieuc. 28 Zimmer, die zur Straße hin etwas laut sind. Unterschiedliche Sanitärausstattung. Kein Restaurant. DZ 27–46 €, Frühstück 5,50 €. Ganzjährig geöffnet. Rue Général de Gaulle 41, ✆ 02.97.25.34.88.

** **Martin (3)**, im Viertel Napoléonville oberhalb der Markthalle, gehört zur Kette Brittany-Hotels. 23 für den Preis ordentliche Zimmer, günstiges Restaurant (Menus 9,50–14 €). DZ je nach Sanitärstandard 19–31 €, Frühstück 4,50 €. Ganzjährig geöffnet. Rue Leperdit 13, ✆ 02.97.25.02.04.

* **Hotel des Arts (6)**, in der Südstadt, am anderen Ufer von Napoléonville (D 2 Richtung Quimperlé). 25 Zimmer sehr unterschiedlicher Größe und Sanitärkomfort (vom Waschbecken/Bidet bis zum eigenen Hygieneblock). Empfehlenswertes Restaurant (siehe Essen). DZ 18–45 €, Frühstück 5,50 €. Ganzjährig geöffnet. Rue Jean Jaurès 2–4, ✆ 02.97.25.74.10.

• *Jugendherberge* 25 Betten in 13 Zimmern auf der Ile des Récollets, an der Kreuzung der Wasserstraßen; übliche Jugendherbergspreise. Ganzjährig geöffnet. ✆ 02.97.25.58.27.

• *Essen* **Auberge de l'Ile (2)**, das Restaurant direkt am Fluss bietet feine Fisch- und Fleischgerichte. Im Sommer kann man sich das Essen direkt am Wasser neben einer großen Trauerweide schmecken lassen. Menüs von 15–32 €. Montag ganztags, Donnerstag und Sonntag abends geschlossen. Rue des Fontaines 3, ✆ 02.97.25.15.30.

La Petite Bretonne (4), die kleine Crêperie mit Terrasse liegt mitten im alten Zentrum. Schöne Fotos schmücken die weniger geschmackvoll gestrichenen Wände. Gute Crêpes von 1,50–7 €. Sonntag geschlossen. Rue du Fil 20, ✆ 02.97.25.73.49.

Sehenswertes

Château de Rohan: Standesgemäß residierten die Rohan-Herzöge ab dem Ende des 15. Jh. hinter dem Graben und den Mauern der Wehrburg. Der Turm, der die 20 m hohe, schnörkellose Außenfassade links flankiert, ist noch gewaltiger und dicker als sein rechter Bruder und das beliebteste Einzelmotiv der fürstlichen Wohnstatt. Das Schloss wurde aufwendig restauriert und ist seitdem Anziehungspunkt zahlloser Château-Fans. Jedes Jahr finden wechselnde Ausstellungen statt, Themen u. a.: "Hexen" oder "Die wundersame Welt der Automaten", eine Dauerausstellung zeigt Statuen von Gaston Schweitzer. Bei der Innenbesichtigung sehen Sie u. a. eine grazile Wendeltreppe, den Saal der Wachen, das Schlafzimmer der Herzöge und die Schlosskapelle.

Öffnungszeiten Im Sommer von 10.30–18.30 Uhr, ansonsten von Mittwoch bis Sonntag 10–12 und 14–18 Uhr. Im Dezember und Januar geschlossen. Erwachsene 4,50 €, Kinder 2 €, in der NS billiger. In der HS nachmittags täglich 3 Führungen: Erwachsene 6 €, erm. 2,50 €.

Kirche Notre-Dame-de-la-Joie: Auf dem Höhepunkt einer Ruhr-Epidemie 1696 wurde der bisherige Kirchenheilige und Schutzpatron der Stadt, St. Yves, entlassen, seine Nachfolgerin wurde die Jungfrau Maria zur Freude. Am 11. September 1696 überbrachte ihr die Bevölkerung das erste Mal wertvolle Weihegeschenke – dies ist der Ursprung des heutigen Pardons. Schmucklos und nüchtern ist der spätgotische Kirchenbau aus dem 16. Jh. So besuchen nur wenige Reisende die Kirche, in deren linker Seitenkapelle die Statue der Notre-Dame-de-la-Joie verehrt wird.

Altstadt: Der *Place du Martray* und die umliegenden Gassen geben mit ihren Häusern aus dem 16. und 17. Jh. noch immer ein lebendiges Beispiel, wie eine mittel-

Innerbretonisches Zentrum: Pontivy am Ufer des Blavet

alterliche Stadt ausgesehen hat. Den besten Eindruck von den typischen engen Gassen mit zum Teil vorkragenden Fachwerkhäusern erhalten Sie in der *Rue du Pont*, der *Rue du Docteur-Guépin* und der *Rue du Fil*. Das herrschaftliche Eckhaus an der *Rue du Général de Gaulle/Rue Lorois* mit seinen Ecktürmchen und Pilastern (Wandpfeilern) gehörte den Rohans und diente repräsentativen Zwecken: So trafen sich hier die von ihnen geladenen Jagdteilnehmer nach dem Halali.

Ville Napoléonienne: Die aufwendigsten Gebäude der neuen Stadt – Heimat von Militär und Verwaltung – liegen rund um den *Place A. Briand*. Die klassizistischen Säulen und Dreiecksgiebel der klein ausgefallenen Renommierbauten sind, dem damaligen Zeitgeschmack gemäß, Anleihen aus der Antike. Den zweistöckigen Bürgerhäusern der Planstadt, die die geraden Straßen und den begradigten Blavet säumen, wurde aus Geldgründen nur wenig architektonischer Schmuck gestattet – etwas eintönig ziehen sich die Häuserzeilen Napoléonvilles hin. Die Kirche der Neustadt, *St. Joseph*, wurde erst im späten 19. Jh. gebaut.

Pontivy / Umgebung

Sakrale Kunst, innerbretonische Ortsbilder und immer wieder unglaubliche Geschichten – von Pontivy aus lassen sich eine ganze Reihe von lohnenden Ausflügen unternehmen. Die so genannte Blavet-Rundfahrt, die um Pontivy herumführt, ist einer der interessantesten Circuits der Bretagne, den Sie sich je nach Zeit und Interesse individuell zusammenstellen können.

Stival: Der Besuch gilt der gotischen *Kirche St. Mériadec* (16. Jh.), genauer gesagt, den Fresken und Fenstern des kapellenartigen Gotteshauses. Ähnlich wie *St. Yves* widmete sich auch *St. Mériadec* den Unterprivilegierten, u. a. heilte er Taube,

Argoat
Karte S. 576

indem er vor ihren Ohren mit einem Goldglöckchen bimmelte. Die Fresken im Kirchenchor schildern Szenen seines Lebens. Der Schöpfer des schönsten Fensters ist ausnahmsweise bekannt: 1552 fertigte ein gewisser Jehan Le Flammant u. a. das Renaissancefenster mit der Darstellung der Wurzel Jesse. Wenn Sie Zeit und Interesse haben: Am Ortsausgang Stivals befindet sich noch ein St. Mériadec geweihter *Brunnen*.

Anfahrt Etwa 3,5 km nordwestlich von Pontivy an der D 764.

Kapelle Ste. Noyale: Eine religiöse Gruselgeschichte ist der Ursprung der einsam gelegenen Kapelle mit dem eigenartig geschwungenen, chinesisch anmutenden Glockenturm. Nach dem Motto "Wenn ich Dich nicht haben kann, soll Dich auch kein anderer haben," enthauptete ein verschmähter Liebhaber die spätere Heilige, die ihren Kopf vom Boden aufhob und nach Pontivy trug, um sich dort beisetzen zu lassen. Zum Kapellenensemble aus dem 15. Jh. gehören neben der Betkapelle, in der einige Lebensstationen der Noyale aufgemalt sind, ein einfacher *Calvaire* und ein alter heiliger *Brunnen* auf der anderen Straßenseite vor dem Waldrand: Die bunt angemalte, kopflose Märtyrerin hält vor dem grauen Gemäuer ihr blutiges Haupt in der Hand, aus dem Hals sprudelt tiefrotes Blut.

Anfahrt Ab Pontivy auf der D 2 km nach Noyal-Pontivy. Bei der Kirche in das "Ste. Noyale" beschilderte Sträßchen abbiegen (leicht zu übersehen) und 2,5 km nach Nordwesten.

Rohan: Hier entstand im Kleinen große Geschichte: Aus dem unscheinbaren Ort am Nantes-Brest-Kanal stammt das Geschlecht der Rohans, das die Geschicke dieses Teils der Bretagne über Jahrhunderte lenkte. 1104 erhob Alain, der erste Herzog der Rohans, den Weiler zur Stadt, doch zeigt sich die 600-Seelen-Gemeinde heute ländlich, der kleine Platz um das Rathaus in der Ortsmitte kommt durch seine ausgeprägte gemütliche Provinzialität zur Geltung. Die Kirche wächst ausnahmsweise abseits der Ortsmitte neben dem Kanal in die Höhe, dessen Schleuse und kleiner Vergnügungshafen ein zusätzlich beruhigendes Bildelement beisteuern. Als Zugabe laden die Uferwege des Kanals zu Spaziergängen ein.

Anfahrt Über Noyal-Pontivy 17 km auf der D 2 nach Osten.

• *Camping* ** **Municipal du Val d'Oust**, direkt am Kanal mit wenig hübschen, doch ordentlichen Sanitärs. Übersichtliches Gelände für 45 Stellplätze, Stromblocks, immer wieder Bäume auf dem Rasen. Geöffnet vom 15.6.–15.9. Rue de St. Gouvry, ✆ 02.97.51.50.33.

Quelven: Ein Granitdörfchen vom Feinsten in der Megapampa Morbihans, auf ihrem Hügel ist die Kapelle mit dem riesigen Turm ausnahmsweise weithin sichtbar. Auch bei strahlendstem Sonnenschein ist der Ort, der die Heilige Treppe und die Wallfahrtskapelle an ihrem großen Pardonplatz locker umrahmt, düster und mittags völlig ausgestorben. Die *Kapelle Notre-Dame-de-Quelven* (Ende 15. Jh.) in den Ausmaßen einer Kirche besticht vor allem außen. 70 m ragt der Turm hoch, Höhepunkt der Fassadengestaltung ist die Vorhalle an der Südseite. Kostbarstes Stück des Kirchenschatzes ist eine seltene *Statue Ouvrante*, eine aufklappbare Marienfigur, in deren Innerem auf zwölf Reliefs Lebensstationen ihres göttlichen Sohnes festgehalten sind. Die Statue ist normalerweise weggeschlossen, nur zu den großen Festtagen wird sie der Gemeinde gezeigt.

• *Anfahrt* Pontivy südöstlich Richtung Bubry auf der D 2 verlassen. Nach etwa 7 km rechts ab auf die D 2B nach Quelven.

• *Pardon* Am 15. August gut besuchte Wallfahrt zu Ehren der Jungfrau Maria von Quelven. Nach der Prozession entfacht ein Engel das traditionelle Freudenfeuer. Die Feierlichkeiten beginnen schon am Vorabend.

Der Pardonplatz von Quelven

Melrand *(ca. 1700 Einwohner)*: Das ungewöhnlichste Detail des stillen Orts aus grauem Granit ist der *Calvaire* am Ortsausgang nach Bubry. Statt der Queräste ragen in Melrand zwölf Apostelköpfe aus der Säule, die das Kreuz trägt; ganz oben am Kreuz eine Dreieinigkeitsgruppe – über Christus thront sein göttlicher Vater mit der Taube des Heiligen Geistes auf dem Bauch.

Anfahrt Von Quelven zurück auf die D 2, Richtung Bubry. Melrand liegt an der D 2.

St. Nicodème: Unterhalb der Straße duckt sich die riesige Kapelle (16. Jh.) in eine Mulde – doch der gewaltige Turm zeigt schon von weitem ein ungewöhnliches Architekturstück an. Späte, ausgefeilte Gotik vereinigt sich mit früher, noch schüchterner Renaissance, die dem Gotteshaus ebenfalls ihren Stempel aufdrückt. Innen sind die Schnitzereien am Gesims und das Holzgewölbe die Glanzpunkte der Ausstattung. Vor der Kirche ein spätgotischer *Brunnen* (1608), die drei üppigst verzierten Spitzgiebel über den drei Becken machen ihn zu einem der schönsten Exemplare seiner Art.

Anfahrt Kürzeste Strecke ab Pontivy auf der D 768 nach Süden Richtung Baud, nach etwa 12 km rechts ab auf die D 1, dann noch 2 km.

Casténnec: Hier stand einst die befestigte römische Stadt *Sulim*, um deren Statue es so viel Hin und Her gab (siehe unten, Quinipily). Von dem Oppidum an der Kreuzung zweier Römerstraßen ist nichts mehr zu sehen. Auf einem Grat hoch über dem Blavet erlaubt ein Aussichtstürmlein weit schweifende Blicke auf das Tal samt Fluss, Eisenbahn und Spielzeughäuser. Das verträumte Dörfchen unterhalb heißt *St. Nicolas-des-Eaux*, ist der Abfahrtshafen für Blavet-Fahrten (siehe Pontivy/Bootsausflug) und besitzt einen romantischen Yachthafen sowie einen kleinen 2-Stern-Camping.

Anfahrt Ab St. Nicodème der Straße folgen, durch St. Nicolas, links halten und der Flussschleife nach auf den gegenüberliegenden Hügel hinauf.

Argoat
Karte S. 576

Baud *(ca. 5000 Einwohner)*: Sogar etwas Wald gibt es in der Heide von Lanvaux, wo die Bretagne fruchtbar und lieblich ist. Die Bewohner der Gemeinde leben in der Mehrzahl in der malerisch zusammengedrängten alten Oberstadt, auf dem Hügelzug über dem Evel-Tal am Nordufer des Flusses. Die *Kapelle Notre-Dame-de-la-Clarté*, an die Ortskirche angebaut, beherbergt eine Marienstatue der Jungfrau zur Klarsicht, deren Fürbitte Augenleiden beenden kann. Ihr Pardon ist am ersten Julisonntag. Neben der Kapelle besitzt das Provinzstädtchen seit einigen Jahren eine weitere Sehenswürdigkeit. Das *Conservatoire régional de la carte postale* weihte 1996 die ständige Ausstellung *Cartopole* ein, die sich ganz der Postkarte des beginnenden 20. Jahrhunderts in der Bretagne widmet. Der Besucher bekommt eine Auswahl der mittlerweile 30 000 Postkarten der Einrichtung gezeigt, erfährt Interessantes zur Geschichte (Texttafeln am Eingang auch auf Englisch) und kann sich durch eine Diashow in vergangene Zeiten zurückversetzen lassen. Seit 2003 sind unter www.cartolis.org 15 000 der Karten auch online verfügbar. Eine sehr gelungene Ausstellung für alle, die gerne erfahren möchten, wie die Bretagne den ersten Touristen begegnete.

• *Informationen* O.T. am Place Mathurin Martin, nur in der HS, ✆ 02.97.39.17.09, www.paysdebaud.com.

• *Öffnungszeiten* von Cartopole: Mitte Juni bis Mitte September täglich 9.30–12.30 und 14–18 Uhr. Sonst nur Mi, Do, Sa und So 14–17.30 Uhr. Im Januar geschlossen. Erwachsene 4 €, erm. 3 €.

• *Anfahrt* Ab Pontivy auf der D 768 24 km nach Süden.

Guénin: Die kleine Gemeinde 6 km nordöstlich von Baud eignet sich als Ausgangspunkt für Spaziergänge durch die Region. Besonders lohnenswert ist ein Ausflug zu den Kapellen *Maneguen* (16.Jh.) und *St. Michel* (18.Jh.). Der 165 Meter hohe Hügel *Maneguen* (bret. weißer Berg) erhielt seinen Namen, nachdem er um das Jahr 1300 über mehrere Tage in hellem Licht erstrahlte. Ungefähr 400 Jahre später wurde auf seinem Gipfel eine dem Heiligen Michael geweihte Kapelle errichtet, die noch heute das Ausflugsziel gläubiger Bretonen ist. Wer den Ort ohne religiöse Motive aufsucht, kann den Ausblick über die Landschaft genießen und auf einem Netz kleiner Pfade die Umgebung erkunden.

• *Anfahrt* Von Baud auf der D 197 nach Guénin, anschließend auf derselben Straße weiter nach Locminé. Etwa 2 km hinter Guénin sind die Kapellen links ausgeschildert.

• *Übernachten* Wer etwas abseits der in der HS völlig überlaufenen Küste um Carnac und Quiberon unterkommen möchte, kann dies im *Chambre d'hôte* bei Mr und Mme Le Bouter tun. Die freundliche Unterkunft bei Guénin ist ein idealer Ausgangspunkt für Ausflüge in die Region. Auf Vorbestellung kann man an den bretonischen Mahlzeiten des Ehepaars teilnehmen. DZ 44 € inkl. Frühstück. Kerchassic, ✆ 02.97.51.12.42, elisabethlb@wanadoo.fr.

Quinipily: Es geht einzig und allein um die geheimnisumwitterte *Venus von Quinipily*. Im früheren Park des kaputten Schlosses Quinipily, 2 km südwestlich von Baud, führt die einst angebetete, umkämpfte, umgesiedelte und verunstaltete Statue auf ihrem Granitsockel an einem monumentalen Brunnenbau heute ein beschauliches Leben. Das war nicht immer so.

Bis 1660 war die Figur am Aussichtspunkt von Castennec zu Hause, wo wahrscheinlich die Legionäre der römischen Garnisonsstadt *Sulim* ihren Kult gepflegt haben: Die Venus von Quinipily soll in ihrer Jugend – eine der malerischsten Theorien – die ägyptische Göttin Isis gewesen sein, der ein in der Antike beliebter Potenz- und Fruchtbarkeitskult gewidmet war. Als die Römer weg waren, übernahmen die örtlichen Bretonen die Verehrung der liebesfördernden Statue mit den ausgeprägt weiblichen Formen. Überliefert ist, dass Frauen, die ein Kind wollten, inbrünstig ihren Körper an der Venus von Quinipily rieben, um schwanger zu werden. Der Bischof von Vannes konnte dem heidnischen Treiben nicht tatenlos zusehen: Dreimal wurde die Figur auf seine Anordnung hin in den Blavet geworfen, dreimal wurde sie wieder herausgefischt und aufgestellt. 1669 wurde sie schließlich nach Quinipily geschafft, von der Kirche gedungene Steinmetze meißelten an der nackten Statue herum und versahen sie notdürftig mit steinerner Kleidung. Schöner wurde sie durch die kirchliche Zensur nicht. Doch die anrüchige Plastik wurde so wirkungsvoll entschärft, dass der Zulauf zu ihr nachließ und der Bischof sich beruhigt anderen Aufgaben zuwenden konnte. Reibefälle wurden keine mehr bekannt. Nach soviel Geschichte ein praktischer Hinweis: Um die Details gut zu sehen, ist ein Fernglas oder ein starkes Teleobjektiv angebracht.

Anfahrt Von Baud Richtung Hennebont, in Coët Vin links und 500 m zum Parkplatz.

Öffnungszeiten Von Mai bis Oktober täglich 10–19 Uhr. Von November bis April täglich außer Dienstag von 11–17 Uhr.

Lac de Guerlédan (See von Guerlédan)

Alle zehn Jahre wird der von Menschenhand geschaffene See abgelassen. Dann taucht auch das versunkene Dorf der Schieferarbeiter wieder auf. In den langen Jahren dazwischen bedeckt das gestaute Wasser des Blavet-Flusses fjordähnlich die einstigen engen Täler einer spärlich besiedelten, von dichtem Grün bedeckten Hügellandschaft.

Noch in den ersten Jahrzehnten des letzten Jahrhunderts war die Bretagne, verglichen mit Frankreich, ein Drittweltland. Der See von Guerlédan war ein zentrales Projekt zur Förderung der Halbinsel. 1929 wurde der Staudamm gebaut, seit 1931 versorgt das Wasserkraftwerk der Anlage die Bretagne mit Strom. Dafür mussten

Blick auf den Lac de Guerlédan

Argoat Karte S. 576

nicht nur einige Familien weichen: Durch die Überflutung des Blavettals wurde auch der Lauf des Nantes-Brest-Kanals unterbrochen. Auf einer Fläche von 10 qkm breiten sich die Wasser des Lac du Guerlédan am buchtenreichen Ufer aus und dienen neben der Energiegewinnung der Freizeitgestaltung eines wasserbegeisterten, hauptsächlich französischen Publikums.

Circuit de Lac de Guerlédan

Die um den See angebotene Rundfahrt gehört zu den weniger spektakulären bretonischen Circuits. Die meisten Ziele, die zum Ansteuern empfohlen werden, entpuppen sich vor Ort als höchstens charmant, im schlechtesten Fall als ein Flop. Angemerkt sei auch, dass die Rundfahrtstrecke nur sehr partielle Blickkontakte zum See erlaubt – meist schlängelt sich das schmale Asphaltband in einigem Abstand an dem versteckten See vorbei, nur einige Stichstraßen führen gelegentlich an die Uferzone. Aber: Wer läuft, kann den stillen Guerlédan-See richtig genießen. Direkt um die Wasserfläche, gleich unterhalb der unmittelbar aufsteigenden Hügel, führen abgasarme Wander- und Promenadenwege um den verlockend glitzernden See. Hauptanziehungspunkt am Seeufer ist Beau Rivage – ein erschlossenes Uferstück, das sich ganz dem Badetourismus widmet.

St. Aignan: Ein möglicher Startpunkt ist das 600-Seelen-Dorf am Blavetufer, etwa 3 km vor See und Staudamm an der D 31. In der *Kirche* aus dem 12. Jh. können Sie sich eine geschnitzte Wurzel Jesse und eine Darstellung der Dreifaltigkeit ansehen und im *Musée de l'Electricité* auf den Staudamm einstimmen. Das kleine, lustige Museum am Ortsausgang Richtung Staudamm (*barrage*) informiert über die Geschichte des Dammbaus und zeigt diverse technische Details; u. a. Turbinen, Pumpen oder Signalapparate, die Sie zum Teil auch bedienen dürfen.

Öffnungszeiten des Museums Vom 15.6.–15.9. täglich 10–12 und 14–18.30 Uhr. Eintritt 3,50 €, Kinder bis 18 Jahre 1,70 €. ✆ 02.97.27.51.39.

Barrage de Guerlédan *(Staudamm)*: Das letzte Stück der Straße führt kurvenreich und zügig hinauf zu einem Parkplatz. Hoch oben auf einer Aussichtsplattform blicken Sie in das Blavet-Tal hinab oder Sie konzentrieren sich auf den riesigen Staudamm, der die Fluten des Blavet zurückhält. Einige Zahlen: 45 m hoch, an der Basis über 33 m dick, 206 m lang, staut er seit 1929 an einer Engstelle der einstigen Blavet-Schlucht 55 Millionen Kubikmeter Wasser auf 400 ha, sein Kraftwerk liefert jährlich 23 Millionen kWh Strom. Im *Musée de l'Electricité* des Kraftwerks erhalten Sie detaillierte Informationen (Anmeldung über die Tourist-Info in Mur-de-Bretagne).

Anse de Sordan *(Bucht von Sordan)*: Eine kleine Bucht mit Zugang ins Wasser (Badegäste/Boote), einer Anlegestelle der Seerundfahrtschiffe inkl. Tretbootverleih, Parkplätzen, einem Snackbar-Grillrestaurant und einem Municipal-Camping. Kurzum – ein Zentrum der aktiven Freizeitgestalter am See und mittags ein beliebter Picknickplatz.

Camping ** **Municipal Anse de Sordan**, seenah, mit schattigen Stellplätzen und aufgefrischten Sanitärs. Geöffnet von 15.6. bis 15.9. Günstiger Strombezug vom Staudamm. ✆ 02.97.27.52.36.

Les Forges des Salles: Das Dörfchen mit Schloss in einem Wiesental im 2500 ha großen *Fôret de Quénécan* abseits vom See lebte einmal von seinen Schmieden, die bis ins 19. Jh. hartes Qualitätseisen herstellten. Heute lebt es ruhig und abseits der

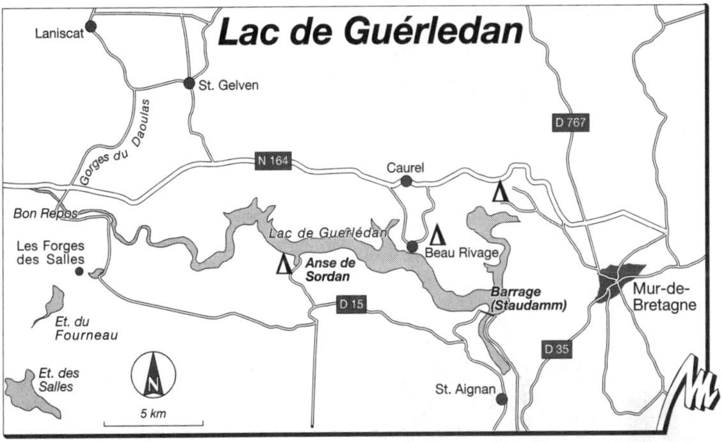

Stahlproduktion am Rande des Hochwalds vor sich hin. Von hier aus ist ein kurzer Abstecher zum verschwiegenen *Etang des Salles* möglich, dem Saalweiher, und zum frisch restaurierten *Schloss les Salles* aus dem 18.Jh., das mit seinem ebenfalls wiederhergestellten Ensemble einen Einblick in die untergegangene Welt bretonischer Eisenherstellung gibt. Um den Wohntrakt mit dem kleinen Park gruppieren sich u. a. die Werkstätten einer Eisengießerei, die alte Schule und das Haus des Schmieds.

• *Weg* Zum Château les Salles von Les Forges des Salles knapp 2 km Richtung Ste. Brigitte, rechts auf einen unscheinbaren Fahrweg.

• *Öffnungszeiten* Von Ostern bis Oktober an den Wochenenden und Feiertagen von 14–18.30 Uhr. Juli/August täglich 14–18.30 Uhr. ✆ 02.96.24.95.67.

Bon Repos: Die Straße führt direkt an dem Ensemble vorbei: Eine intakte *Schleuse*, das *Haus des Wärters* und die Fassade eines halb zerstörten *Klosters* bilden die Zugaben zu einer alten *Steinbrücke*, die den Verkehr über den Nantes-Brest-Kanal leitet. Der Kanal, hier identisch mit dem Blavet, erlaubt kleinen Booten die Fahrt von Châteaulin zum Lac de Guerlédan. Die Gründung des Klosters geht auf das Jahr 1184 zurück. Nach einer ersten Zeit des Reichtums wurde es im 16.Jh. in Kriege verwickelt und kam herunter. Durch das Wirken des Abts Saint Geniès bekam die Anlage im 18. Jh. ihr heutiges Aussehen, bevor sie um 1800 endgültig verlassen wurde, und nach und nach verfiel. Seit 1986 hat sich ein Unterstützerverein dem Wiederaufbau und der Renovierung verschrieben, zum 20. Geburtstag des Projekts soll in den restaurierten Flügeln ein Kulturzentrum seine Pforten öffnen. Die mächtigen Klosterruinen neben der nostalgischen Wasserstraße dienen schon seit vielen Jahren als stimmungsvolle Fassade eines lokalen Ausflugszentrums samt Restaurant, Souvenirladen und Mineralienausstellung. Hinweis: Im Sommer ist die verschlafene Idylle dahin, wenn der Picknickplatz an der alten Schleuse voll belegt ist und sich ganze Busgesellschaften die Füße vertreten.

• *Öffnungszeiten* Juli und August täglich von 11–19 Uhr, von September bis Juni 14–18 Uhr außer Samstag. Erwachsene 3 €, erm. 1,50 €.

• *Veranstaltungen* Im Sommer steht bei einem großen *Spectacle son et lumière* die Klosterruine in Flammen. Außerdem finden von Frühling bis Herbst regelmäßig Konzerte statt, deren Erlös zum weiteren Wiederaufbau des Klosters beitragen. Infos unter 02.96.24.82.20.

Idylle bei Bon Repos

• *Übernachten* **Les Jardins de l'Abbaye**, in einem Natursteinhaus unmittelbar neben der Klosterruine bietet dieses kleine Hotel 5 gleiche Zimmer mit Bad und WC. Ein idealer Ausgangspunkt für ausgedehnte Spaziergänge entlang des zumindest im Frühling und Herbst völlig verlassenen und idyllischen Kanals. DZ 46 €, Frühstück 6 €. Bon Repos, Saint Gelven, ✆ 02.96.24.95.77, lesjardinsdelabbaye@wanadoo.fr.

Daoulas-Schlucht *(Gorges du Daoulas)*: Wasser, Felsen, Heidekraut und Ginster. Die Bezeichnung Schlucht ist etwas hoch gegriffen für das kurvenreiche Tal, das sich vor Ort als harmloses Schlüchtchen entpuppt. Schnell fließendes Wasser hat sich ein tief eingeschnittenes Bett im Schiefer geschaffen und einigen Felsen im Laufe der Äonen ein seltsames Aussehen verschafft.

Laniscat: Das *Glockenrad* (*roue à carillon*) in der Pfarrkirche lockt immer wieder Touristen in das Dörfchen hinter dem Guerlédan-See. Früher an Festtagen in Betrieb genommen, hängt es heute unerreichbar hoch an der Wand. Der Zug eines mittlerweile abgenommenen Seils brachte ein Rad von einem Meter Durchmesser zum Drehen, an dem klingende Glöckchen befestigt sind, die eine kleine Melodie klingelten. Das Glockenrad, nur in geringen Stückzahlen im 17. und 18. Jh. hergestellt, wurde zur akustischen Untermalung der Kommunion eingesetzt und gilt als die christliche Fortsetzung der keltischen Sonnenräder, die zum Deuten der Zukunft benutzt wurden. Heute gibt es in der Bretagne nur noch fünf derartige Exemplare. Wer bimmelt, darf sich etwas wünschen, und der Himmel erfüllt diesen Wunsch. Deshalb heißt das Glockenrad auch Glücksrad, *roue de fortune*.

Beau Rivage: Besonders lustig sind die vor sich hinrostenden Eisenmonster beim Bootsverleih, besonders schön die Fußwege am Seeufer. Unter abfallenden Hügeln auf einer Landzunge ist Beau Rivage die unangefochtene Urlauber-Zentrale am Guerlédan-See, hier geht es ab: Bar, Restaurant, Hotel, Campingplätze, Minigolf, Telefonzellen, Sandstrand, Anlegestelle, Bootsverleih – es ist alles da und wird in der Hochsaison auch voll genutzt. Ab September aber zieht wieder Ruhe ein und die Einrichtungen schließen so langsam ...

• *Bootsverleih* An der Anlegestelle liegen bereit: Tretboote, Ruderboote, Kajaks.

• *Schiffsrundfahrt* Die "Duc de Guerlédan" I und II sorgen während der Saison für die Personenbeförderung auf dem See. An verschiedenen Haltestellen kann zu- und ausgestiegen werden. Auch Kreuzfahrten und Fahrten mit Schiffsmenu-Angebot. Von März bis November. Les Vedettes de Guerlédan, ✆ 02.96.28.52.64.

• *Übernachten* ** **Hotel-Restaurant Le Beau Rivage**, das nüchterne Etablissement von Logis de France am Seeufer ist im Januar geschlossen. 8 Zimmer, das Restaurant ist auf ein zahlreiches Ausflugspublikum eingestellt. Menus ab 15 €. DZ 43–51 €, HP 42–50 €. Caurel, ✆ 02.96.28.52.15.

• *Camping* **** **Nautic**, abgelegen mitten in der menschenleeren Pampa hoch über dem See und gestalterisch der grünüber-

Das Château de Rohan in Pontivy ▲▲
Pontivy verkehrt – abendliche Spiegelung im Blavet ▲

▲ Wallfahrtskirche St. Herbot

Fassadenmalerei in Fougères ▲

Fachwerkensemble in Rennes ▲▲

Paimpol ▲

▲▲ Pause vom Alltag – Café in Rennes
▲ Fougères – die imposante Burganlage

wucherten Landschaft angepasst (Anfahrt beschildert). Ein angenehmer Aufenthalt ist hier gut möglich. Optischer Mittelpunkt der terrassenförmig abfallenden Anlage ist der Swimmingpool, wo Sie die Schwimmer/innen wie im Aquarium beobachten können. Die Sanitärs sehen Wohnbungalows zum Verwechseln ähnlich. 80 Stellplätze. Geöffnet vom 15.5.–25.9. ✆ 02.96.28.57.94, www.campingnautic.fr.st.

** **Les Pins**, direkt hinter der Anlegestelle von Beau Rivage; ein angenehmes Rasengelände mit Birken und Apfelbäumen, für das im Sommer unbedingt Reservierung nötig ist. Wasserskizentrum, kleiner Lebensmittelladen. 60 Stellplätze. Geöffnet vom 1.4.–30.9. ✆ 02.96.28.52.22.

** **Le Guerlédan**, ein Stück nach dem Les Pins, die beiden gehören zusammen. Apfelbäume auf dem Rasen, über die Straße geht es zum See. Etwas einfacher als der Nachbar. 85 Stellplätze. Geöffnet vom 1.4.–30.9. ✆ 02.96.26.08.24.

• *Essen* Gleich neben dem hier konkurrenzlosen **Restaurant Le Beau Rivage** stillt die **Crêperie du vieux Moulin** unter dem Schieferdach einer modernen Kurzpyramide den kleineren Hunger.

Mur-de-Bretagne *(ca. 2200 Einwohner)*: Ein freundlich-harmloses Bretonenstädtchen, das sich unauffällig durch die Jahrhunderte schmuggelte. Neben seinem Feinschmecker-Restaurant (siehe Essen) erwähnenswert sind noch der stimmungsvolle *Kirchenplatz* mit einigen alten Häusern und die *Ste.-Suzan-Kapelle* am höher gelegenen westlichen Ortsrand, in der ein sichtlich geplagter Teufel die Kanzel tragen muss. Bei der Kapelle steht der vielleicht jüngste *Cromlech* der Bretagne: Erst 1958 richteten einige starke Männer der Stadt zwölf etwa ein Meter lange Steine zu einem Dolmen um eine Steinplatte auf. Rätselhaft.

• *Postleitzahl* 22530

• *Information* Im science-fiction-artigen Pavillon du Tourisme neben der Kirche. Hier ist man für den ganzen Guerlédan-Sec zuständig und hier spricht man auch Deutsch. In der HS Mo–Sa 10–12.30 und 14–18.30 Uhr, So 10.30–12.30. In der NS nur Mo–Fr 10–12 und 14–17 Uhr. Place de l`Eglise, ✆ 02.96.28.51.51, otsi.guerledan@wanadoo.fr.

• *Verbindung* Mur-de-Bretagne liegt verkehrstechnisch günstig direkt an der häufig befahrenen **Bus**linie Carhaix-Plouguer–Loudeac. Werktags mindestens 5 Busse in beide Richtungen, im Sommer bedeutend mehr. Haltestellen am Lac de Guerlédan sind Caurel, St. Gelven und Bon Repos.

• *Bootsverleih* Kanus und Kajaks beim **Club F.F.C.K.**, ✆ 02.96.26.30.52 am Plage du Rond Point. Auch Tretboote gibt's an diesem Strand, ✆ 02.96.28.57.29.

• *Fahrradverleih* in der **Base de plein air**

• *Markttag* Nur im Sommer am Freitagnachmittag bis -abend.

• *Minigolf* Im öffentlichen Park beim Rathaus. Spielregel: Wer die Kugel mit den wenigsten Schlägen in den vorgesehenen Löchern versenkt, hat gewonnen. Geht allerdings nur in der HS.

• *Übernachten* *** **Auberge Grande Maison**, stilvolles Anwesen unterhalb vom Kirchenplatz, das Entrée mit Verdienstplaketten geschmückt. Gourmets ist das "Große Haus" ein Begriff. Die Vermietung der 9 Zimmer – vom guten DZ mit Dusche/WC bis zum Chambre de Luxe – ist neben dem Geschäft mit dem Gaumenkitzel fast nebensächlich. Vier wechselnde Menus, das günstigste 26 €, das teuerste 70 €. Für 90 € gibt's ein Feinschmeckermenü für den ganzen Tisch. Spezialitäten sind z.B. Entenpastete, Kartoffelgalettes oder "Hummer in fünf Akkorden". DZ 55–105 €, HP 105–155 €. Rue Léon Le Cerf, ✆ 02.96.28.51.10, grandmaison@armornet.tm.fr.

• *Camping* ** **Municipal**, neben einem Jugendferienlager in schöner Lage über dem See (Anfahrt von Mur-de-Bretagne nach Westen zum See, beschildert). Terrassenförmige, von Heckenwällen eingefasste Wiesenplätze ziehen sich steil hangwärts über dem See hinter einer kleinen Staumauer hinauf. Die Sanitärs sind in der Hochsaison ordentlich ausgelastet. 133 Stellplätze. Geöffnet vom 15.6.–15.9. ✆ 02.96.26.01.90 (HS) oder 02.96.28.51.32 (NS).

• *Essen* Siehe Übernachten. Die exzellente Küche der **Auberge Grand Maison** findet selbst im strengsten Gourmetführer anerkennende, ja lobende Aufmerksamkeit.

Argoat Karte S. 576

Guingamp

(ca. 9000 Einwohner)

Zwischen den Strumpfgeschäften, Spezereiläden und Boutiquen der Fußgängerzone öffnet sich das prächtige Portal der Basilika. Hausfrauen unterbrechen ihren Einkaufsbummel, um in der Ruhe der kerzenerleuchteten Vorhalle der Schwarzen Madonna ein Licht anzuzünden.

Der Kult um die seltene Marienfigur ist das kulturell-religiöse Ereignis im Leben Guingamps. Der alljährliche Pardon zu Ehren Marias lockt Tausende von Pilgern aus der ganzen Bretagne in die Stadt am *Trieux-Fluss*. Dann ist der medaillonförmige Platz im Zentrum der Altstadt, von mittelalterlichem Fachwerk eingerahmt und von der Basilika bewacht, Schauplatz ausgelassener Festlichkeiten. Den Rest des Jahres mischen sich nur Touristen in den geschäftigen Alltag der Stadt.

Guingamp, der alte Verkehrsknotenpunkt zwischen Armor und Argoat, in dessen Altstadt die Zeit stehen geblieben zu sein scheint, hat sich nach dem Zweiten Weltkrieg zu einem lebhaften landwirtschaftlichen Zentrum entwickelt. Die Ansiedlung der französischen Telefongesellschaft Cit-Alca-Tel in den 60ern setzte auch industrielle Impulse: In den neuen Industriezonen am Stadtrand entstanden dringend benötigte Arbeitsplätze. In der französischen Sportöffentlichkeit gilt Guingamp als unkalkulierbare Größe. Die nun schon seit mehreren Jahren in der ersten Liga kickende Fußballmannschaft *En Avant de Guingamp* (Vorwärts Guingamp) hat durch außergewöhnliche Siege über klare Favoriten mehrmals für Furore gesorgt.

Geschichte

Guingamp leitet sich ab aus dem bretonischen *Gwen* (weiß) und *Gamp* (Lager). Bereits in römischer Zeit war der Ort ein wichtiger Verkehrsknotenpunkt und Garnisonsstadt. Nach der Invasion der Normannen taucht der Name im 11./12. Jh. erstmals in Karten und auf Münzen auf. Rund um die Burg hoch über dem Trieux-Fluss wuchs langsam ein mittelalterlicher Stadtkern heran, der im 13. Jh. mit einer Stadtmauer umschlossen wurde. Bereits zu dieser Zeit war Guingamp ein bekannter Wallfahrtsort für die Schwarze Madonna. Es entwickelte sich zu einem aktiven Handelsplatz und wurde, mit einer soliden Garnison ausgestattet, Verwaltungszentrum der Grafschaft Goëllo und später des Herzogtums Penthièvre. Nachdem ein großer Teil des Ortes während des bretonischen Erbfolgekrieges zerstört wurde, kam Mitte des 15. Jh. frischer Wind in die Stadt: *Pierre II.,* Herzog der Bretagne, zog ins renovierte Schloss ein und brachte die Stadt auf Vordermann. Neue Wälle, Wachtürme und vier Stadttore garantierten trotz unruhiger Zeiten einen wirtschaftlichen Aufschwung für die fleißigen Bürger, die in ihrem Handwerk, der Baumwollweberei, den besten Ruf genossen.

Jäh im Frühling 1626 endete Guingamps erstes goldenes Zeitalter: Im Zuge seiner absolutistischen Politik, die dem König die aristokratischen Widersacher vom Leib halten sollte, ließ *Richelieu* das Schloss schleifen. Ein neuer Aufschwung folgte gegen Ende des 17. Jh. mit dem Einzug der Ursulinerinnen und Augustinerinnen. Sie errichteten ein Kloster und Wirtschaftsgebäude und verhalfen der Stadt zu neuer Blüte. Mehrgeschossige noble Bürgerhäuser umringten die Basilika, am Stadtrand, durch keine Mauern mehr beengt, entstanden nahtlos neue Viertel.

Von 1800–1914 verdoppelte sich die Bevölkerung auf ihren heutigen Stand von 9000 Einwohnern. Mit dem Bau der Bahnlinie Paris – Brest zu Anfang des 20. Jahr-

La Pompe – die Pumpe – vor der Kulisse der Basilika

hunderts entwickelte sich Guingamp zu einem lebhaften Handelszentrum und stieg nach dem Krieg zur zweiten Unterpräfektur des Départments Côtes-du-Nord auf. Während des Zweiten Weltkrieges war Guingamp ein bedeutendes Widerstandszentrum. Am 7. August 1944, dem Tag der Befreiung von den deutschen Truppen, wurde der 60 m hohe Turm der Basilika von einer Bombe getroffen und fast vollständig zerstört (wiederaufgebaut 1955).

Information/Verbindungen

- *Postleitzahl* 22200
- *Information* Tourismusbüro auf dem Platz gegenüber dem Rathaus. Im Juli und August organisieren die Mitarbeiter begleitete Führungen durch die Stadt und die Basilika. Das ganze Jahr über von 10–12 und 14–18 Uhr. Im Juli und August Mo–Sa, von März bis Juni und im September Mo und Mi geschlossen, den Rest des Jahres über zusätzlich noch Do geschlossen. Place Champ-au-Roy, ✆ 02.96.43.73.89, www.ot-guingamp.org.
- *Verbindung* **Busse** starten und halten am Bahnhofsvorplatz. Gute Verbindungen mit Paimpol, Lannion und St. Brieuc.

Zug: Guingamp liegt an der Hauptstrecke Paris–Brest. Mehrmals täglich superschnell mit dem TGV nach Brest (1 Stunde) und über Rennes (umsteigen) nach Paris (3 Stunden). Regionalzüge fahren nach Paimpol oder Lannion, bis zu 7-mal täglich nach St. Brieuc und Morlaix. Bahnhof im Südosten der Stadt, am Boulevard Clemenceau.

Argoat
Karte S. 576

Diverses

• *Fahrradverleih* **Mr. Lancien**, Boulevard Gambetta 3 am Ortsausgang, bereits in der Gemeinde Ploumagoar. ✆ 02.96.44.21.58.

• *Feste* Am ersten Sonntag im Juli, also am Tag nach dem wichtigen Pardon, findet ein großes Fest mit über 1000 Kindern aus der ganzen Bretagne als Darsteller statt: Nach einem Umzug am Vormittag geht es anschließend zum bunten **Spectacle folklorique** im *Jardin public*. Die große Festwoche der bretonischen Tänze, die **Fête du Saint Loup** (2004: 14. bis 22. August), wird Mitte August begangen. Über die ganze Stadt verteilt bieten mehrere Bühnen bretonische Folklore. Ein Tanzwettbewerb mit vielen Volkstanz- und Trachtengruppen mit anschließendem Fest-Noz auf dem Place du Centre krönt am Samstagabend die Festwoche. Ihren Ausklang findet sie bei einem großem Defilee der Teilnehmer am Sonntagnachmittag. Dabei wird auch die "Dérobée" getanzt, ein altertümlicher Volkstanz, bei dem die Männer versuchen, einander die Mädchen zu stehlen.

• *Markt* Freitagvormittag und Samstag auf dem Place du Vally gegenüber dem Rathaus.

• *Pardon* Am Samstag vor dem ersten Sonntag im Juli wird der Pardon für Notre-Dame-de-Bon-Secours gefeiert. Ab 21.30 Uhr wird die Schwarze Jungfrau in einer Lichterprozession durch die Stadt getragen. Im Beisein des Bischofs wird am Brunnen auf dem Place du Centre die Segnung vorgenommen. Anschließend werden Freudenfeuer entzündet, und das Fest endet in ausgelassener Heiterkeit (siehe Kasten "Die sündige Nacht der Vergebung").

• *Parken* Am problemlosesten auf den Parkplätzen nur einen Katzensprung außerhalb des Zentrums am Place du Vally.

Übernachten/Camping/Essen

*** **Le Relais du Roy (1)**, durch das Renaissance-Portal im Seitenhof des schönen Fachwerkhauses soll einst der König geschritten sein. Seither gilt das Relais als erste Übernachtungsadresse Guingamps. Nicht zu Unrecht: Neben dem Blick aufs Altstadtgeschehen bieten alle 7 Zimmer mit ihren furchtbaren Tapeten und schönen Möbeln Bad/WC/TV. Ein gediegenes Restaurant, in dem der Hotelbesitzer selbst kocht, vervollständigt das königliche Ambiente; Menus 28–35 €. DZ 70–100 €. Bis auf die Weihnachtsferien ganzjährig geöffnet. Place du Centre 42, ✆ 02.96.43.76.62.

** **Hotel d'Armor (5)**, modernisiertes, für den Preis gutes 23-Zimmer Hotel an der Straße, die zum Bahnhof führt. Alle Zimmer mit Dusche bzw. Bad und WC. Außerdem buntes Kabelprogramm im TV. DZ 41–55 €, Ganzjährig geöffnet. Boulevard Clemenceau 44, ✆ 02.96.43.76.16, www.armor-hotel.com.

** **Hotel de l'Arrivée (6)**, Bahnhofshotel direkt gegenüber den Bahnsteigen. 27 ordentliche Zimmer mit Dusche/WC oder Waschbecken/WC. Farb-TV in allen Zimmern. Kein Restaurant, Bar im Erdgeschoß. DZ 49–53 €. Ganzjährig geöffnet. Boulevard Clemenceau 19, ✆ 02.96.40.04.57, www.hotel-arrivee.com.

** **Hotel l'Hermine (3)**, Natursteinhaus mit spiegelverglastem Vorbau im Erdgeschoß. 12 durchschnittliche Zimmer, alle mit Dusche bzw. Bad/WC ausgestattet. Billard-Bar mit Cafébetrieb, günstiges Restaurant: Menu mit 2 Gängen ab 10 €, 3 Gänge 22 €. DZ ab 25 €. Ganzjährig geöffnet. Boulevard Clemenceau 1, ✆ 02.96.21.02.56.

Hotel au Petit Montparnasse (4), Kleinsthotel mit Pensionsatmosphäre auf dem Weg zum Bahnhof, verrät auch durch seine Ausstattung den leichten Hang der Herbergsmutter Marie für Plastiknippes aus dem Schaustellermilieu. Kunststoffmobiliar und Wachsrosen im Bar- und Restaurantabteil des Erdgeschosses, Tagesgericht und Menu ab 10 €. Sehr einfache Zimmer mit Waschbecken und Etagenklo. DZ ab 23 €, Frühstück 4 €. Boulevard Clemenceau 32, ✆ 02.96.43.72.17.

• *Camping* ** **Camping Municipal Milin Kerhé**, 3 km außerhalb der Stadt, im Ortsteil Pabu an der D 787 links ab und den Schildern folgen. Der Weg führt in einen idyllischen Talkessel des Trieux-Flusses, an dessen Ufer sich der Zeltplatz ausbreitet. Wiesenterrain ohne direkten Schatten, schöne Stellplätze und absolute Ruhe. Erstklassig gepflegte Sanitärs. Nur im Juli und August geöffnet. Milin Kerhé, ✆ 02.96.44.05.79 (HS) oder 02.96.13.59.59 (NS).

• *Restaurant* Hinter einer leuchtend blauen Fassade verbirgt sich die gemütliche **Crêperie St. Yves (2)**, in der Crêpes in allen Variationen zwischen 2 und 7 € auf der Speisekarte stehen. In der NS Montag und Sonntag geschlossen. Rue St. Yves 27, ✆ 02.96.44.31.18.

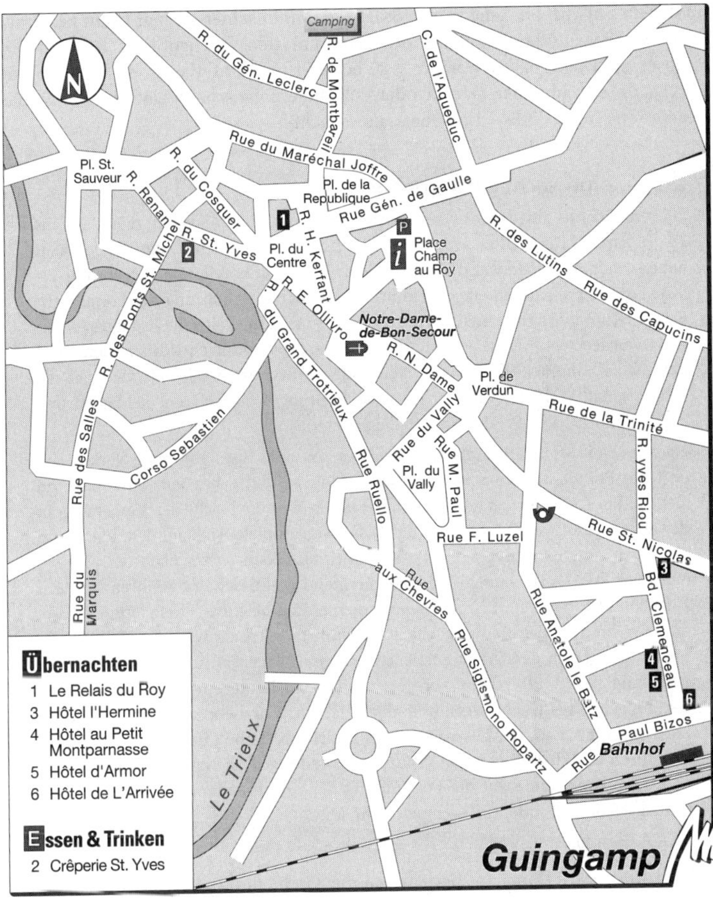

Sehenswertes

Kirche Notre-Dame-de-Bon-Secour: Der Baugrund der imposanten Basilika im Zentrum der Altstadt war bereits im 11. Jh. ein beliebtes bretonisches Wallfahrtsziel. Damals stand hier die romanische Kapelle der ersten Guingamper Burg, die der Heiligen Jungfrau geweiht war und schon früh viele Pilger anlockte. Die Kapelle wurde im 13. Jh. zum ersten Mal grundlegend renoviert bzw. gotisch umgestaltet. Das einträgliche Geschäft mit dem Glauben zog immer neue, prächtigere Vergrößerungen nach sich. Bis zum Ende des 15. Jh. war eine aufsehenerregende Kathedrale entstanden, deren drei Türme die Dächer der Stadt überragten und weithin sichtbar von der Gottgefälligkeit der Gemeinde kündeten. Bei den vielen, oft eilig ausgeführten Bauarbeiten muss einmal ein Fehler unterlaufen sein. Im Herbst 1535 stürzt der mittlere Turm der Westfassade ein und begräbt das halbe Kirchenschiff. Die Ausschreibung für den Neubau gewinnt der junge bretonische Architekt *Le*

Argoat
Karte S. 576

Moal. Sein Entwurf im Renaissance-Stil, bis dahin in seiner Heimat kaum bekannt, kann sich gegen den Vorschlag des renommierten Hochgotikers *Beaumanoir* durchsetzen. Die Arbeiten werden 1580 beendet und hinterlassen die zwitterhafte Basilika, die sich über den Dächern der Fußgängerzone erhebt: eine eindrucksvolle Melange aus Gotik (links) und Renaissance (rechts).

Die sündige Nacht der Vergebung

Die Geschichte des Pardons zu Ehren der Schwarzen Madonna reicht bis ins 13. Jh. zurück. Kreuzritter sollen die Marienskulptur aus dem Osten mitgebracht haben, und schon bald war die seltene Figur Mittelpunkt religiöser Verehrung. Einige Forscher vermuten einen heidnischen Brauch als Ursprung der Feier. Nach ihrer Meinung soll in grauer Vorzeit an dieser Stelle die keltische Erdgöttin angebetet worden sein, was, wie so oft, dazu führte, dass heidnische Rituale sich nahtlos mit katholischen Zeremonien verbanden. Mit diesem Hinweis versucht die Wissenschaft auch die orgiastischen Ausschreitungen zu erklären, die den Pardon bis in die Mitte des 19. Jahrhunderts begleiteten.

Nachdem die letzten liturgischen Gesänge vor dem Springbrunnen verklungen und die Freudenfeuer entzündet waren, ging es deftig her auf dem Place du Centre. Ein Chronist aus dem 19. Jh. berichtet über die Nacht der Vergebung, in der alles erlaubt war: "Die Menge der Büßer versammelte sich auf dem Platz, und alle lagen durcheinander auf der nackten Erde. Wenn es am nächsten Morgen hell wird, kehren viele junge Mädchen errötend und beschämt zu ihren Müttern zurück und haben dem Pfarrer eine Sünde mehr zu beichten." Kein Wunder also, dass der Bischof, der die Feierlichkeiten anführte, versucht war, die Wallfahrt zu untersagen. Doch der Druck der lebenslustigen Pilger war zu groß. So blieb die Anrufung der "Muttergottes-zur-guten-Hilfe" bis heute ein von den Bretonen freudig gefeiertes Heiligenfest, und alljährlich am Vorabend des ersten Julisonntags wird die schwarze Marienfigur vom Altarsockel geholt und in einem Fackelzug durch die Altstadt getragen. Die Ausschweifungen, die den Bischof früher so erzürnten, sind heute auf die Entzündung der drei Freudenfeuer reduziert und finden – jedenfalls öffentlich – nicht mehr statt.

Von der Rue Notre Dame aus betritt man die Kirche durch die Vorhalle. Hinter einem flackernden Meer von Kerzen thront die kleine, in der ganzen Bretagne einzigartige *Figur der Schwarzen Madonna* mit Jesuskind, bis heute Ziel zahlloser Pilger und Mittelpunkt des alljährlich stattfindenden großen Pardons von Guingamp. Von der Andachtskapelle führt eine gelegentlich klemmende Tür ins Kirchenschiff: ein Wald von Pfeilern und Säulen. Direkt unter dem Glockenturm der *Hauptaltar*, an den Seiten des Schiffes ruhen verschiedene Bischöfe und kanonisches Personal in ihren *Grabmälern* (zum Teil aus dem 14. Jh.). Bemerkenswert auch das *Fenster* über der Porte St. Jeanne, das in vier Glasbildern Episoden aus dem Leben einer großen Gönnerin der Stadt erzählt, der Ehefrau des Herzogs Pierre II., *Francoise d'Amboise*, die starken Anteil am Aufschwung des mittelalterlichen Guingamp und am Ausbau der Kathedrale hatte.

La Plomée: Am Place du Centre. Der erste, einfache Brunnen, den die Stadtverwaltung bauen ließ, stand ursprünglich weiter unten am Ende des spitz zulaufenden Platzes. Er wurde 1588 durch einen neuen Brunnen ersetzt und an seinen heutigen

Detail am Place du Centre

Platz verwiesen. Dort plätscherte er ungestört über 150 Jahre lang, bis 1743 der Magistrat den Wasserspender ganz neu und repräsentativer gestalten ließ. Für 1500 Livres wurde der Skulpteur *Yves Corlay* beauftragt, sein außergewöhnliches Modell zu realisieren: einen in Blei gefassten Granit-Springbrunnen, der auf geglückte Weise Renaissance-Elemente mit dem Louis-XV.-Stil vereinte. Der Springbrunnen oder "die Pumpe" (*la Pompe*), wie er im Volksmund genannt wird, gilt seither als Rarität in der Bretagne. Der Drei-Schalen-Brunnen, der konisch nach oben strebt, ist reich verziert mit Fabelwesen aus der antiken Mythologie, am unteren Becken starren vier Widderköpfe auf den Durstigen, darüber thronen weit schwingende Greife mit Pferdeköpfen und Löwengestalten. Auf dem oberen Becken spritzen geflügelte Nymphen aus schweren Brüsten Wasser; sie werden gekrönt von einer bleiernen Jungfrau, die mit ihrem zierlichen Fuß eine Schlange niederhält und aus dem Kopf Wasser sprüht.

Alte Häuser: Um den *Place du Centre* stehen 400 Jahre Stadtgeschichte – alte Bürgerhäuser in schwerem Granit und schönem Holzfachwerk. Hervorzuheben sind die Hausnummern 31 und 48, wo vormals die Garnisonskommandanten des 15. und 16. Jh. lebten, und das Haus Nr. 52, das der als "erster Grenadier der Republik" bekannt gewordene Hauptmann *La Tour d'Auvergne* zeitweilig bewohnte (siehe Kasten Carhaix). Im Seitenhof von Nr. 42 (*Hotel le Relais du Roy*) kann man ein Renaissance-Portal mit bauchigen Säulen bewundern.

Guingamp / Umgebung

Graces: Ein kleines Dörfchen 3 km westlich von Guingamp, etwas abseits der vierspurigen Nationalstraße. Das Ortszentrum wird überragt vom Turm der *Kapelle Notre Dame*, von der Herzogin Anna anlässlich ihres Besuches von Guingamp gestiftet und zwischen 1506 und 1508 erbaut; über dem Eingangsportal ist ihr

Argoat
Karte S. 576

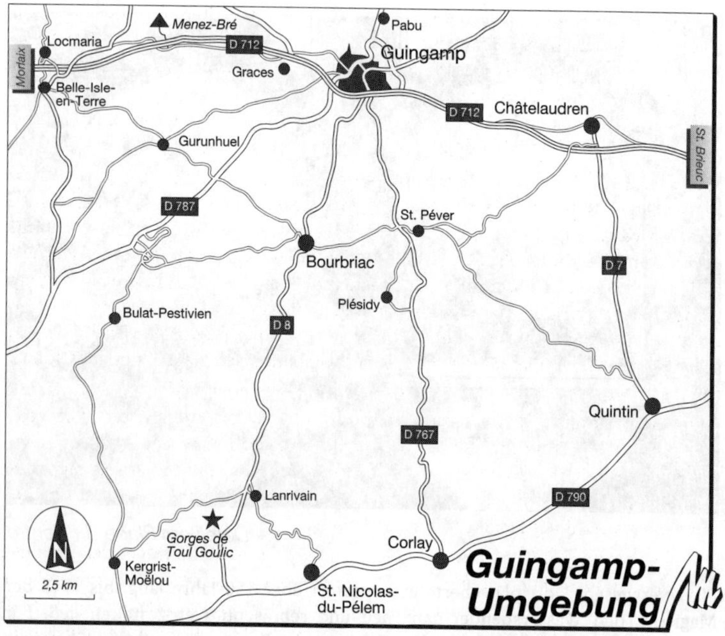

Wappen noch gut zu erkennen. Im Inneren gilt die Aufmerksamkeit einem *Reliquienschrein* mit den kärglichen Überresten des Feldherrn und Herzogs Karl von Blois und den eindrucksvoll-deftigen Holzschnitzereien auf den *Deckenquerbalken* und den *Sablières.* Sie dienten auch in Graces als pädagogisch-praktisches Anschauungsmaterial, mit dem der Pfarrer seine Predigten drastisch untermalte, um den schwarzen Schafen der Gemeinde die üblen Auswirkungen ihrer Völler-, Saufer- und Hurerei vor Augen zu führen.

Menez-Bré: Der höchste Berg der Gegend ist mit seinen 302 m Höhe ein beliebtes Naherholungsziel. Auf seinem Gipfel mit der kleinen *Kapelle St. Hervé* genießt man eine schöne Aussicht über das fruchtbare, hügelige Ackerland. Der Berg liegt etwa 10 km westlich von Guingamp an der RN 12, und die Auffahrt zum Gipfel überrascht mit satten 18 % Steigung.

Belle-Isle-en-Terre: Etwa 15 km westlich von Guingamp, an der Nationalstraße RN 12. In Frankreich werden Ortschaften, die nahe am Zusammenfluss zweier Flussläufe liegen, oft *Ile* genannt. Den Namen unseres Städtchens jedoch brachten Mönche aus Belle-Ile-en-Mer mit, die hier im Mittelalter eine Filiale ihres Stammklosters eröffneten. Im Bretonischen – in Belle-Ile noch sehr gebräuchlich – heißt der Ort *Benec'h,* was soviel wie Erhebung bedeutet und sich auf den 18 m hohen, felsigen Hügel im Ortszentrum bezieht. Bereits im 10. Jh. war das Städtchen bekannt: Es nahm zahllose vor den Normannen flüchtende Bewohner aus dem heutigen Le Yaudet auf und gewährte ihnen Asyl. Lange Zeit war Belle-Isle offizielles Nachtquartier und Lager für königliche Boten auf der Etappe Rennes–Brest. In der Umgebung wurden bis in die Neuzeit Blei, Eisen und Nickel gefördert und trugen zum relativen Wohlstand der Bewohner bei. Heute ist es still in Belle-Isle: Leise gluckert ein Flüsschen, das Schlösschen *Castel-Mond* wirkt neben dem schnuckelig-protzigen Rathausneubau etwas verkommen, und die örtliche Feuerwehr ist bemerkenswerterweise in einer alten Kapelle untergebracht.

• *Information* Auskünfte gibt das kleine O.T. Von Juli bis August Mo–Fr 9.30–12.30 und 13.30–18 Uhr, Sa 9.30–13 Uhr. In der NS Mo–Fr 9–12.30 Uhr. ✆ 02.96.43.01.71.

Loc-Envel: Die 100-Seelen-Gemeinde 3,5 km südlich von Belle-Isle ist eines der schönsten Dörfchen der Region. Der Ort steht unter dem Schutz des St. Guénael – genannt Envel – und war lange Zeit ein Pfarrlehen der Benediktiner von St.-Jacut-de-la-Mer. Unter ihrer Ägide entstand im 16. Jh. die *Kirche* zu Ehren des Heiligen, auf einer leichten Anhöhe und von einem Friedhof umgeben. Interessant ist das Kirchenmobiliar: Teile eines über 400 Jahre alten spätgotischen *Lettners*, ein eingefriedeter *Taufstein*, ein *Chorpult* und eine reich verzierte, bemalte *Holzdecke*. Am Eingang des Chors über dem Altarblatt des Hauptaltars segnet ein gütiger Christus die Besucher. Das Chorfenster schildert das Leben des Hl. Envel.

Locmaria: Der einen Kilometer nördlich von Belle-Isle gelegene Weiler besitzt eine der ältesten Kapellen der Region, die im 14. Jh. von den Templern ausgebaut wurde. Im Inneren besticht ein prächtiger *Lettner* aus dem 16. Jh. Eine Prunktreppe mit 110 Stufen führt zur Quelle der Heiligen Jungfrau von Pendreo, die bretonischen Müttern als bewährte Helferin bei Keuchhusten gilt.

Bulat-Pestivien *(ca. 650 Einwohner)*: In einem der ärmsten Gebiete der Bretagne liegt die Gemeinde mit dem höchsten *Kirchturm* des Départements. Der 66 m hohe Kreisker, das älteste Renaissance-Monument der Bretagne, wurde gegen 1530 begonnen und 1865 durch einen neuen Helm erhöht. Er kann über eine Innentreppe bestiegen werden (139 Stufen) und erlaubt einen schönen Blick über die hügelige Bocagelandschaft der inneren Bretagne. Die mächtige Kirche (ihre

Der höchste Kirchturm des Argoat steht im kleinen Bulat-Pestivien

Argoat Karte S. 576

Ursprünge reichen ins 12. Jh. zurück), deren Proportionen gar nicht in das schläfrige Dörfchen passen, war im Mittelalter ein stark frequentiertes Wallfahrtsziel. Heute ist der heilige Rummel verloschen.

Interessant die *Vorhalle* mit dem Flamboyant-Portal, hinter dessen fein gezierter Rosette die zwölf Apostel mit ihren sinnträchtigen Attributen vollzählig versammelt sind. Das ausladende Innere der Kirche birgt neben einem 5 m langen *Opfertisch* aus Stein (1583), einer schön verzierten *Renaissance-Kanzel* und einem originellen *Lesepult* auch eine ominöse Loggia, das *Zimmer der Eingeschlossenen*. Hier ließen sich nach Fertigstellung der Kirche zwei Mönche einmauern, die zuvor beim Bau der Sakristei mitgeholfen hatten, um möglichst nah am Heiligtum zu sein. Durch zwei kleine Fenster konnten die beiden versorgt werden und an der Messe teilnehmen, ohne ihre Einsiedelei über der Sakristei zu verlassen. Unter der Loggia befindet sich ein verwitterter *Totentanzfries* aus dem Jahr 1552. Einen Kilometer außerhalb, im Ortsteil Pestivien, können kunstgeschichtlich Interessierte den ziemlich verwüsteten *Calvaire* (16. Jh.) der Ortskapelle in Augenschein nehmen.

• Anfahrt Von Guingamp über die D 787 Richtung Carhaix. Nach 15 km rechts auf die D 31; noch 5 km nach Bulat.

• Pardon Am Sonntag nach dem 8. September Pardon für die Heilige Jungfrau von Bulat. Dabei wird die "Vierge d'Argent", eine wertvolle Marienfigur aus massivem Silber gezeigt, die den Rest des Jahres an einem sicheren Ort verwahrt wird.

St.-Nicholas-du-Pélem: Die "grüne Ferienstation" und Kantonshauptstadt abseits der Nationalstraße wirbt mit einem 50 km langen Wanderwegenetz um Urlauber. Naturliebhaber mit gutem Schuhwerk können aus zehn Circuits ihren Favoriten auswählen: die Wälder-, Landhäuser-, Kapellen-, Tumulus- oder Menhir-Tour. Ansonsten bietet die abseits gelegene 2000-Einwohner-Gemeinde außer dem adretten Ortsbild ihren Gästen ein nicht allzu aufregendes Tourismusprogramm. Kulturfreunde werden die *Ortskirche* aus dem 15. Jh. besuchen, in der zwei Buntglasfenster frisch renoviert die Passionsgeschichte erzählen.

• Information O.T. in der Ortsmitte an der Kirche; Juli bis August Mo–Sa 10.30–12 und 14.30–18 Uhr. In der NS Auskünfte im Rathaus. Place Kreisker, ✆ 02.96.29.51.27.

• Übernachten ** **Auberge Kreisker**, zentral bei der Kirche; Mitglied von Logis de France, angeschlossene Brasserie. Zimmer mit Dusche/WC 40–47 €, HP 36–38 €. Place Kreisker 11, ✆ 02.96.29.51.20.

• Camping ** **de la Piscine**, das Areal neben dem Schwimmbad ist nicht mehr als eine schlichte Abstellfläche mit Stromblocks und Sanitäranlagen. Geöffnet von Juni bis September. Die 60 Stellplätze stehen unter behördlicher Verwaltung und liegen an der Straße nach Plouvenez. ✆ 02.96.29.51.27.

Kergrist-Moëlou: Wer sich als Fremder hierher verirrt, kommt nur wegen der Kirche. Der *Calvaire* im Pfarrbezirk (15. Jh.) wurde von republikanischen Plünderern während der Revolution in Trümmer gehauen. Als wieder ruhigere Zeiten anbrachen, bastelte man die annähernd 100 Heiligenfiguren aus Kersantoner Granit auf dem heil gebliebenen achteckigen Sockel planlos zusammen und schuf ein kunterbuntes Sammelsurium beschädigter, in einer falschen Geschichte umherirrender Heiliger. Im Inneren der idyllisch von alten Bäumen umstandenen *Kirche* entdeckt man im Tonnengewölbe des Längsschiffs eine schön bemalte Holzdecke. Arabeskenverzierte Medaillons zeigen die Konterfeis der französischen Bischöfe, die 1870 am vatikanischen Konzil teilgenommen hatten. Im Querschiff betrachten rechts weibliche Heilige sanftmütig den Besucher, links runzeln weißbärtige Propheten die Stirn.

Anfahrt Z. B. von St.-Nicholas-du-Pélem über die D 790 Richtung Carhaix; nach ca. 5 km rechts ab, ausgeschildert auf einer schmalen Landstraße 9 km westlich.

Gurunhuel: Die auf einer Anhöhe über der Bocage-Landschaft des Argoat gelegene Ortschaft vermittelt tiefe Provinz. Eindeutiges Zentrum ist ein niedriges Granitsteinhaus in der Ortsmitte, in dem alle Fäden der 440-Seelen-Gemeinde zusammenlaufen: Es ist Lebensmittelladen, Bäckerei, Haushalts- und Kurzwarengeschäft, gelegentlich Restaurant, immer Café und natürlich Tratsch- und Meinungsbörse. Für Touristen, die es hierher verschlagen hat, bietet Gurunhuel neben einem authentischen Stück bretonischer Provinz die mit Wehrturm versehene *Ortskirche Notre-Dame* (16. Jh.), die *Kapelle St. Fiacre* (15. Jh.) und einen in Fachkreisen bekannten *Calvaire*, dessen zentrale Figurengruppe den Sohn Gottes und das Schicksal der beiden Schächer darstellt. Der Gute wird von einem Engel ins Himmelreich geleitet, hinter dem Uneinsichtigen lauert schon das Böse.

Anfahrt Von Guingamp 6,5 km südwestlich über die D 787; in Mousterou Ortsmitte zeigt ein Wegweiser nach Gurunhuel (6 km).

Bourbriac: Die 2500 Einwohner der Kommune haben viel Platz; Bourbriac ist flächenmäßig die drittgrößte Gemeinde des Départements. In der Ortsmitte überrascht die mächtige *Kirche*, die mit ihrem 64 m hohen Turm die wenigen Geschäfte und die Mairie auf dem Dorfplatz erdrückt. Der Turm gilt als schönes Beispiel vom Übergang der Gotik in die bretonische Renaissance. Die Kirche ist dem heiligen Briak geweiht, der im 6. Jahrhundert als Psychiater und Geistheiler wirkte. Interessant ist die Krypta der Kirche, die Teile aus dem 10. Jh. enthält. Im Innenraum stehen Grab und Sarkophag des Heiligen.

Bourbriac, von 800 Hektar Wald, 32 km fischreichen Flussläufen und zwei Weihern umgeben, ist ein netter Wanderstützpunkt. Dolmen, Menhire und Tumuli aus der Vorgeschichte bezeugen, dass die nähere und weitere Umgebung von Bourbriac bereits seit der Bronzezeit Siedlungsland war. Das brachte die findige Kantonsverwaltung auf die Idee, einen Circuit touristique zusammenzustellen. Ergebnis: Die *Tour des Vieilles Pierres* (Tour der Alten Steine), eine 80 Monumente umfassende Rundfahrt, die in erster Linie Experten der Frühgeschichte aufregen könnte. Die Eingliederung zahlloser Kapellen, Brunnen, Beinhäuser, Calvaires und alter Häuser in den Rundweg ist etwas wahllos geschehen und macht die Strecke oft nur länger.

Anfahrt 10 km südlich von Guingamp an der D 8.

Lanrivain: Das kleine Dörfchen auf einer leichten Anhöhe war schon in der Bronzezeit besiedelt. Der umfriedete Pfarrbezirk der *Ortskirche St. Grégoire* (19. Jh.) besitzt einen *Friedhof* mit *Beinhaus* (15. Jh.) und – als gestalterischen Höhepunkt – einen ansehnlichen *Calvaire* aus dem 16. Jh. Auffallend sind seine großen Heiligenfiguren, die sich trotz Restaurierung von den erlittenen Revolutionsschäden nicht mehr völlig erholt haben. Ein uralter Baum neben dem Calvaire blickt auf eine königliche Abstammung zurück: *Heinrich IV.* soll ihn gegen Ende des 16. Jh. eigenhändig gepflanzt haben.

Einen Kilometer nördlich von Lanrivain findet sich im Weiler *Giaudet* die schmucke Kapelle der gleichnamigen Jungfrau. Sie ist ein bis heute beliebter Wallfahrtsort und beherbergt ein Kuriosum: Einem ansässigen Bauern war vor 300 Jahren die Heilige Jungfrau im Kindbett erschienen. Im Inneren der Kirche am prächtigen Altar ist seither Maria mit Gotteskind in liegender Position zu sehen, und der Weiler bekam seinen Namen: "Yaudet" – bretonisch für Kindbett.

Anfahrt 25 km südlich von Guingamp über die D 8, bis Bourbriac noch ganz gut ausgebaute Straße, danach schmale, gewundene Landstraße mit teilweise schöner Aussicht über die wellige Landschaft.

Argoat Karte S. 576

Gorges de Toul Goulic: Der Weg zur idyllischen Schlucht ist ausgiebigst ausgeschildert und führt, an Wegkreuzen und Marterln vorbei, 2 km außerhalb von Lanrivain auf einen Parkplatz. Nun in einem 15-Minuten Spaziergang ins *Blavet-Tal* hinab. Zwischen rund gewaschenen Granitblöcken im Wald schlängelt sich das Flüsschen durch ein schmales Tal und verschwindet teilweise unter dem bizzaren Gestein. Nicht das große Naturerlebnis, doch ein netter Ausflug ins Grüne.

Le Faouët

(ca. 3000 Einwohner)

Umgeben vom hügeligen Wald- und fruchtbaren Ackerland der Montagne Noires liegt Le Faouët in einer Landidylle. Im Wasser der grünen Bachtäler tummeln sich Forellen und Lachse, und allerorten erheben sich die Türmchen und Türme der Wallfahrtskapellen aus den Buchenwäldern.

Le Faouët (bret. Buchenwald) ist ein typisches Provinzstädtchen des Argoat, verschlafen und weitab vom Schuss. Hier werden die Gehsteige schon am frühen Abend hochgeklappt. Für Touristen ist Le Faouët als Ausgangspunkt für Wanderungen durch das *Ellé-Tal* interessant. Stille Spazierwege führen durch schattige Wälder zu einigen außergewöhnlichen Kulturschätzen, wie die eindrucksvoll gelegene *Kapelle Ste.-Barbe* oder die *Kapelle des Hl. Fiacre* mit ihrem seltenen Holzlettner.

Das Städtchen selbst bietet als Attraktion eine bemerkenswerte *Markthalle* (siehe Sehenswertes). Vor der Halle erinnert ein ungewöhnliches *Denkmal* an den in Le Faouët geborenen *Corentin Carré*: Der jüngste Soldat Frankreichs hatte sich 1915 mit 15 Jahren freiwillig für den Ersten Weltkrieg gemeldet und war 1918 kurz vor Ende des Krieges bei einem Luftangriff auf dem "Feld der Ehre" gefallen.

- *Postleitzahl* 56320
- *Information* Im O.T. in der Rue des cendres. Von Juli bis August täglich 10–12.30 und 14–18 Uhr. Von September bis Juni Mo–Fr 10–12.30 und 14–17.30 Uhr. Rue des cendres 3, ✆ 02.97.23.23.23.
- *Verbindung* Werktags 5 **Busse** nach Quimperlé, dort Anschlüsse u. a. nach Lorient. 2- bzw. 3-mal nach Plouray oder Gourin. Sonntags kein Busverkehr. Haltestelle bei der Markthalle.
- *Fahrradverleih* Nächste Verleihstelle in Guéméné sur Scorff, **Sport et Nature**, Rue Joseph Pérès 9, ✆ 02.97.39.37.55.
- *Fischen* Angelscheine und -marken gibt es im Maison de la Presse bei den Markthallen.
- *Markt* Jeden 1. und 3. Mittwoch des Monats vormittags in der Markthalle und rundherum.
- *Übernachten* Eine Handvoll einfacher Hotels. Zentral gegenüber der Markthalle bietet das ** **Hotel la Croix d'Or**. 11 ordentliche Zimmer mit guter Sanitärausstattung. Solides Hotelrestaurant mit guten Gerichten (Menus ab 20 €). DZ 44 €, Frühstück 6,50 €. Place Bellanger, ✆ 02.97.23.07.33.
- *Camping* *** **Municipal Beg er Roch**, die Gemeinde hat sich Mühe gegeben: 3-ha-Areal entlang eines ruhig plätschernden Forellenbaches im Talgrund, unterhalb einer alten Mühle (Wald und Wiese). Verschiedene sportliche Angebote (Spielsaal für groß und klein), Minigolfplatz. Kleiner Lebensmittelbasar, Eis und frische Getränke. Mobilhome- und Caravan-Vermietung. 85 Stellplätze. Geöffnet von März bis September. Route de Lorient, ✆ 02.97.23.15.11.
- *Essen* **Crêperie La Sarrasine**, schönes Granithaus zentral bei der Markthalle. Nicht nur stilvolles Ambiente, sondern auch köstliche Crêpes und Galettes – wahlweise traditionell oder nach Art des Hauses. Rue du Château 1, ✆ 02.97.23.06.05.

Sehenswertes

Markthalle: Unter dem weit heruntergezogenen Schieferdach der Markthalle aus dem 16. Jh. geht ein Phantom um: Die Seele der Straßenräuberin und Volksheldin *Marion de Faouët*, die im 18. Jh. Edelleute, Geizkrägen und Händler plünderte und die Armen beschenkte, wurde zum Spuken verdammt und hat nun hier ihren Erst-

Schweres Gebälk: in der Markthalle von Le Faouët

wohnsitz. Daneben wird die 19 m breite und 53 m lange Halle, die den Grande Place beherrscht, immer noch für den Wochenmarkt und zu Festveranstaltungen genutzt. Zwei Spitzgiebel aus Holzfachwerk ruhen auf granitenen Säulen und grenzen das Dach seitlich ab, in der Mitte erhebt sich ein schieferbehelmter, achteckiger Glockenturm.

Museum: Wie das O.T. stimmungsvoll im ehemaligen Ursulinerinnenkloster untergebracht. Die fest installierte Sammlung – Qualitätskeramik aus Quimper und einige bretonische Heimatbilder – ist weniger spektakulär. Doch jedes Jahr sind hier auch in wechselnden Ausstellungen Werke bedeutender bretonischer Maler zu bewundern, die einen Besuch lohnen. 1996 z. B. Bilder von Mathurin Meheut, einer der besten bretonischen Maler der ersten Hälfte des 20. Jh.

Öffnungszeiten Anfang Juni bis Anfang Oktober täglich 10–12 und 14–18 Uhr. Eintritt 4 €, ermäßigt 2,50 €.

Bienenmuseum *(l'abbeille vivante)*: Etwas östlich von Le Faouët (Richtung Priziac) dreht sich alles um "das spannende Leben der Biene". Die Bevölkerung eines Bienenstocks, der Bienenstock im Wandel der Zeit, vom Ei zur Arbeitsbiene, die Arbeit des Imkers und so weiter. Die anschauliche Bienensammlung, 1993 mit einem 1. Preis ausgezeichnet, wird ergänzt durch weitere Insektenvölker (Ameisen) und einem Verkaufsraum: Hier sind Produkte der fleißigen Biene zu erwerben.

Öffnungszeiten Vom 1.4.–31.10 täglich 10–18 Uhr. Erwachsene 5 €, Kinder 4 €. ✆ 02.97.23.08.05.

Le Faouët / Umgebung

Kapelle Ste.-Barbe: 3 km nordöstlich von Le Faouët (ausgeschildert). Direkt unterhalb eines Aussichtsplateaus, in einer Felshöhlung über dem *Ellé-Tal*, duckt sich die von Lage und Architektur reizvolle Kapelle. Sie wurde 1498 von einem einheimischen Landedelmann in Auftrag gegeben, der hier durch ein Wunder der

Argoat
Karte S. 576

Hl. Barbara vor schwerem Steinschlag gerettet worden war. Die enge Schlucht 100 m über dem Ellé-Tal nötigte Architekten und Handwerkern eine Meisterleistung ab. Das Baumaterial musste mühsam vom Rand des Plateaus abgeseilt oder vom Talgrund heraufgezogen werden. Der Platz reichte nur für ein Schiff mit Apsis, aus dem obligaten Glockenturm wurde ein einfacher Glockenpavillon am Plateaurand. 1512 war das Kirchlein in flammender Hochgotik vollendet und wurde schnell zum Wallfahrtsort für die gütige Barbara (Pardon letzter Junisonntag und 4. Dezember). Am Ende des 17. Jh. errichtete man für die zahlreichen Pilger eine ausladende *Renaissance-Treppe*, die vom Plateau aus bequem hinunter zur Kirche führt. Im Inneren mehrere fein geschnitzte *Tafelbilder* sowie *Renaissancefenster* aus dem 16. Jh., die bunt die Lebensgeschichte der Kirchenheiligen erzählen. Ein Stück unterhalb der Kapelle sprudelt eine eingefasste, geweihte *Quelle*.

Knapper Baugrund für Ste. Barbe

Öffnungszeiten Von April bis Oktober täglich mindestens von 10–12 und 14–18 Uhr. Ansonsten Sa–Mo 14.17 Uhr.

St. Fiacre: Der Weiler etwa 2,5 Kilometer südlich von Le Faouët, abseits der Straße nach Quimperlé, ist ein viel besuchter Flecken. Die *Kapelle St. Fiacre* im typischen Flamboyantstil des 15. Jh. am Ortsrand beherbergt ein 500 Jahre altes Meisterwerk hochgotischer Schnitzkunst – den 1986 hervorragend restaurierten farbenfrohen *Lettner*, der das Schiff vom Chor trennt. Gekrönt wird er von einem gekreuzigten Christus, anschauliche Szenen zeigen Profanes und Paradiesisches, menschliche Schwächen und Laster. Während Adam und Eva, der Gemeinde zugewandt, sich schamhaft mit einem Feigenblatt bedecken, spielt sich auf der Rückseite – für den Klerus gut zu studieren – wildestes Leben ab: Ein glasig glotzender Trunkenbold mit Fass erbricht einen ganzen Fuchs, ein Dieb versteckt sich im Apfelbaum, der musikalische Faulpelz gibt sich ganz dem Dudelsack hin, und ein harmloses Pärchen verkörpert – wenig ersichtlich – angeblich die Wollust. Ein verschmitzter Großvater mit Bambusstöckchen, vermutlich dem Lettner entstiegen, erklärte uns in gebrochenem Kriegsdeutsch liebevoll die Figuren. Gegen ein Trinkgeld hatte er nichts einzuwenden.

Öffnungszeiten Wie Ste. Barbe.

Kernascléden: Die 450-Seelen-Gemeinde 12 km östlich von Le Faouët (D 782) besitzt eine der bemerkenswertesten Kirchen der Bretagne. Das 1453 geweihte Gotteshaus wurde von der Familie der Rohans gestiftet, und die Legende weiß zu berichten, dass himmlische Transporteure den Bau der Pfarrkirche beschleunigten. Engel brachten jeden Tag Handwerker und Handwerkszeug nach Kernascléden.

Die harmonische Kirche ist ein gotisches Meisterwerk, geprägt vom schlanken Turm, den großen Fensterrosen und zwei Vorhallen. Das Innere überwölbt ein freskenverziertes *Spitztonnengewölbe.* 24 Bilder schildern das Leben Marias, sieben Episoden erzählen die Leidensgeschichte Jesu (Auferstehung inklusive), eine achte zeigt die Himmelfahrt – Jesus unter engelhaften Sängern und Musikanten. Höhepunkt der Kirchenausschmückung sind die bei Restaurierungsarbeiten freigelegten Fragmente eines *Totentanzes* und die *Darstellung der Hölle.* Der Tod kennt keine Klassenunterschiede – alle müssen sterben: In einer makabren Prozession ziehen Kaiser, König, Kardinal vorbei, begleitet von einem Skelett, das die Posaune des Jüngsten Gerichtes bläst. Rechts daneben, fast über die ganze Wand freigelegt, die Höllentorturen. Sichtlich vergnügte Teufel sieden böse Seelen in riesigen Töpfen, ein langhorniger Folterknecht piesackt die Verdammten mit dem Dreizack, in einem bauchigen Fass ertrinken die von den Martern Gequälten. Sehr anschauliche Schilderung des Höllenpfuhls.

Totentanz in Kernascléden

Öffnungszeiten Zumindest im Sommer zuverlässig täglich von 9–19 Uhr.

Carhaix-Plouguer

(ca. 9100 Einwohner)

Der bullige Stier im Stadtwappen weist auf Carhaix' wichtigsten Wirtschaftszweig hin. Umgeben von saftig-grünem Weideland, auf dem gefleckte Milchkühe gelangweilt wiederkäuen, widmen sich die Carhaisiens besonders der Aufzucht von kräftigen Hornviehvätern.

Carhaix war in römischer Zeit ein wichtiger Verkehrsknotenpunkt. In *Vorganium* trafen sich sieben römische Straßen, und der Ort, bis dahin Hauptstadt der keltischen Ossimer, erblühte unter der gallo-römischen Kultur. Im 6. Jh. war Carhaix die Hauptstadt der Grafschaft Poher. Im Mittelalter kam Carhaix durch den Abbau von silberhaltigem Blei zu einigem Wohlstand, doch mit dem 18. Jh. begann ein unaufhaltsamer Niedergang. Viele Bewohner verließen die Stadt, verdingten sich als Dienstboten in Paris oder wanderten aus. Erst in jüngster Zeit erlebte Carhaix wieder eine Aufwärtsentwicklung. Durch die Agrarförderprogramme wurde Carhaix zu einem Landwirtschaftszentrum ausgebaut, dessen Spezialität die Hornviehaufzucht und die Milcherzeugung ist.

Auffallend für Carhaix, seit 1956 mit dem Ortsteil *Plouguer* verwaltungstechnisch zusammengefasst, sind die vielen großzügigen Plätze und die für die Bretagne untypische, lockere Bebauung. Die Bevölkerung des Umlands findet hier die besten

Argoat Karte S. 576

Einkaufsmöglichkeiten zwischen Pontivy und Morlaix, touristisch ist Carhaix nicht allzu aufregend. Liebhaber französischer Geschichte und keltischer Sprache können die Bronzestatue und das Geburtshaus des "ersten Grenadiers der Republik" auf dem *Place de la Tour d'Auvergne* besichtigen, Interessenten blutrünstiger Legenden die *Kirche des heiligen Trémeur.* Aus den wenigen verbliebenen Fachwerkhäusern des Mittelalters sticht das *Maison du Sénéchal* heraus, in dem sich das Tourismusbüro und das kleine *Heimatkundemuseum* eingerichtet haben.

• *Postleitzahl* 29270

• *Information* O.T. in einer Seitenstraße links der Hauptstraße. In der HS Mo–Sa 9–12 und 14–19 Uhr, Sonntag 10–13 Uhr. In der NS Mo–Sa 10–12 und 14–18 Uhr, Donnerstagmorgen geschlossen. In den oberen Stockwerken kleines Heimatkundemuseum. Rue Brizeux 3, ✆ 02.98.93.04.42.

• *Verbindung* 3 **Bus**haltestellen; am Bahnhofsplatz, im Zentrum und bei der Kirche St. Trémeur. Mindestens 3-mal täglich über Huelgoat nach Morlaix (So 1-mal). 1-mal werktags über Guingamp nach St. Brieuc. 2-mal täglich nach Rosporden. Außerdem mindestens 2-mal (So 1-mal) über Châteauneuf nach Châteaulin. 5-mal werktags über Mur-de-Bretagne nach Loudéac. ✆ 02.98.93.06.98. **Zug**: Carhaix liegt an einer Stichlinie. Nächster Umsteigebahnhof Richtung Brest oder Rennes/Paris ist Guingamp. Mindestens 6-mal täglich nach Guingamp. Bahnhof im Osten der Stadt, 300 m vom Zentrum. Place de la Gare, ✆ 08.92.35.35.35.

• *Fahrradverleih* **Technic bike** vermietet Tourenräder und Mountainbikes; Boulevard Jean Moulin, ✆ 02.98.93.07.50.

• *Feste* Am vorletzten Junisamstag **Folklorefestival** zu Ehren des "Tour d'Auvergne", Théophile Malo-Corret (siehe Kasten/Der erste Grenadier). Das größte Ereignis im Festkalender ist das **Festival des vieilles charrues**, welches am 3. Juliwochenende jährlich 150.000 Besucher in das kleine Städtchen lockt. Obwohl der Name (alte Pflüge) dies nicht wirklich vermuten lässt, handelt es sich um ein Musikfestival mit Konzerten bretonischer, französischer und Weltmusik. Infos zum Programm ✆ 08.20.89.00.66, www.vieillescharrues.asso.fr.

• *Markttag* Wochenmarkt Samstag am Place de Foire.

• *Übernachten* ** **Hotel Le Noz Vad**, modernes und ganz komfortables Mittelklassehotel an der D 764 im Stadtzentrum. 44 Zimmer mit Bad/Dusche/WC und Lärmschutzfenstern. DZ 39–65 €, Frühstück 6 €. Ganzjährig geöffnet. Boulevard de la République 12, ✆ 02.98.99.12.12.

** **Hotel d'Ahès**, im Zentrum an der Hauptstraße, beim O.T. 10 ordentliche Zimmer mit gutem Sanitärkomfort (Bad oder Dusche/WC). Bar. DZ 30–42 €, Frühstück 5,50 €. Im Februar geschlossen. Rue Ferdinand Lancien 1–3, ✆ 02.98.93.00.09.

• *Camping* ** **Municipal de la Vallée de l'Hyères**, im gleichnamigen Tal, ein nettes Freizeitgelände und Naherholungsgebiet, etwa 2 km außerhalb (Richtung Brest über die D 764, ausgeschildert). 5 Weiher umgeben den Platz, ein großflächiges, lichtes Rasenterrain mit vielen kleinen Bäumen und Blumenbeeten direkt am Fluss. Spielplatz, Tennis- und Boulegelände, Kanufahrten. Sehr gepflegte Sanitärs. 62 Stellplätze. Geöffnet vom 1.6.–30.9. Vallée de l'Hyères, Route de Kerniguez, ✆ 02.98.99.10.58 (HS) oder 02.98.93.04.42 (NS).

Sehenswertes

Kirche St. Trémeur: Spektakulär ist die Kirche keineswegs. Doch das im 19. Jh. nach einem Brand im Stil der Gotik wieder aufgebaute Gotteshaus aus dem 16. Jh. ist dem *Hl. Trémeur* geweiht, dessen Leben wahrlich aufregend war (seine Statue ist über dem Portal zu erkennen). Trémeur war der Sohn des legendären Grafen und Frauenschlächters *Comorre*, die bretonische Variante des Ritters Blaubart. Nach der Legende – eine Variation des Ödipus-Stoffes – wurde Comorre geweissagt, dass ihn ein männlicher Nachkomme meucheln werde. Comorre behalf sich. Als seine Ehefrau schwanger wurde, erwürgte er sie. Auf diese Weise hatte er bereits vier Frauen ins Jenseits befördert, als Tréphine, seine fünfte Gemahlin, heimlich einen Sohn gebar. Nach der Geburt kam ihr Blaubart hinter die Schliche und schlug ihr den

Der erste Grenadier der Republik

Théophile Malo-Corret, 1743 in Carhaix geboren, begeistert sich früh für die bretonische Sprache und das Kriegshandwerk. Er tritt in die königliche Armee ein, erklimmt als Bürgerlicher aber nur langsam die Karriereleiter. Mit 46 Jahren hat es Théophile, dessen Spezialität das Werfen von Handgranaten ist, gerade zum stellvertretenden Hauptmann gebracht. Mit dem Ausbruch der Revolution – er ist ihr begeisterter Anhänger – zeigt Théophile seine Qualitäten. Die Revolutionskriege führen ihn mit seiner Kompanie durch ganz Frankreich. Er erwirbt sich durch seine Kühnheit die Gunst seiner Grenadier-Soldaten und den Beinamen *La Tour d'Auvergne,* der zu einem gefürchteten Markenzeichen wird. Wo er auftaucht, zittern die Gegner. So auch bei der Belagerung von San Sebastian, als die Bewohner der Stadt dem anrückenden Hauptmann die Stadtschlussel freiwillig übergeben. Nach dieser Bravourleistung werden dem Helden hohe militärische Posten angedient, doch La Tour lehnt dankend ab. Er beendet seine Militärzeit lieber bei seinen ihm treu ergebenen Soldaten und widmet sich nach seiner Pensionierung 1793 ganz seiner zweiten Leidenschaft, der bretonischen Sprache. Sein besonderes Augenmerk gilt der Erstellung einer keltischen Grammatik und der Frage, ob Adam und Eva im Paradies nicht bretonisch parliert haben, als sie ihren verhängnisvollen Fehler begingen (siehe Wissenswertes/Heilige). 1797 werden La Tours Studien unterbrochen. Der letzte Sohn seines Freundes *Brigant* – drei waren bereits für Napoléon gefallen – soll zum Militärdienst eingezogen werden. Der inzwischen 54jährige Haudegen und Sprachforscher meldet sich freiwillig an dessen Stelle. Natürlich werden dem prominenten Grenadier ungefährliche Posten in der Etappe angeboten, doch La Tour bleibt seinen ehernen Grundsätzen treu. Der Hauptmann a. D. will in vorderster Front bei der Truppe bleiben, tritt als einfacher Soldat ins 46. Regiment ein und zieht knapp 3 Jahre lang wieder durch Europa. Am 27. Juni 1800 streckt ihn die Lanze eines österreichischen Ulanen in der Schlacht bei Oberhausen nieder. Als Napoléon vom tragischen Ende des Ideal-Soldaten erfährt, ernennt er ihn posthum zum "ersten Grenadier der Republik" und lässt seinen Sarg mit dem Ehrensäbel schmücken. Am Tag der Beerdigung trägt die gesamte napoleonische Armee Trauer.

Argoat Karte S. 576

Kopf ab, doch konnte der Hl. Gildas den Säugling aus der Burg schmuggeln. Im Wald von Carnoet versteckt, wuchs Trémeur unter den Anleitungen des Heiligen wie sein Ziehvater zum gottesfürchtigen Mann heran. Als Comorre bei einem Jagdausflug Trémeur begegnete und ihm die verblüffende Ähnlichkeit des jungen Mannes mit Tréphine auffiel, verlor auch Trémeur seinen Kopf: Mit einem wohl platzierten Schwerthieb enthauptete der Vater den eigenen Sohn. Doch der Torso hob den Kopf auf, setzte ihn wieder an den Hals und lief dem vor Angst schlotternden, in die Burg fliehenden Comorre gemütlich hinterher. Am Tor der väterlichen Burg angelangt, schleuderte er eine Handvoll Erde gegen die Mauern, die daraufhin barsten und Comorre unter sich begruben.

Maison du Sénéchal: In dem schieferverkleideten, mit schönen Statuen geschmückten Gebäude (16. Jh.) in der *Rue Brizeux* wohnte und urteilte der Seneschall, der Beamte der französischen Krone und damit wichtigster Mann vor Ort. Im Erdgeschoß hat sich heute das O. T. niedergelassen, im ersten Stock wird gratis eine kleine heimatkundliche Ausstellung gezeigt: Carhaixer Trachten, Kupferstiche (u. a. die Enthauptung des Räubers La Fontenelle) und Dokumente über Carhaix' berühmtesten Sohn, *La Tour d'Auvergne*.

Carhaix / Umgebung

Châteauneuf-du-Faou *(ca. 4000 Einwohner)*: Das Städtchen auf einem steilen Höhenkamm über der *Aulne* gehört zur Kategorie *Station Verte de Vacances*. Bekannt sind Ort und Umgebung als Anglerparadies, in dem Fluss fängt man Hechte und Lachse oder man fährt einfach Boot. Kunstfreunde suchen in Châteauneuf die *Pfarrkirche* auf, deren Taufkapelle 1919 von Paul Sérusier mit Motiven aus dem Christusleben ausgemalt wurde. Weitere Urlauberfreuden: Bootsfahrten auf der Aulne, ausgedehnte Radtouren und/oder Spaziergänge im Grünen.

- *Postleitzahl* 29520
- *Information* O.T. am Place Ar Ségal, unweit der Kirche. Juli bis August täglich 9–12.30 und 14–19 Uhr. April bis Juni Di–Sa 9–12 und 14–18 Uhr. Ansonsten nur Di–Sa 9–12 Uhr. ✆ 02.98.81.83.90.
- *Verbindung* **Bus**haltestelle im Ortszentrum. Mindestens 2-mal werktags nach Carhaix oder Châteaulin (Sonntag 1-mal).
- *Camping* **** de Penn-ar-Pont**, ehemaliger Municipalplatz, nun in privater Hand, etwas außerhalb am Ufer der Aulne beim städtischen "Complexe touristique" (Schwimmbad, Tennis, Basketballplatz). Terrassenförmig angelegt und von Hecken unterteilt, renovierte Sanitärs. Zur Anlage, die als Familienferiendorf genutzt wird, gehört auch ein 2-Stern-Hotel. Großes Freizeitangebot: Bibliothek, Pingpong, Kicker, Bogenschießen, Organisation von Ausritten und Klettertouren. Im Rezeptionsensemble neben der Brücke kann man Kanus mieten. 80 Stellplätze. Geöffnet von April bis Oktober. Penn-ar-Pont, ✆ 02.98.81.81.25

Huelgoat

(ca. 2000 Einwohner)

Huelgoat heißt Hochwald. Unter seinem schattigen Blätterdach sollen Tristan und Isolde Händchen haltend spazieren gegangen sein, Feen sollen gezaubert haben, und eine keltische Siedlung ist nach dem Sagenkönig Artus benannt. 1987 knickte ein Orkan große Teile des viel gepriesenen Märchenwaldes. Einige der klangvollen Stationen werden noch Jahre brauchen, ihren ursprünglichen Zauber wiederzuerlangen.

Der Wald war ursprünglich ein Teil der *Brocéliande*, des ausgedehnten Waldgebiets, das einst das Innere der Bretagne bedeckte. Von ihm ist wenig geblieben. Der Wald von Huelgoat (1987: 600 ha) wurde wie der *Fôret de Paimpont* durch die

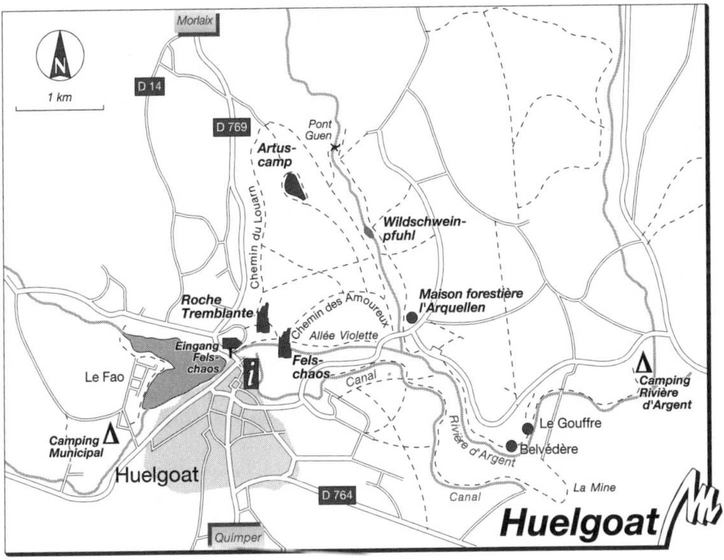

Waldbrände der 80er Jahre grausam dezimiert. Wiederaufforstungsprogramme laufen, aber es wird noch Jahrzehnte dauern, bis Fotografen die romantischen Motive wieder finden, mit denen die Tourismusprospekte noch werben. Angemerkt sei, dass Erstbesucher, die den Wald nicht von früher kennen, heute schon wieder einen guten Eindruck von dem Hochwald mit nach Hause nehmen.

Das Städtchen Huelgoat, dessen niedrige Häuser sich friedvoll um den 15 ha großen See legen, war früher ein Bergbauort. In den Minen wurde bis Ende des 19. Jh. silberhaltiges Blei ausgebeutet, daneben lebte Huelgoat von Holzgewinnung und dem Pantoffelgewerbe. Im ersten Drittel des 20. Jahrhunderts entdeckten englische Touristen den Ort, 175 m ü. d. M., als gut durchlüftete Sommerfrische in den "Bergen" und Huelgoat wurde ein innerbretonisches Muss. Die im Wald versteckten und durch Erosion entstandenen Felsenmeere reizten die Phantasie der Besucher und verlockten die Einheimischen zu unzähligen Legenden, die sie bei einigen Ballons Rouge in einem der Cafés auf dem Marktplatz gerne erzählen.

• *Postleitzahl* 29690

• *Information* Beim Rathaus an einem kleinen Platz neben dem Marktplatz. Juli bis September Mo–Sa 10–12 und 14–17.30 Uhr, im September Montag geschlossen. Von Oktober bis Juni Mo–Fr 10–12 und 14–16 Uhr. Place de la Mairie, ✆ 02.98.99.72.32.

• *Verbindung* 2 **Busse** täglich (sonntags 1-mal) nach Carhaix oder nach Morlaix.

• *Übernachten* ** **Hotel du Lac**, das Hotel am östlichen Seezipfel ist als einzig verbliebenes Quartier Huelgoats beste Unterkunft. 15 akzeptable Zimmer mit Dusche bzw. Bad/WC, nach vorne in Stoßzeiten etwas laut. DZ 46–70 €, Frühstück 6,50 €. Angeschlossen sind Bar und Restaurant (siehe Essen). Im Winter evtl. 1 Monat geschlossen. Rue de Brest 12, ✆ 02.98.99.71.14.

• *Camping* ** **Municipal du Lac**, eine Straße teilt den Platz. 100 heckenunterteilte Stellplätze zum Teil am See, zum Teil am kleinen Bach. Einige Kiefern und Büsche spenden Schatten. Spitzgiebeliger, ordentlicher Naturstein-Sanitärblock im Bachbereich. Kinderspielplatz, Tretbootverleih. Gleich daneben das Sportzentrum Huelgoats (Tennis, Schwimmbad). Ganzjährig geöffnet. Rue du Lac, ✆ 02.98.99.78.80 (HS) oder 02.98.99.71.55 (NS).

Argoat
Karte S. 576

** **La Rivière d'Argent**, 3 km außerhalb, rechts der Straße nach Carhaix (D 769 A). Der bessere von beiden, einsam am Silberfluss unter hohen, schattigen Bäumen. Hecken teilen die Rasenflächen, direkter Anschluss an den Wanderweg. Schwimmbad, Tenniscourt, Volleyball, Petanque oder Fischen. Kleiner Lebensmittelhandel, Snackbar. 84 Stellplätze. Geöffnet vom 15.5.–30.9. ✆ 02.98.99.72.50.

• *Essen* **Restaurant du Lac**, das Restaurant des gleichnamigen Hotels; in dem einzigen Restaurant des Ortes herrscht eine bunte Mischung aus Touristen und Einheimischen. Neben einigen Menus (Durchschnitt) gibt es etliche Pizzen (recht ordentlich), doch Spezialität des Hauses sind Gerichte vom offenen Holzfeuergrill, z. B. bretonische Kutteln oder schlicht ein zartes Entrecôte. Durchschnittspreise. Rue de Brest 12, ✆ 02.98.99.71.14.

Tristan und Isolde

Die ursprünglich keltische Geschichte über eine aussichtslose, schicksalhafte Liebe zweier sympathischer Menschen breitete sich im Mittelalter von der Bretagne über Frankreich zuerst nach Deutschland und schließlich über ganz Europa aus und belebt wegen ihres zeitlosen Stoffs noch heute den Spielplan renommierter Opernhäuser oder dient als Drehbuchvorlage für Zelluloidkunst (z. B. Der ewige Bann von Jean Cocteau).

Zumindest eine der Hauptpersonen hat gelebt: Im 5. Jh. ist tatsächlich ein *König Marc'h*, Herrscher über die Cornouaille, nachgewiesen, und natürlich haben die Bretonen damit einen stichhaltigen Grund, die Schauplätze der Sage in ihrer Heimat anzusiedeln: Beim Strand von Ris, oberhalb von Douarnenez, soll besagter König Marke (Marc'h) residiert haben, Hand in Hand sind *Tristan* und *Isolde* im Wald von Huelgoat spazieren gegangen, auf der Ile Tristan vor Douarnenez landete Tristan bei seinem versuchten Todessprung, bei Brest wurde das Liebespaar beigesetzt, und so traurig fing alles schon an:

Seine Eltern hat Tristan (der Traurige), Prinz der Landschaft Léon, nie kennen gelernt. Der Vater stirbt einige Monate vor dem Eintreffen des neuen Erdenbürgers, die Mutter überlebt die Geburt des Stammhalters nicht. Sein Onkel, König Marke, holt den Jüngling zu sich, und bald entwickelt sich sein geist- und waffengewandter Neffe zu einer unverzichtbaren Stütze des Reichs, das gerade eine schwere Zeit durchlebt: Die Cornouaille ist Irland tributpflichtig, 300 Jungfrauen müssen jährlich an die grüne Insel geliefert werden.

Tristan bietet sich an, dieser Schmach ein Ende zu bereiten. Der Recke *Morold*, Schwager und Schwertarm des Irenkönigs, erwartet keine Schwierigkeiten, als er wie üblich die Ladung unberührter Mädchen abholen will. Doch Tristan verweigert den Tribut und stellt sich auf der Samsoninsel in der Bucht von Douarnenez zum Kampf. Mit einem Hieb, so mächtig, dass ein Splitter seiner Klinge in der klaffenden Wunde stecken bleibt, spaltet er Morold den Schädel, doch auch Tristan wird auf den Tod verwundet – die einzige, die ihn retten könnte, ist peinlicherweise die heilkundige Schwester des Gefallenen, die Königin von Irland.

Verkleidet als *Tantris*, der Spielmann, lässt er sich nach Irland übersetzen, wo alles nach Wunsch verläuft. Nach einigen Wochen exzellenter Behandlung und Pflege durch die Königin, assistiert von ihrer hinreißenden Tochter Isolde, kann Tantris vom Krankenlager aufstehen. Doch bevor sich unter den jungen Leuten eventuell etwas anbahnen könnte, muss Tristan fluchtartig das Land verlassen. Isolde, die messerscharf Tristans beschädigtes Schwert mit dem Splitter im Kopf Morolds in Zusammenhang bringt, rät dem Mörder ihres Onkels aufgebracht – "Und dich haben wir gesund gepflegt!" – schleunigst zu verschwinden, bevor sie die Wachen ruft.

König Marke, seit dem Sieg Tristans dem irischen Kollegen gegenüber im Vorteil, will die Prinzessin, von der ihm der Neffe nach seiner glücklichen Heimkehr so viel erzählt hat, freien. Die Formalitäten soll der überhaupt nicht begeisterte Tristan regeln. Ebensowenig begeistert ist Isolde, doch aus Gründen der Staatsraison muss der Antrag vom irischen Königshaus angenommen werden. Auf der Schiffsreise zur bretonischen Küste ereilt die beiden das Verhängnis: Der magische Liebestrank, den die Mutter ihrer Tochter mitgab, um ihre Ehe mit dem alten Mann erträglicher zu machen, wird Tristan und Isolde kredenzt und richtet verheerende Verwirrungen in ihrem Gefühlsleben an. Sie können nicht anders, untrennbar sind sie fortan durch die Liebe miteinander verbunden und ihr Martyrium beginnt. Lustlos heiratet Isolde König Marke. Sie kann ihm keine gute Gattin sein, und Tristan hintergeht seinen Onkel. So oft wie möglich müssen die hemmungslos Liebenden sich treffen, um heimlich Zärtlichkeiten und immer neue Liebesschwüre auszutauschen. Das kann auf Dauer nicht gut gehen, und wir kommen zum Schluss.

Die Vielfalt, mit der die unterschiedlichen Erzähler das Liebespaar leiden lassen und schließlich töten, ist enorm. Beschränken wir uns auf dieses unkomplizierte Ende: König Marke entdeckt den schändlichen Betrug und ist tödlich beleidigt. Gemeinsam lässt er das Paar noch auf dem Scheiterhaufen sterben, doch ihre Gräber werden links und rechts einer Kapelle geschaufelt – geweihte Erde soll sie im Tode trennen. Seine Bemühungen indes sind vergeblich. Aus den Herzen der beiden entsprießen ein Rosen- (Isolde) und ein Weinstock (Tristan). Schon am Tag nach der Bestattung wuchern Rosen und Wein eng umschlungen über dem Dach des Gotteshauses zusammen.

Rundwanderung

Ausgangspunkt eines etwa 8 km langen Rundwanderwegs ist die *Brücke* am Ausgang des Sees. Etwa 3,5 Stunden reine Laufzeit, Markierung gelb bzw. gelb-weiß. Gleich zu Beginn ein Höhepunkt: Hinter der alten *Mühle* (seit 1993 ein Heimatmuseum) am Silberfluss, der vom See gespeist wird, breitet sich das imposante Felsenlabyrinth *Chaos du Moulin* aus. Eine glitschige Leiter führt zwischen riesigen Granitblöcken hinab in die gurgelnde Teufelsgrotte (*Grotte du Diable*), in der das Flusswasser in einem düsteren Schlund verschwindet und Gottes prominentester Gegenpart der Legende nach einen sagenhaften Schatz bewacht.

Der klammen Unterwelt entstiegen, folgt man dem Felschaos, das der Fluss im Lauf von Jahrmillionen geschaffen hat. Wie die Ränge eines steinernen Theaters reihen sich die Blöcke auf dem gegenüberliegenden Flussufer zum Halbrund. Hier, im *Théâtre de Verdure* (Freilichttheater) finden im Sommer folkloristische Veranstaltungen statt. Ein kleiner Wegweiser zeigt links den Weg zum *Roche Tremblante* (steil aufwärts und dann am Geländer entlang hinunter). Der schwankende Felsen ist ein über 100 Tonnen schwerer Granitblock, durch eine Laune der Natur so gelagert, dass er durch einfache menschliche Muskelkraft zum Zittern gebracht werden kann – zwei unscheinbare Vertiefungen im Stein zeigen die richtige Stelle für den Einsatz Ihrer Kräfte an.

Zurück zur Abzweigung, auf dem Hauptweg am Silberfluss weiter. Nach kurzer Zeit geht es rechts aufwärts zur *Ménage de la Vierge*, dem Haushalt der Jungfrau, dessen steinerne Ausstattung (Töpfe, Buttermaschine, Kopfkissen und Ruhesessel)

Karte S. 576

für die Autoren trotz mühsam erklommener Blickwinkel nicht zu erkennen war. Etwa 50 m weiter gabelt sich der Hauptweg – rechts folgt die schattige *Allée Violette* dem Fluss, links führt der *Sentiers des Amoureux* bergauf. Natürlich auf den Pfad der Liebenden wechseln. Zunächst noch vom grünen Blätterdach beschattet leicht bergan auf den Spuren Tristans und Isoldes, bis nach 800 m ein Wegkreuz jäh aus romantischen Träumen reißt: Hier oben hat der Jahrhundertorkan besonders stark gewütet. Wo einst der Wald den Bergrücken bedeckte, wuchern Farn und Heidekraut. Zwischen einigen verschont gebliebenen Veteranen wachsen zögernd ein paar junge Bäumchen.

Trotzdem – nun links bergauf etwa 15 Minuten zum *Camp d'Artus*. Das angebliche Lager des Großkönigs Artus ist eine rechteckige Fläche, von einem mit Brombeerbüschen und Unterholz überwucherten ovalen Wall eingefasst. Ein Rundgang auf dem Erdwall verschafft Einblicke. Seit 1938 Hausfundamente und Feuerstellen entdeckt wurden, weiß die Wissenschaft Bescheid: Beim Camp d'Artus handelt es sich aller Wahrscheinlichkeit nach um ein keltisches Oppidum, eine nicht nur militärisch genutzte Höhensiedlung. Der Eingang in die "Stadt" wurde durch eine 18 m hohe, aus Steinen und Holzbohlen aufgeschichtete und später von Grünpflanzen überwucherte "Burg" kontrolliert.

Am Fuß dieser Befestigung erklärt eine Schautafel Französisch sprechenden Interessenten die Anlage, erläutert das Bauprinzip, informiert über die Forschungsgeschichte und zitiert Cäsar.

Denselben Weg vom Artus-Camp wieder zurück zur Wegkreuzung und über die *Allée Violette* hinunter zum *Mare aux Sangliers*, dem Wildschweinpfuhl am *Clair-Ruisseau* (Klarer Bach). Die Spuren der Zerstörung sind hier nicht mehr so schlimm wie noch vor ein paar Jahren. Die Setzlinge des Wiederaufforstungsprogramms kämpfen sich rund um den einst so malerischen Tümpel in eine neue Zukunft, wie seit je suhlen sich rund geschliffene, bauchige und von zartem Moos überzogene Felsblöcke wie Wildschweine im spärlichen Wasser.

Hinter dem Mare aux Sangliers folgt der Wanderpfad dem Bachlauf und mündet nach etwa 1 km auf die Straße nach Carhaix (D 769 A). Der Straße nach links folgen, nach ca. 200 m öffnet sich *Le Gouffre*, ein tiefer Felsschlund, in den das Wasser des Flusses hinabstürzt. In dieses glitschige, gischtumspritzte Felsloch soll die böse Fee *Dahud* der Legende nach ihre ausgelaugten Liebhaber am frühen Morgen hinabgestoßen haben. Seither darben die Seelen der erschöpften Unglücklichen am Grund des Schlunds und warten darauf, dass ein beherzter Mann den Zauber der Fee bricht.

Ein kleiner Kletterpfad führt hinter der Gouffre-Brücke steil gewunden zum *Belvédère*, einem Aussichtspunkt auf einem Felssporn mit Blick über das Silberflusstal. Wieder zur Brücke hinab. Ein schmaler Wanderpfad auf der linken Flussseite (ausgeschildert *La Mine*) führt in das sich verbreiternde Tal, wo nach 1 km aufgegebene alte Blei- und Silberminen auftauchen. Den Fluss überqueren und den bewaldeten Bergrücken steil nach oben. Überall zwischen den Bäumen liegen kleine Gruben und Schächte, am Ende des Hohlpfades ist eine stillgelegte *Wasserkraftanlage* erreicht, die einst eine Gesteinzerkleinerungsmaschine betrieb. Dahinter windet sich ein schmaler Kanal (*Le Canal*) – in ihm wurde das Erz ausgewaschen – durch den Wald. Über seine "Promenade" nach Huelgoat zurück (ca. 3 km). Kurz vor der Ortschaft biegt links ein Pfad ab, hinauf zum *Roche Cintrée* (gewölbter Felsen) mit Panorama über die *Monts d'Arrée* und die *Montagnes Noires*. Zu Ihren Füßen liegt rings um den See verstreut Huelgoat.

Huelgoat / Umgebung

St. Herbot: Die Kirche des Schutzheiligen des Hornviehs ist nicht nur äußerlich ein Juwel. Hinter der leicht verwitterten spätgotischen Fassade mit dem spitzlosen Vierkantturm verbirgt sich eine der schönsten *Chorschranken* der Bretagne (16. Jh.). Das Eichenholz, einst bunt bemalt, präsentiert sich nun wieder naturbraun, aber immer noch mit seinen reichen, wundervollen Schnitzarbeiten, gekrönt von einer ausdrucksstarken Kreuzigungsgruppe. Die zweite Attraktion sind die klappbaren *Chorstühle*, eine ebenso liebevolle Handwerksarbeit wie der Lettner. Erwähnenswert außerdem eine steinerne Liegefigur des Heiligen und zwei steinerne Tische, auf denen noch heute Hornviehbesitzer aus nah und fern zum Pardon von St. Herbot Schwanzhaarbüschel ihrer Tiere ablegen. Ein *Beinhaus*, eine *Monumentaltreppe* (beide aus der Zeit der Renaissance) und ein großes *Steinkreuz* runden das Wallfahrtsensemble harmonisch ab.

• *Anfahrt* St. Herbot liegt etwa 7 km südwestlich von Huelgoat an der D 14.

• *Pardon* Der Pardon für St. Herbot wird an Christi Himmelfahrt begangen.

Calvaire-Tour – Umfriedete Pfarrbezirke

Ehre sei Gott in der Höh: Wie kein anderer Landstrich in der Bretagne protzen die umfriedeten Pfarrbezirke im Elorn-Tal und den Monts d'Arrée mit Triumphtoren, Beinhäusern, vielfigurigen Calvaires und verschwenderisch-kunstvollen Kirchenausstattungen.

Den *Enclos paroissial* (siehe Kapitel Wissenswertes) gibt es nur in der Bretagne, und die schönsten und aufwendigsten versammeln sich in einem kleinen, ländlichen Gebiet, von dem Reisende ohne Vorwissen oder Reiseführer vermuten würden,

Der Pfarrbezirk von Guimiliau

Argoat
Karte S. 576

dass sich hier Fuchs und Hase Gute Nacht sagen und das Platzen einer Kaldaunenwurst Anlass für ein Fest Noz ist. Dies stimmt so nicht. Bis Mitte des 17. Jh. war der Landstrich zwischen *Elorn* und *Aulne* an der Grenze von Léon und Cornouaille durch seinen großflächigen Flachsanbau und das florierende Gewerbe der (Segel-)Tuchmacherei eine wohlhabende Region, in der für Landesverhältnisse überdurchschnittlich viel Geld zirkulierte. Und dass ein Teil dieses Geldes in aufwendige klerikale Bauvorhaben und Kirchenausstattungen investiert wurde, hatte einen triftigen Grund.

Gegen Ende des 16. Jh. sah die katholische Kirche ihre bretonischen Schäflein in Gefahr: Ein Teil hatte sich den ketzerischen Hugenotten (französische Form des Protestantismus) zugewandt, während andere, meist bäuerliche Kirchenmitglieder, sich ungenierter denn je um die heidnischen Götzen der Vorzeit versammelten. Die *Gegenreformation* setzte ein, eine hundertjährige Kampagne mit dem Ziel, die verloren gegangene Attraktivität der heiligen römischen Kirche wiederherzustellen. Die Mittel waren vielfältig: Ketzerprozesse, Hinrichtungen oder Vertreibung waren die Knute, als Zucker wurden die geweihten Stätten des einzig wahren Gottes zu prachtvollen Heiligtümern ausgebaut.

Pompöse Eingangspforten in den heiligen Bezirk, vielfigurige Calvaires und bildergeschmückte, barocke Prunk-Altäre gehörten etwa hundert Jahre lang zum künstlerischen Repertoire der Gegenreformation. Das unwissende, emotionale und in Bildern verhaftete bretonische Publikum sollte ein Spektakel erleben, das nachhaltigen Eindruck auf das einfache Gemüt hinterlassen musste. Wer in die Kirche ging, wurde gemahnt, erschreckt und gleichzeitig auf die Wonnen des Christenhimmels hingewiesen. Die Figuren waren eindeutig und drastisch, die Bilder dramatisch und für jeden verständlich, die Altäre eine irdische Vorwegnahme der paradiesischen Pracht. Während Kinder die Taufe unter den himmlischen Baldachinen der Taufbecken empfingen, spiegelte sich der Tod im Weihwasserbecken, und auf Deckenbalken kämpfte die Tugend gegen das unausrottbare Laster. Die goldverzierten Statuen der Märtyrer und wundertätigen Heiligen aus Kupfer, Holz, Gips oder Stein, plastisch und bunt, bildeten weitere Zutaten einer wohlbedachten Mixtur, um Ketzertum und Aberglauben zu vertreiben und die Zweifelnden auf den rechten Weg zurückzuführen.
Als die Reformierten trotz angelaufener kirchlicher Gegenmaßnahmen weiterhin gefährlich-großen Zulauf bekamen, wurde innerhalb weniger Jahre immens viel Geld in die belehrend-aufwendige Kulisse des wahren Glaubens investiert, um den Bretonen, widerspenstigen Mitgliedern einer verunsicherten Gesellschaft, einen eindrucksvollen spirituellen Hintergrund gegen neue Ideen und uralte heidnische Mythen anzubieten.

Das Ziel der Gegenreformation wurde erreicht. Heiden oder Hugenotten sind in der Bretagne bis heute eine vernachlässigbare Minderheit. Was der Nachwelt blieb, sind die Geschlossenen Pfarrbezirke, die in dieser Zeit miteinander wetteifernd errichtet wurden. Die Gemeinden, die dafür früher Unsummen locker machen konnten, sind heute unscheinbare Dorfgemeinschaften, ihre Pfarrbezirke einzig sichtbares Relikt vergangenen Wohlstands, den die Tuchmacherei einst brachte. Kleine Ironie der Geschichte: Mit dem Exodus der in der Mehrzahl hugenottischen Tuchmacher, die sich von katholischem Eifertum verfolgt fühlten, war es auch endgültig mit den wirtschaftlich guten Zeiten vorbei.

Der Krieg der Gemeinden

1581: "Es begann damit, dass Guimiliau seinen Kalvarienberg erbaute und gleichzeitig St. Thégonnec seine monumentale Eingangspforte. Durfte St. Thégonnec, der größere Marktflecken, von dem kleineren Guimiliau sich überbieten lassen? Nein! Mit einem Musterstück von Beinhaus wollte es seine Überlegenheit beweisen. Und die Kirche! Sie sollte einen Turm bekommen, einen weithin sichtbaren, mit einer eleganten Balustrade um die Plattform, aus der die alles überragende Kuppellaterne, umgeben von vier kleineren Ecklaternen, in den Himmel stößt. Guimiliau wusste die Schlappe sofort auszuwetzen, indem es seiner Kirche eine geradezu pompös ausgestattete Portalvorhalle anfügte. Bevor aber noch dieses Werk vollendet war, parierte St. Thégonnec den Schlag mit einem Calvaire, der zwar weniger Figuren als der zu Guimiliau aufwies, dafür aber mit seinen drei Kreuzen das Geschehen auf Golgatha wahrheitsgetreuer wiedergab.
Nach einem kurzen Waffenstillstand hob der friedliche Wettstreit von neuem an. Diesmal ließ Guimiliau kein neues Bauwerk erstellen, sondern gab 1675 einen hölzernen Baldachin zur Krönung des Taufbeckens in Auftrag, vor dem das Nachbardorf staunend stehen sollte. Gab es denn weit und breit einen Baldachin, der auf acht von Lorbeer und Wein umrankten Säulen ruht? Auf ihm waren die Taufe Jesu, die Heilige Dreifaltigkeit, die Mutter Gottes und Szenen aus dem Leben der Heiligen in geradezu virtuoser Arbeit dargestellt. Von dem Erfolg beflügelt, bestellte man zugleich noch eine dem Taufbecken würdige Kanzel, geschmückt mit den vier Haupttugenden und den vier Sibyllen. Um den Sieg vollständig zu machen, ließ man von denselben Meistern noch eine Orgeltribüne errichten.
Inzwischen trat in St. Thégonnec der Gemeindevorstand unter dem Vorsitz des Pfarrers nach altem Brauch in der prunkvollen Vorhalle der Kirche zusammen und beratschlagte, wie man den Vorsprung des Nachbarorts wieder aufholen könnte. Im Jahre 1683 bestellte man bei den Brüdern Lérel eine Kanzel, gegen die jene von Guimiliau wie das Werk eines Stümpers wirken musste, gibt es an diesem Meisterwerk doch die Kardinaltugenden, die Evangelisten und die vier großen Kirchenväter zu bewundern. Hinter dem Kanzelwerk stützen zwei geflügelte Barockengel mit erhobenen Armen den Kanzeldeckel, während auf einem Relief Moses die Gesetzestafeln empfängt. Damit nicht genug! Den Kanzeldeckel zieren Blütenranken, Ornamente und Engelsköpfchen. Lebensfrohe Putten umspielen ihn. Von der Spitze dieses prunkenden Werkes lässt ein himmlischer Herold als Künder des Glaubens seine Siegesfanfare erschallen. Ihr Ton mag die Leute von Guimiliau sehr geschmerzt haben, zumal St. Thégonnec noch für die Krypta seines Beinhauses von Meister Jacques Lepaignol aus Morlaix eine holzgeschnitzte, farbig gefasste Grablegungsszene schaffen ließ, mit ausdrucksstarken, lebensgroßen Figuren, deren schönste wohl die sich in edler Trauer neigende Magdalena sein dürfte.
Noch einmal raffte sich Guimiliau auf und schmückte seine Kirche mit kunstvoll geschnitzten Beichtstühlen. Dann waren die Helden müde geworden. Der Krieg, der in diesem Falle nicht zerstörte, sondern die Bretagne mit einmaligen Kostbarkeiten beschenkte, war zu Ende." (Max Rieple, Geheimnisvolle Bretagne, Bern 1965, S. 155 ff).
Wir ergänzen: Auch Lampaul-Guimiliau war am Krieg um den schönsten Bezirk beteiligt. Doch hieß der Gegner nicht St. Thégonnec, man wollte nur den unmittelbaren Nachbarn Guimiliau ausstechen. Ergebnis: Beinhaus und Triumphtor geben je einen Zähler für Lampaul-Guimiliau, Guimiliau punktet mit seinem Calvaire.

Argoat
Karte S. 576

Die berühmtesten *Enclos paroissiaux* liegen eng zusammen in drei kleinen Flecken um Landivisiau: *Guimiliau, Lampaul-Guimiliau* und *St. Thégonnec* konkurrierten über hundert Jahre am eifrigsten um den schönsten Pfarrbezirk, um das jeweilige Nachbardorf in seine kulturellen Schranken zu weisen. Weiter südlich bestechen noch die Bezirke von *Pleyben* und *Sizun*, dazwischen verstreut ist eine Vielzahl weiterer Enclos paroissiaux, Calvaires, Triumphtore usw. Zur Auflockerung können Sie zwischendurch den *Roc Trevezel* besteigen und/oder das *Langgrab von Mougau-Bian* bei Commana inspizieren.
Weitere Pfarrbezirke in der Umgebung siehe Landerneau/Umgebung.

Hinweis: Mit öffentlichen Verkehrsmitteln ist die Calvaire-Tour ein zermürbendes Unterfangen. Wer nur die wichtigsten Pfarrbezirke sehen will, kann sich eine Radtour überlegen oder zu einem eintägigen Fußmarsch aufbrechen. Eine weitere Möglichkeit ist die Teilnahme an einer organisierten Busfahrt, die während der Saison an allen größeren Touristenorten angeboten wird.

Landivisiau

(ca. 8000 Einwohner)

An der RN 12, der Direktverbindung zwischen Morlaix und Brest, breitet sich das harmlose Marktstädtchen aus. Einst war es ein rein bretonisches Zentrum für Pferdezucht und Lederverarbeitung, heute gehört der *Rindermarkt* nicht nur zu den größten der Bretagne – Ochs und Kuh aus ganz Frankreich werden hier verhökert. Für Reisende ohne eigenen Hornviehbestand ist Landivisiau Versorgungs- und Stützpunktzentrum einer ausgedehnteren Calvaire-Tour, hier kann auch Angelzubehör erstanden werden. Kulturell steht die Kleinstadt im Abseits. Die *Kirche* von Landivisiau, erbaut im 15./16. Jh., 1865 bis auf Turm und Vorhalle völlig umgestaltet, kann sich mit den Pfarrbezirken im Umland nicht messen, auch das in den heutigen Friedhof versetzte und gänzlich restaurierte Beinhaus ist nur ein matter Abglanz der umliegenden Ossuaires in den Pfarrbezirken rund um Landivisiau.

- *Postleitzahl* 29400
- *Verbindung* **Bus**bahnhof am Bahnhof (siehe unten).

Zug: Landivisiau liegt an den Strecken Brest–Rennes und Morlaix–Brest. Etliche Anschlüsse in beide Richtungen, nur der TGV hält hier nicht. Mit dem Zug Richtung Morlaix werktags 3-mal nach Guimiliau, St. Thégonnec und Pleyber Christ. Bahnhof im Süden der Stadt in Elorn-Nähe, an der Rue de la Gare.

- *Fahrradverleih* **Peron Cycles**, Rue Mangin 1, ✆ 02.98.68.12.93.
- *Übernachten* ** **Hotel Kyriad**, vor den Toren der Stadt (an der N-12-Ausfahrt Landivisiau Ost Richtung Roscoff). 52 gut ausgestattete Zimmer mit Bad/WC (TV, Telefon). Restaurant, Freizeiteinrichtungen (z. B. Tennis, Reiten, Spielplatz). Der Betrieb ist auf Behinderte eingestellt. DZ 60–63 €, HP 52–55 €, Frühstück 8 €. Ganzjährig geöffnet. Zone du Vern, ✆ 02.98.24.42.42.

* **Hotel de l'Avenue**, simples Stadthotel etwas südlich vom Zentrum in Rathausnähe, 25 unterschiedliche Zimmer, 4 davon mit integriertem Sanitärbereich. Restaurant. DZ 30–40 €, Frühstück 6 €. Von Oktober bis November geschlossen. Avenue de Coatmeur 16, ✆ 02.98.68.11.67.

* **Hotel le Terminus**, außerhalb vom Zentrum, Routier-Hotel an der Ausfallstraße nach Morlaix. 14 Zimmer mit einfacher Sanitärausstattung, 8 Zimmer mit eigenem Bad. Restaurant mit Fernfahrermenus ab 11 € inkl. Wein. DZ 31–34 €. Ganzjährig geöffnet. Route de Morlaix, ✆ 02.98.68.02.00.

Landivisiau / Umgebung

Bodilis: Kein Mensch ist auf der Straße. Einsam herrscht der Bürgermeister in einem allein stehenden Häuschen hinter der Kirche über seine kleine Gemeinde von 1500 Seelen. Im abgeschiedenen Bodilis, an einer Sackgasse am Rand der Calvaire-

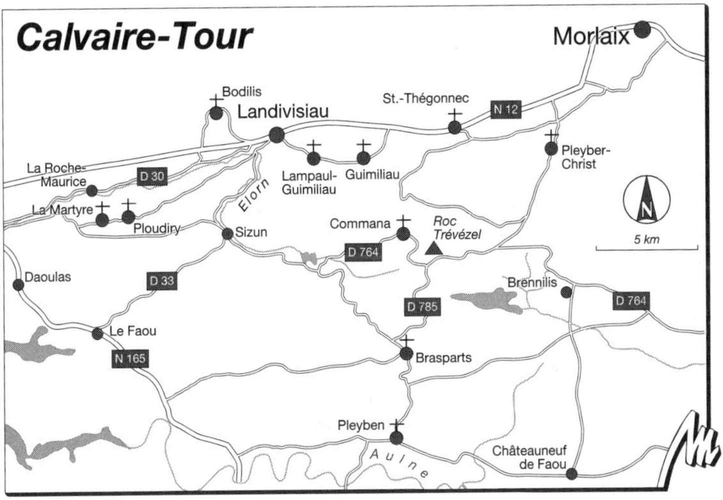

Tour, ist nur die Dorfbar neben der Kirche – besonders bei Regen – gut besucht. Und doch kennt die Welt das Dorf.

In Pferdekreisen ist Bodilis durch seine guten Zuchterfolge bekannt, Kunstfreunde kommen wegen der *Ortskirche*, eine Art "Schatzkammer bretonischer Skulptur". Die südliche *Vorhalle* beginnt mit dem Kunstreigen – und dann innen: *Balkenschnitzereien* in Überfülle, *Ornamente* im Wechsel mit biblischen und bäuerlich-bretonischen Szenen, farbige *Holzaltäre* mit Schnitzwerk und vergoldete *Altarretabel*, die weitere Akzente setzen. Unter dem *Glockenturm* vor der Kirche, wegen des nahen Militärflugplatzes nachts an der Spitze beleuchtet, kann man hindurch laufen – Portale durchbrechen seine drei freien Seiten – und zur skulpturen- und nischengeschmückten *Sakristei* (17. Jh.) an der Nordseite der Kirche gelangen.

Anfahrt Landivisiau in Richtung Lesneven auf der D 32 verlassen; ein kurzes Stück hinter der Autobahn rechts ab (beschildert).

Lampaul-Guimiliau (ca. 2000 Einwohner)

Ein wahrhaft göttlicher Bezirk hinter der symbolisch-niedrigen Umfassungsmauer – Kreuze, Tore, und dann, als hiesiger Höhepunkt, das Innere der Kirche. Selten schuf die westliche Christenheit so farbenfrohe Kunst: Gold herrscht vor, dazwischen Buntes in allen Abstufungen der Farbpalette. Unter den großen Drei wird Lampaul-Guimiliau, das auf eine Klostergründung des St. Pol zurückgeht, an letzter Stelle genannt, hier wurde sichtbar das wenigste Geld investiert, doch die liebevolle und in sich abgerundete Kirchenausstattung kann sich getrost mit der Konkurrenz messen.

Durch die *Triumphpforte* von 1668 – auf der Balustrade die drei Kreuze von Golgatha – geht es in den kleinen heiligen Bezirk. Der karge *Calvaire* im ehemaligen Friedhof besteht aus nur einem Stamm, der sich oben in drei Kreuze verästelt: Neben Jesus, dessen Blut von zwei Engeln aufgefangen wird, hängen die beiden Schächer. Gleich neben der Pforte das unwesentlich ältere *Beinhaus* (1667), aus dem

Argoat
Karte S. 576

später eine Grabkapelle wurde. An der Fassade trotzt das eingemeißelte "Memento Mori" (Gedenke der Toten) unbeachtet den Zeiten, im Beinhaus drinnen werden unter den Augen von St. Rochus und St. Sebastian Karten, Bücher und Souvenirdudelsäcke an quicklebendige Besucher verkauft, dazu läuft der Klein-TV mit höchst irdischen Programmen.

Die *Kirche* stammt in wesentlichen Teilen aus dem 17. Jh., der *Turm*, einst einer der höchsten des Finistère, 1573 nach dem Vorbild des Kreiskers von St.-Pol-de-Léon hochgezogen, verlor 1809 durch Blitzschlag die obersten 18 Meter und hat damit seine einstige Eleganz eingebüßt. Im *Südportal*, 1533 ausnahmsweise im Westen errichtet, stehen stumm die Apostel in ihren Nischen an den Seitenwänden, über dem Eingang Maria und Kind, zwischen den Zwillingstoren das *Weihwasserbecken*.

Das Innere unter dem lichtblau bemalten Holztonnengewölbe ist gottlob beleuchtet. Ein farbenprächtiger *Triumphbalken* (16. Jh.) mit dem übermannsgroßen gekreuzigten Jesus, betrauert von Maria und Johannes, trennt den Gemeinderaum vom Chor. In den Balken geschnitzt sind winzige bunte Passionsszenen (zur Gemeinde hin), auf der anderen Seite konnten sich Klerus und Landadel an den zwölf Sibyllen (weissagende Frauen des Altertums, die die Geburt Jesu vorhergesagt hatten und deshalb von christlichen Künstlern gern als Motiv verwendet wurden) und an der Verkündigungsgruppe erfreuen.

Die aus einem Stück geschnitzte *Pietà* (1533) über der Tür zur Sakristei ist ergreifend gestaltet und noch immer bunt bemalt, fünf Figuren trauern, jede auf ihre Weise, um den toten Jesus. Ebenso bunt und vielfach mit Figuren aufgelockert ist der Holzbaldachin des *Taufbeckens*, getragen von acht Säulen; oben, am turmähnlichen Abschluss, die Apostel und, passend zum Baptisterium (Taufbecken), die Taufe des Herrn. Im rechten Seitenschiff das "*Weihwasserbecken der Teufel*": Ein nacktes Menschenpaar krümmt sich am Beckenrand, zwei arme Teufel mit Natternschwänzen versuchen am Grunde des Beckens, vor dem gottgeweihten Nass zu fliehen.

Von den *Altären* des Kirchenraums zählen zwei zu den wohl gelungensten Beispielen des bretonischen Barocks (17. Jh.). Noch mehr wie am Triumphbalken erfordern die künstlerische Liebe zum Detail und die zahlreichen kleinen Figuren, die die Altaraufsätze bevölkern, etwas Muße, um die Feinheiten hinter der blendenden Pracht zu entdecken.

Der *Passionsaltar* (linke Chorseite) mit seinen phantasievollen Bildern in Goldschmuck ist der schönste seiner Art in der Bretagne, in seinem Rahmen tummeln sich eine Überfülle von Personen. Die rechte Seite ist dem Hl. Miliau gewidmet; vom eigenen Bruder hingemeuchelt, hält er seinen Kopf etwas ratlos in der Hand, aus dem Hals springt das tiefrote Blut, während der Mörder das Schwert verstaut. Rechts unten wird Maria nach ihrer Geburt gewaschen, vom Himmelbett aus schaut Anna, die erschöpfte Mutter, zu. Am gelungensten ist das vielfigurige Mittelteil des Altars, die Passion, ganz in Gold mit einigen roten und blauen Farbtupfern: unten die goldgekleideten Teilnehmer des letzten Abendmahls am weiß gedeckten Tisch, in der Mitte die Kreuztragung mit rot gewandetem Jesus, der im Kasten darüber standhaft die Kreuzigung erträgt, während sich die Körper der Schächer im Todeskampf verrenken.

Der fast ebenso prächtige *Altar für Johannes den Täufer* aus derselben Werkstatt (rechts im Chor) ist hauptsächlich mit Episoden aus dessen Leben geschmückt: Johannes und Jesus als Kinder, Christi Taufe, die Enthauptung des Täufers. Links

Der hl. Miliau

oben besiegt ein riesiger Erzengel Michael den Teufel, auf dem unteren linken Altarretabel sind gefallene und gute Engel im schrecklichen Kampf verstrickt – Rubens lieferte hierzu das Vorbild.

Die mannsgroße *Grablegung Christi* im hinteren Kirchenschiff ist weniger beachtet und weniger ausgeleuchtet als die Altarwände, doch die lebensechte Figurengruppe ist die vielleicht beeindruckendste Darstellung in Lampaul-Guimiliau: 1676 meißelte der Seefahrer und Bildhauer *Anthoine* aus weichem Kalktuff die acht Trauernden, die in fassungslosem Schmerz um den Leichnam des Herrn versammelt sind. Joseph von Arimathäa hinter dem Haupt des steinweißen Leichnams zeigt die größte Erschütterung, Johannes hat noch die Kraft, die inbrünstig betende Maria zu stützen.

• *Übernachten* ** **Hotel de l'Enclos**, unterhalb des Kirchbezirks; das gutbürgerliche Pfarrbezirkshotel lebt, wie der Name schon sagt, ganz vom Geschäft mit dem Enclos. 36 voll ausgestattete Zimmer (TV, Telefon) mit eigenem Sanitärbereich inkl. WC. Hunde erlaubt. Restaurant. DZ 43 €, HP 42 €, Frühstück 6 €. Ganzjährig geöffnet. 29400 Landivisiau/Lampaul-Guimiliau, Le Bourg, ✆ 02.98.68.77.08.

Guimiliau **(ca. 800 Einwohner)**

Miliau, ein Abkömmling des bretonischen Königshauses von *Nominoe* (Sohn eines Königs der Cornouaille?), der 530 (647? 792? – die Jahreszahlen der Legenden widersprechen sich entschieden) von seinem machthungrigen Bruder *Rivos* enthauptet wurde, gab dem Ort nicht nur seinen Namen, als Heiliger ist er seit alters her für die Heilung von Geschwüren und Rheuma zuständig. Heute ist Guimiliau der kleinste der Pfarrbezirksorte, sein *Enclos* aber der vollkommenste, und der *Calvaire* vor der Kirche das bestechendste Detail des Pfarr-Ensembles.

Das *Triumphtor* (17. Jh.) mit einem weit geschwungenen Bogen wird von zwei Reitern bewacht. Das *Beinhaus* von 1648, links der Vorhalle, wurde in eine Kapelle

Argoat Karte S. 576

verwandelt, auf Reliefs werden einige Ereignisse aus dem Leben Christi erzählt, doch diese Aufgabe hat der *Calvaire* viel spektakulärer gelöst. Von 1581 bis 1588 dauerten die Arbeiten am Passionsspektakel, dann war der zweitgrößte bretonische Calvaire zur Zufriedenheit von Auftraggeber und Kunsthandwerkern beendet: An und auf dem achteckigen Sockel mit Blendarkaden, eingerahmt von den vier Evangelisten an den Pfeilern des Sockels, spielen etwa 200 Figuren insgesamt 25 Szenen. Nur eine mächtige Säule mit einem kurzen Querbalken (Maria, Petrus, Johannes und St. Yves lehnen paarweise Rücken an Rücken) steigt in der Mitte des Calvaires hinauf, ganz oben leidet Christus am Kreuz. Darunter tummeln sich in der Tracht der Zeit Heinrichs III. die Mitspieler/innen einer schwelgend-genüßlichen Inszenierung der immergleichen Vorlage der Passionsgeschichte (17 Szenen) – behaglich und detailreich wird der Stoff ausgeschmückt.

Die Deftigkeit des sprühenden Lebens, die Brutalität und Grobschlächtigkeit einer Soldateska, die die erhaltenen Befehle auf ihre Weise vollstreckt, spirituelle Versenkung, rührende Trauer oder Sensationslust – eine Vielzahl von zeitlosen, weil immergleichen Gefühlen ist in den Granit eingemeißelt, auch der Humor fehlt nicht. Z. B. beim berühmten *Abendmahl*: Am gut gedeckten Tisch herrscht beste Stimmung, Petrus wäscht soeben Jesus die Füße, die restlichen elf Apostel sind beim Tafeln, noch liegt das (gebratene?) Osterlamm – in einer unmöglichen Perspektive – unangeknabbert auf einer Platte. Gleich über dem Abendmahl aber, als einer der Höhepunkte des Schreckens, die *Höllenfahrt der Katel Gollet*: Kleine, widerliche Teufel zerren und schieben das unglückliche Mädchen, das wohl soeben begreift, dass es jetzt für seine Sünden zahlen muss, in den Schlund der Hölle: ein mit großen Granitzähnen versehenes Dämonenmaul.

Jesus und die Häscher am Calvaire von Guimiliau

Die *Kirche*, im 16. Jh. errichtet, wurde im 17. Jh. völlig umgebaut und präsentiert sich deshalb in einem Gotik-Renaissance-Gemisch, allein der *Turm* von 1530 blieb unangetastet spätgotisch. Das Prunkstück der Fassade ist das *Südportal* (1606–1617), gekrönt von einem Türmchen, das nach hinten zu kippen droht, der Eingang umrahmt von drei mit Figuren verzierten Bogenläufen (Archivolte); die kleinen, filigran aus dem Granit herausgehauenen Gestalten der drei Bögen erzählen Geschichten aus der Bibel: Adam ackert, während sich Eva um den ersten Nachwuchs kümmert (linke Seite), Kain tötet Abel in einem zeitgenössischen Kostüm, aus der putzigen Arche Noah lugen einträchtig Mensch und Tier (rechte Seite) – derlei und viele Szenen mehr sind zu bestaunen. In der *Vorhalle* stehen die alten, bemerkenswert gearbeiteten Apostelfiguren (15. Jh.), auf einem Fries (linke Seite) wird unter anderem soeben Eva erschaffen.

Katel Gollet – die verfluchte Katharina

Die Szene, in der Katel Gollet vom Teufel und seinen Helfern in die Hölle gezogen wird, ist ein Standardthema der bretonischen Großcalvaires, das natürlich nicht ohne Grund in den christlichen Bilderreigen aufgenommen wurde.

Geschichten über die sündige Katel, die selbst noch im Beichtstuhl log und gar dem Teufel eine Hostie besorgte, werden in vielen Variationen erzählt. Doch das schreckliche Ende ist immer gleich und – jetzt nehmen wir jede Spannung – als unmissverständlicher Hinweis an junge Mädchen zu verstehen, sich der Koketterie und Hurerei zu enthalten. Andernfalls werden sie vom Teufel höchstpersönlich aufs Kreuz gelegt und fallen der ewigen Verdammnis anheim. Im Hintergrund steht die Mahnung an beide Geschlechter, die Sünde (im Rahmen der lustfeindlichen Herrenreligion gern als begehrenswerte Frau dargestellt) und den Rückfall in das Heidentum auf jeden Fall zu meiden. Hier eine Fassung ohne Hostie und Beichtstuhl:

Katel, verzogene Tochter eines harmlosen Landadeligen, schön wie die Sünde, gemein, voller Leidenschaft und doch unnahbar wie ein Eisberg, wollte nur denjenigen heiraten, der zwölf Stunden mit ihr, der begeisterten Tänzerin, durchtanzte. Nicht genug, dass sie damit alle Combos der Umgebung verschliss und zahllose Bewerber hechelnd und erschöpft vorzeitig die Tanzstatt verließen – etliche heiratswillige junge Männer waren in das begehrenswerte Konditionswunder so maßlos vernarrt, dass sie auf körperliche Alarmsignale nicht achteten und einen unrühmlichen Tanztod starben.

Langsam aber begann das Volk zu murren. Dem Wunsch der Bevölkerung folgend, die allmählich um ihren männlichen Nachwuchs fürchtete, wurde Katel schließlich von ihrem Vater im Schlossturm eingesperrt, den sie bis zu ihrer Hochzeit nicht mehr verlassen sollte. Doch der nächste Pardon kam und mit ihm das große Tanzfest, das Katel keinesfalls versäumen mochte. Es fiel ihr leicht, einen unerfahrenen Pagen dazu zu bringen, sie zu befreien und zum Fest zu begleiten.

"Was wollt ihr? Ich tanze nur mit meinem Verlobten", könnte Katel den erstaunten Gästen gesagt haben, bevor sie den Unglücklichen auf die Tanzfläche zog, die er nicht mehr lebend verließ. Als er tot zu Boden ging, erstarb auch die Musik, und Katel regte sich in der plötzlichen Stille maßlos auf: "Zum Teufel! Gibt es hier keine Musikanten und keine Tänzer, die meiner würdig sind?"

Es gab. Zwei Fremde in einem roten und einem schwarzen Wams waren auf einmal da, der Rote spielte den Dudelsack, der Schwarze forderte Katel zum Tanz. Unter den verstörten Blicken der Festgemeinde nahm der Fremde Katel in die Arme, und zu den Klängen einer unsagbar fremden, teuflisch-anziehenden Musik tanzte Katel ihren letzten Tanz.

Der Schwarzbewamste hielt wahrscheinlich schon eine Tote umschlungen, als es wie im Theater donnerte, rauchte und bestialisch stank. Als sich die Schwaden verzogen hatten, fehlten die beiden Fremden und auch die Katel Gollet.

Argoat
Karte S. 576

Innen, vor dem Hintergrund eines schlichten Gemäuers mit niedrigen, weiß gekalkten Wänden die ganze Pracht bretonischer Renaissance: Gleich am Eingang das granitene *Taufbecken* mit dem berühmten eichengeschnitzten *Holzbaldachin* von 1675 auf acht kunstvoll gedrechselten Säulen – Wein und Lorbeer ranken sich spielerisch zur hohen Dachkonstruktion, auf der zahlreiche Figuren aus ihren Nischen blicken und Jesus gerade getauft wird (siehe auch Kasten/"Krieg der Gemeinden"). Ausladende *Barockaltäre* wie der Altar des St. Miliau oder der des Hl. Joseph mit Medaillons, Putten, Blumen, Früchten und Vögelchen sorgen für weiteren Glanz. In der Mitte des *Miliau-Altars* stützt die Gattin den schon toten Heiligen, der seinen abgeschlagenen Kopf in der Hand hält; am *Joseph-Altar* hat der Tischler Joseph sein Ziehkind Jesus an die Hand genommen. Die üppig geschmückte *Kanzel* (1677) wird von dicklichen Engeln getragen, auf Medaillons die personifizierten Kardinaltugenden: Weisheit, Gerechtigkeit, Mäßigung und Mut. Der auf Säulen ruhende und reich mit Schnitzereien versehene *Orgelprospekt* von 1677 wurde Ende der 80er komplett restauriert (helle Eiche). Auf dem Prospekt ist – ein Kratzfuß vor *Ludwig XIV.* – neben Reliefs mit christlichen Motiven der ganz weltliche Siegeszug Alexanders des Großen dargestellt.

Essen Gleich mehrere Bars/Crêperies/Pizzerias/Restaurants in dem winzigen Ort können von dem umfriedeten Pfarrbezirk leben.

St. Thégonnec

(ca. 2150 Einwohner)

Der Ortsheilige St. Thégonnec bekehrte im 5. Jh. die hiesigen Heiden und schaffte nach der Überlieferung eigenhändig die Steine für den Bau seiner Kirche auf einem Ochsenkarren heran. Er blickt vom Paradies aus sicher verzückt auf den *Enclos paroissial* herab, der nach und nach das erste, bescheidene Kirchlein ersetzte: In

Grablegung am Calvaire von St. Thégonnec

Feuer!

Am Morgen des 8. Juni 1998 wird in St. Thégonnec Feueralarm ausgelöst – die Kirche brennt! Nach den Löscharbeiten wurde das Ausmaß des Schadens sichtbar. Das Dach war zum großen Teil abgebrannt, das linke Kirchenschiff völlig verwüstet. Einige Kunstwerke wie der Rosenkranzaltar sind unwiederbringlich verloren, andere wie die Orgel wurden beschädigt, können aber restauriert werden. Der Hauptaltar und die Kanzel haben den Brand gottlob unbeschadet überstanden. Besichtigung 1999: Das Innere ist eine halbe Baustelle, Bilder erinnern an den Brand und die zerstörten Schätze. Die Atmosphäre ist bedrückend, im Gegensatz zu den anderen Kirchbezirken, in denen fröhliche Ausflugsstimmung herrscht, sind die Besucher ganz still und dezent – man flüstert höchstens. Die Renovierungsarbeiten sind im Gange, und werden im Sommer 2004 voraussichtlich abgeschlossen sein.

reinster Renaissance ohne gotische Rückbesinnung, doch in bretonischer Eigenwilligkeit prunkt der monumentalste Pfarrbezirk der armorikanischen Halbinsel. In St. Thégonnec wurde im "Krieg der Gemeinden" auf die bauliche Geschlossenheit und Pracht der Gesamtanlage am meisten Wert gelegt, so steht im Mittelpunkt der Besichtigung der Enclos paroissial als Ganzes. Übrigens ist der heilige Bezirk die letzte größere Bautätigkeit, bevor die Bretonen den Schlösser- und Kirchenbau so gut wie ganz aufgaben.

Die Anlage ist von zwei Seiten zugänglich. Zum einen führen ausgetretene Stufen von der unterhalb gelegenen Straße zu einem schlichten Einlass, doch erst beim Prunkeingang am höher gelegenen Platz des Ortes vor dem Ensemble zeigt sich die Monumentalität St. Thégonnecs. Eines der aufwendigsten und prächtigsten Renaissance-*Triumphtore* (1587) der Bretagne führt in das irdische Reich Gottes: Zinnen, Kuppeln und luftige Türmchen auf vier Pfeilern. Die beiden Mittelpfeiler, durch einen Bogen verbunden, bilden den Eingang. Man sieht dem Tor sein Alter an: Wuchtiger und gedrungener als die später entstandenen Teile, ist es der am wenigsten elegante Teil des Enclos.

Requiescant in pace (Sie mögen in Frieden ruhen) verkünden große Lettern auf dem Spruchband: Das *Beinhaus* (1676–1681) schloss die Arbeiten am Enclos paroissial ab. Üppigste bretonische Renaissance schuf das schönste Ossuaire der Bretagne dieser Zeit – ein überdimensionales, reich geschmücktes, steinernes Reliquiar, die zweistöckige Fassade gegliedert von den typischen Säulchen, schmalen, hohen Bogenfenstern und den mittlerweile leeren Nischen darüber. Weitere Schmuckelemente sind das umlaufende Spruchband über den Fenstern, die Wasserbecken mit Kleindächern und die vielen Ornamente. Ungewöhnlich sind das Türmchen und, im Inneren, die hell erleuchtete *Krypta*, über der sommers das Geschäft mit Andenken aus St. Thégonnec auf Hochtouren läuft. Unten in der Krypta herrscht weltabgewandte Trauer. Von 1699 bis 1702 arbeitete der Kunstschnitzer *Jacques Lespaignol* (der auch für den Rosenkranzaltar in der Kirche verantwortlich zeichnet) an der eichenen, bemalten und mannsgroßen *Grablegungsszene* mit dem Schweißtuch Jesu. Apropos Geschäft: sie kostete 1500 Livres.

1610 war der *Calvaire* nach elfjähriger Bauzeit beendet: Drei Kreuze ragen vom Sockel in den Himmel, die beiden Schächerkreuze schlank und einfach, die Mittel-

Argoat Karte S. 576

Der Calvaire von St. Thégonnec

säule knorrig mit zwei Querbalken in Höhe der Schächer. Auf dem oberen Balken zwei römische Reiter, unten Apostel, gleich zweimal Maria und St. Yves. Nicht nur die beiden Schächer hängen in Pluderhosen am Kreuz, alle Figuren des Calvaires, der sich ausschließlich mit der Passionsgeschichte beschäftigt, sind in den zeitgenössischen Kostümen des 17. Jh. gekleidet. Überrealistisch gestaltet sind ebenso die etwa 40 Figuren auf dem Sockel, die sich ohne ausschmückende oder abschweifende Elemente auf das Wesentliche konzentrieren: die Guten entrückt, traurig, die Bösen boshaft grimassierend oder einfach ignorant. Jesus muss auf seinen Kreuzwegstationen unendlich leiden, er wird geschlagen und getreten, dass ihm verächtlich die Zunge herausgestreckt wird, ist noch der harmloseste Spaß, den die Söldner mit ihm treiben. Ein Spaß des Bildhauers ist die Schüssel, in der sich Pontius Pilatus seit bald 400 Jahren die Hände wäscht. Schief wie sie ist, könnte sich in ihr das schuld lösende Wasser keine Sekunde halten.

Von 1599 bis 1714 wurde an der *Kirche* gebaut, verändert, vergrößert und wieder umgebaut, bis sie stilistisch mit dem Gesamtbezirk völlig verschmolzen war. Der wuchtige *Viereckturm* – nach dem Vorbild des Renaissance-Turms von Pleyben zwischen 1599 und 1610 hochgezogen – lässt den älteren *Glockenturm* in seinem Schatten verblassen, fünf Laternen über dem Balkon verschnörkeln und beschließen ihn. Im *Südportal* die verbliebenen Statuen von vier Aposteln, an den Außenwänden des Portals die Verkündigung, in einer Wandnische über der Vorhallenpforte der Ortsheilige St. Thégonnec. Das barock ausgestattete Kircheninnere wirkt etwas überladen: holzverkleideter Chor und Querhaus, ein Triumphkreuz, Altäre, davon im linken Querschiff der *Rosenkranzaltar* (1697–1727): In 15 Medaillons werden Rosenkranzmysterien gezeigt, Szenen der Schöpfungsgeschichte oder St. Pol, der den Drachen besiegt hat. Prunkstück ist die holzgeschnitzte rotbraune *Kanzel* aus dem Jahr 1683, die erst 1722 ihren vergoldeten Deckel bekam. Weitere Informationen zu Turm und Kanzel siehe Kasten/"Krieg der Gemeinden". Im Sommer ist der Pfarrbezirk inkl. Calvaire nachts ausgeleuchtet.

Pardon Wallfahrt zu Ehren St. Thégonnecs am zweiten Septembersonntag.

• Übernachten *** **Auberge St. Thégonnec**, ganz nah am Pfarrbezirk; 20 Komfortzimmer mit TV, Telefon und Bad/WC. Restaurant. DZ 66-68 €, HP ab 70 €, Frühstück 8,50 €. Geschlossen vom 20.12.–20.1. 29410 St. Thégonnec, Place de la Mairie 6, ✆ 02.98.79.61.18, www.aubergesaintthegonnec.com.

St. Thégonnec / Umgebung

Pleyber-Christ *(ca. 2800 Einwohner)*: Der Ort war und ist größer als St. Thégonnec, doch kirchenarchitektonisch kann er nicht im geringsten mithalten. Die Buntglasfenster des *Beinhauses* des kleinen Ensembles in der Ortsmitte erstrahlen nach einer umfassenden Restaurierung in frischem Glanz. Das "*Triumphtor*" von 1921 ist ein Kriegerdenkmal für die Gefallenen des Ersten Weltkriegs. Die *Kirche* besteht aus fünf beidseitig angeordneten Querschiffen, im Portal Apostelstatuen, innen u. a. verzierte Balken, das Original-Chorgestühl und ein Abendmahlrelief am Altar.

Sizun

(ca. 1200 Einwohner)

Ein sympathisches, stattliches Dorf mit einem ansehnlichen Enclos paroissial. Besonders auf das *Triumphtor* des Pfarrbezirks sind die Bewohner Sizuns stolz. Schließlich steht ein Nachbau der monumentalen Eingangspforte in den heiligen Bezirk im Centre Pompidou in der Weltstadt Paris. Nach römischem Vorbild wurde am Ende des 16. Jh. (Bauzeit von 1588–1590) der *Arc de Triomphe* hingestellt: Drei säulenflankierte klassische Bögen tragen die Balustrade mit einem Altar und den Kreuzen des Calvaires.

Gleich neben dem Tor das *Beinhaus* (1585–1588) mit seiner schreinartigen, zweigeschossigen Fassade, das Erdgeschoß bis über die Fenster verspielt gestaltet und reich verziert, über den Rundbogenfenstern in einfachen Nischen die gestrengen Apostel mit ihren Namen auf langen Spruchbändern. Im hiesigen Ossuaire werden von den geschäftstüchtigen Damen der Beinhausboutique nicht nur Mitbringsel verkauft, sie beantworten auch gern Fragen, die sich auf einige ausgestellte weltliche und kirchliche Objekte beziehen. "*Pardon, was kostet diese alte Bratpfanne?*" "*Monsieur, die gehört zum Museum und ist nicht verkäuflich.*"

Triumphpforte und Beinhaus im Kirchenbezirk von Sizun

Argoat Karte S. 576

Der quadratische Glockenturm mit achteckiger Spitze über der Vorhalle der *Kirche* wird umrahmt von vier Zusatzglockentürmchen, über dem Portal speit eine Sirene Regenwasser. Das Kircheninnere ist geschmückt mit einigen Altären aus dem 17. Jh. und dem verzierten Deckengebälk, auf dem inmitten des Zierrats und vieler anderer Darstellungen einige Engel die Marterwerkzeuge der Passion in ihren Händchen halten.

• *Postleitzahl* 29450

• *Information* O.T. neben dem Kirchenbezirk, übliche Büroöffnungszeiten. Rue de l'Argoat 3, ✆ 02.98.68.88.40.

• *Übernachten* ** **Hotel-Restaurant Le clos des 4 Saisons**, ländliches Familienhotel von Logis de Frace, ganz gemütlich, 15 Zimmer mit TV und Telefon, zum Großteil mit Bad. Restaurant (im Gebäude gegenüber; auch 15 km hinter dem Meer Spezialität Meeresprodukte), kleiner Garten, Terrasse, Aufenthaltsraum. Voll ausgestattetes DZ 40 €. Rue de la Paix 2, ✆ 02.98.68.80.19, www.restaurant-4saisons.com.

** **Hotel des Voyageurs**, ebenfalls Logis de France; 22 einfache Zimmer in unterschiedlichem Sanitärstandard. Beliebtes Restaurant. DZ 45 €. Ganzjährig geöffnet. ✆ 02.98.68.80.35.

• *Camping* ** **Municipal Gollen**, die sehr freundliche Madame Capp leitet den angenehm-familiären Wiesenplatz (Anfahrt beschildert) am Elorn-Fluss. Gute Sanitärausstattung, Aufenthaltsraum. Fußballgelände, Tennis-, Volleyball- und Bouleplatz direkt am Ufer, das Schwimmbad von Sizun gleich in der Nachbarschaft. 29 Stellplätze. Geöffnet vom 15.4.–30.9. Route de St. Cadou, ✆ 02.98.24.11.43.

Sizun / Umgebung

Commana *(ca. 1200 Einwohner)*: Exakt 260 m über dem Meer befindet sich der höchstgelegene *Enclos paroissial* der Welt, der Turm der Kirche ist weitere 60 m hoch. Ein wuchtiges, festungsartiges *Triumphtor*, ein *Beinhaus* von 1668 im Renaissancestil, zwei *Calvaire*-Kreuze, an denen Magdalena in Gestalt einer bretonischen Landfrau granitene Tränen um Jesus weint, das gelungene *Südportal* (1645–1653) und schließlich das Kircheninnere, das man hier so nicht erwartet hätte.

Im Stil des bretonischen Bauernbarocks des 17. Jh. protzt die reiche Ausstattung, wild wuchernd, feist und golden-bunt die beiden Altarwände: Am *Rosenkranzaltar* rechts vom Annenaltar blutet Jesus, von Engeln getröstet, aus fünf Wunden. Der Zierrat um ihn herum versucht mit dem des Hauptaltars zu konkurrieren, doch vergeblich. Der prunkvolle, fast überladene *Annenaltar* aus dem Jahr 1682 mit Säulchen, Girlanden, pausbackigen Engeln und farbenfrohen Medaillons gilt als ein Meisterwerk. In der Mitte Anna und Maria, zwischen den beiden erteilt das Jesuskind mit der Weltenkugel in der Linken seinen Segen, darüber sein göttlicher Vater, und über allem die Dreifaltigkeit. Auf einem blumenumrahmten Medaillon St. Yves, der das Geld des im Geschmack der Zeit Perücken tragenden Reichen zurückweist. Die Adler über dem Erzengel Gabriel und der Muttergottes symbolisieren zwei Aspekte katholischen Selbstverständnisses: immer wachsam und konkurrenzlos stark wie der König der Lüfte.

Mougau-Bian: Mitten in der bretonischsten Provinz grasen hinter einem kleinen Weiler neben der D 764 fette Milchkühe bei der Grabstätte eines Fürsten eines kriegerischen Keltenstamms, der seinerzeit vom Plündern der Küstendörfer lebte. 14 m lang streckt sich sein *Langgrab* seit 3000 v. Chr. Unterhalb des *Roc Trevezels* dem Berg entgegen, die Erde, die einst das Grab verhüllte, ist durch Erosion und Auswaschung abgetragen. Das Grundgerüst der von Nord nach Süd ausgerichteten *Allée Couverte* blieb: Granitquader bedecken die parallelen Steinlinien, und auch die Gravierungen im Inneren haben die Jahrtausende überstanden: Deutlich und kunstvoll sind ein krummes Schwert, vier Blutstropfen und einige Lanzenspitzen in den Stein der fünftausend Jahre alten Grabkammer gemeißelt.

In der Einsamkeit der Monts d'Arrée: die Kapelle St. Michel

Roc Trevezel: Kein Baum weit und breit, nur endlose Heide. 384 m über dem Meer, in der einsamen, weitläufigen Berglandschaft der *Monts d'Arrée*, markieren graue Sandstein-/Quarzzacken einen der höchsten Punkte der Bretagne mitten im Naturschutzpark Armorique.

Eilige finden an der unterhalb des Gipfels vorbeiführenden D 785 einen Parkplatz, von da ist es nach ganz oben nur ein Katzensprung. Der Rundblick bei entsprechenden Sichtverhältnissen ist weit und umfassend: im Norden das Elorn-Tal und die Kirchtürme Léons, westlich der Menez-Hom und die Rade de Brest, nordöstlich die Bucht von Lannion. Der See unterhalb bei Brennilis (*Réservoir de St. Michel*) wurde für das Atomkraftwerk gestaut, die karge Heidegegend im Osten ist das legendenbehaftete Moor von *Yeuz-Elen* (Höllensumpf), wo sich der bretonische Eingang zur Welt der Toten befindet (mehr dazu siehe Umgebung Pleyben/ Brennilis).

Montagne St. Michel: Etwa 8 km weiter auf der D 785 ist der 380 m hohe Hügel die zweithöchste Erhebung der Region. Statt von Schieferplatten ist die Kuppe von einer Kapelle gekrönt. Das Panorama ist dem vom Roc Trevezel ähnlich, der umfassende Blick auf den See von Brennilis zu seinen Füßen bestechend schön.

Pleyben

(ca. 3900 Einwohner)

Das Städtchen drei Kilometer nördlich der Aulne trägt die untrüglichen Zeichen einer überregionalen Wallfahrtsstätte: An einen großzügigen Platz in der Ortsmitte grenzt der ausladende Enclos. In einem für das kleine Pleyben überdimensionierten Gelände zeugen Calvaire, Beinhaus, Sakristei und die Kirche mit dem schönsten bretonischen Renaissanceturm von vergangenem Wohlstand und gutem Geschmack.

Pleybens Blüte war von 1550 bis etwa 1660, als die Stadt Zentrum einer Art halbautonomen Agrarrepublik war. In dieser Zeit entstand auch der größte Teil der heutigen Anlage, stilvoll-elegant, weit und mächtig. Kirche, Handel und weltliche

Argoat Karte S. 576

Obrigkeit gingen im Pfarrbezirk eine nicht untypische Verbindung ein: An dem einsam aufragenden schlichten Kreuz im Pfarrbezirk verkauften die Salzhändler der Guérande ihr Gewürz, und dort stellte sich auch der öffentliche Ausrufer in Positur, um die neuesten Verordnungen und Bekanntmachungen zu verbreiten. Heute sind es die Touristen, die vor allem wegen des eleganten Calvaires über den grasbewachsenen Ex-Friedhof ausschwärmen, um das Kreuz kümmert sich niemand mehr.

Ab 1555 wurde etwa 200 Jahre am *Calvaire* herumgebastelt, und es entstand die wohl künstlerisch wertvollste Bibelgeschichte aus Stein. Die ältesten Skulpturen waren noch auf einem kleineren Podest zuhause, das nah der später errichteten Vorhalle stand. 1738 wurde der Calvaire, mit weiteren Figuren bestückt und völlig neu konzipiert, an den heutigen Standort am Rand des Bezirks verlegt.

Der hohe Sockel übernimmt die Funktion des in Pleyben fehlenden Triumphtores, durch die Bögen, deren Pfeiler die Plattform tragen, kann man mühelos durchgehen. Die Plattform ist nicht rechteckig, sondern weitet sich mit den Stützpfeilern an den Seitenenden aus, um mehr Platz zu schaffen, hoch über den Köpfen der Betrachter sind die Figuren des Calvaires postiert. Die Granitskulpturen auf dem umlaufenden Fries wirken schon aus der Nähe fern, die Plastiken auf der Plattform darüber sind noch entrückter, die Kreuze schweben im Himmel. Geduldig wartet das Gute am Kreuz des bekehrten Barabas, ein gehörnter Teufel hat sich die Seele des reuelosen Schächers reserviert, der im Todeskampf die Zunge herausstreckt. Engel umgeben den gekreuzigten Christus, fangen mit Kelchen das Blut aus seiner Brustwunde auf. Zwei Reiter umrahmen die Auferstehung, geharnischte Soldaten zu Füßen des Kreuzes dösen oder schlafen fest. Im Gegensatz zu den figurenreichen Calvaires von Guimiliau oder Plougastel, die in buntem, schwelgerischem Durcheinander die Passionsgeschichte erzählen und immer wieder vom Thema des Kreuzwegs abschweifen, beschränkt sich der Calvaire von Pleyben – ähnlich wie der zu St. Thégonnec – auf relativ wenige steinerne Darsteller, die von der Verkündigung bis zur Passion Jesu die etwa 30 Szenen wirkungsvoll gestalten. Wert wurde weniger auf Dramatik oder kühle Distanz gelegt, die Künstler setzten auf ruhige Ausgewogenheit und die logische Reihenfolge der Geschichten. An der Südwestecke des Sockels beginnt die Szenenfolge mit der Verkündigung, gegen den Uhrzeigersinn endet sie mit der Auferstehung.

Die abschreckende Katel-Gollet-Szene wird in Pleyben durch den im Grunde hoffnungsvollen "Abstieg Christi in die Vorhölle" ersetzt: Am Eingang des feuerumrahmten Höllenschlundes wartet der wieder auferstandene Christus, noch ins Leichentuch gehüllt, auf die Schar der Verstorbenen, angeführt von Adam und Eva, über die am Tag des Jüngsten Gerichts geurteilt werden soll. Ein grimmiger Höllenbewohner will sie – umsonst – am Verlassen der Vorhölle hindern. Während der Frühjahrsstürme 1990 wurde das große Zentralkreuz geknickt, aber umgehend wieder aufgerichtet. Die Bruchstelle ist kaum mehr zu sehen.

Das *Beinhaus* von 1550 hat eine wechselvolle Geschichte hinter sich: Nach seiner Restaurierung 1733 wurde es eine Kapelle, nach der Revolution eine Dorfschule, 1850 dann ein Postamt; heute wird es im Sommer für kleine Ausstellungen genutzt. Die *Sakristei*, ein viergeteilter Rundbau mit schiefergedeckten Kuppeln (1719), ist als eigenständiges Werk der Kirche vorgebaut, von der Ostseite der Apsis aus ist sie zugänglich.

"*Drei Generationen, jede nach ihrem Geschmack, doch ohne Missklang*" arbeiteten an dem Gotteshaus. Die Inschriften über dem Eingang der Sakristei geben Auskunft über die Baugeschichte des Gotteshauses, das St. Germain von Auxerre geweiht ist: 1564 wurde die Kirche erbaut, von 1857 bis 1860 komplett renoviert, wie die Wandtafel berichtet. Gleich drei Türme überragen das Dach. Der schlanke gotische *Glockenturm* mit seiner hohen Steinspitze ist durch eine Galerie mit einem kleineren *Treppentürmchen* verbunden. Zu diesen gesellte sich später der *Turm St. Germain* und stahl den beiden die Schau: Mit seinen knapp 50 Metern Höhe wurde der klobige neue Renaissance-Turm über der Vorhalle an der Westseite der Fassade Vorbild für diverse Nachfolgetürme (St. Thégonnec, Bodilis und etliche mehr). Ende des 16. Jh. wurde mit den Arbeiten begonnen, 1642 waren sie beendet.

Gehörnt, geflügelt und böse: Gleich hat das Teufelchen eine neue Seele zum Quälen

Der *Innenraum* der Pfarrkirche ist fröhlich-bunt, oben erhellt erfreulich viel Licht die phantastisch bemalte und geschnitzte *Deckenkonstruktion* aus dem Jahr 1571. Mehr als nur einen Blick wert sind besonders die Querstreben im Seitenschiff mit aztekisch anmutenden, farbenprächtigen Meeresungeheuern und Drachen, die die Balken je nach Interpretation ausspeien oder verschlingen. Ringsum Deckenkonsolen mit bunten Holzfiguren, die neben der Lebensgeschichte Jesu tausend weitere Geschichten und Legenden erzählen, darüber ein mit goldenen Sternen verzierter dunkelblauer Nachthimmel. Medaillons, Rankenwerk und Figuren an den *Altären* (alle 17. Jh.), der gelungenste der grellbunte Rosenkranzaltar, und die *Altarfenster* (1590) mit der Leidensgeschichte setzen die weiteren Akzente. 1996 waren die jahrelangen Restaurationsarbeiten abgeschlossen. Auch die Orgel mit den pausbäckigen Puttengesichtern unter den großen Pfeifen erstrahlt wie der Sternenhimmel wieder in frischem blauem und goldenem Glanz.

- *Postleitzahl* 29190
- *Information* O.T. am zentralen Platz des Städtchens; auch Zimmervermittlung. Nur in der Saison geöffnet, vom15.6.–15.9. Mo–Sa 10–12 und 14.30–18 Uhr. Place Charles-de-Gaulle, ✆ 02.98.26.68.11.
- *Verbindung* Pleyben liegt an den **Bus**strecken Chateulin–Carhaix (werktags mindestens drei Anschlüsse in beide Richtungen) und Quimper–Roscoff (täglich 1-mal).
- *Einkaufen* Die eingedosten **Galettes de Pleyben** haben in der ganzen Bretagne einen guten Ruf als Kaffeegebäck.
- *Markttag* Lebensmittelmarkt jeden Samstagvormittag, großer Wochenmarkt jeden 2. Dienstag.
- *Pardon* Am ersten Augustsonntag.
- *Übernachten* * **Auberge du Poisson Blanc**, in Pont-Coblant, 4 km südlich an der D 785. Kleine, schnuckelige 6-Zimmer-Herberge an der Aulne. Blick über den Fluss. Gemütliches Restaurant. DZ mit Du/WC

Argoat Karte S. 576

45–50 €, Frühstück 6 €. Pont-Coblant, ✆ 02.98.73.34.76.

• *Camping* ** **Municipal Pont Coblant**, in Coblant am Ufer der Aulne, 4 km außerhalb Richtung Briec (D 785, Anfahrt beschildert). Passabler, ruhiger Platz mit Warmwasserduschen, Spielplatz usw. Einige Bäume am Ufer, Fischen, Kanu, kleines Nautikzentrum (Bootsverleih). Versorgungs- und Essensmöglichkeiten 100 m nebenan. 80 Stellplätze. Geöffnet vom 15.6.–15.9. Im Hochsommer ✆ 02.98.73.31.22, ansonsten im Rathaus, ✆ 02.98.26.68.81, communedepleyben@wanadoo.fr.

• *Essen* **La Blanche Hermine**, auch wenn die Taverne direkt gegenüber des Calvaires von außen eher den Eindruck eines gewöhnlichen Touristenrestaurants macht, so ist sie innen doch urbretonisch. Zu den traditionellen Gerichten kann man eine der 10 angebotenen Biersorten aus der Bretagne trinken, die Mahlzeit mit einem *Chouchenn* als Apéritif beginnen, oder bei einem *Whisky breton* ausklingen lassen. In der NS Dienstagabend und Mittwoch geschlossen. Place Charles de Gaulle, ✆ 02.98.26.61.29.

Pleyben / Umgebung

Brasparts: Etwa zehn Kilometer nördlich von Pleyben an der D 758. Eine ruhige Pfarrgemeinde im heidebedeckten "Bergland" unter wild gezackten Felsgipfeln. Der kleine *Pfarrbezirk* bewahrt zwei Pietás, eine aus Stein am spärlichen Calvaire, die andere aus Holz in der Kirche von 1551. An den Ecken des *Beinhauses* lauern sensenbewehrte Knochenmänner, am *Renaissanceportal* thronen Christus und die teils lädierten zwölf Apostel. Unter dem Apostel Jakob die seltene Granitskulptur einer Teufelin mit Hörnern und entblößten Brüsten. Innen: eine schwarz-silberne *Totenbahre* am barocken Altar mit Totenkopf, bunte *Chorfenster* aus dem 16. Jh., die *Pietà* aus Holz. Die Statuen der vier Evangelisten an der Kanzel sind verschwunden (Diebstahl), das aufgestellte Klassenzimmermobiliar verleiht dem Inneren des Gotteshauses einen etwas unpassenden Dorfschulcharakter.

Brennilis: Um den Ort treffen sich keltische Mythen und das Atomzeitalter. Einige Menhire, ein kleiner umfriedeter Pfarrbezirk, ein 800-Hektar-Stausee und, am Ostufer neben Brennilis, das dazugehörige Atomkraftwerk, als erstes französisches 1966 in Betrieb genommen. 1987 wegen veralteter Technik und zu geringer Leistung wieder stillgelegt, lieferte es in einem Band des Kultcomics "Spirou und Fantasio" den Stoff für ein Spirou-Abenteuer.

Unbeabsichtigt von den Planern, aber höchst passend, wurde das Kraftwerk in eine verwunschene Gegend gestellt: Nordwestlich von Brennilis hinter dem Stausee liegt das Moor *Yeun Elez* (Teufelsmoor). Hier ist *Youdis*, der Eingang in das altbretonische Totenreich, das man sich nebelumwallt, fahl, eiskalt und trostlos vorstellen kann. Im Moor treiben sich deshalb jede Menge Geister herum, die aufgrund ihres ruchlosen Lebens keinen Frieden in der Welt der Toten finden können. Uralte Sagen und Legenden (doch noch keine über das Kraftwerk) und praktiziertes Druidentum: Im Sommer findet hier der *Gorsedd digor* statt, die große öffentliche Generalversammlung der Bruderschaft der bretonischen Druiden.

Hinweis: Mit den zahlreichen Spukgestalten und unheimlichen Wesen, die hier im Moor leben, ist nicht gut Kirschen essen. Wer z. B. nachts von den Nachtwäscherinnen angehalten wird, ihre tropfnassen Tücher auszuwringen und nach der falschen Seite wringt, stirbt einen qualvollen Tod. Selbstverständlich auch ausländische Reisende.

Kénavo!

Etwas Französisch

Guter Wille wird honoriert. Wer sich mit auch nur wenigen französischen Wörtern durchzuschlagen versucht, zeigt damit, dass er als Gast gekommen ist, und kann sich der Freundlichkeit des Gastgebers gewiss sein.

Grüße

guten Tag	**bonjour**
guten Abend	**bonsoir**
gute Nacht	**bonne nuit**
auf Wiedersehen	**au revoir**
bis bald	**à bientôt**
bis gleich	**à toute à l'heure**

Gespräche

Wie geht es dir?	Comment vas-tu?
Wie geht es Ihnen?	Comment allez-vous?
danke	merci
Mir geht es gut, und dir (Ihnen)?	Je vais bien, et toi (vous)?
Wie heißen Sie?	Quel est votre nom?
Wie heißt das auf Französisch?	Comment cela se dit en français?
Ich bin ...	Je suis ...
Deutsche/r	Allemand/Allemande
Österreicher/in	Autrichien/Autrichienne
Schweizer	Suisse/Suissesse
Entschuldigung	pardon
Deutschland/ deutsch	l'Allemagne/ allemand/e
Sprechen Sie Deutsch?	Parlez-vous allemand?
(Englisch, Italienisch)?	(anglais, italien)?
Kennen Sie...?	Connaissez-vous...?
Ich habe nicht verstanden	Je n'ai pas compris
Ich weiß (es) nicht	Je ne (le) sais pas
Ich suche	Je cherche
Geben Sie mir ..., bitte!	Donnez-moi ..., s'il vous plaît!
einverstanden! o.k.!	d'accord!

Minimalwortschatz

ja	oui
nein	non
vielleicht	peut-être
und	et
oder	ou
schön	beau (bel, belle)
groß/klein	grand (grande)/ petit (petite)
viel	beaucoup de
wenig	peu de
es gibt/es gibt nicht	il y a/il n'y a pas
wo/wohin	où
wann	quand
wie viel/wie viele	combien
warum	pourquoi
..., bitte! (Aufforderung)	..., s'il vous plaît!

Unterwegs

Ich suche ...	Je cherche ...
Wo ist ... ?	Où est ...?
Ich möchte ...	Je voudrais ...
Ich möchte nach ... gehen	Je voudrais aller à ...
Wann kommt ... an?	A quelle heure arrive ... ?
Wann fährt/fliegt ein ... nach ... ?	A quelle heure il yat il un (une) ... pour ...?
Um wie viel Uhr ?	A quelle heure ?
um (4) Uhr	à (quatre) heures
Weg	le chemin
Straße	la rue
Überlandstraße	la route
Autobahn	l'autoroute
Kreuzung	le carrefour
Kreisel	le rond-point
Ampel	les feux, le feu rouge
abbiegen	tourner
links	à gauche
rechts	à droite
geradeaus	tout droit
Abfahrt, Abflug	le départ
Ankunft	l'arrivée
Information	l'information
Fahrkarte	le billet
einfach	aller simple
hin und zurück	aller retour
Flughafen	l'aéroport
Flugzeug	l'avion
Hafen	le port
Schiff	le bateau
Fährschiff	le ferry-boat
Bahnhof	la gare
Zug	le train
Bus	le bus
Busbahnhof	la gare routière

Rund ums Auto

Ich möchte mieten (für einen Tag)	Je voudrais louer (pour un jour)
Wie viel kostet das (pro Tag)?	Combien ça coûte? (par jour)?
Voll, bitte!	Le plein, s'il vous plaît!
Ich habe eine Panne	Je suis tombé en panne
(Der Anlasser) geht nicht mehr.	(Le démarreur) ne marche plus.
Auto	la voiture
Führerschein	le permis de conduire
Tankstelle	la station d'essence
Benzin	l'essence
Diesel	le gas-oil/le gazole
Öl	l'huile
Ölwechsel	la vidange (d'huile)
Unfall	l'accident
Abschleppdienst	le dépannage
Autowerkstatt	le garage
Anlasser	le démarreur
Auspuff	l'échappement
Batterie	la batterie
Blinker	le clignotant
Bremsen	les freins
Bremslichter	les feux de stop
Felge	la jante
Gang	la vitesse
Gebläse	le ventilateur
Handbremse	le frein à main
Kupplung	l'embrayage
Kühler	le radiateur
Lichtmaschine	la dynamo
Motor	le moteur
Motorhaube	le capot
Reifen	le pneu
Rückwärtsgang	la marche arrière
Scheibenwischer	l'essuie-glace
Scheinwerfer	le phare
Schlauch	le tuyau
Stoßdämpfer	l'amortisseur
Wasser (destilliert)	l'eau distillée
Vergaser	le carburateur
Zündkerzen	les bougies

Unterkunft

Haben Sie ...?	Avez-vous ...?
ein Zimmer reservieren	réserver une chambre
Doppelzimmer	la chambre double
Einzelzimmer	la chambre single
Wie viel kostet das?	Combien ça coûte?
Das ist zu teuer.	C'est trop cher.
ein billigeres Zimmer	une chambre moins cher
mit Dusche/mit Bad	avec douche/avec salle de bain
für eine Nacht	pour une nuit
für (3) Tage	pour (trois) jours
voll (alle Zimmer belegt)	complet
Vollpension	pension complète
Halbpension	demi-pension
Frühstück	le petit déjeuner
Ich nehme es (das Zimmer).	Je la prends.
Zeltplatz	le camping
Zelt	la tente
im Schatten	à l'ombre
elektrischer Anschluss	le branchement électrique
Dusche	la douche
Waschmaschine	le lave-linge

Bank/Post

offen	ouvert
geschlossen	fermé
Ich möchte	Je voudrais
sFr wechseln.	changer des francs suisses.
... ein Fax aufgeben	... envoyer un fax
Wechselstube	le (bureau de) change
Bank	la banque
Geldwechsel	le change
Wechselkurs	le cours du change
Briefkasten	la boîte aux lettres
Briefmarke	le timbre
Brief	la lettre
Telefonkarte	la télécarte
Ansichtskarte	la carte postale
Luftpost	par avion
Eilpost	exprès
Einschreiben	lettre recommandée
Ferngespräch	la communication interurbaine

Einkaufen

Haben Sie ...?	Avez-vous ...?
Ich hätte gern ...	Je voudrais ..., s'il vous plaît.
Wie viel kostet das?	Combien ça coûte?
Das ist zu teuer/ billiger.	C'est trop cher/ moins cher.
Das gefällt mir nicht.	Ça ne me plaît pas.
1 Pfund/Kilo	une livre/ un kilo de
100 Gramm	cent grammes
groß/klein	grand/petit
Lebensmittelgeschäft	l'alimentation
Bäckerei	la boulangerie
Metzgerei	la boucherie
Wurstwarenhandlung	la charcuterie
Apotheke	la pharmacie
Buchhandlung	la librairie
Schreibwarenhandlung	la papeterie
Apfel	la pomme
Briefumschlag	l'enveloppe
Brot	le pain
Buch	le livre
Butter	le beurre

Ei	l'oeuf
Essig	le vinaigre
Honig	le miel
Käse	le fromage
Klopapier	le papier de toilette
Marmelade	la confiture
Milch	le lait
Öl	l'huile
Orange	l'orange
Pfeffer	le poivre
Salz	le sel
Seife	le savon
Shampoo	le shampooing
Sonnenöl	l'huile solaire
Streichhölzer	les allumettes
Tomaten	les tomates
Wurst	la charcuterie
Zeitung	le journal
Zucker	le sucre

Sehenswertes/geographische Begriffe

Wo ist der/die/ das ...?	**Où est le/la ...?**
Wo ist der Weg/ die Straße zum ...?	**Pourriez-vous m'indiquer le chemin pour ...?**
rechts/links	**à droite/à gauche**
hier/dort	**ici/là**

Berg	la montagne
Burg	le château
Brücke	le pont
Bucht	la baie
Dorf	le village
Fluss	la rivière
Gipfel	le sommet
Hafen	le port
Höhle	la grotte
Insel	l'île
Kapelle	la chapelle
Kirche	l'église
Kloster	le couvent
Leuchtturm	le phare
Meer	la mer
Museum	le musée
Pass	le col
Platz	la place
Schlucht	les gorges
See	le lac
Stadt	la ville
Staudamm	le barrage
Strand	la plage
Turm	la tour
Wald	la forêt
Wasserfall	la cascade

Hilfe/Krankheit

Ich habe (hier) Schmerzen.	J'ai des douleurs (ici).
Ich bin allergisch gegen ...	J'ai une allergie contre ...
Konsulat	le consulat
Arzt	le docteur
Krankenhaus	l'hôpital
Polizei	la police
Unfall	l'accident

Zahnarzt	le dentiste	*Entzündung*	l'inflammation
Ich brauche ...	J'ai besoin de ...	*Ohrenentzündung*	l'otite
Heftpflaster	le sparadrap	*Insektenstich*	la piqûre d'insecte
Mullbinde	la bande de gaze	*Ich habe ...*	J'ai ...
Schmerzen	des douleurs	*... Kopfschmerzen*	... mal à la tête
krank	malade	*... Halsschmerzen*	... mal à la gorge
erkältet	enrhumé	*... Zahnschmerzen*	... mal aux dents
Grippe	la grippe	*Auge/die Augen*	l'oeil/les yeux
Husten	la toux	*Ohr*	l'oreille
Durchfall	la diarrhée, la colique	*Magen*	l'estomac
Verstopfung	la constipation	*Rücken*	le dos

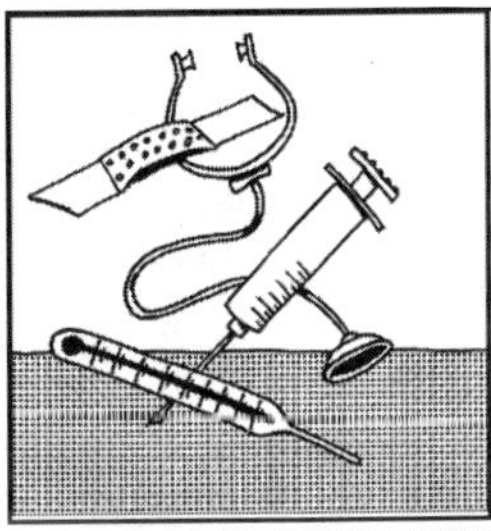

Können Sie mir bitte helfen?	**Pourriez-vous m'aider, s'il vous plaît?**
Wo ist ein Arzt/eine Apotheke?	**Où pourrais-je trouver un docteur/ une pharmacie?**
Wann hat der Arzt Sprechstunde?	**A quelle heure le cabinet est-il ouvert?**

Allgemeine Zeitbegriffe

vorgestern	avant-hier	*Woche*	la semaine
gestern	hier	*Monat*	le mois
heute	aujourd'hui	*Jahr*	l'an/l'année
morgen	demain	*danach*	après
übermorgen	après-demain	*Wie viel Uhr ist es?*	Quelle heure est-il?
Stunde	l'heure	*Um wie viel Uhr?*	A quelle heure?
Tag	le jour	*Wann?*	Quand?

Tageszeiten, Tage, Monate, Jahreszeiten

Morgen	le matin	*Februar*	février
Nachmittag	l'après-midi	*März*	mars
Abend	le soir	*April*	avril
Nacht	la nuit	*Mai*	mai
Montag	lundi	*Juni*	juin
Dienstag	mardi	*Juli*	juillet
Mittwoch	mercredi	*August*	août
Donnerstag	jeudi	*September*	septembre
Freitag	vendredi	*Oktober*	octobre
Samstag	samedi	*November*	novembre
Sonntag	dimanche	*Dezember*	décembre
Januar	janvier	*Frühjahr*	le printemps

Sommer	l'été	*Winter*	l'hiver
Herbst	l'automne		

Zahlen

1	un	*18*	dix-huit	*1999*	mille neuf cent quatre-vingt-dix-neuf
2	deux	*19*	dix-neuf	*einmal*	une fois
3	trois	*20*	vingt	*zweimal*	deux fois
4	quatre	*21*	vingt et un	*der erste*	le premier (la première)
5	cinq	*22*	vingt-deux	*der zweite*	le deuxième
6	six	*30*	trente	*die Hälfte von ...*	la moitié de ...
7	sept	*40*	quarante	*ein Drittel*	un tiers
8	huit	*50*	cinquante	*ein Viertel*	un quart
9	neuf	*60*	soixante	*ein Paar...*	une pair de...
10	dix	*70*	soixante-dix		
11	onze	*80*	quatre-vingt		
12	douze	*90*	quatre-vingt-dix		
13	treize	*100*	cent		
14	quatorze	*200*	deux cents		
15	quinze	*1000*	mille		
16	seize				
17	dix-sept				

Speiselexikon

Kellner!	**Monsieur!**
Die Speisekarte bitte!	**La carte, s'il vous plaît!**
Ich hätte gerne ...	**Je voudrais bien ...**
Haben Sie ...?	**Est-ce que vous avez ....?**
Die Rechnung bitte!	**L'addition, s'il vous plaît!**

Allgemeines

l'assiette	*Teller*	... des vins	*Weinkarte*
l'addition	*Rechnung*	... du jour	*Tageskarte*
l'auberge	*Landgasthof*	le cendrier	*Aschenbecher*
boire	*trinken*	chaud	*heiß*
la brasserie	*eigentlich Brauhaus; heute v. a. Bezeichnung für Cafés mit Mittags- und Abendtisch*	la commande	*Bestellung*
		compris	*inbegriffen*
		le couteau	*Messer*
		la cuillère	*Löffel*
la carte	*Speisekarte*	cuit	*gekocht*
		le déjeuner	*Mittagessen*

dur	*hart, zäh*
l'entrée	*Vorspeise*
l'épice	*Gewürz*
faire revenir	*anbraten*
la fourchette	*Gabel*
froid, froide	*kalt*
fumé	*geräuchert*
le garçon	*Kellner, Ober*
en gelée	*gesülzt*
la glace	*Eis*
le glaçon	*Eiswürfel*
la goutte	*Tropfen*
le gratin	*Auflauf, Überbackenes*
les grillades	*Gegrilltes*
grillé	*gegrillt*
les herbes de Provence	*Kräuter der Provence*
l'hors-d'œuvre	*Vorspeise*
l'huile	*Öl*
libre-service	*Selbstbedienung*
maigre	*mager*
manger	*essen*
mijoté	*geschmort*
mousseux	*schäumend*
moulin à poivre	*Pfeffermühle*
la note	*Rechnung*
l'ouvre-bouteilles	*Flaschenöffner*
la peau	*Haut, Schale*
le petit déjeuner	*Frühstück*
le pichet	*Weinkaraffe*
la pincée	*Prise*
plat	*Gericht, Platte*
... du jour	*Tagesgericht*
poêlé	*in der Pfanne gebraten*
à point	*gebraten (außen knusprig, innen rosa)*
le pot	*Topf*
le pourboire	*Trinkgeld*
prêt	*bereit, angerichtet*
quart	*ein Viertel*
quartier	*Viertel, Teilstück*
les quenelles	*Klößchen, Röllchen*
râpé	*geraspelt, gerieben*
réchauffer	*aufwärmen*
recommandé	*empfohlen, empfehlenswert*
le relais	*Landgasthof*
la rouille	*scharfe rote Soße*
saignant	*kurz angebraten*
salé	*gesalzen*
service (non) compris	*Bedienung (nicht) inbegriffen*
servir	*bedienen, auftragen*
le sel	*Salz*
la soupe	*Suppe*
tendre	*zart, mürbe*
la terrine maison	*Pastete nach Art des Hauses*
le thym	*Thymian*
tiède	*lauwarm*
la tranche	*Schnitte, Scheibe*

Fleisch, Wild und Geflügel

l'agneau	*Lamm*
l'assiette anglaise	*kalte Platte*
bien cuit	*durchgebraten*
le bifteck	*Beefsteak*
le bœuf	*Ochse oder Rind*
le boudin	*Blutwurst*
la brochette	*Spießchen*
la caille	*Wachtel*
le canard	*Ente*
le carré d'agneau	*Lammrückenstück*
le cerf	*Hirsch*
la charcuterie	*Wurstaufschnitt*
le châteaubriand	*Grillsteak*
le cheval	*Pferd*
la chèvre	*Ziege*
le chevreuil	*Reh*
le coq	*Hahn*
le coq au vin	*Hähnchen in Rotweinsoße*
le coquelet	*Brathähnchen*
la côte	*Rippenstück*
... d'agneau	*Lammkotelett*
... de veau	*Kalbskotelett*
la dinde	*Pute*

le dindon	*Truthahn, Puter*
l'entrecôte	*Zwischenrippenstück*
l'épaule d'agneau	*Lammschulter*
l'escalope	*Schnitzel*
les escargots	*Weinbergschnecken*
le faisan	*Fasan*
le faux-filet	*Lendenstück vom Rind*
le filet	*Lendenbraten*
le foie	*Leber*
le gibier	*Wild*
le gigot	*Keule*
la goulache	*Gulasch*
la grenouille	*Frosch*
le jambon	*Schinken*
le jambonneau	*Schweinshaxe*
le jarret	*Haxe*
la langue de bœuf	*Ochsenzunge*
le lièvre	*Hase*
le lapin	*Kaninchen*
le mouton	*Hammel, Schaf*
la noisette d'agneau	*Lammnüsschen*
l'oie	*Gans*
l'os	*Knochen*
la paupiette	*Roulade*
le perdreau	*junges Rebhuhn*
la perdrix	*Rebhuhn*
les pieds de cochon	*Schweinsfüße*
le pigeon	*Taube*
le pintadeau	*Perlhuhn*
la poitrine	*Brust*
le porc	*Schwein*
le porcelet	*Spanferkel*
la poularde	*Masthuhn*
le poulet	*Brathähnchen*
la queue	*Schwanz*
les rognons	*Nieren*
le rôti	*Braten*
le sanglier	*Wildschwein*
le saucisson	*Schnitt- oder Brühwurst*
la selle d'agneau	*Lammrücken*
le steak au poivre	*Pfeffersteak*
le tournedos	*Lendenschnitte*
les tripes	*Kutteln, Innereien*
le veau	*Kalb, Kalbfleisch*
la viande	*Fleisch*
la volaille	*Geflügel*

Meeresfrüchte/Fische

l'anchois	*Sardelle (Anchovis)*
l'anguille	*Aal*
le bar	*Barsch*
le barbeau (barbillon)	*Barbe*
la bargue	*Meerbutt*
la baudroie	*Seeteufel*
la bouillabaisse	*kräftige Fischsuppe mit mehreren Fischarten*
le cabillaud	*Kabeljau*
la carpe	*Karpfen*
le congre	*Meer- bzw. Seeaal*
les coquillages	*Muscheln*
les crevettes	*Garnelen*
le denté	*Zahnbrasse*
les écrevisses	*Flusskrebse*
le flétan	*Heilbutt*
le gambas	*Garnelen, Krabben*
le grondin	*Knurrhahn*
le homard	*Hummer*
les huîtres	*Austern*
la lotte de mer	*Seeteufel*
le loup de mer	*Wolfsbarsch*
le maquereau	*Makrele*
la morue	*Stockfisch*
les moules	*Muscheln*
le perche	*Seebarsch*
la plie	*Scholle*
le poisson	*Fisch*
... de rivière	*Flussfisch*
le poulpe	*Tintenfisch*
la praire	*Venusmuschel*
la raie	*Rochen*
la rascasse	*Drachenkopf*
le sandre	*Zander*
les sardines à l'huile	*Ölsardinen*
le saumon	*Lachs*
la seiche	*Tintenfisch*
la sole	*Seezunge*
le st-pierre	*St.-Petersfisch*
la tanche	*Schleie*

le thon	*Thunfisch*
le tourteau	*Taschenkrebs*
la truite	*Forelle*
... fumée	*Räucherforelle*
le turbot	*Steinbutt*

Gemüse/Beilagen

les artichauts	*Artischocken*
les asperge	*Spargel*
le béchamel	*weiße Sahnesoße*
les cèpes	*Steinpilze*
les chanterelles	*Pfifferlinge*
le chou	*Kohl*
le chou-fleur	*Blumenkohl*
le chou vert	*Grünkohl*
la choucroute	*Sauerkraut*
le concombre	*Gurke*
les courgettes	*Zucchini*
les crudités	*Rohkost*
l'échalote	*Schalotte*
les épinards	*Spinat*
le fenouil	*Fenchel*
les fleurs de courge	*Zucchini-Blüten*
la garniture	*Beilage*
le gingembre	*Ingwer*
les girolles	*Pfifferlinge*
les haricots verts	*grüne Bohnen*
la laitue	*Kopfsalat*
les légumes	*Gemüse*
les lentilles	*Linsen*
la mâche	*Feldsalat*
le millet	*Hirse*
les nouilles	*Nudeln*
les oignons	*Zwiebeln*
la pâte	*Teig*
les pâtes	*Nudeln*
le pain	*Brot*
les petits pois	*Erbsen*
le poireau	*Lauch, Porree*
la poirée	*Mangold*
les pommes de terre	*Kartoffeln*
le radis	*Rettich*
la ratatouille	*geschmortes Gemüseallerlei zumeist aus Auberginen, Zucchini, Paprika und Tomaten*
le riz au beurre	*Butterreis*
les roses des prés	*Wiesenchampignons*
la salade	*Salat*
la sauge	*Salbei*
la semoule	*Grieß*

Obst, Dessert, Gebäck und Käse

l'abricot	*Aprikose*
les amandes	*Mandeln*
le beignet	*Krapfen*
la brioche	*Hefegebäck*
le calisson	*Mandelkuchen*
la confiserie	*Süßwaren*
doux, douce	*süß*
le flan	*Pudding*
la figue	*Feige*
le fromage	*Käse*
la framboise	*Himbeere*
les fruits	*Früchte, Obst*
le gâteau	*Kuchen*
la macédoine de fruits	*Obstsalat*
les myrtilles	*Heidelbeeren*
la noisette	*Haselnuss*
la noix	*Walnuss*
la pâtisserie	*Konditorei, Gebäck*
la pêche	*Pfirsich*
le petit gâteau	*Teegebäck*
le pignon	*Pinienkern*
la poire	*Birne*
la pomme	*Apfel*
les primeurs	*Obst und Gemüse*
le pruneau	*Back- oder Dörrpflaume*
la pulpe	*Mark, Fruchtfleisch*

les raisins	*Weintrauben*
le ramequin	*kleiner Käsekuchen*
le plateau de fromage	*Käseplatte*
le sablé	*Sandgebäck*
le sorbet aux fruits	*Früchtesorbet*
le soufflé	*Eierauflauf*
le sucre	*Zucker (sucré: gesüßt)*
le sirop	*Sirup*
la tarte	*Kuchen*
la tartelette	*Törtchen*

Diverses

l'aïoli	*Knoblauch-Mayonnaise*
le beurre	*Butter*
... d'ail	*Knoblauchbutter*
la ficelle	*sehr dünnes, langes Weißbrot*
la graisse d'oie	*Gänseschmalz*
le jaune d'œuf	*Eigelb*
la menthe	*Pfefferminz*
le miel	*Honig*
la moutarde	*Senf*
l'œuf (brouillé)	*(gekochtes) Ei*
le persil	*Petersilie*
la poivrade	*Pfeffersoße*
le potage	*Suppe*
la potée	*Eintopf*
les rillettes d'oie	*Gänsepastete*
la soupe au pistou	*mit Basilikum, Knoblauch und Olivenöl verfeinerte Gemüsesuppe*
la tapenade	*ein mit Anchovis und Kapern verfeinertes Olivenpüree (Brotaufstrich)*
les truffes	*Trüffel*
le velouté	*Crèmesuppe*
les vermice	*sehr feine Nudeln*
le vinaigre	*Essig*
le yaourt	*Joghurt*

Getränke

l'alcool	*Alkohol*
la bière (brune) blonde	*helles (dunkles) Bier*
la biere à la pression	*Bier vom Fass*
la boisson	*Getränk*
la bouteille	*Flasche*
brut	*trocken, herb (Champagner)*
le café	*Kaffee*
... au lait	*Milchkaffee*
le digéstif	*Verdauungs-schnaps*
demi	*halb*
demi -sec	*halbtrocken*
l'eau	*Wasser*
... gazeuse	*Mit Kohlensäure*
... naturelle	*natürliches Mineralwasser*
... de vie	*Branntwein*
l'infusion	*Kräutertee*
le jus	*Saft*
le lait	*Milch*
... entier	*Vollmilch*
le pastis	*Anisschnaps, der mit Wasser zu einer gelblichen Flüssigkeit verdünnt wird*
les rafraîchissements	*Sammelbegriff für Erfrischungsgetränke*
le thé	*Tee*
le verre	*(Trink-)Glas*
le vermouth	*Wermut*
le vin	*Wein*
... blanc	*Weißwein*
... de pays	*Landwein*
... de table	*Tischwein*
... du pays	*einheimischer Wein*
... rouge	*Rotwein*

Wir möchten Sie gern kennen lernen ...

... um unsere Reisehandbücher noch besser auf Ihre Bedürfnisse abstimmen zu können. Deshalb auf dieser Doppelseite ein kurzer Fragebogen zu Ihrer letzten Reise mit einem unserer Handbücher.

Als Belohnung winken ...

... natürlich Reisehandbücher. Jeweils zum Jahresende verlost der Michael Müller Verlag unter allen Einsendern des Fragebogens 50-mal je ein Reisehandbuch Ihrer Wahl aus unserem Programm.
(Der Rechtsweg ist ausgeschlossen)

Es bleibt natürlich alles unter uns ...

... Selbstverständlich garantieren wir absoluten Datenschutz und geben keine Adressen weiter. Versprochen!
Vielen Dank für ihre Mitarbeit und ... viel Glück!

Fragebogen

Ihre Reise

1) Mit welchem unserer Bücher waren Sie unterwegs? ......
Und wann (Monat/Jahr)? ......
2) Mit wie vielen Personen reisten Sie? Bitte kreuzen Sie an: ......
☐ allein ☐ zu zweit ☐ drei Personen oder mehr ......
Mit Kindern? ☐ Nein ☐ Ja (Alter? ...... Jahre)
4) Wie lange dauerte Ihre Reise?
☐ bis 1 Woche ☐ bis 2 Wochen ☐ bis 3 Wochen ☐ über 3 Wochen
5) Hatten Sie Unterkunft und Anreise als Kombination bereits vorgebucht?
☐ Ja ☐ Nein
6) Welche/s Verkehrsmittel benutzten Sie zur Anreise? (Mehrfachnennungen möglich)
☐ Bahn ☐ Bus ☐ Flug ☐ Auto/Motorrad ☐ Fähre
☐ Sonstiges, nämlich
7) Mit welchem(n) Verkehrsmittel(n) waren Sie im Zielgebiet überwiegend unterwegs (Mehrfachnennungen möglich)?
☐ Bahn ☐ Bus ☐ eigenes Auto/Motorrad ☐ Mietfahrzeug ☐ Fähre
☐ anderes Verkehrsmittel, nämlich ......
☐ gar nicht, blieb an einem Ort
8) Wo übernachteten Sie vorwiegend?
☐ Gehobene Hotels ☐ Mittelklassehotels ☐ Landestypische Pensionen
☐ Privatzimmer ☐ Camping ☐ andere Unterkunft, nämlich ......
9) War es Ihre einzige Urlaubsreise in diesem Jahr?
☐ Ja ☐ Nein, ich verreise öfter mal für 1 Woche oder mehr, nämlich pro Jahr:
☐ 2x ☐ 3x ☐ 4x oder mehr;
und dann meist ins: ☐ Inland ☐ Ausland

Ihr Reisehandbuch vom Michael Müller Verlag

1) Sind Sie das erste Mal mit einem unserer Reisehandbücher unterwegs gewesen?
....
☐ Ja ☐ Nein, vorher schon (Titel): ....

2) Wie lernten Sie unseren Verlag kennen?
☐ Empfehlung vom Buchhändler ☐ Empfehlung von Bekannten
☐ Habe das Buch zufällig im Buchhändlerregal entdeckt
☐ Über eine Anzeige in .... ☐ anders, nämlich ....

3) Insgesamt gesehen, waren Sie mit diesem Reisehandbuch
☐ nicht zufrieden ☐ zufrieden

4) Wir würden gerne wissen, wo wir in unseren Reisehandbüchern etwas verbessern können. Bitte geben sie deshalb den einzelnen Komponenten dieses Buches "Schulnoten" von 1 bis 6 und begründen Sie bitte Ihre Benotung.

	Note	Grund
Prakt. Informationen vor der Reise		
Geschichte		
Landeskundliches		
Orte und Regionen		
Sehenswürdigkeiten		
Prakt. Informationen unterwegs		

5) Was hat Ihnen an diesem Reisehandbuch besonders gefallen?
☐ Nichts Spezielles ☐ Doch, und zwar ....

6) Und was hat Sie am meisten gestört?
☐ Nichts Spezielles ☐ Doch, und zwar ....

7) Worüber hätten Sie gern mehr erfahren?
☐ Über ....
☐ Alle Informationen waren ausreichend

8) Unser Verlagsprogramm finden Sie auf den nächsten Seiten. Welche(s) Ziel(e) innerhalb Europas und des Mittelmeerraumes fehlt bzw. fehlen Ihnen in diesem Programm?
☐ Kein Ziel ☐ Doch, nämlich ....

9) Welches Reisehandbuch aus unserem Programm möchten Sie gewinnen?
....

Nun würden wir Ihnen gerne noch einige Fragen zu Ihren persönlichen Daten stellen (Datenschutz ist selbstverständlich gewährleistet)

Alter: .... Jahre

Familienstand: ☐ ledig ☐ verheiratet ☐ Kinder

Schulabschluss: ☐ Hauptschule ☐ Realschule ☐ Abitur
☐ Studium ☐ Beruf: ....

Fragebogen ausschneiden und an unsere Verlagsanschrift schicken (siehe unten). Bitte vergessen Sie nicht, für die Gewinnbenachrichtigung Ihren Namen und Adresse zu notieren.

Name: ....

Straße: ....

PLZ/Ort: ....

Michael Müller Verlag GmbH, Gerberei 19, 91054 Erlangen, Fax: 09131/207541

Vielen Dank thank you merci efcharistó gracias grazie tesekkür dekuji köszönöm

Verlagsprogramm

Unsere Reisehandbücher im Überblick

Deutschland
- Allgäu
- Altmühltal
- Berlin & Umgebung
- *MM-City* Berlin
- Bodensee
- Franken
- Fränkische Schweiz
- Mainfranken
- Nürnberg, Fürth, Erlangen
- Ostseeküste – von Lübeck bis Kiel
- Schwäbische Alb

Niederlande
- *MM-City* Amsterdam
- Niederlande
- Nordholland – Küste, IJsselmeer, Amsterdam

Nord(west)europa
- England
- Südengland
- *MM-City* London
- Schottland
- Irland
- Island
- Norwegen
- Südnorwegen
- Südschweden

Osteuropa
- Baltische Länder
- Polen
- Polnische Ostseeküste
- *MM-City* Prag
- Westböhmen & Bäderdreieck
- Ungarn

Balkan
- Mittel- und Süddalmatien
- Kroatische Inseln & Küste
- Nordkroatien – Kvarner Bucht
- Slowenien & Istrien

Griechenland
- Amorgos & Kleine Ostkykladen
- Athen & Attika
- Chalkidiki
- Griechenland
- Griechische Inseln
- Karpathos
- Kefalonia & Ithaka
- Korfu
- Kos
- Kreta
- Kreta – der Osten
- Kreta – der Westen
- Kykladen
- Lesbos
- Naxos
- Nord- u. Mittelgriechenland
- Paros/Antiparos
- Peloponnes
- Rhodos
- Samos
- Santorini
- Skiathos, Skopelos, Alonnisos, Skyros – Nördl. Sporaden
- Thassos, Samothraki
- Zakynthos

Türkei
- *MM-City* Istanbul
- Türkei – gesamt
- Türkei – Mittelmeerküste
- Türkei – Südküste
- Türkei – Westküste
- Türkische Riviera – Kappadokien

Frankreich
- Bretagne
- Côte d'Azur
- Elsass
- Haute-Provence
- Korsika
- Languedoc-Roussillon
- *MM-City* Paris
- Provence & Côte d'Azur
- Südfrankreich
- Südwestfrankreich

Italien
- Apulien
- Chianti – Florenz, Siena
- Dolomiten – Südtirol Ost
- Elba
- Gardasee
- Golf von Neapel
- Italien
- Italienische Riviera & Cinque Terre
- Kalabrien & Basilikata
- Liparische Inseln
- Marken
- Oberitalien
- Oberitalienische Seen
- *MM-City* Rom
- Rom & Latium
- Sardinien
- Sizilien
- Südtirol
- Südtoscana
- Toscana
- Umbrien
- *MM-City* Venedig
- Venetien & Friaul

Nordafrika u. Vorderer Orient
- Sinai & Rotes Meer
- Tunesien

Spanien
- Andalusien
- *MM-City* Barcelona
- Costa Brava
- Costa de la Luz
- Ibiza
- Katalonien
- Madrid & Umgebung
- Mallorca
- Nordspanien
- Spanien

Kanarische Inseln
- Gomera
- Gran Canaria
- *MM-Touring* Gran Canaria
- Lanzarote
- La Palma
- *MM-Touring* La Palma
- Teneriffa
- *MM-Touring* Teneriffa

Portugal
- Algarve
- Azoren
- Madeira
- *MM-City* Lissabon
- Lissabon & Umgebung
- Portugal

Lateinamerika
- Dominikanische Republik
- Ecuador

Österreich
- *MM-City* Wien

Schweiz
- Genfer-See-Region
- Tessin

Malta
- Malta, Gozo, Comino

Zypern
- Zypern

Aktuelle Informationen zu allen Reiseführern finden Sie im Internet unter www.michael-mueller-verlag.de

Gerne schicken wir Ihnen auch das aktuelle Verlagsprogramm zu.

Michael Müller Verlag GmbH, Gerberei 19, 91054 Erlangen, Tel. 0 91 31 / 81 28 08-0; Fax 0 91 31 / 20 75 41; E-Mail: mmv@michael-mueller-verlag.de

Markttag in Concarneau

Sach- und Personenindex

Geographischer Index